HUNANXIANGZHENJIANZHI

湖南乡镇简志

张家界市卷

湖南省地方志编纂委员会
张家界市地方志编纂委员会 编纂

方志出版社

图书在版编目(CIP)数据

湖南乡镇简志·张家界市卷/湖南省地方志编纂委员会，张家界市地方志编纂委员会编。—北京：方志出版社，2017.10
ISBN 978-7-5144-2585-7

Ⅰ.①湖… Ⅱ.①湖… ②张… Ⅲ.①乡镇—地方志—张家界市 Ⅳ.①K296.45

中国版本图书馆 CIP 数据核字(2017)第 256941 号

《湖南乡镇简志·张家界市卷》

编　　者：湖南省地方志编纂委员会　张家界市地方志编纂委员会
责任编辑：齐　笑

出 版 人：冀祥德
出 版 者：方志出版社
　　地址　北京市朝阳区潘家园东里 9 号(国家方志馆 4 层)
　　邮编　100021
　　网址　http://www.fzph.org
发　　行：方志出版社图书经销中心
　　电话(010)67110500
经　　销：各地新华书店
印　　刷：长沙沐阳印刷有限公司（电话：0731-85793118）

开　　本：889×1194　　1/16
印　　张：59.13
字　　数：1423 千字
版　　次：2017 年 10 月第 1 版　2017 年 10 月第 1 次印刷
印　　数：0001~1000 册

ISBN 978-7-5144-2585-7　　定价：280.00 元

《湖南乡镇简志》编纂委员会

《湖南乡镇简志》总纂人员

《湖南乡镇简志·张家界市卷》
编纂委员会

主　　任　杜芳禄

副 主 任　沈刻明　黄　华　杨慈安

成　　员　杨敬初　张万鋆　吴文斌

侯铁夫　朱超雄　蔡昌顺

《湖南乡镇简志·张家界市卷》
编　辑　部

主　编　杨慈安

副主编　向凤毛　李德友　符长元

成　员　张海峰　赵　琳　向紫薇　黄真龙　余忠明　孟艾玲

童自立　毛中平　朱芳俊　朱立辉　张宏和　高　建

湖南省行政区划略图

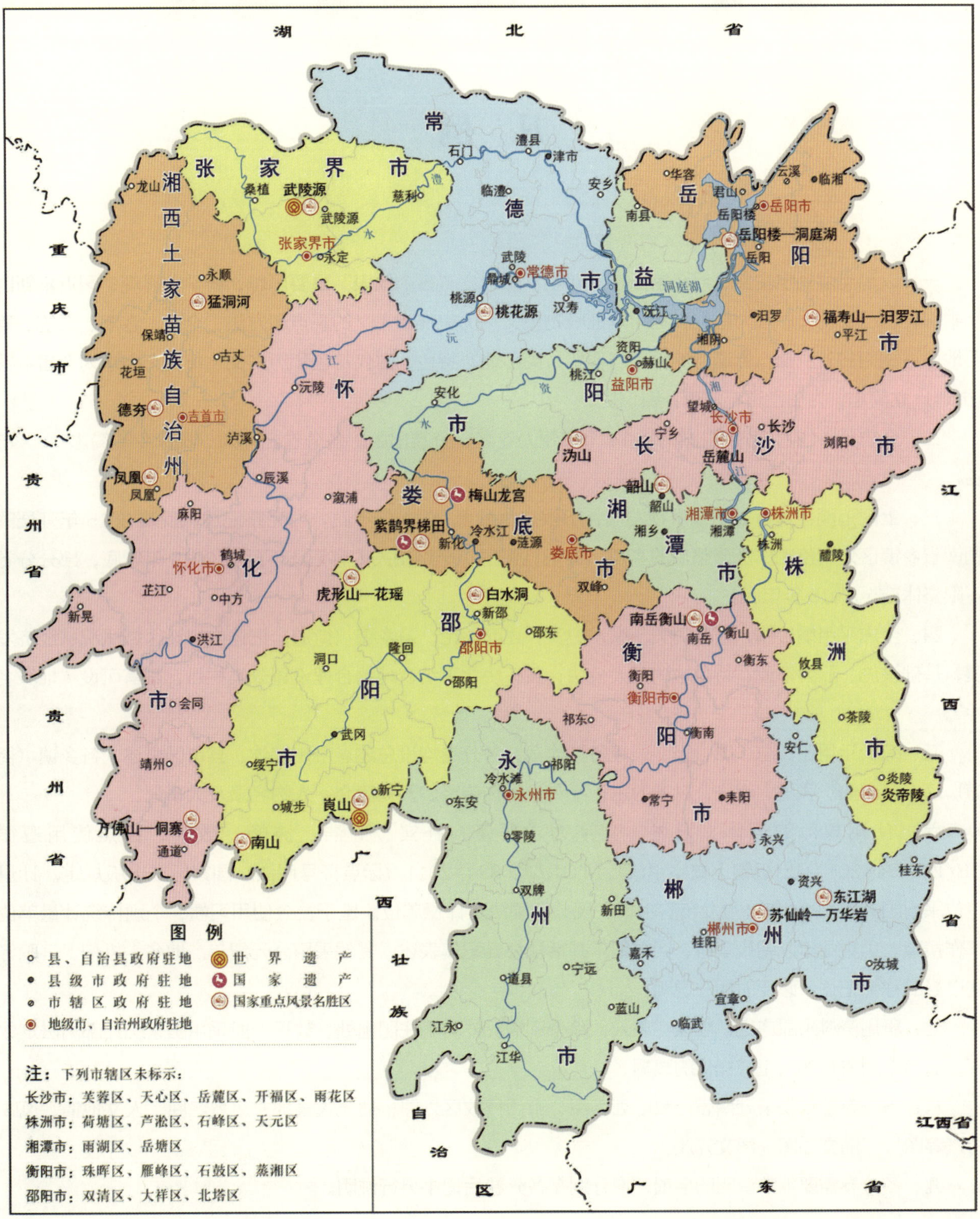

本图数据由湖南地图出版社提供，其审图号为湘S（2014）039号

凡　例

一、以马克思列宁主义、毛泽东思想、邓小平理论、“三个代表”重要思想、科学发展观、习近平新时代中国特色社会主义思想为指导，运用辩证唯物主义和历史唯物主义的观点和方法，全面、客观、系统、简要地记述湖南省各乡镇（街道）的历史与现状，突出地方特色、时代特色和历史文化特色，力求为全省乡镇（街道）立简志，为后世留存湖南乡镇信史。

二、全志分 14 卷，分别以湖南省 14 个市州为卷名，分卷出版。各分卷名称为《湖南乡镇简志·××市卷》。

三、上限追溯自建置之始或事物发端，下限总体截至 2014 年年底。为完整记述和反映 2015 年开展的湖南省乡镇区划调整工作及调整后的乡镇（街道）设置，个别相关内容记述下延至 2015 年年底，部分分卷下限整体截至 2015 年年底。

四、全志采用纲目体，横分门类，纵述史实，述而不论。各乡镇（街道）记述内容设区域概况、经济发展、基础设施、社会事业、特色地情五大板块；各板块之下结合地情合理设置分类栏目，篇首可设“地域名片”。

五、综合运用述、志、图、表、录等各种体裁。各分卷均设总述、市州综述、县市区概述、各乡镇（街道）简志及图照、表格、附录，以志为主；不专设人物传略、人物简介、人物名录及大事记。

六、使用规范的语体文记述，文字力求严谨、朴实、简洁、流畅。数字、标点使用遵循 GB/T15834－2011《出版物上数字用法》和 GB/T15834－2011《标点符号用法》国家标准出版规定。计量单位采用国务院 1984 年 2 月发布的中华人民共和国法定计量单位。鉴于社会使用习惯，个别传统计量单位不作换算。历史纪年以朝代年号、民国纪年并括注公元纪年表述，其他采用公元纪年。地名、机构、官职等均以当时称谓记述，必要时括注说明。

七、所用资料来源广泛，经核实载入，除个别情况外均不注明出处。数据一般采用国家统计部门法定数据，适当采用主管部门正式提供的数据。

八、各分卷分别收录湖南省行政区划略图、市州行政区划图；适当收录地方风景名胜、人文地情、风物特产等图片，随文插图，图文并茂。

九、各分卷需要单独说明的事项，均分别在各分卷后记中另行说明。

目录

慈利县

桑植县

总述

一、湖南省情概览

湖南省位于中国中南部、长江中游。省域绝大部分在洞庭湖以南，故名湖南；因湘江纵贯南北而简称“湘”；又因自古盛植木芙蓉，而有“芙蓉国”之雅称。湖南省地处北纬24°38′~30°08′，东经108°47′~114°15′。东以幕阜、武功诸山系与江西交界，南枕南岭与广东、广西相邻，西以云贵高原东缘连贵州，西北以武陵山脉毗邻重庆，北以滨湖平原与湖北接壤。东西宽667公里，南北长774公里，土地面积21.18万平方公里，约占全国土地总面积的2.2%。其中，山地占51.2%，丘岗地占29.3%，平原占13.1%，水面占6.4%。境内属亚热带季风性湿润气候，全年无霜期260~310天，年平均气温16℃~18.5℃；年平均降雨量1200~1700毫米，是全国雨水较多的省份；5公里以上河流5341条，河川径流量2079亿立方米。北部洞庭湖为中国第二大淡水湖，湘江、资江、沅水、澧水四大河流分别从西南向东北流入洞庭湖，连接长江。省会驻长沙市，全省辖13个市、1个自治州，下辖122个县（市、区），其中，市辖区35个、县级市16个、县71个。2014年，全省常住人口6737.24万人，其中城镇人口3320.11万人。

湖南历史悠久，远在旧石器时代境内就有古人类生活栖息。夏、商和西周时期，属《禹贡》九州的荆州之域；春秋战国时期属楚国，置郡县；秦袭楚制，“去楚名，以楚地为三郡”（据《史记集解》载）；两汉时期绝大部分属荆州境；三国时，湖南地区为蜀汉和东吴的角逐之地；两晋时属荆州之域；南朝初年设有以“湘”命名的“湘州”；唐朝设湖南观察使，“湖南”之名由此始；宋朝初隶于江南道，后分属荆湖南路和荆湖北路；元朝大部分地区属湖广行省，小部分隶于四川行省；明朝设湖广承宣布政使司（仍称省，治武昌）；清康熙三年（1664），分湖广右布政使驻长沙，同年移偏沅巡抚驻长沙，此为湖南建省之始，省名沿用至今。

湖南矿藏丰富，矿种齐全，是著名的“有色金属之乡”和“非金属矿之乡”，钨、锡、铋、锑等储量居全国之首。境内植被丰富，2014年，森林覆盖率59.57%，活立木总蓄积量4.84亿立方米，湿地保护率69.3%。湖南生物资源丰富多样，堪称生物基因库。全省有水杉、绒毛皂荚等国家保护的珍稀野生植物55种，占全国保护珍稀植物种类的26%；有华南虎、云豹、白鹤等18种国家一级保护动物，以及28种国家二级保护动物、49种国家三级保护动物。湖南名胜古迹众多，古有“潇湘八景”美誉，现有武陵源风景区、崀山丹霞地貌2处世界自然遗产，有国家级自然保护区22个，国家级森林公园54个，AAAAA级景区7个。南岳衡山是中华五岳之一，岳阳楼是江南三大名楼之一，还有伟人故里韶山、千年学府岳麓书院、凤凰古城等名闻遐迩的景区景点。

湖南农业发达，自古就有“鱼米之乡”的美誉，历来是全国产粮大省，粮食、棉花、油料、茶叶、烤烟等主要农副产品产量均位居全国前列。湘莲具有3000多年历史，安化黑茶是中国世博会十大名茶之一，君山银针是中国黄茶珍品；生猪出栏数居全国之首，洞庭湖鱼虾、贝类产量居全国第五位；“鞭炮之乡”浏阳市是全球最大和最具盛名的烟花生产基地；醴陵陶瓷已有1700多年历史，釉下五彩瓷、毛瓷、国宴专用瓷驰名中外。湖南工业门类齐全，已形成工程机械、电子信息及新材料等10个优势产业集群，有三一重工、中联重科、华菱钢铁、湘潭电机等一批全国知名企业。第三产业蓬勃发展，广播影视、动漫卡通、文化创意、出版、旅游等产业迅速崛起，广电湘军、出版湘军、动漫湘军全国驰名。

境内交通发达，形成了铁路、公路、航空、水运于一体的综合交通运输网。2014年，全省铁路营运里程4281公里，其中高速铁路里程1110公里，居中部省份第一，在全国路网中担负着承东启西、沟通南北的功能。全省公路通车总里程236250公里，其中高速公路通车总里程5493公里。全省长沙、张家界等6个机场共运营航线160多条，通航国际国内城市100多个。全省有通航河流373条，通航总里程1.2万公里，位列全国第三。

湖南是华夏文明的重要发祥地之一。相传神农氏在境内种植五谷、织麻为布、制作陶器，坐落于炎陵县的炎帝陵是中华民族始祖炎帝神农氏的安寝圣地；舜帝明德天下，足历洞庭，宁远县九嶷山为其陵寝之地。湖南境内历史遗存众多，全省有城头山遗址、长沙铜官窑遗址、秋收起义文家市会师旧址、洪江古建筑群等全国重点文物保护单位182处，长沙马王堆汉墓的发掘震惊世界，湘西龙山出土的里耶秦简是继秦始皇兵马俑之后秦代考古的又一重大发现。湖南自古有“古道圣土”“屈贾之乡”和“潇湘洙泗”的美誉，以“心忧天下、敢为人先、经世致用、兼收并蓄”为精神特质的湖湘文化薪火相传。全省有长沙、岳阳、凤凰3座中国历史文化名城；有龙山县里耶镇、长沙市望城区靖港镇、永顺县芙蓉镇、绥宁县寨市镇、泸溪县浦市镇、洞口县高沙镇、花垣县边城镇7个中国历史文化名镇；有岳阳县张谷英镇张谷英村、江永县夏层铺镇上甘棠村、会同县高椅乡高椅村、永州市零陵区富家桥镇干岩头村、双牌县理家坪乡坦田村、祁阳县潘市镇龙溪村、永兴县高亭乡板梁村、辰溪县上蒲溪瑶族乡五宝田村、永顺县灵溪镇老司城村、通道侗族自治县双江镇芋头村、通道侗族自治县坪坦乡坪坦村、绥宁县黄桑坪苗族乡上堡村、绥宁县关峡苗族乡大园村、江永县兰溪瑶族乡兰溪村、龙山县苗儿滩镇捞车村15个中国历史文化名村。湖南民俗多姿多彩，土家族梯玛歌、辰河高腔、湘绣、滩头木版年画、皮影戏、江永女书等118项民俗艺术被列入国家非物质文化遗产代表性项目，花鼓戏、昆剧、湘剧、祁剧和常德丝弦等民间歌舞享誉中外，湘西苗族的巫傩文化和土家族的茅古斯、摆手舞等民俗别具一格。

湖南人文荟萃，英才辈出。从流寓湖湘的先秦爱国诗人屈原，西汉著名政论家贾谊，东汉造纸术发明者蔡伦，唐代著名书法家欧阳询和怀素，北宋理学鼻祖周敦颐，在湖南讲学传道的南宋著名理学家朱熹和张栻，明代茶陵诗派领袖李东阳，有“东方黑格尔”之称的思想家王夫之，到清代经世派代表人物两江总督陶澍，近代“睁眼看世界第一人”魏源，以及清代中兴名臣曾国藩、左宗棠，维新志士谭嗣同、唐才常，辛亥元勋黄兴、蔡锷、宋教仁，民国第一位民选总理熊希龄；从为创建中国共产党、缔造中华人民共和国做出卓越贡献的毛泽东、刘少奇、任弼时、彭德怀等无产阶级革命家，到改革开放以后的党和国家领导人胡耀邦、朱镕基；从田汉、齐白石等著名艺术家，沈从文、周立波等著名文学家，到“世界杂交水稻之父”袁隆平、“试管婴儿之母”卢光琇等著名科学家，以及全心全意为人民服务的共产主义战士雷锋等杰出人物，都以其卓越的才情、智慧和品德，在中国乃至世界的历史舞台上写下了浓墨重彩的精彩篇章，彪炳史册。

二、湖南乡镇建置沿革综述

（一）先秦至明代基层组织

先秦时期基层组织

夏、商、西周，湖南属《禹贡》九州的荆州之域，大体仍处于“蛮夷”所居的“荒服”之列。虽中原王朝不断进入，但三代都没有在湖南建立起自己的统治秩序，在这1500多年里，从湖南先民的主体部分看，始终处于原始氏族制度的缓慢解体阶段。[①]据《汉书·食货志》记载：在殷周曾把辖区内居民“以五家为邻、五邻为里、四里为族、五族为党、五党为州、五州为乡”的乡制进行控制。西周在划分“国”“野”的基础上，在王室和诸侯管辖的区域内设乡、遂地方行政机关。[②]西周至春秋之际，兴起于汉水流域的楚国把触角伸入湖南，但在整个春秋时期，楚人未能建立有效的行政管理机构，而主要是依靠军队在交通要道上设置军事据点进行统治。如在沅陵建黔中古城等。同时楚人在湖湘地区建立由移民组织的附庸国加强对居民的统治。当时著名的有今汨罗一带的罗子国和今岳阳市东的麇子国。战国时期，楚国对湖南的征服已完成，为加强统治，在湖南设黔中郡以辖之，郡治在今常德市，首次把湖南纳入封建国家行政管理体系。这一时期，县以下设乡、里、什、伍四级组织。此外，设有与乡同级的亭（管理城市居民的组织）。其职能：维护社会治安；监督户口，防止隐匿逃亡；征收租税和摊派徭役；组织农民从事生产。据考古发现，春秋战国时期湖南地区出现了规模不大的城市，如长沙城、罗子城、麇子城、索县古城、张若城、鸡叫城、城头山城、申鸣城、宋玉城等等。这些虽为城，实际为楚国军事据地、手工业和商业贸易中心。[③]

秦汉至南北朝时期基层组织

秦汉一县之内分成若干乡，乡设三老掌教化，啬夫掌司法和税收，游徼掌管治安；乡以下有里，里设里正；里以下有什伍组织（这种乡里制度基本因循至南朝）；另外县以下还有亭一级组织，亭有亭长，协助地方治安，同时监管百事。[④]西汉时

① 湖南省地方志编纂委员会编：《湖南省志·卷首》，北京：五洲传播出版社，2005年8月，第423页。
② 罗昭义主编：《当代中国乡镇政权建设研究》，北京：光明日报出版社，2003年7月，第13页。
③ 李建毛等著：《知我湖南丛书——湖南史话》，长沙：湖南教育出版社，1998年，第38页。
④ 《中国政治制度辞典》，北京：中国社会出版社，1990年3月，第144页。

每个县辖20个左右乡和亭，亭设在农村市镇称乡亭（又名野亭或下亭），每个乡和亭之下都设十里左右，里内居民按什伍编制。其乡里基层组织职能：维护社会治安，实行重赏重罚的"什伍连坐法"；编制"傅籍"，征收赋税；实行思想教化，秦时推行法家学说，禁止儒家思想，严禁民间私学，到汉朝自汉武帝时又"罢黜百家，独尊儒术"，大兴教育；在官吏选举中也起一定的作用。① 北魏地方基层组织实行"三长制"，规定：五家立一邻长，五邻立一里长，五里立一党长，由本乡"强谨"之人充当。主要职责是检查和审定户口，征发赋役。三长享受一定的免税优待。②

秦汉至南北朝时期湖南地区部分县以下的基层组织：

西汉，县下设有乡里。马王堆汉墓出土的《地形图》所绘即是长沙国的地域范围，据该图可知，主区大致分为县和乡里二级，县级8个，主区内共绘有80多处居民点，可辨认的乡里级居民地70多个，所标圆圈符号大小不同，应该与地域大小、人口多少有关。③

东汉，在溇中（今慈利县）等地设"里""亭"等基层行政机构。④

新莽（9~23），耒阳改名南平亭。王莽假复古改制之名，行篡汉夺位之实，郡县之名多次改变，耒阳亦改名。⑤

东安县紫溪市镇"西汉武帝元鼎六年（前111），朝廷在镇东侧一华里的马塘铺，设置了东安驿……"。⑥

桃源县茶庵镇"自东汉建武二十六年（50）设为临乡之所属临沅（今常德市）沅南县（今桃源县）以来，此地作为乡镇治所已有1957年"。⑦

攸县，唐、虞时属荆州。《禹贡》荆及衡阳惟荆州。攸为衡山之阳一奥区。⑧户口保甲附论：保甲之设，由来远矣。汉之里魁，晋之里吏……。⑨

隋唐时期的地方基层组织

隋初颁布政令规定，县以下基层建制为保、闾、族三级制，但畿内、畿外略有不同。畿内以五家为保，设保长一人，五保为闾，设闾正一人，四闾为族，设族正一人。畿外，以五保为一里，设里正一人，相当于闾正；四里为一党，设党长一人，相当于族正。保长、里长、党长之间要相互监察。唐朝县以下的基层组织是乡、里、保、邻四级。乡设乡长一人，乡佐二人。贞观十五年（641）后，乡只设耆老（又称文老）一人，乡下辖五里，管500家。里设里正一人，里下辖五保，管100家。保设保正一人，保下辖五邻，管20家。邻设邻长一人，邻下辖4家。⑩在两亭和州县城内设坊；在郊外设村。乡里、村坊设正长，多选用六品以下没有实际官职的在乡人员或富户充任。保长、邻长则由一些有影响的人物担任。乡里、

---

① 罗昭义编：《当代中国乡镇政权建设研究》，北京：光明日报出版社，2003年7月，第14页。
②《中国政治制度辞典》，北京：中国社会出版社，1990年3月，第145页。
③ 周秋光等著：《湖南社会史》，长沙：湖南人民出版社，2013年3月，第481~482页。
④《湖南省志·民族志》，长沙：湖南人民出版社，1998年，第30页。
⑤《湖南地名志》，长沙：湖南地图出版社，2009年5月，第464页。
⑥《湖南地名志》，长沙：湖南地图出版社，2009年5月，第1540页。
⑦《湖南地名志》，长沙：湖南地图出版社，2009年5月，第1128页
⑧〔同治〕《攸县志》，1984年12月，第92、116页。
⑨〔同治〕《攸县志》，1984年12月，第92、116页。
⑩ 罗昭义主编：《当代中国乡镇政权建设研究》，北京：光明日出版社，2003年7月，第15页。

村坊正长负责稽查户口，课植农桑，检察非违，催驱赋税，监督人民。[①]

隋唐时期湖南地区部分县以下的基层组织：

江永县，隋开皇九年（589）并谢沐、营甫为永阳县，属永州府总管府。大业三年（607）改零陵郡。汉至隋县以下设乡、亭里。唐宋设乡、都里、坊村……。[②]

永兴县“唐开元十三年（725），析郴县北四乡置安陵县，县治设今高亭乡政府东侧的古城村……”。[③]

宋元时期基层组织

宋初县之下有乡、乡之下有坊（城厢）、里（乡村），里之下即户。各户要轮流到各级政府去服差役（职役）。户各置长一人，称户长，以第二等户充之；里置里正，以第一等户充之；于乡则有乡书手，各负督课赋税之责。此外则有耆长、弓手、壮丁，以捕盗贼，还有承符、人力、手力、散从以供奔走，即供县衙门随时驱使。[④]北宋王安石变法：“十家为一保，选主户有干力者一人为保长，五十家为一大保，选一人为大保长；十大保为一都保，选为众所服者为都保正，又以一人为之副。”（《宋史·兵志六》）。保的任务是联合民户，以寄兵政。另外还有甲的组织，以三十家为一甲，负责放贷和收税。[⑤]元代县以下设里制和社制。里制：四家为邻、五邻为保，百家为里。里设里长，里长职权为“催促差税，禁止违犯”（《大元通制》），办理国家委派的各项事宜。社制：五十家立一社，择高龄晓农事者一人为之长。增至百家者，另设长一员。不及五十家者，与近村合并为一社。地远人稀，不能相合，各自为社（《元史·食货志一》）。[⑥]另外，二十家变为一甲，甲有主。[⑦]社长负责办理本社居民自治实务。如组织垦荒耕种，修治河渠，经营副业、恤贫救危等。[⑧]

宋代湖南地区部分县以下的基层组织：

醴陵县分 16 乡、16 里。[⑨]

长沙县，北宋元符元年（1098）析长沙县东南五乡、湘潭县两乡置善化县。[⑩]

茶陵县，南宋嘉定四年（1211）析康乐、霞阳、常平三乡置酃县，属茶陵军管辖。[⑪]

元代湖南地区部分县以下的基层组织：

湖南各地“苗蛮”积极参加反元斗争，元朝“以夷制夷”，即保留各少数民族内部原有的政治、经济和文化生活不变，利用本民族内部的贵族管理和控制这些少数民族地区，设立土司，形成了土司制度。[⑫]

会同县编为 38 里（苗 1 里）。通道县编

---

① 湖南省民政厅编：《我国基层群众性自治组织常识》，1988 年 1 月，第 13 页。
② 《湖南地名志》，长沙：湖南地图出版社，2009 年 5 月，第 1574 页。
③ 《湖南地名志》，长沙：湖南地图出版社，2009 年 5 月，第 1345 页。
④ 孟昭华等著：《中国民政史稿》，哈尔滨：黑龙江人民出版社，1986 年 2 月，第 65 页。
⑤ 《中国政治制度辞典》，北京：中国社会出版社，1990 年 3 月，第 145 页。
⑥ 崔乃夫主编：《中国民政词典》，上海：上海辞书出版社，1990 年 11 月，第 50 页。
⑦ 《中国政治制度辞典》，北京：中国社会出版社，1990 年 3 月，第 145 页。
⑧ 崔乃夫主编：《中国民政词典》，上海：上海辞书出版社，1990 年 11 月，第 50 页。
⑨ 醴陵市民政局编：《醴陵民政志》，1990 年 10 月，第 25 页。
⑩ 长沙县志编纂委员会编：《长沙县志》，生活·读书·新知三联书店，1995 年 10 月，第 1 页。
⑪ 茶陵县地方志编纂委员会编：《茶陵县志》，北京：中国文史出版社，1993 年 10 月，第 7 页。
⑫ 周秋光等著：《湖南社会史》，长沙：湖南人民出版社，2013 年 3 月，第 536 页。

为6里。[1]攸县5个乡、72里。[2]

明代基层组织

明代县以下实行都里甲制。城中称坊，近城称乡，乡村称里或图（100户为1里），里以下称甲（10户为1甲）。里长对县、乡负责，实现对里甲管理，其行政职责为对里内人户进行管理；检查督促本里农业生产。[3]据《明史·地理志》统计，湖广为里3480有奇。[4]

明代湖南地区部分县以下的基层组织：

沅陵县分12都，编户58里。辰溪县明初编为58里，明洪武二十五年（1392）并为24里，永乐元年（1403）再并为8里，景泰元年（1450）改为6都、1坊、7乡。芷江县明初编为27里，明弘治十五年（1502）并为16里，正德七年（1512）划为4坊、10乡、26里。麻阳县明洪武十四年（1381）编为9里，后因苗民起义被镇压，人烟稀少，永乐元年（1403），以绝户田土割付平、清、偏、镇、辰、沅六卫屯田，麻阳仅存7里。黔阳县明洪武初年，编为2都58里，永乐元年（1403）并为21里。会同县明景泰三年（1452）并为24里，成化八年（1472）并为24里，万历二十五年（1597）分9乡、22里。通道县明初改设5乡。[5]

宁远县明初设乡12个，辖60里，明崇祯十二年（1639）划宁远南乡9里，北乡4里，置新田县。宁远县减为10乡（东、西、中和、大阳、永乐、太平、仙政、广济、仁泽、丹桂）30里。[6]

湘潭县明洪武十四年（1381）编为21都8乡，县城分为2坊，附郭分为2乡，皆统于乡。[7]

攸县明洪武年间，编为52里，永乐二年（1404）并为44里，景泰三年（1452）并为29里，坊厢一区。[8]

此外，在今湖南境内有3宣慰使司，1安抚使司，下分3土州、10长官司和1土舍，总计大小18土司。[9]

（二）清朝时期基层政权[10]

清初湖南基层政权组织城中称坊，近城称厢，乡村称里或都。乾隆、道光年间（1736~1850），推行保甲，并办团练。光绪三十四年至宣统三年（1908~1911），筹办城镇乡自治。

里甲　清康熙年间（1662~1722），湖南几次审编丁户，造报赋役黄册，编排里甲。初定3年一编审，后改5年。以110户编为一里，推人丁多的10户为长，其余100户编为10甲，每甲10户，60岁以上者役册除名，免征赋役。16岁以上者，选报役册，计征赋役。鳏寡孤独不服役者称畸零，在100户之外，附于里甲册之后。里长10年轮换一次，管摄一里的征赋派差，征缴各户钱粮差役。清初据湘潭等50州、县汇总，共编1019里、

① 怀化市民政志编纂委员会编：《怀化市民政志》，2002年4月，第68~72页。
② 〔同治〕《攸县志》，1984年12月，第117页。
③ 罗昭义主编：《当代中国乡镇政权建设研究》，北京：光明日报出版社，2003年7月，第16~17页。
④ 周秋光等著：《湖南社会史》，长沙：湖南人民出版社，2013年3月，第534页。
⑤ 怀化市民政志编纂委员会编：《怀化市民政志》，2002年4月，第68~72页。
⑥ 宁远县民政局编：《宁远县民政志》，1992年12月，第28页。
⑦ 湘潭县地方志编纂委员会编：《湘潭县志》，长沙：湖南出版社，1995年12月第10页。
⑧ 〔同治〕《攸县志》，攸县志编委会翻印，1984年12月，第117页。
⑨ 周秋光等著：《湖南社会史》，长沙：湖南人民出版社2013年3月，第536~537页。
⑩ 湖南省地方志编纂委员会编：《湖南省志·民政志》，北京：中国文史出版社，1994年7月，第72~74页、第116~120页。

26都、8厢。康熙三十五年(1696)，在43州县内增编98里、6厢、11坊。清雍正、乾隆年间（1723~1795），里甲又经多次编审。嘉庆二十一年（1816）据辰溪、善化（今望城区）等68州县汇总，共编1386里、32都、18保、14坊。

保甲　清乾隆三十七年(1772)，湖南废除编户与审定新生人口，全面推行保甲制。以10户为牌设牌头；10牌为甲设甲长；10甲为保设保正。牌头甲长三年一换，保正一年一换。甲内如有盗窃、邪教、赌博赌具、窝逃奸拐、私铸私销私盐、贩卖硝典、私立名色、敛财聚会，或有面生可疑，形迹诡秘的人，皆令查报。各府、州、厅、县所辖城厢、市镇、村屯居民，从缙绅至商贾、农工、吏役、兵丁皆挨户编审。湖南全省审编保甲的总况，已无从考查，部分州县确已按例编定，里甲逐渐改名都甲、都团。醴陵县于清嘉庆十八年（1813）编查烟户人丁，门牌邑令，共编24都、103境；有保正103名，甲长456名，牌头4188名。黔阳县清光绪年间（1875~1908）废都里，设局、团，全县划4局，下辖58团。[①]

城镇乡自治　清光绪年间(1875~1908)，湖南部分州、县的基层政权组织已有乡、村（团）的划分。桃源县划为6乡、2坊、下辖34村。光绪三十四年（1908）十二月，清政府先后公布《城镇乡地方自治章程》《城镇乡地方自治选举章程》。清宣统元年(1909)，湖南成立省地方自治筹办处，各厅、州、县成立地方自治筹办所。详定《全省地方自治研究所章程》《各厅、州、县筹办地方自治公所章程》《各厅州、县筹办地方自治公所附设宣讲所章程》《各厅、州、县筹办地方自治公所办理白话报章程》并确定城的区域，指定长沙、善化及湘潭、洪江等地，先行筹设议事会、董事会。镇乡区域均以人口数为标准，但因人口不实而无从划分。当时四地乡镇沿旧制，名称很不统一，称都、团、区、里的都有，实际上还是保甲制。省地方自治筹办处当时通饬各州、县地方官会同地方绅董，认真清理旧有保甲团体，巩固原有组织，以立自治初基。

（三）民国时期基层政权[②]

民国初期湖南基层政权仍袭清末都、团、区、里旧制。民国12年（1923）编立挨户团。民国17年（1928）实行区、乡、镇、闾、邻自治。民国24年（1935）实施乡、镇、保甲制。

挨户团　民国12年3月，湖南省内务司公布《各县挨户团编组条例》，规定：凡县属原有市区乡团保甲，应由知事切实整理．依照本《条例》改编挨户团。其编制：各县挨户团须照地方习惯划分区团，各区挨户团，除编入号册者外，须按户派定1人编入团丁名册，依团属户数编列：10户1排，置排长1人；5排为1甲，置甲长1人；5甲为1保，置保董1人。县挨户团以知事为总监督，遴委地方绅商办理；区挨户团置团总1人，由总监督遴委，其他应置之保董、甲长、排长，按各区团户数支配名额，由各排互推，报请团总核定，呈总监督委充之。在清查户口中，被各县挨户团编入另册的有暴徒、窃盗、土娼、烟犯、赌博等，据57县统计，编入另册共有46263人。

乡镇保甲　民国18年（1929），湖南省政府为“围剿”共产党创建的革命根据地，在平江、浏阳及湘东南等边区县内推行保甲制。以5牌为

① 怀化市民政志编纂委员会编：《怀化市民政志》，2002年4月，第71页。
② 湖南省地方志编纂委员会编：《湖南省志·民政志》，北京：中国文史出版社，1994年7月，第75~82页、第120~120页。

甲，100 户以上为保，保以上为团，据此清查户口，办理联保切结。民国 21 年（1932），省政府制定《湖南省清查户口编组保甲规程》《湖南省各县清查户口编组保甲须知》等，民国 24 年（1935）1 月 1 日在全省施行。规定县以下设区，区以下设乡镇，乡镇以下设保，保以下设甲（10 户为甲、10 甲为保）。至民国 25 年（1936），全省划乡镇 3012 个，坊 15 个，保 38750 个，甲 424515 个。民国 27 年（1938），全省实行扩并乡镇区域，其乡所辖户数 1000～5000 户。镇不受面积限制，所辖户数 2000～5000 户，至次年底，全省设立乡镇 1608 个。民国 29 年（1940），湖南省政府公布《湖南省各县乡镇自治实施方案》《湖南省各县乡镇区域调整办法》。至民国 30 年（1941）底，全省设立乡镇 1609 个，保 20136 个，甲 289367 个；其等级划分：甲等乡镇 550 个，乙等乡镇 768 个，丙等乡镇 271 个。甲等保 7649 个，乙等保 9341 个，丙等保 2506 个，未列等保 640 个。民国 29~34 年（1940~1945），日本侵略者侵犯湖南期间，保甲组织混乱。民国 34 年（1945）10 月，省政府饬令抗日作战区域的乡镇，归复原有建制。12 月 7 日，湖南省政府委员会第十四次常务会通过《湖南省各县调整乡镇组织法》《湖南省各县市整编保甲实施办法》和《湖南省各县市推行保甲规约办法》。次年，省政府迭令各县调整乡镇区划。调整后全省乡镇由 1617 个减为 1173 个，保由 20515 个减为 14830 个；甲由 264540 个减为 198732 个。

区乡镇自治 民国 12 年（1923）12 月，永顺、保靖、龙山、桑植、凤凰、乾城、永绥（今花垣）、古丈、大庸（今张家界市永定区）、麻阳 10 县推行乡自治，公布《湘西永保龙桑凤乾绥古庸麻十县制》，规定牌长、甲长、保长、乡长的委任方式、选举乡议员条件和被选为乡议员任期年限。民国 13~14 年（1924~1925），湖南倡议联省自治，公布《湖南省宪法》，省以下实行县与市乡自治，规定市、乡划分标准。民国 16 年（1927）2 月，省政府公布《区乡自治条例》。民国 17 年（1928）6 月，省成立地方自治筹备处，各县成立自治分处，协助县政府筹备区乡自治。民国 18~19 年（1929~1930），国民政府公布《县组织法》《县组织法施行法》《县自治法》和《修正县组织法》等自治法规。民国 22 年（1933），省政府决定，长沙、岳阳、邵阳、湘阴、湘潭、湘乡、醴陵、宁乡、益阳、浏阳、平江、衡阳、衡山、常德 14 县，提前举办地方自治。民国 23 年（1934）12 月，国民政府行政院下令举办保甲而停编。

县辖区 民国 21~25 年（1932~1936），设立区公所（或名区署）。民国 21 年（1932），全省共划区 489 个，民国 25 年（1936）调整为 449 个，并划有相应区的直属乡镇 43 个（其中直属镇 19 个）。民国 26 年（1937），湖南省实行撤区并乡，由县政督导员流动巡视、指导、监督乡镇保甲工作。民国 28~30 年（1939~1941），区公所或区署全部撤销。

（四）中共湖南区委领导下农民协会和苏维埃辖区的基层政权

第一次国内革命战争时期（1922~1927 年）。在中共湖南区委领导下，湖南地区开展了农民运动。1923 年 4 月建立岳北工农会，1925 年成立湘潭八叠分农民协会，1926 年 4 月成立长沙县农民协会，1926 年 12 月成立省农民协会。至 1927 年 1 月，全省农民协会会员达 200 多万人，能直接领导的群众 1000 多万人。农民协会在政治上和经济上打击地主、推翻土豪劣绅的封建统治，建立农民武装，开展文化和合作社等运动。毛泽东撰写的《湖南农民运动考察报告》中说：农会是“新的乡村自治机关——农民政权的乡村自治机关”（《毛泽东选集第一卷》第29页）。[①]

第二次国内革命战争时期（1927~1937年）。中国共产党领导的工农红军建立湘鄂赣、湘赣、湘鄂西和湘鄂川黔边区革命根据地。在湖南25个县属革命根据地或游击区建立区苏维埃政府170余个，乡苏维埃政府或革命委员会910余个，成为湖南最早的基层工农政权。[②]

茶陵县 1927年11月28日，茶陵县工农兵政府建立；1928年先后建立第一个区苏维埃政府和茶陵县革命委员会。1930年3~4月成立太湖乡、山边一区苏维埃政府，区政府设主席、秘书、青年部长、经济委员、少先队队长、赤卫队队长、肃反委员、妇女主任等。

酃县 1928年3月，成立中共酃县县委、中村区委、区工农兵政府。召开全区群众大会，选举区苏维埃主席、副主席和执委。下设宣传、军事、粮食、肃反、财政、文化、工作检查、土地、妇女、青年、儿童10部。并组织区赤卫队。

浏阳县 1928年11月20日，中共浏阳县委在仁和洞赖世安家召开第一区（新划区）第一次区工农兵代表大会，选举区苏维埃主席等，下设粮食、土地、财政、文化、裁判、赤卫等部。区政府领导人民查田、分土地；清理地方公产积谷，焚毁地主契据、借约、借券，取缔一切苛捐杂税。

醴陵县 1927~1928年3月，醴陵县建立区乡苏维埃政府。区乡苏维埃政府设执行委员会，分设农委、财委、妇委、武装、民食、耕作等委员，下辖自卫团、儿童团等组织。

石门县 1928~1929年，石门县成立区乡苏维埃政府，区、乡苏维埃政府主要工作：联合农民，推翻国民党统治，实行分土田，打倒土豪劣绅，没收地主粮食，分浮财，支援红军；加强地方武装，加强县游击队建设，儿童团站岗放哨，维护治安；加强经济建设，取消一切政府、军阀土地捐税、退租、减押实行统一的累计税；开展政治宣传，各区、乡小学，农民夜校，组织青年演文明戏，唱革命歌曲，开办中西结合医院。[③]

（五）中华人民共和国成立后基层政权[④]

1949年8月湖南和平解放后，湖南基层政权建设先后经历区人民政府（简称区政府）、乡镇人民政府（人民委员会）、人民公社、乡镇人民政府（简称乡镇政府）。

农村基层政权

区政府 湖南和平解放后，湖南各县在县以下划区，建立区政府。1951年6月，全省建区镇政府659个。1952年，全省建立区政府920个。区级机构设置：党群方面设中共区委书记和组织、宣传等委员及农会、青年、妇女等干部；政府方面设正、副区长、秘书和民政、公安、司务、财粮、文教、工商等干部及会计员、事务员等。1953年，湖南省人民政府按照中央军政委员会关于划小区、乡的决定，调整县以下行政区、实行小区小乡，至1955年6月，全省共设置区933个。1956年5月，湖南省人民委员会下发《关于扩大乡行政区域和撤销县属区建制的决定》，是年

① 李永芳著：《近代中国农会研究》，社会科学文献出版社，2008年10月，第181~189页、第204~214页。
② 湖南省地方志编纂委员会编：《湖南省志·民政志》，北京：中国文史出版社，1994年7月，第131~137页。
③ 石门县民政志编纂委员会编：《石门县民政志》，2015年1月，第70~72页。
④ 湖南省地方志编纂委员会编：《湖南省志·民政志》，北京：中国文史出版社，1994年7月，第75~87页；湖南省地方志编纂委员会编：《湖南省志·民政志（1978~2002）》，珠海：珠海出版社，2009年1月，第260~265页。

撤销区921个，保留常德地区和湘西自治州县以下办事处12个。1961年各地在调整人民公社区划规模时设置县与公社之间区510个（包括片工委）。嗣后几经调整，至1990年，全省共设置区411个，2003年共设置区8个，至2004年年底，全部撤销。

乡镇政府（人民委员会） 湖南和平解放后，各地以旧保区域为基础，划定乡的行政区域，至1951年上半年，全省划乡8402个，互助合作组1000余个。1950年12月，中央人民政府政务院颁布《乡（行政村）人民代表会议组织通则》和《乡（行政村）政府组织通则》。1951年6月27日，湖南省人民政府下发《关于划小区乡工作的指示》，至1953年，全省设置乡政府15217个，互助合作组247697个；镇政府340个。1953年2月，湖南省人民政府下发《关于健全乡政权组织的指示》。至1954年4月，全省完成基层选举15232个乡（除邵阳专区2乡、黔阳专区10乡外），设置乡政府。乡政府由9～15人组成，各乡酌情设置生产合作、文教卫生、治安保卫、人民武装、民政、财政、调解等委员会。乡政府职责是直接联系群众，领导生产建设，组织人民行驶当家作主权力；贯彻执行县人民代表大会的决议与县政府的指示，讨论决定本乡人民提出的重大革新事宜；加强对人民的社会主义教育，交流传播互助合作社的经验与推广先进生产技术；根据人民意见，对乡政府工作人员进行批评和表扬。是年，全省调整镇设置，镇从340个减为259个。至1955年6月，全省设置乡15269个，互助组570311个。1955年，湖南各县按照《宪法》的规定，改乡政府为乡人民委员会（简称乡人委会）。1956年5月18日，省人委会决定撤销县人委会的派出机关——区公所后，实行县对乡的直接领导，全省调整设置乡人委会2950个，高级农业合作社46305个。

人民公社 1958年8~9月，湖南省将2964个乡及5.3万多个高级合作社合并组建人民公社1130个，年底调整设置公社1198个，生产大队11592个，生产队105000个。1961年，对社镇行政区划进行调整，是年年底，全省设置公社3545个，生产大队49479个，生产队458200个，建制镇154个。1966年，设置公社3362个，生产大队45704个，生产队416700个；1971年设置公社3328个，生产大队45412个，生产队458200个，至1978年5月全省设置公社3295个，镇165个，办事处98个；生产大队45276个，居委会1403个；生产队394435个，居民小组13565个。[①]人民公社实行政社合一体制，乡党委改为社党委，乡人民委员会改为社务委员会。人民公社是我国社会结构中工农兵学商相结合的基层单位，同时又是社会主义政权的基层单位。人民公社实行统一领导，分级管理制度。公社管理机构为公社管理委员会、生产大队、生产队。生产大队为经济核算单位，生产队为组织劳动的基本单位。[②]“文化大革命”中，公社管理委员会改为公社革委会，中共公社委员会与公社管理委员会（或革委会），实行“两块牌子，一套人马”，形成党政分工不明、基层政权职能不能正常履行的状态。

乡镇政府 1982年9~11月，中共湖南省委决定实行政社分开，建立乡镇政府，派出工作组，在浏阳县的镇头、跃龙、金江、普迹、官桥、北

---

① 湖南省革命委员会民政局编：《湖南行政区划资料》（内部参考），1978年5月，第3页。
② 罗昭义主编：《当代中国乡镇政权建设研究》，北京：光明日报出版社，2003年7月，第28~29页。

星、柏加、大塘山等9个公社进行试点。12月4日，全国人民代表大会公告公布施行《中华人民共和国宪法》，规定农村基层政权组织为乡、民族乡和镇人民政府。1983年4~7月，全省在164个公社实行政社分开试点。1984年1月，中共湖南省委、省人民政府下发《关于政社分开建立乡政府工作的通知》。至9月，全省共设置乡3090个（其中民族乡74个），生产大队改村委会47394个，生产队改村民小组496463个；设置镇513个，街道办事处144个，设居委会2721个，居民小组28337个。11月，国务院颁布新的建镇标准，湖南省统一规划了镇的建制，采取撤乡并镇或以乡改镇的办法，实行镇管村的体制，1986年冬和1987年春，县、乡两级人大换届选举中，省人大常委会党组向省委提出在乡镇人大主席团设立常务主席的建议，得到省委赞同。通过换届选举，全省3594个乡镇人民代表大会有2682个乡镇设立主席团专职主席，确定乡镇人大主席团常务主席的职责主要是受主席团的委托，做好召开下一次本级人民代表大会会议的具体准备工作：宣传法律和政策，宣传本级人民代表大会和上级人民代表大会及其常务委员会的决议、决定，向本级人民政府反映有关法律、政策和决议，决定在本行政区贯彻和执行的情况并提出建议；联系本级人民代表大会代表，组织代表联系选民、开展代表小组活动，向本级人大和本级政府反映代表、选民的意见和要求；依照法律的规定，协助和指导选区做好撤换和补选代表的有关工作；协助本级人民政府办理代表的建议、批评、意见；办理主席团交付的其他有关事项。[①]1995年2月，全国人大常委会第十次会议修订并颁布的《中华人民共和国地方各级人民代表大会和地方各级人民政府组织法》中规定，乡镇人大设主席1人、副主席1~2人。1987年1月28日，省委、省政府下发《关于加强农村基层政权建设有关问题的通知》。是年，在16个县（市）进行简政放权的试点，至1988年底，全省已下放给乡镇政府管理机构有教育、卫生、财政等。1990年，全省设置乡2804个，镇628个；2000年，全省设乡1310个，镇1055个；2010年，全省设置乡1052个，镇1109个。嗣后几经区划调整，至2013年，全省设置乡828个、镇1138个。2015年9月，中共湖南省委、省人民政府下发《关于开展乡镇区划调整改革的意见》（湘发〔2015〕15号文件）。9月22日，召开全省乡镇区划改革动员会。当年12月2日前，全省共申报撤并乡镇524个。至此，全省共设置乡334个，民族乡83个，镇1119个。至2016年6月30日，全省完成乡镇区划调整，全省共设置乡325个、民族乡83个、镇1128个。[②]

乡镇政府职权职能　乡镇人民政府是乡镇的基层行政领导机关，又是乡镇人民代表大会决议的执行机关，对乡镇人民代表大会和县（市）人民政府负责并报告工作。乡长或镇长，副乡长、副镇长每届任期3年。2004年新修订《地方组织法》规定为每届5年。2007~2016年，乡镇政府与县政府换届同步（2006年为县乡政府换届提前1年）。根据1986年12月第六届全国人民代表大会第18次会议修改后的《中华人民共和国地方各级人民代表大会和地方各级人民政府组织法》规定，乡镇人民政府行使以下职权：执行本级人民代表大会的决议和上级国家行政机关的决定和命

① 湖南年鉴社编辑出版：《湖南年鉴(1987年)》，第191页。
② 摘自《湖南省乡镇区划调整情况汇报》和“2016年湖南省乡镇统计表”等资料中数据。

令，发布决定和命令；执行本行政区域内的经济和社会发展计划、预算，管理本行政区域内的经济、教育、科学、文化、卫生、体育事业和财政、民政、公安、司法行政、计划生育等行政工作；保护社会主义全民所有的财产和劳动群众集体所有的财产，保护公民私人所有的合法财产，维护社会秩序，保障公民的人身权利、民主权利和其他权利。保障农村集体经济组织应有的自主权；保障少数民族的权利和尊重少数民族的风俗习惯；保障宪法和法律赋予妇女的男女平等、同工同酬和婚姻自由等各项权利；办理上级人民政府交办的其他事项。[①]乡镇机构设置为：中共乡镇党委会、乡镇人民政府、乡镇人大主席团、政协联络组（20世纪90年代设置）。在乡镇党委、政府之下，设党政办、纪检会、组织、宣传、武装部、综合治理办、派出所、司法办、法律服务所、民政办、国土站、财政所、统计站、税务所、工商所、计划生育办、计划生育服务所、卫生院、乡学区、乡中学、乡（村）小学、文化站、广播站、企业办、经营管理站、农业办、农机站、林业站、畜牧站、水管站、农电站、供销社、信用社、农行营业所、食品站、粮管站、邮电支局（所）和共青团、妇联等单位。

城市基层政权

中华人民共和国成立初期，湖南省仅长沙、衡阳两市在市以下设16个区公所，为市政府派出机关。1950年，湖南省设立8个市，在市以下设区、街人民政府；区、街之下建立居民委员会和居民小组（废除旧保甲组织）。1952年，城市街道开展民主建政。长沙、株洲、益阳等市在市以下设区政府，区以下设立街道各界人民代表会议办事处（简称街道办事处）。邵阳、湘潭、常德等市设街道人民政府或区公所。1954年5月，株洲市人民政府制定《街道办事处组织简则（草）》，在市区设市政府的派出机关，领导和检查居民委员会的工作，同时撤销原街道办事处。1954年12月31日，全国人大常委会颁布《城市街道办事处组织条例》后，湖南城市基层政权为市辖区和不设区的市人民政府；在不设区的市和市辖区政府之下所设街道办事处系政府的派出机关。其任务：办理市、市辖区人民委员会交办的有关居民工作的事项；指导居民委员会工作，反映居民的意见和要求。街道办事处主任、副主任、干事都由市辖区、不设区的市人民政府委派、编制3~7名。[②]1955~1956年，长沙、株洲、邵阳、益阳、常德、洪江等市先后建立街道办事处57个，衡阳、湘潭等市以区辖居民委员会。

1958年10月，全省城镇兴办人民公社。长沙、衡阳、湘潭、株洲、邵阳、益阳、常德、洪江等市，搭起架子的街道公社33个，工厂公社8个，学校公社7个。至1960年，省辖9个市中的长沙、常德、津市等市保存街道办事处39个。1962年后撤销城市街道人民公社，恢复城市街道办事处。

1985年全省设置城市街道办事处144个。1990年全省设置城市街道办事处171个，1995年全省设置城市街道办事处196个，2003年全省设置城市街道办事处225个，2010年全省设置城市街道办事处258个，2013年全省设置街道办事处344个，2015年，全省设置城市街道办事处375个。至2016年6月30日，全省设置城市街道办事处393个。

---

① 罗昭义主编：《当代中国乡镇政权建设研究》，北京：光明日报出版社，2003年7月，第52~53页。
② 湖南省地方志编纂委员会编：《湖南省志·民政志》，北京：中国文史出版社，1994年7月，第150页。

张家界市行政区划图

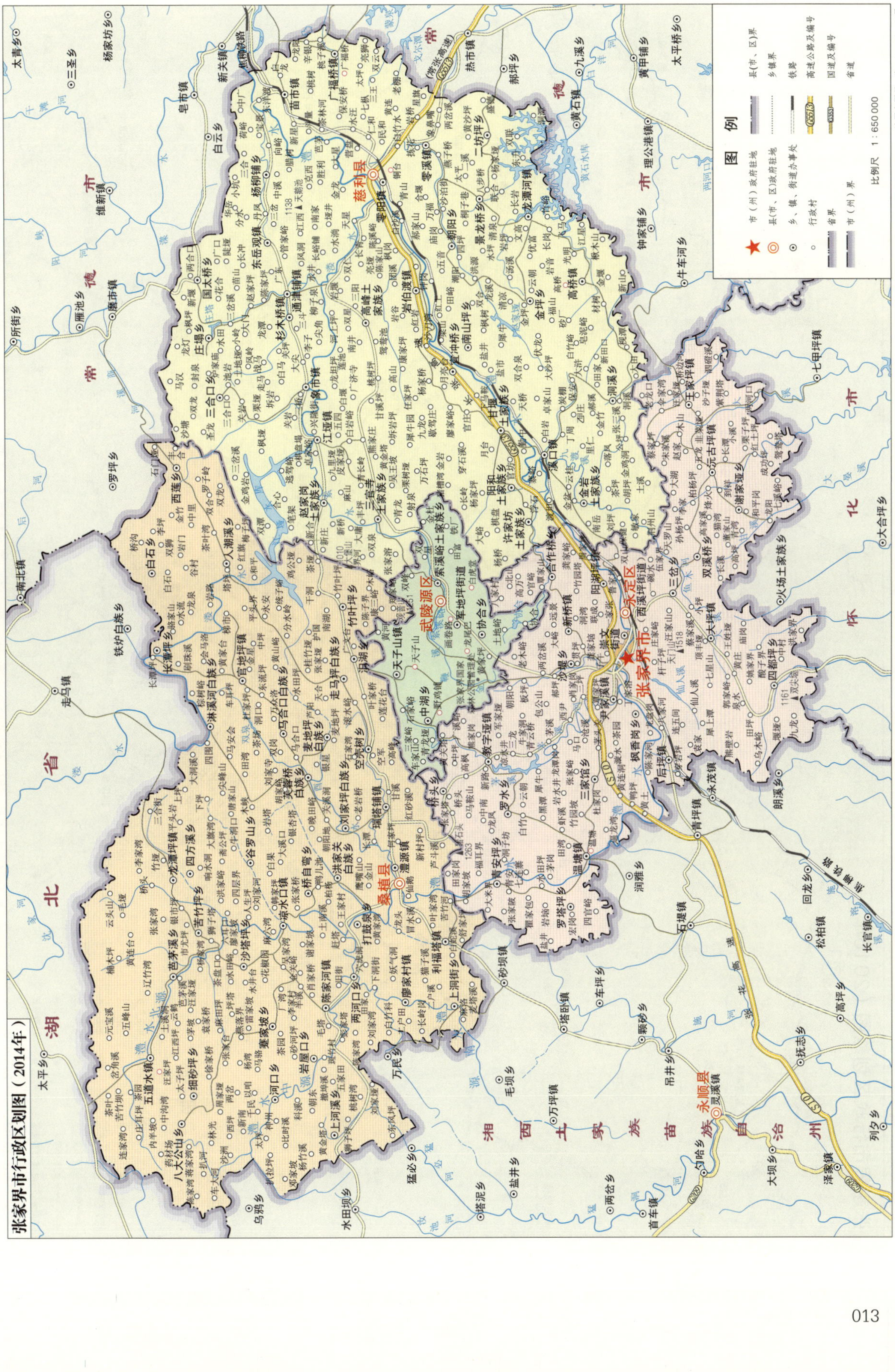

地图审图号：湘S（2017）177号

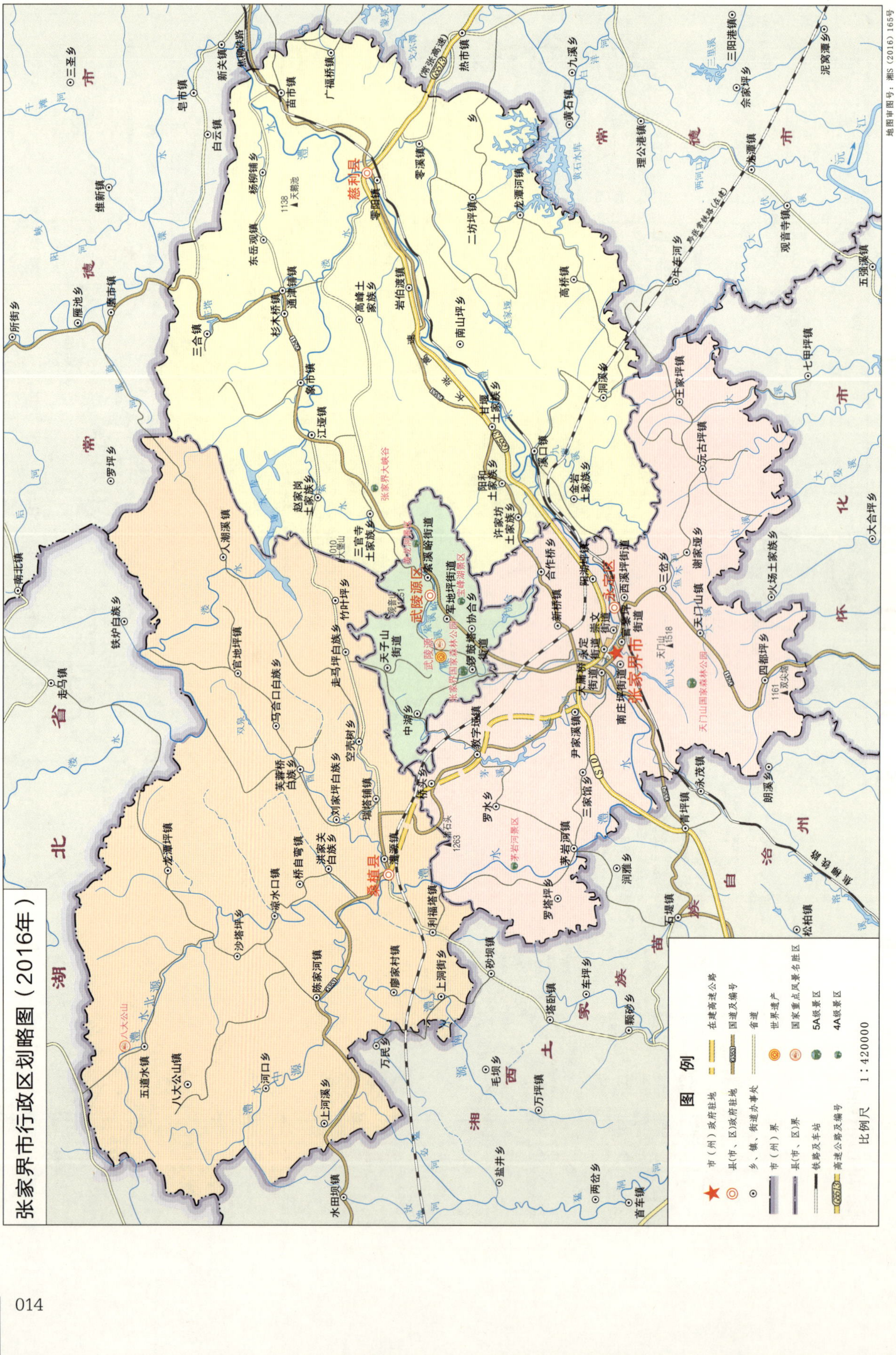
张家界市行政区划略图（2016年）
地图审图号：湘S（2016）165号
图例
市（州）政府驻地
县（市、区）政府驻地
乡、镇、街道办事处
市（州）界
县（市、区）界
铁路及车站
高速公路及编号
在建高速公路
国道及编号
省道
世界遗产
国家重点风景名胜区
5A级景区
4A级景区
比例尺 1：420000
张家界市
慈利县
桑植县
武陵源区
永定区
湖北省
常德市
怀化市
湘西土家族苗族自治州
零阳镇
东岳观镇
杨柳铺乡
苗市镇
广福桥镇
零溪镇
二坊坪镇
龙潭河镇
高桥镇
南山坪乡
岩泊渡镇
高峰土家族乡
通津铺镇
杉木桥镇
三合镇
象市镇
江垭镇
赵家岗土家族乡
三官寺土家族乡
阳和土家族乡
许家坊土家族乡
甘堰土家族乡
溪口镇
金岩土家族乡
洞溪乡
索溪峪街道
军地坪街道
协合乡
中湖乡
天子山街道
大庸桥街道
崇文街道
永定街道
南庄坪街道
官黎坪街道
西溪坪街道
阳湖坪镇
新桥镇
合作桥乡
沅古坪镇
王家坪镇
三岔乡
谢家垭乡
天门山镇
四都坪乡
尹家溪镇
教字垭镇
罗水乡
三家馆乡
茅岩河镇
罗塔坪乡
桥头乡
沙堤乡
官地坪镇
马合口白族乡
走马坪白族乡
竹叶坪乡
人潮溪镇
芙蓉桥白族乡
刘家坪白族乡
空壳树乡
瑞塔铺镇
澧源镇
洪家关白族乡
桥自湾镇
龙潭坪镇
淋溪河乡
沙塔坪乡
陈家河镇
廖家村镇
利福塔镇
上洞街乡
五道水镇
八大公山镇
河口乡
上河溪乡
天门山国家森林公园
张家界国家森林公园
张家界大峡谷
茅岩河景区
八大公山

张家界市情综述

一

张家界市位于湖南省西北部，地处武陵山脉腹地，澧水中上游。地理坐标：北纬 28° 52′ ~ 29° 48′，东经 109° 40′ ~111° 20′，东接常德市石门、桃源县，南邻怀化市沅陵县，西与湘西自治州永顺、龙山县相邻，北与湖北省鹤峰、宣恩县接壤。市境东西长 167 公里，南北宽 96 公里，总面积 9516 平方公里，占全省国土总面积 4.5%。2014 年年底，全市总人口 171 万人，其中，以土家族、白族、苗族为主的少数民族人口占 75.28%。

张家界市历史悠久，商周时期地属荆楚，春秋战国为楚之黔中地，秦属黔中郡，汉属武陵郡。三国至清代，历属天门郡、北衡州、崇州、澧阳郡、澧州路总管府、慈姑（慈利）州、慈利县、永顺府。中华民国分属武陵道、永顺府和第二、第四、第八行政督察区。中华人民共和国成立后，分属永顺专署、常德专署和湘西土家族苗族自治州、常德市。1988 年 5 月，国务院批准建立省辖地级大庸市，1994 年 4 月更名为张家界市。

张家界市是革命老区和贺龙元帅的故乡。在中国革命历史的洪流中，勤劳勇敢的张家界人民走过极不平凡的历程，为中国革命作出重大贡献，付出巨大牺牲。自 1840 年鸦片战争以后，中华大地爆发的辛亥革命、五四运动、北伐战争，总有张家界籍仁人志士参与其中，勇立潮头，为民族独立和人民解放甘洒热血，英勇斗争。土地革命时期，张家界地区是湘鄂边、湘鄂西、湘鄂川黔革命根据地的发源地和中心区域，任弼时、贺龙、周逸群、关向应、萧克、王震等老一辈革命家在此领导并创建红色根据地。在这块土地上，先后诞生和孕育了红四军、红二军团（红三军）、红二方面军，造就了 168 位共和国将帅和一批党和国家领导人。在张家界这块红色土地上，先后有 20 多万人参加革命，2 万多人参加红军，6 万多人为革命牺牲。

张家界市旅游资源得天独厚，拥有中国首批世界自然遗产、全球首批世界地质公园、世界“张家界地貌”命名地、中国第一个国家森林公园、国家首批 AAAAA 级旅游景区、全国文明风景区“六张烫金的名片”。境内属中亚热带山原型季风性湿润气候，历年平均气温 16℃左右。市域核心景区为武陵源风景名胜区，它由张家界国家森林公园、索溪峪、天子山、杨家界 4 大景区组成，总面积264平方公里。20世纪80年代初，“这位养在深闺的绝代佳丽”被撩开面纱显露其绰约的丰姿，旋即蜚声华夏，饮誉全球。石英砂岩峰林世界绝版，被世界地貌组织命名为“张家界地貌”。在武陵源景区周围，呈放射状分布有天门山国家森林公园、茅岩河、国家级自然保护区八大公山、九天洞、贺龙纪念馆、刘家坪红二方面军长征出发纪念地、道教圣地五雷山、张家界大峡谷等景区景点。全市已开发各类景区景点300多个，其中等级旅游区16个。这些丰富的自然和人文景观，与武陵源风景名胜区交相辉映，使张家界形成以武陵源为中心、“众星拱月”式风光胜地圈，使张家界成为湖南旅游的龙头、对外开放的重要窗口和美丽中国的靓丽名片。

张家界市民族文化底蕴深厚，民俗风情多姿多彩。大庸阳戏，土家摆手舞、毛古斯舞，白族仗鼓舞、九子鞭舞，苗族接龙舞等构成张家界民族传统文化精华。桑植民歌被列为全国首批非物质文化遗产。渊源流长的张家界硬气功，曾出访欧洲七国表演，一路雄风，观众叫绝，大振国威。根植于民族生产生活的民族服饰、转角木楼、饮食习俗、婚丧习俗、宗教信仰、传统工艺、特色产品、人闻轶事等，饱含着当地少数民族的智慧和勇敢，体现出民族同胞丰富的文化天赋和艺术涵养，以致传承为当今推陈出新、颇具地方特色的现代民族文化。这些异彩纷呈的民俗风情，构成张家界旅游资源的重要组成部分。

1978年中共十一届三中全会以后，尤其是张家界地级市建立以后，依托资源优势加快发展，经济实力不断增强，城市建设日新月异，人民生活水平不断提高。先后建成张家界荷花国际机场、张家界火车新站、张家界至长沙和张家界至花垣2条高速公路，张家界至桑植高速公路、黔张常高速铁路正在建设。张家界市被列入全国4个旅游综合改革试点城市，国家首批生态文明先行示范区，荷花国际机场是武陵山片区唯一获准全面对外开放的二级机场。2014年，全市实现生产总值410.02亿元，第一、二、三产业增加值分别为49.33亿元、99.80亿元、260.99亿元，人均生产总值27051元；实现旅游接待总量3884.58万人次（其中境外旅游260.17万人次），旅游总收入248.7亿元，旅游成为拉动张家界发展的支柱产业。全市有星级宾馆38家，旅游接待总床位7.11万张。2014年，全市财政总收入41.22亿元，城镇居民人均可支配收入18055元，农民人均纯收入6332元，社会消费品零售总额138.4亿元。2014年底，全市有普通高校2所，幼儿园313所、各级各类中小学校260所（不含教学点），中小学在校学生189002人。有艺术表演团体2个，群众艺术馆、文化馆108个，公共图书馆4个，博物馆、纪念馆7个。全市广播、电视综合覆盖率分别为62.44%、96.58%，各类体育场馆1212个。全市有卫生机构（含村和社区卫生机构）1371个，卫生技术人员7215人，医院、卫生院拥有床位总数6612张。全市新型农村合作医疗参合率99.7%，社会保险综合参保率90.99%，新型农村养老保险参保88万人。

二

1989年，新建大庸地级市按区划体制正式运转，全市设20个区公所（办事组）、20个镇、97个乡、4个街道（办事处）。1992年，撤销桑植县五里桥乡，并入澧源镇。1993年，撤销永定区西溪坪乡，并入西溪坪街道；撤销慈利县高桥乡，设立高桥镇。1994年，撤销慈利县蒋家坪乡，设立太平镇。1995年，根据全省统一部署，全市进行以撤区并乡建镇为主要内容的行政区划大调整。共撤销20个区公所、3个镇、80个乡（含民族乡），新设10个镇、5个民族乡。至1996年年底，全市设29个镇、9个乡、9个民族乡、4个街道，共计1638个建制村（居）、15588个村（居）民小组。针对1995年撤区并乡规模过大、不利于行政管理和经济社会发展的现状，1998年，对全市乡镇行政区划进行调整。永定区调整为6个街道、8个镇、13个乡；慈利县调整为13个镇、11个乡、7个土家族乡；桑植县调整为9个镇、22个乡、7个白族乡；武陵源区保持1镇3乡（其中1个土家族乡）行政区划不变。调整后，所析置乡镇基本以1994年乡镇区划为界。此后无大的变化。

2014年，张家界市辖永定、武陵源2区和慈利、桑植2县，共7个街道、32个镇、47个乡、15个民族乡，140个社区、1514个建制村，辖1150个居民小组、14388个村民小组。2015年湖南省进行撤乡并村改革，张家界市撤并30个乡镇、545个建制村。其中，永定区撤并7个乡镇、115个建制村，武陵源区撤并2个乡镇、9个建制村，慈利县撤并6个乡镇、230个建制村，桑植县撤并15个乡镇、191个建制村。2015年末，张家界市辖8个街道、64个乡镇。其中，永定区辖王家坪、教字垭、茅岩河、新桥、尹家溪、天门山、沅古坪7个镇，桥头、谢家垭、四都坪、合作桥、罗塔坪、罗水、三家馆7个乡，永定、崇文、南庄坪、大庸桥、西溪坪、官黎坪6个街道；武陵源区辖协合、中湖2个乡，军地坪、锣鼓塔2个街道；慈利县辖零阳、岩泊渡、溪口、东岳观、通津铺、杉木桥、象市、江垭、苗市、高桥、广福桥、三合、零溪、二坊坪、龙潭河15个镇，南山坪、洞溪、杨柳铺3个乡，高峰、金岩、阳和、三官寺、许家坊、赵家岗、甘堰7个土家族乡；桑植县辖瑞塔铺、澧源、利福塔、廖家村、龙潭坪、五道水、人潮溪、官地坪、陈家河、八大公山、凉水口、桥自弯12个镇，竹叶坪、空壳树、上洞街、河口、上河溪、沙塔坪6个乡，走马坪、刘家坪、洪家关、芙蓉桥、马合口5个白族乡。

永定区行政区划图

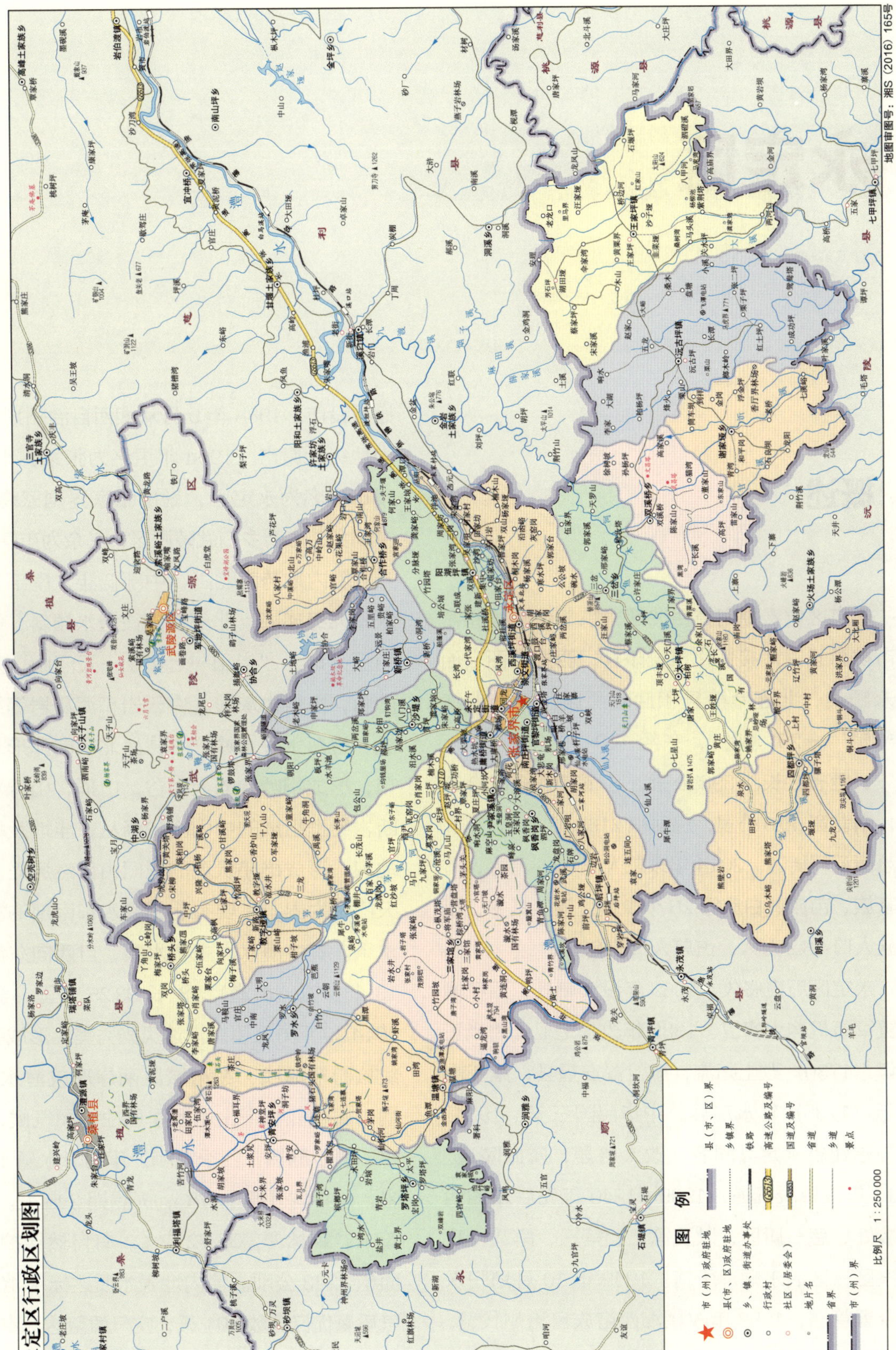

永定区

概述

永定区位于湖南省西北部，东邻慈利县和常德市桃源县，南接怀化市沅陵县，西抵湘西自治州永顺县，北连桑植县和武陵源区。地处北纬28° 51′ ~29° 25′，东经110° 04′ ~110° 55′，距省会长沙398公里。区域东西长80.2公里，南北宽60.6公里，总面积2169.03平方公里。区治西溪坪街道。2014年末总人口47.6万人，有土家族、苗族、白族等26个少数民族。其中，土家族人口38.2万人，占总人口的80%。

永定区历史悠久。1369年设大庸县，后在境内置军事机构大庸卫，1389年改永定卫。清雍正八年（1730）改土归流，撤卫置安福县，雍正十三年（1735）建永定县。中华民国三年（1914）因与福建省永定县同名，改大庸县，属武陵道。1916年改属辰沅道，1935—1940年先后属湘西绥靖处、慈石庸区，以及第二、第三、第八行政督察区（区治永顺）所辖。1949年10月划归永顺专署管辖，1952年改属湘西苗族自治州代管，1957年属于湘西土家族苗族自治州辖。1985年撤县设市。1988年5月从湘西自治州划出，升格为地级大庸市（1994年更名为张家界市），原大庸市更名为永定区，划出张家界国家森林公园、中湖乡、协合乡归武陵源区，其余为市辖永定区。

境内地势南北高，中部低洼，南部最高向沅水呈梯级递降，北部偏高往澧水倾斜，为半环状山丘盆地。“崇山—七星山—天门山”为境内主山脉，主要由灰岩、白云岩和泥灰岩等组成，是沅、澧两水分水岭，主脉呈北东向弧形长带状展布，形成喇叭状的大峪谷。山顶、山脊平坦，有断岩绝壁组成的中山峪谷峰丛，洼地及峰脊谷地地貌，形成雄伟状观的天门山自然风光。水系以天门山为界，主要有北部澧水和南部的沅水两大水系。其中澧水为主要水系，自西向东流经境内13个乡镇（街道），流长93.25公里，流域面积1614.29平方公里。沿途风光秀美，形成张家界西线旅游精品线，在市城区两岸形成澧水风貌带。境内属中亚热带山原型季风性湿润气候，冬少严寒，夏少酷热，四季温和。年均降水量1345.6毫米，年平均气温17.7℃，无霜期295天。2014年年末，森林覆盖率72.97%。有自然保护区7个，面积3243公顷。境内地表水质达标率100%，空气质量优良天数301天，空气质量达标率86%。

境内资源丰富，已探明资源储量的矿种14

种。主要有：天门山的铁、煤、磷、镍、钼等矿石，青安坪乡、三家馆乡的重晶石、石煤、石灰石、大理石等矿石，还有铜、铅、锌、钒、雄黄、石膏、铝土、陶土等30多种矿石。野生动物有熊、豹、猕猴、大小灵猫、黑鹿等27种。鸟类有红腹角雉、白鹤等6目13科41种。有木本植物106科、319属、820种。世界仅有的12科裸子植物，境内有9科。国家列为保护的树种110种，境内有35种，有木本和草本药材320种。稀见的花卉有鸽子花、龙虾花、山荷花、紫花杜鹃等。

永定区有世界闻名的天门山景观，秀美的澧水风光；有青安坪乡、温塘镇的茅岩河平湖及温泉，三家馆乡境内的澧水特大桥峪谷风光、茅岩河漂流；有罗水乡的龙凤梯田和罗塔坪乡的槟榔谷等帐篷天堂。特色产品有三家馆湘西黄牛、茅溪清水鱼等。王家坪、沅古坪、谢家垭、四都坪等乡镇至今有保存完好的土家族吊脚楼群，保存着传统的农耕文化。大庸阳戏、茅古斯舞、大庸硬气功，以及“鬼谷子”“覃垕晒皮”等传承着千年不朽的民族文化，与境内神奇的自然风光交相辉映。

改革开放尤其是张家界市建立以后，永定区经济社会发展取得辉煌成就。境内形成航空、铁路、高速公路等立体交通网络，城区澧水风貌带的建设，鹭鸶湾大桥、观音大桥、澧水大桥、大庸桥4座大桥的南北拉通，永定区成为张家界市旅游的核心服务区。2014年年末，实现生产总值168.48亿元，第一、二、三产业增加值分别为15.71亿元、37.29亿元、115.48亿元；完成固定资产投资121.34亿元，社会商品零售总额68.2亿元，城镇居民人均可支配收入20321元，农村居民人均可支配收入6640元，公共财政收入7.92亿元；公路通车里程2482.51公里。全年接待国内外游客1663.56万人次，实现旅游总收入147.85亿元；年末金融机构存款余额205.16亿元，贷款余额172.22亿元。全区拥有普通高等学校2所，中等职业教育学校6所，小学、中学适龄人口入学率分别为99.98%、99.8%。有艺术表演团体2个，博物馆、公共图书馆、文化馆各1个，广播电视综合人口覆盖率97%。有医疗卫生机构418个，总床位2716张，卫生技术人员2946人。新型农村合作医疗参合率99.51%，城镇基本医疗保险参保人数145311人。有各类体育场馆（地）474处，参加全民健身人数20万人。

民国时期建乡、保、甲制，大庸县设11个乡、1个镇（永定镇）。中华人民共和国成立后设区、乡制，设8个区，30个乡、1个镇；1985年11月，设4个街道（永定、官黎坪、西溪坪、大庸桥）、7个办事组，27个乡5个镇。1995年撤组并乡建镇，设4个街道8镇3乡，1998年调整为6个街道8镇13乡。2002年，设6个街道9镇12乡至2014年底。2014年年末，辖区设永定、崇文、大庸桥、南庄坪、官黎坪、西溪坪6个街道，阳湖坪、后坪、尹家溪、新桥、教子垭、温塘、沅古坪、王家坪、大坪9个镇，枫香岗、沙堤、合作桥、罗水、桥头、三家馆、罗塔坪、青安坪、双溪桥、谢家垭、三岔、四都坪12个乡，共27个乡镇（街道）。2015年湖南省实行区划调整改革，辖区设永定、崇文、大庸桥、南庄坪、官黎坪、西溪坪6个街道，尹家溪、新桥、教子垭、茅岩河、沅古坪、王家坪、天门山7个镇，合作桥、罗水、桥头、三家馆、罗塔坪、谢家垭、四都坪7个乡，共20个乡镇（街道）。

永定街道

中商广场

区域概况

位置面积

永定街道地处张家界市城区中心，澧水北岸，东抵梯湾港、北正路、南正路与崇文街道，南以澧水河为界，西以张家界国际大酒店西边围墙和大庸桥街道为界，北以紫舞台紫舞村分水岭为邻。总面积5.18平方公里。

建置沿革

史称永定镇，为大庸县治所在地。1949年10月大庸解放后，属大庸县一区管辖。1953年2月将城区从一区析出，永定镇为区级人民政府。

1958年9月后，分属红星人民公社、澧水人民公社。1962年10月，澧水人民公社分成城郊人民公社（1982年4月更名为白龙泉人民公社）和永定镇（1968年9月改名为永红镇，1982年1月恢复永定镇）。1985年11月建立大庸市（县级），成立永定街道。1988年5月，大庸县级市升格为大庸地级市（今张家界市），辖永定区，仍设永定街道。1997年8月析永定街道置崇文街道。

行政区划

2014年，永定街道辖解放、北正、教场、回龙、后溶街、崇实、紫云等7个社区居委会，共32个居民小组。街道办事处驻回龙社区居委会。

自然环境

辖区海拔160～183米，最低点是南门口，最高点是望城坡。澧水河自西向东流经教场、后溶街、回龙、崇实4个社区居委会。属中亚热带山原型季风性气候，年均气温16.8℃，日照1450小时，降水量1497毫米。

人口民族

境内早期以向、覃、田、彭、冉、陈、刘等姓氏土著人居多。明朝，为镇压覃垕起义，实施长期屯兵，驻军5000人，加上亲属，姓氏骤增到36姓，分别来自江西、安徽、江苏、山东等地。2014年年末，辖区共有23062户，总人口61300人（含流动人口）。境内是以土家族为主的少数民族聚居地，常住人口主要是汉族、土家族，其次是苗族、白族。

经济发展

经济综述

工商服务业是永定街道经济的主要来源。1978年，境内居民年人均收入200多元。2002年，街道办事处实现生产总值3.01亿元，工商税收0.18亿元。2008年，实现生产总值8亿元，各类税收0.368亿元，居民人均收入1.5万元。2014年末，辖区有市场7个，金融机构网点22个，工商企业4285个，实现财税收入7700万元，城镇居民人均可支配收入28844元。

商贸服务

明清以前，永定镇官商逐利，其繁华的场景被历代官府和商贾赞许为中国内陆的“小南京”。1949年前，虽无大工厂，但民间手工工匠经常走街串巷，有木匠、铁匠、铜匠、篾匠、弹匠、裁缝、瓦匠等。1950年，境内有私商617户、1369人，登记资本额48.53万元。1951年，开始兴办私营工厂大明电厂和远大织布厂。1952年，私营资本发展到735户。1953年开始对资本主义工商业实行社会主义改造，1956年全镇兴起公私合营热潮。是年1月15日起，有“生昌”“油盐”“南货”“百货”“书纸”“国药”“瓷铁”等33家私营企业转入公私合营。合营后，境内工业总产值137.23万元，社会商品零售额增加140万元。1960年，公私合营企业商业全部划转集体和国营，实行计划经济体制管理。1964—1967年，是永定辖区经济发展的最低谷。到1982年开始企业改制前，区域经济发展缓慢。

1983年永定镇企业实行改制。1984年，汽车队、镇办汽配厂、拖拉机站、轻工机械厂合并成汽车配件厂，对其他不景气的工业企业全面推行关停并转。吕金初、余虾子等10余人率先开设个体餐馆和私营商店，数年后，富甲一方。是年，辖区申报个体工商户1501户，从业人员2019人。1987年，余虾子出席湖南省首次个体工商业先富户表彰大会，受到省委领导的亲切接见和鼓励。20世纪90年代，毛巾厂、芙蓉时装厂、童帽厂、老酒厂、建材厂、木材公司等先后破产。

逸城广场

1994 年，辖区实现工业总产值 1.8 亿元，居民人均收入从 1988 年的 1570 元递增到 3481 元。非公有制经济创造税收占财政收入 30%以上。

中共十四大以后，计划经济逐步向市场经济转变，国有商业企业、私营经济得到发展。随着张家界市旅游业及城市建设加快发展，城市人口不断增长，饮食、酒店服务、商业贸易、休闲娱乐等行业，新峰市场、奇峰市场、岩塔市场等农副产品交易市场，汽车站、茂隆商城等副食品批发市场，梅尼、新一佳等大型超市，华联、华翔、逸巨广场、电子市场、维巷十字街等专业卖场，21 世纪初的中商广场、逸臣广场等商业市场异军突起。

旅游服务

随着张家界旅游业的蓬勃兴起，辖区宾馆酒店入住率较高，普通床位价格上涨幅度较大。为满足旅游高峰期的吃住需要，各商家开始在张家界市区投资建设高档宾馆酒店，街道辖区宾馆酒店如雨后春笋出现，大街小巷到处可见。2014 年，辖区有五星级酒店 5 家。

金融服务

1949 年前，永定镇南门大码头船泊运输交易繁荣，各商家在此开行设号。1949 年后，在老十字街建立县内第一家银行——大庸县人民银行。后人民银行搬迁，在其旧址又建立中国工商银行张家界市分行。随后，建设银行、农业银行等相继落户辖区，各银行纷纷在辖区设分网点和自动取款设施，拓展金融服务业务。2014 年年底，各商业银行与宾馆酒店和商业运营点均实行刷卡消费，金融服务方便快捷。

基础设施

城市建设

永定镇地处澧水中下游，上通桑植，下连洞庭，是湘西北水路交通重镇。1949 年前，大庸县城是城墙环绕的古城，城区外围有澧水河，城内有东门溪、西门溪；城内各类建筑风格别致。由于“破四旧”及多次城市建设地扩展，老建筑仅存普光禅寺和辖区内的苏维埃纪念馆。1949 年后，随着经济发展，人口递增，老城已不能适应城市发展需求。20 世纪 60 年代，兴建汽车站。70 年代，修建县人民医院（今市人民医院）、中医院、新星电影院、百货大楼、县政府大楼等。1972 年，在古人堤修建第一座澧水大桥。1980 年，重建南北向的南正街，新建人民路、教场路、北正路、大桥路，东西向的回龙路、解放路、天门路。80 年代，修建天门山旅社、奇峰市场、都乐宾馆、玉泉宾馆等。1986 年，兴修紫舞路。90 年代，兴建观音大桥、邮政大厦、良苑大厦、穗丰大酒店、边贸市场、祥龙宾馆、邮电公寓、人民银行、建设银行等大楼。21 世纪初，为适应城市规划发展需要，汽车站由城市中心迁至官黎坪，并修建逸臣大厦、新影视城、新峰市场、商业大楼、市人民医院、白龙泉小区、妇幼保健院、中商广场、区检察院和市委大院正门等。2014 年初，开始沿河城市棚户区改造和滨河路修建。2014 年年底，辖区有大小街道 147 条，其中，主街 10 条，小巷 137 条；有紫舞公园、庸都文化园等休闲健身公园。

城市管理

1985 年，辖区居民较少，大多由城市建设征地实行农转非和外来人口迁移而来。随着城市建

大庸府城

紫舞公园

设规模的扩大和人口的快速增长，21 世纪初，加强环境治理、治安管理、信息服务等，市容市貌和环境卫生状况实现根本性好转。2008 年，完成城区 9 条巷道的硬化、亮化，总长 2730 米，面积 8993 平方米；改造疏通下水道 2730 米，修建垃圾站 8 个，安装果皮箱 120 个；绿化、硬化居民房前屋后空坪隙地 16248 平方米，完成生态创建示范户 28 户；拆除违法违章建筑 18 处、1724.1 平方米。到 2014 年年底，7 个社区居委会全部完成辖区小街小巷的路面硬化、下水道的治理和垃圾转运站建设，水电和电信、移动等信息网络到户，新建小区实现天然气地下通道输送。随着街道建设加快，公共汽车和出租车成为旅客主要交通工具。7 个社区成立治安联防队，实行 24 小时值班，并配备有专门的治安巡逻车。

社会事业

学校教育

明朝，境内设卫学，天门书院在天门山麓。1757 年，创建嵩梁书院，院址在原老县城文庙前左侧（今普光禅寺右侧）。清末，设私塾，均在各私寓家中教学。1905 年，城东半边街办幼稚园 1 所，命名“福音幼稚园”。1922 年，江西会馆的李子涛创办敦谊私立小学；是年 8 月，大庸商会创办崇实小学。1938 年，设镇立幼儿园 1 所，曾收容 500 余名从石门迁至大庸的抗战期间流离失所的难童，因安置不下，分流于大悲庵中，有部分送入四川。至 1949 年 10 月，境内教育有在校学生 485 人，其中，大庸一中有学生 200 余人。

1949年11月后，县人民政府首先恢复“福音幼稚园”，全县当年入校学生3035人。1950年，全县恢复学校138所，入校学生15375人。1951年，大庸初中、敦谊小学、崇实小学等全部转为公立小学。1956年，县设立幼儿园，入园儿童231人。1958年，辖区入校学生3100余人。20世纪80年代，辖区中小学入学率98.63%，巩固率97.26%。20世纪末，辖区有澧滨、解放、崇实3所小学和白龙泉中学。白龙泉中学后改为张家界第五中学。崇实小学多项课题实验研究获省基础教育教研奖，多次在国家和省级教学比赛中获奖。1998年澧滨小学被评为省百所现代教育实验学校、全国科普创新示范学校。至2014年，辖区有小学3所（澧滨、崇实北校和解放小学）、中学1所（张家界五中）。

文化体育

1949年后，在永定镇内10余个机关驻地和古人堤、分脉垭等地发掘古墓1000余座，出土文物3000余件。证明早在新石器时代，有先民在境内繁衍生息。流传至今的文化艺术有傩愿戏、阳戏、花灯、狮子灯、鬼谷神功（硬气功）、茅古斯舞、元宵灯会、龙舟赛等，民间艺人有丁云宗、金德安、金德胜等。1995—1997年，教场社区龙舟队连续荣获全市龙舟比赛第一名。2000年，鬼谷神功（硬气功）走出国门，到英国、荷兰等6个国家演出。2011年、2012年，回龙社区先后荣获城区首届广场舞三等奖和广场舞优胜奖。当代艺人有赵秋红、王生洪、杨鹏远、全树华等，他们年年参与全区元宵灯会比赛，经常组织到市区乡村大汇演。境内各社区还建有文化体育活动室，成立有10个“剑”“拳”“球”协会组织，紫云社区组排的“激情摆手舞”荣获全市2014年广场舞比赛二等奖。

辖区节假日文化、广场文化、校园文化、家庭文化丰富多彩。2009年庆祝国庆60周年“激情文化广场”文艺演出，街道组织近500人，演出节目85个，演出4场。2014年年末，辖区有体育场所12个，面积17500平方米；文化广场3个，活动面积1400平方米；社区文化活动室7个，面积605平方米。体育健身活动室配备乒乓球桌、健身跑步机、羽毛球、网球等；有影视城1个，歌舞娱乐场所17个，营业面积9133平方米。人均拥有文化体育场所面积1.1平方米。街道每年正月十五开展龙灯、花灯、狮子灯比赛，端午节组织龙舟赛。落户辖区的泊富国际文化城已动工建设。街道办事处文化站曾获“省百强文化站”称号。

医疗卫生

1905年，芬兰传教士在永定镇销售西药。1916年，芬兰传教士建福音堂。1930年，永定籍中医师罗石渠开始经营销售西药，遂在观音桥

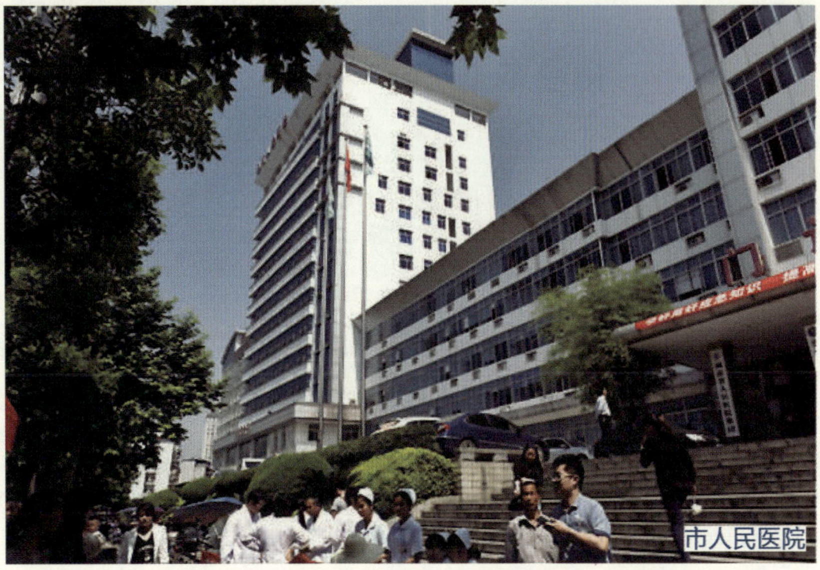
市人民医院

开设私立医院。1939 年，辖区设西医卫生所。1940 年后，因西医高额利润吸引四邻外医纷纷赴庸办医。永定镇内建起孟、田、余、裴、郭、马、文、张、陈等 10 余家私人医院。1949 年 10 月后，县人民政府接管卫生所，命名为大庸县人民卫生院。1958 年，组建大庸中医院。1970 年设县卫生局，统管全县卫生工作。1984 年，改永定镇卫生院为永定镇医院。20 世纪 90 年代，增设私立宏仁医院，组建区卫生防疫站和妇幼保健院。2014 年年末，辖区有张家界市人民医院、张家界中医院、永定医院、永定妇幼保健院 4 家公立医院和私立宏仁医院；有医疗网点 53 个，年营业收入近 6 亿元。

居民生活

永定街道地处张家界市城区中心地段，城市发展直接影响居民生活。老百姓的住房由原来的土木房，向砖混结构和框架结构延伸，富裕的居民修起高楼大厦，拆迁的居民住进标准小区，少数贫困居民办理最低生活保障，住上保障房。2014 年年底，辖区缴纳医疗保险 12303 人，缴纳城镇居民养老保险 3448 人。

特色地情

历史人文

永定古城 1371 年建大庸卫后修建大庸卫城，城池约 1.5 平方公里。1389 年大庸卫城改名永定卫城。永定城墙高 2 丈 4 尺，周长 2010 丈。城墙雉堞 1650 个，高 4 尺，商铺 62 个。东城门名朝阳门，南城门名朝天门，西城门名镇彝门，北城门名拱极门。小东门名土门，除土门外，各有城楼。清朝康熙四十六年（1707）曾补修城墙。雍正十三年（1735）加砌筑女墙，筑女墙周长 1080 丈，高 1 丈 5 尺，五门有城楼。咸丰十一年（1861）为防石达开攻城，五大门添设炮台 10 余座。中华民国 36 年（1947），永定城内有民房 9.85 万平方米。至 20 世纪 70 年代，城墙年久失修。到 21 世纪初，已不复存在。

南门码头 湘西水路运输商业物资集散地，曾被官府和商贾称为“小南京”。明朝以前，永定日消费食油 20 担、大米 300 担。清朝时期日消费食油 30 担、大米 500 担。外地入永定经商者比比皆是。明朝时期迁入 6 大名医（王、毛、彭、兰、杨等）和 10 大商人（冯、刘、郁、李、吕、周、张等）。6 大名医代表王宗远曾受到永定卫使的表彰，卫使为其题写门诊匾额为“龙宫真传”，生意十分红火。商业主要是经营食盐、布匹、杂货，收购贩运桐油、茶油、棉花、苧麻等土特产品。每年有数万吨货物在永定汇集，从水路运出。陆路运输有骡马队、挑夫帮，其路线从大庸进花垣过秀山入四川。永定镇船舶上航桑植，可运 20 吨级，下航洞庭，可运 50~80 吨级。康熙乾隆时期，商业经济发展最昌盛。后因乾隆五十一年（1786）猪石头莲花山滑坡，阻断澧水航线，使桑植与大庸河道停运 158 年。期间，清政府曾多次投资疏河，直到 1944 年重新开通运行。清末，永定镇最大商号为咸宜商号，有 50~80 吨级航船 80 余艘，在黄家铺、阳湖坪、大庸溪等沿河租用民房仓库 10 余栋，常年雇请人力挑夫数百人（主要是下乡收购桐油）。咸宜商号在永定县内设八大批发商店（主要批发食盐、布匹），商店年盈利光洋 10 余万元。每年从乡下收购桐油 1500 余篓（每篓 140 斤），直到 1946 年共经营 6 年桐油生意，共计在香港销售 3000 余篓，赢利法币 1.2 亿元；在武汉销售 5000 余篓，赢利光洋 800 余万元，曾垄断永定镇食盐供应近 10 年。同期还有“雷丰太”“王恒太”“大成永”“万亿生”等商号。布匹店有周友余、宋经权、永生福、邱伯记、王安福、王兆记、聂文孝、龙达人等。据《永定乡土志》记载，江西、福建、山西帮会富商拥有“千役万仆”，赚钱不计其数。2010 年以后，因城市改造和实施张家界市城区澧水风貌带工程，南门码头已不复存在。

名优特产

老永定人有较为传统和良好的美食习惯。粮食主要以大米为主，红薯、玉米等为辅；菜肴则以土家腊味、三下锅、本地鸡等地方特色小吃和农家蔬菜为主。烹饪简便，美味可口。随着张家界旅游业不断发展，南来北往的游客食宿习惯，改变、丰富了辖区美食内涵，南方口味、北方水饺、韩国口味、日本料理、美国快餐等在辖区落户。为满足外地游客对饮食的需求，商家也钻研传统口味，打造葛根粉、土家腊味、本地土鸡、鸭肉、剁辣椒等一系列品牌土家特产，推出土家三下锅、老武鱼头等系列本地特色餐馆。辖区大街小巷各种小吃应有尽有，酒店菜肴也花样别致。

风景名胜

中共湘鄂川黔省委旧址 中共湘鄂川黔省委旧址（纪念馆）位于张家界市城区解放路 179 号。省委旧址原建筑是 1918 年西班牙神甫修建的砖木结构天主教堂房屋，中西古典建筑风格，占地面积 2800 平方米。东头三堵矮墙围着一栋木房，形成院中院。1934 年 11 月，红二、六军团在任弼时、贺龙、关向应等领导下，在大庸县城天主教堂成立中共湘鄂川黔省委、省革命委员会、省军区。三间小屋是红二、六军团领导人任弼时、贺龙、萧克的工作室和卧室，西头是省委礼堂、省委扩大会议和省直各部门会议室。会议室现陈列着 166 位红军将帅的照片；北面是省委、省革委、省军区直属部门办公用房。纪念馆内陈列红二、六军团以少胜多、以弱胜强，打败国民党围剿的光辉事迹（如十万坪、陈家河、板栗园、鸡公垭、

湘鄂川黔省革命委员会旧址及纪念馆

忠堡等战场模型）和3000多位英烈名录。旧址于1962年被定为湘西自治州文物保护单位，1992年被定为市级文物保护单位。1993年12月修复湘鄂川黔省革委旧址，并新建湘鄂川黔苏区纪念馆。1996年1月被定为省级文物保护单位，2006年6月被定为国家级爱国主义教育基地、国家级文物保护单位。

澧水风貌带 位于永定街道辖区澧水北岸、天门山对面，澧水河流经街道4个社区居委会。澧水防洪堤未修建之前，每逢暴雨，城区洪灾。21世纪初，修建防洪堤，城市居民不再受害。2010年以后，大力加强城市建设，提升张家界旅游品质，制定分期实施修建澧水风貌带的计划。至2014年，已完成澧水大桥至逸臣广场的建设和绿化，可以健身休闲，赏澧水风光，观天门山雄姿。

（撰稿人：钟光环 张宏和 图：吴斌 赵宗山）

崇文街道

城市一角

区域概况

位置面积

崇文街道东临阳湖坪镇，南有澧水河与官黎坪街道和西溪坪街道隔河相望，西接永定街道和大庸桥街道，北临新桥镇和沙堤乡，地处张家界市老城区。总面积 19.45 平方公里。

建置沿革

1949 年 10 月前，属永定镇。1958 年 9 月，属红星人民公社。1961 年 3 月，属澧水人民公社。1968 年 9 月，属永红镇。1982 年 1 月，属永定镇。1985 年 11 月，属永定街道。1997 年 8

月，建崇文街道至今。

行政区划

2014年，崇文街道辖凤湾、禾家山、燕窝塔、宝塔岗、思善桥、南正、沿河7个社区居委会和子午、长湾、代家湾3个建制村，共33个居民小组、28个村民小组。

自然环境

境内地势南低、北高，最高处长湾村文家垴海拔622.8米，最低处宝塔岗社区茅塔海拔150米。土壤主要以黄壤为主，其次是红壤等，矿藏主要有石灰矿。境内河流有分别发源于代家湾、红砂湾的东门溪和红砂溪，均注入澧水。境内年平均气温17.2℃，无霜期269天，降水量1345.6毫米，日照1368.4小时。有冰冻、大风、旱涝等自然灾害。城市交通四通八达，旅游景点集中，旅游服务设施齐全，宾馆酒店随处可见，是旅游度假、休闲的好去处。

人口民族

2008年，辖区总户数19545户，总人口45997人，其中，城镇居民44012人。2011年年末，总户数18923户，总人口43601人，其中，城镇居民42225人。2014年年末，辖区总人口54178人。其中，土家族人口35157人，占总人口的63%；汉族18727人，占总人口的34.6%；还有苗族、白族、藏族、朝鲜族、瑶族、侗族、哈萨克族、满族、维吾尔族等民族。

经济发展

经济综述

近年来，崇文街道主要以城市发展为中心。2008年，城镇居民可支配收入12320元，财税收入2320万元。2014年，实现财税总收入6400万元，城镇居民可支配收入19800元，农民人均纯收入5300元。境内是全市金融中心，各大金融机构在辖区内设有服务网点，年末金融机构存款余额1812万元，贷款余额678万元。

商贸服务

1949年前，境内没有官方商贸机构，民众购买货物均与私人商店和个体商贩进行交易。1953年，成立永定镇供销社，郊区成立城郊供销社，为当时商贸流通主渠道，开展辖内商贸服务业务。1978年改革开放以后，计划经济向市场经济转轨，供销合作改体，新办的大多为私营企业和个体私营商业，商业贸易进一步繁荣。近年来，随着张家界旅游事业飞速发展，为旅游服务的宾馆、酒店、商店等服务行业快速发展。辖区有蓝天酒店、通达国际酒店等星级宾馆、酒店。2014年末，全处有商业网点1175个，从业人员10199人；宾馆、酒店65家，从业人员1343人；社会消费品零售总额7.79亿元；农贸市场2个，建材市场1个，贸易成交额13亿元。

农业

1949年以前，境内耕作制度落后，粮食和经济作物产量很低，主要粮食作物有水稻、包谷、高粱、小麦、黄豆、红薯等，经济作物主要有棉花、油菜、苎麻等。1949年10月以后，贯彻实施“农业八字宪法”，发动群众建山塘、筑河坝，修水库，改善农业灌溉条件，组织互助组、农业生产合作社，并推行改良品种，推行双季稻，实行稻稻麦、稻稻油合理密植，农业收入逐步上升。1978年推行三系杂交水稻，赴海南制种，1987年粮食最高单产500公斤以上。20世纪90年代后，深化农村改革，完善农业水利基础设施建设，普及推广良种，提高农业机械化普及程度，增强抵御自然灾害的能力，农民收入有较大幅度增长。近年来，发展优质水果、蔬菜、茶叶和特色养殖业，围绕服务城市发展旅游农业、品牌农业和生态农业，建立专业村、专业户。2014年，境内生产水果2511吨、蔬菜1425吨，发展特种养殖业2户、养猪专业户4户，出栏生猪1850头，年产值300万元。2014年年末，辖区耕地总面积175公顷亩，粮食总产量438.71吨，实现农业总产值250万元。

林业

1958年“大跃进”，全民大炼钢铁，由于烧木炭，林木资源过度采伐。1962年为解决粮食困难，毁林开荒种粮，森林资源严重损毁。1965年，响应“绿化祖国”号召，组织发动群众植树造林，到20世纪70年代，先后兴办林场3个。2001年以后，实行退耕还林系列政策，鼓励群众植树造林。2014年，有林地总面积2015公顷，其中生态公益林面积912.266公顷，森林覆盖率63%。

劳务输出

2010年，辖区外出务工人员212人，创收318万元。2014年，辖区有外出务工人员714人，主要去广州、上海、北京等地，外出劳务总收入1285万元。辖区有进城务工农民工125人，外来务工人员235人。

基础设施

交通运输

1949年前，境内无公路，物资运输主要靠澧水航运。20世纪50年代，先后修通大庸至永顺、慈利公路。1965年修通至桑植公路，1972年12月修通至吉首公路。1978年10月，枝柳铁路建成通车。2005年12月，张家界至长沙高速公路建成通车。2014年来，辖区有10个村（居）委会通水泥公路，79.3%的村（居）民小组通公路。

邮电通信

1947年，在观音桥设邮政代办所。1949年10月，成立邮政局，负责邮政电信业务。1995年开通中国移动通信业务。2014年，辖区有邮电机构3个，报纸杂志累计发行量近100万份；移动电话普及率98%，互联网上网入户率90%，有线电视入户率100%，广播电视全覆盖。

长张高速公路

鸬鹚湾大桥

供电饮水

建在宝塔岗社区的永定区第三水厂，为辖区机关、学校、企事业单位及居民提供生产生活用水。2013 年，投资 5 万元，整修子午村人畜饮水池 400 立方米，解决子午村 1、2 组 320 人安全供水问题；投资 3 万元，维修黄沙泉至卧虎洞的饮水管道，解决长湾村 1、2、3 组 220 人集中供水问题；投资 8 万元，修建黄沙泉至市科技局水果园路段的饮水工程，解决代家湾村农户水源问题。每逢严重干旱年月，崇文办事处组织干部、群众送水上山下村，解决山区人畜饮水困难。2013 年 7 月持续高温、少雨天气，子午、长湾、代家湾 3 个村农作物受灾面积 198.33 公顷，有 418 户、1115 人和 720 头大牲畜出现饮水困难，办事处组织送水 104 吨、桶装水 128 桶。

水利建设

1950 年后，中国共产党和人民政府重视水利设施建设。1959—1969 年，投资 16.22 万元，在永定镇先锋大队修建黄沙泉水库，水库集雨面积 3.7 平方公里，坝高 24.5 米，有效库容 167 万立方米，灌溉农田面积 163.33 公顷。2014 年年底，子午村修山塘 8 口，长湾村修山塘 21 口，代家湾村修山塘 15 口。原茅溪水库引水渠道，经过子午、长湾、代家湾部分村组，现已废弃。黄沙泉到长湾卧虎洞、代家湾水果基地分别铺设有饮水管道。

社区建设

崇文街道办事处是 1997 年新组建的城市、农村综合办事处。为加快城市社区服务项目建设，完善社区服务基础设施，提升社区服务功能，2008 年完成社区工作用房建设。投资 80 万元，建设宝塔岗社区服务中心，面积 320 平方米；投资 60 万元，选址子午路燕窝塔小区建燕窝塔社区，建筑面积 483.16 平方米；投资 45 万余元，选址迎宾北路建禾家山社区，建筑面积 185 平方米；投资 70 万元，选址南正路郭家塔巷建沿河社区，划拨原区财政局函授学校用房，建筑面积 580 平方米。因南门口按规划建设特色街区，沿河社区用房面临再次拆迁，已购买维港十栋二楼新办公用房，面积 465.45 平方米。

社会事业

学校教育

1940 年 3 月，设县立第一小学，后将县立一小、敦谊、崇实 3 校合并，命名为联合实验小学。1941 年，开办国民小学；10 月，在大悲庵创办湖南省第八职业学校，年底迁址县城考棚内（今回龙东路）；1942 年，校址迁至武庙（今解放路北侧）；1948 年下学期，学生由 154 人增加到 240 人；1950 年 3 月停办。1951 年，县立第一、二完小合并为永定镇中心小学。之后，升格为中学，1982 年改为永红完全中学，1983 年改设大

东门桥夜景

庸民族旅游职业学校，是湖南省创办最早的旅游职业学校。开办初期有1个班、47名学生；1993年迁出初中部，成独立建制的职业高中；1995年更名为张家界旅游职业学校，是年被批准为省重点中等职业学校；2001年被批准为示范性中等职业学校建设先进单位，2009年搬迁到西溪坪办事处永定大道南侧。

1922年创办张家界敦谊实验小学，1957年转为公立小学，20世纪70年代初更名沿河小学，1981年被评为省、州、县三级重点小学，1984年6月恢复敦谊小学原名，1990年被确定为永定区实验小学，2002年被确定为全国现代教育技术实验学校。1938年创建张家界市第一中学，1980年被确定为省属重点中学，2004年正式挂牌“湖南省示范性普通高中”。学校占地161838平方米，总建筑面积为59930平方米，绿化面积70%以上，校园布局合理，学校实验仪器、体育设施、卫生医疗器械均达到省一类高中标准；2012年底有教学班54个，教职员工252人，其中，有国家级、省级骨干教师16人，市级优秀教师、骨干教师18人，有8人获得国家级先进个人荣誉称号。1996年成立崇文学校，系九年制学校，2003年更名为崇文办事处中心学校。张家界四中是1991年从大庸民族旅游职业学校初中部划分出来而组建的学校，因1989年北门小学与澧滨学校合并为澧滨小学，在北门小学旧址上建大庸四中，后更名为张家界四中；2014年有教学班24个，学生1250人，教职工101人。1987年创办北门村幼儿园，1989年经验收成为市级中心幼儿园。

2014年末，辖区有中学1所，学生1250人，

张家界市第一中学

人民广场

教师101人；有小学1所，学生961人，教师63人；幼儿园23所，入园幼儿2602人，教职工220人。

文化体育

1950年12月设民教馆，1951年改名文化馆。1950年筹建大庸电影院，后易名为“星火电影院”，院址设在县城下河街，1955年迁南正街，1959年6月改名为大庸人民电影院。1956年6月，建立阳戏剧团，1958年7月批准为民间职业剧团，1966年“文化大革命”开始后，剧团解散。1970年，成立“毛泽东思想文艺宣传队”，排演革命样板戏，1971年更名为“文工队”，1977年后，恢复原民间剧团，1979年9月更名为“大庸县阳戏剧团”，1986年改为大庸市阳戏剧团。

近年来，推进文化发展，加快现有文化设施和基层文化设施配套建设，取得显著成效。2012年张家界市城区元宵灯会被评为全国五大节文化品牌之一、全国春节文化特色地区。2014年末，辖区有公共文化设施面积20790平方米，其中，文化馆（站）、村级文化活动室11个，面积4980平方米。辖区有业余文艺团队5个，建立社区十大艺术门类（器乐、声乐、舞蹈、曲艺、戏剧、摄影、美术、书法、文化和民俗），群众艺术人才109人，业余文艺爱好者数万人，有各类文化文艺工作者上千人。2014年，南正社区举办春节联欢晚会。办事处参加永定区举办的“正月春节七天乐，大家都快乐”文艺晚会，各社区负责一日一晚文艺演出节目。2014年7月，有7个社区参加“欢乐潇湘·文化永定”活动。

中华民国初期，学校设体育课，体育活动有体操、双杠、田径、拔河和球类活动。1951年，大庸初中、中心小学都建有篮球场、排球场。1953年，大庸初中（今张家界市一中）迁至东门坪，学校建有田径场、篮球场、排球场、足球场，并定期开展篮、排球训练和比赛。是年，推行少年儿童广播体操和眼保健操。1983年，中小学以围绕《国家体育煅练标准》为核心开展体育活动，将达标作为评“三好”学生的条件之一。1982年以后，县（区）每年举办一次中、小学体育竞赛活动，比赛项目有篮球、田径、乒乓球等。敦谊小学体育代表队在省、州（市）、县（区）举办的中小学运动会上，连续10年保持县（区）小学组团体总分第一名，2001年被评为全国群众体育工作先进单位。1988年全州中、小学生运动会在大庸召开，大庸高中组获得团体总分第三名，初中组获得团体总分第一名。2010—2012年，宝塔岗社区男子龙舟代表队，连续获得永定区龙舟赛第一名。2014年，辖区有学校、机关、体育活动场地40个，社区（村）体育活动健身场地4个，面积42885平方米；有民间体育活动健身组织15个，成员700多人。经常参加体育健身活动的人口占辖区常住人口的40%以上。

医疗卫生

1952年在永定镇设立镇卫生所，1958年改为镇卫生院。1970年，各大队设立合作医疗卫生室，并配备了赤脚医生。1984年，永定镇卫生院改为镇医院。1986年10—12月，将镇卫生院移交永定街道办事处主管。2008年，成立崇文街道办事处社区卫生服务中心。1978年改革开放以后，境内医疗卫生事业得到迅速发展，群众看病难、吃药难现象得到根本改善。2014年末，境内有医疗机构1个，门诊部（所）4个，共有床位10张，专业卫生人员36人，社区居民和农村新型农村合作医疗参保率100%。辖区内还设有单位及个人诊所21个，有从医资格人员31人，群众看病就医便捷。

社会保障

2014年，境内全面落实最低生活保障和医疗保险政策1252户2415人，困难群众实现应保尽保。全年为低保对象发放低保金380多万元，为15户44人扶贫对象发放扶贫资金17600元，弱势群体日常生活有基本保障。城市居民和农民共26495人参加医疗保险。社区（村）有五保对象10人，每人每月发放生活费250元。

特色地情

历史人文

崇文街道人文荟萃。1914年出生的范子瑜，1934年10月参加革命工作，1935年5月加入中国共产党，是年参加中国工农红军。1955年被授予少将军衔。曾任商业部部长、解放军总后勤部副部长。中国共产党第十次、第十一次全国代表大会代表。1915年出生的汤毅强，合作桥乡人，离休后定居燕窝塔居委会。6岁去四川其父汤子模（北伐军第八军军长，兼北伐左翼联军前线总指挥）驻地，后定居常德。在武昌省立高中毕业后，考入杭州之江教会大学化学系。抗日战争爆发后，回原籍岩口创办国民小学。后转入浙江大学勤工俭学，先后在浙大附中、婺川县中任教师，1944年奔赴印缅战场当志愿翻译官。1946年在大庸县中任教师，1949年7月加入“中原局社会部”（党的地下组织）。1953年3月调保靖中学等校工作28年。1980年任大庸县政协副主席。离休后，为教育事业捐资4万余元。2013年7月12日病逝。1945年出生的龚光明，先后帮助社区失足青年、待业青年和下岗职工189人，为128人找到了工作；先后照顾、帮扶孤老残疾人163

人。先后被评为“全国模范居委会主任”“全国首届奉献杯优秀社区工作者”“张家界建市20周年建设功臣”“湖南省劳动模范”。1957年出生的余大鸣，女，中共党员，解放军第二炮兵政治部歌舞团创作室国家一级编导、大校军衔、中国舞蹈家协会会员，国家“文华导演奖”“五个一工程奖”“荷花奖”“中国戏剧节导演奖”获得者，获新中国成立60周年中国舞蹈艺术“突出贡献舞蹈家”称号。2008年奥运会开闭幕式担任主创编导，是“印象刘三姐”“天门孤仙”“曲江大唐芙蓉园”“太极武当”等旅游文化品牌的首创者。

名优特产

军声砂石画，本着纯扑、自然、创新的文化理念，将艺术与市场相结合，为张家界旅游作出一定的贡献，在艺术界倍受好评。2000年，军声砂石画《古城》荣获第三届中国工艺美术精品博览会金奖。军声砂石画创始人李军声创办的砂石画院，集民间特色工艺品研究开发、生产和销售为一体，被称为“砂石画艺术宫殿”，也是广受中外游客青睐的国家AAA级旅游景点。

风景名胜

普光禅寺　坐落在张家界市区，是一处古建筑群景观。寺庙建于明永乐十一年（1413）。整个建筑采用传统斗拱和藻井结构，设计精巧，雄伟壮观，由大山门、二山门、钟鼓楼、大雄宝殿、玉王阁、高贞观、武庙、牌坊等组成一个庞大的古建筑群，具有宋、元、明、清各朝建筑风格和特点。同时融佛教文化、道教文化、儒家文化于一体，在建筑和宗教方面都有较高的研究价值。

普光禅寺

著名古建筑学家陈从国教授称普光禅寺是中国古代建筑第一流的建筑。

回龙阁 原是一处古建筑，中华民国 13 年（1924）寺僧火烛失慎，观毁阁坍。20 世纪 90 年代，林业职工首倡建阁，各方筹资 75 万元，历经 6 年，回龙阁告竣。回龙阁高 32 米，占地数十亩，楼层间阶梯，凡二十五级。既是参观游览的景点，也是多功能森林防火瞭望台。立阁之上，可尽览澧水、张家界市城区。第四层有一铜钟悬挂，钟高 1.5 米，直径 1 米，赫然镌刻“警钟长鸣”大字。钟旁置一丈余木杵，吊钟一经撞击，全城噌吰，清脆宏亮。1999 年世纪之交，市、区干部群众在此为千禧之年叩响迎新钟声。

卧虎洞 形成于距今 5 亿年前寒武纪中晚期，因洞中发掘出 3 具完整的华南虎骨，及一处岩溶洞酷似卧虎而得名。距市城区 2.8 公里，是一处溶洞景观。洞内面积 30 万平方米，洞高 200 余米，游道全长 3000 余米。洞内有洞，洞深景美，妙趣横生。加之灯光幻化，宛如迷宫。洞内冬暖夏凉，洞外花香鸟语，空气清新。

张家界烈士陵园 土地革命时期，张家界是中华苏维埃共和国湘鄂川黔省委、省革委、省军区的所在地。在长期的革命斗争中，涌现出无数英雄儿女，永定区人民付出惨重的代价，先后为革命捐躯的革命烈士有 2800 多人，其中团以上干部 100 多人。为缅怀先烈，教育后人，原大庸县人民政府于 1985 年作出修建烈士塔的决定，选定在国营农场回龙观第二个山地为塔址，并从县国营农场划拨 4.2 公顷山地供修建陵园和绿化用地。1986 年 3 月 3 日纪念塔奠基动工兴建，10 月落成此塔，并建成山上的环形公路、烈士公墓。烈士纪念塔位于陵园山顶，高 23 米，威严挺拔，雄伟壮观。

崇文塔 位于宝塔岗社区，建于清乾隆十九年（1754），为原永定知县马燧募建。塔成八角形七级，高 25 米，塔身为阁楼式，自上而下逐级缩

烈士纪念碑

崇文塔

小，塔内无柱，各层均以塔壁枋架、铺垫木楼板，楼梯依壁盘旋而上。清乾隆十八年（1753），马燧从浙江来永定赴任，他围着永定城走了一圈，说：“永定人才不出，文风不振”，因东边地势低洼脉气太弱，便倡议修建一座宝塔配风水，于是他倡导募捐，在城东山岗上修建一座七级宝塔。同时在一侧临河建东岳宫（“文化大革命”中被毁）。塔建成那天，四乡民众都来庆贺，每人提一锡壶酒，共400多壶，酒后一同交给马燧。马燧将锡壶铸成塔顶，并亲自命名叫“崇文塔”，同时在塔顶层供魁星菩萨，意取“魁星点斗”。

风俗民情

生产习俗 辖区自古以来有插秧糊仓、吃鲊苞的习俗。每年农民请邻居、亲朋好友帮忙插秧，插秧结束后，便给主人糊泥巴，主人绝不生气，传说泥巴糊得越多，秋收谷子就收得多，此俗称“糊仓”。主人用鸡、鸭、鱼、肉、蛋和酒招待插秧人，俗称“插秧鲊苞”。随着社会发展进步，此俗基本消失。

饮食习俗 旧时，辖区人家户户都做坛子酸菜，多数人爱吃辣椒。腊月间杀猪、宰羊、炕腊肉、做血豆腐、灌香肠、炒炒米、做糯米粑粑、炒包谷子、炒葵花子。农历三月三日，农妇用嫩蒿和糯米粉做成蒿子粑粑，俗称“扎蛇眼”。五月五日端午节，家家包粽子，门上挂菖蒲、艾蒿。八月十五中秋节，包桐叶粑粑。每逢节庆，便设酒席招待客人，农村每桌10碗，每桌8人。城市区用园桌，一般是12菜一汤，一桌10人。席分为上、下、旁，长辈、贵宾坐上席，一般客人坐下席（又称“朝席”），晚辈坐旁席（又称“边席”）。

居住习俗 崇文人民大多是聚家族而居，如“刘家坡”“文家垴”“代家湾”，农村一般人家修屋，都是一排三间，中间是堂屋，是办理婚丧大事、接待贵宾的场所。居住地基，一般选择背风向阳、座北朝南、依山傍水的地方。1978年改革开放以后，城乡和农村出现建房热，多数人新建砖瓦房和楼房，条件好的还建成五层钢筋水泥结构的平顶楼房。土家人修屋有上梁习俗，上梁师傅两人一唱一合，还向观望人群抛粑粑。

节庆习俗 春节，户户门前贴春联，家家屋内贴年画，人们走亲访友请春客，民间的花灯、狮子灯、龙灯、三棒鼓，从白天到深夜，在城内各街道巡回演出。清明节，子孙们为凭吊祖先，到祖坟前挂“清明吊”，燃香、点蜡、烧纸线，组织青少年学生到烈士陵园扫墓。中秋节，民间做叶儿粑粑，一家人团圆赏月吃月饼。

丧葬习俗 新中国成立后，破除迷信，解放思想，死者亲属好友送花圈、祭幛，举行追悼会，孝男和孝女头披白长巾。亲属好友臂戴白孝巾，或手臂上佩戴黑纱，表示哀悼。“丧歌”又叫“孝歌”，土家人死后，其亲人请唱歌的师傅，夜晚在灵柩前，唱歌伴灵柩，歌师不要工资，有唱一夜的，也有唱两三夜的，出柩前一夜，叫“大丧夜”。

（撰稿人：李嗣禹　图：吴斌　赵宗山）

大庸桥街道

澧水风貌带

区域概况

位置面积

大庸桥街道位于张家界市老城区西大门，东与永定街道接壤，西与尹家溪镇交界，南与南庄坪街道隔澧水河相望，北与沙堤乡相连。总面积11.34平方公里。

建置沿革

1949年10月前属大庸县官尹乡。1949年11月，属大庸县第一区；1953年4，属第三区；1955年7月，属夏庄坪区；1956年6月，属三坪乡；1956年12月，属夏庄坪基点乡；1958年6月，属夏庄坪区；1958年9月，属卫星人民公社；1961年3月后，属三坪人民公社、城郊人民公社（1982年4月更名白龙泉人民公社，1984年4月更名白龙泉乡）。1985年11月，大庸撤县建市，由白龙泉乡析置大庸桥街道至今。

行政区划

2014年，大庸桥街道辖大庸桥、热水坑、月亮岛、且住岗、大栗坡、名流园6个社区居委会，共47个居民小组。街道办事处驻大庸桥社区居委会。

自然环境

辖区属中亚热带山原型季风性气候，年均气温16.8℃，日照1450小时，降水量1497毫米，四季温和。澧水河自西向东流经且住岗、月亮岛、大庸桥3个社区，防洪堤未修之前有水灾发生，1998年洪涝灾害大庸桥街道受灾严重，2006年修建防洪堤后，抵御洪涝灾害的能力增强。境内有森林面积473.93公顷、耕地面积187公顷，蔬菜种植面积37公顷，成为市城区“菜蓝子”工程的重要基地之一。有投资数千万元、占地百余亩的大庸桥公园，是游客和市民休闲、度假的场所。

人口民族

2011年年末，辖区总户数6290户，总人口12885人。2014年，辖区总人口13421人，其中，土家族人口12750人，占总人口的95%；人口出生率15.4‰，自然增长率12.56‰。

经济发展

经济综述

大庸桥街道办事处的经济以建筑、建材、旅游服务、房地产开发为主。2008年，全处实现生产总值4.25亿元，其中，农业产值1025万元，工业产值3.6亿元；财政收入1500万元，城镇居民可支配收入9825元，农民人均纯收入4183元。2014年，全处实现生产总值46607万元，财政收入3700万元，职工年人均工资收入47047.44元，城镇居民可支配收入19188.83元。

工业企业

2008年，有处办企业9家，社区办集体企业18家，个体民营企业895家，实现产值3.6亿元。张家界元尔药业有限公司是湖南康尔佳药业集团旗下的一家全资子公司，主要从事中西药的生产及销售。公司固定资产1.8亿元，占地面积5.8公顷，房产面积3万平方米，有员工217人，有前处理车间、综合制剂车间、口服青霉素车间、头孢车间及片剂生产线、颗粒剂生产线、胶囊剂生产线、煎膏剂生产线和80个药品生产批文，年产值过亿元，是辖区内的龙头企业。2014年，辖区有机砖厂、水果厂等个体企业5家。

商贸服务

辖区有地方民族特色的三角坪武大腊味餐馆、土家干菜一条街餐馆。有现代气息浓厚的4星级酒店韦斯特大酒店，还有个体自营旅店、餐饮店80余家和五金、建材、电工、铲车、挖土机、推土机等销售门店30余家。

房地产开发

2014年年末，开发建成的项目有湘银天门一号、月亮湾小区、鑫成君泰小区、山城上品小区、华都山庄、大庸桥片安置区、颐乐园小区、蓝色港湾小区、明鑫澧水湾小区、熙城春天一期、思源小区等。

基础设施

交通运输

辖区交通便利，省道1801线可通往长沙；紫午西路连接张桑公路通往桑植；张清公路通往世

大庸桥公园

界风景名胜张家界森林公园、黄龙洞。紫舞西路一、二期工程均竣工通车；天崇路、孟坪路、月亮湾路等城市主干道已基本完工。市城区1、2、3、6、7、10、11路公交车及武陵源、森林公园旅游线路车均从街道主要道路通过。到2014年年末，辖区6个社区、47个居民小组，全部通水泥公路，100%的居民小组通路，路网正持续建设中。四通八达的交通网络给街道发展提供良好的基础条件。

邮电通信

到2014年，辖区内有邮政代办点10处，物流中心3处；境内移动电话、联通电话、互联网上网入户率98%以上；有线电视入户率100%，广播电视实现全覆盖。

城市建设

近年来，辖区已成为张家界市的重点开发建设区域，木龙滩电站、大庸桥公园、月亮湾高级别墅区、市委四号院及市民中、吉首大学张家界学院扩建等重点工程已相继完工并投入使用。大庸桥街道办事处服务中心办公面积826.17平方米，业务窗口分布明确，宣传窗口显眼清晰。6个社区分别建有办公服务场所，总面积3800平方米。社区业务窗口配备完善，农家书屋，电子阅览室，老年活动中心和社区活动中心等便民设施应有尽有。辖区6个社区共安装有“天网”摄像头120个，路灯1900盏。

水利建设

辖区有峪口、孟坪、且住岗等小（2）型水库3个，孟坪水库修建于1952年10月，有效库容18.3万立方米，灌溉面积90公顷；峪口水库修建于1970年10月，有效库容27.8万立方米，灌溉面积106.67公顷；且住岗水库修建于1971年10月，有效库容11.5万立方米，灌溉面积100公顷。有大型山塘1个（大栗坡水库）。木龙滩电站选址月亮岛社区澧水河木龙滩，是澧水河上第六个梯级电站工程，实际投资3.5亿元，于1995年10月开始建设，2002年年底基本竣工；大坝控制水面面积8.51万平方米，总库容3240立方米，电站装机2.5千瓦，年发电量2.89万千瓦时。张家界市澄潭水厂位于月亮岛社区境内，负责整个市城区的主要饮用供水。

社会事业

学校教育

辖区是张家界市文化教育中心，幼儿教育、小学教育、中学教育、高等教育齐备。1985年成立办事处以后，有大庸桥中学、大庸桥小学、热水坑小学、且住岗小学。因市城区规划改造，到2014年底，有吉首大学张家界校区、吉首大学张家界学院和张家界航空工业职业技术学院等省属大学3所，高中有张家界市民族中学，小学有且住岗小学、大庸桥中心小学，幼儿园11所、在园幼儿1700多名；高中阶段毛入学率86.6%，平均受教育年限10.36年。

吉首大学张家界校区原为武陵高等专科学校，1992年挂牌，2002年10月并入吉首大学。吉大

吉首大学张家界学院校门

张家界校区位于大庸桥社区居委会的卧虎山，占地面积 83.33 公顷，现有教职工 500 余人。张家界校区属吉首大学本部管辖。学校先后获得“全国民族团结进步模范集体”“湖南省文明单位”“湖南省高校毕业生就业工作先进单位”等荣誉。学校设有旅游与管理工程、美术、外国语、软件服务、城乡资源规划等 5 个本科学院，1 个民族预科教育学院，1 个林产化工程湖南省重点实验室。校区面向全国 28 个省、市、自治区及港澳地区招生，2014 年有各类全日制本科生、少数民族预科生、硕士研究生 5800 余人。

吉首大学张家界学院是吉首大学举办的一所独立学院，2014 年全日制在校本科学生 7300 人，开设本科专业 39 个。学院坐落于热水坑社区居委会，占地面积 49.87 公顷。学院以提高质量强校，以彰显特色名校，面向地方经济发展培养“通识素养宽厚、专业基础扎实、职业技能熟练”的应用型高级专业人才。学院教师主持国家级、省级科研、教改课题 40 余项，获得湖南省教学科研各项成果奖 30 余项。学院学生在国家级、省级各类竞赛中屡创佳绩，在第六届中国纪录片国际选片会上荣获金奖 1 个、银奖 2 个、铜奖 3 个；在 2010 年湖南省大学生体育舞蹈邀请赛中荣获团体一等奖 4 个、单项一等奖 9 个；在第五、第六届

张家界文化广场

大学生广告艺术大赛中荣获一等奖3项、二等奖6项、三等奖10项。学院先后与韩国、美国、澳大利亚、日本、加拿大等国的13所高校建立校际合作关系，通过交换留学生、暑期赴海外带薪实习、校际互访、学术交流等形式让学生开阔视野、增长学识、提高能力。

张家界航空工业职业技术学院（新校区）占地面积33.33公顷，投资5亿元，2014年年底基本竣工，属省、部级职业技术学院。学院设有模具设计、机械设计、航空制造工程、航空维修工程、航空电气工程、信息工程、旅游管理与经济管理、五年高职部、基础部、体育部10个系（部），开设有机械设计与制造、模具设计与制造等高职专业28个。其中，数控技术、模具设计与制造、电气自动化技术、旅游管理4个专业为省级教学改革试点专业。图书馆藏书60万余册、计算中心拥有计算机800余台。学院是全国计算机等级考试考点，全国大学英语四、六级考点，郑州航空工业管理学院张家界函授站。学校有现代化的专业实验、实训室32个。

文化体育

张家界市博物馆、市图书馆、市文体广播中心均设在大庸桥社区居委会境内。全市的各种文艺汇演、群艺活动、春晚都在市文化广播中心举办，从而推动境内居民开展文化娱乐活动。根据土家族爱唱山歌、玩花灯、闹元宵的特点，开发忠节灯，组建花灯队10个、龙灯队5个、“夕阳红”腰鼓队10个，中老年街舞队40个，正常开展活动，活跃居民节假日气氛、丰富市民文化娱乐生活。2014年年末，辖区有学校、机关体育健身活动场所10个，篮球场20个，羽毛球场10个，社区、居民小组文艺体育健身场25个。学校、机关经常开展篮球、乒乓球、羽毛球、象棋、拔河、登山等体育活动，各高等院校和市民族中学每年召开一次校内体育运动会。

医疗卫生

辖区设有大庸桥社区卫生服务中心，有医务人员10人，床位30个。有私立医院1所（仁康中医院），就医环境舒适。2014年，辖区有药店、公私诊所14家。

社会保障

2014年底，辖区城镇医保参保人数3200名，社保参保人数2630名，低保对象619名，社会救助对象545名。

社区管理

辖区6个社区依法自治达标率100%。社区服务中心严格按照各项规章制度和服务流程办事，实施社区事务公开制度，方便为居民提供服务事项，社区管理井然有序。2014年，辖区有专（兼）职治安巡防队7支、队员40名，设巡防队点7个，配备有巡防车、警棍、头盔等设备，可随时防控治安秩序，处置突发事件。

特色地情

历史人文

大庸桥街道辖区人文姓氏、地名文化内涵丰富。大庸桥社区，因有一座解放后修建的通往大庸城的第一座公路桥得名。五只角，因有一丘田，有五只角得名；张家岗，因张姓人家住在岗上得名；丁家溶，因丁姓人家住在溶里得名；黄家阁，因从前有一楼阁住黄姓人家得名；樟树脚，因此地生长有一棵大古樟树而得名；热水坑社区，因辖区有温泉而得名；碉堡山，因解放前此山修有一座碉堡得名；吴家岗，因吴姓人家住在山岗上得名；道士岗，因从前有一道士死后葬于此处得名；大栗坡社区，因此地生长很多大栗树而命名；

李家院子，因此院子住户全姓李故名；且住岗社区，据传杨家将行军路过此地，曾传令且住此岗，故名且住岗；杨家岗，相传杨家将行军路过此地而得名；樊家院子，因樊姓人家居住得名；月亮岛社区，因境内澧水河中间有洲形似月亮而得名。

风景名胜

无事桥 现址在华都山庄旁。相传，境内住一财主，无儿无女，为积德赎罪，专修此桥。原名无子桥，后演变成无事桥，沿用至今。

大庸桥公园 修建于2002年，占地10.07公顷，其中大庸桥社区占地9.07公顷，永定街道办事处教场居委会占地1公顷，辖区属于大庸桥范围，故名大庸桥公园。大庸桥公园是张家界市城区最大的娱乐休闲公园，过山车、海盗船、休闲船等游乐项目众多，门球、乒乓球、羽毛球等设施场所齐备，有音乐喷泉共市民及游人观赏。

(撰稿人：袁志龙　图：吴斌　孟艾玲　张宏和)

南庄坪街道

城市一角

区域概况

位置面积

南庄坪街道位于张家界市城区澧水河畔南侧，东、北与澧水河为界与永定街道接壤，南与甘溪、官黎坪相邻，西与后坪镇相连。总面积21.8平方公里。

建置沿革

南庄坪街道是张家界市人民政府所在地，是张家界市新城开发区。1949年10月以前属大庸县天崇乡；1949年11月，属大庸县第一区；1955年7月，属西溪坪区；1956年6月，属邢家巷乡；1956年12月，属二家河基点乡；1958年6月，属夏庄坪区；1958年9月，属超美人民公社；1961年3月，属邢家巷人民公社（1982年4月更名二家河人民公社，1984年4月更名二家河乡）；1985年11月，属官黎坪街道；1997年8月从官黎坪街道析出，成立南庄坪街道至今。

行政区划

2014年，南庄坪街道辖南庄坪、永康、三眼桥、邢家巷、机场、茅坪、大悲庵 7 个社区居委会和永定区国营农场，共 102 个居民小组（小区）。

自然环境

境内地势西高东低，最高处海拔 532 米，最低处海拔 187 米。土壤以红壤、黄壤为主。气候适宜，年平均气温 18℃，无霜期 312 天，降水量 1950 毫米，日照 1675 小时。境内仙人溪由南向北，流经机场、茅坪、三眼桥、南庄坪社区后汇入澧水。境内有旱涝、低温、霜冻等极端天气出现。

人口民族

2011 年年末，辖区总户数 5596 户，人口 11731 人。2014 年末，辖区总人口 32651 人，其中，土家族 23509 人，占总人口的 72％；汉族 8163 人，占总人口的 25％；还有苗族、白族等民族。

经济发展

经济综述

2009 年，实现生产总值 7.75 亿元，城镇居民可支配收入 14550 元，农民人均纯收入 4500 元。2012 年，农民人均纯收入 6144 元。2014 年，实现生产总值 10363 万元，城镇居民可支配收入 15357 元，农民人均纯收入 6556 元。

工业企业

1950 年后，辖区有县办企业造纸厂、冶炼厂、复合肥厂等，共有员工 180 人。1972 年，开始创办公社、大队集体企业，有企业 10 家，从业人员 135 人；主要有砖瓦厂、粮油加工厂、冰棒厂、饭店、百货经销店等。到 1987 年，仅存砖瓦厂、粮油加工厂等 4 家乡办企业，1990 年乡办企业停办。至 2014 年末，辖区有康泰餐饮洁具消毒服务有限公司、吃香食品开发有限公司、仙人溪纯净水厂、农业生态水产园、红梅蛋鸡养殖场、竹鼠养殖场、康福饮料厂等 10 多家村办企业，年创产值 1500 万元。张家界天门洞体育发展有限公司成立于 2007 年 3 月，注册资本 2000 万元人民币，是由政府重点引进的中外合资企业。已投资修建完成张家界首个高尔夫球场。张家界高尔夫球场位于南庄坪办事处五组坡，距市中心 2 公里。球场总占地 138.13 公顷，为 18 洞山地风格球场。

商贸服务

1949 年前，辖区没有官方商贸机构，农民买卖货物均与民间商贩交易。1950 年，成立邢家巷供销合作社，购销群众生产生活所需物品。改革开放后，供销合作改制，个体私营工商服务业快速发展，商业贸易不断繁荣。至 2014 年，境内有商业网点 200 个，从业人数 3500 人；有南庄坪大市场、邢家巷集市，年成交额 2 亿元。

农业

1949 年前，境内沿袭刀耕火种、广种薄收的原始农耕习俗，栽种单季稻。粮食作物主要以老红谷、白糯谷等高杆稻种为主，最高亩产不到 200 公斤。1949 年 10 月后，党和人民政府发动群众兴修水利设施，广辟肥源，改良品种，合理密植，农业收成逐年上升。1977 年推广杂交水稻，到 1986 年最高单产 500 公斤。中共十一届三中全会以后，深化农村改革，完善农业水利基础设施，普及推广优质良种，通过实行家庭联产承包责任制，农民种粮积极性高涨，收入大幅增加。1988 年，因修建张家界荷花机场，一期工程建设时征用原大悲庵、茅坪、三眼村、邢家巷村土地面积 113.33 公顷。2011 年启动机场二期扩建工程，再次征用土地面积 47.07 公顷。至 2013 年，辖区有耕地面积 63.33 公顷，粮食总产量 776.4 吨，其中，稻谷 630.5 吨，玉米 182 吨，实现农业产值 1851 万元。

从 1975 年起，以大悲庵为主，发展茶叶种植，种植面积 66.67 公顷；以茅坪、三眼桥、邢家巷为主，发展辣椒、白菜、番茄、四季豆等蔬菜种植，种植面积 53.33 公顷，年产值 200 万元。机场、茅坪社区自 1990 年以后，发展柑橘等特色种植业，种植面积 66.67 公顷；养殖产业逐步实现由传统养殖向特色养殖、规模养殖、订单养殖发展。2014 年末，辖区饲养长白猪 200 头，蛋鸡 20 万羽，竹鼠 2000 只，年产值 150 万元。

旅游业

南庄坪街道人文和自然旅游资源丰富。有集旅游观光、文艺表演、奇珍展览、住宿、娱乐、购物等于一体的大型综合性旅游服务企业、AAAA 级名胜景点土家风情园。2003 年以后，借助张家界市旅游大背景，依托土家文化、生态环境、区位交通优势，发展民族文化体验、休闲度假、农家餐饮等旅游及旅游服务项目，建成一次性可接纳旅客 5000 人、堪称亚洲第一大酒店的大成山水国际酒店，黄河度假村、民航山庄等酒店及乡村人家、桔园仔猪店、无味饭店、农家大院等 12 家“农家乐式”餐饮店。2014 年年末，辖区有旅游服务宾馆（酒店）14 家。

大成山水酒店

张家界荷花机场

基础设施

交通运输

南庄坪街道交通便利，已形成水陆空立体交通网络。水路有澧水干流从街道北边流经，铁路有焦柳铁路从南边贯穿，公路有省道306线和大庸西路、张罗公路穿境而过。境内张家界荷花机场是按照标准设计修建的4D类机场，于1994年8月建成通航，是国内著名旅游机场，湖南省骨干机场，武陵山片区唯一获准全面对外开放的国际航空口岸；机场占地面积274.49公顷，跑道长2600米，宽45米，可供空客A300、波音B767等250座以下机型起降；建有与跑道等长平行滑行道1条，停机坪面积12万平方米，停机位19个。航站楼面积11003平方米，可满足年旅客吞吐量150万人次，货邮吞吐量8000吨，高峰小时旅客流量600人次。荷花机场开通至北京、上海、香港等地35条航线。1995年，修通的三邢公路连接张罗公路与机场路、大庸西路，连通邢家巷、机场、茅坪、三眼桥4个社区。至2013年年末，辖区7个社区均通水泥公路，95%的居民小组通路。2014年底，辖区有4、5、8、10路城市公交车营运，有公交车站点14个，日均客运量9000~12000人次。

邮电通信

1955年1月，始建邢家巷邮政代办所，配备24门的手工有线电讯交换机1台，开展邮政电讯业务。1995年开通中国移动通信业务，2000年开通中国联通通信业务，实现辖区通信服务无缝对接。2000年，开通有线电视，入户率99%；广播电视实现全覆盖。

水利建设

1949年前，水利设施简陋，28%的稻田是靠天吃饭。1949年10月后，党和政府重视农村水利设施建设。1971—1977年，建成仙人溪水库，正常库容767万立方米。并建成西干渠、中干渠引水工程。西干渠流经邢家巷、大悲庵，长3公里；中干渠流经茅坪、三眼桥村，长2公里。2014年，辖区有山塘6口，水利设施灌溉面积33.33公顷。

供电饮水

自1989年起，加强安全供水工程建设，2014年年末，辖区7个社区群众全部用上安全自来水。

社区建设

1997年8月成立南庄坪街道办事处后，南庄坪成为辖区中心，社区建设日新月异。2010年5月，办事处新办公大楼投入使用。2012年，投资160万元，建成南庄坪社区文化广场，占地面积2000平方米，灯光音响、文化宣传窗廊等设施齐全。至2014年，先后投入300多万元，建成村级文化体育健身广场7个。各社区均新建社区服务中心，社区管理有序、服务完善、环境优美。

社会事业

学校教育

1912年前，境内教育均是民间办学，通称私塾。1940年，将大悲庵寺庙的一部分房屋改为校舍，创办大悲庵中心学校，1952年改名大悲庵完小（大庸县第三完小）。1971年，在寺前的木鱼星岗上增修校舍，建大悲庵小学，大悲庵完小则改为二家河公社团结中学。1980年，团结中学迁堡头山，名堡头山中学。大悲庵完小改名大悲庵中心完小，寺内校舍设小学五、六年级，木鱼星校舍为幼儿班和一至四年级。20世纪70年代，大悲庵、茅坪、邢家巷、三眼桥等大队兴办小学5所。2014年，辖区有幼儿园6所，在园幼儿896人，专职教师100人；小学2所，在校学生2525人，专职教师519人，小学适龄儿童入学率100%。另有小新星英语学校、小狐仙舞蹈艺术学校、中华自然门武术学校等特长、技能学校。

文化体育

辖区重视群众的精神文化生活，将读书活动与创建“文明城市”“和谐街道”“文明、和谐社区”相结合，营造读书氛围，搭建平台推动全民阅读。2011年，辖区7个社区均建成文化活动室和图书阅览室，向居民群众免费开放，阅读逐渐成为辖区居民的一种生活方式。2013年，在第四届“三湘读书月”活动中，南庄坪社区获评湖

张家界文化旅游酒吧——云顶会

南省“书香社区”，张家界崇实小学南校获评“书香校园”。至2014年，辖区先后成立有“舞蹈协会”“书法协会”“摄影协会”“太极拳（剑）队”等民间文化艺术组织10多个，参加者700多人。

1949年前，境内体育健康活动大都因陋就简，就地取材，没有固定的活动场地。有逢年过节或大悲庵庙会等公众场合举行舞龙灯、舞狮子灯、蹬高脚马、摔跤等体育健身比赛活动。这些民间自发的体育健身活动，主要是自娱自乐、强身健体。私塾学校开设摔跤、踢毽子、扳力、打飞棒、蹬高脚马等民间体育健身课程。成立中、小学后，始建篮球场，开始做体操、打蓝球等外来体育健身活动。2007年3月，成立张家界天门洞体育发展有限公司，注册资本2000万元，占地面积138.13公顷，已投资修建张家界首个高尔夫球场。2014年年末，辖区有学校、机关体育健身活动场地2个，村级体育健身场 7个，有“太极拳协会”“广场舞协会”等民间体育健身活动组织4个，成员288人。先后举办“蓝球赛”“乒乓球赛”“龙舟赛”等体育活动。辖区经常性参加体育健身活动的人员约占常住人口40%。

医疗卫生

1949年前，境内医疗机构仅为有限的民间诊所。1957年成立联合诊所，培养医疗卫生人才，实施中西医结合治疗疾病。1959年改为公社卫生所，各大队配备保健防疫员1人。1965年，设邢家巷卫生院，有床位10张，医护人员8人。1972年，各大队开始实施合作医疗。1978年以后，境内医疗卫生快速发展，群众缺医少药现象大为改善。2014年年末，辖区有医疗机构1个，门诊部（所）6 个，床位50张，专业卫生人员45人；城镇居民医疗保险参保率及新型农村合作医疗参合率均达100%。

茅坪社区老年协会

社会保障

近年来，随着国家社会保障制度的建立和完善，辖区社会保障事业得到快速发展，投入资金逐年增长。2015 年，辖区居民最低生活保障对象 654 户 897 人，农村最低生活保障对象 149 户 222 人，保障经费支出 97 万余元。2015 年年底，劳动力转移就业新增 290 人，下岗失业人员再就业 110 人，就业困难对象再就业 67 人，实现零就业动态就业援助 100%；新增农村劳动力转移培训 72 人，职业培训 270 人。2015 年年末，辖区新型农村社会养老保险参保率 93.9%，农村养老保险基础养老金发放率 100%。

特色地情

历史人文

南庄坪自古以来人文荟萃。1933 年，25 岁的覃章国跟随贺龙领导的红二军团参加革命，在部队任文书，随红二军团参加长征。抗日战争爆发后，1940 年，在安徽省境内与日军的一次遭遇战中牺牲，时年 32 岁。覃章国之子覃遵发，为人正直，廉洁奉公，连续多年获评大庸县优秀共产党员。1978 年，被评为湖南省劳动模范。覃遵发第六子覃宣博，扎根基层，专修文学，多次荣获市级、省级、国家级奖项，作品入选《2004 中国诗歌精选》《2004 中国散文精选》《中国优秀文艺作品集》等，并获“中国优秀文艺家”称号。

三眼桥社区的龙家雄，自幼酷爱武术，先后师从气功大师赵继书、武当龙门派内家拳师吴华轩、武术名家马礼堂、国际武联第一任技委会主任张山等，习练各门派功夫。获评湖南省第一批国家一级拳师、一级武师、一级武术裁判、一级散打裁判等称号。1983 年以后，在贵州、湖北、江西等地开班授徒数千余名学员。20 世纪 90 年代初，龙家雄南下深圳，被南山、同乐、盐田边防检查站及南头、皇岗口岸公安分局聘为公安武警教练。2002 年，返回家乡筹办杜心武武术研究院，创建张家界自然门武术培训中心、张家界中华自然门武术影视学校，历时 5 年。先后组队代表张家界多次参加国际国内体育及各类武术赛事 18 次，荣获金、银、铜牌 218 枚，奖杯 37 座。2004 年，由他发起、政府支持、民间运作的张家界首届国际旅游武术节，取得圆满成功。2005—2006 年，龙家雄带领弟子们连续参拍《女拳王》《湘西往事》《大陆寻奇》《少年杜心五》《血色湘西》5 部电视连续剧。为弘扬本土武术文化、推动全民健身运动起到积极作用，其事迹入选《中国武当武术家大词典》。

名优特产

辖区大悲庵盛产茶叶，曾为“贡茶”，古今有名。邢家巷、机场、茅坪、三眼桥等社区盛产柑橘、油菜以及各种时令蔬菜。传统加工农产品有腊肉、香肠、血豆腐、菜籽油。此外，仙人溪水库水质良好，无污染，邢家巷、机场社区的多家个体户引用此水加工的豆腐色泽洁白，食之鲜嫩可口，许多市民慕名来购，销量可观。市永定区水生态饮用水厂生产的仙人溪牌桶装水、吾爱森林小瓶水是张家界龙头旅游食品之一，产品在本市热销，并销往周边省市。

民俗风情

因境内土家族人居多，一直以来，传承土家族歌舞、戏剧、民族工艺、传统礼仪、宗教信仰等习俗。随着改革开放和城市建设的不断推进，一代一代人的思想观念也不断更新，融入都市生活，许多的民俗逐渐“消声匿迹”。但逢年过节或

土家风情园

重大庆典，舞龙灯、舞狮子灯、唱花灯、打三棒鼓、观灯展、猜灯谜等民俗依旧盛行。土家居民腌制腊肉、香肠，酿造小锅米酒，加工剁辣椒、腌菜、干蔬菜等传统饮食。招待客人敬上迎客蛋茶、敬大碗米酒、大块土家腊肉等乡风俚俗，在民间依然传承。

土家风情园景区占地面积 5.33 公顷，总投资 7500 万元，于 1999 年由民营企业家杨刚年先生投资修缮。土司城内有醉人的土家拦门酒，神秘的土家祭祖活动，土家历史文物展示，土家民俗演示，“九重天”“千人茅古斯”两项世界（吉尼斯）之最，土家园林艺术丰富多彩。土家风情园自开业以后，得到社会各界的广泛关注，先后接待 20 多位党和国家领导人参观视察，中央电视台等国内外多家新闻媒体作了专题报道，获得很高的赞誉。2004 年被列入国家 AAAA 级旅游景点、张家界旅游精品线。

（撰稿人：彭杰　图：赵宗山　吴斌）

官黎坪街道

天门山

官黎坪街道是鬼谷文化大庸硬气功的发源地。

区域概况

位置面积

官黎坪街道位于张家界市城区南部，东接西溪坪街道，南以天门山与大坪镇相连，西与四都坪乡接壤，北以澧水为界。辖区东西长 18 公里，南北宽 9.4 公里，总面积 85.69 平方公里。

建置沿革

1949 年 10 月以前属大庸县天崇乡；1949 年 11 月，属大庸县第一区；1955 年 7 月，属西溪坪区；1956 年 6 月，属邢家巷乡；1956 年 12 月，属二家河基点乡；1958 年 6 月，属夏庄坪区；1958 年 9 月，属超美人民公社；1961 年 3 月，属邢家巷人民公社（1982 年 4 月更名二家河人民公社，1984 年 4 月更名二家河乡）；1985 年 11 月设立官黎坪街道，1997 年 8 月从官黎坪街道析置南庄坪街道。

行政区划

1985 年 11 月，辖官黎坪、鲤鱼池、白羊坡、三眼桥、邢家巷、机场 6 个居委会。1995 年 5 月，天门山乡的汪家寨、双峡、杆子坪、仙人溪、犀牛潭 5 个村并入官黎坪街道。1997 年 10 月，从白羊坡村析置黄金塔社区。1998 年，邢家巷、机场、三眼桥分出。2005 年，将四都坪乡熊壁岩村划入官黎坪管辖。2008 年，从官黎坪社区居委会析置龙门社区居委会。2014 年年末，辖龙门、鲤鱼池、官黎坪、黄金塔、白羊坡 5 个社区居委会和汪家寨、双峡、杆子坪、仙人溪、犀牛潭、熊壁岩 6 个建制村，共 101 个居（村）民小组。办事处行政中心租住于铁路派出所。

自然环境

境内地势西南高东北低，海拔 160～1500 米，山地平原区分明显。澧水河从其北部边境穿流而过，主要溪流仙人溪全长 19 公里，从境内南门外注入澧水河。属北亚热带季风性湿润气候，年均气温 15.7℃，降水量 1362.5 毫米，日照 1418.6 小时，无霜期 268 天。境内动植物种类繁多，主要植物有杉、枫、松、锥栗木、樟树等，主要野生动物有猕猴、野鸡、竹鸡、斑鸠、野猪、野兔等。植被丰富，森林覆盖率 91.3%。境内已探明的矿产资源有镍、钼、钒、铀、石灰岩。主要自然灾害有洪涝、干旱、地质滑坡。辖区内有中央、省属驻张单位 3 家，市直单位 10 多家，外资企业 2 家。

人口民族

2014 年末，辖区总人口 41821 人，其中，户籍人口 18789 人（农业人口 10644 人），常住人口 23032 人；人口出生率 14.33‰，自然增长率 10.57‰。境内为土家族、汉族、白族、苗族等民族聚居地，以土家族为主，占总人口的 80%。

经济发展

经济综述

官黎坪街道办事处是永定区的重要经济来源和交通枢杻，旅游和交通带动街道经济全面发展。焦柳铁路在该辖区穿过，铁路以南主要是矿产业和农业经济，铁路以北主要是工业和商业经济。近年来，突出重点工程建设、整治非法镍钼矿开采，经济发展日新月异。2014 年，实现生产总值 9.1 亿元，财政收入 3800 万元，农民人均纯收入 6251 元。

旅游业

辖区旅游资源得天独厚，主要有天门山国家森林公园和老道湾峡谷 2 大自然风景区，主要旅游项目有老道湾峡谷旅游和观赏山水实景音乐歌舞剧《天门狐仙·新刘海砍樵》。2014 年，天门山景区接待中外游客 750 万人次，老道湾景区接待游客 2 万人次。《天门狐仙·新刘海砍樵》自 2009 年首演以来，共演出 1400 余场，接待游客 140 万人次。

商业服务

不通公路和铁路以前，官黎坪码头是商贸货物聚散地，南来北往的船只都在该码头停运和交易。铁路和公路建成后，铁路货物运输和公路汽车运输成为主要交通工具。随着天门山国家森林公园、天门狐仙演出剧场、老道湾休闲度假区等

高架桥

一批旅游项目和华天城、鸽子花酒店等开发建设，各种旅游服务和商贸企业相继在辖区内落户，商贸服务业快速发展。至2014年末，辖区有中高挡宾馆酒店6家，大型生活超市3家，中高端居民住宅小区10个；拥有各类饭店、农家乐餐饮店300家，物流快递公司8家，年商贸经济收入2.4亿元。

工业企业

1949年以前，无规模工业经济。枝柳铁路通车后，在官黎坪建立铁路货运站，开始兴办各类工业企业，先后建成磷肥厂、水泥厂、化工厂、人造板厂、石灰厂等企业，时为大庸县工业经济支柱。随着经济体制改革深入，产业结构调整，这些工业企业或搬迁或破产。2006～2008年，辖区重点工程项目累计投资约10亿元，招商引资2个项目2000万元。随着张家界旅游事业的发展，工业经济呈现新亮点。天门山（索道）旅游公司营运，《天门狐仙》实景演出，张家界中心汽车站在辖区建成营运，麦当劳等企业在辖区内落户，华天城在辖区建成，老道湾旅游度假村成功开发，成为辖区工业企业的主体。

农业

境内有6个农业建制村，共有农业人口6000多人，呈弧形分布在天门山国家森林公园北侧。辖区耕地面积614.93公顷，盛产蔬菜、柑橘等，是市城区主要商品蔬菜基地之一。熊壁岩村反季节蔬菜基地是全市重点菜篮子工程之一，已打造成生态、有机、绿色、环保蔬菜品牌。仙人溪水是张家界一类水资源保护区，仙人溪水厂是全市城市居民主要生活供应水厂之一。双峡村花卉苗木基地、杆子坪村桂花苗木基地、老道湾生态旅游休闲、仙人溪农家生态旅游等现代农业产业蓬勃兴起，有大型农庄、农村专业合作社12家。

基础设施

交通运输

境内交通四通八达。1998年，观音大桥通车，

张家界油库

张家界火车站

随后迎宾南路、大庸东路、大庸中路、张罗公路、鼎泰路、八达路贯通辖区。张家界新火车站、张家界中心汽车站坐落于辖区。现有东西贯穿的主干道3条，南北贯穿的主干道3条，有1、4、5、6、8、9、10、12路城市公共汽车营运。

张家界新火车站于2004年12月动工、2008年1月正式运营，总投资4.5亿元。站房设计有主候车厅5个、面积18783平方米，最高可聚集旅客3000人；有站台3个，长550米、宽12米；有旅客列车到发线5条；有售票窗口14个、咨询窗口2个。新站房同步建成电视监控、电子引导、列车到发预告、旅客查询等客运自动化管理信息集成系统。

张家界中心汽车站是一级甲等车站，具有国家二级道路客运资质，于2011年12月18日开始试运营，占地面积5.44公顷，其中，停车坪占地面积约4.67公顷，候车大厅面积3538平方米，可一次性容纳1000名旅客同时候车。开设有售票窗口14个、商务区、小件寄存服务区约90多平方米。以公路汽车客运站为经营主业，有县际、市际、省际等各类客运线路近100条，线路辐射全国13个省（区）市主要城市。汽车站可容纳各类长、短途客运班车近700台，车站日均发车1000多班次，日发送旅客8000多人次。

邮电通信

1949年前，辖区无官方邮政机构。1949年10月后，成立乡邮政局，通过有线交换进行通话，广播传递曾盛行一时。1999年7月，移动通信在辖区内落户，辖区农民和居民用上无线电话和有线电视。2014年4月，4G正式商用，基本实现城区、重要景点、高速公路、行政驻地以及农村热点区域的全覆盖。2014年年底，辖区有移动电话用户11370户，联通电话用户4056户，电信电话用户2595户；互联网入户率75.3%，有线电视入户率99%，仙人溪、犀牛潭、熊壁岩村实现卫星电视“户户通”全覆盖。

水利建设

1949年10月后，党和政府重视农村水利设施建设。1971年建成仙人溪（中型）水库，主要功能是防洪、灌溉。水库集雨面积66.25平方公里，总库容1005万立方米，设计灌溉面积1173.33公顷。坝后建成仙人溪水电站，装机1284瓦，于1977年12月投产发电。仙人溪水库是辖区居民饮用水的主要来源。至2014年末，境内还有小Ⅱ型双峡水库，总库容35.2万立方米。

社区建设

官黎坪社区，有流动人口4179人。社区内有行政企事业单位10个，有文体队伍5支，便民服务机构1家。鲤鱼池社区，有人口4720人，社区内有行政企事业单位5个，住宅小区3个。社区居民主要从事蔬菜种植、交通运输、个体经营等职业。龙门社区，有2798户7298人，有住宅小区5个。社区内共有行政事业单位2个，有文体队伍2支，便民服务机构3家，志愿者队伍16人。黄金塔社区，有常住人口2633人，居民小区3个。社区内有企事业单位5个，个体商业网点35个，有志愿者队伍58人。白羊坡社区，有485户1597人。

社会事业

学校教育

1950年后，境内先后成立仙人溪、犀牛潭、天门山3所中学和杆子坪农校。20世纪70年代创办官黎坪初级中学，80年代创办桥辉中学和天门中学。后经历几次教育布局调整，撤并精简中小学。到2014年，境内有高级中学2所（天门中学、侨辉中学）、初级中学1所（官黎坪中学）、小学1所（天门小学）、幼儿园10所，共有在校学生（幼儿）7000人，老师550人。

文化体育

境内文化历史悠久，狮子灯、花灯、龙舟、土家硬气功享誉海内外。2009年9月，独具张家界特色的大型山水实景音乐剧《天门狐仙·新刘海砍樵》在天门山隆重上演，蜚声海内外。官黎坪地处天门山下，自古流传有“鬼谷神功”，享有大庸“硬气功和轻功之乡”美名。相传大庸硬气功的祖师是清道光年间保福山寺的余世万。今官黎坪的赵继书、白羊坡的周福宝是大庸硬气功的主要传习人。官黎坪、白羊坡两地经常练习武术和硬气功的有500余人，不少人能练习难度较大的武术气功，如“头顶开砖”“腹上破石”等。

辖区有花灯表演队伍5支，腰鼓队4支，武术气功表演团队1支，业余阳戏剧团1个，渔鼓、三棒鼓、蚌壳灯、采蓬船从业人员百余人。每逢元宵佳节，举办腰鼓、花灯、渔鼓、

天门山盘山公路

三棒鼓、采蓬船、蚌壳灯等民俗表演活动。2011 年元宵节，组织 300 多名文艺骨干参加永定区元宵灯会。

医疗卫生

1949 年前，无官方医疗卫生机构。1949 年 10 月后，境内建公社（乡、镇）卫生院，配备大队（村）赤脚医生。2014 年年末，有卫生院 1 家，社区医务室 5 个。卫生院有卫生技术人员 70 人，设病床 60 张，开设有内、儿科、骨外科、妇产科、口腔五官科、肝胆科、皮肤泌尿科、中医科、预防保健科等科室 12 个。

社会保障

2008 年建立官黎坪敬老院，现有住院休养老人 50 人。2014 年年末，境内参加新型农村合作医疗人数 9392 人，城镇居民养老保险和新型农村居民养老保险参加人数 5088 人；廉租住房入住 51 户，公共租赁住房入住 6 户，经济适用住房入住 15 户。

特色地情

历史人文

鬼谷神功 相传，中国历史上最具神秘色彩的纵横家、春秋时期的鬼谷子，曾在今张家界天门山修行，练就传世绝技“鬼谷神功”。其修行的洞穴，便是如今的“鬼谷洞”。本土出生的龙家雄，男，土家族，自幼随父习武、学医。早年拜著名气功大师赵继书、鬼谷神功拳师吴华轩等名家为师，系鬼谷神功第 33 代传人，尤擅硬气功。是 2008 年北京奥运会火炬手。现为张家界市旅游学校武术总教练，永定区武术协会副主席。

大庸硬气功 代表人物赵继书（1933—1998），男，鲤鱼池社区人，从小随族长玩刀舞棍练功习武。是赵氏家族武术气功第八代传人，后又从师武术气功名师郑点宝，得其精髓，遂成器。1950 年应征参加抗美援朝，退伍回家便热衷于武术气功操练。1979 年参加湘西自治州第一届民间武术气功比赛，其表演的《颈卧钢刀》《腹卧钢叉》和《盘龙棍》均获第一名。1979 年代表湖南

天门山国家森林公园

省到广西参加全国武术观摩大会，其表演的《颈卧钢刀》《腹卧钢叉》被评为观摩大会第一名。当年参加全国第四届运动会气功表演，荣获国家一等奖。20世纪80年代初，他带领10余名弟子组成武术气功团，到福建等地巡回演出，并出访新加坡、泰国等国，其精湛的技艺，深受海内外观众的欢迎与赞誉。1979年底、1981年春，先后参加中国武术气功团随中央领导出访欧州卢森堡、意大利、比利时、英、法等7国，所到之处，无不备受称赞。一些国家元首给他赠送金牌、银牌，威名远扬。他为弘扬中华民族武术气功作出贡献，先后被推选为省、州、市政协委员，省体委授予他“一级拳师”称号，张家界市永定区授予他“科技拔尖人才”称号。

风景名胜

天门山国家森林公园 坐落于杆子坪、双峡村境内，是张家界市第二个国家AAAAA级景区，因自然奇观天门洞而得名。境内保存着完整的原始次生林，植物资源丰富，有罕见的高山珙桐群落，也有深厚的文化底蕴，留有大量赞咏天门山的诗词，是张家界最早载入史册的名山，被誉为“张家界之魂”。1992年7月被批准为国家森林公园。2005年5月开园接待游客，2007年8月，天门山旅游景区经被评定为国家AAAA级旅游景区；2011年9月，被评定为AAAAA级景区。具有“中国最值得外国人去的50个地方”“中国最令人向往的地方”“湖南新潇湘八景”“中国自驾游百强景区”“中国网民最关注的十大景区”等荣称。

老道湾峡谷风光 位于天门山后的杆子坪村，景区总面积约800公顷。项目围绕“生态资本”理念，利用区内独特的生态环境优势，依势而建，

对景区内的山、水、林、地，坚持保护开发的原则，依据场地分区、空间布局和旅游项目建设的规划和定位，建设成包括旅游综合服务区、峡谷观光区、森林度假区、生态探险区以及农耕文化体验区等五区大型休闲旅游度假项目，达到人与自然的高度融合，实现人与自然的高度和谐。

《天门狐仙·新刘海砍樵》 是目前世界第一台有完整故事情节的大型山水实景音乐歌舞剧。剧场坐落于双峡村天门山风景区山门口内至天门山顶的整条峡谷，一期总投资1.2亿元，有演员队伍500多人。主舞台以1万平方米的玻璃钢打造，是世界最大的全景玻璃钢舞台。2009年首演以来，至2014年共演出1400余场，接待游客250万人次。

（撰稿人：张宏和　图：赵宗山　饶卓荣　吴斌）

西溪坪街道

西溪坪街道全景

区域概况

位置面积

西溪坪街道位于张家界市区东郊，是永定区的东大门。东临慈利县金岩土家族乡，西接官黎坪街道，南连三岔乡，北临澧水与崇文街道、阳湖坪镇相邻。总面积89.16平方公里。

建置沿革

1949年10月前，属大庸县东坪乡。1949年11月，属第二区。1955年8月，属西溪坪区。1956年6月，建西溪坪乡。1958年9月，属红旗人民公社。1984年，改称西溪坪乡。1985年10月，将永定镇渡口村，西溪坪乡打鼓台、西溪坪、杨家溪、覃家岗共5个村划出，建立西溪坪街道。1993年9月，西溪坪街道、西溪坪乡合并为新西溪坪街道。1995年5月，关门岩乡和天门山乡的庄家峪、两岔溪、汪家山 3 个村划归西溪坪街道管辖。

行政区划

2014 年，西溪坪街道辖一碗水、郭家台、幺公坡、咸水坪、陈家溪、两岔溪、庄家峪、汪家山、关门岩、宋家湾、田家坊、禾家村、鲁家坪、桐木岗、双山、飞跃岗、杨家垭、楠木山、沿凼峪 19 个建制村和西溪坪、覃家岗、胡家河、渡口、彭家巷、打鼓台、胡家岗 7 个社区居委会，共 238 个村（居）民小组。街道办事处驻西溪坪社区居委会。

自然环境

境内地势南高北低，南面山峰林立、峰峦叠嶂，最高峰是天门山脉的长帽山、海拔 1487.6 米，最低是禾家村的枞榔坪、海拔 141 米。澧水在境内流程 23.7 公里；溪流有汪家山（两岔溪）、陈家溪、张家溪、十二溪、峡壁溪等。境内年均气温 17.4℃，降水量 1345.6 毫米，无霜期 270 天，日照 1367.8 小时。主要有磷、镍、钼等 10 种矿产资源。境内有冰冻、大风、旱涝等自然灾害发生。西溪坪田园风光优美，民风纯朴，景观独特，是休闲度假、观光旅游的最佳去处。

人口民族

2008 年，辖区有 13620 户 3.29 万人。2014 年，辖区总人口 37337 人，其中，土家族人口占总人口的 80%，还有汉族、苗族、白族、回族、侗族、瑶族等民族。

经济发展

经济综述

西溪坪曾是大庸县的产粮大区。随着张家界旅游的持续升温，迎来西溪坪经济的快速转型，境内经济从农业向商业、旅游业、服务业、建筑业等城市中心服务业转型，特别是房地产业发展较快。2002 年，街道办事处实现生产总值 6.16 亿元，其中，农业产值 0.76 亿元，企业产值 5.4 亿元，农民人均纯收入 1348 元。2009 年，实现生产总值 9.8 亿元，城镇居民可支配收入 11395 元，农民人均纯收入 3497 元，完成固定资产投资 4.8 亿元。2014 年，实现财税收入 0.44 亿元，城镇居民人均可支配收入 18510 元，农民人均纯收入 5178 元。

工业企业

2000 年以前，有处办企业 10 多家，村办企业 5 家，从业人员 1000 多人。随着经济体制改革的深入，其中部分企业或改制或停产。为适应张家界城市经济扩张和发展，2000 年，创建西溪坪工业园。2007 年划为市区工业园，入住单位有永兴玻璃厂、嘉兴汽车配件厂等。现工业园已迁入阳湖坪镇，此处按规划已作为商业开发区。2009 年，处办企业年产值 100 万元以上的发展到 12 家。至 2014 年末，有宝塔岗水果场，渡船坡水果 1 场、2 场，摩天岭茶叶场 4 个处办企业，以及由张家界建筑六公司 1992 年改制的张家界好人建安有限公司，全年企业收入 5000 万元。

张家界茅岩莓有限公司成立于 2001 年 4 月，是一家利用天然藤本植物茅岩莓，集栽培、研究、生产、销售茅岩莓系列产品为一体的民营高科技、省级农业（林业）产业化龙头。公司注册资本 1515 万元，员工 59 人。公司注册商标为"茅岩莓"，被认定为湖南省著名商标，享有进出口经营自主权，是张家界市唯一一家通过 GMP 认证的保健食品生产企业，是国家卫生部颁布的旅游保健食品。先后荣获湖南省质量兴湘百佳单位、中国重点推广知名品牌单位。在山东、新疆、甘肃、北京等 80 多个地区设立营销分部和监管服务中心，实行产品区域统配。永定区森林之花鞋业厂是一家以开发生产土家手工布鞋为主的旅游商品生产厂家和残疾人福利企业。“土家手工布鞋”项目被列入张家界市旅游商品产业集群规划，形成“工厂＋基地＋农户＋残疾人生产销售网点”经营模式，解决近30名残疾人和200多名农村妇女直接或间接就业。“向王天子”牌土家丝瓜布鞋成为全市第一个进入大型品牌连锁超市的产品，在2012年8月举办的全国休闲农业创意精品大赛（中南赛区）推介活动中获产品创意银奖。

农业

1949年以前，境内因耕作制度落后，粮食产量低，民众生活艰难。1949年10月后，发动群众兴修水利，建山塘、堤坝、水库，改善灌溉条件，农业收入逐年上升。1980年后，实行农业生产责任制，农业收入大幅度增长。街道办事处成立以后，围绕服务城市，发展旅游农业、品牌农业和生态农业，发展优质烟叶、茶叶、水果、蔬菜和特种养殖业，打造特色农业经济，构建“一村一品、一村一业”发展模式。先后建立一碗水茶叶专业村，飞跃岗烤烟专业村，杨家垭辣椒专业村，关门岩、鲁家坪、田家坊、胡家河水果专业村，胡家河草莓专业村，宋家湾蔬菜专业村，庄家峪豪猪养殖专业村，覃家岗生猪养殖专业村和禾家村省级农业生态示范村。2014年年末，粮食总产量6000吨，实现农业产值2亿元。

林业

1958年大跃进和1962年毁林开荒，境内森林资源受到严重损失。1965年，发动群众植树造林，组建6个乡（村）办林场。至1995年底，人工造林面积1333.33公顷。2003年，实施退耕还林。到2014年末，辖区有林场5个，林地面积3573.33公顷，其中，用材林1666.67公顷，森林覆盖率70%。

商贸服务

1949年以前，境内没有官方的商贸机构，农民买货物只能与民间商贩交易。1958年，成立西溪坪供销社和关门岩供销社。改革开放后，原有的供销社改制，个体私营工商业应运而生，有五星级花园国际酒店、梅洛水晶酒店、维也纳大酒店等。辖内商贸服务业更为繁荣。至2014年末，辖区有商业购物中心3个，商业网点12个，从业人员700人，社会商品零售总额1.52亿元。

劳务输出

为妥善解决农村剩余劳动力出路问题，西溪坪街道办事处采取有效措施，有计划、有组织，分期分批做好劳务输出培训服务。2014年年底，辖区有外出务工人员1300人，年劳务收入2340万元。

基础设施

交通运输

1949年10月前，境内无公路，物资流通主要靠澧水河的航运，木帆船与外地进行物资交流。1952年，修通大庸至永顺公路。1956年，修通大庸至慈利公路。1959年，修通大庸至俞家溪公路。1964年2月，修通大庸至沅古坪公路，1970年10月，修通西溪坪至关门岩公路。1978年10月，枝柳（从湖北枝城至广西柳州）铁路通车，设大庸火车北站，属枝柳线一级编组站，1997年更名为张家界站（2008年1月迁往至官黎坪办事处）。境内交通运输条件逐步改善。2005年12月，长（沙）张（家界）高速公路通车。2013年11月，张（家界）花（垣）高速公路通车。到2014年，永定大道、贸易路、兑泽路、永安路、澧兰东路、西溪坪路、陈家溪路纵横贯全境。全处26个

红岩壁水电站

村（居）委会，通水泥公路，80个村（居）民小组通公路，公路入户率80%。2004年，建成西溪坪长途汽车站（现已搬迁到官黎坪办事处）。

邮电通信

1949年前，境内无官方邮政代办点。1954年，始建西溪坪邮政代办所。1972年，建立西溪坪邮电支局。2014年年末，境内有电信企业1家，固定电话用户2000多户，互联网上网入户率100%。

水利建设

1949年前，境内水利设施简陋，农村主要靠山塘解决部分农田灌溉，基本上是靠天吃饭。1965年10月，修建枧槽峪水库，集雨面积2.4万平方公里，有效库容31.6万立方米，灌溉面积70公顷。1970年10月，修建狗四峪水库，集雨面积2.67平方公里，有效库容量17.2万立方米，灌溉面积28.67公顷。是年11月，修建水田峪水库，有效库容20.33万立方米，灌溉面积42.67公顷。1971年，修建张家溪水库，库容25万立方米，灌溉面积100公顷。是年10月，修建风洞峪水库，集雨面积20平方公里，总库容53万立方米，灌溉面积33.33公顷。1972年，修建灰窑峪水库，库容14万立方米，灌溉面积33.33公顷。1975年11月，修建三峪溪水库，集雨面积1.08平方公里，有效库容10万立方米，灌溉面积30公顷。

供电饮水

2007 年，修建土木溪电站，装机容量 1.5 万千瓦。2008 年完成红壁岩电站建设，装有 2 台灯泡贯流式机组，装机容量 1.2 万千瓦，正常库容蓄水位 155 米，总容量 2989 万立方米，平均发电量 4713 万千瓦时。2014 年年底，完成街道村居民供水饮水问题，主要水源源于自来水三厂和铁路供水厂。

社会事业

教育科技

1912 年前，境内教育主要是民间办学，称私塾。1914 年，开办国民小学，一保设小学 1 所，一乡设中心小学 1 所。1930 年 7 月至 1945 年，长沙私立兑泽中学迁至西溪坪，学校分 3 部，第一部高中 6 个班设中坪，第二部初中二、三年级 6 个班设彭家巷，第三部初中一年级设陈家溪，共有 15 个班、学生 800 余人，大庸当时有 200 余名青年入学就读；1945 年抗战胜利后，迁回长沙。1949 年，设有西溪坪中心小学和关门岩中心小学。1964 年，各大队兴起办耕读小学和农中。1969 年，西溪坪和关门岩中心小学改成公社中学。1970 年，西溪坪和关门岩公社中学办有高中班。1986 年经验收，境内实现普及小学六年义务教育；2000 年 12 月，普及九年制义务教育，经省验收达到合格标准。2009 年，张家界旅游学校迁至西溪坪永定大道南侧。在辖区范围内，还设张家界市技校（原国营 3028 厂址），树人职业学校、永定中学（原铁路中学）、永定小学（原铁路小学）。2014 年，辖区有中学 1 所（永定中学），学生 1200 余人，教师 110 人；有小学 6 所，学生 2008 人；有幼儿园 13 所，入园幼儿 1202 人，教职工 181 人。

从 1985 年起，境内建有乡农校，开展农村实

关门岩完小

城区元宵灯会

用技术培训。1986 年，西溪坪农校和关门岩乡农校是湘西自治州先进学校。是年，西溪坪、关门岩、沙堤和中湖农校，验收成为自治州首批合格的乡镇农校。1987 年 10 月，省教委组织验收组抽查认定，关门岩等 8 所乡农校为省合格乡农校。

文化体育

1952 年 10 月，境内组建全县第一个文化站，站址设在西溪坪胡家岗，县文化馆拨给 600 本书，县财政科拨款 180 万元，添置纸、笔、墨、黑板、幻灯、汽灯、雨具等设备。1976 年，建关门岩公社电影院。1979 年，组建关门岩公社阳戏剧团，有演职员工 23 人，1982 年解散。1982 年，建西溪坪电影院。2009 年，“春之声”张家界阳戏专场晚会，西溪坪办事处荣获一等奖。2013 年 1 月，西溪坪办事处邀请市老年大学学员，举办“关爱老人·和谐西溪坪”演出活动，给关门岩敬老院 100 余名孤寡、残疾老人专场演出。参加 2013 年度“欢乐潇湘·美丽永定”主题文化活动，辖区 7 个社区，演出节目 65 个，参演人员近 400 人。2014 年，组队参加“幸福张家界·狂欢元宵节”元宵灯会演出。2014 年 8 月，组队参加“欢乐潇湘·活力永定”广场舞比赛。2014 年年末，辖区有图书馆 1 个（藏书 3.2 万册），文化馆、站、村级文化活动室 27 个、面积 6142 平方米，演艺中心 2 个、面积 1650 平方米，网吧 15 个、营业面积 2152 平方米。

1949 年以后，境内民间传统体育项目有气功、武术、射箭、舞龙、划龙船、跳桌子、踢毽子、荡秋千、爬杆、登山越野、踩高脚马以及下象棋、打三棋、围鼓棋等，都由民间自发组织，有一定的季节性。1951 年，西溪坪中心小学建有篮球场、排球场，开展做体操、打篮球等健身体育活动。每年组织中、小学代表队参加县（区）中、小学体育竞赛活动。1973 年 5 月，在大庸第三届运动会上，西溪坪队获团体总分第二名。1981年6月在县城举行的篮球赛，西溪坪队获男子组第三名。是年，大庸赵继书、周兰芳（周家坊人）、田运富、周国飞（周家坊人）4名武术队员参加全省武术比赛，在32个优秀项目中，大庸获得优胜项目9个。1981年1月，周兰芳荣获省武术表演赛长器械（耙头）优胜奖；4月参加全国武术观摩交流大会，表演两节棍荣获奖状和奖品。2009年，西溪坪男子代表队荣获张家界旅游文化周首届“华宇杯”龙舟赛传统男子组第三名。2010年6月，荣获张家界第二届龙舟赛女子组第二名、男子组第三名。永定区第一届运动会，西溪坪代表队荣获太极拳比赛第二名。2014年末，辖区有学校、机关、体育活动场地12个，社区（村）体育健身场地4个，民间体育健身活动组织9个，成员500多人。经常性参加体育健身活动占常住人口60%以上。随着全民健身活动的广泛开展，各个社区（村）居民的身体素质和健康水平得到较大提高。

医疗卫生

1949年前，境内只有有限的民间诊所和少数个体医生，采用中医、中药治病疗伤。1957年建立西溪坪区医院、西溪坪乡医院和关门岩乡医院。1967年，分别更名为区、公社卫生院。1972年，各大队成立合作医疗室，并配备有赤脚医生。1980年后，境内医疗卫生事业快速发展，农村群众缺医少药现象得到改善。1995年，关门岩卫生院并入西溪坪卫生院。2008年8月，投资80万元，建西溪坪街道办事处卫生服务中心，占地面积0.13公顷，建筑面积400平方米。

2014年年末，辖区有医疗机构4个，社区（村）卫生服务室9个，床位80张，专业卫生人员78名，社区（村）卫生室有医务人员9人。辖区新型城镇和农村合作医疗参合率100%。辖区张家界市第二人民医院（原名张家界铁路医院），始建于1982年，是一所非营利性二级甲等综合医院、爱婴医院。医院占地面积3.9万平方米，建筑面积35872平方米，设有14个临床科室和8个

敬老院

医技科室，编制病床300张；2014年，并入市人民医院，成为市人民医院东区。

社会保障

近年来，境内建立健全社会保障救助机制。2008年，投资40万元，建成西溪坪街道敬老院，系原关门岩乡政府机关办公地改建，占地0.27公顷，建筑面积2000平方米。2014年，辖区有城市低保对象184户310人，补助支出121.86万元；农村低保对象599户1034人，补助支出121.86万元。集中供养“五保”对象50人，支出1650万元；分散供养“五保”对象105人，支出3307.5万元。优扶对象（含残疾人）288人，支出414.72万元；通过临时救济、医疗救助等措施帮助贫困群众40人次，救助金额6.8万元。

特色地情

历史人文

1935年11月20—21日，红二、六军团万里长征，从澧口、杨林铺、张家湾横渡澧水到关门岩、西溪坪、三岔等地。红军先遣团团长王烈，在河边视察敌情，不幸中弹牺牲。

近现代以来，西溪坪涌现一批杰出人物：中科院首届学部委员田奇镌，20岁时进入北京大学地质系，毕业后在北京、上海地质调查所当实习生、技工。1927年回湖南参加地质调查所的创建工作，历任技正、所长、湖南大学矿野系教授等职。1949年被邀参加开国大典。是全国第三届人大代表，曾出任援越专家组组长，两次出访匈牙利，从1960年起，负责全国矿产储量委员会重大决策。“文化大革命”中受到迫害，在逆境中抱病写成《我国矿产资源今后勘察方向》《首钢铁矿资源》《重要矿产资源今后作法的建议》等，力陈海相成油和隐伏矿的重要性，毕生为地质事业鞠躬尽瘁。抗日名将覃子斌，辛亥革命后到云南讲武堂学习，1918年参加湘军，1926年北伐战争任连长，1928年参加直奉战争负伤，1930年到黄埔军校高等教育班受训，毕业后，升任198师594团团长。1939年3月参加粤北会战，1943年随军远征缅甸，1944年5月，随军渡过怒江抗击日军，以身殉职，时年53岁。远征军司令部决定晋升覃子斌198师副师长，授陆军少将军衔。战斗英雄胡顺清，1934年参加红军，1935年参加红二、六军团反“围剿”战斗，长征时任新兵连连长、收容队队长。抗日战争时期，参加百团大战，历任120师357旅第五团连长、平山敌后武工队大队长。解放战争时期任副团长，参加解放张家口、太原战役。解放后任边防83团副

季节性瀑布

田家老院子

团长，守卫渤海湾。1952年入朝作战。回国后任公安84团团长。1963年离休，享受师级待遇，1984年病逝于石家庄。传奇人物覃金瓯人穷志不穷，在权贵面前不卑不亢，他凭借反映敏捷的头脑和一张嘴、一支笔，创作出许多诗歌、对联，可惜竟无一字手抄传世。至今流传的覃金瓯故事是后人整理的部分故事，是他失落的几片叶子而已。“潭口有缺红日补，天门无锁白云封”，这是覃金瓯陪知县泛舟澧水时的绝对之一。

名优特产

西溪坪农副产品丰富，品种多样。西溪坪、关门岩沿澧水平原地区盛产水稻、棉花、花生、黄豆、小麦、柑橘、菊花蕊柚，山坡地盛产玉米、红薯、洋芋、桃、梨、烤烟、辣椒、油茶、柑橘。畜牧业有养牛、养猪、山羊、土鸡、家兔，还有娃娃鱼和豪猪特种养殖业。胡家河的菊花蕊柚，1954年在广州全国第二次农副产品交易会上，称为全国四大名柚之一。一碗水茶场生产的龙虾花茶，在1990年亚太国际博览会上荣获金奖。

风景名胜

老院子 坐落在西溪坪办事处彭家巷社区，系土家族名门大户田氏人旧居，始建于清雍正初年，属湘西北典型的封火墙庭院式建筑，占地2万平方米。除花园尚待修建外，其主体建筑紫荆堂，历经300年岁月变迁，风雨侵蚀，仍完好无损。共有大小居室40间，庭院深深，布局严谨，室内陈设不改旧观，珍藏珍品，尤为稀罕。2006年5月，被批准为湖南省重点文物保护单位，6月正式对外开放。

朝阳寺 地址咸水坪，建于清雍正年间。青瓦、石头墙，1965年被拆除，1988年修复。现在有尼姑居住，每逢6月19日观音菩萨生日，周边群众到此烧香拜佛。现保存观音等20多尊佛像。

（撰稿人：李嗣禹　图：吴斌　赵宗山　向凤毛）

阳湖坪镇

传统少数民族建筑

区域概况

地名由来

阳湖坪，古名阳和坪，因地处澧水北岸，向阳景和，又因河谷冲积为坪，故名。

位置面积

阳湖坪镇地处张家界市区东郊，北与新桥镇、合作桥乡为界，南隔澧水河与西溪坪街道相望，西抵红壁岩与崇文街道为邻，东与慈利县阳河乡毗连。辖区东西长 17.7 公里，南北宽 7.5 公里，总面积68.71平方公里。

建置沿革

1949年10月前，属大庸县车坪乡（辖阳湖坪、黄家铺、西溪坪、关门岩等地）；1949年11月，属第二区；1955年7月，属西溪坪区；1956年12月，属阳湖坪直属乡；1958年6月，属夏庄坪区；1958年9月，属红旗人民公社；1961年3月后，属阳湖坪人民公社、黄家铺人民公社，1984年改称阳湖坪乡、黄家铺乡；1985年11月，属西溪坪办事组；1993年10月，属西溪坪街道代管；1994年1月，阳湖坪、黄家铺两乡改由永定街道代管；1995年4月，撤销阳湖坪乡和黄家铺乡设立阳湖坪镇至今。

行政区划

2014年，阳湖坪镇辖前社、一家张、联成、社溪、田家台、屈家坊、集中、沙湾、张家湾、三岗、周家坊、洋池、龚家峪、王家垴、潭口、禾家山、分脉垭、竹园塔、培公垴19个建制村，建新、双溪、吴家嘴3个居委会，共206个村（居）民小组。镇人民政府驻双溪村。

自然环境

境内自北向南依次为山地、丘陵、平原，地势北高南低，呈阶梯状分布，海拔由1300多米逐次降至150米左右。北部山地约占总面积的40%，自西向东横亘绵延，土壤黑褐，适宜林木生长，故植被葱茂，宜牧宜林，为区域重要的畜牧和木材基地。中部丘陵约占总面积的30%，因富含铁质，地貌呈褐红色，光照充足，宜耕宜林，适于苎麻、油桐、薯类杂粮、柑橘类水果和花生的生长。南部平地为澧水冲积的河谷平原，约占总面积的30%，境内地势平坦，土壤肥沃，水源充足，适于水稻、玉米、小麦、棉花、油菜生长，“永定粮仓”之名由此而来。境内属亚热带山原型季风气候，四季分明，夏无酷暑，冬无严寒，年均无霜期310天，日照1719.5小时，气温16.7℃，降水量1400毫米。境内河道属小清河水系，澧水自前社村入境，自西蜿蜒向东到潭口七里潭，流距18.6公里。沿途有社溪、阳湖溪、潮儿溪、崔家溪依次注入澧水河。境内矿产资源以石灰岩为主，自然灾害坪区有洪涝发生，山区则以干旱、山体滑坡为多，霜冻、冰雹偶有发生。

人口民族

2014年末，全镇总人口23490人。有土家族、汉族、白族、苗族等多个民族，其中土家族19262人，占总人口的82%。

经济发展

经济综述

1949年以前，境内人民依靠澧水这一得天独厚的条件，把本地的木材水运（放排）到下游换取油盐，意识到“外面的世界真精彩”。随即集资买船，将境内的桐油、苎麻、烟叶、兽皮等土特产顺澧水而下贩卖到常德、津市变现，回购米面、盐巴、豆豉、布匹等逆澧水而上，运回本地，开辟商铺赚钱，兴建码头囤货。当时，域内设有潭口、洋池、周家坊、沙湾、独子岩（官渡）5个码头，打造出大庸县通往外界的黄金水道，繁荣地方经济，以此沉淀了澧水文明。

1949年10月后，党和政府重视发展农村经济，兴修水利，改善交通。改革开放尤其是实行家庭联产承包责任制以后，农民种田的积极性空前高涨，粮食产量急剧增长，农民温饱问题得到解决。20世纪90年代，境内村民开始修建砖瓦房，尝试经商，或者外出务工开启创业之门，或者因地制宜，兴种养业，逐步走上脱贫致富的道路。

经济开发区厂房

进入 21 世纪，随着改革开放的不断深入和张家界旅游业的蓬勃发展，境内以建筑、旅游、餐饮、服务等为主的第三产业不断发展。涌现出以张春旺为代表的土地开发利用，以张宏文为代表的建筑开发，以张世军为代表的旅游开发服务，以屈红星为代表的商品零售，以张世武为代表的餐饮酒店、娱乐休闲，以李建国、李先文为代表的产业创新等一批本土企业家，带动地方经济发展和社会进步。此外，在基础建设、工程承包、特色养殖、规模种植等领域里也不乏佼佼者。原来以农业经济为主的阳湖坪镇经过改革开放 30 多年的发展，逐步形成农、工、商并举的经济架构。2014 年，全镇实现生产总值 6.78 亿元，财政收入 380 万元，农民人均纯收入 6078 元。

农业

阳湖坪镇耕地面积 1124.13 公顷，人均 0.0467 公顷，其中稻田 567.07 公顷，旱地 352.47 公顷，且多为旱涝保收田地，农业生产资源和条件居永定区前列。1949 年以前，境内生产力水平低下，粮食亩产不足 200 公斤。抵御自然灾害能力弱。1949 年 10 月后，兴修水利，改良土壤，平整田园，引进良种，到 20 世纪 70 年代，粮食单产大幅度提高。其间，集中村村民屈先禄，积极推广新品种，进行科学栽培，被评为“湖南省学大寨先进个人”。20 世纪 70 年代中后期，随着“三系”杂交水稻的推广，特别是近 10 年“超级稻”良种的引进，许多农户粮食亩产超过 600 公斤，全镇粮食总产量不断提升。全镇农业基础设施条件显著改善，抵御自然灾害能力不断增强，农业机械得到广泛运用。2014年年末，全镇有插秧机65台，收割机5台，其他农用及运输机械220台。2014年，粮食总产量9200吨，其中稻谷6280吨，玉米1520吨，薯类粗粮1370吨，实现农业总产值9178万元。境内经济作物主要有棉花、苎麻、甘蔗、烟叶、水果。20世纪70年代，人民公社建起园艺场，各村建起农科队，进行经济作物试种，起到推广示范作用。改革开放后，现代农业科技得到推广应用，经济作物种植日趋产业化、规模化。2014年，全镇种植棉花66.67公顷，产量300吨；烟叶93.33公顷，产量140吨；油料作物360公顷，产量1000吨；蔬菜280公顷，产量8400吨；柑橘、蜜柚、瓜类、草莓等水果产量6000吨，各项经济作物实现产值8140万元。

畜牧业

阳湖坪镇畜牧业以养殖黄牛、水牛、生猪、羊、鸡、鸭、鹅为主，鸽子、竹鼠、家养野鸡有少量喂养。进入21世纪，一批养殖专业户脱颖而出，境内养殖业存栏数和年产值跨上新台阶。2014年末，全镇牲猪饲养量1.2万头，存栏0.2万头；羊饲养量2.12万只，存养1.18万只；竹鼠饲养量2500只；黄水牛饲养量1000头，存栏500万头；家禽饲养量19.4万羽，上市家禽9.8万羽。2014年肉类总产量412吨，畜牧业总产值3125万元。

林业

阳湖坪镇用材林以杉木、马尾松、梓树、柏树为主，其它树种也有广泛栽植。20世纪50年代末，在大跃进群众大炼钢铁运动中，境内林木几乎被伐之殆尽，几片原始次森林化为乌有。为恢复植被，70年代建起北山林场、禾家山社管林场，另有5个村先后建起村办林场进行封山育林。长江防护林工程和退耕还林政策实施后，林业生产迎来新的发展机遇。至2014年年末，境内有林场6个，其中镇办1个，村办5个，管理林区面积683.33公顷，木材蓄积量超过2万立方米；另有杂木绿化林地186.67公顷，观赏林地40公顷，林业价值存储约5100万元。

果业

阳湖坪镇素有“柑橘之乡”的美称，境内平区主产蜜桔、椪柑、大红等果类，成为农民增收的支柱产业。由于土壤肥沃且含富硒，加之日照

葡萄基地

较长，果实味美甘醇。境内山区主产板栗、核桃。有“柚子之王”美誉的“菊花芯”享誉三湘，曾是朝中贡品。1976年冬，境内发生冰灾，橘科果林全部冻死，菊花芯惨遭灭顶之灾，次年春天仅有部分未完全冻死的菊花芯树从根部吐出新牙，老百姓视如珍宝。几经发展、改良，菊花芯果业初具规模，几乎家家户户种植，连片规模种植500余亩，产量10万吨。张家界知名企业“绿航果业”积极扶持这一品牌，与各农户及种植大户签订保护价包销合同。通过企业包装营销，菊花芯远销海内外，这一绿色环保品牌成为全镇经济新的增长点。

工业园区

张家界市经济开发区（张家界科技工业园）C区在阳湖坪镇，占地面积213.33公顷。园区基础设施完善，交通便利，政策优惠，服务配套，一批国内外知名企业，如远大住工、奥威科技、鑫彤飞、茅岩莓、汽配厂等先后入驻园区，兴业创业。2014年，工业园区实现总产值4.28亿元，利税1.2亿元。随着工业园区的不断发展，拉动境内第三产业迅速兴起，带动全镇经济社会发展和劳动力就业。2014年年末，境内有工业企业563家，其中镇办6家，村办36家，个体经营企业521家。

商贸服务

由于交通闭塞，信息不通，历史上境内商贸除本地集市交易外，另有极少人员肩挑马驮从事长途商品运输贸易，贸易量不大，价值极小。1949年10月后，人民公社成立供销社，在各村办起代销点，同时辅以五天一集的集市交易，为商业贸易开启方便之门。改革开放后，供销社逐渐失去竞争力，被众多家庭经销店所代替，但是农村经济交流日益繁荣。2014年，全镇稳定形成以黄家铺、阳湖坪2个集市为主干、103个固定商店（旅社）为骨架，近200个流动摊位为辅，从业人数超过800人的商业贸易服务体系。是年，完成社会商品零售总额1.5亿元。

基础设施

交通运输

1949年10月以前，境内仅有一条官道土路，

公路交通

宽不足两米，仅能容双人独马通过。20 世纪 50 年代末，始有土质公路建成。改革开放尤其是张家界市建立后，境内交通运输得到快速发展。长沙至张家界高速公路穿越全境，并设有阳湖坪出口；张家界至花垣高速公路始于境内，联通全国各地。黔张常铁路正在加紧建设之中，宝潭公路横贯阳湖坪镇腹地，村村通水泥公路达百余公里，伸向全镇各个村寨。境内有公交线路 1 条，客运车辆 20 台。2014 年年末，全镇有长途运输车辆 135 台，市内运输车辆 150 台，其它货运车辆 57 台，各种轿车 1000 余辆。阳湖坪镇紧邻张家界市城区，交通条件得天独厚：距张家界火车客运站 5 公里，与荷花国际机场相距 8 公里，澧水穿境而过，是公路、铁路、航空、水运的交汇处，人流物流便利。

邮电通信

2014 年末，阳湖坪镇有电信、移动、联通服务网点 5 个，电话交换机容量 1020 门，固定电话用户 520 户，移动电话用户 16443 户，移动电话普及率近 90%，互联网用户 6100 户。有线电视覆盖全境。全年电信、移动、联通业务收入 850 万元。

水利建设

20 世纪 50—60 年代，先后修建阳湖溪、斯兰峪、李家峪、洞门溪、岩门口、龚家峪 6 座水库，解决境内人畜饮水难题，666.67 公顷良田实现旱涝保收。在这期间，老党员杨国民征战在水利建设第一线，累倒在工地，被评为大庸县“治水英雄”。此后，建起社溪坝水电站、龚家峪水火混装电站，解决大部分群众的照明问题。90 年代后，人力或电力摇井落户平原区每个家庭，山区则建起大型贮水山塘。日供水 3000 吨的李家峪供水池正在建设当中。至 2014 年，境内有小一型水库 1 座，小二型水库 5 座，骨干山塘 8 口，灌溉渠道 28.5 千米，继续发挥着灌溉良田、人畜饮水、调节温度、休闲垂钓的作用。

社会事业

学校教育

境内自古以来就有耕读为本、诗书相继、读书出息的传统，明代以来先后产生进士 1 人，举人 17 人，秀才 25 人。20 世纪 20 年代前，境内以张家湾、吴家嘴、屈家坊、周家坊的私塾为主要办学方式，进行小学教育。1921 年始办清阳小学（后改名吴家嘴小学）。几年后，陆续办起田家

阳湖坪镇中心学校

台等3所小学。中华人民共和国成立初期，或一村独办，或几村联办，境内学校开始增多。60年代中后期，实现村村有小学，社社有初中。70年代中后期，还出现村办中学（如张家湾中学）。当时大庸县第四中学设在吴家嘴老祠堂，没有办社办高中。80年代中后期，随着教育布局的变化，除两所中学得以保留外，小学数量逐步减少。2000年，阳湖坪镇全面实现九年义务教育，并得到省级验收。2011年，有小学3所，中学2所，幼儿园6所（含民办幼儿园3所）。2014年末，全镇在园幼儿720人，专任教师25人；小学在校生2112人，专任教师137人，小学适龄儿童入学率100%，小学升初中升学率100%；初中在校生1212人，专任教师125人，九年义务教育覆盖率100%。恢复高考制度后，全镇近300人考取国内外多所大学。

文化艺术

境内人民自古有修谱铭恩、光宗耀祖的传统，张、王、李、屈、田各姓氏修谱以志纪念，蔚然成为大观。随着张家界旅游业的兴起，阳湖坪镇建新居委会土家原住居民李军声穷30余年心血，创办军声画院，成为享誉国内外的特色艺术奇葩。军声砂石画取材广泛，原料自然，制作精细，装裱瑰丽，受到社会各界和海内外游客的青睐。舞龙灯、狮子灯、花灯、三棒鼓表演是阳湖坪镇流传至今的地方特色文化，每逢节庆，双溪、周家坊、建新等地群众自发组织起来，精操细练，进城入乡，且歌且舞。在传承传统文化的同时，阳湖坪镇还注重公众文化设施建设，办起一批文娱场所。2014年年末，全镇建有文化站、广播电视站各1处，村级文化活动中心22处，各类图书室藏书10余万册。另有文化专业户12户，音乐、美术、书法、摄影及文学业余创作队伍30余人。

医疗卫生

1949年以前，境内只有走方郎中，草药医生行走于乡间。20世纪60年代末70年代初，除建起2家公社卫生院外，各村纷纷建起医务室，大批“赤脚医生”施救于田间地头，解除群众疾苦。改革开放后，随着医疗卫生事业的发展，“赤脚

少数民族文化活动

医生”这一特殊群体逐渐退出历史舞台，以专业化的医疗队伍取而代之，人民群众的健康得到保证。2014年年末，境内有医疗卫生机构2个，村卫生室20个，病床30张，专业卫生技术人员38名，当年完成诊疗12521人次。

体育

千百年来，境内人民在劳动生产之余，摸索出一系列强身健体门道。农闲时节打飞棒、踩高跷、玩陀螺、跳房子、放风筝、拧手腕、抛三棒骨、扭扁担、踢毽子、下象棋、打三棋，一个个比狠斗勇玩技巧，比手段，玩智力，放松压力，活络筋骨。拔河、摔跤也是境内群众喜爱的健身娱乐方式。境内人民自古就有习武强身、挥械舞拳，看家护院、抵御贼寇的传统，武林高手张慈宝、郭玉堂甥舅二人扶助正义、扫除悍匪的故事至今令人称道，口口相传。习武强人张小河凭着一双腿脚功夫除恶虎、灭狡豹，一生打死虎豹豺狼70余只，土匪强人闻风丧胆。1978年改革开放以后，在继承传统体育健身项目的基础上，乒乓球、羽毛球、篮球、足球、象棋、围棋逐渐成为群众的至爱。利用学校体育设施、镇村健身器械、公共活动场所，经常参加各项体育锻炼活动的人数占境内常住人口的35%。。

社会保障

阳湖坪镇属永定区经济强镇，社会服务功能较强，境内村民、居民均参加了医保、社保，享受着大病救治的优惠政策和到龄领取补助的社会保障。境内设有敬老院1个，床位55张，收养五保老人55人。2014年，全镇参加农村社会养老保险11311人，参保率87.92%；参加农村新型合作医疗20620人，参合率87.8%。张家界科技工业园区为全镇劳动力就业发挥着巨大作用，阳湖坪籍村民失业率低于3%。许多村民家庭居住条件高于城市家庭水平，别墅居住人口约占20%，享受着现代化生活。境内有社区服务中心3个，社区服务站3个。

特色地情

历史人文

受澧水的滋养，修德重教，清正守身，忠厚仁义，扶危济困是境内人民世代相传的良好风尚，一代代阳湖坪人出贤才、尽忠贞，成为地方的骄傲，国家的栋梁。明代洪武进士张志荣曾任云南大理知府，为官清廉，尽忠职守，体恤百姓，教民以德，化解积怨，造福一方，死后家无余资，被一方百姓呼为“清官”，名列明代清官榜。当年张志荣从前社村独子岩口岸乘船入澧水东下赴云南任职，成为一代清官，后将此渡口更名“官渡”，凡赴大庸府、永定府任职或外地任职官员均要在“官渡”上下船，或迎来送往的官宦，或省亲祭祀的要员，在此落脚起轿，勉励自己为官一任造福一方。一时间“官渡”名声鹊起，热闹非凡。明代敕赐义官张志华家财万贯，富甲一方，忠厚仁义，乐善好施，适逢大旱，以一己之力代缴一县钱粮，至今流芳张姓宗谱，光耀永定县志。清代，张九枝、张逢春叔侄分别官居二品提督、四品参将，他们治军谨严，带兵有方，功勋赫赫，曾分别得到嘉庆和同治皇帝建表旌奖，夫人则敕封诰命。

革命战争年代，阳湖坪英雄辈出，成为一方红色沃土。张宏光、张少清、张升初、屈常孝、张宏明等追随贺龙参加革命，出生入死，南征北战。1949年10月后，他们立足岗位，建功立业，成为阳湖坪人民的骄傲。革命战争在阳湖坪大地上留下不少印记，其中数“红军渡”最为出名。“红军渡”是连接阳湖坪镇周家坊村与西溪坪办事

红军路

处宋家湾村的一个渡口，当年红二、六军团在贺龙的带领下，冒着国民党军队的炮火，由此渡过澧水到达北岸，开始万里长征。解放后人民政府将此渡口命名“红军渡”。中华民国时期的张晋武，剿过土匪，打过日寇，为人刚毅，深明大义，曾任大庸保安团团长。当溃败的国民党军队进入境内烧杀掳掠之时，他挺身而出，严辞痛斥，几经交涉，避免一场战火，保住一方平安，解放后出任大庸县副县长。

改革开放后，阳湖坪人敢为人先，弄潮商海，带领乡民致富，推动地方经济发展。张家界华宇建筑公司董事长张宏文曾荣获“全国乡镇企业家”“湖南省优秀实用人才”称号，公司先后被评为省、市“优秀企业”。张宏文热心公益，回报社会，为扶残助教、捐资支农、资助环卫、修建公共设施，先后出资250万元。

名优特产

适宜的地理环境、气候条件，造就境内许多特色产品。洋池的九眼藕，与一般地方的七眼藕不同，除了多两眼，七月前食用格外脆嫩，中秋节前后食用则分外香糯软脆，明清时期曾为朝廷贡品。红薯粉是本地的一大特产，因为土壤肥沃，产量高，曾一度广为栽种。洋番薯，脆嫩甘甜，适于生吃，懒番薯粉多耐放，适于做粉条，广鼻子粉多且甜，生吃熟吃均宜。每年有红薯粉从境内销往市区内外。阳湖坪菊花芯，味甜水多，富含铁硒质，皮薄肉厚，具有药效，被誉为水果中的上品。家酿米酒，甘甜清冽，醇香悠远，余味绵长，性温益身，少喝之则有益身心，健骨强体。若一味猛喝则后劲十足，往往无意间醉卧酒乡。

风景名胜

境内潭口村七里潭素有“小三峡”的美誉，河道狭窄，水深且碧，恰似一块翡翠掉落水中。两岸山奇石秀，险峰叠出，绵绵不绝。一路古树参天，翠绿满目，犹如行走在巨幅画卷中。在近4公里的行程中，可乘船远眺“潭口飞瀑”，也可

步行近观潭中游鱼，其赏心悦目不可言状。另有张家湾新旺休闲娱乐中心民俗景观，双溪的"清水湾"，集吃、住、娱、钓、赏为一体的原生态土家部落，古风悠悠，旧俗绵绵，听则歌，动则舞，栖在悠闲，食有美味，令人景仰。此外，阳湖溪水上乐园、联成垂钓中心也开门待客，等待他们的光临与开发。

民俗风情

千百年历史的演变，形成阳湖坪别具一格的民俗风情。张家湾风火墙建筑为永定建筑界一道亮丽的特色景观。在这片区域里，家与家之间用火砖墙相隔，虽然建筑材料均为木柱、木椽，上面覆以瓦片，但遇大火，火砖墙尽显威力。几百年来，这片建筑曾数遭大火，却没有一次烧出失火人家范围。这一建筑的科学性让人惊叹。近年来，居民张春旺在本村山湾里模仿这类建筑，建起休闲娱乐山庄，成为本境市民和他乡游客见识民俗风情的好蓝本，体验农家生活的好去处。此外，境内婚嫁习俗与众不同，独具特色。

（撰稿人：朱迎新　图：余战备　吴斌）

后坪镇

集镇全景

区域概况

位置面积

后坪镇位于永定区西部，澧水河南岸，东与张家界市区相连，南与南庄坪接壤，西抵永顺边界，北与枫香岗乡隔河相望。总面积 81.5 平方公里。镇人民政府驻地距张家界市城区 19 公里。

建置沿革

1949 年 10 月前，属大庸县天崇乡和武卫乡；1949 年 11 月，属大庸县第三区；1953 年 4 月，属第一区；1955 年 7 月，属大溶溪区；1956 年 6 月后，属大庸桥乡、邢家巷乡；1956 年 12 月，属二家河基点乡（包括邢家巷、大庸桥、枫香岗3个乡）；1958年6月，属夏庄坪区；1958年9月，属超美人民公社；1961年8月，属大庸溪办事组；1984年4月，撤销人民公社，恢复二家河乡和大庸所乡；1995年，大庸所乡、二家河乡合并设立后坪镇至今。

行政区划

2014年，全镇辖荷花、新木岗、侯家湾、胡家岗、陈家河、中山、武溪、鸡公垭、前坪、连五间、袁家、广岩咀、八家河、川岩坪14个建制村和二家河、边岩、后坪3个居委会，共176个村（居）民小组。镇人民政府驻二家河居委会。

自然环境

境内地处东部新华夏系一级构造单元第三隆起带的南端，其中，包括武陵山次级隆起带和大庸盆地次级沉降带，武陵山脉南支、中支横贯全境。地貌大致分为山岳地貌、流水地貌、堆积地貌3种类型。地势南高北低，平均海拔340米，最高处海拔1164.7米，除崇山、中山外，其余均为澧水冲击平地。澧水穿境而过。境内矿藏资源丰富，有铁、钴、镍、锌、硫等。后坪镇是永定区水果、粮食、蔬菜和矿产（镍钼矿）发展基地。境内林业资源丰富，镇林场总面积101.91公顷，其中，林地面积101.32公顷。

人口民族

2011年年末，辖区总户数7418户，总人口21397人。2014年，辖区户数5326户，总人口20967人。境内有土家族、苗族、白族、汉族4个民族。

经济发展

经济综述

近年来，后坪镇坚持“农业稳镇、工业重镇、旅游兴镇”发展思路，推进农业产业化进程，培植龙头企业，发展旅游农业，实现农民增产增收，镇域经济又好又快发展。2012年，全镇实现生产总值2.15亿元，农民人均纯收入3974元。到2014年末，全镇生产总值2.69亿元，农民人均纯

荷花渡风光

巨日水泥厂

收入 5171 元，财政收入 765 万元。

农业

2014 年，全镇有耕地面积 1660 公顷，其中，稻田 1053.33 公顷，粮食产量 11952.54 吨。近年来，立足发展特色农业，形成规模种植产业，着力建设特色农业产业基地，实施以点带面、以面连片战略，推动稳步快速发展，已初具成效。郊区村以荷花村、新木岗村、二家河居委会为重心，借助城郊优势发展生态农业、特色养殖业，建成荷花村葡萄、红提、六月翠、柑橘等水果及茶园花卉苗木基地面积 51.33 公顷。中部村以崇山、广岩咀、八家河为重心，发展蔬菜产业，建成崇山反季节蔬菜基地 46.67 公顷，广岩咀村水果基地 33.33 公顷，其中，牛奶西瓜基地 23.33 公顷、椪柑基地 10 公顷。西部村以陈家河、鸡公垭、后坪、中山、边岩为重点，打造“万亩水果基地”，发展水果产业，陈家河、中山、前坪、鸡公垭、后坪 5 个村共创建水果基地 9 个，成立农村合作经济组织（产业合作社）11 家。其中，张家界荷花大鲵养殖合作社最具规模，合作社位于后坪镇荷花村，2004 年自发组成，2008 年正式注册，社员户 200 多户，成员遍及永定区各乡镇及全国 20 多个省、市。合作社养有娃娃鱼种、苗 10 万多尾，建有工厂化驯养及加工车间 3 万平方米，并与全国 20 多个省、市签订大鲵仿生态繁殖及人工繁殖相关技术服务协议。先后与中南大学、吉首大学、上海水产大学签订产学研长期合作协议，用科技力量提升“张家界大鲵”品牌价值。合作社重视农民培训，多次组织外出学习，磨练出大批农民技术专家。

村镇企业

近年来，境内工业企业发展增速，投资上百万元的张家界宏富食品厂、张家界鑫源矿山有限公司、永兴矿业有限公司、金沙建材有限公司、福安木业、多福砖厂、琉璃瓦厂、甜园贸易公司等落户境内。张家界福安家木业有限公司是一家从事细木工板、胶合板、建筑专用模板、竹胶板、集成材生产、加工、销售的民营企业。公司创办于 2006 年，注册资金 500 万元，固定资产

娃娃鱼合作社

总额2200余万元。到2013年，有占地3万多平方米的生产基地，有职工150人，有整套先进的细木工板、胶合板、环保生态集成材生产线3条，年产细木工板1.5万立方米、胶合板8000立方米、环保生态集成材1万立方米。公司自有原材料基地134.47公顷。张家界南方水泥有限公司，前身为张家界巨日水泥有限公司，于2006年12月登记注册，占地面积7.33公顷，总投资3.3亿元；拥有一条2500吨新型干法水泥生产线，采用新型干法悬浮预分解回转窑生产工艺，带4500千瓦纯低温余热发电站，年产优质水泥100万吨。生产线于 2008年7月点火试生产，主要生产强度等级52.5、42.5普通硅酸盐水泥和32.5复合硅酸盐水泥。产品满足张家界市区市场需要，并对外覆盖吉首、永顺、龙山、保靖、花垣等地。

商贸服务

因地理区位优势，境内历来集市贸易活跃。2014年，有二家河和后坪2个集贸市场，二家河集市每月（1日、6日、11日、16日、21日、26日）有6个赶集交易日，后坪集市每月（农历初二、初五、初八、十二、十五、十八、二十二、二十五、二十八）有9个赶集交易日。两市日交易额30万元以上。

旅游业

境内民风淳朴，风景优美，气候宜人，是休闲度假理想之地。位于荷花村的土家民俗荷花生态园，占地面积约30公顷，园内有占地面积约1.33公顷的“大鲵养殖园”。“农家乐”特色餐饮逐步成为荷花村群众增收的重要渠道。崇山徒步旅游已初见规模，每年大批游人到此参加徒步、摄影、自行车骑行比赛。崇山及周边的五间村、袁家村“农家乐”等旅游服务业同步发展。

劳务输出

随着经济社会发展，后坪镇社会保障制度逐步健全。近几年，全镇新增劳动力转移就业240人，农村劳动力转移培训56人，创业培训24人。到2014年年底，全镇累计实现农村劳动力转移就业3732人。辖区设有便民服务取款点14个。

武溪桥

基础设施

交通运输

境内交通便利，国道229穿境而过，张（家界）罗（古丈县罗依溪）二级公路（境内27.5公里）、枝柳铁路（境内长13公里）纵贯全镇。镇内有临时火车站停靠站、汽车运输站和农用车站。至2014年，全镇17个村（居）全部完成道路硬化。

邮电通信

2000年后，境内先后开通中国移动、中国联通、中国电信等通信业务。2014年年末，有邮政所1处，邮政业务总量12万元，报纸杂志累计发行1.2万份；固定电话用户200余户，移动电话用户3000多户，互联网入户率48%。集镇开通有线电视，入户率98%。

供电饮水

1949年10月以前，境内家家户户基本靠蜡烛、煤油灯照明。1949年10月以后，逐步拉通群众照明用电线线路，实现全镇通电。2010年，后坪居委会设置用电收费点，与城区接轨自助缴费，告别电工上门抄表收电费的时代。至2014年年底，大部分村（居）民用上干净的自来水。

水利建设

境内有水库5座。其中，洪家溪水库于1955年建成，库容44.8万立方米，有效灌溉面积100公顷，位于二家河洪家湾。大峪湾水库于1957年建成，库容20万立方米，有效灌溉面积66.67公顷，在广岩咀村大峪湾。侯家湾水库于1959年建成，库容1701万立方米，有效灌溉面积93.33公顷，建在侯家湾村。花岩水电站建在澧水花岩滩的栏河坝上，位于永定区城西18公里处，1972年建成发电，装机容量2000千瓦，场内水泵站可灌田640.47公顷。相公洞水电站建在崇山脚下相公洞前，1968年建成，装机容量1000千瓦，管道长1480米，落差625米，当年居中国第一位，世界第四位。

村镇建设

20世纪70年代，境内先后修建起二家河小

集镇街道

学、邮电、信用社、粮店等设施。2009年，修缮各机关办公场地。进入21世纪，成立文化站、农业技术广推站等。到2014年，有镇文化体育广场1处，村级文化体育活动场地14处，敬老院1所。

社会事业

学校教育

1952年，后坪中心小学更名为大庸县第六完小。1969年创办人民公社中学。2000年7月，创建后坪中学，位于后坪镇中心地段，分教学区、生活区和运动区，校园占地面积1.2万平方米；理化生实验室、图书室、现代信息技术教室、多功能会议室、食堂、寝室等一应俱全。学校拥有图书3万余册，计算机80台，多媒体教室以及完备的校园网络。2009年该校成为“省级合格学校”。后坪中学是永定区农村中学中规模大、人数多、管理规范的示范性窗口学校，设有教学班12个，学生600多名，有专任教师51人，其中市、区级学科带头人、骨干教师5人。2014年，境内设有骨干初中1所，小学9所，幼儿园8所，在校师生(幼儿)2800多人。

文化体育

2009年，全镇开始实施农村广播电视“村村通”项目，并建成学校体育运动场2个。2014年，全镇有综合文化站1个，村级文化活动中心4个，各村均配备图书室，共藏书3万余册；有体育场地4处，分别在镇政府大院和荷花村、鸡公垭村、前坪村村部；有广场舞队伍6支，近100人参加；广播电视“村村通”覆盖率100%。

医疗卫生

2014年，全镇有医疗卫生机构2家，村级卫生室14个，病床25张，专业卫生人员16人。全镇17个村18031人参加新型农村合作医疗，参合率96%。计划生育服务站1个，计划生育工作稳居全市前列，农民健康监测工程稳步实施。

社会保障

2014年，全镇有低保户753户1335人；“五保户”集中供养77人，分散供养43人；优抚工作稳步推进，发放生活补助 180 人。

特色地情

历史人文

欢兜传说及欢兜墓 欢兜，相传自上古时唐尧时人，为尧帝之臣，传说为颛顼之子，黄帝有虞氏后裔，生活在公元前 22 世纪。因与共工、三苗、鲧“作乱”，被称为“四罪”，被舜流放到崇山（今后坪镇连五间、袁家村所在地）。当今史家提出中华民族的古代文明是由四个集团共同创造的学说，其中长江中下游的苗蛮集团，就是以欢兜、祝融为首的，因而，崇山引起国内外有关人士的注意。其山顶今存欢兜墓、欢兜屋场、欢兜庙等古遗迹，民间亦颇多关于欢兜在崇山征战的传说。关于欢兜的历史记载散见于一些古籍，例如唐代大诗人王维曾作《赧王墓》诗：“蛮烟荒雨自千秋，夜邃空余鸟雀愁。周赧不辞亡国恨，却怜孤墓近欢兜。”

刘明灯墓 刘明灯（1838—1895），字照远，号简青，张家界市永定区人。少攻诗书，朝夕练武，膂力过人，咸丰己卯（1859）中武举。1861 年入左宗棠楚军，由于作战英勇由把总督晋升千总、参将、副将，到功升总兵，加提督衔，授福宁镇总兵。1868 年调台湾镇总兵，后调甘南各军提督。清光绪四年（1878），为父母丁忧，由青海解甲归田。在故里以巨资买田，建庄园，修墓，造石像，立牌坊，修桥梁、兴水利、设义渡、兴学等。刘明灯逝世后，石匠王玉之为刘氏一家修建墓地，墓址在后坪镇新木岗村一带，建墓历时 17 年，耗资不计其数。墓区现存墓葬 3 处，石雕群 3 处，石碑坊 2 座，神道碑 4 座，石像 24 尊，石桅 4 根，其他碑刻 2 处。刘明灯墓区规模之大，石雕技艺之精，为地方所罕见。刘明灯墓地为省级文物保护单位。

鸡公垭战斗遗址 位于鸡公垭村，距张家界市城区 17 公里，是张家界通往永顺的咽喉要道。

刘明灯墓石雕群

荷花艺术馆

它南靠崇山，北临澧水，地势险要，是兵家必争之地。1935 年 3 月 20—21 日，红二、六军团与前来“围剿”的国民党军队李觉之十九师在此展开一场激烈的阵地争夺战。红军失掉有利地形，由伏击战变为攻坚战，双方死伤惨重，后称鸡公垭战役。

张家界荷花园 位于荷花村，是集土家文化、建筑、雕塑、荷文化展示、旅游娱乐、科研、生产于一体的土家民俗与荷花生态展示园。园区荷花品种以花莲、睡莲、籽莲、碗莲、玉莲为主，水生植物为辅。园内设有科普长廊、莲蓬采摘、农耕体验等休闲娱乐项目，是张家界市以观荷、品荷为特色的生态旅游休闲农业景点。自 2008 年 6 月建园以后，累计接待入园游客 4 万多人次。2008 年成功举办张家界第一届荷花展，是年 11 月被评为湖南省四星级休闲农庄，2010 年 5 月被评为湖南省五星级乡村旅游区（点）。荷花园多次代表湖南参加中国花卉协会在颐和园、澳门、苏州拙政园、安徽植物园等地举办的全国荷花展。荷花园作为湖南省独具特色的莲（廉）文化主题公园，以清风长廊为依托，大力弘扬廉政文化。2010 年，以“天门清风拂永定”为主题，开展廉政文化建设活动展览。在清风长廊举办以历代清官、警句格言等为内容的大型图片展览，宣传廉政文化，营造出爱廉、崇廉、尚廉、守廉的社会氛围。

（撰稿人：李婵　图：赵宗山　鲁帮福）

尹家溪镇

集镇全镇

区域概况

地名由来

古称“迎驾溪”，是通往川、鄂西南的古驿站，取谐音为“尹家溪”。是永定区的粮仓之一，清朝时期在此设“官仓”存放积谷。

位置面积

尹家溪镇位于永定区西北部，东邻大庸桥街道、沙堤乡，南接枫香岗乡、三家馆乡，西抵罗水乡，北界教字垭镇。总面积 91.4 平方公里。镇人民政府驻地距张家界市城区 5 公里。

建置沿革

1942—1949 年，属大庸县官尹乡；1949 年 11 月，属大庸县第三区；1955 年 7 月，属夏庄坪区；1956 年 6 月后，属官坪乡、三坪乡；1956 年 12 月，属夏庄坪基点乡；1958 年 6 月，属夏庄坪区；1958 年 9 月，属卫星人民公社；1961 年 3 月后，属官坪人民公社、三坪人民公社；1961 年 8 月后，属大溶溪区、大溶溪办事组；1995 年 5 月，属大溶溪镇（辖官坪、三坪、枫香岗 3 个乡）；1998 年，从枫香岗乡析出，合并教字垭镇泉峪村，设立尹家溪镇至今。

行政区划

2014 年，全镇辖夏坪、覃家坪、楠木溪、三坪、赵坪、二寸界、宋坪、西尹、莫家岗、肖家岗、瓦窑岗、九家坪、沧溪、茅溪、马口、龙潭岗、棚井、红砂坡、泉峪、长茂山、马儿山 21 个建制村和小河坎、立功桥、官坪 3 个居委会，共 238 个村（居）民小组。镇人民政府驻小河坎居委会。

自然环境

境内地势平坦，最高峰观音山海拔 656 米，最低点代应坪海拔 156 米。茅溪河由北向南贯穿全镇，汇入澧水，总长 25 公里。境内属北亚热带季风性湿润气候，四季分明，年均气温 17.1℃，无霜期 247 天，降水量 1126.8 毫米。境内已探明地下矿藏有方解石、铁、大理石等，主要自然灾害有洪涝、干旱。

人口民族

2008 年，辖区总人口 26466 人。2014 年，总人口 29546 人，其中，常住人口 22373 人；土家族人口占总人口的 80%，还有苗族、白族、汉族等。

经济发展

经济综述

21 世纪以前，尹家溪镇经济以农业为主。2008 年，全镇实现生产总值 2.71 亿元，财政收入 720 万元，农民人均纯收入 2800 元。2014 年年末，全镇实现生产总值 4.2 亿元，其中农业产值 1.8 亿元，财政收入 1006.03 万元，农民人均纯收入 5676.39 元。

农业

尹家溪是永定区的农业大镇，主要有商品蔬菜、畜牧养殖等，粮食作物主要有玉米、水稻、豆类等，经济作物主要有药材、果品等。境内有千亩优质水蜜桃基地、千亩甘蔗基地、千亩精细蔬菜基地等多个农业产业基地，并有食用菌、香椿、香芋等专业农业合作社 15 个。2009 年 2 月成立的张家界市长茂山桃子种植专业合作社，已成功注册“长茂山”鲜桃品牌商标，并升级为省级专业合作社。长茂山村种植的桃子共有 5 个系列 20 余个品种，面积 200 余公顷，优质水蜜桃销往长沙、南宁、武汉等城市。尹家溪是张家界市商品蔬菜生产主要基地，建立的夏坪现代设施农业示范园、茅溪绿色蔬菜产业园，均经农业部验收认证为国家级示范园。2010 年，张家界市玉凰绿色有限责任公司创建的夏坪现代设施农业示范园，是省蔬菜研究所的科技示范基地，主要进行新品种引进、示范栽培和蔬菜种苗供应，保障城区蔬菜需要。茅溪绿色蔬菜产业园是尹家溪镇茅溪河两岸着力打造的集生态农业、观光农业和蔬菜科研示范为一体的现代都市生态产业园，园区规划建设总面积 253.33 公顷，带动建成全镇万亩蔬菜产业带，通过农超对接、蔬菜批发等方式，产品远销长沙、吉首、常德等市场，深受客商好评。

全镇农业基础产业和特色产业实现同步发展。2014年，粮食作物种植面积733.13公顷，粮食产量28147吨，其中，水稻1133.13公顷、产量11000吨，玉米600公顷、产量4050吨；油料作物种植面积470公顷、产量700吨，其中，花生100公顷、产量300吨；蔬菜种植面积484.6公顷、产量8388吨。饲养生猪1.7万头、羊0.37万只、牛0.27万头、家禽7万羽，年末存栏生猪1.3万头、羊0.35万只、牛0.25万头，上市家禽5万羽。肉类总产量1144.11吨，其中，猪肉975吨、牛肉48吨、羊肉16吨、禽肉105.11吨、禽蛋300吨。到2014年，全镇累计造林面积1859公顷，其中，经济林面积353.33公顷，农民住宅四旁树木11.7万株，林木覆盖率69.02%，活立木蓄积量7.3万立方米。水果种植面积866.67公顷、产量1.35万吨，主要品种有紫竹甘蔗、珍珠葡萄、红心猕猴桃等。小型名优产品有立功桥蓝莓、长茂山桃。2014年，新农村示范片内8个村（居）农民人均纯收入9860元。

乡镇企业

1972年，境内始创三坪公社企业办、官坪公社企业办，共有社办集体企业11家，从业人员140余人，主要有林场、茶厂、园艺厂、石灰厂等。其中，官坪公社的天门山石灰厂鼎盛时期从业人员近50人。1986年，开始创办砖厂、电站等企业。至2014年，全镇有镇办企业5家，分别为长潭河电站、清水泉电站、园艺厂、金山茶场、茶树垭林场。近年来，境内私营企业发展迅猛，有水果厂、管材厂、汽修厂、水泥板材厂等，有“家家耀葛根食品有限公司”“家家耀油脂加工厂”“祥年环保有限公司”“好吃腊味”等6家加工企业。家家耀油脂厂生产的桐油远销东南亚；祥年环保有限责任公司为张家界市首届十大诚信企业，拥有1条年加工2万吨的精米加工生产线，是学生无铅食品示范基地。2014年年末，全镇有大小企业37家，实现工业产值1.37亿元。

棚井村田园“太极”图

立功蓝莓采摘园

商贸服务

1949年前，境内没有官方商贸机构，农民买卖货物均与民间商贩交易。1953年，官坪乡成立沧溪、官坪供销合作社，12个村均有经销店；三坪乡成立夏坪（后迁址小河坎）、尹家溪供销合作社，11个村均有经销店；2个乡的贸易中心分别为沧溪和小河坎。改革开放后，供销合作改制，个体商贸服务业发展，商业贸易不断繁荣。2014年末，全镇有商业网点46个，农贸集市2个，城乡集市贸易成交额1.4元。

旅游业

近年来，借助张家界市旅游大背景，依托城郊区位优势，发展休闲度假等乡村旅游。有九家坪、尹家溪、茅溪水库、吴家溶4个大型垂钓中心，农家乐17家，“远方的家”“马儿山庄”等一批特色农庄已开门纳客。长茂山天然桃林200公顷，每到时节，赏桃花、逛桃林、品桃果、续桃缘，引游人如织。立功蓝莓采摘园实行观光农业、休闲农业和生态旅游结合，成功打造市场品牌。棚井村茅溪河环绕稻田的地貌因酷似一个太极图案而受摄影爱好者追捧。正在开发建设的泉峪村红石林景观，位于茅溪水库西岸，开发面积33.33余公顷，形成历史约4.5亿年，因沉积大量混合泥砂的碳酸盐物质，经地壳运动和侵蚀、溶蚀作用，为美丽的地质奇观，已挖掘娘娘迷宫、美人床、十大将军、大峡谷、莲花座等景点。位于莫家岗村的龟仙洞自然风景区是尹家溪镇溶洞景观代表，有龟仙洞、龟仙溪、夫妻洞，洞洞相连，形成地下河、地表溪，与另一条溪流汇合形成的将军潭和三面环水的仙人岛等自然风景资源。龟仙洞已探明长约1.4万米，洞内钟乳石、千丘田、观音送子、夫妻龟、群英聚会、猛兽下山、仙人下凡等景点形象逼真。2014年年末，全镇接待游客5万人次，旅游综合收入60万元。

劳务输出

2009年，转移农村劳动力662人，短期输出189人，为农民增收、农村发展开辟新的途径。进入21世纪，境内剩余劳动力外出打工进入佳期，镇党委、政府合理引导，推进有序流动，搭建外出务工人员与用工单位的联系平台，组织专业技能培训1000多人次。到2014年，转移输出就业人数大增，收入翻番。

基础设施

交通运输

尹家溪镇是张家界市郊区的交通重镇，镇内

交通便利。1970 年，修建三拱石桥，跨度 100 米、桥宽 9 米，当时是县城通往茅岗区的必经公路桥，到 2014 年进行了修缮。1974 年，修建大（庸）桑（植）公路贯穿官坪公社全境，现纵贯全镇 8 个村（居）。2009 年，先后完成棚井、肖家岗、龙潭岗、三坪、二寸界等 16 个村的通畅工程建设，公路里程 20 多公里。是年，投资 120 多万元，新修、整修杜家岗大桥、龙茅大桥、红马大桥。张花高速横穿全镇 6 个村（居），正在建设中的张桑高速途经镇内 7 个村（居），环城高等级公路途经镇内 5 个村（居）。至 2014 年年末，全镇有农村公路 41 条，总里程 96.8 公里，实现通村公路全覆盖，87%的村（居）民小组通路，公路入户率 85%；新农村示范片内 8 个村（居）通组公路率 100%。

邮电通信

2014 年年末，全镇有邮政网点 1 个，投递路线单程总长 150 公里，投递点 38 个，乡村通邮率 100%；全年投递国内函件 1750 件，国内汇票业务完成 4575 笔，征订报纸 252 份、杂志 199 册。有通信服务网点 3 家，固定电话用户 1445 户，移动电话用户 9752 户，联通电话用户 3500 户，互联网上网入户率 43.6%。

供电饮水

2009 年，完成莫家岗、立功桥、沧溪、红砂坡、瓦窑岗等 5 个村（居）的农村饮水安全工程，解决 1385 人的饮水难的问题。到 2014 年，有集镇自来水厂 1 座，铺设干线水管 25 公里，日产自来水 1450 吨；在建村级水厂 1 座。2014 年年末，镇区有 220 千伏及以上变电站（所）2 座，主变压器 15 台，高压输电线路 2 条，总长度 1750 千米，年售电量累计 1226.52 万千瓦时，供电可靠率 98.5%。

水利建设

1949 年 10 月以后，党和政府重视农村水利设施建设，1964 年，建成龙莫渠道，全长 1.25 万米，灌溉农田面积 333.33 公顷。1978 年冬，在官坪公社百家大队开建茅溪大坝，坝型为石砌双曲

张花高速尹家溪段

官坪渡槽

拱坝，最大坝高 57 米，坝顶弧长 124.5 米，坝底厚 15 米，坝顶宽 3.2 米。1979 年，开始修建茅溪（中型）水库，总库容 5635 万立方米，集雨面积 308 平方公里，有效灌溉面积 4666.67 公顷。坝后建茅溪水电站，电站设计机组 4 台装机容量 5400 千瓦，到 1980 年，已投产发电装机 3 台 3750 千瓦，年均发电 1100 万千瓦时。灌区干渠总长 44.81 公里，其中，双座渡槽 2.5 公里、隧洞 29 处 5.6 公里，灌溉农田 3066.67 公顷。1979 年建成的官坪渡槽，结构为 5 拱钢筋水泥，为茅溪水库北干渠最大的渡槽，长 500 米、高 33 米、宽 4 米。1980 年在柏家设茅溪水库管理处。至 2014 年年末，全镇有上型水库 4 座，分别为小 I 型清水泉水库，小（2）型杜天垭水库、茶树垭水库、吴家溶水库，水库总容量 193 立方米；山塘 302 口。水利设施灌溉面积 2008.2 公顷。有水电站 5 座，装机 1890 千瓦。

村镇建设

1981 年，三坪公社小河坎建成集镇。1991 年，始建文化活动场所。2009 年，投资 100 万元，对官坪、尹家溪两个集镇进行基础设施改造；投资 15 万元建成劳动保障站大楼和镇政务服务中心。近年来，突出小城镇建设，着力实施官坪集镇改造，同时实现张桑公路尹家溪段全天候保洁，小河坎段进行绿化工程，道路两旁种植桂花树，构建和谐、生态、幸福尹家溪。至 2014 年，先后投入 6000 余万元，进行集镇基础设施建设。完成村级组织活动中心建设项目 20 个。

社会事业

教育科技

1952年，创建尹家溪中心完小，占地面积1.37公顷，建筑面积2800平方米，曾荣获湖南省民族寄宿制学校建设先进单位。1958年，始建三坪中学、龙潭岗中学、尹家溪附中。1984年，尹家溪附中迁址官坪，更名为官坪中学。1991年，建立官坪完全小学，占地面积1272平方米，建筑面积2234平方米。2010年，三坪中学并入官坪中学；2011年，进行合格学校创建，2013年，为永定区区直中学，学校占地9000平方米，建筑面积4700平方米，教学设施基本配套。1996年，学校获湖南省“两全”建设先进称号。2014年末，全镇有中学1所，在校学生1029人，专职教师61人；幼儿园（所）10所，在园幼儿687人，专任教师16人；完小2所，在校生1680人，专任教师109人。小学适龄儿童入学率100%，初中适龄人口入学率98%，小学升初中升学率100%，九年义务教育覆盖率100%。2014年，支出教育经费1632万元，财政预算内教育经费1586万元。

2014年年末，全镇有各类科技工作者32人，其中，专业技术人才2人，经营管理人才5人，农村实用人才25人。

文化

境内地方特色民间文化氛围浓厚，地方艺术有大庸阳戏、毛古斯、龙灯、狮子灯、浇水龙、花灯等。群众文化工作曾多次获得省、州（市）、县(区)表彰奖励。清朝中叶，宋坪老艺人庹松侠是大庸阳戏的主要传承人。2010年，大庸阳戏被列为国家级非物质文化遗产名录。“毛古斯”曾参加2004年、2006年北京国际旅游文化艺术节，2008年武汉花木兰艺术节和2009年厦门海峡两岸文化艺术节。“马儿山龙灯”多次参加国家级演出。“浇水龙”被列入张家界市第一批非物质文化遗产名录。每年正月十五，莫家岗、肖家岗、马儿山等多个村（居）都组织舞龙、舞狮队伍进城“闹元宵”，广受群众欢迎。“泼水龙”传承人田开松，致力于发展壮大文化传承队伍，仅莫家岗村从业人员传承60余人，其子田际学在探究残存民间艺术“傩面鼓”方面卓有成效。境内土家族人有着浓烈的土家民间信仰和禁忌，如狩猎、修宅、婚丧、生育等活动，保留着独特的表现形式和风俗习惯。

2014年末，有镇文化站1个，村级文化活动活动室20个，农家书屋20个，书刊共15万册；有民间传统文化表演团队29支，从业人员350人。集镇有线电视入户率98%，开通有数字电视56个频道，广播电视“村村通”全覆盖。2014年开始，长茂山村创办“蟠桃文化节”，通过举办摄影大赛、农产品展览等多种形式，展现当地特色文化，有效拓展长茂山村鲜桃品牌影响力。

体育

清朝末期，三坪拳师庹仕谟随气功师余道人的高徒陈砂匠学习臂风、千斤锤、五雷掌、铁扫腿等气功绝技，因功底深厚，龙山县茨岩塘为其立“武艺超群”石碑，流传百余年，晚年传习武功，始为创建体育氛围。1952年，境内成立小学后，始建篮球场，开始做体操、打篮球等体育健身活动。2014年年末，全镇有学校、机关体育健身活动场地15个，村级体育健身场20个，各级社会体育指导员9人。2015年，长茂山村举办首届农民运动会，农民踊跃参与，比赛精彩纷呈。

医疗卫生

1949年前，境内医疗机构仅为有限的民间诊所。1972年，建三坪、官坪公社卫生院，2003年，建尹家溪镇中心医院，官坪卫生院为镇中心医院的分院。2014年年末，全镇有各级各类医疗卫生机构16个，其中，卫生院2所，病床45张，固定资产总值490万元，有专业卫生人员47人，有B超、心电图等常规诊疗设备。2014年医疗机构完成诊疗2.5万人次，出院病人3300人次。全镇新型农村合作医疗参保率100%。

社会保障

2009年，全镇“五保”对象集中供养21人，分散供养150人，支出14.1万元；落实农村低保对象495户、11058人，支出44.4万元；兑现计划生育“奖扶”政策，奖扶对象85人，支出5.1万元；补助各类优抚对象166人，支出36万元；完成农村安居工程建设8户。2014年，建成镇敬老院1个，占地0.63公顷，建筑面积4500平方米，有床位100张。

特色地情

历史人文

尹家溪镇自古多出优秀人才。沧溪人周朝武，字绪堂，早年因反抗财主欺压外出习武，在甘肃清军中当兵，曾参与回军作战，随甘军入京编为武卫后军。1907年在新疆塔城抗击沙俄入侵，1911年参加辛亥革命，1920年与贺龙部会合打败驻守慈利省军卿衡旅，1931年任湖南省政府中将顾问。1932年暴病而死，湖南及上海各报以“绿林朝武、身后萧条”为题报道他逝世消息。官坪人杜从善，16岁登台主演《刘海砍樵》中的胡秀英、《阴阳扇》中的柳赛英，对吹、打、弹乐器皆精通，独特的表演技艺和清晰幽雅唱腔获观众好评，是红眼丝弦（大花灯）的创始人。三坪人宋经全为抗日战争时期的富商，其爱国行动曾被画成漫画张贴宣传。1951年与人联营开办“源城”油盐号，投资兴建大明电厂、远大织布厂、造纸厂、肥皂厂，坚持秤平斗满、重视质量、讲究信誉，坚持勤俭办企业方针，热心公益事业，曾出资修建三坪石桥。公私合营时期，将铺面、资金、仓房全部入股，1956年，当选县人大代表、人委会委员、州政协委员，任县粮油厂副厂长。小河坎人张国勋为黄埔军校第四期学员，1933年赴长城要塞南天门抗日，激战三昼夜为国捐躯，年仅26岁。灵柩到大庸，迎灵乡亲哀唱“张营长、为抗日，血战沙场，抱牺牲、杀倭寇，敌胆皆寒。金瓯将覆，威震长城永流芳。万民痛悼念”的挽歌。县人送挽联：“倭寇已迫城下盟，恨秦桧和戎，北山集中翻旧案；壮士宁肯军前死，完张巡大节，南天门外表孤忠。”

名优特产

尹家溪镇农副产品、水果、药材等产业发展特色突出。全镇已形成“三环”合理布局：一环是城市规划区内的小河坎、夏坪和覃家坪3个村，盛产精细蔬菜、油菜等，水果种植有柑橘，精细蔬菜为特色种植作物；二环茅溪河两岸的立功桥、赵坪、宋坪、西尹和官坪等13个村（居），盛产玉米，水果种植有甘蔗、牛奶西瓜、猕猴桃、珍珠葡萄、菊花心芯柚、椪柑、脐橙等，药材种植为蓝莓。蓝莓、甘蔗为特色种植作物；三环是在海拔200米以上的丘陵地带，二寸界、马儿山、沧溪、长茂山等9个村，盛产杨梅、水蜜桃、金秋梨、奈李、樱桃等水果，长茂山桃为特色种植作物。特色养殖有立功桥的食草狸。

风景名胜

镇内观音山有覃垕寨子、覃垕神龛遗址和一座观音山寺，寺庙建于明正统年间。三坪村六组保留有清朝杨占先墓、清道光辛卯年（1831）司

文阁宝塔，宋坪村四组有清朝年间的田家坪岩塔，夏坪村有清代年间张家祠堂。

美丽乡村马儿山 马儿山养生度假项目位于尹家溪镇马儿山村，属张家界城市规划区外的城市郊区，距市中心城区15分钟车程。项目按照崇尚自然、回归自然、道法自然的原理，从吃的健康、住的舒适、心灵和谐、修身养性来突出健康养生的理念。从项目规划，到实施细节遵循以人为本，实现天人合一理想境界。勤劳智慧的马儿山人们秉持“敬天爱人”的思想，建造以“健康养生”为核心理念的“美丽乡村”项目，通过对农业产业链的延伸、创意和创新，满足居民健康休闲需求，促进新型城镇化建设。项目规划面积6.67公顷，主要包括：生态果蔬采摘园、园林苗木观赏园、休闲垂钓园、环湖度假别墅、湖湾养生会所、农家餐饮区、农产品加工仓储区、生态文化广场等。打造以农业为主导产业，囊括体验观光、休闲度假、科普教育、农耕体验、养生疗养等增值功能，集知识性、趣味性、体验性于一体的生态度假项目。

（撰稿人：袁露　图：杨雅兰　袁露）

新桥镇

区域概况

地名由来

因境内有一座两墩石桥而得名，南北桥头用石墩，墩上用大木头垫底作梁，其上铺泥沙，再用石板铺面，桥长12米、宽2米，称新桥。1955年修建大慈公路时拆除，改建为石拱公路桥。

位置面积

新桥镇位于永定区北部，东与合作桥乡、阳湖坪镇接壤，南与崇文街道毗邻，西与沙堤乡相连，北与武陵源区张家界、协和乡交界。辖区东西宽10公里，南北长12公里，总面积64.29平方公里。镇人民政府驻地距张家界市城区12公里。

建置沿革

1912年至1949年10月，属大庸县北镇乡；1949年11月，属大庸县第四区；1955年7月，属郑家坪区；1956年6月，属新桥乡（由贵峪、大峪、郑家坪、新桥、子午5个乡组成）；1956年12月，属郑家坪办事处；1958年9月，属火箭人民公社；1961年8月后，属新桥人民公社、新桥乡、新桥镇；1995年5月合作桥乡并入新桥镇，1997年合作桥乡析出，仍称新桥镇至今。

行政区划

2014年，全镇辖郑家坪、申家坪、老木峪、大峪、远景、洞湾、柏家峪、贵峪、五里峪9个建制村和新桥、丁家庄2个居委会，共121个村（居）民小组。镇人民政府驻新桥村。

自然环境

境内四面环山，群山起伏，最高处海拔750米，最低处海拔300米。有大后社溪、小后社溪和贵峪溪3条主要溪流。大后社溪，发源于老木峪杨林界高峰山下，由北向南，在铁炉湾转向而南，绕申家坪、丁家庄进入双峰山下大洞，全长14公里；小后社溪，发源于大峪勒马洞山谷之中，自北向南，经远景村流入洞湾氽洞，全长8公里；贵峪溪水，各山谷之水汇合而成，自东向南，流入黑洞，全长7公里。3条溪流入洞潜流至500米处汇合为一水，出前社溪，向南注入澧水。境内土壤类型多为板页岩风化土、石灰岩风化土、红壤土等。属北亚热带季风性湿润气候，年均气温17℃，降水量1400~1500毫米，无霜期269天，日照1500小时。春夏秋冬，放眼望去，满眼皆绿，林海苍莽，松涛竹浪，气候宜人。主要自然灾害有旱灾、水灾、冰冻、山体滑坡等。

人口民族

2011年年末，辖区总户数3955户，总人口12221人。2014年年末，辖区总人口12523人，其中，土家族人口占总人口的83.3%，还有汉族、苗族和白族。人口密度每平方公里199人。

经济发展

经济综述

新桥镇经济以农业为主，工业为辅。2002年，全镇实现生产总值6813万元，其中，农业产值3210万元，镇办企业收入3603万元，农民人均纯收入1640元。2014年年末，全镇实现生产总值17820万元，财政收入831.77万元，劳务输出收入3000万元，农民人均纯收入5050元。

农业

1949年以前，境内沿袭着刀耕火种，广种薄收的原始习俗。粮食作物以红谷、白糯谷等高杆作物为主，山地以红薯、玉米为主。农业生产条件差，粮食产量不高。1949年10月以后，重视农业，落实农业“八字宪法”。1961年，成立农业站，指导沙堤、新桥、合作桥、协合4个公社的农业生产。1980年后，公社有农民植保员，指导农民防治病虫，实行水稻三系杂交育种，全面推广杂交稻种植，推行“双两大”栽培技术。1995年后，农业机械化程度提高，镇农技推广站成立，强化为农服务。农民自行添置中型耕田机7台，微型耕田机500台，中型收割机8台，小型收割机1台，粮食风干机4台，杂物风干机34台。粮食丰产，稻谷亩产增至500公斤以上；玉米也改种杂交玉米。近年来，调整农业产业结构，初步形成优质水果、蔬菜、杂交水稻制种等产业结构格局。先后发展优质黄金梨100公顷，柑橘200公顷，蔬菜133.33公顷，红芯猕猴桃13.33公顷。柏家峪村菊花芯柚33.33公顷，五里峪村油茶20公顷。扶持标准化和规模化养殖场建设，

生态农业

全镇发展规模养殖户17户。贵峪村养猪大户李祥奎存栏肉猪157头，能繁母猪27头；柏家峪村养鸡大户张新春存栏蛋鸡6000羽，日产蛋100公斤，并饲养大鲵500条。2013年末，依托永定区新合现代农业示范区建设规划，以市场为导向，按照“因地制宜、发挥优势、突出特色、形成规模”的要求，突出发展以优质果蔬、生态畜禽、休闲农庄为重点的主导产业，倾力打造成为永定区乡村生态休闲农业核心镇。在镇域范围内逐步形成总面积近400公顷，以特种养殖、时令蔬菜和特色水果种植为主要特色的现代农业产业群。建成绿航果业农业生态园面积40.53公顷、南湾家庭农场面积16公顷、庆丰红芯猕猴桃采摘园面积14公顷，建设雪峰大鲵、山宝藏香猪等重点现代农业项目11个。至2014年年末，全镇农作物播种总面积2678.67公顷，粮食播种面积1312.33公顷，产量6548吨，其中，稻谷面积590公顷、产量3363吨；油菜面积248.8公顷、产量541.14吨。

林业

境内地处丘陵页岩地质段，荒山较多。自1965年响应“绿化祖国”的号召，造林绿化，先后兴办有南山林场、核木峪林场和川木溪药厂，以及11个大队（村）办林场。20世纪末基本消灭宜林荒山。2000年实行退耕还林政策后，大力植树造林。至2014年年末，全镇有林地面积4559.07公顷，森林覆盖率48%。

乡镇企业

境内自1974年开始创办社办、村办集体企业，有社办企业6家，从业人员32人，主要企业有糕点厂、石灰厂、砖瓦厂、打米厂、发电厂、饭店、百货商店等。随着农村经济体制改革深入，乡镇企业发展迅速，建筑材料和农产品加工业是龙头产业。20世纪90年代，集体企业或歇业，或改制为个体经营企业，数量减少。2014年年末，全镇有镇办企业10家。其中规模以上企业3家：金星油脂加工厂、立开电器开关厂、银川建材厂。

商贸服务

1949年以前，新桥没有官方商贸机构，农民买卖货物均属民间商贩交易。1951年成立新桥供销社，1982年增设柏家峪新桥分社、郑家坪新桥分社，随后成立的有粮食管理站、肉食水产站。改革开放后，新桥供销合作社、肉食水产站、粮食管理站改制，个体私营工商户异军突起。集镇有农家乐餐馆2家，每年接待就餐人数1.2万余人。2011年，张清公路老木峪路段新建农家乐6家，可同时容纳就餐人数400人。至2014年年末，有商业网点64家，从业人数821人，社会商品零售总额1.16亿元；有农贸集市1个，集市贸易成交额1.12亿元。

基础设施

交通运输

1949年前，境内只有一条古道，运输只靠人挑马驮。1956年10月，大慈公路通车。1970年后，修通新桥至老木峪、洞湾至大峪的乡道。至2014年年末，张清、张慈公路穿境而过，全镇乡村道路都进行硬化，里程32公里，公路入村率100%。2014年，开通老木峪至市区的公交车。

邮电通信

1959年，建新桥邮政所，配备24门的手工

公路交通

有线电讯交换机 1 台，开展邮政电信业务。1999 年开通中国移动通信业务，2000 年开通中国联通通信业务，实现全镇通信服务无缝对接。至 2014 年年末，全乡有邮政代办所 1 处，邮政业务总量 6 万元，报刊杂志发行总量 2 万份；有通信服务网点 3 家，固定电话交换机容量 2000 门，有固定电话用户 271 户，移动电话普及率 82%，宽带上网用户 210 户。

供电饮水

20 世纪 90 年代前，境内无集中饮水设施，群众靠挖井饮水。此后，安全饮水建设工程逐步实施。2013 年 10 月，动工修建标准化集镇供水水厂。至 2014 年年末，完成集镇供水水厂征地 0.23 公顷，抽水泵房 20 平方米，建成沉淀池、过滤池及 240 立方米清水池，四位一体的管理办公用房及消毒室基本竣工。

水利建设

1949 年前，境内水利设施简陋，遇旱涝灾害稻田几乎绝收，农民基本是靠天吃饭。1949 年 10 月后，党和政府重视农村水利设施建设。1952 年 10 月建成核木峪水库，有效库容 48.4 万立方米。从 1970 年开始，先后新修苦里湾水库、王家溶水库，同时新修水渠、河坝等灌溉设施。除老木峪大队外，其他大队农田都得到有效灌溉，533.33 公顷农田旱涝保收。至 2014 年末，有小（2）型水库核木峪水库 1 座，总库容 56.7 万立方米；王家溶水库有效库容 9 万立方米；有山塘 112 口，河坝 99 处。

村镇建设

1949 年前，塘坊是境内经济文化中心。1951 年，建立新桥区公所后，集镇相继建成粮店、信用社、肉食水产、邮电、供销社、医院、学校等。1980 年，修成集镇街道长 800 米。20 世纪 90 年代初，95%的农户住上砖瓦房。2008 年，扩建集镇街道 1 条，长 1000 米，建成镇公共汽车站 1 个。到 2014 年，全镇 11 个村（居）全部建有村级活动中心，还有 7 个村级文化体育活动广场。

社会事业

学校教育

1937 年前，境内教育都是民间办学，称私塾。1940 年，在郑家坪设六年制中心学校。1952 年，更名为第十完小，还设有新桥、大峪、贵峪、

老木峪村级活动中心

老木峪、洞湾等初级小学。后各村（居）都建立村级小学。20世纪70年代，公社设初中，区办事组设高中（大庸第六中学）。80年代后，因适龄儿童减少，教育布局调整，村级小学相应取缔，2014年末，有镇中心学校（中学、中心完小）和郑家坪中心小学、老木峪中心小学，幼儿园4所；在校初中学生674人，在校小学生626人，在园幼儿208人。

文化体育

境内文化活动活跃，花灯、龙灯、狮子灯多属春节玩耍娱乐，莲花闹、三盘鼓、打渔鼓筒均为乞讨助兴，围鼓多属“自会”，祭祀用于追思死者，超度亡灵而已。阳戏是当地人最喜爱的剧种。新桥郑氏有祖传几代的阳戏班子，20世纪70年代，成立公社阳戏剧团，深入田间地头演出。1976年，成立人民公社电影队，下到各大队、生产队放电影。1980年，建成公社电影（剧）院，有固定电影放映场地和观看戏剧场地。80年代初，收音机、录音机相继入农家，推进农村文化建设。2014年年底，有镇综合文化站1个，有村级文化活动中心10个，农家书屋11个，藏书9万余册，光碟500余张；有广场舞蹈队1支。全镇有学校体育场6个，村建篮球场3个，经常参加体育活动的人员占常住人口11%。

1969年，成立人民公社广播站，广播入户率100%。1980年后更名为新桥广播电视站。2014年年末，全镇有线电视用户1350户，卫星电视入户率100%，广播电视“村村通”全覆盖。

医疗卫生

1949年前，境内没有医疗机构，只有一些半农半医的中草药郎中，多为祖传医术治病疗伤。1956年后，以预防为主、治疗为辅为原则，加强医疗卫生事业建设。1976年，修建新桥卫生院，建成两层业务楼房，设病床13张。2014年末，全镇有医疗卫生机构9个，其中，卫生院1个，村卫生室8个。镇卫生院有床位20张，有执业（助理）医师5名，有B超、心电图、生化仪等常规诊疗设备。全镇新型农村合作医疗参合率100%。

社会保障

1958年，境内对鳏、寡、孤、独的老人实行五包（包粮、包钱、包油、包柴、包水）。1980年，修新桥光荣院，有房屋1栋、32间。2006年10月，投资48万元，将原影剧院属地无偿拨划，建成镇敬老院，有住宅楼1栋，房间32间。2014年，扩修镇养老院，床位数增至40张，收养人数增至37人。2014年，全镇有城镇最低生活保障对象4户6人，保障经费支出8424元；医疗救助84人次，救助资金12.86万元；民政部门

新桥中心学校

苏维埃政府旧址

资助参加合作医疗 89 人次，支出 0.445 万元。农村最低生活保障对象 327 户、588 人，支出 42.24 万元，月人均 718.4 元。国家抚恤、补助各类优抚对象 54 人，抚恤事业费支出 18.648 万元。参加新型农村养老保险 4798 人，参保率 90%。

特色地情

历史人文

新桥镇是红色土地。土地革命时期，任弼时、贺龙等领导开辟湘鄂川黔根据地，在新桥打土豪分田地，建立北岩区苏维埃人民政府。境内有 296 人参加游击队，有 63 人参加红军。1935 年农历二月初二凌晨，协合土匪李子成勾结当地土匪张佰阶，乘红军北上之际在郑家坪南门垭包围游击队，游击队领导和区政府工作人员黄珍卿、张回臣、宋时宇、李杨生、郑伯瑶、胡月生、小覃 7 人壮烈牺牲。20 世纪 80 年代，政府在南门垭建立一座烈士纪念碑。郑家坪田家院人郑东初，1934 年参加红军，曾任张家口军分区副司令员。新桥居委会塘坊人李林，1934 年参加红军，解放后任大庸县第一任副县长。洞湾村人宋文萱，1934 年任郑家坪区苏维埃政府主席，新中国成立初期任新桥农会主席。

碧桂园 项目位于张家界国家森林公园旁，群山环绕，山湖景色浑然天成。配套超五星级张家界凤凰酒店，是集疗养、商业、娱乐、餐饮于一体的复合型山水度假酒店。

名优特产

鸿天西瓜庄园 地坐落在远景村，由鑫发西瓜协会承包开发，占地面积 4 公顷。品种有网状甜、东方蜜、麒麟等，属名特优新品种，味甜肉嫩。采用环保种植模式，深受广大消费者欢迎。

旭源莲藕基地 面积 33.33 公顷，种植三五、三七、鄂莲 3 号等优良品种。基地生态环境优越，水质无任何污染，土壤优良，生态环保，集旅游、休闲、观光为一体。莲花盛开季节，游人如织，风景丽人，是一幅很好的美景。基地长期提供批发、零售及藕种供应，并提供技术服务，可供观赏、采摘、垂钓、餐饮、娱乐休闲等服务。

特色养殖基地 由远景村村民郑光军投入 20 万元建成，规划面积 2 公顷。已建成投入使用 1 公顷，修建生态养殖池 11 个，主要养殖泥鳅、黄鳝，年产能 5 万尾以上。

（撰稿人：郭莉　图：赵宗山　鲁帮福　吴斌）

教字垭镇

集镇全景

教字垭镇是国家小城镇建设重点镇、湖南省特色镇、湖南省“群众文化艺术之乡”和张家界市特色旅游风情镇。

区域概况

地名由来

教字垭早年称“过儿垭”。据清光绪《永定乡土志》载：境内有古迹祠庙教字石，“慈利明经伍炳麟……精易学、天文，授徒于此”，大书“教”字于石壁。以字名地，故得名。

位置面积

教字垭镇位于永定区西北部，东邻尹家溪镇，南接茅溪水库、罗水乡，西抵桥头乡，北界武陵源区中湖乡、杨家界景区，素有张家界西线旅游中转站和旅游接待副中心之称。总面积136.1平方公里。镇人民政府驻地距张家界市城区32公里。

建置沿革

1912年至1949年10月，属大庸县西教乡；1949年11月，属第五区；1955年7月，属教字垭区；1956年6月以后，分属教字垭乡（由柏扬、兴隆、竹园坪、教字垭、柑子坡5个小乡组成）、群力人民公社（含原教字垭、中湖、桥头、禹溪、罗水5乡）；1961年8月后，分属教字垭区、教字垭镇；1985年11月，属教字垭办事组；1995年4月，禹溪乡、兴降乡、罗水乡、桥头乡并入教字垭镇。1998年10月，原罗水乡、桥头乡析出，其余仍为教字垭镇。

行政区划

2014年，全镇辖禹溪、童家峪、牛角洞、十八山、青云桥、三龙、军家垭、香炉山、凉水井、熊家岗、兴隆、柏杨、宋柳、甘溪峪、广溪峪、陈木岗、黄官塔、虎势岗、新路、竹元坪、七家坪、中坪、栗山峪、丁家峪、柑子坡25个建制村及张家嘴、覃家湾、高竹山3个联组和教字垭居委会，共295个村（居）民小组。镇人民政府驻教字垭居委会。

自然环境

境内属喀斯特地貌，地形为山地小盆地，东以十八山为屏，西有高竹山耸护，中有河流冲击而成的二家坪、竹园坪、七家坪、黄家坪、柏杨坪5个小坪坝。地面高程一般海拔550~650米，最高点为十八山村朝天观海拔1300米，最低点茅溪尾水海拔320米。属澧水水系，甘溪河、禹溪河在大庸溪交汇，由北向南再向东汇入澧水。土壤类型以黄壤为主。境内气候温和，年均气温20℃，无霜期278天，降水量1500毫米，日照1730小时。全镇有林地面积13.5万亩，森林覆盖率85%。矿产资源有页岩气、石油等。境内有旱涝、冰雹、低温、霜冻、雷击等极端天气和山体滑坡等自然灾害。

人口民族

2014年年末，辖区总人口31000人。境内有土家族、汉族、苗族、侗族、瑶族等民族。其中，土家族人口27950人，占总人口的90%。

经济发展

经济综述

教字垭镇物产丰富，粮、油、干水果、苎麻等产量高，种植柑橘、板栗、柰李、金秋梨和养殖鸡、鸭、羊、牛等饮誉八方。2014年，全镇实现生产总值8898万元，财政收入636万元，完成固定资产投资350万元，农民人均纯收入4998元；年末金融机构存款余额2.17亿元，贷款余额5100万元。

农业

教字垭镇是张家界粮食、油料、西瓜、畜牧主要产区，是张家界市“菜蓝子”工程建设的重要组成部分。近年来，推进城市农业和旅游农业示范镇建设，初步形成特色优势农业区域化布局。教（永定区教子垭）中（武陵源区中湖）公路沿线的教字垭、七家坪、竹元坪、兴隆、柏杨、黄官塔、张家嘴7个村（居）初步建成水稻、油菜生产基地，万亩油菜丰产示范片和省级超级杂交

茶叶产业

水稻“种三产四”丰产工程示范基地均在此落户，基本形成水稻、油菜主导产业；2010 年、2011 年被列为全省“种三产四”水稻种植项目基地，每年粮食产量稳定在 2 万吨。养殖业通过大户带动，发展势头好，每年出栏肉猪 1 万多头，仔猪 3 万头，牛 3000 头，山羊 4000 只，家禽 6 万羽，畜牧业产值 3500 多万元。广溪峪、甘溪峪、宋柳 3 个村初步建成奈李生产基地，种植奈李 266.67 公顷；禹溪、青云桥 2 个村初步建成金秋梨生产基地，种植金秋梨 200 公顷；陈木岗、柏杨 2 个村初步建成琯溪蜜柚生产基地，种植琯溪蜜柚 133.33 公顷；熊家岗、中坪、虎势岗初步建成油料生产基地，油茶种植面积 266.67 公顷；军家垭、三龙 2 个村初步建成西瓜生产基地，西瓜种植面积 100 公顷。全镇相继成立金秋梨专业合作社、椪柑专业合作社、奈李专业合作社、琯溪蜜柚专业合作社、粮食生产专业合作社和绿色环保养殖协会等 10 多家农民专业合作社及协会，入社（会）农户 3334 户。特色养殖业初具规模，成立绿色环保养殖协会 1 个，全镇发展肉兔、竹鼠、肉鸽、山羊等养殖大户 107 户。

乡镇企业

境内有水果场、林场、植物油加工厂、变电站、建筑公司、水泥预制板厂、页岩砖厂、矿厂、岩石场等一批镇办企业。

商贸服务

到 2014 年，教字垭集镇初具规模，是永定区西北部经济、文化活动中心，也是农副产品的集散地。有农贸市场 1 个，占地面积 8000 平方米、摊位 2100 个，每逢 2 日、5 日、8 日为赶集日，是进行布匹、成衣、日杂和农副产品等交易场所，年成交额近亿元。

旅游业

境内旅游资源丰富，有集旅游观光、垂钓休闲、度假避暑、猎奇探险、平湖游于一体的综合旅游风景区龙洞湖；有道教圣地朝天观，与张家界国家森林公园核心景区相连；有茅古斯民俗文化及教字岩传奇故事等人文与自然旅游资源。

农家乐

劳务输出

教字垭镇人口众多，劳动力丰富。1978 年改革开放以后，劳务收入是农村经济的重要组成部分。2014 年，全镇输出农村劳动力 8000 余人，创劳务收入 355 万元。

基础设施

交通运输

境内是张家界市城区和武陵源核心景区的西大门。团结桥于 1964 年建成，为单拱石桥，桥长 46 米、宽 6 米、高 10 米，是教字垭通往罗水的公路桥。教字垭大桥建于 1964 年，桥长 109 米，宽 9 米，高 18.5 米，4 拱公路石桥。省道 228 线横贯全境，张桑线、教中线、教温线交汇于此，交通区位优势明显。张桑公路通车以后，这条交通线就川流不息。近几年来，抓住交通建设机遇，争取建设资金，全镇完成主干道路改造。2014 年前，投资 2700 多万元，完成辖区 29 个村（居、联组）公路通畅工程 98 公里。2014 年，张桑高速开工建设，将教字垭并入高速交通网络。是年，黔张常高铁投入建设，计划在教字垭设置站台。紧接着教罗温二级公路、教天公路都将在境内交汇。教字垭的交通枢纽功能将仅次于市城区，旅游集散中转和产业发展的优势交通环境凸现。

邮电通信

境内有电信、移动、联通 3 家通信服务网点，通信网络覆盖全镇。2014 年年底，有移动用户 5200 户，电信用户 1100 户，联通用户 5400 户；有邮电服务网点 1 家，快递公司 2 家，承接市内 8 个快递公司业务。

供电饮水

自 2012 年 9 月开始，总投资 772.59 万元，修建教字垭供水站，2013 年 12 月底投入使用。供水站位于境内的盘龙山，水源取自高竹山水库，属自流水。供水站占地面积 1667.5 平方米，建有水处理能力 120 立方米／小时的重力无阀滤池 1 座，容积为 400 立方米的清水池 1 座和消毒净水设备 1 套。供水管道长 25 千米，日供水规模 900 立方米。供水范围包括教字垭居委会，竹元坪、七家坪、张家咀、凉水井、新路、三龙、青云桥、禹溪 8 个建制村居及镇政府机关、学校等用户 3000 余户 9730 人。

水利建设

高竹山水库建于 1964 年，库容 170 万立方米，灌溉面积 160 公顷。枞榔峪水库于 1967 年建成，库容 43 平方公里，灌溉面积 56.67 公顷。徐家峪水库于 1961 年建成，库容 38 万立方米，灌溉面积 35.23 公顷。小溪峪水库于 1968 年建成，库容 27 万立方米，灌溉面积 10 公顷。宋家峪水库于 1974 年建成，库容 35 万立方米，灌溉面积 16.67 公顷。牛角洞水库，库容 50 万立方米，灌溉面积 113.33 公顷。岩门垭水库，库容 70 万立方米，灌溉面积 53.33 公顷。近年来，针对境内许多山塘水库、水沟水渠年久失修现状，取得有关部门的支持，水利建设加速发展。2010 年，投资 1500 万元，完成茅溪水库上游小溪河流域综合治理及防洪大堤项目建设。至 2014 年年末，全镇改造渠道 48 条 32.85 公里，改造排洪渠 13 条 6.9 公里，建渠系建筑物 146 处，山塘整修 8 口，整修加固引水坝 21 座，可灌农田 466.67 公顷，农民增收 300 多万元。

村镇建设

教字垭镇位于永定区与桑植县、武陵源区的交界之地，近年来，发挥区位优势，打造邻近区

乡镇风貌

县的中心强镇成重要目标，小城镇建设获得长足发展。先后被评为国家小城镇建设重点镇、湖南省特色镇、张家界市特色旅游风情镇。2008年后，投资2100多万元，建成张家界第二中学；投入300万元，建成镇中心幼儿园。随着“三路一铁”（张桑高速、教罗温公路、教天公路、黔张常高铁）、两镇一线（国家重点镇、张家界市特色旅游风情镇、张家界市西线旅游线）等项目的启动，教字垭镇发展迎来黄金期。教兴南路、集镇穿衣戴帽、兴隆敬老院、集镇供水、客运站、教字古城、朝天观等项目建设已经启动或正在筹备。到2014年，完成《教字垭镇总体规划》《教字垭镇村镇布局规划》，已投资近5000万元，进行城镇建设，有城镇人口9120人。

社会事业

学校教育

1950年，境内仅有一所国民小学。1956年，在教字垭完小附设初中部。1958年，在荷叶岗修建大庸第二中学，1968年秋，开始招收第一届高中生。后因办学规模调整，学校经历高中停招、合并禹溪、兴隆，撤联校建中心校，至今为永定区直属学校。2014年年底，辖区内有初级中学1所，完全小学3所。镇中学占地3.91公顷，在校学生774人，教职工70人；小学在校学生1350人，教职工120人。

文化艺术

境内是300年历史的诗乡画镇。清康熙末年，著名教育家“九澧名儒”伍炳麟情系教字垭，从教30余年，孜孜不倦。60余岁终老返乡时，在光岩垭巨大石壁上书刻“教”字，赋予其独特的文化属性。又倾其所有，于街市设宴，宣讲“教”字精神，将“教”字深刻于民心，拉开“诗乡”序幕。300年来，教字垭以诗人集群“规模大、品位高，崇尚教字精神”而被称为“诗乡”。清末民初，出现以梅溪拔贡杨良翘、广溪贡生徐益轩、楠溪贡生熊稽之为代表的“三溪”诗人群。“三溪”又结于“梅溪总社”，与“天门诗社”形成南北呼应之势，办有《梅溪诗草》《楠溪诗草》等诗刊。梅溪杨良翘之父杨敬亭为清同治秀才，其家族在同时期出贡生8名。1916年，杨良翘参与重兴“天门诗社”，担任会长，教字垭先后近10人任教于天门诗社，多人诗词被刻录在今张家界市城区防洪堤石栏上。

抗战时期，民族存亡，覃鲤庭、黄仕儒等继重教星火，创办光钿小学，教化乡民保家卫国。覃鲤庭曾任“天门诗社”副社长，早期著有剧本《可怜花》，在湘西、常德地区相继上演，影响颇大。其热衷办学，于乱世以戏促教，是“教”字精神的重要传承人，广受乡民尊重，被称为“通天教主”。作有戏联：“好头颅应向沙场抛去，是角色请到舞台上来。”

曾任张家界市政协副秘书长的覃大钰以诗会友，是当今教字垭诗词文化的领军人，著有《溪山集》《云梦集》《画中吟》。300年岁月沉淀，“教”字精神激励着大批教字垭文化艺术家为这片土地打造“画镇”的金字招牌。20世纪80年代，教字垭成立湘西地区第一个民间美术组织“青岩山美术组”。随后又在县城举办全县首届画展，被推崇为全市美术界的先驱。以杜慎翔、曹魏、吴廷清、熊朝志等人为代表的教字垭现代油画家是全市油画界的主力军，作品入选全国历届油画展，多次受邀海外参加国际巡回展及学术交流，获得过多项殊荣，绘画作品多次在《中国油画》《中国美术》《油画家》等刊物上发表。教字垭的中国水墨画代表人吕启琼，现为中国书法家协会会员、吉首大学美术学院客座教授，多幅作品入选中国美术家协会提名展；组织策划省内首次对景写生活动《水墨张家界》，吸引国内百余实力名家妙笔书画张家界，首次将张家界以水墨艺术的形式推广，影响巨大，意义深远。教字垭画家成群，画种多样，有李永忠的钢笔素材、吕祥的漫画、覃永思的稻草画、刘纪奎的速写与葫芦画等。无论从画家的规模，还是从艺术的层面，教字垭可谓名副其实的“画镇”。

教字垭盆景、雕塑也较具影响，有精心培育10余年以上的对节白蜡、金弹子、黄杨、紫薇等珍稀盆景作品数千株及红豆杉、香樟等各种根艺雕刻。诸多文化艺术人才及作品汇聚于此，无不让人赞叹诗乡画镇的“儒雅之气”与“艺术之妙”。镇文化站藏书2万册，民间花灯、阳戏等文化活动家享誉三湘。传统摆手舞、茅古斯、土家织锦等民族文化艺术也是湘西一绝。1981年10月、2001年12月，分别从教字垭镇的熊家岗村青天界组、童家峪村车儿峪组出土2件汉代珍贵军用乐器“虎钮錞于”。

医疗卫生

教字垭镇中心卫生院是一家集医疗、预防保健、健康教育、公共卫生服务为一体的综合性医院。1987年创建卫生院，占地面积4544.9平方米，建筑面积4335平方米，其中，业务用房3026平方米，拥有住院大楼2栋，门诊大楼1栋，固定资产332万元。2014年，有专业卫生人员77人。镇中心卫生院是一级甲等中心卫生院，是新型农村合作医疗定点医疗机构；设有中医科、内科、儿科、外科、妇产科、骨伤科、预防保健科、医学检验科、医学影像科、口腔科、公共卫生等科室，日均门诊量近百人次。住院部设床位71张，中心供氧、病房、急救室、监护室、产房、手术室及治疗室设备、设施齐全。大型医疗设备50余台件，累计设备投入300多万元，基本解决群众就近就医问题。

社会保障

2014年，筹资317万元将教字垭敬老院从集镇迁到兴隆，在原兴隆完小新建镇敬老院，对敬老院设施进行全面改造，配备水塔热水器、冷水箱等；床位从48个增至64个。2014年，全镇新型农村养老保险参保14121人，完成5400人扶贫建档立卡工作，纳入农村低保对象1512人，纳入五保对象161人，其中集中供养32人。

特色地情

历史人文

教字垭地处永定区与桑植县的咽喉要道，具有一定战略地位。1929年，贺龙率领红四军在境内连破六环寨，打响扩大苏区第一仗。随后6年，覃辅臣麾下的周占标、覃寿棋、覃子斌、覃官卿等教字垭人协助红四军在教字垭、桥头、罗水、禹溪、永顺一带开辟巩固苏区。在反围剿时期，策应贺龙率领的红军主力东征西战，对清剿苏区的周燮卿、朱际凯等国民党军队开展游击斗争，使其丢之不脱，战而不胜，成功托住敌军兵力。1935年11月19日，红二、六军团从桑植县出发长征，红二军团四、五、六师的临时指挥部设在竹园坪，大军前后经过并宿营于教字垭。

覃辅臣，教字垭竹园坪人，与贺龙交情深厚，是教字垭势力较大的地方武装，早年曾在贺龙授意下诱杀罗赞候、刀劈朱云吾，后随贺龙入黔，参加北伐，又过继小儿为贺龙义子，结为金兰。担任过红四军第二路指挥、松桃县知事。就义时慷慨陈词：“韩非孤愤奈若何，高唱文山正气歌。三尺龙泉凝壮志，凭君赤手斩蛟鼍。”覃国荣，教

“教”字石

字垭竹园坪人，西教乡游击队队长。1933 年在贺龙授意下发展地方武装，1934 年参与攻占大庸县，在成立大庸县第一支游击队；下辖 5 支分队，配合区苏维埃革命委员会打土豪、分田地、济贫困，为红军筹集给养。1935 年红军撤离大庸，覃国荣在教字垭、罗水一带坚持武装斗争，1936 年，在教字垭竹园坪不幸被捕，惨遭杀害。教字垭人赤胆忠心，为革命舍身忘死，用铁血为这片土地铸就红色荣誉。

教字垭历来为永定区西北角的交通枢纽和中心集镇，经济文化一度繁荣昌盛。世事变迁，无论是昔日伍炳麟倾情执教的黑神庙、摆宴宣教的石板街，还是土家人的吊角楼、宗祠庙堂与固若金汤的六环寨，都已然随着历史的烟云消散，繁荣景象今非昔比。唯有教字岩，历经风蚀水浸仍不离不弃，永远定义着一方山水的文化符号，树立起一方百姓之精神信仰。

风景名胜

茅溪湖风光 镇西茅溪湖，水域面积 308 平方公里，是进入教字垭镇的另一水路，经民俗文化村柑子坡、少数民族特色村寨栗山峪、古稠群保护村丁家峪 3 个村至教字垭集镇，沿途 200 公顷镇林场将湖水环抱，植被茂密，生态良好。最美当属“独包”半岛，方圆百余亩，绿树成荫，三面临崖。矗崖临风，观碧空鱼鹰翔击，赏微波锦鳞翻滚，无喧嚣烦扰，享清静自在。最奇莫过溶洞群，诸洞相邻，洞口或倚崖临空，或泊于水面，各竞奇险。洞内梯田、石笋、石幔琳琅满目，有“一洞八窍”之绝。早期有土匪盘踞，土墙等工事尚存。红四军第二路指挥覃辅臣当年曾借溶洞群躲避追兵脱险。茅溪湖沿岸有近 53.33 公顷红石林景观，有上百吨风动石，风吹即动，隆隆作响。湖尾有土家族建筑风格的龙洞湖山庄，依山傍水，集食宿、娱乐等服务功能于一体。湖光山色、半岛溶洞、古稠山庄共聚一处，为茅溪湖风光的精髓所在，是休闲渡假的理想胜地。

朝天观 位于教字垭东界，始建于汉代，兴盛于清朝。海拔 1200 余米，地势险峻。于教字垭登朝天观，途经 200 余公顷李子村，进农家乐，品李子酒，足登千年石阶，一路赏花摘果，是户外徒步、摄影、写生的最佳线路。教字垭东界有海拔 1227.3 米的朝天山，傲立于莽莽林野。“山以朝天名，意取乎仰容昊天也”。朝天山三面峭壁，地势险要，东西两座山头呈环抱状，有振臂

朝天山风光

仰天、容纳乾坤之态。山顶碑文记载："伊古以来，各代虽有修建，然世远年湮，朝天之山虽富，朝天之观久废。"可见朝天观悠久而苍桑。清康熙年间，复辟千年古道，修葺观庙，香火得以重继。乾隆十五年（1676），自信和尚檀越募化，从教字垭山民李氏兄弟处获得真武铜像，又将东山头观庙迁至西山头，香火一度鼎盛。于嘉庆、道光、宣统年间先后整修扩建，规模大至三进两殿20余间房，总面积1900余平方米。中华民国时，朝天观几经摧残，中华人民共和国成立初期，遭兵匪纵火焚毁。现遗迹尚存，残垣断壁、间或散落的42块碑石记录了当初的兴盛。

（撰稿人：唐浩　图：赵宗山　吴斌）

温塘镇

温塘镇是湖南省生态乡镇、张家界市民俗风情小镇。

区域概况

位置面积

温塘镇位于永定区西北部，东与罗水乡、三家馆乡相邻，南与永顺县境隔河相望，北与青安坪乡、猪石头林场、罗塔坪乡接壤。总面积69平方公里。镇人民政府驻地距张家界市城区38公里。

建置沿革

1912年至1949年10月，属大庸县义安乡；1949年11月，属大庸县第五区；1950年2月，属第六区；1955年7月，属罗塔坪区；1956年6月，属温塘乡；1956年12月，属罗塔坪办事处；1958年9月，属铁峰人民公社（后更名茅岗人民公社）；1961 年 3 月，属温塘人民公社；1961 年 8 月，属茅岗区；1984 年 4 月，温塘人民公社改温塘乡；1985 年 11 月，属茅岗办事组；1986 年 10 月建立温塘镇，1995 年 5 月，将罗塔坪乡和青安坪乡并入温塘镇，1998 年青安坪乡、罗塔坪乡析出，余称温塘镇至今。

行政区划

2014 年，全镇辖渔潭、仙街河、茅岗、田湾、虾溪、黑潭 6 个建制村、温塘居委会 1 个和联组（金山界组）1 个，共 59 个村(居)民小组。镇人民政府驻温塘居委会。

自然环境

境内山峦绵亘，沟壑纵横，高山峡谷居多，仅有由茅岩河冲击而成、地势较为平整的温塘小盆地，面积 1.028 平方公里。全境地势北高南低，山势陡峻、悬崖夹峙。主要山峰有观音山、花果山、白虎山等，最高处金山界海拔 1300 米。境内年平均气温 16℃，降水量 1450 毫米，无霜期 250 天。土壤多为黄土和紫色土。境内有原始次森林，建有金山界、麻山、麻栗峪等林场，全镇林地面积 6720 公顷，森林覆盖率 90%以上。主要树种有枫树、杉树、松树、栎树等。矿产资源有煤、铁、铝、锌等。“百里画廊”茅岩河贯穿全境，温塘为茅岩河风景名胜区的核心地区，茅岩河漂流起点码头、平湖游终点码头均在境内。集疗养、休闲为一体的温塘温泉，吸引众多游客慕名前往。

人口民族

2014 年，辖区总户数 2078 户，总人口 6060 人。境内为土家族、汉族、苗族等多民族聚居地，其中，土家族人口占总人口的 90%。

经济发展

经济综述

温塘镇经济长期以农业为主。2000 年，全镇粮食产量 2053 吨，农业产值 702 万元；2006 年，粮食产量 1659 吨，农业产值 1515 万元，农民人均纯收入 2255 元。随着张家界西线旅游开发，以旅游为核心的服务产业迅速壮大。2014 年，全镇实现生产总值 4672.8 万元，财政收入 687 万元，农民人均纯收入 4571 元。

农业

境内有耕地面积 428.67 公顷，其中，稻田 231.33 公顷。1949 年前，基本沿袭刀耕火种、广种薄收的原始农耕习俗，粮食作物主要以水稻、玉米为主，辅以荞麦、豌豆、小麦，水稻只种一季中稻。1949 年 10 月后，农业生产掀起高潮，1976 年，开始推广双季稻，亩产一般 300 ~ 350 斤，1977 年，水稻最高亩产 426 斤。1978 年，在温塘建成大庸县旱粮科研所，辖 24 户 121 人，耕地面积 2567 公顷，为全县研究旱粮种植的主要基地。20 世纪 80 年代末，在稳定粮食生产的同时，开始实施科技兴烟，以金山界为主战场，实行连片轮作，建设烤烟种植基地，走“良种化、区域化、规范化”路子，采用营养钵育苗移栽新技术，逐渐普及施用烟叶专用肥，烟叶生产迅速发展，烤烟产业成为富民兴乡的支柱产业。2014 年末，全镇种植烟叶 46.67 公顷，建成烤烟棚近 30 个，总产值 192 万元。近年来，注重发展系列特色产业，着力打造“一村一品”产业格局，通过“523”蔬菜计划激励，开始尝试种植莲藕和白菜，面积 80 公顷。虾溪村种植莲藕面积 13.33 公顷，产量 230 吨，产值 92 万元；仙街河村种植红

原始次森林

心蜜柚面积 5.33 公顷；渔潭村种植雪莲果面积 3.33 公顷；温塘居委会种植茅岩莓茶面积 8 公顷。

1985 年开始植树造林，消灭荒山。2004 年，实施退耕还林。至 2014 年，全镇人工造林 666.67 公顷，活立木储蓄量 217679 立方米。畜牧水产养殖，素以出产刺少肉香味美的“岩鱼”而著称。渔潭电站建成之后，上游水量丰富，水体平稳，农户因地制宜，利用渔潭水库发展库区水面网箱养殖项目，养鱼产业蒸蒸日上。2003 年，网箱养鱼 200 口，产量 7 吨，产值 128 万元。2013 年，成立茅岩河网箱养鱼合作社，经营规模扩大，产品附加值提高。2014 年，仙街河、茅岗两村拥有网箱 650 口、年产量 30 吨，产值 800 万元。温塘素有养羊的习惯，以饲养当地山羊和马头羊为主。1987 年，从四川成都大邑县调进成都麻羊百余只，2003 年，黑山羊养殖量 1500 只。2014 年，全镇有养羊专业合作社 2 个，羊存栏 3000 多只。

网箱养鱼

乡镇企业

清光绪《永定县乡土志》载：清雍正、乾隆年间，境内居民自发开采铁矿，“农隙刨挖，以供农器之用，如有余铁，准往邻境售卖，免其科税。自开采后，铁厂颇多，然皆在茅岗司界内，土司世袭，例取税铁，计茅岗共有四十八厂，分大炉、小炉开铸”。1949 年 10 月后，境内有温塘纸厂、竹木加工厂、温塘铁厂等。2014 年年末，境内企业多为个体私营企业。

商贸服务

明代中后期，永定卫人满为患，加上战争平息后，被封锁的茅岗司、桑植司沿澧商埠开放，汉土商人始互通贸易，经商范围及至江西、武汉、四川、宝庆、常德等地。时人戏诗曰：“烟笼寒水月笼沙，水上灯火近万家。”1951 年，在温塘建立起第一个银行营业所，位于仙街河集镇，开展工商业者存款业务。之后，相继成立供销合作社、粮店等商贸服务机构。随着改革开放和旅游业的兴起，第三产业逐渐发达，人力财力向旅游业、服务业倾斜，平湖游公司、漂流公司进驻温塘，集镇个体工商业迅速发展。2014 年，集镇仅饭店、餐馆有 30 余家，商贸繁荣。

旅游业

境内旅游资源丰富，有茅岩河漂流、峡谷平湖游、温泉，周围有天泉山国家森林公园、龙凤梯田、槟榔谷等自然景观。文化底蕴丰厚，有覃垕王遗址，杨令婆传奇等故事，土家茅古斯和摆手舞均源于此。其中，“茅岩河漂流”项目由永定区旅游局率先开发，授权张家界西线旅游开发股份有限公司独家经营，先后投资 2000 余万元，改善漂流基础设施和交通条件。市场前景看好，经营业绩逐年攀升，年接待游客 22 万人次，最高日接待量突破 5000 人次，年实现经营收入 1500 余万元、年利税 600 余万元。2003 年，茂隆公司接收茅岩河漂流业务，投资修通茅岩河漂流回程公路，改善漂流回程的交通条件，并进行人工造滩等改造工程，使张家界西线旅游各景点连成一线，突显张家界旅游景点的板块效益。

基础设施

交通运输

境内地处张家界市西北山区，山峦叠嶂，沟壑纵横，山多坡陡，地形复杂。20 世纪 80 年代

茅岩河漂流

以前，除温塘至青安坪的主干公路沿线外，其他村落都没有通公路，交通闭塞。90 年代，黑潭、田湾、虾溪等村以建设扶贫为契机，在后盾单位支持帮助下，新修一条通村公路。1997 年，开始修建小（河坎）温（塘）公路，公路起于与省道 228 线相接的小河坎，经童家峪、毛头关、三家馆至温塘，全长 32 公里，其中，21 公里为四级公路。到 2000 年，共投资 889 万元，小温公路全部铺成柏油路，路基宽 5.5 ~ 6 米，路面宽 4.5 ~ 5 米。2003 年，扩建、硬化 4.5 公里的村级公路，新修后山组公路 700 米，硬化镇敬老院至村主道 200 米水泥路面。2004 年“村村通”工程实施以来，各村公路均已通达。2014 年，7 个行政村均开通客运班线，通达率 100%。

供电饮水

1991 年，投资 12 万元，建成镇自来水厂，日产水量 100 吨。2010 年 12 月，投资 165 万元，修建温塘供水站，2011 年 1 月投入使用。供水站位于境内移民安置区，水源取自三家馆乡尧湾水库，属自流水。供水站占地面积 1645 平方米，建有 200 立方米清水池 1 个和消毒、净水设备 1 套，供水管道长 12.5 公里，设计供水规模为每日 407 立方米，实际供水规模每日 42 立方米。供水范围涉及温塘居委会热水坑等 9 个组及镇政府机关、学校等，用户 382 户 4750 人。2014 年，投资 180 多元，实施供水工程提质改造项目，解决境内 4100 多人安全饮水问题。

水利建设

境内水资源充足，有装机 7 万千瓦的渔潭电站以及龙潭、虾溪 2 个小水电站。1975 年，建成龙潭水电站，有 2 个机组，装机容量 500 千瓦。渔潭电站位于茅岩河中游，系澧水干流规划梯级的第四级，是张家界市“八五”能源重点工程之一，工程以发电为主，兼有防洪、旅游等综合效益。电站控制流域面积 3473 平方公里，水库正常蓄水位 250 米，总库容 1.22 亿立方米。大坝为混凝土空腹式重力坝，最大坝高 54.5 米，坝顶长 230 米，大坝两端为非溢流挡水坝段，河床中部为 8 孔泄洪溢流坝段。渔潭电站立项时为大庸市（县级市）自筹项目，1987 年 12 月，湖南省建设委员会对初步设计予以确认；1991 年 1 月，经国家计委批准，工程于 1991 年 12 月开工建设。后

渔潭电站

因经济体制改革、投资体制改变以及物价上涨等因素影响，工程概算成倍增长，工程建设在1994年下半年至1995年初处于困难时期。在省委、省政府关怀支持下，1995年3月，由华银电力股份有限公司、省经济建设投资公司、张家界市电力公司合资组成张家界水电开发有限责任公司，并由该公司负责工程全额投资建设和建设后的经营管理。渔潭电站为地下式厂房，左岸电站总装机3台2万千瓦，1991年12月开工建设，1997年3月23日首台机组并网发电，7月第二台机组并网发电，9月第三台机组并网发电，200千瓦的110千伏送出线路同步建成运行。右岸电站总装机1台1万千瓦，1996年7月开工建设，1999年9月机组发电。到2014年，电站年均发电量2.71亿千瓦时。2003年，全镇改良水渠2680米，恢复水渠1280米，新建倒虹吸管200米；在海拔较高、人畜饮水困难的山区村修建人畜饮水工程2处。2014年，新建灌溉水渠2公里，拦河坝120米，保障人畜饮水和农业生产需求。

村镇建设

1986年开始编制乡镇规划，集镇中心从茅岗迁至温塘居委会。1990年，投资1万余元，对集镇街道旁的高低压线路进行改造。1991年，建成日产水量100吨的自来水厂。1992年，投资2.1万元，集镇街道扩宽路面，拆除摊点50余个，挖填土石8000余立方米，砌筑明暗排水沟2条，200米主街道成型。1995年冬1996年春，砌筑两条下水道长720米，完成长720米、宽18.2米的主街道路面基础工程。到1998年，开始温塘集镇规划，镇内“三通”设施有规模地进行多次建设和改造。是年，集镇主干道延长至1000米，扩宽至25米，全年进行道路硬化面积1.4万平方米，铺设人行道砌块，栽植人行道树400余株。之后修建温塘集市，场地面积2643平方米，新建水厂1座，使全镇40%的村民饮上自来水；集镇房屋建设面积4万多平方米，集镇容貌大为改观，已初具旅游小城镇的规模。2003年，全镇新修、维修沼气池71口。按照新农村建设标准，新建村级组织活动中心7个，总建筑面积700多平方米，配置办公室、图书室、远程教育学习室等。2014年，集镇新建排污沟1公里，连通排污管网。新建生态垃圾填埋场1处，垃圾池32口。至2014年年末，根据村镇建设规划，全镇各项基础建设投入资金1000余万元。

社会事业

学校教育

2014年年底，全镇教育基础设施建设，完成投入14万元，九年义务教育学生入学率98%以上。温塘中心学校占地2.5万平方米，在校学生825人，教职工65人。2015年，初中升高中升学率25%，小学升初中升学率100%。

文化体育

近年来，境内重视挖掘土家文化，做好土司王府遗址的开发和保护，推介传统的土家服饰和土家风俗习惯，传承土家过赶年、铜铃舞、土家围鼓、赶仗、打白工、上梁等文化习俗，复兴茅岗土家茅古斯和板板龙灯两大特色活动，文化兴镇的观念逐步深入人心。2014年，全镇实施农村文化活动室建设工程，配备二胡、萨克斯等乐器8件，电脑6台。投资25万元，建成公共文化体育广场1000平方米。

医疗卫生

2014年，全镇新建标准化卫生室1个，卫生院组织义务会诊2次，并与市人民医院建立双向转诊联系，确保全镇医疗服务的完善。是年，全

茅古斯舞

镇新型农村合作医疗参保 4645 人，参合率 98%。

社会保障

2006 年，筹资 30 多万元，在原茅岗人民医院旧址修建镇敬老院。2010 年投入 10 万元，进行镇敬老院设施完善改造，配备空气能热水器等，床位从 32 个增至 40 个。2014 年，全镇新型农村养老保险参保 2889 人，完成 1461 人扶贫建档立卡工作，纳入农村低保对象 242 人，纳入“五保”对象 43 人，其中集中供养 28 人。

特色地情

历史人文

茅岗土司相传 20 世，茅岗是覃氏土司王治地，具有独特的民族原生态文化，以及土家族灿烂浓郁的民俗风情。茅岗第八世土司覃尧芝，天资聪慧，长有志略，果敢健锐，练兵甚奇。明嘉靖年间，从经略胡宗宪，带 800 土勇，平倭寇大胜建功，嘉封为“怀远将军”，赏赐甚厚，所治诸蛮，慑服无犯。据传，覃氏土司曾在古茅岗地区建“覃式园林”，融人工建筑寓自然景物之中，别具一格。园内环境幽静，时有武陵文人王蔼来游，诗兴大发，赋《中秋游覃式园林》五律十首：“指点林塘好，探幽过石桥。阴云霾绝壑，秋水荡层霄。荻港鸥寻约，织田鹤见招。笋舆乘兴访，不惮路迢遥。”覃氏土司还在茅岗地区修建多座建筑，包括关庙、三神庙、万寿宫、回龙阁、观音阁等。清雍正年间，能琴工诗的覃绶祖走遍古茅岗山林沟壑，寻得“茅岗八景”，名曰“仙槎夜泛、回龙晚钟、陪山雪晴、珠滩渔火、古堡云烟、龙山滴翠、印花飞桥、古洞仙源”。随着时代变迁，沧海桑田，这些景观多在战火中飞灰湮灭，只剩一些断壁残垣供后人凭吊感怀。

在温塘，覃垕王的故事可谓家喻户晓。覃垕，原名覃文廑，生于元武宗至大四年（1311）八月十五日，幼有大志，身纹二龙，善游泳，好任侠，登山入洞必穷其极。洪武二年（1370）三月，因明朝强迫汉化，土民深受其害，覃垕“连茅岗诸寨为乱”，开明王朝建国初期反叛先例。朱元璋先后派杨璟、周德兴、汤和、曹良臣、邓愈等将军调兵八九万人前往清剿，暴动农民历经百丈峡、观音山、肖家峪、黑枞关、温塘关激战，后退守，隐蔽于茅岗寨千山万洞之中。覃垕在茅岗寨上一面修筑工事，操兵练马，一面发动起义军挖山种粮，抵抗7年之久。后被女婿朱思济哄骗下山，被明军俘获。明军俘获覃垕后，当即装进囚笼，从水路解送南京，洪武四年（1372）六月六日，被朱元璋凌迟处死。传说覃垕被凌迟当天，忽然从他身上飞出九条金龙，霎时天昏地暗、日月无光。朱元璋被吓得从御座上昏倒在地，醒后爬起来祷告苍天。同时下令将覃垕人皮晒干，扎成覃垕偶像，让他每年坐七天帝位。后来土家族人民及与土家族有血缘关系的人民，以六月六日为覃垕忌日，每年这天人民晒晒棉衣或皮袄，以此悼念覃垕的英灵。为纪念民族英雄覃垕，茅岗寨更名为七年寨。至今七年寨山上还有不少当年的遗迹，如岗楼、碓凹、覃垕洞、覃垕壁画、覃垕晾衣篙、覃垕钓鱼台等。传说故事尽管离奇，但反映人心所向，听起来却是动人心弦。

“温塘古镇”石碑

自宋以来，境内匪患未绝。中华民国初年，湘西战乱频繁，一些武装力量利用险要的山川地势割据一方，称王称霸，给人民带来灾难。1949年9月下旬，解放军四野司令部电令第13兵团47军进军湘西，歼灭大庸守敌国民党122军。1950年1月上旬，141师423团奉命进驻大庸剿匪。1951年2月，141师调集北上，参加抗美援朝，湘西土匪再次猖獗。为彻底肃清匪患，永顺军分区独立20团、21团驻防大庸，与各县县大队、区中队、公安队一道，进行驻剿和清剿。经过一年多时间，迫降、擒获、击毙大小在册土匪447名。

当时，湘西地区最大的土匪头子覃国卿由公开作恶转为隐蔽逃命，带着老婆田玉莲躲进武陵源山峦之中。1959年2月，湘西州清匪治安委员会将剿匪区缩小至茅岗等地，就地组建民兵机动班22个，共237人，枪204支；建立群众情报小组159个。对与土匪有联系、有接触的273名群众，逐个摸底排队，反复交待政策，使其解除顾虑，断绝与土匪的联系，或知情即报。1965年3月24日，覃国卿、田玉莲二匪被击毙在苦竹河缸钵洞中，至此，湘西剿匪胜利结束。在追剿覃国卿股匪的15年中，前后动用30万人，覃、田二匪杀害干部战士、民兵和群众44人，伤7人。今温塘居委会树立着剿匪烈士纪念碑。

在张家界西线旅游开发中，温塘镇重视挖掘土家文化的魅力，加强对土司王府遗址的开发和

革命烈士纪念碑

保护，推介传统土家服饰和土家风俗，传承土家过赶年、铜铃舞、土家围鼓等文化习俗，复兴茅岗土家茅古斯和板板龙灯两大特色活动。温塘镇成为张家界市民俗风情镇。

风景名胜

茅岩河风景区　北邻龙凤园，西接九天洞，东毗玉皇石窟，南与天门山相望，天然构成张家界旅游西线的一段靓丽风景。茅岩河山清水秀，风光如画，河水或碧波滚滚，或急湍似箭，有惊无险，平湖风光使人心旷神怡、流连忘返，漂流冲浪，让人与浪共舞，一漂难忘。渔潭电站将茅岩河拦腰切成两段，上游为平湖观光带，下游为漂流冲浪带。上游高峡平湖幽谷，从苦竹寨至陈家湾约13公里，为两岸壁立的峡谷。200米高的岩壁与30~50米宽河面构成狭长的峪谷空间，河道上有16处大弯，使该段峡谷充满“山重水复疑无路，柳暗花明又一村”的意境。从陈家湾到渔潭电站为V形河谷，两岸植被茂密。下游漂流冲浪带漂流水程28公里，落差28米，激流险滩18处。急流河段宽40~50米，坡度50度左右。漂流起点码头和重点码头均与高等级公路相接，交通方便。茅岩河山青水碧，风光如画，沿河两岸峭壁险峰，山势奇险，岩深林茂，古野神奇。

热水坑温泉　位于茅岩河漂流起点码头。境内山环水绕，环境清新幽静，是集休闲、度假、疗养、娱乐于一体的健康保健旅游胜地。温泉为自然流水，地表水温39.5℃，日均流量1140吨。温泉探头点高距河面20米，不受洪水影响。经国家地质矿产部鉴定，确认为“流量充沛，动态观测性能稳定，水含铁、硅、硫、锶、钙、镁、锰等多种矿物质，是一种兼有饮用和医疗价值的优质温泉”，具有很高的开发价值。热水坑温泉周边旅游景点丰富，主要有麻阳古渡。渡口蜿蜒的石板路，白色的鹅卵石洲，两岸苍翠郁郁的竹林，风光如画。渡口左岸两棵古枞杨，树冠博大，树上栖息的白鹭达200余只。湘西文豪沈从文的风情小说《边城》就以此处为外景，被拍成电影享誉海内外，成为茅岩河奇观之一。

岩溶地貌景观 茅岩河两岸垂直200米高的石壁表面，或光滑如削，或凹凸不平，分布着似朵朵莲花倒挂的钟乳石，或如半壁溶洞横卧在峭壁中间，或如怒张虎口黑黝黝深不见底。地下阴河泻出洞口如银河般跌落在平静的湖面上。亿万年的溶蚀与堆积，在巨厚的石灰岩层中塑造出各种各样的岩溶地貌，让人险中见奇，幽中觅秀，耳目一新。具体景点从渔潭电站逆水而上有：仙街河古码头、回龙古木林、土家田园风光、天星洞、覃垕枪杆之谜、夹耳沟、天生桥、喊泉、钓鱼台、百米跳台、古炮台、洞子坊古渡、血门沟、映花飞桥、澧泉洞、天然壁画等。以上景点均保持着原始的自然风貌。

人文景观 境内茅岩河两岸的斑斑古迹、传统民居以及古老的石阶羊肠，记载并展示着几千年来土家人民厚重的历史文化。其中又以民族英雄覃垕王的故事最具代表性。如今在茅岗和七年寨还留有覃垕“土司七进王堂”的遗址等。神奇的自然景观与美妙的历史传说浑然一体。

（撰稿人：刘思龙　图：张宏和　宋国庆）

沅古坪镇

响水潭瀑布

区域概况

地名由来

清同治年间，始以悬仁、节鼓、夯坪各取一字，将此地命名为“悬鼓坪”。因字繁、声仄不好叫，且不响亮，清末秀才龚黍藩根据沅古坪属沅水水系之由，于1935年更名为沅古坪。

位置面积

沅古坪镇位于永定区东南部，东邻王家坪镇，南接怀化市沅陵县，西连双溪桥乡、谢家垭乡，北与慈利县交界。总面积140.7平方公里。镇人民政府驻地距张家界市城区46公里。

建置沿革

1927年，属沅陵县第六区治平乡。1935年，分属治齐、治理，称上乡、下乡（或东乡、西乡）。1937年，分属治平乡、乐平乡。1941年，属治平乡。1953年3月，治平乡划归大庸县辖，属第八区；土改后，沅古坪分为盘塘、柏杨、沅古坪3个乡。1958年，属东风人民公社。1961年划出，成立沅古坪人民公社。1984年，双溪桥、谢家垭、红土坪并入，称沅古坪镇。1986年，谢家垭、双溪桥析出，余仍称沅古坪镇。

行政区划

2014年，全镇辖五龙、赵家、桑木、盘塘、小溪、张二坪、高峰、成功坪、红土坪、栗子坪、长潭、椰木岑、栗山、烽火、柏杨、李家、大湖、响水18个建制村和沅古坪居委会。镇人民政府驻沅古坪居委会。

自然环境

境内北有王公界、城皇山、山洋溃、虎儿界、保护界、观音堂、万花山、白竹山，南有三台山、马夫界、高峰、文公脑、团山界，是48座马头山的五大马头峰。最高处城皇山海拔978.6米，最低处红土坪猪儿潭海拔284米。土壤类型南部为红色土壤，北部多为黄色土壤。地形西北高东南低，东南五峰为屏，西北八峰为嶂，中间由王家坪、沅古坪、谢家垭形成盐帮古道走廊。境内有五龙河、曲尺河两大溪河，自西北向东南汇入沅水。主要矿藏有铁矿、石炭岩、石油、金矿等。境内年均气温18.2℃，无霜期310天，降水量1900~2000毫米，日照1700小时。时有冰冻、旱涝、雷击、山体滑坡等自然灾害发生。林木葱茂，森林覆盖率87%。

人口民族

2014年年末，辖区总户数5487户，总人口16138人。境内是土家族、白族、苗族、汉族等多民族聚居地，少数民族人口占总人口数的89%。

经济发展

经济综述

沅古坪镇以农业为主。2014年，全镇实现生产总值1.89亿元，其中，农业产值1.59亿元，财政收入1155万元，农民人均纯收入4554元。

农业

1949年前，境内民众世袭刀耕火种、广种落收农耕习俗。稻田品种以抗日粘、龙秧粘、老红谷高杆易倒伏的品种当家，亩产150公斤左右，碰上旱、涝、病虫则绝收。1949年10月后，贯彻“农业八字宪法”，大修水利，改良品种，培训科学技术，粮食产量由1954年（初级社）的2125吨增至1957年的3700吨。改革开放后，推广三系杂交水稻、杂交玉米，完善水利设施，普及优良品种，提高科学种田水平，粮食单产大幅提高，加之，取消农业税，发放惠农补助，农民种粮积极性提高。近十年来，通过壮大优质烟叶、七星椒、油菜、黄柏、杜仲等特色产业，扩大规模养殖、订单养殖，扩大蛇、鸵鸟、娃娃鱼、芭茅鼠、甲鱼、生态黑猪的养殖规模，农业快速发展。2014年，全镇耕地面积1548.04公顷，粮食总产量9000吨，人均415公斤；养牛1835头，养猪3254头，养羊1626只，养鸡43156羽。全镇产业基本形成以烟叶、蔬菜为重点的绿色种植业，以猪草猪、土鸡为代表的生态养殖业，以两腊(辣)为中心的农产品加工业，蔬菜种植面积突破533.33公顷，专业合作社达到13家。成功举办沅古坪栗山年猪文化节，灵洁食品有限公司、老八区农产品开发有限公司、光明农资有限公司、湘西人家生态食品有限公司等一批实力较强的农产

烽火村蔬菜种植基地

品加工企业入驻沅古坪镇。

乡镇企业

1958 年，境内兴办铁器加工厂、木器加工厂、酒厂、纸浆厂、缝纫社，有职工 318 人。至 1960 年，因经营困难而自由解体。1976 年，沅古坪公社兴办粮油加工厂、电厂、缝纫社、木器加工厂、机械加工厂、棕绳厂、铁工社、旅社等 27 家企业，从业人员 207 人。1978 年后大多改变为私营，社办企业仅剩电厂、旅社等 3 家。至 2014 年年末，全镇私办企业有碎石厂 3 家，粮油加工厂 6 家，木材加工厂 3 家，旅社 5 家，农产品加工厂 1 家。

商贸服务

1949 年前，在桥边河（王家坪）、沅古坪的盘塘长铺、五龙大溪铺、烽火货场垭、谢家垭龙阳、双溪桥双溪，等地设有盐店。乡民的生活日用品多为自产自销，丝绸、针线多用山货与货郎兑换，货币交易极少。1953 年前，王家坪桥边河、沅古坪的曲尺河有集市，五日一场期。1953 年 4 月，成立沅古坪中心供销社总社。1959 年 1 月，在五龙、柏杨、红土坪设分店。1982 年撤销。改革开放后，随着社会主义市场经济体制建立，国营集体商贸服务机构变为合资或个体，个体工商业蓬勃发展，商贸服务业更为繁荣。到 2014 年，全镇经商户 256 个，商业网点 81 个，从业人员 832 人；有农贸市场 3 个，宾馆 5 家，成为常德、怀化、张家界 3 市 4 县的贸易名镇。

基础设施

交通运输

境内原有湘西北盐帮古道，为湘鄂边军事要道，有古战场遗址 20 多处。盐帮古道成州字布局，有 3 条。最早为九姓十排年自江西迁湖南至沅古坪五龙，由九姓首次以五龙为中心修通东至王家坪、湖田、红土坪、谢家垭、双溪桥的人行简道；其次由李自成后裔，加修东至常德，西通大庸，北通慈利，南通沅陵的山道。1958年，修建大（庸）沅（陵）公路，1963年通车。1982—1986年，先后修通沅陵五强溪、桃源牛车河至大庸过境公路和沅古坪到谢家垭、红土坪、王家坪各乡镇互通公路。2013年，实现村村通公路和水泥硬化，70%的户实现村组户户通。到2014年年底，全镇有公路里程181公里，有客运线路3条，有8个村通班车，每日有16～18班中巴客车从镇中心经过或发出，日发旅客2000多人次。

邮电通信

1949年前，境内没有官办邮电业务。信件传递多由校（学校）、坊（作坊）、铺（货店）传递。盘塘长铺、桑木铺垭、五龙龚氏族校、柏杨油榨坊等地为传递信件邮点，由其户主代邮，邮路也只有七甲坪—洞庭溪—沅陵，信件多为私人转带，如来往客商，收一定的“草鞋费”代替收发转递劳务。1950年2月，成立沅古坪邮政代办所，邮政业务往来于沅陵、桃源、大庸。1959年，属县局直管。1970年，拨款4000元，修岩房一栋三间。1984年，因业务量大，拨款5.5万元修建两栋两层营业办公住宿综合楼，占地0.24公顷，建房面积1600平方米，有工作人员16人，成立沅古坪中心邮电支局。至2014年，境内有电信、联通、移动通信服务网点10个，通信机站37个，网络基本进村入户。

供电饮水

1949年以前，境内无正常供电，饮水以山泉水为主，主要靠人挑肩背。1980年以后，农村电网逐步改革，集镇供电走向正常，并建有供电站。2005年，全镇基本实现供电户户通。2000年以后，开始实施大规模人畜饮水改造工程，至2014年，全镇所有农户解决饮水困难，80%以上实现安全饮水。

水利建设

1949年前，境内仅有河坝13处，山塘95口，浇灌40%的稻田，60%的稻田靠天下雨。1958年至1987年，先后修筑高家溪、黄鱼溪、绿水坑、兵洞等上型水库。2014年，全镇有水电站2座，装机容量1900千瓦。

村镇建设

1955—1964年，境内先后修建起沅古坪中心小学、沅古坪联合诊所、沅古坪供销社、大庸三中、邮电、信用社、粮店等设施，公社驻地由五龙迁移到沅古坪。1964年，又修建工商所、税务所等办公场地，成立文化站、农业技术广推站等。到2014年，有镇级文化体育广场8处，村级文化体育广场19处，戏台礼堂2处。集镇街道成十字布局，长2200米，公路与沅陵、桃源、慈利、永定区贯通。集镇常驻人口1426户5078人。

社会事业

教育

明、清时期，五龙龚氏族校和寒水溪李氏族校是境内开办最早、规模较大的学校。1926年，租用五龙龚宗祠，创办治平乡第一中心国民小学，有教师4人、学生134人，周边沅陵、桃源、慈利等县乡也慕名送子到此求学。1933年，寒水溪李氏族小因生源不足而停办。1934年，九姓族长携手共议于五龙龚氏族小开办2个高年级班，1个中年级班，生源猛增，2个高年级班满员到80人，教师增至14人。到1949年10月，治平乡第一中心国民小学毕业高小学生2800多人。1950年，沅陵县第六区接管治一中心小学。1953年，划归大庸县辖，时有学生560人。1954年，有学生770多人。因老师少、教室少，后迁址到沅古坪，拨款修建学校两栋两层共 16 间教室，成为沅古坪完全中心学校。1957 年，附设初中班，收学生 55 人，教师 4 人，全州期末统考，学生平均成绩名列全州第一。1958 年“大跃进”，学校办工厂、农场，炼钢铁，学生经常参加农业生产，教学基本停止。但幼儿院发展到 9 所。1963 年，成立大庸三中。当年各大队普设小学，柏杨、五龙、盘塘、红土坪成立完全小学，在五龙还设有初中班。1969 年，大庸三中招收高中 3 个班，学生 165 人。2000 年，撤销高中班。到 2014 年，大庸三中有教师 40 人，先后荣获省、州“民族团结进步学校”“教学目标管理先进单位”等十多项荣誉称号。学校占地 5.33 公顷，建筑面积 4960 平方米，校园绿树成荫、环境优雅，教学设备齐全。

文化

明、清时期，有五龙龚氏宗祠和寒水溪李氏家族两个戏院，观众须自带板凳观戏。1384 年，龚氏宗祠落成庆典，以龚氏为主，九姓为辅，为戏台开业，演出一天一夜，白天演传统节目，夜晚玩高花灯、忠节灯、低花灯、赛歌。此后，每年斟腊八酒，主要是唱傩愿戏、土地戏，表演佤乡阳春舞或表演上刀山下火海。平常外地戏班到乡演出，多由宗祠出资。1935 年，沅古坪墟场兴起，在现粮店茶笼内筑有土台，逢场有客商捐资演出、赛歌、斗画眉。几株大栗树作悬空架，常有杂技表演傩戏比赛。观众喜看的是民歌擂台赛。抗日战争期间，有常德、桃源戏班到此避难演出。1950 年，大庸县第一农会 10 多人自编自演 10 多个节目，配合宣传土改、剿匪、缴枪、镇压反革命，很受群众欢迎。

1952 年，成立沅古坪一九剧团，后更名为横榔（横山峪、榔木岑）剧团，为境内最早的百姓自由组合剧团。1958 年，成立东风人民公社阳戏剧团，人才汇聚，行当齐全。编剧李世龙编导的《桃花装疯》曾获省、市、县 4 个奖项，著名演员有女旦李金婵、丑角李世虎、小生龚楚雄、司鼓龚官海、老旦张家元等。1964 年，成立沅古坪文化站。沅古坪高花灯、忠节灯，曾于 2008 年在香港表演获金奖，自 1992 年至今每年参加城区元宵灯会。本土文化人士曾在全国、省、市发表作品 7000 多篇（首），书写对联 9000 余副，挖掘红色革命歌谣 9 首、民间故事 40 多个、革命文物、历史文物 16 件，制作工艺品 5000 多件。2008 年，

沅古坪阳戏

有185件古籍碑刻载《全国古籍名目》，为全国之最。镇文化站长龚建业在全国文化战线上先后荣获荣誉13项，到京参加表彰会9次。

至2014年，境内文化生活丰富。组织有演唱队13个，歌队4个，篮球队13个，以及文史组、创作组、诗词组、书法班、高花灯、忠节灯、低花灯、车灯、剪纸、考古、民间文学搜集整理、画眉协会、图书室等30多个文艺组织，参加演职工作人员3000人。特别是剧团建团后，至今仍有演员23人，从未歇业。长年活动在桃源、沅陵、慈利、永顺、桑植等县，曾多次参加县、市、省文艺汇演，荣获省“民间百佳剧团”称号；其他文艺组织曾37次参加市、县汇（调）演，荣获县、州（市）先进单位30多次，有300多人次荣获奖项。

体育

1949年以前，治平乡驻地是沅古坪地区文化摇篮，体育也一样名列前茅。五龙龚氏宗祠有占地两亩九分的操场，供体育活动。自1926年治一中小建校后，有篮球、排球、秋千、弓箭、拔河、爬竹竿、双杠、单杠、转转秋活动以及象棋等棋类比赛；还备有6公斤、12公斤、24公斤、36公斤石锁专练臂力；有40根响篙（小学练棍术）和40根齐眉杠，训练武术对打，还有跳高、跳远、高脚马、放风筝等项目。乡村私塾因场地小，无体育用品，少儿也有抓石子、跳房子、背象、踢毽子等活动。农村百姓有打飞棒、骑竹马、摔跤、扭扁担等活动；较富裕家庭则有刀棍、齐眉杠对练。1929年8月，挑选21人组成代表队参加沅陵县“国民运动会”，荣获齐眉棍对打、二十米弓箭、高脚马、举石锁（36公斤级）第一，篮球第三，响篙第二，团体总分第一。1939年，治一中小体育新开游泳项目。

1950年后，村民喜爱打篮球，各大队（村）修建篮球场。特别是桑木、五龙、烽火、柏杨等地，每逢赶场、送粮谷、运化肥到沅古坪，都要找社直或三中球队进行篮球比赛，多以村民获胜，社（镇）曾组成联队，常常到桃源、沅陵、慈利、大庸进行友谊赛，80%都大胜而归。20世纪90年代，烽火村李应生带队参加自治州高脚马赛跑、对打包揽金银铜牌。五龙龚吉群参加全县38人摔跤比赛，上场8次，获得全胜。1959年大庸三中组建后，调入李金武等体育老师，为县、州、省培养一大批体育人才。1998年，组建湘西北斗鸟协会，曾在沅古坪、沅陵楠木、大富坪以及王家坪多次举行大型斗鸟擂台赛，有长沙、广州、上海的鸟商参加斗鸟、售鸟，每次百架鸟笼、千人观看。

医疗卫生

1949年10月前，境内有7家简易诊所，多自采草药治病，遇上天花、霍乱流行，无法治疗。1950年后，在五龙设西医卫生所，派人下乡连续5年种牛痘，天花得到根治。1953年成立沅古坪联合诊所，为沅古坪地区中心医疗机构。经数年努力，霍乱、肺结核等病基本得到抑制。1957～1958年大搞爱国卫生运动，五龙村17岁龚建业表现突出，成为省劳模，受到毛泽东主席接见。1959年创办沅古坪地区卫生院，不久被挂牌为大庸县第三人民医院。1978年后，医疗卫生事业快速发展，医院各科室医生配备齐全。全镇村（居）民医疗保险实现100%覆盖。

社会保障

2000年以后，镇党委政府不断加大保障和改善民生工作力度，解决好群众，尤其是弱势、特困、残疾人、特殊群体生产生活中遇到的困难和问题。至2014年，累计完成危房改造户800多户，全镇新农合参合率98%，新农保参保率85%。

特色地情

历史人文

明朝以前，沅古坪只有为数不多的云南佤乡人迁徙到此居住，荒野沃土，无人开发。从墓碑考研发现，1368 年，陈友谅战朱（元璋）败北。1369 年，其参将（二品）龚曾京护陈母马氏及其孙辈和九姓奔江西到湖南，来到沅古坪五龙红岗，义结金兰，成为九姓十排年。1382 年修建五龙龚氏宗祠。

1664 年吴三桂引清兵入关，清兵善骑射，李自成败北席卷国库金银珠宝，辗转千里，来到沅古坪地区创业图治，筑洞府，修城堡，广积粮，购土地，拓展交通，设馆治愚，启迪人才。加上五湖四海的“钦犯流寇”到此隐居创业，带来先进的文化，从而孕育出五彩斑斓的历史人文。首先五龙就出了个“钦嘉赏二品领戴记名提督军门署甘肃宁夏桂印总镇珠隆阿巴图鲁”建威将军龚良臣和 69 名秀才。清末秀才符昌藩、李玉藩、龚秉藩创办治平乡第一国民小学，培养一大批人才。先后七次共 17 名学生考入黄埔军校。家居栗山村、名冠湘西北的著名民歌手张友桃，九县民歌擂台赛，所向披靡无人能胜。1958 年曾参加全国少数民族民歌汇演，受到周恩来总理等党和国家领导人的接见。

境内开明人士李锦章，早年追随宋教仁、黄兴组织华兴会、同盟会，曾任宋教仁机要秘书，参加五四运动；并陪同宋教仁赴上海梳理政事，在上海火车站目睹宋教仁被暗杀。他带着公章及《北京大学同学录》（同盟会名单）机智转移，确保了北大同盟会组织的安全。中共党员龚金生，参加过渡江战役、西南战役和抗美援朝，先后荣立一等功 5 次、二等功 4 次、三等功 2 次。他的女婿龚建业继承英雄风范，为挖掘保护传承非物质文化遗产作出突出贡献。他传承的高花灯、忠节灯在香港获 2 个金奖，在国内获 1 个银奖。他挖掘整理的古籍文章在全国刊登 185 篇。他挖掘出土的剑齿象化石，成为证实地质变迁：云贵高

红土坪村古村落群

原脉系隆起，洞庭平原下沉的重要年代依据。他多年潜心研究、探秘李自成隐居张家界，取得一定成效。他曾荣获全国“五一”劳模、国史档案人物、海内外杰出爱国人士、先进工作者、优秀共产党员等称号。

名优特产

得天独厚的地理环境，使沅古坪出产优质的水稻、玉米、黄豆、红薯、六月椒、七星椒、山胡椒、葛粉、蜂蜜、油菜、板栗、花生，以及饲养黑猪、鸡鸭鹅等。境内水草丰盛，有优质的牧草场地，放养的牛、羊，体壮、肉质鲜。腊肉、乌鸡、七星椒俗称“沅古坪三宝”，畅销江浙、深圳、上海等地。

名胜古迹

境内有李自成与吴三桂激战遗址，今古战墙、飞擂坡、擂攻溪、教场垭、扬旗坡、扎营山、盘查等30余地名尚存。境内有飞潭瀑布1处，宽58米，高71米。有高近40米的2座自生石拱桥。五龙龚氏宗祠藏珍纳宝，计有《龚氏赏原》碑文、《江西迁湖南序》碑、清代禁烟碑文、族规；有乾隆题字《三星在产》《绝佳奇妙》匾、建威将军《龚良臣直匾》、龚自珍题《渤海流芳》匾、辰洲知府题《九都文化之乡》匾。境内还有窑瓦鼻祖竹佤仙盖龚禹才烧窑遗址红岗，有战斗英雄龚金生故居。有800多人先后3次长达近百年抗烟捐遗址——大木山土碉堡，后有11人战死、百余人被追剿。1934年年初，红军从沅陵大富坪至沅古坪扩红、筹措粮饷，这些人参加红军，不久参加棉花山战斗，从此走上革命道路。1935年，红二、六军团长征经过境内镇九村，并留下贺龙、任弼时在柏杨尹家巷，萧克在李家桐油坪驻宿旧屋，悬挂红军标语的古银杏，有红军战士遇难遗址2处（烽火洞、飞潭）。

飞潭瀑布

民俗风情

沅古坪民俗风情古朴独特。境内民居房屋多选择阳光、水源、交通、避风、田园耕作方便的地方，并讲究山脉走向，多以单家独居，承袭祖辈崇尚人与自然和谐的风水观念，多为雕梁画栋、封檐垛脊、翘角搬爪、双手推车的吊脚楼。

沅古坪人能歌善舞，仍保留有戏剧、音乐活化石傩愿戏戏班，以及传承上千年的高花灯、忠节灯、金钱龙、金钱灯、佤乡陽春舞等非物质文化遗产项目。境内是诗的京都，歌的海洋，有多姿多彩的民间情歌二十四章：有民歌、祭歌、喜歌、寿歌、哭嫁歌、褥草歌、拦门歌、敬酒歌、丧葬歌、时政歌、道德歌、太平歌等。境内的歌手善于驾驭语言，采用比兴、夸张、白描、反衬等手段，遣词造句，即兴而歌。如民歌手张友桃所唱相逢歌：“自从那日匆匆别，望你就像兔望月。一副鱼网吞落肚，心中打起万千节。”形象逼真地描绘了离别后的想望。

沅古坪，眠春有插秧吃盖面肉糊仓，夏有唱九腔十三板的薅草歌，秋有跳佤乡陽春舞，冬有庆丰斟腊八酒玩灯习俗等习俗。过年前一月有宰节猪、炕腊肉、灌香肠、壮乌鸡、打糍粑、斟米酒、熬梳糖、洗薯粉、炒炒米、做拱桥肉等有趣味的筹年活动。

境内是多民族聚集地，解放前民众衣着民族特色极浓。男人头缠五尺白巾或黑丝帕，身穿对襟衣，上套马甲背心，腰抹绣花钱袋，外围绣花鸟枪子弹带，小腿裹绣花板带，脚穿朝天冠布鞋。女人则身着满襟绣花衣或罩花肚兜，下穿黑色绣花花边裤，脚穿绣花鞋，头顶四方绣花帕。富有者头戴颤针佩凤，胸挂夺目银饰，手戴银手镯，手挽精工制作的盖帕竹篮，行走如风摇摆，银饰发出悦耳的天籁之音，最易吸人眼球。改革开放后，随着潮流演变，着装逐渐汉化。

沅古坪人热情大方好客，养有女儿或新娶媳妇的人家，客人进屋必筛三杯茶，即清叶茶、红糖茶、蜂蜜茶。吃饭时必须请辈份大、年龄大者坐上席（以中堂而定），长者将尊老的一块拱桥肉夹起并说：“请大家吃菜！”众人方可动筷，否则被认为不懂礼节，席面一般十二盘（碗）。

（撰稿人：龚建业　图：段泉秀　龚建业）

王家坪镇

石堰坪村土家吊脚楼群

王家坪镇古为“九都文化之乡”，是中国民间文化艺术之乡、全国民族团结进步模范集体、湖南省生态镇、湖南省旅游名镇。

区域概况

位置面积

王家坪镇位于永定区东南部，东与桃源县牛车河乡毗邻，南与沅陵县七甲坪镇接壤，西与沅古坪镇相连，北与慈利县洞溪乡交界，是3县1区交界处。总面积168.2平方公里。镇人民政府驻地距张家界市城区64公里。

建置沿革

清初，属沅陵县沅古坪（九）都，1927年属沅陵县治平乡，1950年属沅陵县第六区。1953年4月划归大庸县辖，属大庸县第八区；1955年7月，属沅古坪区；1956年6月，撤区并乡属王家坪乡（由两河口、石堰坪、王家坪3个小乡组成）；后又属沅古坪区；1958年9月，属东风人民公社；后属王家坪人民公社、王家坪乡；1985年11月，属沅古坪办事组。1995年5月，属王家坪乡（湖田垭并入王家坪乡）；2000年撤乡建镇，为王家坪镇。

行政区划

2014年，全镇辖韭菜垭、马头溪、关水坪、两河口、紫荆塔、砂子垭、八家河、泗墩溪、桥边河、石堰坪、汪家垭、老龙口、黄粟界、伞家湾、蔡家坪、木山、宋家溪17个建制村和王家坪、湖田垭2个居委会，共185个村(居)民小组。镇人民政府驻王家坪居委会。

自然环境

境内属喀斯特地貌，地势北高南低，山脉高低悬殊，三泰山、南武当、扬柳池、太阳山、蛮子界、马头垴等山峰林立，最高处海拔1298米，最低处海拔228米。属沅水水系，是沅江的源头之一，河谷纵横，主要有马头溪、葫芦溪、德修溪、泗墩溪、上伏溪等溪流，最长的河流马头溪与葫芦溪在两河口处交汇，由北向南汇入沅江。土壤以红壤、黄壤为主。气候适宜，四季分明，年均气温18.9℃，无霜期309天，降水量1949.5毫米，日照1670小时。动植物资源丰富，野生动物有花豹、野猪、黄鹿、松鼠、竹鼠、穿山甲、野鸡、竹鸡、锦鸡和各种蛇类共29种（类）；渔类有鲤鱼、草鱼、鲢鱼、鲫鱼等，岩斑鱼、桂花鱼、刁子、娃娃鱼是珍稀鱼类；森林植被有白栎、马尾松、金钱松、红楠、香楠、金丝楠、红豆杉和藤蔓植物共28种（类），红楠、香楠、金丝楠、银杏为珍稀树木。主要矿藏有重晶石、墨石。境内有冰雹、旱涝、低温、霜冻、雷击、山体滑坡等灾害发生。境内田园风光优美，民风纯朴，适合休闲度假、观光旅游。

人口民族

2014年末，辖区总人口16188人。其中，土家族人口13398人，占总人口的82.8%，还有白族、苗族、汉族等民族。

经济发展

经济综述

2014年，全镇实现生产总值9800万元（其中，农业产值3025万元），财政收入482万元，农民人均纯收入5200元；年末金融机构存款余额1.2亿元，贷款余额2800万元。

农业

因地处边远，交通闭塞，1949年前，境内沿袭刀耕火种、广种薄收的原始农耕习俗。粮食作物主要以老红谷、白糯谷、背儿糯等高杆稻种为主，最高亩产175公斤。1949年10月以后，党和人民政府实施农业“八字宪法”，发动群众兴修山塘、河坝、水库、引水渠道，广辟肥源，改良品种，合理密植，农业收成逐年上升。1957年，粮食总产3075吨。1978年推广三系杂交水稻，到1987年最高单产500公斤。中共十一届三中全会以后，深化农村改革，完善农业水利基础设施，普及推广优质良种，提升农业机械化普及程度，粮食生产稳步发展。近年，大力发展优质烟叶、本地七星椒、油菜、油茶、黄柏、杜仲等特色种植、生态种植，是永定区本地七星椒、油菜、油茶最大生产基地；养殖产业逐步走向规模养殖、订单养殖。2014年，全镇主要粮食作物产量：稻谷9100吨，玉米900吨；特色种植业产值2000万元；饲养本地黄牛1.28万头，本地黑猪5万头，本地山羊55万只，本地乌鸡75万羽，娃娃鱼0.5万尾。

林业

1949年前，木材是土家居民的重要经济收入。每年春夏汛期，当地放排工将木材扎堆结排，通过水路运往沅江至洞庭湖，销售到沅水流域一带，因沿途水道浪高弯急，暗礁重重，每有放排工葬身途中。历有民谣“排过清浪滩，人进鬼门关，龙王难保你，自投阎王殿”，为了生存，土家族人别无选择。1949年10月后，党和政府加强对森林资源的保护，木材采伐仅限于国家集体建设和群众自用，放排工职业成为历史。1962年，为缓解粮食供应困难，毁林开荒，垦荒种粮，使林业资源遭受严重破坏。1965年党和国家发出“绿化祖国”的号召，兴办脚迹垭、东风、江山3个社办林场，调集全社1200多个劳力，组织“千人百亩植树造林大会战”，历时月余，造林492公顷。至1986年，人工造林2457.2公顷。2003年，实施退耕还林政策，鼓励群众植树造林，至2014年，全镇林地面积14799.8公顷，其中用材林1465.93公顷，森林覆盖率95%。2012年5月被授予“湖南省生态镇”。

乡镇企业

1976年，开始创办公社、大队集体企业，共有社队企业13家，从业人员288人；主要企业有缝纫社、铁器加工厂、木器加工厂、石灰厂、砖瓦厂、粮油加工厂、饭店、百货经销店等。到1986年，仅存砖瓦厂、招待所乡办企业2家；1990年乡办企业停办。之后，仅有村办企业和个体私营企业。至2014年年末，有王家坪镇民俗风情旅游有限公司、民俗文化旅游公司、老屋湾生态农庄、马头溪休闲度假村、石堰坪旅游接待站、关水坪古道客栈、土家文化旅游公司、传统粮油加工等12家村办企业，年收入6200万元。由土家先民发明的水碾米、木榨油等传统食品加工工艺沿用至今，通过注入现代科技成分，形成以剁辣椒、土家腊肉、香肠、血豆腐、野葛根粉等传统系列加工食品，因具原生态、纯天然、无公害、营养成份好等特色，倍受消费者青睐。王家坪镇已成为张家界市最大的剁辣椒食品生产加工基地，产品销往全国各地和东南亚一带。2014年年末，全镇有湘西北最大的七星椒交易市场，有灵洁食品、安康食品、老商剁辣椒等加工企业5家，年产值2500万元。

商贸服务

1949年前，境内没有官方商贸机构，农民买卖货物均与民间商贩交易。1953年，成立供销合作社，1958年发展到王家坪、八家河、两河口3个片区供销合作社。1982年，八家河、两河口供销合作社并入王家坪供销合作社。改革开放后，供销合作社改制，个体私营工商服务业发展，商业贸易不断繁荣。至2014年年末，全镇有商业网点46个，从业人数618人，社会零售总额1.2亿元；农贸市场2个，年成交额1.2亿元，商品贸易周转1.8亿元。

旅游业

王家坪土家民俗风情和自然旅游资源丰富。境内山川秀美，风光旖旎，丛密的森林植被，高含量的负氧离子，是巨大的天然氧吧。没有环境污染，水质优良，渔业资源丰富，素有“湘西北生态明珠”之称，是都市居民休闲的世外桃源，是国家级中华大鲵生态保护区。土家居民仍然保留着日出而作、日落而息的农耕文化习俗。境内马头溪沿溪两岸幢幢古朴的土家吊脚楼傍山依水而建，融入青山绿水，传统的土家风雨桥、水碾坊、木榨油坊、筒车、水车点缀其间。土家居民在田野吆喝耕耘，犹如一幅多姿多彩的风情长卷。清代本土著名田园诗人全翼之吟田园诗：“四面青山碧玉屏，门前水绕一条清；人耕绿野披蓑笠，客傍清溪下钓垂；远树含烟朝滴翠，小桥流水夜

罗凤山杜鹃花

观星；就中恰好农人住，无限风光满户庭”。2006年5月，世界自然遗产基金会总裁安迪先生来王家坪镇观摩土家“糊仓”农耕文化节庆活动时，对境内浓郁的土家民俗风情、如画的田园风光、秀美的自然山水连声称赞。境内至今还传承着春播兴“糊仓”，夏培要唱“薅草锣鼓歌”，秋收兴跳“扬叉舞”，冬藏炕腊肉，修塘筑坝兴唱“打夯歌”等农耕文化习俗。

2010年以后，借助张家界市旅游大背景，依托土家文化、生态环境、区位交通优势，发展文化体验、文体娱乐、休闲度假、农业观光、乡村旅游产业，重点发展具有王家坪特色的“一楼、一歌、一舞、一渔、两花、三环”文化旅游产业，已形成以土家吊脚楼为主题的写生绘画、影视拍摄、文化体验的文化旅游产业；以土家歌舞展演、土家婚俗展示、民间礼仪体验、民间体育竞技、傩技巫术表演等为主题的民俗风情、民族体育娱乐产业；以马头溪、关水坪、两河口、紫荆塔万亩油菜花生态观光长廊；以罗峰山万亩映山红自然景观，淘木冲、江山、铁炉湾万亩原始次森林遗产，上伏溪古柳风光带，杨柳池、桃子界、香炉山千亩野生猕猴桃、荔枝、八月瓜、那瓜、板栗、山蘑菇等为主的原生态采摘农业观光休闲产业。2013年，王家坪镇被列为AAAAA户外运动、中国摄影家协会摄影线路图，是张家界市民俗旅游核心景区。是年8月，被授予“湖南省旅游名镇”。2014年年末，入境游客25万人次，旅游综合收入5896万元。

基础设施

交通运输

1949年以前，境内有湘鄂边区、湘西北贸易古道，因山高坡陡，道路崎岖，物资流通无船运车载，全靠马驮人挑。1959年12月，修通大庸县城至俞家溪的公路。1963年6月，俞家溪至沅古坪的公路通车。1974年，开始修建沅古坪至王家坪的公路，1975年6月1日正式通车。1982年，修通张家界市至五强溪水电站过境省道；1986年，修通张家界市至常德市过境省道旅游公路。2014年10月，过境黔张常高速铁路开工建设。至2014年，全镇19个村（居）委会通水泥公路，85%的村（居）民小组通路，公路入户率82%，境内公路与省道联网。2007年建成集镇农村客运站，日发客运班车8~10班次，日均客运量200~300人次。

邮电通信

1960年1月，始建邮电代办所，配备24门的手工有线电讯交换机1台，开展邮政、电讯业务。1987年，报刊发行量1201份。2003年开通中国移动通信业务，2004年开通中国联通通信业务，实现全镇通信服务无缝对接。至2014年年末，全镇有邮政代办所1处，邮政业务总量12万元，报刊杂志累计发行25万份；有电信企业3家，固定电话交换机容量2000门，固定电话用户700户，移动电话用户5798户，联通电话用户2508户，互联网上网入户率39.8%，年电信收入780万元。集镇开通有线电视，入户率98%，广播电视“村村通”覆盖全镇。

供电饮水

到2014年年底，全镇有人畜集中供水设施1处，日供水量1000吨，覆盖6个村（居）委会7500人，单位集中供水工程5处，覆盖人口3816人。

水利建设

1949年以前，境内水利设施落后，筑18处河坝，不到100口山塘，68%的稻田是靠天吃饭。1949年10月以后，党和政府重视农村水利设施建设，1964年10月，修建叶家洞水库，总库容14.5万立方米，灌溉农田38.67公顷。1965年10月，修建纸槽湾水库，有效库容18.5万立方米，灌溉面积63.33公顷。1970年8月开工建设丹寺洞引水工程，历时8年，建成的引水渠道长2万余米，灌溉农田166.67公顷。1973年10月，修建新田岗水库，有效库容15万立方米，灌溉面积26.67公顷。至2014年，全镇有上型水库3座，库容量148万立方米，山塘265口，河坝68处，泻洪隧道1处1200米；水利设施灌溉面积1679.87公顷。有电站2座，装机容量1500千瓦。

村镇建设

1949年前，境内桥边河是经济文化活动中心地带。1950年1月，沿平乡政府选址王家坪，当时集镇荒芜人烟。此后，集镇建设起步，逐渐发展扩大。1984年2月，始建集镇文化活动场所。近年来，为打造民俗文化一条街，街道建筑实施仿土家吊脚楼穿衣戴帽工程，沿街门户张挂木刻诗书对联，土家工艺旅游产品，特色旅游食品专营专柜集中上市。街道两旁种植桂花树，安装太阳能路灯。至2014年年末，集镇街道长2000米、宽15米，镇中心常居人口3500多人。

社会事业

学校教育

1933年，沅陵县政府拨款兴办短期学校。1935年建初级小学，1944年后建办国民学校。1946年创办第二中心学校，取名“永志学校”，1947年改名治平乡第二中心学校，1950年命名为“治二中心小学”。1958年，境内兴办幼儿园3所，1968年创办初级中学，1976年建完全中学，1977年设立高中班，1978年王家坪初中毕业年级获大庸县初中毕业统考第一名。1980年调整教育布局，各大队兴办小学11所。1995年，与湖田垭并乡，湖田垭学校隶王家坪中心学校统一管理。至2014年末，全镇有幼儿园2所，在园幼儿396人，专职教师18人；小学2所，学生658人，专职教师48人，小学适龄儿童入学率100%；初中2所，在校学生259人，专职教师45人，九年义务教育覆盖率100%。镇中心学校少年文化宫是张家界市示范少年文化宫。明清以来，先后有28人取得秀才、举人、进士的功名，时任辰州府陆知府亲题“九都文化之乡”匾额以示嘉勉。恢复高考制度以来，先后有48人被清华、北大等知名大学录取。黄粟界村盘古岭状元组，1997年前，全组22个农户有28人考取大中专院校。至2014末，全镇先后有3938人考取大专院校。

文化艺术

清光绪年间，进士李尧在泰山庙创办“天香诗社”，慕其才学，桃源、沅陵、大庸、慈利边界县文人墨客汇聚吟诗作赋，创作大量的诗词歌赋作品，编成《天香诗集》。其后，王家坪土家人崇文重教，人文蔚起，诗歌风行，培养出一大批土家民间文化艺术人才。1986年成立“马头诗社”“马头歌队”“舞蹈协会”“书法协会”“民间器乐协会”等文艺团体。2002年“镇民族文化艺术学会”“镇阳戏剧团”，2010年“王家坪社区山菊花民俗艺术团”“韭菜垭阳戏剧团”“石堰坪民俗表演队”等22个民间文化艺术传承组织先后成立，有民间艺人1280多人，遍布桃源、沅陵、慈利、永定等边界乡镇，成为传承土家民族文化艺术的主力军。镇小学五年级起至初中三年级开设土家民歌、土家舞蹈、土家戏剧、土家礼仪等课，由土家民间艺人担任辅导员。年均投入8～10万元土家文化艺术传承经费，表演的草龙灯、扬叉舞在中央电视台“探索发现”栏目播出。至2014年年末，先后投入8500多万元，建成镇民族剧院1处，镇文化站综合大楼1栋，镇级文化体育健身广场5处，占地4500平方米，村级文化体育健身广场18个，土家民歌歌场12个。全镇

传统民俗表演

有村级文化活动室 19 个，农家书屋 19 个，书刊共 12 万册。关水坪村农家书屋于 2012 年荣获“全国示范农家书屋”称号。全镇有“土家文化示范户” 28 个。先后搜集整理出版《王家坪的诗》《话说王家坪》等土家文化艺术丛书 18 卷；举办“湘西北山歌节”“湘西北傩文化艺术节”“湘西北土家糊仓节”“土家族割谷节”等大型土家族民俗节庆文化艺术活动，“土家族糊仓”“扬叉舞”等农耕文化艺术被列为省级非物质文化遗产名录。

1996 年 6 月，全省廉政文化建设现场会在王家坪镇召开。1998 年，被授予“湖南省群众文化艺术之乡”。1999 年，国务院授予王家坪乡“民族团结进步模范集体”。2002 年，被授予“全国创建文明村镇工作先进单位”。2008 年，被授予“中国民间文化艺术之乡”。2014 年 9 月，再次被授予“全国民族团结进步模范集体”。

体育活动

因地处偏远，交通闭塞，1950 年以前，境内体育健身活动大都因陋就简，就地取材，没有固定的活动场地。逢年过节、山寨聚会等公众场合举行拧扁担、蹬高脚马、摔跤等体育健身比赛活动。私塾学校开设摔跤、踢毽子、扳力、打飞棒、蹬高脚马等民间体育健身课程。1945 年成立小学后，始建篮球场，开始做体操、打蓝球等外来体育健身活动。20 世纪 50 年代后，体育设施增多，体育活动经常，体育竞赛多次获奖。1978 年，被湖南省人民政府授予“体育之乡”。至 2014 年年末，全镇有学校、机关体育健身活动场地 8 个，村级体育健身场 18 个，有“登山协会”“民间体育竞技协会”“象棋协会”“钓鱼协会”“斗鸟协会”等土家民间体育健身活动组织 8 个，成员 1598 人。先后举办桃源、沅陵、慈利、大庸边界乡镇“连心杯”篮球赛和“湘西北民间体育竞技擂台赛”“湘西北斗鸟擂台赛”“张家界市、常德市、怀化市边界三市钓鱼比赛”等一系列民间体育竞技交流活动。镇中心学校开设土家民间体育健身传承课。全镇经常性参加体育健身活动的人员占常住人口 38.9%。2009 年，组队获得永定区“天门山”杯第一届体育运动会男女拔河第一名，团体总分第二名。2010 年，参加老八区农民体育运动会获蓝球、男女拔河等 5 个单项第一名，团体总分第一名。

医疗卫生

1949 年前，境内医疗机构有限的民间诊所。1957 年成立联合诊所，培养医疗卫生人才，实施中西医结合。1959 年，改为公社卫生所，设 2 个片诊所，各大队配备 1 名保健防疫员。1967 年，设王家坪卫生院，有床位 11 张，医护人员 10 人。1972 年，各大队成立合作医疗组织，每个大队备齐 2 名以上赤脚医生。1978 年以后，医疗卫生事业快速发展，群众缺医少药现象大为改善。至 2014 年年末，全镇有医疗机构 5 个，门诊部（所）5 个，共有床位 30 张，有专业卫生人员 25 名；镇卫生院固定资产总值 860 万元。全镇新型农村合作医疗参合率 100%。

社会保障

2014 年，全镇新农合参合率、新农保参保率均达到 100%；全年救助低保对象 1070 人，确定优抚对象 100 人，集中供养“五保”老人 80 名，实施危房改造 169 户。2015 年，作为试点新建农村幸福院 2 所，共设床位 8 张，添置运动器材，用于百姓日常休闲娱乐。

特色地情

历史人文

王家坪自古以来人文荟萃、英才辈出。清康

熙至光绪年间，先后得中 28 名秀才、举人、进士，辰州陆知府亲题“九都文化之乡”以示嘉勉。

康熙、雍正、乾隆三朝拟旨郎、《康熙字典》主纂郑国祥书法超群，颇得康熙皇帝赏识，满朝文武敬重，被钦点为拟旨郎，历雍正、乾隆。郑国祥为官清廉，祖上老屋十分简陋，朝廷拟拨款修建郑国祥“进士楼”，被郑国祥婉拒。后郑氏家族为光宗耀祖，励志后人，举族人之力，为郑国祥修建占地 2600 平方米、建筑面积 1888 平方米，时为辰州单体最大的土家民居建筑“进士楼”。“进士楼”建成后，成为郑氏家族祭祀、议事、决定家族重大事项、膜拜先贤、励志自勉的重要场所。“进士楼”历经百年沧桑，终因年久失修，20 世纪 60 年代主体建筑坍塌，现仅留下偏房余存，四周包院墙已成残垣断壁。

被誉为”湖南五大才子“之一的李尧，清咸丰秀才，同治举人，光绪甲戌（1875）科殿试第十八名进士。曾任云南罗次县知县，昆明府知府，罗次、昆明两县及云南第五次乡试主考官，历有“李尧的文章，翼之的诗”的俗语。李尧为人正直，为官清廉，在任职期间的俸银全部资助地方办学，无分文积蓄，任期病故，幸得同僚和门生资助得榇返乡。临运榇出昆明城时，上万名昆明各界人士平民百姓，以猪羊为祭品，跪拜李尧灵柩，万炮齐鸣，送出昆明城外，一代才子清官终于落叶归根。李尧一生著作颇丰，大多为手稿，“文化大革命”均被收缴烧毁，墓碑也遭毁坏。仅存《西道韵》诗作部份遗稿。

土家民间诗人、清光绪年间廪生全翼之，一生教书育人，培养出一大批优秀文化人才，所著《味唐新草》诗集在湘西北地区广为流传，影响深远。清末至中华民国，湘西北著名儿科医师龚启琼，门下高徒遍布沅陵、桃源、大庸、慈利边界 4 县，著有《儿科辨证施治》《儿科推拿手法》等中医医学手稿专著。龚启琼一生悬壶济世，拯救儿童不计其数，为贫困人家治病分文不收。黄埔军校第五期学员全美玉，曾在贺龙部任团长，战功卓著，1936 年赴上海抗日前线，从此杳无音信。当年所书家信载：“大敌当前，民族危亡，儿乃军人，决心与日寇决一死战，言来凶多吉少，尔后若无消息，儿必为国捐躯矣。”其兄全宝玉，黄埔军校第六期学员，1926 年参加北伐战争，英勇善战，屡建奇功。早年从事中共党的地下活动的张雁南，1934 年为策应红二、六军团北上抗日，发动农民起义，任游击大队队长，后被捕押往常德，牺牲于常德小西门外飞机坪。中共湘西北地下工作站负责人全德主，曾任贺龙的联络员，从事情报搜集工作，解放初期和党组织失去联系，病死在郭家湾风雨桥。

中华民国政法大学高材生全文炳，中南地区大律师，为人正直，扬善惩恶，一生为平民百姓胜诉官司不计其数。土家民间礼俗传承人李远喜，毕生搜集整理土家民俗礼仪资料，编成《告祖礼》《土家婚俗》《土家讲茶》等土家民俗礼仪等册子，因年长日久，未能付梓，手稿遗失。土家族著名歌手张友桃，一生从事土家民歌创作演唱，1958 年参加全国少数民族民歌会演，在中南海受到周恩来总理等党和国家领导人的亲切接见。民间教育家欧化东，终身从事民间教育工作，为沅陵、桃源、大庸、慈利四县边界乡镇培养一大批诗词歌赋人才，著有《存心文集》《存心诗集》，影响深远。国家体操队队长商春松，2013 年参加全运会获体操全能冠军，获 3 金、2 银、1 铜。本土建筑师张回文，一生致力土家吊脚楼传承和创新建筑工作，为边界乡镇建筑土家吊脚楼不计其数，成为湘西北著名土家吊脚楼建筑人才。湖南省劳动模范欧大海，为家乡水利建设奉献一生，病故在丹寺洞引水渠道工地上，万余群众自发为欧大海送葬。

本土民俗摄影家姜阳春，30 多年来，为保护、传承、传播王家坪土家文化，摄制了大量土家民俗风情摄影作品，选送山西平遥十一届、云南大理十二届国际摄影作品大赛展出，展出作品达百幅，先后在法国、英国、澳大利亚等国举办王家坪民俗风情摄影作品展，产生积极的海内外影响；2000 年被授予湖南省“德艺双馨中青年艺术家”，2004 年、2014 年荣获“湖南省摄影突出贡献奖”。李炎雄，守护、传承、传播土家文化 40 余年，2013 年获湖南省五一劳动奖章，张家界市第二届“敬业奉献”道德模范。他挖掘整理出土家文化历史资料 500 多万字，组织建立 22 个土家文化艺术传承队伍，成员 1200 多人。组织编写出版《王家坪的诗》《王家坪的文》《话说王家坪》等土家文化丛书 18 集；撰写“中国少数民族特色村寨”“中国传统村落”“湖南省少数民族特色村寨”等申报资料 28 项；组织实施土家文化进校园，培养土家文化艺术人才 800 多人，成功策划湘西北万人土家“糊仓节”“大湘西土家民歌擂台赛”“土家割谷节”等土家民俗节庆活动。

土家吊脚楼境内土家吊脚楼利用山坡落差的有限空间，楼上悬柱，楼下落柱，形成骨架。大多是堂屋居中，两边厢房、火板房、厨房，呈左右对称或错落不一的建筑格局。最具代表性的是有双手推车吊脚、钥匙头、转阁楼、跑马楼、一进三重堂、两进两重堂，两进三重堂、跛子赶羊、四合井、一字长龙等建筑样式。规模有三柱四骑、三柱六骑、五柱四骑、五柱六骑、五柱八骑等格局。郑国祥故居“进士楼”有 99 根柱头落地，内外两重槽门，达 88 间厢房，时称辰州第一楼。凡土家吊脚楼上有用小青瓦或小青砖拌桐油石灰垛成的屋脊，下有用双丫松柏树做成的中梁和偏梁，寓意土家民族是中华民族的脊梁。凡取得功名和富贵人家都建有包院墙和槽门，槽门分正槽门和则槽门，槽门的门分正门和偏门，平时正门紧闭，概用两边偏门，如临贵客、重大喜庆事宜和重大事务方可开正门，槽门象征宅主的身份和地位。门有门当，户有户对，寓意“门当户对”。

土家吊脚楼建筑工艺，从简单的实用价值到极高的美学价值，经历千年的发展历史。四周板壁装修工艺从两汉前后的草木结庐，到隋唐时期的一板一衔，到明清年代最上乘的“鼓皮”装修工艺，已达到土家吊脚楼装修工艺的极至；由简单的草木花卉绘画到人物故事镂空雕刻工艺，使土家吊脚楼的工艺美术达到美伦美奂的辉煌时期。这些镂空雕刻工艺往往耗时数年，代价之高，不是一般平民百姓办得到的，所以平常百姓大多只采用简单的油彩绘画工艺美术，而且仅限于中梁和偏梁。

王家坪土家族人修建吊脚楼在选材上十分讲究，以海拔较高、日照充足、久经酷暑严寒熬炼木质坚硬、木纹美观、防腐性能较强的杉木、梓木、松木、椿木、白杨木等木材为首选。山下木材次之，做梁木用的木材必须是双丫的松柏木材，寓意“好事成双，松柏长青”之意。土家吊脚楼以其冬暖夏凉的实用价值，雕梁画栋、封檐垛脊、扳爪翘角、挂私檐的建筑风格，融入地势之自然等建筑特征，被世界自然遗产基金会总裁安迪先生称之“原生态民居建筑”的典范。

古风旧俗 境内土家民族有许多传统美德、古风旧俗。境内土家族人民对牛的尊重和崇拜胜过土家族人的自身，他们把牛栏建在吊脚楼的前面，寓意“牛在前，人在后，儿孙万代都有福”。逢年过节要给牛喂上等精粮，点上三柱香火，祀求神灵保佑饲养的耕牛平安吉祥，给主人带来好的运气。

土家歌谣 王家坪镇是土家歌谣的发祥地，歌俗源远流长，歌风历久不衰。境内土家民歌无需固定的台词、台本，即兴演唱，因是口头流传，很多经典的歌谣遗落民间。王家坪土家民歌语言生动灰谐，有时完全照搬民间生产生活语言，俗语俚句，多为七言四句，句句押韵；二人对唱是鲢鱼咬尾，承上启下，唱腔古朴，形神合璧，声情并茂，情到深处，声泪具下，被专家学者称为“沅澧一绝，三湘奇葩”，是土家民间文化艺术的重要遗产。据《沅陵县志》载，境内土家歌谣“源于两汉，盛于隋唐，光大于明清”。《永定县志》载：“农家力作，鼓歌竞出，有击比之风。”宋代大理学家朱熹曰：“昔楚鄙邑，沅湘之间，其俗信鬼而好祀，必使巫觋作乐，歌舞以娱神。”

王家坪土家歌谣有山歌、喜歌、情歌、寿歌、盘歌、丧歌、打夯歌、太平歌、放排歌、喊山号子歌、哭嫁歌、梯玛神歌等多达百十种。境内土家族至今沿袭着来了客人唱迎客歌，送别客人要唱送别歌，恋爱唱情歌，嫁女唱哭嫁歌，结婚唱喜歌，生日唱寿歌，建房子唱上梁歌，锄草唱薅草歌，庆丰收要唱太平歌，采茶要唱采茶歌，放排唱放排歌，死人唱丧歌等传统习俗。土家民歌可一人登高放歌，抒发情怀；也可二人对唱互占便宜，谈情说爱；也可登堂入室上百名歌手聚集一堂，由一名德高望重歌艺超群的歌手领唱，众歌手唱和，场面壮观。土家民歌已成为王家坪土家人民生活的一部份，无可替代的精神家园。

王家坪土家民歌，以歌言志，以歌抒怀，以歌传言，以歌传情，以歌颂德，喜怒哀乐，淋漓尽致。至今还流传着“有酒无歌客不醉，有客无歌不成席”的俗语，正如著名土家歌手张桃妹唱的：“白天唱歌润歌喉，睡觉唱歌当枕头，一年四季歌当饭，烦闷全靠歌解愁。”土家族人以歌迎客的盛情，会让客人盛情难却，学唱几句土家民歌，正如丹麦华裔皇家摄影协会会长彭忠民先生说的：“不唱土家歌，枉为土家客。”

土家舞蹈 王家坪历史悠久，传承着许多民俗风情浓郁的扬叉舞、存篓舞、草龙灯、高花灯、狮子灯、穿花舞、簸箕舞等数十种土家民间舞蹈。其中，扬叉舞是最具代表性的民间舞蹈。早在2000年前，王家坪土家族人在刀耕火种的农耕文化时代，拓荒种粮，为防止野兽遭蹋庄稼，土家

传统风雨桥

族先民在夜晚来临，组成数十人驱赶野兽的队伍，他们在山野点燃大堆木柴篝火，手持木丫喊着赶山号子，举着火把跳起驱赶野兽的集体舞蹈。到盛唐时期，人民安居乐业，扬叉舞又成为王家坪土家山寨每年一度约定俗成庆丰收的祭祀舞蹈。千百年来，薪火相传，历久弥新，被迈克尔博士称为“原生态之舞”。

扬叉是土家族人的劳动工具，用来打草扬场等农活。自唐代以来，当土家山寨迎来每年一度收割季节，将收割的稻草打草上树扎堆，作为耕牛过冬草料。山寨农户相互帮工，打草扬场，庆祝每年一度的丰收。大家吃着大块自己腌制的腊肉，大碗喝着自己酿造的包谷烧酒，以酒助兴，由一对能歌善舞的青年男女手握扬叉领舞，山寨男女打草扬场，随着土锣大鼓和着喊山号子，跳起数十人甚至数百人欢庆奔放的扬叉舞，声震群山，场面十分壮观。扬叉舞成为土家儿女谈情说爱、繁衍生息的精神纽带，化解矛盾纠纷、增强民族团结的桥梁。

民间戏剧　境内土家民间戏剧经千年发展繁荣，多姿多彩，异彩纷呈，有汉戏、阳戏、傩戏、土地戏等。其中，土地戏是最受民间喜爱的剧种之一。《沅陵县志》载：“鼓乐齐作，月悬当空，观者捧腹”。是土地戏演出盛况和繁荣的写照。土地戏，隋唐年间称社稷戏，自宋代后改为土地戏，明代前演出道具服装为粗布长衫，面具雕刻粗糙，明清后演出服装多为挑花绣边丝绸长衫，面具涂红贴金，流光溢彩。自明清起，土地戏从民间草台步入衙门公堂，雅俗交融，倍受大众喜爱，被专家学者称为民间戏剧的“活化石”，是民间戏剧的源头。

土地戏一般由土地公公、土地婆婆两人表演，也有一公三婆的。土地公公头戴涂红贴金面具，手握龙头拐杖，面貌慈祥可爱，土地婆婆身着印花满件上装，脚穿绣花布鞋。土地戏没有固定的台词台本，因人、因事、因时，触景生情，随机应变，即兴演唱，和土家民歌如出一辙，这正是区别于同其他民族民间戏剧的重要特征。因是即兴演唱，口头流传，有很多经典的台词、台本未能流传下来。所表演的内容大多都是祝寿、贺喜、催阳春、庆丰收、劝人莫赌博、尊老爱幼、夫妻恩爱、家庭和睦、勤俭节约、勤劳致富、善恶有报、因果循环等。如公唱“只为善，莫作恶，行善胜过念弥陀”。婆唱“为恶的，无后果，恶人自有恶人磨”等。纯属教化乡民、弘扬社会正气的伦理教育。

抗日战争日期，王家坪曾成立宣传抵御外侵、保家卫国的民间剧团“鸿盛汉戏剧团”。该团在沅陵、桃源、慈利、大庸4县边界巡回演出，号召民众“抗击日寇，还我中华”，为抗战作出积极贡献。

土家工艺　境内土家族人信奉“家有良田万倾，不如薄艺在身”的生存之道，土家男人个个学有所长，人人身怀绝活。境内传承着“金、银、铜、铁、锡；绣、画、雕、木、漆；瓦、罐、弹、织、染，外加鼓、篾、皮”等土家十八匠工艺。修建土家吊脚楼的“墨头”，土家族人视为百匠之首，不但受人尊重，而且成为谈婚论嫁的重要条件。所以，修建土家吊脚楼是土家男人必须掌握的技能。纺纱、织布、织锦、挑花刺绣是衡量土家女人能否是家庭主妇的重要标准。这些千年古风习俗，不仅使土家族民间工艺得到传承和发扬，也培养造就了一大批土家族能工巧匠、工艺美术人才。

1957年，王家坪镇著名刺绣艺人张玉梅绣制的“挑花兜兜”获得苏联世界青年联欢节活动的金奖。位于张家界市城区的著名民俗景观土家风情园“九重天”土家吊脚楼建筑，从设计到修建、油漆、装修、绘画、雕刻等工艺，大多都出自王家坪土家吊脚楼建筑人才之手。今王家坪镇修建土家吊脚楼的建筑工匠、工艺美术人才遍布重庆、贵州、湖北及湖南怀化、吉首、常德等周边省市各地。

土家仪式 土家仪式是王家坪土家民族的精神寄托，它延伸到土家人民生产生活、宗教信仰和精神文化生活的方方面面。在每一个土家族人的生命历程中，要经历数百次土家仪式的精神洗礼，在他们心灵深处留下终生印记，成为规范人伦道德，为人处世的行为准则。土家仪式分为生产生活禁忌，有升神匾、升号匾仪式，告祖仪式，祭祖仪式，上梁仪式，婚庆仪式、祝寿仪式、上坟仪式，生死仪式等。还有许多让外人莫名其妙的民间祭祀仪式。

宗教信仰 王家坪土家人民有许多独特的宗教信仰、傩技巫术，境内土家族人崇拜祖先，崇拜各种鬼神，崇拜六畜，连各姓氏都有动植物崇拜。土家族人平时十分讲究禁忌：逢六不杀牲，做客不座上首，除夕的火要旺，初一的灯要明，不动老人的烟袋和主人的火钳等。凡女人逃婚、毁婚或未婚先孕要按族规绑石沉水。各种民间禁忌不下百十种，有许多古风俚俗让外人费解。还有一些不可思议的民间方术，如烧艾、烧胎、打卡、卡蛾子、刮天麻、撒水饭、起黑、提火陷、梯玛驱邪捉鬼、九牛推车、九牛撬车、雪山水、油光令、赶尸、抓贼追赃照水碗等。至今高深莫测的“辰州符”还在民间秘传。

名优特产

优越的地理环境小气候，使王家坪农副产品十分丰富。溪河地带盛产水稻、柑橘、油菜，山坡盛产玉米、桃梨、油茶、烟叶，山上盛产干果油茶等。七星椒、泡桐、油菜、棕片是特色种植作物，畜牧业以本地黄牛、黑猪、山羊、乌鸡、草兔为主，还有娃娃鱼等珍贵渔业资源。传统加工的农产品有腊肉、香肠、血豆腐、野葛根粉、剁辣椒、水碾米、木榨油、腌菜、干菜。剁辣椒是张家界龙头旅游食品之一，销往全国各地及东南亚。

风景名胜

王家坪镇名胜古迹众多，有石堰坪村的土家吊脚楼历史古建筑群，皮垭里南朝古窑遗址，关水坪村明清土家吊脚楼历史古建筑群，郑国祥“进士楼”古建筑遗存，紫荆塔村龚家湾、大垭湾、郭家湾明清时期土家吊脚楼历史古建筑群，马头溪等12座土家风雨桥。有着近300年建筑历史的马头溪土家风雨桥，是王家坪建筑历史最久的风雨桥，先后多次修缮加固，古朴沧桑。桥碑记载：“僻乡马头溪，贸易古道，上至慈永，下及常桃必经之途，四通八达之地。”此桥入编湖南省民委编写的《湖南土家风情录》；2002年，香港凤凰卫视在此摄制《溪上有座风雨桥》18集电视连续剧，反映当地一对土家青年男女悲欢离合的爱情故事。

境内还有上伏溪悬棺48个“箱子眼”葬俗文化遗存。太平天国时期，湘西北一带巨富豪强为藏觅财物，防止太平军劫富济贫，在两河口村800多米的马头山山头辟山取石，用石头垒成墙高1.5丈、墙厚1丈、长达5公里的城堡，分东西南北四个城门，城堡内可跑车马，现有部份城墙和门楼遗存。建于永乐年间的南武当古寺遗址，位于马头山山峰之上，海拔800多米，一峰突起，三面壁仞，自山腰“佛心台”999级石板台阶盘亘而上到达山顶古寺。有寺联为证：“南武灵神通北武，西方活佛应东方”，影响湘西北一带，香客信徒鼎盛一时。还有著名江阳义盗鲁国道退出江湖隐居之地太阳山古寺遗址，当年济公活佛云游四海归来定居之地，两河口济公界济公庙遗址。

传统民居

享誉湘西北的“天香书院”遗址泰山庙，位于砂子垭村老屋湾处。庙址一峰突起，地势开阔，东临杨柳峰，南望葫芦溪，西眺天门洞，北瞰八家河，千步青石阶台，绕峰到达泰山庙。李尧在此设坛授道，慕其李尧才学，沅陵、桃源、慈利、大庸边界4县文人学士汇聚于此，吟诗作赋，每得佳句，书于庙壁，供四方香客品评。后编成《天香诗集》，广为流传，引领“九都文化”一路前行。

境内还有200年建筑历史的欧氏古祠堂，湘西北贸易古道马头溪驿站遗址，中共湘西北地下工作站郭家湾红军桥旧址，抗日战争“衡阳保卫战”参战的美国飞虎队战机负伤坠机遗址（位于汪家垭村干溪沟），20世纪50年代原湖田垭人民公社土家吊脚楼办公大楼古建筑旧址，马头溪双重天然石拱桥，飞溪河峭壁通天洞穴“穿心岩”、头潭坎、欧古洞十里梯级瀑布群，将军洞、丹寺洞、龙凤洞等地下溶洞群落，被中央电视台“穿行古村落”栏目记者称之“中国最美乡村公路”的关水坪十里水杉林荫大道。

2014年，石堰坪村土家吊脚楼历史古建筑群被国务院列为“全国重点文物保护单位”；关水坪村被省民委授予“湖南省少数民族特色村寨”，入选国家少数民族特色村寨名录；木山、关水坪、伞家湾、砂子垭等村入选全国第四批“中国传统村落”。

民俗风情

王家坪土家民族是一个多节、多庆的民族，有春节、清明节、端阳节、中秋节、重阳节。本土民间节庆有亡人节、腊八节、糊仓节、锄草节、割谷节、冬藏节、狩猎节、祭灶节、祭井节、斗鸟节、打草节、山歌节等，不下百十种。在境内传承着春播要“糊仓”，夏培兴唱“薅草锣鼓歌”，秋收兴跳“扬叉舞”。冬藏兴“炕腊肉、香肠”；

清明挂幡和寻坟，端阳的粽子雄鸡酒，中秋赏新望月，门上挂艾除邪；过年祭神、祭祖上坟、祭灶、祭井、打糍粑、炒炒米、磨豆腐、熬制老糖干、酿制苞谷、高粱烧酒等生产生活习俗。因境内山川地貌所限，耕地稀少，土家先民为了生存依山造田，留下大量梯田农耕文化遗产。王家坪历有“坪无三亩宽，梯田到无边”的俗语。境内保留着许多农耕文化习俗、传统的生产生活工具和用具。

境内土家居民有腌制腊肉、香肠，酿造小锅中草药苞谷、高粱烧酒，熬制老糖干，加工剁辣椒、腌菜、干菜，采摘山菇野菜、岩叶茶、茯零茶、杜仲茶，提炼山葛粉等传统饮食习俗。招待客人先敬蛋茶后上清茶，唱迎客歌，行拦门礼，敬拦门酒。招待远方的贵客大碗苞谷烧酒，大块土家腊肉，婚庆喜事打蹄花，建房上梁抛粑粑，嫁女众人哭帮嫁，死人要跳穿花舞，唱傩戏，生了小孩要还傩愿，有人过世抢丧粑粑；小孩受到惊吓请巫师梯玛等许多乡风俚俗，薪火相传。

多姿多彩的土家民间民俗风情，迎来世界文化遗产开发公司迈克尔博士、世界自然遗产基金会总裁安迪先生、美国科学院著名院士查理·格鲁斯等许多文化仰慕者来镇考察体验土家民俗风情。联合国教科文组组织官员、中央办公厅、国务院办公厅、中宣部、国家民委、建设部、文化部领导先后到镇调研土家文化保护、农村文化建设、乡村旅游发展；中央电视台“探索发现”“穿行古村落”“走遍中国”“远方的家”“大湘西秘境之旅”“再说长江”“再走长征路”“正大综艺”“文艺广角”等栏目、香港凤凰卫视、新加坡卫视、旅游卫视来镇录制土家民俗风情节目；《国家旅游杂志》、《中国地理杂志》、全球著名旅行杂志《孤独星球》等刊物编辑记者来镇采风；北京大学、中央民族大学、中国传媒大学、中山大学、湖南大学等全国18所知名高校师生到镇开展社会实践活动。2010年，中国摄影家协会“情系吊脚楼”摄影采风活动在王家坪镇举行开启仪式；2014年5月，湘西北土家族万人“糊仓”农耕文化节和罗峰山万亩映山红全国摄影作品大赛在王家坪镇举办。近年来，王家坪土家文化受到海内外的关注，其影响力和知名度不断提升。

（撰稿人：李炎雄　图：李登峰　李炎雄）

大坪镇

集镇全貌

区域概况

位置面积

大坪镇位于永定区西南部，天门山国家森林公园南麓，东接三岔乡，南与石长溪国营林场交界，西与四都坪乡相邻。总面积78.7平方公里。镇人民政府驻地距张家界市城区26公里。

建置沿革

1949年10月，属大庸县天南乡；1949年11月，属大庸县第七区；1955年7月，属天门山区；1956年6月，属大坪乡（由龙门、大坪、广泉、黄庄4个小乡组成）；1956年12月，属天门山办事处；1958年6月，属大坪区；1958年9月，属先锋人民公社；1961年3月后，属大坪人民公社、大坪乡；1985年11月，建立大坪镇；1995年，三岔、沅溪、四都坪3　乡并入大坪镇。

1998年，四都坪乡、沅溪乡、三岔乡析出，余仍称大坪镇。

行政区划

2014年，全镇辖余家山、顶丰垭、天门溪、塘家、郭家峪、王姓垭、黄庄、姚家界、七星山9个建制村和大坪、柏树2个居委会，共80个村（居）民小组。镇人民政府驻大坪居委会。

自然环境

境内地理环境独特，周围有天门山、堡子界、七星山三山环绕，中部平坦，整体成盆地形状，平均海拔约700米。全乡水资源丰富，有大溪、红河、土木溪、天门溪、果果溪等溪流，河流长16公里，年径流量2.31亿立方米。属中亚热带山原型季风性湿润气候，四季分明，气候宜人，年均日照1500小时，降水量1460毫米，气温15℃，无霜期240天，享有“天然空调镇”美誉。但有明显的季节性，垂直气候明显，小气候差异大，灾害性天气比较多，农作物易受损害，春秋季低湿冷寒，寒潮活动频繁，易形成倒春寒和九月寒天气。境内生态植物保护良好，有众多珍稀动植物资源，森林覆盖率95%。

人口民族

2014年年末，辖区总户数2182户，总人口6839人。其中，土家族人口5172人，占总人口的75.6%，还有白族、苗族等少数民族。

经济发展

经济综述

大坪镇经济以农业为主。2014年年末，全镇农业产值1200万元，农民人均纯收入5080元，

农业产业

财政收入420万元；金融机构存款余额0.3亿元，贷款余额500万元。

农业

因地处山区，交通闭塞，1949年前，境内沿袭刀耕火种、广种薄收的原始农耕习俗。粮食作物主要以水稻为主，最高亩产仅150公斤左右。1949年10月后，实施“水、肥、土、种、密、保、工、管”农业八字宪法，发动群众兴修山塘、河坝、水库、引水渠道，广辟肥源，改良品种，合理密植，农业收成逐年上升。1957年，粮食总产1000多吨。20世纪80年代初，推广三系杂交水稻，至90年代末，最高单产600公斤。改革开放以来，通过完善农业水利基础设施，普及推广优质良种，提升农业机械化普及程度，提高抵御自然灾害能力，农业快速发展。优质烟叶、油菜等经济作物和黄柏、杜仲、厚柏、五倍子等药材成为镇域特色，仅药材种植基地逾万亩。养殖业由散养逐步走向规模化，涌现出一批个体养殖大户。至2014年年末，全镇粮食总产量3600吨，其中，稻谷2900吨，玉米700吨，人均产粮526公斤。

林业

1949年以前，境内木材及林产品是人们的经济来源之一，用木材烧制成木炭，做成木质家具，自用或销往境内外，获取经济收入。1949年10月以后，加强对森林资源的保护，村村办有林场。尤其是改革开放、实行家庭联产承包责任制后，人们生态、环保意识逐步增强，自觉保护森林，植树造林。2003年，实施退耕还林政策，鼓励群众植树造林，进行大面积植树造林。至2014年年末，全镇有林地面积6595.94公顷。

乡镇企业

1949年以前，境内仅有土家先民原始的水碾米、木榨油等传统的加工作坊。1976年，开始创办公社、大队集体企业，共有社队企业10多家，主要有缝纫厂、铁器加工厂、木器加工厂、石灰厂、砖瓦厂、粮油加工厂、饭店、百货经销店、小水电站等。至1998年，所有社办企业全部倒闭或转型。进入21世纪后，境内个体私营企业迅速发展。

商贸服务

1949年以前，境内没有官方商贸机构，买卖货物均与民间商贩交易。1963年，成立供销合作社，购销群众所需物品。社会主义市场经济体制建立后，供销合作社逐步改制，退出商贸流通市场，为个体私营经销户所替代，商业贸易不断繁荣。至2014年年末，全镇有个体商业网点230个，从业人数540人；农贸市场1个，年成交额1.1亿元，年商品贸易周转1.3亿元，全镇社会零售总额1.1亿元。

劳务输出

进入21世纪后，境内加大农村剩余劳动力转移培训，2014年共组织开展专业技术培训300余人次。是年，全镇劳务输出3103人，创收2164.76万元。

基础设施

交通运输

因山高坡陡，道路崎岖，1949年前后，境内物资流通无船运车载，全靠马驮人挑。出入大庸县城要翻越三十六绞，山路难行。20世纪60～70年代，修通大庸县城至四都的公路，途经大坪镇，境内始通公路。2008年，开始修建省道张（家界）沅（陵）公路，2013年全线通车。2013年12月，开工建设邢大公路。公路起于永定区官黎坪办事处杆子坪村，往南经杆子坪、高鹰寺、岩板溪、茶园里，穿越沅陵垭隧道后，经唐家村与张沅公路相交；采用二级公路标准，路基宽12米，设计速度每小时60公里。2013年，开始进行农村“通畅”“通达”公路建设。2014年打通沅陵峪隧道1700余米。至2014年年末，全镇10个村（居）通水泥公路，85%的村（居）民小组公路已硬化，公路入户率82%。

邮电通信

1960年1月，境内始建邮政代办所，配备24门手工有线电讯交换机1台，开展邮政电信业务。1987年，报刊发行量600份。2003年，开通中国移动通信业务；2004年，开通中国联通通信业务，实现全镇通信服务无缝对接。至2013年末，全镇有邮政代办所1处，邮政业务总量6万元，报纸杂志累计发行2万份。有通信服务网点3家，固定电话用户500 户，移动电话用户1400户，联通电话用户600户，互联网上网入户率10.8%，年电信业务收入2万元。集镇开通有线电视，入户率99%，广播电视“村村通”覆盖全镇。

供电饮水

2002年，全镇实行农村电网改造，2012年，3.5万伏珍大线及变电站建设完工。至2014年，农网改造基本完成。是年，建集镇水厂1座，日供水量200吨，可供3000人安全饮水。2014年年末，全镇有人畜集中供水2处，日供水量1000吨，覆盖4个村（居）委会3000人。

水利建设

1949年前，境内水利设施简陋，山塘不到30口，70%的稻田是靠天吃饭。1949年10月后，党和政府重视农村水利设施建设，20世纪60年代，开始大兴水利建设，建成引水渠道长2.5万余米，修建山洋溪水库、姚家界水库、杜家峪水库、李家峪水库及山洋溪发电站。至2014年年末，全镇有水库4座，其中，小（1）型1座，小（2）型3座，年蓄水量313.7万立方米，总库容量300万立方米。有山塘70口，河坝2处，泄洪隧道4处800米；全镇水利设施灌溉面积333.33公顷，电站1座。

天门山

村镇建设

集镇建在地处与天门山对峙的赤松山附近，历史上曾设为赤松屯，建镇后改为枫香岗居委会，后随镇政府驻地大坪而更名为大坪居委会。2014年，集镇街道建成，长2000米、宽15米。镇中心常居人口4821人。至2014年，建成村级组织活动中心10个。集镇各项基础设施建设速度加快，工商、税务、金融、供电、邮政、电信等服务性机构健全，文化、体育等配套设施完善，是辐射三岔乡、大坪镇和四都坪乡的综合性贸易服务中心。

社会事业

学校教育

1949年前，境内学校教育均是民间办学，通称私塾。1949年10月后，先后设有普通高中学校（大庸县第八中学）、初中（黄庄中学）和小学11所。20世纪70年代末，撤销高中和各大队办的初中，大庸县第八中学为四年制初中，1988年改为三年制初中，90年代改为大坪镇中学。90年代末，撤村小，保留黄庄、天门溪、塘家、大坪等小学。2012年，大坪中学开办“学农基地”，让学生在实践中学习农业知识。至2014年年末，全镇有幼儿园3所，在园幼儿224人，专职教师16人；小学3所，学生407人，专职教师21人，小学适龄儿童入学率100%；初中2所，在校学生248人，专职教师41人，九年义务教育覆盖率100%。

文化体育

1949年前，境内没有固定的文化体育项目和活动场地。1949年10月后，大坪土家人民崇文重教，人文蔚起，培养出一大批土家民间文化艺术人才，民间文化活动得到发展。大坪的狮龙灯表演曾多次在大庸县竞赛中取得好成绩。2014年末，有镇文化站综合大楼，镇中学开办的少年宫，集图书阅览、书法摄影展览、历史文化艺术档案查阅、文化艺术学习展演、土家文化及保护等功能于一体，藏有图书2万册，摄影、书法、绘画作品200余件。全镇有村级文化活动室10个，农家书屋10个，书刊共5万余册；还有土家广场舞队伍3支。

境内体育健身活动大都因陋就简，就地取材，随身携带的劳动工具便是体育器械。没有固定的活动场地，田头地角，室内室外都可开展体育健身活动。也有逢年过节、山寨聚会等公众场合举行扳手腕、拧扁担、摔跤等体育健身比赛活动。2014年末，有集镇文化体育健身广场1处，村级文化体育健身广场10个。学校、机关体育健身活动场地面积5200平方米，有篮球场地4个，羽毛球场地2个，常年参加活动者4000余人。

医疗卫生

1949年前，境内没有官方医疗机构，民众生病全靠草药，重大疾病只能听天由命，有的依靠农村巫术。1958年成立大坪卫生院，各大队配有赤脚医生，后大坪卫生院改为大坪镇中心卫生院，是一所集临床医疗、预防保健为一体的非赢利性医疗机构。2014年，镇中心卫生院建筑面积3800平方米，其中业务用房面积2500平方米，固定资产208万元；拥有200毫安X光机、多普勒、心电图、B超等诊疗设备，有医疗卫生人员20人，开设病床30张，能开展内科、儿科、妇科、中医及预防保健等诊疗服务；全年总诊疗6056人次，其中住院1512人次，业务收入285万元。全镇参加新型农村合作医疗6599人，参合率96.5%。

社会保障

全镇各项社会保障制度逐步完善，对困难群

众生活保障不断加强。2014 年，共发放各类社会保障资金 110 万元，其中，最低生活保障资金 44 万元，惠及 364 人；完成农村扶贫建档立卡 1513 人；新型农村居民养老保险参保 3100 多人，全年发放基础养老金 40 万元。

特色地情

历史人文

吊脚楼 境内土家吊脚楼大多随山就势，随物赋形，单家独处，融入山水，崇尚人与自然和谐的传统风水观念。具有冬暖夏凉的实用价值，雕梁画栋、封檐垛脊、扳爪翘角的建筑风格，人与自然和谐相处的建筑特征。吊脚楼也叫“吊楼子”，《旧唐书》说：“土气多瘴疠，山有毒草及沙蛩蝮蛇，人并楼居，登梯而上，是为干栏。”早先土司王严禁土民盖瓦，只许盖杉皮、茅草，叫“只许买马，不准盖瓦”。直到清代雍正十三年（1735）改土归流后才兴盖瓦。大坪是山区乡镇，居住有土家族、苗族、白族等少数民族，房屋多用树木就地取材，依山就势建成一种半干栏式木质建筑。大部分为一层木房，也有建成上下两层，上层通风、干燥、防潮作为居室；下层是猪牛栏圈或用来堆放杂物的吊脚楼。著名土家族诗人汪承栋写道：“奇山秀水妙寰球，酒寨歌乡美尽收。吊脚楼上枕一夜，十年作梦也风流。”随着社会发展、经济富裕，钢筋混凝土进入人们的生活，吊脚楼慢慢被楼房取代。余家山村和王姓垭村仍保留有部分吊脚楼。

风雨桥 位于塘家村百花桥组，原为赤松桥，始建于乾隆年间，后于道光年间修复。后来，由于种种原因，赤松桥往沅陵峪方向上迁百米，桥边栽柳树，柳树已有 200 余年。今所存风雨桥于 1952 年开始做架子，由桑植刘木匠及其徒弟们、永顺胡海卢等 10 余名岩匠历时 2 年，至 1954 年 2 月建成。桥墩所用石头当时是 16 人合抬，用石灰和桐油砌成。此桥被当地百姓称为“百瓜桥”，

风雨桥

后人们习惯叫成百花桥。

石拱桥 境内有石拱桥多座，至今保存完好的有黄庄村唐方上组、天门溪村龙门洞组、塘家村二方土组、郭家峪村平金塔组等石拱桥。天门溪村龙门洞的石拱桥修建于20世纪60年代。经多方走访村中老人，据他们小时听老人说起，郭家峪村平金塔组的石拱桥修建于清朝乾隆年间，是两个岩匠花费半年时间修建的，桥旁有石碑记载，但因年长月久，碑文已被风化，模糊不清。塘家村二方土组（又叫关谷峪）的石拱桥修建时间稍后。

老柳树 即枫杨，属胡柳科枫杨属，为三级保护树种。境内柏树居委会二屋组的老柳树，已有500年树龄，整株树干已经中空，2012年底曾着火但仍存活下来，后由大坪居委会知名人士胡家远出资搭建钢架支撑保护起来。塘家村百花桥组的老柳树已有200多年树龄，姚家界村池里组的老柳树已有100多年树龄。

名优特产

大坪具有优越的地理环境小气候，农副产品丰富，盛产水稻、玉米、油菜、桃梨、油茶、烟叶、七星椒、土豆。境内作物生长周期相对较长，生产出的产品口感好。大坪的土豆，肉黄汁多、含粉量高、口感细腻，本地白玉米，糯软细滑。畜牧业以本地黄牛、黑猪、山羊、本地高脚鸡为主，也有清水鲢鱼、白鱼等渔业资源。传统加工农产品有土家腊肉、香肠、血豆腐、野葛根粉、剁辣椒、水碾米、木榨油等。

风景名胜

境内山青水秀、气候宜人，旅游资源得天独厚，北有天门山，南有红河谷、堡子界林场、山羊溪水库，西有七星山等自然景观和古朴独特的人文景观。全镇被纳入天门山先导区旅游开发的核心区，武陵山片区区域发展与扶贫攻坚试点镇、国家旅游综合改革试点镇。凭借省、市、区三级政府加快建设旅游经济开发区的强

自然风光

劲东风，境内“国际山岳型高端休闲度假区”建设正在逐步实施。

红河谷 原名山羊溪，位于大坪镇境内，因溪中石头块大、且多呈红色，当地人又称之为“红岩溪”。大块大块的溪底红石，是红河谷的标志性景观。露出水面的石头呈褚红色，浸水过后便成深红，远看，连溪水都成一片红色了。红河谷从龙门洞至山羊水库近 8 公里，红石随处可见。溪谷中、下游段是观红石的绝佳地段。每遇落差，便会有深潭。红河谷内深潭遍布，潭水清澈凉爽，整块红石铺满潭底，让不少户外爱好者忍不住下水一游。溯溪而上，红河谷落差越大，瀑布越多，境内有 10 多处小瀑布，甚至形成瀑布群。

七星山 位于大坪镇西北边缘，与天门山并立，海拔 1528 米。于此地一高山观看附近的 7 座小山，尤如北极星旁的北斗七星，故名“七星山”。七星山山顶为一巨型丘陵台地，山顶平均气温 9C° 左右，全年无夏，保存有近 133.33 公顷原始森林。境内珍稀动植物十分丰富。动物有猕猴、果子狸、麂子、刺猬、穿山甲、芭茅鼠、白面、野兔、野猪、野狗、野猫、锦鸡、斑鸡、岩鹰、七彩山鸡、黄鼠狼等，尤以红猴最是珍贵。植物有鹅掌楸、厚朴、武陵松、野山梨、洗衫、千年古黄杨木、珙桐、天麻、四两麻、五倍子、漆树、黄莲等。

堡子界林场 又名石长溪林场，位于大坪镇南部，距永定城区 30 公里。林场场部驻余家山，因堡子界山脉得名。冥阳山、竹山界、余家山等 5 座千米以上的大山，在该场境内组成堡子界山脉，起伏绵延，最高海拔 1289 米，最低海拔 622 米。1961 年，石长溪森林经营管理所和堡子界农场合并成立堡子界林场。堡子界（石长溪）林场为国有林场，林地面积 1619.21 公顷，森林蓄积量 21 万多立方米，是永定区森林蓄积量最大的林场。

民俗风情

大坪土家族人勤劳智慧，保留有传承千年的哭嫁、狮龙灯、山歌、土地戏、竹木工艺、礼仪、节庆等民俗风情。因境内耕地稀少，土家族先民为生存依山筑田，留下大量的梯田遗产，历有“坪无三亩宽，梯田到天边”的俗语。至今，境内仍然保留着传统农耕文化和生产生活用具，绣花、纳鞋底、绣鞋垫等是土家妇女的必备技能。人们喜欢熏制土家腊肉、香肠，酿造小锅米酒、包谷烧，加工腌菜、干蔬菜等传统饮食，用大碗米酒、包谷烧酒、大块土家腊肉招待远方贵客；婚庆等喜事摆十大碗，建房上梁抛粑粑等乡风民俗，传承良好。还有一些近乎谎诞的治病方术仍在民间秘传。

（撰稿人：朱彬彬　图：赵宗山　鲁帮福　吴斌）

枫香岗乡

自然风光

区域概况

位置面积

枫香岗乡位于永定区西部澧水北岸，距市城区12公里。东接尹家溪镇，北邻三家馆乡和国营漩水林场，西、南与后坪镇隔河相望，总面积34.12平方公里。

建置沿革

1949年前，属大庸县西庸乡。大庸县解放后属第三区，1952年设枫香岗乡，1955年属大溶溪区。1958年撤区并乡，枫香岗乡由童家峪、丰泉、龙盘岗、青鱼潭4个小乡组成，是年年底划归二家河基点乡。1958年后，与大庸所、邢家巷合乡成立超美人民公社，后成立枫香岗人民公社，是年底恢复区、镇建制，并入大溶溪区。1984年枫香岗人民公社改为枫香岗乡。1995年，与官坪、三坪一起并入大溶溪镇。1998年10月单设枫香岗乡至今。

行政区划

2014年，全乡辖枫香岗、玉皇洞2个居委会，丁家溶、响水洞、大溶溪、宋家岗、泗坪、龙盘岗、石牌、周家河、青鱼潭、丰泉、麻空山11个建制村，共13个村（居）委会，120个村（居）民小组。乡人民政府驻枫香岗居委会

自然环境

枫香岗乡地形以平区为主，麻空山、响水洞村属丘陵。境内地势由西向东南倾斜，最高海拔614米，最低海拔170米。土壤多属冲积壤土，土质肥沃，耕地连片，是永定区粮食主产区之一。境内四季分明，年平均气温18℃，无霜期约280天，降水量约1800毫米，多集中在春夏两季。

人口民族

2014年，全乡总人口13960人，以汉族、土家族为主，有少量苗族、白族杂居。

经济发展

经济综述

枫香岗乡经济以农业为主。2014年，全乡实现生产总值1.1亿元，财政收入641.68万元，农民人均纯收入5722元。

农业

枫香岗是传统农业大乡，被誉为永定区的“粮仓”。土地肥沃，大部分农田实现机耕和灌溉自流，有耕地面积904.58公顷。粮食作物以水稻、玉米、大豆为主，经济作物以油菜、花生、水果、蔬菜为主。是全市蔬菜主供应区之一，年产值超过4000万元。全乡有水果面积333.33公顷，年产水果2300多吨。枫香岗乡属丘陵、平区、水城三结合部，牧业以养牛、养猪、养羊为主。养牛以役牛为主，一般是单独养，也有联户养，牲猪饲养一般为农户办养殖场。2014年，全乡饲养湘西黄牛1576头，水牛723头，山羊3500只，养猪1.2万头。历史上，境内青鱼潭、周家河、石牌、泗坪、宋家岗、大溶溪、龙盘岗等地大部分村民以澧水捕鱼为生。改革开放后，随着张家界旅游业和休闲娱乐业的不断发展，枫香岗乡在沿袭渔业的基础上，不断发展壮大农家乐和家庭池塘养鱼垂钓，并形成一定规模。至2014年，全乡有以水库、山塘、娱乐垂钓为主的旅游休闲场所41个。

商业贸易

1949年前，枫香岗没有官方商贸机构，也没

蔬菜基地

有开设集贸市场。1953 年枫香岗成立供销合作社，1961 年发展到周家河供销合作社，1969 年全乡发展代销店 9 个。1983 年后，供销个体私营经济兴起，各村兴起私营商业店铺，全乡按自然村办起各类私营商业网店（点）30 余个，兼营销、收购、加工等。2014 年年末，全乡有商业网点 257 个，从业人员 815 人，社会商品零售总额 2.1 亿元；有农贸集市 1 个，年成交额 2.5 亿元，年商品周转 1.9 亿元。

旅游业

枫香岗人文和自然旅游资源丰富，境内山环水绕，风景秀丽。境内有保护完好的“洞中之魂”玉皇石窟，距永定城西 7 公里。为发展旅游业，1984 年，在大庸县政协提倡下，募捐资金 3 万余元，对玉皇石窟进行全面整修；在山下建接待室，砌围墙，并向游人开放。枫香岗乡是茅岩河漂流终点站，旅游开发潜力大。

劳务输出

到 2014 年年底，全乡累积实现农村劳动力转移就业 5000 人；开展农村劳动力转移技能培训，先后培训 500 人。

基础设施

交通运输

境内南有澧水，东有茅溪官坪河道，历史上交通主要靠澧水河船运，少量靠肩挑背驼。1972 年，县城至温塘公路建成穿境而过，小河坎大桥贯通两岸。1976 年投资 3.5 万元，修通童家峪至龙盘岗公路，长 7 公里，后陆续发展乡村机耕道和简易公路。2005 年建成农村客运站。2012 年末，乡村（居）通水泥公路，90%的村（居）民小组通路，公路入户率 85%。2014 年建立城郊公共客运站，日发公共汽车量 60 班次。

邮电通信

1958 年始设乡邮政代办所，配 27 门手工有线电信交换机 1 台，开展邮政电信业务。1990 年报纸杂志发行量 1521 份。2001 年开通中国移动通信业务，2002 年开通中国联通通信业务，实现全乡通信服务无缝对接。至 2014 年，有邮政代办所 1 处，邮政业务总量 15 万元，报纸杂志累计发行 2.5 万份，通信服务网点 5 家，交换机容量 3000 门，固定电话用户 300 户，移动电话用户 9058 户，互联网上户率 45%，年电信收入 850 万元；乡村有线电视入户率 95%，广播电视村村通，覆盖全乡。

水利建设

1949 年前，境内水利设施简陋，全乡仅建筑 31 座简易溪坝，125 口山塘，尽管是平原区，但 70%的稻田靠天吃饭。1955—1972 年，先后修建土地峪、邓家峪、童家峪、洗马溪 4 座小户型水库，总容量 241.4 万立方米。20 世纪 60 年代，全乡实行山、水、田、路综合治理， 1966 年动工兴修大型花岩水轮泵站，1976 年竣工。这一时期，全乡先后修建小型水库 3 座、小水电站 1 座，大部分农田实现机耕和灌溉自流。北平渠灌溉枫香岗乡，渠长 29.9 公里，倒虹吸管 5 处共长 2290 米，渡槽 1 座长 15 米，串连 2 个小（2）型水库、2 处泉水和 182 口山塘，形成长藤结瓜式的灌溉网络，使灌区能蓄、能引、能提，大大提高抗灾能力。

村镇建设

枫香岗地处城乡结合部，曾是城乡经济文化活动中心。1949 年 10 月后，乡政府选址枫香岗，乡场人烟稀少，由于没有公路，群众活动仍在原开辟的官道两侧。20 世纪设立供销合作社，乡场集市逐步繁荣。1998 年开辟马路集贸市场，每逢农历二、五、八赶集交易。2013 年筹建集贸市场及群众文化广场，2014 年 10 月建成投入使用。文化广场配套有健身器材、文化宣传墙，成为群众休闲娱乐集散地。2012 年以后，逐年完成集镇街道路面硬化、绿化，安装 100 盏路灯，以集镇为中心，基础设施逐步完善。

社会事业

教育

明清，乡域教育均是民间办学，通称私塾。1922 年创办国民小学 2 所。1935 年始建初级小学，取名丁家溶小学。1949 年 10 月后，设立枫香岗初中部，1966 年设立高中部，取名“育红中学”，后改为大庸五中，1996 年改为武术学校。1980 年调整学校布局，普及小学教育，各大队兴办小学。2014 年年末，全乡有中心完小 1 所，村小 1 所，初中 1 所，共有教师 62 人，有幼儿园 4 所。九年义务教育覆盖 100%。

文化

早在新石器时代就有先民在枫香岗生息繁衍，创造出悠久的地方文化，流传至今的有傩愿戏、阳戏、花灯，优美的民歌民谣、神话传说，以及民间泥塑、雕刻、扎花、剪纸、挑花等工艺。明清以来的书法、绘画、诗词文集等，具有湘西少数民族古朴的文化特色。长期以来，由于对文化事业缺乏组织管理，文艺社团、民间工艺多为民办，文物字画、图书多为私藏，凡遇祭祀、节日庆典、婚丧喜庆，由群众自发开展文化活动；艺人技艺皆口传身教，缺乏系统的整理研究。1988 年，乡内有文化站 1 个，电影放映队 1 个。到 2014 年，在乡文化站综合大楼开办图书阅览室，藏有图书 3000 册，摄影、书法、绘画作品 200 余件；有村级文化站 13 个，农家书屋 13 个，书刊共 6.5 万册；全乡有乐队、围

枫香岗小学

鼓、三棒鼓、花灯、渔鼓、歌舞团等民间文艺队伍15个支。

卫生

1949年前，乡域医疗机构仅为民间诊所。1952年，大庸县政府在枫香岗乡设区卫生所，培养医疗卫生人才，实施中西结合，1959年改为乡卫生院。1967年各大队设卫生室，全乡有赤脚医生15人。2014年年末，全乡有乡卫生院1所，村级卫生室8个。乡卫生院建筑面积3500平方米，其中业务用房2000平方米，固定资产200万元，拥有200毫安X光机、多普勒、心电图、B超、半自动生化分析仪等医疗设备；有卫生专业技术人员15人，开设病床20张；能开展内科、儿科、妇科、中医及预防保健等诊疗服务。2014年，全乡新型农村合作医疗参合率100%。

体育

历史上境内村民有强身健体的良好习惯，开展体育健身活动大都是就地取材，随身携带的劳动工具便是体育活动器材，田头地角随时随地都可开展体育健身活动。也有逢年过节、山寨聚会等公众场合举行扳手腕、拧扁担、摔跤等体育健身比赛活动。这些民间自发的体育健身活动，主要是自娱自乐、强身健体。至明清时期，少数富裕人家为谋取职业、求得功名，或者为保护家人财产生命安全，练习武功，但习武活动未能普及。1985年6月，在大庸县第六届运动会上，枫香岗队以总分134分排名第一位。2014年年末，全乡有学校、机关、企业体育健身活动场地面积6000平方米，篮球场地5个。

社会保障

随着经济社会发展，枫香岗乡社会保障越来越健全。辖区有便民服务取款点6个。至2015年，全乡有低保户484户，保障人数889人；“五保户”集中供养39人，分散供养28人；优抚工作稳步推进，服务对象121人；固定救济对象15人；残疾人400人，其中185名重度残疾人均享受残疾人生活补贴。2015年，全乡贫困人口发生率14.7%。

特色地情

历史人文

枫香岗自古以来人文荟萃，名胜古迹众多，主要有省级文物重点保护单位玉皇洞石窟、丰泉洞。玉皇洞石窟是湖南省至今保存完整的一个石窟群，为清代乡绅李京开独资捐修。境内丁家溶相传有周赧王墓。1958年4月，在境内考古发现新石器时代和商、周、春秋战国的文化遗址。第二次国内革命战争时期，贺龙、任弼时、关向应、萧克、王震等老一辈革命家在境内进行革命活动，留下红色遗址遗迹，如红二、六军团丁家溶会议旧址，任弼时1935年办公用房旧居等。1881年出生的枫香岗人李吉宇，从小随父读书，成年后加入哥老会，1914年改编吴佩卿、田子云、庹拉统三股游杂武装，编为三个营，李吉宇自任团长。1921年李吉宇被陈渠珍收编，任补充团团长，1924年任建国川军第二军游击司令，1931年9月被贺龙任命为游击大队长，1940年任山西省第二区行署开办洪涛印刷厂厂长。1941年2月，李吉宇因工作艰苦，积劳成疾，医治无效，不幸逝世，终年61岁，遗体安葬于路家南瓜村。

风景名胜

境内有保护完好的“洞中之魂”玉皇石窟，位于距张家界市城区7公里的麻空山南麓，系岩溶地貌。在东西长300米、上下高度130余米的绝壁上，利用天然的8个溶洞分别雕出古帝王、

玉皇洞石窟

圣贤、仙佛等人物和鳌鱼、狮子等动物19个，石刻对联、诗文50余幅，是湖南省保存较完好的清代石窟群，属省重点文物保护单位。据清光绪《永定乡土志》载：“李五瑞，字京开，性辟古远而达观，家颇殷富，以守钱为耻，曾于麻崆山洞溶为石窟，凿古帝王对贤佛诸像，刻诗赞其上，凿险縋幽，工费不亿计，得洞九，自号‘九洞主人’。生前为寿藏，题九洞夫妇之墓，人非笑之，不顾也。”李五瑞在屡试不中和湘西乾嘉暴动、鄂西白连教起义冲击下，感到社会危机四伏，遂看破红尘，寻清静隐逸之路，倾其财力，继清乾隆年间修丰泉洞后，从清嘉庆四年到十二年（1799—1807年）修成月斧山8洞，形成天堂、人间、地狱三层布局的混沌世界。8个洞，李氏当时取名为“雷电、虎龙、桃桂、化寒、墨池、毫笔、金玉、因果”。后人因雷电洞凿玉帝像，在洞旁建有玉皇阁祭祀，才将8洞统称为“玉皇洞”。

玉皇洞利用天然绝壁洞穴，按天堂、人间、地狱三层布局，巧妙天成。上下两层各一个洞即天堂与地狱的用意，从雕塑的人物、对联、诗题看，凿雷电洞，是想把自己在人间遇到的坎坷经历，向昔察乾坤的玉皇大帝表明心迹，以借助为天帝代言的雷电，来惩恶扬善，实现李在人间不能登科折桂，到天上折桂成仙的愿望。中间一层是人间，安排6个洞，说明李氏把人间作为重点，面对现实，将所见所识的经历按其见解，托物寄情，在虎龙、墨池、毫笔三洞中，抒发心中的理想、忧愤和不满，想避世求得解脱的心境。

游览玉皇石窟的8个洞，不仅能尽览绝壁中石窟雕刻艺术，观赏天门山、崇山下的广阔田园风光，还可以从对联诗文中领略李京开凿此洞，主旨是提倡尊孔崇文，追求尧天瞬日以及怀才不遇，不满现实，走与世无争、清净无为的隐居生活的人生观，并想借助佛教因果报应之说，警世劝善惩恶。石窟集雕刻工艺、诗文、书法、对联于一炉，雕工古朴粗犷、形象生动，楷书端庄、草书飘逸。对联多以贯顶或嵌字联为洞名，所写诗文直接或间接表现出凿洞主旨，使之各尽其妙，相得益彰，体现出清代大庸民间石刻凿艺术的成就，对研究清代历史、民间信仰、文学、书法、雕刻等方面都有重要价值。由民间一个乡耆、倾其财力，用10余年修凿，坚持不懈，终至完工，这种以守钱为耻、锲而不舍的精神，实属难能可贵。

（撰稿人：廖兆名　图：赵宗山　黄真龙）

沙堤乡

集镇全景

沙堤乡是全国环境优美乡镇。

区域概况

位置面积

沙堤乡位于张家界市城区西北部，南距市城区 6 公里，北邻武陵源风景区，是张家界市城区至张家界国家森林公园的必经之地，有“50 里黄金旅游通道”的美誉。总面积 82.3 平方公里。

建置沿革

沙堤乡因有一沙堤而得名。1949 年前，地属北镇乡。1952 年，属大庸县四区沙堤乡；1958 年，属火箭人民公社；1959 年属新桥人民公社；1961 年成立沙堤人民公社；1984 年改为沙堤乡至今。

行政区划

2014 年，沙堤乡辖高桥、朱家峪、龚家垴、余水溪、贯坪、吴家边、水洋池、八门溪、沙田、郝坪、两岔、包公山、坂坪、朝阳 14 个建制村，162 个村民小组。乡人民政府驻贯坪村。

自然环境

沙堤乡平均海拔 351 米，地形坡度 8~15 度，丘陵及岗地地貌，以岗地为主。土壤类型西部为黄红土，东部为淹育性水稻土。气候属半亚热带山原型季风性湿润气候，年平均气温 17.1℃，四季分明、雨量集中、夏无酷暑、春温多变、秋多干旱。境内有余水溪、八门溪及黄茅溪等溪流，溪水清澈透明，达到"地表水环境质量"Ⅰ类水质标准。沙堤乡无大气污染源，环境空气质量好，声环境质量达到Ⅰ类区标准。据调查统计，境内有维管束植物 194 科、746 属、1630 多种，其中蕨类植物 34 科 62 属 190 多种，裸子植物 8 科 21 属 32 种，被子植物 152 科 663 属 1415 种。森林覆盖率 85%。野生动物有猕猴、黄鹿、野山羊、獐、黄鼠狼、野兔、松鼠、画眉、杜鹃、山雀、老鹰、蛇等。

人口民族

2014 年，全乡总人 16045 人。境内是少数民族聚集区，土家族、白族、苗族等少数民族人口占全乡总人口的 92.4%。

经济发展

经济综述

1990 年前，沙堤乡是农业大乡，主要农作物以棉、麻、油桐为主。1990 年后开始发展旅游经济，个体私营经济繁荣。进入 21 世纪，围绕城市建设服务业和旅游业，第三产业发展很快。2015 年，全乡实现生产总值 1.49 亿元，农民人均纯收入 6208 元，财政总收入 2500 万元。

农业

境内耕地面积 1027.67 公顷，其中稻田 746.67 公顷。1949 年前，沙堤乡农业非常落后。1978 年改革开放以后，农村经济快速发展，变成永定区种粮大乡，县农业局在沙堤乡进行稻种培植。1990 年以后，沙堤乡调整产业结构，由单纯的农业生产向旅游农业转型，在稳定传统农业的同时，面向旅游市场，发展优质水果、时令蔬菜、园林花卉等现代农业，取得显著成效。2014 年，主要农作物种植面积、产量：稻谷 611.13 公顷，总产量 4276 吨；玉米 76.67 公顷，总产量 298 吨；马铃薯 117.33 公顷，总产量 402 吨；花生 66.47 公顷，总产量 142 吨；油菜 264.67 公顷，总产量 410 吨。先后在贯坪村建成果树品种展示区 13.33 公顷；在龚家垴、朱家峪、贯坪、八门溪、沙田、郝坪等村发展黄金梨基地 266.67 公顷；在朝阳村发展枣基地 86.67 公顷，在板坪村建成柿基地 86.67 公顷；在吴家边村、沙田村建成枇杷基地 73.33 公顷；在朱家峪村、郝坪村建成桃基地 46.67 公顷；在汩水溪、郝坪村、吴家边村建成葡萄基地 86.67 公顷；在郝坪、两岔、水羊池、包公山等村建成瓜果蔬菜基地 200 公顷；在高桥、朱家峪、吴家边、贯坪、郝坪、沙田等村建成园林花卉苗圃基地 46.67 公顷。至 2014 年，全乡森林覆盖率 85%，退耕还林 666.67 公顷，义务植树 666.67 公顷，封山育林 4000 公顷。境内有 3 家规模较大的园林公司，总占地面积约 4667 公倾，主要种植常绿盆景花卉。

村镇企业

1949 年前，境内无官办企业。1961 年，人民公社创办石灰场、砖瓦场、电站、综合加工

园林景观

厂、林场等企业，年产值16万元。到1990年，乡办企业停办。进入21世纪，沙堤乡已有很多企业落户。至2014年，较大规模的有张家界文化村、张家界旅游商品产业园、张家界博物馆、碧桂园、秀云绣庄等。农民传统食品加工业逐渐兴起，土家腊肉、香肠、豆腐花、野葛根粉等传统加工食品，原生态，纯天然，无公害，深受市场欢迎。2014年年末，境内有砂石厂2个，大小私人砖厂10个。2个砂石厂年上交税收10万元以上，大小砖厂给本地农民开辟增收渠道。

商业贸易

1949年前，境内没有官方商贸机构，农民买卖货物均与民间商贩交易。1949年10月后，成立沙堤供销合作社。2013年年末，修建沙堤乡农贸市场，面积约1公顷，年成交额1.5亿元。

旅游业

进入21世纪，沙堤乡立足农业发展旅游，围绕旅游发展农业，建立了郝坪农业高效示范片。突出发展农家乐和旅游购物场所，先后建成黄茅溪农家菜馆、蜀湘居、和味楼、绿色土家部落、三福农家乐、生态农庄、菜根香农家乐、明玉楼、龚家垴农家饭庄、太公渔场、山水农庄、名流山庄等。其中山水农庄、名流园等成为湖南省五星级休闲农庄，张家界博物馆是许多中外游客必到的地方。利用沙堤乡良好的区位优势，修建张家界旅游商品产业园，该项目纳入省“十二五”规划，选址沙堤乡郝坪村。2013年，沙堤乡被授予“湖南省旅游名镇”。

基础设施

交通运输

解放前，境内物资流通全靠马驮人挑。1949年10月后，修通14个村的主要干道，1984年修通省道1801线，2002年张清公路正式通车。到2014年，沙堤乡实现村村通水泥路，组组通公路，公路入户率95%。2014年年底动工的黔张常铁路在沙堤乡建有高铁站，位于朱家峪村，建成后将成为张家界市游客的重要集散地。

基础设施

邮电通信

到 2014 年年末，境内有邮政代办所 1 处，业务总量 12 万元，报纸杂志累计发行 2.2 万份；电信企业 1 家，固定电话用户 200 户，移动电话用户 9461 户，互联网入户率 48%。集镇开通有线电视，入户率 98%。

水利建设

1949 年前，境内水利设施简陋。1959 年开始兴建两岔水库，1961 年基本竣工，设计库容 120 万立方米，有效库容 107 万立方米。1971 年兴建黄茅溪水库，1972 年基本竣工，设计库容 290 万立方米。1974 年兴建孟家院子水库，1975 年 3 月完工，正常库容 10.6 万立方米。建成两岔渠道，总长 1.2 万米，灌田面积 533.33 公顷。

村镇建设

中华人民共和国成立初期，沙堤乡的重要集镇孟家岗因姓氏地形命名，人口 300 余人。1990 年，修建沙堤乡人民政府，建成农贸市场、粮店、卫生院、信用社。1801 省道穿过集镇，长约 1500 米。集镇常居人口约 1500 人。

沙堤大道 南起市城区子午路，距离子午路与大庸路交叉口以东约 550 米，与吉首大学张家界校区相邻，经大庸桥社区无事桥组、龚家湾组，沙提乡高桥、张家岗、李家岗、沙堤乡街区东侧、郑家湾、田家峪、郝坪村，终点在郝坪村竹园阁与张清公路相接。道路全长 9.48 公里，双向 6 车道，2014 年动工，投资总额约 8 亿元。

武陵山大道拓宽改造 该项目是张家界市城区向西扩展的主要大动脉，贯穿沙堤新区全境，串联起张家界航空工业职业技术学院、吉首大学张家界学院、张家界西站（高铁站）、市人民医院新区及旅游产业园等张家界市重点单位和项目，是连接武陵源核心景区的主要通道和拓展张家界城市空间、完善城市路网的重要工程。2014 年动工，总投资约 18.6 亿元。

市人民医院整体搬迁 该项目位于沙堤乡贯坪村，计划分二期实施，其中一期工程于 2014 年动工，总建筑面积 16 万平米，计划投资 7 亿元，建设周期为 3 年。一期项目为门诊楼、急诊楼、医技楼、住院楼，设有 1200 张床位；二期项目为教学科研楼、行政办公楼、后勤保障用房、职工周转房、排污处理用房、停车场、紧急救援直升机停机坪，提供 200 多个停车位。

社会事业

教育

1922 年，境内创办国民小学 2 所。1940 年设立北镇乡第一中心小学。解放初期，境内有社办中学 1 所，队办小学 16 所，在校学生 2582 人。2009 年投资 160 多万元，建成中学综合楼 1 栋，200 米运动场 1 个；投资 20 多万元改造沙堤乡中心幼儿园，投资 8 万多元对板坪小学进行提质维修。2010 年投资 270 万元，建成一所永定区一流的农村片完小。2010—2011 年，投资 547 万元，完成沙堤中心学校教学楼、食堂、学生宿舍、教师宿舍加固改造，新建门卫室、泵房、室外景观绿化，建成硬件设施一流、环境优美的农村寄宿制中学。2014 年年底，全乡有各类学校 7 所。其中中心学校 1 所，中心小学 1 所，片小 2 所（贯坪小学、希望小学），村小 2 所（板坪小学、余水溪小学），中心幼儿园 1 所；共有在校学生 1079 人，教职工 109 人；校园面积 68650 平方米，校舍占地面积 18204 平方米。

文化

沙堤乡有花灯、龙灯、阳戏、土家礼仪等民间艺术。至今，每年正月十五，沙堤乡都组织花灯队参加市城区举办的元宵灯会。2010 年新建乡文化站，村村建有图书室，每个村都有文化活动中心。跳广场舞、在文化活动中心看电影成为广大村民新时尚。

沙堤中学

地质博物馆

卫生

新中国成立前，乡域医疗机构为民间诊所。1949年10月后，建有乡卫生院1所。2014年，全乡有医疗机构16个。乡中心卫生院有医务人员21人，开设病床20张；2012—2014年连续3年荣获永定区卫生系统年终综合考核第一名。

体育

解放前学校开设摔跤、踢毽子、扳力、打飞棒、蹬高脚马等民间体育健身课程。中华人民共和国成立以后，学校始建篮球场，开展体操、乒乓球、篮球等体育健身活动。到2014年年末，有学校、机关体育健身活动场地8个，村级体育健身场10个。

特色地情

历史人文

1361年，龚姓之祖龚重一，自江西南昌始迁湖南安福县（今临澧县）裴家河。其孙龚南汉于1387年迁永定卫坝坪溪（今龚家垴）世居，繁衍子孙，世代相传，历200余年。到龚启贵时，因机缘巧合，寻得将军洞中的金银财宝。此后，龚启贵买田地，修房屋、祠堂，建学堂、庙宇，使龚家垴面貌焕然一新，自此繁荣鼎盛。相传，清朝康熙十三年（1674），吴三桂率大军挺进永定，不久返回衡阳。他认为本邑是湘西北交通要塞，是战略要地，于是派亲信吴国贵、吴世万、马三宝、黎选文等率10大军攻破澧州，屯兵永定5年。各兵营官兵散驻各乡村，军粮分派与民，并趁夜抢劫民家金银等财宝，杀人放火，残害民众。吴部还在茅岗采集铁矿石，运到将军洞内，炼钢铁、铸造大炮、炼火药等。康熙皇帝大怒，命五位亲王统领大军南下围剿吴三桂叛军。不久，吴三桂病故，其长孙吴世璠继位。吴军节节败退，永定境内只留下黎选文和吴世万两位将军，其军力薄弱，节节败退。黎选文败退至茅溪峡谷内，自杀身亡。吴世万将军与清军决战子午台磨子垭（后改名为将军垭），吴率军走投无路，情急之下把大部分金银财宝藏于一座溶洞内。清军步步逼近，包围了洞口，吴军弹尽粮绝，数千人马饿死于洞内。此洞故名“将军洞”。

20 世纪 60 年代初，当地农民于洞口前砍柴、挖草皮、烧火土，挖出很多人骨、炊具和饮食用具。70 年代，本邑人曾进洞探险，发现洞内有巨大的岩老鼠、飞虎、野猫、白鱼等动物，也有人行的脚印，有的长约 30 多公分，疑是古代人所留。还发现钟乳石、石芽、石林、泉水、水池、阴沟、暗河等，特别是呈浅黄色的硝土最多。也有炼铁、炼钢、砷硝的锅灶等。90 年代，有开发商欲开发将军洞，将其打造成旅游胜地。聘用民工数十人挖掘打探，从洞中拾得锈迹斑斑的刀剑、人骨、马骨、马牙数百件。后因开发商资金告罄而终止。

2012 年 5 月，国务院温家宝总理到湘西视察访问，来到沙堤乡龚家垴村，与当地老百姓亲切交谈，观看当地摆手舞，并和村支书龚志鹏留下合影。

名优特产

境内有腊肉、香肠、土鸡、葛根粉、无公害蔬菜、葡萄、糍粑、炒米等土家特产和绣云山庄的土家刺绣、张家界博物馆奇珍异石等。境内土家族姑娘绣花的方法，一般先纸剪成花样，贴在绣花底布上，然后照着纸样用丝线绣制。绣成之后，丝线把底样蒙盖在里面，图案略显突出，有立体感。精巧别致的绣花，大多表现在姑娘们的绣花鞋上，也有用来做服装花边或角花、胸花、枕头盖、童帽和绣花荷包等。土家刺绣在配色上有其独特之处，一般喜欢选用青、兰、大红等深色布做底布，图案纹样的绣线多选用浅色，或者相反。底布花同浅色，而绣线用比较强烈的深色，两种用法的效果可以使绣制作品显得质朴逼真，色泽鲜艳，对比强烈，给人以喜悦吉庆的美感。土家绣花图案，多取材于花、草、鸟、兽、竹等物，或者绣“龙凤呈祥”“鲤鱼跳龙门”“鸳鸯戏水”“喜鹊闹梅”“仙鹤松涛”等传统图案。

风景名胜

贯坪庵 是清朝修建的一座寺庙，里面供奉着关公像，寺庙外有一大钟，钟声传遍千里。相传，一吴姓尼姑在此修行，她死后装于缸里，埋在此地。随着尼姑的仙去，历史的变迁，解放初期，贯坪庵成为乡农会办公室，“文化大革命”

敬老院

时，庙前的钟遭到毁坏。此处今为沙堤乡中心学校，庙门两边的两颗古树还屹立于此，记载着贯坪庵故事。

将军洞 又名“同觉洞”“财神洞”，座落在龚家垴村凤翔山东南麓半山腰，坐南朝北。此洞与天门山的天门洞、普光禅寺、子午台、宝峰山等同在一条地球子午线上。洞顶凤羽山，全长约25余公里，历经约5亿年风雨侵蚀，形成许多溶洞、天坑，纵横交错、相互连接。将军洞在整座山体的最西边，洞高约50米、宽约40米。洞帘大气磅礴，壁峭凶险。右侧有风洞和火洞2个小洞，风洞内一年四季凉风习习，火洞里热气扑人，四季暖和。将军洞口钟乳石众多，令人惊叹。内腹平坦宽阔，阴湿昏暗，石英砂岩层叠尽染、鳞次栉比。

红军桥 沙堤乡板坪村有一座古老的石板桥，红二方面军长征从此经过。人民叫它“红军桥”。

高桥飞渡 沙堤乡是缺水乡镇。20世纪60年代，境内从茅溪水库引水，在高桥村架起一座人工渠道，高桥飞渡，至今看上去很是壮观。

生态农业观光园 位于张家界市城区至武陵源核心景区的旅游黄金通道（张清公路）两侧，地处沙堤乡及新桥镇境内，总面积17.33平方公里，其中核心区面积7.28平方公里。园区划分为绿色长廊、观光农业和家庭旅馆三大主体工程，“绿色长廊”栽植各类苗木400多万株，园区荒山荒坡已全面绿化，形成张清公路两侧10米绿化带，贯穿园区溪河两岸绿化工程全长14.7公里。园区完成700公顷的产业结构调整，其中发展黄金梨、超藤葡萄、迟熟硬桃、大五星枇杷等优质时鲜水果533.33公顷，发展苗木、花卉33.33公顷，蔬菜、瓜果等特色作物及其他养殖基地133.33公顷。生态果园以培育绿色果品为目标，2004年获无公害水果标识，2005年水果产量40万公斤，收入200多万元，盛产期年产生态水果2000万公斤，销售收入8000万元。园区规划朱家峪、罗家岗、水古堡为家庭旅馆三大示范区。已改造农舍成家庭旅馆或“农家乐”，发展旅游观光休闲21户，投资300多万元，2014年接待游客5万人次，收入300多万元。生态农业观光园覆盖2个乡镇8个建制村，涉及农民1万多人。通过农业产业结构调整，农民收入提高近三成。此外，通过租地、提供劳务、开展旅游接待、外出务工等方式，带动园区农民人年均增收600元。

（撰稿人：张敏　张宏和　图：吴斌　孟艾玲）

合作桥乡

集镇全景

合作桥乡是湖南省环境优美乡镇。

区域概况

位置面积

合作桥乡位于永定区东北部，东临慈利县许家坊土家族乡，南抵阳湖坪镇，西连新桥镇，北界武陵源区协和乡，有永定区“东大门”之称。总面积 59.2 平方公里。乡人民政府驻地距张家界市城区 22.5 公里。

建置沿革

旧称火烧桥。1914 年属大庸北固乡辖地；1949 年 11 月，属大庸县第四区；1955 年 7 月，属郑家坪区公所；1956 年 6 月，属合作桥乡；1956 年 12 月，属郑家坪办事处；1958 年 9 月，属火箭人民公社；1961 年 3 月，属合作桥人民公社；1961 年 8 月，属新桥区（1984 年 4 月撤销人民公社，恢复合作桥乡）。1995 年 5 月并入新桥镇，1998 年 10 月析出，复为合作桥乡。

行政区划

2014 年，全乡辖合作桥、覃家山、王家湾、官峪、北山、中山、南山、赵家峪、八家、岩口、花果峪、高万 12 个建制村，共 154 个村民小组。乡人民政府驻合作桥村。

自然环境

境内群山起伏，山峦重叠，多丘陵、少平地，岗垄交错。地层结构以志留系地层、浅海相地层为主。整体地势分布北高南低中间低，最高峰斗篷山在高万村北部，海拔 1000 米。土壤以褐壤为主，山地主要由页岩、砂质页岩、岩石构成，砂石资源丰富。境内有大小溪流 4 条，自北向南注入澧水。属亚热带山原型季风湿润气候，年平均气温 15.7℃，降水量 1470 毫米，日照 1500 小时，无霜期 265 天，常年风速约为 3.4 米 / 秒。境内有地质灾害带，以南山村为甚。境内生态环境优美，民风淳朴，宜居宜游，是省级环境优美乡镇。

人口民族

2014 年年末，辖区有户数 4527 户，总人口 13641 人。境内有汉族、苗族、白族、侗族等民族，其中，土家族人口占总人口的 80%。

经济发展

经济综述

合作桥乡以农业经济为主，曾是湘西北出洞庭的交通要道，经济繁荣，每逢赶集日，人来人往，人称“小香港”。2011 年，全乡农民人均纯收入 3990 元。近年来，合作桥乡成为全市农业产业提质升级战略规划的主战场，乡域经济迅猛发展。到 2014 年年末，全乡实现生产总值 7901 万元，财政收入 1147.12 万元，农民人均纯收入 5122 元。

农业

全乡有耕地 983.33 公顷，其中水田 75.47 公顷，旱地 241.2 公顷。1949 年前，农业生产方式原始，技术落后，用水靠天，吃饭靠地，广种薄收，自给自足。1949 年后，在党的“农业八字宪法”指引下，大办农业，兴修水利，不断解放生产力。至 1957 年年末第一个五年计划完成，全乡粮食产量 3164 吨，农作物有水稻、小麦、玉米、红薯、花生、油菜、蓖麻等，农产品多自产自销，农民生活较为富足。20 世纪 80 年代推行家庭联产承包责任制以后，农民生产积极性高涨，伴随着农田基础设施的完善、良种的使用和化肥的施用，境内农业进入快速发展阶段。进入 21 世纪后，通过实施农业产业化建设，基本形成一村一品、一峪一片的养殖产业格局。畜牧水产逐步走向规模养殖和订单养殖，先后建成合作桥村万羽养鸡场、高万村千头藏香猪养殖场、王家湾村千头肉食猪养殖场等养殖基地；花果峪村的水果园、八家村的核桃、北山村的楠竹初具规模；八家村的“宝峰圣泉”桶装水厂建成投产，效益可观。2013 年以后，依托区域资源优势和传统的种菜习惯，立足乡情，紧扣“建成张家界蔬菜专业强乡”总体目标，以发展“蔬菜产业”为主导，推进农业结构调整。建成一批农业标准化生产基地，产出一批优质农产品，推进现代农业规模化发展。在永定区率先成立生态农业发展协会，各涉农站所和专业合作社为会员单位，加强对农业产业化建设的指导和管理，推动现代农业向集中集群集约发展。大力发展专业合作社组织，先后建立岩

龙门生态旅游农业

口福农蔬果专业合作社，官峪莲藕、万山蔬菜、大溪河蔬菜种植专业合作社，鸿康农机专业合作社、覃家山水稻种植合作社等农业专业经济合作组织，服务农业，发展壮大农业。

乡村企业

境内山地丘陵多，可灌溉的耕地少，1949 年前，农业经济作物产量低，乡民们靠山吃山，依靠丰富的植被资源，贩卖木材造纸及编制和加工竹木工艺品、生活用品补贴家用。改革开放后，境内竹木资源得到合理开发，樟树、松树、杉树、楠竹等约 666.67 公顷，大多纳入村集体统一管理。利用这些资源，加工制成精美的竹木桌椅、床榻、家具，是合作桥乡人民宝贵的财富。

商贸服务

因独特的地理位置，境内形成一乡两集（市）、每周两场的赶集传统。靠近慈利一侧有岩口集市，赶集的人和货物主要来自慈利许家坊、阳和一带；靠近永定区一侧有合作桥集市，赶集的人和货物主要来自永定区合作桥、新桥、协和一带。两个地区的货物在境内集散，合作桥集市贸易繁荣。鼎盛时期，逢周三、周六，集市上熙熙攘攘，人声鼎沸，时称“小香港”。2005 年后，往来人员、货物交易开始减少。2014 年，合作桥、岩口两集市有商铺 40 多户，全乡商业及餐饮业总收入 255 万元。

劳务输出

1978 年改革开放以后，合作桥乡属于劳务输出大乡，劳务输出目的地 80%以上为沿海发达地区。2010 年以后，在市内务工人数逐渐上升。2014 年，全乡外出务工人数 3726 人，其中市内务工 1826 人。劳务输出收入成为农民增收的主要来源，2014 年全乡农民外出务工收入 2037 万元。

基础设施

交通运输

因山高路陡，明清时期，境内物资流通无船运车载，经岩口至新桥，再通北门，进入县城区，全靠马驮人挑。1949 年 10 月后，境内是大庸

村镇建设一角

（永定区）“东大门”，省道 1801 线贯穿全境。2005 年常（德）张（家界）高速通车以前，合作桥乡是来张家界旅游的必经之地，交通非常便利。2014 年年底，环乡公路拉通，全乡不要走“回头路”，没有“断头路”，交通便利；有运行客运班线 1 条，为许家坊至市汽车站班线，每 15 分钟一趟。

邮电通信

建国初期，合作桥乡境内设有邮政所，负责邮政电讯业务。20 世纪 90 年代，境内经济较为繁荣，电话普及率 80%以上。2000 年以后，随着无线通信技术的发展，手机逐渐进入各家各户，邮政所逐渐淡出公众视野。2014 年年底，全乡有邮政通信代办点 1 个，手机用户 1.2 万余户，手机保有率 85%以上。

供电饮水

合作桥乡山泉水资源较为丰富。1949 年以前，人畜饮水或挖井或引水或肩挑。20 世纪 80 年代后，合作桥乡建立起自来水厂，管网覆盖合作桥集镇及岩口集镇。2010 年后，集镇人口增多，原有管网老化，无法满足人民群众的安全饮水需求。2013 年，乡党委政府决定修建涵盖合作桥乡大部分人口的安全人饮工程。2015 年年初，安全人饮工程竣工，并成立合作桥乡自来水公司。安全人饮工程日供水量 1000 吨，覆盖覃家山村、官峪村、合作桥村、王家湾村、南山村、赵家峪村、花果峪村，以及中学、小学、集镇，可满足管网范围内 9500 余人的安全饮水。

水利建设

20 世纪 50 年代初期，境内没有水利设施，农业生产做事看人，收成看天。1954 年遇百年大旱，颗粒无收。1957 年，筹建官峪水库，财政仅投入 1 吨水泥，群众投工，1959 年竣工使用，总库容 20 万立方米，灌溉范围涵盖合作桥、花果峪、覃家山、官峪主要农田区。1958 年，洞庭水库在王家湾动工，1960 年竣工运行，总库容 48 万立方米。两座水库的顺利建成基本保证境内人口密集区的农业生产，粮食产量从 1959 年开始有大幅提高。70 年代后，随着农业生产力提高，对水利设施需求逐步增大。1973 年，开始筹建风车峪水库和南、北干渠，1974 年工程完成。风车峪水库位于王家湾，总库容 8.9 万立方米；南干渠途径覃家山、合作桥、王家湾、南山、岩口等地，灌溉农田 166.67 公顷；北干渠途径覃家山、官峪、花果峪、高万、中山等地，灌溉农田 266.67 公顷。这三项工程和官峪水库、洞庭水库，以及位于协和乡的协和水库工程，构成合作桥乡水利系统，基本覆盖全乡范围农田灌溉。2000 年至今，对水利设施投入力度加大，境内山塘、沟渠、官峪水库和洞庭水库等水利设施陆续进行整修加固，仍在发挥着防洪灌溉重要作用。

村镇建设

王家湾位于岩口、合作桥两集镇之间，是境内人口主要集中地。原合作桥乡驻地位于王家湾延寿寺，当时寺庙北为学校，其南为乡政府驻地。20 世纪 60 年代初，“破四旧”，政府机关搬迁至合作桥集镇，延寿司原址上则建立王家湾完小。80 年代后，乡政府驻地集镇经过陆续扩建，有办公楼 4 栋，篮球场 1 个。另外 12 个村都设有村级活动中心，包括图书室、电子阅览室及活动广场等，集镇有常驻人口 4000 多人。进入 21 世纪后，集镇小城镇建设项目进入实质性施工阶段，集镇文化广场、两纵两横街道、农贸市场及居民聚集区等，正在建设之中。

社会事业

学校教育

境内自古有尚读之风，1912—1949 年，办有很多私塾。1938 年在延寿寺创立北固乡小学，是境内第一所正式学校，时有学生 30 余人，条件简陋。1949 年后扩建为王家湾完小，学生 200 多人。1968 年，王家湾完小迁至合作桥集镇，更名为合作桥中心完小，在王家湾小学旧址上建立王家湾中学。1975 年，王家湾中学更名为合作桥中

合作桥中学

学。2000年以来，合作桥中学扩建后，为合作桥中心学校所在地，校园占地面积1.7万平方米。2014年，中心学校下辖合作桥中学1所，合作桥中心完小1所，村点小4所，中心幼儿园1所，民办幼儿园6所，共有教职工80多人，学生1202人。学校注重以德立校，以人为本，是永定区内唯一“国学教育基地”。学校先后获得省级文明美德学校、市级德育工作先进单位等，创农村学校连续三届区运会冠军纪录，成为永定区农村窗口学校。

文化体育

合作桥花鼓戏，本地人称“打花灯儿”，每逢春节、元宵等重大节日，本土民间艺术人士自发组织队伍，游街串巷，吹打弹唱，挨家挨户送去喜庆祝福。春夏黄昏，境内大妈大婶扭起广场舞，集镇一片热闹。在永定区历届广场舞比赛中，合作桥乡多次取得好成绩。2014年，在永定区运动会中，合作桥乡获小学团体总分第一名，中学团体总分第五名。2014年年底，全乡有综合文化站1个，村级文化活动中心12个；有图书室15处，藏书8万余册；篮球场7个，每年送电影下乡200多场次。

医疗卫生

1949年前，境内仅有几家小诊所。1960年1月，以集镇一家私人诊所为基础，创建人民公社卫生院，1986年7月更名为合作桥乡卫生院。20世纪90年代后，国家对医疗投入逐渐增大，卫生院步入快速发展阶段。2006年，开始实施新型农村合作医疗。2010年，乡卫生院逐步新修门诊楼、住院楼和职工宿舍，占地2500多平方米，开设床位20张；拥有200毫安X照光机、台式B超机、洗胃机等诊疗设备；有专业卫生人员21人。2014年，乡卫生院年业务收入150万元。

社会保障

20世纪90年代，民政部门将岩口村村级养老院扩建为合作桥乡第一座乡级敬老院。2000年以后，陆续新建合作桥敬老院，改造升级岩口敬老院。至2014年，有乡级敬老院2家，床位70多个，收养孤寡老人54人，基本满足全乡孤寡老人养老需求。2015年发放“五保”补助924065元，城乡低保补助16.2万元，各类社会救助1116065元；危房改造53户，财政补助资金69.6万元；新型农村养老保险参保率86%，新型农村合作医疗参合人数11590人，参合率98.2%；实现养老金、低保、退耕还林、赤脚医生、独生子女、民办教师、三险一补、合作医疗等社保资金一卡发放；培训农民工1500余人，实现再就业1571人。

特色地情

历史人文

合作桥乡人杰地灵、英雄辈出。清道光镇守台湾的振威将军王正道，是合作桥乡王家湾村人，太平天国初期时加入湘军，因功擢升为参将，与总兵刘明灯一起镇守台湾，抗击列强入侵，终在台湾病逝，现有衣冠冢在王家湾村。中华民国时期上将军长汤子模，是岩口村汤家岗人，早年追随孙中山，先后参加过讨袁战争、护法战争，遇难后原籍安葬。今墓碑清晰可见。覃家山村红二、六军团驻扎地遗迹，可接受红色文化的精神洗礼。境内各种民间艺术流传至今，其中以花鼓戏尤为群众喜闻乐见。每年元宵节前后，乡民自发组织花鼓戏队伍走街串户，吹打弹唱，挨家挨户送喜庆。2014年，合作桥乡有花鼓戏队伍12支，其中2支队伍被选送参加张家界市元宵节灯会表演。

名优特产

优越的地理环境小气候，让合作桥农副产品丰富，尤以蔬菜为甚。溪河地带盛产水稻、蔬菜，山坡盛产水果、玉米等。畜牧业以黑山猪、肉食猪、鸡、山羊为主，也有娃娃鱼等珍贵的渔业资源。传统加工的农产品有葛根粉、官峪莲藕、岩口白菜。中山辣椒因其特有的品质，已在全市叫响品牌，产销两旺。合作桥乡民俗厚重，人们热情好客，每有客来都会以特色美食热情款待。农家餐桌上土鸡肉质鲜嫩，厥粑、兔粑软糯香甜，自酿米酒醇香飘逸。

风景名胜

宝峰仙山　合作桥乡南临市区，宝峰仙山背靠宝峰湖景区，海拔 1300 多米，是一个集自然景观和人文景观于一体的长峡谷，境内生态怡然，风景优美，民风淳朴。登上宝峰山顶，武陵源境内的天子山、黄石寨、袁家界，永定境内的天门山等景点一览无遗。一眼望去，白云蓝天，奇峰幽谷，百怪千奇。七姊妹山一字排开，比肩耸立，似情窦初开的七位小仙女。“八达岭”与宝峰山相连，八个奇峰连绵起伏，登上“八达岭”，美景尽收眼底，山凌秀水风光好，名山清泉世上留。

道教踪迹　宝峰庙兴建于中唐时期，寺门横曰“胜武当”，气势不凡，有铁山祖师遗墨，是道教文化达到鼎盛时期的象征。齐天大圣庙坐落龙虎峪，有孙悟空大闹天宫旧址，庙下有水帘洞，清澈见底，游鱼可数。还有香炉山芭蕉洞、李家平二郎神庙、观音山庙等，足见当年道教文化的鼎盛，让人仿佛听到中唐盛世的钟声。

田园风光　沿覃家山村往官峪村行进，一路鸟语花香，环境整洁，村风文明，春天里成片的油菜花煞是迷人。官峪村的莲藕在市区享有盛名，观赏美丽的荷花，品尝美味的全藕宴。洞庭、风车峪、官峪水库正在有序开发，是休闲、垂钓的好去处。沿中山村、高万村往北，一路小溪流水，乡里人家，是徒步爱好者的乐园。

（撰稿人：李利滨　图：赵宗山　鲁帮福　张宏和）

罗水乡

龙凤梯田

罗水乡是中国民间文化艺术之乡。

区域概况

地名由来

罗水乡因三面溪水环绕，呈一锣形，“锣”与“罗”同音，故有“罗水”之名。在元、明、清时曾属茅岗管辖。

位置面积

罗水乡位于永定区西北部，东临教字垭镇、茅溪水库，南接三家馆乡，西抵温塘镇、猪石头林场，北界桥头乡，总面积62.5平方公里。乡人民政府驻地距张家界市城区42.5公里。

建置沿革

1949年10月前属大庸西教乡；1949年11月，属大庸县第五区；1955年7月，属教字垭区；1956年6月，属罗水乡；1956年12月，属教字垭办事处；1958 年 9 月，属群力人民公社；1961 年 3 月，属罗水人民公社；1961 年 8 月，属教字垭区。1985 年 11 月，属教字垭办事组；1995 年 5 月，并入教字垭镇；1998 年 10 月从教字垭镇析出，复为罗水乡。

行政区划

2014 年，全乡辖罗水、云朝山、芭蕉、大明、白竹、官庄、中南、龙凤、马鞍山 9 个建制村，共 102 个村民小组。

自然环境

境内属喀斯特地貌，土壤分布规律明显。溪河地带以红壤为主，呈酸性；山界丘陵以黄壤为主，含氮量较高，土壤以羊子岩泥为主。境内属中亚热带季风气候，夏长冬短，四季分明。年平均气温 18.9℃，8 月最热平均气温 23℃，1 月最冷平均气温 5.6℃；年平均无霜期 217 天；年降水量 1490 ~ 1905 毫米，降雨集中在 5—8 月；年平均日照 1670 小时。境内溪河纵横，水资源相对丰富；无工业，仍然保持原始农耕生活，水质好。全乡森林覆盖率 89.5%，素有永定区“林业之乡”“生态之乡”的美誉。

人口民族

罗水乡属土家族聚居地。2014 年，全乡 2419 户，8528 人，其中土家族人口 8512 人，占总人口的 99.82%。

经济发展

经济综述

罗水乡经济以农业为主。1949 年前，没有官方金融机构，金融往来纯属民间行为。1954 年成立罗水乡信用合作社。2014 年年末，全乡实现生产总值 2780 万元，财政收入 350 万元，职工工资人均收入 18712 元，农民人均收入 3526 元；金融机构存款余额 860 万元，贷款余额 230 万元。

农业

全乡有农业人口 8441 人。境内山丘连绵，土地肥沃，适应于茶叶、油菜、板栗、辣椒、烟草等作物的生长和猪、牛、羊等牲畜的饲养。境内地处偏僻，交通闭塞，1949 年前，一直沿袭着刀耕火种、广种薄收的原始农耕习俗。粮食作物主要以老红谷、白糯谷、背儿糯等高杆稻种为主，亩产两三百斤。遇旱、涝、病、虫灾害，减产甚至绝收。1978 年改革开放以后，兴修水利设施，粮食产量有较大提高。2014 年，粮食总产量 514 吨，平均亩产 382 公斤，人均 600 公斤。是年，全乡有耕地面积 985.52 公顷，林地面积 4418.16 公顷，有林场、茶场 13 个，其中村办林场 10 个，总面积 640 公顷。有干果基地和药材基地 3 个，其中板栗基地 133.33 公顷，药材基地 20 公顷。罗水乡养殖业发达，猪、牛、羊、鸡占农民全年

龙凤梯田

收入的50%以上。全乡有养殖基地6个，其中湘西黄牛基地1个，优质山羊基地3个，土鸡养殖基地1个，蜜蜂养殖基地1个。至2014年年末，先后成立8个农业专业合作社，野葛、红芯猕猴桃等特色种植，娃娃鱼、蜜蜂、鳝鱼、黑山羊、黑白两色乌鸡等特色养殖具备相当规模。进入21世纪以后，劳务经济发展迅猛，占农民收入的43%。

村镇企业

改革开放以前，罗水乡没有村镇企业。1998年以后，村镇企业得到发展。至2014年年末，先后成立云朝山"金湘红"茶叶公司、灵洁食品有限公司前期加工厂、张家界茅古斯文化传播有限公司。这些不断发展壮大的村镇企业，逐渐成为罗水乡经济发展的领头雁。

商业贸易

1949年前，境内没有官方商贸机构，农民买卖货物均与民间商贩交易。改革开放后，原有的供销合作社改制改体，个体商业贸易不断繁荣。至2014年年末，有商业网点32个，从业人数105人，社会商品零售总额3600万元；农贸市场1个，年成交额400万元，年商品贸易周转3300万元。

旅游业

罗水乡人文和自然旅游资源丰富。保存完整的古建筑有风雨廊桥、三重吊脚楼、山寨廊亭、覃氏祠堂等，自然景观有龙凤梯田、云朝山茶林等。2014年年末，接待游客20万人次，旅游综合收入1600多万元。

基础设施

交通运输

1998年以前，境内交通闭塞，物资流通无船运车载，只能依靠人力、畜力。1998年以后，新修公路，实施道路硬化，交通建设得到发展。2009年新修中南村陈家组通组公路2000米。2014年，完成4个村17.7公里的公路硬化，新建10个组14公里的组级公路，启动教罗温二级公路项目，乡域公路与之联通。至2014年年底，有农村道路12条，总长38.818公里，其中硬化道路21.69公里。全乡9个村均通水泥路，85%的村民小组已经通路，公路入户率80%以上。有农村汽车客运站1处，日发客运班车6~8个班次，日均客运量180~220人次。

邮电通信

改革开放以前，境内没有邮政通信设施，所有对外通信活动均依托于教字垭。1998年建乡以后，罗水乡迎来邮政通信的发展。2014年年末，罗水乡已开通电信、联通、移动通信网络，实现通信的无缝对接，互联网上网入户率达30%。集镇开通有线电视，广播电视"村村通"覆盖全乡。已完成农村电网改造升级，群众生产生活用电基本保证。

水利建设

1978年改革开放以后，罗水乡水利建设发展迅速。2009年，整修山塘2处，加固病险水库1座。筹资近200万元在大明村和罗水村集镇实施人畜饮水工程，解决近2000人饮水困难。至2014年，罗水乡水域及水利设施用地52.19公顷，有小（2）型水库3座，库容110.2万立方米；引水渠道2万米，全乡水利设施灌溉面积466.67公顷；有集镇水厂1个，日供水500吨，覆盖2个村2000多人，全乡90%的地区实现人畜安全饮水。

村镇建设

1998年建乡以后，罗水乡对村镇建设进行科学规划，加快村镇建设进度。2009年在云朝山村实施20公顷土地整理项目，完成罗水一桥的改造工程。加强乡容村貌管理，整顿集镇环境。从罗水一桥到茅古斯文化村共新装铝制垃圾箱26个。在政府机关、学校、敬老院各新修垃圾池1座。在黄麻逻征地0.2公顷，新修公路300米，建立可容纳上万方的垃圾处理场。实施“绿化、美化、亮化”工程，将白竹、龙凤、罗水、芭蕉4个村作为村庄整治试点，对生活环境进行综合治理。加强农村农业污染控制和环境综合整治，鼓励和支持无公害农产品基地建设，有效控制化肥、农药使用量，减少污染。

社会事业

教育

1941年，境内创办国民小学2所。20世纪60年代，创办精读学校和社办小学、中学。1993年开始建设民族寄宿制骨干初中。1998年以后，罗水乡教育事业得到发展。2014年，罗水乡有小学1所，在校学生800余人；公办幼儿园1所，在班幼儿90余人。适龄学龄儿童入学问题基本解决。

文化

罗水乡是土家族文化发祥地之一，是张家界市有名的群众文化之乡。境内少数民族文化底蕴深厚，源远流长，有茅古斯舞、铜铃舞、摆手舞等土家舞蹈；阳戏、花灯、傩愿戏等土家戏曲；二胡、笛子、木叶、咚咚喹、围鼓等土家乐器；三棒鼓、渔鼓等土家杂技；上刀山、下火海、喝九龙水、下油锅等土家绝技；三道茶、婚丧嫁娶等土家礼仪；民歌、山歌等土家歌曲；织锦、绘画、剪纸等土家技艺；有农耕文化完整保存的龙凤梯田。1993年被命名为“全省群众文化艺术之乡”，2005年获国务院颁发的“全国民族团结进步模范集体”光荣称号，2008年被文化部授予“中国民间文化艺术之乡”称号。

为进一步挖掘、弘扬和传承土家文化，近年来，罗水乡成立“茅古斯文化表演队”，有文化骨干280多人，形成以“罗水茅古斯文化村”为核心、以茅古斯表演为主要内容、以“六月六”狂欢节、“元宵节”“重阳节”为主要活动的文化艺术体系。成立罗水茅古斯民俗文化传播有限公司，有外出定点表演队4支，其中袁家界表演队

传统民俗表演

多次出国演出。2009年5月，该表演队代表湖南省参加中国民间乡村音乐节，并出访欧洲五国演出。多次派表演队到长沙、武陵源景区、市区参加多项大型文艺活动表演。罗水乡成为张家界市耀眼的文化明星。2014年年底，全乡有文化表演节目25个，有能力承接外出表演队4支，演员150余人，有文艺节目表演点3个，文艺爱好者千余人。

卫生

1998年以前，罗水乡卫生条件落后，老百姓看病要去12公里外的教字垭镇。近年来，罗水乡卫生事业发展较快。2014年，有乡中心医院1所，村卫生室及私人诊所13个。乡中心医院占地2000平方米，院内环境优雅，有病床25张，医院设备齐全。

体育

1998年以前，境内体育活动大都因陋就简，随地取材。1998年建乡以后，加强社会主义新农村建设，体育健康活动发展较快。2014年年末，全乡有学校、机关体育健身活动场地4个，村级体育健身场地9个。乡中心小学开设土家族民间体育健身传承课，将土家族摆手舞列入日常广播体操。全乡经常性参加体育健身活动的人员占常住人口的40%以上。

社会保障

至2014年，先后完成农村危房改造507户。全乡有低保对象742人，“五保”对象69人，每年发放“五保”、低保、优抚、大病救助及重残补贴140余万元；每年发放耕地地力保护补贴、退耕还林补贴等惠农资金200余万元。确定建档立卡贫困户2487户。2010—2014年，实现减贫人口911人，其中产业帮扶803人，帮扶资金52.5万元。

特色地情

历史人文

罗水乡历史悠久，人文荟萃。不仅有丰富的民族文化气息，也是一块红色土地。第二次国内革命战争时期，境内有上百人跟随贺龙南征北战，参加长征。红军营长周占彪、老红军杨友森都是罗水人。罗水是一块神奇的土地，境内鸡公山、琵琶岭、白龙泉、观音山等地，富有神秘怪诞而又充满传奇色彩的传说。随着社会的发展进步，罗水逐渐从封闭的王国中走出，正以其丰富灿烂的民族风情与人文历史而受到世人关注。

名优特产

罗水乡生态种植产品有优质水稻、无公害蔬菜、油菜、油茶、黄柏、杜仲等，传统养殖产品有本地黄牛、黑猪、山羊、土鸡、黄鳝、泥鳅等，传统加工产品有腊肉、香肠、剁辣椒、野葛根粉、木榨油等。境内云朝山海拔高，终年被云雾弥漫，茶叶生长其中，故被当地居民称为“云雾茶”。2010年，云朝山村与全国知名茶企业茗正缘顺合作，开发“茗正缘顺·金湘红”系列茶叶。“茗正缘顺·金湘红”是中国茶产业的十大品牌之一，主要经营红茶。2014年年底，云朝山有茶叶面积近千亩，有“七亩山林一亩茶”之称。

风景名胜

龙凤梯田　龙凤梯田以龙山与凤山两山为主体，站在山顶看具有“龙飞凤舞之势”，被本地人称为上山龙，下山凤。境内山地连绵，层峦叠嶂，阡陌纵横，气势磅礴。从高处远望，万亩梯田，层层相间，梯田线条变幻无穷，有的舒缓流畅，有的蜿蜒曲折，梯田随季节变化，呈万千气象。一天之中最佳的观赏时间在日出前后和傍晚时分；

龙凤梯田冬景

一年之中最佳的观赏时间在春耕和秋收季节。龙凤梯田2011年入选中国“十大梯田景观”，2013年被农业部评为首批“中国美丽田园”。

云朝山村　位于罗水乡东南部，距罗水乡集镇6公里，距张家界市区42公里。是张家界市级生态村。云朝山最高海拔1250米，环境优美，空气清新，常年云雾缭绕。据《直隶澧州志林》记载：“云朝山邑南九十里，高数千仞，高顶种有茶树，青香异味”，昔人评之曰“云雾仙品”。由此可见，云朝山不仅产茶历史久远，茶质优秀，堪称仙品，也是户外旅游观光的极好去处。每到春夏季节，云朝山千亩茶林，风翻绿浪，异香扑鼻，云雾缭绕，霞光四布，堪称人间仙境。

罗水土家村寨　形成于明清前后，由于境内土地肥沃，水源充足，人口迅速增加，境内的房屋结构、耕种方式和饮食习惯沿袭至今，保留着原汁原味的土家特色。其土家民居大致分为两大类，一类是在平整土地上兴建的土家特色村寨，主要保留在罗水村的铺上组、沙那组、鞭子铺组、松树脚组和柳树脚组；一类是依山傍水兴建的土家山寨，主要保留在泌溪峪组、黄麻螺组、白竹坡组、李公峪组和老屋组。平整村寨所建房屋多为砖木结构，山寨多为土木结构。其建筑特色主要有：花格窗，司檐悬空，木栏扶手，走马转角，古香古色。一般居家都有小庭院，院前有篱笆，院后有竹林，青石板铺路，刨木板装壁，松明照亮。而土家吊脚楼基本上都是木质结构。一般为横排四扇三间，三柱六棋或五柱六棋，中间为堂屋，供历代祖先神龛，是家族祭祀的核心。根据地形，楼分半截吊、半边吊、双手推车两翼吊、吊钥匙头、曲尺吊、临水吊、跨峡过洞吊，富足人家雕梁画栋，檐角高翘，石级盘绕，大有空中楼阁诗情画意之意境。

传统水车

民俗风情

土家吊脚楼 境内土家吊脚楼大多依山脉地势，傍山依水而建，上千种吊脚楼就有上千种样式。全乡保存有土家吊脚楼350余栋，大多形成于明清时期。

茅古斯舞 罗水乡茅古斯舞是张家界市民俗文化品牌，是舞蹈界和戏剧界公认的中国舞蹈及戏剧的最远源头，被誉为“中国舞蹈及戏剧的活化石”。其表演形式具有巫文化的神秘特征，原汁原味、古朴粗犷、独具特色。茅古斯是湘西北土家族传承下来的一种民族舞蹈的统称，各地的称谓略有不同。罗水乡土家族人以前称茅古斯为“毛人舞”，20世纪80年代开始叫“茅古斯”。因为罗水乡以前属茅岗管辖，又东临茅溪湖，舞蹈服装多为茅草，故正名为“茅古斯”。“茅古斯”是土家族语的译音，意即穿草衣的古人。它以近似戏曲写意、虚拟、假定等技术手法，表演土家祖先渔猎、农耕、生活等内容,既有舞蹈的雏形，又具有戏剧的表演性，两者杂糅交织，形成浑然一体的祭祀性舞蹈。演员10~30人，表演内容多反映生产生活情况，诸如“扫堂”“祭祀请神”“打猎”“挖土”“钓鱼”等，堪称土家人民的一部农事史诗，真实、古拙地再现土家族祖先生产生活的种种场景。1959年，中央民族民间舞蹈考察团将“茅古斯”划入舞蹈范畴，并认定是中国舞蹈的源头之一。据考证，罗水茅古斯传承于远古，是土家族先人祭祀先祖时的一种舞蹈仪式，表演中很有傩戏的元素。它兴盛于明代，源于土家人为纪念被明朝皇帝朱元璋剥皮处死的土家民族起义英雄覃垕王。每年农历六月六，境内土家族人都跳茅古斯舞，表达祭祀悼念之情。1978年改革开放以后,罗水茅古斯更加兴盛，受到各级领导和民俗专家高度评价，广大群众、海内外游客倍加喜爱，群众表演队伍日益壮大，参加各种表演活动日益增多。

“六月六”狂欢节 每年农历六月六日，罗水土家族人都举办各种活动，从八九十岁的老人到四五岁孩童，几乎人人参与。2008年，在罗水村文化艺术广场，乡政府投入6万余元举办“罗水六月六土家狂欢节”活动，吸引本乡及张家界市内外观众上万人。从2009年开始，永定区委、区政府将“罗水六月六”引进市区，组织为期一周的狂欢活动，罗水民族文化演出队参加“天门山寺”开寺大典暨“六月六狂欢节”开幕式演出。“六月六”已由一个少数民族的庆典演变成为张家界市的一个文化品牌。

铜铃舞 罗水乡的铜铃舞其动作粗犷、敏捷，剑端和脚踝均系有八个铜铃，叮当有声，独具特色，故又称“八宝铜铃舞”。在土家人心目中，逝去的先祖是永远庇佑后世的“神灵”，因此，八宝铜铃舞渲染的是喜庆欢乐的气氛。八宝铜铃舞是万物有灵的宗教文化观念在民间艺术中的遗存，具有重要的学术研究价值和文化交流价值。

薅草锣鼓 是土家人相聚协作进行生产劳动时伴以锣鼓所唱之歌，其历史悠久，内容丰富，地方特色突出。唱腔有9腔18板，歌词类型有月歌、号子、扬歌、五句子、情歌等。唱法一般是边打边唱、对唱、接唱、独唱等形式，歌词内容有颂古人、劝人向善、历数朝代更替、言情、叙说时令等。歌词句子一般是7字句、5字句，或长短句间搭，偶尔也有3字句等。歌词通篇压韵，有一韵至终的，也有中途转韵的。在唱时往往能使听众捧腹大笑，忍俊不禁，充分表现出土家人民开朗、诙谐的民族性格。

（撰稿人：魏立伟　图：方韵　魏立伟　赵宗山）

桥头乡

集镇全景

区域概况

位置面积

桥头乡位于永定区西北部，东临教字垭镇，南与罗水乡接壤，西与桑植县瑞塔镇、永定区猪石头林场交界，北与武陵源区中湖乡毗邻。总面积54.9平方公里。乡人民政府驻地距张家界市城区39公里。

建置沿革

1912年至1949年10月，属大庸县西教乡；1949年11月，属大庸县第五区；1955年7月，属教字垭区；1956年6月，撤区并乡属桥头乡（辖张家塔、楠木溪、枫隆、桥头4个小乡）；1956年12月，属教字垭办事处；1958年9月，属群力人民公社；1959年2月，属教子垭人民公社；1961年3月，属桥头人民公社；1984年4月，属桥头乡；1995年5月，并入教字垭镇；1998年10月，从教字垭镇析出，复为桥头乡。

行政区划

2014年，全乡辖桥头、梅家坪、高枫、熊家逻、双岗、张家塔、肖家峪、唐家溪、李家峪、丫角山、长岭岗、向家坪、梅子溪、粟家台、伍家峪15个建制村和余家老1个联组，共144个村民小组。乡人民政府驻桥头村。

自然环境

境内地形复杂，地貌多样。以山地为主，西北部地势较高，猪石头山峰余脉向北、南延伸，将全乡划成两大狭谷，形成官草界、红花寨、炉膛垭、香炉山、苦年寨、杨指界、鸡罩岩等山峰遥峙，最高处海拔1210米，最低处海拔560米。境内梅子溪、楠木溪在李三坪交汇注入茅溪水库。土地以褐色黄土为主。属中亚热带山原型季风湿润气候，四季分明，秋冬暖，春夏凉，年均气温18.8℃，无霜期298天，降水量1587.6毫米，日照1579.4小时。境内有冰雹、旱涝、霜冻、山体滑坡等自然灾害。

人口民族

2014年年末，辖区有4017户，总人口13098人。其中，土家族人口9687人，白族人口有3256人，少数民族人口占总人口的98.8%。

经济发展

经济综述

桥头乡经济以农业为主。2014年年末，全乡实现农业产值147400万元，农民人均纯收入3200元；年末金融机构存款余额6754万元，贷款余额944万元。

农业

全乡有耕地面积673.33公顷，其中，水田600公顷，旱地73.33公顷。1949年以前，境内沿袭刀耕火种、广种薄收的原始农耕习俗。粮食作物主要有稻谷、玉米、红薯等，稻谷最高亩产200公斤。1949年10月以后，发动群众兴修山塘、河坝、水库、引水渠道，广辟肥源，改良品种，合理密植，农业收成逐年上升。优势产业主要是以水稻、大豆、花生、油菜、玉米、红薯为主的种植业和以猪、牛、鸡、鸭为主的养殖业。1957年，粮食总产量2250吨。1978年推广三系杂交水稻。中共十一届三中全会以后，深化农村改革，完善农业水利基础设施，普及推广优质良种，提升农业机械化普及程度，湖南省首个农业机械合作社落户桥头乡。到1987年，稻谷最高单产400公斤。2012年，袁隆平院士在高峰村进行“种三产四”试验成功，亩产1000公斤。近年来，在坚持稳定提高粮食生产的基础上，按照“优果还林、种草养畜、突出特点、增效促收”的工作思路，大力发展优质烟叶、蔬菜、油菜、中药材种植等特色产业，取得显著成效。至2014年，全乡粮食总产量3350吨，其中，稻谷2800吨，玉米550吨。

林业

1949年10月以后，党和政府加强对森林资源的保护，木材采伐仅限于国家集体建设和群众自用。1962年，为缓解粮食供应困难，毁林开荒，林业资源遭受严重破坏。1965年响应“绿化祖国”的号召，组织“千人百亩植树造林大会战”。至1986年，境内人工造林面积533.33公顷。2003年，实施退耕还林政策，鼓励群众植树造林。至2013年年末，全乡林地面积823.73公顷，其中，用材林333.33公顷，森林覆盖率53%。

乡村企业

1976年开始创办公社、大队集体企业，共有

工业企业及产品

社队企业10家，从业人员125人；主要企业有农机站、缝纫社、木器加工厂、砖瓦厂、粮油加工厂、百货经销店等。到1986年，仅存砖瓦厂、百货经销店等乡办企业2家。1990年，所有集体企业停办，私营企业快速发展。至2013年年末，鸿申农机合作社、骏杰养殖合作社、张家界修远生态养殖合作社、湖南白马山生态旅游有限开发公司、张家界仙踪林农业科技开发有限公司、湖南乾坤农业开发有限公司、张家界永定区天泉山山泉水厂先后落户境内，年创产值1020万元，占全乡年收入的60%。

商贸服务

1949年以前，境内没有官方商贸机构，农民买卖货物均与民间商贩交易。1961年，成立供销合作社、桥头商场，1978年改革开放以后，供销合作社改制，个体私营工商业发展，商业贸易不断繁荣。至2013年年末，全乡有商业网点540个，从业人数810人，社会商品零售总额1600万元。

劳务输出

2014年，全乡劳动力总人口7630人，外出务工4104人。其中在本市灵活就业1574人，在广州市务工1197人；外出务工收入占全年总收入的65%。

基础设施

交通运输

境内是通往桑植必经之路。因山高路险，交通不便，1949年以前，物资流通全靠马驮人挑。1968年12月，开工建设大庸县至桑植县的省道1835线公路。2004年，张桑二级（省道228线）公路建成通车。2013年10月，开工建设张桑高速公路。2014年，过境的黔张常铁路开工建设。到2014年年末，“通畅公路工程建设”验收，全乡16个村，村村通水泥路，90%的村民小组通公路，公路入户率90%。2013年建成乡农村客运站，日发客运班车10~15班次，日均客运量500~600人次。

邮电通信

长期以来，境内没有开办邮政业务机构，由教字垭邮政支局代办，1987年报刊发行量500份。2001年开通中国移动通信业务，2003年开通中国联通通信业务，实现全乡通信服务无缝对接。至2013年年末，境内有邮政代办所1处，邮政业务总量3　万元，报纸杂志累计期发行400份；有电信服务网点1家，固定电话用户1200户；移动电话用户7150户，联通电话用户2000户，互联网上网入户率50%，年电信业务收入15万元。集镇开通有线电视，入户率100%，广播电视“村村通”覆盖全乡。

供电饮水

到2014年，全乡有人畜集中供水设施1处，日供水量400吨，覆盖3个村3000人。

水利建设

1950年前，境内水利设施简陋，无水库等水利设施，80%的稻田靠天吃饭。1949年10月后，党和政府重视农村水利设施建设，先后建成高竹山小Ⅰ型水库以及肖家峪、田家峪、丫角山、刘家垭等小（2）型水库，库容量300万立方米；有20座水塘，引水渠道40000余米；水利设施灌溉面积233.33公顷。

村镇建设

明清时期，引进封火墙之类的徽派建筑模式和符号。一些临河傍水的城镇和村落，既有高头大马式的封火墙，又沿袭木板房和吊脚楼的传统格局，既实用又美观并形成优势互补。建乡后，境内集镇建设和农村建设面貌大改观，村镇建设按照规划，稳步推进。到2012年，建成长1.5公里、宽20米的集镇街道，安装路灯20余盏。

社会事业

学校教育

1912年前，境内教育均以民间私塾为主，有14~16所，入学儿童约200人。1934年兴办有短期学校。1937年始建初级小学。1945~1949年建立国民初级小学。1950年开办桥头中心小学，1952年更名桥头完小，相继各大队办起初级小学10所。1953年，完小第一届高小毕业学生仅10人。1958年后办幼儿班15个，民办小学、耕读小学20多所。1968年，普遍办初中班，有中学生507人（含长岭岗、张家塔、向家坪、高峰4个大队办的初中班约200人）。1978年办高中班，有高中学生200多人。最兴旺时，境内有专职教师151人，小学生2100多人，初中生700多人，高中生200多人。学校还自编《乡土教材》，增设土家歌舞、土家戏剧、土家礼仪等课程，年均自筹土家文化艺术传承经费4万~5万元。明清以来，境内有秀才、举人、进士等20多

文艺表演

人。高峰岩槽门有“一门十秀才，三厅五廪生”美称。恢复高考制度以后，境内有3人考上清华大学和北京大学。

文化艺术

境内文化艺术门类齐全，有民间文学、民间戏曲、歌舞、乐器等，有花灯、阳戏、汉戏、土地戏、木偶戏、仗鼓舞、摆手舞、三棒鼓、金钱棍等表演项目。民间工艺，有土家织锦、挑花、刺绣、印染、木雕木刻、石雕、石刻、纸扎、剪纸、盆景等。民间文学，有哭嫁歌以及神话、传说、故事、谜语、谚语和歌谣等，尤其红白二会，至今都遵照执行成套礼仪。桥头是礼仪之乡。古往今来，境内各民族共同创造的历史文化、民族文化、生态文化、红色文化以及正在形成的旅游文化等，构建具地域特色的浓郁的“张家界文化”。清光绪年间，丁酉科拔负（贡）杨良翘叔侄8人创办《梅溪诗社》，与邑内名士聚会应酬，“洗砚鱼吐墨，挥弦鹤听琴”“渔樵诵增广，妇孺吟唐诗”，成为久享盛誉的文化乡村。1966年后，“文人墨客”被视为“臭老九”，境内仍有不少人“沉缅”其中，应酬唱和，乐此不疲，成为田园诗人。20世纪80年代后，恢复《梅溪诗社》，成立“书画协会桥头乡会”。近年来，开展文化兴乡活动，建文化大楼、辟文化广场，推广群众文化活动，挖掘整理民间文学、艺术，开展文化艺术展示（演）活动，培训人才、交流艺术，举办书法、摄影展览等。乡文化站图书馆藏书5000册，收藏文化艺术作品50件，有摄影、书法、绘画作品20件。

到2014年，全乡有村级文化活动室16个，农家书屋16个，书刊8万多册，音响设备6套，有歌队、戏剧、舞蹈、土家礼仪等民间艺术民俗传承队6个，成员16人；跳广场舞成为乡村群众的新时尚。先后搜集出版《桥头诗词》《桥头民歌集》《土家族民俗礼仪》《红色桥头》等丛书5000 册，《桥头托戏》被列入省级非物质文化遗产名录。

体育活动

因地处偏远，交通闭塞，境内体育健康活动大都因陋就简，就地取材，没有固定的活动场地，田头地角，室内室外，随时随地都可开展体育健身活动。逢年过节、山寨聚会等公众场合举行拧扁担、蹬高脚马、摔跤等体育健身比赛活动。这些民间自发的体育健身活动，主要是自娱自乐、强身健体。明清时期，少数富裕人家子弟曾习练武功，但习武活动未能普及。1945 年建成小学后，始建篮球场，开始做体操、打蓝球等体育健身活动。20 世纪 80 年代后，境内体育事业迎来发展高潮，体育健身活动成为群众日常锻炼的必选。1999 年，湖南电视台《乡村发现》栏目组来桥头乡采风，举办过体育游戏活动。2013 年年末，全乡有学校、机关体育健身活动场地 2 个，村级体育健身场 1 个。

医疗卫生

1949 年前，境内医疗机构仅为有限的民间诊所。1962 年设卫生院，选址桥头莲花台，有床位 15 张，医护人员 6 人。2000 年以后，医疗卫生快速发展，群众缺医少药的现象大为改善。2013 年年末，全乡有医疗机构 9 个，门诊部（所）1 个，共有床位 24 张，有专业卫生人员 15 名。乡卫生院营业面积 1500 平方米，有 B 超、心电图、生化仪等常规诊疗设备，固定资产总值 206 万元。全乡新型农村合作医疗参保率 99%。

社会保障

2015 年年末，全乡参加新型农村合作医疗保险 12670，参合率 100%。有乡有敬老院 1 所，床位 50 张。

特色地情

历史人文

桥头历史悠久，人文厚重。清嘉庆年间，本土进士熊国夏，才华横溢，为奉高堂辞官归里，孝悌忠义，皇帝御赐匾额。道光五年（1825）主持纂修《永定县志》，秉笔直书，时人誉为“直笔董狐”。后牵头修建熊家《熊氏宗祠》，邑内贤名远播。清光绪丁酉拔贡杨良翘，受皇帝召见，任福建蒲城宁洋知县，漳州知府。中华民国初，历任大庸县议会副议长、民防团总团长、县高等小

自然风光

学校长、九澧女子学校校长、天门诗社顾问。其诗词作品数千，现仅存500多首。一生为官清廉，思想进步，反对封建，饮誉乡梓。此外，境内杰出人士还有御赐《进士及弟》书画家钟朗溪，曾题写《雁门关》《岳阳楼》匾额，誉满三湘。黄埔生刘泽南投笔从戎，抗御倭贼，其父写诗送行，后获中校军衔。革命先驱熊世麟教授，其弟熊世凤与王若飞、何长工、李维汉等志士同赴法勤工俭学，后参加北伐，在邓演达领导下为革命尽力，“四一二”政变后，因反对蒋介石遭特务暗杀。工程师熊世平，大庸县第一个共产党员，抗战时期为国家水利建设尽心尽力，解放后任湖南省水利厅总工程师，“文化大革命”中被迫害致死。抗美援朝王成式战斗英雄、志愿军战士宋德清，手掷爆破筒与美国鬼子一个班同归于尽，传为佳话。

桥头乡雄关险隘，地势险要，历来是兵家必争之地。覃垕义军兵败后曾在此据险扼守，休养生息，现尚存许多战场遗迹。土地革命时期，任弼时、贺龙率红二、六军团创建湘鄂川黔根据地，解放了桥头。1934年，红军在桥头境内多次与国民党军队发生遭遇战，至今战场遗址犹存。桥头60多人参加红军，大都牺牲在长征路上。1935年，红二、六军团在桑植县刘家坪誓师长征，11月19日驻扎在桥头的红六军团十七师卢冬生部从桥头出发长征。

（撰稿人：田元　图：胡舞阳　田元　赵宗山）

三家馆乡

自然风光

区域概况

位置面积

三家馆乡位于永定区西部，东与枫香岗乡相邻，南接国营漩水林场，西与永顺县境隔澧水河相望，北与温塘镇和教子垭镇相连。总面积 117 平方公里。乡人民政府驻地距张家界市城区 19 公里。

建置沿革

因原人民公社驻地在三家馆而得名。1949 年 10 月前，属大庸县西庸乡；1949 年 11 月属第三区；1955 年 7 月，属罗塔坪区；1956 年 6 月，属三家馆乡（辖枞茂、鸭坪、漩水、三家馆 4 个小乡）；1956 年 12 月，属夏庄坪基点乡（辖夏庄坪、官坪、三家馆 3 个乡）；1958 年 6 月，属罗塔坪区；1958 年 9 月，属卫星人民公社；1961

年3月，属三家馆人民公社；1984年4月更名三家馆乡；1985年11月，属茅岗办事组；1995年撤组并乡建镇，仍称三家馆乡。

行政区划

2014年，全乡辖毛头关、云盘塔、枞茂、张家峪、棕桥湾、将军庙、三家馆、岩水井、晓村、竹园坡、碧龙湾、杜家岗、黄连洞、鸭坪、黄土、漩水、茶园17个建制村，共163个村民小组。乡人民政府驻将军庙村。

自然环境

境内属典型的喀斯特地貌。山丘连绵，有麻空山和彭家大山两条山脉，自西向东倾斜，形成西高东低，最高处枫木垭海拔793.5米，最低处海拔340米。两山紧逼的峡谷地区，风速较其他空旷地大，俗有“三家馆的风，吹得耳朵聋”的说法。土壤多属石灰岩形成的黄壤。三家馆乡是全市唯一一个没有地表径流的乡镇。属亚热带山原型季风性湿润气候，年均气温18.6℃，降水量1382.1毫米。境内主要植被有马尾松（枞树）、楠木、香樟、红豆杉等24种（类），主要野生动物有花豹、野猪、黄鹿、野山羊、獐和各种蛇类等28种（类）。主要鱼类有鲤鱼、草鱼、鲢鱼、鲫鱼，岩斑鱼、桂花鱼、刁子、娃娃鱼是珍稀鱼类。主要矿产资源有大理石和方解石。境内有冰雹、旱涝、霜冻、雷击、山体滑坡等自然灾害。

人口民族

2011年末，辖区有户数4019户，总人口12914人。2014年年末，总人口12627人，其中，土家族人口占总人口的99%；人口出生率11‰，自然增长率3‰。

经济发展

经济综述

2014年年末，全乡实现生产总值9987.8万元，财政收入703万元，农民人均纯收入5010元；年末金融机构存款余额7371万元，贷款余额1600万元。

农业

因交通闭塞，自然环境恶劣，1949年前，沿袭刀耕火种的原始农耕习俗，主要粮食作物以稻谷、玉米、红薯、大豆为主，广种薄收，农民生活极其艰难。1958年后，加大农业生产投入，但自然条件制约，农业收成不佳，粮食亩产仅200～250公斤。中共十一届三中全会后，境内完善农业生产水利设施建设，推广优质良种，提高抵御自然灾害能力，农副产品逐渐丰富起来。2000年以来，高度重视农村经济发展，通过建设“六个”基地，增强经济发展活力。以黄土、鸭坪、杜家岗、漩水、茶园5村为中心，建成现代高效油茶基地面积580公顷；以科技创新为基础，建立五倍子培植基地；以矿产资源为依托，建立青石板、方解石品牌开发基地；以湘西黄牛品牌为亮点，扩大养殖规模，形成以晓村、枞茂两村为中心的湘西黄牛保种基地；以富民增税为目的，建立烤烟种植基地；整合资源、技术、资金，打造优质杨莓基地，实现资源、技术、资金的成功对接。2014年年末，全镇种植烟叶面积163.33公顷，蔬菜面积266.67公顷，干水果面积133.33公顷；饲养本地黄牛679头，生猪2944头，山羊1254只，土鸡29920羽，土狗471只。2014年引进牛蛙养殖专业大户1户，在竹园坡村燕子坪组建立养殖基地，有牛蛙2000只。

林业

三家馆林业在永定区颇有名气，有林地面积8400公顷。1974年春，在庞家大山垦地333.33公顷造杉木林。1976年春，造林400公顷，成立社办林场，固定劳力抚育幼林。此后每年春季组织突击造林，到1980年，全乡造杉木林和混交林2106.67公顷，庞家大山周围22个山头，已全部绿化。湘西自治州将三家馆乡定为万亩连片造林工程。1984年“三山变一山”，在民主协商、自愿联合的基础上，建立三家馆乡联营林场。至2014年，境内有国营漩水林场和乡联营林场，有用材林地面积976.53公顷，生态林面积3463.33公顷；有以板栗、核桃、油茶为主的经济林基地。板栗种植面积80公顷。三家馆乡木材材质上乘，木材加工曾红火一时，最高年产量达到1万立方米。2010年后，随着村民环保意识的不断增强，木材加工厂逐渐减少，现有小型木材加工厂3家，年产量约2000立方米。2008年，三家馆村建成五倍子基地，面积约8公顷，派驻有农业科技特派员指导。2013年后，由于气候原因和管理不善，产量低，基本没有经济效益。

乡村企业

1949年前，境内无集体企业。之后，逐步兴办集体企业，最先出现的是综合加工厂、石灰厂和拖拉机运输队等。1956年，成立粮店、供销社。1964年，成立手工业社，主要经营缝纫、铁器和“倒鎗头”。1970年，成立公社企业办。1986年成立乡肉食站。2000年后，私营企业逐步大发展。至2014年年末，全乡有青石板厂49家、方解石厂3家。其中，投资超过千万元的有宏泰矿粉加工厂。青石板材质好，为传统家庭作坊开采，加工品质不高，多用于建筑用材，很少用于工艺及其他方面。2014年，全乡企业总产值约1500万元。

商贸服务

1949年前，境内没有官方商贸机构，农民买卖货物均属民间行为。1956年，成立公社供销合作社和粮店。1990年后，供销合作社改制，粮店撤销，个体商铺和民间交易等商业贸易不断繁荣。至2014年年末，境内有各种杂货店、小百货店、菜店等商家200余家。有农商银行、农业银行、邮政储蓄银行等便民服务点8个。境内素有赶集的习惯，农历逢三、六、九日为赶集日，系“马路市场”，农户和商贩聚集公路两旁，商贸繁荣，但造成交通堵塞和环境杂乱无序。

劳务输出

1978年改革开放以后，境内农村劳动力为增加家庭经济收入，自发外出务工。至2015年底，全乡劳动力累计转移就业4605人，创收9000多万元。

基础设施

交通运输

1949年10月以前，境内没有公路，出行靠山路步行，运输全靠肩挑背驮，茅岩河水运一度兴旺。境内有一条直通湖北省来凤的古道，全部由石板铺成，是未通公路前的主要通道，今竹园坡、碧龙湾村仍留有较完好的石板路。1972年，建成大庸县城至温塘支线公路（小温公路）20公里，经过境内7个大队。中共十一届三中全会后，全公社群众自力更生，修通公社至每个大队公路。1980年后，完成各大队（村）通沙土路。2004年，建成乡农村客运站，日发客运班车25个班次，往返约50趟，日均客运量700～900人次。至2014年年末，全乡17个村完成水泥路面硬化，村通公路率100%，组道公路硬化率40%，公路

公路交通

入户率 82%。2013 年，张（家界）花（垣）高速开通，途径乡境内 7 个村，有茅岩河出口 1 个，服务区 1 个，鸭坪村境内有张花高速澧水大桥（全长 1194 米）观光景点。

邮电通信

1949 年 10 月以前，境内无邮政通信机构。1960 年，开始开办邮政业务，主要开展邮政电讯业务，每个大队配备 1 部电话机，其他邮政业务需到温塘办理，在境内无固定邮政业务办公场所；到 2011 年，购买乡政府办公楼房屋 3 间用作电信营业场所，建筑面积约 100 平方米。2000 年开通中国电信通信业务，2003 年开通中国移动通信业务，2006 年开通中国联通通信业务。至 2014 年年末，全乡有邮政代办所 1 处，邮政业务总量 8 万元，报纸杂志累计发行 18 万份；有通信服务网点 3 家，固定电话交换机容量 2000 门，电信用户 398 户，移动电话用户 6412 户，联通电话用户 2789 户，互联网入户率 10%。广播电视“村村通”覆盖全乡，未开通有线电视。

供电饮水

2014 年，建成乡水厂，日供水量 500 吨，覆盖集镇及 6 个村居民用水，解决约 7000 人安全饮水。2014 年年末，将军庙村、三家馆村、棕桥湾村和杜家岗村部分村民接通集镇自来水厂饮水，其余村民完成引山泉水入户。

水利建设

因境内没有地表径流，是全市有名的旱区。1949 年 10 月以前，水利设施落后，基本上是靠天吃饭。1949 年 10 月以后，党和政府重视农村水利设施建设，借力“小农水”等项目，兴修各种水利设施。漩水水库建于 1966 年，库容 207 万立方米，有效灌溉面积 266.26 公顷，水库水面 45.33 公顷，集雨面积 2.5 平方公里。窑湾水库于 1980 年建成，库容 1000 万立方米，有效灌溉面积 73.33 公顷。2014 年年末，境内有窑湾、漩水、张家峪、余水塔、槽田湾、舒家湾、廖家村等水库 7 座，其中，窑湾和漩水水库为小（2）型水库，其余为小（1）型。全乡水库总库容量 984.63 万立方米，山塘 49 口，水利设施灌溉面积 700 公顷。

村镇建设

1970 年，公社驻地选址将军庙，当时集镇荒芜人烟。1971 年，建成集镇街道长 500 米、宽 10 米。2012 年，新建乡文化站综合大楼 1 栋，并扩充乡政府机关办公场所。到 2014 年年底，集镇中心常居人口 4300 多人。17 个村完成村级组织活动中心和农户文化娱乐场地建设，黄连洞、将军庙村，村主干道周围完成路灯亮化工程，有 17 个村建有垃圾池。

社会事业

学校教育

1949 年前，乡域教育均是民间办学，称私塾。1953 年建三家馆小学。1958 年增设枞茂、漩水、鸭坪 3 个片小，至 1965 年，各大队均设有小学，学制 5 年。学生均需前往温塘读初中。1966 年建三家馆中学。1982 年，全公社达到每千人口考取大学生 1 人。2014 年，投资 220 万元的乡中心幼儿园建成使用，投资 438 万元的中心小学合格校改扩建项目和 151 万元的 24 套教师周转房基本建成。2014 年年末，全乡有幼儿园 2

中心完小

所，在园幼儿 347 人，教职工 24 人；小学 2 所，学生 578 人，教职工 45 人，小学适龄儿童入学率 100%；初中 1 所，在校学生 340 人，教职工 35 人，九年义务教育覆盖率 100%。

文化体育

三家馆居民以土家族为主，曾是大庸（永定）土家语言保留长久地区之一。1965 年成立公社文化站，组建文艺宣传队，到各大队和生产队进行文艺表演。1982 年，中共大庸县委统战部调查，晓村尚有 2 户 8 人保留少量土家语言，能说或能听懂土家语，后因缺乏有效保护和传承，土家语言在境内消失。至 2014 年，建有乡文化站综合大楼，集图书阅览、历史文化艺术档案查阅、多媒体播放等功能于一体，藏有图书 8000 册。全乡有农家书屋 17 个，书刊共 8.5 万册；村级文化活动室 17 个，村级文化体育健身广场 16 个，占地面积 9200 平方米，配备篮球架、乒乓球桌等健身器材。有民俗民间艺术传承队伍歌队、戏剧队、舞蹈队 3 个，成员 92 人。三家馆“花灯”多次参加市城区元宵节表演。

境内体育健康活动大都因陋就简，就地取材，没有固定的活动场地。近年来，体育事业发展快，体育活动经常，体育场地、设施器材等逐步增多。2014 年末，有学校、机关体育健身活动场地 6 个，村级体育健身场 16 个，有乡广场舞蹈队 1 支，全乡经常性参加体育健身活动的人员占常住人口 20%以上。2012 年，组队参加永定区第二届运动会，获篮球项目乡镇组第六名。2014 年，组队参加永定区广场舞大赛获二等奖。

医疗卫生

1949 年前，没有官方医疗机构。1950 年后，各大队配有医务人员（俗称赤脚医生）1 人。1957 年成立联合诊所，实施中西医结合治病。1967 年改称公社卫生院，有床位 10 张，同时在各生产队增设赤脚医生 1 人。至 2014 年年末，全乡有医疗机构 11 个，其中，乡卫生院 1 个，村级卫生室 7 个，各种私人药房、诊所 3 个。乡卫生院有床位 12 张，专业卫生人员 13 人，固定资产 120 万元。2014 年，全乡新型农村合作医疗参合率 100%。

特色地情

历史人文

三家馆乡曾涌现出许多革命先烈和抗战英雄，据大庸县民政局烈士档案记载，有烈士 53 名。大庸县田角战斗发生在三家馆乡。

侯清芝，三家馆乡人，自幼随父母讨米度日，14 岁给地主放牛，15 岁学木匠。1934 年红军解放大庸，其父侯昌千任土地委员，叔父侯昌贵当游击队队长，妻子刘大梅当女儿队队长，妹妹侯幺妹是女儿队队员，他和弟弟侯青平参加红军。1935 年，侯清芝因制作马尾手榴弹，发挥木匠篾匠技艺，为红军做出贡献，升任班长，同时加入中国共产党。后参加长征。1936 年 9 月，侯昌千、侯幺妹在战斗中牺牲。抗战全面爆发后，侯清芝先后任 120 师 358 旅连长、独立二旅警卫营副营长，1942 年到延安抗大学习，1946 年任东北合江军区特务团副团长。1950 年回大庸任县大队队长。侯在革命战争中三次负伤，体弱多病，1955 年离休，1987 年病逝。邹海卿（1900—1965）三家馆乡人，土家族。生于贫苦家庭，年轻时抬轿打零工，爱好打围鼓、唱花灯。1934 年，红军解放大庸，邹被选为西正街农会副主席。12 月，加入中国共产党，参加红军六军团保卫大队，任副大队长。长征途中，先后在贵州毕节县平山铺、甘肃省河连湾战斗中二次负伤。抗日战

争时期，在八路军 120 师 359 旅 718 团任连长，1938 年 4 月，在田家村阻击日军战斗中第三次负伤，并授予“杀敌模范连长”。1940 年参加百团大战。359 旅调回延安后，邹任特务团营长。抗日战争胜利后，任东北辽阳团参谋长。南下时，任 139 师 416 团副团长，参加解放宜昌、慈利县等战斗。湘西解放后，任永顺军分区参谋长。1955 年任邵阳军分区副司令员，授中校军衔。1959 年转业任邵阳专属副专员。

田角战斗遗址 1950 年，解放军 47 军 141 师 423 团奉命驻大庸剿匪。湘西最后一名匪首覃国卿闻讯后，纠集 300 余众，跟踪、袭击、打死解放军战士 12 名，其中 2 名战士在田角（今将军庙）茅房内被打死。烈士遗骨现安葬于张家界市烈士公园。

将军庙传说 将军庙位于将军庙村，坐南朝北，占地面积约 0.08 公顷，庙门前有一棵古柏树，树冠郁郁葱葱，树龄与庙同龄。庙宇是两层木结构，飞檐斗拱，庙门立“王令官”“吞口”菩萨 2 尊塑像。庙的正殿并列罗大将军、周大将军、孔圣人 3 尊大塑像。据《大庸县志》载：明初，湘西土司覃垕王犯上作乱，朱元璋指派大将军周德兴、罗翼等领兵征讨。兵分三路直奔土家山寨茅岗，对覃垕王形成围堵之势，欲将覃垕消灭于茅岗。双方相持 9 年。后三家馆周家脚黑松关一战，周德兴将军和下属罗将军、庞将军许多将士在此阵亡。朱元璋为表彰周大将军及其下属忠于大明朝廷、勇于献身的精神，在黑松关建立庙宇，供奉周将军、罗将军塑像。此后，黑松关命名为将军庙村。据当地老人讲述：“将军庙代代由周姓人住庙奉守，最后一位守庙人周军初一直守到 1949 年。”解放后，村里的一些重大活动、会议在庙内举行。此庙毁于 1957 年冬季。庙毁前，每年香火不断。后来在庙的原址修建国家粮食仓库。庙门前的古柏树在1958年大跃进食堂化时被砍伐。境内周家组、庞家组、谢家组、樊家组、覃家组等地名，均以将军及其下属的姓氏命名。周将军及其部下种过绿豆的地方叫绿豆塔组，种过桂花的地方叫桂花组，引水开垦的荒田叫水塔田组。

宋家古宅遗址 三家馆村黑枞关曾经有一宋姓大户，家族人丁兴旺、富甲一方，族中出了不少文人、官员，传说县太爷从他家门前经过需下马步行。后来家族逐渐衰落，约1868年，家中48弟兄追随刘明灯前往台湾，据传后只回来一子名宋子玉。宋子玉膝下只有两个女儿，女儿出嫁后再无宋姓传人。今黑枞关留有宋家大院的残砖断瓦。

名优特产

蓝梅 棕桥湾村建有蓝梅基地，2012年从张家界蓝莓种植基地（立功桥）引进，面积13.33公顷。2015年产量4000公斤，均价约70元每公斤，主要销往市内市场。

杨梅 三家馆村白马泉建有杨梅基地，2004年建成，面积6.67公顷，2010年开始对外销售，年产量约4万公斤，均价30~40元每公斤。因三家馆海拔较高，成熟期多在“二端午”期间，引来无数本地游客前来采摘购买。

湘西黄牛 三家馆乡的“湘西黄牛”被列为全国14个商品牛基地之一。1957年，县畜牧局调查，发现三家馆黄牛具有体型大、役力强、性情温和、抗逆性强、繁殖力高等特点，送省农业展览会展览，被定名为三家馆黄牛。其特征是全身为金黄、棕黄或黑色，以金黄毛色较普遍。该品种牛肌肉发达，肩峰高，背腰宽且平直，四肢粗短、前肢稍弯而扁平，蹄圆且大，蹄壳深且坚实，平地、山坡行走自如。三家馆黄牛又分高脚、矮脚两种，矮脚型以体躯较大、四肢短为突出特征，其役用限位15~16年，最长20年。成年公牛犁水田日达0.27公顷。繁殖能力强，适宜配种；母牛产犊多为三年两胎，也有一年一胎。犊牛出生成活率在90%以上。肉质红润，色鲜，水分少，含蛋白质高，加工牛肉干，有健脾功能。1982年在香港国际市场上曾获优质唯美嘉誉。1981年，由国家投资，全乡设5个耕牛配种站，进行定向繁殖，被列入“湘西黄牛”提纯复壮、纯种繁殖基地。1982年11月，湘西自治州育种站在三家馆乡购两岁公牛1头，育训采精，用人工冷配授精在全州推广，向役肉、役乳兼用型发展。进入21世纪，“湘西黄牛”逐步走向规模养殖、订单养殖。

山羊 品种主要是本地羊和波耳羊杂交的“波杂”羊，由于全部是放养，山羊体型健壮、肉质口感好，销往市内外。每到年底，本地城市居民前来购买屠宰熏制腊羊肉。

土鸡 三家馆乡历来有放养本地土鸡的习惯，全乡有1000羽以上养殖4户。由于采用放养模式，土鸡一般只生长到1.5公斤左右，体型精瘦，肉质嫩香，尤其适合炖鸡汤。每年吸引无数市民前往收购，本地土鸡活鸡约60元每公斤。

板栗 主要品种为本地小板栗和杂交大板栗。本地小板栗以外壳油色光亮和口感微甜而更受欢迎，全乡年产量2.5万公斤，市场均价每公斤10~16元。

枞菌 三家馆山大林密，多马尾松（枞树），盛产天然的菌类食物——枞菌。分黄枞菌和乌枞菌两类，黄枞菌通体金黄色，多生长在3—5月雨天之后的3天内，多见于枞树下松针厚的潮湿处。乌枞菌多生长于10—11月，通体呈乌灰色。由于产量稀少且口感好而广受欢迎，均价最高达60元每斤。枞菌菌体像一片带杆撑开的荷叶，个体直径4~5厘米，常用来烹制枞菌炖腊肉和米辣子枞菌等特色菜。

七星椒 系朝天椒的一个品种，其特点是色泽鲜红、辣香兼有，是制作湘菜和川菜不可缺少的佐料。三家馆由于缺水，村民一直有种植七星椒的习惯，是全市有名的七星椒大乡。2014 全乡种植面积 80 公顷，年产量 120 万公斤左右。

风景名胜

古道 境内有一条直通湖北来凤的古道，全由石板铺成，通公路前南来北往的挑盐、挑棉花的商客多从此经过，本乡村民也多从古道前往大庸县城。今竹园坡村、碧龙湾村仍留有较为完好的石板路。

千年古樟 将军庙村桂花组樟树垭有一棵古樟树，传说树龄已有千年，需四人合抱，其树体整体恰似一把撑开的大伞，树冠四面撑开约 300 平方米。据传，该树为一女养鸭客种植，过去未通公路时，将军庙、枞茂、张家峪等村村民多从此树旁的山路经过，并在樟树底下纳凉。樟树中部树干上新长出一棵高约 1.2 米的椿树和栋菌树。

燕家大院 据 1986 年大庸县文物普查，查出黄土村境内有元代遗址 1 处。沿小温公路西行 11 公里处，有云盘塔村燕家大院。它建于乾隆年间，设计和构造奇特美观，历经沧桑。现在的燕家大院只留下几壁老墙和屋脚的平面图形来考证。相传，燕家大院是依据宋朝时风水先生杨俱平对此地流传的地气歌来确定选址而建的。建筑群内的构造部用石材、木头、砖瓦建成，设计有防火、防盗、防水功能。院内有厅堂 2 座、花池 8 个、大小房间 50 余间。历代燕氏宗亲人才辈出，先后有文武秀才燕先型、燕先泽、燕先照，祖传名医燕子民、燕子中、燕学文，抗战时期为国捐躯的有燕启雾、燕序凡、燕序才。燕氏宗亲历代为人忠厚，以耕读为本，遵纪守法，爱国爱家，尊老爱幼，效忠老人，遗训子孙，远近闻名。为当地留下宝贵的文化遗产。燕家大院周围村落田园风光优美。门前有像九字形的小溪流水，环绕大院、庭前潺潺而过，还有小桥亭阁。每到夏天，有玩童洗澡，垂钓美丽。西边有一个天然的大风洞，夏天傍晚，男女老少聚集在那里乘凉聊天。在溪流经的地方，当地人们利用水力资源，修建了 3 座水磨碾房。燕家大院的四季都是靓丽的风景线。

茅岩河风光 茅岩河全程 48 公里，其精品旅游线路在三家馆乡境内。途径有碧龙湾村、鸭坪村、黄土村，在境内全长 20 公里。2008 年张花高速途径三家馆乡毛头关、云盘塔、棕桥湾、三家馆、杜家岗、黄连洞、鸭坪等建制村，在境内全长 15 公里。棕桥湾村白马泉设有茅岩河出口，鸭坪村设有张花高速服务区和张花澧水特大桥。

民俗风情

三家馆乡土家民族有许多传统美德、古风旧俗。境内土家族人民对牛的尊重和崇拜胜过土家人自身，他们把牛栏建在吊脚楼的前面，寓意“牛在前，人在后，子子孙孙都有福”。逢年过节要给牛喂上等精粮，点上三柱香火，祀求神灵保佑饲养的耕牛平安吉祥，给主人带来好的运气。

土家仪式是三家馆土家民族的精神寄托，它延伸到土家人生产生活、宗教信仰的方方面面。在每个土家族人的生命历程中，要经历数百次土家仪式的精神洗礼，在他们心灵深处留下终生印记，成为规范人伦道德，为人处世的行为准则。土家仪式分为生产生活禁忌、告祖仪式、祭祖仪式、上梁仪式、上坟仪式、生死仪式等，还有许多民间祭祀仪式。三家馆土家人民还有许多独特的宗教信仰、傩技巫术。三家馆土家人崇拜祖先，崇拜各种鬼神，崇拜六畜。土家族平时十分讲究禁忌，逢六不杀牲，做客不座上首，除夕的火要旺，初一的灯要明，不动老人的烟袋和主人的火钳等。各种民间禁忌不下百十种，还有许多古风俚俗，一些民间方术，如烧艾、烧胎、卡蛾子、刮天麻、撒水饭、梯玛驱邪捉鬼、油光令、赶尸、抓贼追赃照水碗等。高深莫测的“辰州符”至今还在民间秘传。

建新房上梁 境内土家族哪一户建了新房要举行上梁仪式。房屋未上瓦前，堂屋中东、西两边各放一张木梯，各选2名或3名人员上梁，赞主梁，撒米粑。第一步上梁，上木梯，每上一步要说4句顺口溜或古人，但要压韵，至10步为止。10步上完后，说：“左手攀金川，右手攀银川，三手四手来在主梁边。站在梁上打一望，主东这个好坐场；前有三步朝阳水，后有三步水朝阳；左有青龙来绕梁，后有白虎望田庄；青龙白虎二面排，壮元、榜元进门来。”第二步赞主梁：“主梁主梁，生在何方，生在青龙山上，长在九龙头上。上生一枝朝东海，下生一支透黄泉，东生一支朝东海，西生一支佛面前。”以及如何砍树、如何做成主梁都赞。主梁赞后，要赞酒、豆腐等，最后抛撒米粑，整个上梁活动完成需几个小时。

结婚告祖 在结婚头一天晚上，新郎要行各种礼仪，和三拜九叩首，第二天在新娘家的各种礼仪才能完成。其形式主要有：洗洗所，即新郎洗手，由1个主礼生主持仪式，4~8名歌童伴唱，赞歌每首4句要压韵；熏秀所，即洗手后要在香烟上面熏一下，表示清洁，对祖宗的尊敬，也要由歌礼生赞唱，如“香烟妙妙，直冲天条，今日告祖，神灵知晓”；加冠所，即新郎加冠换衣，同样要唱赞歌；拜跪所、稀传所等，共需8个小时。还有迎新拦门等。

白会 即谁家死了老人，除请道士做功课外，还要请能唱教歌的人4~6人唱教歌。所唱内容有忆古人、有咏诗等，一直唱到四更送骆驼，五更送亡人，最后送吉祥，也就是对孝子唱一些吉祥的东西等。

打鼓歌 每逢农忙季节，10~20人或更多人帮助哪家做农活时，选两个会唱歌的人在前面表演，一个打鼓，一个打锣，同时唱一些经典爱情等内容的歌曲。唱腔多为三句一段。

（撰稿人：潘晨星　图：赵宗山　吴斌）

罗塔坪乡

槟榔谷全景

区域概况

地名由来

清代，因传说得名“罗带坪”；清末民初，因地形名为“独狮岩”；1949年10月以后，因地貌取名为“罗塔坪”。

位置面积

罗塔坪乡位于永定区西南部，东、西与湘西土家族苗族自治州永顺县润雅、大明、车坪、沙坝、三家田等乡镇交界，南与温塘镇相邻，北与青安坪乡、桑植县利福塔镇接壤。辖区东西宽9.35公里，南北长12公里，总面积87.8平方公里。乡人民政府驻地距张家界市城区 56 公里。

建置沿革

1912 年至 1949 年 10 月，属大庸县义安乡；1949 年 11 月，属大庸县第五区；1950 年 2 月后，分属第五区、第六区；1955 年 7 月，属罗塔坪区；1956 年 12 月，属罗塔坪办事处；1958 年 9 月属铁峰人民公社，1959 年改称茅岗人民公社；1961 年 3 月，属罗塔坪人民公社；1961 年 8 月，属茅岗区（1984 年 4 月复名罗塔坪乡）；1985 年 11 月，属茅岗办事组；1995 年 10 月，并入温塘镇，1998 年 10 月析出，复为罗塔坪乡。

行政区划

2014 年，全乡辖宏岗、罗塔坪、四关峪、太坪、青岩、岩垴、水田坪、槟榔坪、燕子湾、一碗水、盐井、黄土界 12 个建制村，共 99 个村民小组。乡人民政府驻宏岗村。

自然环境

境内高山峻岭，深沟峡谷，地势四周高山，中间低，地表起伏较大，海拔 312 ~ 1036 米。属喀斯特地貌和砂页岩地貌。土壤类型以石英砂岩和石灰岩发育而成的黄壤和棕黄壤为主。属亚热带湿润性季风气候，年平均气温 16 ~ 17℃、日照 1500 小时、降水量 725.8 毫米、无霜期 260 天。境内有澧水一级支流驻马溪，发源于四关峪村，汇入槟榔孔，渗流入澧水，河流长度 14 公里，流域面积 82.3 平方公里；二级支流槟榔溪，发源于盐井村烟竹山，汇入槟榔孔，渗流入澧水，河流长度 12 公里，流域面积 32.6 平方公里。有寒溪沟水库和双峰岩水库，可满足罗塔坪、宏岗、太坪、槟榔坪等村农田灌溉和人畜饮水。主要有铁矿、煤炭，非金属矿有石灰岩等，铁矿储量 3500 万吨，煤炭储量 3000 万吨。境内植被多见针、阔叶混交林，主要植物有杉、枫、松、锥栗木、樟等。自然灾害主要是水灾、旱灾。

人口民族

2014 年年末，辖区总人口 8194 人。境内有土家族、苗族、汉族等民族，其中，土家族人口 8029 人，占总人口的 97.8%。

经济发展

经济综述

罗塔坪乡经济以农业为主。2014 年年末，全乡实现生产总值 3449.52 万元，农民人均纯收入 4503 元，财政收入 27 万元；金融机构各项存款余额 7300 万元，贷款余额 1115 万元。

茅岩莓茶叶生产

农业

1949年以前，境内粮食作物以小麦、花生等耐旱作物为主，经济作物主要种植棉花。1949年10月后，投入资金和劳力，兴修水利工程，改善农业基础设施，开始种植水稻、玉米、小麦、杂豆、红薯、油菜、花生等农作物，特产有桐油、茶油、板栗、核桃、乌桕、湘西黄牛。粮食产量不断增加。近年来，在稳定水稻、玉米、红薯、马铃薯、油菜、茶叶、烟叶、花生种植和猪、牛、羊、家禽养殖同时，因地制宜，大力发展特色种、养殖业，逐步形成以莓茶、贡米、烟叶种植和生猪养殖为支柱的特色农业产业结构。成立5个农民专业合作社，建立1个莓茶科技示范园，带动400多个农户种植莓茶，夯实“公司+合作社+基地+农户+市场”的农业产业化模式。2014年，全乡粮食总产量6800吨。发展富硒（盐井）贡米面积80公顷，产量48万公斤；种植莓茶面积200公顷，产量32万公斤，产值过千万元；种植烤烟面积80公顷，产烟3000担，收入350万元；培育养猪大户3户，养羊大户3户，出栏生猪1.05万头。

乡村企业

1912年前，槟榔坪已兴办煤矿开采原煤，主要用于烧石灰和打铁。1949年10月后，利用境内丰富的煤炭、铁矿资源，兴建数家工矿企业。1956年，建立国营茅岗铁厂槟榔坪分厂，从业人员600多人。1957年，建槟榔坪炼焦厂。1959年，在宏岗大队建罗塔坪陶器厂。20世纪50—60年代，罗塔坪棉花种植非常普遍，境内涌现出许多纺纱织布的小作坊。2000年后，莓茶加工业、矿山采掘业逐渐发展。2008年，张家界茅岩莓有限公司在四关峪村建立茅岩莓茶原料培植基地，2014年，公司投入300万元，修建1200平方米的前期加工厂，并流转土地13.33公顷，建立莓茶科技示范园；张家界土家莓茶专业种植合作社在四关峪村建立第二家莓茶加工厂。至2014年末，境内已建成大小工业企业6家。

商贸服务

境内地处永定区、桑植县、永顺县交界地，自古以来，边区贸易繁荣。1849年，罗塔坪墟场场期为农历一、四、七日，罗塔坪因接近仙街河水运码头，成为湘、鄂、川边区的重要驿站。每逢场期，来自永顺、桑植、龙山、来凤的商贩，及县内各地农民到此赶集，人数多时达万人；主要物资有桐油、茶油、碱水、五倍子、木油、木材、棉花、棉纱、土布、杂货。墟场有大小商户百余家，从江西迁来的商人及县城商号设收购站10余家。土家族人民所需各种竹器、织锦、银首饰、头巾等，应有尽有。2014年年末，全乡有集贸市场1个，以莓茶、贡米、烟叶、板栗、核桃、花生、猪肉、蜂蜜等农产品交易为主。

劳务输出

罗塔坪乡劳动力资源丰富，人均耕地少。1978年改革开放以后，农村劳动力自发到广东、福建、浙江等地务工就业。2014年，全乡劳务输出1459人，创收5000多万元。

基础设施

交通运输

1949年以前，境内通往外界的通道主要是大山中的羊肠小道，运送物资主要靠肩挑背驮，也可通过水运。盐井村的大山丛中盘旋着一条神秘的古道，被称为盐井古道，曾是比较繁荣的商贸古道。该道地势险峻，路面狭窄，主要通往永顺、龙山、来凤等县，行走在古道上的人多为来往商贩和担货的挑夫，道路沿途设有供人食宿的火铺

（客栈）。1912—1949年，官方在盐井古道上设置有里程碑，每2.5公里设一处。水运通道从罗塔坪经槟榔坪抵茅岗区仙街河码头，到达茅岩河。1972年12月，小（河坎）青（安坪）线公路建成通车，全长51.1公里。1974年，堰（垭）罗（塔坪）线公路建成通车，全长3.5公里。2003年堰罗公路完成水泥硬化，公路状况得到实质改善。2007年，建成乡农村客运站，日发客运班车5个班次，日均客运量150～200人次。至2014年年末，全乡12个建制村实现水泥公路全覆盖。

邮电通信

2014年年末，全乡有邮政代办所1处，报纸、杂志累计发行6万余份。2004年，新建第一座移动通信基站。至2014年年末，移动信号覆盖率100%；有固定电话用户21户，移动电话用户3600余户，宽带用户107户。

供电饮水

因特殊地质地貌原因，1949年以前，境内大部分地区没有地下水，也不易存水，民众吃水要到3里以外的地方去挑水。1949年10月后，党和政府大力投资修建饮水工程。1985年，兴建锅逻坑、胡家台人畜饮水工程，解决宏岗村、罗塔村、太坪村200余户800余人的饮水问题。20世纪80年代末，从寒溪沟水库接管引水至槟榔坪村，基本解决全村生产生活用水问题。2013年，建成乡集镇集中供水厂，日供水规模400吨，供水范围覆盖宏岗村、罗塔村、太坪村等，受益人口3600多人。

水利建设

1950年后，先后修建水库、山塘、渠道、堤防等水利工程。1962年，罗塔坪乡降暴雨，大部分河段被河水冲垮，国家投资4.7万元、群众投工12万个，整治2条溪流，修筑堤防21处，长1.2公里，266.67公顷农田得到有效保护。1965年，修建双峰岩水库，集雨面积4.17平方公里，总库容79万立方米。1974—1986年，修建寒溪沟水库，集雨面积9.25平方公里，总库容141.6万立方米。到2014年，全乡有小型水库2座，大小山塘8口。

村镇建设

清朝时期，江西王姓商人在罗塔坪经商，后经其发起在宏岗建立集市，人员物资开始在此地聚集流通。随后逐渐发展成为乡域经济文化活动中心。1912—1949年，集市有收购站10余家。至2014年年末，全乡已建成集贸市场1处，建成集镇街道长1000米、宽12米，安装太阳能路灯25盏，集镇中心常居人口2000余人。

社会事业

学校教育

1947年，境内建义安乡第一中心小学。1949

年10月后，更名大庸县第十四完小（罗塔坪完小）。1958年9月，在完小附设初中班。是年，建立罗塔坪地区民办初级中学。“文化大革命”时期，公办小学放到大队办，罗塔、宏岗两个大队合办宏岗小学，又称罗塔坪小学；中学称为罗塔中学。2010年，为整合教育资源，罗塔坪中学并入温塘中学。2014年年末，全乡有小学1所，在校小学生403人，专职教师30人；幼儿园3所，在园幼儿212人，专职教师12人。

文化体育

1949年前，已成立罗塔坪阳戏剧团，主要表演大庸阳戏、花灯等戏剧。此外，三棒鼓、九字鞭也很盛行。20世纪60年代，汉剧（又称汉戏）传入罗塔坪，深受人们喜爱。随着社会经济快速发展，人们对文化的追求和享受越来越具有多元性和层次性，罗塔坪传统戏剧文化渐渐消失。2014年末，全乡有综合文化站1处，村级文化活动中心11处，农家书屋13个，藏书2万余册，广场舞队1支；有综合性体育场所1个。

医疗卫生

2014年年末，全乡有医疗卫生机构8个，其中，乡卫生院1个，有床位7张，固定资产总值250万元，有专业卫生人员12名；有村级卫生室7个，药房诊所3个。全乡参加新型农村合作医疗6162人。

社会保障

2014年年末，全乡农村最低生活保障对象206户398人，发放低保资金42.8万元；“五保”对象分散供养41人，发放供养资金12.3万元；实施农村危房改造工程136户；发放临时生活困难、大病医疗救助资金54人5.3万元；参加新型农村养老保险人数3235人，参保率85%。乡敬老院1家，床位30张，收养农村“五保”人员30人。

特色地情

历史人文

罗塔坪传说 境内山清水秀，鸟语花香，景色迷人。相传，有两个仙女经常从天而降，来到双峰岩、驻马溪戏水玩耍。一天，一仙女因不慎丢失一条罗带，回到天庭，王母大怒，要二仙女

槟榔洞

必须找回罗带，若找不回罗带，就永远不准回天庭。二仙女重回此地，怎么也找不到罗带，因此不敢再回天庭，后变成“两姐妹”石峰，屹立在驻马溪石峰之中，栩栩如生，后人观之，惊叹不已。山民为怀念这两位神仙姐妹，取名为“罗带坪”。清朝中期，一高人异士从此经过，见一巨石立于路旁，沿河数百米远的石壁下，有九个大小形态不一的岩包，形似石狮。此高人对山名头人说：“此地乃九狮寻母也，可喜母子方向各异，终不能团聚……”此后“罗带坪”便改名为“独狮岩”。1949 年冬，人民解放军进驻青狮寨，土改干部王光东，在定地名时，认为独狮岩不好，罗带坪不妥，看到此地满坪河塔，便取名“罗塔坪”沿用至今。

黄土界战斗　1935 年 3 月 21 日，红军在罗塔坪乡黄土界村巧设疑兵计。当晚，红军一部从鸡公垭撤到温塘、仙街河、水田坪、交子界等地，国民党郭汝栋的队伍尾随其后。红军留一部分兵力牵制敌人，大部队转移到罗塔坪西北的锅罗坑、月亮界、四方界、黄土界、槟榔坪一带。红军利用罗塔坪山高路险、森林茂密、岔路较多的有利地形，为使百姓免遭战祸，决定撤走之前在黄土界一带布置疑兵计，用稻草扎成军队，用谷壳盖成长带，一头点火，日夜冒着烟，几天不熄。敌人用望远镜一看，似乎红军还堵在那里。郭汝栋怕中埋伏，就令队伍在罗塔坪驻扎 20 多天，不敢冒进。一天，国民党军队派飞机侦察，在黄土界一带丢下炸弹一颗，发现没有动静，方知已经上当。郭汝栋纵队 1 万多人便开拔进犯到永顺塔卧，可是红军已休整半个多月，接着取得陈家河、桃子溪战斗的胜利，为反围剿战争的胜利争取得主动权。

名优特产

莓茶　又名“土家甘露茶、土家神茶，俗称长寿藤、灵芝草、眉茶、藤茶、苦甘露、婺源雪菊、观音草、山甜茶、龙须茶”等，属落叶藤本植物(葡萄科)，在《救荒本草》《全国中草药汇编》等药典中均有记载。经国家 16 家医学机构检测鉴定，该植物含有一种天然植物霜，有效成分主要是黄酮，被称为“黄酮之王”。莓茶的黄酮具有杀菌抗炎、清热解毒、镇痛消肿、降脂降压、润喉止咳、提高人体免疫力等功能。主产于境内四关峪村、罗塔村、宏岗村。

盐井贡米　产于盐井村，因明清时期为进贡朝廷的大米而得名。盐井贡米是从富硒土壤里长

茅岩莓茶

出来的，属于富硒大米。盐井富硒田位于高山之中，泥土偏白，水稻在此田中不发稻瘟病，也无需喷洒农药，长出的大米又香又糯，对人体有抗氧化、抗衰老、保护心脏等作用。

板栗 一有麻栗香，又称“麻栗榔大板栗”，主产地燕子湾村，粒大，果皮茶褐色，油光发亮，肉脆嫩香甜，有芝麻香味，寒露前成熟。二有毛栗香，主产地燕子湾村麻栗榔组，粒大，果皮黑色，披有白色绒毛，肉脆嫩香甜，尤以熟食可口，寒露前成熟。

风景名胜

罗塔坪境内群峰俊秀，山石奇特，分布有“驻马溪”、槟榔谷、双峰岩、寒溪沟、童缠沟等自然景观。2014 年，槟榔谷旅游大环线入选张家界 12 条户外休闲精品旅游线路之一。是年 12 月，在槟榔谷、驻马溪、双峰岩等地成功举办首届张家界 24 小时——全国网络大咖户外挑战赛。

驻马溪 古名苎麻溪，位于四关峪村，是一条美丽幽深的峡谷，为典型张家界地貌。潺潺溪流蜿蜒流淌，两岸砂岩峰林簇拥分布，与张家界国家森林公园风景如出一撤，因此有“小张家界”之称。相传此处为虎形地势，凡是有马车经过，人不下马，则风沙四起，人仰马翻，驻马溪由此得名。清乾隆丙寅（1746 秋），澧州知州何璘，来此查看水灾，题驻马溪诗曰：“平生好探奇，到此忽改视。溪水更有神，溪山更难拟……。峨峨溪上山，土崩石喂垒。夹溪一丈余，参差相对峙。拔地撑青空，林立争怪诡。方圆各肖行，想象随所指。因思蛮中山，霾没宁惟是。巧匠不能为。”对驻马溪的风光作了精辟的描绘。

羊驼峰 又称“草泥马峰”，峰高 119 米，因外形酷似羊驼，即网络神兽草泥马而被驴友戏称为“草泥马峰”。2014 年 1 月 25 日，亚洲“蜘蛛人”李童星挑战攀爬“草泥马峰”，使该峰名声远播。《大庸县志》曾对羊驼峰这样描写道：“溪门口有一危崖怪石，蜿蜒而起，高约二百米，活像一巨蟒，昂首苍穹，令人叹绝。”

槟榔谷 位于槟榔坪村、水田坪村，是张家界地貌和喀斯特地貌富集区，森林覆盖率超过 80%，有溶洞、岩壁、天坑等景观。其间，壁立千仞的石

羊驼峰

墙绵延数里，天然草地葱葱郁郁，绝壁中开的槟榔洞穹窿轩豁，喀斯特迷洞神秘奇幻，鬼斧神工的巨型天坑和自生石桥巧妙形成锅灶景观。

槟榔洞 高25米，宽20米，长160余米，东西贯通，连接槟榔坪和水田坪两村，东面洞口有水井，洞外群峰襟锁，合如环堵。洞中石壁有锣鼓岩，以石敲击，声如锣鼓；亦有牛角石，口吹能发出号角声。槟榔洞为古永定“八景”之一。《永定县志》记载：“槟榔洞，县西八十里茅岗之南。山极峻拔。下开一经通桑植。洞内穹窿轩豁。高广约四丈长百余丈。洞口南向。洞中产白石。花纹如槟榔故名。”洞内冬暖夏凉，是避暑和观景的胜地。

星之谷 是一处河床干涸的开阔溪谷，三面黑白色石灰岩石壁壁立千仞，如桶环绕，谷中绿草茵茵、山泉潺潺。这是一座山墙砌就的围城，在繁星点点的夜晚，环绕的山墙将星空勾勒出美妙的轮廓，将尘嚣远隔在千里之外，耳畔只有鸟鸣禅唱的大自然交响乐，星之谷美誉由此得来。

双峰岩 位于罗塔村，两道素壁，高300米，对峙如门，因此得名。中有一溪水，沿溪而上，山峰挺拔，森林茂密，有双峰门、地缝、双峰岩水库等景观。双峰岩地貌景观，石峰或如竹笋根根矗立，或如城墙恢弘延绵。

童缠沟 位于槟榔坪村，原名童家沟，因童姓家族长居于此而得名，为一狭长静谧的峡谷。峡谷中有小溪缓缓流淌，两旁砂岩峰林矗立，植被茂盛，花香鸟语，空气清新。有覃垕王棋盘、孤峰绝壁、古楚界地标等景观。

天星洞 位于堰垭东北侧，洞口有一层宽约5米、厚约2厘米的白色薄雾，悬浮空间，经久不散，是洞内外冷热空气相交形成的奇观。洞下有长约200米的长廊。洞内有石柱、石笋、石莲花等钟乳石。向右转第一厅，有情人拥抱岩、神龟探海、佛祖传戒、恐龙戏象、众仙赏月等奇景。东入迷魂台，有千丘田、珊瑚灯、“泰山镇猴”依次罗列。对面的石柱如众仙簇立，旁边有荷花叶似的石瓣，造型逼真；南有大舞池，顶上倒挂彩练似的钟乳石，池内有形似舞女的石柱像在翩翩起舞；池旁的石柱，若呼唤或轻击，能发出音响，余音回旋，如闻瑶池仙乐；四面石壁如瀑布飞泻，有“五彩花石”等，是个绚丽的地下宫殿。

民俗风情

罗塔坪是土家族人聚集区，境内土家民族文化浓郁，土家戏剧、土家婚俗、土家工艺、土家饮食、土家建筑、土家节庆等民俗风情别具特色。

青岩篾背篓 主要是用桂竹篾条编织而成，底部略呈方形，从腰部开始便呈圆形，而且渐渐扩展开来，背篼底由四块长方形的木头组合而成，有儿背篓、洗衣背篓、茶背篓、柴背篓等类型。背篓工艺精湛，外形美观。青岩篾背篓曾经作为民间工艺品跻身“广交会”，受到海内外顾客称赞。

土家建筑 受特殊地理环境影响，罗塔坪乡传统建筑为木架板壁屋和吊脚楼。房子多依山傍水而建，一栋屋一般是三大间，中间的一间叫“堂屋”，是作祭祖先、迎宾客和办理婚、丧事用的。堂屋两边的左右两间叫“人间”，是住人的，“人间”又以中柱为界分前后两小间。前面一小间作伙房，后面一小间作卧房。随着经济社会的发展，居住环境的改善，越来越多的居民住上了砖混结构的楼房，在盐井、黄土界、青岩、岩垴、罗塔等山村，还保留有许多木架板壁屋和吊脚楼。

六月六习俗 六月六日为覃垕忌日，这一天，罗塔坪一带土家族人不晒棉衣、书画，意思是联想到覃垕遇害时，被剥皮残杀，于心不忍。为痛悼亲者，齐跳摆手舞，歌舞以送神。

（撰稿人：徐敏　图：龚界平　徐敏　鲁帮福）

青安坪乡

大峡谷风光

区域概况

位置面积

青安坪乡位于永定区西部，东临罗水乡、猪石头林场，南与罗塔坪乡、温塘镇接壤，西与永顺县桃子溪乡相邻，北与桑植县利福塔镇、澧源镇交界。总面积88平方公里。乡人民政府驻地距张家界市城区63公里。

建置沿革

1949年10月前，属大庸县义安乡；1949年11月，属大庸县第五区；1950年2月，属第六区；1955年7月，属罗塔坪区；1956年6月，撤区并乡属青安坪乡（由安坪、神堂坪、青安3个小乡组成）；1956年12月，属罗塔坪办事处；1958年9月，属铁峰人民公社；1961年3月，属青安坪人民公社；1961年8月，属茅岗区（1984年4月恢复青安坪乡）；1985年11月，属茅岗办事组；1995年5月并入温塘镇，1998年10月析出，复为青安坪乡。

行政区划

2014年，全乡辖瞿家堡、张家坡、大米界、青安、安坪、土家旯、胡家坡、田家岗、神堂坪、福尔界、伍家湾、洞子坊12个建制村，共95个村民小组。乡人民政府驻安坪村。

自然环境

境内属典型的喀斯特地貌，四周群山，中间河谷地形，多岩山沟壑，最低处海拔220米，最高处海拔1100米。茅岩河自西北从桑植县境向东南流经境内，入温塘镇。土壤以黄壤、红壤为主。属中亚热带季风湿润气候，年均气温17℃、降水量1404毫米、无霜期270天。有冰雹、旱涝、低温、霜冻、雷击、山体滑坡等自然灾害发生。境内资源丰富，森林和草地覆盖率95%以上。主要矿产资源有大理石、煤、铁、铜等。1962年，省地质局澧北地质队在青安坪进行铁矿详查，认为是不可多得的好矿山。2000年，青安坪大理石矿经专项勘查和专门机构鉴定，为浅米黄色大理石，杂质少、裂纹少、硬度大、强度高、吸水率低，色泽明亮，耐压耐磨，极具开采投资价值。

人口民族

2014年年末，辖区总人口8245人。境内为土家族、汉族、白族、苗族等多民族聚居地，其中，土家族人口占总人口的90%。

经济发展

经济综述

1998年以后，青安坪乡按照“矿业兴乡、烟叶富民、劳务增收、夯实基础、加快发展”经济发展战略，全力推进经济稳定快速发展。2014年年末，全乡实现生产总值30000万元，其中，农业产值3000万元，财政收入293.3万元，农民人均纯收入4300元，金融机构存款余额4000万元。

农业

1949年以前，境内因地表储水能力差，农业灌溉及人畜饮水长期存在困难，以致水稻、蔬菜、玉米等农作物产量不高。1949年10月后，开始大办农业，兴修山塘、河坝、灌溉渠道等农田水利设施，农业生产得到发展。改革开放以来，深化农村改革，完善农业基础设施，普及推广优良品种，提高农业机械化普及程度，抵御自然灾害能力增强，粮食丰产稳产，农民收入增加。进入21世纪后，农业转型步伐加快，发展壮大烟叶、中药材、青蒿、茅岩莓茶、百合、核桃、板栗、山羊养殖等优势产业。2006年开始尝试发展烤烟种植，2010年建立张家坡村千亩烟田实验区，至2014年，烟叶生产成为支柱产业，种植烤烟面积209.33公顷，产量414763公斤，收入1500余万元，财政税收100万元，烤烟种植居全区之首。自2013年开始，张家坡村发展中药材种植面积20公顷，并组织成立中药材种植专业合作社；安坪村建成黄柏基地12公顷，组成茅岩莓茶种植合作社，流转土地33.33公顷，发展莓茶；全乡种植百合和苦蒿面积46.67公顷，构成境内农业产业化特色。2014年年末，全乡耕地总面积8802.8公顷，粮食产量12593吨。

畜牧业

改革开放以前，境内畜牧养殖业基本自产自销，以散养居多。改革开放后，逐步走向规模养殖、订单养殖。从2008年开始，相继成立黄牛养殖合作社、山羊养殖合作社等农村经济组织，开展服务，促进技术交流。至2014年年末，全乡饲养黄牛1000头，生猪5000头，山羊2500只，养殖珍珠鸡、野山鸡等1万羽，产值2000万元。

林业

1949年前，境内多山石，林少，石漠化严重。之后，加大森林资源保护力度，木材采伐仅限于国家集体建设和群众自用。1965年，党和国家发出"绿化祖国"号召，组织植树造林，山林面积有所增长。2003年，实行退耕还林政策，鼓励群众植树造林，退耕还林面积133.33公顷。2012年，湖南省林业厅专家及区林业局派员到青安坪乡现场调研及勘测，将瞿家堡、青安、安坪3个村列入全国石漠化治理重点工程。至2014年年末，总投资1800多万元，实现造林面积近200公顷、种草近百亩，并配套畜牧、水利等相关项目，生态环境得到极大改善。

乡镇企业

土家族先民在漫长的生产生活实践中，逐步发展水碾米、木榨油等传统食品加工业，制成剁辣椒、土家香肠腊肉、血豆腐、红薯粉、葛根粉等原生态、纯天然、无公害、营养丰富的传统食品，并打包装箱，运至桑植、永定城区进行贩卖，为境内企业雏形。1949年10月以后，逐步兴办社（乡）办、大队（村）办集体企业。改革开放以来，集体企业逐渐解体，个体私营企业快速发展。2011年，引进上海美高金属制品有限公司，投资2500万元，收购大米界境内的汇金矿业有限公司，建设铁矿石选矿生产线1条，年生产能力15万吨，产值5000万元，实现税收800万元。2014年年末，境内有张家界市仓基界大理石矿厂、冠赢矿业、英源矿业、美家石材、山宝石材、金鑫峰金属等13家矿山企业，年产值近5000万元，税收500万元。

商贸服务

1949年前，境内郑家河码头是连接现永定区、桑植县的交通枢纽，也是货物集散地，贸易繁荣。1949年10月后，发展陆路交通，水上交

矿产资源

通逐渐衰落，郑家河码头已无商业贸易，而设立的供销、粮店等为境内主要商贸服务机构。改革开放后，国有集体商贸机构改制退出商品流通市场，个体私营经济蓬勃发展。至2014年，全乡有商业网点15个，从业人数130人，社会商品零售总额9170万元；有农贸市场1个，年成交额3000万元。

劳务输出

1978年改革开放以后，境内农村劳动力自发外出务工就业。2014年，全乡劳务输出2500余人，80%前往广东、福建、浙江等沿海地区，20%在张家界市城区务工；开展农村劳动力转移技能培训，培训500人。

旅游业

境内东与天泉山国家森林公园相接，南与新兴的户外探险地槟榔谷相邻，整个青安坪河道是张家界西线旅游茅岩河平湖游的主干道，沿途水碧山清，风光如画，两岸壁立千仞，景色秀丽，距亚洲第一大溶洞九天洞仅3公里，旅游位置优越，发展潜力大。2013年，着力打造依附于“一河（茅岩河）一洞（九天洞）一山（天泉山）”户外休闲、探险基地。开发休闲、体验、挑战、极限类的登山、攀岩、探洞、溯溪、抱石、露营、穿越、滑翔伞等户外旅游项目。2014年年末，旅游业效应开始显现。

基础设施

交通运输

因境内山高坡陡，道路崎岖，1949年前，物资流通无车运载，陆上交通全靠马驮人挑，水上交通靠茅岩河水路。1949年10月以后，着力发展交通。1973年，修通青安坪地区到桑植县利福塔镇公路、青安坪到大庸县城公路。1996年，修通温塘—洞子坊—田家岗—桑植县公路。2003年，实行温（塘）利（福塔）公路改造升级，公路硬化，途径青安坪乡。2008年，完成河东温塘—洞子坊—桑植公路硬化改造升级。至2014年，集镇至张家界市区、至桑植县城交通便利，

交界古道

温（塘）利（福塔）公路经河西全村，河东有温塘至桑植公路，形成环茅岩河交通圈；全乡12村都通水泥公里，有村道，全乡80%的组通公路，公路入户率75%。境内公路与县道联网。青安坪乡班车队河东河西各发班车4班次，日均客运量100～200人次。

邮电通信

1998年设青安坪乡后，先后开通中国移动、中国联通、中国电信等通信业务。2014年2月，邮政储蓄、中国邮政落户集镇。至2014年年末，全乡有邮政所1处，邮政业务总量10万元，报纸杂志累计订阅1万份；有通信服务网点3家，移动信号基站2座，固定电话400户，手机用户2000户；互联网入户率21%。广播电视“村村通”基本覆盖。

供电饮水

1949年以前，境内家家户户基本靠蜡烛、煤油灯照明。1949年10月以后，拉通青安坪乡照明用电线路，1998年乡集镇全部通电，后续完成全乡通电。1999年渔潭电站建成投产，解决青安坪乡供电不足的问题。2014年，全乡用电由茅岩河供电所规范管理，设置收费点，与城区接轨自助缴费。

2012年，修建自来水厂实行集中供水，水厂选址青安村，占地0.27公顷，水源引自于罗塔坪乡寒溪沟水库，设计能满足4000人用水，辐射青安村、安坪村、土家旯村300户1500余人。2014年实行“五小”水利建设，在饮水困难的张家坡村、大米界村、神堂坪村建成水窖90口。田家岗村从5600米外的桑植县澧源镇引进水源，先后投入50多万元，把自来水送到村里各家各户。

水利建设

1949年以前，境内水资源匮乏，水利设施简陋，村民基本靠天吃饭。1949年10月以后，党和人民政府重视水利建设。1998年后，集中整修全乡山塘，修建溪口溪水库。2013年，启动小农水工程建设，建成水窖40口，水池152口，修建水渠8000多米。近年来，在配套烟水工程建设中修建一批水池，缓解人畜饮水和灌溉难问题。

村镇建设

1949年以前，境内居住分散，无固定活动场所，没有集镇。1949年10月以后，基本在温塘

蓄水池

镇活动，1998 年设青安坪乡后，乡政府驻地选址在青安村、安坪村交界处，集镇建设大发展。至 2014 年，形成以乡政府机关单位为中心的集镇，集镇街道长 2000 米、宽 8 米，集镇常住人口 2000 人。至 2014 年，建成综合文化站 1 所，政府机关活动广场 1 处，全乡 12 个村有农民健身场地，体育器材。近年来，稳步推进小城镇化建设，街道建筑正统一规划，“穿衣戴帽”，力图突出青安坪乡土家文化。

社会事业

学校教育

1912—1949 年，乡域教育均为民间办学，通称私塾。1956 年，创办青安坪乡学校；1983 年，创办 3 个点校；2003 年，学校改造升级，成立青安坪乡中心学校，设有幼儿园、小学部、初中部。2008 年因生源不足，撤初中部。2014 年年末，全乡有幼儿园 1 个，在园幼儿 40 人；小学 1 所，在校学生 173 人，专职教师 24 人，小学适龄儿童入学率 100%。

文化事业

1949 年前，境内群众文化活动以土家民间文化为主。1949 年 10 月后，随着经济发展、社会进步，群众对文化活动的需求越来越高，群众文化活动开展经常。2010 年，12 个村均建农家书屋，有图书上万册。从 2005 年起，桑植县利福塔、永顺县砂坝、永定区青安坪 3 个乡镇以民族团结联谊会为平台，共同致力于经济社会发展和民族团结进步，重点实施水利、交通、民俗文化等基础设施及产业建设，民俗文化得以保护，纯朴的民风和优秀的民族传统得以传承。3 个乡镇每年轮流举行边界乡镇民族团结联谊会，表演当地民俗风情文艺表演，促进文化交流，形成独特的文化盛事。

体育活动

因境内地处偏远，交通闭塞，1949 年以前，群众体育活动大都因陋就简，就地取材，随身携带的劳动工具就是体育器材，田间地头，室内室外，随时随地可开展体育健身活动。逢年过节，大型集会有挑扁担比赛、拔河、斗马、踩高跷、摔跤等民间体育娱乐活动。1949 年 10 月后，社会秩序逐渐安定，普通体育健身项目开始普及。1998 年后，体育健身项目得到发展，在乡政府机关、学校修建篮球场，开始打篮球、做体操、打羽毛球等项目。2010 年后，广场舞开始流行，丰富村民体育健身项目。至 2014 年，全乡有学校、机关体育健身活动场地 3 个，村级体育健身活动场地 20 个；有广场舞协会、篮球队、登山探险协会等民间体育活动组织 4 个，成员 100 多人。先后组队参与永定区篮球大赛、广场舞大赛等大型体育活动。

医疗卫生

1949 年前，乡域医疗机构仅为民间诊所。改革开放后，医疗卫生得到较快发展，群众缺医少药现象大为改善。1998 年设乡后，乡卫生院、村卫生室逐步成立，医疗卫生条件大幅提高。至 2014 年，全乡有卫生院 1 所，资产总额 65.5 万元，有床位 8 张，职业医生 4 人，有 B 超等常规诊疗设备，能满足农民基本医疗需求；设村级卫生室 5 个，方便村民看病。全乡新型农村合作医疗参合率 96%。

社会保障

近年来，先后有 338 位残疾人康复就业落实到位。至 2014 年，全乡有低保户 187 户，保障对象 397 人；“五保户”集中供养 27 人，分散供养 19 人；优抚工作稳步推进，生活补助 29 人。

辖区有便民服务取款点 4 个。

特色地情

历史人文

青安坪民风豪爽。元朝末年，湖广澧州大庸卫茅岗宣慰都元帅吴统志、吴毓父子的残酷统治，激起茅岗人民的强烈反抗。覃垕率领土家族山民举旗造反，赶走吴氏父子。之后，队伍不断壮大。朱元璋击败在湖广地区建立汉政权的陈友谅，覃垕率部归顺朱元璋。朱元璋任覃垕为慈利安抚使。后改任湖广理问。覃垕于洪武三年（1370）四月发兵起义，冲进慈利县城。明太祖朱元璋闻讯，派湖广平章杨璟、杨璩前来征剿。覃垕率领土家军抵抗，首战于慈利覃垕城，再战于百丈峡，三战于大庸肖家峪，四战于茅岗七年寨，因众寡悬殊，退守地势险要的茅岗七年寨。明军将七年寨团团围住，覃垕假以 3000 人下山彰匕战，而后用诈降计活捉杨璩部将黄永谦，摸清明军不服南方水土的底细，决定依山筑寨，与明军打持久战。洪武三年（1370）十月，朱元璋任命周德兴为征南将军，接替杨璟，再剿覃垕。翌年四月，周德兴攻克茅冈覃垕寨。

1949 年前，因交通闭塞，物质文化落后，生存困难，青安坪多土匪。中国最后一个被剿灭的土匪覃国卿生于斯、长于斯、殁于斯，也给境内增添几分神秘。覃国卿是青安坪一个恶霸的儿子，据考系明代农民起义领袖覃后的后代。此人成年后，身体颀长如杆，性情乖戾，顽劣异常。由于小时出天花，脸上留有麻点，加上平日里喜欢偷鸡摸狗、打家劫舍，当地人送其绰号“卿杆子”

茅岩河平湖游起点

“卿麻子”。1937 年，覃国卿杀了时任保安队队副的堂叔，霸占堂婶，扯起大旗自封队长，组织起一支土匪队伍，从此，横行乡里，无恶不作。1934 年 11 月，红二、六军团攻下大庸县城，建立湘鄂川黔革命根据地，覃国卿的父亲在打土豪分田地时被红军处决。父死母嫁，覃国卿到土著武装义安乡民团当了兵，并练就“百步穿杨”、左右开弓的好枪法。1949 年 10 月后，青安坪匪患不断。1965 年 1 月 1 日，湖南省军区司令员刘子云下达剿匪命令，在湘西掀起新中国成立以来的第二次剿匪高潮。3 月 24 日凌晨，解放军、民兵和三县群众近万人开始大搜山，覃国卿躲在山洞中，后窜逃，身中十几发子弹，当即死亡，其妇人田玉莲被活捉，经审讯后被处决。覃国卿为匪时，曾在青安坪东躲西藏，搭建棚子，修土灶，乱扔瓷缸，也与剿匪部队进行过激烈交火，留下不少流窜印记。

名优特产

青安坪乡平地盛产水稻、油菜，山坡盛产玉米、烟叶，山上产核桃、板栗、葛根。畜牧业以本地黄牛、山羊、土鸡、珍珠鸡为主。传统加工农产品有腊肉，香肠，血豆腐，葛粉等。

土蜂蜜 境内村民养蜂，出产土蜂蜜，蜜色泽深、口味独特、香甜味浓，含有多种能被人体直接吸收的微量元素。青安坪的蜂蜜含有丰富的有机酸、蛋白质、维生素、酶和生物活性物质等多种营养成份，具有润肠、润肺、解毒、养颜、增强人体免疫力等功效。

米核桃 青安坪乡米核桃闻名张家界内外。青安坪米核桃以其果大、壳薄、肉厚而著称。青安坪因此获得“核桃之乡”的美誉，通常每年核桃产量约 10 吨。

风景名胜

青安坪乡处于张家界西线旅游的中心部位，茅岩河从北向南穿过，将全乡分成河东 5 个村，河西 7 个村。整个青安河道是张家界西线旅游——茅岩河平湖游的主干道，沿途水碧山清，风光如画，两岸壁立千仞，景色秀丽，有“百里画廊”之誉。境内风景名胜众多，米积桥位于青安坪乡大门瞿家堡村，建于清末。据传有一个孤老看行人过路不便，就把自己积存下来的米捐出来修桥，但不够用，结果当地群众纷

烟叶

纷捐米，才将此桥建成，故名“米积桥”。桥长28米，高15米，单拱石桥。桥上下两侧石缝中，古木成行，参天蔽日，犹如伞盖，古藤盘绕其上，千姿百态。一条清流，自东南穿桥底而过，向西北倾泻，发出潺潺流声，流水带来习习清风，温柔凉爽，桥下可进行各种户外休闲活动。

境内仙女峰大峡谷全长12公里，总面积40平方公里，植被良好，奇峰异石，山水秀丽，溶洞独特，生物资源丰富，交通方便。血门沟，被称为“地球的裂缝”。相传，明朝初年，桑植土司和茅岗土司发生边界纷争，一次，桑植土司派人夜袭茅岗土司，双方在这一带展开激战，结果在沟边人仰马翻，死伤无数，沟内死尸累累，血流成渠，阴风阵阵，因此得名。血门沟里终日不见阳光，水雾朦胧，但草木茂盛，奇花不绝。到了雷雨天，沟内回响混杂，像千军万马在奔腾撕杀，令人心惊胆颤。

境内属喀斯特地貌，天坑溶洞多，土家旯村集镇村道旁，有自然下陷的小天坑，深20米，可容纳1000多人。小天坑底部仅‘一门’之隔，便是壮观的喀斯特溶洞，石柱、石笋等非常集中。天坑冬暖夏凉，夏季常有村民在此休闲纳凉。

洞子坊古渡是古代茅岗土司沟通永顺土司的交通要道，现在仍然是连接青安坪乡河东、河西的重要交通枢纽。渡口两岸岩壁陡峭，回声清晰，响彻河谷，河水清澈，历史墨迹浑厚，风光如画，可开发户外攀岩运动。进入洞子坊古渡，只有通过峭壁小路徒步行走。洞子坊小三峡风景优美，茅岩河贯穿洞子坊村，乘船游览，两岸连绵不断的山峦高耸陡立，云雾围着重叠的山峰漂渺在四周，时隐时现，犹如游览长江三峡之感。

民俗风情

傩戏 在伍家湾村檀木溪组可体验檀木溪原生态土家巫傩文化。傩戏是古老傩文化的载体，是由傩祭、舞蹈发展起来的一种宗教与艺术相结合、娱神与娱人相结合的古朴、原始、独特的戏曲样式，它既有驱疫纳吉的祭祀功能，又有歌舞戏曲的娱神娱人功能。青安坪傩戏属于典型的以“娱神”而“娱人”的巫术艺术，融戏剧文化和宗教文化于一体，内容幽默诙谐，情节风趣滑稽，具有鲜明的喜剧特色，在“娱神”的过程中达到“娱人”的目的。

青安坪阳戏 阳戏是湖南地方戏曲剧种之一，流行于湘西地区。青安坪阳戏以“二小戏”的表演艺术最具有代表性，其步法等表演形式和舞台调度均颇有讲究。青安坪阳戏的传统剧目约150个，《雷交锤》《杉树湾诊驼》《勾头催粮》《三看亲》等为传统积累剧目，《孟姜女》《龙王女》《庞氏女》等来自傩戏，《捡菌子》《掐菜苔》《盘花》《打猪草》等来自花灯，《白蛇传》

大峡谷风光

等则来自其他大戏剧种或木偶戏。阳戏服装、妆容都有浓厚民族地方特色。

六月六“覃垕晒皮” 境内土家族节日众多，除传统民族节日外，重大民族节日有六月六“覃垕晒皮”。相传朱元璋称帝后，背叛农民起义宗旨，大封王侯，滥造宫殿，强迫茅岗司土民贡献香楠大木，因而瑶役十分繁重。加上湖广大旱，灾民相食，弄得民不聊生。洪武三年(1370)，土家族首领覃垕，联合桑植、永顺、鹤峰等“十八洞蛮”愤然揭竿起义，震动朝野。朱元璋亲自坐镇荆州，先后派遣五个候级将领发兵征讨，覃垕依托七年寨坚持抗战，后因叛徒出卖，被官兵俘获。洪武五年（1372）农历六月初六日，朱元璋在南京下令对覃垕实行凌迟刑(剥皮)。为取得覃垕真影，朱元璋还下令将覃垕皮吹鼓，供在殿上。为防虫蛀霉烂，每年六月初六要翻晒覃垕皮一次，故这天又叫“覃垕晒龙袍”“覃垕晒皮”。《永顺县志》记载：“六月六日晒书及衣服，俗传明茅岗土司覃后以是日被诛，血溅其衣，附近居民暴衣以吊之，名曰‘晒龙袍’。”

（撰稿人：胡嘉　图：赵宗山　鲁帮福）

双溪桥乡

集镇一角

区域概况

位置面积

双溪桥乡位于永定区东南部，东与沅古坪镇相连，东南接谢家垭乡，西南与怀化市沅陵县的七甲溪乡、火场乡交界，西与石长溪林场、永定区林科所接壤，西北与三岔乡为邻，北与慈利县金岩乡毗连。总面积69.67平方公里。

建置沿革

1949年以前，属沅陵县仁坪乡；1953年4月划入大庸县辖，属大庸县第八区；1955年7月，属沅古坪区；1956年5月，撤区并乡属双溪桥乡（由高砰、孙阳坪、桥头、长溪4个小乡组成）；1956年12月，属沅古坪办事处；1958年9月，属东风人民公社；1961年3月，属双溪桥人民公社（1959年2月改称沅古坪人民公社）；1961年8月，属沅古坪区（1984年4月复为双溪桥乡）；1985年11月，属沅古坪办事组；1995年5月，并入沅古坪镇，1998年10月析出，复为双溪桥乡。

行政区划

2014年，全乡辖雷家山、高坪、昌溪、董家山、苗湾、陈家山、双溪桥、孙阳坪、徐术坡、高家溪10个建制村，共70个村民小组。乡人民政府驻陈家山村。

自然环境

境内属中低山区，为石灰岩、白云岩高岗地，地势起伏不平，平均海拔约649米，最高处在昌溪村境内的冥阳山、海拔1261米，最低处位于高坪村境内、海拔306.8米。是一个“山重山，山背山，大山小山叠罗汉”的典型高寒缺水山区乡。气候宜人，年均气温13.75℃，无霜期260天，日照1129小时，降水量1872.1毫米。境内森林覆盖率73.9%，杉木、桃树、樱花、映山红等植物错落分布，每年春天，百花齐放，让人流连忘返。

人口民族

2014年末，辖区总人口6780人。境内为土家族、白族、苗族、汉族等多民族聚居地，其中，少数民族人口占总人口的99%，且以土家族为主。

经济发展

经济综述

境内海拔高、水源不足、地形复杂，耕地面积少，有一半是山岗田，易受旱灾，人均耕地面积0.07公顷，山林面积0.79公顷，全乡经济以农业为主。主要物产有木材、烤烟、药材、七星椒、红薯、玉米、稻谷等。2014年，全乡实现农业产值836万元，财政收入390.6万元，农民人均纯收入4730元。

农业

全乡有耕地面积481.87公顷，其中，旱地

农业生产

104.67公顷，稻田377.2公顷，以粮食种植为主。近年来，改善农业基础设施，拓宽农产品销售渠道，发展烤烟、山羊、大鲵、桃子、魔芋、百合等种植业、养殖业产业基地。先后建成以双溪桥、雷家山等村为主体的魔芋种植基地13.33公顷，徐术坡村桃子种植基地40公顷，以高坪村为中心的百合种植基地60公顷，产品畅销周边县市。2014年年末，水稻亩产450公斤，玉米亩产400公斤。畜牧业以养殖山羊、家禽为主，基本形成以昌溪、孙阳坪等村为中心的山羊养殖基地，常年饲养山羊3500只，年出栏2000只左右，是永定区最大的山羊养殖基地。近年来，开始发展新兴特色种养业，主要养殖大鲵，建立大鲵养殖合作社。2014年，全乡存栏山羊3000只，饲养家禽9.8万羽、出笼3.8万羽，存池大鲵1万余尾。

境内种植烤烟已有20多年的历史，双溪桥乡的优质烟叶全市有名,种烟农户常年稳定在130户左右，烤烟面积近年稳定在80公顷左右。为发展烤烟，先后投入300多万元修建集群烤房5群共50间，长浏2号烤房60余栋，投入23万元修建标准化育苗工场1个。烤烟单产稳定在2.5担/亩，其中优质烟叶1.5担/亩。烤烟助农增收作用明显。2014年，在遭遇历史罕见水灾的情况下，依然收购上中等烟叶3000余担，产值600余万元。

林业

境内是个“九山半水半分田”的大山区，林地面积5333.33公顷，其中，退耕还林面积326.67公顷。1966年以来，根据山多、地广、宜林的特点，大力发展林业生产，绿化荒山，取得显著成效，成为大庸县“消灭荒山第一乡”。1976年12月，大庸县林业科学研究所建立之初设在双溪桥喻家溪，为境内林业发展创造了良好条件。全乡林木种类繁多，位于昌溪村的造林示范基地杉木面积133.33公顷，挂牌重点保护的银杏、香楠等古树分布全乡。2014年，全乡森林覆盖率73.9%，林木蓄积量20万立方米。

商贸服务

2009年以前，境内集市商贸以“马路市场”为主。2010年后，逐步建立统一规划的农贸市场，形成以双溪桥村、高坪村为主的集市，每月逢4日、9日赶集，各村村民就近选择合适的集市市场买卖采办食品、衣物等生产生活物品，外地商贩摆摊设点购销工业制品或农副产品。境内无金融机构，10个村均设有便民服务取款点。

基础设施

交通运输

自2006年实施“通畅工程”以来，投资约230万元，建设公路75公里，其中，水泥路硬化里程33公里。到2014年，全乡公路里程115公里，其中，省道6公里，县道24公里，乡村公路85公里，客运班线通达率70%。境内有省道张（家界）桃（源）公路贯穿东西而过，县道昌溪公路连通到沅陵县火场乡。全乡10个村有90%的村通水泥路。

邮电通信

到2014年，境内邮政服务挂靠沅古坪邮政代办所，有移动、联通、电信通信服务网点各1个；全乡固定电话用户百余户，移动电话用户近3000户，互联网用户220户。

供电饮水

因地质原因，全乡常年缺水严重，各村依靠修建的蓄水池收集雨水用于生产生活。2012年，投资167万元，建集镇自来水厂，有效改善集镇和沿途村民饮水困难。水源缺乏是制约当地发展

村镇街道

的瓶颈。

水利建设

境内高家溪水库建于1958—1979年，投资62.75万元，为小（1）型水库，系堵塞天然溶洞而成，砌石拱坝结构，坝高25.7米，库容660万立方米，灌田面积533.33公顷；输水隧洞长33米，附属隧洞3座长409米，干、支渠道17条长53.09公里。杨家峪水库建于1966年10月，为心墙土坝小（2）型水库，有效库容38万立方米，灌溉面积48公顷，引水渠长3.34公里。朝阳水库建于1971年10月，为心墙土坝小（2）型水库，集雨面积0.58平方公里，有效库容量37.2万立方米，引水渠长1.3公里，灌溉面积53.33公顷。

村镇建设

建乡后，集镇所在地由于位置偏远、海拔较高、交通不便，村镇建设严重滞后。改革开放以来，村镇建设发展很快，集镇规模逐步扩大，每年都有新建项目开工。2009年，投资7万元，在高坪村建集镇中心客运站场，解决群众候车和场期停车难问题。

社会事业

学校教育

乡中心小学的前身是创办于1947年2月的锦端私立学堂。1997年秋，中心完小保留在境内，中学撤并到张家界三中。1998年秋，重建乡中学，新修一栋教学楼。2003年中小学合并，成立双溪桥九年制学校。九年制学校占地1.67公顷，建筑面积3200平方米，固定资产200余万元。有教学楼、电脑室、图书室、仪器实验室、多媒体教学室、住宿楼、教师周转房等设施。2014年，投资70多万元新建的学校操场和多媒体教室竣工使用。2014年年底，全乡有民办幼儿园2所、村办小学1所，在校学生423人，专任教师35人，适龄人口学前教育、九年义务教育覆盖率均达100%。

文化体育

2009年，全乡开始实施农村广播电视“村村

通”项目。得益于热心公益事业的爱心人士支持，投资70余万元建成学校运动场1个，经常参加体育活动的人员占常住人口的23%。境内有广场舞队伍4支，近200人参加；有阳戏队伍1支，21人参加演出；广播电视“村村通”覆盖率75%。2014年底，全乡有二级综合文化站1个，有村级文化活动中心10处，农家书屋10个，藏书2万余册。

医疗卫生

乡卫生院是一所集医疗、保健为一体的农村综合性非盈利医疗机构，有B超、心电图、化验等诊疗设备，可开展内科、儿科、外科、妇科、中医及预防保健等诊疗服务。医院业务用房占地894.5平方米，有床位6张，专业卫生人员9人。到2014年，有乡卫生院1所，村卫生室7个；全年门诊诊疗3471人次，住院诊疗466人次。全乡新型农村合作医疗参合率96%。境内有计划生育服务站1个，计划生育工作稳居全区前列，稳步实施农民健康监测工程。

社会保障

近年来，随着经济社会发展，境内社会保障逐步健全。2014年，医疗救助50人次，民政部门资助参加合作医疗62人次，支出5580元；城镇最低生活保障对象4人，月人均110元；农村最低生活保障对象325户、462人，每月支出保障金38400元；国家抚恤、补助各类优抚对象56人，抚恤事业费支出11.496万元，社会福利费2万元。有乡敬老院1家，床位60张，集中供养农村“五保”人员32人，分散供养14人；参加新型农村养老保险4180人。全年发放各类惠农补贴、补助共计36项，合计261.49万元，有12376余人次直接受益。

特色地情

历史人文

境内人文景观较多，最为出名的当属徐术坡古城堡。2011年，中国《X档案》节目组曾在此开展为期2天的专题拍摄。此外，李必棚之墓、李氏庄园等大量古遗迹，为这个坐落于大山里的乡镇涂上神秘色彩，吸引不少游客、户外运动爱好者和专家学者们纷至沓来。

名优特产

竹笋 双溪桥乡的大山中林木茂盛，林业产品繁多。竹笋，自古被当作“菜中珍品”，中医认为竹笋味甘、微寒，无毒，在药用上具有清热化痰、益气和胃、治消渴、利水道、利膈爽胃等功效。竹笋还具有低脂肪、低糖、多纤维的特点，食用竹笋不仅能促进肠道蠕动，帮助消化，去积食，防便秘，并有预防大肠癌的功效。竹笋含脂肪、淀粉很少，属天然低脂、低热量食品，是肥胖者减肥的佳品。

枞菌 境内野生枞菌按颜色，分乌枞菌和红枞菌；按生长季节，分三月菌、六月菌和重阳菌。野生枞菌含有丰富的蛋白质，富含人工培植菌所无法比拟的多种微量元素。

风景名胜

陈氏祠堂 位于高坪村境内，为陈氏家族所建的一座老祠堂，约有200多年历史。

天罗山 位于徐术坡村境内，海拔1175.8米，面积4平方公里。天罗山顶有天罗山寺，但已成废墟，寺中一匾题字“普天同乐”，后取其意，名“天乐山”，后演变成“开罗山”，沿用成习。据传寺庙主持是野佛和尚，即李自成的侄儿，也是李自成心腹大将李过。盘踞天罗山寺可观望永定、慈利、沅陵、桃源4区县，四地之姿尽收眼底。

李氏庄园 位于古城堡山下的田坳里，并有石板路与古堡相连，相传是李氏开垦的军田。从现存遗迹来看，其规模宏阔，修建奢华。墙垣高两丈有余，房屋均系砖木结构，园内是亭台楼阁、戏台剧院，园外有前、后花园及田坎整齐划一的良田。传说当时每天向他家送粮食的人络绎不绝，以致“灶内不熄火，路上不断人”，在周围七县均有田庄驿站，共修建1700多栋庄房，仅在双溪桥为18位管家就修建9处80多扇砖木结构的住宅。境内至今流传着“双溪的屋，李家的谷”之民谣。据考，当时还有12座风雨桥，石板路旁还有当铺、布店等，可见庄园内外之繁华场面，且处于这深山密林中，甚是奇怪。

李必棚之墓 寒水溪旁的密林中有一座规模庞大的李氏祖上坟墓，即清代忠义大夫李必棚之墓，据考证是李自成第五代孙。墓的外围有一米宽、两米多高的围墙，墓门两进。墓志铭曰：“公乃茂禄之子……四邑（辰州、澧州、常德、永顺）七县当梁，良田千顷、阡陌云连，举火万家，慈善养孤，独以惠困，施棺材以泽枯骨，四乡设馆以治愚，纳曲艺方人，以歌尧舜娱庶民……捐军饷十万两”云云。

文昌塔 建于1341年，塔高6.67米，三层。梁姓人家因人丁兴旺，1350年将此塔从坪中迁到现址，取名文昌塔。“文”即文相公，“昌”即昌盛。

武昌塔 1350年符姓家族建，五层，高31尺。“武”即武相公，“昌”即昌盛。1935年11月23日，红二、六军团长征路过此地，在塔的第一层壁上用土红写有“打倒蒋介石罪魁”七个字。属永定区重点保护的革命文物。

古城堡 在徐术坡村半山腰上，有一座清初时期修建的规模庞大的纯军事防御性质的城堡，城墙十分坚固，四周高近三丈、宽丈余，全用石块垒成，占地1.33公顷，城墙上均有枪眼射击口。城堡中有用于练兵的天塔，里面的房屋全是用小青砖和石条砌成，中华人民共和国成立初期，此处安排了60户人家居住。现城墙相对完整，部

山水风光

武昌塔

文昌塔

分房屋残墙犹存，几壁烽火墙至今仍完好无损。据考，城堡系李自成屯兵张家界、伺机东山再起所修建。属省级文物保护单位。

此外，境内还有看日山、冥阳山、九条岭、观音山、雾云山等景观。看日山位于高家溪村境内，海拔903米，面积1.5平方公里。因山高大，山顶平缓，从早至晚可看到太阳，故名。冥阳山位于昌溪村境内，海拔1261米，面积2平方公里，是双溪桥乡最高山峰。该山因一面向阳，一面背阴，故名“冥阳山”。九条岭位于双溪桥村境内，海拔793米，面积1.5平方公里。因有九条山岭相连，故名。观音山位于双溪桥村境内，海拔982米，面积3平方公里。因山顶形似观音坐莲台，故名。雾云山位于雷家山村境内，海拔889.4米，面积0.5平方公里。因常被云雾缠绕，故名。

徐术坡古城堡城墙

民俗风情

双溪桥乡人民既继承了汉文化的优秀传统，又保留了土家儿女重情重义的爽朗个性。双溪桥乡多美食，以魔芋、土家杀猪菜、干锅茝茅鼠、土家腊肉、霉豆腐、鼎罐饭等为代表的土家美食，吸引着南来北往的食客。到境内土家人家里做客，热情的主人还会拿出自制的糍粑和糊汁酒热情款待来客。土家文化源远流长，嫁女时表达对父母养育之恩的哭嫁，以及逢年过节跳花灯、阳戏等土家习俗传承至今。

（撰稿人：张国鹏　图：赵宗山　鲁帮福　吴斌）

谢家垭乡

谢家垭乡是湖南省首批非物质文化遗产“高花灯”之乡。

区域概况

位置面积

谢家垭乡地处永定区东南部，东与沅古坪镇交界，南与怀化市沅陵县七甲坪镇相邻，西与沅陵县火场乡接壤，北抵双溪桥乡。总面积71.4平方公里。乡人民政府驻地距张家界市城区58公里。

建置沿革

清初，属沅陵县沅古坪都，1927年属沅陵县治平乡，1950年属沅陵县第六区。1953年4月，划归大庸县辖，属第八区；1955年7月，属沅古坪区；1956年5月，撤区并乡属谢家垭乡（由青湾、龙阳、沂溪、简车4个小乡组成）；1956年12月，又属沅古坪区；1958年9月，属东风人民公社（1959年2月改称沅古坪人民公社）；1961

年3月，属谢家垭人民公社，1984年4月改谢家垭乡；1985年11月，属沅古坪区；1995年5月，并入沅古坪镇，1998年10月析出，复为谢家垭乡。

行政区划

2014年，全乡辖道祥、金岗、筒车坝、老桥、和平岗、青湾、浮金坪、七溪峪、石良坝、龙阳10个建制村，黄莲溪、香亭界2个专业林场，共有106个村民小组。乡人民政府驻和平岗村。

自然环境

境内地形以山地丘陵为主，地势大致北高南低，地形起伏，层峦叠嶂，由北向南规则地排列着四座马头山，主要山峰有团古岩、雷钵界、香亭界等，平均海拔520米；最高峰雷钵界位于老桥村与龙阳村交界处，海拔780米，最低点位于龙阳村中心组，海拔260米。属亚热带季风气候，年平均气温17.6℃，无霜期270天，日照1502小时，降水量1600毫升。境内水系大都南流注入沅江水域，溪流河谷纵横，四座马头山将全乡分成七溪峪、龙阳两条溪谷。主要溪河有沂溪、甘溪、赤溪河，其中，沂溪为乡境最长河流，全长1400米，发源于双溪桥乡，流经谢家垭，至沅陵县与洞溪交汇。土壤为轻砂质中厚层黄壤，原积母质发育的土壤，土层深厚；坡积母质发育的土壤，土层较浅，石块较多，由于植被繁茂枯枝落叶多，腐殖质层厚，土壤肥力较高。全乡森林资源丰富，有林地面积517.07公顷，森林覆盖率70%，植被以杉科为主，兼有枞、松、白杨木等。受地形、地貌等因素的影响，有干旱、洪涝、大风、冰雹等极端天气和山体滑坡、泥石流等自然灾害发生。宜人的气候条件，优美的田园风光，淳朴的民风和独具特色的民族习俗，是人们旅游观光、度假养生的理想去处。

人口民族

2014年年末，辖区总人口9941人，以土家族为主，还有汉族、白族、苗族等民族。

经济发展

经济综述

谢家垭乡经济以农业为主。2014年，全乡实现农业产值6238万元，农民人均纯收入5249

梯田

水碾

元，财政收入1026万元；金融机构年末存款余额5323万元，贷款余额660万元。

农业

因地处偏僻，交通闭塞，1949年前，境内施行刀耕火种，广种薄收，主要粮食作物以水稻、玉米、花生、红薯为主。由于原始的耕作习俗，粮食作物“种一偏坡，收一萝萝”，产量低下。每遇干旱、洪涝等极端天气，则是“十家人有九家饿”。1949年10月后，党和国家重视农业发展，20世纪60年代，掀起“农业学大寨”运动，修水库、筑水渠、垒地堰、建“大寨田”，改良土壤，合理密植，摈弃原始农耕习俗，农作物产量连年增长。中共十一届三中全会后，吹响农村改革号角，培育和推广优质良种，广修农村基础设施，农业步入新的历史发展期，粮食产量节节攀升。1979年粮食产量4625吨。至2014年，全乡粮食种植面积1306.87公顷，其中，稻谷播种面积714.87公顷，蔬菜面积102公顷，粮食总产量9128.4吨，人均918公斤，粮食作物产值1768万元。近年来，全乡大力发展油茶、油菜、杜仲等特色作物种植。油茶、油菜除满足农民自己需求外，还销售他乡，成为永定区远近闻名的主要粮油集散地。因土壤肥沃，气候适宜，烤烟种植迅速发展，2007年，种植烤烟133.33公顷，年产量36.5万公斤。以后逐步发展到200公顷，每年创收420余万元。养殖业则以饲养牛、生猪、山羊为主，其湘西黄牛、二杂良种猪、马头山羊、本地土乌鸡等畜牧产品优势明显，是永定区万头仔猪生产基地。至2014年，全乡养殖本地黄牛1335头，黑猪3523头，山羊1345只，禽21821羽，狗480只，产值1690万元。近年来，大力推广娃娃鱼生态养殖产业，建成永定区娃娃鱼养殖基地，养殖娃娃鱼3453尾。

林业

林业曾是当地居民主要产业和主要经济收入来源。湘西地区居民多以木为材，修建“吊脚楼”等居舍，木材用量大。20世纪60年代初，因毁林开荒，滥砍滥伐，过度采伐，森林资源遭到严重损毁，造成水土流失，农田受灾。后来，党和国家发出“绿化祖国”号召，1969年，开始在黄莲溪、香亭界兴办专业林场，组织开展“千人百亩植树造林大会战”。至1980年，人工造林面积1439.87公顷。2003年，国家推行“退耕还林”“封山育林”政策，鼓励群众植树造林，境内生态环境逐步好转。2011年成为湖南省生态示范乡镇。至2014年，全乡共有林地5170.67公顷，其中用材林5064.13公顷，木材和其他林产品畅销，林业产值303万元。

乡村企业

1961年谢家垭公社成立后，开始兴办公社和大队集体企业。1969年，建黄莲溪、香亭界专业林场，梅花界茶场也投入使用。此外还有缝纫、酿酒、粮油加工厂、木材加工厂等企业，从业人数71人。改革开放后，国家鼓励发展民营企业，乡办企业相继承包给私人。2014年年末，全乡有林场、水泥砖厂、木材加工厂等企业。

商贸服务

1949年前，境内没有官方贸易机构，货物买卖都是属于民间私自交易行为，贸易额低下。1953年，谢家垭供销合作分社、肉食站、粮店等相继成立，商贸交易日益繁荣。改革开放以来，全乡建有2个集贸市场，分别是和平岗和龙阳集市，和平岗每月逢3日和8日、龙阳每月逢4日和9日为赶集日。每逢赶集日，全乡数千居民到集市交易农副产品，购买日用百货，生意兴隆。

基础设施

交通运输

境内偏隅一角，地形复杂，交通不便，与外界交流甚少。1949 年 10 月以后，先后修筑连接沅古坪和双溪桥 2 条简易公路。改革开放后，党和国家重视农村交通建设。1999 年，新修公路直通沅陵洞溪乡（今属慈利县），境内南大门打开，边界地区贸易频繁。随后，开始“村村通”建设，全乡 10 个村皆通公路。进入新世纪后，相继启动农村道路“通畅”“道路硬化”工程，境内通水泥路的村组大幅增加，惠及全乡近万群众。因境内河流密布，先后兴修桥梁 5 座。2008 年，建成乡农村客运站，至城区的客运班车每日两趟。至 2014 年，全乡村村通水泥路，88% 村民小组通路，公路入户率 80%，新修桥梁 2 座。

邮电通信

1949 年 10 月前，近代邮政通信并没有延伸到交通闭塞的谢家垭。1949 年 10 月后，境内始建邮政代办点，开办邮政电信业务。近年来，中国电信固定电话通信业务、中国联通通信业务、中国移动通信业务相继开通。截至 2014 年，全乡共有邮政代办点 1 个，电信企业 3 家，服务点 10 余个；报刊累计发行 1.5 万余份；电信业务普及率 98%，群众邮政通信日益方便。

供电饮水

21 世纪以前，境内无居民集中供水饮水设施。为有效解决居民饮水困难问题，2013 年启动农村自来水改造工程，投资 140 多万元，修建集镇供水点 1 处，居民集中供水厂 1 个，容量 1.2 万立方米，覆盖筒车、和平岗、老桥 3 个村共 2000 多人。到 2014 年年底，全乡居民安全饮水率 84.29%。

水利建设

1949 年以前，当地水利设施落后，只有几座简陋的水塘和几条堆满淤泥的水渠，农民靠天吃饭，每遇干旱，颗粒无收，怨声载道。1949 年 10

龙阳桥

月以后，在国家的重视和扶持下，境内发展水利，兴修水库、山塘、渠道，1958 年胜天水库建成，1962 年岩门水库建成，两座水库的建成有效地解决境内农田灌溉难题。至 2014 年年末，全乡有小（2）型水库 2 座，山塘 270 口，整修水坝水渠 4.5 公里，有效灌溉面积 520 公顷；电站 3 座，装机容量 240 千瓦。

村镇建设

1977 年，谢家垭公社迁驻和平岗，供销社、卫生院、粮店、学校等社直单位亦同迁，昔日荒无人烟的和平岗得到迅速发展，逐渐成为当地经济、文化活动中心。2009 年，乡政府机关新办公大楼建成，各村村部先后新修，配置齐全设备。自实施“危房改造”以来，全乡群众居住条件得到改善，争相告别破旧老木屋，喜迎砖房小洋楼。至 2014 年年末，扩修集镇街道，街道内交易商品琳琅满目，日化用品一应俱全，集镇人口数量迅速上升，集镇化率 24%。全乡共建成 13 个标准化公共垃圾池，安放 48 个垃圾箱，覆盖全乡。

社会事业

学校教育

1912 年前，当地无官办学堂，盛办私塾、兴科举，先后有筒车村的张万举、道祥村的秦×成为进士。1949 年前，“文昌私塾”在当地颇有名气，规模较大。1961 年后，兴办有社办中学 1 所，大队办小学 9 所，在校学生 1827 人。改革开放后，调整教育布局，1986 年，社办中学改名为谢家垭乡中学。1997 年秋，因中学合并到张家界三中，遂改办为乡中心完小，占地 12120 平方米，建筑面积 2862 平方米，校内各项基本设施配备齐全。2014 年年末，谢家垭中心完小共有幼儿园教学班 1 个，小学教学班 6 个，专职教师 20 余人。恢复高考制度以来，有数人被清华、北大等名校录取。至 2014 年，全乡人均受教育年限 9.66 年，受教育人口 8993 人，占总人口数 90.46%；高中阶段入学率 81%，初中适龄人口入学率、小学升初中升学率、九年义务教育覆盖率均达 100%。

文化事业

1949 年 10 月后，境内文化事业开始起步，公社电影队深入各生产队放电影，“舞龙灯”“舞狮子”“高花灯”等传统文化活动重新活跃在民间，独具少数民族风情的文化习俗被加以保护和弘扬。改革开放后，国家重视基层文化事业建设，境内文化日益繁荣，提倡和推广当地传统文化活动“高花灯”，2006 年成为湖南省首批非物质文化遗产，10 个村民小组均有“高花灯”队伍，每逢节假日竞相表演。“首批省级非物质文化遗产项目传承人”秦太林组建谢家垭高花灯演出队，创作、整理出高花灯曲谱、舞蹈动作，培养后备人才 20 多人，掌握高花灯项目的音乐、编导等技能，每逢红、白喜事高花灯都进行演出。有关音乐的录制，舞蹈手法，被文化主管部门收藏、保留。其表演的《太极图》，获县农村文艺汇演优秀节目，每年都到市参加元宵灯会等节庆活动演出。先后建成群众文化活动室、农家书屋。至 2014 年，乡文化站藏书 1.2 万册，有村级文化活动室 10 个，农家书屋 10 个，藏有书刊 6500 余册；专门从事文化事业人员 63 人，业余民间艺术团队 13 支，成员 135 人。有线电视入户率 95%，广播电视覆盖全乡。

体育活动

1949 年前，当地人民生活困苦，境内没有正规的体育场所和体育运动，民间盛行的体育运动主要有踩高跷、踢毽子、打飞棒、打陀螺等。改革开放后，群众体育运动受到政府重视，并鼓励

传统民俗表演

大众参与体育健身。为丰富群众生活，增强人民体质，国家加大资金投入，境内开始修建固定体育场所，添加体育器材，如篮球、羽毛球、乒乓球等。20 世纪 70 年代，全乡各大队均修建有篮球场，并多次举办过篮球比赛、乒乓球比赛和羽毛球比赛，还举办农民趣味运动会。至 2014 年，全乡共有乡级群众活动中心 1 个，村级群众活动中心 10 个，乡政府大院内群众活动中心建有篮球场、羽毛球场，乒乓球台，各种健身器材等齐全。

医疗卫生

1949 年前，当地只有少量民间诊所和少数“草药郎中”，医疗水平低下，民众健康得不到保障。20 世纪 50 年代，成立谢家垭联合诊所，当地医疗事业开始发展，引进西医设备，实施中西结合治疗疾病。1958 年，和平岗大队和平岗生产队获国务院颁发的“卫生先进单位”锦旗一面。改革开放后，乡域医疗卫生事业得到快速发展，医疗卫生机构规模扩大，医疗技术提高。2014 年年末，全乡有乡级卫生院 1 所，床位 20 余张，专业医护人员 18 人，乡卫生院医疗设备齐全，有 B 超、心电图、尿液分析仪等诊疗设备；有村级卫生室 10 个，有药店 2 个。全乡新型农村合作医疗参合率 97%。

社会保障

近年来，随着国家社会保障制度的建立和完善，全乡社会保障事业得到快速发展，投入资金逐年增长。至 2014 年，全乡农村最低保障户 153 户 529 人，保障经费支出 60 余万元；农村“五保”对象集中供养 41 人，支出 20 余万元；乡民政所临时救助 100 人次，支出 10 余万元；乡敬老院 1 家，床位 30 个，收养“五保老人”20 余人。全乡农村新型养老保险参保人数 5560 人，参保率 95%。

特色地情

历史人文

谢家垭历史悠久。据传，明末降清将领吴三桂，叛乱转战到此地卸甲休息，休息过的地方后逐步演变为谢家垭。境内居民以土家族为主要民族，当地文化与土家文化息息相关，人们崇拜大地山川，尤其在高山之巅修筑庙宇，至今谢家垭雷钵界山里有庙宇 1 座。谢家垭祭祀文化盛行，信奉“土葬”，老人逝世后，家人请道士、老士办法事，要坐“三天夜”，随后清晨出殡，进行土葬。每逢过年过节都要敬拜祖先，初一、十五要进行大敬，常用猪头、团馓、粑粑、鸡鸭和五谷种等作为祭祖物品。过春节时，饭前家人先用筷子夹少量的菜，然后插在饭上敬默一会儿，表示请已故先人先吃，随后自己才开始食用。当地居民还常敬土地神、灶神、五谷神、家官神，在修屋建房时，要祭拜，祭品主要有酒、肉、公鸡。谢家垭儿女具有爱国情怀，“只解沙场为国死，何须马革裹尸还”。抗日战争和解放战争时期，共有李启昆等 30 名谢家垭籍战士为国捐躯；解放后有张清英、李维新 2 名谢家垭籍战士为国捐躯。

名优特产

境内物产丰富，名优特产众多。境内柑橘甜蜜可口，茶叶沁人心脾，七星椒辣味十足，油菜花十里飘香。畜牧业以本地猪、牛、羊为主，也不乏珍贵的娃娃鱼。近年来，倾力创建“二杂良种猪”名牌，发展“二杂良种母猪”1150 头，年产仔猪 3 万多头，良种仔猪在张家界、沅陵、湘西自治州等多个区县热销，并获边区“仔猪优质品牌”称号。湘西黄牛、二杂良种猪、马头山羊、本地土乌鸡、优质烤烟等成为拉动当地经济发展的五大名牌产品。

风景名胜

谢家垭乡山清水秀，自然环境优美，具有旅游开发价值的景区景点众多。沂溪是镜内最长的河流，全长 14 公里，平均宽 20 米，从老桥的陈家湾流至七溪峪的天井后注入沅陵县七甲溪。河流两岸高山耸立，层峦叠嶂，宛如一条玉带缠绕着苍莽群山；溪水清澈透明，鱼翔浅底，炎夏之时，游水垂钓，既可消凉避暑,也可陶冶性情，享受自然之美。沂溪之上有“风雨桥”1 座，建造历史悠远，神工天巧，驻足桥上，风景独特。境内四座马头山一字排列，雄伟壮阔，山中古树参天，枝繁叶茂，爬至山顶，“一览众山小”。境内不乏保存完好的吊脚楼，依山傍水而建，错落有致。

民俗风情

谢家垭乡是湖南省首批非物质文化遗产“张家界高花灯”的发源地之一。张家界高花灯亦称高皇灯，是富有民族特色的舞蹈，流行于谢家垭一带，是土家族居民创建的一项传统文艺活动，被舞蹈界称之为“中国舞蹈历史上的化石”。“张家界高花灯”表演时配有锣、钹、唢呐、鼓等乐器，表演者手中拿一盏纸扎灯笼，内点蜡烛两根，顶扎一木偶像，用五色纸剪成戏文故事如“八仙”

传统建筑

“瓦岗寨”“梁山英雄”之类。高花灯表演有一套程式，要求东起西落，进一个“半边月”，出一个“月团圆”，舞个“太极图”。其表演形式多样，可进民房表演，叫“愿灯”，多为祝福、还愿或为某家喜事凑趣。打吆喝、打口哨则只能到户外表演，叫“众灯”，是让大家看的。其形式又分民灯、战灯，前者表演古代先民的迁徙、繁衍、劳动、生活，后者表演打仗破阵。队形变化有“织篱笆”“滚柱头”“十八斗”“螺蛳转顶”“八卦阵”“过天星”“一字长蛇”等20余种。如破“象棋盘阵”，主人插32根香，摆成棋盘阵，表演时，主人举红伞，玩灯者举黑伞，从河道进，将众“子”一一吃掉（即踩香），这是斗智的竞赛，也是谢家垭人民茶余饭后不可缺少的文艺活动。在谢家垭，每逢隆重节假日，群众会聚一地，观赏“高花灯”，只见灯火如流星般穿插舞蹈，旁边配以龙灯互舞，那激起的锣鼓声、吆喝声、口哨声，掀起有节奏的声浪，热烈而欢快。

境内居民不仅“善舞”，亦“善歌”，有崇拜天皇和祖先时所唱的傩歌、梯玛神歌；有抒发内心情感，在田间原野时所唱的土家山歌、摆手歌等；亦有田间劳作时为鼓劲打气所唱的打夯歌；出嫁时女子唱的出嫁歌等。可以说，当地人们生活在歌谣的世界里，在充满优美的歌声中劳作、生活，自由而美好。饮食方面也有特点，主要有秘制的腌制腊肉、腌菜、血豆腐、剁辣椒、粑粑。在节日或待客时，酒必不可少，其中常见的是用糯米、高粱或玉米酿制的甜酒、咂酒、包谷烧酒，度数不高，但味道纯正、爽口。

（撰稿人：李少德　图：赵宗山　鲁帮福）

三岔乡

集镇全貌

区域概况

位置面积

三岔乡位于永定区东南部，东界慈利县金岩乡，南临双溪桥乡，西连大坪镇，北抵西溪坪街道。辖区东西长 13.25 公里，南北宽 10.79 公里，总面积 65 平方公里。乡人民政府驻地距张家界市城区 12 公里。

建置沿革

1949 年前，属天南乡，辖大坪、小坪、三岔等地，乡公所设大坪中华庵。1949 年 11 月，属大庸县第二区；1953 年 4 月，划归第七区，1955 年 7 月更名天门山区。1956 年 6 月，撤区并乡后，由天乐、三岔、小坪 3 个小乡组成三岔乡；

1956年12月，属天门山办事处；1958年6月，属大坪区；1958年9月，属红旗人民公社；1961年8月，恢复区、镇建制，三岔乡划归大坪区。1985年11月，大坪区更名为大坪办事组。1995年4月，撤组并乡建镇，三岔乡属大坪镇。1998年10月，从大坪镇析置今三岔乡。

行政区划

2014年，全乡辖三岔、小坪、邢家峪、蔡家溪、郭家溪、梳妆塔、天乐山、伍家界、丁家界、许家庄10个建制村，80个村民小组。

自然环境

三岔乡属南部黄壤中低山强度流失区，地势由西向东倾斜，地表水系较发育，切割强烈，地表起伏较大，最高点为观音山，海拔1085.8米，最底点在三岔乡与慈利县接界的龙溪，海拔304.3米。境内属典型的湘西山区特征，中部成带状小台地，土木溪河流长度12公里，由西向东贯穿将三岔乡分为南北两边。境内溪沟密布，主溪为云母河，小支流有大峪溪、苦菜溪、喻家溪、司门溪4条。境内土壤类型以板页岩发育而成的黄壤和棕黄壤为主，含氮量较高，磷、铁含量不足。

境内多年平均气温16.8℃，极端最高气温40.7℃，最低气温 -13.7℃，无霜期265天，年平均日照1450小时。境内山高坡陡，森林遮蔽，季节和年季间变化突出，灾害性天气较多，农作物易受损害。春秋季低湿冷寒，寒潮活动频繁，易形成倒春寒和九月寒天气，春夏暴雨洪涝，夏秋干旱，冬季出现冰冻和局部冰雹和大风灾害性天气。境内矿产资源储量大，镍钼矿、磷矿储量均在300万吨以上。

人口民族

2014年，全乡辖2699户，6966人，以土家族、汉族为主，杂居苗族。主要姓氏有胡、覃、伍、龙等。

经济发展

经济综述

三岔乡经济以林业为主，养殖业、种植业为辅。随着张家界南线旅游业的发展，南部7个乡镇都经过三岔乡，为境内旅游带来较大客流量。2014年年底，全乡生产总值3100万元，固定资产投资200多万元，农民人均纯收入4305元；家庭经济总收入20万元以上的有11户，5万～20万元的有306户，1万～5万元的有1141户；务工2826人，年收入4081.12万元；经商办企业88人，年收入336.08万元。

农业

境内土壤肥沃，草地面积广阔，具有发展种植业和养殖业的优势。2014年，全乡有耕地面积530公顷，其中，稻田442.67公顷，旱地87.33公顷。水稻以旱育秧为主，玉米亩产400公斤，水稻亩产450公斤。近几年，相继建成五倍子、药材、烤烟等种植基地和万只养鸡场、藏香猪、豪猪、竹根鼠、湘西黄牛、山羊等养殖基地。2014年，有大型养鸡场1个，藏香猪养殖场2个，全乡肉猪饲养量5800头，鸡饲养量1.9万羽。三岔茶叶享誉国内外，青岩茗翠、龙虾花茶多次获奖，三岔豆腐加工历史悠久，“三岔豆腐”品牌誉满市内外。全乡集中连片3.33公顷以上特色农业大户5户，开展农业适度规模经营，成立农民专业合作社。2014年，全乡从事种植业1444人，年收入326.73万元；养殖业827人，年收入559.9万元。

林业

20世纪60年代以后，境内结合自身山多、地广、宜林的特点，大力发展林业生产，绿化荒山，成就了丰富的林业资源。至2014年，盛产木材和楠竹，每年出产竹木1万立方米以上。全乡有林业面积6626.27公顷，丁家界村、梳妆塔村、蔡家溪村、小坪村均有村办林场，每年为村集体带来不菲的收入。林业的发展，不仅创造良好的生态环境，而且改善农业生产条件，促进农、牧业的发展。

项目开发

三岔乡农民思想解放，民风淳朴，是投资兴业的好地方。白鹤井茶业、土木溪电站、张沅公路等重点工程相继竣工，为三岔乡发展起到重要推进作用。白鹤井茶叶出口到欧洲、南美等地区，年出口量100吨左右。葫芦岛开发、贸源化工基地、张家界国际影视基地等项目即将入驻三岔乡，再次掀起开发三岔乡的热潮。2003年10月，永定区人民政府在深洽会上招商，确定建设土木溪水电综合开发项目。2004年3月，经张家界市发展计划委员会批准。开发项目包括在三岔乡境内新建库容为1319立方米的水库1座，在西溪坪办事处境内新建2处梯级电站（装机总量1.56万千瓦）。湖南省人民政府下发〔2004〕政国土字第852号批文，同意该项目征地67.9783公顷。项目征地拆迁摸底工作于2004年11月中旬正式启动。电站于2005年年底建成发电，每年上缴税收近百万元。

基础设施

交通运输

境内交通路网畅达，是通往沅陵县、桃源县的交通要道。张家界至沅陵、张家界至沅古坪公路贯通南北，是通往沅古坪镇、王家坪镇、双溪桥乡、谢家垭乡、大坪镇和四都坪乡6个乡镇的必经之地。全乡建制村客运班线通达率80%，通村道路全面实现水泥硬化，各村的通组公路大部分实现硬化。

邮电通信

乡邮政服务站设在三岔集镇，境内建有移动、联通、电信3个通信服务网点，有线电话、移动通信网络覆盖全境，为村民与外界联系提供便利。

水利建设

境内有龙家峪、腊牛潭2座小（2）型水库。龙家峪水库位于晓坪村，1971年10月动土兴建，

茶叶基地

白鹤井茶厂

1978年12月竣工，集雨面积0.5平方公里，干流长度1.36公里，坝高14.71米，正常库容14.0万立方米。大坝下游400米涉及到晓坪村5组510人，灌溉稻田2.67公顷。水库溢洪道按50年一遇标准设计，溢洪道正常运行。腊牛潭水库位于蔡家溪村，水库大坝为心墙堆石坝，坝高23米，设计坝顶高程529.8米，坝顶宽4米，设计正常水位527.7，正常库容11.3万立方米。水库为小（2）型水库工程，控制集雨面积0.4平方公里，干流长度1.49公里。该水库溢洪道按50年一遇标准设计，溢洪道正常运行。

供电饮水

境内集镇供水项目覆盖三岔集镇、三岔村和邢家峪村，解决近2000余人的安全饮水问题。其他村通过修建蓄水池、接水管等方式，把群众生产生活用水接到家中，全乡基本解决用水问题。

社会事业

教育事业

1922年，境内创办国民小学2所。1952年，三岔中心小学更名为大庸县第五完小。2014年，全乡有幼儿园1所，在园幼儿92人，专任教师7人；小学1所，在校生147人，专任教师25人，小学适龄儿童入学率100%；小学升初中升学率100%，九年义务教育覆盖率100%，高中阶段毛入学率79%，平均受教育年限9.7年。高中及中职文化程度人口449人，大专及以上文化程度人口103人，分别占总人口的6.6%和1.5%。2014年，小六毕业会考综合成绩进入永定区第五名。先后争取资金20多万元，为乡中心学校修建160多米的塑胶跑道，建起校园图书室。

文化体育

2009年，全乡开始实施农村广播电视“村村通”项目，同时建成含篮球、羽毛球等体育设施的学校运动场1个。至2014年，全乡有综合文化站1个，村级文化活动中心4个，各村均配备图书室，藏书3万余册。在三岔集镇建有体育场地1处；有广场舞队伍2支，近100人参加，广播电视“村村通”覆盖率达90%。

医疗卫生

境内有综合医疗卫生机构1个，病床10张，

基础设施建设

美丽乡村

中心学校

专业卫生人员 8 人。设有村卫生室 2 个，分别在三岔村和小坪村。全乡 10 个村、5638 人参加新型农村合作医疗，参合率 99.1%。有计划生育服务站 1 个，计划生育工作稳居全市和全区前列；农民健康监测工程稳步实施。

社会保障

随着经济社会发展，三岔乡社会保障措施逐步健全。近几年，新增劳动力转移就业 120 人，农村劳动力转移培训 84 人，创业培训 20 人。到 2014 年年底，累积实现农村劳动力转移就业 2344 人；全乡有低保户 185 户，保障对象 390 人；五保户集中供养 25 人，分散供养 30 人；优抚工作稳步推进，生活补助 28 人，有 17 位残疾人实现康复就业。辖区设有便民服务取款点 4 个。

特色地情

历史人文

湖南四大书院之一的天南书院座落在三岔乡伍家界村，今遗址犹存。古老而神秘的天乐山寺，因李自成兵败后曾避难于此而闻名。

风景名胜

三岔乡风景秀丽，自然景观和人文景观交相辉映，是旅游休闲的好去处。主要景观有神秘的天乐仙山、充满原始野性的团木虎林场、幽静的鱼木河谷、传奇的公公洞婆婆洞、高峡平湖土木溪水库。《大庸县志》载有“三岔八景”：芭蕉夜雨、白棠晓旭、黄沙夕阳、仙岭松风、渔歌晚唱、白波秋砧、银杏秋月、文峰霁雪。

（撰稿人：吕源　图：赵宗山　吴斌　黄真龙）

四都坪乡

集镇全景

四都坪乡是湖南省生态乡镇。

区域概况

位置面积

四都坪乡位于永定区西南部，东南界沅陵县，西接永顺县，北邻大坪镇和官黎坪街道。总面积170.13平方公里。乡人民政府驻地距张家界市城区65公里。

建置沿革

清朝时为南蛮酋土司王辖地，1937年属沅陵县兴坪乡，1940年属沅陵县仁平乡，1952年分属四都、石长、双界、长溪4个小乡。1953年3月，四都、石长、双界、长溪等乡划归大庸县辖，属大庸县第七区；1955年7月，属天门山区；

1956年6月，撤区并乡后属四都坪乡（由双界、石长、四都3个小乡组成）；1958年6月，又属天门山区；1958年8月，属大坪区；1958年9月，属先锋人民公社；1961年3月，属四都人民公社；1961年8月，属大坪区（1984年4月复为四都坪乡）、大坪办事组；1995年5月并入大坪镇，1998年10月析出，与原元溪乡合并，仍为四都坪乡；2002年8月划出熊壁岩村属官黎坪街道管辖。

行政区划

2014年，全乡辖同斗、中村、四都坪、骆子塔、上村、九龙、酸子界、大北厢、红家界、黄家河、辽竹坪、醒家峪、泉水、田坪、堰垭、熊家塔、乌木峪、庙岗18个建制村，共128个村民小组。乡人民政府驻四都坪村。

自然环境

境内山峰重叠，溪沟纵横，北有武陵山、堡子界，南有锅火垴、大老山、疯子垴，西有王木垭、尖岩山，东有雄黄山、大风垭；平均海拔752米，最高处海拔1294米，最低处大北厢村海拔212米。土壤为岩渣子土和紫色土。属中亚热带山原型季风湿润气候，年均降水量1580毫米，无霜期270天，气温16.6℃。林业资源丰富，活立木积蓄量36.68万立方米，森林覆盖率80.5%。矿产资源有硫磺矿、钒矿、铜矿和石灰矿等。境内有冰雹、旱涝、低温、霜冻、雷击、山体滑坡等自然灾害。

人口民族

2002年，辖区有2728户10506人。2009年，辖区有2728户10516人。2014年年末，辖区总人口10948人，以土家族为主。

经济发展

经济综述

四都坪乡以农业经济为主。2002年，全乡实现生产总值3091万元，其中，农业产值2109万元、工业产值982万元。2014年末，实现生产总值4927万元，其中，农业产值2650万元，完成财政收入470万元，农民人均纯收入4500元。

山羊养殖

农业

中华人民共和国成立之前，境内沿袭刀耕火种、广种薄收的原始农耕习俗。粮食作物主要有稻谷、玉米、黄豆、什豆等，春收作物主要是大麦、小麦、燕麦、豌豆等。因水浅地薄，往往“易涨易退山溪水，天晴三日沟已干”，直接影响农作物生产。1949 年 10 月后，党和人民政府发动群众兴修山塘、河坝、水库、灌溉渠道，广辟肥源，改良品种，改变落后的耕作方法，农业收成逐年上升。中共十一届三中全会以后，深化农村改革，完善农业水利基础设施，普及推广优质良种，提升农业机械化普及程度，粮食大幅增产。1982 年，粮食产量 2600 吨，人均 250 公斤。进入 21 世纪，在稳定粮食生产的同时，按“一年起好步、两年打基础、三年上万担”思路，在泉水、熊家塔、酸子界等村发展优质烟叶产业；利用境内山清水秀的生态优势，打好绿色健康养殖牌，成立乡黑猪、山羊和娃娃鱼养殖合作社，并以三大合作社为依托，引导扶持群众进行特色养殖，发展畜牧水产养殖业。2002 年，香菇种植量 30 万筒，纯利 30 万元。近年来，建立牛羊养殖、食用菌生产、中药材生产、山野菜生产、优质稻示范等五大基地，培育市场潜力大、前景好的林业、香菇、烤烟、药材、山野菜等支柱产业。2014 年，全镇粮食总产量 3500 吨；种植烟叶 73.33 公顷、产量 3500 担，产值 380 余万元，烟农户均收入 4 万元；存栏（池）黑猪 3000 头、山羊 3200 只、娃娃鱼 1318 尾。

林业

四都坪是大庸县（永定区）林业生产大乡，境内林密幽美，蔚蓝深秀。主要林产品有：生漆、板栗、黄柏、杜仲、厚朴、天麻、棕片、白果、楠竹等。乡人符瑞仪曾赋诗云：“溪水萦回清且连，森林两岸木参天。四都炊烟锁古树，多声鸟语深林泉。另辟芷园树桃李，共趁春风着组鞭”。20 世纪 50 年代，全乡林木蓄积量 22.42 万立方米。1959—1961 年，因大炼钢铁，毁林开荒，森林资源受损。1962 年以后，党和人民政府提倡植树造林，保护耕地资源，林木逐渐得到保护，并有所发展。1978 年以后，加强林权管理措施，封山育林。2002 年，全乡实现林业产值 1130 万元。2003 年，实施退耕还林，植树造林成效显著。至 2014 年年末，全乡有林地面积 15746.67 公顷，其中，用材林 10000 公顷，活立木积蓄量 36.68

万立方米，森林覆盖率80.5%。

乡镇企业

1949年以前，境内有铁器制造企业8家、竹器编制企业5家、印染2家、缝纫5家、石灰窑5座。1949年10月后，1956年在农忙时，组织“五匠”归队，为农业生产服务。1958年集中“五匠”，开办联合机械厂，时有竹、木、铁器社，从业人员20多人。是年春，五龙庵开办甜菜厂，有职工50余人。1976年，开办有砖瓦场、养猪场、铁器加工厂、木器加工厂、竹器加工厂、甜菜厂等12个社队企业，有职工353人。因管理不善，部分企业亏损。1978年以后，坚持走农工商综合经营发展道路，组织联办，实行联产计酬责任制。至1982年，有社队企业31家，后逐步以个体私营企业为主。2002年，有木材加工厂3个，年产值94万元。至2014年末，全乡有企业39个，从业人数207人，总产值471万元，营业收入545万元，利润总额53万元。

商贸服务

境内上通永顺、保靖、龙山、桑植，下通慈利、常德、桃源，北通大庸，古为商贾必经之地。明末清初，酉水航路过境商旅多，商贸兴旺发达。1941年以后，酉水航运逐渐萧条。1953年，成立供销合作社，并设四都、长溪分销店，经营百货、副食和生产资料，经营由区供销社统一核算。1954年，为区社承担国家委托代购猪肉、棉花业务。1956年后，改为四都供销社。改革开放后，供销合作社改制，个体工商业发展壮大，全乡商业贸易不断繁荣。至2014年年末，有大型商业网点2个。

旅游业

境内人文和自然旅游资源丰富。山环水绕，风景秀丽，有保存完好的土家吊脚楼、风雨桥等古建筑，有神秘悠久的农耕文化习俗，民族特色浓厚的庙岗村成功申报湖南省“中国传统村落”；同斗村成功申报“湖南省旅游扶贫乡镇”，“农家乐”等旅游餐饮服务业初具规模。2010年以后，借助张家界市旅游大背景，依托土家文化、生态环境、区位优势，发展民族文化体验项目，开发徒步旅游路线，吸引游客休闲度假等，特色文化旅游产业逐渐形成。

劳务输出

1978年改革开放以后，境内农村劳动力自发外出务工。近几年，鼓励务工人员返乡创业，开展回乡农民工创业培训18人次，其中对农村劳动力技能培训3期，参加培训133人。2014年，全乡劳务转移输出4957人。

基础设施

交通运输

20世纪70年代前，境内没有公路，民众出行靠山路，肩挑背负历史悠久。1970年，开始修建四（都坪）大（坪）公路，1975年10月通车，公里里程长24公里。1976年，又增修2条简易公路，一条是由李子垭到黄家河，另一条是由四都坪到九龙。2009年，启动全乡最后1个通村公里建设项目，修通乌木峪村公路9公里。2014年，省道228线经过四都坪乡，境内公路与省道联网，全乡18个村全部通水泥公路，公路入户率100%。到2014年年末，建成乡农村客运站，日发客运班车6～8班次，日均客运量150～200人次。

邮电通信

1944年，境内架设有长途电话线，电话从沅陵通大庸。1949年10月后，在大坪设邮电所，

境内一切信函、报纸和杂志都是乡邮递员投递，三日一次，有时五日一次。1956 年 8 月，四都坪设邮电代办所，转发信件报纸等，当时只有政府机关有安装磁石电话机 1 部，用来接转通知上传下达。1981 年邮电体制改革后，邮政、电信分设，经营自负盈亏，在黄家河增设电话分机。至 2014 年年末，全乡有邮政代办所 1 处，邮政业务总量 4 万元，报纸杂志累计发行 3.2 万份；有电信服务网点 1 家。广播电视“村村通”覆盖全乡。

供电饮水

2002 年，全乡通电、通自来水村有 18 个。2009 年，完成堰垭、乌木峪、大北厢、红家界、黄河界等 6 个村农村电网改造。到 2014 年，集镇建集中供水工程 1 处，覆盖人口 3500 人。

水利建设

1949 年以前，境内水利设施简陋，农田灌溉依靠溪水、井水和沟水，稻田基本上是靠天吃饭。1949 年 10 月以后，党和政府着力发展水利建设，解决“三年两无收”的困局，兴修溪坝、山塘、沟渠和电力排洪等工程，扩大农田灌溉面积。至 2014 年年末，全镇有河坝 50 处，人畜集中饮水点 103 处。

村镇建设

2002 年，新建集镇中心街道长 150 米、宽 12 米，建成边贸市场 1 个。

社会事业

教育

1912 年后，废科举，兴学校，境内因兵祸匪乱，民众日夜不安，没有办学校，教育落后。1933 年后，兵匪稍有减少，境内先后兴办私塾学校 4 所，有学生约 75 人。1936 年，开办国民学校 2 所，四都坪十八期初级小学和酸子界二十五期保国民学校。1941 年，沅陵县政府在仁平乡开办中心学校。1950 年年初，有学校 6 所、学生 170 人。1954 年，增加 4 所，“文化大革命”期间，师资设备缺乏，严重影响基础教育教学质量。1980 年后，黄家河、酸子界两处不再设初中班，四都坪不设高中班，大队小学受大队和公社中心学校的双重领导。此后，依据生源增减和国家政

文化活动

策变化，继续进行教育布局调整。2014年年末，全乡有中心学校1所，在校中学生365人，教师42人，九年义务教育覆盖率100%；小学4所，在校学生365人，教师29人，小学适龄儿童入学率100%。

文化

境内有浓厚的文化氛围，文娱活动形式多样。1949年前，群众文娱活动主要是舞龙灯、玩柿子灯、香灯。每年从正月初一到十五或是月底，除舞龙灯外，还要各式把戏，如舞刀把、甩流星、举重、跳高、跳桌子、飞板凳、舞棍拳，以及狗钻洞、翻跟斗、倒走路、摆龙门阵等，为群众喜闻乐见。其次还有打莲花落、打花鼓、唱土地戏，唱太平歌、山歌对唱。1949年10月后，配合各项政治运动，组织腰鼓队、秧歌队宣讲党的政策方针。1978年改革开放以后，因外出务工人员增多，文化队伍缺乏年轻血液，发展传承遭遇困难。到2014年年末，全乡有老年活动中心8个，有龙灯队伍2支，元宵节期间龙灯队在张家界市城区舞台上表演；有农家书屋18个，书刊10万册。

体育

1949年前，境内体育健康活动大都因陋就简，就地取材，没有固定的活动场地。1957年，创建体育代表队，经常到县参加球赛。1978年改革开放以后，体育设施增多，体育活动推广加速。2014年年末，全乡有学校、机关体育健身活动场地4个，村级体育健身场3个，有健身组织10个，多次与周边乡镇开展篮球友谊赛。全乡经常性参加体育健身活动的人员占常住人口的30%以上。

医疗卫生

清朝光绪年间，境内只有中医黄子钦1人，药铺只有黄家河1家。1912年后，中医郎中、药铺有所增加。1931年，有中医7人，中药铺4

张家湾传统民居

家。因医术水平不高，就医环境条件差，民众卫生知识缺少，迷信思想严重，流行病传染蔓延。1945年，霍乱流行，境内在一个月内死亡300余人。1949年10月后，人民政府加强医疗卫生工作，普及卫生常识，医疗卫生事业得到发展。1955年5月，成立四都联合诊所；1956年，增设黄家河分诊所，有医务人员7人。1958年，成立公社卫生院。1973年，成立妇幼保健站。1967—1982年，卫生院收治病人8500余人次，取得良好疗效。至2014年年末，全乡有医疗卫生机构17个，其中，乡卫生院1个、村卫生室16个。2014年全乡新型农村合作医疗参合率100%。

社会保障

至2014年年底，全乡参加农村社会养老保险4015人，参保率94.6%，累计征收养老保险费43.5万元。

特色地情

历史人文

四都坪乡处于偏远山区，自然环境艰苦，但人们自古勤奋好学，清代境内考取秀才40余人。1917年，贺龙来到四都坪从事革命活动，建立哥老会。本土人士符太祥积极参加，后协助发展哥老会组织，并在自己的家里建立哥老会交际联络站。土地革命战争时期，符太祥带领大家起义反抗，几次失败，但毫不气馁。湘鄂川黔根据地建立后，他作为乡农会主席，发动建立村农会组织5个，带领游击队和敌人开展斗争。四都坪乡为革命事业牺牲的烈士很多，如在长征中牺牲的符双喜，1952年在抗美援朝战场上牺牲的代岩包、符元有等人。

名优特产

四都坪乡地处北中纬度，属中亚热带山原型季风湿润气候，农副产品十分丰富。主要物产有：稻谷、油菜籽、花生、红薯、香菇、山野菜、中药材、家禽，以及野生林蛙、大鲵等。还有野生葛粉、蜂蜜等营养丰富的土特产。四都坪乡的山野菜、中药材和野生动、植物闻名省内外。

风景名胜

四都坪山峦环绕，风景秀丽，春天樱花盛开，夏天遮阴蔽日，秋天层林尽染，冬天宁静祥和，一年四季时时有风景。庙岗村的庵堂垴，传说是八仙歇脚之地，位于庙岗村茅村组后山，山上有一古庵，故名"庵堂垴"。与庵堂垴相隔一溪有一个洞，相传洞中住着一个猪仙，故名猪娘洞。每逢湘地大旱，各地百姓从四面八方到此求雨祈祷，至20世纪30—40年代，依然存在，活着的老人记得很清楚。位于猪娘洞山脚下的犀牛潭，传说一次发大水，一只犀牛从潭中蹦出，顺溪而下，为当地一人所见，消息传开，后人将此潭称为犀牛潭。相传此潭原来潭水深不见底。犀牛潭附近森林茂密，溪水潺潺，瀑布成群，远看隐于山林之中，走近则水点扑面，凉风习习，亲近而自然，超脱风尘之外，颇有世外桃源之胜。

民俗风情

四都坪乡土家风情浓郁。境内土家族吊脚楼多为木结构、小青瓦、花格窗、司檐悬空、木栏扶手。以前的吊脚楼一般以茅草或杉树皮盖顶，也有用石板盖顶的，今吊脚楼屋面多用泥瓦铺盖。吊角楼属于干栏式建筑，中间为堂屋，左右两边称为饶间，作居住、做饭之用。饶间以中柱为界分为两半，前面作火炕，后面作卧室。在有吊脚的部分，楼上通常有绕楼的曲廊。土家吊脚楼窗花有浮雕、镂空等多种雕刻工艺，雕刻手法细腻，内涵丰富多彩。有的象征地位、有的祈求吉祥、

有的表现农耕、有的反映生活、有的教育子孙、有的记录风情，飞禽走兽、花鸟虫鱼、歌舞竞技、神话传说，栩栩如生，美轮美奂，蓄意深刻。古时吊脚楼下有大大小小的岩石作为坚实的基础，有吊脚楼的地方就有堆砌而成的岩墙、岩坎、岩路、岩头阶梯，各种各样。还有一些用土夯实的残垣断壁，展示出时代的久远。

土家族人民不仅精于工艺，而且能歌善舞。在四都坪乡民间歌谣丰富多彩，门类繁多。分劳动歌、生活歌、时政歌、历史叙事歌、山歌、情歌、丧歌、寿歌、摇篮歌、宗教祭祀歌、上梁歌、哭嫁歌及各种民间小调等。尤以情歌传播最广。境内传承着许多民间舞蹈，如扬叉舞、存篓舞、草龙灯、高花灯、穿花舞等。庙岗村人最常跳的是“九子鞭”舞。境内还传承着历史悠久的土家族仪式，土家仪式是土家民族的精神家园，它延伸到土家民族生产生活的方方面面，记录着土家人生命历程中、心灵深处留下的深深印记。境内土家人民的风味小吃，品种繁多，各具特色，令人回味无穷。主要有庙岗油豆腐、古村落腊肉、地笋、天花菌、苦麻菜、金香芋、蕨菜、蒜栗、珠栗、酒樱桃等。

境内庙岗村的婚姻习俗独具特色。男女长到十七八岁，就要请媒婆提亲，媒人背块腊肉前往，对方没接礼物，就没有成功，一般赶上八次，对方返了礼物，即表示同意。而后，还要看八字，确认男女双方是否合适。正式结婚，婚期有 3 天，第三天才为娶亲宴。在丧事习俗里，娘女必出丧，唱丧歌；出丧时，中途推丧嬉闹，南辕北辙，逢坑直冲，逢水不绕。2014 年，四都坪乡庙岗村成功申报省级“中国传统村落”。

（撰稿人：赵婷　图：宋国庆　鲁帮福　吴斌）

武陵源区行政区划图

地图审图号：湘S（2016）165号

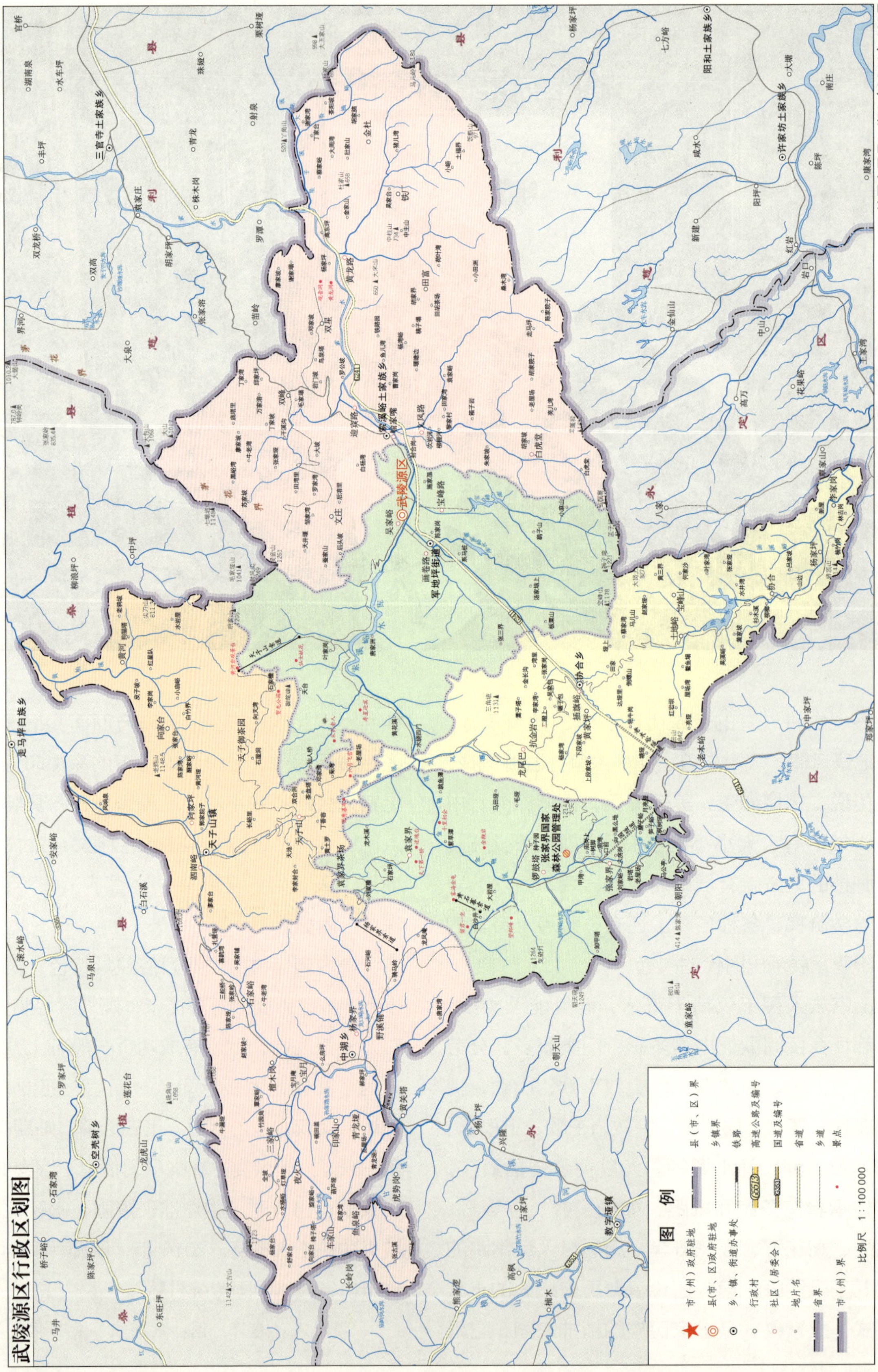

武陵源区

概述

武陵源区位于湖南省西北部的武陵山脉中部，隶属于张家界市。东邻慈利县，南抵永定区，西与永定区、桑植县接壤，北同桑植县毗连。地处北纬29° 16′ 25″ ~29° 24′ 25″，东经110° 22′ 30″ ~100° 41′ 15″，总面积397平方公里。区治军地坪。

武陵源，周秦以降，代有建置，或属郡，或属州，或属卫，或属县，都因当时交通闭塞，舟车隔绝，人迹罕至而鲜为外界所知。建区前，本境分属湘西自治州大庸县、桑植县和常德地区慈利县管辖。武陵源，史书上称为“禹甸之灵境”“赤县之奥区”，自古神秘莫测，是历代文人雅士歌颂向往的理想境地。早在唐代诗人的笔下，李白有“功成拂衣去，归入武陵源”的向往，王维有“居人共住武陵源，还从物外起田园”的追求。1978年8月，湖南省林业厅的记者走进武陵源，写下介绍武陵源山水的第一组文章。1980年1月，著名画家吴冠中在《湖南日报》发表《养在深闺人未识——张家界是一颗风景明珠》，赞美武陵源“不让桂林，媲美黄山”。1981年秋，香港著名摄影家陈复礼举办的青岩山自然风光图片展览，“引来各界人士云集，万头攒动，盛况空前”，轰动香港和东南亚。从此，武陵源揭开神秘的面纱，走出深闺。

中共十一届三中全会以后，改革开放为武陵源旅游业发展带来契机。1980年7月，大庸县成立旅游领导小组，开始对张家界林场风景资源进行考察并初步制定开发建设规划。1982年3月，桑植县委、县政府作出开发天子山风景区的决定；4月，慈利县成立开发索溪峪旅游资源领导小组。继而，张家界、索溪峪、天子山分别被批准为国家森林公园和国家级自然保护区。至此，分属于大庸、桑植和慈利3县市的武陵源拉开开发建设、发展旅游的序幕。1985年年初，中共中央总书记胡耀邦题写“武陵源”，为武陵源风景区的统一奠定基础。1988年5月，国务院批准建立大庸地级市和县级武陵源区。武陵源风景区的统一、开发和建设的史册，从此翻开光辉灿烂的篇章。1989年6月武陵源正式建区，辖中湖乡、协合乡、天子山镇、索溪峪土家族乡和张家界国家森林公园。至2014年，全区总人口55933人，其中，少数民族人口52515人，占总人口的93.89%

武陵源区是世界知名的旅游胜地，拥有世界自然遗产、世界地质公园、全国首批AAAAA级景区、全国文明风景旅游区、中国第一个国家森林公园、中国优秀旅游城市、国家重点风景名胜区等多块金字招牌。境内核心景区面积264平方公里，由张家界国家森林公园、天子山自然保护区、索溪峪自然保护区、杨家界自然保护区组成。武陵源风景名胜区资源丰富，生态完整，具有重要的科学和美学价值，其自然景观以奇峰、怪石、幽谷、秀水、溶洞“五绝”而闻名于世。独特的石英砂岩峰林为国内外罕见，被命名为“张家界地貌”。武陵源风景名胜区峰峦如林，造型奇特，又有茂密的森林，幽深的谷壑，多姿的溪涧，变幻的烟云，奇妙的溶洞和淳朴的田园风光，构成一幅奇、秀、幽、险、野的立体长卷画轴，蔚为壮观。

武陵源区处于中亚热带北部气候区，是中亚热带向北亚热带过渡地区，属山原型湿润气候。境内山高谷深，气候成垂直变化，气温垂直递减。同时，因山谷幽深和盆地开阔受到阳光幅射差大，局部地形对其气候起主导作用，形成特殊的山原季风气候。云雾多、湿度大、降水量大。2014年，气温最高37.7℃、最低-3.9℃，年均气温14℃～17℃，年降水量1400毫米。

武陵源区主要植物类型属中亚热带北部常绿阔叶林。境内主要地段林木茂盛，其中张家界国家森林公园森林覆盖率98.9%，有原始次森林植被群落，森林资源非常丰富。境内高等植物有3000余种，首批列入《中国珍稀濒危保护植物名录》的重点保护种子植物有35种，还保存有原始次森林2处，乔木树种有107科250属700余种，可供观赏的园林花卉植物多达450余种，药用植物700余种，其中属于国家一级保护的有5种，二级保护的有16种，三级保护的有16种。武陵源是生物宝库，生长着大量的野生动物，其中陆生脊椎动物有58科149种，属于国家一级保护动物的有3种，二级保护动物25种，三级保护动物17种。

1989年建区后，武陵源景区建设速度和管理水平不断提高，旅游事业得到长足发展。旅游业成为全区的支柱产业，迅速壮大，并带动其他各行各业的发展。2014年，全区生产总值40.95亿元，第一、第二、第三产业增加值分别为1.6亿元、0.7亿元、38.64亿元；完成固定资产投资21.1亿元，地方财政收入4.92亿元；城镇居民人均可支配收入20826元，农村居民人均可支配收入8899元；年末金融机构各项存款余额27.11亿元，贷款余额47.59亿元；接待国内外游客1539.8万人次（其中境外游客69.8万人次），实现旅游总收入65.26亿元。星级以上宾馆酒店21家，其中五星级2家，四星级2家，全区接待床位29500余张；城市建成区面积3.29平方公里，城区绿化覆盖率44.5%。2014年，全区有中小学校15所，其中完职中1所，九年一贯制学校2所，中心学校5所。年末各类卫生机构53个，其中综合医院1个，建制村卫生室覆盖率100%。有36个市级生态村、5个市级生态社区、3所绿色学校、5家绿色宾馆。双峰、野溪铺、向家坪、泗南峪、龙尾巴、双星、鱼泉峪7个村申报全国“美丽乡村旅游工程”重点村。境内地表水水质总体良好，饮用水源水质达标率100%，大气环境良好，2014年优良天数335天，空气质量达标率93.3%。

2014年年末，全区辖张家界国家森林公园、军地坪街道、中湖乡、协合乡、索溪峪土家族乡、天子山镇，共42个村（居），384个村民小组。2015年5月，经张家界市人民政府批复同意，将武陵源区军地坪街道管辖的张家界、锣鼓塔、袁家界3个社区和张家界国营林场等区域划出，设立武陵源区锣鼓塔街道。2015年年底，乡镇行政区划调整后，武陵源区辖中湖、协合2个乡，军地坪、锣鼓塔2个街道办事处。

（撰稿人：唐勇军　陈金平　高建）

军地坪街道

街道全景

区域概况

位置面积

军地坪街道是武陵源区治所在地，东接索溪峪镇，西抵协合乡，南邻永定区新桥镇，北界天子山镇，与桑植县毛家垭山交界。总面积63.26平方公里，其中规划区面积7.5平方公里。

建置沿革

军地坪曾名青草湖、军邸坪。历史上，军地坪街道属慈利县辖。1914—1929年属慈利县二十都；1930—1935年属喻家嘴乡；1935—1937年属慈利县五区；1938—1947年属溇中乡；1948~1949年属溇南乡；中华人民共和国成立后属慈利县五区；1952年属十一区；1956年6月后属喻家嘴乡；1958 年 9 月属星明人民公社；1960 年属喻家嘴人民公社；1982 年 10 月划归索溪峪自然保护区管理局代管；1984 年属喻家嘴乡；1986 年 7 月属索溪峪镇。1988 年 5 月划归大庸市（今张家界市）武陵源区管辖。2001 年 12 月成立军地坪街道。

行政区划

2014 年，军地坪街道辖吴家峪、宝峰路、画卷路 3 个社区居委会和 1 个国有林场（索溪峪林场），共 36 个居民小组。街道办事处驻画卷路社区居委会。

自然环境

军地坪街道属盆地地形，四周多高山，中间地势平坦，平均海拔 272 米。境内森林茂盛，森林覆盖率 83.6%，溪流纵横，有大小溪流 6 条，为辖区旅游业、生活用水等提供充分保证。辖区最大溪流索溪河发源于海拔 800 余米的磨子峪，流经景区和穿整个军地坪城区而过，在慈利县江垭镇汇入溇水。此外还有插溪，发源于永定区沙堤乡板坪村，插溪出百丈峡口后与王家峪溪、董家峪溪汇聚，出画卷路居委会汇入索溪河。宝峰溪、董家峪溪在宝峰路居委会境内，系山涧性溪流，雨水期水量充沛，枯水期流量较小。辖区有人工湖泊 3 个，分别为索溪湖、宝峰湖、董家峪水库。辖区属中亚热带山原型季风湿润气候，多样性和垂直差异性十分明显，一年有两次气候转换。冬季受北方干冷气团控制，盛吹偏北风，气候寒冷干燥；夏季受暖气流影响，盛行偏南风，温高湿重；春秋两季为冷暖气流交替过度期，轻寒微暖，气候宜人。境内冬夏长，春秋短，年平均气温 16.4℃，年均降水量 1380 毫米左右，集中在 4—7 月；年平均日照 1297.2 小时，以 8 月最多，2 月最少。境内降雪主要集中在 12 月至次年 2 月，冬季平均年降雪日 8 天，最多年份 17 天，最少年份 3 天。

人口民族

2014 年，军地坪街道辖区总人口 1.2 万人，主要为土家族。

经济发展

经济综述

军地坪街道经济以旅游业为主，2001 年街道成立时，居民人均可支配收入 5057 元。旅游业的不断发展带动城镇经济和个体私营经济加快发展，推进城镇化进程。近年来，随着招商引资项目的落户，加上政府相关部门的扶持引导，居民自主创业和就业门路不断拓宽，居民生活水平大幅度提高。2001 年，街道财政收入 160 万元。2014 年，财政收入 700 多万元，城镇居民人均可支配收入 20064 元。

旅游业

旅游服务业为军地坪街道支柱产业，辖区年实缴税金 10 万元以上的企业达 52 家。武陵源区旅游业的迅速发展，带动街道以旅游服务为主的第三产业快速发展，街道居民多从事与旅游相关的工作。受地理位置和自然资源的限制，街道没有发展工业，农业的发展微乎其微。街道成立时，辖区没有高档酒店。到 2014 年，有京武铂尔曼、青和锦江 2 家五星级酒店，国宾、盛美达、圣多明歌等高档豪华酒店，四星级酒店有江汉山庄、专家村宾馆 2 家，三星级酒店 18 家，还有溪布街客栈、关山悦公馆等一批具有湘西民族特色的客栈。辖区酒店客栈共有 300 多家，武陵源区绝大部分高档宾馆酒店、全区 80%以上的宾馆酒店客栈集中在军地坪街道辖区。辖区在建的高档酒店有纳百利国际度假酒店、台湾山庄、盛美达酒店三期工程等，有乌龙山寨、湘西印象、大作坊等一批知名旅游餐饮企业。辖区共有旅游餐饮点100多处，为游客的集散地，2013年旅客接待量288万余人。辖区有旅游购物风情名街——溪布街，占地面积约6.67公顷，总建筑面积约7万平方米，是全国唯一集水上酒吧街、中华名特小吃街、湘西民俗购物精品街、休闲客栈、创意工坊等为一体的复合型旅游商业步行街，总投资约3亿元人民币。辖区有武陵源区最早的旅游购物街——天子街，占地面积1.74万平方米，总投资4000万元人民币，建筑面积26816平方米，是一个集旅游、购物、休闲、娱乐、餐饮为一体的“一站式”消费中心，是武陵源区实施“双遗产”战略（山上保护世界自然遗产，山下建设未来文化遗产）的首个重点建设项目。

辖区武陵大道、白鹭路、天子路等为商铺集中区域，拥有金湘红、御茶园、茶博士等旅游购物点12家，休闲娱乐场所30多家，大小商铺500多个。其中大型演艺场所“魅力湘西”创办于2001年3月，历经10多年发展，已成为全国著名旅游文化演出实体。魅力湘西大剧院能容纳观众2800人。“魅力湘西”演出的节目，湘西民族特色浓厚鲜明，在大陆、港澳台等华人地区，乃至韩国、日本、东南亚等地享有较高知名度和美誉度。2003年，市、区两级政府将魅力湘西大剧院指定为民族民间文化的定点表演单位。各大旅行社纷纷将魅力湘西文化表演作为张家界之游的必看节目之一。“白天观奇山秀水，晚上赏魅力湘西”成为海内外华人和国际友人们的共识。在2007年湖南旅游产业大会、2008年“珠洽会”和2008年湖南国际旅游节上，《魅力湘西》均为展演节目，成为湖南对外文化交流的窗口。2008年9月，《魅力湘西》被文化部授予“国家文化产业示范基地”，这是国内第四家专注于旅游文化

城市生态园

表演机构获此殊荣，其表演的节目《追爱》在2014年央视春晚演出。

辖区正在开工建设的旅游服务类重点招商引资项目有原生态绿景休闲园、武陵源区标志门游客服务中心、魅力湘西游客服务中心等13个。街道辖区基础设施完备，管网、电网发达，供水供电方便。近些年来，街道将"平安满意在张家界"活动不断引向深入，塑造规范、有序、文明、卫生的旅游城市新形象，进一步优化城区旅游环境。

居民生活

2001年，职工年平均工资8576元。2014年，职工年平均工资38321元；居民家庭人均住房面积30平方米以上。空调、彩电、冰箱、电脑、洗衣机等家用电器已进入千家万户，手机、固定电话入户普及率达99%以上，小汽车、摩托车入户率45%以上。居民穿着讲究、整洁、大方，生活丰富多彩，蒸蒸日上。

基础设施

交通运输

军地坪街道地处武陵源区城区中心，1989年武陵源区建立后，街道交通建设一直是历届政府工作的重点。到2014年，城市街道建设日趋完善，省道306线张清二级公路穿越整个辖区，为高标准沥青路面，交通设施完善齐备；东可直达慈利、长张高速阳和收费站，可直达长沙、岳阳、武汉等地；南可直到张家界市区、张花高速和长张高速张家界西收费站，可直达凤凰、重庆等地。距张家界市区33公里。景区内交通发展日新月异，各景点之间建成高标准的沥青路。

由于地处旅游区，街道旅游运输发展迅猛。有景区环保客运、泰安旅游客运、云安旅游客运、阳光旅游运输车队4家旅游运输企业，拥有大小旅游客运车辆500多辆；有湘运武陵源分公司、

城市建设

景源公交车、祥荣客运、春祥出租车4家公共交通客运公司，开通有至武汉、长沙、凤凰、慈利、张家界市区、张家界国家森林公园、慈利大峡谷风景区等多条省际、市际、县际线路，公交线路覆盖整个城区。景区有环保客运车辆208台，辖区有环保自行车租赁点3处。街道内外部交通的发展，构成辖区全覆盖的交通网络。

城区建设

军地坪街道是武陵源区的中心城区，辖区有东西走向的武陵路、军邸路、未央路、香梓路4条主街道，南北走向的高云路、宝峰路、天子路、白鹭路、桂花路、玉泉路6条主街道。城市街道都安装有民族特色的路灯，修建有民族风格的公交站台，城市设施完善，功能齐全。主干道实现绿化美化，路上有绿，绿中有路。建有街边小公园，配有健身、休闲设施。街道有高云、施家落2个居民安置住宅小区，有山水华庭、百溪花园、景源雅居、百溪馨居4个商住小区，城镇建成区绿化覆盖率26.5%。辖区大街小巷供水、排污、亮化、通信网络、消防设施等配备齐全。主街道及小街小巷、居民小区均实行全天保洁。辖区有广场舞、交谊舞、篮球场、羽毛球场、门球场、室外健身等多处运动健身场所。近年来，街道逐步开展城中村改造项目，完善居民区各项配套设施，房屋按照土家族民族特色修建，已在吴家峪居委会2、3小区进行试点。

社区建设

军地坪街道辖吴家峪、画卷路、宝峰路3个社区。吴家峪社区是武陵源区政治、经济、文化和旅游接待中心，辖区有区直单位、宾馆企业100余家，工商个体户800余户，旅游服务从业人员3000余人。画卷路社区有酒店宾馆等企业单位25家，社区成立了共青团、妇女联合会、社会劳动保障服务中心、文体活动中心、老年协会、居家养老活动中心等组织。宝峰路社区森林自然、生态良好，凸现社区独特的地理环境和良好的发展空间。区政府重点工程沙坪安置区项目落户社区开工建设，加快社区城市化进程，助推社区发展。辖区设有军地坪派出所、专职治安巡逻队，建有覆盖全城区的监控网络。各社区、宾馆酒店成立有12支200余人的义务巡逻队。辖区巡逻采用车巡和步巡相结合的方式进行，3个居委会都设有社区警务室，对辖区流动人口进行及时清理，调处矛盾纠纷。辖区驻有区消防大队、武警中队、区公安分局、交警直属二大队。2011年，军地坪街道被中共湖南省委组织部、省民政厅授予“全省社区党建和社区建设先进单位”，荣获共青团湖南省委颁发的“省级‘五四’红旗团委”奖牌；2012年，荣获“省级2012届文明单位”。

邮电通信

辖区有移动、联通、电信等通信企业，有EMS、申通、韵达、圆通、顺丰、中通、汇通等物流企业，有多家金融机构。

生活服务

军地坪街道有武陵源区最大的农贸市场——宏源市场，小规模的农贸批发市场也基本集聚于此，有梅尼超市、亘立超市等生活购物场所。辖区有工商、税务、卫生、教育、运输等企事业单位，开展业务方便，生活设施完善，人居环境优美。

社会事业

学校教育

1976年，军地坪街道开办小学一所，1992年正式成为区直属小学；2014年在校学生1435人，教职工81人。近年来，多名教师参加省、市

军地坪小学

级教学比赛均获奖项。学校占地 1.26 万多平方米。近两年，投入 3000 多万元扩大校园面积，新修改建教学楼，运动场地、信息化教学设备俱全。1992 年以后，教学质量评价均居全区首位。学校坚持特色办学、全面育人，2004 年被评为“张家界市示范学校”，先后获得省级“艺术教育先进学校”、省级“文明卫生单位”等 20 多项殊荣。该校学生在市、省、国家级各类竞赛中多次获得名次和奖励。辖区有公办幼儿园 1 所——武陵源区机关幼儿园，创办于 2002 年。2014 年在园幼儿 440 人，教职工 37 人。园内环境整洁优雅，幼儿各项生活用房及配套设施标准、齐全。辖区有乐乐、慧贝、阳光等 6 家民办幼儿园，有小新星英语、揭秘英语、鹰才教育、小桔灯作文等 10 余家课外培训机构，有围棋、乒乓球、舞蹈、跆拳道等 12 家特色培训学校。这些公办与民办教育机构互为补充，促使街道的教育事业全面发展。

文化体育

军地坪街道辖区文化体育活动丰富多彩，每逢春节、国庆等重大节日，街道组织开展舞龙灯、舞狮子以及地方阳戏、花灯等群众性演出活动，以及拔河、扳手劲等趣味体育竞赛活动。辖区 3 个居委会有农家书屋和居民活动室，每个书屋有各类图书千余册，活动室配备有象棋、围棋、乒乓球、健身等器材，丰富了居民的业余文化生活。

军地坪街道有篮球、登山、自行车、钓鱼、太极拳、广场舞、足球等 11 个群体性健身休闲协会，有会员 800 多人，经常组织开展丰富多彩的竞赛活动。辖区有篮球场所 11 个，乒乓球场所 3 处、羽毛球场所 1 处，室外健身场所 8 处，广场舞场所 20 多处，每天参与各类健身人员 2000 多人，全民健身活动开展常态化。2003—2004 年，军地坪街道荣获“湖南省全民健身周活动先进单位”；2005 年，被国家体育总局授予“2001—2004 年度全国群众体育先进单位”；2007 年、2010 年、2011 年荣获“湖南省全民健身月活动先进单位”。

医疗卫生

2008 年 12 月，军地坪街道创建社区卫生服务中心一所，有工作人员 23 名。2010 年，中心利用中央投资项目建成业务大楼，总投资 550 万元，建筑面积 2320 平方米，开放病床 12 张，设有全科门诊、口腔保健、针灸理疗、医技检验等科室。中心坚持“小病进社区、大病进医院、康复回社区”的服务理念，2013 年中心业务收入突破 100 万元大关。街道社区卫生服务中心先后获得“全市妇幼保健工作先进单位”“全市药品不良反应监测先进单位”“省级文明卫生单位”等荣誉。辖区还设有吴家峪、宝峰路、画卷路 3 个居民社区卫生服务室，宝峰湖、天子山索道下站、水绕四门等主要景区景点有医疗救护点 6 处。辖区有区妇幼保健院、区疾控中心、区计划生育服务站等公办医疗服务机构，有区红十字会门诊部、区老科协军地门诊等 10 家民办医疗诊所，有武陵源、御芝堂、众健等 8 家大药房。居民城镇合作医疗基本实现全覆盖。

社会保障

辖区居民主要围绕旅游业开展就业，以自主创业和政府引导就业为主。自主创业主要是餐饮、住宿、客运、游客服务等领域，政府引导就业主要是公益性岗位、大型宾馆酒店、旅游开发企业等领域。街道和 3 个居委会设有劳动保障服务站，建有社区标准化综合服务平台，为居民技能培训、上岗就业提供服务。2014 年，共有 2601 人参加城乡居民养老保险，7537 人参加城镇合作医疗保险；为辖区居民实施医疗大病救助 59 人次，救助资金 8.86 万元；救助困难对象 125 人次、低保对象 1459 名、优抚对象 44 名，共发放救助资金 503.23 万元；发放征地居民、拆迁居民生活费 652　人 127.9 万元；发放生态公益林补偿、退耕还林补助共计 144.3 万元；为 425 名 70 岁以上老人每月发放 30 元；开展疾病普查 1742 人次；65 名大中小学生共获得 6.26 万元资助或奖励。

武陵源标志门

特色地情

历史人文

“张家界·魅力湘西”是中国旅游景区最大综合性演艺基地，由著名画家黄永玉题名，宋祖英、张也、陈思思三位湘籍歌唱家演唱主题歌。“张家界·魅力湘西”由张家界魅力湘西旅游开发有限责任公司经营，公司成立于2000年，旗下拥有张家界魅力湘西国际文化广场。该广场总投资2.5亿元，占地2.08公顷，剧场座位数2600个，每晚两场演出座无虚席，深受观众好评。张家界魅力湘西后获得“国家文化产业示范基地”“国家文化旅游重点推荐项目”“中国文化品牌30强”“中国十大民俗文化企业”“中国旅游演艺票房十强”“湖南省民族传承基地”“民族团结进步模范集体”等荣誉，代表湖南参加了“2010上海世博会”“2012、2013深圳文博会”，代表文化部赴欧洲参加“2014、2015欢乐春节”演出，原创节目《追爱》荣登2012年央视龙年春晚，通过精湛的艺术表现，向全世界观众展示了大湘西璀璨的民族文化。

风景名胜

吴家峪标志门　位于吴家峪居委会，系园林小品建筑，建筑面积153平方米。由湖南省建委投资47.3万元，张家界市建筑勘察设计院设计，浏阳市镇头园林建筑工程公司承建。1992年2月25日开工，5月25日竣工，2005年重建。新建的武陵源标志门以“庭院深深深几许，转角飞檐檐九重”为创意，集世界自然遗产和土家建筑文化（小青瓦、坡屋面、外挑檐、转角楼、浅灰墙）于一体，耗资2500万元，建筑面积5045平方米，其中主体建筑物共9层，高39.9米，是武陵源世界自然遗产的标志性建筑。宽大的游人中心、18条游客通道、12个售票窗口、电子监控、自助缴费、自动取款、自动查询、网上售票、电子语音导游、生态停车场等各种基础配套设施一应俱全，真正实现了世界遗产、自然风景、传统文化、人文科技的和谐统一。2014年，从该处购有效票

宝峰湖山歌节

皮划艇激流回旋基地

进入景区人数 1539587 人。

宝峰湖 国家AAAAA级景点，位于宝峰路居委会，水深72米，长2.5公里。宝峰湖以其秀丽的湖光水色与幽野的洞天情趣，成为武陵源水景风光的代表之作，主要景点由宝峰湖和鹰窝寨两大块组成。宝峰湖风景区集山水于一体，融民俗风情于一身，尤以奇秀的高峡平湖绝景、“飞流直下三千尺”的宝峰飞瀑、神秘的深山古寺闻名，被称为“世界湖泊经典”。曾作为2001年张家界国际森林保护节文艺表演的天然布景。2014年，宝峰湖景区接待国内外游客56.2万人次。

溪布街 武陵源溪布街北靠武陵大道，南向沿400米索溪河岸水景，东邻张家界大剧院，西接宝峰桥。项目由张家界金瑞旅游发展有限公司投资开发，总投资约3亿元。占地面积约6.67公顷，总建筑面积约7万平方米。建筑风格以湘西土风苗韵为基调，以传统土家民居为蓝本，营造房中有院、院中有街、韵味十足的集市盛景。并融汇符合时代审美的时尚休闲元素，以“原生态、自然、和谐”的开发理念进行规划建设，自然景观上以“拙朴”的原生气质为风貌。是全国唯一集水上酒吧街、中华名特小吃街、湘西民俗购物精品街、休闲客栈、创意工坊等为一体的复合型旅游商业步行街，是武陵源核心景区内不可复制的文化旅游藏品。

张家界激流回旋基地 位于张家界核心景区武陵源索溪湖天然瀑布下，紧邻武陵源风景区门票站。该基地是2006年第五届亚洲皮划艇激流回旋锦标赛举办地，2008年北京奥运会激流回旋比赛指定训练基地，2010年全国第五届城市运动会皮划艇激流回旋项目比赛举办地。该基地多次举办全国皮划艇激流回旋赛事，是奥运健儿摇篮、时尚漂流胜地，被列入张家界国际精品游览线，并被国际激流、漂流协会原主席、西班牙拉蒙博士称赞为“亚洲最佳、世界一流”，展现了体育与旅游的完美结合。

（撰稿人：符玮　图：王传殊　邓跃　田洋）

天子山镇

集镇全景

天子山镇是湖南省特色旅游名镇、省级环境优美乡镇。

区域概况

位置面积

天子山镇东临索溪峪镇，西抵中湖乡，北与桑植县汩湖乡接壤，总面积 54.5 平方公里，核心保护区面积 36 平方公里。镇人民政府距张家界市城区 58 公里。

建置沿革

天子山镇因明初土家族领袖向大坤自号“向王天子”而得名。1949 年 10 月至 1953 年 3 月，黄河、向家坪、向家台、泗南峪属大庸县五区康中乡。1953 年 4 月，将泗南、黄河、中坪、磨峪

4乡划归慈利县管辖，属慈利县十二区。1956年，黄河、泗南2乡并入慈利县碾子乡，袁家界（今天子山居委会）为昆仑村，后成立昆仑高级农业合作社，属慈利县第一区军邸乡。1958年5月，建立国营袁家界（青岩山）林场；9月，将泗南、黄河、中坪、磨峪4乡并入汨湖人民公社；11月，汨湖、人潮溪、官地坪划归桑植县管辖。1965年，成立袁家界村(今天子山村)，属桑植县空壳树乡。1979年，成立汨湖农场天子山分场，后独立为国营天子山农场，代管袁家界村(1983年7月更名为天子山村)；10月，成立天子山自然保护区管理局，代管泗南峪、黄河、向家台、天子山4个村。1986年7月，成立天子山镇，与天子山自然保护区管理局合署办公。1988年5月，大庸市武陵源区成立，划归武陵源区管辖。

行政区划

1989年5月，从泗南峪村析置泗南峪、向家坪居委会。至2014年，全镇辖天子山、向家坪、泗南峪3个居委会，黄河、向家台2个建制村，共42 个村（居）民小组。镇人民政府驻泗南峪。

自然环境

天子山素有“扩大的盆景，缩小的仙境”的美誉，海拔最高1262.5米，最低534米。冬少严寒，夏无酷暑，年平均气温14℃~16℃，降水量1800毫米，无霜期240天，冰冻期60~80天左右。从地质地貌来看，除山顶上海拔几百米以上有一层石灰岩和极少量的龟纹石以外，大部分景区景点属砂岩峰林地貌，形成各种造型奇异的景观。天子山地势高出四周，置身天子山主峰，举目远眺，视野辽阔，透视线长，层次丰富，气象万千，方圆百里景观尽收眼底。天子山风光险绝，给人神秘幽静之感，尤以石林奇观闻名遐迩。无数石峰如剑如戟，森然列于其间，气势雄浑无媲。览胜之间，令人遐思无限，不得不惊叹造物者的鬼斧神工。天子山有云涛、月辉、霞日、冬雪四大奇观。山间云雾变幻无穷，仪态万千，时如江海翻波，涌涛逐浪，时若轻纱掩体，飘渺虚无。日出时晖映长空，日落处霞光无限，又将天子山装点成瑰丽明艳的帝王宫阙。夜风下，皓月弄影，峭壁如洗，万籁俱寂，浪漫陶人，大有“起舞弄清影，何似在人间”之感。入冬后，则雪压险

御笔峰

峰，霜被松柏，冰锥倒悬，经久不化，俨然一派银妆素裹的奇幻景象。享有“谁人识得天子面，归来不看天下山”“不游天子山，枉到武陵源”之美誉。

人口民族

2014年，天子山镇总人口4749人，为土家族、白族集居地，土家族4023人，白族726人，分别占总人口的84.7%、15.3%。

经济发展

经济综述

自古以来，天子山镇的经济以农业为主。2014年，全镇实现生产总值3123万元，农民人均可支配收入5548元，城镇居民人均可支配收入6011元。建镇之前，没有任何官方金融机构，至1991年成立天子山镇信用合作社。2014年年末，金融机构存款余额4500万元，贷款余额3580万元。

农业

长期以来，由于受传统耕作制度的影响，全镇农业生产发展缓慢。2000年，粮食总产量1199吨，农业总产值255万元；2014年，粮食总产量2285吨，农业总产值365万元。2009年，以黄河村村民陈国、向家坪村村民彭清任为首几户创办养猪、养鸡基地，全年纯收入80万元以上。此后，黄河村的向延绍、甄红中，向家台的黎三平、刘爱中、彭发真办起养羊场，年收入10万元左右。全镇养蜂460余桶， 年产蜜250余公斤；黄河村的向美平办有娃娃鱼养殖厂，年收入500万元。全镇村民家庭饲养收入占总收入30%以上。

林业

天子山镇属亚热带季风性湿润气候，冬暖夏凉，四季分明，适应树木生长。中华人民共和国成立前，林业未被重视，发展很慢。20世纪60年代大兴土木，把大片的山头树木砍掉燃烧后种植玉米，破坏较大，林木极少。80年代党和政府发动群众植树造林，号召群众兴办林场，林业得到发展。2014年，全镇有生态公益林434.47公顷，森林覆盖率87.51%，活立木总蓄积量345389立方米。

村镇企业

1958年人民公社化运动兴起，至1978年党的十一届三中全会召开,其间，主要乡办企业有碾米厂、石灰厂、香纸厂、合作社、硫磺矿、煤矿等。近年来，镇中心有宾馆、酒店20家，水泥砖厂8家、预制板厂1家、打砂厂1家，剁辣椒厂1家。企业年收入500万元。

旅游业

天子山镇旅游资源异常丰富。除绝美的自然风光外，青山绿水间，淳朴的土家人在境内世代相传，保存着大量历史悠久的传统农业生产生活用具，如犁辕、犁耙、大斗、风车、背篓、石碾、石磨等；保留着唱山歌、跳摆手舞、打围鼓、吹唢呐、唱阳戏、哭嫁等文化习俗。为适应旅游业发展需求，2013年以后，全面开展镇街道绿化、加宽和城镇建筑民族化特色包装等工程，加快景区居民搬迁并合理安置，发展旅游的意识深入人心。旅游服务设施不断完善，日接待能力在2000人以上。近年来，天子山景区接待游客量日益增多，高峰时期年接待游客250万人次。2014年，天子山镇被评为湖南省特色旅游名镇、省级环境优美乡镇。

基础设施

交通运输

天子山位于武陵山区腹部,历史上无车马通行

泗南峪特色村寨

之道，更无船舶停靠之港。1976年8月修通中湖至教字垭公路，1987年7月泗南峪至中湖路段通车。1983年6月修通泗南峪至桑植县公路，至此，天子山镇可南通大庸县，东到慈利县，西达桑植县。1985年泗南峪至天子山景区的环山公路通车。有直达张家界市城区公路，全程58公里。天子山景区山顶公路与杨家界景区、袁家界景区相通，全程20公里。天子山景区建有天子山索道，1997年5月19日开通营运；袁家界景区有百龙电梯，2002年4月投入营运。近年来，先后投入530万元，改造和硬化全镇村组公路130多公里。

邮电通信

1968年，在泗南峪设立第一个邮政代办所，进行简单的收取信件业务。近年来，在镇政府的努力下，实现电话线缆覆盖各村，共搭建起5座手机信号发射塔，全镇实现手机信号全覆盖。2009年黄河村开设第一个移动营业代办点，2011年镇中心开通中国电信业务，2012年开通中国移动通信业务，2013年开通中国联通通信业务。2014年年末，有邮政代办所1处，固定电话用户100户，移动通信用户2000户，联通通信用户1080户，互联网上网入户率15%；集镇有线电视入户率75%，卫星广播电视“村村通”覆盖全镇。

水利建设

1949年以前，境内没有任何形式的官建水利设施。20世纪60年代初，开展农业学大寨运动，开山凿坡，建造梯田、修渠储水。至90年代，各村农田灌溉基本上是靠天雨淋、竹枧为道、旁沟引水，设施极其简陋。1989年以后，不断加强水利建设，至2014年年末，全镇共投入2000多万元，完成河堤建设 4000 多米，河床清理 5000 米，建成水渠 2800 多米，拦河坝 14 处，架设桥梁 5 座，土地整理 13.33 公顷。全镇水利灌溉面积 153.33 公顷。

供电饮水

2005 年，全镇实行农网改造，100%的农户实现国网供电。2013 年，向家台村投入 5 万元完成白竹界蓄水池修建，向家坪居委会投入 30 万元完成农村安全饮水项目。2014 年，黄河村出资 40 万，在全村找到水源 6 处，建起 6 个大型水窖，铺设管道 4 万米，11 个村民小组 1300 余人的饮水问题得到彻底解决。近年来，全镇投入 300 多万元，完成 127 口水窖、水管建设和改造，惠及 3700 余人。

村镇建设

1986 年成立天子山镇以后，相继建有镇供销社、农村信用社、税务所、邮电所、派出所、卫生院、林业站、景区门票站等服务机构。20 世纪 90 年代，随着旅游业的发展，许多服务机构迁址于景区内，加上体制改革，迫使镇服务机构冷落和解体。2014 年前，只剩下农商银行、林站、卫生院、学校、派出所等服务机构，其他机构由个体临时所代替。这一时期，宾馆等旅游服务设施渐有档次，逐步兴起。为打造特色风情小镇，政府对街道建筑实施“穿衣戴帽”工程，重新整理街道，安装路灯，街道两旁种植名贵树种。在村居全面实施“一建三改”工程，镇容镇貌大为改观。各村居都建有文化活动中心，图书室，并配有健身器材。全镇乡村建安居房 200 户，硬化庭院 200 户，庭院美化绿化 155 户。对全镇主要道路全面进行硬化，实现组组通路，户户通路，形成四通八达、出行便利的交通环境。

社会事业

学校教育

民国时期，境内办有私塾。1951 年建立泗南峪、黄河、袁家界村小学和廖家界组小学，1966 年建立向家台村小学。教师多是民办教师。1976 年，泗南峪和黄河 2 所村小学开办初级中学班（恢复高考制度以后撤销），每校学生 200 余人，大部分时间是学农业知识和支援农业生产。1988 年成立天子山镇中心学校，是一所九年制农村寄宿制学校。1993 年 7 月 23 日，学校被洪水冲毁。香港爱国人士田国来先生捐资 38 万元，镇政府配

六一儿童节文艺汇演

套部分资金修建二层10间砖混教学楼。2004年，苏州希望小学建设工程落户天子山镇，镇中心幼儿园正式成立。2007年，全镇九年义务教育覆盖率100%，教学质量在全市三级会考中居全市初中第五位。2010年2月，镇中心学校初中部迁往武陵源二中，学校成为独立的农村寄宿制完小。2013年成功创建省合格学校和张家界市乡村学校少年宫。学校先后被评为“湖南省现代教育技术先进单位”“湖南省文明美德学校”“张家界市课题研究先进单位”“张家界市绿色学校”。2014年年末，镇中心学校有教学班6个，在校学生184名；幼教班级3个，在园幼儿80名。恢复高考制度以后至2014年，全镇先后有75人考入大专院校。

文化建设

天子山镇文化积淀厚重。近年来，文化基础设施逐步完善，建有镇综合文化站，配有专职文化站长1人，干事1人。各村居相继办起“文化室”“图书室”，镇敬老院配置有全民健身器材。2014年，向家台村、黄河村、向家坪居委会建成标准篮球场。围鼓、阳戏、花灯等传统文化活动传承至今，广场舞、洋鼓号成为村民文化活动新时尚。组织开展以“健心健身強素质，诚信文明奔小康”为主题的系列活动，引导街道文化、农村文化健康发展。境内天子山景区的贺龙公园是爱国主义教育基地，重建于清乾隆期间“文革”中损毁的云秀寺、保存较好的清代向氏祖墓中石雕水牛与清朝女秀才刘霜环诗碑等都是天子山镇重要文化遗产。至2014年年底，天子山镇全面完成“村村响”工程，广播信号覆盖率95%；完成“村村通”工程，各村有线电视信号覆盖率100%。

医疗卫生

1982年创建天子山镇卫生院，1996年迁址修建。2013~2014年，区委、区政府投入近200万元，对卫生院进行提质改造和设备添置。卫生院设住院、门诊、防保、预防、保健、康复等6个诊室，床位10张。新型农村合作医疗制度初步建立，2010年后参合率100%。2012—2014年，全镇统筹基金支付76万余元，总门诊病量6023人次。

社会保障

2014年年末，全镇有农村低保对象94户301人，月发放低保金3.8万余元；城镇低保对象323户、828人，月发放低保金22.7万余元；集中供养“五保老人”19人，分散供养五保老人32人；90岁以上老人6人，月发放生活补贴每人100元；70岁以上老人329人，月发放生活补贴每人30元。每年医疗资助和临时救助90余人，资金6万余元；发放春荒救助和冬令救济资金7万元，涉及180余人。帮助优抚对象解“三难”问题，发放居家托养资金每年8万余元。农村养老保险参保率85%。

特色地情

历史人文

向王天子，元至正十三年（1353），土家族首领向大坤应青岩山下黄龙泉洞内隐居的学士李伯如的邀请，率随从家眷上青岩山，在李伯如辅佐下，揭竿起义，建邦立地，僭称王号，曰“向王天子”。由于他当时能代表以土家族为主的各族人民的利益，得到各族人民的爱戴和拥护，建立以“天子山”为轴心的山寨。明洪武十八年（1385），太祖命楚王桢率征南将军汤和、副将同德光等领精兵万余人，分5路围攻山寨。经过40多天浴血奋战，终因寡不敌众，节节失利，向大坤战死于神堂湾悬崖下。此后，当地人民为缅怀他，将他生前战斗、生活过的地方都以“天子”命名。清王朝采用各种压抑措施，强令取消“天子”二字。但土家族人民一直称“天子山”。何岳，男，1926年12月生，土家族，天子山镇泗南峪人。毕业于中国人民解放军东北军政大学，1956年转业。1952年开始文学创作，代表作有《半山樟树下》《金色的梦》。1979年调甘肃电视台任电视剧二级编剧。系中国作家协会会员，甘肃省作家协会理事，甘肃省政协第五、六届委员。

天子庙　天子山风景区有“天子庙”3座，分别叫“上天子庙”“中天子庙”“下天子庙”。上天子庙正名为“向王宫”，建于1389年，清朝乾隆年间续建。砖石木结构，青瓦覆盖，面积150平方米。内有正殿3间，供奉向王夫妇木塑神像。其庙早废，今存残碑两块。中天子庙正名为“天子殿”，始建于明洪武二十三年（1390），复修于清同治二年（1645）。砖石木结构，面积150平方米。下天子庙正名为天子庙，建于明洪武二十四年（1391），清同治九年（1878）复修，面积140平方米。

贺龙公园　位于天子山核心景区，主要游览点有贺龙元帅铜像、兵器馆、贺龙元帅陈列馆、将军碑林（建设中）等。贺龙铜像建铸于1986年，高6.5米，重9吨，为我国近百年塑造的最大的一尊铜像。铜像背负青山，面壁神堂湾，凝重、壮严，再现了贺龙元帅的鲜明形象：浓眉大眼，八字胡须，右手小臂提起，握着烟斗，微笑注视着家乡石峰峭壁。身旁一匹战马昂起头颅，似乎在等待主人扬鞭踏上征途。1995年3月28日，时任中共中央总书记、国家主席、中央军委主席江泽民为公园题写园名。胡耀邦亦曾为云青崖题字。公园内有数处观景台，是天子山观景最集中的地方。

石雕水牛　位于天子山镇黄河庵旧址，为清乾隆年间石雕。据传，当地人向文周年近三旬即病故，其妻四川向氏守节而终，后辈为其修建“孝节坊”及墓园。牌坊、墓园“文革”时期已毁，仅存1对公母石牛，各约重1吨。公牛长1.6米，宽0.6米，高0.78米；母牛长1.4米，宽0.7米，高0.68米。公牛背上骑一稚童，大脑袋，赤脚，右手拍牛背，左手牵牛绳，向左张望，顽皮之态可掬，母牛大腹，两眼微睁，似在咀嚼草料，

西海峰林

悠闲安静。石雕工艺粗犷，线条优美，造型逼真。

刘霜环诗碑 刘霜环，女，天子山镇黄河村人，1855年生。其父刘南恒，清道光秀才，书香门第，家境颇富，平生兴馆教学。霜环秀丽端庄，性极敏慧，过目不忘，父母视为掌上明珠。霜环嗜学，尤以诗见长。1876年，霜环与近村水岩屋秀才甄模臣联姻。夫妻恩爱，生二子。不惑之年，夫死，霜环痛绝，遂潜心志诗。霜环生前有诗集曰《山花集》，曾有遗抄本传世，因兵祸匪乱，今无存。1937年，无疾而终。后辈为其造墓，将其诗11首及当时桑植县知事王子申、大庸县知事彭龙光、前清附生徐益轩等人所撰墓志、诗并镌于石，共9块碑，立墓左右。墓碑保存完好，诗碑中有刘霜环自撰诗4首。

云秀寺 位于天子山镇泗南峪老鸦山脚下，坐东朝西。据碑文考证，云秀寺首建于唐朝开元年间，移址重建于清乾隆十八年（1753）。相传重建落成之时，年仅12岁的小孩路过庙门，小孩会诗能文，人称神童，长老和尚便请求为庙题字，神童挥动扫把大书“云秀寺”三字。云秀寺整个庙宇共分三进，顶盖青瓦，地铺青石，每进之间天井相连。内部以木质结构为主，两侧为风火砖墙，墙顶势如飞龙，时起时伏。第一殿正中神龛上供有“黑神都督”，因此云秀寺又称黑神庙。寺门以石条相砌，有石条门坎，木质门板结实厚重。清道光、同治年间和中华民国时期，云秀寺曾修葺过三次。

风景名胜

空中田园 位于天子山庄右侧向老虎口、情人路方向两公里处的土家寨旁，海拔1000余米。其下方是万丈深渊的幽谷，幽谷上有高达数百米的悬崖峭壁，峭壁上端是一块有3公顷大的斜坡梯形良田。登上“空中田园”，清风拂袖，云雾裹身，如临仙境，使人有“如上彩云间”之感。

点将台 坐落在白雾缭绕的深谷里，怪石嶙峋仿佛数十人形，“皇帝”高居正中，前方“传令官”正在宣读圣旨，“左丞右相”弓身而立，“将士们”屏息静听。传说向王天子曾在此阅兵点将。

将军岩 传说是向王天子的化身，看他身披金甲，肚腹微突，背手而立，那神采，那风韵，俨然一位指挥千军万马的将军。已故著名作家莫应丰写诗赞道：“寂寞深山万古幽，天工造化艺人羞，山中天子随云去，石上将军伴岁留。”沧桑

空中田园

无语，岁月无边，长留天地间的是将军风采。

仙人桥　又称“天下第一桥”，坐落在猴子坡上、天子峰下的王爷洞对面。桥自然形成，长 26 米，宽 1.5 米，厚 1 米多，高约 60~70 米，飞架在两岸悬崖绝壁之上，鬼斧神工，维妙维肖。

神兵聚会　从仙人桥去老屋场，但见深谷里密密麻麻罗列上百座石峰，像一群威武雄壮的将士列队听令。相传向王天子的神兵在此聚会。石峰如此集中壮观，在武陵源也属罕见。

御笔峰　位于天子阁西侧的山谷中。站在观景台向西南远眺，但见山谷数十座错落有致的秀峰突起，遥冲蓝天，靠右的石峰像倒插的御笔，靠左的石峰似搁笔的“江山”。这石笔相传是向王天子留下的，他当年兴兵起义，提此笔批阅公函。御笔峰前的圆柱形石峰就是他的御书台。

仙女散花　坐落于御笔峰斜对面。茫茫云海翻滚，把无数画峰翠崖变成座座孤岛，石峰俏立云端，风驱白雾，态极妖娆，渐露一少女的倩影。她头插鲜花，胸脯隆起，怀抱一只玲珑的花篮，右手抓起满把的鲜花洒向人间，满月似的脸庞还挂着淡淡的微笑。岩顶灌木滴翠，山脚山腰野花如锦，每到春暮，天风吹，流云飘，恍如仙女将鲜花撒向人间。

一步难行　一狭长台地伸向东方，尽头处台地断裂成两峰，裂缝深 100 米左右，两峰间隔不到 1 米，分出石峰长约 10 米、宽约 2 米，乃一绝佳观景台。就此一步，胆大者如履平地，举步之劳；胆小者，战战兢兢，终不敢越雷。

神堂湾　是一座绿色的迷宫，至今无人问津。一个凹形深谷，四面是刀切般的绝壁，终日雾雨霏霏。向下层峦叠嶂，形成五级神堂，谷底深不

神堂湾风景

可测，被称作“神秘的天国”。

名优特产

优越的地理环境，使天子山镇农副产品十分丰富。高山云雾茶、中华圣桃、七星椒是特色种植作物，土家腊肉、香肠、血豆腐、剁辣椒、木榨油是旅游食品之一，畅销全国各地。

民俗风情

岁时节令 正月初一日晨，开门对东方作揖祝圣,归者跪拜尊长，曰拜年。拜年者以未出上九日谓亲厚,过上九日谓迟年。妇女于夜间迎紫姑神，谓“请七姑娘”。正月十五夜，取衫树枝，于宅外烧之，谓“烧”。是夜，张灯结彩，演戏，玩花灯，舞龙灯，狮子灯，蚌壳灯，通宵达旦，城乡皆然，叫“闹元宵”。七月七夕，妇女结彩绸对月穿织，陈瓜果于道以祀牛郎织女。中秋节，土家族不兴赏月，汉人称之“守月花”，吃月饼则是土汉共有的习俗。境内土家人过中秋别有特色，他们披着月光，去冬瓜园里偷瓜，给无生育夫妇“送子”。

服饰饮食 中华民国以来，土家男女一年四季戴头巾，男人以青、蓝、白或条纹布为主，长二三米，一圈圈地缠绕在头上，包成人字路；女人则多为青丝帕或自印花头巾，丝帕薄如蝉翼，最长7米，是妇女终生陪伴之物，死后必以帕缝头入葬；小孩喜戴菩萨帽，虎头帽。土家人主食以苞谷、大米、红薯、洋芋、杂豆为主，菜肴讲究酸、辣、香味。

民间艺术 境内民间艺术主要有三棒鼓、打镏子。三棒鼓约于明代传入境内，通常由3~5人组成，一人击鼓唱词，一人锣鼓配乐，一人耍花棒。花棒三根，长一尺，舞者左右各执一根，将另一根抛在空中，左右开弓，击打空中花棒使之不落地。也有以刀代棒，以五刀代三棒的技艺。打镏子，俗称“打家伙”，是土家族一种独特的民间器乐。全套镏子由小锣（又叫勾锣）、头钹、二钹、大锣四件打击乐器组成。打镏子关键是要配合默契，还要根据曲牌旋律的提示。另外还有鱼鼓筒，围鼓称得上民间的一大绝技。

（撰稿人：熊朝信　图：镇党政办）

协合乡

区域概况

位置面积

协合乡地处武陵源区南部，东抵永定区合作桥乡，南邻永定区新桥镇，西抵张家界国家森林公园，北连军地坪街道。总面积 59.8 平方公里。乡人民政府驻地距武陵源区城区 23 公里。

建置沿革

协合原名“道林寺”，1949 年 10 月后，为取齐心协力、团结合作之意更名为“协合”。1949 年 10 月 16 日大庸解放后，协合乡属永顺专署。1950 年，大庸县设立 6 个区公所，其中北镇乡、北固乡隶属四区。1951—1952 年，成立乡政权，沿袭北镇、北固乡名。1953 年，将北镇乡一部分（今插旗峪、黄家坪、抗金岩）、北固乡一部分（今李家岗、杨家坪、协合、土地峪、宝峰山）合并成立协合乡。1958 年 8 月并入火箭人民公社。1962 年成立协合人民公社。1984 年改公社为乡。1988 年 5 月，划归武陵源区管辖。

行政区划

2014 年，全乡辖协合、杨家坪、李家岗、宝峰山、抗金岩、土地峪、黄家坪 7 个建制村，龙尾巴、插旗峪 2 个居委会。

自然环境

协合乡属山区，地势由西北向东南倾斜，以杨芷界山脉为界，将全乡分为南北两部分。北以龙尾巴山为主体，南以宝峰山为屏障，最高海拔 1220 米，最低海拔 470 米。山多高峻，谷深坡陡，兼有岗丘、台地、峰柱、峡谷等多种地貌类型，形成山峦重叠，岗垄交错，沟壑纵横，峰柱巍峨，峡谷幽深的自然景观。境内气候湿润，四季变化鲜明，水资源丰富，年降水量 1600 ~ 1800 毫米，有利于农作物生长。李家岗村、杨家坪村适宜种植双季稻，是武陵源区水稻主产区以及杂交水稻制种基地。全乡森林覆盖率 80%，植物 300 多种，其中有银杏、珙桐、香樟、梓树、香楠、苦桃等珍贵树种 30 多种。

人口民族

2014 年，全乡有 2370 户 8199 人。聚居着土家族、苗族、白族等少数民族，少数民族人口占总人口数的 90%。

经济发展

经济综述

协合乡经济以农业为主。2014 年，全乡生产总值 7906 万元，财政收入 1898 万元，职工工资人均收入 39874 元，农民人均可支配收入 5395 元，农业总产值 3250 万元。

农业

协合乡是典型的农业乡镇，有耕地面积 808.87 公顷，其中稻田 461.87 公顷，旱地 347 公顷。由于地处武陵山脉腹地，大部分耕地为梯田或坡地，一直保持以牛耕人收为主的生产方式和春播秋收的传统农耕习俗。粮食作物主要以水稻、玉米、大豆为主，主栽品种是抗战籼、老红谷、长粒糯、马牙齿、黄包谷等高杆作物品种，产量低，遇到自然灾害，造成减产甚至绝收。1949 年 10 月后，倡导科学种田、兴修水利、开荒造田、改良品种，推广农业生产新技术，农产品产量稳步上升。1982 年粮食总产量 2224 吨，创历史最高纪录。1978 年改革开放以后，不断深化农村改革，完善农业基础设施，普及推广应用农业新技术、新品种，提升农业机械化水平，实现农民增收、农业增效。近年来，不断调整优化农业结构，出台一系列农业发展奖扶政策，大力发展无公害蔬菜、优质大米、生态大鲵等特色种养业。李家岗、杨家坪蔬菜标准化生产示范园，宝峰山菜葛生态种植园，抗金岩优质稻标准化生产示范园是协合三大产业园。此外，还有茶叶、花卉苗木、大鲵、山羊、乌鸡等八大品牌农产品。2014 年，全乡商品蔬菜生产基地 192.33 公顷，菜葛生产基地 56.67 公顷，成为武陵源区最大的蔬菜生产基地，农业企业和产业共流转土地 203.33 公顷。先后有富源、安福、禾田居 3 家市级龙头企业落户协合开发蔬菜产业。是年，全乡有农业专业协会 1 家，农民专业合作社 22 家，协合农业正在向现代农业发展。

乡村企业

协合乡从 1963 年开始办厂，为小型打米、打铁、竹编、木器等加工厂，从业人员 11 人，实行工资制。1968 年创办天门山石灰厂，1974 年在梓木岗林场和黄家坪断甲坡垦荒 33.33 公顷，作为茶叶基地，并建成茶厂。1978年改革开放以后，企业得到不断发展，至2014年，协合乡有梓木岗林场、黄家坪茶厂。

商业贸易

境内年营业收入超50万元的有张家界市安福旅游食品有限公司、福源蔬菜种植专业合作社、张家界丰泰优质稻米专业合作社、土家醉餐馆、祥星养鸡场、禾田居蔬菜种植公司等。安福旅游食品有限公司成立于2003年3月，以本地土特产为资源开发旅游产品，是一家集生产、加工、销售为一体的综合性企业，公司实行“公司＋基地＋农户”模式，2010年被张家界市人民政府授予“张家界市农业产业化龙头企业”称号。公司占地0.39公顷，建筑面积3000平方米，固定资产1000万元，有职工88人；形成三大经济实体，即：安福旅游食品加工厂1家，安福土特产连锁超市9家，宝峰山葛根种植专业合作社1家，企业年产值3000万元以上。公司旅游食品加工厂配有先进的红外线全自动食品加工设备，主要生产葛粉、腊肉、姜糖、糕点、猕猴桃果脯、茶叶、野山菌七大系列产品，深受广大客户的青睐。公司2007年被评为“武陵源区质量信得过单位”，2008年腊味产品荣获湖南省农博会金奖，2009年姜糖产品荣获湖南省农博会金奖，2010年葛根产品荣获中国中部（湖南）国际农博会金奖，2010年公司生产的九大类食品均通过食品安全QS认证，2011年被《中国质量万里行》评为质量稳定合格知名品牌。2014年末，全乡有个体经营户114户，专业合作社20家，成员1433人，合作社年经营收入3235万元，上缴税金51万元。

劳务输出

1978年改革开放以后，协合乡农村土地流转逐渐增多，剩下的土地无法满足农民日常耕作所需，大量的农村剩余劳动力向广州、深圳、珠海、上海、浙江等沿海经济发达地区转移，转移规模日渐扩大。2013年，全乡转移输出2441人，创收1500万元，占全乡总收入28.95%。

基础设施

交通运输

境内有张清公路、插分公路通往张家界市区，有插梓公路通往核心景区张家界森林公园。全乡

老磨峪隧道

9个村居全部通公路，基本实现组组通公路，公路总里程约60公里。

邮电通信

协合乡于2000年开通中国移动、中国电信通信业务，2013年建立邮政代办所。2014年年末，邮政业务总量2.2万元，固定电话用户约50户，移动电话用户约5500户，互联网用户80户。

供电饮水

2013年年末，全乡村村通电，9个村居农村电网改造全部完毕，供电水平大幅度提高。全乡年均总用电量160万千瓦时。先后多渠道筹资120多万元，建成乡自来水厂1家，人民用水条件逐步改善。至2014年，全乡仍然有协合、杨家坪、黄家坪等少数村组，由于居住分散、海拔较高、缺少水资源等原因，存在饮水困难。

水利建设

境内群山起伏，山势陡峭，连绵不断，形成龙尾溪、插溪、协合溪三大水系。协合乡先后引进资金300万元，修建河堤3000米，整修山塘14口，修建桥梁3座、机耕道2500米、拦河坝5座，经济效益良好。境内部分村居居住散落、海拔较高、不利于集中用水，存在人畜饮水困难。近年来，加强农业基础设施建设和人畜饮水工程建设，先后引进资金110万元，修建引水、排水渠道2.5万米，投入140多万元在全乡修建蓄水池14个、水窖30个，安装饮水管2.5万米。

社会事业

学校教育

协合乡中心学校是一所乡村九年寄宿制学校，下辖黄家坪明德小学。学校建于1977年，由原协合村办小学发展而来。学校占地1.33公顷，建筑面积4400多平方米，在校中小学生360多人，教师38人。2005年兴办幼儿园1所，2014年改革调整为公办幼儿园，有入园幼儿72名，幼师3名。协合乡中心学校于2008年12月被授予“张家界市国学教育基地”，2009年通过省级合格学校验收，2011年度被评为“张家界市德育先进单位”。幼儿园于2014年通过省农村合格幼儿园验收。

医疗卫生

1961年建立协合乡卫生院，占地面积0.2公顷，业务用房1200平方米。2014年，全乡有医疗机构4个，其中乡卫生院1个，村卫生室3个，在岗医务人员11人，床位20张。乡卫生院设有中西医门诊、住院部、中西药房、防保科、妇保科、公卫科、检验科等科室，年门诊量6000余人，住院病人400余人。2014年底，城乡居民医疗保险征缴7339人，完成基金征缴比例98.45%。

文化建设

1963年成立协合乡广播站，有专职人员1人；1990年成立乡文化广播站，有文化专干1人。2002年1月，乡文化站与广播电视站合并为协合乡文化广播电视站；2006年建立协合乡文化宣传中心，设有文化活动室、多功能活动厅。2011年年底，乡文化广播电视站改为乡综合文化站，有管乐队6个，围鼓9盘，狮子灯1盘，龙灯1盘，花灯6盘，三棒鼓3盘，唢呐12对。2013年，新增秧歌队1支，太极拳队1支，老年人义务宣传队1支，军鼓队2支，围鼓队2支，腰鼓队3支，管乐队4支，广场舞队5支。2014年，建立电子阅览室，配套设施齐全，免费对外开放。全乡有村级文化活动室9个，“农家书屋”9个。开展协合乡非物质文化遗产项目搜集整理工作，建立非物质文化档案，全乡有非物质文化继承人95人。农村有线电视光纤入村率100%，全乡村民小组 88 个，开通有线电视 73 个小组。2014 年，全乡有线电视用户 1427 户，直播卫星用户 283 户，实现有线电视向数字电视整体平移村 2 个，有直播卫星设备 283 套。

协合乡长期坚持开展各种文化活动，重大节日、节庆组织狮子灯、龙灯、三棒鼓、花灯进村入寨巡回演出，热闹非凡。2003 年成功举办协合乡首届群众文艺会演。经常选派演出队伍参加区、市级演出活动，土地峪村演出的土家歌伴舞《桑木扁担软留留》荣获武陵源区文艺演出一等奖，并代表武陵源区参加张家界市群众文艺汇演，获二等奖。2004 年 1 月，参加武陵源区“金猴闹新春活动”比赛，有 4 个项目获奖。从 2004 年起，在全市率先组织实施农村电影“2131”工程（即送电影、送科技下乡活动）。2008 年，电影放映员李伊宏被评为全国农村电影放映先进个人。

社会保障

2014 年，全乡享有城镇最低生活保障 35 户、101 人，支出 27.08 万元，月人均 223 元；享有农村最低生活保障 231 户、613 人，支出 80.86 万元，月人均 110 元。农村五保集中供养 30 人，支出 45 万元；农村五保分散供养 81 人，支出 72.9 万元；农村医疗救助 20 人次，民政部门资助参加合作医疗 253 人次，共支出 6.76 万元。国家抚恤、补助各类优抚对象 63 人，抚恤事业费支出 60.26 万元。有敬老院 1 家，床位 28 张，收养农村五保人员 30 人。至 2014 年 11 月 15 日，全乡农村社会养老保险征缴 2830 人，完成基金征缴比例 93%；城镇居民社会养老基金征缴 315 人，完成基金征缴比例 96%；审核计发城乡居民 60 岁待遇领取人员 1360 人。

特色地情

历史人文

境内是一块红色土地，土地革命时期，不少人跟随贺龙参加革命，其中不乏杰出代表。黄少庭(1912—1987)，黄家坪人。1934 年 11 月参加工农红军，1935 年 5 月加入中国共产党，后升任排长，参加长征。抗日战争期间，任八路军 120 师 21 团工兵连连长，参加百团大战。解放战争期间，任三纵队工兵营营长，转战大西北。1952 年因病转任第三军骑驼兵副团长。不久转业到甘肃省张掖农场任场长，1963 年调任甘肃省张掖地委直属机关党委书记。1966 年离休回大庸，“文化大革命”期间被诬为“贺龙死党”，他抵制江青反革命集团对贺龙元帅的诬陷，不做假证，保持革命晚节。1987 年病逝。邹家珍(1917—1984)，插旗峪人。1934 年 10 月参加工农红军，1937 年 10 月至 1944 年 9 月任延安抗日军政大学管理处运输队长，1949 年 7 月至 1950 年 1 月任湖南省委行政科员，1950 年 2 月调任大庸县政府工作。1952 年 1 月至 1953 年 7 月任大庸县闵行联运社经理。李春初(1919—1994)，李家岗村人。1934 年参加工农红军，1938 年 4 月加入中国共产党。1946 年 3 月至 1948 年 10 月任 716 团一营一连连长，1948 年 12 月在晋绥军区养病退伍。

名优特产

境内宝峰山属高寒山区，土层深厚，疏松肥沃，土壤中富含多种矿物质，宝峰山下生长的“宝峰山菜葛”，葛块根大（含粉率 38%～42%），营养丰富（含多量淀粉、葛根素、香豆素、异黄酮、木糖甙、大豆苷元、氨基酸、生物碱及人体所需的铁、钙、锌、镁、硒、铜、磷、钾等 17 种微量元素），用途广（可以当水果生吃，可以当蔬菜食用，可以加工食用淀粉，酿制葛根酒、熬葛根糖、加工葛根饮料、提炼葛根素及异黄酮）。成立于2013年2月的张家界宝峰山葛根种植专业合作社，以宝峰山菜葛高产种植及生态观光为方向。

风景名胜

水绕四门 原名止马塌，又称纸马塌、天子洲，地处武陵源中心，是张家界森林公园的东大门、索溪峪风景区的西大门。金鞭溪、索溪、鸳鸯溪、龙尾溪4条溪流在这块不足200平方米的山谷盆地里盘绕汇流。四周峰岩奇秀，溪流潺潺，竹茂树繁，花香鸟语，奇峰石壁间有一块芳草萋萋的绿洲，几条山溪切割出东南西北四道山门，人称水绕四门。置身其中，但见“水在山间流，人似水中游”，可称天下绝景。此处的万岁牌、将军岩、笔架山等景有极佳的观赏情趣。传说有二：一传西汉开国元老张良见吕后掌权后乱杀忠臣，遂辞官，随赤松子遍游名山，寻访隐居佳境。经长江，过洞庭，溯澧水，得知青岩山灵秀绝佳，便骑马到此。见此处山回水转，奇峰环抱，茂林修竹，通达幽深，是难得的福地洞天，即下马不归，故名止马塌。二传明代当地土民首领向大坤不满朝廷统治，在此举旗造反，有纸人纸马相助，自称天子，故称天子洲，亦称纸马塌。

宝峰山 又名宝凤山，位于索溪峪南部，背靠宝峰湖，出至百丈峡，西与天门山对峙，海拔1212.4米。宋建“宝峰寺”于山顶，正殿、菩萨依然健在，中殿及外殿仅剩框架。庙左有“舍身岩”，形似舌，延伸出绝壁3米，其下一挂绝壁，高约200米。庙右有泉水从石缝流出，水源在绝壁中段。整个庙宇悬立在绝壁之上，三面悬崖万丈，仅一条山径可上峰顶。灵贞观为宋朝所建，清代咸丰年间曾经维修过，是武陵源风景名胜区内唯一完整保存下来的一座寺庙。此庙有5间房

百龙天梯

宝峰寺

屋，第一间为香客小憩室，第二间门额上刻有“胜武当”，只见一块石板悬空伸出，名舍身岩，石板下面万丈深渊。舍身岩的缝隙里长有几株铁梅，时愈千年，仍生长茂盛，傲然挺立。

民俗风情

过年 境内乡民过年（过春节）有两种形式，土家族提前一天过年，月大二十九，月小二十八。吃年饭要闩着门，怕敌人突然袭击，措手不及。过年要杀年猪、打糍粑、杀鸡等，还要购买鞭炮来庆贺，黎明鞭炮连天，夜晚家家户户烧大火“守岁”。

清明 每年清明节前三天后四天为祭祖坟扫墓之时，以“清明吊”插在坟上，表示后代有人。有些家族还举行“清明会”，同族人会餐，议定族权族规。

六月六 为土家族一大民族节日。传说这天是明初土家土司首领覃垕王被害血染龙袍之日，后来为纪念覃垕王，每逢农历六月初六，人们都翻晒衣饰，谓之“覃垕晒皮”，传说这样衣饰一不长虫，二不生霉。

（撰稿人：邓凰　施琼慧　图：乡党政办）

中湖乡

集镇全景

区域概况

位置面积

中湖乡是武陵源风景名胜区的西大门，东临张家界国家森林公园，北枕天子山自然保护区，西接桑植县瑞塔铺镇和空壳树乡，南抵永定区教子垭镇和桥头乡。境内东西长 11.5 公里，南北宽 9.75 公里，总面积 66.7 平方公里。乡人民政府驻地距张家界市城区 39 公里。

建置沿革

历史上中湖属慈利县辖，清雍正十三年（1735）“改土归流”属永定县管辖。1913 年永定县建为 13 乡，中湖属西教乡。1914 年永定县改名为大庸县。1937 年中湖名为康中乡。1953 年 4 月，划出泗南峪、黄河、中坪、木峪归慈利县，康中乡改名中湖乡。1958 年 9 月并入群力人民公社，1961 年成立中湖人民公社。1963 年 12 月，划出虎势岗、黄官塔归兴隆人民公社，划出长岭岗归桥头人民公社、划入桥头的张古溪归鱼泉峪大队。1984 年改公社为乡，划出袁家界归张家界国家森林公园。1985 年，大庸县改为大庸市。1988 年 5 月划归武陵源区管辖。

行政区划

2014 年，中湖乡辖杨家界、野溪铺 2 个居委会和青龙垭、印家山、宝月、檀木岗、石家峪、三家峪、夜火、车家山、鱼泉峪 9 个建制村，共 11 个村（居）委会、109 个村（居）民小组。乡人民政府驻杨家界。

自然环境

中湖乡自然环境优美，田园风光和山岳型景观并存，民间习俗独特，民风淳朴好客，适合休闲度假、旅游观光。辖区属云贵高原余脉武陵山区的一个分支，地貌分两大类：一类属“张家界地貌”，一类是沙土山地丘陵地貌。地形以山地丘陵为主，山岗广布，溪沟纵横，山地丘陵地形杂糅，四面环山，四周高中部低。大部分区域海拔在 400~650 米之间，最高海拔 1198 米，最低海拔 335 米。受地形影响，境内 6 条水系有 5 条山涧汇集于中湖坪，经青龙垭水洞注入茹水；另一条鱼泉溪发源于长岭岗，经虎势岗直接注入茹水，是澧水源头重要支流。辖区土壤以黄壤和红壤为主，其次是水稻土和岩性土。植被以常绿阔叶林、夏绿润叶林、常绿夏绿润叶混交林、针叶林、针叶阔叶混交林为主，针叶林主要是杉木和马尾松，竹林有楠竹、桂竹、水竹、彭竹以及与针叶阔叶林混生的山竹，经济林有杨梅、核桃、油桐油茶等。辖区属亚热带山原型季水性湿润气候，夏无酷热，冬无严寒，年均气温 14℃~16℃，年均降水量 135 毫米，无霜期 265 天。辖区有旱涝、冰冻、雷击、山体滑坡等自然灾害。

人口民族

2014 年，全乡总人口 14159 人，人口出生率 13.56‰，自然增长率 0.12‰。辖区为少数民族聚居地，有土家族、白族、苗族、汉族等，其中土家族 13879 人，占总人口的 98%；白族 90 人，属七百多年前“寸白军”谷万钧、王鹏凯、钟千一的后代。

经济发展

经济综述

中湖乡经济以农业产业为主，旅游收入为辅，劳务输出经济占重要比重。2014 年，全乡生产总值 7361 万元，其中农业产值 1543 万元，占 21%；旅游业 2001 万元，占 27%；劳务输出 2031 万元，占 28%　；财政收入 2231 万元，农民人均纯收入 5540 元；年末金融机构存款余额冲破亿元大关，人均存款 7926 元。

农业

历史上，境内粮食作物以高杆稻种为主，亩产在 350 斤以下。1949 年 10 月后，兴修定家庄、龙口峪、孙家溶 3 座小（2）型水库和河堤河坝、山塘水渠，农业产量大幅上升，最高单产达 500 公斤以上。改革开放特别是张家界市武陵源区建立以后，中湖乡从传统农业乡逐步向民俗风情休闲度假小镇转轨，培育出适应旅游市场需求的鱼泉峪贡米、野溪铺杨梅和茅岩莓、宝月和檀木岗丹桂、印家山乌鸡、石家峪豪猪等特色种植、养殖品牌，种植养殖产品已经从数量到质量、从产量向品质转移，着力打造绿色农产品之乡。2014年，辖区农业人口10861人，占总人口的76.7%；耕地面积829.93公顷，人均耕地0.08公顷；粮食总产量4357吨，人均400公斤。

旅游业

辖区杨家界景区是武陵源风景名胜区4大景区之一，由香芷溪、龙泉峡、百猴谷3个小景区组成，贯穿野溪铺、杨家界、檀木岗、石家峪4个村（居）部分地区，总面积3533.33公顷；有1000多座砂岩峰林和3条溪谷，植物种类1000多种，有猕猴、红腹角雉、白蛇、青蛇等多种珍禽异兽。1992年命名精华景点200多个，景观特色以清秀、壮丽、险特、雄奇著称。除石英砂岩峰林景观，境内还有美丽的田园风光、神秘的古寨遗迹、令人心旷神怡的高山台地、令人流连忘返的民族风情；保存完好的明清古刹龙凤庵、覃家峪百年土家吊脚楼群；风味独特的黑神庙会、茅古斯、摆手舞、土家阳戏、花灯、糊仓、石碾、石磨等农耕文化习俗。年接待游客120万人次，旅游从业人员2500人，旅游综合收入占全乡生产总值的20%以上。

乡村企业

中湖乡社队企业始建于1967年，至1971年，有企业26个，1974年增加到32个，1984年达到127个；涉及种类有工业、交通、商业、饮食、服务、缝纫等。1990年开始企业改制，1995年停办。随着民营企业、个体私营企业的迅猛发展，农村专业经济合作社逐步取代乡村企业。至2014年，运行良好、产值过百万的有鱼泉峪贡米专业合作社、野溪铺生态旅游开发有限公司、张家界健康园植物研究院、杨梅园专业合作社、檀木岗丹桂园专业合作社等。

劳务输出

中湖是劳务输出大乡，“老人照顾家庭，妇女就近从事旅游服务，青壮劳力外出务工”是全乡劳务经济的写照。近年来，不少外出务工人员返乡创业，野溪铺居委会清风寨客栈老板印雪琴、三家峪种植专业合作社经理覃梦飞就是典型。

清风寨客栈

2014年，全乡劳务转移输出4305人，创收2031万元。

基础设施

交通运输

明清时期，中湖是湖广通四川的通驿官道和贸易古道，无车无船，全靠马驮人挑，古称“马帮”或“赶马客”，野溪铺为官府通邮驿站。1936年国民政府命令修康中乡道，从中湖接泗南峪，长5公里，宽1.3～1.5米，土路泥泞，因无钱无人管护，不到两年被当地百姓垦复种地。1969年8月，大庸县政府投入19万元修筑团结公路，从教子垭至三家峪，长18公里，路面宽5.5米，1972年底竣工；三家峪至岗溪峪公路，长9公里，路面宽6.5米，1973年8月竣工。团结公路横贯中湖乡青龙垭、中湖、宝月、三家峪、夜火5个村。1973年冬，中湖、兴隆两乡千人整修路面，1977年加固团结隧道，1978年4月开通大庸县汽车站至中湖乡客运班车。1985年修通至野溪铺村公路，1987年修通至天子山公路，1990年修通鱼泉峪至黄官塔公路，是年整修中湖街道，铺上柏油。1996年修通车家山公路，至此全乡村居全部通车。至2014年，全乡所有村(居)和95%的小组全部通水泥公路，公路入户率78%。

邮电通信

中湖乡中华民国时期通邮，乡公所代办，公文派专人投递，有电话机1部。1950年设乡邮电代办所，办理信件、电话业务。1964年增设交换机1部，部分村和单位通电话。1979年10月增设电报、汇款、包裹、报刊发行等业务。1993年通程控电话，野溪铺是第一个电话村。1989年1月建成中湖乡电视差转台，1995年在差转台上建立移动手机信号发射塔，2002年建成联通信号发射塔，2013年建成电信信号发射塔，实现全乡手机信号全覆盖。1995年乡邮电代办所停办，设中湖乡邮电所，2000年分设邮政所和电信所，邮政所除报刊发行、特快专递、快递、信函、包裹等业务外，还增设“三农”服务门市部。

供电饮水

中湖乡用电始于1958年，先于宋家边火力发电，再于金家逻水力发电，仅供社直单位和集镇周边农户晚上照明。1975年3月，公社自筹资金，民工开渠15000米，从石河峪引水发电。1978年建成龙口峪水电站，造价15000元，日发电26千瓦，供社直单位和3个大队27个生产队400多户照明。1986年7月教字垭供电站并网，建成乡变电站。1981年龙口峪水电站停止发电。1991年成立乡水电管理站，中湖、野溪铺、青龙垭通电。1992年石家峪、檀木岗、三家峪、夜火、车家山通电，1995年完成农电联网改造，全乡通电，变电站更名供电所，建成中湖35千伏安变电站。1991年中湖乡兴建自来水工程，饮用水源为龙口峪水库，保障乡直单位和集镇居民用水。2000年接入香芷溪水源，龙口峪水库引水渠改为引水管，从石河峪密封引水。2009年建成中湖水厂，投入150万元对供水管网进行改造。是年开工建设黑峪水厂，供石家峪、檀木岗、宝月3个村饮用水，2002年并网供水。2000年后，各村居人畜饮水工程发展迅猛，至2014年，90%农户饮用自来水。

水利建设

中湖乡自1953年起兴修水利，1959—1961年，投资1.55万元，投工65万个，修筑定家庄水库，水面3.67公顷，蓄水量35万立方米，引水渠道2.5公里。1965年冬，投资0.6万元，投工26万个，修筑孙家溶水库，水面0.67公顷，蓄水量 11 万立方米。1977 年冬，投资 1.5 万元，投工 7.6 万个，修筑龙口峪水库，水面 1 公顷，蓄水量 19 万立方米。1978 年冬修河堤 15 公里，造田 53.33 公顷。全乡现有小型水库 3 座，山塘 78 口，河坝 25 处，有效灌溉面积 322 公顷，旱涝保收面积 206.67 公顷。2000—2012 年，整修定家庄、龙口峪和孙家溶水库，除险加固，新修水渠和管网，农田水利和人蓄饮水综合利用。

村镇建设

中湖村镇建设始于 19 世纪末，先在野溪铺，后迁中湖坪，兴于清末，成街成市，毁于匪患，解放时集镇只剩 4 家商铺。1971 年大力发展社队企业，集镇建设加快，1984 年形成丁字街。2003 年开始建设商品一条街和杨家界安置小区，2008 年对集镇街道提质升级，建成“两排（排水、排污）三化（绿化、美化、亮化）石板街（石板人行道）”集镇街道。2013 年将路灯延伸到隧道口至杨家界门票站，建成杨家界安置小区。1992 年兴建乡政府办公楼，修杨家界招待所（现竹泉山庄），1995 年修建计划生育办公楼和卫生院住院楼，2000 年兴修中湖中学教学楼，2008 年兴修卫生院门诊楼，2009 年兴修文化站综合办公楼，2012 年建成武陵源二中，2013 年扩建中湖敬老院。2012 年开始对集镇和中天公路沿线民居实施“穿衣戴帽”工程，2013 年修编《中湖乡集镇总体规划（2015—2030)》和《中湖乡村镇规划》，提出建成民俗风情旅游休闲度假新镇。

社会事业

学校教育

清末民国初，中湖教育只有私塾，富贵人家单独和联合请教师开馆教其子弟。1920 年政府创办中湖、野溪铺、夜火劝学所，1922 年在鱼泉峪成立区立国民小学，1941 年在张家祠堂设立康中乡第一国民中心小学（高小），各保设 1 所国民学校（初小，1947 年因匪患停办）。1949 年 3 月中

武陵源第二中学

心小学校舍被土匪烧毁。1951年成立中湖学区，恢复中心小学，校址先设佛塔坡庙里，再迁张家祠堂，1952年改名为大庸县第十二完小，在乌龟堡修建新学校。1969年中心学校设初中班，1975年设高中班（1981年撤销）。1984年设中湖乡联校，1989年联校与中学分设。2012年建成武陵源二中，统一管理全乡幼儿园、小学部和初中部。至2014年，全乡有九年制全日制寄宿制完全学校1所，村小2所，公办幼儿园1所，民办幼儿园2所，民办艺校1所；共有在校学生1635人，其中小学生900人。

文化体育

1974年8月，中湖乡文化辅导站成立，下设电影队和广播站。1979年全乡组建5个业余阳戏班子，1982年成立乡阳戏剧团，1987年更名为“文化宣传站”。1990年自办广播节目，1994年开办有线电视，包括自办节目共传输10套节目。2003年“文化宣传站”更名为“文体广播电视站”，筹资升级机房和网络，传输40套节目，用户突破1000户。2009年建成文化站综合办公楼，2010年定名为综合文化站，自有资产150万元。1998年恢复建立中湖乡民族艺术（阳戏）剧团，2000年在檀木岗村成立舞狮队，2002年成立中湖乡篮球协会，2006年成立书法协会。连续16年不间断举办春节文体系列活动，包括春节联欢会、阳戏演出、篮球联赛、书送春联、电影放映、专项比赛等。1999年举办首届农民运动会，2010年自办农民春晚。全乡组织开展的大型活动有农运会、群众文化艺术节、杨梅艺术节等。先后荣获市、省、国家级群众体育工作先进单位和“欢乐潇湘”等活动一等奖。2012年3月，省委宣传部副部长蒋祖烜一行7人在中湖进行为期7天的专题调研，出版《中湖乡文化调查》一书，张家界市委书记胡伯俊作序，称赞中湖是“一束文化强乡的报春花”。

医疗卫生

明末清初，汪援华从江西迁至中湖，首开“汪仁和药号”，主治疟疾、痢疾、小儿科、妇科、风湿等，擅长诊治疟疾和肝硬化腹水。清末民初，除汪彩舟、汪正海、汪济川祖孙三代掌管药号外，还有唐贞元、向竞选、宋乾初等开设的5家药铺。1952年汪济川被吸收为大庸县卫生工作者协会委员，回乡成立康中乡联合诊所，倡导个体医生加入。联合诊所先设李宗柴家，1954年移址代润明家里。1958年联合诊所改称中湖卫生所，实行公有制，1966年定名为中湖卫生院。2014年，辖区有医疗机构16家，其中卫生院1家，村级卫生室11家，个体门诊（药房）4家；住院病床34张，专业医卫人员16人；拥有B超、心电图仪、生化仪等常规医疗设备，卫生院资产总值1000万元，年诊疗2万人次；新型农村合作医疗参合12088人，参合率98%。

社会保障

1997年成立乡劳动保障站，承担劳动就业、医疗保险、养老保险等职能。2014年，全乡城镇居民低保对象175户486人，月人均享受低保218.5元；农村低保户799户97人，月人均享受低保116.2元；农村“五保户”集中供养41人，分散供养99人；农村医疗救助54人次，国家抚恤、补助优抚对象101人；新型农村养老保险4409人，参保率87%。1980年11月创建中湖光荣院，是当时湘西自治州第一家光荣院。通过三次改扩建，光荣院占地0.33公顷，建筑面积2200平方米，床位50张，收养农村五保老人48人。

特色地情

历史人文

中湖人自古崇文尚武，清代记载的进士、文武举人、秀才有 19 人。曾出现“湘西首善”戴万卷，至今，中湖乡境有“戴万卷不到——不开席”歇后语流传。全乡有革命烈士 49 人，多为长征和抗美援朝牺牲。抗美援朝一等功臣金珍彪，新时代平民英雄、道德模范赵明健是中湖人民杰出的代表。

红军在中湖的活动 1929 年 8 月，红四军兵分两路东征，一路总指挥王炳南率部从桑植瑞塔铺出发，经红沙溪、上分水岭、翻牛落庵进入中湖，打响狮子垴、白马山战役。8 月 21 日，红军经中湖出汨湖进入慈利江垭。1933 年冬，红三军第七师到中湖扩红，书写“红军是替穷人找饭吃、找衣穿的军队”等标语，向云卿等青壮年参加红军。1934 年正月，国民党反动派陈渠珍派周燮卿一个旅围剿桑植红军，16 日追至中湖佛塔坡，贺龙派师长卢冬生率领红军在西峪、佛塔坡、草涧峪岗一线摆开阵势，打响佛塔坡阻击战，周燮卿旅被歼。1935 年，大庸县游击大队李吉宇带队到中湖，1 月 15 日在野溪铺吴少佰家成立中湖乡苏维埃政府。1935 年 11 月 19 日，红二、六军团从桑植县出发实行战略转移，肖克率部从桑植瑞塔铺翻芦塘垭到中湖宿营，20 日经龙凤庵翻张家界开始万里长征。

抗美援朝一等功臣金珍彪 湘西剿匪时，中湖乡村民金珍彪以“土匪”之名被抓起来，因“没有血债、罪恶较轻”被集中学习改造。1951 年 3 月，解放军第 47 军以中国人民志愿军的身份赴朝作战。根据毛主席的命令，对于其中出身好、罪行轻、确有悔改表现的近两万土匪（中湖、茅岗等地 300 余人）跟随 47 军赴朝参战。一位姓梁的排长问金珍彪愿不愿意参军，去朝鲜战场，为早日洗刷“土匪”罪行，金珍彪毫不犹豫地答应了。1953 年 3 月，金珍彪在朝鲜老秃山战役中共歼敌 165 名，成为朝鲜战场上消灭敌人最多的志愿军战士，被评为“最坚强的机枪手”，受到金日成将军亲自接见并授予他朝鲜劳动党一级英雄勋章，志愿军总部授予他一等功臣、二级战斗英雄称号。解放军总政治部编辑出版的《红旗飘飘》刊登金珍彪的事迹，题为《坚强的机枪射手、一等功臣——金珍彪》。1953 年 5 月 10 日，《人民日报》刊发《红旗飘扬在“老秃山”上》。

杨家界与杨家将的历史渊源 杨家界景区命名杨家界，还有诸如“天波府”“宗保峰”“六郎湾”等景点，都是为纪念杨家将而取名的。住在境内的杨氏宗族，都是杨家将的后代，由北到南，由江西到湖南、到湘西并经过历代演变、迁移跋涉而来，绵延至今。如今分布在湘西慈利、桑植、大庸(今永定区)、永顺、保靖、沅陵、绥宁的 40 多个支派的杨家后代都认定他们的祖先就是江西吉水县、泰和县之杨家，亦即杨家将的后代。湘西杨家曾于清同治年间、光绪年间、1921 年和 1989 年四修杨氏宗谱，成为他们族属的历史见证。

名优特产

中湖乡四面环山，是 6 条溪流发源地，小气候、无污染，农副产品品质优良，鱼泉峪的贡米，野溪铺的杨梅和藤茶，印家山的乌鸡，檀木岗和宝月的丹桂、石家峪的竹鼠、车架山的葛根都形成规模。还有山羊、野猪、娃娃鱼、菜籽油、板栗、辣椒等。鱼泉贡米自古就是土司王府专用稻米。元末明初，茅岗人覃文率众起义，称“覃垕王”。明洪武年间，朝廷派兵十万合围，为避免兵灾战祸，继任土司王“供方物”鱼泉贡米给朝廷，鱼泉贡米因此得名。现种植面积73.33公顷，产量85万斤，年产值450万元。

风景名胜

辖区杨家界景区是武陵源风景名胜区的4大景区之一，分为香芷溪、龙泉峡、百猴谷3个小景区，是1992年武陵源最后发现和开发的景区。香芷溪景区险峻、雄奇、壮丽、清秀，有金钥匙、十万雄兵、天牛峰、将军岩、九曲泻玉、雄狮朝圣、三剑穿石、叠翠屏、犀牛望月、小猫钓鱼、雾海斜塔、龙虎风云、空中走廊、回音壁、猿愁攀、一步登天、逍遥宫、五郎拜佛、乌龙寨、六郎峰、孤寨悬梯、绝美峰墙、悍匪戏窟、天门阵、马蹄岩等近百个精华景点。龙泉峡景区因峡谷源头龙泉瀑布而得名，清幽原始，幽潭飞瀑，有白鹤迎宾、锦鸡峰、指点江山、洗尘池、画里江山、无风口、神龟渡海、天门洞开、流翠溪、小龙门、野人谷、绝壁滕王、五将凯旋、五色花、夜合花、万鳌千峰、龟蛇斗、英雄浮雕等80多个精华景点。百猴谷景区石峰形象性和角度性更强，有美女劝酒、雾海峰腾、小天池、红岩屋、银岩屋、宗保寨、八仙山、扁桶寨等40个精华景点。辖区名胜古迹众多，解放前仅庙宇有10多座，“文化大革命”期间损毁严重，除龙凤庵、覃家峪吊脚楼保存较好外，黑神庙、保月庵、廻龙寺、白马寺等古迹或毁于战火、或毁于“破四旧立四新”。

杨家界索道 由张家界旅游集团投资1.7亿元建设，2012年12月8日开工，2014年2月竣工，2014年4月18日试运营。索道上站位于八里坡游览线刘家檐，下站位于中湖乡野溪铺村。索道采用法国玻玛索道设备，是世界顶级双回路循环式配置8人车厢式索道，全长1876米，上下站垂直高差517米，线路支架14个，最高运行速度6米/秒，最大运力2300人/小时，单程运行时间5.2分钟。是目前国际最先进的客运索道之一。

峰墙群奇观 杨家界峰墙景观形成时间约3.8亿万年，处于幼年期，由平台、方山切割分化而成，呈长条状分布，其延伸方向受构造节理的控制，侧看成峰，横看成墙，多数有平顶，顶上生长有遒劲的武陵松。杨家界峰墙群是“张家界地貌”风光的重要组成部分，形成早于天子山、袁

杨家界风光

家界、黄石寨景区常见的石柱，具有极高的科学价值、生态价值和美学价值。2014 年 1 月 16 日，“张家界新发现——绝美峰墙杨家界”新闻发布会在北京钓鱼台国宾馆召开，旅游胜地张家界首次向全球推介杨家界峰墙奇观。

休闲度假客栈 辖区规划建设民俗风情休闲度假小镇，以建设山地酒店和农家客栈为主。至 2014 年，已有农家客栈 72 家，床位 2237 张，特色明显的有五号山谷、清风寨、土家树屋、慢生活、山水商务、丫丫人文、郭家院子、小印农家、青山别墅等。五号山谷依山而建，按“洋加乐”风格标准设计，景观独特，功能齐全，是武陵源乃至全市客栈建设的典范，是张家界的“裸心谷”。

龙凤庵 “石壁嶙嶒拥起卧龙之势，山林翡翠飞来仙凤之形”（重修龙凤庵东头墙序），因山而名，始建于明朝隆庆年间（1567—1572 年），经明清两代 13 次修缮，至今 440 余年。占地 597 平方米，建筑面积 406 平方米，位于中湖乡野溪铺居委会香芷溪组，是武陵源区建设最早、保存最完整、带有土家祭祀特色的古建筑院落。有前殿、正殿、客管和僧房，构架为硬山式红砂岩垒砌封火墙、穿斗式纯木结构，小青瓦屋面，典型湘西地方建筑风格。2011 年被列为“省级文物保护单位”。

黑神庙与黑神会 相传安史之乱时，淮阳守将张巡的裨将雷万春身中数枚火箭壮烈献身，被后人立庙祭祀为黑面神人。清乾隆年间，中湖人在野溪铺陈家岗村建黑神庙，黑神忠烈勇敢，铁面无私，驱瘟避邪，敬奉黑神之风盛行。相传农历 7 月 21 日为雷万春生日，乡民在这天隆重集会，相沿成习，形成中湖黑神会。后逐渐演变成物资交流会，慈利县三官寺，桑植县瑞塔铺、空壳树、汨湖，永顺县石堤溪等地村民都来赶会，多时万人，湖北天心坳的扁担，索溪毛儿岭的斗篷，桑植麦秆草帽、扇子和香纸，本地的犁辕和小吃，都是有名商品。1964 年黑神庙被拆毁，黑神会被终止。

民俗风情

中湖乡村的生产生活、居住服饰、婚庆丧葬、

龙凤庵

节日宗教等习俗有浓厚的土家族民族烙印。生产习俗有“薅草锣鼓”、狩猎“敬山神”，讲究“一家有事百家帮忙”；饮食喜欢“炕腊肉”，逢年过节“打糍粑”；待客要喝“拦门酒”“三道茶”，上席要有十大碗。建房大多依山就势，随物就形。许多老人还穿扎腰裤、无领衫，老婆婆穿“满件”，做天官头布鞋。结婚还有求亲、送八字、定庚、启媒、报日、回门等一套程序，婚礼三天还有哭嫁、拦门、闹洞房等。生孩子第一个进屋者叫“踩血花生”，男的当干爸、女的当干妈。死人后亲友吊丧要送“猪羊祭”，孝子一家未满“五七”（35 天）不准剪头发，坟上要送三个晚上的“亮”，烧三个晚上的“烟把”，每年清明节要“挂清”。正月十三至十五晚上要祭祖，二月二过“土地生”，三月三做薅子粑粑“扎蛇眼”，四月八“牛过生”不耕田，五月初五、十五、二十五过头端午、二端午、三端午，六月六“晒龙袍”，七月初七“女儿会”，八月十五中秋节，九月初九“小重阳”赶“天子会”，春节期间讲究“三十晚上的火，十五晚上的灯”。

（撰稿人：王明洪　图：代文武）

索溪峪土家族乡

集镇全景

索溪峪土家族乡是国家卫生乡镇、湖南最具魅力乡镇。

区域概况

位置面积

索溪峪土家族乡位于武陵源区东部，东与慈利县三官寺乡一衣带水，南与慈利县阳和、许家坊乡接壤，西与军地坪街道相衔，北与桑植县竹叶坪乡毗邻。土地面积 166.5 平方公里。

建置沿革

“索溪峪”为土家语音译，其意为“雾大的山庄”，因境内溪水状如绳索而得名，历史上为慈利县辖。1922—1940 年，属慈利县溇中乡。后属溇南乡，1951 年更名为三官寺乡。1956 年 6 月成立喻家嘴乡，1958年9月属星明人民公社，1960年分设喻家嘴人民公社，1984年改为喻家嘴乡。1986年7月，撤销喻家嘴乡，建立索溪峪镇。1988年5月，划归武陵源区管辖。1995年9月，撤销索溪峪镇，更名为索溪峪土家族乡。

行政区划

1995年9月，索溪峪土家族乡辖岩门、高云、沙坪、文风、白虎堂、田富、铁厂、河口、双星、双峰、文庄、金杜12个建制村，124个村民小组。2001年12月，沙坪、高云两个村（居委会）划归军地坪街道办事处管辖。至2014年年底，辖迎宾路（岩门）、黄龙路（河口）、文风路、白虎堂4个居委会，喻家嘴社区和文庄、双峰、双星、田富、铁厂、金杜6个建制村。乡人民政府驻喻家嘴。

自然环境

境内层峦叠嶂，峡谷幽深，溶洞密布，气候温和，气象景观生动，适宜避暑观光，休闲养生。境内地势北高南低，东西平缓空旷，索溪蜿蜒中流。又有白虎堂溪、黑槽峪溪、铁厂溪和香楠峪溪自南向北汇入索溪，流贯乡境东西。境内森林植被茂密，森林覆盖率90.52%。境内冬暖夏凉，无酷暑，无严寒，属中亚热带山原型季风湿润气候；年平均气温14℃~15℃，年均降水量1200~1600毫米。

人口民族

2014年，全乡3448户，总人口14581人。居住有土家族、白族、苗族、侗族4个少数民族，其中土家族人口9927人，占总人口的68.08%。

经济发展

经济综述

1978年实行农村土地承包责任制后，全乡粮食依然不能自给。1983年以后，发展旅游业，人民生活水平逐步提高。1989年，新设立的武陵源区人民政府驻索溪峪镇，沙坪、高云、岩门、文风和河口5个村被纳入武陵源景区与城区总体规划建设，行政、公益、基础设施和商业用地不断增加，耕地面积逐年减少。乡政府着力于调整产业结构，发展旅游服务业、种植业和养殖业，集体经济实力明显增强，村（居）民就业门路不断拓宽，家庭收入稳步增加，村（居）民生活水平日益提高。2014年，全乡生产总值14042.6万

双峰生态园

元，农民人均纯收入 8592 元，财税收入 1049.22 万元，年末储蓄存款余额 13646 万元。全乡村（居）民购置彩电 3548 台，家庭使用冰箱、空调、太阳能及电、气热水器 2343 台，手机 5435 部，轿车、面包车、摩托车 201 辆。11 个村（居）开通宽带网，有 379 户使用电脑，网上购物成为乡村时尚。

农业

2014 年，全乡耕地面积 359.07 公顷，其中水田 156.2 公顷，旱地 202.87 公顷。粮食作物种植面积 403.01 公顷，总产量 1709.1 吨。主要粮食作物播种面积、产量：水稻 8.39 公顷、总产量 57.2 吨，马铃薯 54.47 公顷、总产量 122.5 吨，玉米 221.67 公顷、总产量 1313.4 吨，红薯 41 公顷、总产量 92.3 吨，大豆 34 公顷、总产量 82.1 吨。全乡蔬菜专业户 15 家，总收入 100 万元。畜牧业以养猪、羊、家禽为主。2014 年，养猪大户 21 户，出栏 1.4 万头，存栏 0.86 万头；羊出栏 1800 只，存栏 3000 余只；家禽上市 6 万羽（只），存笼 4.2 万羽（只）。

商业贸易

1990 年以前，喻家嘴只有一处简易的农贸市场，年交易总额 207.9 万元。1991 年，武陵源区政府投资 140 万元，对农贸市场进行提质改造；1992 年，投资 250 万元，在军地坪建成宏源大市场，是年，两家市场年交易总额 573 万元。1995 年，全乡个体经销网点发展到 512 个，交易总额 447.7 万元。1998 年 6 月，区政府在喻家嘴农贸市场旁边修建服装销售市场，占地面积 0.29 公顷，35 个门面，年交易总额 372.5 万元。2009 年 10 月，喻家嘴农贸市场因天马国际公寓项目拆迁，在武陵源一中教师村后面建立临时农贸市场。2011 年，全乡有个体经销网点 355 个，年交易总额 2793.8 万元。2012—2014 年，全乡有各类经销网点 223 个，年交易总额 1934.3 万元。2014 年 5 月武陵源（岩门）商贸城开工建设，2015 年交付使用。项目总投资 3.64 亿元，建筑面积 7.22 万平米，有商业门面 750 个。武陵源商贸城以文化赶集广场、岩门一街、中央大街和索溪老街四大主题商业街区为依托，整合时尚百货、特色餐饮、休闲娱乐、风情客栈、农贸市场、民俗特产等多种业态于一体，构筑多层次商业体系，成为湘西第一集市、武陵源一张崭新的城市名片。2014 年年底，全乡个体经销网点 964 个，交易总额 6510 万元。

乡村企业

1954 年 9 月，喻家嘴乡成立供销社，由慈利县供销联社投资，在喻家嘴兴建门市店面，主要经营百货、南货、五金、布匹、土产、副食等生产生活资料。1986 年，更名为索溪峪镇供销社。1990 年，供销社系统体制改革，乡供销社名存实亡。1954 年 3 月组建乡企业办，1977 年，先后创办文庄石灰厂、文庄硫磺厂、施家峪水电站、公社搬运队，年产值 32 万元。1984—1989 年，创办灰砂砖厂、樟树泉饮料厂、河口红砖厂，开发双星观音洞景点和喻家嘴仙花洞，安置 103 人就业，年产值 147 万元。1989 年以后，全乡致力于发展旅游，给乡村企业和个体私营经济带来新的机遇。至 2014 年，有乡办企业 6 家，村办企业 48 家，家庭旅馆（客栈）、餐馆及旅游服务业 1109 家，从业人数高峰期 6300 人；企业总产值 16900 万元，上缴税收 558 万元。

基础设施

交通运输

1985 年以前，境内仅一条山岭重丘 4 级公路江（垭）喻（家嘴）线，每天从慈利县汽车站往返发送一趟客运班车。1986年以后，先后新修张（家界）清（水洞）公路，与省道306贯通乡境，修通常（德）张（家界）高速公路支线阳（慈利县阳和）龙（黄龙洞）路，与省道306连成一体。1996年启动文庄、金杜村通村公路建设，国家和区政府先后投资1500万元，修通、硬化全乡通村、部分通组公路，里程达65公里；开通5条农村客运班车，开通率100%，城镇公交覆盖率96%。

邮电通信

1949年10月至2007年，乡政府驻地喻家嘴仅一家邮电代办点，集体及村民报刊信函等由村干部代收代送。进入21世纪后，乡村报刊、函件、包裹等由区邮政投递公司及顺丰、圆通、申通、汇通等10家快递公司分担。1989年，全乡仅有有线电话机5部。文庄、田富等7个偏远山区村通信为盲区。1998年，设立喻家嘴邮电支局，建成手机微波站。1999年，双峰、双星、文庄、金杜、白虎堂5个村开通无线电话，建成喻家嘴通信模块机站。2011年，设邮政网点2个，投递路线单程19.8公里；电信服务网点13个，电话交换机总容量9600门，固定电话用户2024户，移动电话用户1293户，移动电话普及率88.7%。2014年，新增移动电话用户330户。

供电饮水

1977年以前，全乡照明均为煤油、桐油，少数贫困农民家庭烧枞杠（松树）照明。1978年，沙坪村施家峪水电站竣工发电，解决沙坪、高云、军地、文风和岩门5个村部分农户夜间照明，枯水季节无电。1986年开始筹建索溪峪35千伏变电站，架设江垭至索溪峪35千伏输电线路28.7千米，1989年正式投入运行，全乡生活用电问题基本解决。1990年、1993年两次主变扩容。1996年主变扩容为8000～24000千伏安，全乡实现大电网供电。1997年5月，架通双峰村6至9组低压输电线路，解决山区用电死角。1999年6月，完成全乡11个村农网改造，新建或改造10千伏配电线路10.75千米，新建或改造400安及以下低压线路163.4千米，新增或改造配电台区18个，变压器18台，装机容量1215千伏安。

受自然环境及经济发展缓慢影响，长期以来，乡境偏远高山地区人畜饮水困难。1989年，慈利县索溪峪自然保护区管理处引进资金，修建索溪水厂，供水规模3000吨/日，仅解决军地坪、喻家嘴部分村民饮水问题。1996年，投资16万元，扩建喻家嘴自来水厂。2000年10月至2013年，国家和区政府先后投入1600万元，兴建水池、水窖333个，铺设引水管道43000米，基本解决全乡人畜饮水困难村5300人的饮水问题。

水利建设

境内索溪河年均流量7.13立方米/秒，水资源总量较为丰富，但时空分布不均，易发生洪涝灾害。受岩溶地貌局限，又易发生旱灾。1978年兴建小1型施家峪水库竣工，库容448万立方米，灌溉面积98.67公顷。1993年“7·23”水灾之后，重视水利工程建设。1996年筹资200余万元，整修文风、岩门等地河堤8处1071米，整修水坝水渠水沟69处1900米，整修金杜、双星、田富等村山塘8口。1998年“7·23”特大洪灾后，新修或修复施家峪溪、袁家峪溪、索溪岩门段水毁河堤5600米。2001—2010年，先后投入800多万元，新修喻家嘴、袁家峪拦河坝2处，拦沙坝2处，整修护河堤10220米，整修、硬化乡村灌溉水渠、水沟11180米。

村镇建设

根据武陵源区总体规划中“南控北靠，西提东扩”对索溪峪的发展要求，喻家嘴、文风和岩门村属“东扩”区域。2013年3月至2014年12月，先后完成武陵路二期喻家嘴段和迎宾路岩门段改扩建绿化工程的征地拆迁，共拆迁381户、建筑面积15.46万平方米，完成喻家嘴段软基（沥青）路面铺设及沿溪绿化工程。外地车辆进入城区畅通无阻。

建设双峰生态观光园村。2003年7月启动建设，2004年5月规划寨楼、名木花卉、竹林、水果采摘、钓鱼、耕作、石林、蔬菜和樱花等11个功能区初具规模，仅种植珙桐、红豆杉、楠木、香樟、鹅掌楸、白玉兰等名贵花木40余种，近万株，省、市、区及社会各界投资2100万元。吸引本乡居民自筹资金在园区新建富有地方风格的民居24栋，改造本村民居23栋。

建设铁厂吴家台新村。铁厂村土鉢界、中柱山地处高山峡谷，村民生产生活极为不便，决定整体搬迁至该村吴家台，集中安置。2009年启动吴家台安置新村建设。吴家台临近阳龙公路，交通便捷。由建设扶贫后盾单位省环保厅扶持，投资700多万元，完成土地征收和水、电、路建设及新村绿化、亮化工程。2010年新村竣工，28户村民迁移入住。此后，省环保厅又投资155万元，配套建成新村村级活动中心和文化、商业综合服务楼，建筑面积840平方米。

社会事业

教育科技

1950年，境内兴办西河、文风黎家村、沙坪陈家岗和军地坪4所小学，在校学生近400人。是年8月，西河小学更名为喻家嘴乡中心小学。1969年，创办公社初级中学，13个大队创办五年制小学14所，教职员工110人，在校学生1600人。1971年，公社中学创办高中班，同时在沙坪、军地、文风、河口4个大队各设1个初中班（1981年撤销）。1986年，喻家嘴乡中学更名为索溪峪镇中学。1989年，索溪峪镇联校与索溪峪镇中学分离。1994年8月，镇中学并入武陵源区民族中学。1995—2014年，调整学校布局，全乡12所小学、2个教学点，调整为1所乡完全小学和2所村级小学，在校学生1683人。适龄儿童入学率100%。1995年，在人口相对集中的村小学内附设幼儿园（班）7个，在园（班）幼儿353

武陵源一中校门

人，幼师 16 人。2014 年，有公办幼儿园 1 所，民办幼儿园 4 所，共有在园幼儿 596 人，幼师、保育员和后勤人员 52 人。

1975 年，在沙坪村宝峰山创办农业中学，设教学班 2 个，学生 112 人，学习内容为初中课程和农业技术知识。1978 年，开办高级农业中学，设高中班 2 个，学生 110 人。1982 年，校址迁往沙坪大队部，学校更名为喻家嘴公社农业中学，设初中班 2 个、高中班 2 个，学生 200 余人。1986 年，学校迁往文风村五组，更名为索溪峪镇旅游职业中学，设教学班 6 个，学生 300 余人，教师 24 人。1989 年，更名为武陵源区旅游职业中学。1990 年，始设普通高中班，继而更名为武陵源区民族中学。1994 年 9 月因缺乏生源，职高停止招生，1999 年 9 月恢复招生，设职高班 1 个，招收学生 24 人。

1973 年，慈利县农业局成立喻家嘴公社农业科学技术推广站，推广作物良种、先进栽培和防治技术。1976 年，农科站在岩门大队首次进行三系杂交稻制种成功。1989 年以后，主要在沙坪、文风、岩门、河口等村推广水稻“双两大”、控蘖增粒等栽培技术，在文庄、双峰、双星、田富、铁厂、金杜等村推广玉米地膜覆盖栽培技术、天麻栽培技术，完成生猪品种改良工程。1998 年，建立高云旅游农业科普示范基地。针对区内旅游市场需求，2003 年，从四川果王公司引进黄金梨、美国红提、无毛油桃等优质水果，由于管理与技术不到位，未产生良好的经济效益。

文化体育

1974 年成立喻家嘴公社文化站。1985 年，乡政府投资 20 万元，建成乡文化活动中心。1983—2014 年，组织和参与“金猴闹新春”“黄龙腾飞”“欢乐潇湘·快乐武陵源”等系列文化体育活动 107 场（次）；举办舞狮、舞龙、围鼓、腰鼓舞、九子鞭、三棒鼓、摆手舞等培训班，培训 380 人（次）。1973 年，成立喻家嘴公社电影放映队，至 20 世纪 90 年代初，乡电影放映队退出历史舞台。1974 年，架通 13 个行政大队广播专线，广播入户率 65%。1986 年，镇政府投资 15 万元修建广播站专用机房。1992—1993 年，省政府组织农村有线广播网络达标验收，镇政府投资 10 万元，改造进村广播线路 11730 米。广播入户

民族运动会

覆盖率 90.72%。1986 年 7 月，在文风村牛山坡建成电视差转台，结束索溪峪无电视的历史。1995 年成立索溪峪土家族乡文化广播电视站，2011 年 12 月更名为综合文化体育站。

乡境民间体育活动丰富多彩。村民过年过节、农闲时节，经常开展踩高跷、踢毽子、扳手劲、拔河等自娱自乐体育竞赛活动。组织村民、乡直干部参加慈利县、武陵源区体育运动会。协助区政府成功举办全国“贺龙杯”旅游登山邀请赛。2007 年 10 月，参加武陵源区第二届全运会，获团体第 2 名，男子篮球第 1 名，乒乓球团体第 2 名。2010 年，参加张家界市第四届运动会，舞龙队获第 2 名。2012 年，参加武陵源区门球大赛获第 1 名。镇中小学先后获得全区首届、第三、第四届中小学田径运动会团体总分第 1 名。

医疗卫生

1952 年，由本乡中医邓济川、毛植清、袁尚藩、毛启等联合行医，创办喻家嘴诊所。1958 年更名为喻家嘴卫生所，为集体医疗机构。1966 年更名为喻家嘴公社卫生院。1968 年，境内各行政大队成立合作医疗站。1986 年，卫生院更名为索溪峪镇卫生院，有医务人员 34 人。1987 年成立索溪峪医疗中心，1990 年 11 月升级为区人民医院。1997 年 8 月，成立索溪峪土家族乡预防保健站。2014 年有村级卫生室 7 家，医生 7 名，配备妇幼保健专干 11 人。

社会保障

2014 年，为退役、伤残军人、退伍老兵等优抚对象发放优抚金 19.5 万元；落实农村低保对象 252 户 724 人，发放生活补助费 99.7 万元；城市居民低保对象 266 户 633 人，发放生活补助费 299.1 万元；统计在册的残疾人 316 人，发放生活困难补助费 81580 元。2014 年，全乡落实农村养老保险对象 2607 人，缴费率 91%；城镇居民保险对象 1388 人，缴费率 93%。60 岁以上城乡养老保险金发放对象 1433 人。参加新农村合作医疗保险对象 9609 人，参合率 99.62%，缴费 85.46 万元。乡敬老院位于岩门村胡子岗，1997 年 11 月竣工，1998 年 9 月开院，总投资 350 万元，先后入住“五保”老人 12 人。2007 年对敬老院进行改扩建，现为福利院、光荣院、敬老院“三院合一”的福利中心，集中收养区、乡鳏寡孤独老人、孤残儿童和部分自愿到该院休养的老人。福利中心占地 5050 平方米，建筑面积 3000 平方米，有床位 96 张，服务设施先进，且配套完善。

特色地情

历史人文

索溪峪自然风光优美，历史上诸多文人游历至此，留下许多脍炙人口的诗词。明分守上荆南道九永兵备胡桂芳咏百丈峡：“峡高百丈洞云深，要识桃源此处寻。戒旅徐行风雪紧，谁将兴尽类山阴。”清代王儒庭咏芦茅界（今茅花界）：“极目群山顶，高低接大荒。人烟飞鸟白，树色岭云黄。”清黎昌韩咏沙坪：“侵晨过山原，飘萧临秋色。一石一天地，凛凛嵌微雪。寒水远不流，林火倏明灭。几时之林皋，放歌破愁绝。”1982 年 2 月，索溪峪对外开放、发展旅游业，作家诗人纷至沓来。女作家苏叶诗：“相距千万里，心随月色归。来生甘作石，嫁与索溪水。”诗人、作家邵燕祥咏宝峰湖诗：“峻峡深藏酒一瓯，藏醒藏醉不藏愁。山于绝处活芳草，水到穷时横小舟。爱此风光高档次，唐清宋思暂勾留。”1998 年 6 月，湖南人民出版社出版的《武陵源风景志》收录古今人赞美索溪峪的诗词近 30 首。

索溪峪一方水土养育出许多杰出人才。文风

村袁家峪人袁大杰（1759—1843），清朝举人。他一生“救危济困，扶弱抑强。慷慨激烈之气，实为儒林所不能及者”。曾任宝庆府教谕等职。岩门村人邓觉毅（1926—1976），著名草药郎中，主治跌打损伤，用草药清淤接骨有奇效。岩门村人毛凤翔，黄埔军校武冈分校第21期学生，曾任国民党河南信阳地区第10军军官队教官。沙坪村人李家实，黄埔军校武冈二分校第17期学生，曾任国民党军营长、副团长、台湾步兵学校上校军事大队长，1958年退职，居住台湾。文风村人李任民（1919—1943），1936年考入黄埔军校武冈分校，1943年日寇进犯慈利，李奉命率部阻击，在桃源县热水坑与日军作战中牺牲，葬于文风村。沙坪村人李伯岳（1884—1961），曾任慈利国立九溪小学校长10年，爱好文学，有诗、散文集各一部问世。白虎堂村人许义华（1919—2008），1934年11月参加北固乡游击队，1936年加入中国共产党，随红二、六军团长征，参加过抗日战争和解放战争，曾任北京军区炮兵第6师政委，大校军衔，转业后任北京市委财贸政治部主任、财贸部副部长、财贸办公室副主任等职，1986年12月离休。军地坪人毛建英（1900—1983），1929年考入黄埔军校武岗分校，1944年两次参加长沙抗日大会战，曾任输送营营长、团长。

名优特产

索溪峪乡金杜村村民丁世举创办张家界土家织锦公司，手工生产中高档民族服装、被面、床罩、风光风情壁挂、鞋等5大类200多个品种，销往韩国、俄罗斯、澳大利亚等国家和中国香港、中国台湾地区。当地妇女手工挑绣的围兜、围裙、布鞋、鞋垫，能绣出各种图案，构图简约，色彩明快，深受游客青睐。当地特色食品主要有血豆腐、块块儿糖、鲊肉。血豆腐主料为猪血、豆腐、糯米，用少许茶油或菜油煎炒，外脆内糯，清香味醇。块块儿糖主料为玉米或大米熬煮而成，松脆香甜。鲊肉主料为新鲜猪肉、粘米粉或玉米粉，可蒸可炒，肉不油腻，清香爽口，余味无穷。

风景名胜

黄龙洞　位于黄龙路居委会。属典型的喀斯特岩溶地貌，被列为国际旅游洞穴会员，国家5A级旅游区，中国旅游首批知名品牌、湖南省最佳旅游景区、湖南省著名商标、中国驰名商标、张家界旅游精品线之一。2005年被评选为“中国最美的旅游溶洞”。2009年被评选为“中国最美的旅游奇洞”。2013 年被国家旅游局列为全国 35 个王牌景点之一。享有“世界溶洞奇观”“世界溶洞全能冠军”等荣誉。黄龙洞全长 7.5 公里，洞体共分四层，洞中有洞，洞中有河，石笋、石柱、石钟乳各种洞穴奇观琳琅满目，美不胜收。黄龙洞以其庞大的立体结构、洞穴空间、丰富的溶洞景观、水陆兼备的游览观光线路备受世人青睐。已开放龙舞厅、响水河、天仙瀑、天柱街、龙宫等 6 大游览区，主要景观有定海神针、万年雪松、龙王宝座、火箭升空、花果山、天仙瀑布等 100 多个。所有钟乳石中，又以定海神针最为惊奇。定海神针高 19.2 米，直径 10 厘米，通体透明，直抵宫顶。1998 年，中国平安保险公司张家界分公司以 1 亿元对该石柱进行投保，开创为世界自然遗产某一局部景观投保之先河。2010 年新增加文化景点——“田园牧歌”生态广场。

黑槽峪 又名一线天，位于文风村袁家峪内，峡谷深约 4 公里，垂直高度 140 余米，谷狭窄幽深，仅见一线天光。

白虎堂 与文风村相邻，相传当年向王天子举旗造反兵败，其舅白虎率兵救援至此，闻向王已跳崖身亡，白虎气绝而死。后人曾修白虎庙纪念，现存遗址。

周家峪 与白虎堂隔山相望，谷深约 5 公里，峡谷前段仄逼狭长，至尾部豁然开朗，山坡上竹林密布，梯地层列，间或有几栋瓦屋木楼隐约可见。

观音洞 属地下溶洞，位于双星村，因洞中有石柱形如观世音菩萨，故名。洞高 40 余米，宽约 20 米，长约 1800 米。

野人井 岩门坡左侧山顶一岩溶漏斗，奇特幽野，口大底小，状如铁锅，四面绝壁，深约百米，洞中有地下河和瀑布，岩溶景观尚未探明。

云台寺 位于土钵界左侧云台山山腰，建于清光绪十一年（1885），宣统元年（1909）曾予修缮。从上至下依次三跌，一跌一台，一台一崖，台平崖仰。现仅存断墙残石。

红岩寺 位于铁厂村土钵界右侧，因寺碑俱毁，建寺年月无考，仅存断墙。寺东南为百丈深渊，登峰顶，见东南天际群岭，西北峰峦仰首拥立，烟云缭绕。

此外，铁厂村境有土钵界、网泉峪、缸钵潭、

观音洞栈道

漂水岩瀑布、中柱山、箱子岩、犀牛岩等众多砂岩柱石峰林景观。

民俗风情

境内土家族与汉族杂居，民族习俗多相互融合、同化，传袭下来的部分习俗日益淡化。以往，当地土家族有“狩猎”（俗称“赶山”）习俗，每到冬季农闲，邀约三五人或七八人上山打猎，猎物分配“见者有份”。土家人出门去田地里劳动、帮工，锄头等工具要提出门，不能背出门。夏秋劳动任务繁重时，或遇插秧等赶时间、抢季节的农活，大家互相帮助，主人则请说唱班子到田间地头打薅草锣鼓，即兴演唱，诙谐动人，借以助兴鼓气。

因乡镜山高坡陡，不便肩挑而宜背负。土家族、白族、苗族人多用竹织成圆形背篓，用来背负生产、生活资料，背小孩。故有“背篓客”之称。

境内土家人喜吃木甑蒸饭、炉锅饭，喜吃锅巴饭、锅巴粥，日常饮食口味以酸辣为主。过年过节或喜事，来了贵客上“三道茶”：头道“清（亲）茶”（茶叶茶），二道“甜茶”（炒米加红糖茶），三道“蛋茶”（煮鸡蛋3个，喻意圆满）。

境内土家人定亲结婚，约定俗成的礼仪主要有：“看廊场”（女方到男方查看家境）、“送八字”（男女双方的出生年月日时）、“定庚”（双方八字相合，同意订亲）、“认亲排茶”（男方准备礼品等到女方拜认姑表姨舅，表示双方结亲）、“报日”（定好结婚吉日）、“哭嫁”（俗称“陪十姊妹”，新娘在出嫁前几天请相好的姐妹一起“哭”。哭谁，怎么哭，有规定的内容；有的新娘灵慧情笃，临场发挥，内容因人而宜，贴切感人）、“拦门礼”（娶亲当天，女方在大门口设桌案，出难题阻拦男方娶亲执事人等，男方执事回答处置令女方满意并递上“红包”方可开门娶亲）、“抢喜把”（男方将新娘接出门时，点燃两把竹把，鸣炮启程。此时，女方要抢走一把竹火把，意为喜气财气不能让男方全部带走，要留下一半）。

（撰稿人：赵辉廷　图：乡党政办）

张家界国家森林公园

黄石寨

张家界国家森林公园是中国第一个国家森林公园。

区域概况

地名由来

张家界之名源于明崇祯四年（1631）《张氏族谱》之记载，张万聪因镇守有功，获赐卫城西关外鹞鹰坡至龙风庵一带山林，其后裔冠以张姓。故称张家界。

位置面积

公园位于张家界市北部，东与协合乡、索溪峪省级自然保护区相连，西与中湖乡及永定区禹溪、兴隆接壤，南抵永定区沙堤乡，北接天子山省级自然保护区。区域东西宽 6.2 公里，南北长 13.1 公里，总面积 48 平方公里。公园管理处距张家界市城区 28 公里。

建置沿革

1949 年 10 月后，大庸县政府设张家界乡，后撤张家界乡，属板坪乡。1958 年，从中湖、沙堤、协合等乡征收部分山场，建立国营张家界林场。1982年9月，国务院委托国家计委下发《关于同意建设大庸张家界国家森林公园的复函》(计农〔1982〕813号)，成立张家界国家森林公园(以下简称公园)。1983年，成立张家界国家森林公园管理处（以下简称“公园管理处”)，为正处级事业单位。1984年1月，保留国营张家界林场名称，撤销其原有建制，与公园实行“两块牌子，一套人马”。1988年，国务院批准建立地级大庸市（1994年改为张家界市)，增设县级武陵源区，公园划入武陵源区行政区域。

行政区划

2014年，公园代管锣鼓塔、张家界、袁家界3个居委会，共18个居民小组。

自然环境

公园地处武陵山脉中段，云贵高原隆起东北部与洞庭湖沉降带之间。主要由巨厚层石英砂岩构成，受褶皱、断裂及石英砂岩脆性的影响，裂隙极发育。公园境内以中低山地貌为主，属泥盆纪地层，由于地面切割强烈，形成了千岩竞秀，万石峥嵘，沟谷交错，溪涧纵横的奇特地貌景观，最具特色的是石英砂岩峰林地貌，为世界罕见，2011年被国际地质学术界正式命名为“张家界地貌”。航拍资料确定，分布在公园一带的石峰达3000多座。境内最高峰兔儿望月海拔1334米，最低点水绕四门海拔426米。

公园属中亚热带北部气候区，年平均气温12.8℃、降水量1228.5毫米。植被丰富，小气候明显，空气的含尘量较外界减少80%，细菌含量减少97%，负氧离子是城市的500倍，是理想的生态旅游乐园。森林植物和野生动物资源极为丰富，森林覆盖率98%。自然植被中维管束植物195科、730属、1630种，仅木本植物就有103科、297属、751种，草本植物879种。珍贵树种有国家一级保护的珙桐和属国家二级、三级保护的钟萼木、银杏、香果树以及鹅掌楸、香叶楠、杜仲、金钱柳、南方红豆杉等达10多种。鸟类有6目13科41种；兽类有27种。属国家一二类保护的动物有娃娃鱼、猕猴等50余种。被列为湖南省重点保护的动物有赤狐、池鹭等22种。2008年5月获国家林业局、教育部和共青团中央共同授予“国家生态文明教育基地”称号。

景区景点

公园境内峰密岩险，谷深涧幽，水秀林碧，云袅雾绕。集雄、奇、险、幽、秀于一体，汇峰、谷、壑、林、水为一色。有金鞭溪、黄石寨、琵琶溪、鹞子寨、砂刀沟、袁家界6个小景区，已命名景点90多个。

黄石寨景区 位于公园中部，最高海拔1080米，寨顶为方形台地，雄伟壮阔，四周悬崖绝壁，地势险峻，沿寨俯瞰，万千峰谷，尽收眼底，故有“不上黄石寨，枉到张家界”之说。著名景点有五指峰、雾海金龟、摘星台、天桥遗墩、南天一柱等。

金鞭溪景区 位于公园东北部，金鞭溪全长5.7公里。沿溪两岸群峰相夹，林木参天，山随水走，水绕山转，浪石相搏，如鸣环佩。沿途有金鞭岩、劈山救母、文星岩、紫草潭、千里相会、重欢树、骆驼峰等景观。

袁家界景区 位于公园北部，为一处面积12平方公里的傍山台地。与黄石寨、鹞子寨遥相呼应，以奇、险、秀著称。主要景点有后花园、迷魂台、神龟问天、五女出征、乾坤柱、天下第一桥等。

鹞子寨景区 位于公园东北部，南起老磨湾，北止骆驼峰，西邻金鞭溪，东到麻田垭山脊分水岭，寨顶为一座巨大的凌空观景台，与黄石寨、袁家界形成“三足鼎立”之势。原名腰子寨、鹞

鹞子寨

功山，于2003年更名为鹞子寨。主要有层岩涌塔、指点江山、排山倒海、凌空惊魂、老鹰嘴、梭镖岩、神仙洞等精华景点，并由64名将军为39个景点题名。

琵琶溪景区 位于公园西北部，以琵琶溪作中轴的一狭长幽谷，景观在溪北成组展开，奇特古野。另一段自琵琶界沿山脊至朝天观旧址。境内多山峦，岩峰嶙峋，林木丰茂，溪流纵横交错。主要景点有：夫妻岩、清风亭、钟馗岩、三姊妹峰、金鸡报晓、望郎峰、九重仙阁、金凤展翅、龙凤庵、朝天观等。

砂刀沟景区 位于公园东北部，为一峡谷，以野著称。溪水发源于袁家界，于紫草潭入金鞭溪，全长5公里。主要景点有清心潭、五女拜帅、孔雀开屏、月亮垭等。

人口民族

2014年，公园总人口4798人，其中世居户居民3237人，公园管理处职工1591人。民族以土家族为主，杂居少量白族。

经济发展

经济综述

公园经济先后历经以农业为主、以林业为主、以旅游业为主的三个阶段：1958年4月国营张家界林场成立以前本地经济以自给自足的农业为主；张家界国有林场成立以后经济逐渐转为以林业为主；1982年公园成立以来，经济进一步发展为以旅游业为主。2014年年末，全园实现总收入64307万元，上缴税收1058万元，职工人均收入4.02万元，居民人均收入1.34万元。公园有金融机构2家，2014年年末，金融机构存款余额14434万元，贷款余额35233万元。

旅游业

自1958年建立国营张家界林场，开始了长达20年的开荒育林，由于辉煌的造林育林成绩，湖南省、湘西自治州多个林业现场会选择在此召开。参会人员到此，无不惊叹张家界奇异的自然风光，回去后广为宣传，有关张家界的照片和文字开始

在林业杂志上刊登，吸引不少专家和学者慕名而来。随着香港摄影家陈复礼《山之鹰》和著名画家吴冠中《养在深闺人未识》等作品的发表，张家界林场逐渐为外界所知，越来越多的游人自发前来。1978年中共十一届三中全会召开，国家开始倡导发展第三产业，林场开始发展旅游业。1981年，接待游客4万人，旅游收入58.8万元，远远超过营林生产收入。张家界林场开展旅游活动的成功探索，引起省林业厅、林业部乃至国家领导人的高度关注。1982年9月，在张家界林场基础上建立湖南张家界国家森林公园，成为中国第一个国家森林公园。

张家界国家森林公园建立后，实现水、电、交通、通信、接待服务设施等要素的初步配套，使公园初具旅游服务功能。同时积极开展宣传促销，通过各种渠道，使公园这颗"养在深闺人未识"的风景明珠为世人所认识，迎来公园旅游的第一个高潮。1988年地级大庸市建立，进一步完善旅游基础配套设施，满足了新时期旅游接待服务的基本要求，公园发展迎来第二个高潮。1992年，由于生态及景观方面的突出价值，以张家界森林公园为核心的武陵源区域被联合国教科文组织列入世界自然遗产名录。2004年，张家界成为中国首批"世界地质公园"。2007年被评定为首批国家AAAAA级旅游景区。2008年被评为全国文明风景区。2011年，张家界石英砂岩峰林峡谷被世界地质学术界正式命名为"张家界地貌"。2014年，公园累计接待海内外游客355.6万人，接待省、部级以上领导4000余人，实现门票销售收入35亿元，实现社会就业近20万人。公园从营林生产向旅游的转变，为张家界市全面发展旅游业奠定坚实的基础。公园及下属单位、个人先后荣获全国先进基层党组织、全国五一劳动奖状、全国三八红旗集体、全国五四红旗团支部、全国巾帼文明岗、全国青年文明号、全国林业系统先进集体、国家生态文明教育基地、全国工人先锋号、全国劳动模范等荣誉。

林业

张家界山峦峰谷坡湾，古时全为自然林覆盖。清末以来，由于土匪放火烧山、山民毁林开荒、1958年大炼钢铁、乱砍滥伐等原因，森林资源受到严重破坏，森林覆盖率仅10.9%。1958年4月经省、州林业部门批准，将原沙堤乡张家界农业生产合作社、协合乡龙尾巴农业生产合作社、禹溪乡十八山农业生产合作社和中湖乡袁家界农业生产合作社的部分山场以65.1万元征收，建立国营张家界林场，林场总面积3807.5公顷。自此，国营张家界林场开始开荒造林工作。经过林场职工数十年艰苦经营，林场森林覆盖率达98%以上，张家界的美丽风光因此逐渐为世人所知。发展旅游后，林场工作的重心由原来的木材生产向林业资源保护转移，木材采伐仅限于林相更替和群众自用。2000年，公园实行全面禁伐。2003年，响应国家退耕还林政策，鼓励群众退耕还林。至2014年年末，境内林地面积4585.87公顷，森林覆盖率98%，木材蓄积量75万立方米，主要以杉木、松木、柏木、竹木及阔叶树种等为主。

农业

公园管理处代管张家界、锣鼓塔、袁家界3个居委会，总面积2400公顷，其中林地1419公顷，稻田23公顷。历史上因地处偏远，交通闭塞，境内原是一个穷乡僻壤之地，村民大部分吃的玉米、红薯，住的茅屋。中华人民共和国成立后，通过兴修水利、改进生产方式，农业产量得到很大提高，温饱问题得到解决。粮食种植主要以水稻、玉米、马铃薯、红薯为主。1982年，公园建立后，随着旅游业的发展，辖区农村由单一农业性逐渐向多功能、多结构的旅游型农业转化，公园管理处带领他们把目光投向每年数十万游客的食、宿、行、购上来，将农、林、牧、副、渔和村组企业都推向旅游市场，致力旅游脱贫致富。至今，3个居委会绝大部分劳动力从事第三产业，多数林地、稻田等退还成林地，只保留少数农业用地用于居民日常蔬菜种植。2014年下半年，随着《武陵源区畜禽养殖布局专项规划(2014—2020)》的出炉，森林公园被列为禁养区域，不得新建规模化养殖场，原有的养殖场也将限期关闭或搬迁。公园的农业将朝着生态无污染的方向发展。2014年，粮食种植面积7.12公顷，生产粮食26.7吨，生猪饲养量0.078万头，家禽饲养量0.405万羽。

旅游服务

公园无工业发展历史。随着公园的建立，以旅游服务为主导的第三产业蓬勃发展，3个居委会80%以上的劳动力进入第三产业。有的自办旅行社、家庭旅馆，有的开餐馆、商店；有的当导游、挑夫、轿夫；有的开中巴、货车、拖拉机，居民生活水平大幅提升。2014年年底，公园居民人均收入由建园前的122元增至1.34万元。

园办企业

公园办企业始于1980年。森林旅游开始后，国营张家界林场办起了饭店、商店、彩照冲洗部。1982年，公园建立后，旅游业迅速发展。原大庸县政府组织有关单位为适应旅游形势的需要，投资40多万元在锣鼓塔建起拥有206张床位的金鞭岩饭店，还办起了商店。公园管理处成立后，相继修建青岩山宾馆、张家界宾馆等服务性企业，并从单纯性服务不断拓展，办起饮料厂、纪念品厂、茶场、水果仓库、猕猴桃和板栗生产基地及加油站等企业。1984年后，国家出台企业改革政策，公园管理处对部分亏损企业进行清理整顿，对部分企业实行承包经营。从2000年开始，公园管理处为扭亏增效，对园属企业实施以委托经营为主要模式的企业改制；同时为实现园内严格保护，扩大就业岗位，逐步实施走出园外发展，先后成立46家企业，后因政策调整或企业自身经营等原因，调整或关闭部分企业。2014年年底，公园管理处有独资企业1家，合资企业3家，委托企业15家，共实现营业收入3500万元，上缴税收345.06万元。公园成立后，各居委会居民面向旅游市场，办起3个村组企业，主营旅游产品和旅游土家文化展示，2014年年末，固定资产1070万元，年产值2130万元。

基础设施

交通运输

历史上进入公园的盘山古道主要有六条：一是从中湖乡野鸡铺村登发香坡至龙凤庵；二是从袁家界下乱窜坡或砂刀沟、经紫草潭进老磨湾；三是自水绕四门逆金鞭溪而上，经紫草潭抵老磨湾；四是从插旗峪登龙尾坝，经十八盘，下富溪峪入锣鼓塔；五是自板坪登马公亭经张家界村到达锣鼓塔；六是自禹溪乡十八山翻熊家垴，沿卸甲峪顺溪而行进锣鼓塔。1979年5月，修建板坪至公园的简易公路，因路基太差、路面太窄、坡度太大，1982年由省交通厅拨款310万元，将此公路改建为四级公路并于1984年3月29日通车。1987年，全线改为柏油路面。2001年10月18日正式开工修建峪园公路，2005年9月竣工通车，全长5651.51米，其中隧道2861米，按国家山岭重丘二级旅游专用公路标准设计，路面宽8.5米，行车道7米，概算投资1.35亿元。解决了冰冻期间行车难问题，缩短了行车时间，创造了快捷安全的良好交通条件。2014年，投资500万元，对金鞭大道进行“白改黑”，交通条件得到进一步改善。此外，景区内还修建了两园公路、黄石寨后山公路、砂刀沟公路、黄石寨索道公路等，为中外游客提供便利舒适的旅游通道。

旅游设施

门票站及游人中心 2007年，投资2200万元修建门票站及游人中心，2009年投入使用；由入园大门、游人中心、售票房两栋单体建筑及集散广场等配套设施组成，总建筑面积2729.7平方米。

袁家界游客服务中心 位于袁家界天桥停车场南侧，2013年开工建设，项目投资4500万元，总建筑面积6000平方米，可容纳3000名游客用餐。2014年年底，项目建设基本完成，现已成为核心景区游客重要集散地。

黄石寨索道 由台湾瑞展国际有限公司与公园管理处合资兴建，1992年筹备，1994年开工建设，1997年11月18日正式对外营运。索道分上、下站房和线路三部分。线路水平距离863米，高差431米，支架两个，运载器具为双线往复吊

黄石寨索道

箱，运行速度8米/秒，单向小时运量948人。2009年11月8日停机改造，进行全面技术升级，于2010年5月8日恢复营运。新索道投资9680万元，最高运行速度6米/秒，单向小时运量2400人。

锣鼓塔生态停车场 项目始于2008年，管理处先后投入6000万元拆除三龙酒店、华龙酒店、派出所、电信局等9家单位，2014年10月开工，总投资1.5亿元，建筑面积26870平方米，停车位584个。建成后将大大缓解公园旅游旺季停车难问题。

百龙天梯 建于水绕四门北侧青狮寨，总造价1.02亿元。1999年10月动工，2001年11月营运。百龙天梯垂直运行高差326米，每轿厢一次载客50人，运行速度4米/秒，是当时世界上最高的户外电梯、最高的双层观光电梯和载量最大、速度最快的空运电梯。

杨家界客运索道 由张家界旅游集团股份有限公司投资，2012年12月8日开工建设，2014年试运营。索道斜长1971米，高差517米，全线14个支架，运行线路藏于八里坡峡谷，不跨越峰林石柱，对自然资源和景观的破坏小。索道最高运行速度6米/秒，车厢53个，单向每小时运量2000人。

宾馆饭店 建园30多年来，公园出现规模不一、各具特色的宾馆饭店30多家。规模较大的有金鞭岩饭店、锣鼓塔临时旅社、栖凤山庄、张家界山庄、琵琶溪宾馆、湘电国际酒店等。其中金鞭岩饭店是公园第一家饭店，开业以来曾接待过党和国家领导人王首道、萧克，以及著名画家吴冠中、黄永玉，著名作家沈从文、肖离等，有较高的知名度和较好的品牌效应。湘电国际酒店成为公园第一家4星级酒店。2014年年底，公园有宾馆饭店共16家，其中星级酒店5家，非星级酒店11家。2010年启动张家界宾馆区域提质改造项目，将张家界宾馆、金鞭岩饭店、翠楼宾馆、北京栖凤山庄、公园旅游局、广播电视科、环卫所、园林站等5万平方米的设施拆除后，广东广联集团拟投资8.5亿元，建设一家功能齐全、特色突出、设施一流的白金五星级酒店——华邑酒店。至2014年，相关手续正在办理。

邮电通信

公园邮政电信建设始于1982年11月，1998年成立公园邮政所，每年发行报纸40多种、杂志3000多份；电信网点3个，有移动用户4800余户，联通用户600余户，互联网用户900多户。有线电视入户率100%，广播电视覆盖全园。

供电饮水

1983年，国家投资150万元建立35千伏变电站1座，架设高压输电线路22公里，与中南供电局并网，1984年6月建成，解决公园的用电问题。1994年年底，拥有200平方米配电站1座，变压器4台，架空线路和地下电缆各10公里。2005—2006年，对核心景区输电线路进行全面网改。至2014年，公园新增公共变压器8台，专用变压器12台，架空线路7.5公里(老木峪变电站至公园)，地下电缆27公里；年销售电量740万千瓦时。

2000年，投资4000多万元，修建锣鼓塔污水处理厂，日处理规模为3千吨，工艺采用SBR法，处理后水质达到国家一级A标，解决公园污水处理问题，确保了金鞭溪水质。公园年用水量15万立方米，旅游接待年用水量40万立方米。至2014年年末，公园投入150万元在全园修建蓄水池60个，安装饮水管7400米。

水利建设

1983年以来，国家先后投资142万元在公园卸甲峪修筑一座小型水库，有效库容14.7万立方米，主要承担公园生活用水和防洪；1977 年修建磨子峪水库（小 1 型），1993 年由湖南省水电厅投资 40 万元，整修磨子峪水库，使有效库容扩大到 87 万立方米。以此两水库蓄水为主，供水能力 109.5 万立方米 / 年。1988 年修建猴儿洞水库，库容 15.5 万立方米，主要承担袁家界区域的供水、森林防火和农田灌溉。

社会事业

学校教育

公园仅有一所学校，始建于 1938 年，原校名张家界学校。在 20 世纪 70 年代代办三届两年制“戴帽”初中，后因调整布局，撤销初中，只办小学。1983 年恢复初中。1984 年，在张家界村新屋组征地 1.4 公顷新建教学楼、教师宿舍，修建实验室、食堂、厕所及学生宿舍。1989 年 9 月，学校更名为“张家界国家森林公园学校”。1994 年学校创办旅游职业中专班，1995 年开办幼儿园。1997 年 9 月，旅游职业中专班迁入武陵源区民中，学校变成九年制教育体制。1998 年 8 月，初中部撤并到武陵源区一中，学校成为六年制完全小学。2011 年，学校通过省级合格学校验收。2014 年，学校有教职工 20 人，教学班 6 个，在校学生近 200 人，附设幼儿园 3 个，在园幼儿 80 多人，适龄儿童入学率、巩固率 100%。

文化体育

在以农业经济为主的时期，公园文化娱乐以居民自娱自乐为主。为丰富公园职工群众业余文化生活，近些年来，先后成立广场舞队 6 支，森林之声合唱团 1 个，公园文工团 1 个，腰鼓队 2 支，花灯队 1 支和摄影协会 1 个。2014 年底，公园有综合文化站 1 个、乡村文化活动室 3 个、农家书屋 3 家、职工书屋 2 家，文化活动广场 3 个，民俗风情表演场所 3 家，网吧 1 家，音像书屋 4 家。

1991 年，公园参与举办首届国际森林保护节。“森保节”是我国目前唯一以森林保护为主题的节庆活动和公益盛会。1991—2014 年，先后举办 17 届“森保节”。2012 年 9 月 19 ~ 20 日，举办纪念中国国家森林公园建园 30 周年暨 2012 中国湖南张家界国家森林公园保护节，同时还举行国画大师吴冠中铜像揭幕仪式、张家界国家森

中央电视台“心连心”艺术团到张家界慰问演出

林公园建园30周年专题征集活动颁奖仪式、中国森林公园发展30周年纪念大会等系列活动，进一步提升张家界国家森林公园的影响力和知名度。2004年11月，中央电视台心连心艺术团在公园老磨湾举行以“红色土地、绿色家园”为主题的慰问演出，万名观众观看演出盛况。2010年9月，与波司登合作举办主题为《羽裳霓曲·魅力张家界》2010—2011秋冬新品发布会。

公园举办过全国性自行车峰林穿越赛，黄石寨杯自行车极限速降赛及其他各种户外登山赛，坚持每年举办1~2次篮球赛，举办1次公园体育文化活动周及各类趣味运动会。至2014年，公园有户外登山俱乐部2个、户外活动营地1个、羽毛球队1支、冬泳队1个、篮球队5支、足球队1支、钓鱼协会1个，拥有篮球场8个，羽毛球场5个，运动场1个，保龄球馆1个，户外登山线路8条，垂钓场1个。

医疗卫生

公园建有张家界卫生院，2002年由蓝马集团投资扩建改为蓝马医院，2008年更名为张家界国家森林公园社区卫生服务中心。是一所国有公益性社区卫生服务机构，主要为社区居民提供医疗、预防、保健、康复、健康教育、计划生育指导“六位一体”的社区卫生医疗保健服务，居民规范化电子健康档案建档率95%。2014年年底，中心有职工9人，病床5张。中心管理1个村卫生室和黄石寨、袁家界2个景区救护站。

社会保障

公园自发展旅游以来，坚持“旅游反哺农业、景区反哺农村”战略，每年支农惠农支出近千万元。2014年，发放居民生活保障补贴726万元，支出各类经济发展政策奖励47万元（其中种植奖励2.83万元，外出务工16.9万元，升学奖励1.8万元），城乡居民医疗保险45万元，新型农村养老保险参保率100%；退耕还林奖励86万元，发放拆迁安置生活费7.8万元、城镇最低生活保障金4万元。保障职工利益，及时足额缴纳“五险一金”，每年支出3200多万元。2014年，缴纳养老金969.6万元，医疗保险金876.3万元，失业保险金67.7万元，住房公积金1320万元。2011年，为解决林场职工住房困难，在永定区沙堤乡沙田村建设张家界国有林场危旧房改造项目，投资2.5亿元，占地6.16公顷，总建筑面积15万平方米，修建22栋1377套房屋。2014年年底项目基本竣工。

特色地情

历史人文

据考证，公园早在4000多年前就有先民生息繁衍，明万历《慈利县志》记载古为“南裔荒服之地”。境内地势险要，多次沦为战场。西汉以来，统治者的残酷掠夺，激起一次又一次土家族农民的反抗。影响较大的是明初土家族首领覃垕、向大坤、夏德忠领导的威震朝廷的大起义，朱元璋先后派5个“侯”级将领率十多万官兵来此镇压，并在周围设置关卡、驿站。此后虽屯兵于这一带，但反征服的硝烟未熄灭。至明末清初，这一带干戈方才止息，驿道他迁，逐渐荒凉，清康熙《甄氏族谱》记载“兽蹄鸟迹，交错于道”“土人不识甲子”“常时以采蕨挖葛为食，饲蜂为业”。金鞭溪、乱窜坡、卸甲峪曾是号角齐鸣、金戈铁马之古战场。民国初年在黄石寨顶出土一块“记功碑”和数百枚箭镞。据碑刻记载是1115年宋徽宗“募边民教以战阵，劝以耕牧，分守关隘要地”。黄石寨、鹞子寨曾有耕牧的弓弩手守卫。

公园内有朝天观、龙凤庵、黄石庙、竭功庙、

朱元璋故居、张氏祠堂、马公亭等多处历史遗迹，龙凤庵、朝天观分别被列为省、市级文物保护单位。

名优特产

公园气候温和、雨量充沛、四季明显，是绿色农产品成长的天堂，最具代表张家界的农产品是张家界三宝一绝：葛根粉、岩耳、土家莓茶，杜仲茶。传统加工农产品有腊肉、香肠、血豆腐、剁辣椒、水碾米、木榨油、包谷烧酒、腌菜、干蔬菜等。

民俗风情

公园是一个以土家族为主体的多民族居住区，民风民俗香郁醉人。如土家族婚嫁习俗、土家祭祀习俗、土家过年习俗、土家歌舞等，至今仍然保持着原汁原味的古风古韵。源远流长的少数民族文化，地地道道的少数民族风情，耐人寻味。张家界国家森林公园不仅是森林之园，还是民族文化之园。

（撰稿人：郑珊　覃友志　瞿源　舒娟　张迷　王丹　张乾城　图：陈生平）

慈利县行政区划图

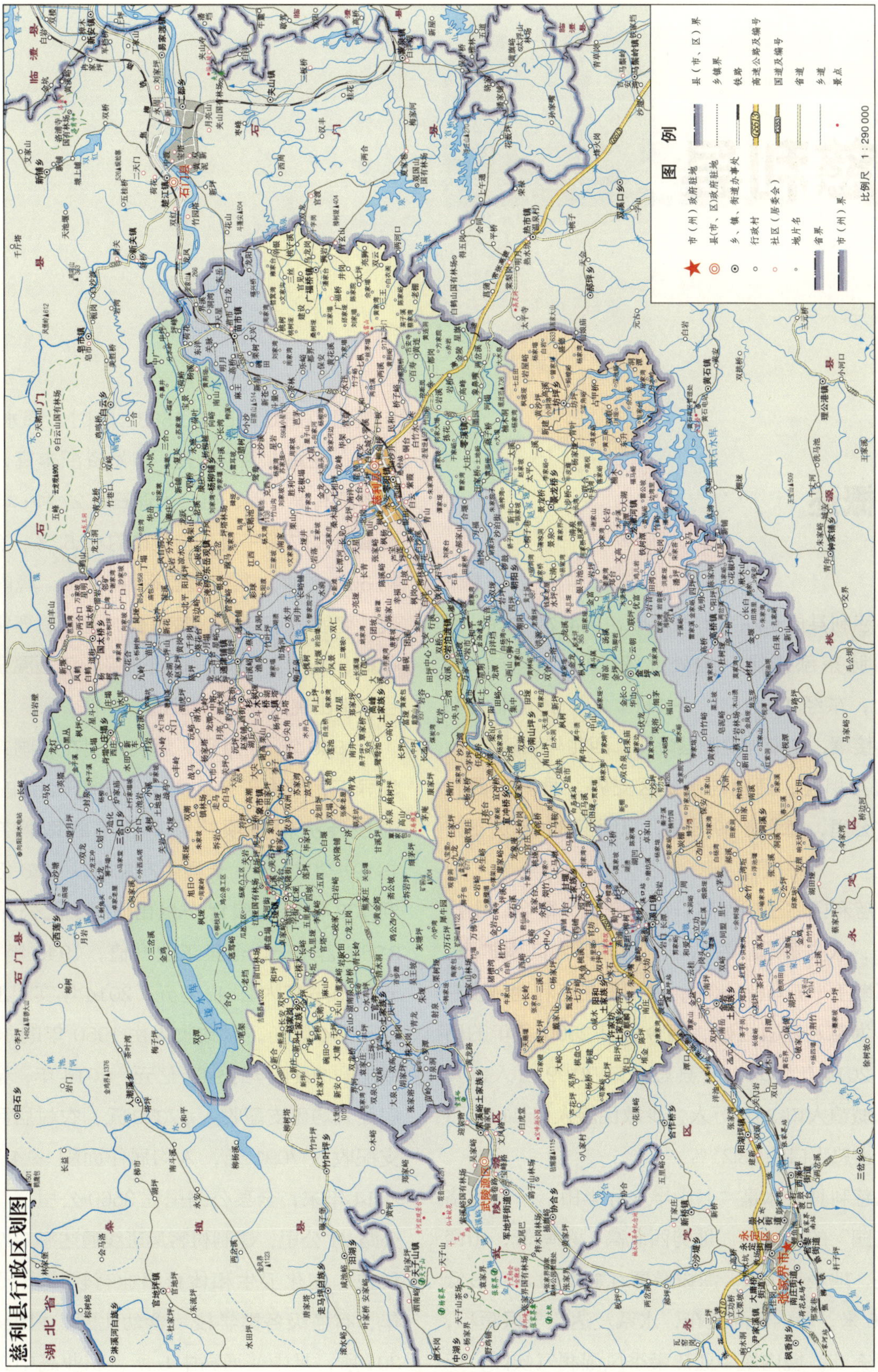

地图审图号：湘S（2016）165号

慈利县

概述

慈利县位于湖南省西北部，居澧水中游、武陵山脉东部边缘，地处北纬 29° 04′ ~29° 42′ ，东经 110° 28′ ~111° 20′ 。东北与石门县接壤，东南与桃源县毗邻，西北与武陵源区、桑植县相连，西南与永定区交界。县境东西长 71.5 公里，南北宽 69 公里，总面积 3492.02 平方公里。

慈利因“土俗淳慈，得物产利”得名，山川毓秀，人文蔚起。春秋末，楚国势力向南扩张，至周敬王十五年(前 504)，楚昭王在慈利地域设白县，为慈利建县之始，距今已有 2500 多年的历史。2014 年年末，全县总人口 70.99 万人，其中，城镇人口 24.8 万人，少数民族人口 41.32 万人，占总人口的 58.21%。

慈利县大体是“七山半水分半田，一分道路和庄园”的山区县。地势西北高，东南低，山峦重叠，地表起伏大。海拔最高点 1409.8 米，最低点 75 米。境内溪河密布，水系发达，气候暖和，雨量充沛。境内属中亚热带季风湿润气候区，年均气温 16.8℃，日照 1563.3 小时，降水量 1390 毫米，无霜期 267.6 天。自然资源丰富，探明矿产资源有煤、磷、铝、大理石等 27 种；年均水能蕴藏量 83.7 万千瓦，占全市的 61.53%；有木本植物 500 余种，森林覆盖率 64.96%。境内风景秀美，名胜古迹众多，楚白公城遗址、五雷山、梅花殿、九溪卫古城、渔浦书院、江垭温泉、大峡谷、南山桃源等闻名遐迩。

1949 年 10 月后，慈利人民在中国共产党的领导下，致力于社会主义革命和社会主义建设，国民经济和各项社会事业不断取得新成就。1949—2014 年，全县生产总值从 0.26 亿元增加到 138 亿元；粮食产量由 0.809 亿公斤上升到 2.963 亿公斤。全县工业产值，1949 年为 40 万元，1975 年为 2149 万元，2014 年实现工业增加值 41.54 亿元。财政收入由 1950 年的 13.6 万元增加到 2014 年的 9.01 亿元。2014 年，全县城镇居民人均可支配收入 17379 元，农村居民人均可支配收入 7091 元，人均居住面积 59.4 平方米。2014 年末，全县公路里程 3560 公里，其中高速公路 71 公里，建制村客运班线通达率 80%。教育科技、文化卫生和体育事业有较快发展。2014 年，有各级各类学校（含幼儿园、村级教学点）301 所，其中普通高中 5 所，职业高中 2 所（民办1所），初级中学20所，普通小学37所，幼儿园61所，各类专任教师3977人。有广播电台、电视发射台和转播台各1座，公共图书馆1座、藏书8万册，有博物馆、文化馆各1个，艺术表演团体7个，广播、电视人口覆盖率分别为92%和98%，有线电视用户3.6万户。有各类体育场馆61个。2014年年末，有医院、卫生院40个，卫生技术人员2184人；新农合参保人数55.17万人。到2014年底，养老、医疗、失业、工伤、生育等保险参保人数累计分别为42.24万人、8.43万人、2.58万人、3.65万人、3.1万人。

慈利乡镇行政区划调整着力于优化结构布局，着力于不断深化改革，提升公共服务能力。1950年春，慈利全境解放，县人民政府次第废除中华民国时期的乡镇，全县区划分成7个区，区以下仍利用原保、甲组织。1952年春全面完成土地改革后，实行划乡建政，全县由7个区分成15个区（不含城关镇），建立313个乡、4个镇。1956年6月实行撤区并乡，将317个乡镇合并为44个乡、2个县辖镇，辖1331个村、8个居民委员会。1958年9月推行人民公社化，全县改建制为22个人民公社和1个镇，到年底设16个人民公社、375个大队、3893个生产队，全面实行政社合一的体制。1960年，在县城等6个地区分设办事处，将16个人民公社调整为27个人民公社、1个县辖镇。1961年将6个办事处改成6个区，27个人民公社改建成44个人民公社和2个县辖镇。1962年，调整合并为36个人民公社和2个镇。到1983年底，全县设6个区、38个公社、693个大队、7533个生产队。1984年实行政社分设，建立区、乡、村基层组织，全县辖6个区、26个乡、10个镇、676个村、7535个村民小组和19个居民委员会、305个居民小组。

1988年5月，慈利县由常德市划归大庸市（今张家界市）管辖，慈利县索溪镇划归大庸市武陵源区管辖。到1994年，全县辖6个区、25个乡、10个镇、659个村7357个村民小组和22个居委会343个居民小组。1995年4月撤区并乡，全县调整为12个镇、4个土家族乡、642个村（7182个村民小组）、37个居委会（457个居民小组）。1998年调整行政区划，全县设13个镇、11个乡和7个土家族乡，有634个村（7707个村民小组）、41个居委会（477个居民小组）。2015年11月，根据省委、省政府的统一部署，再次调整行政区划，将国太桥、庄塌、三合口3个乡成建制合并设立三合镇；将朝阳乡、零溪镇成建制合并设立零溪镇；将景龙桥乡、二坊坪乡成建制合并设立二坊坪镇；将金坪乡、龙潭河镇成建制合并设立龙潭河镇；撤销宜冲桥乡，将原宜冲桥乡沙刀湾等6个建制村划归岩泊渡镇管辖；将原宜冲桥乡宜冲桥等14个建制村划归甘堰土家族乡管辖。调整后，全县辖零阳、岩泊渡、溪口、东岳观、通津铺、杉木桥、象市、江垭、苗市、高桥、广福桥、三合、零溪、二坊坪、龙潭河15个镇，南山坪、洞溪、杨柳铺3个乡，高峰、金岩、阳和、三官寺、许家坊、赵家岗、甘堰7个土家族乡，共25个乡镇。县人民政府驻零阳镇。2016年，全县推进建制村合并，原则上合并人口相对偏少、面积偏少的村，对1000人以下的村、经济实力弱、长期无集体收入来源的村进行合并。到2016年6月，全县由原639个村（居）委会，撤并为427个，其中社区居委会42个，建制村385个。

零阳镇

集镇全貌

零阳镇是慈利县县治所在地，有“湘西门户第一镇”之称，是湖南省“乡镇之星”和“全省百强镇”。

区域概况

位置面积

零阳镇地处武陵山脉腹地，澧水中上游，澧水南岸为县城主城区，东邻苗市镇、广福桥镇，南接零溪镇，西界岩泊渡镇、高峰土家族乡，北连东岳观镇、杨柳铺乡，素称“湘西门户”。总面积316平方公里。

建置沿革

1912年，辖区分属慈利二都、二十四都管辖。1930年，属一区、二区辖地。1935—1947年，设零阳镇。1948年改称环溪镇。1949年12月属慈利二区。1956年6月设城关镇。

1958年12月并入红旗人民公社。1959年12月恢复城关镇。1960年4月，改为城关镇人民公社。1984年2月政社分设，又更名为城关镇。1987年1月，环城人民公社并入合称城关镇。1995年4月，柳林铺乡、蒋家坪乡并入，合称零阳镇。

行政区划

2014年，全镇辖长潭河、金龙、栗山、桑木溪、大星、岩洛、长见、大沙溪、芭茅、垭井、克西、南洋、星岩、胜利、花椒塌、七相坪、笔架、两溪、龙峰、仁和、十板、金花、七枞、桥子峪、青山、零溪、民和、琵琶、营盘、石马、白沙溪、郝家山、白竹水、水汪、天星、白坡、白洋、银田、枫岗、张家峪、墨砚、芦坪、团坡、陈家山、铁桥、长青、宝莲、枫杨、团溪、陈溪峪、柳林铺、甑山、亮垭、幸福、茶庵、永安56个建制村和西街、北街、东街、紫霞、双安、白沙井、鲤鱼桥、白云、南街、白公城、铜台、北岗、金台、龙坪、太坪15个社区居委会，共846个村（居）民小组。镇人民政府驻零阳东路76号（南街社区居委会）。

自然环境

零阳镇地质地貌属杨子地层区，区内发育较为齐全。境内自西向东澧水两岸为冲积平原，山、坵、坪兼有，主要有澧水、溇水、团岩溪、曲水溪、零溪、英溪、桑木溪、遗笔溪、白沙溪、青溪、环溪等溪流。有五雷山、羊角山、道人山、饭甑山及真人山、笔架山等山脉。山脉高低海拔悬殊，河谷纵横。土壤为富硒的黄壤土，土层较厚，适合种植水稻、玉米、红薯、油菜、棉花、蔬菜、柑橘等作物。主要矿产有煤、大理石、石灰岩、白云岩、页岩、地热等，且储量较丰。年平均气温14℃～15℃，冬无严寒，夏无酷暑，四季分明；年均降水量1200～1600毫米，无霜期240～300天。境内有冰雹、旱涝、低温、霜冻、雷击、地质灾害等自然灾害发生。

人口民族

零阳镇是全县人口最为密集的地方。1949年，城区居民1120户4870人。2014年年末，辖区总人口13.16万人，人口出生率9.46‰，自然增长率5.26‰。境内有汉族、土家族等民族，其中土家族人口5.5万人，占总人口的41.8%。

经济发展

经济综述

零阳镇自古以农耕为主，据考古发掘，在金台村出土的旧石器时代与新石器时代的尖状器、盘状器、砍砸器等石器，证明距今5万～20万年时，先民就在溇澧两岸繁衍生息。1912年前，逐步形成以粮食为主的种植业，以生猪为主的养殖业，以泥、瓦、木、篾、石“五匠”为主的手工业。抗日战争时期，外埠棉布来源受阻，土纺土织一度兴盛，以蒋家坪为最。中华人民共和国成立初期，纺纱、织布、织袜、制糖、酿酒、榨油、缝衣等手工业和制造业有一定发展。20世纪六七十年代，出现面粉和纤维加工业、餐饮和服务业。1995年5月撤区并镇后，工商企业年产值7.67亿元，农民人均纯收入1815元，被省委、省政府授予“乡镇之星”和“全省百强镇”称号。2000年后，大力发展非公有制企业，年产值24.7亿元。2002年，实现农业总收入2.1亿元，粮食产量3332.2万斤，财政收入1430万元，农民人均纯收入1857元。2014年年末，全镇生产总值27.67亿元，财政收入1850万元，城镇居民可支配收入19350元，农民人均纯收入5750元，城镇登记失业率控制在3%以内。

城市一角

农业

1949年前，因农业基础设施薄弱，种田技术落后，农业生产基本沿袭刀耕火种、广种薄收的农耕习俗，主要作物有水稻、玉米、小麦、大麦、黄豆、绿豆、豌豆、红薯、棉花、高粱、荞、粟谷等。耕作制度，以泡腊水或翻耕后冬冻为主，大蔸稀植栽培，平均产量100公斤左右。1950—1952年，开始引进推广“南特早”“莲塘早”“红米冬粘”“白米冬粘”等优良品种。到20世纪60年代完成高杆改矮杆的品种改良。从70年代开始，实施推广海南繁种、三系提纯复壮、大田栽培三大战役，完成常规品种向杂交品种的改良，大力推广双季稻和“稻—稻—麦”“稻—稻—油”三熟制的耕作制度，以及合理密植、扯秧留苗“双两大”栽培技术革新，稻谷亩产突破210公斤。中共十一届三中全会后，因地制宜进行农村产业结构调整，种植草、果、药、杂等作物，在有条件的县域老经济作物区大力发展为城市生活服务的多种经济作物。80年代开始大面积推广柑橘、棉花。1995年，耕地面积3913.33公顷（其中水田1600公顷），粮食产量2.04万吨，其中，稻谷1376吨、小麦3711吨、红薯1113吨、玉米1358吨；经济作物产量：棉花957吨，油料1805吨，烤烟88吨，柑橘10503吨，茶叶7吨。通过合理调整产业布局，种植业逐步形成水稻、玉米、油菜、柑橘、蔬菜五大主产，红薯、大豆、棉花、烤烟、中药材种植为辅。2005年，实行种粮补贴等一系列惠农政策，实行土地流转，农业基础设施建设不断完善，农业抵御自然灾害的能力不断增强，农业经济发展加快，至2014年，全镇粮食作物播种面积5000公顷，粮食产量2.6万吨，其中，水稻种植面积1386.67公顷。由于Y两优一号两系杂交良种和创高产示范带动效应，中稻最高单产675公斤；玉米种植面积1726.67公顷，产量1.21万吨；油菜种植面积1806.67公顷，产量3520吨，单产147公斤；柑橘产量6.2万吨，产值6500万元。有以永安、双安为主、年产5000吨的万亩蔬菜基地，产出、销售的蔬菜可满足县城居民60%以上的需求量。蔬菜、烤烟、中药材等年产值3000万元。

1952年12月农业社会主义改造试点时，建立全县第一个钟良器互助组，1953年成立全县第一个农业合作社。1952年，双岗（今白公城社区）董金初获省级劳动模范。1955年，七相坪试种双季稻一油菜三熟制成功，获国务院嘉奖。1958年，紫霞居委会吴秀英获省劳动模范。1959年，张家峪村皇甫启滚获省劳动模范。1962年，蒋家坪北岗戴成亮获省棉农劳模。1989年，零阳镇供销社王章桂获省劳动模范。1995年，十板村朱义生获省级劳动模范。1998年，金花村朱金国获全国“五一”劳动奖章。2004年，太坪社区居委会王开慈被评为全国劳动模范。

畜牧业

20世纪80年代以前，零阳镇畜牧养殖一向是单一和分散的，随着农村经济体制改革的不断深入，逐渐步入规模化、产业化发展轨道。先后涌现出一批养殖大户：有年出栏3000头的青山月生猪养殖专业合作社、琵琶刘涛绿色环保养猪场、团溪月秀湘西黄牛养殖基地、垭井村高山黄牛养殖场、岩洛村山羊养殖基地、湖南生安赛特白沙溪家禽繁育养殖基地、宝莲村肉鸽养殖场、白云鑫昌娃娃鱼养殖场、石马休闲钓鱼山庄、宝莲鱼种繁育场。1995年，全镇出栏生猪3.02万头，存栏生猪2.79万头、耕牛3980头，肉类总产量2129吨，鱼类总产量96吨。到2014年年末，全镇饲养生猪28120头，湘西黄牛2687头，山羊5862只，家禽15万羽，娃娃鱼1000余尾，年产值1800万元。

林业

从中华人民共和国成立，到20世纪70年代初，境内一直是县治所在地，对林业工作重视不够，林业资源趋少。70年代中期开始“百里群山造林”大会战，并兴办二天门、水汪、白云羊角、星子山、万家坡、亮垭等林场，造林面积3333.33

长潭河景区

公顷。2001—2005年，实施退耕还林工程，造林1333.33公顷；实施中德财政合作造林工程、石漠化治理建设，造林466.67公顷。林产品生产经营范围从单一的原材料到半成品、成品。绿为装饰材料有限责任公司投资规模500万元，产品销往全国。张家界新时代绿色有限公司、景盛花卉苗木有限公司等绿色企业不断发展壮大。零溪、水汪、营盘等村油茶示范基地建设具有一定规模。2014年，全镇有林地面积1.94公顷，森林蓄积量39.48立方米，森林覆盖率62.44%，林木绿化率63.62%。

乡镇企业

慈利在新中国成立初期，县城工业有一定发展，如纺纱、织布、织袜、制糖、酿酒、榨油等，畅销产品有褚恒泰的毛笔、贺家铺的扇子和米糖制品、朱恒泰的蚊香、黄家蛋铺的皮蛋。到20世纪70年代初，先后成立面粉厂、纤维厂等几家制造加工小集体企业和以三代店为代表的餐饮服务业。中共十一届三中全会后，迎来乡镇企业发展的 “黄金时期”。到1988年，境内发展工商企业29家，职工人数9137人，年产值1.01亿元，利税511万元，其中，工业产值3497万元，利税124万元。1995年，企业产值2.84亿元，利税1070万元，其中，工业产值5000万元，利税210.40万元。2014年，较具规模的企业有：绿为装饰材料有限责任公司，年产值2000万元；昌鑫鞋业有限公司，年产值1000万元；鼎盛建材有限责任公司，年产值2000万元；中南实业有限公司等镇办企业43家，年产值8000万元。还有村街办企业168家，个体工商私营企业4667家，产值24.7亿元（是撤区并镇时的3.22倍），利税5060万元。主要工业产品有大理石、黄磷、磷酸、镍钼、煤、石灰、红砖、麻纺织品等200多个品种。县大理石厂生产的天工牌大理石板材，1985年、1988年被评为省优产品，县琵琶建材厂生产的琵琶水磨石1986年被评为省优产品。

商贸服务

清末，境内有布匹、南货、国药、土产、丝烟、饮食、服务业等商业店铺50多家（不含摊贩）。清光绪年间，在十字街修有木质四层楼的桂香楼酒馆，有豫丰谦商店，主营绸布、南货、土产，并发行市票、商业汇总，在县内外设有商店，有店员100余人，是县城商界巨户。1937年，有商户257户。抗战初期，难民涌进，1941年商户增至329户。1943年，日军焚城，商户减少。1949年年末，有商户419户（其中手工业77户）。1950年，成立县国有贸易公司。1951年，县城私营商业758户，从业人员1310人，占全县总数35%，商业营业额69.72万元，占全县商品零售额13.6%。1956年实行社会主义改造，将私商112户133人，归口为公私合营商店23个，将小商户227户239人组成合作小组31个，形成以国营商业为主导的统一中心市场。文化大革命中，私营工商业被迫歇业。中共十一届三中全会后，私商恢复经营，1980年有私营工商业159户，从业人员1514人。改革开放后，工商、农商、商商联营企业迅速发展。1995年，有工商企业54家，职工19164人。2014年，全镇商店鳞次栉比，货物充足。

旅游业

境内有“慈阳旧八景”“新增八景”“续增八景”等景点，东有五雷山、万福温泉、七枞、张家塔、真人山，南有羊角山风景区（羊角茶亭、燕子洞、烈士公园、枣儿湾、田家湾），西有白云山、青山庙、鸦雀洞、孙九大人故里、石马垂钓中心、准堤庵、佛塔、永安覃垕城遗址、饭甑山风光带（杜心五斗米观、覃垕寨、长潭河），北有垭门关、垭门关林场、李家垭水库、遗笔溪、星

澧水大桥

子山、秀峰、官潭湾、龙峰山庄、笔架山风光。万福温泉坐落在白竹水村落马坡零溪河右岸，为地下矿泉水，流量1.5升/秒，水温34℃~40℃，冬季稍高，含有偏硅酸、偏硼酸、钙、钾等矿物质，对治疗皮肤病、中枢神经、心血管妇科病有一定疗效。2003—2006年，建成集温泉沐浴、生态旅游、保健娱乐、商务会议、住宿餐饮于一体的度假旅游风景区。位于龙峰村的龙峰农村生态观光园和龙峰山庄，2011年被授予省级4星级旅游点单位，旅游者络绎不绝。

基础设施

交通运输

1900—1949年，县境陆上交通很不发达，靠人肩挑背负，驴马驼驮为主要交通工具进行城乡境外物资交流，依靠水上木船为主要交通工具。虽有人行便道，但多数为崎岖山路，很少石块路面，下雨路滑泥泞难行，人、畜交通不便。当时村道一般为羊肠小道，乡与乡之间称为“大路”。公路建设始于1934年，但时修时停终未通车。慈（利）石（门）线1938年4月动工；慈常（德）线1934年动工，都是毛路不能通车。

1949年10月以后，积极兴办交通，1950年9月慈石线建成通车，在县城设汽车站，开始汽车货运。1952年12月，慈利至常德公路通车。1953年3月慈（利）大（庸）公路线动工，1956年10月1日建成通车。1968年，永安渡至江垭公路开工，1971年建成通车。1970年枝柳铁路动工，1979年建成通车，境内有县级火车站1个。20世纪60年代，部分乡村开始修简易公路机耕道。中共十一届三中全会后，乡村公路大步前进。90年代，发动群众大修村级公路，提高道路通行能力，乡村道路面貌大大改观。1989年，仁和至七枞、双安到龙峰、龙坪至长潭河、零阳至零溪、白云至铜台等村级公路建成。20世纪末，乡村公路变为水泥路面。1996年铁桥至亮垭公路通车。2002年白云至青山至白沙溪至金花，永安大桥至白云、白竹水至五雷山公路建成通车。2004年常高速公路动工，2005年12月建成通车。

历史上境内水运较为发达，为水运重镇之一。1912—1949年，可通三百担驳船、板船、筏子。1960年，开始通行90马力载29吨的机帆船。1980年茶庵大坝、1988年三江口电站大坝先后建成，澧水、溇水干流航道全部断航。

至2014年，全镇交通发达，境内有枝柳铁路；常张高速公路、省道（S304长8公里、S306长24公里），有乡道88.679公里，横贯全镇；所有村、居委会都通公路，有村道146.348公里；通村民小组公路长642.67公里，通组率95%，通户道路318.22公里，通户率达80%。拥有客车529辆、货车1110辆。

邮电通信

清以前设驿站，派民役为官府传递公文。清光绪三十一年（1905），建慈利邮政代办所，民国三年（1914），建慈利邮政局，并开通慈利到澧州电报线路，设备为15瓦电台1部，仅办理军政官方电报。民国十三年（1924），开始架通慈利至澧州、慈利（经大庸、桑植、永顺王村）至沅陵2条电话线路，全长290公里。1949年10月以后，传输线路由铁线变铜线到电缆、微波光纤转变。磁石电话、模拟电话向数字程控电话转变，业务范围实现由语音业务向信息网络转变。1992年，开通长途直拨业务，全镇自动电话开通；2008年，互联宽带进村，移动、通信、网络业务发展迅速，电话普及率明显提高。2014年年底，全镇固定电话用户2.5万户，手机使用率70%以上，网络实现全覆盖，数字电视、有线电视入户率98%。全面开通“村村响”工程，全镇有申通、中通、顺丰、韵达等15家快递公司业务与各地开通业务往来，锦程物流等4家公司落户，2014年年底完成货物交易量6.5万吨，报纸杂志累计发行3.5万份。

供电饮水

1949年以前，境内水利设施简陋，旱涝不能保收，80%靠天吃饭，仅筑溪坝15处，小山塘300余处。1958年建成黑峪湾水库、陈溪峪水库、桑木溪水库，建成灌溉渠道30千米。20世

永安大桥

城市公路

纪60年代，分别建成蒋家坪水轮泵站装机55千瓦、琵琶水轮泵站装机55千瓦、水磨峪水电站装机55千瓦、黑峪湾水电站装机55千瓦，逐步解决县城部分群众及机关照明用电。20世纪70年代，建成李家垭水库及配套发电站、茶庵电站、城关电站、木峪沟电站、蒋家坪附坝水电站、琵琶电站、陈溪峪电站，总装机容量1205千瓦，逐步形成以水力发电为主的地方电网，小（2）型水库8座、骨干塘61座、山塘800余口，共建成配套渠道200千米。90年代后，建成河、溪防洪大堤50余千米，实施城关电站枢纽工程、茶林河电站、长潭河电站、茶庵电站升级改造工程，及白竹水电站、墨砚溪电站建设，总装机20余万千瓦。建成集中供水工程黑峪湾供水、城北供水，解决城市生产生活用水供需矛盾；建成小水窖、小水池300处，铺设管道100千米，覆盖全镇90%，解决农村人畜饮水困难；渠道硬化200千米，山塘整修加固300处，水土保持面积53.33公顷，石漠化治理面积20公顷，治理溪堤、溪沟100处。到2014年，全镇有小（1）型水库3座、小（2）型水库11座、骨干塘895口、水渠285千米、其它水库工程设施71处，覆盖全镇。年底，新建城北水厂，消除农村1.5万人不安全饮水；投资300多万元，实施农村“五小”水利工程建设；全面完成农网改造工程；永安、琵琶、金花、白沙溪、青山、十板、零溪、万福、太平等村开通自来水，启动蒋家坪新区供水工程。投入资金60多万元，累计建设120口水窖，解决山区村人畜饮水困难。

村镇建设

1949年以前，乡村房屋多为“三正三退”木质房，少数为砖木结构的封火墙，都是依据自己的“风水观”而建，没有规划。1978年后，随着经济发展，农民迫切要求改善居住条件，全镇各村掀起建房热。20世纪80年代，为正确引导农民建房，做到“合理用地、节约用地、有利生产、方便生活”，开始重视村镇规划。1985年，环城、蒋家坪、柳林铺完成集镇建设规划。1987年，对中心村的道路、电力、电信、给排水等工程，及居住房屋建设进行规划设计。1994年，对龙坪、金花、石马、民和等县城郊型中心村进行规划设计。2003年6月编制《慈利县县城总体规划（修编）》，将所辖的鲤鱼桥等15个居委会和笔架等22个村及县园艺场、枫垭园艺场纳入县城规划。2014年，投入危改资金270.9万元，改造危房333户，城新区有80多户搬进自建安置房。

社会事业

学校教育

元代元贞元年（1295），升慈利州，始设州学（实为孔庙）。明初，降州为县，州学改县学，设在县西文庙内。明洪武九年（1376），知县叶守礼新建县学，后毁于兵事。明正统七年（1442）重修。县学课读四书五经及性理大全等书。明代县城设一坊、二坊、三坊3个学社，后废。清前期，县城有清溪书院、环溪书院、月川书院、羊角书院、道源书院、零阳书院。清末，学院改称学堂，光绪三十二年（1906），县考试院改为高等小学堂。次年，东门外高等小学堂建成，随迁入。民国元年（1912），高等小学堂改为中学校。1952年，在城关完小附设幼儿园。1978年后，中小学校布局进行过多次调整。2014年年底，全镇有义务教育学校7所，学前教育（含民办）14所，学生14328名，在编教师995人。零阳镇一鸣中学、一完小、金慈实验小学等一批享誉省内外的知名学校，成为全县教育的窗口。柳林、永安、

慈利一中

职业中专

第四中学

金慈实验小学

北岗、恒晖等完小通过“省农村示范学校”的评估验收。2014 年 5 月，在全国中小学生运动会上，一鸣中学张培获得男子组 100 米栏冠军。镇一完小被教育部评为“全国零犯罪学校”。金慈小学被评为“全国艺术教育先进单位”。

科技

远古时期，境内民众把生产生活的丰歉寄托于神，每遇天灾、虫害和瘟疫通过抬刘孟将军、黑神菩萨和毛菩萨神人求雨、祛虫、祛瘟，以求平安。1942 年，设农业技术推广所。1949 年 10 月后，依靠行政手段，开展农业科技活动，推广农业新技术。20 世纪八九十年代，乡镇科技工作由县科委和科协直接进行业务指导。1989 年，县委选拔优秀科技人员任科技副乡镇长，任期两年。1992 年设立镇科委，由县委组织部选派科技副乡镇长任主任，成立农、林、水、畜牧、农机等技术推广站（所），从事工农业生产技术的推广、试验示范工作。2008 年，成立镇老科学技术工作者协会，南街社区、北岗社区和琵琶村成立村级老科协，发挥老科协工作者、老干部、老教师、企业老板、农村科技致富能人在工农业生产中的骨干作用。

主要科技成果有：1955 年，七相坪乡试种双季稻一油菜三熟制成功，获国务院嘉奖。是年 10 月，首批安装朝王塌 25 马力煤气机抽水机站，11 月建成水磨峪水库，装机 24 千瓦发电机，供县城用电，为全县小水电建设之始。1956 年，环溪地坪乡及县城附近引进良种“岱字 15”试种 466.67 公顷，获高产，次年大面积推广。1958 年，茶庵大队（今张家峪村）农民皇甫启滚研制“赛滴滴涕”土农药成功。1958 年 7 月，红旗人民公社农具厂戴发海等创制飞轮式水车和油菜脱粒机成功。1966 年 8 月，全县第一台朝王塌电力提灌站建成。20 世纪 70 年代初，双安大队覃长松领导的

“三八”科研小组，所种棉花亩产皮棉由50多公斤提高到100公斤以上，被评为全国“三八”红旗集体。1978年，柳林乡被列入全县杂交稻制种基地之一。1985年，琵琶建材厂生产的琵琶牌磨石板，获省优质产品称号。1983年，王子立等人从浙江农大引进浙辐802，在环溪双岗村示范，亩产415公斤，当年秋繁，次年推广，成为全县早稻当家品种。1986年，双安、永安专业蔬菜基地引进蔬菜大棚栽培新技术。1991年年末，镇办0.8吨轻型农用车投产，并通过省交通厅技术鉴定，前后生产40多台，1998年停产。1994年，零阳镇被列为全国第二批优质棉基地县的繁育基地之一，并在宝莲村建立优质棉加工厂。1995年，双安社区覃长军创建永飞快速节能热水器厂，生产的热水器获省新产品博览会金奖。

文化体育

1912—1949年，县城演戏时都临时搭露天草台，县城剧场有城隍庙、关庙没有固定的雨台，可容纳数百人，十字街万寿宫有时也作剧场。1939年修建大操坪中山会台（现人民广场址），可作唱戏之用，还有水西门、水磨峪草台、永安渡、青山庙、太坪、跑马场(今双安社区)、龙王庙（鲤鱼桥社区）等，亦做唱戏之用。慈利解放初，县城剧场有大操坪、水西门等草台。1956年3月修建城东慈利剧场（容纳观众300人），次年12月在旁新建1000座的慈利剧院，“文化大革命”时被毁，1973年重建。慈利解放初期，放电影主要在慈利一中、王家大屋、城关完小院内和大操坪公开放映。1958年在城关镇南街修电影院，现改建为慈影之都。

1949年前，县城文艺活动主要是看戏，剧种有慈利汉剧、花灯戏等。农村民众喜爱的文艺节目有：打腰鼓、扭秧歌、打九字鞭、玩彩龙船、玩蚌壳精、打三棒鼓、打渔鼓筒、打莲花佬、踩高脚故事、唱莲花柳（本地阳戏）、唱土地三妈戏、唱傩愿戏、唱小放牛、玩龙灯、划龙船、玩板凳戏、玩鼻涕戏、玩木老壳戏、玩西洋镜戏、耍猴把戏等传统节目，以及儿童喜爱的打飞棒、打得螺、抓子儿、踢毽子、下打三棋、跳房子等游戏。1985年后，开办有滑冰、桌球、录像放

三棒鼓表演

映、图书阅览和棋类活动，形成全县文化中心。2014年，全镇有综合文化大楼1栋，镇级文化体育健身广场3处，占地5万平方米；村级文化体育健身广场15个，村级文化活动室15个，农家书屋56个，书刊15万册。辖区有舞蹈队、铜管乐队、腰鼓队、龙灯队、京剧票友协会、摄影协会、象棋协会、篮球协会、书法协会等，成员3000多人。张家界市第一批非物质文化遗产保护名录有“谢氏纸札”“抬毛菩萨”“慈利汉剧”“五雷山庙会”等。

医疗卫生

1955年，红旗人民公社联合诊所成立，仅3名工作人员。1961年，转型为零阳镇卫生所，随后成为城关医院。1973年，更名为环城医院。1997年升为一级甲等医院。1999年，转型为零阳镇中心卫生院，业务用房建筑面积1.1万平米，2014年获“省级示范乡镇卫生院”称号；有专业技术人员136人，住院部设有护理单元6个，编制床位80张，实际开设150张，有内科、儿科、外科、妇产科、结石专科、肛肠专科、中医针炙理疗专科等，大中型诊疗设备72台件。

社会保障

2002年12月，设镇劳动保障服务站，并在10个社区居委会成立劳动保障服务中心。到2014年，为6000多名城镇失业人员提供就业和社会保障服务。开发公益性岗位，吸纳就业人员300余人，每年新增就业人员1800人左右。为城镇失业人员自主创业和外出务工人员返乡创业提供小额贴息贷款140人次，审核办理小额贴息贷款305万元。为城镇失业人员办理社会保险补贴4300人次。组织推荐失业人员技能培训和农村劳动力转移技能培训65班次，培训3400人。全镇劳动力转移逐年增多，他们北上江浙、南下广东海南，2010年有34202人，年收入6.84亿元；2014年有39013人，年收入10.92亿元。2014年年底，已建立离退休人员社会化服务管理体系，服务对象4300余人；城镇居民基本医疗保险服务，参保人员1.88万人；城乡居民养老保险服务，参保人员3.32万人，享受城乡居民养老保险待遇1.53万人；参加新型农村合作医疗保险65954人，享受合作医疗补助77167人次。

慈利县中医院

特色地情

历史人文

十板村有战国时期骑龙岗墓群，1987 年发掘 36 号大墓，出土楚简 1000 多枚，是湖南出土的第一批古文字材料。该古墓群于 2003 年定为国家级文物保护单位。还有该村十组战国叶家凸古墓群、七组易家凸墓群、一组樟树战国、汉代墓群（2003 年发掘有一穴棺木基本完好）、五组老官凸战国、西汉古墓群。零溪村有三股凸战国西汉墓群、水库凸战国墓群。

紫霞观 位紫霞观社区，宋咸淳元年（1265），洪武中推兵燹。宣德四年（1329）重修，民国时期失修，逐渐倾圮，土改时，分给农民居住。现紫霞社区居委建在此址。

关岳庙 又称关庙、武庙，位于县城幸福北路，建于清嘉庆二年（1807）。清以前祀关羽，中华民国后祀岳飞。1952 年庙内建“五一电厂”，20 世纪 70 年代末为县水务局办公楼址。

文庙 址在零阳镇中路火车站广场之北。元至正十二年（1352）始建于永泰街，明洪元年（1389）迁大庸所，明洪九年（1397）迁县治西，明洪二十五年（1392）改建官塌坪，后又改建县西旧址、县东寺坪、官塌坪、清康熙迁观嘉渚，后移县西、小东门，清康熙五十九年（1721）迁回旧址，道光、同治年间又重建，中华民国改为学校。20 世纪 50 年代改作印染厂、印刷厂，现开发为商住楼。

永泰街 址在西街社区老十字街至观音桥一带，隋开皇十八年（598），建慈利县治，改名为永泰市。明洪武二年（1369）永泰市为澧水流域的名市，清末，更名为正街。2006 年改为笔架西路。

青山庙 址在青山村、石马村。明嘉靖年间建修，上青山庙在石马村，当地人称杨神人，20 世纪 50 年代被废，2010 年由当地人复建。下青山庙位于青山村一组，历史上供毛神人（实为陈总管）等 20 多尊菩萨，20 世纪 50 年代被废，2003 年由村民自发修建，2011 年又捐资修建青山观牌坊。

名优特产

大理石 县大理石厂生产的天工牌大理石 1985 年、1988 年被评为省优产品，县琵琶建材厂生产的琵琶水磨石 1986 年被评为省优产品。云黄玉、虎皮黄、墨玉等品种全国稀有，被誉为“大理石之乡”。该镇大理石色泽圆润剔透，自然天成，古朴雅致，流光逸彩，品种繁多。

富硒农产品 零阳镇处于富硒三大带之中的奥陶系，富硒面积宽，含量丰富。2009 年 11 月，水稻研究专家王子立在十板村、万福村取样，送省食品质量监督检测所检测含硒量，十板村为 96 毫克 / 公斤，万福村为 75 毫克 / 公斤，均属高富硒土壤，并将十板村作为富硒水稻良种培育基地，培育出“映山红 2 号”，在万福村等地大面积推广。平均亩产 508.3 公斤，现已开发“张家界映山红纯天然富大米”（含硒量 0.56 毫克 / 公斤）和富硒营养红酒。

杜仲 据《慈利县志》（1990 年版）载：“慈利盛产枸杞、菖蒲、杜仲、茯苓诸药，尤以杜仲为盛”“商人远运外销、常年不衰”。团岩溪村有一株高 7 米、胸围 5 米的杜仲树，形如巨伞。1953 年，苏联杜仲专家潜托夫斯基一行 8 人考察后，誉为世界的“杜仲之王”。现全镇各村都有杜仲，尤以七枞、两溪、长潭河一带为多。至 2002 年，境内有 3.33 公倾以上连片的杜仲地 46 块，386.6 公倾。1984 年，县酒厂开发的杜仲酒，获省优产品。龙峰生态园开发的“杜仲养生茶”，能调节血压、延缓衰老，远销香港、台湾、上海、广东等地。

甑山茶 主要产自饭甑山一带。明《万历慈利县志》载“茶唯饭甑山有名”。中华民国时期甑山毛尖就闻名他乡。1961 年建有茶场，开辟茶园，生产“甑山银毫”，其味鲜醇，饮誉三湘。1983 年，县农业局和县土产公司等单位合作研制出“五雷月眉茶”，被省农业厅评为优质茶，获省级二等科技发明奖，产品远销东欧、东南亚各地。2001 年，有茶叶面积 50 亩，年产量 1 吨。

风景名胜

五雷山 又名雷岳，南武当，址在零阳镇东方，是著名的道教胜地。相传净乐国太子遴中此山（称大维山），为修炼地，垒石于上，苦练不辍“终成真武帝君”。唐代李靖于此创建道观。元至正四年（1344），翰林张总“归隐慈山，布施福地”，重修真武庙，增修太子宫、火宫殿，使之初成“荆南胜境”。明洪武四年（1371）张兑被起用为翰林院编修，因人杰地灵，山名远扬。明万历年间，常德荣定王朱诩珍和澧洲华阳王朱奉允上山考察，甚感风光奇异，称其山为“南楚名山”。神宗得知后，封五雷山为“洞天福地”。后两王将原有宫观增修为 36 宫 72 殿。因“雷扫其殿、钟鼓齐鸣、尘埃自净”，取名为五雷山。整个宫观群纵陈于山脊，横列于谷沟，计长 10 千米，磅礴嶙峋，浑然天成，景观别致。总面积 340.18 平方公里，其中景区百余平方公里，星散于 8 大名山，392 秀峰、48 寨、52 岩、41 泉、19 瀑布、3 大古洞，主峰金顶海拔 976 米。周围五条龙形山岭和数以百计的大小峰峦，环拱金顶，素称“五龙捧圣”“百鸟朝凤”，蔚为奇观，更有“五雷扫殿”“五雷彩桥”天下称绝。珍禽异兽、奇花异木、乡土特产、民间传说、古诗文化等，无不令人神往。古之名流羽士称“五雷山与南之衡岳、北之武当、堪鼎焉”。楚将白善游览失笔，留住张良修练于山麓。唐代诗人王维、刘禹锡、李群玉先后游览胜地留下脍炙人口的诗篇，宋、元、明、清文人雅士，达官显贵，倾情于笔端留下数以百计的诗篇。20 世纪 60 年代，宫观、神像被毁。70 年代，县政府组织进行全方位的修复开发，香客游人不断。

道教圣地五雷山

道人山、垭门关 在县城北5公里，有一石娄道人形，高五尺余，面南而立得名。属武陵山余脉，山峰起伏延绵近百里，平均海拔600米，主峰海拔1138.4米，西端垭门关海拔603米。自古以来是县北第一门户，修有石墩山道，是官役、商客过往，通达湖北鹤峰的主要关口。关上建有凉亭、商店、客栈。站在凉亭俯眺，可见溇澧两水缓缓东流，两水中间有一洲，形似琵琶，老县城在澧水南岸，似一美女躺在附近，历史上有“美女抱琵琶”之说。垭上“高崖对峙、一经危附”，有一夫当关、万夫莫开之势。秦统一时建关，从县城北门口过渡澧水，北上7.5公里，西去九溪、永定，经永（顺）、保（靖）、龙（山）、桑（植）去湖北、四川的第一门户，雄关漫道地势险要，有“垭门雄关”之称。官道一律用青石岩板铺路。至20世纪70年代以前，1000多年一直是一个历史文化内涵十分丰富的关口。

饭甑山 位于甑山村，上有巨石苍秀凸起，形如饭甑，故名。古人云：饭甑山，早蒸雾，晚蒸霞，晴生烟，雨挂帐，乃天地设图画。其北有石径，似天梯到顶，四周奇岩怪石星罗棋布。古有茶树，现有茶场，“甑山银毫”饮誉三湘。古有驻军在此扎寨，因溇水绕山而过，名绕河寨。后为覃垕所并，又叫覃垕寨。覃垕在寨下洪家坪（永安村）建有覃垕土城。中华民国时，南北大侠杜心五隐居在此，修斗米观一座，日与白云青松为邻，夜以清风明月为友，探索气功养生之道，并自制“千锤膏”用以施病救人。

笔架山 位于笔架、龙峰村，双峰对峙耸秀，形似笔架，故名。澧、零两水环流其下，风景优美。近年建有龙峰农村生态观光园和龙峰山庄，2011年被授予省级4星级旅游点单位，迎来不少游人。

羊角山 址在县城之南。上有阳适庙遗址，山北有羊角茶亭、段家湾烈士公园、枣儿湾、清末名人吴恭亨的墓地。古时有名的慈利八景之“羊角樵归”“鸳浦渔唱”“燕岩萝月”“洞口胡麻”“白县古疆”“羊谷蒸云”，都是描写羊角山的风景秀丽。

真人山 又名赤松山，位于五雷山主峰西麓，海拔383.4米。址在仁和村。相传春秋战国末年，赤松子道人带徒游澧水，见高山之旁一山雄伟，古树参天，便弃舟到山顶搭棚而居，修行炼丹济人，人们称此山为赤松山。后汉朝张良也到此山炼丹传道，故又名真人山。清嘉庆志载：“明咸北时，知县潘清立石镌文，建词于山巅，至今犹存。”

星子山 址在大星村。与真人山隔河相望，海拔768米，顶有白岩，熠熠发光，望之若星，故名。古称“星石凝晖”。

皇甫国彦墓 址在桑木溪村。皇甫国彦（1582—1646），明正德年间贡生，任浙江嘉湖兵备道，在官清、慎、勤三字均噪，后气休归家，清苦自甘，不见有同，不侵乡里，死后牌位供于县乡贤词内。至今墓保存完整。

孙开华故里 址在石马村十组。清道光戊子年（1828），孙开华祖父（第九代）迁柳林铺，其祖母坟葬在廖家村，其石人石马是光绪帝为孙开华祖母朱氏夫人御赐陵园。主碑上刻有“皇清诰封孙母一品朱夫人之墓碑”。孙开华父母葬在石马村的鸡公翅茔山地。孙九大人座台湾，慈利人家喻户晓，县志有载。光绪十九年（1893）病殁于台湾任所，归葬慈利柳林铺故里（今石马村）。墓地有石人、石马、石羊、石虎、石狮、石华表若干。中有巨碑，碑刻有光绪帝祭孙提督文。墓地正对着孙开华父母的茔山，以示长年向父母祭拜之意。据《孙氏族谱》记：石马村鸡公翅何家坡茔山地埋有孙开华和孙道仁的母亲曾氏以及孙开

慈利白公城出土的文物

华的妻妾曹氏、陈付氏、崔氏、陈氏6座坟。两处石人石马均毁于文革时期。石马村现有：孙家本屋遗址、将军渡、珍珠泉、将军庙遗址。

风俗民情

零阳镇是土家族先民生息繁衍的地域，历代王朝将其贬称为“溇中蛮”“零阳蛮”“慈利蛮”。据明《万历慈利县志》载；“士亦知谈理道，习攻文词”“人有丧必择吉成服”，代表明显的汉风，但仍保留“婚不亲迎，角尚斗勇，病则封牲祈祷，丧则歌鼓杂哀”的土家族风俗。清雍正八年（1730）改土归流，土、汉民族杂居的城乡加速了汉化，但保持土家族固有的风习。中华民国时期，土汉更融合，仍沿用许多传统的地方习俗。1949年10月后，其婚丧喜庆和节日风倘虽经过破旧立新，依然富有传统色彩。

节日　春节，俗称过年，外出人员都回家过年团圆。腊月二十四过小年，打扫卫生；二十八“洗邋遢”（洗澡换衣）；二十九（月小二十八）洗猪首，挂大门灯笼、贴春联；三十关门吃团年饭，先醮饭敬祖，然后全家入席，下午给祖坟“送亮”，三十晚守岁，长辈给晚辈孩子“压岁钱”。正月初一清晨（可适当晚起床）晚辈向长辈拜年，儿媳向公婆敬蛋，开门放鞭炮；初二开始拜年；十五元宵节，看灯会，吃元宵。清明节，各家老少带香、纸、鞭炮祭祖坟、扫墓。端午节，农历五月初五，吃粽子，婿拜岳、甥拜舅、学生拜老师为常礼。门上插艾叶菖蒲以避邪瘟。洒雄黄酒以驱虫蚁，洗艾叶、鸡食藤水澡以防长疮节。以前每年县城，永安、蒋家坪、青山都组织划龙船活动。中元节，农历七月十五，俗称月半。初一迎新亡人进门，初七迎老亡人进门，每餐醮饭，十三至十五晚上烧钱纸、香、泼水饭于户外，以飨亡人，谓之烧月半纸。中秋节，农历八月十五，吃发粑粑、蒿子粑粑、吃月饼，女婿拜岳、徒拜师。重阳节，农历九月初九，有的登高游玩，现定为老人节。

婚嫁　至今还流行“三茶六礼”，六礼（求婚、定庚、朝年、报日、过礼、迎亲）、三茶（在定庚、朝年、过礼时男方要多备红包、茶烟给女方姑表姨舅、伯叔三堂奉送，以表敬意）。今提倡新风，这些礼俗有所简化，称“几场麦子一场打”。但看人家、过礼、迎亲是不能免的，结婚前一天，很多礼品都通过折钱的方式送给男方。结

三月初一抬毛菩萨与龙虎斗

婚前日，男方家设贺郎酒，招待男方客人，张灯结彩，女方则设配媒酒招待女方客人。结婚当天，男方用鼓号、车队去女方迎亲。

丧葬 长者临死时，由儿女“送终”。随之烧落气钱纸、抹尸洗澡、穿寿衣、打地棺、照脚灯、棺材内铺灰、灰上加杯印，入棺后，做道场、做佛事。道场开始时，孝子要带孝巾、孝帽，谓之成服；亲朋好友要送花圈、挽联、拱门、龙灯、鼓号、鞭炮、香纸，祭拜亡人。道场结束，由风水师择日勘地，举行葬礼闭殓、出柩安埋。头年新死的亡人在正月初二和立春后的第五个戊日为春社，亲友备香纸鞭炮到坟前祭拜。现在提倡殡葬改革，但历史习惯一时难以免除。

三月初一抬毛菩萨 据县志载，这一活动起自宋朝，已传承近千年，影响范围广，参与群众多，是慈利独有的土、汉民俗文化。最初抬毛菩萨活动的原型是秀峰寺的朱梁将武平将军和罗将军、侯太保、毛杨二先锋，他们都为保卫慈利战死（澧州同治志有载）。经过数百年的演绎，后定位于12尊神象，分别供在秀峰寺、珍珠庙、茶庵、观音阁等，这些英雄常年接受人间香火。每年三月初一前十天，将公王和娘娘塑像从秀峰寺抬到东门外的回龙寺，发水治病。三月初一，把10尊菩萨抬到东门外朝王塌按序排座，公王和娘娘由回龙寺绕东门向朝王塌进发，抬毛菩萨巡街驱瘟，为民赐福，抬公王和娘娘，缓巡东、西、南、北各街，接受居民的敬奉。这天，远近商贩云集，形成盛大的物资交流会。新中国成立后，抬毛菩萨会废。2008年，抬毛菩萨被确定为张家界市第一批非物质文化遗产保护名录。2009年以后，每年由抬毛菩萨协会组织活动，参与者3000余人。

三月三扎蛇眼 传说从明朝开始，每年农历三月初三，村民进山采摘香蒿，和糯米粉做成粑粑，把屋前屋后的洞眼扎住，以防毒蛇出洞伤人。这一习俗流传至今，但只做蒿子粑粑吃，不再扎蛇眼。

土地戏 由二人头带面具扮装土地公公和婆婆。身穿彩裙，脚着绣鞋，公公拿拐杖，婆婆拿蒲扇，轮流一唱一和。是和傩戏同源，是老艺人过节时上门送福讨喜钱的一种艺术方法。

（撰稿人：陈兵　李章葳　图：李章葳）

江垭镇

江垭是千年历史文化名镇，著名的杜仲之乡、温泉之乡。

区域概况

位置面积

江垭镇位于慈利县西北部，东邻象市镇、高峰土家族乡，西接赵家岗土家族乡、三官寺土家族乡，南连宜冲桥乡，甘堰土家族乡，北抵桑植县人潮溪乡。总面积298平方公里。镇人民政府驻地距慈利县城50公里，距武陵源区治35公里。

建置沿革

索溪会合溇江于此，古街头天然一垭，故得名江垭。北宋大中祥符五年（1012），始设索口寨。明洪武二十三年（1390），始设九溪卫，筑九溪城。明初至1929年，为慈利县第二十一都。1930年始建江垭镇。1935年称九江乡。1938年称九溪乡。1949年12月31日，江垭解放。1949年，为慈利十区。1952年，设九江镇，辖江垭乡等20个乡。1958年9月，九江镇、江垭乡、龙潭湾乡合建江垭人民公社。1961年，从江垭人民

集镇全景

公社析出，复建江垭镇。1987 年，江垭乡并入江垭镇。1995 年 4 月，龙潭湾乡、熊家庄乡并入，合称江垭镇。

行政区划

2014 年，全镇辖江垭、教场坪、龙台、美石坪、三双、毕家坪、白堰、莲坪、甘溪坪、广济、兴隆铺、斋公坡、细木坪、拆岩坪、万石坪、灰塘坪、犀牛园、鸡公落、黄金塔、熊家庄、白岩峪、五四、四坡、五里堆、李家峪、官塔、皮垭、岩板田、龙王岗、青长岭、清水洞、官桥、九里垭、八斗丘、长峪、卓家峪、棋盘塔、老凼、逃驾峪、枫垭、笔架、合心、双潭、金鸡、三叉溪、关岩、九溪 47 个建制村和丁字街、兴隆街、东河街、临江、农贸市场 5 个社区居委会。镇人民政府驻东河街社区居委会。

自然环境

境内为武陵山系余脉东偏北，低山、塬丘、岗峦及河谷平原等自然递次，分北、西、南三支脉络。北支源湖北鹤峰山，自西垭界入江垭境，至北山九溪止；西支源武陵青岩山，自丫角山入江垭境，至范家洲止；南支源武陵宝峰山，自太华山入江垭境，至毕家坪、连坪止。全镇千米以上高山 5 座，其中高架界海拔 1409.8 米，为慈利第一高峰。水系以溇江为主干流，由东、南、西、北四支水系构成。东支仁石溪，自桑植西莲姬家界源，象市象山嘴入溇江，全长约 30 公里。南支自龙王岗、云台山等山涧野泉沟流汇集而成，滕家河口入溇江，全长约 15 公里。西支索溪，自张家界青岩山源，王家坪入江垭境，全长 50 公里。北支溇江，自湖北鹤峰七眼泉源，自西北向东南流，全长 250 公里，木笼潭入江垭境，即今江垭水库域。江垭镇为溇江中游河谷地带，水量相对丰富，但“四山两界”自然水源严重缺乏，全靠天降雨水。海拔 300 米以上地域，人畜饮水困难。全境地质构造相对复杂而有序，主要矿产资源有铝土矿、赤铁矿、石煤、铜砂矿、页岩气和石灰岩矿。境内属亚热带向北亚热带过渡性季风气侯区，年平均气温 16.8℃，日照 1562 小时，降水量 1404 毫米。极端天气记录：1935 年大洪灾，1977 年大冰冻，1985 年江垭 8 级大风灾，1987 年熊家庄 10 级大风灾，2013 年江垭大范围龙卷风。土壤多黑褐色腐质性，十分潮湿，以九溪为典型。境内大部分为石灰质岩溶区，土质呈黄色、黄白色、黄灰色。紫色、红黄壤主要集中在青长岭、官桥、九里垭及龙潭湾金鸡岩一带。江垭林场及莲坪为纯黄壤。江垭丰富地类适应多类林木植被生长。溇江以北多为青山，溇江以南多为黄山，茅花界多为毛岗。阔叶林、针叶林成片分布，或混交。树类珍果均有分布。2014 年，有林面积 19825 公顷，生态公益林面积 10886 公顷，林木蓄积量 35 万立方米，森林覆盖率 68.3%。

人口民族

元未明初、清中后期、民国前期，因战乱及商贸原因迁移江垭的人口为最多，尤以江西帮为盛。20 世纪 60—70 年代，人口出现生育高峰期。

80年代，国家实行计划生育和优生优育政策，推行婚检，禁止近亲婚姻，人口增长过快得到有效控制，人口素质提升。2000年，辖区总人口32248人；2010年，总人口46485人；2014年年末，总人口48523人，以土家族和汉族为主，其中汉族24407人，土家族23879人。

江垭水库移民

江垭水库是1993年经国家批准修建的重点水利工程。1992年8月成立江垭水库移民工作领导小组办公室，负责搬迁安置工作。按照“搬得出，稳得住，逐步富”的搬迁原则，采取自由投亲靠友、自愿后靠拆迁和定点迁居的搬迁形式进行移民安置。搬迁安置集中在江垭镇及零溪镇。1994—2000年，共搬迁3589户13888人（其中湖南11758人，湖北2130人）。2004—2007年，关门岩电站移民4417人（含其他乡镇人数）。移民规模大，属慈利之最。

经济发展

经济综述

江垭自古就是商贸重镇。慈桑永鹤相通，土产万物聚汇，外通津澧洞庭。1949年10月后，境内为慈利农业重地，以柑橘生产最为盛名，享有“杜仲之乡”美誉。近年来，水产养殖业蓬勃兴起，以银鱼为著。1984年，全镇生产总值0.53亿元，农民人均纯收入585元；1994年，生产总值1.04亿元，农民人均收入1158元；2014年，生产总值3.12亿元，农民人均收入4865元，财政收入1600万元。

农业

改革开放后，江垭镇向“立体生态农业”过渡或转变，向新型生态旅游农业镇迈进。早在1942年江垭就成立有农牧所。1949年10月后，相继设立农科站、畜牧站、林业站；1965年熊家庄自沅江引进苎麻，1974年推广黄花，20世纪80年代开始规模种植烤烟。全镇农业呈多元发展趋势。农作物以水稻、玉米、油菜、大豆等为主，红薯、花生、魔芋等为辅助。江垭盛产水果，以柑柚产量为最大。九里垭、八斗丘等麻山一带本地大豆质优闻名。纯白纯黑山羊有名，土蜂蜜量小走俏。1978年，产稻谷3500吨，油菜817吨，大豆25吨，玉米180吨。2000年，产稻谷8160吨，油菜2580吨，大豆705吨，玉米4126吨。2014年，产稻谷8350吨，油菜2740吨，大

索水漂流

豆705吨，玉米5100吨。烟叶生产为江垭财政收入主要来源。1978年，生产面积15.33公顷，烟产量15吨。1984年，生产面积23.33公顷，烟产量38吨。2014年，生产面积902.8公顷，烟产量1700吨。水产业是江垭近十多年来蓬勃兴起的新产业，发展稳健。2000年，水产品产量524吨。2014年，水产品产量585吨。

乡镇企业

清末至中华民国中前期，由于江垭商贸繁华，手工及商业为慈利各镇之首。20世纪五六十年代，兴办有缝衣社、文具厂、印刷厂等。七八十年代，有农机厂、明胶厂、耐火砖厂、油脂厂、石灰窑厂、页岩砖厂等。90年代前后，由于政策、资金、技术等原因，逐渐关、停、转，一批私营企业开始兴起。2014年年底，全镇注册商户1483家，私企55家，从业人数6000余人。

商贸服务

慈利古镇中，商贸江垭为最。自民国二十年（1931）前，境内有“市票”兴，由祥泰兴、祥泰永、阜通源、林瑞丰、裕兴斋、岳益记等商号发行，民国二十三年（1934）被禁。民国二十五年（1936），江垭人刘孟顾出资1万银元创办福民钱庄。民国后期老商号有：岳益记、兴新、久长、福太昌、恒业等。尤以恒业为巨，拥资过11亿元法币，占江垭商贸资本的一半。各大商号在上海、津市、长沙、汉口、广州等地设行庄或坐庄。江垭巨商徐晓元1940年运木瓜、五倍子到印尼销售，开创江垭外贸出口记录。1950年，始设国有商店，同期成立江垭供销合作社。1952年，设信用社（股金制），同期成立江垭保险代办处。1987年，设农业银行分支机构。1992—2005年间，因水库建设业务需要，建设银行、工商银行曾设分行。20世纪90年代，供销社、肉食站、粮店等逐渐改制退出商贸流通市场，个体工商户、个体私营商业蓬勃发展。兴办的集住宿、餐饮为一体的较大规模旅馆（店）有10余家。

旅游业

随着武陵源风景名胜区东线旅游的开发建设，境内江垭温泉度假村、九溪卫城、溇江漂流、龙王洞等旅游逐步升温，以江垭温泉度假村为最。2014年，接待游客70万人次，旅游收入8000万元。

江垭温泉

劳务输出

1978年改革开放以后，农村剩余劳动力开始前往全国各地创业或打工，全镇劳务输出人数、劳务收入逐年增加。1985年，外出务工526人，创收150万元；1995年，外出务工7568人，创收4860万元；2005年，外出务工9524人，创收2.2亿元；2014年，外出务工11624人，创收4.1亿元。

基础设施

交通运输

历史上，境内有三条古道：一是慈石桑古递铺驿道。自桑植起，经竹叶坪、三家店、古路界、九溪、羊楼铺等，向东入石门境，沿途多青石板路，全长75公里；二是九马古乡道。自江垭九溪北渡，沿溇水西北行，至鲁阳溪、人潮溪、江口、官地坪、马合口等，全长54公里；三是江插古乡道。自九溪南门月塔渡，穿江垭古街，经官桥、三官寺、百丈峡、插旗峪等，抵大庸境，沿途多紫红砂石板路，全长34公里。

江垭自新中国成立初期，相继进行公路建设。1958年修江垭至索溪峪公路，1975年竣工。1968年修永安到江垭公路，1971年竣工。1970年修象市至冷水溪公路，1971年竣工。1975年修江垭至赵家岗公路，1978年竣工。1984年修建慈武公路，1987年竣工，贯穿熊 j 家庄全境。境内溇江多古渡、桥、隧道。古渡口如周公渡、九溪南门渡、潭口渡等。溇江以南沟流多屋桥，如毕家屋桥、毛家桥、官桥等；江垭铁索桥有九溪铁索桥、灰塘坪铁索桥；江垭大桥有溇索大桥、水库坝下二桥；江垭隧道冷旭六号隧道、江垭水库坝顶隧道。20世纪80年代中后期，全境各泥石灰公路，相继改造升级成油路或水泥路。至2014年底，江垭至慈利，江垭至桑植，江垭至清水洞等公路完成升级改造，形成高等级油路或水泥路面。2013年年底，全镇50个村居道路127公里，142个组道312公里，全部完成水泥路面硬化建设，直通80%农户。

邮电通信

1930年，江垭始建慈利县城至江垭电话线路54公里。1942年江垭成立邮政代办所，设固定信差及九溪信柜。1948年，江垭至溇南和合义乡电话开通。1959年江垭有自行车投邮，1985年有航空快递业务，1988年有专车运邮，1998年江垭设邮政支局。1998年，江垭首建移动网络基站。2010年，设立中国邮政储蓄银行分支机构。2014年，有电信、邮政、移动、联通4家通信企业服务网点，光纤网络现代化，服务更周全，速度更快捷。电信基站20个，移动基站25个，联通基站10个；固定电话2500门，移动电话2000门，电信电话3000门，联通电话1500门，电信宽带2000户，联通宽带1500户。有邮政、中通、圆通、汇通、国通5家快递物流企业，日流包件量500人次。

供电饮水

1974年，常德至冷旭高压线路开通，九溪建变电站，为江垭供电之始。1993—1999年，江垭电站竣工。2004—2007年，关门岩电站竣工。1999—2014年，实施农村低压电网改造，总投资1.5亿元，共有网线500公里。国家电网合成，使全镇城乡同价。1987年，始建供水站，铺设镇管网道1.1公里，供水规模500吨/天。1995—2005年相继升级改造，供水规模2500吨/天。2013年，投资500万元，进行供水网管改扩建工程，供水规模5000吨/天。秦峪到熊家庄饮水工程和李家峪人畜饮水工程建成，缓解当地人畜饮水压力。

水利建设

1964年，九溪西门兴建大型水轮泵站，为江垭水利水电建设之始，1967年被春汛冲毁。1958年动工兴建皮垭水库，为江垭建水库之始。2009年对皮垭水库坝及灌溉渠道进行大规模维修建设。1993—1999年进行江垭水库建设，系国家重点水利工程，其中移民投资6.38亿元。2004—2013年，移民后期投入2.5亿元，后期扶持1.75亿元，扶持项目1702个。2004—2007年关门岩水库建设，总投资2.6亿元。江垭实现发电、灌溉、饮水、旅游、防灾一体化。

村镇建设

1969年，首次对旧街进行整治和长远规划。同期将老旧街道拓宽6~7米。1987年，街道再拓宽5米，同期建20米宽的城南路，面铺柏油，整治下水道1900米，安装自来水1100米。2005年，投资170万元建成圆盘路花园及高塔灯。2005—2007年，耗资1720万元，完成街道水泥硬化路面6.84公里，同期配套完成环卫设施。2009年，投资30万元，完成街道路标建设。2009—2011年，江垭完成农贸市场改造工程，总面积9500平方米，耗资1000万元，新增铺面45个，摊位300个，增移民就业岗位500个，年收入8000万元。2012—2013年，投资760万元，完成城区主街道、人行道铺设，街道绿化2.63公里，路灯193盏，樟树400余株。2013年，首个农村乡镇房地项目溇江星座开始筹建，2015年春，主体竣工，共17层，乃江垭地标建筑之最。2014年，鬼凼沿河大道建设，投资200万元。21世纪后，江垭镇加快“新农村”建设步伐。2011—2014年，完成农村旧房改造工程491户项，受惠群众2455人，惠及51个村或居委会，改造面积5892平方米，全镇52个基本单位都建有垃圾池或垃圾桶箱。

社会事业

学校教育

自汉唐宋始有私学。宋始立学馆。明设社学。清办学堂。民国元年九溪书院迁九溪城内，改为九溪高等小学堂，即今九溪完全小学。1943年，李善后、张清寰等倡创私立溇江初级中学，1944

江垭水库

年备案，1952年改公立，命名为慈利第二初级中学，1964年改为慈利第二完全中学。1968年立龙潭湾中学和熊家庄中学。1970年立江垭镇中学。1986年立江垭中学。改革开放来，境内兴幼学或托管教育。近十多年来，由于政策及生源变化，学校多有撤并。2014年年底，辖区有完全高中1所，初中1所，片小学14所，幼儿园4所，托管所1所。1999年美籍华人回乡捐资100万元，建“关爱”希望小学；2014年，长峪村袁军创业回乡捐金200万元，兴建长峪村小学。

文化事业

1954年，江垭镇文化站建立，为慈利乡镇首站。1978年建成江垭电影院，后城改时撤。1981年为江垭人民公社文化站。1987年成为“五有”文化站。2010年改称江垭镇综合文化站。2011年兴建综合文化大楼。2014年年底，有村级文化中心16个，村级农家书屋47个，藏书10余万册，光碟套品8000套。2013年成立溇江民俗文化研究会。群众自发文艺体育团队10余个，有管乐队、腰鼓队、龙灯队、秧歌队、广场舞队、故事会等。江垭举办过三次（1984年、1985年、1986年）龙舟赛，四次（1992年、1994年、2000年、2010年）民俗艺术节。1957年成立广播站。1965年建广播中继放大站。1984年建电视差转台。1992年建江垭电视台。2013年升级数字化电视。2014年有广电宽带用户200户，有线电视用户4500户。

医疗卫生

中华民国初期，江垭首设区卫生所，后废。1952年重建卫生所。1962年建江垭药材站。1971年建区卫生所。1972年始建住院部。1983年设卫生院。1989年立慈利县第二人民医院。2004年，江垭镇卫生院并入，称江垭中心医院。2006年新建医疗综合大楼，建筑总面积8185平方米，有13个科室和医疗救护中心，病床95张，卫生专业人员110名，专用救护车2台、X光机、B超、生化分析、多普勒胎心监护仪等先进设备。全镇村级卫生室和私人诊所38家，村医54人，诊所人员41人；零售药房10家，从业人员26人。

社会保障

1986年，江垭区公所建敬老院1所，位于江垭林场即九溪北门洞口。1994年江垭镇政府接管。2014年，镇敬老院占地面积1600平方米，床位54张，收养“五保”及病弱老残共50人。全镇军人抚恤对象216人，“五保”对象300人，残疾或特困扶助对象218人，城乡低保对象2500人，临时救助对象80人，年扶助资金过千万元。

特色地情

历史人文

800年前周尚书有诗咏：“三楚古来多福地，九溪今即是仙源”。江垭历史悠久，人文厚重。境内有古遗址化石点2处，即笔架山洞化石点、鸡公落洞化石点。清康熙年间董儒修撰《九溪卫志》，中华民国九溪人陈宗瀛编《九溪卫志》。江垭是革命老区，为古今军事重镇。第二次国内革命战争时期，贺龙、萧克、袁任远等老一辈革命家在江垭、官桥等地开展革命活动。1949年10月后至今，江垭仍有国防驻军。1947—1949年，中共桃慈支部设溇江中学（今慈利二中），为革命活动据点。境内有南北大侠杜心五故居存岩板田（出生地）和白岩峪（居住地）；“两弹一星”功勋、核物理科学家陈能宽旧居，座落在江垭老街建筑群中部花巷。境内有革命烈士纪念墓，位于江垭镇完小内，有左右两座纪念碑。左碑为纪念

1949年解放江垭而牺牲的解放军战士而建，1950年立；右碑为纪念1969年为修建冷旭工程而牺牲的民兵而建，1978年立。贺龙元帅第九代祖贺贵葬于九溪城北江垭林场“官北山”，2014年由江垭林场捐金修缮。1925年7月21日，贺龙任澧州镇守使期间到九溪为祖先扫墓。1928年2月24日，中共湘西北特委周逸群、贺龙一行等经慈利江垭回到洪家关，组织发动桑植起义。江垭关门岩人张德率先在洪家关参加工农革命军，1955年授大校军衔，1963年离休时享受正军职待遇。

名优特产

江垭杜仲 又名思仙。1951年苏联专家到慈利考察杜仲资源。1953年建立江垭杜仲林场，1983年选定慈利为全国三大杜仲基地之一。全镇有杜仲林数千亩，产丰质优，出口享誉。

九溪金香柚 清光绪十九年（1893），九溪营千总安鸿禧之子安迪谟于九溪城植桔柚圃1.33公顷，为慈利扩种桔柚之始。今江垭全境柑、柚数万亩，质优甘香，远销各地。

鳙鱼王 湖南地方俗称“雄鱼”。2013年10月17日，江垭水库淡水鱼养殖场捕获百余斤鳙鱼王，即送长沙。10月19日，第23届中国厨师博览会在长沙开幕，著名湘菜大师许菊云率团队现场宰杀烹制“双色双味剁椒雄鱼王头”。

其他集锦 境内自古多美食，以江垭陈锦顺豆油皮、陈桂和时辰糕为最有名。江垭豆腐及姜黄豆腐干、土家腊肉、土家和渣、土家蒿子粑、爆米花、扭丝糖等，醇香馋人。江垭西垭界、四方台、万石坪、胡家界等盛产中药材，柴胡、天麻、木瓜、粉葛及“三木药材”等质优闻名。熊家庄、龙潭湾等地小径竹量产，远销省外。熊家庄、四方台等地魔芋驰名。江垭水库银鱼有量产，销全国各地。

风景名胜

九溪书院 又名出谷亭书院，明中叶建。其遗址于同治末光绪初，当地学人李树芳等募资建溇江书院，后改为九溪书院。民国元年（1912）改称九溪高等小学堂（今九溪完全小学）。

南洋书院 即今官桥完全小学。官桥村因一里连三桥而得名。《官桥赋》载：“孝贤之地，境有三桥……文官落轿，趋步孝道。武官下马，仰慕孝行。”古有杜公世寿尊孝之颜，又有心吾公侍中山之德，人杰地灵，此之出由。2008年实施“新农村卫生校园建设工程”，在官桥旧小对面荒坡兴建官桥完小，占地3.2公顷，建筑面积5800平方米。校园内有崇文楼、心吾堂、修身居、孝

南洋书院

忠阁、来山亭、幼儿园、宿舍楼、学生食堂等，群带相牵，廊幽行川，绿化生秀，鸟语花香。操场、跑道、蓝球场、排球场齐备。校训：“知行合一，忠孝两全。”乃孝贤文化典范。

九溪卫城 九溪村全境为九溪古卫城之所。据史载，宋设索口寨，明洪武设九溪卫，始筑卫城。清康熙年间迭修完善。九溪文儒陈宗瀛纂《九溪卫志》载：“卫城筑于宋索口寨遗基之上，周九里十三步，高丈八尺，门四，皆有楼。北门外濠堑四百八十丈。东南西三门以溇水为濠。”盛传，东门曰朝天，南门曰迎熏，西门曰定边，北门曰拱极，东南设多处炮台；城中十字街有钟鼓楼，古街纵横，小巷众多。古居多木建，二、三进式院最多。安氏大宅为最，今存。城中心梅花殿（又名八角楼），相传建于唐，元、明、清三次修缮。太平山有三古：古樟连理，古柏桂佩馨，古钟鸣幽。解放前期，中共桃慈支部设此，是红色革命据点。解放后，有 200 多名学子成长为各级军政要员。1983 年定为湖南省文物保护单位。

江垭古街建筑群 是现今保存相对完好的古商贸用建筑群。自溇江古渡月塔、准子午线向至三十二步半止，长约 1500 米，俗称“江垭蜈蚣街”。街道依山势自然构筑，宅 150 余栋，多为清朝及中华民国木建，封火马头墙。现存基本完好古宅落 10 余栋。凡老宅、有特色，均为老号商铺，号以恒业为巨，人以徐氏为盛。中华民国时期，江垭老街四周多“碉”，为“十六师监修”。街首古渡口锁船“鼻眼岩”、街中陈能宽祖屋、街尾“凉亭”及碑刻等，今存。1991 年，江垭古街建筑群被列为湖南省文物保护单位。

江垭温泉渡假村 湖南省澧水公司投资 10 亿元兴建，1998 年动工，2000 年前后全部竣工。集温泉度假、人文体验、生态风光、水上运动于一体，共 20 多个服务项目，有接待床位 300 张。是张家界市、湘西北唯一仿古宫廷式半露天温泉。国家 4A 景区。

龙王洞 专家称“世界溶洞奇观”，极具科研和旅游价值。张家界龙王洞旅游开发有限公司投资 4000 万元开发。1970 年本地人发现此洞。2003 年始由张家界百龙旅游集团托管经营。2004 年 4 月 21 日开业。2007 年年底被评为国家 AAAA 景区。

溇江漂流 张家界武陵源漂流公司投资 4000 万元开发，享有“小三峡”美誉，风光风情特异，

九溪卫城

滩险刺激。景点有：天子妃洗衣滩、张郎殉情滩、向王射马滩等。

此外，境内还要江垭水库平湖游、名峰紫驼等景观，以及仙侣洞传说、关门岩凤凰台传说、七里桥内方外圆传说、香山寺岩钵米传说、李家大水井泉灵洞灵传说等。

民俗风情

境内古为“溇中蛮”之地，自宋、元始有土司安抚制度，明朝“土司”兼“卫所”制度，清雍正年间实行改土归流。巴楚交融，俗风相通。江垭人在生产和生活实践中，日积月累，或成习，或成俗，四季有别。春季有：腊八节、二十四小年、二十九猪头拜庙神、三十除夕、初一春节、十五元宵节、二月二土地生日、二月十五花潮、三月三蛇出山、清明寒食节扫祖墓；夏季有：四月八吃枇杷、五月逢五端阳节、六月六晒龙袍；秋季有：七月初一月半节、七月初七七夕节、八月十五中秋节、九月九重阳节；冬季有：十月初一寒衣节、十月十六寒婆婆打柴等。境内人们乔迁、祝寿、嫁娶等，举办红事堂会，男娶女嫁礼数最周。遇丧事办白事堂会，哭丧歌，打丧鼓，江垭、龙潭湾兴“文祭”。境内九溪城隍会（即“故事会”），农历五月二十七日为会期，众抬城隍菩萨和娘娘神像巡街。表演节目有《西湖借伞》《王允献貂》《单骑救主》等，童男玉女“玩秋架”。九溪杨泗庙会，农历正月十六日为会期，是日晨将杨泗神像从南门庙中请出，轿抬神像巡街驱瘟（俗称“车杨泗”），沿街香纸鞭炮相迎。又有玄师问卦占，以卜年成及灾凶，众拥塞庙。

（撰稿人：刘湘楚　吴岚　王宗军　图：邓扬连）

溪口镇

集镇全景

区域概况

地名由来

溪口镇是澧水流域的著名古镇之一。“两溪交汇拥圣地，卅里长潭绕镇流”这是唐代诗人李群玉对溪口的赞美。因九渡溪、杜家溪两条溪流在此交汇入澧水，故名溪口（古称“渚溪口”）。

位置面积

溪口镇位于慈利县西南部，东毗南山坪乡，西连金岩土家族乡，南邻洞溪乡，北与甘堰、阳和、许家坊3个土家族乡接壤。总面积111平方公里。

建置沿革

1912年，属慈利九都辖地。1930年，建溪口镇。1935年撤销，先后属渚溪乡、溪渔乡。1952年，复设溪口镇。1956年，并入溪口乡。1958年9月，建立溪口人民公社。1962年设溪口区，辖溪口人民公社。1984年2月，溪口人民公社更名为溪口镇。1995年4月，洞溪乡并入。1998年10月，洞溪乡析出，仍称溪口镇。

行政区划

2014年，全镇辖樟树、坪坦、杜坪、白岩、湖凹、卓家山、天桥、丁周、长潭、和爱、立功、里仁、茅坡、岗头、同盟、双峪、云桂、岩门、渡坦等19个建制村和新街、老街2个社区居委会，共204个村（居）民小组。镇人民政府驻新街社区居委会。

自然环境

溪口镇地势东高北低，地形以山地为主，夹杂一些丘陵和洼地。境内有棉花山、独子山、南山界等山脉，有澧水河呈几字形环绕而过，有杜家溪自东向西、九渡溪自南向北在集镇中心交汇而注入澧水。境内属亚热带季风湿润气候，四季气候宜人，雨水阳光充足，特别适合各种农作物的生长和人们生活居住。境内动植物种类繁多，森林资源丰富，有千年古樟和银杏树。水利资源得天独厚，张家界兴达电站装机5000千瓦；九渡溪流域水利综合开发正在进行中，修建中的和爱、三眼洞、狮子脑等3座电站，总装机1.2万千瓦。

人口民族

1957年，辖区总人口10624人。2014年末，总人口17885人，人口出生率8.3‰，自然增长率4.27‰。境内为土家族、白族等少数民族聚居地，其中土家族人口15202人，占总人口的85.1%。

经济发展

经济综述

溪口镇以农业为主，主要农作物是水稻、玉米、油菜、棉花。1957年，境内农民人均总收入49元，人均纯收入33.8元。1972年，工农业总收入137万元，农民人均粮食产量261公斤，人均口粮211.5公斤，人均纯收入61元。1982年，实现工农业总收入313.61万元，人均口粮308公斤，人均纯收入165元。2014年，全镇生产总值1.56亿元，其中，农业产值3721万元，农民人均纯收入4124元，各项储蓄存款余额1.96亿元。

农业

溪口是农业大镇。1952年，水稻种植品种“老川谷”“三百六”，正常产量150公斤，最高产量180公斤。1957年，粮食产量3075吨，食用油33.9吨，桐油23.1吨。1958年引入双季稻，早稻品种“年丰早”，晚稻品种“红米东黏”“农垦58”，亩产175公斤。1970年开始推广杂交水稻，当时主要品种“汕优6号”，亩产量250公斤。1972年，粮食产量3870吨，棉花70吨，食用油40吨。1982年，粮食产量4940吨，棉花19.61担，食用油1055吨。20世纪90年代后，双季稻面积逐渐减少，中稻面积增加。2014年年底，全镇农业人口16840人，占总人口80.4%，耕地面积900公顷，人均0.05公顷，粮食总产量9243吨，其中，稻谷3825吨，玉米4250吨，人均粮食649公斤。金秋梨是溪口镇最具潜力的休闲农业，2014年，种植面积53.33公顷，并成立专业合作社，还有10公顷葡萄、草莓等其他特色种植。

畜牧业

以生猪、湘西黄牛、羊、土鸡、鱼养殖为主。1950—1982年，养殖业发展缓慢。1982年，境内存栏生猪1480头，牛1920头、羊315只。实行家庭联产承包责任制以后，农民生产积极性显著提高，养殖业快速发展。1996年，全镇生猪、牛、羊存栏数分别增至7800头、2810头、960只，存笼家禽2800羽。2007年以来，规模化养殖步伐加快。2014 年，全镇出栏生猪 8000 头、牛 2000 头、羊 5000 只、禽类 7.2 万羽。有养殖大户 25 户。

乡镇企业

1963 年，境内兴办有索厂、农具厂、铁冶社、豆腐铺等企业。1974 年，开始创办公社、大队集体企业。1978 年，境内有社队企业 23 家，从业人员 121 人，主要有砖厂、缝纫社、索厂、木器加工厂、铁厂、石灰厂、粮油加工厂等。1992 年，镇办企业进入快速发展时期，办起全县唯一一家冶炼厂，年产值 800 万元；从 2000 年起，镇办企业的规模进一步扩大，建起兴达冶化厂。从 2003 年起，由于冶炼厂污染严重，给周边环境带来污染，根据国家相关法律法规规定，到 2010 年，两家冶炼厂先后关闭。2014 年年底，主要有木材加工厂、砖瓦厂、食品加工厂、粮油加工厂、酒店及张家界兴达镍钼矿厂、兴达水电站等企业。溪口粮油加工厂生产的菜籽油纯度高、品质好，远销各地；溪口食品加工厂生产的溪口月饼，采用传统工艺制作，味道纯正，广受消费者喜爱。

商贸服务

古溪口，街道依山傍水，一条青石板街，沿河一排整齐的吊脚木楼，东街陶家嘴的楼柱一半为岩石所砌，落入澧水之中，常为船夫系船之用。早在明代初期，街道基本形成，为船夫水手歇脚之地。起初仅有几家伙铺、酒店、茶馆，后因南来北往的商贾日渐增多，生意兴隆，遂成街道，五日一集，每集不下万众。20 世纪 30 年代前，由于溪口水运便捷，是张家界（大庸）通往慈利、桃源、石门、津市的水上枢纽中心，因此商业贸易发达，是慈利县重要的商贸中心。境内最早开办商店的是王恩茂的中药铺，后又有王正雅开设鼎益培中药号。南货、杂货、染印业中最大的是“易金记”“胡绍记”“王三泰”“德祥盛”“同兴泰”“高鼎兴”等几家。30 年代后，又有“义兴盛”“复盛荣”“齐昌厚”“朱友记”“朱培云”“易升记”“宋芝记”“易恒记”“朱裕泰”“汤云记”等多家商店相继开业。染铺有“进昌玉”“复生元”“朱彩堂”等 4 户。肉铺有“王

传统铜壶手工作坊

九渡溪澧水半岛

广记”“王先记”“陈雪和”“陈复盛”“王同升”“王坤玉”等9户。经营鸦片的有“汤敬华”“汤敬记”等50多户。渔行生意也红火，仅“张满生”每年就出售鲜鱼4000多担。1949年10月后，1952年成立溪口合作社，1985年更名为供销社，成为当地的产品购销中心。同时，中华民国初期溪口镇兴起的逢3、6、9的赶集日，四面八方的人们都来赶集，进行农产品、手工艺品和日用百货交易。1970年改为逢1、6赶集日。随着枝柳铁路、张常高速、溪阳公路的相继建成通车，为溪口的商业注入活力。2014年末，全镇商铺1205个，从业人数3512人，年成交额2.8亿元。

旅游业

溪口镇旅游资源丰富。有热闹的过赶年和6月25日聚会的土家民俗风情，有传统与现代结合的土家花灯和狮舞，有远近闻名的千年古樟、银杏树，有神奇的红军桥、芭蕉洞，有知名的棉花山战役旧址，有省级文物保护单位红二、六军团指挥部、红军医院和溪口苏维埃政权旧址，有保存较好、错落有致的土家吊脚楼群，有正在开发建设的九渡溪澧水半岛，有待开发的15千米长潭呈“几”字形的漂流项目。2014年，接待观光旅游3万人次，旅游综合收入380多万元。

劳务输出

20世纪90年代后，境内农村富余劳动力开始外出打工。2014年，外出务工8231人，占全镇农业人口51.2%，其中，常年外出务工6159人；劳务收入5000万元。

基础设施

交通运输

1976年，溪（口）洞（溪）公路建成。1988年，溪口至县城公路通车，并有客运班车。溪（口）阳（和）二级公路于2012年开通，连接常张高速，使得从镇政府驻地到张家界市区25分钟，到武陵源区治30分钟，到慈利县城45分钟。溪口是洞溪至张家界和金岩至慈利的必经之地，有枝柳铁路穿境而过并于1983年设立火车站。1997年，溪口修建第一条通村公路，2006年，实现第一条通村公路的硬化。到2014年，全镇实现村村通水泥公路，组组通公路，公路入户率83%。境内水路可直达永定区、阳和乡、南山坪乡、宜冲桥乡等地。

邮电通信

1952年，设立溪口邮电所，并设立磁石电话。1991年，溪口邮电所大楼竣工，邮电所搬迁到大楼办公。1992年，开始引入程控电话，用户1500户。1996年，开始进行互联网建设，2014年有互联网用户1200户。2002年，建成第一个移动基站，随后电信和联通相继开建基站，当时用户有600户。2003年，因体制改革，邮电分设。到2014年，境内有移动电话用户15000户、联通用户7000户，实现全镇各村组通信服务无缝对接。

供电饮水

1975年前，境内有电站两座，一座位于樟树和坪坦村的兴达发电站，河岸式发电站，利用隧道引水发电。原为雪岭垭发电站，始建于1973年，后于2006年转让给兴达公司，2009年扩建，2013年建成投产，2014年实现装机3140千瓦，发电量2000余万千瓦时。另一座是原杉树垭发电站，位于和爱村、岗头村和双峪村境内。始建于1975年，装机55千瓦，扩建后装机250千瓦，又于2006年转让给张家界鑫荣公司，二次扩建后装机3200千瓦，至2014年尚未完工。1989年，18个村全部通电，用户4062，通电率99.2%，有变压器26台1710千伏安。2013年，溪口镇农网改造全面铺开一次性到位，21个村（居）委会在半年时间内全部整改到位。

集镇供水始建于1991年，于2002年实施人畜饮水安全工程，引入白岩村响水洞的水源供给集镇饮水。后来由于水源供不应求，又于2012年实施集镇供水工程，新建水厂，引入杜家溪的水源，经过水处理厂处理后供给用户，设计日供水量800立方米。有用水户1100余户，供水3万余人，供给新街、老街、坪坦等村（居）民。

水利建设

境内有两溪一河（澧水河、九渡溪、杜家溪），拥有得天独厚的水资源优势。1972年开始建设小（2）型水岔峪水库，位于茅坡村，设计库

兴达水电站

容16.6万立方米，大坝为心墙土坝，坝顶高程601.12米，最大坝高24.86米，坝顶轴长80米，坝顶宽5米。溢洪道为渠道式，堰顶高程599.16米，溢洪道宽3.4米，侧墙高度1.3米，最大泄流量为10立方米/秒。溪口是能源大镇。九渡溪流域综合开发在溪口境内已建成和爱站，三眼洞电站正在建设中。按照规划，九渡溪流域将建7个电站，装机容量2万多千瓦。兴达电站升级改造已完成，装机容量5万千瓦。

村镇建设

溪口镇老街有古老的历史和厚重的文化，清一色的吊脚楼和青石板让人留恋。前后经过三次火灾，现仍有部分吊脚楼保存下来。1988年，新建一条集镇街道，1993年，实施街道硬化工程。2011年筹资60万元，对宽15米、长3200米的集镇街道实施亮化工程，安装60盏太阳能路灯，建成全县第一条集镇亮化街，街道两旁商贾云集。2014年，规划设计建设一个大型商贸农贸批零市场，计划投资1500万元，建成后占地2公顷，摊位300个，集商住一体、可辐射全县西南部7多个乡镇。到2014年，农村基础设施建设更加完备，建成21个村级活动中心。

社会事业

学校教育

1939年，王育寅创办澧西中学，解放后更名为慈利县第三中学，2003年，被认定为张家界市示范性高中。2014年有高中教学班近30个，在校学生近2000人。1949年以来慈利县第一位北大生和张家界市建市以来第一位女北大生从境内走出。2009年，为全国重点大学输送100多名优秀人才。镇中学有教学班8个，师生近500人，每年初三毕业生被慈利一中高中录取学生50%。镇中心完小有班级18个，在校师生1200人。有幼儿园3所，专职教师32人，入园幼儿600多名。

文化体育

1970年设立公社广播站，架通各村、组、户的广播线路，并定时广播。1983年建成电影院。1991年开通有线电视，用户1100户。2003年设立镇文体广播电视站，2012年更名为镇综合文化站。2007年，建成第一个农家书屋，2014年底，建成农家书屋21个，集镇居民读书室2个，规划建设集镇居民健身场地4处，配置音箱、广播等设备。加大对阳戏、花灯戏、狮子舞、唢呐等民间艺术保护力度，每遇重大节会、比赛和宣传活动，安排并鼓励引导现有传人发展弟子，传承民族文化。2006年、2007年、2014年先后举办三届篮球友谊赛。2013年，组织溪口首届春节联欢会。2014年，组织广场舞队、篮球队、田径队赴县市比赛。群众健身热潮兴起，有9个村有广场舞队，集镇上还有军鼓队、腰鼓队、太极拳队。2014年，有两个村有完善的体育健身设施，镇中心完小、镇中学和慈利三中都有较完善的体育运动设施。

医疗卫生

1949年以前，境内仅有2家民间诊所。1956年，成立联合诊所，1960年更名为乡卫生所，设3个片所，各大队配备1名保健员。1971年，设立溪口卫生所，有床位18张，医护人员18名。1973年，各大队成立卫生室，并配备1名赤脚医生。1978年，设立溪口医院，1995年更名为溪口中心卫生院。至2014年末，有各级医疗机构7个，病床34张，专业卫生人员有22名，其中村卫生室有6个；有B超、心电图仪、生化仪、血球分析仪、尿液分析仪等常规医疗设备。2014年

敬老院

诊疗 5115 人次。

社会保障

2010 年，修建镇敬老院，实现五保户的集中供养。现在供养人数为 36 名。2014 年，低保对象 680 户 1218 人。2011 年溪口镇开始启动农合农保征收工作，当年征收农合人数 12922 人，参合率 91%；征收农保人数 9346 人，完成率达 66%。2014 年年底，参加农合人数 13172 人，完成率达 93%；参加农保人数 8375 人，完成率达 91%。2003 年溪口镇发放第一批独生子女家庭扶助金 12 户，2014 年发放 52 户。

特色地情

历史人文

溪口是革命老镇。1934 年，中共湘鄂川黔省委在此建立区、乡苏维埃政权。1935 年 2 月，红二、六军团贺龙、萧克在此指挥著名的棉花山阻击战，并由此留下红军桥、军团指挥部、红军医院、苏维埃政权、战壕等遗址。溪口是商贸重镇。是周边 7 个乡镇及桃源、永定、武陵源等区县农产品的聚散地，吸引着鄂川黔等省的商人。溪口是文化名镇。唐代诗人李群玉曾写下“两溪交汇拥圣地，三十里长潭绕镇流”诗句。著名作家秦培云曾在此创作《风流古镇》电影剧本。老街居委会永葆着古镇的风貌和土家风情，吊脚楼处处可见，著名作家沈从文曾写下“天下风景那儿秀，我爱溪口吊脚楼”脍炙人口的诗句。土家族是境内主要民族，民风纯朴，热情好客，仍保留着过赶年和 6 月 25 日聚会的土家习俗。境内有老红军桥、千年古樟、千年银杏、芭蕉洞、岩洞悬棺、15 公里长潭呈“几”字绕镇流等人文胜迹。

名优特产

优越的地理环境，使溪口镇农副产品丰富，品质俱佳，特色农产品有水稻、柑橘、油菜、玉米、桃梨、烟叶等。尤其是樟树村的金秋梨、葡萄、草莓供不应求。2014 年金秋梨产量 150 吨，收入 100 多万元；葡萄产量 10 吨，收入 20 多万元；草莓产量6吨，收入25万多元。本地的湘西黄牛、野猪、山羊、土鸡也是一种上好美味。传统加工的腊肉、香肠、血豆腐、野葛根粉、菜籽油等，都是招待远方贵客的佳品。

溪口月饼 属传统手工加工食品，由糯米、粘米、白沙糖烘烤而成，味甜而不腻，香酥润滑。2014产量80吨，销售收入400多万元。

豆丝糖 由大米或红薯，蒸烂，再上锅把水煮干取出糖，然后拉出细如头发丝的样子，放在玉米粉子里，香甜俱佳，味道鲜美。

蒿子粑粑 传说“三月三、蛇出山”，土家人将三月三这天看作是蛇出来的日子，就用蒿子和米做成蒿子粑粑堵住蛇洞，不让其出来伤人。这天吃蒿子粑粑会出入平安。

九渡溪鱼 九渡溪从金岩南坪经双峪、岗头、立功、和爱、岩门、新街注入澧水，沿途山高林密，水清澈见底，无公害、无污染，纯天然。九渡溪鱼，味清香，汤炖或油炸，脆而不碎，食用方便。

渣豆酱 将做豆腐后的余渣用袋子包起来储存，待长点霉后取出来加盐，再捏成圆粑粑晒干即可食用，其风味独特。

风景名胜

溪口镇历史悠久，名胜古迹众多，有老街保存尚好的古建筑群、千年古樟和银杏树，有惟妙惟肖的丹霞地貌，有绝壁的悬棺，有省级文物保护单位3处（红二、六军团指挥部、红军医院、苏维埃政权旧址），有棉花山战役遗址，有樟树村的农业观光休闲，有即将建成的九澧风情半岛等。

千年古樟（红军树） 位于溪口镇北1.5公里的樟树村，主干粗大，需15人合围，枝叶繁茂，荫蔽盈亩，树上寄生多种植物，有一树撑百树之称。古樟主干中空，有人曾在树中摆上大圆桌设宴，10人围桌行酒，四周空间尚绰绰有余，树干之巨，地球少见。经林业部门测定，有近2000年的树龄。传说此树有神庇佑，数次虽遭砍伐之危，但当砍伐者刚刚举斧之时，树上恰有枯枝落下打在他们头上，吓得他们望而生畏。这棵古樟又叫“红军树”，1935年，贺龙曾在此收编过一个团的地方武装，并在树下对红军进行整编。因此这棵古樟既有革命意义又有神话色彩。人民政府已对这棵古樟进行挂牌保护，游览观赏者络绎不绝。

自然风光

千年古樟

苏维埃政府旧址

溪口苏维埃政权旧址　土地革命战争时期，贺龙率部进驻溪口，驻扎在育新学校和王家坪。经过红军宣传发动，组建溪口革命委员会和土地委员会，成立王家坪、长潭坪、渡坦坪革命委员会，进行土地革命，并成立17支游击队伍。当时，溪口有700多名青壮年参加红军。当时流传着歌谣："要吃辣椒不怕辣，要干革命不怕杀，一心跟着贺老总，砍头只有碗大个疤。"

红二、六军团指挥部　在创建湘鄂川黔革命根据地的岁月里，1935年2月，红二、六军团指挥部曾设在溪口，并发起棉花山反围剿狙击战，歼敌1000余人，有力地迟滞了国民党反动派对苏区的进攻，起到保卫苏区的重要作用。

溪口屋桥（红军桥）　新街社区居委会境内原有一古老的屋桥，建于清光绪二十四年（1898），由王君甫、王翠东捐款，王怀初承建。系木质结构，由5个石墩，4孔18木扇组成，全长60米，宽4.5米。桥建筑奇特，四角飞翘，雕梁画柱，是东进溪口镇的必经之桥，也是来往行人歇脚、避风躲雨之所，俗称亭子桥。1935年2月，红二、六军团打响棉花山阻击战，红军战士食宿桥上，遭到当地土匪突袭，18名红军被杀害，鲜血染红了此桥。此后，人们为悼念这18名红军战士，将此桥取名为红军桥。1996年特大洪水冲毁该桥，现仅存1墩。

老街吊脚楼　溪口老街吊脚楼始建于清朝初期，由于地形是坡地，家家户户只能修成吊脚楼。随着住户的不断增加，修建的吊脚楼越来越多，从水进头至桃家嘴连成了一片。远远望去，吊脚楼此起彼伏，错落有致。中间一条三四米宽的街道，全部用青石板铺面，由于日长月久地风化作用，青石板表面光滑透亮。街道两面一般是两层楼房，一楼是铺面，二楼是生活起居的地方，都设有吊脚楼阁，可凭栏眺望。

（撰稿人：钟玉周　图：钟玉周　向凤毛　黄真龙）

岩泊渡镇

岩泊渡镇有抗法保台名将孙开华的故居。

区域概况

地名由来

集镇濒临澧水，跨水为市廛，设有渡口。此段河床礁石参差，历来为船只停泊码头，故名岩泊渡。

位置面积

岩泊渡镇位于慈利县城西部，东临零阳镇，西接宜冲桥乡、南山坪乡，南连朝阳乡、赵家垭水库，北抵高峰土家族乡。总面积 93.68 平方公里。镇人民政府驻地距县城 15 公里。

建置沿革

1929年，属慈利六都、七都辖地。1930年，划为慈利一区。1936年，属长岩乡。1939年，属长宜乡。1952年，属七区。1956年6月，建岩泊渡乡。1957年11月，将岩坪、四坪、双垭、庙岗4个农业社划归岩泊渡乡管辖。1958年9月，柳林铺乡并入，合建岩泊渡人民公社（原岩坪、四坪、双垭、庙岗4个农业社划归红旗人民公社）。1959年2月，更名红星人民公社。1960年2月，复名为岩泊渡人民公社。1961年3月，原柳林铺乡析出；10月，以澧水为界，南岸为岩泊渡人民公社，北岸为田坪人民公社。1962年5月，撤销田坪人民公社，并入岩泊渡人民公社；10月，公社驻地由南岸迁至北岸。1984年7月，更名为岩泊渡镇。1995年5月，南山坪乡、宜冲桥乡并入，合称岩泊渡镇。1998年10月，南山坪乡、宜冲桥乡析出，仍称岩泊渡镇。

行政区划

2014年，全镇辖田坪、双溪、岩谷、万家、簀市、三湾、红岩、失马、集中、红土、田峪、星明岩、龙潭、两山、双合、狮岩、白洋垱、钟岗、和平、马公渡、五音21个建制村和行溪、廖家、双桥、大安、中心、岩泊渡6个社区居委会，共307个村（居）民小组。镇人民政府驻岩泊渡社区居委会。

自然环境

岩泊渡镇三面环山，北有磴云寺，海拔937米，宋仁宗年间建有寺庙；南有牛头寨，海拔740米；西有中柱山，海拔640米。境内有大小溪流16条，澧水自西向东流经11个村（居），全长8公里。境内属中亚热带向北亚热带过渡的季风湿润气候区，无霜期长，严寒期短，四季分明。年平均气温16.8C°，日照1562.7小时，降水量1404.7毫米。境内土壤多以灰岩、板页岩、砂岩、第四纪红色黏土和溪河冲积物形成，计有8种类型。其中，以砂岩、板页岩形成土壤较浅，以第四纪冲积土形成土壤较深。水利资源丰富，桃花溪、盐叉溪、失马溪、红花溪等支流汇入澧水。有姚湾、何家峪、大岩峪3座小型水库，有效库容95.5立方米。

人口民族

1949年，辖区总人口15134人。到2014年末，总人口27728人，其中，汉族人口占总人口70%，土家族人口占总人口的29%。

经济发展

经济综述

岩泊渡镇经济以农业为主。1950年农业产值102万元，1983年生产总值775.6万元，1991年工农业生产总值1861.3万元，其中乡镇企业总值994.29万元。1999年，实现财政收入170万元，农民人均纯收入1338元。2014年年末，全镇实现生产总值1.493亿元，其中，农业产值1.15亿元，财政收入560万元，农民人均纯收入5238元；金融机构存款余额2.2亿元，贷款余额1亿元。

农业

粮食作物主要是水稻、红薯、玉米等，经济作物有油菜、花生、棉花等。1950年前后，农业耕作粗放，广种薄收，水稻为一季稻，山坡地刀耕火种。加之水利条件差，自然灾害抗御能力低下，粮食产量低。至1954年，水稻亩产仅200~250公斤。1956年以后，合作化运动使生产力得到解放，农田基本建设，耕作制度、栽培技术、良种、肥料、防病治虫多措并举，水稻大面积由单季改双季。1976年，推广杂交水稻制种600公顷，获种

4万公斤；水稻单产最高的过千斤，稻谷产量3995吨。中共十一届三中全会后，农村实行家庭联产承包责任制，农民种粮积极性提高。1987年，粮食产量4588.5吨，比1950年增长1.8倍，棉花总产量21万公斤，比1950年增长317.25倍。农业产值由1950年102万元，增加到775.6万元，增长7.6倍。2007年，国家调整“三农政策”，实行种粮补贴，激发农民种粮积极性，粮食产量稳步提升，2008年、2009年、2010年全镇粮食产量分别达到6000吨、6500吨、8000吨。2014年，全镇粮食生产面积2106.67公顷，产量11033吨。近年来，在夯实粮食生产的同时，发展优质烤烟80公顷，种植油菜733.33公顷，土地流转533.33公顷，以生安赛特农牧科技有限公司为龙头，发展蔬菜253.33公顷。以金建生态养殖厂为依托，发展养殖专业大户5户，年产值3500万元。境内森林资源较丰富。到2014年，有林地面积5846.4公顷，森林覆盖率54.86%，活立木蓄积量69502立方米。生态公益林面积3666公顷，其中，国家级面积2554公顷，省级面积1112公顷。疏林地面积6.2公顷，灌木林地面积2360.6公顷，苗圃地面积2.8公顷。

乡镇企业

1938年，境内私营者吴炎吉在晒谷砑创办第一个农业机械厂，为工业企业之始，从业人员16人，主要生产铁锅，年产量2万口，远销溪口、景龙桥等地。1957年实行公私合营，划归集体所有。1960年扩大生产，将全公社铁、木、竹等匠工吸收成立“铁木社”，迁址至今公交汽车站，从业人员140多人，主要生产家具、农具、打谷机、竹具等。每年生产铁锅4000口，钻头4000支，火盘1000个，火锅铁炉灶3000个，总产值20万元。1962年分厂减员，留职218名，同时更名为“机械厂”，仍主产铁锅，年产值18万元。1971年转为县属企业，属县二轻局管辖，从业人员34人，年产值20万元；2004年破产。20世纪七八十年代，镇办企业非常红火，从业人员310人，企业总产值260万元。1994年因体制改革等原因，或合并，或解散。此后，个体工商业快速发展。2014年年末，全镇有民营企业123家。

湖南生安赛特双溪村产业基地

岩泊渡食品厂

商贸服务

1950年，境内农民自发集资办合作社，有社员25人，股金255元，分销店3个。1957年，社员发展到3647户，购销网点6个，股金6570元。1958年实行“两放三统一包”，供销社机构、人员、财产全部下放到人民公社，成立公社营销部，变成全民所有制企业，私商小贩组织的合作店、组全部并入供销部。1961年11月商供分开，恢复供销合作社和网点，从业人员33名。1969年实行商、供合并。1976年商供分开，恢复供销建制。中共十一届三中全会后，调整农副产品收购办法，实行多渠道流通，集体、个体多层次经营。1990年供销社解体，个体经营商贸服务大兴。2014年年末，全镇有个体工商户298户，民营企业12家，从业人数2915人，产值1.2亿元。

劳务输出

1978年改革开放以后，境内农村富余劳动力为增加家庭经济收入，自发向广东、上海、北京等经济发达地区转移就业，转移就业方式、人员呈逐年增加趋势。2014年年末，全镇转移输出就业7280人，创收逾1亿元。

基础设施

交通运输

1912—1949年，境内交通运输主要靠澧水船运。1956年，慈（利）大（庸）公路省道1801线穿过集镇中心11公里，在北岸十字街杨家宅设有汽车客运站。1974年岩（泊渡）南（山坪）公路通车，长13公里；2007年全线硬化。1979年，焦柳铁路经澧水河南岸贯穿4个村，并在岩市村设客货站。2005年常张高速公路通车，并在澧水大桥北头设有互通。2011年11月28日，投资3800万元，修建岩泊渡澧水大桥，2014年11月30日建成通车，彻底解决境内澧水南北两岸人民靠船过河的历史。1996年后，设镇客运站；到2014年，岩泊渡至慈利县城公交车每10分钟一趟。镇村公路、村组公路里程295公里，通达率100%，硬化率99%。

邮电通信

1928年以前，境内无电话。1929—1930年，架通县城至岩泊渡15公里电话线路。到1957年，电话线路架到区社（岩泊渡镇为区公所所在地），在区设有转接总机室（转至各公社）。1958年，电话架到各大队。1960年，公社设有总机室转至各大队。1989—1990年，在区、镇直开始安装程控电话。1995年，在岩泊渡居委会红花溪建一座程控电话大楼，安装程控电话5000门总机。后随着移动电话开通，现有固定电话用户500部，移动电话8000多部。邮政分局原址和电信共用一栋楼，1998年改制后，由于位置偏，现租用车站路中心处一民房，各项业务也发生改变。

供电饮水

2000年，建岩泊渡镇供电所，供区管辖岩泊渡、柳林铺、南山坪等地，有60个建制村（社区居委会），1.4万户，公用变压器105台，供电容量1.1千伏安，10千伏线路123公里，低压线路1600公里。2014年年末，全镇实现村村通电，同时完成农网改造，供用电质量大幅提高，年用电量1000万千瓦时。1995年前，境内人畜饮水全靠到澧水河和打地井，解决饮水问题，饮水安全问题。1996年，引狮岩村牛叉坝水源，在龙潭村建自来水厂，解决集镇和水管沿途群众人畜饮水问题。2009年，投资470万元进行改造升级，日供水量1500立方米。至2014年年末，全镇安全饮用水到达16个村（居），同时还供柳林、铁桥、白洋等19个村（居）及38个镇直单位，共计2万人，年收入69万元。

水利建设

20世纪80年代，组建水利管理站，其前身为姚湾水库管理所。2000年，有职工13人。2010年，新建站房320平方米，占地面积600平方米。2003—2004年，全镇修建"U"形槽溪溉1.2万米。2009年，投资900万元，完成大安、双桥、中心等村33.33公顷土地整理，并配套修建水利工程。2013年，投资2200万元，完成马公渡、五音、和平、岩市、星明、龙潭、田峪、红土等村213.33公顷土地整理，并配套修建水利灌溉设施。先后投资400多万元对何家峪、大岩峪水库进行防渗加固。到2014年，全镇有小Ⅱ型水库3座，骨干塘20个，山塘246个，总蓄水量205万立方米。

村镇建设

1949年前，因岩泊渡主要靠水路运输，当时圩场设在靠澧水河边（今岩市村）。1956年，慈大公路修通后，镇区建设逐步向澧水北岸推进。1996年，岩泊渡小城镇建设列入全省50个小城镇建设试点乡镇之一，镇区建设不断扩大。到2014年，镇区达到4平方公里，主要街道基本形成。先后于1956年建成车站路长2300米，2006年硬化；1957年建成白鸽井路380米,1997年硬化；1957年建成商业街长345米，1997年硬化；1980年建成岩南路长376米,2007年硬化；1996年11月建成人民路长400米,2007年硬化；1998年建成红花路长570米，2007年硬化；2002年建成步行街长300米，并硬化；2007年，新建和平路长2200米，是年硬化。2012年，投资120万元对车站路进行改造提质，安装路灯25盏和新建人行道2000米；2014年12月，大桥路、人民路、商业街、车站路东路至澧水大桥北头安装路灯67盏。2009年，修建北二环路，连通双溪、田坪、中心、大安、双桥等村，全长4公里。2011年7月，投资271万元，修建政府综合办公大楼并于2013年5月投入使用。2012—2014年，完成农村危房改造项目215户。2014年，建成村级活动中心16个，完成小康村建设6个和社会主义新农村建设村7个，小城镇建设成效显著。

社会事业

学校教育

1943年11月，因日军侵犯慈利县城，慈利一中迁至境内澧水南岸星明孙家新屋，慈利简易女子师范学校迁孙家老屋。1945年3月，慈利一中迁回县城。岩泊渡镇中学位于澧水南岸岩市康溪组，前身是始建于1912年的完全小学。1960年9月建完小附中。1966年5月建慈利县第六中学。1981年9月，改名为慈利县职业中学。1985年9月，慈利职中搬迁至澧水北岸，原址建岩泊渡镇中学，占地1.09万平方米，建筑面积8300平方米，有教学班9个，学生420人，教职工58名。红花中心完小占地1.72万平方米，建筑面积8382平方米，有教学班12个，学生55人，教职工40名；岩市完小，占地面积6500平方米，建筑面积2831平方米，有教学班12个，学生405人，教职工30名。公立幼儿园1个，占地面积2193平方米，建筑面积1800平方米，在校幼儿256个，幼教老师18名；私立幼儿园2个，在校幼儿265个，幼教老师15名。1996年6月建镇老年大学1所。

文化体育

2002年有线电视完成与县广播电视连接。2011年完成全镇27个村（居）农家书屋建设，

传统龙舟赛

藏书4.86万册，光碟5400套。2014年年末，镇级文化管理站1个，有线电视站1个，村级文体活动中心16个。建成无线广播村（居）25个，通有线电视的村（居）22个，4500多户。五月十五赛龙舟，已传承了400多年。每到农历五月十五，以岩泊渡地区有威望的长者组织沿河两岸以及柳林、南山坪、宜冲桥龙舟爱好者在岩泊渡渡口进行比赛，高峰期观众有万人之多，丰富群众文化生活。腰鼓、舞龙灯、广场舞等在岩泊渡得到传承和发扬，至2014年有舞龙队5支、腰鼓队8支、广场舞队15支。广场舞在县七运会比赛中获第一名。

医疗卫生

1951年，境内建有卫生机构。后称岩泊渡镇中心卫生院，占地3460平方米。1996年新建镇中心卫生院医疗综合办公楼，2012年扩建后建筑面积5200平方米。2014年投资200万元，新建宿舍楼1200平方米。2014年末，全镇有各级医疗机构14个（含村级卫生室13个），床位50张，专业卫生人员49名。2014年完成新型农村合作医疗参合人数23707人，参合率97.67%。

社会保障

1984年建成镇办敬老院1个，占地7285平方米，建筑面积1359.3平方米，床位30个，收养“五保”对象30人。2010年投资45万元，新建镇经管和社会保障服务站，占地100平方米，建筑面积300平方米，开展社会保障事务。2014年参加新农保10734人，参保率98%。有城乡低保对象855户1355人，危房改造65户，“五保”对象107户117人，其中，集中供养30人；民政部门资助参加合作医疗1052人；国家抚恤、补助各类优抚对象336人。

特色地情

历史人文

孙开华，字赓堂，1838年生，幼时在岩泊渡、柳林铺等地居住。由于排行老九，人们唤他九儿。少时习武，膂力过人。1856年从军，改名开华。入伍后，由于他没有文化，便当了一名伙头军。18岁时，提为守备。因治军有方，深得人心。举霆军大旗，每战得胜。1862 年，擢升游击。1873 年，开华因勇猛被总督李红义赐号“擢胜”，驻厦门沿海防务。1877 年，台湾叛番作乱，清廷命孙开华跨海东征。入台后，在当地民众的支持下，扫平叛番，百姓安居乐业，受到朝廷嘉奖，百姓尊称他为“孙九大人”，传扬海内外。1883 年，法军再侵大陆。开华奉召卫戍台北，主持防务。1884 年，法寇集结 8 艘军舰，进攻基隆。孙开华守护沪尾，杀敌 3000 余人。此战后，孙开华擢升为福建提督。尔后，致力于台湾建设，深受百姓爱戴。1893 年病死于淡水，年仅 54 岁。

名优特产

岩泊渡红薯粉丝　起源于明永乐年间。据考，明成祖迁都燕京后，携春妃南巡路过永泰（今慈利），知县游春霖迎府上密侍，当春妃欲尝乡土野味时，知县急招庶民以优选奉送。其中选中了马公渡谢氏红薯制作的粉条，令其精制后再奉上。谢氏将红薯洗净切成细片，用金鸡泉的水沉淀后，将白色的沉淀物高举线滴于沸水中，制成红薯粉丝肴品。春妃品尝后，盛赞味美，令其再造进贡必赏赐功。尔后，人们从滴条开始，不断创新，从简易人工制作发展成机械生产，已有 420 多年的历史。现有丝丝湘红薯粉丝系列产品和 2014 年投产的全人工生产的天湘薯业。全镇年产粉丝 5000 吨，产值 1 亿元。1999 年在湖南省首届农博会上获“农业产品优质奖”；2001 年 11 月获湖南省农业环境建设站红薯粉丝“金鸡奖”；2004 年获农业部无公害农产品认证。红薯粉丝的特点是酥软润口，久煮不糊汤，久炒不粘连，储藏期长，是天然的绿色食品。

坛子菜　岩泊渡镇几乎每家每户都制作坛子菜，其种类繁多，有酸酱辣椒、酸红椒、酸萝卜、酸生姜、酸豆角、酸茭果、酸野茭等。坛子菜具有促进食欲，提高人体钙磷吸收，健脾开胃，解毒杀菌，增强肝功能等作用。制作方法因酸菜的种类而不同，共同制作特点是必须晾干或半干后，用坛子装好进行腌制，腌制方法因菜而异。开放集镇市场后，菜市场天天都有坛子酸菜卖。岩泊渡每年生产酸菜 15 万吨左右。

炒米泡　用炒米泡（儿）待客是岩泊渡人的

天湘薯业人工制造粉丝

一种传统礼俗。炒米炮的制作十分讲究，选用优质的糯米，用筛子去掉碎米，放在装有冷水的木桶或陶缸内浸泡一个星期，每间隔一天换一次水。七天后，将浸泡的糯米捞起，用木甑蒸熟，倒入簸箕中，待凉后，用手轻轻地搓成颗粒。晒阴米不能在大太阳下暴晒，只能在阴天慢慢的将其阴干，即叫“阴米”。制成阴米后，也可直接饮用，叫阴米饭、阴米粥；也可用砂炒，叫炒米泡。阴米饭（粥）的制作较为简单，即把阴米放入沸水中，加入鸡蛋、腊肉、油盐和调料即可。阴米粥营养丰富，土家女坐月子时常用此粥补身体。炒米泡为将阴米倒入砂锅内（砂最好是河砂），用铲耙快速翻动，待米儿炒爆，呈雪白色，立即用炒砂筛捞起，筛去砂粒，倒入簸箕内待凉，然后再密封待用。

特色鱼馆　吃遍山珍海味，不抵岩泊渡吃鱼。”这是今天流行的盛语。岩泊渡地处澧水中游，为泥河与岩河的交接处，以岩河占比较大。岩河产的鱼既鲜嫩又少腥味。1982 年杨洲堂开办的鱼馆，以他的独特烹调技艺，享誉省内外。其制作过程：将食用油烧制冒青烟时，放下备好的鱼入锅，煎制二面浅黄时加入清水，待鱼汤煮白像米汤时放入佐料。在他的影响下，岩泊渡鱼馆发展成一条街，多达 30 家。凡到张家界旅游的游客或每逢节假日，前往岩泊渡鱼馆吃鱼者众。

风景名胜

二十八宿墩　建于前清时期。相传，孙家蒋氏老太婆，家居星明岗寺溶路旁，性格爽朗，为人谦和，常备冷、热清茶供过路人饮用，人皆敬之。一日，风水先生陈文铣路过此地，蒋氏老太婆以茶、酒饮热情款待，倍受感动，便给孙家老母指点，将其屋基移至安角山脚，定能发财。孙家老母按照陈先生的指点去办后，果真慢慢地富起来了。10 余年后，陈先生又路过此地，进屋与老夫人谈其后人时说，你孙辈有翰林公求学在外（后官位至翰林院士），要回家建孙家新屋，再次给老夫人占指点迷津。陈先生要她用石头砌成 28 个石墩，将沟渠抬起，连成一个整体。28 个石墩象征天上的 28 个星宿。后在建造孙家新屋（即孙开华居住地）时，老太婆全部按照陈先生的建议去做，故称二十八宿墩。至今石墩依存，为省级文物保护单位。

廖家村石人码　民族英雄孙开华 17 岁入伍南军，官至福建提督，在抗法保名中立下赫赫战功，

孙开华故居

光绪皇帝御赐园陵在今廖家村。其园陵建造为：园正中碑高6米，宽2米，立在一个巨石乌龟上，碑冒顶上，刻有“二龙戏珠”，横刻“圣旨”两个大字，下面直排刻有光绪皇帝御赐祭文。石碑前2米，雕刻一对石人像，身高4米，双手捧着朝简，侍立两旁。离石人2米处，有两匹石马立在左右，佩带马鞍待骑。离石马2米，有两个石虎猛倚两侧。离石虎2米处，竖立2石华表，高5米，顶上雕刻有“圣旨”两个大字。正中间直刻“皇清浩封孙母一品朱夫人之墓碑”，碑面右方刻有“光绪二十年立”。园陵围墙全部用青火砖砌成，高2米，建立在原1801线旁拱桥边。围墙后面建有荷花池，围墙右方建有一栋小瓦屋。园陵毁于文化大革命时期，部分残石埋于地下。

民俗风情

岩泊渡是汉族、土家族等民族共居地，人们勤劳智慧，能歌善舞，有传承千年的高脚花灯、龙灯、蓐草锣鼓、文武三棒鼓、渔鼓、腰鼓、围鼓，以及劳动歌谣、时政歌谣、风俗歌谣、情恋歌谣、生活歌谣、儿童歌谣等。廖家村朱善庆的《劝孝顺》被推荐到省报发表后，流传极广。还有土家族舞蹈、地方阳戏、方言土语、古文对联、宗教信仰，民间方术禁忌等民间艺术。境内居民腌制腊肉、香肠、血豆腐、酱辣椒、坛子酸菜等传统食品；正月招待客人敬上一碗泡米花，娶亲行栏门礼、敬栏门酒，认亲用一只鸡、一只鸭、对子鱼、猪圆膀；还有一些近乎荒诞的“起煞”“安煞”“起癔子”等治病方术，在民间留传。

五月十五龙舟赛，相传，当时由几个年轻人，在农历五月十五这天，用几条小船（班班船）在河里戏玩，划上划下，感觉很有味道，引来河两岸人们观看。慢慢地发展成为一种水上竞赛活动。每年这天，由有威望的长者组织沿河两岸以及柳林、南山坪等地区龙舟爱好者，划着龙船前来岩泊镇渡口处参加比赛。赛后奖品设置为：解放前和20世纪50年代的奖励是，头名奖励猪头，二名奖励猪园膀，三名奖励猪腰条肉。现在改为用现金进行奖励。五月十五赛龙舟，在境内沿袭400多年，是岩泊渡水上运动的特色传统文化。每年五月十五这天，上至宜冲桥、南山坪，下至柳林铺、县城等龙舟组队参与，上万群众前来观看，丰富乡村文化生活。

（撰稿人：龚汉国　图：龚汉国）

龙潭河镇

集镇全景

龙潭河镇是中国民间文化艺术之乡。

区域概况

地名由来

境内东溪源于桃花溪，流经镇集市旁的白岩嘴，下有深潭，潭壁上有一条石埂，长500余米，似岩龙直插潭底，头迎东方红日，尾舞夕阳余辉，故名龙潭。镇依河得名。

位置面积

龙潭河镇地处慈利县东南边陲，东接景龙桥乡，南邻桃源县，西抵高桥镇，北连金坪乡，属丘陵山区。辖区东西宽9公里，南北长10公里。

总面积92.6平方公里，其中，黄石水库水淹面积1200公顷。镇人民政府驻地距县城37公里。

建置沿革

1912—1949年，属慈利九都辖地。1956年，建龙潭河乡。1958年9月，改称龙潭河人民公社。1982年4月，复称龙潭河乡。1984年9月建镇，称龙潭河镇。1995年4月，二坊坪乡、景龙桥乡、金坪乡并入，合称龙潭河镇。1998年10月，二坊坪乡、景龙桥乡、金坪乡析出，仍称龙潭河镇。

行政区划

2014年，全镇辖铁树潭、龙潭2个社区居委会，楠木、水坪、岩坪、长岩、竹峪、长岗、飞马、田湾、银马池、江星、大湖、潘坪、文高、郑台14个建制村，共157个村民小组。镇人民政府驻龙潭社区居委会。

自然环境

境内大部为山区，地势略为西北高、东南低，最高点郑台村水库垭海拔800米，最低点楠木村海拔160米。属亚热带季风性湿润气候，夏暖冬寒，四季分明。年平均日照1658小时、无霜期284天、气温18.6℃，极端最高气温41℃，最低气温-10.5℃。年平均降水量1425毫米，极端年最大降水量2030毫米（1998年），极端年最少降水量978毫米（2011年）。境内河道属沅水流域，主要支流有东溪、西溪，由西向东南注入黄石水库。矿产资源主要有硫铁矿、重晶石、方解石、石灰石、镁矿、大理石等，尤以方解石、大理石、镁矿储量大。主要自然灾害有旱涝、低温、冰冻等。发生洪灾多为5年一遇，其中1983年、1988年、1993年、1998年、2003年均发生特大洪水。

人口民族

1957年，辖区总人口8458人；1958年，建黄石水库曾两次移民466户1869人，迁往华容钱粮湖农场等地，库区周边大湖、楠木、竹峪、江星、飞马、长岩、铁树潭7个村均有移民。1964年，辖区总人口8632人，1972年总人口10528人，1982年总户数2786户11945人。1994年，辖区总户数3248户11577人。至2014年年末，辖区总户数3269户12751人；人口出生率7.64‰，自然增长率1.57‰。境内以汉族为主，杂居有土家族、白族等少数民族。人口密度为每平方公里137人。

经济发展

经济综述

1970年，境内农民人平总收入99元，人均口粮204公斤，农民人均纯收入62元；1972年，工农业收入120万元，人均口粮218公斤，人均纯收入72元；1982年，工农业总收入383万元，人均口粮380公斤，人均纯收入268元；1987年，工农业总收入471.51万元，人均纯收入281元。2014年年末，全镇实现生产总值1.09亿元，其中，农业总产值1623万元，财政收入670万元，农民人均纯收入4449元，金融机构存款余额1.25亿元，贷款余额4428万元。

农业

龙潭河镇盛产稻谷、玉米、棉花、油菜、茶油、黄豆、板栗、柑橘、木材等。1957年耕地面积1713.33公顷，粮食产量356万公斤，食油6.695万公斤，桐油2万公斤；1964年，粮食产量289万公斤，棉花产量0.3万公斤；1970年，粮食产量314.5万公斤，棉花产量2万公斤；1972年耕地面积926.67公顷，粮食产量312万公斤，棉花产量1.5万公斤，食用油8万公斤；

1974年粮食产量407.5万公斤，棉花产量3.8万公斤；1982年，耕地面积940公顷，粮食产量5.3万公斤，棉花产量11.37万公斤，食用油10.07万公斤；1987年，耕地面积962.73公顷，粮食产量150.5万公斤，棉花产量1万公斤，食用油5.5万公斤。2014年年底，全镇耕地面积853.33公顷，林地6386.67公顷，森林覆盖率73%，养殖水面46.66公顷，园地5.33公顷；生产粮食192.5万公斤，其中水稻150万公斤、玉米42.5万公斤。主要经济作物为油菜、柑橘，2014年油菜种植面积360公顷，产量20.5万公斤；柑橘种植面积66.67公顷，产量62.5万公斤。全镇建立4个农业发展示范基地：在铁树潭建立0.67公顷共青林油茶基地、在江星村建有100余亩酿酒高粱种植示范基地、在大湖村建设3.33公顷蔬菜生产示范基地、在长岗村建立烤烟发展示范基地，对带动全镇农业发挥重要作用。1969—1972年，下放知青组建园艺场，种植无核柑橘，有职工110名。1976年，种植柑橘66470株，种植面积55.39公顷。1980年，柑橘种植面积发展至118.73公顷，种植142470株，带动境内柑橘种植。1989年，园艺场柑橘产量55万公斤。

畜牧业

畜牧养殖以猪、羊、家禽、水产为主。1987年，生猪饲养量11586头；到2014年，生猪饲养量11703头，其中，出栏7576头，山羊发展954只，家禽发展25403羽，水产品产量62.1万公斤。文昌畜牧被评为慈利唯一一处全省生猪标准化养殖示范小区，年均出栏生猪5000余头，创产值600多万元；宝竹山庄被农业部认定为无公害水产健康养殖示范基地，竹峪淡水鱼养殖专业合作社年产淡水鱼总产量15万多公斤，产值300余万元。龙潭河位于黄石水库边，境内水域面积1200公顷，刁子鱼、翘板鱼等产品在省内外有较高知名度，2001年获张家界市农博会优质旅游产品奖。2014年，开发利用水面661.2公顷，年产鲜鱼410吨，水产品产量100万公斤，实现产值1400余万元。

乡镇企业

1951年前，境内有7户个体工商户。1952~1955年，组建铁业社（原县二轻局的下属企业）。

黄石水库网箱养鱼

石漠化地貌

1974年后，开始发展工矿等企业。是年，在飞马大队境内组建硫磺矿采矿厂（其前身是喻家嘴硫磺矿工区），产品主销石门硫磺矿厂，有职工300人，建有炼磺土炉4座，当年产出硫铁矿30万吨，产值35.4万元。1976年3月，建龙潭河铁矿，位于铁树潭大队矿洞山（其前身是石门县铜铁厂的一个矿区），有职工228人，当年产矿石15.94吨，产值10.06万元，1979年3月停办；3年累计生产矿石58.82吨，产值38.68万元。1982年，镇企业办创办炼磺厂，职工130人，主要炼化硫磺矿产品。1994年底，因矿内安全问题关闭停产。1980—1982年，组建石米厂，加工优质双飞粉，有职工300余人，产值300万元，产品远销国内10多个省份。1990年，在观音桥建矿粉厂及涂料厂，职工280人。2011年，引进2个矿产加工企业：岩坪矿粉厂于2011年12月投产，投入资金400多万元，年生产能力6万吨，产值近800万元；金竹矿业投入资金1500余万元，主产水泥配料用粘土矿，年生产能力500余吨，产值700余万元。2014年年底，全镇有乡镇企业76家，个体工商户191家，固定资产978万元，年产值1618万元，年利润394.7万元，年上交国家税金57万元。其中方解石开采企业7家，共10个开采点；大理石开采企业1家，重晶石开采企业1家，方解石年开采量16万吨；加工企业20家，年生产加工量16万吨（其中双飞粉13万吨），年产值4000万元，年缴税200万元。

商贸服务

为解决马路市场问题，集中“老三区”商业贸易，方便群众赶集，1992年，建龙潭河镇农贸市场，有500个摊位，商业贸易覆盖二坊坪、景龙桥、高桥、金坪各乡镇，一直沿用至今。2014年，出台小城镇建设规划，筹资计划在集镇西北部新建农贸市场、汽车站，集中规范商贸交易行为，完善镇域经济。

旅游业

境内有板板龙灯、赶白虎、过火槽、上刀梯、傩戏等极具地方特色的民间文化，每年元宵节吸引大量民众前来观看。黄石水库龙潭河水域中的千座绿岛，开发建设“百岛龙潭”，注重保护好水库周边环境。龙潭河竹峪淡水鱼专业合作社筹资建设年产1500吨淡水鱼及5万人次旅游休闲度假项目，效益初步显现。

基础设施

交通运输

1960年，零（溪）龙（潭河）公路建成通车，5米宽砂石路面；是境内唯一通往县城的一条主干道。后延伸到高桥，2008年完成该路面水泥硬化。1984年，开建通村公路，2008年实现镇、村通达率100%。到2014年，全镇共硬化水泥路面101.37公里，整修村组道128.56公里，实现村道硬化率100%。2014年，有过境客运班线车34辆，有通往县城、常德、张家界固定线路车运营，通往县城客运车辆每30分钟一趟。

邮电通信

1951年，境内设有邮政所，开展邮政业务。到2014年末，有邮政支局1个，邮政业务总量90万元，其中，纯收入13万元，报纸、杂志累计发行3万份。1956年，境内设有1个电话室，使用1部手摇电话，上传下达，控制使用，不对外营业。1986年，开始引入程控电话，并牵线入村进户，1998年实现村村通电话。到2014年，有电信企业1家，服务网点2个，电话交换机总容量2000门，固定电话用户1200户，电话普及率35%；移动电话用户3400户，互联网用户200户。

供电饮水

到1989年年底，全镇农户通电率95%。2013年，完成农村电网改造升级工程，全镇农网通村改造率100%。2014年年末，境内有35千伏及以上变电所1座，有公变34台，专变31台，年用电量700万千瓦时，农户通电率100%，群众生产生活用电质量有保障。1996年前，全镇只有3个村群众用上自来水。是年，集镇建成400立方米蓄水池，日供水400吨，基本满足集镇群众安全饮水。2014年，投资390万元，改扩建镇自来水厂，目前主体工程全面峻工，铺设自来水管网34000米，建成后覆盖全镇10个村，惠及群众1100户5000多人。

水利建设

1949年前，境内水利设施简陋，无水库灌溉，地处山区，稻田基本靠天吃饭。1958年，常德专署主导规划修建黄石水库，用于灌溉、饮水等，水域覆盖桃源县黄石、芭茅及慈利县龙潭河镇、二坊坪和景龙桥，水淹面积3866.67公顷，其中，龙潭河境内786.67公顷，于1958年冬季开始搬迁移民，5天之内移民446户，内靠1300多户。1964年第一次蓄水，1966年第二次蓄水完工，总蓄水量6.5亿立方米，为大型土堤水库。1958年，长岗村开建小（2）型红旗水库，1960年建成，库容量17万立方米，灌溉长岗村及飞马村农田。1974年修建小（1）型水库神门溪，库容量137万立方米，基本满足全镇发电以及灌溉。1984年后，新建水池230余口，整修山塘5200立方米，整修沟渠86.7公里。到2014年，全镇有山塘143口，其中，有18口为骨干塘；电站1座，位于境内桃花溪，装机容量300余千瓦。

村镇建设

20世纪80年代以前，没有大规模进行村镇建设。集镇街道是硬化零龙公路穿越集镇路段，长约1000米，集镇面积不足1平方公里。1984年后，开始加大小城镇建设力度，进一步强化区域中心城镇地位。2000年后，投资5.7万元，购置一批垃圾处理设施，雇请专人负责街道清扫和街道垃圾的清理；投资20万元在铁树潭废弃硫磺场建造垃圾填埋场，占地面积3000平方米；筹资40万元，购置安装太阳能路灯，完成主街道亮化工程；筹资30万元，对近700米的下水道进行新建及改造，集镇主要街道两侧下水道，长1500米。2014年，集镇面积3平方公里，街道总长2000米。到2014年年底，建成村级活动中心13个。

社会事业

学校教育

2014年年底，全镇有中、小学校11所，其中，中学1所，完小1所，市级示范幼儿园1所。境内曾设慈利县第五中学（完全高中），始建于1957年冬，开设高中课程，3个年级6个班,有教师30余人。1996年，因生源减少被调整停办，原址改为龙潭河镇中学初中部。龙潭河中学创办于1983年。创办时有教学班6个，教师18人，规模较小。2002年，校园面积32148平方米，建筑面积8928平方米。筹资25万元修建的运动场竣工。学校有学农基地26.67公顷，大片是桔园。到2014年，有10个教学班，学生618人，教职工34人。龙潭河中心完小地处铁树潭居委会铁厂组。原名铁树潭小学，建于1938年，有4个高小班，6名教师，规模较小。2014年，完小有教学班11个，学生640人，教师29人。校园面积18482平方米，建筑面积3204.2平方米。近年来，师资力量逐步加强，教学成绩突出，全镇适龄儿童入学率和学生巩固率均达100%。

文化事业

1960年，始建公社广播放大站。1974年始建广播专线，1981年实现水泥杆专线化，全长112公里，是全县第一个实现水泥杆专线化乡镇。1982年后，建起镇广播站标准机房114平方米，是全县第一个广播标准机房。1998年，自组网开通有线电视，联接到10个村。2009年，与县有线电视网络联网，开通数字电视。2014年，全镇有有线电视用户600户。

1976年创办龙潭河汉剧团，由县汉剧团老艺人郑福贵、李长生、邱少吉带班教习，通过以老带新，以工代酬的方式运作，演职人员最多时40人，先后添置有30余万元道具，是县内第二大剧团，后于1987年撤销。1980年建龙潭河电影院，1982年正式开业，计1170个座位，购置有全县乡镇唯一35毫米电影放映机，总投资30多万元，后于1997年停业。2005年，成立群众文化艺术团，有演员25名，节目全部自编自演，每年演出

龙潭河镇中学

50 多场；其表演剧目既有汉剧、花鼓戏等传统小戏，也新编排花灯戏、秧歌舞等农民舞蹈，深受群众喜爱。2007 年，编排的《老俩口学文件》《三农政策好》参加县文艺汇演，荣获创作奖和组织奖。镇文化站还指导成立舞龙队、唢呐队、腰鼓队、军鼓队等，常活跃于节日庆典间，其中舞龙队多次参加县运会比赛，获得过较好的名次。板板龙灯的制作培养传承人田宝军、张天杰等，头人由刘汉周担任，2013 年有业余农民队员 100 多名，经常开展活动。

2014 年年末，全镇有村级文化活动中心 13 个，各类文化宣传队 20 支，其中，龙灯队伍 3 支、乐队 7 支、老年腰鼓队 1 支，从事傩戏表演的约 20 人；有图书室 15 个，藏书 3.9 万册，光碟 1300 套。

医疗卫生

1953 年设龙潭河卫生所，有职工 10 多人。1984 年建龙潭河中心卫生院，迁址铁树潭社区居委会。2014 年年底，全镇有医疗卫生机构 10 个，门诊部（所）1 个，床位 42 张，每万人拥有病床 14 张，固定资产总值 530 万元，专业卫生人员 35 名。年完成诊疗 2.2 万人次。2008 年，启动农村新型合作医疗，到 2014 年有 11310 人参加，参合率 99%以上。

社会保障

1999 年建成镇敬老院，选址铁树潭社区居委会老屋场组，占地面积 3200 平方米，建筑面积 2100 平方米，床位 30 张。2014 年年底，入住“五保”老人 28 人。2014 年，全镇参加新型农村养老保险 5650 人，参保率达 92%；城镇最低生活保障户 32 户 35 人，支出 79 万元；农村最低生活保障户 585 户 812 人，支出 98.9 万元；国家抚恤、补助各类优抚对象 140 人。

特色地情

名优特产

黄石水库年产鲜鱼 410 吨，龙潭食品加工厂加工酱板鱼、翘板鱼两大系列产品，远销省内外。其中，以腌鲊鱼独具地方特色。2013 年央视《财经频道》专访，播出该镇腌鲊鱼制作专题。腌鲊鱼的主要工艺是：把捞回来的鲤鱼用水缸生养，放入几片生姜，刺激鱼儿把泥腥味吐尽。3 天后，将鲤鱼剖腹净肚，叠放在脸盆里，每放一层鱼撒一层盐，直到盆满为止。待盐浸透鱼肉，便取出来用细绳穿腮，挂在竹杆上凉干。腌制前，把佐料干燥研碎成粉末，主要成份是红辣椒、籼米、芝麻、紫苏叶、生姜、花椒，其中红辣椒面为主，约占七成，籼米粉次之，约占二成，其它佐料少量适中，搅拌匀称。还要准备米酒若干，遍浇于鱼身，翻抛数次，使之酒湿。腌制时，用竹筷夹起酒渍鱼裹覆上佐料粉末，一层一层置于坛内，留少量佐料撒在最末一层鱼肉之上；然后封坛合盖，在坛檐口灌水以隔绝空气。一月后便可开坛取食。除鲤鱼外，草鱼、鲫鱼、白鱼、鳙鱼均可用来制做腌鲊鱼。

风景名胜

百岛龙潭 面积 17333.33 公顷，平均水深 24 米，水库有丰富的水资源，水质为国家一级标准。岛间有珍稀野生动物资源，如白鹭、野鸡、斑鸠、锦鸡、竹鸡、喜鹊、野兔、野猪、穿山甲等，无污染生态鱼类，如翘板鱼、桂鱼、刁子鱼等，还有猕猴桃、板栗、樱桃、野蘑菇等山野食品。库区距龙潭河镇 2.5 公里，距离慈利县城 32 公里。

兴龙寺 位于楠木村境内，内供如来佛祖，两边陈列十八罗汉。是板板龙灯的发源地和活动

基地，每年正月十五汇集四乡八里的板板龙灯 30 条灯以上。1965 年因黄石水库修建后被水淹没，前后经历千年历史，是历史最长的表演基地。

德胜寺 位于飞马村境内。当年朝廷派兵剿匪，在江星村河边遭遇陡涨河水，战马一跃飞过江星河，当地人为纪念此奇观，将该地命名为飞马。朝廷剿匪胜利后，百姓为欢呼胜利，在飞马村境内建一寺庙，取名德胜寺，意为得胜回朝之意。嗣后香火不断，直到“文化大革命”时被拆除，2008 年重建。

民俗风情

境内传统民间文化艺术以板板龙灯最具特色，2006 年被省文化厅列入”省级非物质文化遗产保护项目“，为慈利县唯一的省级非遗项目。板板龙灯道具由木板、龙头、龙尾、腊烛等构成，每个木板上装有 5 个八方灯笼(表示五谷丰登)，板子两头留有圆眼，板与板之间用一根小木棒穿插在圆眼里，连接成一条长龙。龙头和龙尾用竹篾扎制而成，内装腊烛，外表用枸子皮纸裱糊，夜晚舞之，灯光闪烁，观赏效果奇佳。其表演方式是：起初像蛇一样的圈大盘，龙头顺左方向往内转，再从中间顺左反转向外，慢慢的演变成玩“福禄寿喜”“太平年”“祖国万岁”等造型。表演队伍少则三四百人，多可达 2000 余人。板板龙灯具有古、土、狂、美、稀的特征，其形式古老、源远流长，表演形式多样、气势磅礴，狂野武孽。兴趣来时，吆喝连天，连走带跑，前面一旦急刹，就出现剪刀夹，板子发出格格的响声，甚至板灯被扯破，表演时要特别注意安全。板板龙灯表演分布在龙潭河镇周边 4 个乡镇。

进入 21 世纪后，全镇先后投入资金近 60 万元，挖掘整理板板龙灯艺术价值，置齐一整套板板龙灯的道具器材，做一系列科学有效的保护工作，培养一批传承人，购置音箱等活动设备。并以此为重点，推进社区文化发展。2010 年“三八”、2011 年“七一”均组织文艺会演，2013 年元宵节举行的大型板板龙灯表演，省、市、县电视台均有报道。2014 年 5 月 6 日，组建慈利县板板龙灯协会。是年 3—6 月，配合中央电视台摄制板板龙灯活动，于 7 月 22 日播出。

（撰稿人：李三亚　图：李三亚）

通津铺镇

集镇全景

区域概况

地名由来

通津铺镇是慈利县古北道必经之地。据明《万历慈利县志》载：该地建有一座桥，名通济桥，并置通济铺，设铺长一人，统理该地社会事宜。清康熙《慈利县志》载：通济铺是古老集市，县城通九溪第三铺，小市平田，位于输赢溪畔，溪上架有一亭桥，亭上有匾曰“通津”，即通达津梁之谓。“津”含通往津市之意，得名通津铺，镇依此而名。清顺治十五年（1658），千户官唐宗略奉旨将麻寮所迁至今通津铺镇所坪。

位置面积

通津铺镇地处慈利县西北部，东界东岳观镇，南临零阳镇，西接高峰土家族乡、杉木桥镇，北抵庄塌乡，总面积94.27平方公里。S306线临境而过，S305线横穿全境。镇人民政府驻地距县城25公里。

建置沿革

明初至中华民国18年（1929），属慈利县二十三都。1949—1951年属第六区。1952年，境内有长峪铺、三坪、谢塌、燕子、杨林垭、汩湖、杨柳、月塌、泗坪、黄岗10个小乡。1956年6月撤区并乡，将10个小乡合并为通津铺乡。1958年与杉木桥合并，称杉木桥人民公社。1960年析置通津铺人民公社。1961年分为通津铺、汩湖两个人民公社（1962年合并为通津铺人民公社）。1968年为通津铺区公所所在地。1984年2月，改称通津铺乡。1995年4月，与国太桥乡、庄塌乡合并为通津铺镇。1998年10月，分设通津铺镇、国太桥乡和庄塌乡。

行政区划

2014年，全镇辖后溪峪、市场河、通津铺、燕子4个社区居委会，风洞、长峪铺、水井、水淌、河井、柳子泉、二吾台、渔泉、竹叶坪、锁坪、星峪、月塔、千步岗、葵花台、陈坪、泗虎坪、赵家坪、汆湖、坪山、苗山、黄岗、花合、九岭23个建制村，共301个村（居）民小组。镇人民政府驻后溪峪社区居委会。

自然环境

境内南北为山，中间属丘陵地貌，南北地质地貌差异较大。输赢溪、战马溪是全镇的主要溪流，流经14个村（居），与溇水贯通。境内资源丰富，储藏丰厚的阳煤，开发刚刚起步，前景广阔。覆盖近10个村的优质页岩、大理石，已有3家采石场5个点进行开发。境内属亚热带季风湿润性气候，年平均气温16.8℃，极端最低气温−15.5℃（1977年1月27日至2月1日），极端最高气温41.6℃（1971年7月26日）。年均无霜期268天，日照1563.3小时，降水量1390.5毫米。降雨多集中在每年4—6月。境内环境优美，山川秀丽。20世纪60年代，通津铺人民战天斗地，改造出以长峪铺、市场河为核心的千亩梯田，成为一道亮丽的风景。以湖南省物资储备管理局六七〇处一号二号仓库、墨砚洞地下湖、干柴迷宫洞、自生桥、仙人洞、高家洞、三涪泉、燕子居委会东周时期3处文物遗址、西武当庙等为主的旅游资源，极具开发利用价值。境内还有3处优质温泉、10处石灰岩溶洞。

人口民族

1964年慈利县第二次人口普查，辖区总户数4678户，总人口19152人。1982年达到6439户26051人，1987年7041户25693人。2011年年末，全镇总人口2.8万人，其中流动人口3200人。2014年年末，辖区总人口28206人（其中农业人口2.41万人），以汉族、土家族为主，土家族人口占总人口的89.7%；人口出生率11.98‰。

经济发展

经济综述

境内经济以农业为主，主要种植稻谷、玉米、烤烟、蔬菜等。长峪铺村是南方旱粮多熟制的发源地，20世纪70年代成为全县农业大学大寨的先进典型。1957年，通津铺人均纯收入33元。到1970年，经济逐渐向好，人均纯收入59元。1978年改革开放以后，经济形势稳中向好，1982年人均纯收入188元，1987年人均纯收入264元。1998年遭遇特大洪灾，经济作物受损严重，农业经济总收入2001.29万元。灾后，致力于农业产业的开发与保护，全镇农业迅速兴起。2002年进行农业综合开发，扩大灌溉面积。2014年年末，全镇农村经济总收入21215万元，农民人均纯收入4502元。

华通粮油

农业

境内粮食作物主要有水稻、玉米等，经济作物有油菜、柑橘、烤烟等。1962 年粮食作物播种面积 1133.33 公顷，亩产量 124 公斤；1977 年播种面积 1940 公顷，亩产量 165 公斤。中共十一届三中全会后，推行土地联产承包责任制，调动农民的积极性，农业生产获得快速发展。1982 年，粮食总产量 8.01 万公斤。20 世纪 80 年代前后，杂交水稻的推广使得粮食产量迅速提升，1989 年粮食产量 9850 吨，是 1962 年的 4.6 倍。1990 年后，出现农民进城务工的高潮，年轻劳动力离乡外出务工，老弱劳力留守家园，粮食产量开始下滑。1990 年，粮食产量 8358 吨，比 1989 年减少 1492 吨。21 世纪初，国家大力调整“三农政策”，实行粮种补贴，激发农民种粮积极性。2013 年后，以现代农业大镇、新型工业重镇、生态旅游美镇、教育文化强镇、平安和谐新镇为目标，确立“以北山片发展现代烤烟，以南山片发展旱粮，以中片发展养殖；以省道 305 线发展工业和商业”为主体的农业产业布局。2014 年，全镇生产总值 1.91 亿元，其中农业生产总值 1.27 亿元。全镇有山林 3333.33 公顷，其中用材林 2666.67 公顷，经济林 666.67 公顷，拥有用途极广的大量杉材，为农民增收发挥支柱作用的有杜仲和柑橘。

村镇企业

1961 年，始建通津铺公社铁冶社，有员工 15 人，主要打造各类农具、工业用品。1973 年改为圆钉厂，兴盛时期有员工 30 人左右，年产值 500 多万元。后因时代发展、产品不对路而解散。1969 年，建通津铺拖拉机站，有员工 10 余人，年产值 20 多万元。1969 年，兴办花合峪石灰厂和输赢溪石灰厂，年产值分别为 50 多万元、100 多万元。后因经营不善倒闭。2002 年 4 月，在后溪峪居委会设慈利县建材总厂，是一个集溇水沿线 13 家预制件生产企业的合作组织，属民营股份制企业，主要从事产品质量监督、形成规模效益、完善销售市场；拥有固定资产 100 万元，设备 30 台（套），员工 120 人，技术人员 26 人；占地 1 万平方米，建筑面积 1000 平方米。近年来，该厂立足本地市场，严格产品质量，及时调整产业结构，加强横向联合，促进建材行业的发展。2004 年，企业产值 645 万元，创利税 28 万元。通津铺植物油厂始建于 1958

年，位于溇水河畔的柳子泉村，20 世纪 60 年代迁至通津铺居委会。2004 年 5 月，改制为民营企业张家界明达粮油开发有限责任公司。40 多年来，其生产工具由木榨发展为机榨，现拥有原料粗加工、深加工的全自动生产线。企业占地 2.1 万平方米，建筑面积 1.1 万平方米，是张家界市食用植物油规模生产的企业之一，年产各类油 6000 吨，附产品 1.3 万吨，产值 1800 万元。主要产品有菜油、棉油、茶油、花生油、芝麻油、茶粕、棉粕等，远销 18 个省、120 多个市县。企业先后创造利税 600 多万元，曾获省科技进步三等奖、市科技进步二等奖，被评为省科技示范企业、省乡镇企业先进单位。

2012 年，由当地人投资的慈利华通制衣厂建成，主要承担国内各类品牌服装加工。厂址位于通津铺镇集镇，厂房面积 1600 平方米。2014 年，有员工 150 多名，其中技术人员 12 名，员工均为当地群众，月平均工资 1600 元。该厂有先进的进口及国产缝制设备 120 台，主要产品为各种高中档女装，年生产能力 20 万件，2013 年总产值 400 余万元。该镇废品站集散地位于通津居委会，有 6 家个体废品收购站，年收购量约 4000 吨，年产值 2500 万元，有固定从业人员 50 名。2013 年成立华英再生能源有限公司，年收购量约 2000 吨，年产值近 1000 万元，共有从业人员 300 人，其中固定员工 30 人。

劳务输出

改革开放后，掀起农民工进城务工的热潮，特别是 2010 年前后，乡镇年轻劳动力外出务工达到高峰期，外出务工选择在广州、深圳、上海、北京等经济发达地区就业。2014 年年末，全镇转移输出就业人员 0.72 万人。

基础设施

交通运输

通津铺集镇距慈利县城 25 公里。1949 年前后，全镇交通运输主要靠溇水船运。1965 年，慈（利）江（垭）公路和杨（柳铺）江（垭）公路通车，公路交通便利。1970 年 9 月，市场河大桥建成通车，县城至通津铺、国太桥、杨柳铺、江垭等地的公路连接贯通。现过桥日流量 2000 车次以上，日货运量 2000 多吨。2005 年，省道 305 线穿境而过，在境内全长 3.5 公里。2010 年，省道 306 线穿境而过，在境内全长 10 公里。2004 年，在后溪峪设通津铺中心客运汽车站，开通到县城的客运班线 1 条，日过境 7 车次，年发送旅客 6.1 万人次。从此，通津铺镇成为县城通往江垭、象市、杉木桥、杨柳铺、国太桥、庄塌、东岳观等地重要的交通枢纽。2010 年，开通镇至村客运班线。到 2014 年，运营客运车辆 15 辆，日运营 20 班次。2014 年年末，全镇镇村公路 998 公里，村组公里 1880 公里，通达率 95%，硬化率 83%。

邮电通信

1928 年前，境内无电话。1929—1930 年，县城至通津铺架通 27 公里电话线路，1949—1957 年电话线路架到区乡（通津铺镇为区公所所在地），在区设有总机室（转至各乡）。1958 年电话架到各村。1960 年镇设有总机室。1989—1990 年在区、镇开始安装程控电话，发展程控电话用户千余户。1995 年，在后溪峪居委会建起程控电话大楼，安装程控电话 4750 门。2001 年，先后建成移动通信基站、联通通信基站，开通用户 100 余户。2008 年，建电信通信基站，开通用户 500 余户。到 2014 年，全镇有固定电话用户

2100户，移动电话用户7500户，互联网宽带用户800户。

供电饮水

1989年，全镇27个建制村全部通电，有用电户6387户，占总户数的95.6%。2011年，东岳观供电所管理全镇27个村、1.3万户居民用电，年供电量1500万千瓦时，有10千伏线路全长47公里，低压线路全长514公里。2006年开始农村电网改造，到2014年基本完成，受益用户达万余户，群众用电质量得以保障。2000年后，通过小农水等项目，解决人畜安全引水，整修水渠12千米、山塘100余口。2012年投资2000多万元对市场河进行治理；1997年投资100多万元兴建集镇水厂；2004年通过庄塔水库兴建沙角泉供水站；2014年投资近1000万元兴建潘家坡水厂，2015年投资近1000万元进行管网延伸，解决余湖、坪山、千步岗、月塔等18个村的人畜饮水问题，受益用户5000户，解决近2万人的饮水问题。

水利建设

境内有小（1）型水库1座，小（2）型水库2座，骨干山塘6口，小山塘500余口，水利工程蓄水量600余立方米。1976年，建成市场河水轮泵站，装有30型、40型2台水轮泵和1台26千瓦发电机组。1978年扩大规模，扩装125千瓦发电机组2台，于1982年投产发电，设计年发电量160万千瓦时。2001年改制，归属星源发电有限公司管理。2013年，建成杉树台电站，位于双沅村杉树台组，属渠道式高水头发电站。建有压力前池，压力钢管、发电厂房等，利用庄塌水库灌溉水源发电，尾水灌溉通津铺镇双沅、陈坪等村。电站装机375千瓦时，设计水头103米，净水头96米，年发电量200万千瓦时。2005年，改制为股份制企业，由慈利县兴利股份公司经营。2009年，投资400万元对余湖水库小（1）型水库进行防渗加固。

村镇建设

1949年以前，境内主要靠溇水水路运输，当时的圩场设靠溇水河边（今市场河居委会）。1965年，慈江公路、杨江公路先后通车，镇区建设逐步靠杨江公路推进。是年，建成长2400米的东山路。1969年建成长500米的贺卫路，1970年建成长850米的金庙路。1990年，通津铺建设管理站建立后，集镇建设和规模不断扩大。1995年修建长680米的金燕街，2005年建成长120米的商供小区路，是年进行道路硬化。2005年、2006年、2007年、2008年，分别对东山路、贺卫路、

自来水厂

金燕街、金庙路进行道路硬化。到2014年年末，集镇建成区3平方公里，宽8米的集镇街道基本形成。2009年，投资130万元建成后溪峪汽车站。2009年，投资180万元完成镇政府办公楼危修工程及政府食堂新建。2010年，投资60万元完成镇劳保站办公大楼建设。2011年，在集镇街道安装路灯32盏。2012年，投资320万元完成通津铺镇廉租房工程。2013年，完成通津铺城镇规划。2014年，启动镇保障房建设。2012—2014年，全镇完成农村危房改造330户。2014年，完成小康村建设4个。

社会事业

学校教育

境内有镇办初中1所，镇办中心完小1所，镇办中心幼儿园1所，村联办完小2所，教学点1所，民办幼儿园1所。通津铺镇中学创办于1969年，与通津铺完小合设于黎家祠堂内，设4个班，学生200人，教师10人，各项设施简陋。1971年迁址重建，条件逐步得到改善。进入21世纪以后，各级政府加快发展教育事业。先后投资300余万元，改善学校基础实施，校园绿树成荫，花池鲜艳，雕像叠立，校道全部硬化。2001年11月，成为全县第一所示范性初级中学，2003年，授为“张家界市示范初中”。2014年，校园占地2.7万平方米，建筑面积1.68万平方米，有12个教学班，在校学生538人，教职工52人。通津铺完小原为1924年由唐、黎、管三家族在黎家祠堂内办起的私立学堂，原址在通津铺居委会通津铺组，1978年迁至现址。20世纪50年代更名为通津完小，1982年升格为通津铺完小，1995年命名为“通津铺镇中心完小”。校园占地19267平方米，建筑面积1.2万平方米，图书室有各类图书1.8万册。学校现有13个教学班，在校学生652名，教职工36人。学校先后被授予全国尝试教学实验基地学校，全国尝试教学法先进单位、全国小学语文自辅实验教学先进单位。

文化事业

1970年4月，通津铺公社广播站成立，广播机线员1名。1974—1978年，架通108杆功力木杆广播专线。1983—1986年，投入水泥杆专线建设，替换木杆专线97杆功力，并发展村组广播专线238杆功力，入户喇叭3800多只，入户率65%。1992年10月，该站建广播标准机房56平方米，有扩音机6台、1790瓦。到2004年，仍然有通津、竹叶、坪山、黄岗、九岭、花合、苗山、星峪、千步9个村利用78只高音喇叭使用广播。1995年1月，筹款3.5万元办有线电视，架干线电缆17公里，用户电缆42公里，收转卫视节目初为6套，后增到18套，发展网络用户1050户。另有3个村建村站，开通单收户450户。

1974年12月，在长峪铺大队设立广播站，配275瓦扩大机等全套广播设备，正式广播员1名，是全县仅有的“县编”大队广播站。1989年6月，该村在花家凸建起发射功率为3瓦的小型电视差转台，接受杉木桥镇小尖山差转台12频道信号，发射6频道，覆盖8000多人。是全县唯一自筹资金、自我管理的村级差转台。后因慈利县太平山转播台建成可覆盖长峪铺地域，花家凸差转台于1991年自动停播。

1995年，全镇有文化站1个，广播站1个，2004年合并为文体广播电视站，2011年改称综合文化站。2014年，完成4个居委会、22个行政村的农家书屋建设，配备农家书屋管理员，藏书45800册，光碟5200套。近年来，对未通有线电视的村进行电视卫星直播设备的安装和信息录入，完成1600套“村村通”工程。2014年末，完成23个行政村的“村村响”工程建设安装，全镇有线广播覆盖率达到85%。有村级文体活动室15个，有铜管乐队5支，广播舞队12支，腰鼓队5支。

医疗卫生

1958年设立东岳观区卫生所，1976年更名为通津铺区卫生所。1981年设立通津铺区医院，1986年与通津铺乡卫生院合并，组建通津铺镇中心卫生院。2001年后，逐渐加强对专业技术人员的培养和医疗设施的配备，业务量不断上升，年门诊量3.5万人次，收治住院病人490人次。2007年新建成住院大楼，2010年公卫楼完成装修改造工程，2013年新建成门诊楼。2014年，卫生院占地1.22万平方米，业务用房1700平方米，固定资产174万元，有医务人员55人，各科室功能齐全完善，另设5个门诊，开放病床80张。1996年实施“全国农村中医工作系列建设工程”验收达标。

社会保障

1991年设通津铺人寿保险站，开办医疗、健康、意外伤害、养老等50多个险种。1993年9月被评为全国先进保险站，获铜质奖牌。2014年，保费由1991年的30万元增加到480万元，为17000多人承担8000多万元的风险保障。

2008年，建成镇敬老院，占地4002平方米，建筑面积4500平方米，床位33个，收养五保对象30人。2014年，城乡低保对象1681户1773人，危房改造91户，“五保”对象203户203人，其中集中供养30人，民政部门资助参加合作医疗203人。国家抚恤、补助各类优抚对象326人。2014年参加新农保1.58万人，参保率98.7%。

特色地情

风景名胜

境内多名胜古迹，有湖南省物资储备管理局六七〇处一号、二号仓库，墨砚洞（地下湖），干柴洞（迷宫洞），前后风洞、二级步洞（内有自生桥），仙人洞、串联孔洞、高家洞、和尚凸、西角尖庙、老岩坼洞及东周时期的3处文物遗址板板

乡村风光

岩、后溪丘、突二凸洞穴等。

墨砚洞 位于通津铺社区居委会。据传，古人从洞中取石制作墨砚，砚精细，磨墨无异味，墨浓而爽笔，人们便称此洞为“墨砚洞”。至20世纪60年代，群众寻水抗旱时，炸开洞口，进入洞中挖沟引水，在洞中发现龙骨。1969年建六七〇处时曾对此洞进行过地质考察，入洞20米可见一小湖，探洞人乘木排沿湖纵深，进入一条宽约10多米的地下河，两岸为山石所夹，有的地段路面干燥。逆河而上约3千米至萝卜垴即见一潭，潭底又有洞延伸至东岳观镇广东村的神仙水。曾有人在神仙水山洞放麦壳，其漂浮物随水流入洞中，后又从萝卜垴潭中冒出，其水大旱不涸。

干柴洞 位于星峪村境内。传说此地树木茂盛，后遇大旱，树木枯死，有的树枝落入洞里，樵夫发现洞中堆积很多干柴，人们便把这个洞称为干柴洞。1969年5月，建六七〇处时曾对此进行勘测，从洞中向下行10余米，是一个约0.13公顷的大厅，大厅壁上有10多个岩洞，洞中有洞，洞洞相通，犹如迷宫。洞中无水，利于行走，亦很宽阔，不易碰壁。

风洞 明朝《万历慈利县志》载：“风洞在邑北三十里，洞常有风”。该洞有前、后两洞，相距2.5千米，洞内冬暖夏凉。宋人曾在前洞口刻有“风洞”二字。两洞洞内形状不一，前洞平坦，进洞千余米即有大溶洞，复进3000余米有一潭，水深不可测。后洞坡陡，但可行人，偶有进洞洗衣者，均结伴而行。洞中地下水资源丰富，石笋、钟乳石亦多。

串连洞 渔泉村有个山洞，洞有两层可相互连通，故名“串连洞”。洞口在渔泉村高溪组曾凡栋宅后，入洞后可见0.02公顷大小的平台，台上有一岩桩，在桩上系绳而下两丈余可至底层，有石孔可见天日，名穿天孔。从孔望外，可见阴晴变化。洞内生长有花草，可入药。洞壁另有石隙，人不能入，有风自孔中出，俯耳可听见潺潺水声，疑为阴河。

仙人洞 渔泉村长湾、灰窑组交界处有一山洞，据传早在东周时，见有人自洞中出，经玉珍湾越过宽50米的峡谷至岩嘴遁山而去，见者惊呼：“仙人也！”后在岩嘴上发现一左一右2个沉陷的脚印，遂深信不疑，经口相传，人尽皆知，即称此洞为仙人洞。洞口高1.5米，宽2米，进洞后可见平台，复进即见莲台、钟乳石、石笋。洞上方有小孔，可见天日，沿孔而上可至山顶。下大雨时，人们曾在洞中放麦壳，发现其漂浮物从玉珍湾脚下的潭水中冒出，可见此洞与地下水相连。

合堡溪 据传，1012年，农民义军与荆湖北路转运使陈乡在花合峪大战，不分胜负，朝廷派人调解，地点设溪畔的戴家。戴家筑有高墙并设有瞭望台如城堡，为使当地百姓免受干戈之苦，双方议和成功，为诏后此事，将发源于白马泉的溪流称为合堡溪。

输赢溪 据传，宋朝初年，一唐姓人在溪畔开了一家赌场，胜者发家，败者落荒，世人即将这一社会现象与自然溪流相融而称此溪为输赢溪。发源于庄塌乡，自西北至东南流入通津铺镇内，在燕子居委会汇入战马溪，再经竹叶坪、河井村在市场河汇入溇水，全长9千米，为澧水三级支流。

板板岩遗址 位于燕子社区居委会齐台组输赢溪与战马溪汇合处，与竹叶坪村隔水相望，经考古鉴定属东周文物遗址。据考黎氏始祖黎志立葬于鏴耳潭（今后溪峪水与输赢溪水汇合处），是“天赐之五代”，洪武二年（1369）御封为武德将军。志立生三子，有二子外迁，其中一子迁交趾，即今越南人民民主共和国。

（撰稿人：杨郴东　图：杨郴东）

东岳观镇

集镇全景

区域概况

地名由来

相传商纣王时，朝中大将反五关后途经此处停留。后人为纪念此事，即建祠一座。明万历年间，皇帝肯定当地仕人史维生父子俩为安乡、华容的灾民善举，便赐龙头拐杖于史家父子。附近大小官员前来参拜龙头拐杖，史家父子为避免频繁来访和接待，将此祠扩建为庙观，并将龙头拐杖供于观中（龙头拐杖遗失于清康熙年间）。此庙座落在东峪尽头，故称“东峪观”。后取东岳泰山之意定名“东岳观”，沿用至今。镇由此而名。

位置面积

东岳观镇位于慈利县东北部，东邻杨柳铺乡，南连零阳镇，西接通津铺镇，北抵石门县。辖区南北长 11.8 公里，东西宽 8.6 公里，总面积 108 平方公里。镇人民政府驻地距县城 38 公里。

建置沿革

1905—1929 年，属慈利二十五都辖地。1930—1935 年，属七区。1936—1949 年，为东岳观乡。1950—1951 年，属六区，1952—1956 年，属八区。1958 年 9 月，与杨柳铺合并为新东人民公社。1960 年 4 月，分为东岳观、杨柳铺、关田溶 3 个人民公社。1962 年拆关田溶人民公社后，新泉、大岩、风洞、分水、丁塔 5 个大队并入东岳观人民公社。1984 年 2 月，改名为东岳观乡。1995 年 4 月，杨柳铺乡并入合称东岳观镇。1998 年 10 月，杨柳铺乡析出，仍称东岳观镇。

行政区划

2014 年，全镇辖东市社区居委会和天鹅池、南家、江西、银泉、彩球、跑马、三淹桥、西边峪、管家峪、广东、新花、北平、长冲、陡溪、陡垭、丁塔、风自洞、分水、大岩、阳凤坪、板桥、三岔、凉水、当风、佛袈山 25 个建制村，共 345 个村（居）民小组。镇人民政府驻东市社区居委会。

自然环境

境内有南北两山，中间是长方形的丘陵地带。属中亚热带季风湿润气候区，年均气温 24℃，日照 1569.9 小时，降水量 1416 毫米。境内各山区村气候宜人，环境优雅，植被茂密，空气清新，气温昼高夜低，冬寒夏凉，雨季偶尔出现山体滑坡、小型山洪等自然灾害。境内河道属澧水河流域，溪沟长 14.8 公里。矿产资源主要有石灰石、油质页岩、铁矿石等。

人口民族

1949 年，辖区总人口 13505 人。后因医疗卫生条件改善，人口出生率上升，1957 年总人口 19810 人。1964 年，总人口 20485 人。1981 年后，实施计划生育政策，人口自然增长率控制在 10‰以下。1987 年，辖区有 7224 户 26793 人。到 2014 年，全镇总人口 32413 人，以土家族、汉族为主，其中，土家族 1.9 万人，占总人口数的 58%。

经济发展

经济综述

东岳观是传统的农业大镇。20 世纪六七十年代前，农民生活水平普遍偏低，没有解决温饱问题，1964 年，农民人均纯收入 37.6 元。1982 年，工农业生产总值 697.49 万元，农民人均纯收入 190 元。1987 年，工农业生产总值 1159.78 万元，人均纯收入 279 元。20 世纪 90 年代后，乡镇企业开始蓬勃发展，工农业生产总值增长较快。2000 年，全镇生产总值 5500 万元，财政收入 350 万元，人均纯收入 1396 元，居民储蓄存款余额近千万元。2001 年后，国家取消农业税、乡统筹款，发放各种惠农补贴资金等，农业生产得到长足进步。2014 年，全镇生产总值 9357.58 万元，人均纯收入 4080 元，各项存款余额 2 亿元，贷款发放 9000 万元。

农业

主要农产品有水稻、玉米、油菜、柑橘等。20 世纪 70 年代，开始大力发展旱粮作物。1971 年，扩种杂交玉米。1975 年，以种植双季水稻为主，种植面积 1107.07 公顷（早稻亩产 150 公斤，晚稻亩产 200 公斤），并开始试种 0.13 公顷杂交稻，亩产 475 公斤。1976 年，推广种植杂交水稻面积 66.67 公顷。1977 年，杂交水稻种植面积增

家禽养殖

至 200 公顷。1982 年杂交玉米种植面积 666.67 公顷，亩产 400 公斤。由于杂交稻用种少、产量高，种植面积逐年增加，到 1987 年，杂交水稻面积 666.67 公顷，亩产 500 公斤，当年粮食产量 11068 吨，居全县各乡镇第一。1992—1999 年，水稻种植到高峰期，种植面积 933.33 公顷，亩产 550 公斤。1992 年粮食产量 10836 吨。2000 年粮食种植面积 1570.67 公顷，总产量 13018 吨。2014 年，全镇水稻种植面积 933.33 公顷，玉米种植面积 1326.67 公顷，创建 933.33 公顷玉米高产示范片，单产 614 公斤。为加强农业经济效益，发展柑橘、油菜、棉花等经济作物。1977 年，开始种植柑橘，种植面积 13.33 公顷。1979 年种植棉花面积 833.33 公顷。后由于销路等原因，棉花种植面积逐年递减，到 1993 年，种植面积稳定在 200 公顷以内。由于柑橘经济效益好，到 1992 年种植面积突破 666.67 公顷，品种以无核蜜桔为主，还有脐橙、椪柑、柚子面积 133.33 公顷。近年，对柑橘进行品改，加强科学培管和技术普及，扩充销路，2000 年种植柑橘 800 公顷。2004 年，东岳观被湖南省和农业部认证为无公害柑橘生产基地。2007 年 7 月，“东岳柑橘”被农业部农产品质量安全中心认证为无公害农产品。2014 年，全镇柑橘种植面积 1200 公顷，年产柑橘 1000 万公斤，年创收 800 万元，销往全国各地，并出口朝鲜、俄罗斯等国家。2000 年，全镇种植黄姜、葛根 133.33 公顷，由于效益差，到 2005 年放弃种植。2000 年种植油菜 1000 公顷，国家免费发放油菜种子，面积保持在 666.67 公顷，亩产 150 公斤。2014 年，油菜种植面积保持 666.67 公顷以上。

畜牧业

主要以养殖猪、牛、羊、鸡为主。1949 年前，饲养猪、牛、羊较少，且以农户散养为主，生猪人均占有量不到 0.5 头。1958 年，以集体养猪为主，养猪 2360 头。1981 年后，确定实行家庭联产承包责任制，群众消费能力提升，养殖生猪 4530 头。到 20 世纪 90 年代，养殖业发展迅速，1990 年生猪出栏 1 万头，耕牛存栏 2206 头。2000 年，出栏肉猪 1.38 万头，出栏牛 417 头，出栏羊 6620 只。此后，养殖业逐步形成规模。2007 年，跑马村刘际平养殖生猪近 1000 头，成为全镇第一个生猪养殖大户。是年，全镇生猪养殖 2 万头。2013 年，全镇规模养殖 100 头生猪养殖户有 25 个，全年养殖生猪外销 2.9 万头。2014 年，全镇生猪外销 3.2 万头；养殖本地黄牛 800 多头，鸡 7 万多只，年产值约 950 万元。

乡镇企业

20 世纪 90 年代后，乡镇企业开始蓬勃发展，乡办企业主要有石灰矿、砖瓦厂、油厂等。1995 年，在幸福村（今西边峪村）投资 30 余万元成立建材厂，有工人 20 人，主要生产水泥预制建材。1999 年，改为生产皂素，年产 30 吨，产值近千万元。到 2003 年，解决 200 余人就业。2001 年 4 月，改制为张家界市旷天化工有限责任公司，注册资本 365 万元，有工人 22 人；年生产镍钼矿 110 吨，年产值 580 万元，2008 年停产。2008 年 7 月，彩华新型页岩砖厂在东市居委会成立，生产国标砖、空心砖等产品，砖厂总投资 280 万，占地 8700 平方米，有工人 23 人；2014 年日产砖 4 万块，年产值 364 万元，上缴税额 3.6 万元。

商贸服务

1950 年，成立供销合作社，有社员 45 人，股金 350 元。1955 年社员发展到 3254 户，购销店 4 个。1958 年，供销社机构、人员、财产全部下放到人民公社，成立公社营销部，变成全民所有制企业，私商小贩组织合作店、组全部并入供销部。1961 年商供分开，恢复供销合作社和网点。1990 年供销社解体，全镇有个体工商户 296 户（集镇 232 户），从业人员 1750 人，商品零售额 500 多万元。20 世纪 60 年代，东市集镇每月逢 3、6、9 日赶集，直到 80 年代。后因增加市场河赶集市场，调为每月逢 3、8 日赶集。2006 年，推行“万村千乡”市场工程，建有连锁超市 3 个，分布在银泉、阳风坪和佛袈山村。2014 年年末，发展芙蓉超市连锁超市 7 个，每个超市年均营业额二三十万元。

劳务输出

1984 年，境内有百余人外出到沿海城市务工，年创收 20 万元。1992 年后，外出务工小高潮出现，到广东、上海、浙江、北京等地务工 500 多人，年创收 200 多万元。到 2010 年，全镇外出务工 5000 多人，创收 4454.5 万元；2012 年外出就业 6300 多人，创收 5745.6 万元；2013 年外出务工 7000 多人，创收 7000 多万元。2014 年年末，全镇转移输出就业 8300 多人，创收近亿元。

基础设施

交通运输

1967 年，修通苗市至通津铺砂石公路，连通县城客运班车，每天往返 1 趟。1991 年，省道 305 穿境而过，方便东岳观至慈利县城、石门等地的运输，东市社区居委会设班车客运站，日发班车 10 趟，日均客运量 200 人左右。2004 年，新花村开通直接到县城的班车，风自洞、陡溪等村先后开通镇村公交车载客运输。2012 年，集镇到各村的乡道全部硬化，总里程 186 公里。2014 年，投资 50 万元，建成彩球大桥。至 2014 年年末，全镇 26 个村（居）委会均通水泥路，公路入户率 95%，村道总里程 210 多公里。

邮电通信

1949 年以后，邮政业务逐年增加。1970 年，成立邮政所，有职员工 3 人，每日通邮 1 次。2000 年，拓展电子商务、速递物流等业务。2006 年，拓展邮政储蓄业务。2010 年 7 月，邮政所改制升级迁入新址。2014 年，有在编员工 6 人，报纸杂志年发行量 20 多万份，报刊流转额 16 万元。

1937 年，境内开通电话线路。1943 年 11 月日军侵犯慈利，电话线路遭破坏。抗战胜利后，1946 年 12 月恢复电话线路。1960 年，将公社总机调整为公社自用自理。1975 年改革电杆结构，用水泥电杆代替木电杆，是年各大队设有电话，公社有广播室。1992 年，建镇电话所，有员工 5 人。当年电话架到各村。1995 年，安装程控电话 2000 门。2003 年、2004 年，先后成立移动和联通通信专卖店。2010 年后，开通互联网宽带业务。至 2014 年年末，全镇有固定电话用户近 3000 户，移动电话用户 13000 多户。

供电饮水

1967 年前，境内没有照明用电。1967–1970 年，集镇居民靠小水电照明用电。1975 年，境内架通农户低压电线。1989 年，有电村 27 个村，村通电率 100%，有用电户 6756 户，配电变压器 28 台，用电设备装机 1280.25 千瓦。1995 年，全镇所有农户实现通电。2000 年，成立供电所，有乡镇管理人员 13 人，村级电工 26 人。2009 年，供电所新址正式运行，占地 0.37 公顷，供区管辖东岳观、通津铺、杨柳铺、庄塌、国太桥 5 个乡镇 101 个建制村 2.6 万户，公用变压器 273 台，供电容量 2.7 万千伏安。有 10 千伏线路 284 公里，低压线路 2124 公里。2012 年年底，26 个村（居）委会全部完成电网改造，供用电水平得到提高，年用电量 3600 万千瓦时。

1950 年前，农户主要饮用水源是井水和天然蓄水。1996 年，铺设第一条自来水管，实现集镇自来水通户。2004 年，投资 40 多万元铺设从白洋湾到居委会的第二条自来水管。2000 年，成立镇水管站。2014 年，投资 280 万元，从庄塌水库引水，改造升级原自来水设备，满足集镇 1 万多人用水需求，且水质得到提高。到 2014 年年底，铺设水管 4600 米，新建人畜饮水工程 4 处，解决山区村农户 4700 多人饮水问题。

水利建设

1958 年 7 月，修建关田溶水库小（1）型水库，集雨面积 5.22 平方公里，总库容 197 万立方米，灌溉面积 871.33 公顷，发电装机 1 台 26 千瓦。1959 年，修建大岩水库小（2）型水库，集雨面积 0.905 平方公里，总库容量 16 万立方米，灌溉面积 377.33 公顷。20 世纪 60—70 年代，修建骨干山塘 11 口，修建山塘 800 多口。1964 年，修建白杨湾水库小（1）型水库，集雨面积 1.6 平

农田灌溉水渠

方公里，总库容60万立方米，灌溉面积393.33公顷。2011年，建农民用水户协会，有工作人员11人，会员300多人。整合资金13.7万余元，用于维修关田溶进水渠1840米，疏通分水至跑马村11000米的主渠涵洞，解决关田溶库区东岳观、杨柳铺镇30个村3万多人人畜饮水问题，改善农田灌溉面积1466.67公顷。2012年对白杨湾水库进行整修工作。2013年，筹资67.7万余元，投劳3800个，完成多处人畜饮水工程与堰塘加固除险工程。至2014年，全镇投入资金300多万元，完成1座水库除险加固任务，新修、整修沟渠1895米，清淤山塘12口，整修骨干2两口，改善灌溉面积200公顷，新增除涝面积16公顷。至此，境内有上型水库3座，骨干塘19口，山塘1394个，溪沟长14.8公里。

村镇建设

1991年，集镇建设步入快车道，是年，1850米中心街道竣工。2000年，开始建设村级活动中心，2014年，有村级活动中心26个。2008年，开始建设镇级文体健身广场，到2014年建成镇级文体健身广场3个，村级体育健身广场10个。2010年，集镇中心街道及延伸线一公里内均安装路灯，镇政务服务中心、供电所新址、信用社等部门办公楼新建竣工使用。东岳观镇是全县小城镇建设的先行者，小城镇建设成效显著，2014年完成小康村建设3个、社会主义新农村建设村1个。

社会事业

学校教育

东岳观镇中心完小前身是1984年创办的乡中心完小，校园占地面积13250平方米，建筑面积5604平方米，现有教职员工48人，学生794人。2010年11月，通过“普九”验收为“合格小学”，2011年成功创建全县首批“乡村少年宫学校”。东岳观镇中学前身是道林高级小学，始建于1923年。1961年11月，命名为慈利县第六初级中学。1984年改名为东岳观乡中学，1995年更名为镇中学。1995年经市人民政府“普九”验收为合格，2000年创省定点骨干初中验收为合格，2001年被评为“规范化初中”。2014年年末，校园总面积2万平方米，总建筑面积9500多平方米，有9个教学班，在校学生396人，教职员工52名。境内尊师重教氛围甚浓，先后有6000多名学生考取大中专院校。全镇有中心幼儿园1所和村点幼儿班4个，有幼儿455人，幼儿教师26名。中心幼儿园创办于2002年，中心幼儿园新建项目工程已正式启动，投资300余万元。2014年，全镇小学和幼儿园共有在校生（幼儿）1425人。

文化体育

1960年，始建公社广播放大站。1975—1982年，共建社队广播专线111杆公里，在26个大队安装高音喇叭185只，发展入户喇叭1485只。1987年10月，自筹资金兴建10瓦电视差转台，覆盖1.5平方公里，后停播。1995年，自筹资金兴办有线电视，架设电视电缆4.8公里，收转卫视节目16套，发展网络用户245户。2002年，彩球村自筹资金兴办村级有线电视站。2006年，镇有线电视完成与县有线电视网络连接，建有线广播电视村（居）14个，安装“村村通”电视用户1000余户。1970年后，群众业余文化生活以看电影为主，公社组建专业电影放映队，在大会场集中放映。到20世纪80年代初，电影放映场次由每日1场增加到3场，还开展电影下大队（村）活动。1987年后，传统的电影放映逐渐被有线电视等新媒体取代。2005年，东市居委会群众自发组建第一支广场舞队伍，2014年发展广场舞队6支，老年腰鼓队1支，有村级乐队11支，主要是为红包喜事助兴。2010年，开展农家书屋建设，当年完成3个村，藏书4278册。2014年年末，完成全镇26个村（居）农家书屋建设，藏书4.5万余册，碟片5000余套；建成无线广播村（居）13个。

医疗卫生

1952年，建东岳观卫生院。1998年遭遇特大洪灾，被迫迁址重建。2006年，镇卫生院占地面积1480平方米，建筑面积2600平方米，编制床位20张，有专业技术人员26人。2014年，全镇设镇卫生院1所和村卫生室22个，有专业医生14人，病床26张。2005年实行新型农村合作医疗，参合标准每人每年10元，参合人员2万余人。后参合标准提高到每人每年60元，参合人员2.41万人。2014年年末，农村合作医疗参合标准为每人每年90元，参合人数2.59万人。

社会保障

1956年，境内实行"五保"政策，供养无儿无女的老人。1980年对"五保"老人实行以村为主分散供养。1984年建成镇敬老院，占地5285平方米，建筑面积1046.8平方米，设床位40个，收养五保对象34人。2001年实行城镇低保政策，城镇低保对象450人；2005年实行农村低保政策，农村低保对象965人。2014年年底，有城乡低保对象1304户1795人，国家抚恤、补助各类优抚对象387人。2011年实行农保政策，参保标准每人每年100–500元；2012年参保人数13760人，参保资金139.09万元；2014年参加新农保11545人，参保资金123.06万元。2005年开始实行计划生育奖扶政策，扶助标准每人每年600元，当年全镇有56人享受；2009年年末有179人享受奖扶政策，扶助标准每人每年720元；到2014年有595人享受计生奖扶资金支持。

特色地情

历史人文

20世纪20年代，贺龙从事革命活动，经常出入东岳观，曾参加该镇阳凤坪村樟树桥的修建工程。1943年11月17日，日本侵华军步兵第一一六联队从石门入慈，沿路烧杀抢掠，进犯东岳观时，集镇房屋、店铺烧毁大半，其状惨不忍睹，在人们心中留下不可磨灭的记忆。境内东市居委会的划字垭为慈利抗战主战场，308位川军英雄血洒此处。如今烈士纪念碑历经世纪风雨，仍矗立在莽莽青山之中，激励着一代又一代东岳儿女投身到建设祖国的伟业中。

名优特产

黄金瓜　又名"十棱黄金瓜"，学名为"伊丽莎白厚皮甜瓜"，因色泽金黄而得名。黄金瓜外表美观，颜色鲜艳，香气浓郁，内含多种维生素及高糖，汁多味美，甘甜清脆，还具有补中益气、消炎止痛、解毒杀虫的作用，对老年人高血压、冠心病、肥胖症等，亦有较好疗效。该镇板桥村经过多方考察，根据市场需求，自2000年开始动员村民种植黄金瓜。全村种植面积1公顷，亩产1500公斤，市场价4元每公斤。随着消费者的不断认可，品尝后觉得此瓜香甜可口，销售有保障，瓜农种植积极性提高。2010年种植达到顶峰，现已成为板桥人发家致富、名副其实的"黄金瓜"了。2014年，板桥村种植黄金瓜5.33公顷，亩产2500公斤，市场价7元每公斤，创收约140万元。

“板桥一号”辣椒 该镇种植大辣椒的历史源远流长。1978 年改革开放以后，主要分布在板桥、三岔、凉水、佛袈山等建制村种植。20 世纪 80 年代初，以板桥村茂竹组张明初为代表的种植农户，开始带动本地部分农户小规模种植 6.67 公顷左右，经济效益可观。后发展到 5 个村有种植户 400 户，面积 33.33 公顷，亩产 3000 公斤，创收 90 万元。后得到乡政府、县农业局、县科协等部门大力扶持，确定张明初自选的大辣椒品种为“板桥一号大辣椒”进行推广种植。到 1988 年，种植户有 500 户，面积 36.67 公顷，亩产 4000 公斤，创收 198 万元。随着市场需求发生变化，消费者大多喜欢“长线椒和长牛角椒”品种，“板桥一号”辣椒逐渐淡出市场，自 1991 年开始，该品种慢慢被淘汰。进入 21 世纪，该镇以种植“湘辣七号、湘辣十六号长线椒”和“湘研 369、湘研 158 长牛角椒”为主，全镇种植面积稳定在 66.67 公顷以上，亩平均收入 5000 元以上。

烈士纪念碑

风景名胜

天然氧吧 该镇天鹅池村坐落于海拔近千米的道人山下，境内山峦起伏，森林覆盖率 85%，是一个天然的绿色家园。道人仙山、天鹅瑶池等自然景观令人流连忘返。相传美丽而圣洁的天鹅池水因众多天鹅在此栖息而得名，后因迁居于此的村民及牲口侵扰，池水已不再圣洁，美丽的天鹅离开此处，至今仍保留着天鹅池的旧址。绝美的奇山异水、良好的生态环境和美丽的传说，构筑成天鹅池村休闲避暑胜地，每逢夏季，有不少游人慕名而来，拜读美丽的天鹅传说。

道人仙山 据《慈利县地名志》记载：“明朝末代永历帝西奔，大将李定国与叛将吴三桂激战高黎贡山，一名随员大臣杨荣，在战乱中失散，流落保山，埋名隐姓，伺机复明，后得知永历帝缢死，便向东长辞，啼血而泣，遂上山出家为道，结蘖为庐，立石为庙，自称海轩道人。”如今道人山还有诸多神话传说，如今红花寺左侧有个石臼，说是海玄道人杨校录当年用来舂石子，煮后可变成一锅大米饭，上山的人经常和他吃。又说人称“仙人打歌处”的坪场，传说玉帝被海玄道人心坚如石、志高如山的修炼精神所感动，于农历每月十五，明月当空时，便派出仙女下来为他唱歌跳舞，慰藉其孤独之心，便踏出了这个坪场。至中华民国 13 年(1924)，人们为纪念海玄道人杨校录，在道人山顶修了一座石庙，后由于年久失修，有些坍塌。道人山的每一座山峰，每一条岭岗，几乎都有与海玄道人有关的故事和传说，给道人山蒙上神秘色彩。

民俗风情

该镇属汉族、土家族杂居，主要沿袭了土家族独特风俗。农历春节前晚有“守岁”的传统，大年三十晚上全家人吃好团年饭，围着火炉看春晚、唠家常，总结当年谋划新年，共同守到午夜零点，齐放鞭炮，祈福来年五谷丰登。土家人有吃糯米粑粑、熏腊肉的习俗。一般到农历冬月、腊月之际，土家人开始忙活年货了，将年猪杀好、腌好，随即放置火炕上熏干，再进行烹饪食用。在农村，家里新添人丁都要赈祝米酒，邀请亲朋好友前来祝贺，特别是外公外婆还要奉上物品或钱等，为外甥祈福。孩子满一个月后，要到外公外婆家去“出月”。以澧水河为界，该镇语言属典型的“后河”方言，与慈利县城语言较为接近，如豆角称“豇豆儿”、四季豆称“梅豆儿”等。如今，境内人民群众茶余饭后，踩着新时代的节拍，拍打着腰鼓，舞动着广场舞，舞动着生活的美好。

（撰稿人：田金琳　刘鹏　图：田金琳　刘鹏）

杉木桥镇

区域概况

地名由来

杉木桥镇是慈利县商贸流通重镇之一，曾是西通湘鄂西、东往津市、澧县的要道。当地人在战马溪上用杉树建亭子桥，杉木古桥后已不存。清同治年间，郑、卓、万三姓筹资续建三孔石桥，后因桥两头形成集市，“桃源双溪口，慈利杉木桥”称誉流传甚广。杉木桥由此得名。

位置面积

杉木桥镇位于慈利县西北部，东与通津铺镇接壤，南与高峰土家族乡隔河相望，西与象市镇为邻，北与三合口乡、庄塔乡交界。总面积 91 平方公里。镇人民政府驻地距县城 22 公里。

建置沿革

1912 年，属慈利二十二都辖地。1930 年，建杉木桥镇，1935 年撤销，后以保甲组织存在。1952 年，重建杉木桥镇，与象市、通津铺合并为九区，为区公所驻地。1956 年 6 月析出，为杉木桥乡。1958 年 9 月，成立杉木桥人民公社。1984 年 2 月，更名为杉木桥乡，7 月，更名为杉木桥镇至今。

行政区划

2014 年，全镇辖湖塔、枫垭、龙关坪、豹

集镇全景

子、泗水坝、中溶、七岭、龙潭、月亮、清水、沅峪、杨家塔、大市、官坪、沅坪、赵家铺、湖丘、粟山、狮子、尖角、马塔、杨华、三斗、战马、大门、丰岭、小岭27个建制村和东街、西街2个社区居委会，共351个村（居）民小组。镇人民政府驻西街社区居委会。

自然环境

杉木桥镇南北为山，中间为红沙土丘陵，最高点位于北山丰岭村的战鼓岭，海拔1034.1米。境内四季分明，年平均日照1438小时，气温16.6℃，降水量1475毫米。境内有冰雹、旱涝、霜冻、雷击、山体滑坡等自然灾害。境内有小（1）（2）型水库各1座，骨干山塘14口。战马溪流经境内，全长24公里，灌溉农田5100亩。已探明的矿藏有铁矿，分布在丰岭、小岭一带，尚未开采。全镇有林地面积7.72万亩，森林覆盖率56%，活立木蓄积量32.9万立方米；有公益林面积2.89万亩，其中，国家公益林面积1.6万亩，林木以马尾松和杉木为主。

人口民族

1957年，辖区总人口22866人；到2014年年末，总人口28324人。境内为少数民族聚居地，有土家族、苗族、壮族、瑶族、侗族、白族等少数民族，其中土家族20244人，占总人口的71%。

经济发展

经济综述

杉木桥镇是农业大镇，商贸流通较为活跃。1957年，境内工农业总产值41.4万元，农民人均纯收入31.4元。改革开放后，经济发展成果显著。到1982年，工农业总产值636.02万元，农民人均纯收入164元。1990年，全镇工农业总产值1297万元，人均纯收入288元。进入21世纪后，经济社会发展进入快速增长期。2001年，全镇农业总产值5073万元，人均纯收入1617元。到2014年年末，全镇实现生产总值2.79亿元，其中，农业生产总值1.34亿元，农民人均纯收入4614元。水稻、玉米、油菜种植及生猪养殖是全镇传统农业。近年来，通过招商引资，探索发展特色产业的路子，烤烟、蔬菜、油茶产业得到发展壮大。20世纪50年代初期，农民过着住土砖房、点煤油灯、烧柴做饭取暖的生活，80年代末，土砖房仍占88%。至2014年，70%的农户住上砖混结构的住房，60%以上的农户用上沼气、液化气、太阳能，电饭锅、电视机、洗衣机、电

千亩油菜示范片

冰箱、摩托车等成为农民的必备生活用品。

农业

全镇农业人口 26896 人，占总人口的 94%，农村劳动力 1.55 万个。耕地面积 2184.2 公顷，其中，灌溉水田 887.4 公顷，望天田 367.3 公顷，旱地 929.4 公顷。粮食作物以稻谷、玉米、红薯为主，经济作物有油菜、烤烟、柑橘、黄豆、杜仲等。1950 年前后，水稻为一季稻，因科技落后，农业基础条件差，水稻抵御自然灾害能力低下，在风调雨顺的前提下，亩产也不足 200 公斤，一遇自然灾害，就会减产甚至绝收。1956 年后，生产力得到解放，农田基础建设得到加强，种子、肥料、栽培技术得到改良，水稻大面积由单季改为双季。1977 年推广杂交水稻后，粮食产量不断提升，1980 年后，农村土地家庭联产承包责任制得到大推广，农民种粮热情进一步提高。2001 年，继续调减劣早稻和普通中晚稻，大力发展高档优质稻，积极推广特种稻开发，大力发展玉米、豆类等优质旱粮，农业总产值实现 5073 万元，粮食总产量 12190 吨。2014 年，全镇种植水稻 820 公顷，玉米 1120 公顷，粮食总产量 1.92 万吨；种植油菜 859.53 公顷，产量 2127 吨；种植烤烟 1500 亩，产量 16.5 万公斤；种植蔬菜 100 公顷，产值 400 万元。养殖业是杉木桥的传统产业，近年来，开始向规模化、基地化转变。2014 年，有出栏 500 头以上的生猪养殖大户 4 户，出栏 100 头以上的生猪养殖大户 28 户，年出栏生猪 25000 头。有规模化山羊养殖户 2 户。

乡镇企业

1950 年，豹子村卓姓村民成立“恒泰兴”商号；1952 年公私合营后，收归集体所有，成立油脂加工厂，有员工 30 余人，主要从事食用油加工。20 世纪 80 年代初，加工厂年产值 30 余万元。1974 年，成立社队企业办（1984 年改为乡镇企业办），工作人员 7 人，管理乡镇企业。当时的社办企业有油脂加工厂、印刷厂、造漆厂、淀粉厂、装饰品厂、石炭厂、贸易货站、招待所、战马林场、黑龙泉渔场、建筑工程公司；村办企业有沅峪的复合肥厂、泗水的鞭炮厂及各村的粮食加工厂。20 世纪 80 年代末 90 年代初，镇村企业非常红火。到 1990 年，全镇实现企业总产值 995 万元，利润 158 万元。1997 年企业改制，部分企业转给私人，部分企业进行清算后解散。到 2001 年年末，所有镇村企业改制完成，镇、村集

月亮村烤烟基地

体企业不复存在。2014 年年末，全镇有个体工商户 410 户、私营企业 30 余家，从业人员 1200 余人，年产值 1 亿余元。

商贸服务

自古以来，杉木桥是湘鄂西商贸流通中心，农贸市场远近闻名，市场交易灵活，环节简单，形式多样。改革开放以来，市场更为繁荣，交易品种有各种山货、水产、五金、蔬菜、篾货、活禽、水果、大小家电、服饰等，每逢一、六日场期，杉木桥、通津铺等 14 个乡镇参与赶集的人不下两万，并吸引东到温州，南到广州，西至贵阳，北起承德，共 11 个省市，数以千计的生意人蜂拥而至，由于经济交往辐射面广，交易额逐年上升，1988—1990 年，贸易总额分别为 1530 万元、1680 万元、1840 万元。1984 年，修建农贸市场，占地 2.44 万平方米，有公用摊点 3000 余个，是杉木桥镇新的集贸交易中心，年交易额逾亿元。多年来，经常被评为县级、市级、省级文明集贸市场。

劳务输出

杉木桥镇地少人多，劳动力丰富。1978 年改革开放以后，境内兴起打工热潮，农村剩余劳动力自发向广东、深圳、浙江等沿海发达地区转移，优秀大中专毕业生亦选择在发达地区就业。根据市场需求，镇党委、政府组织劳动力技能培训，培养一大批驾驶员、农技师、电工等专业技术人才，并向外推荐就业。到 2014 年年末，全镇向外转移输出就业 8400 余人，创收 1 亿多元。

基础设施

交通运输

1949 年前，境内无公路，百姓出门靠山路步行，运输物品靠肩挑背驮。1966 年动工修建第一条公路“后冷战备公路”，1968 年完工。1970 年、1977 年、1988 年分别修建黄家桥至杨家塔、杉木桥集镇至杨华、杉木桥集镇至中溶 3 条主干道。到 1992 年，相继修通杨华至尖角、中溶至沅峪、沅坪至大市的通村公路，方便群众出行，部分群众出行开始使用自行车，拖拉机运输开始兴起。2007 年，启动农村客运站建设，当时有通往

机耕道

县城公交车4辆；到2014年年底，发展到11辆，日发客运班车30余次，日均客运量500余人次。2014年年末，全镇村组道路里程200余公里，实现村村通公路，90%的村（居）民小组通路，公路入户率85%，除小岭、大门、丰岭3个村未通公交车外，其余各村均开通至集镇的公交车。

邮电通信

杉木桥邮政支局成立于1992年，之前是杉木桥邮电所，当时仅由一名邮电职工承包，负责经营报刊，邮件和少许存款业务，年收入不到5万元，存款余额每年不足10万元。1998年邮电分营后，经营规模、网络设施、营销项目、服务质量等得到快速发展，现有专业人员8人，拥有固定资产300多万元，开办业务12项，投递服务质量进一步加强，对集镇街道报刊每天送一次，对村组用户每周不少于3次。通信发展迅速，到2014年年末，有移动、联通、电信代办点各1个，固定电话用户2300余户，移动电话用户1万余户，互联网用户1200余户。

供电饮水

1949—1976年，境内供电饮水设施较差，农民照明用煤油灯，饮用雨水、井水。1978年1月，沅坪大队、杨家塔大队群众开始使用黑龙泉水库电站发电，成为境内最早使用照明用电地。1988—1992年，组织群众集资15万余元，相继解决大门、小岭等4个村的用电问题，至此境内农村告别点煤油灯照明的历史。2006年，启动农村电网改造工程；2013年，完成湖塔村电网改造，标志着全镇首轮电网改造全部结束，居民生产生活用电得到有效改善，到2014年，全镇年用电量50万千瓦时。低电压改造工程正在启动。

1986年以前，境内居民靠收集雨水，打井挑水喝，人畜饮水困难且不安全。1988—1992年，集镇群众集资10万余元，打钻井一口300多米，修建蓄水池1个，蓄水近10000立方米，解决镇直机关职工和街道居民的饮水问题。1996年，成立杉木桥自来水厂，将黑龙泉的水净化后送至农户家中，供水管长度14公里，日供水量600余吨，解决1600余户群众饮水问题。2005—2006年，修建庄塌引水工程，引入庄塌水库的水源，解决沅峪、七岭、中溶、清水4个村近3000人的安全饮水问题。到2014年年末，全镇自来水入户率60%。

水利建设

1956年前，境内水利设施十分简陋，沟渠、山塘、河坝呈自然状态，85%的稻田为望天田。

黑龙泉水库大堤

1958年10月动工修建黑龙泉水库，为小（1）型水库，位于杨家塔大队。1958年10月动工，1960年3月坝体建成，1976年重新加坝，1977年4月大坝全面竣工。坝型为黏土斜墙坝，坝高30.5米，坝顶宽4.5米，库容533万立方米，输水系统为直径1.0米、长138米钢筋砼压力隧洞。溢洪道，为1978年修建，1979年改建成开敞式正槽明渠，距大坝右岸200米，宽7米，长110米。灌区工程分南北2条干渠，附属建筑有渡槽4处，长393米，隧洞2处。整个工程投工150万个，投资100万元，完成土石方100万立方米，浆砌2.5万立方米，混凝土4000立方米。库水可灌溉杨家塔、大市、关坪、豹子、龙潭、沅坪、泗水坝、月亮、湖丘、沅峪10个村209.67公顷农田。1979年在此建电站1座。1999年，筹资投工铺埋地下水管6000米，将库水引入集镇，解决集镇及周边几个村的人畜饮水困难。2010年，对黑龙泉坝堤进行除险加固，水库容量588万立方米，解决上万人的饮水及农田灌溉问题。

战马村历年来饱受干旱之苦。1987年开始修建战马溪水利工程，全长24公里，灌溉农田340公顷。1996年5月，修战马沟渠，1998年12月竣工。全长5200米，宽0.5米，深0.7米，均为青石水泥浆砌结构。整个工程投工50000个，开挖土石方12000立方米，耗炸药7.5吨，水泥765吨，砂石1500立方米，填土石2000立方米，总投资48万元。沟渠竣工后，战马溪水源源不断流入田间，战马村随即将旱土改田13.33公顷，1999年全村水稻产量比上年增长9万多公斤，沿渠修建人畜饮水池15个，蓄水量150吨，全村水源缺乏的问题从此得到解决。2000年后，全镇整修骨干塘、山塘50余座、100余处，维修防渗渠道4公里。

村镇建设

长期以来，境内因经济发展滞后，地方财力有限，村镇建设停止不前，直到1966年，国家投资，加上农民筹款、出工才修建起“后冷战备公路”。通公路后，境内才开始进行集镇建设，在集镇区域内扩建街道。2000年后，村镇建设步入快车道，累计争取资金上亿元，以公路建设为重点，联通集镇街道，扩充扩展集镇建筑面积。2006年后，各村相继修建村级组织活动中心，村级组织办公及群众活动场所得到较大改善。2002年，镇政府机关将土木结构办公用房改建成集办公、住宿、会议室为一体的钢筋混凝土结构的办公楼。2013—2014年，投入60万元，完成政府机关大院改造修缮工程；投入200余万元对集镇下水道及人行道进行改造，完成集镇道路护肩2000米，人行道建设1800米，下水道建设1800米。2014年，投资5500余万元，实施国土整治项目建设，使全镇25个村（居）农业生产条件得到较大改善。

社会事业

学校教育

杉木桥镇中学的前身是创办于1909年的“云台族立初级小学”，由卓氏族人每年提取公祠田租25担，房租钱5缗作为学校常年经费开支。学校有教室4间，操场300平方米，学生60余人，教师2人。1950年被政府接管，改为公立云台初级小学。1956年，并入杉木完全小学。1960年，杉木桥完小从溇东学校（今慈利六中）迁入云台，此时校园占地5600平方米。完小一直办到1970年底。从1971年开始办初级中学，1990年后，学校规模不断扩大；1995年，成“普九”合格学

关坪村农家书屋

校。扩建校舍后，学校规模扩大到18个教学班，学生1000余人，教师81人，建筑面积约6500平方米。2010年，镇中学被评为省级义务教育合格学校。2014年，全镇辖中小学6所，其中初级中学1所，完小1所，片小1所，点校3所；初中学生527名，小学生1187名。在园幼儿651人。有中小学教职员工116人。致力于留守儿童的关护工作，组建158个“爱心家庭”，聘请369名“代理家长”和65名“爱心妈妈”，组成560名志愿“结对”以及4个校外辅导站，实施对留守儿童的全方位的关爱行动。镇中学还和上海文来中学结成联谊学校，得到他校领导和师生的无私帮助。学校先后获得市级德育工作先进单位、省师德工作先进单位、省“五四”红旗团委、省未成年人思想道德建设先进单位等荣誉。

文化体育

1970年4月建公社广播站。1972年后，始建广播专线。1980年，全公社生产队300多个，队队通广播，舌簧喇叭发展到3500多只，占农户总数的50%。1987年，自筹资金在小尖山建10瓦差转台，太平山转播台开播后，差转台停播。1992年，筹资5万元，更新广播水泥杆专线378杆公里。是年，镇站建成48平方米机房，建村广播室26个，及时传播党的方针、政策以及科学技术，添置275瓦扩大机18台、150瓦扩大机8台。之后，陆续架高音喇叭168只，充分发挥农村广播的作用。农忙季节，镇自办“农技讲座”等节目。1993年起，筹办有线电视，架电视电缆58公里，陆续开通卫视节目15套，发展网络用户780户。2000年后，投资300余万元，改造电视、电话、通信网络，成功实施有线电视承包经营权转让，对线路重新规划设计，为偏远山区争取卫星接收器材500余套，实现全镇电视全覆盖。

20世纪80年代初，境内有电影放映机3台，在各大队（村）轮流放映，丰富群众业务文化生活。到2014年，全镇建成27个村（居）的农家书屋，藏书共计9万余册，镇文体广播站还设有高标准图书室1个，有各类图书5000余册。渔鼓、腰鼓、舞龙灯等文艺活动，在境内有较长历史，近年来，广场舞在民间开始流行，全镇有十余支队伍，跳广场舞逐建成为中老年人钟爱的最主要锻炼方式。

医疗卫生

1953年前，境内有个人诊所为民众提供中医药卫生服务。1954年成立联合诊所，20世纪60年代更名为卫生院，下设4个诊所。当时卫生院的条件极其简陋，只有几个药柜，1台显微镜和1台20毫安的X光机，职工12人。到2014年，镇卫生院发展成集医疗、预防保健、公共卫生为一体的综合性卫生院，建筑面积5000平方米；有卫生专业人员38人，床位50张，年门诊量3万余人次，住院2万人次。设中医科、内科、外科、妇产科、儿科、功能科、预防保健等科室，拥有DRX光机、B超、全自动生化分析仪、全自动血细胞分析仪、尿液分析仪、心电监护仪、自动洗胃机、胎心监护仪等医疗仪器和救护车1辆。全镇有22个村（居）设卫生室。2014年，全镇新型农村合作医疗参保24060人，参保率97%。

社会保障

镇敬老院位于杨华村，原本是杨华小学场地。2008年撤点并校后，投资30万元购建成镇敬老院，有床位50张，收养农村五保对象32人。2011年，启动新型农村养老保险，参保人数11659人，2012年参保人数12270人，2014年年底，参保率94%。2014年，城镇最低生活保障对象55户72人，支出2.7万元，月人均200元；农村最低生活保障对象1059户1152人，支出130.7万元，月人均95元。农村“五保”集中供养34人，支出16.2万元，农村“五保”分散供养148人，支出37万元；农村医疗求助80人次，民政部门资助参加合作医疗1334人次，共支出8万元。国家抚恤、补助各类优抚对象410人，抚恤事业费支出48.2万元。2008年启动农村危房改造，到2014年，完成危房改造户400余户，解决1000余人居住困难问题。

特色地情

历史人文

杉木桥是县城通往湘西北各县及湖北鹤峰的交通要道。土地革命时期，在共产党的领导下，境内的农民运动如火如荼，群众基础好。蹇先任自石门南乡暴动失败后，匿居在杉木桥舅舅家中秘密从事革命活动。红四军中的吴虎臣、吴玉堂、吴子玉等营、团长，是杉木桥人，在当地颇有影响。1929年8月27日，红军到达杉木桥，开展革命宣传，书写标语，张贴布告，号召工农群众加入红军。一天一夜，境内有300多人参加红军。

名优特产

杉木桥竹器 生产远近闻名，20世纪70–80年代，有2670户从事业余竹器编织，占总户数的30%。其中全家从事编织副业的有657户，占编织户的25%。每逢场期销售大小各种竹器30多种、2500余件，成交额万余元。这些竹器以簸箕、箩筐、尖锅盖、筛子为主，是农户日常不可缺少的生活用品，贩运到常德、益阳、怀化，及湖北、四川等地。

蔬菜产业 是该镇近年发展的一张新名片。2011年7月，开始创建鑫月蔬菜基地，在月亮村流转、租用土地26.67公顷，并从外地高薪聘请种植人员2名，发展现代农业。基地主要种植红菜苔、莴笋、辣椒、豆角、黄瓜、小南瓜、菜豌豆、苦瓜、丝瓜等品种。2014年年底，基地发展到100公顷，涉及月亮、龙潭、赵家铺、沅坪、豹子等村，惠及农户600余户2000余人。蔬菜基地主要由鑫月蔬菜种植专业合作社负责生产经营，有成员23人，入社社员213人，流动员工80余人。在月亮村建成1000平方米办公用房1

栋、标准厂房600平方米、钢架连体大棚0.67公顷，设有可容纳60人以上的培训教室1间。合作社采取统一品种、统一购药、统一标准、统一检测、统一标识、统一销售的经营模式，推广优良品种、集约化育苗，采取物理和生物防控技术，种植天然无污染的绿色蔬菜。农药用药量比全省平均水平减少30%以上，增效10%以上，良种覆盖率100%。是年，产出蔬菜750多吨，实现产值380余万元，利润75万元。

和渣　是杉木桥人的家常菜，又叫“懒豆腐”。在兵荒马乱之年，由于粮食奇缺，和渣救下不少人的性命，由此留下“辣椒当盐，和渣过年”的民谚。随着生活条件日益改善，和渣已不是逢年过节才能吃的“奢侈品”了，遂又有“和渣面饭懒豆腐，不怕太阳晒过午”一说。和渣由水泡2~3小时的黄豆磨成稀浆，不经过滤，直接煮沸，加青菜（韭菜、南瓜叶、白菜、油菜等均可）制作而成，口感清香，营养丰富。

民俗风情

节庆、礼仪食俗　杉木桥人注重传统节日，尤其以过年最为隆重。届时家家户户杀年猪，邀请亲朋好友吃杀猪饭。冬至一过，将大块的猪肉用盐、花椒、五香粉腌制好，吊挂在火炕上，下烧柴火，烟熏而成。有的户腊肉存放两三年。切成块状的腊肉，肉质紧凑，呈殷红色，喷香诱人。逢年过节或亲朋临门，满桌的菜肴中，正上方必摆腊肉。杉木桥人十分好客，无论婚丧嫁娶、修房造屋等红白喜事都要置办酒席，入席时座位分辈份老少，上菜先后有序。在节日或待客时，酒必不可少。其中常见的是用糯米、高粱酿制的甜酒，度数不高，味道纯正。

婚俗　旧时，女儿在婚前1个月不参加生产劳动，在家绣花、做鞋。离开娘家前7~10天开始哭嫁，以声音嘶哑为吉祥。哭嫁的内容，包括哭爹娘、哭哥嫂、哭姐妹、哭祖先、骂媒人等，多是诉说离别之情。有一人独哭，有母亲、姐妹同哭。接亲时，男方组织“接亲队”到女家接新娘、抬轿子，请“洋鼓洋号”奏乐，并放爆竹，热闹非凡。新娘过门的第一个春节要给婆家长辈及亲友筛蛋茶，夫妇俩背上煮熟的鸡蛋、糖、碗、匙，提着开水去各亲朋好友家筛蛋茶，每人1碗，每碗3个蛋加糖开水用茶盘送上，用茶人将事先准备好的“红包”（即茶钱）放人茶盘作为礼金。此外，逢年过节，公婆生日，媳妇都要给老人筛蛋茶。土家人筛蛋茶必须是3个，千万不能是2个，否则会被误认为是侮辱人。

丧葬风俗　老人逝世，请来道士主持丧礼，择日安葬。停尸三、五、七天为“丧礼日”。安葬前一天为“大葬日”，要杀鸡、猪祭亡人。停尸期间，子女披麻戴孝，跟随道士叩头行丧礼，请人唱孝歌，哀吊亡人。亲戚朋友前来祭奠、吊唁。

（撰稿人：唐升　唐辉　图：唐升　唐辉）

苗市镇

集镇全景

区域概况

地名由来

集镇山峪中有一独立山凸，凸上古松参天，从关脉山俯视，形似一只平卧的猛虎。山凸北部有两口水井自成塘，形似两只虎眼；山凸东面1000米处有白龙泉山。自古，风水先生传言，境内是藏龙卧虎之地，龙虎相争，对百姓不利，因此山凸不能称虎，只能叫猫，故名猫儿峪。后，山凸下建成集市，简称苗市。镇以此定名。

位置面积

苗市镇位于慈利县东北部，是慈利“东大门”。东与石门县和广福桥镇接壤，西南与零阳镇相连，北与杨柳铺乡隔河相峙。境内南北长13.9

公里，东西宽 7.5 公里，总面积 104.2 平方公里。镇人民政府驻地距县城 24 公里。

建置沿革

1912—1929 年，属慈利二都辖地。1930—1938 年，属猫儿峪乡、茶林乡。1939—1949 年，划为茶林乡第九保。1950 年，属一区。1956 年 6 月，复为猫儿峪乡。1958 年 9 月，改称苗市人民公社。1984 年 7 月建镇，称苗市镇。1995 年 4 月，广福桥乡并入，合称苗市镇。1998 年 10 月，广福桥析出，仍名苗市镇。

行政区划

2014 年，全镇辖保安、黄花（溪）、茶林、一都界、小沙、斗量、乐峪、新苍、新星、高桥、栗树、碗田、界溪、白龙、关脉、天星、明月、东岳、东洋、龙阳、洞湾、大兴、荷花、麻王 24 个建制村和苗市社区居委会，共 289 个村（居）民小组。镇人民政府驻苗市社区居委会。

自然环境

境内为喀斯特地貌，属山区。西南有五雷山，北有澧水河，流经 8 个村，全长约 15 公里。境内有大小溪流 8 条，汇入澧水。属中亚热带向北亚热带过渡的季风湿润气候区，四季分明，严寒期短。年平均气温 16.5℃，日照 1600 小时，降水量 1200～1600 毫米。土壤以灰岩、板页岩、砂岩、第四世纪红色黏土和溪河冲积物形成。有矽砂、页岩、煤炭、石灰石等矿产资源。境内森林资源丰富，2014 年年末，有林地面积 6213.33 公顷。水资源丰富，有 5 座小型水库，有效容量 320 万立方米。盛产柑橘，素有“柑橘之乡”美誉。

人口民族

1964 年，辖区有 4146 户 17457 人；1972 年，有 4880 户 21471 人。到 2014 年，辖区总人口 26334 人。境内少数民族以土家族为主，占总人口的 13%，还杂居有白族、苗族。

经济发展

经济综述

苗市镇经济以农业为主。1957 年，境内农民人均纯收入 38.2 元，普遍过着吃不饱、穿不暖的生活。1972 年，境内工农业生产总产值 241 万元，农民人均纯收入 67 元；1978 年，工农业生产总产值 663.12 万元，农民人均纯收入 100 元左

柑橘产业合作社

右。1987年，全镇工农业总产值983.52万元，农民人均纯收入335元。进入21世纪后，经济迅速发展，农民生活水平普遍提高，生产总值稳定在每年1亿元以上。2005年，全镇实现生产总值10亿元，财政收入566万元，农民人均纯收入2158元，居民储蓄存款余额4200万元。2010年，实现财政收入660万元，农民人均纯收入3363元，居民储蓄存款余额11400万元。2014年，全镇生产总值、财政收入、农民人均纯收入分别比上年增长11%、13%、12%，固定资产投资1.1亿元，全面小康实现程度达到80%。

农业

改革开放前，苗市镇粮食作物以双季稻为主，1957年，粮食产量5890千公斤。1959—1961年，由于大跃进运动以及政策失误，导致出现粮食短缺和饥荒。1972年，粮食产量6035千公斤，增长缓慢。1980年，粮食产量4870千公斤；1987年，耕地面积1400公顷，粮食总产量7930千公斤。1993年，因地制宜进行农业产业结构调整，水稻、玉米等粮食作物种植面积减少，改种柑橘、油菜等经济作物。是年，粮食总产量8000千公斤。1999年，大批农民工外出务工，农业人口减少，耕地面积1340公顷，粮食产量8995千公斤，其中，稻谷5500千公斤，小麦1008千公斤，玉米1152千公斤，红薯1004千公斤。随着国家对农业、农村的补贴和投入加大，2014年，耕地面积1513.33公顷，粮食总产量12320千公斤，其中，稻谷3700千公斤，玉米6468千公斤，红薯1080千公斤，马铃薯2960千公斤。

境内经济作物有柑橘、油菜、棉花等。1962年，棉花收获面积340公顷，产量17.185万公斤；1972年，棉花收获面积426.67公顷，产量13万公斤；1980年，棉花收获面积800公顷，产量56.59万公斤。2003年，苗市镇大力发展柑橘产业，柑橘逐渐成为当地经济支柱。是年，柑橘种植面积1133.33公顷，产量1000万公斤。2004年以后，以“石门柑橘节”为契机，通过发展和调整结构，柑橘产业越做越大，2005年成立柑橘专业合作社和柑橘协会，2007年注册“湘慈”柑橘商标，获得农业部无公害食品认证、A级绿色食品认证、柑橘出口基地认证、出境加工自营出口许可认证。2010年，多方融资600万元，修建厂房1800平方米，修建600吨柑橘气调保鲜库1座，绿色生产基地201.6公顷，新建柑橘打蜡包装厂6家，柑橘营销专业队伍350余人，产品远销东北、内蒙古、新疆、江苏、浙江等地，出口日本、越南及俄罗斯等国。2010年湘慈柑橘专业合作社被评为省级专业合作社，2013年被评为国家级专业合作社。2014年，引进种植柑橘新品种“春见”33.33公顷。是年，优质柑橘种植总面积2333.33公顷，品种有温州蜜桔、蜜柚、脐橙、柑橘，年产量3000万公斤以上，产值5000万元以上。

畜牧业

以养殖猪、丛林山鸡、山羊、牛为主。1972年，出栏生猪9262头，母猪761头；1980年，出栏生猪2.05万头，饲养耕牛1014头；2000年，出栏生猪18106头，饲养耕牛757头，山羊3210只。近年来，以大鲵、娃娃鱼、竹鼠为主的特色养殖业规模不断扩大，产业品牌影响力不断增强，经济效益不断提高，经营理念不断创新，有力地促进镇域经济发展。2014年，饲养生猪5000头，丛林山鸡7万羽，山羊1600只，饲养耕牛370头。

林业

1962年，境内林业收入4.05万元。1977年，林业收入13万元，果园面积13.33公顷，油茶面积100公顷，油桐面积106.67公顷，其他林木产量0.215万公斤。1979年，冬季造林整地66.66公顷，造林173.33公顷，果园面积20公顷，油茶100公顷，油桐140公顷。1980年，林业收入21.47万元，油茶面积100公顷，油桐面积146.67公顷，桐油产量1.31万公斤，乌桕产量1.23万公斤。2002年，开始实行退耕还林，到2003年退耕还林面积73.33公顷。林地总面积从1993年的300公顷增长到2014年6213.33公顷。2014年，全镇有退耕还林面积74.8公顷，生态公益林4000公顷，其中，国家级2400公顷，省级1600公顷；森林覆盖率49.58%，活立木储蓄量7.89万立方米。

乡镇企业

1984年，镇办企业苗市水泥二厂在天星村建成，利用当地丰富的石灰石资源，发展水泥建材。1986年投产运营。到2003年，生产水泥16万多吨，创产值2500多万元，上交税收300多万元，成为当时全县乡镇企业的龙头企业之一。2009年11月，因国家政策变化，被迫破产清算。2014年，有中美、中伟两家矽砂开采加工企业，投入资金均超1亿元，年生产矽砂120万吨，年缴纳税费1000万元。国有煤矿——白龙煤矿正在进行技改，扩大生产规模，社会效益较好。全镇共有柑橘打蜡厂、制框厂、鲟鱼、丛林山鸡养殖厂等小微企业30余家，带动就业400多人，活跃了农村经济，增加了财政收入。

商业贸易

1956年后，境内形成苗市、茶林河两个集贸市场。位于苗市居委会的集市，是苗市中学前从东至西的一条集镇街道，长200米、宽10米，1993年有摊位100个，后逐渐延伸至省道304沿线，长1000米、宽15米，且为水泥路面街道。位于茶林河的集市，是省道304沿线两边自发形成的一条长300米、宽15米的集市贸易街道。1994年，为解决此“马路市场”问题，在茶林村新建成占地1000平方米、拥有摊位100多个的集市，进行农副产品交易。改革开放以来，个体商贸服务业快速发展，1993年全镇个体工商户562户，从业人员3497人。2014年，全镇个体工商户640户，从业人数3879人。

劳务输出

改革开放后，农村剩余劳动力为增加家庭经济收入，自发向广东、深圳等沿海城市转移就业。

水泥二厂旧址

2000年，全镇劳务输出收入1112.93万元；2005年，劳务输出收入1749万元；2010年，劳务输出收入2159万元。2014年年末，全镇农村劳动力15588人，转移输出人数5477人，劳务输出收入2280万元。

基础设施

交通运输

境内区域交通优势明显，省道304线、305线和焦柳铁路贯穿全镇，是张家界与常德、湖北等地区进行经济、文化交流的重要通道。进入21世纪后，道路交通飞速发展。省道304的改造升级全面完成，省道305及东洋渡大桥建设进展顺利，“安慈”高速动工修建。2004年，全镇硬化通村公路48公里，硬化通组入户道路135公里，水泥路通村、到组、入户率分别达到100%、85%、65%。修建生产便道45公里，全镇群众生产生活条件不断改善。2005年全镇公路里程35公里，2008年全镇公路里程50公里，2010年全镇公路75公里。2014年年末，全镇公路199.8公里，其中省道22.5公里，县道5.5公里，镇村公路171.8公里。2009年，苗市镇开通慈利火车站—苗市镇居委会的公交车，线路全长23公里。到2014年年底，开通到慈利县城、石门县城公交运营车50多辆，极大地便利境内群众出行。

邮电通信

1949年，始建邮电业务所，办理电报、报纸、函件收件等业务。1995年，开通程控电话，有用户30户，到2014年发展到700户。1994年，开始办理互联网业务，到2014年有互联网用户2600户。1999年，建成移动基站1个，现有移动电话用户1230户；2003年建成联通基站1个，现有联通用户1000户；2009年，建成电信基站1个。2014年，全镇有邮政代办所1个，报纸、杂志累计发行104种2010份；年电信业务收入260万元。

供电饮水

1982—1987年，境内架设茶庵至苗市3.5万伏25.3公里高压线路，1987年底实现全镇村村通电，农户通电率100%。2002年，开始进行农村电网改造，当年25个村（居）全面完成。2009年底，投资8亿元，修建茶林河电站1座，装机容量5.4万千瓦。2014年实现并网发电，年上缴税费1200万元。2012年，界溪村开始农村电气化建设，到2014年有12个村（居）完成，群众的生产生活用电、企业的生产用电的质量和安全得到保障。

为解决群众饮水难，灌溉难，经与上级部门协调，多方筹措资金，2008年年底，在大兴村修建自来水厂，铺设32公里供水管道，解决16个自然村人畜饮水问题。2008年，完成碗田水库引水渠修复工程，2010年修建碗田水厂。两座标准化自来水厂总投资282万元，日供水量1000立方米，解决碗田、高桥、栗树、大兴、苗市集镇、天星、东洋、荷花、洞湾、界溪、东风、白龙等村2万余人的饮水安全。2014年，投资100多万元，建成龙阳村分散供水工程，铺设管道4000多米，修建水池水窖100多个，并安装进户管网。

水利建设

1949年后，境内先后修建上型水库5座，骨干山塘507口。1958年，修建麻阳水库和碗田水库；其中，麻阳水库集雨面积1.24平方公里，总容量46.3万立方米，灌溉受益面积30.67公顷。1959年，兴建白淋溶水库和大溪湾水库，分别位于东风村和苗市居委会。白淋溶水库集雨面积

0.63 平方公里，总容量 16.42 万立方米，受益面积 34.67 公顷；大溪湾水库集雨面积 2.96 平方公里，总容量 21.6 万立方米，受益面积 46.67 公顷。1972 年，兴建兔儿溶水库，水库集雨面积 0.72 平方公里，总容量 13.4 万立方米，受益面积 16.67 公顷。2008 年，完成对碗田水库 1 座小（1）型水库除险加固，2013 年对麻阳、2014 年对白淋溶水库进行除险加固；其余 2 座小（2）型水库已完成初步设计及初审工作。完成全镇 25 个村五小水利工程项目申报，其中，投入 60 万元对东洋村陈家园山塘维修，投入 3 万元对界溪村沟渠除险加固。2014 年，整修山塘 20 口，蓄水储水功能增强，解决 25 个村的生产生活用水，较好地发挥水利设施作用，促进农业稳产增收。

村镇建设

2004—2013 年，争取资金 50 万元，修建村级组织活动中心 10 个，白龙、界溪、龙阳、高桥等村借助建整扶贫、新农村建设平台修建高规格村部 4 个。全镇各机关单位和村级组织服务设施更加完善，为民服务环境更加优化。2009 年，筹资 210 万元，修建计生、国土、文化、农科、城建综合大楼，5 家单位实现集中办公；投入资金 150 万元，修建信用综合大楼。2010 年，投入资金 45 万元，修建劳动保障服务大厅。2011 年，投入资金 40 多万元，对原政府机关办公大楼进行改造维修。2012 年，投入资金 70 万元，修建财政服务大楼。2013 年，投入资金 30 余万元，实施照亮工程，对集镇街道的中心地带、巷道带行亮化，苗市居委会、大兴村、天星村、东洋村、荷花村、小沙村共安装路灯 230 盏。开展城乡环境同治工作，成立环境卫生管理所，是年投入资金 100 余万元，购置垃圾清运车 3 辆、铁皮挂桶 268 个，添置垃圾焚烧池 80 个，各公路主干道的生活垃圾、柑橘废弃果实现集中清运处理，对各溪流、沟坎、房前屋后的积存垃圾进行彻底清理，境内溪流的水变清澈，公路沿线变亮丽，房前屋后变干净，呈现出天蓝、地绿、水清的生态美。2009—2014 年，实施农村危房改造工程，共改造农村危房 320 栋，获得补助资金近 400 万元，全镇危房、旧房比例不足 10%，新农村的轮廓逐渐清晰。

集镇街道

社会事业

教育科技

苗市镇中学的前身是1937年8月由前清秀才于和清创办的茶林乡民众小学。1949年10月由人民政府接管，是年11月将茶林国民中心小学并入，1950年改名为猫儿峪完全小学，校园占地1公顷。1958年易名为苗市完全小学。1967年建慈利县第七中学，1969年春，开始招高中班1个，学生55人，后易名苗市完中。1985年5月，高中部改为慈利七中，初中部名为苗市中学。1996年，两校合并改为苗市镇完中，同时高中部停止招生，1998年，更名为苗市镇中学。到2014年，争取资金600多万元，先后修建镇中学食堂、教学楼、操场等。完成中心完小教学楼、学生宿舍楼、操场及食堂的改造。到2014年底，全镇有中学1所，中心完小1所，村小4所，中心幼儿园2所，在校中学生483人，小学生964人，幼儿541人，中学入学率99.58%，小学入学率100%，幼儿入托率80%，有幼师23人、中小学专职教师81人。

进入21世纪，全镇每年举办10~15期农业科技培训班，培训人数2000余人。2012年，引进种植“山下红”柑橘133.33公顷；2013年，从重庆柑橘研究所引进种植“鳄柑”3.33公顷；2014年，从成都引进种植反季节柑橘“春剑”80公顷。2009—2014年，推广特色养殖技术，培育竹鼠养殖基地、洞湾鲟鱼养殖厂、一都界山羊示范基地、界溪丛林山鸡养殖厂等，成为拉动镇域经济发展重要产业。

文化体育

1960年建公社广播放大站。1971—1984年，实现村村通广播。1984年后，广播线路由木杆换成水泥杆，共架设415根，广播线路41.8公里。1987年，由省广播电视厅扶持建起镇广播标准机房，广播输出总功率550瓦。1994年，开通有线电视，投资21万元，架设主干线41公里，支干线10公里，光缆主干线11公里。到2014年，全镇有线电视用户3500户，入户率52%。1995年，第一个村级文化活动中心在苗市镇居委会建成。2000年，建成村级文化活动中心4个，有文化专业户4户，各类图书室10个，藏书17余万元册。到2014年，全镇有村级文化活动中心25个，文化专业户25户，图书室35个，藏书50余万册，音乐、美术、书法、摄影、文学业余创作队伍2支。有学校体育场5个，安装健身器材的村有3个，经常参加体育活动的人员占常住人口的27%。全镇有15支广场舞队伍。2014年，参加县第七届运动会，茶林河广场舞队取得第六名，篮球、广场舞、田径、负重跑等项目在七运会中也取得较好成绩。

医疗卫生

苗市中心卫生院是一所集医疗、预防为一体的农村综合性卫生院，建于1952年，占地面积0.8公顷，建筑面积3703平方米，固定资产总值200多万元。医院内设有中西医门诊、内科、外科、儿科、妇产科等专科。2014年，全镇有各级医疗卫生机构15个，其中，镇中心卫生院1所，村级卫生室14个，共有病床62张，专业卫生人员46名。2014年参加新农合2.3万余人，征缴资金135万元余元，参保率达97%。

社会保障

1980年，境内落实照顾弱势群体329户，其中，军属77户、困难户86户、“五保”对象40户。2005年，全镇最低生活保障人数10人。

2008年全镇“五保”对象130人，低保181人；2010年“五保”对象137人，低保人数820人。2014年全镇有913户1404人，其中153户168人纳入农村低保、“五保”救助范围，实现应保尽保。国家抚恤、补助各类优抚对象300人，抚恤事业费支出150万元。帮助80户困难群众进行危房改造，发放危改资金近100万元。2014年，全镇新农保参保率96%。镇敬老院始建于1995年5月，先后经过两次扩建，2012年8月，投入资金300万元，敬老院从黄花村易地扩建到苗市居委会，占地面积1公顷，建筑面积1200平方米，可容纳50名老人居住。敬老院餐饮服务、文化娱乐、医疗康复、体育健身等设施齐全。

特色地情

历史人文

苗市镇自古以来人才辈出。被誉为“三副半眼镜”的杨雨桥、彭楚桥、付良桥以及覃克哲，是远近闻名的才子。1949年前，杰出代表人物有：国大代表周自拔、褚淑亚，保靖县县长王超群，亚细亚石油公司经理高道明，慈利旅台同乡会第一届理事长傅仁燮，黄埔军校学生高瑛、文选才、张雄、傅汉民。解放后，一大批苗市寒门学子“鲤鱼跃龙门”，成为各行各业的佼佼者。工业方面，涌现出核导弹制造高级工程师李书球、邓善往、邓珍伟，汽车制造高级工程师高远林，电气高级工程师李经桃等。农业方面，有杂交水

黄花溪景区

稻研究中心高级工程师张健，新疆乌鲁木齐畜牧研究所研究员、高级工程师傅仁澧。教育方面，有中南财经政法大学教授李经满，湖南大学工商管理学院教授彭满爱，湖南大学化学系教授李辉。新闻方面，有《湖南日报》记者、编辑李贵洪，曾任《张家界日报》社长、总编辑的杨慈安、阳益欣，《经济日报》编辑、记者李波、李勇。商业方面，有江苏省十大杰出青年、江苏省奥尔蒂光学仪器有限公司经理韩同军，国际合作房地产发展公司总经理、援乍得工作组组长余丕浩。政界方面，有湖南省人民政府驻上海办事处主任杨次伟、山西省晋城市人大常委会主任鄢科武等。

名优特产

蒿子粑粑 苗市镇一直流传着“三月三吃蒿粑，走路不怕被蛇咬”的传说。蒿子是消炎止血的良药，只要将蒿子嚼碎后敷在伤口上即可。蒿子粑粑是土家人的传统小吃，用蒿叶拌糯米粉做成。农历三月三吃吃蒿子粑粑，寓意一路平安，事事顺心。

农家绿壳鸡蛋 绿壳鸡蛋原产地为江西东乡，是一个具有特异基因的品种资源。绿壳蛋天然的绿色，是开发功能食品的天然防伪标志，以其独特的风味备受好评。绿壳鸡蛋黄大、色红，蛋白嫩，蛋味香，且肉质细嫩，清香甘润，味道鲜美，具有食用和观赏价值；富含蛋白质、氨基酸、维生素 A、D、E 和钙、铁、锌等多种人体所需的营养成分，是纯天然高营养保健食品。2005 年，湖南省人大代表王云芳夫妇在苗市镇界溪村创办绿壳鸡蛋生产基地，将鸡散养在无污染的环境下，以昆虫、草药、五谷杂粮等天然食材为养料，日出而食、日落归巢，生产出上品的绿壳鸡蛋。年养殖山鸡 6 万羽以上，生产绿壳鸡蛋 140 吨、土鸡蛋 200 吨，产值 700 万元，固定资产 500 多万元。2008 年注册“丛林山鸡”商标，2009 年省农博会上获得金奖，2010 年被农业部授予“标准化养殖基地”，2012 年被农业部评为“鸡蛋标准化示范场”。

慈姑缘竹鼠养殖 慈利县五雷山竹鼠养殖基地创建于 2008 年 7 月，2012 年下半年加入张家界慈姑生态农业科技有限公司，成为公司竹鼠科研示范基地，2013 年更名为慈利县慈姑竹鼠农民专业合作社。基地坐落在风景秀美的五雷山下苗市镇黄花村，境内生态良好，资源丰富，周围有 1333.33 公顷竹鼠食物资源。基地主要经营竹鼠的养殖示范，技术服务，产品开发，品种改良，生产销售。现有厂房 3000 平方米，周边辐射养殖农户 100 余家，存栏种鼠 10000 余只。

洞湾中华鲟养殖 苗市镇洞湾村具有天然的山溪、水库，是进行自流式流水养殖中华鲟的好基地。中华鲟是一种大型的溯河洄游性鱼类，是古老的珍稀鱼类，世界现存鱼类中最原始的种类之一。中华鲟是国家一级保护动物，也是活化石。2009 年，中华鲟养殖厂在苗市镇洞湾村成立，采用网箱养殖法。2014 年，产量 2 万条，平均每条 1.5 公斤，销往全国大中城市，收入 160 万元。

风景名胜

黄花溪 素有五雷山“后花园”之称的黄花溪，距离县城 12 公里，占地面积 736.73 公顷。境内有竹鼠、果子狸、豪猪等特种动物养殖基地，迷迭香观光基地，保存有杨泗将军庙、雷坟山状元古墓等历史文化遗产。每逢三月初三、五月初五、八月十五、九月初九等传统节日，游客由此地登上五雷山登高望远，感受道教名山风景。2014 年，黄花溪开始创建生态农业旅游村，培植生态农业休闲旅游资源，打造绿色环保生态农业观光园和自然风光游览园。

蛮王城　《慈利县地名志》云：“苗市镇麻王村。金银洞有金锅金甑，洪龙洞是军火库，唐宋元为城”。公元474年，西溪蛮王田头拟儿子田都避难躲入蛮王城，始筑城。477年，田都被封蛮王，所筑之城始称蛮王城，此为南北朝时蛮王城。904年，唐代武贞军节度使雷彦恭筑基冯翊（雷满）王城，907年9月22日被朱全忠攻破。此为唐代蛮王城。1371年，石门夏得忠因征伐覃垕有功，被封为湖广安福千户所总兵。1387年，夏得忠屯兵蛮王城，筑蛮王城，自称南王，改名南王城。1389年2月24日，靖宁侯叶升攻破南王城，擒获南王夏得忠，击斩夏得忠兵将千余人，俘获其下兵将6000余人，此为明代蛮王城。

蛮王城，四面悬崖削壁，似城墙高耸云天，是古代寨主盘踞称王绝佳之风水宝地，今尚存古蛮王城城墙遗址高约1.8米，厚约3.5米，两处长达20余公里。蛮王城城中有上蛮王城和下蛮王城之分，以城墙为分界线，下蛮王城是生产主要用地，上蛮王城为古代王城之地，大量遗址在上蛮王城。蛮王城现有村民68户252人，有洪家溶、卞家垭、杨家院、马脊岭、和雁5个村民小组。现存金银洞有金锅金甑的传说，洪龙洞是军火库的传说。

民俗风情

境内传承着千年的土家风俗，保留着哭嫁、放油灯、拜土地公、祖先送亮等传统文化习俗，有民俗文化园，园中建有风雨桥、祭祀庙等土家民俗建筑。土家居民腌制腊肉、香肠，酿造小锅中草药包谷烧酒，熬制老糖干，加工剁辣椒、腌菜、干蔬菜等传统饮食。保留着农耕文化习俗和传统的生产生活工具和用具。拜土地神，又称“土地公”“土地爷”，民间信仰较为普遍的众神之一，被视为财神和福神。苗市镇部分汉族集聚地保留着祭祀土地神的传统。每月的初二、十六，在家门前设香案、烛台、供品祭拜。也有农户在初一和十五祭拜土地公。

（撰稿人：钟欣洵　图：钟欣洵）

零溪镇

汪家桥屋桥

区域概况

位置面积

零溪镇东临广福桥镇和桃源县热市镇，南连二坊坪乡和景龙桥乡，西接朝阳乡，北毗零阳镇。总面积103.35平方公里。镇人民政府驻地距县城13公里。

建置沿革

因境内有澧水支流零溪河流经全境，故名。1912年，属慈利二都、三都辖地。1930年，属一区。1935年，设零溪乡。1948年，属环溪镇。1950年春，属二区。1956年，称文家溪乡。

1958年9月，更名为零溪人民公社。1972年，公社驻地迁址墨园大队罗家塝。1984年2月，改称零溪乡。1995年4月零阳乡并入，称零溪镇。1998年10月，零阳乡析出为朝阳乡，余辖区仍称零溪镇。

行政区划

2014年，全镇辖汪家桥、大庄、燕子桥、楠木洞、拣花、岩溪、高峰、河塌、象鼻嘴、两岔溪、星旗、金陵、岩桥、二都岗、黄连、百寿16个建制村和墨园社区居委会，共305个村（居）民小组。镇人民政府驻墨园社区居委会。

自然环境

境内属丘陵地貌，三面环山，东有顾公寨、插旗山、星德山，南有七姑山，北有羊角山。有河流1条，溪流28条，形成狭长河谷盆地。境内物产丰富，山林面积3466.67公顷，森林覆盖率57.77%；山泉水分布均匀，五雷山泉量大、质优，远近闻名；页岩、石灰岩、红砂岩、青石岩等多种矿石储量大，有良好的开采价值。境内旅游资源丰富，星德山、七姑山与素有“南武当”之称的五雷山遥相辉映，神奇的星德山既是道教圣地，又是自然景点、革命老区，开发价值大。

人口民族

1956年，辖区总户数3100多户，人口18000多人。2014年年末，辖区总户数7753户，人口28100人。其中，1996—2004年江垭水库移民迁入914户3171人。境内有土家族8000多人。2014年，人口出生率10.13‰，自然增长率3.69‰。

经济发展

经济综述

1956年，全乡农业产值不足300万元，农民人均纯收入70元左右。1978年，工农业总产值1050万元，农民人均纯收入112元。1992年，工农业总产值2500万元，农民人均纯收入730元。2000年，生产总值4650万元，农民人均纯收入1450元。2010年，生产总值1.47亿元，农民人均纯收入4006元。2014年，全镇生产总值24791万元，财政收入414.2万元，农民人均纯收入6509元；金融机构存款2.8亿元，农民人均住房面积65平方米，90%的农户家用电器俱全，75%的农户有摩托车，5%的农户有小汽车。

农业

零溪镇是慈利的农业大镇，主产稻谷、玉米、油菜、棉花、柑橘、生猪。1950年前后，种植业耕作粗放，广种薄收，水稻生产一季，面积1066.67公顷，亩产不超过300公斤，年产量450多万公斤，其他种养业生产产量低下。1970年前后，水稻生产改种双季，逐步推广“农垦五八”“杂交”两个晚稻新品种，发展农业科学技术，提出跨纲要目标（双季亩产400公斤），每年种植水稻933.33公顷，亩产量基本达到400公斤，总产量约5500吨；棉花种植面积533.33公顷，亩产量近50公斤，每年向国家交售皮棉35多万公斤；柑橘生产正式起步，各大队和有条件的生产队兴办橘园，种植柑橘约333.33公顷。1981年前后，农村实行土地联产承包责任制，激发农民的生产积极性，农业生产结构得以调整，粮食作物、经济作物协调发展，多个农业科学技术示范项目落户零溪，并列入全县农业科技长廊。境内水稻双季生产面积稳定在800公顷左右，亩产650公斤，年产量约8000吨；棉花种植面积稳定在666.67公顷左右，亩产皮棉60公斤，年产量约60万公斤；柑橘种植面积近666.67公顷，年产约250万公斤。2000年前后，一部分年轻农民外出务工，老弱劳力留守田园，农业生产受到影响，水稻生产逐步由双季改单季，产量下滑；柑橘种植面积继续扩大，全镇1000公顷，年产量近1000万公斤。2014年，从事农业的劳动力5300人，农业产值9299万元，粮食总产量1.3万吨，油菜籽产量120万公斤，柑橘产量1400万公斤。畜牧业以生猪为主且全面发展，2010年以来，得益于产业带动，生猪在传统养殖基础上实施标准化养殖模式。到2014年年末，全镇有标准化养猪场5家，年出栏肥猪6000多头。拣花村村民于富云，2005年建标准化养猪场，每年出栏肥猪2000头左右，每年获纯收入8万元左右，多次获得县级以上行业主管部门扶持和奖励。2014年，全镇生猪出栏3.1万头，产值3850万元，实现畜牧业产值近亿元。

林业

20世纪70年代，境内开始大办集体林场，植树造林，严格管护森林资源。1975年，社办有鱼儿岩、木棚、慈济塌林场，面积200公顷，各大队都办起了林场。1976—1977年，按照县里统一部署，全公社统一行动，开展百里群众大造林，省道S306沿线的星旗、两岔溪、金陵、象鼻嘴、河塌、墨园、岩溪、百寿等地挖山造林2000亩。20世纪八九十年代，大搞消灭荒山植树造林，全镇荒山造林1000公顷。1992年，镇林业站站长张高仲被评为全国造林绿化先进工作者。2001年实行退耕还林，全镇有汪家桥、大庄、燕子桥、楠木洞、拣花、河塌、象鼻嘴、星旗、金陵、岩桥、二都岗11个村退耕还林233.33公顷；2007年，开展生态公益林建设，建成生态公益林3785.33公顷，其中楠木洞村最多，有636.93公顷。2014年，全镇实现林业产值255万元，多次被评为县、市先进单位。

乡镇企业

1968年，创办拖拉机站、农具厂两家社办企业。20世纪70年代，大力发展公社、大队集体企业。80年代初，境内企业办得红红火火，村（大队）村有工厂和园林场，公社（乡）有纺织机械配件厂、油脂加工厂、磨石厂、家具厂、拖拉机站、建筑公司、园艺场、林场、渔场等企业，企业员工400多人，年产值3000多万元，年利税200多万元。21世纪初，乡镇企业全面改制转型，新型工业迅速崛起。到2014年，全镇拥有工业企业42家，年产值5904万元，年税收80万元，年利润1080万元。这些工业座落在境内

大水泉休闲农庄

S306 省道两旁，形成工业走廊。其中，投资上 1000 万元、年产值 1000 万元、年利税过 100 万元的工业企业 3 家。张家界市新瑞生物饲料有限公司于 2013 年落户零溪，年产饲料 2 万吨，年销售额过亿元。投资 1000 万元以下，年产值 1000 万元以内，年利税 100 万元左右的工业企业 39 家。

商贸服务

1953 年成立零溪供销合作社，下设文家溪中心门市部和二都岗、挖断岗、燕子桥、两岔溪分店及 17 个大队代销店，随后设立文家溪集贸市场，成为零溪镇商贸主体。2000 年，零溪供销合作社解体，新型商贸服务业兴起，并快速发展壮大。到 2014 年，境内已形成现代商贸体系，商业网点全覆盖。全镇有商业店铺 280 多个，从业人员近 1000 人，年商品零售总额过亿元；集镇商业店铺 150 多家，从业人员 700 多人。境内有住宿、餐饮、缝纫、理发、娱乐等店铺 40 多家，从业人员 400 多人，年营业收入 1000 多万元。其中，大水泉、瀚园、吉安等 5 家“农家乐”深受消费者认可，常年生意兴隆，收入可观。境内有集镇农贸市场、二都岗集贸市场、两岔溪集贸市场，每 5 天逢墟，年成交额过 5000 万元。零溪镇盛产柑橘，20 世纪 90 年代末形成柑橘销售市场，现有柑橘销售网点 28 个，营销人员 500 多人，年销售量 2 万吨，销售收入 5000 万元。在个体屠商的基础上办起 5 家生猪屠宰厂和猪肉销售网络，2014 年屠宰生猪约 4 万头，销售猪肉约 300 万公斤，收入约 4800 万元，猪肉销售本县、张家界、常德等地。燕子桥村村民游文平，2007 年办屠宰厂，2010 年以来年屠宰生猪上万头，年收入约 1200 万元，年纯收入 50 万元以上。

其他产业

零溪镇奇峰逶迤，秀水连绵，独具深郁的道教文化和迷人的山川美景。1993 年以来，村民自发捐资 100 多万元，开发星德山，吸引不少游客到此烧香拜佛，观光度假。2014 年，接待游客近 5 万人次。改革开放以来，零溪镇民营建筑业应运而生，2014 年有建筑施工队近 100 个，从业人员 2000 人左右，建筑工程遍布全国多地，年收入约 3000 万元。20 世纪 80 年代末，境内兴起劳务输出。20 多年来，劳务输出收入成为最大支柱产业。2014 年，常年在外务工人员 6725 人，占总劳动力 43.67%，务工收入 8672 万元。其中，出国出境务工 7 人，外省务工 5478 人。

基础设施

交通运输

境内交通方便，省道 306、常张高速公路、零（溪）龙（潭河）公路穿境而过，形成纵横交织的陆路网络。1949 年，慈（利）常（德）公路建成通车，6 米宽砂石路面。1960 年，零龙公路建成通车，5 米宽砂石路面。2005 年建成的常张高速公路穿境 7 公里，省道 306 线穿境 10 公里。2006 年，实施通村公路工程项目，建成楠木洞、星旗、金陵、岩桥通村公路里程 4.5 公里。2014 年，全镇村组公路里程 160 公里，所有村组和 95% 的农户通公路，村组公路水泥硬化 93 公里，硬化率 58%，公路交通实现全覆盖大畅通。1974 年，开通慈利至龙潭河客运车，境内有停靠点。1975 年，开通慈利到常德客运车，境内有停靠站点。2005 年，开通慈利火车站至零溪两岔溪公交车，境内设有近 10 个停靠点。2006 年，投资 220 万元，建成零溪客运汽车中转站，占地 2500 平方米。

邮电通信

1949 年，建立零溪邮电所，负责邮政和电话业务，工作人员4人，1998年，分设零溪邮政所和零溪电话所。邮政所工作人员6人，1998年开办邮政服务“三农”业务，2006年开办邮政储蓄业务，2009年开办票务代理业务，2014年开通邮购网站。2014年，发送邮件2万多件，发行报刊2000多份，累计储蓄1.36亿元。1994年改建程控电话，1997年建立移动基站，开通互联网，2011年开通宽带电视，电信、移动、联通先后建立基站15个。至2014年年底，境内有程控电话6000部，移动电话11000部，宽带电视150户，互联网用户1000户。

供电饮水

1965年，修建文家溪水力发电站，境内开始通电。到1981年，先后修建汪家桥、教场坪、金家庄、王家坪、望家台、冯家嘴、巷子口、楠木洞、大水泉10个小型水力发电站。1982年，架通集镇街道高压电。1983年，架通墨园大队高压电。1984年，架通河塌村、象鼻嘴村高压电。1989年，架通各村高压电。2001年，电力体制改革，供电设施所有权上交县电力公司，由镇水电站代管。2012年，加入国家电网，由县电力公司统一经营管理。2007年以后，投资1523万元，进行农村电网改造。是年，象鼻嘴村率先全面改造农电网，汪家桥等10个村农电网高压部分得以改造。到2014年年末，燕子桥等7个村农电网改到位，全镇架设高压线路33.5公里，低压线路149.3公里，年用电量1200万千瓦时。1996年以来，投资880万元，先后修建文家溪、象鼻嘴、两岔溪、星旗、岩桥、二都岗6个自来水厂，供11000多人饮水。全镇仍有1.7万人饮用山泉水或地下水，存在饮水安全问题。

水利建设

1955—1957年，修建朱家峪、黄连、划船峪、烂柴峪、竹湾、金陵、大水泉7座小（2）型水库，同时修建800多口堰塘、12座提灌站及配套引排水渠等水利设施，农业生产基本旱涝保收。1972年，修建白洋峪小（1）型水库。1981—2010年，对老化和损坏的水利设施尽力维修。2011—2014年，投资2000多万元，全面维修原有水利设施；投资1800万元，修建6000米零溪河防洪大堤；投资1000多万元，修建17000米莫家溪防洪大堤，水利设施进一步完善，农业生

五雷山泉水厂

集镇街道

产条件进一步改善。

村镇建设

1982 年，集镇以三岔路为中心，以公路为街道，街道宽 8 米，机关、学校、商铺、农贸市场、工厂等座落街道两侧，用地面积 13.33 公顷。1997—2010 年，投资 800 多万元，实施集镇扩建工程，新建 1 条长 1530 米、宽 12 米的移民街道，新建 1 个客运汽车中转站，新建 1 个垃圾填埋场，改建中心农贸市场，集镇用地面积扩大到 40 公顷，形成一道两路，即零溪大道、文化路、移民路，镇区常住人口 5000 人。2011 年，按省级标准建设零溪小城镇，建设周期 5 年，先后完成《零溪镇总体规划》《零溪镇集镇规划》《零溪镇排水专项规划》《零溪镇村镇布局规划》和 17 个新农村建设规划。2013 年以来，投资近 100 万元完成文化路改造，投资近 100 万元完成集镇垃圾压缩中转站建设和垃圾填埋处理场，配备垃圾清运车、标准垃圾箱 24 个，投资近 50 万元完成零溪河集镇段绿化，投资近 200 万元实施零溪大道改扩建，投资近 200 万元对集镇零溪大道人行道及下水道管网改造建设。

到 2014 年年底，集镇街道地下管网、人行道、绿化带、路灯全面配套，长 1530 米、宽 24 米的移民路扩建前期准备工作全部就绪。村庄建设基本成形，2010—2012 年，零溪镇为全县社会主义新农村建设示范片，整合涉农资金近 8000 万元，对全镇的农田、水利路等设施进行改造，通各村（居）委会的村级公路全部硬化，汪家桥、大庄、燕子桥、墨园、拣花、岩溪、河塌、象鼻嘴、两岔溪、星旗、金陵、岩桥、二都岗、黄莲 14 个村（居）委会建有标准的村级组织活动中心，村村有文体娱乐场所，各村村民居住集中点布局科学合理，规模逐步扩大，居住人口更加密集，逐步形成小集镇。

社会事业

教育科技

1891 年，河塌豪富朱功久独捐良田，在两岔溪创办“两溪书院”，1906年改为两溪高等小学堂，1925年改为功久小学，1949年更名两岔溪完小，1960年迁至拣花大队朱家大屋，定名零溪完小，1961年迁至今墨园杨家封火，1969年升格为零溪中学，1984年迁至今墨园居委会蔡家滩。学校建筑面积8326平方米，教学区、生活区、运动场等布局合理，设施完善。2014年，有教学班12个，学生534人，教职工83人。到2014年底，举办初中班995个、高中班6个。1972年，再办零溪中心完小，座落在今墨园居委会庙嘴，1989年迁至墨园居委会火龙坪，校园面积20662平方米，建筑面积8063平方米。2014年底，有教学班12个，学生534人，教职工73人。1963年，创办17所村级小学，1973—1979年，村级小学设初中班。1973—1990年，设燕子桥、拣花、两岔溪、二都岗4个片区完全小学。1991年，撤销村级小学和燕子桥、拣花片区小学，扩大中心完小，实行寄宿制。到2014年，保留象鼻嘴、两岔溪、二都岗3所小学，有班级12个，学生144人，教职工24人。1991年，创办零溪中心幼儿园，座落在零溪中心完小院内，园区面积2000平方米，收托幼儿120人，教职工14人。2001年，楠木洞村村民满益鹏创办民办幼儿园，取名启慧。到2014年，园区面积4000多平方米，收托幼儿236名，有教职工18人。

1973年成立零溪公社农科站，县农业局10名技术员常年驻站，示范杂交水稻、稻稻油、稻稻麦和插秧机、浦滚船等农业机械，繁殖杂交水稻种子，开发田园化，将取得的成功经验推广全镇、全县。农科站党支部书记于国成因此成为种田能手，1980年被评为湖南省农业劳动模范。零溪畜牧站在大牲畜繁殖上搞技术创新，1980年生猪人工授精配种试验成功，1984年全镇推广；1984年引进利木赞、西门塔尔、德国黄牛3个新品种，黄牛冷配繁殖技术试验成功，1989年得到国家认可，1995年全面推广。从此，全镇畜牧生产效益明显提高。

文化体育

1972年建立公社广播放大站，实现村村户户通有线广播，1995年开通有线电视，2002年与县网合并，有线电视用户4200户。2010年以来，村村架设调频高音广播。1979年建立零溪镇电影站，下设电影队和电影院。因电视等新媒体的出现，电影站于1992年解体。1983年，百寿大队组建管乐队，现全镇有10支管乐队；1985年，楠木洞村村民李福清在集镇创办照相馆，现有3个摄影室；1988年，墨园居委会居民秦生丽在集镇创办打字店，现全镇有3家打印店；2002年外地人杨仪在集镇创办网吧，现全镇有3家网吧。1992年建镇文化站，有1栋300平方米文化活动中心。2005年，岩桥村组建腰鼓队，现全镇有5支腰鼓队；2011年开始组建广场舞队，现全镇有30支广场舞队；还有传统的围鼓队5支、龙灯队10支、彩龙船队1支等，从业人员近1000人。2011年，设立象鼻嘴村农家书屋，现在村村有农家书屋，藏书近10万册，15个村级文化体育活动中心有水泥地面广场，配有健身器材和篮球、乒乓球等设施。长期以来，农户办喜庆雇请乐队助兴，场面热烈快乐。2011年以来，农民自发跳广场舞，全镇有1000多人参加；1982年以来，境内举办多次文艺汇演和体育运动会。2013年在全县“欢乐潇湘·幸福慈利”文艺比赛中获得二等奖，2014年在全县第七届运动会中取得好成绩。

医疗卫生

1950年设文家溪义诊所，1954年改为中医联合诊所，1958年组建零溪公社卫生院，1984年更名为零溪乡卫生院，1995年称零溪镇中心卫生院，1998年改称零溪镇卫生院。1958—2012

年，卫生院下设二都岗、挖断岗、三岔路、两岔溪4个诊所。1969—1987年，实行农村合作医疗制度，村村有医疗站，站站有“赤脚医生”。2006年，开始实行新型农村合作医疗制度，村里设卫生室，农民参加合作医疗保险参保率在95%以上。1989年以来，加强卫生院硬件和软件建设，已成为环境优美、科室齐全、功能完善的综合性卫生院。卫生院建筑面积4968平方米，配装有B超等30多种医疗诊疗设备，共有床位30个，医务人员34名，常年接诊病人1.2万多人次。从2010年开始，以村为单位建立农民健康档案，到2014年基本建成。从2001年开始，每年对儿童、妇女、老人做一次健康检查，提出保健指导意见。从2010年开始，对经营性食品药品进行检查，确保食品药品卫生安全。

社会保障

1978年改革开放以后，境内社会保障事业快速发展，农民的幸福指数不断提高。从1994年开始执行独生子女保健费政策，到2014年，先后为1100多个独生子女累计发放保健费10万多元。从2005年开始执行独生子、双生女父母奖扶政策，至2014年，先后为664人累计发放奖扶资金67万元。从2012年开始执行生育关怀基金政策，到2014年，先后为84人累计发放基金5.32万元。从1981年开始执行义务军人优抚政策，2014年为21名现役义务军人发放优抚费14.6万元。从1950年开始逐步执行老红军、烈属、退伍伤残军人、参战军人、老军人优抚政策，2014年为314名退伍军人发放优抚费29.4万元。从1950年开始执行五保户政策，2014年为96个“五保户”发放生活费38.88万元。从2005年开始执行低保户政策，2014年为1507个低保对象发放生活费173.85万元。从2009年开始执行危房改造政策，2014年为87户危房改造发放扶持资金91万元。2014年为特殊困难户临时发放救济款7万多元、大米20吨、物资2000多件。从2011年开始执行农村社会养老保险政策，2014年有12345人参与养老保险，为5181人发放养老保险金350多万元。2014年为156个老村干部、老民办教师、老乡村医生和50个90岁以上长寿老人发放生活补助款15万多元。从2006年开始执行新型农村合作医疗政策，2014年有24000人参与合作医疗保险，投保144万元，报销医疗费938.5万元。1994年在岩溪村建立零溪镇敬老院，有住房18间、床位30个，入住“五保”老人15人。2004年、2012年两次改造扩建敬老院，建筑面积达3200平方米，住房35间，床位80个，入住五保老人64人。

特色地情

历史人文

清朝末年，河塌（今河塌村）豪富朱功久乐善好施，为开发桑梓文化，独自捐资在两岔溪创办“两溪书院”，每年收学子20余人，云贵两省统领王子豳、老一辈无产阶级革命家袁任远、清华大学学子文清、朱允忠、徐国安曾在此求学。为方便老百姓出行，朱功久独自捐资修桥、修茶亭，从三里溪至星旗凉水井（慈利至常德通道）沿途共修8座桥5个茶亭。楠木洞村黄国清当过红军，曾任红军团长。大庄村于汉林当过红军。象鼻嘴村李宜秀，1952年被评为湖南省农业劳动模范。是年，其夫褚道凡参军，1953年参加抗美援朝。她作为志愿者家属代表，先后受到毛泽东等党和国家领导人的接见。河塌村邢九高，1960年被评为全国民兵先进分子，是年4月出席在北京召开的全国民兵群英会，奖励步枪一支。象鼻嘴村向平华当选为全国第十一届、第十二届人大代表。

名优特产

境内名优特产尤以无核蜜桔、五雷山泉闻名。1982 年以来，全镇调整农业结构，发展无核蜜桔，坚持科学种植，形成规模化生产经营，产品销往全国多地。2014 年种植面积 100 公顷，产量 1.4 万吨，产值 1100 万元。五雷山泉位于五雷山下黄莲村洞水湾，泉水质高、量大。1998 年、2010 年，先后办起 2 家饮用水厂，年生产饮用水过 1000 万桶，销往张家界、常德、益阳、长沙等地。

风景名胜

星德山　位于零溪镇与桃源县热市镇交界处，因山奇、石奇、水奇、树奇、庙奇、人奇、故事更神奇而闻名。明末，闯王李自成兵败九宫山后削发为僧，归隐石门夹山寺，星德山即为其安顿部属的主要之地，且均得善终。1916 年 3 月，贺龙刀劈芭茅溪盐局，第二年在星德山下播洒革命火种，其周围成为革命活动的根据地。1943 年秋，日寇侵华至慈利，驻扎在星德山下棠梨岗一带的国军 73 军 43 团全体将士奋起反抗，浴血奋战 20 几昼夜，打退日本鬼子的进攻。在激战中，日军误认为庙内驻扎有抗日军队，用飞机轰炸了所有庙宇，致使庙宇燃烧数日，仅存王爷殿、星子宫残壁乱瓦。为纪念这座神山，1993 年，乡民自发捐物捐资近 100 万元，先后修复 12 座殿、宫、阁、观、亭，在多棵千年古松的衬托下蔚为壮观。星德山已列入国家级重点文物保护单位，常年有南来北往的香客游客在此烧香拜佛，观光揽胜度假。

七姑山　座落在零溪、景龙桥、二坊坪三乡交界处。相传山腰有一洞，洞内住着七个仙女，当地百姓经常去洞中找仙女借这借那。有一次，有位百姓借了东西不归还，七仙女认为当地人不守信用便飞走了，再也没有回来。当地百姓为纪念七位仙女，取名七姑山，并在山顶修建七姑庙。至今，善男信女上山拜仙，香火不断。

顾公寨　地处黄莲村境内，与五雷山、星德山、七姑山遥相辉映。唐代，境内住着顾大公、顾二公两兄弟，力大无穷，忠实笃厚，性情豪爽，喜

星德山

欢打抱不平，后来凭一身武艺占山为王，与朝庭对抗，留下一连串民与官斗的血泪故事。境内白竹水、插旗山、破旗峪、阴旗垭、打岩坡、岩子峪、挖断岗、落马坡、倒马桥等地名，既有当时顾氏兄弟征战的脚印，也有战乱时留下的残墙乱壁。

汪家桥 位于汪家桥村麻叶坪。清朝末年，当地富人王师者出钱出力用 8 年时间在黄林峪出口的零溪河上架了一座木屋桥，取名黄林桥。桥南端多住汪姓人家，连续两届保长姓汪，后人习惯说成汪家桥。此桥是通往龙潭河等 7 个乡镇号称南半县的必经之路，由于年久失修，1996 年 7 月 23 日洪水使百年老桥遭受毁灭性破坏。在好心人的资助下，1999 年修复汪家桥，还原桥貌，依然展现古风古色。

民俗风情

零溪镇是民间文化艺术之乡，乒乓球、渔鼓、腰鼓、三棒鼓、管乐、土地戏等是零溪镇的传统文化艺术，深受群众欢迎。2013 年《打硪号子》在全县文艺汇演中获优秀节目奖，被列入市级非物质文化遗产保护项目。零溪镇是美食之乡，五星级度假休闲农庄大水泉，集餐饮、娱乐、郊游、垂钓于一体；二都岗的翰园生态农庄，吃、住、玩、乐、军训、会议等设施齐全；黄莲吉安酒家小厨大餐，即将建成的二都岗陈氏家族农家乐古风古色、土家风味、园林式院落更具特色。全镇有农家乐和酒店 10 余家，各具特色，深受消费者欢迎。全镇有名厨近百人，常年在外下厨，做到哪里红到哪里。

（撰稿人：朱业平　图：朱业平）

广福桥镇

区域概况

位置面积

广福桥镇位于慈利县东南部，东与石门县毗邻，南与桃源县接壤，西北与苗市镇交界。土地面积78.71平方公里。镇人民政府驻地距县城40公里。

建置沿革

广福桥因民风淳朴，境内又有两座极富神秘色彩的道教圣山而远近闻名。1912年，属慈利一都辖地，1930年，属二区。1935年，始设广福桥乡。1938年，称广福乡。1948年，属广林乡。1950年春，属一区。1952年春，建广福桥乡属六区（环溪区）。1958年9月，更名广福桥人民公社。1984年2月，改称广福桥乡。1995年4月，并入苗市镇。1998年10月析出，为广福桥乡。1998 年 12 月，撤乡建镇，称广福桥镇。

行政区划

2014 年，全镇辖广福桥社区居委会和辛银、桃子溪、三丝、官见、乌龙岗、狮岩、亮狮、井岗、双云、太坪、三王、老棚、建设、桃树 14 个建制村，共 166 个村（居）民小组。镇人民政府驻广福桥社区居委会。

自然环境

广福桥镇及周边地貌似四十八寨，由南经西北，再向偏东方向蜿蜒延伸，其山体架构就象一条巨龙俯卧在沅、澧二水之间。该镇就在这条巨龙的龙头和龙身，龙尾经石门县境延至澧县、津市。全境地处云贵高原隆起区与洞庭湖沉降区之间，加上地表雨水切割和强烈岩溶极其发育，形成五雷山、星德山、太坪塌、戈尔潭、三王坳、七王溪、荷花界等山脉高低悬殊，山峰林立，河谷蜿蜒的喀斯特地貌。地势三面环山，西高东低。五雷山海拔 976 米，星德山海拔 840 米。土壤以黄壤、黑沙壤为主。主要矿产资源有烟煤、煤矸石，储量都在数万吨以上，砂沙储量在数百万立方米以上。境内气候适宜，清山滴翠，清泉如镜，风光优美，年平均气温 18℃、无霜期 320 天、降水量 1800 ~ 1900 毫米、日照 1700 小时，8 个山区村“三伏天”的夜晚格外凉爽，适合休闲度假，观光旅游。境内偶有旱涝、洪灾，旱灾十年一遇，洪灾三十年一遇。

人口民族

1957 年，境内总人口 9777 人。1962 年，总人口 9445 人。此后人口稳步增长，突破万人大关。1982 年，有 13854 人；2000 年，有 3771 户 13546 人。2014 年末，全镇总人口 14143 人。辖区有汉族、土家族等民族，其中汉族 9505 人，占总人口的 67%，土家族占总人口的 33%。

经济发展

经济综述

经济以农业为主。2014 年年末，实现工农业生产总值 4292 万元，职工工资人均收入 3000 余元，农民人均收入 4636 元。中华人民共和国成立之前，没有官方金融机构，金融往来纯属民间行为。1965 年成立农村信用社，到 2014 年年末，金融机构存款余额 1.5 亿元，贷款余额 6800 万元。

农业

1951 年以前，粮食作物种植以老红谷、白糯谷、背儿糯、高杆稻、玉米、红薯、荞麦为主，稻谷最高亩产不到 160 公斤。遇到自然灾害，必是减产甚至绝收。杜仲、油菜、油茶也是主产作物。1978 年推广三系杂交水稻后，到 1987 年最高单产 500 公斤。中共十一届三中全会后，不断深化农村改革，特别是 8 个山区村的稻田，不再是“望天收”，完善水利基础设施，普及推广优质良种，旱涝保收，产量稳定，同时提升农业机械化普及程度，抵御自然灾害能力增强，农民收入大幅增加。1990 年，粮食总产 5893 吨。2000 年，粮食总产量 5055 吨。2010 年，粮食播种面积 1320 公顷，粮食总产量 6644 吨。2014 年，粮食总产量 6845 吨。近年来，大力推广优良品种，改良柑橘品种，引种尾参（玉竹）中药材，年创产值 120 万元。在养殖业方面走“公司 + 农户 + 订单”保回收的产供销路子。发展成规模商品鸡鸭养殖户 12 家，年出栏鸡鸭 30 万羽；饲养本地黄牛 1500 头，牲猪 1.8 万头、山羊 1.2 万只、养鱼 5.5 万尾，年创产值 2000 万元。林业和林产品曾是广福桥的大宗经济收入来源。通过人力、马车和溇水水道销售到石门、临澧、常德、长沙，换取粮食、油盐等生活物资。1962年，为缓解粮食供应困难，毁林开荒，使林业资源遭受严重破坏。1965年，组建轿顶岗社办林场，并组织各大队进行“千人百亩植树造林大会战”。至2013年，人工造林面积1200公顷。2003年，实行退耕还林政策；至2014年年末，全镇林地7384.2公顷，其中用材林866.67公顷，森林覆盖率66.74%以上。

村镇企业

1970年开始创办公社、大队企业。共有社队企业9家，从业人员1350人。主要企业有煤矿、预制件厂、榨油厂、轧钢厂、石灰矿、砖瓦厂、饭店、园艺场、百货经销店等。到2007年，乡煤矿发展因煤井往下延伸数千米，地下水量过大，每逢雨季排水耗电高峰时每月30万～40万元电费，导致成本过高停办。据地质资料显示，此矿山仍有储量数千万吨。乡煤矿经营37年，从业人员300多人，年利润达百余万元。2014年年末，全镇有私营砖厂2家，建材厂1家，招待所3家，农家乐饭店5家，百货经销店18家。

商业贸易

中华人民共和国成立初期，境内没有官方商贸机构，农民买卖货物均与民间商贩交易。1954年，成立广福桥供销合作社、食品站。1958年，又发展双云、亮狮、老棚、桃子溪4家供销合作社。在计划经济时代，物资匮乏，布匹、肉、煤油、化工肥料、红糖等都得凭票购买。改革开放后，计划经济转向市场经济，物资凭票供应被取消，生活物资应有尽有。供销体制改制后，合作社撤销，私营贸易商户不断繁荣；至2014年年末，商业网点发展到32家，从业人数425人，社会商品零售总额3000万元。全镇有农贸市场2个，年成交额5000万元，年商品贸易周转额8000万元。

旅游业

境内人文、自然旅游资源和红色旅游资源丰富。近年来，每逢旅游旺季，借助张家界市的旅

城门寨风景

游大背景，每天接待旅客数百人。2014年，接待旅客8万人次，旅游综合收入过千万元。

基础设施

交通运输

镇政府驻地距县城40公里，距交界的石门县城15公里。1949年以前，境内无公路，山区村落的小路极难跋涉，物资运输无船运车载，全靠马驮人挑肩扛。1984年，修通慈利县城至广福桥集镇的公路；是年，县湘运车站开通至广福桥的客运班车，每日一班。改革开放后，湘运班车取消，从事客运的班车从1990年的3辆发展到5辆，到2010年增至7辆，每40分钟发一班，极大地方便群众出行。2008年实施“畅通工程”后，逐步实现村村通水泥路，有60%的村都有2~3条村道得以硬化，有50%的村实现组组通水泥路。至2014年年末，全镇15个村（居）委会通水泥路，85%的村（居）民小组通水泥路，公路入户率80%。境内公路与周边县道、省道联网。2014年，建成镇农村客运站，日发客班车7~10班次。日均客运量150~250人次。

邮电通信

1961年，始建邮政代办所，配备24门的手工有线电视交换机1台（俗称“摇把子”），开展邮政电信业务。1987年，报刊发行量980份。2002年，开通中国移动通信业务；2003年，开通中国联通通信业务，实现全镇通信服务无疑缝对接。2014年年末，有邮政代办所1处，邮政业务总量10万元，报刊杂志累计发行1.6万份；电信企业1家，交换机容量1200门，固定电话用300户，移动电话用户7890户，联通电话用户1100户，互联网入户率48%，电信业务年收入120万元。

水利建设

建乡、镇前，水利设施既缺乏又简陋，仅有一处河坝，26口山塘，70%的稻田靠天吃饭。1959年10月，在三丝建小（1）型银泉水库，集雨面积2.5平方公里，为土石坝型，坝高14米，总库容121万立方米，灌溉194.8公顷。1968年，开始建设小（1）型七王溪水库，历时5年完工，集雨面积7.6平方公里，为土石坝型，坝高28.2米，总库容124万立方米，灌溉284.07公顷。至2013年年末，有上型水库5座，库容量276万立方米，有山塘608口，河坝22处，泄洪隧道1处600米；水利设施灌溉面积2393.33公顷。

村镇建设

建乡前，桃子溪是群众“赶场”购物的传统场址，中华民国时期乡公所设在桃子溪桥西头大财主戴大耀的四合院式的木楼里。1949—1976年，乡政府、人民公社仍在此办公。1977年，修建现乡政府办公楼和电影院。1999年斥资60余万元拆掉破旧影院建起全市一流的乡镇文化广电综合大楼。同时成立星海歌舞团，演艺辐射到周边地区，口碑甚佳。2010年，斥资50多万元对办公楼进行改建和装修。2014年，投资100余万元修建街道两边的人行道，并安装“全市第一亮”的乡镇路灯，安装距离延伸1000米，建成一个高标准灯光球场。

社会事业

学校教育

民国时期，有私塾学堂6处。1936年，兴办“观音庵学堂”，1946年设立初中，改名“观音庵中学”。建公社后，每个大队都设立小学。“观音庵中学”也被命名为“广福桥中学”。1968年设

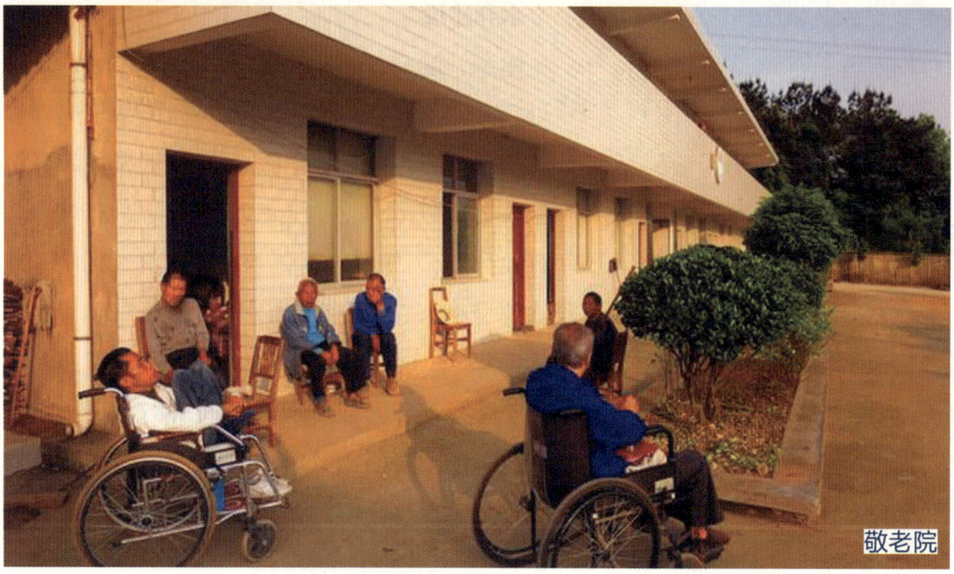

高中班，至 1980 年取消高中班，保留初中至今。2013 年年末，有幼儿园 1 所，在园幼儿 320 人，专职教师 1 人；有小学 3 所，学生 632 人，专职教师 91 人，小学适龄儿童入学率 100%；初中 1 所，在校 277 人，专职教师 35 人，九年义务教育覆盖率 100%。恢复高考后，先后有 21 人被清华、北大、中央民族学院、军队院校等高等学校录取。2013 年年末，先后有 129 人考取大专院校，有知名教授、工程师 21 人在国内外贡献聪明才智。

文化事业

在土地改革和兴修水利工程的群众运动中，境内群众自发组建文艺宣传队，演出活跃，内容鲜活、精彩，群众喜闻乐见，及时准确地把党和政府的方针政策贯彻到群众心中，使群众在繁重的劳动中获得精神上的愉悦和轻松。改革开放后，农家凡有喜事，总要邀请本镇的歌舞团或渔鼓队到家中演出助兴，以烘托喜庆、富裕和祥和的气氛，《推豆腐》《过河》《懒汉相亲》等节目广为流传。渔鼓说唱《十月怀胎》传颂 100 多年，因其内容崇孝感恩，励志感人，情感饱满而百听不厌。1994 年，自筹资金创建有线电视网，1999 年，自筹资 65 万元，建起占地 1800 多平方米的多功能六层广电文化综合楼，采取欧式建筑风格，成为全市乡镇文化站最好的硬件设施。从 1994 年开通有线电视至 2014 年年末，入户率 98%，广播电视“村村通”覆盖全镇。2005 年后，创建农家书屋 15 家，有书刊 15 万余册。镇文化站连续多年被评为市、县“先进文化站”。1991 年获全省“广播电视网达标乡镇”。2005 年 10 月 17 日，《张家界日报》以《走在文化阵地前沿》为题作专题报道。

体育活动

因地处偏远山区，交通闭塞，群众体育健康活动大都是因陋就简，就地取材，也没有固定的活动场地，随身携带的劳动工具便是体育器械。在逢年过节或田头地角、室内室外随时随地进行体育健身活动。如举行拔河、拧扁担、抵劲、扳手腕、蹬高脚棍、摔跤、踢毽子、跳绳、打飞棒等。这些民间自发的体育健身活动，主要是自娱自乐、强身健体。少数富裕人家为求得功名，健身防身，还练习武功。1949 年 10 月后，学校开始做广播体操，开展打篮球、排球、乒乓球等球类健身活动。2014 年年末，有学校、机关健身场地5个，村级体育健身场12个，全镇经常性参加体育健身活动的人员占常住人口的35%。

医疗卫生

解放前，乡域医疗机构仅有民间诊所（俗称药铺或草药郎中），缺医少药很严重，有的群众被疾病折磨致死，竟无从知晓患的是何病症。1958年成立联合诊所，从1960年开始培养医疗卫生人才（每个大队培训1人，俗称赤脚医生）。1960年，联合诊所改为公社卫生院，有医务人员7人，床位11张。1980年后，医疗卫生得到快速发展，群众缺医少药的状况才得以逐步改善。至2013年末，镇卫生院有床位30张，有专业医护人员16名，有B超、DR数字化摄像系统、经颅多普勒、心电图、生化仪、血球分析仪、尿液分析仪等医疗设备。2014年，投资200万元新建1400平方米医院综合大楼，仪器总价值256万元。

特色地情

历史人文

广福桥有着神奇的历史传说，有着如画的山水，有着悠久的红色文化，在各个历史时期，孕育出一大批仁人志士。他们胸怀大志，救国救民，科教惠民，有的走出去成为栋梁之材，有的扎根本土默默奉献，为社会的进步与发展起着强大的推动作用。改革开放以来，涌现出勤劳致富、带动一方的经济能人90人。境内的五雷山、星德山、四十八寨伴随李自成的传说，自明朝以来流传至今。1926—1928年，慈利县第一个农村地下党支部——第十七区广福桥（南岳寺）地下党支部诞生在广福桥，支部书记张学阶（革命烈士）。相继诞生的地下党支部还有老棚地下党支部、三王峪地下党支部、谭刘家山地下党支部。1928年，在湘西特委的领导下，在广福桥成立“湘西工农革命军第四支队第三游击大队”，当时全县第一支农民武装游击队。二次国内革命战争时期，先后有30多名地下党员、100多名红军战士壮烈牺牲。

名优特产

境内溪河两岸盛产水稻、油菜，山地盛产玉米、柑橘、油茶、烟叶、板栗。畜牧业以本地黄牛、黑猪、白山羊为主。传统加工农产品有腊肉、香肠、血豆腐、炕豆腐干子、剁辣椒、野葛根粉，

土家族吊脚楼

四十八寨风光

还有锅巴饭、锅巴粥。每家每户腌制的“坛坛儿菜”就不下20余种，如酸辣椒、酸豆角儿、酸野茭儿、酸茭果儿、从山上采摘的紫腾花酸盐菜、青菜腌菜（又称酸盐菜），还有葱根拌酸辣椒、葱白拌酸辣椒、蒜果捣碎拌酸辣椒。还有很多传统野菜加工制作的美味食品，如野竹笋、野茭儿煎蛋、野香椿煎蛋、野香椿凉拌酸辣椒、野蒿子做粑粑、野苦菜煮稀饭、野葛粉做软饼。野蕨菜，无论是鲜的炒肉片，还是干品炖腊肉等，都是原生态、纯天然、无公害的家珍。远方的游客、亲友吃了这些传统农家饭菜，食欲大增，赞不绝口；出门务工的家乡人，行囊中总要带上这样那样的腌菜，以寄托乡愁。

风景名胜

五雷山　位于三王村境内的五雷山，自唐朝以来就是方圆数十公里虔诚朝香赐福的道教圣地，每逢三月三、九月九，香客游客络绎不绝，尤其是常德、临澧、桃源、石门、安乡的香客更加信奉五雷神灵。老棚村境内的星德山更是名扬海外——山顶的庙宇从墙体、门窗、椽檩、瓦片，全由石材架构，实乃今古奇观。数吨重的石柱耸立山顶，这在200多年前无路、无车、无机械承载运输的前提下，要把几千斤重的石材运上海拔840米的山顶，劳动人民的智慧真是令人无法想象，堪称世界奇观！分布在三王坳境内的四十八寨，相传李闯王隐退时期曾在此安营扎寨多年。屯兵修炼时开垦万亩梯田，修筑营房，并留有石刻，凿下百级阶梯，鬼斧神工，尉为壮观。境内山青水秀，山环水绕，风景如画。老棚、三王、双云、井岗、太坪境内至今仍有保存完好的吊脚楼、宗族祠堂等古建筑。还保留有“水碾”“石磨”“碓码”等农耕文化习俗。老棚、三王境内还有十分之一的农户仍保留最原始的造纸术（造烧纸），其产品远销省内外，供不应求，每个造纸作坊一年的纯收入8万元以上。这一传统技艺列入国家非物质文化遗产名录。

四十八寨 有大量的文物遗迹可以考证：那是一块神秘的仙境，是李自成与吴三桂交战的奇特营寨，是易守难攻的险要堡垒。据《慈利县志》记载："顺治十五年（1658），闯贼余党经营石慈九永山中。"四十八寨的形成，历史悠久，神秘传奇，初萌于夏，起源于唐，最终因闯王李自成的到来而成名，兴盛于清。四十八寨由120多座气势磅礴、拟人拟物、神态各异的奇美山峰，5条蜿蜒曲折、支流纵横、堪称零污染的常流清溪而组成。从留存的遗迹、实物、石刻上看：李自成根据义军编制，依山就势建立48座雄伟山寨，以及军事防务之需，在山寨周围，栏关设卡，建36宫，修72殿，还有数十处炮台群，用巨石垒砌的坚固城墙，气势令人叫绝！万亩"军粮田"与道教圣地五雷山，还有老棚2000公顷竹海以及碧波荡漾的七湾湖，构成一部经典的史书。近年来，在旅游资源普查、资料整理、史实认定、对外宣传、基础设施建设等方面取得很大进展，四十八寨已经引起社会各界的高度关注，并逐步扬名国内外。

民俗风情

境内旅游区域，土家吊脚楼依山傍水而建，大多随山就势，单家独处，融入山水。在集镇和公路两边，清一色的欧式建筑风格。境内人们在生产生活中，筑坝有打夯歌，出嫁有哭嫁歌，伐木有喊山歌，"一年四季歌当饭，烦闷就拿歌解愁"。春采野菜、冬炕腊肉的生活习惯传承数百年。灌香肠，煮米酒，腌制坛坛菜，是传统待客美食。在招待久别重逢的亲人和手艺人时，以及在大年初一敬奉长辈时，都会敬上一碗甜蜜的蛋茶，或者在饭前端上一碗用糖茶冲泡的米泡儿，礼数十分讲究。建房上梁抛粑粑，抓贼追赃照水碗，小孩受到惊吓请巫师收魂等乡风俚俗传承至今，还有一些近乎荒诞的治病方术一直在民间秘传。

（撰稿人：夏光贵　图：夏光贵　向凤毛）

高桥镇

区域概况

位置面积

高桥镇位于慈利县正南部，东接龙潭河镇，南连桃源县牛车河、钟家铺乡，西邻洞溪乡，北抵金坪乡。总面积 171 平方公里。镇人民政府驻地距县城 53 公里。

建置沿革

清乾隆年间，陈氏族人在柳笼溪上修建亭子桥一座，名高桥，镇以此得名。1900—1929 年，分属慈利四都、九都。1930 年属三区，1935 年属二区高桥乡，1938 年属丛高乡，1948

年属龙云乡，1949年属三区（下设保、甲）。1956年6月，建高桥乡。1958年9月，并入南坪人民公社。1962年析出，成立高桥人民公社。1984年2月，改名高桥乡。1994年10月撤乡，建高桥镇。

行政区划

2014年，全镇辖高桥、亭子桥2个社区居委会和岩音、四坪、花椒坪、光明、陈家河、阳坪、秋木山、杜树垭、砂厂、才树、白果、长白、枧潭、兴田口、皂泥峪、白竹峪、黄林、金堰、新山19个建制村，共194个村（居）民小组，1个镇直林场。镇人民政府驻高桥社区居委会陈家湾组。

自然环境

境内大部为山区，地势略为西南高、东北低，海拔高度一般在160~600米，最高点鲁家寨山顶海拔1289.2米，最低点四坪村海拔160米。属亚热带季风性湿润气候区，年均日照1658小时，气温18.6℃，降水量1425毫米，无霜期284天。境内有两条沅水二级支流贯穿，其中，大浒溪发源于洞溪乡，经枧潭村、白果村流入桃源县境内；西溪河发源于砂厂村、高桥居委会告子峪，流经杜树垭村、才树村、阳坪村、花椒坪村、光明村、陈家河村、四坪村；三级支流8条。溪河多以西向东流入黄石水库。境内河道总长44.5公里。矿产资源有大理石、磷、汞、镊、钼等。

人口民族

1957年，辖区总人口8768人。20世纪70年代初，是人口出生的高峰期。1972年，总人口12569人。此后，随着计划生育政策推进，控制人口出生，人口数稳定在1.3万人。1982年，有3092户13568人。2014年年末，辖区人口13218人，其中，土家族3433人；人口出生率10.05‰，自然增长率4.04‰。

经济发展

经济综述

高桥镇经济以农业为主，主要有种植、养殖业和少量的粗加工企业及商贸服务业。1957年，农民人均纯收入32.3元，人均年口粮164公斤。1962年，工农业生产总值63.45万元，人均口粮253.5公斤，人均纯收入52元。1972年，工农业生产总值131万元，人均纯收入57元。2000年，实现生产总值1800万元，人均纯收入895元。2014年年末，全镇生产总值1.107亿元，其中，农业产值2490.5万元；农民人均纯收入4770元，固定资产投资595万元。

农业

种植业以种植水稻、玉米、红薯、黄豆、小麦、油菜、花生、烤烟等为主。1949年以前，水稻种一季，由于天气影响产量不高，亩产150公斤左右，若天旱雨涝，则减产或绝收。旱粮种春、秋两季，山坡地只种一季秋粮，产量较低。1962年，种植早稻43.27公顷、产量86.45吨，中稻1100公顷、产量263.35吨，晚稻39.67公顷、产量59.4吨；玉米240.27公顷、产量352.6吨；红薯86.6公顷、产量608.9吨。1980年，水稻种植早、晚双季，推广使用杂交品种，面积800公顷，亩产275公斤；种植柑橘6.67公顷，杜仲133.33公顷。旱粮种植方式为轮作或套种，一年两熟或多熟制，面积600公顷，单产和总产均有大幅提高。2000年，种植水稻1026.67公顷，柑橘100公顷，粮食总产量9005吨。2014年，全乡粮食产量9212吨；主要经济作物种植油菜499.2公顷，产量

760吨；柑橘面积66.67公顷，产量250吨。

畜牧业

以生猪、牛、羊、家禽等传统养殖为主。1949年前，人均养猪0.25头。1949年，发展生猪1000头，养牛700头，养羊1200余头，养家禽1万余羽。1962年，出栏生猪1978头。1980年，健全良种繁殖体系，发展生猪2600头，有养猪大户5户。是年，养牛1100余头，养羊2100余只，养家禽1.2万余羽。2000年，发展生猪3200头，养牛1649头，养羊7997头，养家禽1.8万羽；有生猪养殖大户6户，养牛大户13户，养羊大户23户，养家禽大户5户。2014年，全镇发展生猪1.37万头，养牛1300头，养羊8200只，养家禽3.11万羽；有养猪大户6户，养牛大户2户，养羊大户20户，养禽大户2户。枧潭村特色野猪养殖120头，养殖业逐步向规模化、科学化、产业化方向发展。

林业

高桥镇是全县林区大镇，林业资源丰富，山林面积13333.33公顷。1991年，境内开始发展杜仲种植，兴盛时期栽植杜仲933.33公顷。2000年，因市场价格下降，群众自发毁林改造其它林木，2014年仅存杜仲400公顷，现主要利用杜仲叶和杜仲花制作茶叶及保健品。2001年实施退耕还林工程后，退耕还林面积202公顷（不含配套荒山造林240公顷），德援项目造林80公顷，中央造林补贴面积200公顷。三大工程实施后，惠及农户1600余户。每年投苗20余万株，社会投苗3万余株，庭院花卉苗木5000余株。现有林场2个，以经济林杜仲为主的锅斗凹林场面积133.33公顷，以生态林为主的燕子岩林场面积106.67公顷。并逐步形成一批林业产业大户，其中，光明村朱次元个人造林40公顷，林业产值逾300万元。2014年年末，经济林533.33公顷，生态公益林4486.67公顷，全镇森林覆盖率79.2%。

乡镇企业

20世纪初90年代初，境内开始兴起大理石开采，带动当地的经济蓬勃发展，高峰期生产厂家50多家，产值上千万元。2003年，由于其它新型装饰材料出现，大理石滞销，价格猛跌，开采停滞。2014年，仅剩鼎盛石料加工企业，主要经营开采用于路面及建筑用料粗加工生产；铭峰石业有限公司主要经营开采青石岩锯板材粗加工。21世纪初，镍钼矿开采兴起。2004年，有白竹峪、吉祥、宏林镍钼矿开采企业落户。2005年，新增寅丰、三鑫2家镍钼矿开采企业，总投资1500万元。2008年，寅丰公司以2000多万元收购宏林公司，实现年销售收入400万元以上，创利税50余万元。2012年后，由于矿区环境污染及镍钼矿降价，镍钼矿开采企业全部停工。

商贸服务

1954年公社供销社成立后，长期主导商业贸易主渠道，购销农副产品和销售群众生产生活用品，并在偏远大队设代销店。1983年，出现第一家个体工商户开办的经销店，对供销社销售业务形成竞争。1994年后，个体工商业户大量涌现，严重冲击供销社业务，致其交易额连年下滑，濒临倒闭。1998年，供销社改制，退出流通市场，个体工商户成为商贸服务业主力军。2006年实施“万村千乡”农家店工程，连锁开办商业销售网点，物美价廉，方便群众。2014年末，全镇有商业（店）网点236家，从业人员473人，年营业额1200万元。20世纪80年代末，群众自发形成每月逢五、逢十赶集习惯，本地群众与外来商贩在集镇街道交易农副产品和购销小商品，逐步形成马路市场。1995年，在镇中学与供销社交界处开辟一处农贸市场，交易区约1000平方米，主要是交易牲畜，后因交易时常影响到镇中学正常教学秩序，加之牲畜交易量萎缩，市场被关闭。至2014年，在马路市场上从事墟场交易的商户约500家，年交易额1500 万元。

劳务输出

1982年前，境内农村劳动力主要从事队、社集体劳动，一般是有手艺的工匠揽工，或有劳力者在附近地域打临工。20世纪90年代后，为增加家庭经济收入，部分农村青壮年劳动力或有技艺的工匠自发向沿海或内地发达城市转移就业。2000年，实现劳务输出收入380万元；2010年，劳务输出收入3000万元。2014年年末，农村劳动力增长到7189人，转移输出人数3667人，劳务输出收入5000万元。

基础设施

交通运输

1956年前，境内没有通公路。1958年文家溪（零溪）—高桥砂石公路竣工通车。此后，交通条件逐步改善。1963年，高桥—枧潭砂石公路修通。1970年，修通枧潭—大浒公路；1972年，修通高桥—东风水库公路；1997年，修通花椒坪—秋木山、高桥—新山、燕子岩—白竹峪公路。2014年，21个村（居）全部完成村主干道的水泥路硬化，阳坪、砂厂、新田口实行“组组通”水泥路。1968年，集镇通县城的客班车开通，每天往返一趟。到2014年年底，每天开行通县城客运班车16辆32趟次，另有过境客运班车4辆。

供电饮水

1985年，境内有小电站1座，用电仅局限于小电站周边地域小范围照明，经常“停电熄灯”。1989年，通电村17个，村通电率76.1%；通电户2762户，占总户数82.6%。2000年，成立镇供电所，将小水电网并入县供电网。2006年，投资约300万元，解决花椒坪、高桥、才树、皂泥峪、枧潭5个村（居）组居民用电。到2011年年底，21个村（居）完成电网低压线路改造，农户用电质量得到保证。

2000年前，村（居）民自发解决人畜饮水问题，主要靠饮用山泉水或井水。2000年，集资10万元建集镇供水水池，解决集镇居民安全饮水。2009年，实施安全饮用水工程，投资120万元，解决集镇各部门和高桥、亭子桥社区居委会2500余人的安全饮水的问题。此后，逐步加大人畜饮水工程建设力度。2012年，黄林、白竹峪村村民用上自来水，2013年，阳坪村部分村民用上自来水，2014年，花椒坪村部分村民用上自来水。

水利建设

20世纪70年代前，境内无大型水利设施，只有小山塘50余口，小溪河坝10处。1971年1月，在砂厂村动工修建小（1）型东风水库，1979年12月完工。1972—1979年，修建东风水库灌区主干渠6.7公里，主要灌溉9个村166.67公顷。1975—1976年，修建小（2）型水库10座，分别为余家峪、黄林、光明、同心、幸福、前边、胡家田、岩英、新河、周家峪，同时还修建山塘213处。1970—1981年，修建小型溪河坝77处；1989—1991年，修建皂果桥水力发电站，装机容量1台200千瓦。2009年，投资200万元，除险加固东风水库。1990年4月，建成皂角桥水电站，年发电量40万千瓦时。2011—2013年，投资700余万元，对同心、前进、黄林、余溪峪等4座小（2）型水库除险加固。2010—2014年，

茅庵水库

投资220多万元，重点对东风水库灌区7个村配套渠道混凝土防渗22公里。

村镇建设

自设立人民公社后，在政府驻地街道自发形成集镇，街道长约1000米，宽5米。设镇后，集镇建设速度加快，1999年，进行集镇街道道路硬化，硬化街道1000米。2011年，投入资金300多万元对政府机关办公大楼进行建设；实施街道亮化工程，投入资金30余万元，对集镇下水道、街道中心地带、巷道带行亮化，共安装路灯30盏。到2014年，集镇街道从镇林业站延伸到高桥信用社，长2000米，宽8米。同时，开展城乡环境同治工作，投入资金3余万元，购置垃圾清运车；投入5万元，建设垃圾池、购买垃圾桶，彻底改变集镇环境面貌。从2007年开始，争取资金12万元，修建枧潭村村级组织活动中心。到2014年，全镇建成17个村级组织活动中心。

社会事业

学校教育

高桥中学的前身是1949年前创办的龙云乡第一中心完小。1949年初更名为高桥小学。1969年开始招收2个初中班，1971年开始招收高中班。1975年高桥小学的小学部和中学部分开，中学部设现址，小学部迁址映日岗（沿用高桥小学）。1977年，高桥中学高七班毕业后，高中班停止招生，仅设初中部并沿袭至今。1987年，高桥小学迁到镇街道，更名为高桥完小；1990年，正式定名为高桥中心完小。2003年，有中小学生1123人，在职教师61人。2014年，全镇设镇中学、中心完小、四坪片小和花椒坪、金堰、新山、枧潭、秋木山5个教学点，有小学生574人，教师34人；中学生345人，教师32人。学前教育始于20世纪80年代，当时仅在中心完小校园内办有3个幼儿班。1994年，集资创办镇中心幼儿园，招生近200人。2000年，被评为市农村合格中心幼儿园。2014年，3~5周岁的幼儿入园入班率超过98%，学校及教学点的学前教育办班面100%。

文化体育

1950年前，过春节或大户人家操办红白喜事时，境内有请班子唱柳子戏、扭秧歌、还傩愿、唱土地戏等习俗。正月里，散落民间艺术有打三棒鼓、打快板、舞狮子、玩龙灯等经常活动。至“文化大革命”前，主要以土地戏、傩愿戏和说书打渔鼓为主。“文化大革命”中，破“四旧”立“四新”，唱革命歌曲，演革命样板戏。公社成立毛泽东思想文艺宣传队，下到每个大队宣传毛泽东思想，演革命英雄人物。1976年，成立公社电影放映队，常年下到各大队放电影。1979年，修建人民会场，可容纳1000人，兼做影剧院用。1982年，成立高桥电影院，每天晚上售票放映，票价为每场0.1~0.5元。1984年，成立乡文化站。1992年，组织民间“板板龙灯”参加县表演，演出队员300多人。2000年，组建镇文体广播电视站。2008年，组建文艺、体育队伍参加县“迎奥运”文化系列活动。2012年，组织民间“板板龙灯”参加张家界市组织的相关表演。2013年实施文化共享工程，22个村（居）和林场建立农家书屋、图书阅览室。

1960年3月，建公社广播站。1974年，始建广播专线，至1988年，站至村专线187杆公里，发展入户喇叭占总户数74%。站自办节目有“科技新天地”。1980—1983年，建大队标准广播站3个。1984年，建成镇广播机房28平方米，有四坪等9个村架设高音喇叭53只。1989年，建亭子桥广播标准村。1993年，花椒坪广播标准村建成。1995年6月，建成有线电视网络，架设电缆5.8公里，收转卫视节目9套，发展网络用户400户，另有家庭地面卫星单收户928户。此后，四坪村和花椒坪村依次组网建成有线电视网络。2006年，引入光纤传输县有线电视节目。2014年，联通县数字电视网络，发展数字电视用户280户。2014年，22个村（居）林场都建起广播站。

1949年前，境内体育活动仅有民间臂力、摔跤、负重、下“打三棋”、拧扁担劲等。成立乡后，体育事业得到发展。1996年，举办首届镇农民运动会，到2014年共举办三届运动会，村民踊跃参与。镇组队参加第3~7届县运动会。中小学普遍开设体育课，2012年组队参加县首届广场舞大赛获得第三名；2013年组队参加县“欢乐潇湘·幸福慈利”比赛，取得最佳组织奖。2014年年底，有四坪等11个村配置体育健身器材。

医疗卫生

1950年前，境内无医疗机构，仅有中医郎中用中草药给民众治病。1956年建中医联合诊所，有从业人员6人，从事中医救治。1962年，各大队设赤脚医生，开展疾病治疗和疫情防治。1972年，建公社卫生院，在亭子桥二塆组新建二层楼房1栋，有从业人员9人。1997年，镇卫生院迁至镇街道，并添置B超、X光机等设备，有医务人员13人。到2014年，镇卫生院拥有全自动生化、全自动血球分析仪、电解质分析仪、脑血流图等诊疗设备，有医务人员17人、病床20张。年末，全镇有12个村级卫生室。

社会保障

1956年，实行五保政策，供养无儿无女的老人。1980年，对五保老人实行以村为主分散供养。2010年，修建镇敬老院，集中供养五保老人30人。2013—2014年，高桥居委会、新山村农村幸福院建成，分别接收“五保”老人26人、20

人；其它特困村民由民政部门负责救济。2000 年实行城镇低保，2007 年实行农村低保，2014 年城乡低保实现全覆盖，到 2014 年年底共有低保对象 413 人。2008 年实行大病救助。2009 年开始实行农村危房改造，至 2014 年危房改造农户 227 户、补助资金 198 万元。20 世纪 60—70 年代，国家对特困户实行“返销粮”救济，80 年代以后，以救济款为主，辅之以物资救济，一年分冬春两次救济。1998 年“7·23”特大洪灾，全镇因灾倒房户 18 户，每户救助 3000 ~ 10000 元。是年年底，所有倒房户均恢复重建。2013 年对 90 岁老人实行高龄补贴，共计 17 人。2014 年，对重度残疾人、75 岁失能老人实行生活补贴，共计 204 人。

特色地情

名优特产

境内物产丰富，特产众多，盛产木材、中药材和大理石，是全县的木材主产区，素有“杜仲之乡”“大理石之乡”美誉。此外，桐油、茶油、板栗、七星椒、生猪、山羊、葛片、湘西黄牛等产量也居全县前列。

大理石 质地优良的大理石资源遍布全镇 13 个村。20 世纪 90 年代初期，境内大理石开采加工进入全盛时期，有开采和加工企业 40 多家，年产值 5000 多万元，产品远销广东、浙江、福建等地。进入 21 世纪后，随着许多新型装饰材料的出现，大理石的价格不断下降，产品滞销，生意逐渐萧条。到 2014 年，有鼎盛石料加工厂和铭峰石材加工厂仅能粗加工生产大理石板材，无深加工设备和产品。

杜仲 高桥镇是慈利著名的杜仲产地，杜仲种植遍布枧潭、黄林、白果、新山、才树、四坪等地。1991 年，境内开始大力发展杜仲种植，最高峰有杜仲林地 933.33 公顷；2014 年，有杜仲林 400 公顷。

土家熏腊肉 境内土家人对腌腊制品有一种特殊的嗜好。每年冬至，家家户户都要杀年猪，做腊肉。先将鲜肉砍成长条，然后放在大缸里，撒上盐，淋入一些酒，再放入八角、花椒、辣椒等香料，进行腌制。一个星期后，当盐味、香味都渗透到肉里，再把肉取出来熏烤。在山区的农

云朝山风光

家堂屋中间，家家都有熏制腊肉的火炕，炕上架着燃烧的树蔸或树桩，把腌好的肉条挂在火炕上面高高的屋梁上，利用火炕上升的青烟自然地熏制肉条。由于烟熏时间长，加之燃烧的树蔸或树桩有特殊的香味，故熏制出的腊肉色泽金红、味道香美，可食至来年的伏日而不坏。

土家血豆腐 是土家族的特色传统佳肴。腊月时节土家人杀年猪时，将新鲜猪血与豆腐，亦克用豆腐渣或肉丁加各种调料和香料拌匀，用手团成大小一致的团子，置于火炕上用烟火熏烤，半月后即可取用。食用时，用刀切成片或丝，放入锅内与腊肉一起煸炒，或单独用油煎炒，加上辣椒、大蒜等佐料。食材结合巧妙，营养合理，香味独特，自用、待客均为佳品。

葛根粉、蕨粉 高桥是旧时灾荒岁月中用以度荒的食品，如今成为人们喜爱的健康膳食，具有清热解毒功效。野生葛、蕨根挖出洗净，置于木槽内舂捣。待捣烂后放于水桶中加水搅拌，滤去粗渣，沉淀后得到葛根粉或蕨粉，阴干或晒干即可。食用时取粉适量，用少量冷水溶解，再用沸水边冲泡边搅拌，之后加糖或糟酒食用。也可在融化后的葛根粉或蕨粉中加入米粉或玉米粉，揉成小团做成葛根粑粑或蕨粉粑粑，蒸、煮、煎食均可。

碳烤牛肉 高桥镇“碳烤牛肉”盛名远扬，不少人慕名而来。百姓自家放养在深山中、百草喂养的黄牛宰杀后，经加入干辣椒、花椒等香料，特别腌制 3 天左右，稍沥干水分后，再放置在木碳火上慢慢地烤制。讲究把握好火候，烤制不宜太过，太过会失去牛肉的味道，牙咬不动。火候不够，则不鲜美，没有牛肉香气。大约 0.5 公斤牛肉烤至约 0.15 ~ 0.2 公斤左右。再经大厨的精心烹饪，特别是在炒制时，调入当地人酿制的米酒，烹制成火锅，香气扑鼻，佐以细萝卜丝或红薯粉丝，是上佳的美味。

风景名胜

甘溪沟 溪水起源于洞溪乡南溪村的洞穴泉，山泉细流，与枧潭村甘溪沟汇集，长约 15 公里。溪沟两边为原始森林，沿途无人居住，主要景观分布于枧潭村境内约 5 公里地段。溪水经枧潭、白果村进入桃源县牛车河汇入沅江。溪沟山高林密、空气清新、溪水清澈、百鸟争鸣，被誉为天

甘溪沟

云朝山金顶

然氧吧。原始小道伴溪延伸，穿行于丛林中，无阳光照射。溪沟中有多处小石潭。近年，夏秋节假日期间游客如织，穿越森林溯溪探源，戏水龙潭避暑消夏，静悟山水畅享天然氧吧。

谢家坪土家吊脚楼群 吊脚楼群在枧潭村境内，依山而建。一栋栋古朴的吊脚楼间，丛生着茂林修竹果树，显得秀雅、温馨而有画境。吊脚楼建筑形式活泼，是土家人的特色建筑。炎炎夏日，置身吊脚楼上，感觉凉风习习，花香缕缕。农闲季节，身着民族服饰的土家女子在吊脚楼上做布鞋、编织毛衣，自成一景。土家诗人江承栋曾写诗赞道：“奇山秀水妙交球，酒寨歇乡美尽收。吊脚楼上枕一夜，十年做梦也风流。”

云朝山佛教金顶 云朝山山脉与一天门、二天门、三天门等山连成一体。早晨，山顶云雾迷蒙，呈现出“混沌初开”状，故名云朝山。山顶有金顶佛殿，距山顶里许，山断如切，昔人伐木为桥以渡。《直隶澧洲志》载：“上建金阙（庙），下修精舍，楼阁辉煌，有石屏、石炉、石烛之属。创于唐，有碑志虽剥落于苔封，而‘贞观’字样犹未泯焉。岁时伏腊，登山朝谒者，殆将以万数计。”古人题咏甚多。山顶茶叶清香可口，称“云雾仙品”。

箱子岩古悬棺群 位于白竹峪村境内。五色斑驳的石壁长约1.5–2公里，临江一面崭削如割切，山壁间靠挂着三三两两的红箱子，故名。箱子岩的“红箱子”被称为“湘西八大未解之谜”之一。与之紧邻的白竹峪悬棺群，两侧悬崖对峙，高数百米，仰视仅见一线天光。峪间溪水湍急，四季不竭。崖壁上的“箱子”达30余穴。经考古学家考证，悬在头顶上的“千古之谜”属于土家先民的悬棺，棺木位置的高低表示墓主人生前地位的不同。“崖有千年骨，墓有万仞棺”。箱子岩古悬棺群，是研究古代楚巫文化的“活化石”，也是怀古凭吊、闲暇游览的好去处。

（撰稿人：袁羽婷　图：袁羽婷）

象市镇

集镇全景

区域概况

地名由来

境内南临溇水，集镇东有一石拱桥，桥的东西各为一山岗，形似象的耳朵，故名象耳桥。这里历来是航运码头，后因商业繁盛，形成集市，又简称象市，象市镇因此得名。

位置面积

象市镇位于慈利县西北部，东邻杉木桥镇，西连江垭镇、江垭林场和江垭水库，北抵三合口乡，南接高峰乡。总面积 100.4 平方公里。镇人民政府驻地距县城 45 公里。

建置沿革

1912 年，属慈利二十二都辖地。1938 年为笔峰乡。1950 年属六区。1952 年，境内建走马、仁石、大尖、李子、象市、栗山、桃垭、莲池、龙坪 9 个乡，始称象市。1956 年 6 月，建象耳桥乡。1958 年 9 月，更名为象市人民公社。1959 年，并入杉木桥人民公社，所属溇水南岸地区划归高峰人民公社管辖，仁石溪上游两岸旭日塌、栗垭、向家溪等划归庄塌人民公社管辖。1960 年 4 月析出，复为象市人民公社。1961 年，溇南地区和旭日塌、向家溪、栗垭大队复归象市人民公社，石虎界大队从象市人民公社划归龙潭湾人民公社。1984 年 2 月，更名为象市乡，7 月改建为象市镇。1995 年 4 月，三合口乡并入合称象市镇。1998 年 10 月，三合口乡析出,仍称象市镇。

行政区划

2014 年，全镇辖三桥、柳家台、农兴、符坪、虎头、白马、走马、坼岩、双潮、旭日、栗垭、向家溪、白杨、双洲、苏家湾、放马、龙坦坪、双塌、高潮、大尖、田家坪、李子、谢高 23 个建制村和象市社区居委会，共 256 个村（居）民小组。镇人民政府驻象市社区居委会新河组。

自然环境

境内是慈利县三山两谷地貌的重要组成部分。北边是茅花界、西垭界、中低山带的组成部分。中间是江垭—东岳观向斜槽谷带组成部分。南边是宝峰山、太华寺、九龙寺山原带的组成部分。境内最高峰潮水界位于双潮村，海拔 1058 米。境内属亚热带季风湿润气候，无霜期长，四季分明，年均气温 17℃，日照 1563 小时，降水量 1405 毫米。矿产主要有大理石、煤。河流主要有溇水和其支流仁石溪（又名向家溪），溇水流经的虎头、太平、农兴、象市、田家坪形成河谷平原，海拔 100～150 米，平原冲击物较厚，土质肥沃，水、热条件较好，土壤为中性，适宜多种作物生长，是全镇的粮食主产区。

人口民族

1966 年，辖区总人口 19156 人。2014 年，辖区总人口 24708 人。境内以汉族、土家族为主，其中，汉族人口 17046 人，占总人口的 71%，土家族人口占总人口的 28%。

经济发展

经济综述

象市镇经济以农业为主。1956 年，境内工农业生产总值 113 万元；1983 年，工农业生产总值 881 万元。1993 年，全镇生产总值 1775 万元。2014 年，全镇生产总值 1.23 亿元，其中，农业总收入 5365.6 万元，财政收入 394 万元，农民人均纯收入 4614 元，年末居民储蓄存款余额 1.71 亿元。

农业

粮食作物主要有水稻、玉米、红薯，经济作物主要有油菜、花生、茶叶、烤烟等。1949 年前，农田水利设施条件差，农业耕作方式落后，生产力水平低下。1949 年 10 月后，农民生产积极性提高，1957 年，水田面积 827.53 公顷，稻谷产量 2170 吨。1966 年，耕地 5795.8 公顷，其中水田 641.67 公顷，稻谷产量 1976.2 吨。随着实行家庭联产承包责任制和杂交水稻的推广，1982 年，有耕地面积 1754 公顷，其中水田 533.73 公顷，稻谷产量 4171 吨。1990 年，耕地面积 1540.6 公顷，其中水田 546.6 公顷，稻谷产量 4321 吨。自 2000 年开始，大力调整农业产业结构，发展烤烟、商品蔬菜、中药材，对茶叶、柑橘进行品改。2000 年，种植烤烟 80 公顷，产烟 2300 担；种植茶叶 80 公顷，产茶 60 吨。2014 年末，全镇农业总产值 5365 万元，粮食总产量 10121 吨，其中，稻谷 3708 吨，玉米 5490 吨，薯类 1803 吨。其它主要农产品产量：油菜 1480 吨，花生 73 吨，茶叶 150 吨；商品蔬菜 1791 吨，各类水果产量 1349 吨。围绕优质农业资源，实现招商引资 2000 万元，投放各项支农贷款 2309 万元，成立旭日“姊妹峰”茶叶专业合作社，拥有投资300万元的优质茶叶生产加工厂；成立田家坪“绿之源”蔬菜合作社等5家专业合作社，促进全镇茶叶、蔬菜生产和生猪、家禽养殖等传统产业发展。2014年，全镇农机总动力2万千瓦，机耕面积占耕地总面积30%以上。

林业

2009年完成集体林权制度改革，发放林权证7384本，涉及土地1775.13公顷，林地面积6613.33公顷。2014年年末，全镇完成国家级区划公益林1466.67公顷、省级区划公益林1086公顷的保护工作；投资100万元，完成坼岩、走马等村防石漠化工程建设。全镇封山育林452.4公顷，人工造林487.5亩，森林覆盖率65%，

乡镇企业

1949年前，境内无生产加工经营企业。1950年后，开始兴办集体企业。其中，栗垭石灰厂，位于栗垭村郭家坡。原建有石灰窑1个，供方圆三四十里的农户使用。石灰开始广泛用于建筑之后，社会需求量日益增加。1968年，将石灰窑收归公社企业，建大型石灰场。1974年，从常德蔡家岗引进轮窑技术，开始建场房，配套先进生产设备。占地0.4公顷，建筑面积1270平方米，有两轮窑1座，石煤井1口，固定资产67.5万元，从业人员34人，年产石灰3000吨，精灰4000吨，总产值70万元，利税5.6万元。2014年9月停产。向家溪煤矿，位于向家溪村，1958年开办，原为国营煤矿，属常德专区冶煤局管辖。1967年发生特大瓦斯爆炸，伤亡惨重，因交通不便，无法更新设施，1968年国有停办，矿区交由象市人民公社接管。矿区26.67公顷，有矿井4口，场房2000平方米，固定资产200万元。职工35人，年产煤3万吨，煤质较好。虎头砖厂，位于虎头村，1984年兴建，占地1.93公顷，有14门轮窑1座，场房200平方米，推土机、压砖机等设备齐全，固定资产80万元，从业人员30人，年生产砖400万块，产值50万元，利税7万元。产品远销张家界市区。由于粘土砖厂对耕地的破坏，按国家政策规定，2011年关闭，并将厂区还田。金鑫页岩砖厂是象市镇一家较大型的私营企业。位于象市镇双桥村茅三坡组，2002年动工修建，2003年建成，投资105万元，占地0.67公顷，厂房200平方米，有20门轮窑1座，年产

娃娃鱼养殖

值200万元。2014年停产。

商贸服务

1951年，境内有商户112户，从业人员138人，流动资金27500元。后成立供销社，主要经营日杂、南货、生资、肉食、水产。1970年以前，供销社对食品站行使管理权，后分开。改革开放以来，供销社经历过多次改革；随着社会主义市场经济体制的建立，至2000年前后，供销社改制退出商品流通市场，个体工商业快速发展。2014年末，全镇有个体工商户180户，从业人员1250人，实现社会消费品零售总额9280万元。其中，餐饮服务业25户，从业人员75人；物流行业3户，从业人员15人；批发零售业152户，从业人员1160人。

境内有集市，商贸购销旺盛，每月逢2、5、8日为赶集日，“文化大革命”期间曾被取消。改革开放后，集市农副产品购销兴旺，集市交易辐射到周边乡镇。

劳务输出

改革开放后，境内农村剩余劳动力为增加家庭经济收入，自发向广东、深圳、浙江等经济发达、劳动力短缺的地区转移就业，转移规模日渐扩大。2010年，全镇农村劳动力转移就业5200人，创收5900多万。2014年年末，全镇转移输出劳动力5974人，劳务收入8200多万元。

基础设施

交通运输

省道305线穿境而过，是通往武陵源风景区和桑植县的交通要道。到2014年年底，实现村村通公路，公路总里程200公里，其中，硬化村道公路160公里。

20世纪70年代以前，象市到慈利县城主要靠水运。1961年12月，旭日塌至向家溪公路通车。1962年，象市至向家溪公路隧道竣工。1971年5月，冷旭隧道竣工通车，隧道穿山头6座，全长819米。1971年修建慈索公路时，仁和桥改建为独拱公路石桥，孔径跨度40米，净高10米，桥长48米，宽7米，两侧有栏杆，载重20吨。1974年，旭栗军民大桥竣工，横跨仁石溪东西，桥东属栗垭村，桥西属旭日村，由海军38504部队和江垭区6个乡镇的民兵共同施工修建。1973年动工建清岩独拱公路桥，桥长42米，宽7米，净高11米，两边以清岩条石为栏。2003年9月，旭日大桥竣工，投资45万元，为双孔青岩石拱桥，桥长64.8米，宽5米，两边以钢筋混凝土为栏杆。2012年，建成跨溇水大桥，打通象市南山北山之隔，改变溇水南岸各村人员、物资以往依靠渡船通行的历史。2014年仁和桥已成危桥，限制载重车通行，省道S305绕道，在镇政府大院北边新建一大桥。

邮电通信

清末，在象市设仁和铺负责信件传递。1947年年底，开通笔津乡—东岳乡乡村电话线路。1996年，通程控电话。2004年，建移动通信基站，开通移动通信710余户；建联通通信基站，开通联通移动通信530户；建电信通信基站，开通电信移动通信320户。2014年年末，全镇有邮政所1个，电信网点3个，固定电话用户1580户，移动电话用户近8000户，互联网用户1390户。

供电饮水

20世纪70年代以前，境内未通电。为解决群众用电难，开始新建小水电。1989年末，通电村24个，有电户5738户，农户通电率95.7%。自2007年实施农村电网改造工程后，全镇24个村（居）完成农网改造，累计投资1024万元；为做强烤烟产业，改善烤烟基地缺电状况，新增变压器5台，新增10千伏线路4公里。通过农电网的改造，群众用电难的问题得到基本解决。2010年，集镇通自来水，投资260万元，完成集镇安全饮水一期工程，覆盖集镇5个村（居），解决9700多名群众的饮水问题；其他各村新建人畜饮水池30处，解决人畜饮水困难。

水利建设

境内水资源丰富，溇水自江垭水库向下穿镇而过，仁石溪发源桑植，经向家溪、旭日、栗垭、符坪流入溇水。溇水流域有关门岩电站，仁石溪流域有青年电站，境内有小（2）型水库创业水库1座，骨干塘11口，山塘320口。创业水库，位于白马村与符坪村交界的陈家峪，1970年9月动工，由象市公社集全社之力奋战两个冬春，于1972年5月基本建成，1985年全面竣工。结构为土坝，高25.4米，坝顶高程176.9米，宽4米，长110米，集雨面积1.06平方公里，正常库容190万立方米。灌溉渠2条，全长8公里，灌溉面积68.27公顷。太平电站，1975年动工建设，国家投资15万元，贷款15万元，于1979年10月竣工发电，有引水渠800米，机房及办公住宿房各一栋，建筑面积1200平方米，装机容量375千瓦，年发电量200万千瓦时。1989年并入县网。2004年10月，建江垭水库梯级电站后将太平电站收购后拆毁。自2014年实施五小水利工程后，全镇有抗旱水窖100多口，工程投资100余万元，解决喀斯特地貌缺水山区756人安全饮水问题；完成创业水库除险加固工程，共投资450万元，解决符坪、三桥、象市居委会等5个村（居）的灌溉问题。

村镇建设

20世纪70年代以前，象市至慈利县城只有水路连通，水运码头位于现象市居委会象耳组，是象市老街的终点。老街全长600余米，集镇人口集中于此，有住户70余户。70年代后期，县城至象市砂石路修通，90年代末期铺通沥青路面。随着交通的改善，住户逐渐向公路两边集中，现有住户300余户，200余门面。2006年，走马村首先启动村级活动中心建设，投资6万余元。至2014年，全镇24个村落实村级活动场所，谢高村部正原地新建，双桥正异地新建，坼岩、龙坪正对村部维修。2010—2014年，境内实施80万伏特高压线路建设、慈茶公路改（扩）建、后冷战备公路提质升级等重大项目，完成长潭河、关门岩电站库区移民以及其他大型项目移民的后期扶持工作，对127户进行集中安置或易地重建，实施土地抬填工程总面积66.67公顷，建立防洪护堤近2000米，其它生产生活设施建设投入5000万余元，移民群众生产生活得到环境。集镇道路实现升级改造，有太阳能路灯60多座，下水道等设施完备，设置有垃圾桶150多个，垃圾处理站1处，集镇环境日益改善。

社会事业

学校教育

象市中学位于集镇西南端仁石溪和溇水交汇处。原为谭氏祠堂，曾开办私塾，校名谭氏族小，学生30多人。1913年，更名为象耳桥初级小学，学生40余人。1930—1935年，学生发展到100多人。1948年扩班，为通津乡第四中心学校，招初小、高小各2个班，学生200多人。1950年，更名为象耳桥完小。1969年改办中学，命名为象市“五七”中学。1971年下半年增招高中班，学生增至500多人。1974年，停招高中班。1979年更名为象市中学，设初中3个年级9个班，学

生500余人。1997年，象市中学确定为慈利县艺术点校；1998年，确定为农村骨干初中。至2002年，累计投资300多万元，更新教育教学设施。2004年，成为省重点农村初中。到2014年年末，中学有教学班11个，在校学生600余人，教职员60多人。象市中心完小筹建于1983年，1984年建成，建筑面积1460平米；在校学生471人，教职员工24人。到2014年年末，中心完小有教学班23个，学生1000余人，教职员56人，学校建筑面积6660平米。象市镇中心幼儿园位于象市镇集市中心，于1989年创建，2002年迁至象市镇居委会旁（原农校），占地0.76公顷；2014年，学校有教师20人，在校学生9个班、380余人。

文化事业

1970年成立公社广播站。1970—1985年，24个大队（村）实现村村通广播，广播入户率51%。广播主要用来宣传科技种田，召开广播会。20世纪80年代，群众文化娱乐主要是观看电影。90年代中期，电视在农村逐渐普及，1995年成立象市镇广播电视站。2006年，开始建有线电视网络。2013年，联接县有线电视网络，开通数字电视，有线电视用户2200户，入户率30%。到2014年底，全镇有24个村文化室，17个农家书屋，每年开展送电影下乡等活动，安排放映科教、文化、爱国电影120余部。2014年9月，组队参加县“欢乐潇湘”广场舞活动和县七运会,其中，广场舞获得乡镇组第二名。

医疗卫生

1953年，建立象耳桥联合诊所；1956年改为象耳桥联合医院。1958年，改为象市卫生院。1990年新建院房，建筑面积1645平方米。2014年末，镇卫生院有医护人员26人。全镇有19个村建立村级卫生室，为1.5万人建立健康档案，镇卫生院投资230万元的住院楼投入使用，对1926名65岁以上老年人免费进行健康检查，新型农村合作医疗保险参保率96%以上。2014年末，全镇24个村（居）配备村服务室，健全技术服务网络建设，添加10万元的计生技术设备。

社会保障

2014年年末，全镇有2.2万人参加农村养老保险，参保率91.4 %。有低保对象1626人，

“五保”对象 180 人，城市低保对象 31 人，“五保”对象 180 人，伤残军人 13 人，烈士家属 6 人，优抚对象 300 多人。2008 年，投资 30 万元，修建镇敬老院，目前集中供养五保老人近 30 人，基本解决弱势群体的生活困难问题。

特色地情

历史人文

象市镇山清水秀，人杰地灵，古有明工部尚书周叙，今有人民解放军驻港部队司令员谭本宏少将。虎头村有周叙墓，存有墓志碑，高 1.12 米，宽 0.84 米，碑文为阴刻楷书，记载墓主生平事迹及生卒年月，保存良好。大尖山寺，位于大尖村，建于清朝晚期，是县境后河一带佛教圣地之一，庙堂共三层。吴恭享题联“如来门前惟有蒲团大，秦始鞭下造此春笋尖”。解放前上山求神拜佛者众多。庙毁于 1958 年，现遗迹尚存。

名优特产

进入 21 世纪，高桥镇利用自身资源，发挥民间经济合作组织的作用，大力推进农村产业化进程，逐步形成以金叶、绿茶、柑橘、养殖、大鲵、速生杨为主的六大产业。

金叶 全镇种植烤烟 133.33 公顷，主要分布在双潮、走马、坼岩、双塔、龙坪、双洲、放马、白杨、大尖、旭日等村，可收购烤叶 3200 余担，年创产值 240 余万元，完成税收 40 万元。

绿茶 主要分布在旭日、栗垭等村，种植面积 200 公顷，年产茶 3000 担，产值 300 万元，吸收茶农参加茶叶专业合作社 300 户。2006 年，注册“姊妹峰”茶叶商标，在象市镇召开姊妹峰茶叶产品推介现场会，产品畅销省内外。2012 年，投资 300 万元建成优质茶叶生产加工基地，惠及广大茶农。

柑橘 主要分布在白杨、双洲等村，种植面积 200 公顷，完成品种改良及品种换代，主要品种有柑橘、椪柑、蜜柚、脐橙等。

养殖 发展以虎头、象市、大尖等村为主的家禽和瘦肉型牲猪养殖基地，参加瘦肉型猪养殖合作社的农户达 1800 多户。

大鲵 境内山青水秀，植被保护良好，溪流遍布，具有丰富的大鲵资源。2005 年，地处高山

象市镇茶叶种植

峡谷、十里岩河的向家溪流域被列为“大鲵核心保护区”。2007年引进湖南省润孚生物有限公司，建立大鲵保护站。2008年，引进泓泉大鲵繁养有限公司。全镇有规模养殖场5家，累计投资1500多万元，平均每年驯养肉用大鲵7500尾，繁殖大鲵新苗25000尾。

速生杨 以走马、坼岩两村为基地，向双潮、白杨、李子、双联等村辐射发展。速生杨具有生长速度快、可利用价值高的特点，主要用于工业造纸。每株5年可产木材1立方米，每立方米价值600元。2008年，走马、坼岩两村种植速生杨53.33公顷，到2014年，全镇种植面积133.33公顷。

风景名胜

坼岩硝洞 以坼岩天坑群为主体，天坑群延绵地下5公里以上，共有大小溶洞108个，溶洞各具特色，美不胜收，溶洞间以不同的高程落差相连。天坑群地面景观丰富多彩，有革命烈士纪念碑，有保存完好的土家吊脚楼、石板古道、挂牌古木等。上游向家溪发源于江垭水库龙堂湾，途经青年电站的较大高差，穿越向家溪、栗垭、旭日、坼岩、符坪、三桥等7个村，延绵数十公里注入溇水。沿途生态保护较好，有阴阳泉、观音罩、千层岩、百丈壁等自然景观。有革命烈士纪念碑，是纪念1949年9月在象市镇坼岩村境内遇难的3位革命烈士王介甫、瞿润身、师凤臣，由群众自发于1975年9月所立。

射弓垭 大尖村境内的大尖山与小尖山之间有一垭口，名射弓垭。传说明洪武年间谭添麟带兵镇压苗民曾在此设靶场，供士兵练习弓箭。苏家湾、龙坪、双州三村交界处有一山垭，名桃树垭。很早以前境内长满桃子树，是高峰乡至象市的必经之路。

钵盂凸 位于象市居委会新和组，形似钵盂。凸顶平面约1000平方米，北对仁石溪。传说很久以前的一年夏天，一人在仁石溪洗澡时看到一对金色鸭子便追，鸭子很快钻入钵盂凸下一洞里，这人也追进洞，发现里面很宽敞，很豪华，各种东西应有尽有，便在洞里住了几天。待他出洞时外面的人都不认识了，原来他在洞里几天，外面已是几十年。民国二十四年（1935）涨大水，洪水淹没整个谭家坪，并从钵盂凸对面的邓家垭穿垭而过淹没象市街道，而钵盂凸却没淹没。人们都说钵盂凸是水涨凸也长。

马水井 象市镇双潮村有一山界，名潮水界，界顶有一井，叫马水井。传说很久以前，每逢下雨，井中便喷出脚盆粗的水柱，形成潮水使此处泛滥成灾。后来人们为避潮水之灾，用七口锅加棉絮将此井堵塞，从此界顶无水冒出。此界长 15 千米，宽 3 千米，最高处 1058 米，是全镇最高峰。清光绪年间建有一庙，名天心宫。后庙毁，遗迹尚存。

月亮岩 在苏家湾村中心组有一岩壁，名月亮岩，长约 1500 米，中间高约 300 米，愈往两端愈低，成弧形直立。站在远处眺望，此岩壁形似一轮玄月。清朝时，江西东乡人吴道轩，16 岁在津市一带经商，集资百万后定居此地。其子吴恭亨、孙良媿，皆为湖南知名人士。

（撰稿人：姚文杰　图：姚文杰）

杨柳铺乡

集镇全景

区域概况

位置面积

杨柳铺乡位于慈利县东北部，东与苗市镇隔水相望，西接东岳观镇，南连零阳镇，北抵石门县白云乡。辖区东西长18.6公里，南北宽11.4公里，总面积106.8平方公里。乡人民政府驻地距县城22公里。

建置沿革

1912年，属慈利二十五都辖地。1935年，属东岳观乡辖地。1950年，属六区。1952年春，分属八区所辖华岳、蹇庄、四桥、杨柳、荷叶、宝景、升坪、杨溪8个乡。1956年6月，8个小乡合并为杨柳铺乡。1958年9月，与东岳观乡合并为新东人民公社。1960年，新东人民公社分为东岳观、杨柳铺、关田溶3个人民公社。1961年3月，又将3个人民公社撤并为杨柳铺、东岳观2个人民公社。1984年2月，杨柳铺人民公社更名为杨柳铺乡。1995年4月，杨柳铺乡并入东岳观镇。1998年析出，复为杨柳铺乡。

行政区划

2014年，全乡辖华岳、龙跃、岔溪、蹇庄、四桥、康庄、新铺、小坑、复兴、中溪、永盛、向峪、鸳鸯、腊树、长湾、南山、荷叶、三合、宝景、荷峪、申坪、中广、坪峰23个建制村和杨柳铺、杨溪2个社区居委会，共296个村（居）小组。乡人民政府驻杨柳铺社区居委会。

自然环境

境内南北两面高山，中间夹一低丘陵，东西走向，地形开阔，分布大小不一的坪地，俗称“东洋冲”。北有小坑山、三峰山、中广山，山岭绵延起伏，山峰最高海拔930米；南有鸳鸯山、腊树山、保安山、南山，其山势由西向东蜿蜒走低，最高山峰海拔685米，属道人山余脉。气候属季风湿润气候区，无霜期长、严寒期短，四季分明，但时有灾害性天气发生。年平均气温16.8℃，降水量1404.7毫米，日照1562.7小时。土壤属中性紫色土，其成土质主要属第四纪红色黏土和溪河冲积物。土地肥沃，水利条件好，适宜多种农作物生长，有利于农、林、牧全面发展。境内矿产资源丰富，主要有煤、铁、碳质页岩、大理石、镁等。

人口民族

1949年，辖区总人口1.2万人。1957年，总人口16043人。1972年，总人口20469人。推行计划生育政策后，人口过快增长得到抑制，1982年，全乡有22564人。2014年年底，辖区总人口22567人，其中，土家族人口占总人口的52%，汉族人口占48%。

经济发展

经济综述

杨柳铺乡以农业为主，主要有种植、养殖业，另有少量的商贸服务业。1957年，境内工农业生产总值82.78万元，农民人均纯收入33元，人均口粮214公斤。20世纪60—70年代，经济得到一定发展，但没有解决温饱。1972年，工农业生产总值238万元，农民人均纯收入66元。1982年，实现工农业生产总值682.57万元，财税收入14万元，农民人均纯收入245元，居民储蓄存款余额15万余元。2000年，全乡生产总值5000万元，财税收入300万元，人均年纯收入1280元，居民储蓄存款余额近千万元。2001年取消农业特产税，2003年取消乡统筹款，2005年取消农业税，2006年始发惠农补贴资金。2014年，全乡生产总值12119万元，农民人均纯收入5131元，居民储蓄存款余额2.52亿元，惠农补贴项目31项，发放补贴资金760万元。

农业

农业是全乡传统产业和主导产业。种植业，主要种植水稻、玉米、红薯、黄豆、小麦、油菜、花生、棉花、烤烟等。1949年以前，水稻种一季，亩产150公斤左右，旱粮种春、秋两季，山坡地只种一季秋粮，产量较低。1957年，粮食产量5681.5吨。1972年，粮食产量6745吨。1980年，水稻种植早、晚双季，推广使用杂交品种，

中溪果业

面积733.33公顷，亩产275公斤；旱粮种植方式为轮作或套种，一年两熟或多熟制，面积733.33公顷，单产和总产均有大幅提高；经济林和药材种植逐年增多，累计种植乌桕46.67公顷（并建乌桕林场）、柑橘500公顷、杜仲60公顷。1982年，粮食产量7861.7吨。1992年，粮食种植面积1371.87公顷，总产量8950吨，柑橘种植面积646.67公顷，奈李种植面积23.33公顷，其他水果及经济林种植面积100公顷，始用耕田机等农业机械。2000年，粮食种植面积746.67公顷，总产量1.17万吨，水稻改中稻(一季)，采用优质杂交品种，亩产过千斤，旱粮大量推广“两季三熟”制，种植柑橘653.33公顷、藤梨20公顷，建有中溪藤梨基地，推广农业机械化。2014年，粮食种植面积1857.13公顷，总产量1.34万吨，种植柑橘7720公顷，品改53.33公顷，种植藤梨26.67公顷，种植肥之薯、纽荷尔橙等优质水果53.67公顷。

畜牧业

杨柳铺乡素有养猪的传统。1949年前，人均养猪0.25头。1980年，境内饲养生猪1.27万头，并建成供精站1个，畜牧养殖良种繁殖体系健全，采用杂交良种，涌现生猪养殖大户5户。是年，养牛1100头，养羊2100只，养家禽1.2万羽。2014年，全乡饲养生猪5.33万头、牛0.13万头、羊1.57万只，养殖家禽（鸡、鸭）3.21万羽。养殖业呈规模化、产业化、科学化的发展趋势。全乡有养猪大户83户，养牛大户16家，养羊大户29家，养家禽大户24家，成立有养牛合作社或公司2家、养羊公司或协会4家、家禽养殖公司3家。张家界长青农业开发有限公司在三合村，养殖乌鸡2万余羽；福泉娃娃鱼养殖场在荷峪村，养殖娃娃鱼1200尾；九亩山野猪养殖有限公司在杨柳居委会，养殖野猪400头。

林业

境内林业资源丰富，林木品种繁多。1949年，山林面积780公顷，森林覆盖率67%。林木主要靠天然生长，经济林主要有油桐、油茶等，三峰山上的油茶林千余亩，年产茶油过百担。1958年“大跃进”时期，由于“大办食堂、大炼钢铁”，森林遭过度采伐，山林面积锐减至593.33公顷，森林覆盖率降至43%，林木蓄积量4万立方米。1980 年，境内山林面积 633.33 公顷，森林覆盖率 46%，绿化率 47%，林木蓄积量 5 万立方米。1992 年，山林面积增至 720 公顷，造林面积 33.33 公顷，森林覆盖率 46%，林木蓄积量 5.7 万立方米。2014 年，山林面积 7700.33 公顷，森林覆盖率 61.9%，绿化率 63.3%，林木蓄积量 109619 立方米。先后退耕还林 386.51 公顷，石漠化治理 22 公顷。经济林木种植面积逐渐增加，华岳村开发杂交优质油茶 26.66 公顷，复兴村开发杂交优质油茶 80 公顷。陈群在中溪村创建优质水果协会和统防统治专业合作社，致力优质水果开发，科普惠农，2004 年获“全国青年创业致富带头人”称号。

乡镇企业

1949 年，境内有作坊式榨油厂 3 家，铁匠铺 3 个。1953 年建杨溪纸厂，从业人员 21 人，1962 年 3 月关闭。1957 年建“五七”联厂，内设油厂、制锅厂、罐头厂、杨溪油厂。1959 年 3 月建杨溪铁厂，建厂初期调动劳力 1 万多人大会战，炉群林立，日产铁近百吨，1960 年末从业人员 680 人，1961 年 11 月从业人员 56 人。因炼铁的质量和经济效益差以及政策调整，至次年 4 月停产。1970 年 1 月重建杨溪铁厂，年底投产，1973 年停办。20 世纪 60 年代，办有板车队、航运队、煤矿、石灰厂、油厂、机砖厂等，经济效益低下。1962 年公社成立社队企业办，又新增建材厂、建筑队、农机站等社办企业。1969 年建荷峪煤矿，1996 年因煤质差和企业严重亏损停产。1987 年 9 月，建成精干麻厂，投资百万元，从业人员 48 人，当年生产精干麻产品 24.8 吨。1988 年 1 月发生 24.8 吨精干麻全部被骗后，麻厂被迫停产。至 2000 年，因市场经济兴起，个体私营企业蓬勃发展，乡办企业纷纷被淘汰，仅存杨溪油厂、杨溪建材厂。相继发展的个体私营企业有：腊树垭煤矿（原国营改制为私营）、胜利煤矿、中广尧鑫铁矿、中溪岩厂、荷叶土家麦酱厂、情深深婚纱厂等。2014 年，乡办企业退出历史舞台，个体私营企业异军突起，并新增荷峪石材有限公司。是年，乡镇企业总产值 3418.56 万元。

商贸服务

境内杨溪自古就有小墟场。1949 年前，杨溪聚居百多户人家，开有酒店 5 家，宿铺 10 多家，为南来北往之客提供住宿饮食服务，设有航运码头。1949 年，境内有饭店 2 家、商铺 1 家。1950 年前后，有大、小木帆船 200 多只，年运输量 1 万余吨，龙山、永顺、桑植、鹤峰等地商人经常往返于此，通过水运从事商贸活动。1972 年，建杨柳铺、杨家溪 2 处小集市。1984 年建莫家桥（华岳村境内）、界河桥（申坪村境内）2 处小集市。1992 年后，市场经济迅猛发展，商贸繁荣，杨柳铺集市有 110 余家商铺，从事农产品、南北货贸易，有饮食、修理、缝纫、酿酒等服务业 10 余家，有外地客商 10 余家。2009 年，在集镇建农贸市场 1 个，商铺位 400 余个。2014 年，境内还有杨柳铺、杨溪、莫家桥、界河桥等小集市。杨柳铺集市有商铺 153 家、各种服务业 23 家、水果营销户 11 家、生猪商贩 9 家。

基础设施

交通运输

到 1950 年，境内没有通公路，在杨家溪设澧水航运码头。1958 年，杨家溪至申坪的砂石公路竣工通车。1967 年苗市至通津浦的砂石公路修通，随即开通县城的客运班车，每天往返一趟。1983 年，修建后溪环形公路。1992 年，全乡除三合、中广两山区村外，建成“村村通”公路网

通村公路

络，公路总里程320余公里，均为砂石路面。2014年，除三合、小坑两村外，23村（居）委会完成村主干道的水泥路硬化，坪区17村实行“组组通”，组道硬化率95%，其中，荷叶、复兴、中溪、新铺、岔溪、四桥等村户户通水泥路，三合村完成通村砂石路，路面硬化1.7公里，小坑村主干道路面硬化3公里。其间，苗市至通津铺的县级公路升级为省道S309线，2008年完成路面硬化。2008年，投资43万元，建农村客运站，占地0.33公顷。2014年10月28日，东洋渡澧水大桥竣工通车，东洋渡口随即取消，是年10月，省道S309改扩建工程动工。

邮电通信

1941年，境内设邮政代办所，在杨家溪设立代办信柜1个。1949年以后，通邮业务逐年增加，通邮三日一班。1987年，设邮政所，每日通邮一次。2000年，拓展电子商务、速递物流等邮政业务。2006年，邮政所修葺一新，是年拓展邮政储蓄业务。2014年，实现邮政储蓄存款余额1.17亿元。1937年，境内电话线路通到乡，1943年11月日军侵犯慈利，电话线路遭到破坏。抗日战争胜利后，1946年12月恢复电话线路。1955年，境内电信企业纳入国营企业，由县邮电局经营。1960年调整体制，将公社一级的总机，纳入公社自用自理，自负盈亏。1975年，改革电话电杆结构，用水泥电杆代替木电杆，是年，各大队设有电话，公社有广播室，各大队各生产队设有广播。1992年，取消乡电话室，有关业务归并入电信所，始用程控电话和有线电视。2010年后，开始接入互联网，使用电脑、手机等新型网络信息技术。

供电饮水

1967年前，境内没有照明用电。1967—1970年，境内建有小水电站提供短时段照明用电，因供电设施简陋，供电量不足，经常出现“停电熄灯”情况，1980年4月建成荷峪电站，1982年建成永盛电站和杨溪电站，境内有5处小水电站年发电量120万千瓦时，基本满足群众照明用电需要。2000年，全乡完成电网低压线路的改造，将小水电网并入县电力公司大电网，因小水电站的经济效益低而废弃，至此农户用电量大幅提高，生活用电也逐步多样化，诸如洗衣、做饭、取暖等生活用电量攀升。2005年，张家界市电力公司投资110万元，解决华岳村2个边缘山区组的用电问题。2008年，境内用电并入国家网，全乡各村完成农村低网改造，100%的农户用上了电。2009年，途经境内沿线13个村的“向—上”80万伏特高压直流输电线路竣工使用。2011年“苏—锦”80万伏特高压直流输电线路竣工使用。

1949年前，居坪区的农民主要饮用山泉水和井水，饮用水源主要是喀斯特水，未经科学处理，饮用无大碍；居山区的农民主要饮用雨水，筑池塘将雨水存储起来，以备饮用。2000年以前，安全饮水国家投入不大，村民大都自发解决自来水问题。2000年，新铺村、复兴村、荷峪村、杨溪居委会居民开始用上自来水。2009年，全乡实施安全饮用水工程，解决康庄、杨柳、中溪、永盛、复兴等5个村5000余人的安全饮水问题。2012年华岳村户户安上自来水，2013年岔溪村家家吃用自来水。2014年，除小坑、三合2个山区小村外，其他23个村（居）95%的村民用上自来水，水源均为无污染的山泉水。

水利建设

建乡前，无大型水利设施，有山塘100余口，小挡坝6处，人力水车30部左右。到1958年，动工修建关田溶水库，1972年完工。1961—1972年，修建灌溉渠—中干渠（10公里）和南干渠（6公里）。1971年，建自生桥小Ⅱ型水库。20世纪60—70年代，修建骨干塘11口，修建和整修山塘808口。1976—1980年，修建庄塌水库灌溉北干渠，全长14公里，覆盖境内坪区17个大队，灌溉面积9000余亩。2000年，对全乡所有山塘全部清淤和整修，5口骨干塘除险加固。2014年，实施关田溶水库中干渠和南干渠防渗提质改造5公里；投资50万元，除险加固整型自生桥水库。

村镇建设

1949年以前，境内乡村房屋多为“三正三退”（传统民居的一种结构）正屋中间为堂屋，两侧为卧室，退屋为灶房、畜舍和杂物间。少数地主有较华丽的正屋、报亭、侧厢房、“四檐齐”的封火墙等。20世纪70～80年代，农村居民住房条件改观不大，大多为土砖瓦屋。90年代后，农村居民翻修房屋较多，基本消灭土砖房，大多修建成砖砌楼房，有的建成别墅。2009年实施危房改造工程后，到2014年，危房改造农户154户，修建住房470多间，坪区村民已基本消灭土砖房和危房，山区土砖房仅占10%。

1949年以前，杨柳铺的小集市，沿杨柳小溪的北岸搭建木亭子，沿溪长120余米，婉然连线成片，作为贸易场所，别有风韵。1972年，公社驻地由杨柳大队杨坪队（杨柳小溪的北岸）迁至溪的南岸八角台处，卫生院、食品站、粮店等部门也随之南迁，集市迁至苗市—通津铺的公路两旁，形成马路市场。1992年，开始集镇拓宽街面，建成宽12米、长1360米的新街。1996年，杨柳、杨溪两村分别更名为杨柳铺居委会和杨溪居委会，集镇建设力度加大，规模不断扩大。2000年，投资38万元，投工1.5万个，实施新街道路砂改油。2001年，投资70余万元，修建乡政府办公大楼，建筑面积1200平方米。2008～2013年，全乡除小坑、三合、中广3个山区村除外，其余22个村（居）新建村级组织活动中心。2014年，实施农贸市场地面硬化，完善市场配套设施。荷叶村建成省级小康示范村，复兴村正建设小康省级示范村，中溪、复兴、荷叶已创建省级生态示范村。乡村面貌日新月异，繁荣兴旺。

社会事业

学校教育

1949年前，境内设有私塾，开展蒙童启蒙教育。1951年，私塾被取消，设小学3所（杨柳、杨溪、岔溪)。1953 年，小学一律改为秋季始业。1958 年，坪区各大队都设立小学，山村设有扫盲班。1964 年，实行全日制学校和半耕半读学校并举。1966 年，设公社农中，招收第一批新生（4 个班），1969 年，更名为杨柳中学，并迁入原杨柳完小，招生 2 个班 110 人，1970 年办高中招生 2 个班。1972 年杨溪小学办初中班（1979 年停办），1973 年杨柳中学由永盛大队迁入中溪大队响水洞处（现址）。2014 年，全乡设杨柳铺中学、杨柳铺中心完小、杨溪片小、申坪教学点等学校，在校学生 1195 人。

1978 年，杨柳中学第十八、十九班应届初中毕业生参加高考（初中考中专），两班有参考学生 78 人，录取 57 人，当时全县录取 80 人，其升学率雄居常德地区第一位，中学被评为常德地区红旗单位，当年常德地区教育局以该校为现场召开教育工作现场会。邹友之（联校校长）、唐治林（中学校长）、李成（教师）到常德地区参加表彰会，李成被评为劳模，给杨柳中学奖励一部黑白电视机。第十八班的班主任是卓志锦，第十九班的班主任是李成。进入 21 世纪后，杨柳中学的教学质量多年位居全县“前十强”。幼儿教育始于 20 世纪 80 年代，1985 年杨柳铺乡中心完小创办幼儿班（称学前班），1999 年创办小精灵幼儿园（民办），招生 384 人。2002 年，创办杨柳铺乡中心幼儿园和杨溪幼儿园，共招生 478 人（含小精灵幼儿园）。2010 年，新建华岳幼儿园，是年小精灵幼儿园停止招生，更业为托管。2014 年，新建杨柳铺中心幼儿园竣工，招生 402 人。

文化体育

1949 年前，过春节或大户人家操办红白喜事时，有大户人家雇请艺人唱柳子戏、唱土家歌、打三棒鼓、唱渔鼓等，1949 年后，有重大喜庆活动或欢庆节日时，由群众、学生自编自演土家戏，唱革命歌曲，以营造气氛，自娱自乐。“文化大革命”中，兴起唱红色歌曲，演革命样板戏。公社成立毛泽东思想宣传，但一些传统文化被禁止和破坏。1973 年，修建大会场兼作剧院、电影院用，是年，公社有电影放影员，下到各大队放电影。1984 年成立乡文化站。1992 年建有线电视台，1992—1995 年，全乡先后发展 3 个有线电视转播站（华岳、宝景、杨溪）。2000 年，乡文化站改名为乡文体广播站。2008 年，组建文艺队伍，参加县“迎奥运”文化系列活动。2011 年，

少年宫

组队参加县建党80年歌咏比赛，全乡各村配装电脑。2014年乡建图书室,全乡25个村（居）建立农家书屋，95%村民开通有线电视。

慈利解放前，境内有民间臂力、摔跤、负重之类的比赛，少数大户人家子弟请师学武。1950年后，体育事业得到发展，村民踊跃参与，学校开设体育课。乡组队参加1～4届县农民运动会，1974年，建公社篮球队。1980年，篮球队及文艺宣传队解散。2008年，中溪村建篮球场。2013年，组队参加县广播操比赛。2014年，全乡有岔溪、中溪、杨溪等3个村（居）设置体育健身设施。

医疗卫生

1950年前，境内无医疗机构，仅有郎中用中草药给村民治病。1952年，建中医联合诊所，从业人员10人。1962年，各大队设赤脚医生，开展疾病治疗和疫情防治。1972年，卫生所更名为公社卫生院，从业人员11人。1998年，接受香港红十字会捐赠，修建卫生院大楼，并冠名“杨柳铺乡博爱医院”，有医生11人，病床位60余张。2003年，添置B超、心电图、血液检测仪等医疗设备，有医务人员12人。2014年，乡卫生院新建办公楼及职工宿舍，改造职工食堂等附属设施，有医务人员14人，病床位66张，全乡设13个村级卫生室。

社会保障

1956年，实行“五保”政策，供养无儿无女的老人。1980年，对“五保”老人实行以村为主分散供养。2004年，修建乡敬老院，集中供养“五保”老人30人。2014年，动工修建老年人服务活动中心。2000年，实行城镇低保。2006年，实行农村低保，共有803个低保对象。2014年，城乡低保实行全覆盖，做到应保尽保。2008年实行大病救助。2009年实行农村危房改造，危房改造农户75户，补助资金30万元；2014年，危房改造农户86户，补助资金66.3万元，20世纪60～70年代，国家对特困户实行“返销粮”救济。80年代以后，以救济款为主辅之以物资救济，一年分冬春两次救济。1998年“7·23”特大洪灾，杨溪居委会因灾倒房47户，每户救助3000～10000元；是年底，所有倒房户均恢复重建。2005年，实行农村贫困学生（义务教育阶段）生活补助。2009年，实行新型合作医疗，全乡参合率95%以上。2011年，实行新型养老保险，参保率91%。2014年，以低保、“五保”、新农合、新农保为基础的众多社会保障措施健全，各种社会弱势群体都能得到生活保障和救济，彰显了社会主义制度的优越性。

特色地情

历史人文

杨柳铺乡自古人文蔚起，文脉深厚，人才辈出。中华民国年间杨惠清，官至云南泸水县县长，后随贺龙参加南昌起义。贺龙元帅早年曾在杨家溪一带从事革命活动。1924年老一辈无产阶级革命家袁任远在境内从事革命活动，建农民协会。1926年，革命烈士、地下党员谭东海参加革命活动。地下党员莫和初长期从事革命活动，迎接慈利解放并任副县长。杨溪一带曾是抗日的战场，1943年11月，国民党73军为配合常德大会战，抵抗日本侵略军侵略，与日本侵略军在杨溪打一场阻击战。国民军将士阵亡800余人，血染澧水河，杨溪村民杨自力用扦担杀死一日本侵略军军官。

中华人民共和国成立后，通过考学到外地工作的人员较多，复兴村746人，现到外地工作人员近200人，其中副处级以上干部14人。荷峪村

传统特色建筑

唐耿林留学美国获博士学位；杨柳铺居委会王文杰留学日本获博士学位、现在甘肃省任正处级干部；康庄村杨余兵留学美国获博士学位；复兴村唐纯志任中山大学博士生导师；荷叶村王喜章留学日本获博士学位，现任南京大学教授。

名优特产

中华人民共和国成立前，境内小坑、三峰山等地盛产油茶。20 世纪 70 年代后，发展优质特色水果，种植特早熟柑橘、奈李、藤梨、纽荷尔橙等优质水果。特早熟柑橘主要分布在中坪、坪峰等村，面积 200 公顷，其特点，成熟期早、含糖量高、果皮薄、易化渣。奈李主要分布在永盛村，特点是，适应性强、早成熟、产量高、青皮红肉、香脆甜。藤梨主要种植在中溪村，其特点，成熟期早、肉白多汁、含糖量高、石细胞少、落口消融，“尝尝中溪藤梨，令人心爽神怡”。纽荷尔橙分布在中溪、永盛、向峪、宝景等村，总面积 66.67 公顷，其特点，果形美观、颜色耐看、含糖量高、清香四溢。

民俗风情

境内汉族、土家族杂居，汉、土风俗融合，传承着土家族的一些独特风俗，有过“赶年”、过“六月六日”等遗俗。饮食上，有吃糯米粑粑、腊肉等习俗，冬天，将猪肉腌制一段时间后（一般七天），将其放在烤火的架上，用柴火烟熏干，再食用。婚嫁上有哭嫁的习俗，女子出嫁前 3 天左右哭嫁，其内容有：“哭爹娘”“哭哥嫂”“哭姐妹”“满堂哭”等，以表对父母的养育之恩，和兄弟姊妹、亲朋好友的离别之情。婚后生子，女婿向岳父母报喜，生男孩提一只公鸡，生女孩提一只母鸡，加上些染红的鸡蛋。生小孩叫“添人进口”，用整祝米酒来庆贺，亲族好友上门送礼祝贺，做外公外婆的要送摇篮、被子、衣服、鞋帽和红糖鸡蛋等礼物。孩子满一个月后，又要到外婆去“出月”。孩子满一周岁时，又要祝贺，名曰“抓周”，在小孩周围摆满物品，让小孩去抓，以预测小孩将来的爱好、特长和出息。境内有尊师重教、举全族之力送子女读书的风尚，有好胜争强的遗风，如有“东洋冲里得了谷，不打官司就修屋”的说法。如今，村民勤劳智慧，淳朴善良，热情好客。

（撰稿人：袁谋清　图：袁谋清）

朝阳乡

集镇全景

区域概况

位置面积

朝阳乡位于慈利县东南部，北与零阳镇、岩泊渡镇接壤，南临景龙桥乡，东接零溪镇，西端是赵家垭跨流域抽水蓄能梯级电站。辖区东西长约 19.6 公里，南北宽约 1 公里，总面积 59 平方公里。乡人民政府驻地距县城 30 公里。

建置沿革

1961 年前，境内未成统一政区。1961 年 7 月，将岩泊渡、零溪、龙潭河、南山坪人民公社交界地 12 个大队析出，组建零阳人民公社。1984 年 2 月，改称零阳乡。1995 年 4 月，并入零溪镇。1998 年 10 月析出，因县城关镇古名零阳，定名为零阳镇，原零阳乡依潮阳之名更名，区别村名将“潮”改“朝”，为朝阳乡。

行政区划

2014年，全乡辖合堰、万福、沙泊街、庙岗、锣鼓、岩坪、双垭、四坪、潮阳、洪源、三溶、金龙12个建制村，共140个村民小组。乡人民政府驻岩坪村株木岗组。

自然环境

境内是两峡一谷的小冲击平原，谷地呈东西向，海拔最高900米，最低135米。零溪河贯穿全境。属亚热带季风型湿润气候区，年均气温18.6℃，降水量1300毫米，日照1900小时以上，无霜期280天。土壤以壤土和沙壤土为主，土壤有机质含量1.5%左右，适合多种蔬菜生长。西端建有赵家垭水库以及跨流域抽水蓄能梯级电站，环境优美，是观光胜地；朝阳地缝景区有“一线天”奇观，全程长5公里，已开发长度约3000米。地缝最宽处20多米，最窄处仅容一人通过。缝底泉水清澈当镜，明丽动人。

人口民族

1987年，辖区有2793户8905人。1998年，有2552户9253人。到2000年，有2687户9409人。2014年，辖区有2601户9001人，以汉族为主，杂居着少量土家族人口。

经济发展

经济综述

朝阳乡经济以农业为主。1989年，工农业产值384万元，其中，农业产值347万元。1991年，实现生产总值1076万元。2010年，生产总值2580万元，农民人均纯收入2707元。2014底，生产总值4500万元，其中农业产值2550万元。

农业

农作物以水稻、红薯、玉米为主，经济作物以柑橘、油菜为主。1998年，全乡水稻产量3439吨，占粮食总产量80%。1998年后，重点培育特色产业，把发展优质水果、反季节蔬菜、药红薯、水产养殖、牲畜繁养、红薯粉丝等主导产业作为农业结构调整的重点。引进资金，实施零溪河上游小流域治理工程，治林53.33公顷，修复灌溉渠道20公里，有效解决农业发展的困境。1998年，潮阳村杨松清开始喂养中华鲟并建立宏清水产养殖公司，到2014年，公司有鲟鱼1.5万尾。2002年，全乡农业产值1088万元。到2010年，全乡粮食总产量6552吨。2012年，引进本籍刘泽平创办的恒鑫蔬菜种植有限责任公司，流转土地56.67公顷，种植红苔菜、豆角、辣椒、莴苣、黄瓜等蔬菜。2013年，实现产值1000万元。到2014年，已长期流转土地80公顷，建有标准厂房600平方米，购置大、中型耕田机5台，专业运输车辆2台，建有标准大棚160个，标准气调库2个，有固定员工60名，高薪聘请技术员10名，季节性临时工200余名。境内水果种植以柑橘为主。1998年，产水果369吨，其中柑橘305吨。2002年，建立23.33公顷高效农业示范园，引进黄金桃、梨、西瓜、柚子等优质水果新品种。2014年，全乡产水果1840吨，产值248万元。在发展现代农业的同时，注重对传统农业的保护，传统纯手工红薯粉丝是特色产品，2000年9月，“朝阳”牌粉丝获省首届农博会优质产品称号。2014年，全乡发展生猪4862头，出栏3150头；发展羊1260只，出栏2125只；发展家禽19630羽，出笼8190羽；水产品产量3100公斤。

2000年后，全乡实施各项林业工程项目

传统粉丝制作

2706.67公顷，林业补偿资金135万元。其中，退耕还林工程333.33公顷，公益林2086.67公顷，石漠化综合治理项目植被恢复工程286.67公顷。2014年，全乡有林地面积3868.5公顷，疏林地面积98.1公顷；灌木林地500.8公顷；宜林荒山荒地面积81.1公顷。

乡村企业

因受地理位置和交通的影响，境内工业企业不发达，乡村企业鼎盛时期有砖厂、油厂、农机厂等179个小企业，带动243人就业，产值18万元。2000年，有5家乡办企业。2014年，乡办企业全部关闭歇业，民营经济开始大发展，有赵家垭旅游公司、赵家垭鲟鱼养殖山庄、百利矿粉厂、洪源粉丝合作社、恒鑫蔬菜种植公司等企业，年创收1300万元。

商贸服务

1961年后，为解决境内群众生活所需，开有几家小型代销店。因位置偏僻，流动人口不多，没有开设大型店铺。1998年，全乡有个体工商户20户。2012年，有个体工商户147户，从业人员381人。2014年，集镇有零售商业网点40个。

其它产业

赵家垭旅游开发是由县人民政府授权县水务局与张家界五雷山旅游开发有限公司签订开发整合赵家垭旅游资源协议书后发展起来的。2009年12月，注册成立张家界赵家垭旅游开发有限公司。2010年3月，正式挂牌进驻赵家垭实施开发旅游资源，随即完成总体规划设计。2011年3月，规划评审通过，获正式批文。朝阳地缝景区于2013年3月试营业，投资5000多万元。改革开放后，农村剩余劳动力为增加家庭经济收入，自发向广东、福建、长沙等经济发达地区转移就业。2014年，全乡转移输出劳动力1774人，创收3000余万元。

基础设施

交通运输

境内位于零溪河上游，有零（溪）朝（阳）公路贯穿全境。1998—2002年，新修通村、组道路47公里，实现组组通公路。2008年，开建集镇中心客运站。2014年，有赵家垭三级电站至县

农村客运站

城线路班车，日运行 26 趟次，日均运送旅客 300 人次。

邮电通信

1965 年，成立零阳公社电话所。1972 年，开始通邮，信件都是通过岩泊渡转来。1975 年，成立公社邮电所，有职工 3 人。1992 年，分设电信所和邮政所。现有电信服务所 1 处以及邮政代办所 1 处。建乡初期，仅 1 部手摇磁石电话接受上级通知。1999 年，投资 280 万元，开通程控电话。2003 年，建移动通信基站，开通移动电话。2014 年年末，全乡邮政报纸、杂志累计发行 1.3 万份；固定电话用户 228 户，移动电话用户 3503 户，互联网用户 221 户。

供电饮水

1967 年以前，境内没有通电。1967 年，各大队开始建水坝用水轮机发电，因功率较小，仅能维持短时夜间照明。1985 年，并入县电网，农户用电质量提高。2012 年，开始农村电网改造，到 2014 年年底，全乡完成农网改造 9 个村，还有 3 个村正列入计划进行农网改造。2009 年前，饮水工程建设投入不大，主要是由农户自性解决饮水。2009 年后，利用国家加大对人畜饮水解困工程建设的契机，在三溶、洪源、潮阳、四坪、双垭、岩坪、庙岗等村新建人畜饮水工程 7 处，全乡群众全部喝水安全的自来水，水源主要来自于赵家垭水库。

水利建设

赵家垭水库，是境内人畜饮水以及农田灌溉的主要水源。建于 1972 年，是一座以抽水蓄能发电为主，兼具防洪、灌溉、旅游、水产养殖等多功能于一体的中型水利水电骨干工程，水库大坝为粘土斜墙堆石坝，坝底高程 500 米，坝高 46 米。因水库属封堵天然溶洞而建，大坝潜于水下，因此被称为中国第一座“无坝”水库。设赵家垭水库管理处，专辖 3 座梯级水电站（一、二、三级）、总装机 11400 千瓦，1 座跨流域渠溶提水站、装机 1950 千瓦。3 个梯级电站总水头 375 米，渠溶抽水站水头 58 米，抽水至赵家垭水库。1990 年，四坪村建有 1 座小型水电站，装机 125 千瓦。多年来，赵家垭水库利用水头高差不一的特点，丰水期以提补蓄、以引补蓄，枯水期供水发电，在县电网平抑负荷、调峰填谷中发挥关键作用，其特有的以一度丰水电能换发四度枯水电能的抽水蓄能优势，在 1992 年全国农村电气化达标验收中，曾得到时任国务院总理李鹏高度赞扬。年售电收入700万元。随着赵家垭水库周边引水工程不断开发，电站经济效益越来越好。1998年，对赵家垭水库沟渠进行整治。2012年，投资800余万元，对零溪河河堤进行整理，有效解决水灾隐患；并争取300万元，进行小农水建设。2013年12月，对合堰村八龟峪溪堤、木家坪渠道进行整修。工程完工后灌溉面积8公顷。2014年，开工沙泊街、庙岗、锣鼓、洪源、金龙5个村“五小水利工程”建设项目，投资63.3万元，新建泵站3座、200立方米集水池3口、50立方米集水池9口，除险加固小堰塘1处。工程竣工后，灌溉65.33公顷蔬菜、48公顷水稻。2014年10月，对三溶村赵家垭水库中南总干渠渠道清淤及渠堤两侧1米范围内进行清理。

村镇建设

2000年前，集镇建设滞后，街道长仅2公里。2003年9月零朝公路通车后，村镇建设飞速发展。2008年，投资20万元，开建集镇中心客运站场，解决群众候车和场期乱摆摊设点问题。2010年，建设新政府综合办公大楼暨配套设施完工；投资20多万元，建设中心幼儿园竣工并通过省级农村幼儿园创建验收；投资60万元，建成街道垃圾压缩站。2014年，完成集镇道路维修工程。

社会事业

学校教育

朝阳学校创建于1945年，前身是1945年创建的零溪乡第一保国民学校，有3个教学班，3名教师，60名学生，办学条件简陋。1952年，校址迁岩坪村后更名为零阳完小，增至4个教学班，6名教师，90名学生。1972年村办学校兴起，零阳完小由岩坪小学取代，同时建有合堰大队等小学9所，10所学校共有学生1000余人。至2005年，除保留合堰村小外，其余村小撤并。朝阳中学前身为1966年创设在沙泊街的社办农中，创设时仅有1个教学班，2名教师。1968年搬迁至岩坪，开设初中班2个，学生100人。1970年，增设高中班1个，1973年高中停办。1981年，在岩坪村小盖起一栋两层教室，开设教学班6个。1995年，新建学生宿舍楼1栋，解决学生寄宿难

中心幼儿园

题。2001年秋，岩坪村小与朝阳乡中学合并为九年制学校。近年来，筹措资金，办学条件得到大改善。到2014年，校园占地1.33公顷，建筑面积7900平方米。有馆藏图书30万册，电子图书20万册，各种教学科研仪器设备总值80万元；有教学班15个，在校学生401人，幼儿171人，教职工50余人。学校创建有德育实践基地5个，“三爱”“三节”等养成教育成效显著。2014年，新建的中心幼儿园通过省级农村幼儿园验收。

文化体育

1999年，组建有线电视网络，开通湖南卫视等12个频道。2002年，发展有线电视用户1784户。2014年，实现广播电视村村通。2010年，在省第七届少数民族运动会上，万福村高脚选手向西霞夺得冠军。近年来，加强非遗搜集与资料整理，2014年，葛粉手工业制作被列入张家界市非物质文化遗产项目。到2014年年底，境内有乡综合文化站1个，有村级文化活动中心12个，文化书屋12个，藏书2万余万册。全乡11个村配备音响，并成立广场舞队、围鼓队、腰鼓队等，在丰富群众文化生活的同时又有一定的经济收益。

医疗卫生

朝阳卫生院成立于1961年，以中药为主，西药为辅，医务人员以本土老中医为骨干，时有职工3人。1992年，因离集镇较远，不方便群众就医，进行整体搬迁。到2014年，乡卫生院有床位10张，职工15人。能采用中西结合治疗处理农村常见的、多发的内儿科、外科、妇科疾病，中度以下清创缝合、骨折手法复位及外固定，慢性腰腿痛，颈椎病、肩周炎、中风后遗症等，并承担乡村现场急救、转诊等服务。

社会保障

2014年，全乡有城镇最低生活保障对象3户、3人，支出0.79万元，月人均220元；农村低保对象411人，支出68万元。国家抚恤、补助各类优抚对象94人，抚恤事业费支出19万元，老人生活补助2.1万元。有乡敬老院1家，床位30张，收养农村“五保”对象29人。

特色地情

历史人文

从出土文物表明，朝阳冲早在新石器时代就有人类活动。千百年来，境内人们一直过着自给自足的小农生活，农耕文化遗迹较多。20世纪80年代，县文管所收集文物时，岩坪村民上交的汉代“沅蛮夷长”铜印具有重要文物价值。另有部分书画作品也显珍贵。境内赵家垭、两姊妹岩、鸭儿凹、马蜂落等地留有部分文化遗存和历史传说。境内人口虽少，但人杰地灵，自清朝至今，走出的文官武将50余人。1977年恢复高考制度后，先后有600多位高考学子奔赴世界各地。

清·龙头玛瑙带扣 白里透红，官带扣件，由左右两个构件组成。其一勾头，作龙头形，头圆尾方，背有椭圆形柱；其二挂头，作“7”字形，方体平板，一端有马蹄形孔，尾端有长方形穿。长5.6厘米。1990年4月11日在沙泊街村出土。

汉·“沅蛮夷长”铜印 铜铸，方形，瓦纽。印文为汉篆字体、白文，两竖行排列，右上起“沅蛮夷长”四字。印面2.2厘米×2.2厘米、通高2厘米。1987年5月由岩坪村村民孙安丛发现。

民国·阳恺临汉瓦书屏 四幅六尺长屏。墨书临摹钟鼎文，并穿插汉砖、汉瓦形象及砖瓦上的文字，方形白文印鉴“杨恺之印”，布局独特。单幅长63.5厘米、宽16.4厘米，于1985年6月20日在朝阳乡征集。

地缝瀑布

名优特产

朝阳是传统的农业乡，中华人民共和国成立前，群众学会对红薯进行处理，提炼出红薯淀粉，加工成粉丝。随后手工红薯粉丝一代一代的流传，至今，每到冬至时节，许多农户家都进行红薯粉丝的加工。近年来，洪源村成立红薯粉丝专业合作社，专门进行红薯粉丝的深加工。2000 年 9 月，“朝阳”牌粉丝获省首届“农博会优势产品”称号。朝阳柑橘年产量 2500 吨，经济收入 300 万元。

风景名胜

零阳山 位于朝阳乡西北部与岩泊渡交界处零溪河上游，海拔 741 米，是武陵山脉的一支分脉。传说牛牵一、牛牵二两兄弟在此山扎寨为王，朝廷派大将前来征缴，每次攻寨，牛氏兄弟以滚木、石头砸败官兵。零阳山由石灰岩构成，山体瘦骨嶙峋，山脚下是黄土裹石的一望斜坡，在斜坡尽头，一道山梁横空出世，刀削斧劈的绝壁令人发颤。牛头寨山顶有块平地叫大垭口，面积 0.67 公顷，在大垭口有一座寺庙，四方八野远近闻名。相传，恩施、汉寿、沅陵、沙市等广大地区的信男善女会结伴朝圣，每日庙宇里香烟缭绕，钟鼓长鸣。旧时，人们为祈求吉祥平安、风调雨顺，请佛道两家法力高强的僧人、道人，共聚牛头寨作法，祈求上苍播洒甘露，驱魔避邪，谓之“打教”。打教一般 3 天，多则 7 天。打教时寨上鞭炮阵阵，金钹齐鸣，锣鼓喧天，诵经声一浪高过一浪。

朝阳地缝 朝阳地缝融湖、峰、洞、缝于一身，集奇、秀、险、野、幽于一体，环境宜人，空气清新，夏日气温凉爽，有天然氧吧、天然空调之美誉，四季充满诗情画意。已营运的朝阳地缝景区，是世界最长的“一线天”奇观，全长 5 公里，开发游道 3000 多米，垂直深度近 200 米。缝底泉水清澈当镜，景区中神灯指路、金蟾戏珠、双鸽迎宾、岩屋壁画等石漫景点及全程的岩容地貌，通过地质和洞府专家考证，是经过一亿八千多万年水的冲刷而形成的，景观非常奇特。

两姊妹岩 位于万福村境内海拔 480 米的一山坡上，有两块形状极相似的岩峰，故名两姊妹岩。相传，此山是七仙女下凡的落脚处，岩峰系神仙之造，隧立祈福之意。清末年间在此地建庙一座，庙成后无数香客来此朝拜，远近闻名。

民俗风情

乡境属慈利前半县，其风俗习惯大致与岩泊渡、零溪相近，由于受土家族文化影响，至今仍保留土家族的独特习俗。过去老一辈人习惯穿土布对襟衣，颜色以青、蓝、白为主，脚穿草鞋、布鞋。因木材丰富，民居所建房屋大多为三柱四骑、一正两厢的木屋，司檐多为吊脚楼。饮食以辛辣为主，崇尚“十大碗”，并以当地时令野菜为补充，冬天则讲究火锅。婚俗则有姑表亲、哭婚、“三茶六礼”等。每年的元宵节（正月十五），双垭村以上到金龙村的老百姓在房前屋后摆满小蜡烛，将其点燃，以此来达到看“十五的灯”的目的。谓之“点灯”，别有一番风味。葬俗方面一般信奉佛教，兼有道教，人死后都要举办 2～3 天法事，而后安葬。每年农历二月初四（正社日）的前三后四（即前 3 天或后 4 天），由亲人提着传统的“方方儿”或者“伞”在围鼓队或者乐队的伴奏声中，去坟头悼念已故的亲人。谓之“挂社”。随着社会的发展，这些古老习俗正在逐渐演变。

（撰稿人：吴筱　图：吴筱）

南山坪乡

集镇全景

区域概况

地名由来

据中华民国12年（1923）《慈利县志》载：“梁家山正南，曰南山之平，其上良田百顷，夷旷饶沃，旧多富室……”南山坪因此得名。

位置面积

南山坪乡位于慈利县西南部，东与岩泊渡镇接壤，南和朝阳乡、金坪乡相连，西与溪口镇、洞溪乡毗邻，北与宜冲桥乡、甘堰乡隔澧水河相望，总面积118.92平方公里。乡人民政府驻地距县城25公里。

建置沿革

1912年，属慈利七都辖地。1930年，属四区南山乡等。1938年，属宜冲乡。1949年，属长宜乡辖地。1952年划乡建政，属七区。1956年6月，建南山坪乡。1958年9月，与宜冲桥乡合并建宜冲桥人民公社。1961年7月析出，设南山坪人民公社。1980年9月，公社驻地从南山组迁址张家落组。1984年2月，更名为南山坪乡。1995年5月，并入岩泊渡镇。1998年10月析出，复为南山坪乡。

行政区划

2014年，全乡辖广阳、梁山、沙湾、双湖、南山坪、盐井、盐市、白马溪、大田垭、田垭、枫树、犀牛、新坪、中山、双合泉、白果庙、大沙坪17个建制村，174个村民小组。乡人民政府驻南山坪村张家落组。

自然环境

境内层峦叠嶂，溪谷交错。平均海拔560米，地势南高北低，北有插旗山、梁家山，南有毫毛山、黑毛山，西有剪刀寺。据其地形和海拔高度以乡政府驻地南山坪村南北分界，分前山、后山。前山海拔较低，平均在450米左右，自东向西有章家溪、古洞溪、茄子溪、西角溪、鸟鹊溪、白马溪、牛鼻溪。后山平均海拔在600米以上。境内属亚热带季风湿润区，四季分明，年均降水量1200毫米，气温22℃，无霜期300天，日照1800小时。主要矿产资源有方解石和大理石。境内有赵家垭水库和胜天水库。全乡林业资源丰富，森林覆盖率60.9%，有可开发利用草场资源面积4666.67公顷。

人口民族

1953年，辖区总人口7280人。到2014年年末，总人口1.18万人，人口出生率10.34‰，自然增长率3.68‰。境内以汉族为主，占总人口的68%，土家族占31%。人口密度为每平方公里100人。

经济发展

经济综述

全乡经济以农业为主。1950年，工农业生产总值76万元，人均纯收入32.3元，人均口粮234公斤。1957年，农业生产总值80万元。20世纪六七十年代，群众生活水平普遍偏低，没有解决温饱问题。1989年，全乡生产总值550万元，人

梯田

均纯收入480元。2000年，工农业生产总值1727万元，财税收入115万元，农民人均纯收入1059元，居民储蓄存款余额近千万元。2001年后，国家实施惠农措施，先后取消农业特产税、乡统筹款、农业税，发放粮食直补、良种补贴、退耕还林补助、家电下乡补助、农机补贴等，农民收入快速增长。2014年，全乡实现生产总值6092万元，财政收入400万元，农民人均纯收入3863元；存款余额8900万元，贷款余额3200万元。

农业

粮食作物主要有水稻、玉米等。1949年前，农业生产条件差，生产方式原始，耕作粗放，广种薄收。1954年，水稻亩产100～150公斤。1956年，生产关系发生变化，农民生产积极性有所提高，水稻种植由一季稻变为双季稻，总产大幅度提高。1957年，粮食产量261.5万公斤，其中，水稻157.6万公斤，玉米10.39万公斤。中共十一届三中全会后，实行家庭联产承包责任制，进一步调动农民的积极性，农业生产获得更大发展。2007年，国家实行种粮补贴，粮食产量大幅提升。2008年、2009年、2010年，粮食产量分别达6000吨、7500吨、8500吨。2014年末，粮食总产量9922吨，其中，中稻4936吨，玉米3682吨，薯类1000吨。红薯粉丝年产量8000余担，远销周边省市。烤烟是主要经济作物。1979年，开始种植烤烟。1986年3月建立南山坪乡烟草站，统筹规划全乡烤烟生产。1990年，生产烤烟131吨，1996年，犀牛村的烤烟获评“国家优质烟叶金奖”。2012—2014年，实现村村种烟叶，种植面积稳定在200公顷以上，年产量8000担，烟质好，效益高。境内优质水果、干果（板栗、红枣）有少量种植。畜牧以养殖猪、牛、羊为主，为全县黄牛产业建设试点乡，依托湖南加华公司建立湘西能繁母牛基地，2002年，举办“湘西黄牛能繁母牛交易大会”，把能繁母牛从全县以及周边县市云集南山坪。黑山羊养殖发展势头迅猛。2014年，共存栏猪牛羊等大宗家畜5000头（只），出栏6000头（只），产值1100万元。

全乡有退耕还林面积278.53公顷，生态公益林面积4540.67公顷，石漠化造林270公顷（其中封山育林250公顷），南山桃园面积66.67公顷，林业专业合作社2个。全乡杜仲成林面积1333.33公顷，极具开发潜力。

乡村企业

1969年，境内建第一个社办企业南山坪发电站，员工最多时80余人，效益很好，成为全公社经济发展的支柱企业。2000年，南山坪发电站改制为私营企业，有从业人员30人。2014年，全乡有小发电站9个，总装机容量3215万瓦。1976年，成立公社磷肥厂，从业人员近百人，生产的磷肥能基本保证当地农业生产需求。1986年，因经营不善，破产关闭。1986年5月1日，投资300余万元，建成南山坪乡造纸厂，员工50余人，生产文稿纸、卫生纸等，产品远销全国各地，年收益超过90万元。20世纪90年代中期，因资金周转困难，采取租赁经营，2000年停产。1989年，建乡竹木综合加工厂，从业人员30人，主要生产篾器和木质桌椅，后因技术落后、资金链断裂等原因于1997年关闭。1994年后，乡村集体企业因体制原因，或合并存续一段，或解散，都已不复存在。2014年年末，全乡有个体工商户298户，民营企业123家，从业人数2915人，产值1.2亿元。

商贸服务

1949年前，境内沿街搭建木亭，长120余米，为当时贸易场所，颇为壮观，别有风韵。1972年，成立公社供销社。中共十一届三中全会后，调整农副产品收购办法，实行多渠道流通，发展集体、个体多层次经营。1985年，集市产生，商贸购销开始兴旺。1990年，乡供销社解体。1994年后，市场经济得以快速发展，商贸繁荣，百业俱兴，全乡有大小商铺50余家，从事农产品、南北货贸易，有饮食、修理、缝纫、酿酒等服务业10余家。2014年，全乡有商铺153家，有各种服务业企业23家，有水果营销户11家，有生猪商贩9家。

旅游业

南山坪乡人文和自然旅游资源丰富。2010年后，借助张家界旅游大背景，按照“十景一带”（十景：南山桃源、赵家垭水库、拉磨谷、胭脂溪、南山泊梁山、胜天红旗渠、南山梯田、剪刀寺、插旗山、南溪草场；一带：南山坪乡、金坪乡、朝阳乡旅游发展带）开放式空间格局，以构建南山桃源文化为灵魂，集观光采风、游览休憩、休闲度假、户外探险、民俗体验、美食特产等于一体，打造以原生自然风光为主要载体的乡村休闲度假旅游目的地。2014年，接待游客1万人次。

劳务输出

改革开放后，境内农村富余劳动力为寻找新出路，先后在北京、上海、广州等经济发达地区就业。进入21世纪，外出务工人员逐年增加。2014年年末，转移输出就业人员8000余人，创收近亿元。

基础设施

交通运输

1912—1950年，境内交通运输主要靠澧水船运，陆路交通不通公路，靠山路通行。1974年9月，岩（泊渡）南（山坪）公路通车，全长13公里。岩南公路修通后，因未架设桥梁，还需要靠轮渡运载车辆行人过澧水河。2011年11月28日，投资3800万元，开始修建岩泊渡澧水大桥，于2014年11月30日建成通车。2014年，有17个村完成村主干道水泥路硬化，全乡实行“村村通”。到2014年年末，辖区道路总长度100.6千米。

1987年，开通通县城班车，一日一班。1995年，湖南省卫生厅在枫树村建整扶贫，购置到枫树、犀牛的通村线路车，且直达胜天水库管理所。2002年，开通盐井、盐市村班线车；2004年，开通白果庙、大沙坪村线路车。2005年，修建乡客运汽车站。到2014年年底，南山坪至慈利县城班线车每日开行5趟次，后山区只剩田垭村还未通到村班线车。

邮电通信

1960年7月，境内始建邮政代办所，配备24门的手工有话电讯交换机1台，开展邮政电信业务。2014年，实现全乡通信服务全覆盖。是年，有邮政代办所1处，报纸、杂志累计发行10000余份。

1975年，公社设电话室，各大队通电话，1998年取消乡电话室，有关业务归并电信所。2000年，始用程控电话和有线电视。2002年，开始使用互联网。2009年，移动电话开始普遍。2014年年末，全乡固定电话用户650户，移动电话用户1200户，互联网用户260户。

供电饮水

1970年前，境内没有照明用电。1970年后，小水电站发电仅局限于短时段解决部分居民照明。因设施简陋，经常出现“停电熄灯”的情况。1989年，17村都用电，村通电率100%；有电户2541户，占总数的95%。2005年开始农网改造，提高农村居民用电质量，17个村全部纳入项目，

2013年年末，全乡17个村电网完善工程完成，满足群众生产生活用电需要。

20世纪80年代以前，居坪区的农民主要饮用山泉水和井水，饮用水源虽未经科学处理，但可饮用；居山区的农民主要饮用雨水，将雨水存储起来，以备饮用。80年代后，集镇居民饮水靠挑水和打地井，解决人畜饮水问题。2007年，通过安全饮水项目建设，解决白果庙、犀牛、广阳、盐井、盐市村的人畜饮水问题，因资金投入不大，其他村村民自筹资金解决自来水问题。2013年，在枫树村修建集镇供水工程1处，南山坪、双湖、广阳、梁山、沙湾等地居民用上了自来水。

水利建设

境内溪河纵横，拥有得天独厚的水源优势，有小（1）型水库胜天水库，坐落在犀牛、双合泉境内。1971年10月始建，1975年建成。是一座以抽水蓄能发电，蓄洪防洪、抗旱灌溉、营林旅游、水产养殖等多功能于一体的水利水电骨干工程，水库集雨面积8平方公里，大坝为黏土斜墙堆石坝，坝高36.5米，库容量598万立方米，灌溉面积241.13公顷。灌溉工程分中、北、南三大干渠，总干渠2公里；中干渠25公里，北干渠12公里，南干渠6公里，合计45公里。附属建筑倒虹吸管2座，长1005米，渡槽2处，长288米。隧洞45座，长5840米。赵家垭水库水淹区在新坪村、中山村和白果村境内。赵家垭水库是1972年修建的中型水利水电骨干工程，水库集雨面积33.5平方公里。因水库属封堵天然溶洞而建，大坝潜于水下，因此被称为中国第一座“无坝”水库。2014年10月实施小水窖工程，12月底，16个村完成212口小水窖工程建设。

村镇建设

1949年前，乡村房屋多为“三正三退”，正屋中间为堂屋，两侧为卧室，退屋为灶房、畜舍和杂物间。少数地主有较华丽的正屋、报亭、侧厢房、“四檐般齐”的封火墙等。20世纪70–80年代，农村居民住房条件改观不大，大多为土砖瓦屋，90年代后，居民翻修房屋较多，基本消灭土砖房，大多修建成砖砌楼房，有的建成别有风格的别墅。2009年实施危房改造工程后，到2014年危房改造农户292户，修建住房800多间。

红旗渠

建乡前，无集镇街道建设。到1972年，相继修建于家溪至南山坪集镇、集镇至卫生院主干街道；2003年，修建于家溪至卫生院主干街道，三条街道相接形成三角形，称为“三角坪”。1982年，公社将土木结构办公用房改建成集办公、住宿、会议室为一体的钢筋混凝土结构的办公楼。2000年，投入200万元完成政府机关大院改造修缮工程，2013年，投入100余万元对集镇下水道及街道进行改造，完成集镇道路护肩2000米，下水道建设800米，新装路灯60余盏；投入1050万元在白果庙、大沙坪、双合泉、犀牛村实施烟地整理项目，农业生产条件得到较大改善。集镇街道面貌将焕然一新。2000年后，村镇建设步伐加快，累计硬化通村公路200余公里。2006年后，各村相继修建村级组织活动中心，村级组织办公及群众活动场所得到较大改善。

社会事业

学校教育

南山坪乡中心完小位于南山坪中央的文昌阁，由原文昌阁和符氏祠堂两部分组成。1968年秋，办学大潮骤起，完小办成初中。到生源鼎盛的20世纪70年代，还办过两届高中班。中小学生280多人，教职工130多人。其间，师生们开展“勤工俭学、勤俭办学”活动，自己动手，建起一栋567平方米砖木结构的教学楼。至2002年秋，乡完小和乡中学合并为乡九年一贯制学校，下辖7个教学点，共计教学班35个，学生1196人，教师72人。初中部10个教学班，小学部25个教学班，另有5个学前班。校园占地面积（教学点除外）15742平方米，建筑面积6032平方米。2014年年末，全乡有幼儿园1所，在园幼儿94人；九年一贯制学校1所，村级教育点3个，在校学生670人，专任教师50人。初中适龄人口入学率99.6%，小学初升学率100%，九年义务教育覆盖率100%。

文化体育

1949年前，过春节或大户人家操办红白喜事时，有大户人家雇请艺人唱阳戏、唱土家歌、打三棒鼓、唱渔鼓等，1950年后，有重大喜庆活动或欢庆节日时，由群众学生自编自演土家戏，唱革命歌曲，以营造气氛，自娱自乐。“文化大革

南山骑行活动

命”中，兴起唱红色歌曲，演革命样板戏。1970年，建公社广播大站；1996年，建有线电视台。2007年，有线电视完成与县广播电视网络联接。2008年，成立乡文体广播站，将文化、体育、广播的职能整合。2012年，组建乡文艺表演队伍，目前，有2支广场舞队，2支腰鼓队。2014年年末，全乡有文化广播站1个，村级文化活动中心17个，各类图书室17个，藏书4余万册，有线电视用户800余户，广播电视“村村通”覆盖全乡。

1949年前，境内有民间臂力、摔跤、负重之类的比赛，少数大户人家子弟请师学武。1950年后，大力开展群众体育活动，群众踊跃参与，中小学校均开设体育课。乡组队参加1~4届县农民运动会。2013年组队参加县广播操比赛，2014年参加县七运会，均取得好成绩。

医疗卫生

1949年前，境内无医疗机构，仅有郎中用中草药给村民治病。1950—1959年，每年由政府组织的卫生人员与乡土郎中为村民看病。20世纪60年代，建公社卫生院。1965年6月后，开始培养农村赤脚医生；至1970年，每个大队有1名赤脚医生和1个医疗站开展农村合作医疗。1982年后，各大队医疗站撤销。2014年，投资350万元，建成乡卫生院新宿舍楼。是年末，有乡卫生院1所，村卫生室9所；病床10张，每千人拥有医疗床位1张；专业卫生人员23人。全年，乡医疗机构（门诊部以上）完成疗诊3000人次，出院病人1100人次。

社会保障

1956年，境内开始实行“五保”政策，供养无儿无女的老人。1980年后，对“五保”老人分大队（村）分散供养。2009年3月，修建养老院，10月正式入住“五保”老人。到2014年，有床位50张，收养农村“五保”人员42人。2000年，开始实行城镇低保。2006年，开始实行农村低保，共有385个低保对象；2014年，城乡低保实行全覆盖，做到应保尽保。2008年，开始实行大病救助。2009年，实行农村危房改造，危房改造农户20户，补助资金8万元。到2014年，危房改造农户45户，补助资金39万元。2005年，实行农村贫困学生（义务教育阶段）生活补助。2009年，实行新型合作医疗，全乡参合率95%以上。2014年，城镇最低生活保障对象2户3人，总支出1.01万元；农村最低生活保障对象453户 834人，支出90.38万元。农村“五保”集中供养42人，支出20.16万元，农村“五保”分散供养30人，支出9.88万元；农村医疗救助109人次，民政部门资助参加合作医疗914人次，共支出3.22万元。国家抚恤、补助各类优抚对象113人，抚恤事业支出51.53万元。

特色地情

历史人文

南山坪乡历史悠久，文化底蕴深厚。张兑，事母以孝闻，人称张孝子。少时，聪颖过人，勤奋好学，元至正元年（1341）参加殿试中进士。元顺帝嘉其才，见其齿缺，赐名曰兑，授官茶陵州同知，后调德州牧，擢升丹徒尹。张兑在任时，公正廉洁，治绩斐然，被征召为翰林国史编修，后迁升为辰州路总管。元末，弃官还乡，隐居大维山（今五雷山），修金殿、观音堂，重修火宫殿等，有《张公兑记》。明洪武四年（1371），张兑被起用为朝廷编修讲读官，食禄终身。兑学问渊博，尤以诗见长，有《溪堂集》行世。卒后葬七都南山坪方巾山祖茔，今南山坪村甘溪沟组。其子张公亮，洪武戊申以秀才辟为澧阳学训，后升平江教谕，所至有其名。其孙张毅，博学能诗文，洪武间征入京师。明太祖命其赋飞鸽风诗。诗得太祖嘉许。毅被擢为国子监录，后升监丞。

名优特产

桃子 南山坪山林面积大，气候适宜，种植桃树得天独厚。近年来，桃果种植产业快速发展。田垭村村支书杨银秀成为全乡种植黄金桃的大户。桃果品种以红沙桃、红不软、黄金桃、大九宝、怡红水蜜桃、新川中岛为主，有桃林面积 133.33 公顷，主要分布在新坪、田垭、枫树、中山、白果庙等村。2014 年挂果面积 4 公顷，总产值 100 余万元，在远近享有盛名。

黄牛 因被毛以黄色为最多而得名，也有红棕色和黑色等。头部略粗重，体质粗壮，结构紧凑，肌肉发达，四肢强健，蹄质坚实。该乡依托湖南加华公司，成为全县黄牛产业建设试点乡，形成“公司＋基地＋农户”，集产、加、销于一体的现代化农业格局，建成全县乃至湘西北黄牛能繁母牛基地乡。2014 年，共有出栏肉牛 600 多头。

黑山羊 境内草山草坡面积大，气候适合黑山羊的养殖。黑山羊肌纤维细，硬度小，肉质细嫩，味道鲜美，膻味极小，营养价值高多。2008 年以来，全乡着力建设基地，培养大户、带动小户，发展黑山羊养殖业。至 2014 年，黑山羊数量发展到 6000 多头，养羊 50 头以上的农户过百户。

玉竹和射干 境内属亚热带季风气候，适宜玉竹和射干等中药材种植。依托县中药材发展规划，建立以田垭、枫树、新坪、中山、犀牛、双湖、南山坪等村为中心的中药材基地 266.67 公顷。

竹鸡 大多生活在竹林中，形体比鹧鸪小，毛呈褐色而有斑点，常在山地、灌丛、草丛、竹林等地方结群活动。夏季多在山腰和山顶活动，冬季移至山脚、溪边和丛林中觅食。可药食兼用，养殖成本低廉，市场前景宽阔，2010 年，境内竹鸡养殖业开始兴起。到 2014 年，养殖竹鸡百余只。

风景名胜

南山桃源 位于新坪村及周边田垭、枫树、中山等村，桃园面积近 133.33 公顷。每年春天桃林茂密，桃花缤纷，美不胜收。境内景点桃花坡、桃花湖，青山绿水，鸟语花香，村民纯朴、热情、好客。其农家乐美食桃花鸡、桃花粥在当地享有盛名。

南山瑶池 赵家垭水库是县境唯一的“无坝”水库，一座座峰峦垂悬于清澈透明的湖水中，壁影波光，交相辉映，大量的桃花水母在此繁殖生长。库区溶洞紧邻朝阳地缝景点，全程 3.5 公里，洞中石盾、石瀑、石鼓、流石坝等比比皆是，宛

南山瑶池

如仙境。

拉磨谷 是集溯溪、探险、攀岩、徒步、露营为一体的户外路线，岩石嶙峋，溪流潺潺，枝叶扶疏，水雾缭绕。拉磨谷瀑布落差高达几十米，似一条银练从山顶倾泻而下，腾起的水雾随风飘飞，漫天浮游，在阳光下幻出道道色彩，眩耀夺目。

胜天红旗渠 胜天水库，又名“南山天池”，为小Ⅰ型水库。位于双合泉、犀牛村境内，是胜天红旗渠的起点，流经盐市、盐井、南山坪、双湖、沙湾、梁山、广阳等村。在大集体时期，人民公社组织17个大队通过人海战术奋战9年零1个月，终修成水库。因修建难度较大而群众干劲十足，取“人定胜天”之意，命名为“胜天水库”。

胭脂溪 位于犀牛村，因胭脂姑娘与拉磨小伙凄美的爱情而故事得名，其景点犀牛井、祭天台、许愿石都有美丽动人的传说。境内气候湿润、树林繁茂，峡谷两岸溪水潺潺、飞瀑神泉让人目不暇接。

南水泊梁山水 位于澧水河畔梁山村，境内古树参天，修竹婷婷，青藤缠绕，花草芬芳。其沙刀湾天然温泉，常年恒温42℃。临近长张高速的好汉滩、月亮湾景色优美，适合露营、野炊、烧烤等户外活动。

南山梯田 位于南山坪村、双湖村境内，面积近133.33公顷。梯田依山就势而建，小如碟、大如盘、长如带、弯如月，形态各异，变化万千，雨后宛如天上瑶池，人间仙境。其利用泉水天然灌溉系统，在传统稻作文化中很有特色。

剪刀寺 位于南山坪、洞溪、溪口交界处，山势险峻，奇峰峭壁，海拔1261.8米。相传很久以前，两座山峰在夜里闪闪发光，像一把金色的剪刀。山顶原建有寺庙，常年香客不断，山依寺而名。清光绪岁贡田金楠为寺题联“手能开山不须借并剪，心既是佛且放下屠刀”。整座大山自西向北成长岗，土质为葛粉土。山上植被多为灌木和茅草，古松破石生长，姿态优美，枝干遒劲，虽饱经风霜，却郁郁苍苍，充满生机。此山为零溪河源头，山中有从岩缝渗出来的山泉18处，常年不涸，清爽可口。

插旗山 位于南山坪村东南方向，靠近古洞溪与澧水交汇处，山势陡峭，山顶有一寺庙，常年有人驻守。

南溪草场 位于大沙坪村王家冲组境内，因地处南山坪与溪口中间，故为“南溪”。海拔764米，草场资源丰富，具有饲养价值的草有12种。该地山势险峻，地处幽静，气温较低，是理想的避暑观光胜地。

民俗风情

境内汉族、土家族杂居，风俗融合，但传承着土家族的一些独特风俗，如过“赶年”、过“六月六日”等。特色食品有阴米饭、蒿子粑粑、糯米糍粑和蜂蜜，是土家人逢年过节或重大节日招待贵客的上品。杀猪菜成为土家人接待贵客的必上菜和乡村旅游的一道风景。

境内大部分村民过端午节别具特色，端午节的日期不是农历五月初五而是农历五月十五，俗称“二端午”。虽然日期不同但过节的意义是相同的，过端午节吃粽子是为了纪念伟大的诗人屈原。“二端午节”前日，先淘洗糯米，再往糯米中加放腊肉、绿豆、花生等，包粽子时在粽子的尾端插上水灯草的花，显得格外漂亮，更有一股清香。年轻的姑娘、小伙子订婚下聘都喜欢把时间选在“二端午”或者是在端午节的前后，男方带上插花的香粽去女方家提亲显得很有诚意。南山坪乡沙道湾一带还有人过五月二十五，俗称“三端午”，他们只吃粽子，但不划龙舟。

（撰稿人：李佳晟　图：李佳晟）

宜冲桥乡

行政中心

区域概况

位置面积

宜冲桥乡位于慈利县中西部，东邻岩泊渡镇，南临澧水与南山坪乡隔河相对，西接甘堰土家族乡，北与高峰土家族乡、江垭镇交界。辖区东西长14.19公里，南北宽11.08公里，总面积94.6平方公里。乡人民政府驻地距县城30公里。

建置沿革

因境内有一座古老的石拱桥叫宜冲桥而得名。1912年，属慈利八都辖地。1930年，设宜冲桥乡。1938年，改名宜冲乡。1949年，属慈利七区。1952年4月，划乡建政，属二区所辖渔米渡、双溪、宜冲桥、中坪、岩峪、西峪、黄泥桥7个小乡。1956年6月，7个小乡合并为宜冲桥乡。1958年9月，南山坪乡并入合建宜冲桥人民公社。1961年，原南山坪乡辖地析出，设南山坪人民公社。1984年2月，更名为宜冲桥乡。1995年4月，并入岩泊渡镇。1998年10月析出，复为宜冲桥乡。

行政区划

2014年，全乡辖宜冲桥、赤生峪、沙刀湾、岩峪、茅坪、九龙、任氏桥、夏家坪、楠竹、杨家桥、渔米渡、月亮台、任家坪、歇驾庄、长岭岗、廖家峪、龙象庵、官庄、黄泥桥、下马鞍20个建制村，共209个村民小组。乡人民政府驻宜冲桥村。

自然环境

境内北面为九龙山脉，西面为低山丘陵，东、南面临澧水河。地形为西北高，东南低。最高峰海拔 945 米，位于楠竹村北界山；最低点海拔 104.5 米，位于任氏桥村渡口。温泉资源分布于沙刀湾、渔米渡等村，最高水温 60℃以上。境内气候属季风温润气候区，年平均气温 16℃，日照 1400 小时，降水量 1500 毫米。时有灾害性天气发生，主要自然灾害有洪涝、低温、冰冻等。属澧水水系，境内有宜冲溪，源于九龙寺东南麓，自西北向东南流至宜冲桥注入澧水，长 15 公里，流域面积 64.1 平方公里，二级支流有廖家峪溪、东溪峪溪。

人口民族

1957 年，辖区总人口 12305 人。2014 年，总人口 18623 人；人口死亡率 6.19‰，自然增长率 2.93‰。境内以汉族为主，有 11461 人，占总人口 61.54%；土家族 7162 人，占总人口的 38.46%。人口密度为每平方公里 180 人。

经济发展

经济综述

宜冲桥乡经济以农业为主，主要有种植、养殖业。20 世纪六七十年代，农民生活水平偏低。1962 年，境内农民人均纯收入 54 元。改革开放后，群众生活水平稳步提高。1982 年，境内工农业总收入 383 万元，农民人均纯收入 162 元。1990 年，全乡生产总值 844 万元。到 2014 年年底，实现生产总值 6688.13 万元，农民人均收入 4501 元，各类存款 13956 万元，各类贷款余额 5100 万元。

农业

全乡农业人口 16915 人，占总人数 90.83%；耕地面积 1174.53 公顷，人均 0.07 公顷。主产稻谷、玉米、红薯、黄豆、花生、楠竹、油桐、木材、板栗等。1956 年后，境内农业生产得到发展，1957 年粮食产量 4098.4 吨；1962 年粮食总产量 4429.55 吨；1987 年粮食总产量 8629 吨。近年来，全乡致力打造万亩油菜基地，建立双季稻生产示范片，扩大蔬菜基地规模，尝试发展超级稻和建立高产示范片，并以专业合作社的模式推动农业发展。到 2014 年，全乡粮食产量 13432 吨。

林业

境内林业资源丰富。1949 年以前，竹、木及林产品由私人自由砍伐、运输、销售，1954 年后由国家统一经营。1978 年，省林业厅批准宜冲桥人民公社为楠竹生产基地，楠竹种植面积大增。是年，省林业厅确定慈利为油桐基地县后，宜冲桥人民公社建立油桐生产基地。2008 年，全乡桐油年产 5000 担，为历史最高，为全县各乡镇之冠，后因产业结构调整，油桐种植面积逐渐减少。2001 年以来，通过退耕还林，林地面积大幅增加。到 2014 年底，全乡林地总面积 10.5 万亩，退耕还林面积 466.67 公顷，生态公益林面积 3400 公顷，用材林面积 3333.33 公顷，森林覆盖率 64.8%。有乡级林场 1 个，面积 65.33 公顷；村级林场 18 个，面积 333.33 公顷。特色林业形成规模，有楠竹 1166.67 公顷，905.1 万株，产成材竹 80 万公斤；柑橘年产 1.8 万担；杜仲面积 666.67 公顷，年产杜仲皮 7 万公斤，是全省主要杜仲基地乡之一。

畜牧业

传统的生猪、牛、羊、家禽养殖为全乡畜牧

业基础。1987年，全乡生猪饲养14260头；1989年增至16274头。近年来，以特色养殖为新兴养殖产业，不断拓展畜牧业发展空间，增加农民收入。2014年，全乡规模养殖场11家，其中，生猪养殖场3家，野猪场1家，獭兔场2家，黄牛场2家，竹鼠场2家，投资300万元的石斑鱼养殖场1家，效益良好，发展潜力大。

商贸服务

1970年，筹建宜冲桥中心集贸市场。1995年，境内开有酒店12家，大部分集中在慈（利）大（庸）公路沿线，为往来客人提供餐饮住宿服务。为适应商贸发展形势，1998年，在铁桥（今长岭岗）开设集贸市场；2002年，增开高桥（今龙象庵）集贸市场，商贸繁荣，百业俱兴，有饮食、修理、服装等服务业。2014年，全乡有个体工商户277户，从业人员524人；餐饮服务行业8户，从业人员20人。

乡镇企业

1949年以前，由于生产力低下，境内没有集体企业。1972年，建丰灯油厂，从业人员9人；是年，建宜冲油厂，从业人员11人。1985年，筹建宜冲桥乳酸厂，效益甚好，从业人员一度增至百人。1995年并入岩泊渡后，镇企业办收购这些企业，并兴办篾器加工厂、铁器加工厂、灌头厂、砖厂、农机站等企业。后因企业严重亏损，加工原材料少，以致陷入发展困境，先后停产关闭。进入21世纪后，境内私营企业发展迅速，成为乡镇企业主力军。

劳务输出

1978年改革开放以后，境内农村剩余劳动力为增加家庭经济收入，自发向广东、深圳、浙江等沿海经济发达、劳动力短缺的地区转移就业，规模日渐扩大，并逐渐成为全乡农民增收的主要途径。2014年年末，全乡外出务工人员7305人，占全乡劳动力70.4%；外出务工收入3874.86万元。

基础设施

交通运输

1956年前，境内有邻近澧水的地利优势，人员集散、物资流通大都依靠水运，并在沙刀湾、渔米渡、宜冲桥三处设立渡口，尤其是宜冲桥迅速成为当地农产品集散中心，经济社会发展迅速，这也是后来宜冲桥政府选址此地的重要原因。随着时代发展，公路运输方便快捷、成本低廉，使水上交通优势不复存在，仅存的沙刀湾、宜冲渡口已不再承担物资流通的任务。

境内县道为慈（利）张（家界）公路（原省道1801线慈利至张家界段，2001年被改称县道XG07），于1954年4月1日动工修建，1956年9月底竣工，是年10月1日通车，贯穿宜冲全境，途径沙刀湾、茅坪、杨家桥等地。1991年，全线砂改油，达到四级公路标准，是全乡通行的主干道，是慈利县境内建成最早、线路最长的公路，曾是慈利县至张家界市区的主要交通要道，还是通往湘西、四川、贵州的唯一过境通道。乡道为双（溪）宜（冲桥）路，起于双溪(今杨家桥)，与原1801线连接，途经渔米渡，止于乡政府所在地，长4.2公里，1971年11月竣工通车，为等外级公路。2004年后，全乡近60公里的通村道路得到硬化，近40公里机耕道得到整修。2005年12月常张高速公路通车，穿乡而过，但并未在境内设出口站，大大削弱慈张线运输功能，境内交通不复往日的便利和繁荣。2014年年末，全乡20个村全部通水泥路，总里程60多公里，基本实现全乡公路内部大循环。

邮电通信

1949年以前，境内无电话。1975年，设电话所；1992年取消电话所，相关业务并入电信所。1992年，开始使用程控电话。2014年年末，有电信网点1个，固定电话用户150户，移动电话4000余户。移动、联通网络通信信号实现全覆盖。有邮政代办所1处，报纸、杂志发行40种300余份。

供电饮水

1981年前，境内没有照明用电。1981年，乡政府机关通电。1989年，全乡通电村20个，村通电率100%，居民用电户1978户，占户数的65%。1991年，建筑面积340平方米的九龙水库坝后电站建成，利用水库蓄水发电，有混流式发电机1台，装机容量40千瓦，年发电量15万千瓦时。1993年，位于宜冲桥村宜冲桥西头约80米的宜冲桥桥坝电站建成，在夏家坪溪与黄泥桥溪汇合处拦溪筑坝引水发电，有混流式水轮发电机组1台，装机容量100千瓦，年发电量30万千瓦时，并与九龙水库坝后电站并网，供应18个村及乡直单位的照明和生产生活用电，后并入县电大网。2014年年末，全乡有13个村完成低压农网改造，供电用电水平大幅提高，用电安全得到保障。

境内水源分布不均，缺骨干型水源，农田灌溉和人畜饮水困难问题在一定区域较为突出。1990年前，居民饮水全靠到澧水河及溪中挑水或打井，存在安全隐患。2010年，在沙刀湾等村安排“一事一议”项目建设蓄水池。2013年，投入200万元，在九龙水库建成自来水厂，铺设主管网10公里，安装进户管网6公里，覆盖16个村，惠及6000多人。

水利建设

1958年，在长岭修建冲天峪水库，为小（2）型水库，集雨面积1.59平方公里，库容量10.5万立方米，灌溉面积13.33 公顷。1959年，在丰登修建青龙水库，为小（2）型水库，集雨面积0.91平方公里，库容量7.5万立方米，灌溉面积22公顷。1974年，在黄泥修建西峪桥水库，为小（2）型水库，集雨面积5.8平方公里，库容量41.1万立方米，灌溉面积13.33公顷。九龙水库是境内唯一一座小（1）型水库，1976年6月开工修建，1978年竣工，正常库容量132.5万立方米，灌溉九龙、歇驾庄、长岭岗、夏家坪等地农田103.8公顷。2004—2013年，全乡共整修歇驾庄九龙溪堤200米，整修沟堤或新建水渠近23千米，灌溉面积601.67公顷。2014年，完成对冲天峪水库、陈家峪水库、西峪桥水库的除险加固任务。到2014年年末，全乡共建有小（1）型水库1座、小（2）型水库4座，山塘247口。

村镇建设

1950年前，由于宜冲桥主要靠水路运输，当时集镇设在澧水河边。到1956年，宜冲桥大队也因渡口优势成为集散中心。此后，历届公社（乡）党委、政府重视村镇建设，不断加快基础设施建设步伐，深入推进新农村建设。2010—2014年，整合资金在乡境内建垃圾池30余个，投放垃圾桶300余个，集镇建垃圾填埋场1个，安排专人定时清运垃圾，保持卫生整洁的生产生活环境。改善村容村貌，对全乡村级活动中心进行整修和建设。2012年，投入资金63万余元，新建村级组织活动中心4个，整修破旧村部7个。到2013年，建成龙象庵村村级活动中心。至此，全乡20个村全部完成村级阵地建设工程。2013年筹资10万元，对集镇街道进行亮化工程建设和下水道整修，安装路灯18盏，整修下水道200余米，集镇面貌得到改观。

社会事业

学校教育

清光绪二十八年（1902），设有回龙庵私塾。1950年年初，改设完小，有教师10人，学生150余人。1952校址迁往黄泥桥，教师14人，学生250余人。20世纪60—70年代，更名为东方红学校，其间《红旗》杂志曾专题介绍该校经验，成为全县教育的焦点。中共十一届三中全会后，学校更名为中心小学，1980年12月，定为首批重点小学。1968年，建宜冲桥中学。初期，曾先后招办高中班17个，后停招，专办初中。至2004年，中学有教学班14个，学生820人，教师48人。2005年9月，中学增设小学高年级班5个，改名为九年制学校。2011年，筹资300余万元，对操场、食堂、教学楼及配套设施进行改造升级，建筑总面积3940平方米，运动场3500平方米，教学条件大大改善。2013年年底，中心幼儿园建成投入使用，设3个班，在园幼儿近百人。至2014年，九年制学校有教师61人，设16个班，在校学生702人。

1949年后，境内陆续建立村小15所，随着学校布局调整和生源减少，宜冲桥村小或合并，或停办。2012年，筹资60万元，将歇驾庄完小改建为歇驾庄希望小学。至2013年，全乡仅有长

中心幼儿园

岭岗、黄泥桥、歇驾庄3所村小。2014年11月，沙刀湾小学破土动工，全乡村小增至4所。

文化体育

1960年，建公社广播放大站，主要是转播上级台、站的节目，供乡党委、政府召开广播会议。到2014年，全乡90%的农户有电视机，农村广播电视村村通工程进展顺利，有线电视用户250户，卫星直播数字电视用户1000户，入户率90%。

境内有综合文化站1个。经常开展文化体育活动，组织干部职工与学校老师进行篮球友谊赛。在文化站内设活动室，组织广场舞爱好者活动训练，政府机关院内置办羽毛球设施一套，各项体育活动不断融入人们日常生活，转变为良好的健身习惯。2012年开展“欢乐潇湘·幸福慈利”广场舞比赛，广场舞走进群众日常生活，受到妇女同胞的喜爱。各村广场舞爱好者自发组队，规模不断扩大，其中以歇驾庄、杨家桥两村发展突出。2014年9月，在慈利县第七届运动会上，组织55人代表团，在乒乓球、80米栏上取得较好名次。到2014年年底，有村级文化活动中心和农村书屋20个，藏书30余万册。

医疗卫生

1949年10月前，境内无医疗机构。1998年后，设乡卫生院1所，下设2个卫生室，辖10个村级卫生室；有床位15张，工作人员26人。2011年，筹资近70万元对乡卫生院进行维修，2013年添加X光机等诊疗设备，投入150多万元修建职工公转房及附属设施建设，基础设施不断完善，服务功能不断扩大。农村合作医疗政策不断深入人心，参合率逐年提升，2014年达94%以上。乡卫生院全年住院609人次，新农合发生费用51万，为农民报销医药费41万元。

社会保障

2008年，全乡实行大病救助。2009年，建成养老院1家，床位30张，收养农村五保对象28人。新型农村养老保险开展后，随着政策普及和宣传力度不断加大，全乡参保人数逐年增加，参保人数和参保率由2011年7318人、80%增至2014年7537人、90%，已有3482人领取养老保险金。2014年，全乡城镇最低生活保障对象8户11人；农村最低生活保障对象1427人，发放低保资金92.5万元；“五保”对象229人，发放五保分散供养补贴41万元。2011—2014年，完成394户危房改造。

特色地情

历史人文

宜冲桥乡历史悠久，文化底蕴深厚，人文荟萃。第二次国内革命战争时期，有王桂清、王有成、李光尧等20位仁人志士为国捐躯。抗日战争时期，邓汉青、邓德贵两位壮烈牺牲。解放战争时期王定斌英勇就义。1949年10月后，邓厚生、宁长银等12名英烈在抗美援朝、援越抗美、对越自卫还击战和社会主义建设中牺牲。本土还有著名地貌学家王德基，生于1909年，1946年被聘为兰州大学教授，担任地理系首届系主任；1952年在全国地理学会第一次代表大会上当选为理事，兼任甘肃分会理事长。1968年11月19日在“文化大革命”中含冤逝世，直至1978年8月才得以平反。

名优特产

獭兔肉 近年来，宜冲桥大力扶持獭兔养殖，獭兔肉成为特色产品之一。獭兔肉是优质肉食品，蛋白质含量高于21%，赖氨酸含量9.6%，消化率

85%，远高于猪、鸡、牛、羊等。獭兔肉质细嫩，口感特别好，营养价值高，素有“保健肉、益智肉、美容肉”美誉，是国际国内市场的畅销商品。

淡水石斑鱼 2014年，投资300万元建成淡水石斑鱼养殖场，石斑鱼成为宜冲桥的又一特色。

风景名胜

九龙寺 宜冲桥北部有九座大山连在一起，自西向东，有头有尾，似九条龙，最高山海拔1100米，山上曾建有寺庙，故名九龙寺。清朝至中华民国，寺内香火不断。九龙山上杂木、竹子甚多，有桂香、八角、茴香、九樟、山杜鹃等珍贵树木及许多奇花异草。夏秋晴朗日子，登上山顶，远可眺望溪口、甘堰、穿石溪，近可观览宜冲桥全境。山脚下多为岩壁，南方岩壁下有一深潭，深约6米。山南斜对面，有一狮子凸，似狮子滚球状与龙遥相呼应，为一绝景。此外，转角楼、七星嘴等同为九龙寺胜景。

歇驾庄 因闯王李自成在此留宿一晚而得名。据传，清初，李自成与几个随从来到宜冲桥一个村庄，因天色已晚便在庄里临溪边一个老婆婆家住下，并受到热情款待。当晚，在与邻近几位长者拉家常中得知当地急需在当门溪上修一座桥，而苦于无钱。第二天闯王临走时，吩咐随从留下一笔钱给老婆婆，一部分作为生活费，一部分用于修桥。闯王走后，这位老婆婆得知留下这笔钱的是闯王李自成。她深为感动，广传其事，人们便称此庄为歇驾庄。后来，建桥成功后，为感念李自成的恩德，在桥头立石碑略记其事。若干年后，因溪水猛涨，桥被冲垮，但石碑仍然存在。

宜冲桥 位于乡政府所在地南部距澧水1千米处，为历史悠久、远近闻名的大石拱桥。此桥先后修建3次，第一次在鼓儿荡上，因基脚不稳被洪水冲垮。第二次修在迴龙巷，又因基脚不牢被冲垮。清咸丰年间，当地人以募捐化缘形式集资，第三次选在现址建桥。因两岸都是山嘴，基脚牢固，遂取适宜建桥、能受冲击之意，定名宜冲桥。桥长23米，宽6米，桥拱跨度12米，桥面两侧有3层条石砌成的围栏，所用石料全部为坚固耐用的红色花岗岩。桥建成后立有功德碑，记载为建此桥捐款人的姓名、金额，在桥头建有土地庙。此桥曾3次维修，2003年修建常张高速公路时，在桥西铺设钢筋水泥，使桥的承载能力增至10吨。

沙刀湾温泉 宜冲桥地热资源丰富，分布在沙刀湾、渔米渡、宜冲桥等村。其中沙刀湾温泉，当地人称“神水”，经地质勘查表明，该处地下热水含水层经流循环条件好，补给来源充足，水位、水温动态基本稳定，温泉表面水温49℃，pH值7.32。沙刀湾温泉紧邻常（德）张（家界）高速公路、枝柳铁路干线，西距张家界市区40公里，距慈利县城30公里。2008年，阳龙二级公路修通后，至张家界核心景区仅40分钟车程。经采样测试分析，宜冲桥温泉水质好，矿化物极为丰富，水中达到“有医疗价值浓度”的成份有氟、锂、偏硼酸、偏硅酸和放射性元素氡，达到“矿水浓度”的成份有氟、锂、偏硅酸和氡，并含有溴、碘、砷、钼、锌、铁、铜等多种微量元素。特别是偏硅酸和锶的含量与人体血液中含量几乎相等，实属罕见，无论是饮或浴，对心血管、皮肤病、妇科病均有显著疗效。根据省地质勘测院2007年9月出具的水质勘测报告显示：温泉水质锶偏硅酸型应用矿泉水，水温达到医用矿泉水的浓度与温度。

民俗风情

当地汉族、土家族等少数民族共居，传承土家族的独特风俗。有传承千年的高脚花灯、演土地公公、渔鼓、围鼓，还有土家族舞蹈、方言土语、宗教信仰等。

（撰稿人：赵文 图：赵文）

洞溪乡

集镇全景

区域概况

位置面积

洞溪乡位于慈利县西南部，东与高桥镇交界，南与桃源县、永定区接壤，西与金岩乡相邻，北与溪口镇隔山相望，是两县一区交接处。辖区南北长 11.8 公里，东西宽 8.6 公里，总面积 129 平方公里。乡人民政府驻地距县城 78 公里。

建置沿革

原名郝溪乡，因境内北部有一石洞名插花洞，洞溪发源于此，故名洞溪。1912—1949 年，分属慈利县溪口乡和沅陵县职品乡。1952 年，建大浒、洞溪、南溪、郝溪、桃子、盐行、炭棚 7 个乡。1956 年 6 月，并为大田岗乡。1958 年 9 月，属溪口人民公社。1959 年冬，一部划炭棚农垦场，一部划溪口人民公社。1961 年撤炭棚农垦场，并入大浒人民公社。1962 年撤大浒人民公社，大部分并入郝溪人民公社，少部分并入高桥人民公社。1971年，郝溪人民公社迁洞溪大队。1981年，更名为洞溪人民公社。1984年2月，改为洞溪乡。1995年5月，并入溪口镇。1998年，析出，复为洞溪乡。

行政区划

2014年，全乡辖洞溪、田家、保安、乪庄、张三溪、炭棚、南溪、金竹、郝溪、公坪、大田、大浒、安理13个建制村，178个村民小组。辖区内有国有青龙湾林场。乡人民政府驻洞溪村五坊头组。

自然环境

境内层峦叠嶂，沟壑纵横，平均海拔在500米以上，最高海拔1045米，最低海拔389米，是典型的高寒山区。郝溪、洞溪等6条溪流形成6个自然灌溉区。昼夜温差大，夏季最高气温36℃，冬季最低气温-1℃，雨雪冰冻期较长，年平均气温26.8℃。境内自然资源丰富，矿产资源覆盖率70%以上，有钼、镍、磷、硫等矿藏，尤其钼、镍、磷矿储量大、品位高；森林覆盖率78%，盛产松、杉、梓树，国有青龙湾林场占地2066.67公顷，是全县林业大乡之一。

人口民族

1957年，辖区总人口6181人；1972年总人口9313人，1982年总人口10352人，1987年总人口10550人。2014年，辖区总人口11006人，其中，土家族8600人，占总人口的78.1%；人口出生率9.77‰，自然增长率3.93‰。

经济发展

经济综述

洞溪乡经济发展以农业为主，主要是种植业和养殖业，有部分农产品加工企业。因地理位置偏僻，海拔较高，难以储水，农业受气候因素影响较大。1970年，农民人平口粮404斤，农民人均纯收入32.3元。1975年，农民人平口粮451斤，农民人均纯收入58元。1980年，农民人平口粮461斤，农民人均纯收入74元。1984年，农民人均纯收入102元。1987年，实现工农业收入327.05万元，农民人均纯收入237元。此后，年经济总量增长率保持在8%左右。2014年末，全乡生产总值3120万元，其中，农业产值1686.3万元，农民人均纯收入4003元。

农业

境内主要农作物有水稻、玉米、土豆、红薯、辣椒、烤烟等。1964年，粮食以水稻、玉米为主，生产方式原始，水利条件差，粮食产量1940吨。耕地面积有限，至1972年，耕地面积仅为909.8公顷。1987年，加大农田基本建设，耕地面积增加到1011.1公顷，农民防病治虫、耕种技术也得到提高，粮食产量4064吨。2000年后，调整农业产业结构，逐步形成以黄色烤烟、红色辣椒、绿色林业和白色养殖业为主的“四色”产业。境内海拔较高，昼夜温差较大，适宜种植优质烤烟。2014年，种植烤烟102.6公顷，收购烤烟3500担，实现产值472万元。境内土壤含有多种微量元素，所产七姊妹辣椒口味独特，2013年“洞溪辣椒”成功申报国家地理标志产品保护。2014年种植洞溪辣椒133.33公顷，加工500吨。境内山高地广，适宜发展林业，2014年完成油茶工程造林33.33公顷，一般造林58公顷，石漠化工程抚育补植1000亩，中德财政森林经营400公顷正在实施。境内适宜发展养殖业，至2014年年末，全乡有山羊养殖专业户50户，湘西黄牛养殖户18户，共存栏牛1650头，羊3780只，洞溪土鸡1.6万羽。

“七姊妹”辣椒种植示范基地

乡村企业

改革开放后，乡村集体企业逐步发展起来。20 世纪 90 年代，农民开始在本地加工生产销售传统食品如剁辣椒、土家腊肉、香肠、野生葛粉等，但不成规模，以家庭作坊为主。随着剁辣椒发展成洞溪的名片，剁辣椒加工企业开始引人瞩目，全乡辣椒种植面积稳定在 133.33 公顷左右，年加工量 500 吨左右。加工企业有“七姊妹”和“邹胡子”品牌，均通过食品安全认证。张家界“七姊妹”辣椒有限公司于 2004 年成立，年产值由 2005 年 100 万元，增长到 2014 年 500 万元。产品始终供不应求，口碑极佳，荣获 2006 年“湖南第八届(国际)农博会金奖”。2005 年，通过招商引资先后成立三鑫矿业、恒昌矿业、证大矿业 3 家矿产企业，2005—2008 年，年均采矿量 2 万吨，产值 1.6 亿元，上交税收 3000 万元。至 2009 年，因国家政策调整，镍钼矿价格直线下降，成本直线上升，3 家企业相继停产。2008 年，炭棚、洞溪、大田等村相继建立小型木材加工厂，至 2014 年，年加工量 1580 立方米，年产值 98.6 万元。2014 年，张家界绿源红心猕猴桃在境内拥有 33.33 公顷种植基地，产值 200 万元。

商贸服务

1964 年，在郝溪大队成立供销联社，社员 5 人。主要经营盐、食品、针织品、烟、酒等少量日用品，因交通不便，进货靠人工从溪口镇肩挑背负，货源不足，年销售额不足 5000 元。1975 年，搬迁至洞溪大队五坊头，社员发展到 8 人，商品从日用品发展到少量的农资，并在各大队开有代销店，改为用车辆进货，年销售额 1.5 万元，并逐年增长。高峰期，年销售额 8 万元。改革开放后，开始有个体户开店经营日用品，到 2000 年，平均每个建制村有 2 ~ 3 家日用品小商店，供销社彻底退出历史舞台。1997 年洞溪乡设立农产品、畜牧交易市场，每 10 天为一周期。经过 3 年的发展，到 2000 年，因畜牧（牛）交易频繁，群众自发定为每月逢 4、9 为赶集日，延续至今。2014 年洞溪集镇街道发展成为全乡商贸、文化、餐饮中心，购物超市、电信业务、快递服务、餐饮酒店、摩托车销售、服装店、农资店，以及牲畜交易市场、金融机构等服务齐全。逢集日有当地群众、溪口、慈利县城等外地流动商贩摆摊，平均有500余人赶集，日交易额10万元左右。

劳务输出

洞溪属偏远山区乡，山高林多田地少，外出务工成为农民摆脱贫困、发家致富的重要手段。1978年改革开放以后，境内剩余劳动力自发向沿海等经济发达、劳动力短缺地区转移就业，且规模日渐扩大。2014年，外出务工3756人，总收入2431.2万元。

基础设施

交通运输

1969年10月，修通高桥至洞溪砂石公路。1978年，修通从洞溪至溪口公路，途经洞溪、田家、大浒、保安、廼庄、炭棚等大队，成为进出集镇交通要道，但山高路险，路况较差。1981年，洞溪、张三溪、安理、公坪4个大队（村）道通车。1989年，修通大田村春三溪至永定区王家坪镇老龙口村广东山公路。1992年，通安理村到永定区方石坪公路。2007年，完成零（溪）甘（堰）线洞溪段硬化工程。

1982年，洞溪至县城班车开始营运，1993年开通至张家界市区班车，由一天一趟逐渐增长为每天各有3趟。2014年，全乡13个村全部通水泥路；投资70万元，建成洞溪车站投入使用。

邮电通信

1961年，设邮政所，开通邮路。2012年，开始办理快递业务。2000年6月开通程控电话，2004年5月开通电信宽带网，有全市ETS无线电话基站1个，其信号覆盖全乡，并延伸周边县、区。移动、联通、电信等公司分别于2000年前后在境内设网点。2014年，全乡有固定电话用户260户，移动电话用户5000户。

供电饮水

1975—1983年，安理大队天井湾水利发电站为集镇供电，因设施落后，供电不稳。1987年3月，洞溪乡用电联通县网。到1989年，只有7个村通电，村通电率53.8%，通电户1410户，占总户数60%，仍是全县农村通电情况最弱的乡。2008年，实施农村电网改造，13个村全部进行农村低压电网改造。2009年建成35千伏变电站1座，至此，改变洞溪农村群众生产生活用电质量差的状况。

大浒村污水处理站

境内历来为是干旱缺水地，每干旱十天要找水吃。1991 年，集镇街道用上自来水，但受天气和设施影响大，供水不稳定。夏季高温缺水，冬季水管冻裂现象严重，每年都需重新换饮用水水管，成本大。2009 年 5 月，整合烟水工程、人畜饮水等多家项目资金，耗资约 180 万元，建起 6200 立方米的蓄水池，重新架设管道，基本解决集镇街道群众饮水问题，但是枯水季节饮水仍困难。通过实施炭棚村“五小水利工程”建设，完成大田、洞溪、安理等村的 70 口小水窖建设，解决部分人畜饮水问题。

水利建设

境内有山塘 131 口，龙家峪重点骨干塘 1 口和小（2）型白羊湾水库 1 个。白洋湾水库位于乪庄村，于 1974 年兴建，集雨面积 0.45 平方公里，总库容 16.1 万立方米，灌溉面积 6.67 公顷。后因年久失修，成为小（2）型病险库。洞溪村龙家峪骨干塘、大浒村王家山塘、公坪村杨柳池塘均年久失修停用。2009 年启动烟水工程，投资 210 万元，修建烟水池 70 口。2014 年，投资 130 万元，主要用于烟地道路整修，其中，乪庄村、炭棚村、洞溪村各 1 公里，安理村、南溪村各 1.3 公里，张三溪村 1.1 公里，并新修建烟水池 2 口。

村镇建设

1961 年建公社时，因经济基础薄弱，集镇建设落后，仅有一条泥土街道。1974 年公社驻地迁至洞溪大队，位于集镇中心地带，连接周边各地，交通相对便捷，集镇初具雏形。1993 年 12 月，开始编制集镇规划，规划面积 15 公顷。大田村至洞溪村县道与溪口镇至洞溪乡政府路段交汇形成三岔路口，街道长 2.4 公里，于 2004 年硬化，居住人口 3200 余人。集镇地处二县一区交界地，已成为农副产品集散地。2014 年，基本完成主街道路面硬化、亮化、绿化工程。2002 年，洞溪村建成 240 平方米村级活动中心，到 2014 年，完成全乡 13 个村共 1560 平方米村级活动中心建设，其中，张三溪、炭棚、洞溪建有标准篮球场。

社会事业

学校教育

1951 年后，境内各大队（村）均有小学。1954 年，办张三溪农中，1968 年并入洞溪公社中学。洞溪乡九年制学校前身是 1960 年创办的洞溪完小。1970 年，完小由洞溪大队管理。1985 年改为洞溪乡完小，由乡管理。1977 年、1978 年设有高中班。2001 年，中、小学合并为洞溪九年制学校。校园由教学区和生活区（含中心幼儿园）组成，总面积 30465 平方米，建筑面积 18328 平方米。到 2014 年，全乡有在编教职工 39 人，有中小学生 491 人，其中，寄宿生 280 人。

文化体育

改革开放后，境内经济条件改善，文化体育设施逐渐完善。2010 年始，县电影公司开始在各村、政府所在地放电影，平均每年 15 场次左右。是年，洞溪村村民自发组织成立乐队，开始流行有红、白喜事时请乐队演奏。2012 年，开始在各村建立农村书屋，至 2013 年，全乡 13 个建制村全部建成农村书屋，平均每个书屋藏书 3000 余册。1974 年，始建郝溪公社广播站。1984 年后，始建乡、村广播专线，至 1990 年，舌簧喇叭入户率 97%。1993 年后，乡至村广播专线先后拆除，到 2004 年年底有 4 个村保留广播室，用高音喇叭广播，广播专线 25 公里。1993 年，始办有线电视，架有线电视电缆主干线 10 公里，转 7 套电视节目。到 2014 年，有线电视用户 230 户，网络电视10多户。

20世纪80年代，乒乓健儿唐治民获得慈利县小学生乒乓球比赛桂冠。2008年，广场舞开始在洞溪兴起。2014年受县“七运会”影响，参与广场舞人数逐渐增多，范围也由集镇扩散到张三溪、大浒、大田等村。2014年，组队参加县七运会，获“体育道德风尚”奖。在乡政府机关院内修建有篮球场，九年制学校修建有篮球场及配套体育设施，大浒村、洞溪村筹建村级运动场所，群众积极参与各项体育运动。

医疗卫生

乡卫生院以前硬件条件差，因原住院部于1995年拆除改建，住院病人暂住在门诊楼，床位少、条件简陋，仅有医生2人。2005年，乡卫生院建成新门诊综合楼，2011年新建职工宿舍（公转房）。到2014年，投资120万元，建成乡卫生院住院大楼。是年，乡卫生院有卫生专业人员18人，年业务收入85万元。

社会保障

2006年前，境内社会保障事业仅社会临时救助正常发挥作用。2006年后，逐步完善低保、“五保”、危房改造等救助措施，完善社会保障体系。2010年，新修乡敬老院1个，有床位30张。2013年，发放各类民政资金100余万元，为200名贫困老人和360名儿童争取慰问金和壹基金温暖包各10万元，改造农村危房51户，全乡新农合参合率89.6%，新农保参保率96%。2014年，全乡五保救助资金37万元，低保救助资金87万元，危房改造资金帮扶70万元，社会临时救济8万元。是年，全乡城镇最低生活保障户数16户，农村最低生活保障对象588户755人，农村“五保”集中供养28人，分散供养105人。

特色地情

历史人文

洞溪乡历史悠久，人文荟萃。陈子道，1924年考入北京师范大学并加入中国共产党，1925年任中共北京市城南区区委委员兼北师大附中党团支部书记，于1928年1月被捕后被国民党反动派杀害，1951年被民政部追认为革命烈士。曾国安，炭棚村人，武汉大学经济与管理学院副院长、教授、博士生导师。张安珍，大浒村人，湘谭大学原图书情报系主任、教授，著有《信息化管理》专著，2008年退休。龚子清，正师职干部，中央警卫团机枪营营长，1984年因病去世。王文龙，湖南文理学院生命科学系教授，先后主持和参加科研课题12项，4项已经专家鉴定，3项获奖。

名优特产

洞溪乡拥有独特的自然条件，是“洞溪辣椒”的原产地。“洞溪辣椒”质量优良，风味独特，形体较细小，呈圆锥形，表皮光滑，籽多皮薄，“色鲜艳、味纯正、辣舒爽”是其显著特点。有“辣口不辣心、上汗不上火”的美誉。经湖南省食品质量监督检验研究院检验，产品中富含丰富的维生素和钙、铁、锌、硒等营养元素，其中硒含量0.02毫克/公斤，为富硒食品，锌含量5.8毫克/公斤，有助于形成鲜味物质，能改善食欲，维生素B1、B2、维生素C、维生素E，含量分别比普通朝天椒高1倍、2倍、80%、30倍。洞溪七姊妹辣椒系列产品采用传统加工工艺，辣味纯正，香气浓郁，口感醇厚，深受消费者喜爱，产品远销湖南、湖北、四川、北京、上海等10多个省市，有的还被做为礼品带往港澳等地。近年来基本形成产业链。2013年，推进辣椒特色产业发展计划，种植 133.33 公顷。2014 年新建设 33.33 公顷辣椒种植示范基地，总投资 25 万元。

风景名胜

境内因岩山多，有三打岩的传说，“人打木鱼岩，雷打企人岩，水打葡萄岩，三个鲤鱼朝王来，王是谁，鲁国道（明末农民起义首领）”。大浒村境内险峰林立，有“八仙下棋”“叫化坟”“狗子垭”等特色景点。

八仙下棋 大浒村一山腰上，有 8 根石柱，雄伟耸立，形象逼真。相传很久以前，8 位神仙从峨眉出发，云游四海，路经大浒听说有一座“上天梯”的山，便前往游览。其中一仙提出下棋解闷，其他七仙响应，同在山下造一棋盘，圆形，周围有围墙，无门，中间地平如镜，面积约 20 平方米，四角有 4 根树立的石柱，形似蜡烛。下完棋后众仙仍云游各方，棋盘则保留下来。棋盘在 20 世纪 80 年代被毁，但八仙下棋的传说流传至今。

叫化坟 大浒村的西端有一山，海拔 900 余米，在离山顶 50 米处，有一座引人注目的墓地，人称“叫化坟”。传说明代年间，一雷姓老翁以乞讨为生，到此山搭一茅棚栖身。数年后，当地百姓见他态度和善，举止文明，说话耿直，便慢慢信赖他。以后他慢慢老了，自己在路旁挖一坑后对当地人说：“我死后就葬在这个坑里。”没多久老人死了，当地人照老人所说将他埋葬。老人死后托梦于当地人，其后代必出贵人。20 多年后，老人的后代发迹后来扫墓，大家才知道叫花子是来找阴地的。此地形似螺丝（名螺丝地），坟前 3 米处有石柱（笔筒）、方形石（官印），正前方 5000 米处有笔架山，坟的后方有顶“帽子”，左有石拱桥，一泉水环绕螺丝地流过。这些石头形象均存，路过此地的人，坐地观望，连连点头称奇，故此坟远近闻名，流传至今。

狗子垭 大浒村与保安村交界处有一山垭，垭前一巨石屹立，高 9 米，周长 10 多米，石顶有一小石形如狗；垭边一石洞，洞内一石形如鸡，呈鸡犬相闻之态，遂称一只神狗和一只神鸡守护此垭，故名狗鸡垭。日久，便误称为狗子垭。相传很早以前，垭上神狗每天天亮前会汪汪的叫，神鸡也会给人报晓。到明朝中期，有 3 名桃源贡生经此，闻狗吠则拔剑击之，狗吠停；往洞边饮

大田村蝙蝠洞

水听鸡鸣，张弓射之，鸡鸣息。后击狗射鸡之人第二年便被内仆所害。狗子垭两边崇山峻岭，多处绝壁，中间狭窄，一条羊肠小道直达垭口。解放前是上通溪口、大庸，下往桃源的必经之地。因人烟稀少，常有土匪出没，黄昏时便无人过往。

民俗风情

境内保留着许多古老的土家族风俗。土家族人修建土家吊脚楼，多依地势而建，装花格窗，用直棂把窗户分为细格，所用棂条为方形断面，同时在纵列的直棂的上、下部搁置横条，简洁细致。楼层一般设有走廊，木栏扶手。楼上住人，楼下关牲畜，过着日出而作、日落而息的田园宁静生活。每逢年节都要大敬祖先，祭祖的食品有猪头、粑粑、鸡鸭和五谷种等。有的在每餐饭前，先用筷子夹少量的菜插在饭上敬默一会儿，表示请已故先人先吃，然后自己才开始食用。过年过冬会腌制腊肉、香肠。洞溪土家族人过年是提前一天赶着过年，故称“过赶年”。

（撰稿人：方向　图：方向）

金坪乡

集镇全景

区域概况

位置面积

金坪乡位于慈利县西南部，东邻龙潭河镇，南抵高桥镇，西接南山坪乡，北连朝阳乡。辖区东西长 15 公里，南北宽 7 公里，总面积 94.16 平方公里。乡人民政府驻地距县城 51 公里。

建置沿革

境内有金竹湾、干溪坪，以两地首尾二字取名金坪，因此而得名。明初至 1929 年，属慈利九都。1930 年，境内划为三区，设丛木坪、渠溶、烟场 3 个乡。1936 年，为桐木坪乡。1939 年，为丛高乡。1949 年，改为龙云乡。1952 年，龙潭河划为四区，下设 17 个乡，金坪境内设金坪、云朝、汤溪、渠溶、乾坪、杨柳6个乡。1956年6月划出，为丛木坪乡。1958年9月，与高桥乡合并，组建南坪人民公社。1962年析出，为丛木坪人民公社。1974年，公社驻地由丛木大队迁址金坪大队。1982年，更名为金坪人民公社，1984年4月，更名为金坪乡。1995年4月，并入龙潭河镇。1998年10月，析出，复为金坪乡。

行政区划

2014年，全乡辖渠溶、福山、细茅、华山、伏龙、金长、金坪、云朝、联坪、汤溪、优富、金富、清凉、枞木、龙溪15个建制村，107个村民小组。乡人民政府驻金坪村。

自然环境

境内属武陵山脉，地势三面山势高峻，一面低缓，呈扇贝形，平均海拔640米，海拔最高点伏龙村笔头尖1200.3米，最低点金富村蛮子坪160米。属山多田少的高寒区。辖区属亚热带季风气候，年平均气温16.5℃，无霜期267天，降水量1410毫米，降雨集中在4—9月，7月最多。境内有旱涝、低温、霜冻、冰雹、雷击、山体滑坡等自然灾害。土壤以水稻土、红壤为主，物产丰富，有“大理石之乡”“糯米之乡”美誉。大理石种类主要有虎皮黄、墨玉、荷花绿、桃花红、咖啡红等，虎皮黄大理石为大理石珍贵品种之一。

人口民族

1964年，辖区有1533户，总人口6534人。1971年后，提倡“晚”“稀”“少”的计划生育，人口增长放缓。1982年，有1952户8684人。2014年年末，辖区总人口7986人，其中土家族人口占总人口60%。

经济发展

经济综述

1949年以前，境内农业耕作粗放，农作物产量低。1949年10月以后，除自然灾害外，经济稳步发展。1956年土地改革后，农民的生产积极性高涨，农业生产得以较快地恢复和发展。1962年，农业产值35.3万元，生猪饲养4301头。中共十一届三中全会以后，纠正过去单纯抓粮食、忽视多种经营的倾向。1981年，农村全面实行家庭联产承包责任制，逐步完善承包合同，适度提高农户产品价格，调整农业内部结构，大力发展多种经营，调动农民的生产积极性。1987年，工农业总收入303.69万元，农民人平纯收入260元；1989—2000年，生产力进一步解放，农业技术加速推广，使经济不断加速发展。2000～2014年，加大对农业扶持力度，相继取消“统筹提留”“特产税”“农业税”等，2004年4月，实施粮食直补政策，按种粮面积和推广良种进行补贴。是年5月开始实施农机购机补贴，农业生产得到长足发展。2014年，全乡工农业生产总值1.12亿元，农民人均纯收入3969元。

农业

建乡后，党和人民政府发动群众兴修山塘、河坝、水库、水渠，广辟肥源，改良品种，合理密植，农业收成逐年上升。1962年，粮食产量482.46万斤。中共十一届三中全会以后，通过不断深化农村改革，完善农业水利基础设施，提高抵御自然能力，1978年推广三系杂交水稻，到1989年，粮食产量3174吨，稻谷2510吨。1999年，粮食产量4201吨，稻谷产量3286吨。随后，大力发展优质烟叶、高山有机蔬菜、中草药、柑橘、油茶、油菜等特色种植，运用间作套种提高耕地复种指数。积极发展农民专业合作社，成立细茅山羊合作社、清凉黄牛和牲猪合作社、金长中草药合作社、细茅蔬菜合作社、枞木粮食合作社等各种种养业合作社6个。种植玉米357.2公顷，高山反季蔬菜160公顷。种植魔芋、萝卜、大白菜、红苔菜等蔬菜200公顷，尤其是福山村的“巴西菇”特色种植业，种植3.33公顷，年产量3000公斤，收入30万元。烤烟是全乡的支柱产业。1999年烤烟产量190担。2000年烤烟产量540担。2013年种植烤烟133.33公顷，产量4000担。2014年种植213.33公顷，在遭受自然灾害的情况下，产量仍达4500担。金坪由开始种烟时的烟叶小乡转变成烤烟大乡，种植规模跃居全县第三位。至2014年年末，农业稳步发展，农业总产值982.22万元。

林业

境内林业资源丰富，盛产木材、木炭、生漆、油茶等。20世纪70年代初，全乡掀起“绿化荒山”的高潮。1974年，首建九斗垭林场，面积105.33公顷。至20世纪80年代，建九斗垭、笔头尖等9个乡办林场，15个村办林场，营造速生丰产杉木林2666.67公顷。1989年，造林173.33公顷，采伐量200立方米。国家提出“生态建设”战略后，林业发展驶入快车道，群众生态意识提高。90年代，建设以杜仲为主的林业支柱产业，先后营造杜仲8000多亩。2001年，石漠化治理18平方公里。2002年实施退耕还林8000亩，2007年实施中德合作造林3000亩、生态公益林6000亩、财政补贴造林2000亩等营林项目。2014年，全乡林地面积11.4万亩，林木蓄积量13万立方米，森林覆盖率85%，林农补贴150万元。

畜牧水产

建乡前，境内畜牧业主要是少量的役用牛、马、骡养殖。建乡后，畜牧生产得到逐步发展。1967年，有耕牛1030头，山羊860只。1980年，有耕牛1198头，山羊910头。1999年，出栏生猪4693头，牛367头，山羊1134头。2008年，金富村七组梁冬初养殖场建成，带动一批年出栏50～200多头生猪的养猪大户，年养殖生猪5000头，出栏3000头。2010年，云朝村一组的张海波建成拥有3200平方米高标准栏舍、年设计出栏3000头的养殖场，实际年出栏1500头左

大理石板材

右，并于2012年在县城建成“鑫硒肉”超市，实行“生产＋加工＋销售”鑫硒肉的模式。2014年，云朝村七组张正云的双康养殖场投入使用，出栏生猪618头。是年，在金坪点鲵成金有限公司带动下，建成赵家岗、象市等大鲵养殖点，销售大鲵1.65万尾，年收入1600万元。

乡镇企业

1994年，全乡有“永光石材”等大理石厂6个，总产值100万元以上，产品出口到日报、韩国、东南亚各国，畅销中国香港、台湾地区。在2003年张家界双博会上，金坪乡获“乡镇企业之星”荣誉称号。2014年，大理石年产值400万元。白矾石总储量5000万吨，品质好，用途广泛，可用作生产牙膏、肥皂、化妆品、航空等材料。

基础建设

交通运输

建乡初期，金坪交通不便，各村只有山路联通外界。1974年底，龙（潭河）丛（木坪）路完工通车，路面宽4米，2004年完成水泥路面硬化改造，路面宽5米，路基6.5米，长14公里。1996年，朝阳至金坪公路竣工；2009年，完成朝阳至金坪水泥路硬化，路面宽4米，路基5米，长7.9公里。2005年完工南山坪白果村至金坪水泥路，路面宽3.5米，路基4.5米，长11.4公里。至2014年年末，15个村村道全部实现路面硬化，共94公里，80%的组通水泥路。2014年，境内有通县城营运班车5辆，日发车10个班次，日均客运量200人次。

邮电通信

金坪邮政所设立于20世纪70年代末期，邮件、报刊由邮政工作人员从龙潭河肩挑背负到金坪，然后以步行的方式投递至各大队。每周只有一个班次，周一从龙潭河出发，周末才回到龙潭河支局。1980年，邮政所业务用房为租用民房。2012年年底，筹资30余万元进行改建，实际建筑面积160平方米。成立邮政所初期，流转金额为1万元左右，收入2000元。2014年年末，流转金额增至4.5万元，收入1.2万元。1956年，开通20余部手摇式电话；2001年改为程控电话，后发展到300部。2000年，开始建移动基站，2014年发展到6个；2007年，开始建电信基站，2014年发展到3个，覆盖全乡。2014年，电信用户1000户，电信业务年收入38万元；移动用户4600户，年业务收入50万元。

供电饮水

20世纪60年代前，境内没有照明用电。70年代，曾建有小水电站，短时间提供电站周边生产用电，不能普遍解决农户生活用电困难。1980年，建成和平水电站，装机容量2台260千瓦，年发电量7.5万千瓦时，保障部分农户生产生活用电需求。1984年，建成跨流域的渠溶抽水蓄能电站，装机2400千瓦。1993年建成320千瓦的桃花溪水利发电站，年发电量120万千瓦时。2014年，完成全部15个村农网改造，农村居民生产生活用电得到保障。2011年，建成日处理720立方米水量的高标准水厂1处，村集中供水工程7处，解决安全供水6200人。

水利建设

1958年建成余堰水库，库容423万立方米，灌溉面积33.33公顷；1974年建成云朝水库，库容147万立方米，灌溉面积153.33公顷；1975年建成神门溪水库，库容110万立方米，灌溉面积115.33公顷；1970年、1971年分别建成张家峪和神洲湾骨干塘，建成灌溉渠道共35千米。到

2014年，整修山塘62口，建成高标准泵站1处，水库除险加固2座，新增和改善灌溉面积166.67公顷。

集镇建设

1974年，建成集镇街道1300米，宽4米。于2000年进行路面硬化。到2014年，集镇街道长1500米，有常住人口1200人。乡直机关部门都设在集镇上，乡政府以东有财政所、卫生院、农科站、林业站、水利站等；政府以西有烟草站、信用社、联校等；国土所、司法所、劳保站、计生办、动防站、综合文化站、邮政所设在政府大院内。另有移动公司、联通公司、中国电信、“千村万店”超市等入住金坪街道。2012年，修成1500米的集镇下水道；筹资21万元在街道安装太阳能路灯31盏。2014年，集镇新街道建设推进50米，统一设计街道建筑样式外观，使其具有土家民族特色。

社会事业

学校教育

1937年全面抗日战争爆发后，福山乡绅田生玙号召群众筹集资金办起渠溶国民学校。丛木坪乡绅滕伯清也组织办起一所小学，以《短期国民学校》为统编教材，除学语文外，还学算术、公民等课程。慈利解放后，接管丛木坪学校和渠溶学校。1954年，云朝大队兴办丛木坪完小。1958年，有14个大队办起初级小学校，有教工32人。1970年，丛木坪完小随公社迁址，更名为金坪联校，中学更名为“五七中学”（后改为金坪中学），全校6个班，每个年级2个班，教职工近20人。1975年中学还办了四届高中班，1979年高中班被撤销。此后，中学每年只招收2个初中班，一直持续至今。2004—2014年，筹资451万元对学校生活配套设施及教学楼进行改建。2014年，金坪乡九年制学校有教职工48人，在校学生608人。2013年获得全国优秀文学社殊荣。是慈利县乡镇教育质量先进单位。

文化体育

金坪是一块文化热土。每年正月十五和八月十五有云朝山庙会；每年组织约200场集体舞。在文化下乡的政策支持下，2008年各村相继成立“农家书屋”，每个书屋藏书在2500册以上，以农业科技图书为主。2011年，乡文化综合大楼落成。2012年，慈利县首届广场舞比赛中，金坪代表队表演舞蹈《山里女人喊太阳》荣获三等奖。2013年，舞蹈《打糍粑》斩获“慈利欢乐潇湘幸福”铜奖，并荣登慈利春晚舞台。1964年，开通有线广播，家家户户通广播。1969年，架设广播

专线。随着现代影像技术的发展，1983 年，建有公社电影院，可容纳 300 人。1996 年建成乡有线电视网，2010 年联通县有线电视网络。2014 年，有线电视用户 110 户，"村村通"卫星直播接收器 2000 套。2014 年年底，各村自筹资金 15000 元，全部开通"村村响"广播。2014 年，为 8 个村安装体育器材设施。同时组织有条件的福山、华山等 7 个村先后成立舞蹈队、腰鼓队，丰富群众业余文化生活。

卫生医疗

境内卫生机构始建于 1958 年，是一所综合性卫生院。1974 年，迁址至金坪大队，起初几间木屋、乱石土坯房，设施简陋。2000 年，由香港红十字会捐建门诊综合楼；2008 年，投资修建住院楼，群众就医条件得以改善。2011 年，筹资修建职工公寓、食堂。2010—2012 年，筹资添置 B 超、血细胞分析仪、尿分析仪、全自动生化分析仪及心电图机等医疗设备。2014 年，金坪卫生院占地 0.25 公顷，建筑面积 1900 平方米，总资产 300 余万元，有 12 名医疗技术人员。是年，建中医服务区，运用中医适应技术诊治农村常见、多发病及慢性疾病，为辖区及周边群众提供医疗服务。2011 年，新农合参保 7956 人，参保率 96.7%；2014 年，新农合参保 7600 人，参保率 98%，新农合报销金额 76.4 万元。

社会保障

1956 年，开始实行"五保"政策。1959 年，因遭受百日大旱，群众生活困难，人民公社动用集体公益金 15.49 万元，帮助灾民渡灾荒。20 世纪六七十年代，对特困户实行"返销粮"救济。1980 年，对五保老人实行以村为主分散供养；至 2006 年，全乡"五保"对象有 101 户 101 人。2007 年，全县实施农村低保政策，金坪乡第一批列入试点乡。2008 年，实施惠农政策，共发放良种补贴、粮食直补、农综补贴、油菜补贴、能繁母猪、五保户、在乡老复转军人、库区移民、退耕还木林资金等 150.03 万元。2011 年，修建 31 栋安居工程住房，发放临时救济金 8600 元，大病医疗救助 6749 元，新农保参保 4647 人，收缴保费 48 万余元，参保率 95%，其中 1440 人享受养老保险，发放保险金 95.04 万元；年内发放各种惠农补贴共计 280 多万元。2014 年，全乡修建

42 栋安居工程住房，发放临时救济金 2800 元，大病医疗救助金 20000 多元；乡敬老院集中供养老人 29 人；1677 人享受养老保险，发放保险金 211.3 万元，发放各类补贴 183 万元。

特色地情

名优特产

玉竹、七叶一枝花　金坪乡是慈利县玉竹、七叶一枝花的原产地。玉竹，又名尾参，在伏龙村、金长村、华山村设有生产基地，2014 年种植 93.33 公顷，亩产 5000 公斤，市价为 10～12 元每公斤。玉竹为百合科多年生草本植物，高 40～65 厘米，常被人们食用，兼有中药效果。玉竹性味甘、平，具有养阴、润燥、除烦、止渴等功效，适用于治疗热病阴伤、咳嗽烦渴、虚劳发热、小便频数、消谷易饥等症。七叶一枝花，属百合科多年生草本植物，以根茎入药，有清热解毒、消肿止痛功效。因花的外轮花被片形大，似叶状；内轮花被片退化呈长线状，成熟时金黄色，故又名“重楼”。《本草纲目》中收集有民谚：“七叶一枝花，深山是我家，痈疽如遇我，一似手拈拿。”由此可知其疗效。在渠溶村建立生产基地，种植 1.87 公顷，亩产 1500 公斤，市价 300 元每公斤。

糯米糍粑　金坪是远近闻名的“糯米之乡”，渠溶水库一带是优质糯米主产地（也称“渠溶糯米”）。渠溶糯米的稻种为独一无二的“冬糯米”，是自留种。经过长期的自然淘汰与人工选种，精耕细作，总结、积累一整套糯稻栽培、管理及其种子繁育的成熟经验，形成优质的渠溶“冬糯稻”。渠溶糯稻生长期长，颗粒饱满，粒长色白，长 10～15 毫米。气味独特，清香性软，鲜米芬芳，饭米香醇。糯性强，稠腻滑润，含糖量高。2014 年，种植糯稻谷 20 公顷，糍粑产值 94.5 万元。

板栗　金坪的土板栗果实整齐，呈红褐色，果仁呈米黄色，内皮易剥，肉质细腻，甘甜芳香，有益气健胃、健脾补肾、活血之功效。单果重 11 克以上，其胡萝卜素含量比一般品种高 3～5 倍，蛋白质含量比江浙板栗高 30%～53%。由于当地独特的土壤、气候条件为板栗栗花授粉、成果、糖分积累、果实着色及成熟提供优越的温床，造就金坪优质的土板栗。主产于联坪村、汤溪村、优富村、金坪村、清凉等村，面积 100 公顷。1998 年板栗产量 29 吨，1999 年产量 30 吨，2000 年产量突破 100 吨。

风景名胜

云朝山　位于金坪乡南部，海拔 863.9 米。山势奇特，风光秀丽，是享誉慈利、桃源二县的道教圣地。山顶庙宇及遗址占地 3.33 公顷，始建于唐，清康熙年间有较大修复，20 世纪 20 年代庙宇被毁，80 年代开始重建。金殿修建在形似玉玺的万丈悬崖之上，墙体全是岩石。相传，明朝时道教五雷山寺住持为使香火胜过佛教云朝山寺，请风水大师施法将云朝山金殿庙基降低三尺三，当降到三尺时，只见山中一只白鹤展翅腾飞于五雷山，而云朝山下只留下雄鹤，后两山香火一并旺盛。云朝山庙宇前有一形似蜡烛的石山，名蜡烛山。自古至今，此山香客云集，香火旺盛，尤以每年中秋，远近善男信女登山朝拜，热闹非凡。云朝山古刹原有一对梭罗树（后大炼钢铁时被毁），初夏繁花满树，深秋果实累累，为阴阳果，是云朝山寺镇山之宝。有村民在云朝山寺前挖 3 株梭罗树苗栽在自己家屋后，生长百年，已长成 11 米多高的大树。2013 年 4 月，有人出资购买 2 株送给云朝山寺，栽在寺门外供为佛圣树。云朝山上茶叶久负盛名。明代茶师汪国荣曾来此品尝，确似贡茶，清香异味，清香可口，称“云雾仙品”。山内还生长一种奇特的树种，当地人叫“玄姑树”，游人用手摸树杆皮层，树上枝动叶摇，使人疑迷。

豪茂山 又名毫毛山，在白果村与金长村交界处，有一座高耸入云的大山，翠峰耸立，直插云霄，海拔 1087.5 米。因山体雄伟、森林茂密，故称之为豪茂山。天高云淡时，可俯瞰常德市部分城区。明末清初始建寺庙，占地 3.33 公顷，庙前金殿石门上铭刻“豪茂仙山”。1943 年冬，因山火将庙宇焚烧一空。20 世纪 90 年代，当地人自发在旧址按原貌重修山庙。1994 年金秋季节，杜心五之徒、86 岁高龄的姚成业来此观赏风景，曾引陆游“将合万物为一包，每以内观当外游”的诗句，赞美毫茂山的秀丽风光，并书对联一幅：“再造佛像扶善信，重建庙宇镇乡坊”。山上一条古道通向三姊妹岩，直达赵家垭水库，人像在巨龙脊上行走，最窄处仅 1 米余，两旁有天然自生的石栏杆，栏杆外面是悬崖峭壁。还有数十个大小不等的岩洞，大的容纳上百人。有的岩洞长年干燥可居，有的岩洞流水潺潺。标水洞平常水流不大，一到春季便从洞中喷射出一股急流，形成瀑布挂在万丈悬崖之上，甚为壮观。

桃花溪 发源于神门溪水库，流经境内云朝、联坪、清凉、枞木、汤溪村、金富等村，全长 10 公里，最后注入桃源县黄石水库。春季溪两岸桃花盛开，故称桃花溪。相传，云朝村的刘家阿哥苦樵非常贫穷，靠砍柴卖供养瞎子母亲，与杨家阿妹桃花青梅竹马，互相关爱，可是杨家阿爸不准他们来往，逼桃花嫁给田家财主傻儿子。于是桃花叫来苦樵一起上了云朝山，两人抱头痛哭，最后桃花吻别苦樵从舍身岩跳下去，苦樵伸手去拉，没拉住。桃花走了，苦樵日夜痛哭，其泪水汇成小溪。次年小溪两旁长满桃树，盛开桃花。苦樵站在那里形成化石，所以叫“樵夫山”，“村姑山”因被泪水冲洗化为桃树变得越来越小。这就是“桃花溪”的美丽传说。

民俗风情

渔鼓 渔鼓历史悠久，可上溯至唐代的“道情”，即道士们传道或者化募时所叙述的道家之事和道家之情，叙情的方式就是打渔鼓，唱道歌。后来，“道情”为民间艺人所习用，宗教内容渐趋淡化，改唱民间故事、神话传说和英雄故事，演变为一种说唱的艺术形式，完全过渡为富有娱乐性、知识性的民间说唱艺术。渔鼓表演有渔鼓

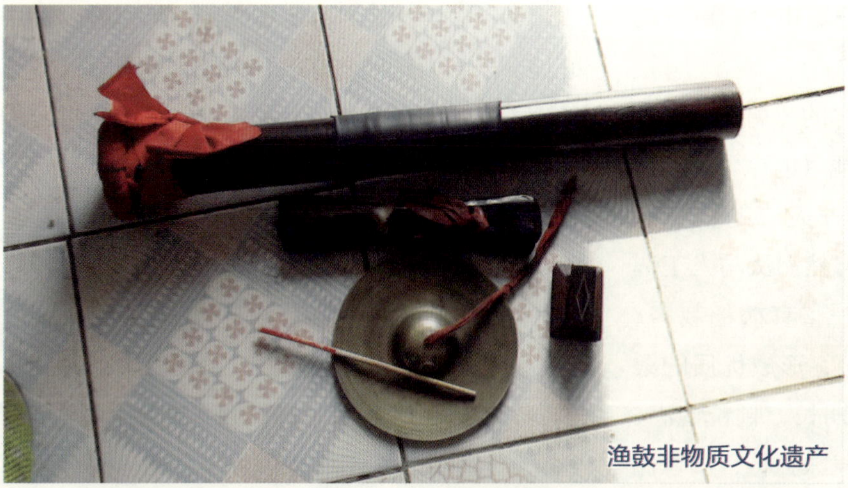
渔鼓非物质文化遗产

和简板两样道具：渔鼓用竹筒制作，筒长65~100厘米，一端蒙以猪皮、羊皮或油膜而成，折叠演奏时左手竖抱渔鼓，右手击拍鼓面，指法有“击”（四指同时拍击）、“滚”（四指连续交替单击）、“抹”（四指击鼓止音）、“弹”（四指屈指连续交替击弹）等。简板用竹片制作，长45~65厘米，宽1.7~2厘米，一端向外弯曲，两根为一副，演奏时用左手夹击发音，为渔鼓伴奏。渔鼓有对唱、表演唱、渔鼓小品、戏剧演唱等多种演唱方法，音乐唱腔纯朴、优美。语言以“慈利土话”为主，唱词结构严谨，文字通俗，语言活泼，人物形象生动。改革开放后，由于渔鼓唱词通俗易懂、形式喜闻乐见，唱渔鼓的人越来越多。1996年，金坪乡渔鼓获“全国普法教育三等奖”。之后，每年在慈利县县直单位、附近乡镇演出。2010年，被列为“张家界市非物质文化遗产名录”。为传承本土文化，金坪乡九年制学校开设渔鼓教授课。

唱土地 唱土地是境内一种传统的风俗文化，从正月初二开始到二月初八止。表演时，边唱边跳，以顺口溜的形式唱，唱的多是吉利话。道具主要有仙杖、铜锣、面具、卦。仙杖一般为桃木所做，下有一铁钎，方便插入地下固定。铜锣，可以用来敲，也可以用来装礼品，一般在唱完后，户主送上礼品时用锣来接。面具，表演时戴上遮盖住表演者的脸。卦，由两个桃木片组成，一片上刻有八个槛，另一片上刻有九个槛，代表八卦和九宫。唱土地最初目的是图吉利，让被唱者家里有好收成。唱词通俗易懂，用当地方言配以曲调，别有一番风味，是当地百姓流传已久的风俗，更生动体现人们对新年美好的祝福。

舞龙灯 每年正月十五灯节那天，金坪少不了舞龙灯。舞灯时随着龙头的动作，扭、挥、仰、俯、跑、跳，热闹非凡，生气勃勃。自古以来，因对自然现象缺乏了解，人们想象天空云中和海中都有龙，而龙是管雨水的，舞龙是为祈祷龙神，保佑风调雨顺，四季丰收。这样，在一年之首的元月，舞龙灯便包含了庄稼人美好的愿望而长期流传下来。

唱花灯 唱花灯起源于唐朝，传说唐太宗李世民得天下，大兴开科取士之风，派三太子到民间遍访贤人。每到一地，三太子便安排演员上台表演，引起当地民众注意，以便在聚拢的人群中发现贤才。经过1000多年的流传，花灯的传承人还供奉着“唐太宗三太子之灵位”。唱花灯队伍一般10人左右，前面一人挨家串户地踩点，中间两小儿童（一个旦角一个丑角）对唱，后面几人帮唱、伴奏。唱花灯以说唱为主，曲调清婉、乡音浓重，充满民族特色。金长村余槐初带领金坪的几位乡民唱花灯多年，自编自导自演很多优秀曲目，如《绣锦旗》《十杯酒》《挂招牌》等，歌颂劳动人民的生活和情感，贴近生活，特别能打动人心。每年正月，乡文化站便组织花灯队伍表演，吸引群众观看，成为金坪乡一道特色的风景。

（撰稿人：邓扬绒　图：邓扬绒）

二坊坪乡

区域概况

地名由来

明万历年间，本地小坪的集市上有熬糖作坊、酿酒作坊，糖甜、酒香招来远近顾客，闻名于慈利、桃源两县。二坊坪由此得名。

位置面积

二坊坪乡位于慈利县东南边陲，东邻桃源县热市镇、郝坪乡，南连桃源县黄石镇，西与龙潭河镇隔水相望，与景龙桥乡一脉相连，北接零溪镇七姑山脉，总面积97.5平方公里。乡人民政府驻地距县城33公里。

建置沿革

明清至1929年，属慈利填补二十四都所辖范围内的洞潭、天心阁、青叶树、岩屋峪、樊家坊5个团。1930年，属三区（驻龙潭河）洞潭、青叶树、樊家坊、黄沙坪乡。1935年，属三区青叶乡。1938年，属安乐乡。1948年，属景安乡。1949年8月至1955年，属三区所辖清坪、高溪、盛德、大清、洞潭、天枫、双桥乡。1956年6月，属樊家坊乡。1958年9月，属龙潭河人民公社。1961年7月析出，组建二坊坪

集镇全景

人民公社。1984年2月，更名为二坊坪乡。1995年4月，并入龙潭河镇。1998年10月析出，复为二坊坪乡。

行政区划

2014年，全乡辖二坊坪、青叶、黄沙坪、洞潭、新建、高溪、盛德、双联、东升、占甲桥、岩屋峪共11个建制村，124个村民小组。乡人民政府驻二坊坪村。

自然环境

境内四面环山，遍布小峪217个，小山丘1682个，小垮1162个，岗岭108座。海拔最高737.3米（扑螺山），最低75米（东升村水库组，为全县最低海拔）。二坊坪整体多为砂页型低丘陵，土壤发育相对较好；北部部分地区有砂页岩高岗地，属于典型的丘陵地貌。全乡森林覆盖率70%。高溪村内有一株400年历史的大樟树，2001年将其列入古树名木保护范围内。全乡地下水资源丰富，有多处水源点、16处较大泉水和4条较大河流。二坊坪乡依山环水，风景秀美，空气清新，渔业资源丰富，适宜发展休闲娱乐旅游业和水产养殖业。

人口民族

1961年成立二坊坪人民公社时，总人口7081人。到1984年，全乡共2347户9581人。至2014年年末，有2898户10308人，其中移民人口4028人，占总人口的39.04%，是全县移民大乡之一。辖区以汉族和土家族为主，其中土家族4642人，占总人口的45.03%。

经济发展

经济综述

二坊坪乡由于独立建置时间较短，经济发展相对缓慢，农业为全乡支柱产业，主要种植水稻。1958年黄石水库修建后，渔业在水库库区周围发展起来，很多村民以渔业为生，劳务输出成为人们收入的主要来源。1987年，全乡工农业总产值499万元；1999年，生产总值1894.02万元。2014年末，全乡总收入4729.6万元，财政收入261万元，农民人均纯收入5059元，居民储蓄存款余额1.4亿元。全乡75%的农户新建楼房。

农业

修建黄石水库前，农业是农民唯一的收入来源，水稻更是重中之重。1978年前，粮食种植基本采用传统的刀耕火种生产方式，劳动强度大，产出低。是年，全公社粮食产量仅3794吨。1979年后，农村基础设施建设不断完善，农药化肥普遍使用，新品种、新技术大面积推广，粮食产量不断增长。1982年，境内开始推广杂交水稻。到1987年，全乡粮食总产量5231吨。2000年，开始推广使用耕田机等农用机械。2004年，粮食年产量6000吨。到2013年，粮食产量8200吨，创历史新高。

林业

境内有众多竹林、杜仲林、杉树林等林业资源。1958年大炼钢铁，境内林木遭过度采伐。1973年，开始植树造林，发展林业；1975年，创办第一个社办林场；盛德大队也相继建立第一个集体林场——六家落林场，随之，各大队均办起集体林场。乡林业站与农户联办的天心阁林场，面积218.67公顷。2014年，所有林场均以个人承包等方式转包，仅剩高溪村、双联村各有一个园艺场和青叶村几片林地归村集体所有。20世纪八九十年代，村村大造杜仲林，实行多种经营以发家致富，全乡营造杜仲林逾533.33公顷。有乡办贾家塔杜仲林场66.67公顷，盛德村杜仲林场80公顷，组办杜仲林25个共200公顷，户造杜仲林800多户计133.33公顷。后由于市场杜仲销售价格走低，乡、村杜仲林场大都改种其它作物，2014年底仅剩约133.33公顷。岩屋峪村上丰坡村民小组15户，造杜仲林2500株，至今生长很好。2002年，境内开始实施退耕还林。至2014年，全乡林地面积6873.33公顷，其中公益林4586.67公顷，商品林1806.67公顷；活立木蓄积量25万立方米，森林覆盖率70%。

养殖业

1958年黄石水库修建后，全乡水面面积1666.67公顷，建有渔场和捕鱼队，渔业成为当地村民的创收产业之一。1999年，投入38万多元，增加网箱养鱼860多口，出水鱼产量173.3吨。进入21世纪，全乡水产养殖蓬勃发展。2009—2010年，省建扶工作组投入10万元开发水面46.67公顷，进行水产养殖。近年来，全乡水产养殖逐步向产业化发展，创建二坊坪垂钓休闲度假中心和天星阁鳜鱼养殖基地。天星阁鳜鱼养殖基地是张家界慈姑生态农业科技有限公司承建的湖南农大渔业资源研究所农业部第6批水产健康养殖基地，也是湖南农大的产学研教学基地，于2010年在双联村天星阁风景区建立，共有网箱63口，专门用于鳜鱼养殖，年产量5万公斤。省科技特派员、湖南农大教授向建国一直驻守在此，进行鳜鱼养殖研究。是“农业部水产健康养殖示范场”，国家质检总局将其作为鳜鱼养殖示范片区。2013年8月，被授予“全省先进农村科普示范基地”。二坊坪回龙庵养殖专业合作社，实行网箱养鱼、拦网养鱼，年产水鲜鱼品种15个以上，产量逾800吨，是县内重点产鱼区之一。到2014年，全乡水面拦网养殖853.33公顷，网箱3万平方米，参与养殖的农户100余户。

乡镇企业

改革开放以前，境内乡镇企业一直以小作坊产销为主。到1987年，乡村企业产值64万元。1988年始建盛德村采石厂（村办企业），21世纪初承包给个体户经营，从业人员20余人，年产矿石40万吨以上，产品主要销售到常德、桃源的水泥厂。1999年，乡办企业收入104万元。2000年，以张家界金冠果业有限公司为龙头企业，全乡年产柑橘8000吨以上，实行生产销售一条龙，柑橘远销俄罗斯等国家。2013年，成立慈利县中源农林有限公司，下辖扑螺山蔬菜专业合作社，有蔬菜面积80公顷，发展绿色有机蔬菜种植，产

鳜鱼养殖基地

品主要有新型高山螺丝椒、大红泡椒等，销往长沙马王堆农贸大市场，年产值200余万元。2014年，盛大冰泉桶装水成功上市，在慈利、石门、常德、长沙等地均有销售。至2014年年末，全乡有建筑类企业1家，柑橘种植类企业3家，饮用水企业1家，蔬菜合作社1家。

商业贸易

1954年，二坊坪乡供销社成立，从业人员10余人。20世纪70年代，供销社发展迅猛。随着经济体制变革，1998年乡供销社解体，原供销社成员变为个体经营，境内第一家小商店由此产生。到2014年年末，全乡有个体工商户206户，民营企业5家。慈利解放以前至20世纪80年代初，二坊坪乡与桃源郝坪乡等地的群众每逢四、九赶集日，都到接壤之处的仙娘庙，进行土特产、牲畜、工业品、生活日用品等交易，边贸交易活跃。供销社解体后，境内群众逐渐自发在二坊坪集镇形成马路市场，每月逢1、7为赶集日，延续至今。

建设扶贫

2009年年初，二坊坪村被定为省经济委员会的建设扶贫村，也是时任省委副书记梅克保的建设扶贫工作联系点。期间，省经委建扶工作组以“引领村民致富奔小康”为目标，突出抓好水、电、路等基础设施建设。累计投资500多万元，完成12公里组级公路路面硬化，实现组组通水泥路；修通通户公路15公里，达到户户能进车的目标；完成650平方米的村级组织活动中心综合大楼建设；实现农村电网改造25公里，新增变压器3台；新建自来水厂1个，解决4000人的饮水问题；创办村集体“仿真花”加工厂；改、扩建乡中心幼儿园。二坊坪村获得全省“新农村建设十佳样板村”第一名。

基础设施

交通运输

二坊坪乡地处慈利县边境，至20世纪60年代，没有专门公路。1962年动工修建景龙桥乡至常德桃源马家堰公路（景马公路），全长20.3公里，以砂石为主要材料铺成，1971年完工。1992年对景马公路铺设柏油路，2002年对景马公路集镇路段进行水泥路面硬化。2003年对景龙桥至集镇路段进行硬化。2008年，景马公路全部完成硬化工程。到2004年，全乡建成村级公路12条，计65公里，完成通组公路250公里。2013年

通村公路、高溪樟树

末，实现全乡村民小组组组通公路，其中75个村民小组的公路实现硬化，村道硬化率100%，公路入户率95%。1986年，境内第一趟班车正式营运，行驶路线为二坊坪至常德漆河镇。1989年，二坊坪至慈利班车正式开通，时有营运车1辆，2014年发展到5辆。2014年年底，建成一座农村客运站。

邮电通信

20世纪40年代，为适应抗日战争的需要，全县开始正式固定乡村投递员，设信柜20个，其中包含二坊坪。初期邮政设备简陋，运邮全靠人力。1949年10月后，条件逐渐得到改善。随着通信行业的迅速发展，乡邮政所收发电报等功能被淘汰至消失，仅保留收发信件包裹、报刊征订等业务。2006年，邮政EMS业务衍生，但因多数年轻人外出发展，使用人数不多。

1962年开始实行人民公社社社通电话时，始有专门的电话线路，主要用于公社办公室收发通知。2002年，开通全乡第一部程控电话，当年有用户106户。是年，建起移动基站，有移动用户273户。2009年有2678户。2005年5月，建立联通基站，吸引用户175户。2009年，联通400余名用户划拨给电信。到2014年，全乡有移动用户5857户，联通用户579户。2000年，乡政府成为第一家宽带用户，此后，二坊坪村、高溪村等陆续实现宽带连接，上网入户率为20%。到2014年末，境内有邮政所1处，电信、移动、联通营业网点各1个。由于境内无线通信基站相对较少，几个较偏远的村通信不够便利，无法满足正常需要。

供电饮水

1975年，二坊坪村开始陆续通电。到1990年，全乡2564户全部通电，实现户户通电目标。新建村包家坪电站建于1993年，引棺木洞泉水，开引水渠1600米，装机54千瓦，年发电量6万千瓦时，为全乡群众的生产生活用水提供方便。乡农电并入县大电网后，此电站未再投入使用。2006年，境内二坊坪村首先进行农网改造工程，2010年又进行一次改造升级。到2014年年末，完成3个村的农电网改造升级，新架电缆1000多米。

境内水源点较多，还有刘家溪、杨家溪、白洋河、柳春河4处溪水。1983年，集镇街道周围100多户农户用上自来水。进入21世纪，先后投资283万元，办乡、村、组自来水厂8个，使608户吃上自来水。由于农户居住不集中，自来水无法全面覆盖。到2014年，仅有高溪、新建等村紧挨集镇的农户通自来水。为此，投资350万元，以搭管引泉水、打水井等方法，解决其余1776户的生产生活用水问题。2014年，对新建村境内的清凉洞水库进行除险加固，整修蟹家洞电力饮水提灌站，保证群众安全饮水。

水利建设

全乡有小（1）型水库2座，分别是位于盛德村的金星台水库及新建村的清凉洞水库。金星台水库建于1966—1972年，属沅水流域，集雨面积0.2平方公里，总库容104.4万立方米；清凉洞水库完工于1973年，建有抽水机站1座，集雨面积1.74平方公里，总库容208万立方米。2003—2013年，对两座病险水库进行加固，复修57口山塘，对溪河2.5公里进行整治，在柳春河内修建5座滚水坝，新修5500米水渠，大大增加旱涝保收面积。整修机耕道25条1.5千米，加速农业机械化进程。启动2014—2016年村级山塘、水渠、提灌等水利设施整修改造工程。

村镇建设

1961年，二坊坪公社成立后，逐渐形成以公社为中心的集镇。1971年，景马公路从集镇经过，带动集镇街道的形成，主要位于二坊坪村。景马公路集镇路段于1992年由砂石路变更为柏油路，2002年改柏油路面为水泥路面，路面拓宽至6米。到2013年年底，集镇街道安装太阳能路灯。

社会事业

学校教育

1922年，建安乐国民学校；1937年9月，建景安乡中心国民学校；1946年，改为安乐完小，校址均在二坊坪乡新建村；1956年迁至樊家坊的兴龙寺；1961年，黄石水库蓄水导致校址被淹，学校迁址，取名二坊坪公社完小；1984年，更名为二坊坪乡中心完小。乡中学创办于1967年，位于乡政府驻地北侧。2004年，与乡中心完小合并，更名为乡九年制学校。至2014年，全乡有幼儿园1所，小学3所，中学1所；中小学在校学生485人。乡九年制学校曾在2008年被慈利县教育局誉为“二坊坪现象”，因学校采取一系列教育新举措，“以德驭术”的健康教育理念和“师生同参与”的独特教育模式，学校取得良好的教育教学成绩。

文化事业

1995年，乡农民技校成立，时有2位教师，43名学生。2005年，农民技校划转学校教育管理，并于2008年获省级合格农民技术学校；2014年，乡农民技校培训建设新农村各项技术员达2500人。2010年，在二坊坪村建成全乡第一个农村书屋；到2014年年底，全乡11个村的农家书屋全部投入使用，每村2500册图书以上。20世纪90年代末建成的乡电影院，还没有使用多久，因市场变化和有线电视的冲击而停用，现在多作为老人的日常娱乐场所和平时大型室内活动场所。1985年，二坊坪乡第一支乐队成立，有队员8名。2000年，发展到鼎盛时期有10支乐队。但随着越来越多的村民外出打工，乐队也渐渐减少；到2014年，有3支乐队正常开展活动。

1962年12月，公社广播站成立。1972年，始建广播专线，到1989年，境内共有县乡专线11.5公里，乡村专线48公里，村以下专线258公里。全乡村通广播率100%；组通广播率100%，喇叭入户率89.9%。先后有二坊坪、黄沙坪、青

二坊坪乡中学

叶、新建、东升、盛德、高溪、双联8个村建成标准广播室，11个村有对讲机，村干部可直接与农户对话。先后有11名青年农民经过培训担任村广播维修员，为保证有线广播的畅通起到重要作用。二坊坪建站后，先后购录音机1台，扩音机4台，总功率1100瓦。该站多年举办《农技讲座》《战地广播》等节目。1982年，该站建标准机房42平方米，经省级验收合格。1988—1991年，建成广播标准村的有盛德、岩屋峪和黄沙坪村。1994年，自办有线电视，收转8套卫视节目。2002年，岩屋峪村得到张家界市工商银行扶贫建整工作组的帮助，安装家庭地卫站24个，成为全县第一个户户通电视的村。2008年，与县有线电视网联通，开通省、市、县地方的电视节目。到2013年，共为偏远地区发放广播电视卫星接收设施725台，实现广播电视“村村通”，解决农民看电视难的问题。至2014年末，完成集镇模拟改数字电视工程，联通县有线电视光纤网。

医疗卫生

二坊坪乡卫生院原为樊家坊乡二坊坪诊所，自1959年失火迁至现址对面后，逐步发展扩建。1986年6月，新院房竣工，建筑面积402平方米，并添置综合医疗设备。初建时有医护人员14名。2006年，引进资金30万元，全面改造升级乡卫生院，更新医疗设备，增加病床。至2014年，医院有执业医师5人，病床14张，基本满足群众的看病需求。2014年，全乡新型农村合作医疗参合人数为8959人，参合率96%。

社会保障

1998年，全乡有15位老人符合“五保”政策，由大队分散供养。2014年，符合“五保”政策的有44人；农村低保也由2008年的50人扩大到2014年的730人，越来越多的农民开始享受社会保障政策。2005年，开始计生扶持政策，当年有28人享受，到2014年，扶持面扩大为285人，还有特扶26人。2006年，开始发放移民补助，4028人享受政策；到2014年，还有3879人享受，期间共发放资金1717万元。2006年，实施新农合政策，当年有4357人参加；2014年新农合参合人数为8959人，补助发放共计750万元。2011年，开始实行农村养老保险，缴纳人数5146人，2014年缴纳人数为4595人，其间，领取养老保险补助的有1950人，共计320万元。

乡养老院建立于2007年，是由旧房扩建而成，最初有20人左右入住。2014年，由于旧房变危房难以维护，且入住人数减少，最终将一部分老人迁入景龙桥乡养老院，撤销乡敬老院。

特色地情

历史人文

自古以来，境内因地处偏远，与外界交流不多，人们善良勤劳，民风淳朴。有不少道德高尚的事迹代代相传，如无私奉献为村民开3.5千米石道的石匠包信中，清朝咸丰年间为家乡捐献石拱桥的杨氏舅甥，乾隆年间为家乡修桥铺路的胡氏兄弟。二坊坪乡是慈利县红色纪念地之一，民众为抗日战征做出过不少贡献。在战争中被轰炸的汉公庙遗址尚存，国民党军队在佘儿垭与日军作战的英勇故事流传至今。

风景名胜

革命纪念地佘儿垭　位于黄沙坪村内，原为慈利县城通往二坊坪至桃源九溪、黄石的古道必经之地。据侵华日军联队长伊藤义彦战地日记记载：1943 年 11 月 20 日，国民党军与日军在此地发生激战，日军从 5 时左右进入燕子桥一线开始偷袭。从 9 时开始，日军师团长偕同参谋长强令攻击佘儿垭，国民党军占据高地死守，日军进攻多次受阻。

何家庙　位于占甲桥村。清乾隆年间，该地团总廖复旦家的长工杨天锦带 5 个劳力在对面偏坡上开垦荒地，杨天锦挖出一块形似一个和尚的岩石。遂告之廖复旦，廖格外高兴，借此发起建庙倡议。庙落成命名为何尚垭。此庙在“文化大革命”中被破坏。1991 年，复建何家垭庙。

天星阁自然保护区　位于天星阁林场南 250 米黄石水库水域之中。传说在很久以前一只乌龟从七姑山爬到此处，晚上给当地几家农户报梦，现在无处安身，求当地村民保护。农户依梦之意，在河水中的一个圆堆山建一座庙，并以天降之星为意，取名天星阁。1958 年修建黄石水库后，天星阁被淹。天星阁自然保护区总面积 3050 公顷，其中水域面积 594 公顷，所属范围是天星阁林场、洞潭村、双联村、东升村。林木以马尾松为主，森林覆盖率 95%以上，洞潭梅子峪组的松林内有上千只白鹭生息繁殖。

跑马岗　位于双联村跑马岗村民小组。清同治年间，该地朱姓门风大，有钱，而朱姓出了一名武秀才，名叫朱凡章，他经常在这一公里长的岗上习武跑马射箭，故此得名“跑马岗”。

九龟寻母　位于乡洞潭村境内。相传明万历年间，一风水先生路过，指着 9 个形似乌龟的小山凸和 1 个形似乌龟的大山凸说：“大凸延伸溪边，形似龟母，小凸拱卫大凸，像小龟面向龟母，为九龟寻母之地，此地要出文武百官和百万富翁。”此后，人们争相在九子龟的头、脚、背选墓葬坟。后桃源县黄石一当朝宰相得知，要在龟母头上修一座坟墓，当地人便组织起来，在母龟头上抢修了一座文昌阁庙。此后，再也无人在此葬坟。

七丘田水倒流　是洞潭村岩泊峪组的一大奇观。相传清乾隆年间，当地人去桃源县漆河、黄石、九溪等地，有人问他们七丘田水倒流到什么地方，均答不出来。这人便告知具体的位置。当地人回来一看，原来上下相连的七丘田，口全朝上开，水向西流，故名七丘田水倒流。现没于黄石水库内，但水退即现此景观。

磨盘洲　是洞潭村岩泊峪、石排峪、红土湾三组之间的一山峪。相传明永乐二年（1404），王氏祖先王甫率一家八口，从云南逃难至此，见境内土地肥沃便定居下来。屋旁有一条曲子拐的溪水，溪中有一个圆洲，似一石磨，便取名磨盘洲。后没于黄石水库水域，水退即可现出此景观。境内自然景观还有金线吊葫芦、金水滴铜盆、回龙九曲水等。

民俗风情

二坊坪乡原名樊家坊乡，驻地樊家坊（今东升村），原为二坊坪、景龙桥、龙潭河 3 个乡镇的交界地，是附近乡镇文化活动的发源地。20 世纪 80—90 年代，境内群众文化生活丰富。至今有龙灯表演队 3 支、铜管乐队 3 支，农民演员 150 余人。以前每到正月，有舞龙灯、庙会等活动，清明时节在集市上有清明会。板板龙灯、土地戏、傩愿戏、花灯舞、三棒鼓、薅草鼓等有着较悠远的历史。每年正月十五日，白天组织戏班唱戏，晚上在仙娘庙表演板板龙灯舞，观众达数千人。仙娘庙每年有两次庙会，吸引慈利、桃源、临澧、澧县、石门等地居民前来观看。

傩愿戏为土家族特有的传统剧种，是由崇巫信鬼，伴随巫师“还傩愿”而形成的。有的戴面具，唱巫腔，属说唱性质；有的戏曲化程度较高，唱傩腔，伴锣鼓演唱，唱多白少。傩愿戏

多在婚寿喜庆时演出，无固定戏班，常以巫教坛门结伙，由掌坛约集同行演出。二坊坪乡唱傩愿戏出名的有掌坛巫师向宽新、王家庆。随着外出务工的人越来越多，这些民俗逐渐缺少合适的人继承，濒临失传。现有传承人的是：板板龙灯纸扎艺术传承人李吉平，板板龙灯舞传承人李桂武、李少恩，傩愿戏传承人向继成。土地戏还留有视频资料。

（撰稿人／图：二坊坪乡党政办）

景龙桥乡

传统民俗表演

景龙桥乡是湖南省群众文化艺术之乡。

区域概况

地名由来

古时，该地是一片森林，清代立“正堂示禁”石碑于山前桥头，名禁龙桥。清乾隆八年(1743)，在桥上修亭屋，改名景龙桥。地因此得名。

位置面积

景龙桥乡位于慈利县东南，东与二坊坪乡接壤，南与龙潭河镇毗邻，西接朝阳乡，北与零溪镇交界。辖区东西长 12.4 公里，南北宽 10.1 公里，总面积 88 平方公里。乡人民政府驻地距县城 27 公里。

建置沿革

明初至 1929 年属慈利九都，1948—1949 年，属景安乡（驻青叶村）。1958—1961 年，属龙潭河人民公社。1961 年 7 月析出，建景龙桥人民公社。1984 年 2 月，更名景龙桥乡。1995 年 4 月，并入龙潭河镇。1998 年 10 月析出，复为景龙桥乡。

行政区划

2014 年，全乡辖景龙桥、八步桥、桐子巷、大清、联合、杨家垭、二溪、新丰、清泉、景泉、太平、大溪12个建制村，有145个村民小组。乡人民政府驻景龙桥村。

自然环境

境内地势西北高、东南低，地形多为丘陵、岗地。属中亚热带向北亚热带过渡的季风湿润气候区，光热充足，严寒期短，四季分明。年平均气温17.2C°，日照1548.6小时，降水量1388.6毫米，霜日24.5天。境内土壤多以灰岩、板页岩、砂岩、第四纪红色粘土和溪河冲积物形成。地表积水多由西北流向东南，经黄石水库流入沅江。境内最高峰位于大溪村七姑山，海拔730.5米；最低点位于杨家垭村增家坪组，海拔80米。2014年底，全乡有林地面积7066.67公顷，森林覆盖率76%，人工造林面积1066.67公顷。

人口民族

1949年末，辖区总人口7833人。1982年，人口增至9358人。2007年，辖区总人口10125人。2014年年末，辖区总人口11347人，人口出生率13.04‰，自然增长率7.4‰。境内民族以汉族为主，土家族人口占总人口27%。人口密度为每平方公里137人。

经济发展

经济综述

20世纪50年代初期，境内交通闭塞，以农业经济为主，靠天吃饭，经济总量偏少。1962年，人平口粮286.5公斤，农民人均纯收入61元。改革开放后，勤劳的人民群众紧跟时代变革步伐，不断开拓新领域，踏准改革节奏，一心一意谋发展。1987年，农民人均纯收入344元。1989年，工农业产值615万元。1993年，全乡农业产值1008万元，其中种植业583万元，林业98万元，牧业230万元，副业55万元，渔业42万元。2014年，全乡农村劳动力8085人，其中，从事第一产业3850人，第二产业2600人，第三产业1635人。年末，资产总额3.52亿元，居民储蓄存款余额1.71亿元。

农业

景龙桥素称慈利县“粮仓油海”。粮食作物主要以水稻、玉米为主。20世纪50年代后，发动群众修山塘、水库，改良品种，合理密植，农业收成逐年上升。1957年，粮食总产975吨。1978年推广三系杂交水稻，粮食产量4783吨，其中稻谷4307吨，小麦78吨，红薯255吨，玉米50吨；棉花27吨；油料164吨，其中油菜籽148吨；苎麻53吨。中共十一届三中全会后，不断深化农村改革，完善农业水利基础设施，普及推广优良品种，农民收入得以大幅增加。1989年，粮食产量4783吨，农业产值504万元，其中，种植业215万元，牧业107万元，副业67万元，渔业55万元。1993年，粮食产量5324吨，其中稻谷4851吨，小麦86吨，红薯208吨，玉米155吨；棉花155吨，油料203吨，苎麻16吨，烤烟15吨。2014年，农作物复种指数面积1860公顷，粮食总产量9000吨（其中稻谷3600吨，玉米5400吨），实现农业产值3600万元。自2010年起，陆续成立10家农民专业合作社，注册社员120余人，带动农户400余户，主营项目涉及中药材、水果、水稻、养殖等。其中中药材和水稻种植取得很好效益，景龙桥玉竹以原生态、纯天然、无公害、营养成分好等优越性受到市场欢迎，远销东南沿海和东南亚各国。近年来，通过政策扶持、大户带动、项目支撑，大力发展富硒绿色大米、油菜、油茶、尾参、玄参、七叶一枝花、白芨等特色种植、生态种植，境内有全县

玉米高产示范区

最大尾参和油茶生产基地，年创产值1000万元。

林业

1949年前，木材、油茶是当地重要经济收入来源，每年主要销售到常德及洞庭湖周边地区。1949年10月后，加强对森林资源的保护，木材采伐仅限于国家集体建设和群众自用，茶油作上交征购的主要食用油。1958年大炼钢铁，林业资源遭受严重破坏。1973年，先后组建雷雨垭、棒头湾、龙头峪、赵家峪、杨家大凸、硝洞凸6个乡办林场，并加强对森林资源保护力度。1978年，人工造林面积1446.67公顷，木材采伐量200立方米。林产品产量：油茶200吨，油桐19吨，乌桕3吨，板栗2吨；水果产量184吨，其中，柑橘162吨。2003年后，实施退耕还林政策，鼓励群众植树造林，并相继开展德援小农户造林、中央财政补贴小农户造林、巩固退耕还林等一系列林业工程项目。到2014年年底，全乡有林地面积7066.67公顷，油茶1800公顷，森林覆盖率76%；人工造林面积1066.67公顷，其中，用材林933.33公顷。

乡村企业

1940年，由私营者龚保初创办景龙桥油脂食品综合厂，职工10人，主要生产食用植物油，产品远销江垭、桃源等地。1957年，实行公私合营，划归集体所有。改革开放后，乡党委政府立足乡情，紧跟改革步伐，大力扶持民办企业，1989年，发展企业121家，其中工业企业40家，从业人数304人，乡村企业总收入239万元，其中，农业企业25万元，工业企业125万元，建筑企业17万元，交通运输企业40万元，实现税利23万元。1993年，有乡村企业129家，从业人员266人，企业总产值317万元，其中，工业产值152万元；企业总收入304万元，其中，农业企业32万元，工业企业146万元，建筑企业44万元，交通运输企业43万元，其他类型企业39万元，实现税利30万元。2005年，境内乡村企业增加至270家、从业人数2550人，其中，工业企业127家、从业人数1010人。2014年，景龙桥“景牌”大米成功通过农业部“三品一标”认证，并成功加盟湖南省隆平粮社，使得所生产的粮食持续畅销，为农户带来可观的经济收入。2014年年末，乡村企业增加至280家、从业人员8085人，其中，工业企业162家、从业人员2020人；资产总额 3.52 亿元。

商业贸易

20 世纪 50 年代前，没有官方商贸机构，农民买卖货物均与民间商贩直接交易。1950 年，农民自发集资办合作社，有社员 20 人，股金 200 元，分销店 2 个。1957 年，社员发展到 2578 户，购销网点 5 个，股金 5770 元。1958 年，实行“两放三统一包”，成立公社营销部，变成全民所有制企业，私商小贩组织的合作店、组全部并入供销部。1961 年商供分开，恢复合作供销社和网点，从业人员 30 名。中共十一届三中全会后，调整农副产品收购办法，实行多渠道流通，发展集体、个体多层次经营。1993 年，改“官”办为民办，供销合作社纷纷改制改体，但商业贸易不断繁荣，并呈现规模发展趋势，同时，根据群众习惯，将每月逢 2、逢 7 的日期规定为集镇场期。至 2014 年年末，全乡有固定商业网点 86 个，从业人数约 230 人；有农贸市场 1 个，占地近 0.53 公顷，内设固定摊位 128 个，流动摊位 30 余个，市场容量 1000 人，并分为鲜肉、水产、果蔬、百货、成衣、自产自销六大分区；年商业贸易销售额千万余元。

旅游业

境内环境优美，气候宜人，且因其独特的区位优势，是休闲娱乐的首选地。乡境水资源丰富，有著名的黄沙泉水库和黄石水库。黄石水库内鱼类品种丰富，鱼质鲜美，吸引着石门、桃源、永定、武陵源等地游客来此垂钓、品鱼。2013 年后，依托板板龙灯等传统文化产品兴起，创新旅游发展新模式，开拓非物质文化旅游、参与体验式旅游等新旅游路线，成效显著。

基础设施

交通运输

境内省道 310 线、311 线贯穿全境。2014 年年底，有村级公路 12 条，连通各村，通车里程 60 公里。有过境通往慈利县城、常德、张家界营运班线车 50 多趟次，日均客运量 500 人次以上。

邮电通信

建乡后，重视邮政通信业务的发展。乡邮政所建筑面积 300 平方米，有工作人员 5 名。开办有邮政储蓄业务，年均储蓄余额 7700 万元。1996 年，开通中国电信通信业务；2000 年，开通中国移动通信业务；2008 年，开通中国联通通信业务，实现全乡通信服务无缝对接。2014 年，全乡有固定电话用户 1000 户；移动电话用户 3000 户；联通电话用户 1200 户；互联网上网入户率 25.7%。12 个村均开通有线电视，入户率 99%，广播电视“村村通”覆盖全乡。

供电饮水

20 世纪 80 年代末，境内村通电率 98%，农户通用率 85%。90 年代后，开始分村实施农村电网改造，到 2013 年，全部改造完成。农村群众生产生活用电得到保障。2000 年前，农村居民采用自建蓄水池储水、架设管道引水等方式饮用山泉水，集镇饮水靠打井或筑水池解决，存在一定安全隐患。到 2014 年年底，集镇建有人畜集中供水设施 1 处，日供水量 500 吨，覆盖 6 个村 5500 人；另有村级供水工程 3 处，缓解农村居民 3816 人饮水安全问题。

水利建设

1949 年前，水利设施简陋，全乡不到 100 口山塘，70%的稻田靠天吃饭。1949 年 10 月后，党和政府重视农村水利设施建设。1970 年 8 月开工建设黄沙泉至十堰水库引水工程，历时 8 年，建成长 20000 余米引水渠道。境内有电站 2 座，装机容量 150 千瓦。至 2014 年年末，全乡有小型水库 3 座，库容量 500 多万立方米，山塘 365 口，溪坝 26 处，水利设施灌溉面积 300 公顷。

村镇建设

建乡时，乡政府选址于景龙桥村，集镇荒无人烟。2001 年，集镇建成一条长 1500 米，宽 5.5 米的水泥路面，路旁商贾林立，有各类店铺近百家。2014 年起，结合零龙公路改扩建项目，对集镇街道实施集中的美化、亮化、洁化、绿化工程。到 2014 年，全乡建成村级文化中心 12 个，乡文化中心 1 个，乡青年活动中心 1 个。

社会事业

学校教育

景龙桥中心完小始建于 1958 年，原址在现址对面的半坡上，条件简陋；1972 年迁至现址。1994 年后，两次征地，一次扩建，校园面积 17000 平方米，建筑面积 2610 平方米。修起有高规格教学楼群、200 米环形跑道等，拥有计算机室，学校藏书近万册，各种教学仪器 1900 余件。班班有“二级一幕”，现代化教学手段走进课堂。组建有号鼓队、田径队、文艺队以及绘画、书法兴趣小组，课外活动内容丰富。1992 年 10 月，被验收为市级合格中心小学；1998 年，“普九”验收合格。2003 年，参加全国第二届小公民道德建设活动获集体二等奖，被确定为全国中小学公民教育“实验学校”。学校现有教学班 10 个，在校学生 540 人，专任教师 23 人。景龙桥中学始建于 1966 年 9 月，当时为小学附设初中班，有教师 10 人，学生 168 人。1967 年，迁入刘家凸，正式成为独立初中。1967—1976 年，学生以半工半读、勤工俭学为主。1969—1973 年，师生自烧砖瓦，修建土木结构平房 2 栋 780 平方米，开垦学农基地 0.3 公顷，平整操坪约 1400 平方米。1970 年 9 月至 1974 年 7 月，办过三届高中班毕业 4 个班，毕业生 200 多人。1979—1988 年，学校重心由生产劳动、文艺实践转移到教育教学上来。初中学制由两年改为三年，初中招生举行选拔考试，教学管理注重备、教、辅、改、考各环节。

村级组织活动中心

景龙桥乡中学

教学逐步规范，质量逐渐提高。到2014年年末，学校培养合格初中毕业生6000余人，输送普通高中生1800余人，中专生180多人，音体美特长生80余人；高中毕业后进入大学500余人。

文化体育

1969年，公社广播放大站成立。20世纪70年代初，全社架通社至农户的广播专线418公里，广播入户率79%。1974—1976年，先后改造广播专线170公里，维修和新安装低音喇叭2100只。1976—1981年，除正常转播上级台、站节目外，农忙季节自办“农技讲座”等节目，早晚各1次，12个大队各有1名通讯员为广播站投稿，每采用1篇，付给2角5分钱稿酬。1981年，对广播机房进行改造，建成面积为12平方米机房，同时新添置2×350瓦扩音机1台、录音机1台，广播输出总功率850瓦。1995年，始办有线电视，先后添置卫视设备10套，架电视电缆3.5公里，发展有线用户125户。2008年，建设乡综合文化站和青少年活动中心，各村逐步完善“农家书屋”、图书阅览室，配齐图书、电脑等设备，村村有文化健身广场。各村成立艺术宣传队伍，组织村民参与广场舞等节目编排创作，丰富群众文化生活。支持、鼓励民间艺术发展，在节庆或农闲期间，组织开展广场舞、三鼓棒、渔鼓比赛等艺术活动。在2014年全县“欢乐潇湘”广场舞比赛中，广场舞队获得第五名。有杨家垭村老年广场舞队、大清村的汉剧团常年开展活动。乡文化站配合各项主题活动，并以评选“好媳妇”等群众性的精神文明建设创建活动为契机，因地制宜，发展乡村文化，提高群众参与度，营造健康、浓郁的文化氛围。

境内建有200米田径场2个、篮球场6个、全民健身器材1组、露天乒乓台20处，体育训练和比赛成绩在全县有一定地位，原龙潭河区初中田径网点设在此。柔道运动员朱方兵、汪小明分别在省七运会，省第二届青年运动会上喜得金牌、银牌。以学校为重点，开展阳光体育活动，定期举办中小学生田径运动会和篮球单项比赛；开展冬季长跑活动。2013年，乡中学大课间活动获得全县大课间活动评比活动一等奖。经常开展篮球、乒乓球、长跑、自行车、拔河、健身秧歌、健美操、广播体操等各种形式体育健身活动，推广科学、新颖的全民健身项目。2012 年、2013 年，联合村在春节前夕，组织两届村拔河比赛。2014 年，由乡政府组织慈页 1 井杯篮球友谊赛。

医疗卫生

1957 年成立景龙桥联合诊所，培养医疗卫生人才，实施中西医结合。1959 年改名为乡卫生院，设 3 个片诊所，各大队配 1 名保健防疫员。1968 年，设景龙桥乡卫生院，有床位 5 张，医护人员 6 名。1972 年，各大队成立合作医疗站，医护人员 2 ~ 3 名，医疗卫生得到快速发展。至 2014 年末，全乡有医疗机构 5 个（含村卫生室 4 个），有床位 25 张，有专业医护防疫保健人员 21 人；乡卫生院拥有 B 超、心电图、生化仪、血球仪、尿液分析仪、电解质分析仪、经颅多普勒、X 光、急救车等常规医疗诊疗设备，固定资产 200 万元。全乡新型农村合作医疗参保率 95.5%。

特色地情

名优特产

优越的地理环境和气候，使景龙桥农副产品独显特色，低海拔地区盛产水稻、柑橘、油菜，山坡盛产玉米、油茶、尾参、玄参，山上盛产干果。其中油茶、尾参是特色种植作物。畜牧业以本地黄牛、黑猪、山羊、乌鸡、草兔为主，也有珍贵的渔业资源，如鳊鱼、鲫花鱼、翘鱼、青鱼等。加工的农产品有腊肉、香肠、血豆腐、野葛根粉、水碾米、木榨油，红薯粉丝是当地特色食品之一，产品销往全国各地和东南亚一带。

油茶境内光照充足，土壤肥沃，农业生产条件优越，尤以茶油闻名。20 世纪 50—60 年代，曾有油茶林 3400 公顷，年产优质茶油 100 万公斤，是湘西北最大的茶油基地。后因疏于管理，油茶林呈老化、荒芜状态，加之人为毁损，特别是缺乏技术性垦复改造，到 21 世纪初，可产油的油茶林仅 666.67 公顷，茶油年产量不足 10 万公斤。近年来，开始重视油茶产业发展，大力扶持油茶产业。茶油种植户成立雷雨油茶协会，入会农户 143 户。2014 年，油茶总面积 1800 公顷，每亩产量 15 公斤以上，销售价格每公斤 25 元。

尾参境内种植的尾参由于在糖、淀粉等含量方面优于其他地方的产品，因此价格走俏。从 20 世纪 60 年代引种至今，全乡 12 个村种植尾参的有二溪等 9 个村。通过走“公司 + 农户 + 基地”模式，解决尾参销路问题。2014 年，尾参种植面积 106.67 公顷，从业农户 130 余户，尾参亩产 5000 ~ 6000 公斤。按照市场行情，每斤鲜货售 5.5 元，其中，新丰村农户实现人均增收 1000 元以上。

风景名胜

境内有美子坡，海拔约 650 米，位于雷雨垭。美子坡以瘠为界，北边属零溪镇，南边为景龙桥乡。上下之间，山势险峻，悬崖峭壁，行人难以翻越。当地人在垭口建有一庙，取名“雷雨庵”，至今遗迹尚存。此外，杨家垭村保护庵建有一道观，道观周围环境幽雅、清净庄严。每年中秋前后，道观都举行打醮、唱戏活动，宣传有利于优化生态环境的道教义理，提高环保意识，保护美化自然环境，传承道教中有益于身心健康的文化理念。

民俗风情

景龙桥民俗文化以板板龙灯尤为突出。板板龙灯起源于宋朝，相传为纪念剿匪英雄雷万春将军而开展的一项民间活动。每逢正月十五，当地村民自发组织，在 1.67 米长的木板上点上蜡烛，盖上灯罩后连成长龙，祈盼五谷丰登、天下太平，习俗代代相传，沿袭千年。境内有打锣堰、铜成

传统舞龙表演

洞、白竹坪、自生桥、鲁班桥等传承地。中华民国前，高、李、王三姓于正月四、五、六在龙潭河镇南的樊家坊、茅家坊一带玩灯，其中素以高姓玩的灯最热闹，联板七八百节，灯身蜿蜒长几里许。稍后，黄、杨、张、葛、满、牡、瞿、彭等姓也竞相玩灯，并发展到龙潭河镇和高桥乡部分村落，从正月初四玩到十五。1912—1949年，此风最盛，年年玩灯，玩杂姓灯居多。

板板灯 又名“板凳龙”，其道具牛头、狮面、鹿角、蛇身、凤爪、鱼尾巴，一应俱全，制作极为讲究。龙身由板凳一节节构成，每一节龙身用一块长两米的木板为基础，定做出龙骨，外面则糊上棉纸，贴上龙鳞、龙脊，内装3支蜡烛，在舞龙时点燃，即为龙灯。表演者各执斜角凳脚，穿花翻身，躬摇摆势。人越多越觉场面壮观奇美。每年正月，各姓和各村备长灯一条，前导者为各姓祖神，八人扛之，威风凛凛，紧跟围鼓七八班，响铳七八杆，加以唢呐长号。然后择一广阔平坦之地，竞技玩要，看谁玩的灯长，看谁玩的花样多。一般能手玩龙头，玩法不同于玩“滚灯”(即龙灯)，不能左右挥舞，只能顺势打盘。会玩龙头的，可玩“品”字形、“福”字形和“蛾”字形等。每当板板灯穿过市镇时，居民大放鞭炮，特别集中火力炸龙头、龙尾，俗称“炸灯”。鞭炮炸得越猛，板板灯玩的越活，预兆当年年景更兴旺。族大者 姓 灯，族小者数姓合玩一灯。每年二月初二是花朝，景龙桥乡不少姓氏按户出木板一块，连成杂姓灯，称为“玩花灯”。排在前面的不再是某一姓的家神，而是众姓共祀的“黑神都督”。

（撰稿人：张颖超　图：张颖超）

国太桥乡

集镇全景

区域概况

地名由来

300 多年前，慈利平溪通往石门白云桥必经苗竹坪，坪旁有一溪流，过往民众多次在其上搭桥，均被洪水冲毁。后来当地石匠杜名国、杜名太备石料 49 天，砌石 8 天，加之民众协助，历时 130 余天，终建成牢固的石桥。随着岁月流逝，人们对苗竹坪的地名渐渐淡忘。然为念杜氏兄弟功德，遂将此桥取名“国太桥”，国太桥乡也因此而得名。原桥被洪水冲垮后，民众捐资在石墩上修有凉亭一座，保留至今。

位置面积

国太桥乡位于慈利县西北部，东临石门县白云乡，南接通津铺镇、东岳观镇，西邻庄塌乡，北与石门县磨市镇交界。辖区东西长 12.8 公里，南北宽 7.3 公里，总面积 57.62 平方公里。乡人民政府驻地距县城 52 公里。是张家界市连接常德市的边陲之乡。

建置沿革

明朝初年至1929年，属慈利县填补二十二都。1951年12月，将雄黄矿址划归石门县管辖。1952年，属慈利十三区。1956年6月，为国太桥乡，辖道街、雷岩、国太、庄塌4个小乡。1958年9月，撤国太桥、枫坪、小溪峪乡并入庄塌人民公社。1961年析出，成立国太桥人民公社。1984年2月，更名为国太桥乡。1995年4月，并入通津铺镇。1998年10月析出，复为国太桥乡。

行政区划

2014年，全乡辖白鹤、杨树坪、道街、两合口、新堰、凤鹤、雷岩、广口、星明、邻矿10个建制村和国太桥社区居委会，103个村（居）民小组。乡人民政府驻国太桥社区居委会。

自然环境

境内地形酷似船形，平均海拔250米，最高峰东角尖海拔947米，南北分别为黄龙山和青龙山。属亚热带温润季风气候区，年平均气温18.7℃，降水量900～1500毫米，日照2365.7小时，是典型的“靠天吃饭”的雨养农业区。境内主要以山地、丘陵为主，适宜林木生长，森林覆盖率62%。有板栗、油桐、茶叶、楠竹等经济林木；有雄磺、硫磺、煤等矿产资源；有公母山、七棵株、云盘台、战鼓丘、寨湾、节龙桥、香车湾、天鹅凹、螃蟹井、墨砚塔、地下溶洞、大泉洞等旅游景点。

人口民族

1957年，辖区有1439户6086人。后随人居环境改善，人口死亡率降低，出生率上升明显，1964年增至6590人。20世纪70年代，推行计划生育基本国策，人口过快增长得到有效控制。2014年，辖区总人口8330人，人口出生率8.59‰，自然增长率–0.6‰。境内以土家族为主，土家族人口占总人口的78.4%。

经济发展

经济综述

国太桥乡地处边远山区，农业是立乡之本。经济总体水平相对较低。1957年，工农业总值26万元，农民人均纯收入40.9元，农村经济条件相当落后，村民生活水平低。改革开放后，乡村工农业经济逐步复苏，矿产开采曾经盛极一时，1982年，工农业总值181.14万元，农民人均纯收入165元。2000年以来，随着农业税、乡统筹款的取消和2004年惠农补贴政策的实施，农民负担逐渐减轻，居民生活水平不断得到改善。2014年末，全乡实现生产总值6863.86万元，农民人均年收入3870元。

农业

国太桥为传统农业之乡，粮食作物种植以水稻、玉米、红薯为主。1957年，种植早、晚双季水稻和少量油菜、棉花等经济作物，粮食总产量392万斤，农业总产值25万元；1981～1992年，境内成为产棉区，棉花种植面积333.33公顷，各大队（村）建有棉花加工厂，以轧花为主。2002年以后，实施退耕还林，农作物种植面积减少，在稳定粮食生产的基础上，因地制宜，着力调整优化农业产业结构，相继发展高山蔬菜、高粱等多种农产品，种植茅台红高粱100公顷。随着农业基地建设的不断推进，逐步形成以白鹤、杨坪、道街为主的特色农业产业圈；以雷岩、广口、星明、邻矿为主的生态农业产业圈。实施农业“种三产四”工程，推广超级稻、双低油茶、高产玉米、高粱等百亩示范片30多个，农产品产量大幅增长。2014 年，种植粮食作物 286.67 公顷，粮食总产量 3225 吨。

林业

油桐产业一度成为境内农民和集体经济收入的主要来源。至 1982 年，是全县有名的油桐主产区，油桐收入占农业收入的 50%。1983 年，因调整结构，创建杜仲、柑橘基地，油桐被毁。2002 年，开始退耕还林，栽种杉树、毛竹等经济林 433.33 公顷，优质油茶 166.67 公顷，茶叶 40 公顷。2013 年，利用产业协会和大户创建经济高附加值的桂花、樟树等花卉苗木种植基地，面积 146.67 公顷。到 2014 年，实施退耕还林 155.4 公顷、抚育林 438.67 公顷，生态公益林 2629.8 公顷，荒山造林 100 公顷，各类林果 200 公顷，逐步形成以白鹤、杨坪、双鹤、道街树村为主的脐橙、柑橘水果带，以凤鹤山、新堰等村为主的板栗、核桃干果产业带。境内森林覆盖率达 71%。

畜牧养殖

2000 年以前，发展缓慢，品种单一，以自养自销为主。之后，得到快速发展。牲畜品种不断优化，推广小群体、大规模畜禽养殖模式，先后创建全县第一家零排放养殖场，年出栏生猪 3000 头以上。成立杜方波生猪养殖协会、铁山沟野猪养殖合作社，吸纳养猪百头以上的大户 20 户参与。扶持培育土鸡、山羊养殖等各类养殖示范大户 26 户。通过大户示范带动，全乡养殖产业不断壮大，养殖业逐步成为农民增收的支柱产业。2013 年，全乡饲养生猪 1.2 万头、羊 0.46 万只，家禽 7.39 万羽。

乡镇企业

邻矿村与石门县白云乡鹤山村交界处的雄磺矿，从清末年间开始开采，一直经营到 2002 年，因砷污染严重而宣布破产。20 世纪 60 年代为鼎盛时期，工人突破 3000 人，为省属正处级单位。当时的雄黄矿下辖采矿厂、水泥厂、化工制硫酸加工厂。1968 年，开始建立县办煤矿（现在两合口村 5 组），从业人员 200 多人，年产值 200 万元。1977 年，在凤鹤山村 2 组（徐家湾）创办乡办煤矿，从业人员 50 余人。1989 年，乡办煤矿由凤鹤村徐家湾迁至新堰村大泉洞，从业人员最多时 150 人，年缴税费近百万元。20 世纪 80 年代，大力发展社队（乡镇）企业，成立乡农技站，有汽车 2 台，铁牛拖拉机 8 台，手扶拖拉机 2 台，站房 1 栋，油厂 1 家。兴办木材加工、环保页岩

养猪场

砖、矿业开采加工等企业7家，引进投资1500万元对乡办煤矿实施扩能技改。2014年，全乡有工业企业12家，工业总产值近4300万元。

商贸服务

1953年，成立供销社，有工作人员16人。开展商贸服务，供应辖区群众所需物品。随着供销社逐渐退出商贸流通市场，个体工商业遂成为商贸服务业主体。乡农贸市场兴起于20世纪50年代，后因修建石清公路（省道303）而停止商贸流通交易活动，群众只得到石门县白云乡磺厂赶集。2007年，再兴国太桥乡农贸市场，逢三、逢八为场期，有庄塌、白云磺厂周边的百姓前来赶集，市场繁荣。2014年年末，全乡有个体工商户38户，从业人员103人；餐饮服务行业7户，从业人员21人。

劳务输出

改革开放以前，境内人口以农耕为主，外出务工人员极少；改革开放后，农村剩余劳动力自发向广东、深圳、浙江、上海等沿海经济发达、劳动力短缺的地区转移就业。1994年，外出务工开始盛行，外出务工人员1100余人，年收入800余万元。之后，转移规模逐渐扩大。2014年，全乡转移输出人数2560人，创收近5000万元。

基础设施

交通运输

1958年，修通石门至庄塌的公路，经过境内。1957年，修通省道（S303线）石门至清官渡，经过国太桥9公里。20世纪60年代，因县办煤矿开建，为便利运输，修通两合口至凤鹤的简易公路7公里。1971年修通，通津铺至国太桥公路24.4公里。到90年代，开始兴修村道，凤鹤村与庄塌枫坪村交界贯通6公里，广口村新建4公里简易公路。1995—2000年，各村共修筑组道15公里。2000年后，修通组道超过100公里。2004年硬化省道（磺厂至大泉洞）10公里，2005年硬化县道（国太桥至庄塌）5公里。2010—2014年年底，在财政“一事一议”等项目的奖补带动下，全乡村道硬化80余公里。1978年，开通国太桥至慈利的客运班车。2014年，集镇至慈利县城的客运车8辆，每小时发车一趟；通村线路车1辆。因省道303线穿境而过，境内

农贸市场

车流量大，石门县大多数乡镇客运车、货车都要从境内过。2014年年末，有各类货车及农用车200辆，各类小车150辆。

邮电通信

1957年，开始通邮，有尹氏夫妇肩挑背负送信送报刊，三天一班。1984年，设立乡邮政所，营业租用民房；2010年，新建邮政所，自此有了规范的邮政服务场所。2005年，在集镇街道开办有物流代办点。20世纪50年代，公社有手摇电话总机1台，各大队架设有手摇电话机1台。20世纪80年代，BB机盛行一时。1998年，接通石门的固定电话线路开通程控电话。2000年，引入互联网，电脑等办公工具开始使用。2005年，建移动、联通手机信息网站，通信行业得到蓬勃发展。到2014年年末，安装固定电话400部，手机用户5690户，实现全乡通信网络无缝覆盖；有149户农户安装宽带，10兆宽带覆盖全乡，集镇宽带升至20兆。

供电饮水

1983年前，国太桥乡经济条件落后，地处偏远山区，群众靠煤油灯照明。1983年，凤鹤山煤矿出资为境内群众架通电网，结束长期无电的局面。1989年，全乡11个村全部通电，有电户2045户，占总户数的97.8%。2001年，开始实施农村低压电网改造，当年改造国太桥居委会；2010年，全乡所有村组农户实行通电；2011年，完成全部改造，群众生产生活用电质量得到很好保障。

境内因矿山开采，导致水污染严重，安全饮水一度成为民生大难题。特别是石门雄磺矿开采造成的砷中毒污染，致使许多村民患上癌症。2006年，投资近370万元，建设集镇供水一期、二期工程。2011年，耗资5万多元增加集镇供取水点1个，确保旱情最严重时集镇的正常供水。2011年后，实施乡、村、户“碧水蓝天工程”，投资135万元，在5个村实施农村水源点保护及农村垃圾治理工程；投资350万元，完成星明、邻矿两村实施的砷污染区水污染治理工程和双合村安全饮水工程。到2014年，全乡实施安全饮水工程13处，受益群众1580户4800人。

水利建设

1958年，修建白鹤村蚂蚁井水利工程，灌溉5个大队近200公顷稻田，后因两边山坡常年滑坡落石被掩而被废弃。1956年，修筑15口堰塘，现有12口堰塘仍在受益。1973年10月，修建陈

供水二期工程

家湾小（1）型水库，集雨面积0.62平方公里，为堆石斜墙坝结构，坝高34.4米，库容124万立方米，渠道3公里，灌溉20公顷。1997年，凤鹤村修建山塘4口，水面近0.33公顷，可灌溉5个组的部分农田。2000年，两合口村新修渠道1600米，新建人畜饮水池4口，基本解决该村6个组的人畜饮水和农田灌溉问题。2012年，完成陈家湾水库除险加固工程，整修骨干塘4口、山塘11口、拦河坝10座、水渠3500米。到2014年年底，全乡有小（1）型水库1座，安全饮水水源地1处，骨干塘4口。

村镇建设

集镇街道在建乡初期，一直位于省道303线上。20世纪90年代末，集镇建设发展得最快，承载着全乡政治、经济、交通、文化的枢纽功能。2006年，兴建投资40余万元集镇农贸市集，集镇基础设施日趋完善，商贸服务业功能得到进一步加强。2010年，争取项目投资210余万元，修建改造乡政务公开中心、文化站、劳保站、财政所、计生办、动检站、司法所、邮政所等部门办公场所。2011年，进行乡域总体规划和集镇规划修编，结束集镇长期以来无科学规划的历史。2012年，筹资25万元完成街道亮化工程。2013年，实施集镇净化、亮化工程，筹资6多万元在道街村建设垃圾集中处理填埋场，实现集镇垃圾集中收集处理。2014年，全面推进农村垃圾治理工作，在集镇区推行居民自治保洁模式，落实清扫保洁制度，做到垃圾日产日清；在村庄人口聚集村组实行“垃圾焚炉、垃圾填埋”，新建垃圾池10多个，添置垃圾焚烧桶100多个。在20世纪90年代初期，全乡只有白鹤、国太桥居委会、星明村3个村有村级组织活动中心，其他村有的流动性在党员家中开展活动，有的借村小学房子设临时活动中心。2006年，新堰村修建村级组织活动中心，后全乡陆续有8个村实施村级组织活动中心建设项目。至2014年年底，全乡有3个村没有修建村级组织活动中心。

社会事业

学校教育

国太桥乡九年制学校始建于1953年，原名国太小学，后发展为国太桥公社中心完小。1969年9月，始建国太桥中学，实行贫下中农管理学校，1984年更名为国太桥乡中学。1998年12月，乡中学和中心完小合并，九年制学校正式挂牌。该校占地面积10838平方米，建筑面积4872平方米，有实验室、仪器室、图书室、电教室、礼堂、篮球场等教学设施。藏书10257册。有专任教师37人；15个教学班，学生共640人。2000年，被确定为“全国教育科学重点研究课题《尝试教学理论研究》实验基地”，曾获国家级教研成果奖。2008年，益海嘉里集团郭孔丰投资700余万元，修建国太桥乡九年制学校（又名慈利益海学校）高质量的教学楼，高标准的塑胶跑道，引进先进的管理理念。2014年10月，郭孔丰到学校视察，又捐资110万元，用于益海幼儿园建设。

文化体育

20世纪50年代前，逢年过节或是特殊日子，由群众自编自演土家戏，唱革命歌曲，以营造气氛，自娱自乐。20世纪70年代末，公社聘请电影放映员，下到各大队巡回放电影。20世纪80年代，乡文化站成立，群众自发组建3只锣鼓队。2000年，开始兴建农家书屋。2010年，乡文化综合大楼建成。2012年，完成全乡11个村农家书屋建设，藏书1.2万册。

20世纪70年代，开通广播专线，在广播发展的高潮期，有350多个农户安装有线广播喇叭，入户率32%。1985年，由于县乡经济削弱，办广播资金缺乏，广播专线日趋陈旧，无法更新，加之电视事业迅速发展，群众听广播的兴趣逐渐降低，广播事业下滑。20世纪90年代，开通有线电视，用户数100余户。2014年，有线电视升级为数字电视，用户发展到417户，电信网络电视发展用户80户。体育活动经常，体育竞赛获得好成绩。组队参加县四会获得拔河比赛第四名。在县第七运会上，获得篮球乡镇组第二名，综合成绩第八名。2013年，国太桥九年制学校开始举办“益海好声音”校园歌手比赛，至2014年已举办两届。

医疗卫生

国太桥卫生机构始建于1961年。到2014年，乡卫生院占地面积2000平方米，有医务人员14人，能开展X光，化验、B超检验。能处理常见病、多发病、小型手术等，尤其对目疾、胃病有独特治疗效果，中药饮片质量受到省卫生厅肯定。2013年，投资100多万元整修乡卫生院门诊综合大楼，提升医疗综合服务水平，改善医疗环境。2014年，乡卫生院接诊4112人次，业务收入86万元。

社会保障

境内属于亚热带温润季风气候区，受大气环流影响，水旱灾害发生频繁，因亦属山区，地质灾害频发。1982—2014年发生大水灾5次，中小和局部水灾几乎年年有。2008年8月15日特大暴雨灾害，全乡受灾农作物总面积261.67公顷，绝收面积146.47公顷，房屋受灾共计191户576间，受灾472人，垮溪堤1499米，冲毁水渠786米，冲毁供水管道19167米，冲垮蓄水池1座，因山体滑坡、路基塌方导致道路中断103处，直接经济损失533.4万元。灾后，争取救灾资金24万元。1956年，对“五保”老人实行供养。20世纪80年代初期，五保供养以大队、生产队供养为主，辅以必要的国家救助生活所需钱粮，由各家各户分摊。2006年，“五保”供养正式纳入救助体系；2009年实行“五保”集中供养，建成乡敬老院1个，床位30张；2014年年底，农村五保集中供养20人，支出16万元，农村“五保”分散供养79人，支出20.8万元。2000年，实行城镇低保；到2014年，城镇最低生活保障8户11人，支出2.544万元，月人均192.7元。2006年，实行农村低保，农村最低生活保障对象174户385人，支出20.7万元，月人均48.9元。2012年，实行农村危房改造，危房改造农户110户，补助资金65万元；2014年，危房改造农户62户，补助资金70万元。2009年，实行新型合作医疗，全乡参合率95%以上。民政部门资助参加合作医疗356人次，共支出0.7万元。2011年，实行新型农村养老保险，当年参保率95%；2014年，参保率95.96%，参保人数4064人。城乡临时救助65人次，支出1.2万元；国家抚恤、补助各类优抚对象101人。

特色地情

历史人文

国太桥乡属于老革命根据地。1928年春，境内设有中共国太桥党支部，杜佳文任党支部书记。1930年春，中共慈利县委委员、县农民协会负责人之一的温炼之在该地创办读书班，宣传革命。1935年，成立平溪游击大队，是年成建制转入红二方面军。1949年3月，地下党员杜修经、杜慎再、秦绍章等人为迎接解放，在楠树坪创办青年

国太桥

读书班，为革命培养有志青年。著名经济学家卓炯出生在广口村，他的论著得到海内外专家的高度评价。他提出的商品经济不等于资本主义，计划经济不等于社会主义，是市场经济理论的开拓者。杨树坪村村民吴远航撰有《民间祖传秘方》，其中记载近百余种民间治疗疾病的中草药方。

名优特产

国太桥乡属山区乡，森林覆盖率较高，植被保护较好，野生物种丰富，盛产土蜂蜜、竹笋、野葛根等。皂市水库建成后，水库内丰富的野生鱼类风味独特，鲜香味美，吸引众多钓鱼爱好者光临。磺厂排骨享誉周边几个乡镇，其制作方便快捷，味道独特，让过路宾客赞不绝口，名声远播。

风景名胜

东武垱　是东西南北四垱之一，海拔 947 米。唐朝年间，人们为拜佛祈祷，建造黑神庙，在“文化大革命”前流传颇广，香火很盛。现存有旧址。从东武垱到西武垱有 99 座山尖，一目了然。黑神庙坐南朝北，将国太桥全境尽收眼底，处在人迹罕至的山顶部位，上山之路荆棘丛生，是一处香火很盛但又简朴的庙宇。

大泉洞　为一天然大溶洞。溶洞外国泉坡、大泉洞一带是慈利县国太桥乡道街村与石门县磨市镇湖坪村交界地，曾多次发生边界争议。因历史原因，民国 18 年（1929）12 月因婚嫁关系，将泉坡、大泉洞四界清楚的林地、建筑物、水田作为陪嫁信物，确权为道街村 6 组吴愈梓长期所有（官方契约为证）。1991 年 4 月 5 日，常德市石门县、大庸市（今张家界市）慈利县 2 县 4 乡对该地域进行再次确权认定，并明确土改分到个人的土地，因双方互通婚姻或其他正当理由而引起权属变化的，一概予以认可，并可作为正地处理。其面积 557.71 公顷，由慈利县人民政府核发集体土地所有证。大泉洞水源来自三合口、庄塌以及石门，经溶洞相会至大泉洞流入澧水河。洞内属不规则石壁，长 1500 米，高 10 ~ 15 米，宽 3 ~ 5 米。1993 年前后计划在洞内建水电站，因上游入溶洞处下泄入口太大，便建在入口处，即今庄塌龙灯峪电站。大泉洞在水源未被污染时，是大鲵的良好栖息地。

民俗风情

国太桥乡邻近常德市石门县，其口音和石门县很接近。境内百姓喜食腊味，每到春节前期，各家各户杀年猪，还组织猎队上山打各种野味来熏制各种腊味，保证一年四季都能吃上各种腊货。

（撰稿人：杨琴　图：杨琴）

三合口乡

集镇全景

区域概况

位置面积

三合口乡位于慈利县西北部，东抵庄塌乡，南接象市镇、杉木桥镇，西与桑植县西莲乡接壤，北与石门县磨石镇毗邻，为三县交界地带。辖区东西长 13.2 公里，南北宽 12.1 公里，总面积 115.1 平方公里。

建置沿革

三合口乡是历史上川藏茶马古道的必经之地，乡驻地在三条纵横交错的峡谷交汇处，故名三合口。明朝初年至 1929 年，属慈利二十三都。后属七区。1949 年，为笔津乡第六保。1952 年，属小溪峪乡。1958 年 9 月，属庄塌人民公社。1961 年 10 月，成立三合口人民公社。1984 年 2 月，更名为三合口乡。1995 年 4 月，并入象市镇。

1998 年 10 月析出，复为三合口乡。

行政区划

2014 年，全乡辖三合口、炉家庙（杨柳）、沙塘、造化、土地垭、池岩、小溪、战马、关岩、水垭、桑树、划子、封泉、英塔、望月坪、双龙、马汉、圣龙 18 个建制村，125 个村民小组。乡人民政府驻三合口村三合口组。

自然环境

三合口乡地处高寒山区，地势自西北向东南倾斜，境内大部为山地，有 5 条由西向北并行的山脉，最高峰位于圣龙村，海拔 1324.8 米，最低点位于关岩村旭日塔河口，海拔 304 米。属中亚热带向北亚热带过渡的季风湿润气候，夏暖冬寒，四季分明。年平均气温 18.6℃，无霜期 284 天，最大风速 20 米 / 秒，日照 1658 小时，降水量 1450 毫米。境内矿藏丰富，有煤、赤铁、大理石、碳酸钙、硫磺矿、铁铝土、锰矿等，已探明的煤碳储量 50 万吨，铁矿储量 2000 万吨。自然灾害有旱涝、冰雹、泥石流、风灾、低温、霜冻、雷击等。

人口民族

1949 年，总人口 4000 余人，平均寿命 50 岁。1953—2007 年，生活水平逐步提高，医疗卫生条件逐渐改善，人口逐年增加，平均寿命升至 71 岁。2014 年年末，辖区总人口 9024 人，人口出生率 9.5‰，自然增长率 1.3‰。境内民族以土家族为主，有 6025 人，占总人口 66.7%。

经济发展

经济综述

三合口乡经济以烤烟、茶叶、铁矿生产为主。1949 年，工农业产值 30 万元。1978 年，工农业产值 300 万元。随着改革开放后社会主义市场经济体制的建立，经济建设取得显著成效。2002 年，全乡生产总值 7424.98 万元，其中农业产值 2274.98 万元，工业总产值 5150 万元。2014 年末，全乡实现生产总值 1.77 亿元，财政收入 114.29 万元，居民储蓄存款余额 8174 万元，农民人均纯收入 3125 元。

农业

全乡有耕地面积约 820 公顷，人均 0.09 公顷，其中水田 308.67 公顷，旱地 511.33 公顷。主要种植粮食作物、经济作物和蔬菜。粮食作物以水稻（一季中稻）、玉米为主。经济作物以茶叶、烤烟和油菜为主。由于独特的地理位置和自然条件，三合口乡茶叶种植普遍，自 1969 年开始种茶，后来通过政府扶持和农民积极自发种植，种茶面积连年攀升，由当初的 66.67 公顷，到 2014 年年底突破万亩大关。烤烟种植始于 20 世纪 80 年代，已有 30 多年历史。是慈利县第三大烟区。全乡种烟村 10 个，种烟农户 96 户，从 2010 年起，实施烤烟生产整乡推进项目，向上争取资金 1000 多万元，进行双龙、望月等烤烟村烟水工程建设。2011 年，投资 1300 多万元完成池岩村土地整理开发项目，投资 160 多万元修建 2 座烤烟育苗工厂。是年，全乡种植烤烟 166.67 公顷，收购烟叶 5744 担，烤烟收入 500 多万元，创税收 100 多万元，获得全市烤烟生产工作先进单位。2014 年末，全乡实现农业总产值 1379 万元；粮食总产量 5000 吨，人均 556 公斤。其中，中稻 1900 吨，玉米 3100 吨；茶叶种植面积 1133.33 公顷，产量 930 吨，产值 5000 万元；烤烟种植面积 166.67 公顷，产烟 4300 担，总收入 600 万元；油菜种植面积 220 公顷，产量 5100 吨。全乡退耕还林 86.68 公顷、公益林 3687.67 公顷、义务植树 1.5 万株。

乡村企业

以铁矿开采和茶叶制造业为主。铁矿开采始于2002年，最先开采的是李丹铁矿，年产量2.5万吨；到2013年，铁矿开采业发展到5家，分别是李丹铁矿、春秋铁矿、凤凰嘴铁矿、鑫铁铁矿、恒源铁矿，年产量25万吨，产值1.1亿元。第一家茶厂称慈利县三合口茶厂，兴建于1981年，采用机制制茶方式，年产量100吨。到2014年，茶厂发展到23家，年产量750吨。张家界云雾王茶叶公司是张家界市农业产业化龙头企业，年产茶625吨，产值过千万元。拥有全省驰名商标2个，分别是“武云”“云雾王”，主要产品为“笔峰春”“云雾王”“武陵云雾”“三合春芽”“慈姑红”等系列。其中“云雾王”系列绿茶，获湖南省名茶、湖南省优质茶、湘茶金奖等多项殊荣。因其原料取材、制作工艺极具个性化，品质感官独具一格，是高档绿茶中的珍品，享誉省内外。云雾王公司组建的三合口生态茶叶专业合作社，坚持“合作社＋公司＋基地＋科技＋标准”的产业化经营模式，吸纳320户农户入社，拥有茶叶基地1000公顷，年户均茶叶收入逾3万元，2014年被授予国家级示范社。2014年年末，全乡工业生产总值1.3亿元，实现工业增加值4600万元。

商贸服务

小溪峪村早期的茶马古道兴盛于唐朝。当时每天有上百人往来进行盐、茶交易，每隔四五里就有一个驿站为来往行人提供休息和补给，是重要的商贸通道和场所。随着近现代交通的日益发达，人们商贸和出行方式多样化，茶马古道渐渐衰落。1961年，开始设立供销合作社，承担全公社干部群众的生产生活所需商品的购销。20世纪80年代末期后，因体制原因，供销社逐渐退出商品购销行业；90年代中期，因改制而消失。1984年，境内个体商户出现，最初只有3家经销店。随着社会主义市场经济体制的建立与完善，以及群众日益增长的对商贸服务的需求，个体工商户急剧增加，2014年发展到52户，主要涉及商贸、餐饮、服务等行业。

1995年后，集镇初步形成马路市场，进行农副土特产品、工业品、日用品购销。因赶集人数少，未固定到具体赶集日期。后因赶集人数增多和交易额增加，固定每月逢4日、9日为场期至今，赶集最多时有500多人。

云雾王茶叶有限责任公司生产车间

基础设施

交通运输

境内有交通主干道庄（塌）三（合口）公路8公里、旭（日塌）三（合口）公路13公里。旭三公路全长12.6公里，途经关岩、桑树、土地垭、池岩等地；1974年11月勘测动工，1975年完成路基工程，1976年12月31日竣工通车。耗资7万元，民工投劳14.75万个工日，完成土石方58万立方米。路基宽6.5米，路面宽5.3米，泥结碎石路面。2007年，对路面进行了水泥硬化。庄三公路全长8公里，路面宽6.5米，于2013年进行了路面硬化。2010—2013年，先后投资350万元对旭三公路进行整修。2006年，境内开始村道硬化，当年仅硬化1个村。此后，每年通过“一事一议”财政补贴项目平均硬化15公里。到2014年年末，通村公路100%，道路硬化100%，通组公路65%以上，组级道路硬化率37%。

1982年，往返三合口至慈利县城的客运班车开通，当时仅有1辆；2014年年末，通往县城客运车辆4辆。1992年，通村班车最先运营线路是造化—封泉—望月坪—双龙村；到2009年，增加1辆班车，通村线路是三合口—马汉村。到2014年年末，有通村班车2辆，其中，集镇—双龙村，里程20公里；集镇—马汉村，里程11公里。

邮电通信

邮政代办所于2004年开通。2014年年末，邮政业务收入9万元。2004年，开通移动、联通通信基站，到2014年年末，有移动电话用户2000户，联通电话用户500户。电信服务网点1个，固定电话用户356户。2006年，开办互联网业务；2010年，接入光纤互联网；到2014年年末，有互联网用户245户。

供电饮水

境内最早使用的照明工具是煤油灯。1976年，开始用电灯照明。1982年，乡小水电站建成送电，最早通电是三合口村、造化村、划字村。2012年，在英塔村、土地垭村、关岩村、水垭村实施的农电网改造，用户600户左右。2014年末，全乡除圣龙村五组仅几户村民，因地理原因未完成农电网改造外，其他村农户均完成农电网改造，供用电质量大幅提高。

通村公路

2000年前，乡村居民饮水全靠天然泉水和蓄积的雨水。2000年以后，村民开始自行铺设供水管道引用天然泉水。2013年，投资300多万元，在集镇修建集中饮水工程，日最大供水量2000立方米。2014年，在英塔村修建小水窖33个；修建三合口水厂和三合口村唐家坪1000米沟渠，整修三合口村池塘，进行集镇供水管网改造和圣龙村自来水家家通工程。此外，圣龙村、英塔村、马汉村、池岩村、造化村建有小型蓄水池和小水窖46个，可在旱期有效缓解人畜饮水困难。至2014年年末，全乡安全饮用水通6个村；设有供水站1个，集中供水人数约2000人。

水利建设

境内有小（2）型鸟儿洞水库1座，坐落在望月坪村，集雨面积1.6平方公里，干流长度3.613公里，水库正常蓄水位714.44米，相应库容9.6万立方米，设计灌溉面积120公顷，是一座以灌溉为主、兼顾防洪、养殖等效益的水利工程。该水库兴建于20世纪50年代，建成运行后，在1980年、1983年、1989年、1998年、2003年等多个年份的大洪水中，曾多次出现涵洞漏水的险情，因此水库一直控制运行。境内有小（1）型水库青年电站一座，坐落在圣龙村。该水库修建于1976年8月，集雨面积110平方公里，干流长度12.1公里，正常高水位340米，总库容832万立方米，坝型为双曲拱坝，坝高65.3米。2013年，乡水利站新建站房350平方米，占地面积600平方米。

村镇建设

集镇街道为长约800米的东西、南北向两条狭长的街道连接而成，修建于1994年，2005年硬化。乡直各单位分布在街道两旁。2008年，乡政府综合办公大楼在原址上重修，建筑面积1175平方米。2011年，初步编制乡村建设规划；2013年，对规划进行补充完善，修订成《三合口村镇建设规划（2013—2020）》。2013—2014年，相继在集镇主干道安装太阳能路灯28盏。2014年，建成农村客运招呼站18个。

社会事业

学校教育

三合口九年制学校是由原乡中心完小和中学合并而成的一所寄宿制学校，始建于1959年8月。现校址始建于1984年。经过半个多世纪的不断发展，校园占地面积1.2万平方米，校舍建筑面积3040平方米。学校办学条件基本达标，教学、生活设施基本配套。近年来，相继被市、县评为“德育工作先进单位”；多次跻身“初中毕业会考乡镇中学前十强”“学校目标管理一档单位”“校本教研先进单位”“学校安全维稳先进单位”等。到2014年底，全乡有幼儿园1所，在园幼儿100人，专任教师4人；村办小学4所，九年一贯制学校1所，教学班13个，在校学生648人；专职教师39人；初中适龄人口入学率、小升初升学率、九年义务教育覆盖率均达100%。

文化体育

2005年，集镇有线电视用户连接到县有线电视网络，接通小溪村、土地垭村、三合口村、池岩村的有线电视。2008年，修建乡文体活动中心，占地面积300平方米。2010年，开始建农家书屋，当年建成6个；2013年，建成全乡18个村农家书屋，共藏书2万册，光碟600套。2014年，完成全乡“村村响”广播安装，并调试使用。到2014年年末，有乡文体广播电视站1个，村级文化活动中心18个；有学校运动场1个，操场3个，乡政府机关院内有全民健身场地1处，篮球架2座，乒乓球台1个。

医疗卫生

1984 年，新建三合口乡卫生院，占地面积 850 平方米；1987 年，修建住院部、食堂；2003 年，新建医疗综合大楼，扩建后占地面积 1200 平方米。2014 年年末，卫生院有职工 11 人，病床 7 张，能提供临床医疗、公共卫生等服务，下设门诊、住院、公卫、功能等科室。有村级卫生室 9 个。2014 年，医疗机构（门诊部以上）完成诊疗 5000 人次。新农村合作医疗费用征缴始于 2008 年，当年参加的有 5680 人，到 2014 年有 8489 人参加新型农村合作医疗，参合率 94%。

社会保障

境内有乡办敬老院 1 家，2007 年在原中学校舍基础上改建，占地 2000 平方米，建筑面积 1140 平方米，床位 50 个，收养“五保户”45 人。农村低保开始实施于 2007 年，当年有 60 户 80 人，月人均 30 元。到 2014 年年末，“五保户”143 户，共支出 41.2 万元，月人均 240 元。城镇最低生活保障 8 户 11 人，支出 2.9 万元，月人均 220 元；医疗救助 386 人次，民政部门资助参加合作医疗 891 人次，支出 2.67 万元。农村最低生活保障对象 530 户 765 人，支出 87.498 万元，月人均 95 元。国家抚恤、补助各类优抚对象 92 人，抚恤事业费支出 9 万元。2011 年，开始实施农村居民养老保险；到 2014 年，参加新型农村养老保险 4776 人，参保率 90%。

特色地情

历史人文

1935 年，贺龙、任弼时率红二、六军团途经三合口时，在望月坪村进行休整，发出“欢迎广大农友参加红军，为穷人打天下”号召，当即有圣龙、望月坪等村的热血青年 19 人参加红军。圣龙村向汉生参加红军后，骁勇善战，多立战功，曾任解放军副军级干部。在英塔村的硝洞里，有 7 名红军战士被当地民团杀害。

三合口贡茶传说 三合口贡茶即武陵云雾王茶、笔锋春茶。三合口贡茶源流悠久，上溯到唐朝大将尉迟恭。尉迟恭为大唐泾州道行军总管、襄州都督，并兼管湘政策，兴建城池。慈利九溪沟为湘西北重要军事要塞，又是漤江和索水水路交汇处，为天然的建城佳地，于是皇上指派尉迟恭监造九溪山城（现存的古建筑上尚留有“尉迟恭监造”字样）。尉迟恭嗜好喝酒，尤爱品茶，

敬老院

“宁可一日无食，不可一日无茶”。清明前夕，他带上随从，前往辰州（今古丈、沅陵），发现春分毛尖出类拔萃，如获至宝。但久品之后仍有喜新厌旧之感。正在发愁之时，经一茶商向他提醒，尉迟恭打听到九溪附近的桑树湾（即三合口乡的一个村）全是茶地，他迫不及待地径直到此。接待将军的是一位知书达理的茶女，年轻貌美，自称姓董，名晓茗，祖宗历代以茶为业。茶女将客人引进堂中，坐定之后，即煮水泡茶。桑树湾茶女泡茶很有讲究，对有品位的客人，则用盖碗茶。董姑娘之所以用这种茶具，有两层意思，一是看他是不是饮茶的料子，二是想看他的窘态。哪知尉迟恭是品茶老手，只见他接过茶具，打开其盖，先不忙饮用，双目凝视杯中，发现茶的水色渐渐地由透明到淡黄、鹅黄，到青绿、淡绿、浓绿、墨绿，浓浓融融的一杯茶汤，似谷底的深潭，藏尽苍松翠柏之碧影，显春意盎然之精华。然后入口品之，忽感味真韵美，回味无穷，脸上遂泛出飘然欲仙之状，连说：“好茶，好茶！”董女暗窥其情，不由大惊，此乃品茶行家也。通过交谈，茶女得知来客是一位大将军，便在收杯时，用双关语作一联曰：“两杯淡茶，不知将军意下如何？”尉迟恭心中一亮，即答曰：“一片痴情，可向小妹茶中论定。”董女脸上顿时泛起一片红云，思春之情油然而生，又出一联：“小茶女，喜遇大将军三生有幸。”尉迟恭马上应道：“大男子，欣逢小情人一世无悔。”二人一见钟情，董女便成了尉迟恭的情人。曾在九溪传为佳话。

尉迟恭在董晓茗的带引下，察看云雾缭绕、漫山遍野的茶山，发现境内不仅茶源丰富，而且是世外桃源。为帮助茶农将这美好的资源开发出来，他亲自挑选两种优茶，命名为“桑树湾毛尖”和“桑树湾云雾”（即“笔锋春”“武陵云雾”），带进长安，进献给唐太宗李世民。皇上大喜，将其封为贡茶，从此美名传天下。

到宋朝末期，因为战乱便终止了贡茶。明朝时期，镇南将军杨璟征剿湘西土家农民起义军覃垕部队，在九溪染上瘟疫。杨璟发现桑树湾的贡茶能治病提神，遂进贡给皇上。杨璟还在皇上面前故意说，采茶的全是美女，边采茶边唱情歌。此事虽无法考证，但民间留有竹枝词：“采茶郎问采茶妹，今日上山跟定谁？妹不说话只顾笑，心中好似鎚子鎚”；“茶乡女儿无清闲，春采新茶夏种棉。新茶先送情郎尝，好棉为郎织新衫”；“妹妹窗口一段春，茶叶香透妹妹心。情郎何日来品茶，莫要误失美光阴”；“满山遍地是新茶，采

茶马古道官财井

茶女儿忙不暇。有情有谊茶中品，阿妹春思绕天涯”。自此桑树湾贡茶美名更盛，远销海外。至清乾隆皇帝时期，他爱龙井，也爱桑树湾的笔锋春，曾戏曰：“这是两个不同类型的美人也。”

20世纪70年代末，著名作家叶蔚林到三合口采访，品过“笔锋春”和“武陵云雾”后，他由贡茶想到了给毛主席送茶，回长沙后写了名词《挑担茶叶上北京》，由名作曲家白诚仁谱曲，唱红大江南北。80年代初，著名作家丁玲、梁上泉、冯牧等先后游罢武陵源，品尝“笔锋春”和“武陵云雾”，评价极高。“稽云端，吸灵露。比菊荣，予荷绿。展瑶席，凝君思。间灵液，赐佳人。泛浓华，漱芳津。留上客，是上珍”是对境内茶叶品质的真实写照。“上达天子之宴，下予黎民之饮。滋饭蔬之精素，攻肉食之膻腻。发酷暑之清吟，涤通宵之昏寐”的诗词表达了茶叶的上乘功效。近年来，茶叶已成为全乡的支柱产业。

名优特产

笔锋春茶　由三合口茶厂自1992年开始研制，以优良品种芽头或一芽一叶为主要原料，用现代制茶技术结合传统工艺精心制作而成。产品形如笔尖、银毫满披、色泽隐绿、滋味鲜爽、清香甘甜，叶底嫩匀、制作细致，别具风味，受到社会各界的青睐，1992年被评为“湖南名茶”。

武陵云雾茶　由三合口茶厂生产，1988年春天后开始研制，1992年被评为“湖南省优质茶”。此茶因选用的鲜嫩茶青分布在土质肥沃、雨量充沛、终年云雾缭绕的海拔800～1000米的峰峦之间而得名。其外形紧结，略为弯曲，具有色泽绿润、滋味醇爽、汤色碧绿明亮、叶底嫩匀、香高持久等特点。

名胜古迹

牧羊冲茶马古道　三合口乡与桑植县西莲乡接壤，和石门县磨石镇毗邻，为三县交界地带。境内群山起伏，沟壑纵横，山林遍野，四季常青，风景秀美。牧羊冲骡道曾是通往湖北鹤峰的“茶马古道”，长约50公里，已有数百年历史，并经过湖北鹤峰、恩施，最终进入川、滇、藏。茶道均为青石板岩骡马道，古道上留有石碑、墨砚池、客栈等遗迹。“三千里湘鄂川古道，八百年牧羊冲茶王”，茶马古道上的石板路、吊脚楼、岩菩萨、棺材井，都有美丽的传说。2013年，牧羊冲公路因《湖南日报》走基层报道中的《走骡牧羊冲》通讯一文受到社会各界广泛关注，收到捐款12余万元并于当年建成通车。战马村境内长达4公里的硝洞曾经是土匪的“安乐窝”，自从乾隆时期下令封洞后，洞内洞外阴阳相隔，留给人们无尽的遐想，今仍有修建山路的石碑矗立在洞口。2015年4月，举办“寻访张家界茶马古道，品赏牧羊冲千年古茶”采风活动，全方位展示“茶马古道”自然人文景观，传播茶文化，宣传推介三合口乡茶叶，效果显著。

范家大院　全木质建筑，位于小溪峪村，占地面积1200平方米，大小房屋18间，属清代建筑，始建于清同治八年（1870）。创建人范明五、范明六出生在小溪峪村，成家立业时一同迁往范家嘴，当时建了6间房在此开饭铺经商。到了范明五之子范青山这代，生意越来越红火，于是将房子扩大到现在的18间，成为张家界境内茶马古道上最大的客栈。每天有20多个背篓客住店。由于经营有方，范青山成为当地有名富户，解放初期土改时被划为地主成分，1990年病逝。现居住在此的范家后代为范青山的第六代子孙。

官财井　元末明初，天下大乱。有黎氏一家4口为避战乱，从江西迁至湖南慈利三合口，落脚雀儿凸，搭建一座茅草屋而定居。全家人辛勤劳作渐有积蓄，加上地处茶马古道，于是便修建一座吊脚木楼，开了一家叫“安宿便利”的小客

栈，日子过得红红火火。过了许多年，父亲寿终正寝，儿子请来当地风水先生选了一块墓地，即今官财井。其父下葬时露出一天然的坟坑，最后一锄挖下去，一股水柱喷涌而出。不到三个时辰，官财井的水就满了，从此就成了当地居民饮水、洗衣服的好水源。

牧羊冲古茶树 位于小溪峪村高中银家门前，树龄约800年，是一株古老珍稀的茶树。属半乔木型大叶种，树高4.18米，树幅5.26米，根颈围径1.64米。叶形椭园，叶面隆起，平滑暗晦，叶质柔软且厚，叶尖长锐，叶脉7对，锯齿25对，萼片茸多，花萼花瓣各五枚，花黄白色，花柱分裂成三，长1.5厘米。经解剖叶片结构，具世界茶树叶片所罕见的解剖学特征。这株古茶树每年可采摘一芽二叶鲜叶30多公斤，芽叶制作的红茶，耐冲泡，汤色红亮。内含物丰富，显“冷后浑”，中国茶科所对其化学分析结果为含水浸出物36.55%，茶多酚30.05%，氨基酸4.07%，咖啡碱4.37%，具“宜红”风味，为“湖红”之上品，1980年就获全国食品博览会功夫红茶三套样银质奖。

民俗风情

婚嫁 姑娘出嫁前若干天，开始哭嫁。到出嫁前一两天，相邀10个女友到家伴哭，叫做“陪十姊妹”。人们“听其音是哭，究其谱是唱，琢其意是劝教”。在接亲时，兴“拦门礼”，女方有拦门先生，男方有礼官先生。接亲队伍到时，先由两位先生答辩，然后才让接亲队伍进门。新娘离开娘家时，还要由其兄背上轿。

过年 境内是土家族聚居区，过“赶年”，吃团年饭农历月大在腊月二十九，月小在二十八。吃年夜饭时，关门闭户，且多在当天夜里。一家人围坐，不准多说话，赶快过完年。除夕之夜家家户户必烧大火，火旺表示财旺人兴。过年时不许吵口，不许打骂小孩，不许打破碗，吃年饭时不许泡汤。大年初一不串门，不讲不吉利的话。正月头三天，不能动针线，不扫地，不向外泼水，认为扫地泼水会去财。

敬祖 土家人敬奉祖先，认为祖先是处处关顾子孙、保佑后代的最好的神。因此，过年过节、喜庆吉日，要大敬。

（撰稿人：欧阳仁姿　图：欧阳仁姿）

庄塌乡

庄塌茶园风光

区域概况

地名由来

境内远古时代为荒塌，经拓荒者耕种和繁衍生息，逐步扩展为田地连片成块、居住人户形成规模的村庄。故名庄塌。

位置面积

庄塌乡位于慈利县西北部，东邻国太桥乡，南接通津铺镇、杉木桥镇，西抵三合口乡，北与常德市石门县九鹤坪乡交界。辖区东西长 9.5 公里，南北宽 6 公里，总面积 57.7 平方公里。乡人民政府驻地距县城 48 公里。

建置沿革

1912 年，属慈利二十三都辖地。1930 年，属七区。1949 年，称庄塌乡。1952 年，属十三区。1956 年 6 月，庄塌乡并入国太桥乡。1958 年 9 月，国太桥、枫香坪、小溪峪等乡合建庄塌人民公社。1984 年 2 月，改为庄塌乡。1995 年 4 月，庄塌乡并入通津铺镇。1998 年 10 月析出，复为庄塌乡。

行政区划

2014 年，全乡辖星斗、庄塌、肖塌、毛塌、月岩、新车、水田、枫坪、黑丛、龙灯、水库、三岔溪 12 个建制村和西庄社区居委会，共 98 个村（居）民小组。乡人民政府驻西庄社区居委会。

自然环境

境内四面环山，中间拱一水库，属丘陵地貌，山脉纵横交错，呈西高东低走势，形成三大峡峪。最高峰海拔 1148 米，位于庄塌村西角尖；最低点海拔 329 米，位于三岔溪村。境内有庄塌水库，集蓄水、灌溉、发电为一体，有多条小溪汇入，年蓄水量 1200 万立方米，正常库容 1680 万立方米，防汛库容 1980 万立方米，水域面积 133.33 公顷，灌溉下游多个乡镇，3720 公顷农田受益，年发电量 150 万千瓦时。境内煤炭、硫铁矿等储量丰富。煤矿矿区面积 17 平方公里，可采量 80 万吨；硫铁矿矿区面积 10 平方公里，储量 600 万吨。

人口民族

1979 年，辖区有人口 7075 人；2014 年，总人口 6650 人，人口出生率 9.3‰，自然增长率 7‰。境内土家族人口 5699 人，占总人口 85.7%。人口密度每平方公里 119 人。

经济发展

经济综述

庄塌乡经济以农业为主。20 世纪 70 年代前，境内经济发展落后，农村家庭经济收入少，生活水平低，农民生活困难。改革开放后，以经济建设为中心，大力发展农村经济，1987 年，全乡工农业总产值 357 万元。八九十年代，因乡镇企业异军突起，为全乡经济发展注入新活力。1998 年，全乡工农业总产值 919.8 万元，农民人均纯收入 1020 元。2002 年，全乡生产总值 1063.9 万元，财政收入 72 万元，农民人均纯收入 1089 元。近年来，坚持“矿业带动、茶叶兴乡”发展战略，产业建设、基础建设取得较好成效。2014 年，实现生产总值 3326 万元，农民人均纯收入 3100 元。

农业

全乡有农业人口 5321 人，占总人口 80%。耕地面积 400 公顷，人均 600 公顷。粮食作物以水稻、玉米为主，经济作物主要有茶叶、烤烟、楠竹、油菜等。1950 年后，境内农业生产得到恢复和发展。1953—1965 年，农业有一定增长，水稻亩产 150 公斤。1966—1969 年，农业生产连续呈下降和停滞状态。1981 年实行家庭联产承包责任制以来，境内农民生产积极性提高，农业获得较大发展。通过发动群众，兴修庄塌水库、骨干山塘、引水渠道，完善农业水利基础设施，普及推广优良品种，提升农业机械化普及程度。1987 年，全乡粮食总产量 1134 吨。2002 年，全乡粮食总产量 2720 吨，创历史新高。2014 年，全乡生产粮食 2520 吨，其中，水稻 1160 吨，玉米 1360 吨。

林业

1972 年，境内建庄塌公社林场，位于肖塌、毛塌、枫坪、黑丛大队的交界地带，面积 86.67 公顷。主要树种为杉、梓、椿、松等用材林，林木蓄积量 10 万立方米。20 世纪 90 年代中期，开始间伐，年间伐木材 200 立方米以上，产值 8 万多元。1998年，开始种植板栗等经济林。2014年，全乡有森林面积4386.67公顷，活力木蓄积量13.54万立方米，森林覆盖率73.92%。

乡村企业

1985年开始，随着农村改革的不断深化，政府鼓励农民发展多种经营，全乡优化种植业结构，促进小农业向大农业的转变。同时，鼓励农民利用手中积累的资金创办企业，促进乡镇企业发展。1987年，全乡实现乡村企业产值156万元。1999年，全乡有乡村企业825个，其中，集体企业27个，私营企业38个，个体企业760个，从业人员1778人，总产值8205万元。近年来，由于部分矿企开采给环境造成污染，根据国家相关法规、政策对其进行关闭或停产整顿。为寻求乡镇企业发展之路，通过招商，引进铁矿开采企业1家，年开采10万吨以上。通过招标，新承包人进驻乡办煤矿，投入技改资金800余万元，为“三改六”技改项目增加新鲜血液。通过关停并转，将页岩矿企业整合为2家。2013年，全乡工业企业产值9000余万元，上缴税收1000余万元。2014年末，全乡有铁矿3家、页岩矿2家、煤矿1家，矿产品产量15万吨，创税费600多万元。

茶叶产业

随着产业结构调整力度加大，个体私营、民营企业快速发展，茶叶采摘、加工、销售成为庄塌乡的特色新兴产业。全乡有茶叶加工厂25家，茶叶合作社3家，主要生产绿茶、红茶、半成品黑茶，涌现出庄塌茶厂、张家界绿毫茶叶、新车茶厂、张家界五雷月眉茶叶有限公司等一批优秀茶叶生产企业。庄塌茶厂始建于1998年，占地面积3000余平方米，有固定资产800万元，员工32人。近几年，庄塌茶厂投入资金近1000万元扩建厂房、配置机械，争取国家技改项目资金30多万元，建立高标准的绿茶生产厂房和生产线。张家界绿毫茶叶有限公司通过QS绿色认证。新车茶厂派技术员到浙江学习红茶生产工艺，新增1条红茶生产线，年产量10吨，产值100万元，远销省内外。张家界五雷月眉茶叶有限公司生产半成品黑茶销往安化、长沙等地，年产量300吨，产值600万元。2014年，庄塌乡争取到茶叶新建项目53.33公顷，低改项目80公顷，全乡茶叶种植面积466.67公顷，年产干叶2万担，产值2000余万元，农民人均增收1000元。

庄塌茶厂

商贸服务

1950 年前，境内已有墟场，每逢场期，赶场者、商贩聚集进行交易，日中而市，日偏而散。1951 年后，墟场设在乡政府所在地，集期（俗名场期）改用公历日期，逢 2、7 号开集。1958 年人民公社化后，全县统一集期每月 3 次，即逢十为集期。“文化大革命”中，全县统一改为 1 月 1 次，而且定为同一时间。中共十一届三中全会后，恢复原定集期，境内市场活跃，生意兴隆。2014 年年末，全乡有商业网点 38 个，从业人员 121 人；社会商品零售总额 780 万元。

劳务输出

1978 年改革开放后，境内农村富余劳动力为增加家庭经济收入，改善生活条件，纷纷到广东、上海、北京、江浙等经济发达地区就业。近年，庄塌乡开展农村劳动力转移培训 10 期，培训近 600 人次，新增农村劳动力转移近 1500 人，2014 年末，全乡转移输出劳动力 3580 人，实现劳务收入 9130 万元。

基础设施

交通运输

1949 年前，境内因地处偏远，山路弯多路险，物资流通无船运车载，基本靠马驮人挑。1975 年修通慈利县城至庄塌乡的公路，2006 年完成通县公路路面硬化。2013 年 8 月，庄（塌）三（合口）公路硬化工程完工，全长 7.3 公里(庄塌境内 3.55 公里)，开通后，从庄塌到三合口减少 15 公里行程，方便利两地群众安全出行。2014 年，建成农村客运招呼站 11 个；到年末，境内日发通县城客运班线车 5 班次，日均容量 120 余人次，车程约一个半小时。1972 年，开始修建集镇通大队（村）公路。1994 年，通村公路全部修建完成。2014 年，全乡 13 个（村）居全部完成通村水泥路硬化，通村水泥硬化率 100%，通村、通组硬化里程共 120 公里，开通有 3 条通村班车线路。

邮电通信

20 世纪 50 年代庄塌乡建邮政代办所，为庄塌、国太桥、三合口3乡中心所，邮政业务繁忙。随着通信技术日益发达，传统邮政业务逐渐走向没落。2014年，庄塌乡邮政代办所业务总量约4万元，报纸、杂志累计发行623份。20世纪60年代出现摇把子电话，1999年开始使用程控电话，当时用户不足百户。2004年在星斗村建联通基站，2006年开始在枫坪村建移动基站，设有电信服务网点1处。2014年，全乡有固定电话用户600户，电话普及率30%，移动电话用户1600户，互联网用户250户。

供电饮水

20世纪70年代以前，境内农户主要采用煤油灯、桐油灯等解决照明问题。70年代初，庄塌公社开始利用柴油机发电供机关单位用电，一天仅能短暂供电几个小时。1976年至1979年10月，建成庄塌水库电站，装机4台/500千瓦，年发电量200万千瓦时，年产值50万元，进入县地方电网。到80年代初，一些条件较好的大队，如新车、龙灯等地，开始用柴油机发电，但由于发电量小，难以满足村民日常生活需要。80年代中期，境内开始实施一系列措施实现农村电气化，农电快速发展起来，至90年代末期，已有80%~90%的家庭通电。2000年以后，全乡基本实现"村村通电"。2008年，开始进行农电网升级改造。2012年6月底，完成全部13个村（居）农电网改造，供用电质量大幅提高，基本实现户户通电。境内属通津铺供电所供区，在西庄居委会设1处国家电网收费点，年售电量215万千瓦时，供电可靠率99.3%。

20世纪70年代前，境内均未通自来水，村民主要靠打井挑水来解决生活用水问题。70年代后，月岩、龙灯等地农民开始用竹子做引水管赶水喝。90年代后，有一些经济条件较好的村民开始自埋水管接山泉水。2000年以后，开始逐步实施安全饮水工程。至2010年，全乡90%家庭实现通自来水。2013—2014年，投资200万元，完成集镇安全饮水工程，配套净化设备，年供水1.8万立方米。到2014年，全乡累计修建蓄水池46个，水窖30个，容量2600立方米，基本解决人畜安全饮水问题。

水利建设

1974年6月，动工兴建庄塌水库，位于庄塌大队，1975年11月基本建成。水库集雨面积15.8平方公里，为黏土斜墙土石混合坝，坝高53米（坝顶高程海拔356米），有效库容1603万立方米。溢洪道宽13米，长242米。输水隧洞内径1.3米。灌区工程，开挖干渠6条134.04公里，支渠54条、140公里。附属建筑物：渡槽31处、长1664米，隧洞48处、长4851米，倒虹吸管13处、长2667米。与汩湖、黑龙泉、关田溶等小（1）型水库串连，可灌溉杉木桥、通津铺、东岳观、杨柳铺等地农田3720公顷。1976年，始建庄塌水库电站，国家投资514万元，群众投工1380万个，完成土石方303万立方米；1979年10月建成，装机4台/500千瓦。1996年9—10月，凿砂角泉隧洞，引出地下水，因发生塌方事故死亡4人而停工。1997年5月，投资14.5万元，再凿砂角泉隧洞，全长170米，通过拦坝，抬高水位，将地下水引上东干渠，年引水150万立方米。

村镇建设

庄塌乡集镇街道为长约300米的东西向狭长街道，修建于2000年，2005年进行街道硬化。乡政府、乡直各单位分布在街道旁。2011年，初步编制乡村建设规划，在集镇上安装15盏太阳能路灯，实现街道亮化。同时，加强环境卫生治理，新建1座垃圾填埋场，3个高标准垃圾池，购买1辆垃圾清运车，发放垃圾桶300个，组织成立1支专业清运管理队伍，实行垃圾日清日扫，乡容乡貌得到改善。2013年，对规划进行补充完善，修订成《庄塌乡村镇建设规划（2013—2030）》。至2014年，全乡建成村级活动中心13个。

社会事业

学校教育

庄塌乡九年制学校始建于1951年，1972年因修建庄塌水库，校址由庄塌村寡溪泉组迁至西庄村，建起新校舍。现有校园面积0.55公顷，建筑面积4374平方米，拥有图书30500册，教学仪器价值10万元。全乡有教职工62人，其中，获县级骨干教师称号4人，获市县级师德标兵称号3人，获市县级优秀班主任称号3人，获市级教学能手1人。2002—2013年，有64篇教师论文获国家、省、市级奖。初中部学生科技活动小组，对庄塌水库受污染不能养鱼这一课题进行调研，调研成果获全国第十七届青少年科技创新大赛三等奖，中国科学院院士、原全国人大常委会副委员长周光召亲笔签发证书。2014年，全乡有九年制学校1所，中心幼儿园1所，星斗坡教学点1个；有在校（在园）学生569人，其中，初中生154人，小学生285人，各类在园幼儿130人，中小学学生的入学率、巩固率均达到要求。

文化体育

1969年10月，建人民公社广播站，仅有150瓦收音扩音机1台及电唱机、话筒、变压器、高音喇叭等广播设备，并利用电话线路传播广播讯号。1974—1982年，广播事业发展较快，大队、生产队通广播率100%。到2004年年底，仍有12个村办有村级广播。1987年5月，筹资建3瓦电视差转台，接收常德太阳山5频道信号，发射9频道，覆盖半半径3公里。后因太平山台可覆盖，自动停转。1996年9月，筹办乡有线电视，转播卫视节目9套，发展有线电视用户110户。以后，建村级有线电视站4个，有线电视用户350户。2008年，实现有线电视与县有线电视网联通，有线电视用户300余户。2014年，有数字电视用户260户，另外还安装地面卫星接收器500台，全乡电视覆盖率100%。

1991年，建乡文化站。2005年，乡广播站与文化站合并称乡综合文化站。2009年，开始建农家书屋，建成农家书屋13个，藏书20万余册。至2014年，全乡有村级文体活动中心13处。

1960年以前，学校未建起体育设施，境内基

庄塌乡中心幼儿园

本没有固定的体育活动场地，田间地头，室内室外，随时随地都可开展体育健身活动，主要是自娱自乐、强身健体。现在爱好运动者会自发组织在学校、机关、村级体育健身场所打篮球、羽毛球、乒乓球或者跳广场舞，也有部分人通过爬山来锻炼身体。

医疗卫生

1952 年，建中医联合诊所，1958 年，改称庄塌人民公社卫生院。1974 年由于修建庄塌水库，院址几经搬迁。1984 年，更名为庄塌乡卫生院。1993 年，选址新建卫生院，占地 0.09 公顷，建筑面积 400 平方米，有固定资产约 50 万元。1995 年，并入通津铺镇中心卫生院。1998 年析出，成立庄塌乡卫生院，有卫生工作人员 7 人，承担全乡医疗及预防保健工作，能开展 X 光、化验等常规检查及计划生育手术，能处理常见病、多发病及部分疑难杂症。近年来，乡卫生院加大技术更新，新引进 B 超、X 光机、尿分析仪等一批设备，医疗水平明显提高。2014 年，乡卫生院有专业卫生人员 14 名，完成诊疗 4000 人次，有床位 30 张。新建 6 所村卫生室改造、配置已完成。

社会保障

近年来，全面落实各项强农惠农政策，保障农民合法权益，共发放粮食补贴 300 多万元、退耕还林补助 120 万元、移民直补资金 180 万元、家电下乡补贴 20 多万元。2014 年，全乡新农合参合 6022 人，参合率 98%，累计惠及群众 4000 人次，共补偿农民 200 万元；医疗救助 267 人次，民政部门资助参加合作医疗 403 人次，共支出 12775 元；参加新型农村养老保险 3600 人，参保率 90%。城镇最低生活保障户 7 户 10 人，支出 1.68 万元，月人均 140 元；农村最低生活保障户 295 户 537 人，共支出 64 万元，月人均 99.3 元。五保对象 68 户 76 人，共支出 28 万元元；国家抚恤、补助各类优抚对象 70 人，抚恤事业费支出 30 万元。到 2014 年年底，有乡敬老院 1 个，集中供养农村“五保”老人 30 人。

特色地情

名优特产

五雷月眉 衍生于庄塌乡月岩茶区。境内海拔 500～800 米，层峦叠峰，植被葱郁，气候湿润，土层深沃，溪流碧潭，是生产名茶得天独厚之地。有诗云：“两山峡谷十八湾，四坡四当一山尖，溪流灌月落碧潭，桂树眉月伴苍森。”五雷月眉因道教圣地“五雷山”得名。其条索紧细稍弯，形如眉月，银毫星露，翠绿光润，香高持久，滋味鲜美，汤色明亮，叶底嫩匀，经久耐泡。饮后，颊齿留芳，余味生津。庄塌乡现有茶叶面积 466.67 公顷。据与《湘敬集锦》22 种名茶对比，其水浸出物和咖啡碱及茶多酚居第二位，氨基酸名列第一。1988—1989 年连续评为湖南 5 大名茶之一（省授予名茶奖）。其制作工艺分杀青、清风、揉捻、炒制、烘焙、拣剔。该茶色、香、味俱佳，产品畅销国内外。

名胜古迹

石榴坡 位于新车村和西庄居委会接壤的山坡上，原来此地长满石榴树，石榴成熟季节，果实累累，人称“石榴坡”。平均海拔 850 米，西庄居委会境内为下石榴坡，新车村境内为上石榴坡。坡长 400 余米，未通公路前，是通往肖塌、毛塌、枫坪、黑丛、龙灯五个村的必经之路。自古附近几个乡、镇的农户挑煤，必上此坡，过往行人很多。

唐梨垭 境内肖塌村有一山垭，以前垭上盛产唐梨，人称“唐梨垭”。现有 25 户，75 人。森林资源丰富，木材以杉树为主，唐梨树在逐年改良品种。水资源充足，交通便利，居住在境内的人们善良、淳朴、团结和睦、遵纪守法。

黎家台 很早以前人们开发荒塌时，庄塌村境内有一黎姓人家在此定居，世代繁衍，故名黎家台。现有黎姓人家 6 户 17 人，长期以务农为主，种植玉米，养殖生猪、牛、羊。境内风景优美，交通便利，邻里和睦相处，土家风味很浓。

龙灯峪 龙灯村境内有 3 条东西走向的山脉，山间有一条长峪，因山呈龙的形状而得名“龙灯峪”。峪长 10 千米，从东向西步行需 2 个多小时。东至枫坪村汨洞组，西至毛塌村桥子溪。森林、矿产、水资源丰富。一条主干线公路沿峪平行，贯通龙灯村 8 个村民小组，交通便利，山清水秀，风景怡人。

西武当庙 清朝道光年间修建于庄塌村西角尖的道教圣地，历年香火不断。

庄塌水库 1974 年修建，集蓄水、发电、灌溉为一体，风光优美。由于长期地质变迁，庄塌乡沟壑纵横，树林茂密，地质多溶洞，素有“山清水秀”之称。

月亮岩 在一个山凸上有一块巨石，经光照射，似有光线发出，形似月亮，维妙维肖，令人叹观。故名月亮岩。

民俗风情

抓周 抓周在庄塌乡流传已久，是一种在小孩周岁时预卜婴儿前途的习俗。小孩在庆祝第一个生日时（俗称做娃周），家里长辈会将各种物品摆放于小孩面前，任其抓取。传统上抓周的物件主要包括文房四宝、秤尺算盘、钱物饰品、吃食玩具等，现在也有放手机、话筒等物品，也有以图像、卡片代替实物让小孩抓取。首先抓取的如果是书笔，则预兆将来会有文才；如果是算盘，则预兆将来善于理财；如果是糕饼之类，则预兆将来会是有口福之人等。抓周既反映了父母对子女的舐犊情深，是一种具有人伦味、以育儿为追求的信仰风俗，也是父母进行启蒙教育的一种方式。随着人们生活水平的不断提高，抓周这种习俗被庄塌乡越来越多的家庭重视。

烧灯火 烧灯火是庄塌乡当地土家族民间用火为引治疗疾病的方法，即医生根据患者病情用灯草蘸桐油，直接或间接点烧一定穴位，以治疗疾病。多用于惊风症、小儿走胎、黄肿包、屙肚子、肚子痛、着凉、头痛、风气麻木、扭伤、疱疮初期等疾病的治疗。烧灯火，首先要注意选准穴位，不能乱烧，否则会部位不达，反使病情加重。烧灯火后，要忌食生冷瓜果、腥臭之物一周，不要把伤处擦破皮，防止发炎。随着医疗水平的提高，烧灯火手艺慢慢失传，烧灯火治病的情况越来越少。

（撰稿人：彭亚琼　图：彭亚琼）

庄塌水库风光

阳和土家族乡

集镇全景

区域概况

位置面积

阳和土家族乡位于慈利县西南部，地处张家界市区、慈利县、武陵源区交界地带，属于张家界大峡谷国际旅游开发区的核心区域，与甘堰土家族乡、许家坊土家族乡紧密连接，南临澧水，和溪口镇隔河相望。辖区东西宽6.2公里，南北长15公里，总面积74平方公里。乡人民政府驻地距县城45公里。

建置沿革

1912年，属慈利八都辖地。1930—1948年春，属渔浦乡。1948年夏至1949年8月，属溪渔乡。1949年9月至1951年，属四区。1952—1955年，属六区。1956年6月，建阳和乡。1958年9月，与许家坊、甘堰合并，成立阳和人民公社。1961年3月、7月，许家坊、甘堰两地析出。1984年2月，改名阳和乡。1995年4月，与甘堰、许家坊两乡合并为许家坊土家族乡。1998年10月，从许家坊土家族乡析出，为阳和土家族乡。

行政区划

2014年，全乡辖大坊、寨峪、朱家嘴、夹石、双坪、渔浦、官坊、桃溪、三溪、梨子坪、戴家山、杨家坪、甄家坪、七方峪、凤鱼、长岭16个建制村，共231个村民小组。乡人民政府驻夹石村小岗组。

自然环境

境内地貌丘陵山地多，沿溪河两岸山势较陡，中间为小盆谷地。阳和风光旖旎，丹霞地貌灵山秀水，连绵幽绝。境内平均海拔320米，年平均气温16.8℃、降水量1464.7毫米（集中在5—7月）、无霜期267.6天。境内林木资源丰富，主要树种有油茶、楠竹、杉、松等20多种。其中油茶面积33.33公顷，楠竹22万株，杉木面积5146.53公顷、蓄积量14959立方米，马尾松面积2320.6公顷、蓄积量106953立方米，阔叶树面积216.2公顷、蓄积量9477立方米，其他树种面积37.6公顷、蓄积量288立方米。

人口民族

1958年，境内总人口6518人。1982年总人口17648人。1982年后，推行计划生育政策，人口呈缓慢增长态势。1987年总人口18154人，1998年总人口18693人，2000年总人口18003人，人口出现负增长。之后，人口增速略有提升。至2014年年末，总人口19929人。居住着土家族、汉族、苗族、白族、回族5个民族，其中土家族等少数民族人口1.85万人，占总人口的92.8%。

经济发展

经济综述

境内经济以农业为主。1957年全乡耕地总面积1463.4公顷，其中水田1365.27公顷，旱地98.13公顷，粮食总产量87507担，人均纯收入30.9元。随着经济快速发展，受生态保护和退耕等多方面因素的影响，境内耕地面积一直呈递减趋势。至1982年，全乡耕地面积1304.8公顷，其中水田1124.93公顷，旱地179.87公顷，粮食总产量5.60万公斤，人均纯收入187元。1986年以后，国家采取措施控制耕地面积的减少，取得一定成效，至1987年，全乡耕地面积增至1389.93公顷，其中水田949.47公顷，旱地440.47公顷，粮食总产量6247吨，人均纯收入192元。之后耕地面积一直处于稳定状态，到2014年，全乡耕地面积1446.67公顷。1989年全乡工农业总产值637万元，其中工业生产总值146万元，农业生产总值491万元；1993年全乡农业总产值1262万元；2014年，全乡实现生产总值1.2亿元，固定资产投入2700万元，农民人均纯收入5500元，经济发展的质量和效益明显增强。

农业

1976年杂交水稻在渔浦村试种，当年粮食总产量5228吨，其中水稻4876吨，玉米225吨，黄豆127吨。1978年改革开放以后，1980年分作业组，1981年包产到户，促进农业发展。1990年粮食总产量5880吨，其中水稻5428吨，小麦220吨，红薯37吨，玉米56吨。到1994年，由双季稻改植单季稻，产量有所提升。2000年粮食总产量8581吨，其中水稻7531吨，小麦210吨，玉米1230吨，红薯165吨。2003年，退耕还林首先在渔浦、梨子坪、长岭、三溪4个村实行，2005年粮食总产量7325吨。由于人口老龄化以及外出务工人员增多，境内劳力短缺，许多田地无人耕种，粮食产量止步不前，2010年粮食总产量7278吨。近年来，阳和乡农业逐步向生态农业、观光农业转型。2011年，种植大棚蔬菜等经济作物200公顷，建立起凤鱼村金瓜、杨家坪村草莓“一村一品”经济和以华祥农庄矮晚柚、金秋梨、苗木为中心的集中连片立体开发种植基地。2014年，杨家坪村千年桐种植项目发展为农民专业合作社，成立景华农林科技种植有限公司，注册资金1000万元；新引进甄家坪苗木基地，扩建杨家坪、甄家坪草莓基地，巩固七方峪猕猴桃、樱桃基地。

商贸服务

1962年，成立阳和人民公社供销社，1996年由于体制改革撤销供销社。境内第一个个体工商户是甄家坪村的朱法贵，主要经营布匹。1970年，将马路市场从甄家坪村移至夹石村。20世纪80年代，境内集市贸易（马路市场）进入鼎盛时期。2003年3月20日，一辆大货车失控冲入集市，当场造成死12人、伤18人的特大交通事故，受到各级领导和社会的高度关注，当地群众强烈要求建立农贸市场。到2013年，乡农贸市场被确定为为民办实事工程之一，正式立项。农贸市场总建筑面积1200平方米，是年11月建成投入使用。之后通过多次整治行动，马路市场已彻底取缔。

乡村企业

20世纪60年代，阳和乡有2家麻场，乡政府办1家，夹石村办1家，面积共13.33公顷，亩产约500公斤，年产值160万元左右。1971年，夹石村办起夹石砖瓦厂，年产值10万余元，90年代关闭。1972年，夹石村又办起夹石药材厂，种植杜仲、百合、枳壳等药材4000多株，年产值40余万元，于1994年关闭。此后，阳和先后兴办酱醋厂、拖拉机站、综合门市等。到2000年，利用本地资源，先后引进资金800万元兴办天和胶合板厂、页岩机砖厂、瑞星砂轮厂、寨峪石料场等民营企业。2004年成立乡建筑公司。2014年，全乡有5家企业，年产值1500 万元。

劳务输出

1978年改革开放以后，农村剩余劳动力自发向广东、深圳、浙江、上海等沿海经济发达、劳动力短缺的地区转移就业，形成独特的“强档”产业。2014年，全乡转移输出人数累计达5520

杨家坪表厂

人，其中常年外出5016人，县内554人，省外3900人，创收千万余元。

经济开发区

2013年，随着阳和国际旅游商务区的开发建设和张家界大峡谷国际旅游开发区的组建，境内成为旅游产业发展的热土。其中，九渡仙楼岛度假区、阳和二级车站正在开发建设。在旅游服务配套产业方面，有湘域大酒店、土家赶年山寨、凤鱼酒店等30余家，2013年接待游客6万人。2014年，落户阳和的张家界“冰雪世界”项目正式签约。国家民委“杨家坪古村寨”项目建设有序进行，完成杨家坪风雨桥二期、梨子坪摆手舞雕塑和水车建设，新建了戴家山土家寨门、甄家坪标志性石碑和“村记”，杨家坪在“全省最美少数民族特色村寨”评选活动中荣获第八。新立项供电所、百货超市两个项目，新建成梨子坪天子园、甄家坪2个小区。

基础设施

交通运输

1949年，境内至慈利县城通路，1952年通车，每天一趟。20世纪60年代初，阳和至大庸县通公路。80年代初，修建铁路便道时途经阳和夹石、朱家嘴、大坊、寨峪，给阳和的交通发展带来契机。1985年，渔浦村修建境内第一条通村公路，随后，各村相继修建通村公路。80年代，在寨峪村修建冷水渡口，至今仍在使用。2008年龙阳公路正式通车，2012年溪阳公路正式通车。2014年，全乡道路总里程176公里，公路通村率100%，通组率90%；全乡有机动车410辆，其中农用车辆37辆，非农车辆373辆。境内交通便利，集镇距张家界市区37公里，距武陵源风景名胜区15公里，距慈利县城45公里；常张高速公路，阳溪公路，1801省道均可通达阳和，龙阳公路贯穿全境。

邮电通信

1958年成立人民公社时随之成立邮政所。20世纪70年代，随马路市场从甄家坪村迁至夹石村，邮政所移至夹石村。2001年，成立邮政储蓄所，当年实现邮政业务总量140万元。1949年前，境内有手摇电话，1998年开通程控电话，用户300余户。2004年接入互联网，有用户500多户。2014年，全乡有电信企业1家，固定电话用户1035户；移动通信营业网点3家，移动电话普

常张高速公路阳和段

及率95%以上。

供电饮水

20世纪初，境内没有电，仅靠煤油灯照明。20世纪中期，溪口镇建有小水电站，但供电设施简陋，供电量不足，经常出现“停电熄灯”。1988年，开始实施农村电网建设，1991年，有电村达到100%，用电总户数5254户。2008年开始农电网改造，第一批完成4个村，2012年农电网改造在16个村全面完成。2013年，全乡完成电网低压线路的改造，基本满足全乡照明用电的需要。辖区高压配电线路61千米，变压器总容量6405千伏安，用电负荷750万千瓦，年售电量累计840万千瓦时。2013年，动工兴建自来水厂，总投资300万元。自来水厂位于阳和境内戴家山村与杨家坪村的交界处，征地0.27公顷，受益人口5000余人。

水利建设

全乡有小（1）型水库2座，其中三溪村中溪峪水库兴建于1958年，梨子坪村七里峪水库兴建于1965年；有小（2）型水库2座，即夹石村龙王庙水库和七方峪村七皇峪水库，均兴建于1957年。4座水库共属澧水流域。2009年、2010年、2011年和2013年，先后分别对七里峪水库、龙王庙水库、中溪峪水库、七皇峪水库实施除险加固。1968年，于双坪村落坪峪建起境内第一口骨干山塘。至2014年，全乡有山塘18口，除大坊村、官坊村、三溪村外，其余各村均建有骨干山塘。

村镇建设

20世纪80年代，全乡只有夹石村一条街道。进入21世纪，村镇基础设施建设逐步完善。2013年，筹资120万元进行集镇改造，拆除违章户棚178处，实施集镇道路“硬化、绿化、亮化、美化”工程，拓宽行车道3米，新建人行道，铺设排水管网430米，安装路灯44盏，种植桂花树70棵。集镇面貌焕然一新。至2013年年底，完成7个村172户的“穿衣戴帽”房屋改造，高标准建成公路沿线各村的安置小区，村庄面貌明显改观，具有土家风情的沿路建筑与风土人情相得益彰。

社会事业

学校教育

乡中心完小的前身是桂冬小学，始建于光绪三十二年（1906）。当时境内没有学校，开明绅士王桂冬在甲石口盖起两堂一亭的房子作为校舍，命名为“桂冬小学”。随着时代的变迁，学校先后更名为“酿溪小学”“酿溪学校”“东方红小学”“夹石小学”。1984年改名为“阳和乡中心完小”。2002年，学校发展到占地面积2.17公顷，建筑面积2600平方米，教学班12个，在校学生600余人，教师28人。2003年下学期，整合教育资源，提高办学效益，阳和乡中心完小与阳和乡中学合并为九年制学校。2014年，全乡有中学1所，小学6所，幼儿园9所，共有在校学生（幼儿）2130人。

文化体育

1970年6月，建立阳和人民公社广播放大站，有700瓦广播扩音机1部及话筒、电唱机、录音机、电源调压器等配套设备。1976年建立乡电影院（1988年撤销）。1979年架接溪口区至阳和乡广播站12杆程公里专线，公社至县站的广播信号畅通。1979—1985年，全乡共架乡以下广播专线120杆程公里，其中水泥杆专线4公里，实现广播专线化，舌簧喇叭2000多只，入户率50%。1980年建立录像厅。1988年，建成广播站标准机房30多平方米，并建起朱家嘴、夹石、甄家坪、杨家坪、桃溪、三溪、渔浦、双坪8个广播示范村。1990年，投资4万多元开办闭路电视。1992年自办广播节目，全年组稿838篇，向县广播电台投稿298篇。1994年建有线电视台，架设有线电视电缆主干线10公里，支干线20公里，用户入户线50公里，电视用户450多户，收转卫视节目12套。2004年，有三溪、渔浦、桃溪、双坪4个村使用广播。2008年，在渔浦村建立全乡第一家农家书屋。2010年开始引进数字电视。2011年，在杨家坪村建立全乡第一家村级文化活动中心。是年，组建2支农民乐队，并兴起广场舞。2014年，“村村响”工程建设覆盖全乡16个村，光缆有线电视用户2141户，年收入50多万元。在乡综合文化站办公楼设乡广播站，全乡16个村设立广播室，设78个安装点，安装喇叭156只。

2000年开始，阳和乡开始举办农民运动会，每年一次。运动不少于5个项目，例如：篮球、拔河、乒乓球、自行车负重、象棋等。

医疗卫生

1978年修建乡卫生院，建筑面积1600平方米,住院床位25张，拥有全自动生化分析仪、DR机、心电图机、血球蛋白计数仪等医疗设备。2013年底，乡卫生院修建业务用房，总面积900平方米，内设应急科室、住院部、手术室等。至2014年，全乡有村级卫生室9个，计划生育服务站1个，农民健康监测工程稳步实施。

社会保障

1956年实行“五保”政策，对“五保”老人实行供养。1991年，修建阳和敬老院，供22名老年人安居。2006年开始实施新型农村合作医疗，2011年实施新型农村养老保险。至2014年，全乡五保对象132人，发放保障资金39.6万元；低保对象1439人，发放低保资金163.27万元；危房改造户48户，发放危房改造资金44.5万元；参加新型农村合作医疗17118人，占全乡总人口85.89%；参加新型农村养老保险7632人，占全乡总人口38.30%。

特色地情

历史人文

阳和人既继承了汉文化的优秀传统，又保留着“蛮夷”之人的彪悍个性。1934年，贺龙率领

梨子坪“摆手舞”雕塑

渔浦书院

红军路经境内“扩红”，几天宣传鼓动，数十位乡民参加红军。境内人民崇文重教，贯之始终，前有李长青兴办“渔浦书院”，继有王育寅创办“澧西中学”；古有胡金钊等人中举登科，后有中共无线电报务第一人张沈川等位居要职。张沈川故居位于杨家坪村十组，现存三间木屋。

风景名胜

渔浦书院 位于阳和渔浦村。书院坐北朝南，茹溪旁流，澧水前绕，山水秀丽，林木茂密，气温宜人，乃读书讲学胜地。书院主体为木结构，伴有风火隔墙，分正殿、东西二斋、藏书楼、彰义祠和教学楼5大部分。另有八角亭、校门亭及生活用房等。院内配有内外柏树园和鱼池。校门前设左右两舍，门两旁有风火隔墙。头门墙上，有“忠孝廉洁”四个大字，据载仿岳麓书院门前的大字做成。大门横额“兰芷芬芳”四字，楹联为“渔猎群经，导扬百氏；浦云十色，溪月九霄”。两边侧门额上写有“入德之门”。二殿匾额为“菇溪撷秀”，门联是“今日小学堂，愿诸努力；他年新人物，从此诞生。”大门前有石级20阶，下了石级，即是约1000平方米的长方形操坪，以垣墙围住。整个书院建筑布局合理，宽敞明亮，神采飞扬。

水车、雕塑、摆手堂、牌楼 位于梨子坪村的水车、雕塑，位于杨家坪村的摆手堂、牌楼是蕴育着浓厚土家风情的旅游景点，极有开发价值。

杨家坪特色村寨 杨家坪古村寨属丘陵地带，丹霞地貌特色显著。境内秀峰林立，绿树成荫，山谷悠然，三条小溪蜿蜒其中，清澈透底，久负盛名的奇峰“英儿寨”更是吸引远近游客前来参观。杨家坪古村寨民风淳朴、人才辈出。中共无线电报务创始人之一张沈川、马日事变的革命烈士李远波等是土生土长的杨家坪古村人。村里还有不少老人曾跟随贺龙投身革命，抗美援朝，为党的事业挥洒青春热血。村内有自然景点、牌楼、摆手堂可供游客观赏，草莓基地、千年桐基地、农家乐也是休闲娱乐的好场所。2014年，杨家坪村被评为湖南省少数民族特色村寨。

民俗风情

阳和遗风 阳和民俗民风淳厚，过年过节及重大活动都会上演舞狮子、摆手舞、扮花旦等传统节目，具有土家风情特色。境内北部因多山，植被茂密，人口稀少，至今保留着少数民族的狩猎遗风，只不过狩猎已不再是生存必需，而演变为一种娱乐活动。每到秋冬闲时，或朝阳初露，或大雪纷飞，正是野兽四处觅食之时，也就是村民进山围猎的时机。

酒乡阳和 阳和人素有自酿自饮的习惯，尤其是用阳和水酿出的糯米酒，放上一年半载，颜色金黄，香气浓郁，滴酒成线，阳和人自称“阳和大曲”。俗话说：酿河酿河，酿酒成河。久而久之，阳和人就把自家门口的小河称为“酿河”，后演变为今日的“阳和”。阳和人用酒表达对生活的热爱，表达他们今天的幸福与安乐。

阳和肚米 阳和肚米因其独特的口味与浓郁的汤汁而享有盛名，“吃遍慈利肚米馆，唯一留念是阳和”。来到阳和不吃肚米就像来到张家界不欣赏山色一样，空走一遭。

（撰稿人：李捷　孙仕瑞　图：李捷　孙仕瑞）

甘堰土家族乡

集镇全景

区域概况

位置面积

甘堰土家族乡位于慈利县西部，东与宜冲桥乡相连，南与溪口镇隔澧水相望，西与阳和土家族乡接壤，北与三官寺土家族乡、江垭镇交界。辖区东西宽 14.19 公里，南北长 15.5 公里，总面积 97 平方公里。乡人民政府驻地距县城 58 公里。

建置沿革

1912 年，属慈利八都辖地。1930 年，废除旧都设区，属四区。1949 年 7 月，属六区。1956 年 6 月，设甘堰乡。1958 年 9 月，属阳和人民公社。1961 年 3 月，设甘堰人民公社，1984 年 2 月，改称甘堰乡。1995 年 4 月，并入许家坊土家族乡。1998 年 10 月析出，为甘堰土家族乡。

行政区划

2014年，全乡辖甘堰、中心、马鞍山、西铺、桃垭、勤中、坪溪、高岭、万佛寺、金岩、穿石溪、张家台、上马墩、烟竹、月台、余溪、桂竹、东峪、猪槽湾、西峪、园艺21个建制村，266个村民小组。乡人民政府驻甘堰村樟树组。

自然环境

境内山丘起伏，沟壑纵横，地势北高南低，中间山岭夹小峪，属典型的丘陵地貌。中南部属石灰岩层，多地下河、溶洞，溪水多从暗河流失，地表水奇缺，常遭旱灾。最高峰位于台华寺，海拔1075米，最低点位于马鞍山，海拔107米。境内有穿石溪，属澧水一级支流，发源于矿洞山南麓，经穿石、太坪，南流至铁厂入澧水，长14公里，流域面积42.4平方公里，平均流量1.5立方米/秒。二级支流有郝家峪溪。全年气候湿润，四季分明，无霜期长，年平均气温16℃~17℃，年降水量1400~2000毫米，降雨集中在4—7月，6月最多，降水量为302毫米。

人口民族

1957年，境内总人口12996人。1964年，总户数3473户，总人口14406人。后随生活条件和环境改善，人口死亡率降低，出生率上升明显。到2000年，总户数6868户，农业人口19518人。2014年年末，辖区总人口22272人，土家族人口占总人口的95%以上，还有汉族、白族等。

经济发展

经济综述

1957年，农民人均总收入50元。1970年，人均总收入86元。1982年，人均总收入171元。1990年，全乡生产总值1440万元。2014年末，全乡生产总值5327万元，农村集体固定资产投资233万元，财政收入和上级转移支付收入443.9万元，村级收支专户收入858万元，全乡金融机构储蓄存款余额1.7亿元，人均存款余额8059元。

农业

1949年前，境内以水稻种植为主，由于农田水利设施落后，农业生产条件极差，最高单产仅320斤。1950—1960年，农作物种植种类增多，粮食作物除主要种植一季中稻外，还有红薯、花生等，油料作物类的油菜以本地白油菜为主。1960—1993年，大面积推广栽培双季稻，高峰期种植早稻533.33公顷，晚稻600公顷，部分区域种植中稻300公顷，其它农作物种植有红薯、花生、棉花、苎麻等，全乡棉花种植面积4000亩，苎麻3000亩。1978年，开始推广三系杂交水稻，主要用于晚稻栽培。1981年，县人民政府在示范点四坪村率先示范推广杂交稻“双两大”种植技术，最高单产850公斤。1990年，全乡粮食总产量7422吨，其中稻谷6226吨。1993年后，随着超级水稻品种的逐步推广和“稻—稻—油”向“稻—油”耕作制度改变，加之先进农业生产技术的应用，全乡种粮效益增加。到2013年，耕地面积1796.67公顷，粮食总产量11219吨，其中稻谷5767吨，玉米4620吨，其他作物832吨。2014年，粮食总产量11343吨，其中经济作物油菜1521吨，烤烟近千担。

2000年以前，全乡林地面积6133.33公顷，活立木蓄积量15万立方米。2001年开始实施退耕还林，当年退耕还林66.67公顷；2003年退耕还林100公顷；2008年退耕还林30.73公顷。2014年末，有林地面积6533.33公顷，活立木蓄积量19万立方米，共实施退耕还林338.07公顷，森林覆盖率 58.77%。

乡村企业

2014 年年末，境内主要企业有伟鑫模具配件加工厂、双林制衣厂、五福桥建材厂、春光木材加工厂、古洞溪发电站等。春光木材加工厂有 27 名员工，年产值 150 万元。双林制衣厂有 18 名员工，年产值 250 万元。慈利县伟鑫模具配件加工厂系本籍人郝秋生创办，他在深圳开有一家规模不小的模具加工厂，后返乡于 2011 年 10 月在桃垭村投资 600 多万元兴办分厂，吸收剩余劳动力就业 60 余人。

商业贸易

1958 年，成立甘堰供销社，在计划经济时期，人财物都归国有，实行报账制，2004 年供销社解体。随后，个体商业经营户大量涌现。2011 年，全乡社会商品零售总额 6500 万元。2014 年年末，全乡有商业（店）网点 102 家，从业人员 218 人；集贸市场 2 个，年成交额 2350 万元。

劳务输出

1990 年，全乡外出务工 409 人，收入 129 万元。随着中国城镇化、工业化进程的不断推进，2000 年外出务工人员显著增多，达到 2076 人，收入 1226 万元。2010 年外出务工 3235 人，收入 3768 万元。到 2014 年，外出务工 4045 人，收入 5917 万元。

基础设施

交通运输

境内有县道 X007 线和甘零公路穿境而过。2009 年，完成张家台、上马墩、余溪、东峪、中心、月台、高岭、勤中、四坪、白岩、西峪、桂竹、桃垭等 13 个村 31.5 公里的通畅工程。到 2013 年年底，全乡共完成通畅工程 50.1 公里，基本实现村村通水泥路。拉通金岩至桂竹的连村公路，实现川石和西铺两条峪 12 个村的贯通。完成通达工程 61.5 公里，组道硬化 16.3 公里，解决 42 个组群众出行难问题。2014 年年底，乡、村通达率 100%，村道硬化率 100%。近年来，长（沙）张（家界）高速公路开通，甘堰境内县道车流急速减少，集镇至县城的营运的固定班线车每天往返 3 趟。

邮电通信

2014 年年末，有邮政支局 1 处，邮政报纸、杂志累计发行流转额 9.5 万元。1998 年，引入互

川石溪治理

联网。是年，建移动通信基站，开通移动通信仅有二三十户；2006年，建电信通信基站。到2014年，有电信企业1家，服务网点3个，固定电话用户3265户，电话普及率56%；移动电话用户15732户，互联网用户378户；全年电信业务收入97万元。

供电饮水

20世纪80年代前，该乡没有供电设备，照明基本靠煤油、蜡烛等。1989年，全乡有21个村通电，村通电率95.2%，有电农户3590户，占总户数的76.6%。2002年，开始实施农村低压电网改造，当年改造万佛、金岩村。2013年，完成全部改造，群众生产生活用电质量得到保障。2005年投资110万元完成饮水工程建设。2013年投资40万元完成集镇自来水净化工程，初步解决取水点的铁锰等微量元素超标问题，保证集镇及沿途4500名干部群众的饮水安全。2014年投资700万元建立水厂1座，日供水量900吨，覆盖6个村7000人，全乡安全饮水率达64%。

水利建设

境内多处是喀斯特地形，地表水奇缺。1949年前，水利设施十分简陋，全乡不到100口山塘，人畜饮水困难较大。1949年10月后，党委政府重视水利建设，从1958年开工建设西峪水库工程，历时17年，全乡建成上型水库6座，库容量459万立方米，山塘297口，泵站1处，渠道12000米。1958年，在西峪建西峪小Ⅱ型水库，集雨面积1.08平方公里，库容19.2万立方米，灌溉32.87公顷。1972年，在余溪建余溪小Ⅱ型水库，集雨面积0.34平方公里，库容11万立方米，灌溉9.73公顷。是年10月，在桂竹始建龙虎峪小Ⅰ型水库，集雨面积1.49平方公里，为土石坝，坝高32米，库容186.2万立方米，灌溉127.33公顷。1974年，在高岭建古洞溪小Ⅱ型水库，集雨面积15平方公里，库容83万立方米，灌溉13.33公顷；在平溪建平溪小（2）型水库，集雨面积2.68平方公里，库容26.82万立方米，灌溉59.4公顷。1978年7月，在金岩始建金岩小（1）型水库，集雨面积5.93平方公里，为土石坝，坝高28米，库容83万立方米，灌溉115.07公顷，装机1台55千瓦。2013年，完成金岩水库除险加固工程；2014年，完成龙虎峪水库、坪溪水库等上型水库的除险加固工程，整修清淤骨干塘和山塘229口，新修、整修渠道17900米，并争取资金350万元完成川石溪流域治理工程。2014年年底，全乡有小（1）型水库2座，库容量269.2万立方米，灌溉面积242.4公顷；有小（2）型水库4座，总库容140.02万立方米，灌溉面积135.33公顷。

村镇建设

1983年，正式设立西铺市场。1992年，对西铺市场进行改扩建。为解决马路市场通行受阻问题，2007年投资60万元完成西铺村集镇街道路面硬化和下水道建设。西埔市场不断发展壮大，2014年有牲畜交易场所1栋、百货区2栋、摊位近300个、沿街各类商铺40多家，加油站1个、油脂加工厂2处。每逢场期除本地商贩外，还有益阳、永定、溪口、三官寺、宜冲桥、岩泊渡等外地商贩来此赶场，在给西铺村带来商机与财富的同时，更促进当地的繁荣发展。

社会事业

学校教育

1968年，甘堰中学在一座破庙的废墟上建立起来，1998年被列为省农村骨干中学，校园内两株枝繁叶茂的参天古柏便是历史的见证。学校位于澧水河畔，距枝柳铁路的溪口火车站仅6公里，省道1801线从校门口经过。2002年，学校有13个教学班，在校学生831人，在职教师49人；校园占地面积2公顷，建筑面积5000多平方米，固定资产达250多万元。随着外出务工人员的逐渐增多，生源外流现象严重，到2014年，中学教学班级减少到8个，学生417人，教师33人。甘堰中心完小创建于1973年。2002年有教学班10个，在校学生460人，在职教师20人，占地面积9799米，建筑面积3799米，固定资产66万元。获得“张家界市合格中心小学”等荣誉称号。

文化体育

乡文化站建于20世纪80年代。80年代末，成立第一支铜管乐队；到1995年“森保节”期间逐渐壮大，随后开始产生更多的铜管乐队。2010年，随着城乡文化生活的不断融合，乡内广场舞悄然兴起，全乡文艺氛围愈发浓厚。到2014年底，全乡共有500多人的广场健身舞人员，有腰鼓队2支，铜管乐队16支。2000年，开始创建农家书屋；到2014年年底，全乡共有农家书屋21个，藏书45000册，光碟2250套。

1970年始建公社广播放大站。初建站时，广播设备简陋。仅有1500瓦扩音机1部及话筒、高音喇叭、电唱机等，广播讯号利用电话线路输送到21个大队和部分生产队。继后，架通6个村的广播专线20公里，村通播率28.6%，安装高音喇叭225只；架通县至乡专线12公里。甘堰地处崇山峻岭，收看电视困难。1986年，集资建起小型差转台，发射功率为1瓦，覆盖范围2公里（半径），接收5频道，发射6频道，基本解决集镇群众收看电视难的问题。后因太平山电视转播台建成能覆盖甘堰乡地域，且日常维护经费不落实等原因停播。1994年，始办有线电视，添置卫视设备，收转卫视节目6套；1996年增加到10套。2004年年底，有线电视主干线3公里，支干线2公里，电视用户85户。随着网络电视等多元化信息时代的来临，到2014年年底，有线电视信号覆盖乡境。

2014年年末，有学校体育场所5个，政府球场1个，业余球队4只。在慈利县第七届全民运动会中，甘堰获得综合成绩第九、拔河团体赛第三和象棋团体第三。

医疗卫生

甘堰卫生院前身叫联合诊所，成立于1958年，成立之初寄居于一民宅，有中药郎中4人，单纯用中草药为贫下中农治病。1959年，开始为各村培养赤脚医生，每村培养赤脚医生和药剂员各1名，各村都设有医疗站，主要负责本村农民治病及疟疾防治和预防接种。20世纪70年代初，更名为公社卫生院，有职工8人。1993年因地处原省道1801线张家界和慈利的中点，地理位置重要，批准设立为全县重要的红十字救护站之一。到2014年，乡卫生院承担着全乡的基本医疗和基本公共卫生服务两大主要职责。占地近9000平米，有专业技术人员17人，床位15张，业务用房面积1577平米，年业务收入150余万元。全乡有村卫生室11家。

社会保障

2005开始实行低保，2006年实行新农合，2011年实行新农保。到2014年，全乡共有“五保”对象222人，低保对象900人，年均发放“五保”、低保资金174万余元，临时困难救济资金4万元，通过不断完善社会救助体系，切实保障困难群众基本生活，对符合最低生活保障范围的人员，做到应保尽保。2009年，投资60万元，在东峪村修建敬老院1所，入住“五保老人”30人。2013年，投资200余万元，在园艺村新建敬

敬老院

老院 1 所，入住“五保老人”50 人。

特色地情

名优特产

苎麻产业曾是甘堰的一大特色。1999 年 4 月，成立全市第一个苎麻专业合作社，取名“苎麻协会”，有理事会成员 21 人，理事由乡政府、乡供销社、乡财政所、乡信用社、乡农技站等单位负责人以及苎麻主产村的村主任组成。1999 年，协会收购苎麻 990 多吨，上缴国家税金 5 万多元，乡供销社创利 15 万多元，促使当地麻农人均增收 210 多元。2011 年，从沅江麻类研究所引进新品种湘苎二号，使苎麻亩产量提高到 40 公斤左右，但因经济效益不佳，规模逐渐缩小。境内水果种植以柚子为主，全乡共 166.67 公顷，品种有福建柚、沙田柚、灌溪蜜柚等，产量 5000 吨。园艺村五福桥的柚子一条街曾是一道亮丽的风景线，吸引省内外到张家界的游客到此购买，年产量 30 吨左右。近几年产量有所下降。此外，由于境内森林覆盖率较高，植被保护较好，野生物种丰富，盛产枞菌、竹笋、猕猴桃，有野猪、野鸡、竹鼠、麂子等。穿石溪流域内的岩骨鱼、黄骨鱼、桂花鱼、野生鲢鱼风味独特，鲜香味美。甘堰乡的村民性格豪爽，喜欢以酒会友，以米酒为甚，其米酒由传统工艺酿造，香甜醇美。

风景名胜

自生桥 位于园艺村、马鞍山村交界处，桥墩长 35 米，宽 4 米，高 30 米，桥面厚度 8 米。全桥呈圆拱形，横跨园艺和马鞍 2 个村，溪水穿桥而过，注入澧水河，穿石溪因此得名。是甘堰土家族乡新开发的户外旅游线路“穿石溪流亲水游”的景点之一。

金岩村悬岩寺 在金岩村悬岩山上有一悬岩寺，相传清朝乾隆年间，罗家峪一位姓罗的年轻小伙子，与母亲相依为命，家里常常无米下炊。化岩成精的岩姑见他可怜，点石成米，装满石斗，放在他经常砍柴的天桥湾。小伙子砍柴时发现装米的石斗，于是取一半，留一半，对着石斗磕三个头，把半斗米带回家，给母亲做一顿饭。第二

天小伙子砍柴时，发现石斗里的米依然是满的，但他仍只带走一半。日复一日，岩姑见小伙子善良、孝顺、心无贪欲，日久生情，便化作漂亮的村姑嫁给他。在他们的帮助下，罗家峪全村百姓从此富裕起来。后人为纪念岩姑，便修建寺庙。悬岩寺由打磨过的青岩砌成，长 10 米，高 3 米，进深 2.8 米，坐落在崖顶的一块天然石灰岩层上，面南而立。

仙龟山 位于勤中村，山形酷似一只神龟。相传很久以前，鬼谷子带着照料他的女仆骑着神龟寻找无字天书，当找到无字天书后，鬼谷子因受无字天书的指引，害怕不能成仙就丢下神龟和女仆独自一人寻找得仙之道。神龟日夜等待主人，年复一年，慢慢的和周围的一切融为一体，变成一座神龟山。

红岩岭 起于阳和土家族乡渔浦村，途径甘堰土家族乡高岭村，止于甘堰土家族乡园艺村五福桥，西南—东北走向，绵延 10 余公里。红岩岭由数百座顶平、身陡、麓缓的红色砂砾岩石构成，“色如渥丹，灿若明霞”，以赤壁丹霞为特色。据地质学家研究表明：此地貌与张家界地貌同处一个区域，却完全不同，极属罕见，是发育最典型、类型最齐全、造型最丰富、景色最优美的丹霞山貌集中分布区。境内地质结构奇特，山、水、林、洞齐全，丹霞山貌呈孤立的山峰和陡峭的奇岩怪石，喀斯特地貌地段多处溶洞。境内地貌类型多样，集高、陡、深、长、窄于一体，会雄、奇、险、幽、秀于一身，有大小石峰、石墙、石柱、天生桥多处，群峰如林，疏密相生，参差不齐，错落有序。山间高峡幽谷，古木葱郁，淡雅清静，风尘不染。澧水纵贯南北，沿途丹山碧水，竹树婆娑，满江风物，一脉柔情。

民俗风情

境内婚姻习俗中的“哭嫁”是土家族遗风，今猪槽湾村、马鞍村等少数村还保留着这一传统。土家姑娘出嫁时要唱《哭嫁歌》，其形式多种多样，哭中有唱，唱中有哭，歌词以长短句为主，也有“五言七句”“七言四句”“七言五句”。随着时代的演变和发展，现在土家姑娘“哭嫁”显得热情、开朗，是表现男女青年通过自由恋爱，热切期盼建立美好家庭的情感抒发。挑花是土家族独有的手工制品，在西铺村、金岩村、万佛村传承至今。土家姑娘在直纹平布上，按照布纹的经纬十字交点用与底布色相反的线挑成图案。许

多姑娘在长辈指点下，从小就养成挑花的习惯。在选料配色做图上，一般采用三种方法。第一种是选青布或蓝布做底布，配以红色或青绝色线；第二种是选用白色底布挑刺黑色花样；第三种是长幅挑花。挑花图案纹样有各种各样的几何图案，还有各种花、草、虫、鱼、龙、竹、树，还有“龙凤呈祥”“狮子滚绣球”“鲤鱼跳龙门”“福禄寿喜”“吉祥如意”等传统图案。

（撰稿人：周亚　于玉兰　图：周亚　于玉兰）

许家坊土家族乡

集镇全景

区域概况

位置面积

许家坊土家族乡地处慈利县西部，东与阳和土家族乡相连，南与溪口镇隔澧水相望，西与永定区合作桥乡接壤，北与武陵源区索溪镇交界。辖区东西宽10.8公里，南北长12.8公里，总面积80.5平方公里。乡人民政府驻地距县城53公里。

建置沿革

因集镇开设的酒坊、榨坊等作坊多，以及全乡姓许的人口比例大而得名。1912—1929年，属慈利八都辖地。1930年，属四区（溪口）。1935年，属三区（溪口）。1938—1947年，属溪口乡。1952—1956年，属六区。1958年9月，与甘堰、阳和组建为阳和人民公社。1961年7月，从阳和人民公社析出建许家坊人民公社。1984年2月，设许家坊乡。1995年4月，与甘堰、阳和两乡合并为许家坊土家族乡。1998年11月，甘堰、阳和析出，仍为许家坊土家族乡。

行政区划

2014年，全乡辖红坪、芦花坪、岩口、南庄、邓界、杨桥、大峪、咸水、阳坪、堆金、大塘、棋盘、新建、浮石、麒麟、陈坪16个建制村，214个村民小组。乡人民政府驻麒麟村。

自然环境

境内地貌以山地为主，沿溪河两岸山势较陡，中间为小盆谷地，地层岩性为泥质页岩。最高峰位于芦花坪村金仙山顶，海拔1071.8米；最低点位于南庄村，海拔109.8米。境内气候温和，四季分明，无霜期长，年平均气温16.8℃，降水量1464.7毫米，降雨集中在5—7月，6月最多。

人口民族

1964年年末，境内有3321户13569人。1985年，有4450户17773人。1990年，全乡总人口18374人。2014年总人口21049人，以土家族、汉族、白族为主，其中土家族19300人，占总人口91.7%；人口出生率12.57‰，自然增长率6.91‰。

经济发展

经济综述

乡域经济以农业为主。1989年全乡生产总值823万元，其中工业生产总值139万元，农业生产总值684万元，人均口粮306.5公斤，人均纯收入408元。1993年全乡生产总值1653万元，人均纯收入1056元。2014年年末，全乡实现生产总值15786万元，转移农村富余劳动力5000多人，创劳务收入3500万元，居民各项存款余额7600万元，农民人均纯收入2707元。是年，全乡90%的家庭住进新楼房，不少家庭拥有大型家用电器、摩托车、大卡车、小汽车等，自来水、电视、无线网络通信入户率均达78%。

农业

境内历来为传统农业模式，1949年10月后有所改变，历经集体经营、个体经营、家庭联产承包等经营模式。粮食作物以水稻、玉米等为主。1950年，耕地面积1245.4公顷，粮食总产量5852吨，其中水稻5217吨、玉米273吨。中共十一届三中全会后，调整农业经济政策，实行土地联产承包责任制，进一步调动农民的积极性，生产获得更大发展。1989年，全乡粮食总产量7264吨，农业总产值684万元。1998年提出“一线二业三基地”发展目标，在大峪、棋盘、阳坪村发展黄牛、黄羊基地，在堆金、大塘等村发展红薯种植基地。2011年油菜种植面积400公顷，产量7200吨；苎麻种植面积200公顷，产量240吨。2014年粮食总产量13647吨，其中水稻产量7947吨。

畜牧业

许家坊素有较好的养殖习惯。1963年成立公社畜牧站，人均养猪0.7～0.8头。1986年全乡生猪数量达到1132头。为健全良种繁殖体系，建立生猪供精站一处，全乡全部实行生猪品种改良，发展养殖大户15户。20世纪90年代以后，由于年轻人外出务工多，导致养殖业下滑。2000年后国家实施惠农补贴政策，养殖业再度兴起，全乡猪、牛、羊、家禽的养殖量大幅提升。2014年，全乡生猪出栏12954头，养殖大户的养殖规模由原来每户20头左右提高到每户200头左右，养牛大户存栏50头以上有4户，并成立养牛合作社一家。是年，成立张家界娃娃鱼驯养场，有娃娃鱼1200尾。是年，全乡水产品

产量50吨。

林业

境内属丘陵地形，阳光充足，土壤肥沃，溪流众多，具有明显的四季变化，适宜栽植杉、松、竹等用材树种和柑橘、杜仲、油茶等经济树种。全乡有林地面积5000公顷，占国土总面积的64%，森林覆盖率55.74%，全乡活立木总蓄积量154012立方米。20世纪90年代，全乡共营造长防林工程186.67公顷，封山育林340公顷，保持水土、涵养水源等生态效益初步显现。2001—2005年，退耕还林工程造林200公顷。2006年，将常张高速沿线以及马颈界山脉两侧共2133.33公顷森林区划为生态公益林，改善生态环境；每年生态效益补偿资金51万余元，让林农得到实惠。2013年，营造优质油茶基地166.67公顷，成立福金山油茶专业合作社。2014年，实施新一轮退耕还林工程20公顷，直接给林农每年增加经济收入约40万元，增强林农造林积极性。通过封、管、造等多种森林经营措施，基本实现全乡林业生态效益和经济效益的持续发展。

工业

中华人民共和国成立初期，境内仅有3家铁匠铺、1家铜匠铺、4家小榨油作坊、1家手摇制袜作坊和1家染衣坊等简易五小工业。1958年进入大跃进年代，相继建有堆金石灰厂，许家坊油厂，岩口油厂，南庄油厂，缝纫社等。1962年公社成立社办企业办（后改为乡镇企业办），乡镇企业得到空前发展。期间，投资几百万元至上千万元的有水泥厂、精干麻厂、机砖厂。2002—2008年，许家坊乡一度成为慈利县工业重镇，工业总产值最高达1400万元，解决5000多人就业，全乡有规模企业4家。2006年，全面实施“工业强乡”战略，不断优化经济发展环境，大力扶持原有企业，楚霸水泥厂年生产水泥9.5万吨，实现销售收入1270万元，创利税130余万元。2009—2010年，精干麻厂、机砖厂因环境污染不符合国家产业政策关停，水泥厂因迁址项目流产而倒闭，全乡工业年产值下滑到48万元。随着市场经济的不断发展，号召全民创业，2014年全乡工业总产值112万元，占全乡生产总产值的10%。

商贸服务

1949年前，境内商品流通主要依靠澧水河道和老百姓挑担维持日常生活。1949年10月后，在党政机关所在地设有肉食站、供销合作社、药店，供应生产、生活资料和收购农副产品，集镇市场逐渐向阳坪、麒麟村搬迁。1952年农民自发筹集资金创办合作社，有社员50人，股金358元，分销店4个。1957年社员发展到3864户，购销网点6个，股金9365元。1958年实行“两放三统一仓”，供销社的机构、人员、财产全部下放到人民公社，成立公社营销部，变成全民所有企业、私人、小商贩组织的合作店。1961年11月商、供分开，恢复供销社和网点，从业人员48人。1962年实行商、供合并，1976年商、供又分开，恢复供销合作社建制，全社有13个代销店，4个商店，从业人员60多人。20世纪70年代，许家坊供销合作社发展茶叶6.67公顷，建有浮石茶厂、新建茶场、马基界茶场；发展苎麻200公顷，建立新建麻场、浮石麻场、岩口麻场基地；发展以大塘、阳坪、岩口为龙头的棉花生产基地，共100公顷；发展以柑橘为主体的水果产品，使许家坊经济得到快速发展。成立苎麻合作社，累计上缴国家税金上千万元。中共十一届三中全会后，实行多渠道流通，发展集体、个体商业多层次经营，实行联销联利、工资浮动和岗位责任制。2000年许家坊供销合作社清理落实原有社员股金，偿还积欠股金红利1.5万多元。2014年，全乡有个体工商户100多户，养殖专业户10余家，各种服务业20多家，从业人员1000多人。

劳务输出

20世纪90年代，境内出现农民工外出打工热潮，先后在广东、上海、北京等经济发达地区从事劳务就业。1991年，全乡外出务工人员1300人，2002年增加到3000人。2014年年末，全乡转移就业5000余人。

基础设施

交通运输

解放初期，境内没有公路，1957年，大慈公路（省道1801线）穿过许家坊境内。1976年，建成许家坊岩口到芦花坪的通村道路8公里。1982年，建成阳坪村到新建村的通村公路。1995年全乡9个村完成部分通组道路，2000年16个村的村道毛路建成。2013年，完成全乡16个村的通组道路硬化，乡、村通达率100%，村道硬化率81.2%。1996年建成许家坊乡至张家界、许家

通村公路、桥梁

坊至慈利2个客运站，日发客运汽车80班次，日发旅客700余人次。2000年客运站到慈利、张家界的班车达12辆，日发旅客1200余人次。

邮电通信

1946年境内有电话线路。1992年取消乡电话室，1998年成立许家坊电信所，2001年全乡程控电话1367户，移动电话用户367户。1987年成立乡邮政所。2000年拓展电子商务、速递物流等业务，邮政业务总量65万元，其中纯收入13万元。报纸、杂志累计发行流转额7.2万元。电信企业1家，服务网点1个，固定电话用户1458户，电话普及率26%；移动电话用户1000户，互联网用户189户。

供电饮水

1949年前，境内没有照明用电，多用煤油灯照明。1967年用电仅局限于照明，供电设施简陋，供电量不足，经常出现“停电熄灯”的情况。2001年全乡完成电网低压线路的改造，将小水电网并入县电力公司供电网，因小水电站的经济效益低而废弃。至此，全乡用电量大幅提高，电的用途也逐步多样化，诸如用于洗衣、做饭、取暖等生活用电。2004年，在麒麟村修建1座35千伏变电站，为全乡生产生活正常用电提供有力保障；年售电量累计160万千瓦时，供电可靠率99.4%。

2012年，投资240万元建成许家坊乡自来水厂，总容量300吨，解决许家坊集镇和周边5个村7000余人的安全饮水问题。2013年，投资30万元铺设供水主管道12公里，解决6个村240户近1000人的安全饮水问题。2014年年末，自来水用户近1000户。

水利建设

1958年后，境内大兴水利基础建设，先后建成汉水峪、永丰2座小（1）型水库，伍家溶、邓家峪和冉家峪3座小（2）型水库和200多口山塘，为农业生产发挥重大作用。其中汉水峪水库集雨面积2.3平方千米，总库容138万立方米，坝高31米，灌溉面积95.13公顷；永丰水库集雨面积4.21平方千米，总库容163万立方米，坝高28米，灌溉面积200.67公顷；伍家溶水库集雨面积0.134平方千米，总库容24万立方米，灌溉面积6.67公顷；邓家峪水库集雨面积0.41平方千米，总库容41万立方米，灌溉面积16.67公顷；冉家峪水库集雨面积0.65平方千米，总库容30万立方米，灌溉面积17.33公顷。2011—2013年，先后对5座水库进行除险加固处理，总投资1000多万元。2010—2012年，先后对阳坪、岩口、南庄、大塘、陈坪、堆金6个村进行小型农田水利设施建设，整修山塘20多口，修复灌溉渠道18000多米。

村镇建设

1949年10月前，乡村房屋以茅草房、土坯房为主，条件稍好的家庭建有木房。从整体看，村镇设施条件极为落后。1949年10月后，住房差距缩小。中共十一届三中全会后，农民收入增加，农村居所逐渐改善，不少农民仿照城市三室一厅、三室二厅楼式建新房。2009年开始实施国家危房改造工程，到2014年末，全乡共改造危房218户，百姓居住条件日渐改善。随着集镇商户增多，2008年以后，乡集镇街道老房翻修较多，重建后的街道新房，给人焕然一新的感觉。2014年，投资280万元的乡政府便民服务中心投入使用。

社会事业

学校教育

中华人民共和国成立初期，许家坊中学设在狮头溪畔的金家庙里，有中小学生7个班。1968

年9月初中部迁至现址。2002年校园总面积25660平方米，有教职工40名。2014年，设有初中部和小学部，共38个教学班，在校学生1655人。其中初中部9个班、学生479人，中心完小21个班、学生1106 人，村教学点4个、学生70人。全乡学前教育共7个幼儿园（班）、520名在读幼儿，分公民和民办两大块：公办有1所中心幼儿园和4个村级幼儿班，共309名幼儿；民办有金星、阳平2所幼儿园，共211名幼儿。

文化事业

1980年，许家坊人民公社文化站成立，是年10月成立公社阳剧团，成员18名。是年，乡有电影放影员下到各村放电影。1981年组建境内第一支铜管乐队，并于2000年全县铜管乐队比赛中获等一名。1990年组织大塘村朱家山狮舞队参加全县农民艺术节获二等奖，1992年组建麒麟村、大塘村龙灯队，后因队员青黄不接解散。1995年杨新村杨子德组建杨家班阳戏，土家花灯团队，后因无人继承解散。

许家坊人民公社广播站始建于1972年，1984年改为乡站，有275瓦扩音机1部和电唱机、话筒、电源调压器等配套设备。1994年建立有线电视网络，发展用户300多户。2000年组建文体广播电视站。2008年组队参加县“迎奥运”文化系列活动，2011年组队参加全县建党80周年红歌歌咏比赛。2012年，乡有线电视与县有线网络公司联网，发展数字电视用户1000多户。2014年年底，全乡16个行政村实现有线电视全覆盖。2013年参加县“欢乐潇湘·幸福慈利”系列文体活动，获团体第二名。参加县第六届农民运动会，获团体总分第四名；2014年，在第七届全县农运会中获乡镇组团体总分第二名。到2014年，安装浮石村、大塘村、新建村、棋名村、杨桥村的全民健身设施。有大塘腰鼓队、阳坪军鼓队、铜管乐队11支，围鼓队16支，有广场舞场地5个。

医疗卫生

乡卫生院成立于1958年，由3个人的诊所起步，房屋狭小，设施简陋，仅提供中医药服务。卫生院四度搬迁易址，曾先后设在麻厂、电信所、中心完小等地。随着社会进步和国家重视，现成为一所集医疗、急救、预防、保健、培训、康复、公共卫生监管等为一体的综合医疗机构。到2014年，卫生院占地1366平方米，业务用房2500平

许家坊中心完小

方米，专业技术人员 10 人，固定资产 291 万元，开放病床 25 张；设有内儿科、外科、妇产科、中医科、针灸科、传染病科、妇幼保健、预防接种、放射科、心电图、B 超、化验等 12 个科室，业务覆盖阳和、合作桥、新桥、协和等 5 个乡镇近 8 万人，年门诊量 2.4 万人次，年出院病人 1385 人次，年业务收入近 300 万元。

社会保障

1956 年开始实行"五保"政策，供养无儿无女的老人。1980 年对"五保"老人实行以村为主分散供养。2009 年修建乡敬老院，设立床位 50 个，集中供养 40 人。2000 年实行城镇低保。2006 年开始实行农村低保，到 2013 年，共有 837 个低保对象。2014 年城乡低保实行全覆盖，做到应保尽保，低保人数上升到 1426 人。2008 年开始实行大病救助。2009 年实施农村危房改造，危房改造农户 75 户，补助资金 30 万元。2014 年危房改造农户 86 户，补助资金 66.3 万元。20 世纪六七十年代，国家对特困户实行"返销粮"救济。80 年代以后，以救济款为主辅之以物资救济，一年分冬春两次救济。乡民政所加强对因灾倒房户、特困户的重点救济。2005 年实行农村贫困学生（义务教育阶段）生活补助。2009 年实行新型合作医疗，全乡参合率 95% 以上。2011 年实行新型养老保险，当年参保率 91%。2014 年，农村合作医疗参保人数 16647 人。

特色地情

历史人文

陈新武，1911 年 11 月生，汉族，中共党员，许家访乡邓界人，老红军。1948 年 4 月任二纵教导团工兵队长，1948 年 9 月任二军六师十七团参谋长、副团长。1959 年任辽宁省军区丹东军分区参谋长。1964 年因病离职修养。1976 年 8 月 6 日在辽宁丹东逝世，终年 65 岁。

风景名胜

金仙山位于芦花坪村境内，是芦花坪村与武陵源军地坪镇文风村、百虎堂村交界山脉的最高山峰，海拔 1071.8 米。山的一侧是芦花坪的张家峪，另一侧为武陵源的百虎堂、一线天景区。在山顶残存的破庙南侧悬崖上，由层层叠叠的岩块自然构成长约 6 米、宽 2 米许的龙头石，壮美而

邓界村永丰水库

神韵。清嘉庆《慈利县志》载："金仙山，在八都。山极高，上有庙，庙后有石井，水向上出，虽旱不涸。又有龙头石，悬空三丈许。"此处明、清时期曾繁华一时，为古驿道。从洞庭湖溯澧水而至上慈利溪口，经凉亭垭、许家坊，往百虎堂、索溪峪、青岩山（张家界）一带，金仙山是必经道之一。芦花坪至今残存的一些历史遗迹，除金仙庙遗址外，还有溪沟治理、饮水工程，皆由巨石精工砌成，尤其是设计科学、建设精良的聚星桥至今尚在。金仙庙当年香火兴旺，从残存的金仙庙残碑依稀可见的刻字上，可知庙貌气派显赫。是当年慈利八都与二十都乡民及过往商贾、来客的祈福神庙。

民俗风情

境内土家族青年新婚当天发轿开始，放鞭炮，依次发嫁妆和新娘送亲人员，再发新娘。发新娘时，由新娘的哥哥或弟弟将新娘从闺房背到堂屋，新郎跪拜岳父母，四位接亲的未婚女青年拉扯新娘出门。新娘的送亲由哥嫂、伯叔等亲属组成，一般为双数，以六人为佳，所谓"六亲"。再加上四位未婚女青年陪送。送亲人先是在新郎邻居家吃"下马酒"，尔后才去新郎家。无论多远，送亲都不在新郎家过夜，匆匆往回赶。

境内村民建新房（木质结构）安置主梁（堂屋上脊梁）时，两位木匠师傅各扛着一端缓缓扶梯而上，每上一步梯子，同时念着一些词儿。"我上一步，人丁兴旺。""我上二步，万代富贵。"主梁安放好后，木匠师傅将主人家备好的糯米粑粑往下一个个抛下来，口中念念有词。

境内传承过"赶年""六月六"、祭祖拜神、吃糯米粑粑和腊肉的遗俗。过"赶年"，即农历除夕前一天过年，烧纸钱，放鞭炮，祭祀祖宗先辈，保佑平安；祭拜猪神，祈祷六畜兴旺；祭拜火神，香火不断，不遭火灾；祭拜土地神，祈祷地安人定。一应祭拜完后，再吃团年饭。过"六月六"，即农历六月初六这天洗浴和晒物，俗称"晒龙袍"，以纪念土家首领覃垕王。六月六晒过的东西不易霉烂，不易生虫。"三月三蛇出山"，农历三月初三，蒸制蒿叶粑粑，意为祭蛇神，塞蛇口，以免被蛇咬。冬天，将猪肉、羊肉等腌制后，将其挂在火坑上方用柴火烟熏干备用。临近年末，蒸做糯米粑粑，并用缸盛水泡放，陆续食用。

（撰稿人：郭梁　图：郭梁　向凤毛　黄真龙）

金岩土家族乡

区域概况

位置面积

金岩土家族乡位于慈利县西南边陲，东、北与洞溪乡、溪口镇毗邻，西、南与永定区五乡一镇接壤。总面积135.18平方公里。乡人民政府驻地距县城88公里、距张家界市城区24公里。

建置沿革

因进入金岩集镇门户处有一座形如汉字“金”的岩山名叫“金岩山”，因此得名。1912年，属慈利九都辖地。1930年属慈利四区，始称金岩乡，继之属溪口乡、溪渔乡的一部分。1952年，属慈利五区。1956年6月，复为金岩乡。1958年9月，改为金岩人民公社，1984年2月，更名金岩乡。1995年4月，认定为土家族乡，称金岩土家族乡至今。

行政区划

2014年，全乡辖南坪、金盆、三元、双中、南岳、落元、郑坪、刘坪、月潭、保健、敏家、荆竹、中坪、土溪、湖坪、金鸡、落凤、茶坪、红联19个建制村，264个村民小组。乡人民政府驻三元村。

自然环境

境内东面有落凤山、高中庵、罗石坡山脉，且罗石坡地势最高，海拔1052米；南面有大尖山、袁福界、芝麻岗；西部有朝天寺、黄石界、谭家山；北边有八卦山、猪公垴；中间有太平山，海拔1004.8米。三元村境内的龙家界山最低，海拔435.5米。境内气候温和，年平均气温12.9℃，降水量730毫米，无霜期230天。有冰雹、洪涝、干旱和低温霜冻等自然灾害。境内有多条溪流流入九渡溪后进入澧水，金岩山连山，溪连山，溪谷累计长约450公里，常年流水不断，水质清澈。溪谷中有多处流泉瀑布，丰水季节，或像飞雪卷云，喷珠溅玉；或如万斛银珠，凌空倾泻。每逢山洪暴发，响声如雷，声震山谷。是慈利的主要林区之一。林区内峰峦叠嶂，林木参天，流水潺潺，山路幽深，是天然氧仓。其山、水、树木、花草、云雾等自然景观，美轮美奂。境内植被为亚热带季雨林和季风带绿叶林，动植物种类繁多，植物种类1000余种，动物种类100余种。其中，珍稀植物有黄杉、红豆杉、水杉、香樟、楠木等；国家一级保护动物有麝、红腹角雉，二级保护动物有猕猴、穿山甲、锦鸡、豺、狗獾等。境内矿产资源丰富，具有开采价值的有磷矿、镍钼矿、铜矿、钾矿、重晶石等，其中磷矿储量约480万吨，铜矿储量约360万吨。

人口民族

1956年，辖区总人口11280人；1980年，总人口17264人。至2014年年末，全乡总人口16283人，其中土家族13800人，占总人口的84.8%，还杂居有白族、汉族等。

经济发展

经济综述

1949年10月以后，金岩人民在中国共产党的领导下，进行土地改革，解放生产力，进行基本农田水利建设，增加农作物播种面积，采用良种良法，科技兴农，开展群众性爱国丰产运动。1958年，工农业产值55万元，粮食总产量230万公斤。至1978年，人民群众的生活水平有所改善，但仍处于温饱不足状态，工农业产值130万元，粮食总产量320万公斤，农民人均粮食178.8公斤。2014年，全乡实现生产总值3711万元，其中，工业产值612万元，完成固定资产投资294.82万元，财政收入2558万元，农民人均纯收入3022元，金融机构存款余额10448万元，贷款余额5189万元。

农业

1949年前，因地处偏远、交通闭塞，境内沿袭原始农耕习俗，粮食最高亩产150公斤。1958年后，农业进入较快发展时期，修山塘、溪坝、水库、渠道，广辟肥源，改良品种，合理密植，深耕细作，农业收成逐年上升。1978年境内推广三系杂交稻，当年粮食总产量320万公斤。1979年以后，农民科学种田水平得到进一步提高，农业发展卓有成效，农民收入大幅增加，抵御自然灾害的能力有一定提高。20世纪70年代，引进并大面积种植黄花菜，成为农民增收的支柱产业。2014年种植黄花菜353.33公顷，总产量900余吨，产品畅销国内市场。近年来，以落凤、双中两个烟草基地为辐射点，实施“烤烟兴乡”战略，种植烤烟113.33公顷，收购烟叶近6000担以上。同时，推广油菜育苗移栽和科学配方施肥技术，全乡油菜种植面积稳定在566.67公顷以上。2014年，全乡粮食总产量7751吨（其中稻谷4049吨，玉米2238吨），人均占有粮食460公斤，农业总产值4586万元。

林业

20世纪70年代，响应“绿化祖国”的号召，组建落凤、金鸡、保健等社办林场。至1998年，全乡人工造林140公顷。2003年，实施退耕还林政策，鼓励群众植树造林；到2014年年底，全乡林地22666.67公顷，其中用材林16666.67公顷，经济林6000公顷，森林覆盖率65%，木材储蓄量40万立方米，年销售木材6000立方米。2014年，全乡拥有木材加工厂、家具厂5家，从业人员300余人，年收入800万元。

养殖业

20世纪70年代中期以前，境内畜牧养殖业均为传统散养模式，简单粗放。1978年改革开放以后，逐步进行规模养殖，主要有红联村张建波开的竹鼠养殖、刘坪村杜双华的刺猬试养、保健村朱政球进行蛇类养殖等特种养殖。至2014年末，全乡饲养本地黄牛2800头，生猪15000头，山羊11000只，家禽5.25万羽，年产值2300万元。

乡村企业

1975年，始办公社社办企业和大队企业。是年，共有社队企业23家，从业人员480人；主要企业有餐饮店、理发店、石灰厂、铁匠铺、粮油加工厂、百货经销店、木工厂、发电站等。1986年，乡村企业仅存百货经销店、发电站。1988年，乡办企业全部停办。自20世纪90年代始，金岩二、三产业冲破原来社队办企业的单一集体所有制格局，个体、私营工商企业在改革开放的政策环境下，较为迅速地发展起来。至2014年末，全乡有木材加工厂2家、家具厂3家、电子元件加工厂1家、玩具厂1家、制衣厂2家、水泥建材厂2家、特种养殖场2个、农产品专业合作社2个、农林发展公司1家，安排劳动就业人员1350人，年产值3500万元。

商贸服务

1952年，成立供销合作社，1956年又在保健、两岔溪、落元设立3个合作分社。1965年，供销合作社在15个大队分设代销店。后来，供销社体制改体，商业流通主渠道变更为个体工商户。随着社会主义市场经济体制的建立，私营商业贸

特种养殖

通村公路、桥梁

易活动异常活跃，私营商业的范围扩大到群众生产生活各个领域，商贸服务业获得长足发展。主要企业有金岩酒店、春安饭店、银生饭店、民康医药超市、炎炎购物超市、天天乐购物超市等。至 2014 年年末，全乡共有商业网点 46 个，从业人数 267 人；社会零售总额 6500 万元，农贸市场年成交额 4200 万元，年商品贸易周转额 5500 万元。

基础设施

交通运输

20 世纪 70 年代以前，金岩通往外界的是一条水路和多条山路，没有公路。至 70 年代中期，首先修通溪口至金岩的公路，之后聚全社之力经过 5 年的奋战将公路延伸到湖坪、落凤和敏家。80 年代末，对境内的公路分段进行改造，并铺设集镇街道的水泥路面。1996 年年底，金岩至永定的“金关”公路建成通车。从 2003 年起，境内掀起农村公路建设高潮。到 2005 年，全乡农村公路硬化路面 7.5 公里。2013 年，投资 580 万元，建起刘坪、郑坪两座跨九渡溪大桥和月潭、鹭鸶渡两座跨九渡溪滚水坝。至 2014 年年末，累计通村组公路 288 公里，其中硬化 185 公里。全乡 19 村通水泥路，70% 的村民小组通公路，公路入户率 75%。2014 年，金岩境内有通往张家界市内的客运班车 4 辆，通往慈利县城的客运班车 3 辆，个体货运车辆 192 辆。开通有农村公交车，方便群众出行。

邮电通信

建乡后，创办邮政代办所，并分别在三元、麻田溪设立两台人工有线电信总机，全乡各村、各部门及金鸡村的 5 个组分别安装手摇电话机，开展邮政电讯业务。1991 年后，邮电事业持续高速发展，是年建成一个有线无线交叉，联接城乡，通达世界各地的邮电通信网络。程控交换从无到有，1991 年首次开通 350 门程控电话，至 1993 年实现市话交换程控化，通信能力和现代化水平上新台阶。1987 年，报刊发行量 2300 份。2003 年中国移动通信业务开通，2004 年中国联通业务开通。至 2014 年年末，有邮政代办所 1 处，年报刊发行量 2000 份，邮政业务总量 12 万元；电信企业 4 家，本地固定电话用户 550 户，宽带用户 450

户，移动电话用户5100户、联通用户2500户，电信移动电话用户3400户；年电信收入700万元。

水利建设

1971年9月兴建的小（1）型红旗水库，选址落元大队，集雨面积6.92平方公里，坝高38米，库容229万立方米，灌溉63.33公顷。2014年，投资250万元的集镇人畜饮水工程完工投入使用，日供水量300吨，电站1座，装机容量250千瓦。到2014年年底，投资2000余万元的15000米九渡溪堤防工程完工，可确保九渡溪流域正常行洪，保护当地群众的生命财产安全。同时，“十二五”规划内，全乡所有村将实施小农水项目建设，14个村将实施“五小”水利工程建设。2014年，境内有骨干山塘14口、小（1）型水库1座，总库容3350万立方米，溪坝12处、提灌站1个，灌溉面积达500公顷。

村镇建设

20世纪80年代末，没有集镇，农民进行农产品交易要到溪口或永定的黄家铺、关门岩赶集。1993年，乡人代会决定将乡中学从南坪村搬至三元村，始对集镇进行规划，至2002年集镇初具雏形。近年来，按照“稳步扩大集镇面积，不断提升集镇品位”的发展思路，建管并重，集镇基础设施建设上新台阶，整体面貌大有改观，发展前景良好。2003年，投资30万元，硬化街道500米，整修下水道500米，建临街门面房98间。集镇实行承包管理，脏、乱、差面貌有明显改观；2013年，筹资30余万元，架设路灯48盏、植风景树300多棵，街道进一步亮化、美化。同时，乡村两级把小城镇建设、新农村建设有机结合起来进行规划，以商贸流通为核心，坚持“适度超前、分类规划、功能齐全、设计新颖”原则，投资250万元，新建“上宅下店”式商业铺面24户38间。2008年后，全乡19个村启动新民居建设工程，新民居建设累计投入资金2.6亿元，建成新民居2664户，农民居住环境和生活质量明显改善。小轿车、彩电、冰箱、摩托车等高档生活用品进入平常百姓家庭，楼房、平房、瓦房代替过去的茅草屋，道路硬化绿化及村庄建设正按现代化新农村的模式进行。

社会事业

学校教育

境内教育始于清代前期。1952年，创办红山、完子两所初级小学，从1956年起，较偏僻的山村也设置教学点。增办7所村办小学，红山小学定名为金岩中心学校。1974年10月，创办金岩中学，校址设在南坪大队。改革开放后，全民办教育，国家投资、集体筹资、群众集资投劳，改善教学条件。至1993年，兴建校舍8386平方米，总投资113.16万元，彻底告别破烂寺庙式教室。1993年，金岩乡中学整体搬迁至三元集镇，学校面貌发生大变化，新修教师宿舍、教学楼、修建厨房、大门、篮球场、花池等。至2014年末，全乡有幼儿园10所，在园幼儿387人，专职教师27名；小学11所，在校学生957人；初中1所，在校学生460人。全乡共有68名教职工。恢复高考后，有287人被高等学校录取。

文化体育

在金岩这块土地上，延续和发展出独具特色、多姿多彩的土家族文化。有金岩花灯戏、哭嫁、薅草锣鼓、山歌等流传。2014年年末，全乡18个村设立农家书屋，藏书38000余册；组建有管乐队，锣鼓队，腰鼓队，舞龙队、舞蹈队、土家礼仪、花灯戏等民间艺术民俗传承队伍16个，成员388人。先后举办土家山歌歌会、花灯灯会、土家族武术比赛等活动。2014年年末，境内数字电视用户450户，广播电视“村村通”及“村村响”实现全覆盖。村民在农闲时开展传统体育活动如打陀螺、打飞棒、跳绳、踩高脚马、扳手腕、扭扁担、摔跤、篮球、乒乓球比赛等文体活动，婚、丧事宴席期间开展对山歌、跳独具民族特色的舞蹈活动。健身秧歌、象棋、拔河等项目在金岩也得到有效开展和推广。2014年，金岩代表队参加县七运会，获女子高脚马比赛第三名。

医疗卫生

1956年，成立中西医结合的公社卫生院，有床位20张，医护人员11人。1972年，各大队配备1名赤脚医生，兼职保健及卫生防疫，医疗卫生事业得到快速发展。至2014年年末，乡卫生院有专业技术人员19名，配有病床40张，有B超、X光机和半自动生化检测仪等常见医疗设备。能开展常见病、多发内科疾病诊疗等。实行乡村一体化管理和国家基本药物制度，2014年免疫接种率97.26%，新农合参合率99.6%。

社会保障

2009年后，社会保障体系建设步伐明显加快、公共投入力度持续加大、社会保障惠及全民。至2014年年末，共有低保户765户、1453人，年发放生活保障金166.41万元；残疾人生活补助对象28户31人，年支出残疾人救助金2.79万元；困难家庭58户163人，临时救济支出4.53万元；“五保”对象191人，其中集中供养34人，人均生活费2640元，年支出50.42万元；优抚对象145人，年支出25.8万元。全乡共有7家民营企业123人参加企业职工养老保险及工伤保险。60周岁以上村民中共有4328人享受普惠制养老待遇。有乡敬老院1家，占地面积14700平方米，建筑面积1400平方米，总资产180万元，敬老院配备有管理、医护、职工各1人，入院集中供养五保老人34人。有14500人参加社会养老保险，15323人参加城乡居民基本医疗保险。至2014年年末，全乡完成303户农村危房改造，落实国家补助资金51.43万元。

特色地情

历史人文

1990年，金岩土家族乡文化站原站长覃章顺从刘坪村废弃的水电站旁，发现一把磨制的石斧，

传统民居

经国家文物局鉴定属新石器时代石斧，现收藏于慈利县文物管理所，证明春秋战国巴人就在此活动。境内有光荣的革命斗争传统，1934 年 11 月，红六军团挺进溪口，击溃守敌朱际凯部后，成立溪口区革命委员会、溪口游击大队等，向会生、向绍业等 32 人参加红军。1935 年 11 月下旬，红二、六军团在贺龙、萧克领导下，分左、中、右三路冲破敌军澧水 10 余公里封锁线，先后进入金岩经落元、南岳、双中、保健、敏家、荆竹、中坪等地直插大庸沅古坪后向沅陵挺进。1924–1935 年，金岩先后有 54 人参加红军，39 人壮烈牺牲。

名优特产

黄花菜 为百合科植物，20 世纪 70 年代引进金岩并大面积种植，产品被县外贸公司作为主要出口农产品，远销国外。黄花菜含有丰富的卵磷脂，对增强和改善大脑功能有重要作用，并能显著降低血清胆固醇的含量。境内土地肥沃，水源充足，空气清新，是生产有机优质黄花菜理想之地，生产的黄花菜质量优异，深受客户好评。1996 年被市县蔬菜办定为黄花菜生产基地。基地黄花菜“猛子花”，是一个技术成熟的栽培品种，全生育期 190 天，耐旱力强，虫害少。为发展支柱产业，2000 年金岩成立朝天寺黄花菜种植合作社，种植面积扩大到 166.67 公顷，2014 年发展到 353.33 公顷，总产量 900 余吨。

葛粉 金岩葛粉采用野生葛根为原料，经传统独特的技术工艺提炼方法精制而成，是地道的绿色食品。因无人工栽培，年产量 2500 ~ 3000 公斤。

蕨粉 蕨为野生植物，可以佐餐，金岩遍地都有生长，喜为人们采食。蕨粉是秋冬季节人们将蕨的根挖出加工生产的淀粉，属绿色保健食品范畴，其食用、医疗价值日益引起人们的关注和重视。蕨粉为土家人招待宾客的佳肴美味，具有特殊的地方风味，鲜嫩可口，年产量约 4000 公斤。

蜂蜜 境内属高寒山区，生产的野生蜂蜜无污染，色泽清亮自然，香甜柔滑，细腻清透，甜而不腻，品质上乘。具有护肤美容、抗菌消炎、促进消化、提高免疫力、改善睡眠、抗疲劳、保护心血管、润肺止咳等功效。近年来政府积极引导群众发展养蜂产业，至 2014 年年末，发展养蜂 350 户，年生产蜂蜜 2750 公斤，年收入 27.5 万元。

九都溪鲊鱼 鲊鱼的做法比较讲究，首先将新鲜小鱼洗净后剖开，掏净内脏，置放在阳光下晒干水分，然后将小豌豆粉装进小鱼的肚子，放进坛子里，将坛口密封，存放 15 天左右就可食用。存放的时间越久味道越香醇，存放时间较长的鲊鱼能治疗轻微的腹泻。九都溪鲊鱼可“生”食，也可熟食，是境内土家族人民招待亲朋好友的佳肴。

此外，腊肉、香肠、蒿子粑粑、糍粑也是境内传统特色产品。金岩的香肠有着悠久的历史，香肠味儿比较辛辣，但味道鲜美。

风景名胜

太平山寺和太平山雾凇 位于湖坪村，始建于明洪武四年（1371），原名太平山庙，因庙建在太平山而得名。明隆庆年间毁于火，顺治八年（1651）重建，占地 0.533 公顷，寺庙内有山门，山门里有天王殿、大雄殿和两边厢房。寺庙布局严谨，建筑古朴，历经数代，香火繁盛。庙宇毁于“文化大革命”时期，周围树木被砍伐用作冶炼钢铁，庙宇被拆除，现太平山寺仅存两块残缺的石碑和遗址。太平山冬季气温较低，雨雪天极易形成奇特美丽的雾凇。

九都溪 发源于木腊溪和永定天罗山，其水清澈见底，水最深处 10 余米，有多种野生河鲜，如鲤鱼、草鱼、鲶鱼、小白鱼、鲫鱼、额骨鱼等。

洪水洞瀑布 属于梯级瀑布，位于土溪村，枯水季节成为涓涓细流，形如一白色锦缎从崖顶垂落下来；洪水季节，溪水水流大增，瀑布水便如玉龙天降，银河倒悬，奔腾而下。在阳光下，瀑布水面泛着银光点点，蔚为壮观。

桑木湾 位于金鸡村，因居住人口较少更显清静。峰顶长有古松、杉树、灌木丛，还有世上稀有的天松（黄杉）树，姿态各异，气象万千。尤其在秋天，树木层林尽染，风景优美。

王狮背 位于保健村，红岩垴、枫树榔、白羊界和马头垴与山下九都溪巨大的“U”形大弯将王狮背团团围住，溪抱着山、山依着溪，溪里有山、山溪相连、水山相映。王狮背和周围山岭上有漫山遍野的映山红、紫樱雀、八月挓、毛栗等野花野果，山上林木绿，谷底溪水清澈见底，流水潺潺，林间鸟鸣，漫步其间令人心爽神清。

此外，境内还要香罗盘、敏家山、落鹰坡、金鸡千年黄杉等景观。香罗盘是坐落于荆竹村荆竹山顶的一处酷似罗盘的石墩风景。落鹰坡坐落于郑坪村，因山崖酷似落鹰而得名。2001 年 10 月，县人民政府对生长在金鸡村田儿湾组的树龄达 1000 年的黄杉进行挂牌保护。

民俗风情

境内基本属于山地农耕经济，在集体劳动中，创造出鸣锣击鼓、伴之以歌的欢快劳作方式，称为“薅草锣鼓”。农耕之外，土家人喜欢集众围山打猎，称为“赶肉”。境内人们日常主食为苞谷、稻米，辅以红薯、马铃薯等。菜肴以酸辣为其主要特点，尤喜将黄豆磨细，浆渣不分，煮沸澄清，加菜叶煮熟，制成合渣。在服饰方面，尚俭朴，喜宽松，传统衣料多为自织自纺的青蓝色土布或麻布。女装上衣矮领右衽，领上镶嵌三条花边，襟边及袖口贴三条小花边栏杆；下穿“八幅罗裙”，裙褶多而直，后改为裤脚上镶三条彩色花边的大筒裤；姑娘素装是外套黑布单褂，春秋季节多穿白衣，外套黑褂，色似鸦鹊。头发挽髻，戴帽或者用布缠头，喜戴耳、项、手、足圈等银饰物。男式上衣为“琵琶襟”，后来逐渐穿对襟短衫和无领满襟短衣；脚穿草鞋、布鞋或钉鞋。现今，土家族穿着与汉族差不多，只有在隆重集会和节日，或偏僻山村，才能见到土家族的传统服饰。

传统建筑

境内土家族的传统民居主要有土砖瓦屋、木架板壁屋、吊脚楼，结构分为正屋、厢房和司檐，正屋大多为三间，家庭富裕的建成四合屋。吊脚楼集建筑、绘画、雕刻艺术于一体，是土家族建筑雕刻艺术的杰出代表。

境内土家族人十分注重礼仪。妇女怀孕后要请土老司行法事“安胎”、驱邪，分娩一般要请“接生婆”，要敬祭生育女神巴山婆婆。婴儿降生后，父亲怀抱“报喜鸡”去岳母家报喜，男孩用公鸡，女孩用母鸡。三天后，岳母家以及亲友们挑着礼品前来贺喜。满月那天，岳母家要送来衣物，给婴儿“放脚”，正式穿上衣裤，称作“满月酒”或“祝米酒”。

境内土家族历史上的婚姻比较自由，男女双方经过自由恋爱，征得双方父母同意，经土老司（巫师）作证，即可结为夫妻。改土归流后，土家族被迫实行父母之命、媒妁之言的包办婚姻。解放前有姑舅表婚和填房婚之俗。姑舅表婚，即姑家之女必嫁舅家之子，又称“还骨种”；兄亡弟收嫂，弟亡兄收弟妇，称为“坐床”。这些习俗到近代已不复存在。土家新娘出嫁时兴“哭嫁”。

境内土家族过去多行火葬，送葬时请土老司念经，道士开路。祭吊死者，由土老司椎牛祭神，牛头归土老司独占，贫苦者往往借牛为祭。后来，因受汉族影响均改为土葬，程序分为入殓、葬礼、送葬、安葬、葬后事等。今金岩还流传着一种特有的古老葬俗歌舞“跳丧鼓”。山寨里，无论谁家老人去世，必请师傅到家里来打丧鼓。

境内土家族民间重视传统节日，自年始至年终，可谓月月有节。正腊月间的年节（过赶年）、元宵节，二月社日、花朝节，三月寒食节、清明节，四月初八牛王节，五月端午节，六月初六向王节，七月乞巧节、女儿会、月半节，八月十五中秋节，九月初九重阳节，十月初一“寒衣节”等，都是较为重大的节日。现只部分习俗得以保留。在众多节日中，以“过赶年”最具特色，过赶年也称过蓑衣年，即逢月大腊月二十九过年，月小腊月二十八过年，因比汉族提前一天过年，故名。

（撰稿人：朱燕飞　图：朱燕飞）

高峰土家族乡

区域概况

地名由来

全境位于平均海拔 800 余米的峰峦起伏之高山，因名高峰。高峰又有催人奋进、攀登高峰之意。

位置面积

高峰土家族乡地处慈利县西北部，东邻零阳镇，南靠岩泊渡镇、宜冲桥乡，西接江垭镇，北抵象市镇，并与杉木桥镇、通津铺镇隔溇水相望。辖区东西长 13.75 公里，南北宽 10.9 公里，总面积 148 平方公里。乡人民政府驻地距县城 32 公里。

建置沿革

明朝初期至 1929 年，分属慈利六都和二十二都。从 1930 年起，分属长宜乡的五保、六保和笔峰乡的十八保（或笔津乡的十九保）。1952 年建政，划界坪、牧场、楠木、朝东、长坪、富垭 6 个小乡属岩泊渡区，划莲池乡和龙坪乡的一部分属杉木桥区。1956 年 6 月，分属郑家坪乡和杉木桥乡。1958年9月，合为高峰人民公社（包括今象市镇的团结、放马、龙坪村）。1960年，人民公社地域缩减成为现建制。1984年2月，称高峰乡（1961—1995年属岩泊渡区）。1995年4月，设高峰土家族乡。

行政区划

2014年，全乡辖岩堰、双仁、槐树、河上坪、风景、三溪、三阳、大溪、郑家坪、覃家桥、双星、莲池、渣角、南井、青龙、东泉、桃树坪、富垭、长凼、康家坪、长坪、茅庵、高山、高化、鸳鸯池25个建制村，228个村民小组。乡人民政府驻覃家桥村。

自然环境

境内山势高峻，呈西南高、东北稍低、东西长、南北窄、南突北凹之扇面条幅地形，西南的青山海拔1050米，为最高主峰，海拔最低处位于双仁村的干洞河，海拔201米。属暖温带季风区中的大陆性气候，四季分明，多年平均气温12.8℃，极端最低气温-26.8℃（1985年12月8日），极端最高气温41.1℃（1960年6月21日）。年平均无霜期192天、日照2647.6小时、降水量585毫米，极端年最大降水量1121.6毫米（1964年），极端年最少降水量247.6毫米（1989年）。境内属喀斯特地貌，无明显的活水源，常年缺水。境内矿产资源主要为红砂岩，地质储量2.5万立方米。境内曾经发生的主要自然灾害有冰雹、旱涝、风灾、低温、霜冻、雷击等。干旱最严重的一次发生在2011年，连续8个月冬春连旱，全乡25个村近400公顷农作物绝收，70%的农作物减产。风灾最严重的一次发生在2011年7月11日，造成66.67公顷烤烟受灾，减产12.5万公斤。

人口民族

20世纪50—60年代，境内总人口12000多人；80—90年代总人口16000人左右；2007年总人口17023人，2010年总人口17128人。到2014年，全乡总人口17444人，其中土家族人口16221人，占总人口的93%；人口出生率6.8‰，自然增长率1.2‰。人口密度每平方公里120.47人。

经济发展

经济综述

境内由于海拔高、辖区面积广、人员居住分散，经济以农业为主。1950年生产总值67万元，人均纯收入23元；1990年经济总产值908万元，其中农业总产值703万元，人均纯收入361元；1995年经济总产值1468万元，其中农业总产值1138万元，人均纯收入612元；1997年经济总产值2695万元，人均纯收入1127元。2007年，经济总产值5011万元，人均纯收入2893元。2014年底，全乡生产总值9021万元，农业总产值5411万元，粮食总产量1.4万吨，居民储蓄总量1.5亿元；农民人均纯收入4680元。

农业

境内粮食作物有玉米、红薯和少量中稻，经济作物有油菜、烤烟等。1949年以前，农业生产大部分坡地均是刀耕火种，广种薄收，生产水平低下。至1954年，玉米亩产300～400斤，水稻亩产400斤左右。1956年后，农田水利基本建设、耕作制度、栽培技术、良种、良法及病虫害防治等生产力水平逐步提高。20世纪70年代，推广“旱粮分厢间套多熟制栽培技术”以来，粮食产量达3500吨，闻名全省，实现农业总产值560万元，比1950年增长近8倍。中共十一届三中全会后，实行家庭联产承包责任制，极大地调动农民的积极性，粮食产量创历史新高，达到8500吨，农业总产值过千万元。20世纪80年代，成为全国享有盛名的旱粮多熟制高产乡，《旱粮高产的一条好路子》曾在《农业技术经济》等国家级多家报刊登载。之后，随着农村经济体制改革不断深入，加强农业产业结构调整，至2000年粮食总产量近9000吨，农业总产值2000万元。2007年后，国家调整“三农政策”，开始实行良种补贴，激发农民种粮积极性，更加注重农业产业结构调整，逐步形成烤烟、反季蔬菜、中药材、生猪养殖、蜜蜂五大支柱产业。2014年年底，全乡粮食播种面积2266.67公顷，总产量1.4万吨，农业总产值5411万元。先后成立烟叶种植、中药材种植、蜂蜜养殖、蔬菜种植、黄姜种植、尾参种植、牲畜养殖9个专业合作社，产品畅销周边县市及长沙，全年为农民增收6000万元。

高峰乡的优质烟叶全省有名，烤烟从20世纪80年代起开始种植，是常德卷烟厂的优质烟叶生产基地。2003年，全乡种烟村25个，宜烟村16个，种烟农户常年稳定在900户以上。先后投入900多万元修建集群烤房27群255栋，长浏2号烤房300余栋，投入234万元修建标准化育苗工场9个。烤烟亩产稳定在2.7担。经过长期扶持和发展烤烟，烤烟助农增收作用明显，烤烟面积近年稳定在533.33公顷左右。2011—2012年连续过两万担，居全市第一位。2013年在遭遇历史罕逢旱灾的情况下，收购上中等烟叶1.7万余担，居全县第一。2014年，种植烟叶433.33公顷，上交烤烟14252担，实现产值2200万元，烤烟收入占农民总收入的比重增至20%。

林业

全乡林业面积11333.33公顷，其中天然林9533.33公顷，人工林1666.67公顷。20世纪70年代，全乡开始以办林场的形式开展人工造林333.33公顷。1987年，“灭荒工程”造林533.33公顷。从90年代起，开展“长防林”工程造林333.33公顷，2001年，实施退耕还林工程后，退耕还林666.67以上。林木种类繁多，挂牌重点保护的银杏等古树遍布全乡，森林覆盖率90%，林木蓄积量14.5万立方米，林业资源居全市乡镇之首，1996年获林业部表彰。其出产的木炭、兰草、枞菌、野天麻、山核桃等特产名扬湘西北。

畜牧业

境内畜牧业以猪、牛、羊、家禽为主。20世纪70年代前，养殖户很少，占全乡农户的20%，年出栏生猪1000头，羊300只，牛500头，家禽3000羽。80年代，全乡60%的农户饲养畜禽，年出栏生猪2500头，牛600头，羊1500只，家禽5000羽。90年代末开始，畜牧业作为全乡农民家庭收入的一项主要来源，并不断进行养殖结构和技术的优化调整，年出栏生猪1.5万头，牛800头，羊2000头，家禽1.5万羽。进入21世纪后，养殖业持续发展，其中生猪养殖产业发展势头强劲，基本形成以双星、双元、双仁等村为中心的万头牲猪生产基地，常年生猪饲养量3万头左右，年出栏生猪2.8万头以上，产品畅销张家界、益阳、长沙等地。高峰农家猪肉渐成品牌，成为湘西北重要的生猪养殖基地。2014年年末，全乡生猪出栏2.8万头，羊出栏4000只，牛出栏1200头，家禽出栏3万羽。

乡镇企业

高峰乡的香粉加工厂较为出名。1935年，私营者全友宽在河上坪液沙泉边创办境内第一个香粉加工企业，安装机组4台，利用液沙泉水资源作为动力，在全乡各地收购香叶进行香粉加工，年产香粉8吨左右，年产值2.5万余元，产品远销津市、常德等地。1962年，筹建湖南省高扬程水能泵站，成为大队企业。1965年，液沙泉洞口筑坝，将水位抬高16米，增加香粉机组4台，企业归人民公社接管，吸收员工18人，年产量20

桃树坪村育苗工厂

吨左右，年产值14万元。到1977年，因原材料收购困难，产量和质量都有所下降，产品销不出去而停产解散。20世纪70—80年代，有油脂加工厂、药厂、经销商店、复合肥厂、猴头菌厂、酒厂、木材加工厂等20多家，鼎盛时期企业员工260多人，企业总产值370万元。1994年因体制改革等原因全部解散。到2014年，高峰乡有个体工商户128户、民营企业11家，从业人数455人，产值1391万元。

商贸服务

1953年成立高峰供销社，所有的商品供应和农产品收购都由供销社独家经营，以溇水河为交通要道，其他商店和代销店的商品运输全靠肩挑背负。当时，全乡设6个商店和21个代销店。20世纪70年代，商品销售和农产品收购价格都是国家定价，各代销店只供应副食品、煤油、肥皂等一些简单商品，布匹、日杂等商品要到商店购买，布匹、煤油、猪肉凭票供应。1977年供销社和食品站分家，成立独立的食品站，负责生猪的收购和猪肉的供应。1982年开始，随着商品价格的放开和布票、油票、肉票的取消，高峰企业办在莫家河和覃家桥开2家经销商店，成立农副产品购销公司，使当时独家经营的供销社有了竞争对手。1990年乡供销社和烟草站分家，烤烟的生产和收购由烟草站负责，使红红火火的供销社一度走向低谷。90年代中期，个体工商户和圩场开始兴起，经销店和农副产品购销公司随之解散。随着市场经济的不断发展，境内商贸服务业愈发繁荣，全乡商铺超过100余家，分别从事农产品、南北货贸易，以及零售、饮食、修理、缝纫等服务业。到2014年年底，全乡有个体工商户118家，高峰乡集贸街圩场逢1、6开市，每场摊位200个左右。

财政金融

高峰土家族乡财政收入来源单一，农林特产收入是主体。2006年财政收入268万元。后通过发展烤烟种植，财政收入连年增加，2007年达到485万元。2014年财政收入800万元，全年发放各类惠农补贴、补助共28项、644.8万元，4000余农户1.7万余人直接受益。境内有信用社1家，2014年末各项贷款余额2300万元，居民储蓄总量1.5亿元。

劳务输出

改革开放后，全乡农村富余劳动力为增加收

人，先后在沿海等经济发达地区寻找就业机会。转移就业人员呈逐年增加趋势。1997 年劳务输出 800 人，劳务收入 316.5 万元；2000 年劳务输出 980 人，劳务收入 422 万元；2008 年劳务输出 2100 人，劳务收入 1121 万元；2010 年劳务输出 3080 人，劳务收入 1842 万元；2014 年劳务输出 4292 人，劳务收入 3183 万元。

基础设施

交通运输

境内区域交通优势明显，东距枝柳铁路 32 公里，西距张家界荷花机场 65 公里，距武陵源核心景区 47 公里。20 世纪 70 年代前，县城至高峰集镇只通简易路面，从集镇到各大队没通车。70 年代末，慈利至熊家庄简易公路通车，境内始有班车通过。80 年代末，随着慈索公路全面通车，柏油路面，极大方便群众出行。90 年代末，随着张清公路通车，高峰乡客运班车可直达张家界市区。2010 年，慈利至熊家庄公路全面升级，公路贯穿高峰全境，安全性和舒适性大大提升。其间，全乡通村公路全面完成，公路里程 360.1 公里，硬化路面 146.6 公里。2013 年，投资 40 万元建成集镇中心客运站。到 2014 年年末，全乡 25 个村全部实现公路通达。

邮电通信

境内地处高寒山区，受制于自然条件，邮政通信不发达。1994 年开始通电话，1998 年开始通程控电话。2002 年建移动通信基站，当年开通移动通信 82 户，2006 年全乡各村的基站全部建成。2008 年建电信通信基站，当年用户 98 户。2009 年建联通通信基站，当年用户 102 户。到 2014 年，全乡有邮政代办所 1 处，报纸、杂志累计期发行 1.3 万份；电信服务网点 10 个，电话交换机总容量 5000 门，固定电话用户 2300 户，移动电话用户 1.5 万户，互联网用户 0.9 万户。

供电饮水

1985 年前，境内没有通电，1990 年夜沙泉电站建成，但仅能配合供电。至 1998 年，全乡通电村 22 个，用电仅局限于照明，线路架设用的木杆，供电设施简陋，供电量不足，经常停电。2000 年全乡用电量不到 20 万千瓦时。2003 年成立供电所，用电情况逐步得到改善，当年开始进

郑家坪村通村公路

行农村电网改造，电的用途逐步多样化。2010年由于没有效益，夜沙泉电站被关闭。2010年后全乡继续扩大农村电网改造覆盖范围，到2014年，全乡农村电网改造全面完成，用电量大幅提高，每月用电量约50万千瓦时，90%以上的用户用电需求得到满足，群众生产生活用电质量得以保障。

境内属喀斯特地形，地下水资源匮乏，长期以来，村民主要依靠天然的土坑或露天水池收集雨水解决饮水问题，遇到干旱必须到周边乡镇拉水。20世纪90年代，开始实施烟水工程项目，累计投资3000万元，解决全乡6000人左右的饮水困难。2002年，投资270万元建起的茅庵至覃家桥的集镇引水工程，解决集镇7000多人饮水困难。2014年起推广小水窖项目，全乡投资250万，840户新修建小水窖，缓解农村生产生活用水的困难局面，饮水水质得到提升。2014年，实施集镇集中供水工程，投资240万元的集镇自来水厂于当年竣工并顺利供水。是年，投资200余万元用于重新铺设水厂至集镇供水池的主管线、更换集镇供水管网并免费为用户安装水表，集镇安全用水问题得到解决。

水利建设

境内有茅庵、长因2座小Ⅰ型水库。由于地质原因，常年缺水严重，各村依靠修建的蓄水池收集雨水用于生产生活。茅庵水库位于乡境南部，为解决北部缺水的问题，1996年，茅庵至乡政府驻地覃家桥的集镇引水工程作为粮食自给工程水利项目报上级批准立项，于1997年动工，2002年全面竣工；总投资270万元，建成蓄水池2个、蓄水量7000立方米，打通隧道1200米，铺设引水管道17000米，并对茅庵水库进行混凝土浇灌防渗，铺设节水喷灌管道2100米。引水渠全长18公里，途经茅庵、康家坪、长坪、富垭、鸳鸯池和覃家桥村，解决近173.33公顷旱地的节水喷灌和7000多人的饮水问题。

村镇建设

境内地处偏远、海拔较高、交通不便，20世纪80年代前村镇建设严重滞后。改革开放后，村镇建设逐步发展。近年来，每年都有各项建设开工，方便了全乡群众的生产生活。乡政府驻地覃家桥建成长600米、宽10米的水泥路面街道，建成长200米、宽10米的集贸街，解决多年的“马路市场”问题。2010年，乡政府综合办公大楼暨配套设施建设完工。2013年，完成原博爱中学地质滑坡灾害点的国土综合治理项目。是年，建成集镇中心客运站场。投资240万元的集镇自来水厂已顺利供水，投资240多万元的新中心幼儿园竣工并成为市级示范幼儿园。

社会事业

学校教育

高峰九年制学校的前身为高峰农中，成立于1958年，位于农科村3组，共设3个班，教职员工10人。1968年，更名为高峰公社中学，设有初中部和高中部，初中部每届2个班，共4个班，高中部每届1个班，共2个班。1975年撤销高中部。1993年建成乡中心完小，位于覃家桥村雷家垱组。2003年7月10日5时许，“高峰博爱中学”山后近1000米长的山体滑坡，导致“上海市红十字会”捐献100万元援建的新教学大楼严重倾斜，住宿楼和其它建筑倒塌，操场龟裂成高低不平的“丘陵”。民政部及省、市、县各级领导先后赶到现场，指导救灾，并当场决定在中心完小的基础上投资260余万元扩建九年制学校。2004年8月26日，一期工程竣工使用，占地2.07公顷，建筑面积8500平方米，有教学大楼、住宿楼、幼教楼、电脑室、图书阅览室、仪器实验室等设施。到 2014 年，全乡有幼儿园 16 所，在园幼儿 415 人，专任教师 17 人；村办小学 7 所，九年一贯制学校 1 所，在校学生 1089 人，专任教师 92 人；初中适龄人口入学率、九年义务教育覆盖率均达 100%。

文化事业

1949 年前后，境内群众在节日或操办宴席时雇请艺人唱土家歌、打三棒鼓、唱渔鼓等，或自编自演土家戏及革命歌曲进行娱乐。高峰乡文化站建于 20 世纪 80 年代，当时有电影放映员开始下到各村放电影。80 年代末高峰乡第一支铜管乐队成立，2000 年开始在各村创建农家书屋。到 2014 年底，全乡有村级文化活动中心 13 处，农家书屋 15 个，藏书 1.5 万余册，组建有 2 支广场舞队、1 支高脚马队，以及 6 支管乐、健身秧歌业余创作队伍。打硪号子是高峰乡土文化项目，是当地在打硪场、筑堤坝时唱的一种民歌，硪手们使劲用双手托起木棍，将硪举过头顶，再放手后退一小步，同时嘴里应道“喂呀喂子哟——”；唱时声调高亢，节奏性强，一唱众和，边打边唱，群众在砸实地基时，用以协调动作，缓解疲劳。今茅庵村一带对这一传统文化保留比较完整。2014 年 10 月，在高峰乡茅庵村举行《慈利打硪号子》开机仪式。

1968 年，高峰公社电话室自费购进 1 部 150 瓦广播扩音机，及话筒、电唱机、高音喇叭等配套设备，始建高峰有线广播转播室，全部利用电话线路接转县广播站的广播节目，使有线广播通到大队。1970 年，公社广播放大站成立。1974 年前广播利用电话线传输，后逐步建立广播专线。至 1984 年，全乡实现广播专线化，线程 100 公里；228 个村民小组全部通广播，共有舌簧喇叭 2100 只，入户率 53%，高音喇叭 5 只。1984 年，乡广播站建成标准机房，是境内广播事业发展的高峰时期。1982 年 2 月上旬，全县出现罕见的大冰冻，高峰公社 18 个大队、140 个生产队的有线广播线路遭受严重损失。用 20 多天修复好了广播专线。20 世纪 90 年代初期，电视事业发展，乡至村广播专线逐年拆除，乡有线广播站停办。但有 18 个村仍保留有线广播，村以下广播专线 123 杆公里，高音喇叭 100 余只。2013 年推广“村村通”广播系统，至 2014 年有 9 个村系统建成。境内于 1996 年始办有线电视，至 2004 年 10 月，

高峰乡中心幼儿园

全乡共有电视用户300余户。2009年境内开通有线光纤，2013年起开始推广数字电视，到2014年有线电视用户达800余户。

医疗卫生

高峰卫生院坐落于集镇街道，在中风、胃痛、骨质增生、蛇伤等方面有独到之处，始建于1958年。医院占地3300平方米,投资150万元，有床位10张，医务人员23人，医疗设施和条件居全县农村卫生院前列。改革开放以来，全乡医疗卫生事业不断发展。到2014年，有乡卫生院1所，村卫生室12个，固定资产总值280万元，专业卫生人员14人。2014年医疗机构完成诊疗8120人次。全乡25个村1.52万人参加新型农村合作医疗，参保率达95%以上。

社会保障

1978年改革开放以后，随着经济快速发展，人民生活不断提高。2006年免征农村一切税费，农民享受各种惠农补贴。2007年，开始实行农村低保，当年享受低保人数80余人，补助资金9万余元，农村“五保”50余人。2009年9月建成乡敬老院，总投资60余万元，建筑面积1500平方米，可同时容纳50位老人居住，集生产生活、休闲娱乐、医疗保健为一体。到2014年，全乡享受低保对象1058人，每年发放低保资金90余万元，享受农村“五保”对象增加到96人，优抚对象186人。2014年，医疗救助267人次，民政部门资助参加合作医疗1215人次，共支出4.6万余元；城镇最低生活保障11户、15人，支出5万余元，月人均285元；国家抚恤、补助各类优抚对象186人，支出23万元；参加新型农村养老保险1.52万人，参保率95.5%。

特色地情

名优特产

境内特色农产品甜糯玉米享有盛誉，与长沙马王堆菜市场签订供货协议，发展订单农业。全乡种植甜糯玉米333.33公顷以上，年创收500万元以上。2010年4月，省农业厅万亩玉米示范片基地落户东泉村。甜糯玉米种植逐步走向规模化、专业化、标准化种植，公司、农户、基地、乡政府和农技部门之间相互协调，有机配合，科学谋划，甜糯玉米给高峰群众带来大商机。高峰乡盛产特色野生药材黄姜和玉竹，近年来通过人工育种，拓展种植规模，其中黄姜种植面积100公顷，玉竹166.67公顷。境内大山中林木茂盛，林业产品繁多，以枞菌尤为出名。枞菌分布广泛，每年为村民增收20万以上。

风景名胜

境内自然和人文景观多，有茅庵禅林和野拂和尚墓（传说为李自成的大将李过），有风景优美的靆云寺，有横卧寺湾之下的“响洞垭”和耸立于寺巅之上的“齐天大圣”。

柳盘溪 发源于德螺山，流经高化、鸳鸯池、桃树坪、南井和青龙村，两山之间风光无限。在桃树坪村境内的溪沟东岸，初有三棵柳树并列而生，后来其中一棵自然死亡，剩下的两棵两人合围粗的柳树相依生长着。在离地约1米处，其中一棵树如同两手紧抱另一棵，往上再分开扶摇直上，互相照应，人称“夫妻树”。更有趣的是，抱粗的树根从东岸向西岸拱形延伸，入土派生出众多柳树，柳树根把两岸溪沟盘得错综严实，“柳盘溪”由此得名。位于渣角村境内的何家溪，此地原是何家的产业，原称“何家垭”，故称“何家溪”。离茅庵水库不远处，有一木桥名“亭子桥”。桥旁有一棵四人合围的柳树，在离地丈余的树丫上又长有一棵楸树，形成“树中树”的奇观，“柳中楸”由此而得名。

冯家大院 是一兼容荆州、长沙建筑风格的晚清建筑群，坐落在乡北康家坪，相传为冯一姑所建。大院是砖木结构的两层楼房，周围设有东南西北四门。当地有“180 架木排扇，88 道隔火墙，48 口天井”之说。大院外布有三道城防，第一道是“木城”，由粗大的柳树构成，相互之间的距离不足一米（20 世纪 80 年代尚有残存古柳）；第二道是“水城”，“水城”上按四门架有 4 座吊桥，后改建成石拱桥；第三道是“石城”，城墙高近 4 米，宽 1 米左右。院内有装得下 5 万公斤谷子的粮仓，1949 年 10 月后，此粮仓为国营粮店，使用到人民公社中期。

野拂和尚墓 位于茅庵村，坟前立有令牌碑。碑长 89 厘米，宽 45 厘米，厚 10 厘米。碑额题有“衣钵永传”四字，左边书有：“皇清临济正宗圆寂始祖上真下修野拂老和尚之墓。”碑文清晰可见。经专家考证，此墓可能为李自成养子李过之墓，是李自成隐居的重要佐证。

维臣和尚墓 在茅庵村野拂墓右侧 50 米处，有一坟墓，因碑刻墓主而得名“维臣和尚墓”。阴刻碑文为：“皇清临济正宗圆寂野拂祖僧上如下星维臣老和尚墓。咸丰十一年岁次辛酉十二月二十一日立”。据当地老人传，此为野拂和尚的谋士。根据与野拂墓是年所刻的碑文比较分析，此墓主人也应是闯王将领无疑。

民俗风情

全乡有“巴人”后裔 1.5 万人，分布在 25 个行政村 228 个村民小组。境内土家文化源远流长，土家风味食品和土家习俗，至今传承不息。以高峰豆渣、土家杀猪菜、高峰土鸡、土家腊肉、霉豆腐、鼎罐饭、土家十大碗等为代表的土家美食，使人流连忘返、大饱口福。至今保留着传统的土家习俗哭嫁（女孩出嫁时，女孩及好友、亲友哭送）、牛王节（四月八，牛歇架）、农历六月六（晒龙袍）、住吊脚楼、土家语言（有自己的语言，没有文字）、土家服饰（手工布艺）、花铺盖（土家织锦，西兰卡普）、民族图腾（白虎）、摆手舞等民族习俗。

被列为张家界市级非物质文化遗产的“慈利打硪号子”的流传地之一在茅庵村，其中，从 20 世纪 50 年代开始流行的主流打硪号子相传为野佛和尚所创。打硪号子包括号子戏、号子围鼓、号子酒令、号子婚俗等，都是深藏大山的文化明珠。近年来，号子婚俗又回到当地群众的生活中。以“贺喜迎宾，陪十兄弟（十姊妹），喜宴酒令，歌闹洞房”等形式，出现在农村婚礼庆典中。

（撰稿人：张辰　图：张辰）

三官寺土家族乡

集镇全景

区域概况

地名由来

境内古有一寺庙，设祀天官、地官、水官三神的祭坛，含主福、生财、转运之意，故名三官寺。乡因此得名。

位置面积

三官寺土家族乡位于慈利县西部，东邻江垭镇，南与武陵源区索溪镇及本县阳和土家族乡相连，西与桑植县竹叶坪乡接壤，北与赵家岗土家族乡交界。辖区东西长 15.5 公里，南北宽 10.3 公里，总面积 114 平方公里。乡人民政府驻地距县城 46 公里。

建置沿革

1912 年，属慈利二十都辖地。1930 年，属五区。1935 年，属四区。1938 年 1 月，属溇中乡。1956 年 6 月，建三官寺乡。1958 年，与喻家嘴、赵家岗乡合建星明人民公社。1961 年析出，建三官寺人民公社。1984 年 2 月，改称三官寺乡。1995 年 4 月，与赵家岗乡合并成立三官寺土家族乡。1998年10月，行政区划调整，赵家岗乡析出，仍称三官寺土家族乡。

行政区划

2014年，全乡辖三官寺、袁家庄、庆丰、界河、丰坪、双高、云山、大泉、湖南泉、张家溶、水车坪、苗岭、吴王坡、甘泉洞、寨岗、罗潭、株木岗、胡家坪、青龙、双泉、射泉、朱垭、栗树垭、三坪、双龙桥、双峪26个建制村，259个村民小组。乡人民政府驻三官寺村。

自然环境

境内地势由南向北倾斜，地层出露为二叠系、三叠系、侏罗系。地形以山地为主。最高峰张家溶村（茅花界）海拔1055米，最低点三坪村海拔192米。河道属澧水流域。境内有铜矿、钒矿。

人口民族

1957年，辖区总人口15617人。后随人居生活环境改善，人口死亡率降低，出生率上升明显。1980年后，实行计划生育基本国策，人口增长率得到有效控制。1991年，总人口21576人。2014年年末，辖区总人口25977人，人口出生率15.43‰，自然增长率12.67‰；土家族、白族、畲族、仡佬族等少数民族人口23894人，占总人口90.8%，其中土家族21780人，占总人口83.84%。

经济发展

经济综述

1950年，境内工农业生产总值52万元，农民人均纯收入28.9元，农村经济条件相当落后，“吃不饱、穿不暖”成为当时普遍现象。改革开放后，乡村经济得以发展。1982年，工农业生产总值437.34万元，农民人均纯收入171元。21世纪初，工农业迅速发展，2001年，生产总值4000万元，农民人均纯收入1037元。随着农业税、乡统筹款的取消及2004年惠农补贴政策的实施，农民负担逐渐减轻，生活水平不断改善。2014年末，全乡实现生产总值2.11亿元，财政收入526万元，农民人均纯收入4131元，居民储蓄存款余额2.74亿元，人均住房面积50平方米。

农业

三官寺是传统的农业大乡，粮食作物以水稻、玉米等为主。1957年，种植早、晚双季水稻，粮食总产量888.87万斤，还种有少量烤烟、棉花等

禾田居度假酒店

经济作物，农业总产值650万元。1991年遭遇水旱灾害，不少农田被淹，粮食总产量减至73.6万斤。2014年，全乡粮食播种面积1573.33公顷，农业总产值0.85亿元。油菜种植893.33公顷，产量1882吨。传统养殖产业以生猪、牛、山羊为主。1984年，建立生猪人工授精和耕牛冷配站，进行生猪、耕牛品种改良，发展生猪5216头。1991年，从长沙引进大围子母猪优良品种179头，大约克、长白猪种公猪各1头，进一步改良生猪品种。2000年后，养殖向规模化和产业化方向发展，涌现一批养殖大户，其中有养猪大户12户，大鲵养殖大户5户，山羊养殖大户26户。2014年末，全乡有养猪大户18户，山羊养殖大户18户，养牛大户7户，养牛专业合作社1个；存栏生猪4595头、牛1107头、山羊1868只，出栏生猪17403头、牛404头、山羊2200只，家禽存笼30320羽，出笼37162羽。大鲵养殖是三官寺乡的特色养殖，2010年，成立张家界大泉大鲵生物科技有限公司，养殖大鲵2882尾；界河村成立大鲵养殖专业合作社，带动39个农户发展大鲵养殖，养殖大鲵800尾。2014年年末，全乡有大鲵养殖公司1家、界河村大鲵养殖专业合作社3个、散养大户3户，总投资2444万元，大鲵存池18333尾，总产值69.3万元。

乡村企业

1949年后，境内先后兴办有机械修配厂、油厂、编织厂、水电站、罗潭砖厂等社（乡）办企业。机械修配厂建于1979年，主营手摇钻配件，1989年销售收入26.1万元。三官寺油厂建于1965年，主要生产食用植物油，1989年销售收入37万元，年末固定资产净值2.6万元。罗潭砖厂于1993年建厂，生产粘土砖畅销四里八乡。2004年，根据国家法规、政策规定，所有砖厂关闭。随着改革开放，产业结构调整，乡域资源优势逐步显现，个体私营、民营企业快速发展。永红页岩砖厂、采石场、张家界大峡谷景区和慈利兴源混凝土有限公司等非公经济迅猛发展，2014年，实现增加值2800万元。

商贸服务

1952年，成立供销社，有社员23人。1958年，实行“两放三统一包”，供销社机构、人员、财产全部下放到人民公社，成立公社营销部，变成全民所有制企业。1990年开始，乡供销社逐渐改革、改制，逐步退出商品流通市场，个体工商户大量兴起。2014年年末，全乡有个体工商户370户，从业人员1100人；餐饮服务行业52户，从业人员380人。境内逢三、六、九为场期，有申家峪、三官寺老街两处集贸市场。场期时，除本地群众参与集市交易外，还吸引赵家岗、江垭、索溪峪等地群众前来赶集。

劳务输出

改革开放后，农村剩余劳动力自发向广东、深圳、浙江、上海等沿海经济发达、劳动力短缺的地区转移就业，形成三官寺在外独特的“强档”产业。2014年，全乡转移输出人数累计8150人，创收近亿元。

基础设施

交通运输

乡政府驻地距张家界市区50公里，距武陵源黄龙洞景区3公里。境内有省道306线、原慈索公路穿境而过。1960年，开始实施通大队公路，主要硬化老慈索线沿线几个大队主干道。2013年，实施“五路”建设工程，为缓解集镇交通拥堵压力，筹资180多万元硬化农校路、水车坪至庆丰路段、三坪至袁家庄路段和朱木村路段4.5公里，形成环集镇交通网。到2014年年末，完成26个村主干道的水泥路硬化，村村通公路总里程120公里。2013年，开通张家界大峡谷公交旅游专线，连接水车坪村至武陵源景区，每半小时一趟，方便景区游客及当地群众出行。境内有至江垭镇班线车，每20分钟一趟。有4路公交车通往武陵源区，沿老慈索线接通索溪镇至三官寺乡寨岗村，方便苗岭、甘泉、罗潭、株木岗、胡家坪等村群众出行。

邮电通信

1990年设邮政所，每天通邮一次。2002年，拓展电子商务、速递物流等邮政业务。2014年年末，有邮政支局1个，报纸、杂志累计发行35种，业务收入98.16万元。1941年通电话线路。1978年，各大队架设电话。1992年，取消乡电话室、广播室，有关业务归并入电信所。1990年，开始用程控固定电话，有用户3000多户，后随着移动电话的开通，固定电话数逐年减少。2014年，电话交换机总容量5000门，固定电话用户1200户，电话普及率14.45%；移动电话用户8500户。乡电视台开通33个频道，网络电视用户2100户，电视综合覆盖率25.3%。

供电饮水

20世纪50年代前，境内没有通电，仅靠煤油灯照明。60年代，开始建小水电站，但供电设施简陋，供电量不足，经常出现“停电熄灯”。1980年，开始实施农村电网改造，1989年，通电村92.6%，用电户4461户。2013年，全乡完成电网低压线路的改造，基本满足群众生产生活用电需求。2014年年末，有35千伏变电站1座，主变2台，总容量7000兆伏安，高压配电线路62千米，用电负荷600万千瓦时。年售电量累计530万度，综合电压合格率97.6%，供电可靠率99.4%。采取集中供水为主、分村自行解决的办法解决饮水问题。2003年，实行集镇自来水集中供应，水源取自红旗渠，日供应能力150吨/日。2011年年末，在水车坪村新建水厂，铺设干线水管10千米，采取电力提灌补水方式，生产能力300吨/日，年生活用水10.95万吨，居民自来水普及率26%，大泉村、罗潭村分别有覆盖周边村的供水网络。

水利建设

境内溪河纵横，拥有得天独厚的水资源优势。有小（1）、小（2）型水库各1座。1959年修建

峪塔河流域治理工程

的双坪水库为小（2）型水库，集雨面积 11.5 平方公里，库容 26 万立方米，位于张家界大峡谷景区内，开辟有景区水上客运码头。1973 年 10 月动工修建的峪塔水库为小（1）型水库，1979 年 4 月竣工，集雨面积 66.8 平方公里，坝型为潜于水下的黏土斜墙堆石坝，坝高 27 米，有效库容 600 万立方米。主要发电，兼顾灌溉，装机 2 台 450 千瓦，年发电量 288 万千瓦时。

村镇建设

三官寺新街始建于 1996 年，长 540 米、宽 24 米，新老两条街道连接 S306 和 S305 线，承载全乡政治、经济、交通、文化的枢纽功能。2012 年，筹资 280 多万元硬化宽 12 米的新街，同步开挖、修补，自制盖板建设下水道，按照土家风格修建宽 5.5 米的车(人)行道，统一栽植桂花树进行绿化，实施亮化。2003 年 2 月动工修建三官寺大桥，筹资 110 万元于 2004 年 1 月建成通车。桥体为岩石结构，水中 3 墩共 2 孔，孔径净跨 40 米，桥长 94.8 米，桥面宽度 7.5 米，两侧有行人道和栏杆，桥高 9.3 米，连通 S305 和 S306 线。到 2014 年年底，累计投资 1000 多万元，完成乡政府机关院落升级改造，大多数乡直单位进行房屋新（维）修、办公设备更新与添置，尤其是乡中学借力 55 周年校庆，兴建儒园，建成张家界市农村花园式中学。

社会事业

学校教育

三官寺中学位于康家岗。前身是慈、桑、庸三县颇有影响的“石灵寺完小”，远可追溯到唐朝。唐朝的统治者崇尚佛教，在湘西修建不少庙宇，“石灵寺”就是规模较大的一座。1957 年“石灵寺完小”筹建初中班，1958 年命名为“三官寺附中”，生源来自临近的 3 个县。1961 年扩大规模，改为“慈利县第七初级中学”。1962 年，将“慈七中”合并到“慈二中”。1963 年 8 月，恢复“三官寺附中”，每年招收一个班。1968 年 1 月，命名为“三官寺中学”，除原有 4 个初中班，开始招收一个高中班。此时，由于村村办初中，乡乡办高中，因而中学与完小分开，并从“石灵寺完小”搬到现址。搬迁以后，高、初中扩大招生，由原来的 8 个班扩大到 15 个班。1985 ~ 1989 年，省统考成绩居全区（原五区）榜首，中师中专录取人数全区第一。

2014 年年末，境内有幼儿园 1 所，在园幼儿 302 人，专任教师 14 人；小学 18 所，在校生 1766 人，专任教师 67 人，小学适龄儿童入学率 100%；初中 1 所，在校生 799 人，专任教师 112 人。2004 年 9 月，常德金芙蓉铝箔包装有限公司捐款 30 万元，建成乡境内第一所希望小学——芙蓉希望小学，建筑面积 2600 平方米，有教学用房 1300 平方米，是当时张家界农村小学中条件最好、环境最优的学校。2013 年 4 月，由常德水殖股份有限公司捐资 100 万元，修建的三官寺土家族乡云山希望小学竣工，建筑面积 608 平方米。

文化事业

1985 年成立乡文化站。凡遇重大喜庆活动或欢庆节日时，由群众自编自演土家戏，唱革命歌曲，以营造气氛，自娱自乐。2000 年，开始兴建农家书屋；2012 年，完成全乡 26 个村农家书屋建设，藏书 2.8 万册。2013 年，在“欢乐潇湘·幸福慈利”文艺演出中，获团体总分第三名。2014 年，全乡 101 人参加县七会，获得 1 金 4 银 5 铜。2014 年年末，有综合文化站 1 个，建筑面积 180 平方米。

1960 年年初，星明人民公社始建广播放大站，添置150瓦扩音机1部及配套设备。1961年上半年，奉令停播。1970年5月，三官寺公社广播站恢复。1985—1986年，三坪、株木村建起村级广播室，寨岗等3个村使用无线广播扩音机，成为全县第一个有无线广播覆盖的乡。1991年5月至1992年，该站组织45人通讯队伍自办“本乡新闻”节目。2003年，实现有线电视光缆联网覆盖；到2014年年底，数字电视用户发展到2800户。

医疗卫生

1952年设卫生院，从业人员仅5人，病床位20余张。2005年，卫生院添置B超、心电图、血液检测仪等设备，有医生10人。2014年年末，全乡有乡卫生院1所，村卫生室18所。病床25张，每千人拥有医疗床位1张。专业卫生人员20人。2014年，医疗机构（门诊部以上）完成诊疗0.45万人次，出院病人0.134万人次；新型农村合作医疗参合人数21097人，参合率96%。

社会保障

1956年实行“五保”政策，对“五保老人”实行供养。2009年，建成乡敬老院1个，床位50张；2014年年底，农村“五保”集中供养40人，支出19.2万元；农村“五保”分散供养76人，支出21.9万元。2000年，实行城镇低保；到2014年，城镇最低生活保障对象49户72人，支出14.04万元，月人均162.5元。2006年，实行农村低保，农村最低生活保障对象925户1581人，支出75.32万元，月人均116元。1993年，实行农村危房改造，危房改造农户3户，补助资金1万元；2014年，危房改造农户62户，补助资金70万元。2009年，实行新型合作医疗，全乡参合率95%以上，民政部门资助参加合作医疗1109人次，共支出2.8万元。2011年，实行新型农村养老保险，当年参保率91%；城乡临时救助180人次，支出6万元；国家抚恤、补助各类优抚对象260人。

特色地情

历史人文

老一辈无产阶级革命家袁任远的故居位于株

农家书屋

木岗村。袁任远1925年加入中国共产党，“马日事变”后，领导石门南乡起义，参加过百色起义。1931年后，历任红八军政治部主任、红六军团政治部副主任、红三十二军政委、三五九旅政治部主任、绥德专区专员、吉林省人民政府秘书长、副主席。1949年10月后，任湖南省人民政府副主席、政务院内务部副部长、青海省委书记和省长、中共中央监察委员会常委、中央纪委常委和副书记等职。中华民国陆军中将唐牺支，光绪三十三年（1907）入湖南西路公立师范学堂，后考入武昌湖北陆军小学堂。肄业投湖北新军第二十一混成协第四十一标第一营，由正兵、副目、正目升至排长。其故居位于三坪村唐家坪组，2010年被列入省级重点文物保护单位。

名优特产

大鲵　又称“娃娃鱼”。2014年，在大泉村大泉洞、界河村羊角泉建有繁养基地，建立专业合作社2家，养殖大鲵1.67万尾。在溪峪口、青龙村鼓乐洞设立保护区域。

大理石　产于大泉、张家溶村境内的茅花界山上，品质优良，品位上乘。

风景名胜

境内自然环境优美，旅游资源丰富，区位优势明显。香樟遍布全乡，开发旅游纪念品市场潜力巨大。

溇中县遗址　据考，三国时期从零阳县析出三官寺以西和桑植、大庸一部分置溇中县，县治在今株木岗村。据明《万历慈利县志·卷十》载：“溇中县城，按旧志亡（无）其基，世传在九溪西北。今访邑治二十一都三官坛（台）畔，有古城形迹，彼乡人皆呼旧县……”民国十二年（1923）《慈利县志·卷第四》载：“三官寺台者，今名三官寺，县西趁墟大集也，即孙吴溇中县旧治，千年废墟，犁为旷土，胜甓遗隍，百无恍惚……”1990年版《慈利县志》载：“西晋太康元年（280）分溇中县设临澧县（今桑植）。宋永初元年（420）废充县，将其地分别划入溇中、临澧二县。建德四年（575），废溇中、临澧二县，以其地设置北衡州。”

张家界大峡谷景区　位于朱垭村、吴王坡村、水车坪村、双垭村境内，毗邻武陵源风景区，当地人称为烂船溪，规划总面积56.19平方公里。峡谷南北走向，全长7.5千米，两岸悬崖绝壁，

张家界大峡谷景区入口

千姿百态，有一线天、回音谷、飞来石、太华寺、仙人洗面、千年古藤、吴王坡古战场、瀑布群、悬丝洞等几十个景点，适宜游客峡谷探险、溶洞科考、山野休闲。大峡谷为海内外游客到张家界增添了新的具有刺激性的旅游景点。大峡谷景区由张家界东线旅游开发有限公司开发，2013 年，景区接待游客 54 万人次，实现旅游收入 2500 万元。

禾田居度假酒店 酒店建筑风格独具中国传统文化“五行”（金、木、水、火、土）特色，2014 年 4 月正式营业。酒店占地面积 37.33 公顷，建筑用地 16.33 公顷，兼具会议、度假、餐饮、娱乐、商务、休闲等多项功能。已对外开放的是第一期，建筑面积 4.7 万平方米，拥有各式客房 287 间，可同时接待 600 人。境内，空山新雨，浅灰“禾”字建筑及原木吊脚楼错落于一泓山涧、绿林、茶园里，每一眼都是一副清神养心的“世外画卷”，引人入境，留连其峰。

茅花界石柱 三官寺乡茅花界山麓的纱帽山下，有柏树高数丈，枝荫数亩，为杨舟祖居。下有鱼泉，闻春雷则出。距半里，有八棱石柱二，高二丈许，上镌字云：杨君初封陕州阌乡县男，又封安乡县子。

悬丝洞 位于王家山林场。此洞处半山壁上，上下极为不便，如走悬丝般，故名“悬丝洞”。洞呈漏斗状，从洞口到洞底约 12 米，三洞相连，洞中一片银白，石柱成排，粗细不等，密如竹林，以钟乳石为主。

太华寺 甘堰、阳和乡北部交界处有海拔 1176.3 米的高山，山上建有一座寺庙，因建造规模大而华丽，得名“太华寺”。寺庙占地 0.2 公顷，属于木质结构的古式建筑群，环境幽静。寺庙已毁，痕迹尚存。太华寺山域面积 200 公顷，有十八湾，湾湾相通，清泉流畅。

（撰稿人：田澧　罗元满　图：田澧）

赵家岗土家族乡

集镇全景

区域概况

位置面积

赵家岗土家族乡位于慈利县西北部，东邻江垭镇，西接桑植县竹叶坪乡，南抵三官寺土家族乡，北连江垭水库。总面积73.13平方公里。乡人民政府驻地距县城70公里。

建置沿革

1912年，属慈利十九都辖地。1930年，属五区。1947年，属溇南乡辖地。1949年12月属江垭区，1951年9月属十一区。1956年6月，建立赵家岗乡。1958年9月，三官寺乡、喻家嘴乡并入合称星明人民公社。1961年7月析出，成立赵家岗人民公社，社址从金坪大队赵家岗迁双河大队。1984年2月，更名为赵家岗乡。1995年4月，并入三官寺土家族乡。1998年10月析出，成立赵家岗土家族乡。

行政区划

2014年，全乡辖株木、和坪、双河、金坪、长安、新泉、新庄、新坪、新安、新合、新桥、于坪、碗田、广垭、大庸、天山、天鹅、新峪、麻山19个建制村和1个乡办林场，共164个村民小组。乡人民政府驻双河村。

自然环境

境内以山地丘陵为主，地势西高东低，呈“三山夹两水”船型地貌，历代乡址设船头，船头出天子，有“赵天子”之传。境内茅花界、古路界两座大山横卧西北，索水河、界溪河穿境而过，注入溇水。属中亚热带向北亚热带过渡的季风湿润气候区，雨量充沛，四季分明，受大陆季风环流影响，时有旱涝灾害。年平均气温16.80℃，无霜期长，严寒期短，年均降水量1404.70毫米。土壤以红土、黄土为主，主要矿产资源有陶土、铝土矿、大理石、石灰石、矿泉水，陶器生产已有700余年历史。境内气候宜人，田园风光优美，民风淳朴，适合休闲度假、观光旅游。

人口民族

1949年，辖区总人口1739人，可谓十里无人烟。1956年后，辖区人口基本上每十年翻一番。至2014年年末，全乡有3850户16158人，其中土家族人口13782人，占总人口85.3%。

经济发展

经济综述

境内经济以农业为主。20世纪50年代，农业生产方式落后，1957年，工农业总产值45万余元，农民人均纯收入29元。1970年后，生活稍有改观，人均纯收入72元。到1987年，通过改革开放和实施家庭联产承包责任制，经济发展迅速，全乡实现工农业总产值546.72万元，农民人均纯收入303元。1998年10月后，赵家岗进入快速发展期，1999年实现生产总值3082.67万元，其中农业收入2579.32万元。进入21世纪后，经济发展外联力度加强，实施“招老乡、回家乡、建故乡”举措发展乡域经济。2014年，全乡生产总值6655.78万元，（其中农业产值5166.3万元），农民人均纯收入4070.6元；固定资产投资1790.4万元，财税收入60余万元；金融机构存款余额1.27亿元，贷款余额4802万元。

农业

境内地处边远山区，对外交流不便，基本沿袭刀耕火种、广种薄收的原始农耕习俗。1950年前后，粮食作物主要以老红谷、白糯谷等高杆稻谷为主。1959年，人均口粮300斤左右。1978年改革开放以后，农业水利基础设施得到完善，农业机械化程度不断提高，优质高效生态农业得到长足发展，农民收入大幅增加。1989年，全乡耕地面积863.07公顷，粮食产量5329吨，其中，稻谷3796吨，小麦243吨，红薯536吨，玉米493吨；经济作物棉花产量31吨，烤烟产量145吨。2001年，耕地面积880.27公顷，粮食产量6675吨，其中，稻谷4207吨，玉米964吨，红薯563吨。是年，由于气候及市场价格影响，棉花产量下降到25吨；烤烟生产逐渐精细化，产量减至74吨。近年来，实施农业强乡战略，成功打造一批适宜地方特色的农业产业。形成规模的主要有以塘湖峪片区为主的千亩优质水稻示范片、新坪村花卉苗木基地、新安村中药材种植基地、新峪村胡元华规划开发的苹果柚基地、金坪村现代烟叶生产基地、于坪村袁中华湖羊养殖基地、张家界绿地生态农业发展有限公司大鲵养殖基地。2014年年末，全乡耕地面积1821.07公顷，粮食产量8000吨（稻谷5410吨，玉米2290吨），人均粮食540公斤。饲养生猪1.5万头、羊2500只、家禽2.5万羽，大鲵存池2.7万尾。林地面积64400公顷，实施退耕还林346.67公顷，生态公益林2400公顷。

乡村企业

1956年后，境内先后兴办有农具制造厂、车木加工厂等社、乡办企业。20世纪60年代末，陶瓷厂生产的土陶盛行一时。1992年，创办18门大型轮窑砖厂，年产红砖700万块，产值100万元。2013年，砖厂因国家保护土地政策而关闭。近年来，进行乡村企业产业结构调整，乡域资源优势逐步显现，个体私营、民营企业快速发展。有沿海劳动密集型企业落户赵家岗。至2014年，全乡有上规模企业6家，从业人员692人，产值1500余万元。

商贸服务

1947年，溇南乡公所设三家店，是通往桑植、龙山等地的交通要道，过往商贾、百姓众多，开设的茶亭、商铺、宿铺较多，较为繁荣。到20世纪60年代初，逐渐衰落。改革开放后，境内个体工商业发展迅速。至1989年，全乡有工商业户216户，年创产值208万元。至2014年年末，全乡有个体工商户102户，从业人员217人；餐饮服务行业5户，从业人员11人；农业专业合作社4个，带动农民就业219人。

劳务输出

改革开放前，境内劳动力以农耕为主，外出务工人员极少。改革开放后，为增加家庭经济收入，农村剩余劳动力自发向广东、浙江等沿海经济发达、劳动力短缺地区转移，外出务工盛行。1994年，全乡外出务工人员5700余人，收入2200余万元。近年，随着境内经济发展向好，务工环境改善，就近就业成趋势，外出务工人员逐渐下降。到2014年，转移输出劳动力减至4300余人，创收8000余万元。

基础设施

交通运输

境内有省道305穿境而过（乡域内19.8公

接石岩手袋厂

里），是通往桑植、永顺、龙山至湖北的交通要道。20 世纪 80 年代，除省道 305、赵（家岗）三（官寺）公路外，通村公路不足 10 公里，且基本是泥泞简易公路。到 90 代初期，公路建设提质加速，各村主干道逐渐拓宽加长，达到 54 公里，路基平整，百姓出行稍微方便，农用车辆逐渐增多。进入 21 世纪后，村道公路硬化在上级财政“一事一议”等奖补项目带动下，成效显著。至 2014 年，全乡村组公路里程 240 公里，村主干道硬化率 100%，组道硬化率 80%以上。全乡拥有摩托车 784 辆，小车（含面包车）63 辆，农用车 59 辆，公交车 6 辆，交通运输条件得到根本改善。

邮电通信

1982 年后，设邮政所，通邮至今，每三日一通邮，主要从事邮政信函、送报送刊等业务。后扩展到邮政速递、储蓄等业务。20 世纪 50 年代，境内有磁石电话总机 1 台，各大队（村）架设有 1 台手摇电话机。20 世纪 80 年代，无线寻呼系统中的被叫用户接收机——BP 机盛行一时。1998 年，开通程控电话，当年全乡安装程控电话 300 余部，并同时开通 1 兆宽带，电脑等办公工具开始使用。到 2014 年年末，全乡有程控电话 1600 部，4 兆宽带覆盖全村，集镇宽带升至 10 兆；有线电视实现全乡覆盖，联通基站，移动基站均建成，乡集镇及塘湖峪片覆盖通移动 4G 网络信号。

供电饮水

1974 年，在双河大队木马槐建有小型水力发电站，仅供公社机关用户照明。20 世纪 80 年代，开始从江垭架设高压线，乡集镇通电，后延伸到集镇附近大队。1989 年，全乡通电村 16 个，占总村数 72.7%；通电 3064 户，占总户数 88%。20 世纪 90 年代，架设供电线路再掀新高潮，覆盖全乡。当时，各村建有变电房，由村委会聘请电工负责日常管理。2000 年，全乡农村电网升级改造完成，产权移交电力局，百姓用电质量得到根本改善。

20 世纪 90 年代前，境内农户一般就近挖井取水。90 年代后，人们生活水平提高，意识到水质对健康重要性，大多采用自建蓄水池、架设管道从溪沟源头引山泉水饮用。2013 年，利用优质水资源，投入 215 万元，修建集镇金坪村自来水厂，满足集镇 3000 多人的生产生活用水。到 2014 年年底，全乡投入 120 万元，修建蓄水池 8 个，安装饮水管 5000 多米，解决大部分村群众安全饮水问题。

水利建设

境内有索水河、界溪河穿境而过，拥有得天独厚的水资源优势。1959 年修建小（1）型株木垭水库，集雨面积 0.53 平方公里，库容 25.4 万立方米，灌溉面积 40 公顷。20 世纪 60—70 年代，先后修建骨干塘 18 口，解决农田灌溉和农村人畜

大鲵山泉水厂

饮水问题。近年来，加大农业基础设施建设和饮水工程建设，投入30万元实施低产田改造工程，投入80多万元修建引水、排水渠道2000多米，投入1400多万元修建索水河河堤。群众生产生活条件得到逐步改善。

村镇建设

1950年前，境内群众房屋以茅草房、土坯房为主，条件稍好的家庭建有木房。20世纪80年代前，境内基础设施建设缓慢，农村基层组织活动中心等条件没有根本改观。90年代后，农村基础设施建设快速发展，农民翻修房屋较多，基本采用粘土砖砌墙，条件好的逐渐盖起小洋房。2009年，开始实施危房改造工程；到2014年年末，共改造危房218户,百姓居住条件日渐改善。集镇商户众多，2008年后，街道上老房翻修较多，重建后的街道新房，给人焕然一新的感觉。近年来，村镇建设投入不断增加，先后投入150余万元，对各村村部进行改造升级，增加文化活动中心，添加体育运动设施；投入近200万元，建成新坪小学和新桥小学；投入近50万元，改造政府机关院落，干部职工工作生活环境大大改善；多方筹资25万元，在集镇街道安装38盏路灯，新建新安村主干道路灯20余盏，省道S305新泉村接石岩路段路灯48盏。

社会事业

学校教育

赵家岗乡中学位于双河村，其前身为1948年创办的私立小学，1950年由政府接管，改为完全小学，仅有3间土砖瓦房和1000平方米的活动区。1969年2月，正式创办公社中学，中小学并存，有学生233人，教职工19人。1970年2月，划拨荒地0.67公顷作为学农基地，全体师生动手将食堂改造，并兼做礼堂。1974年5月，发动学生做砖烧瓦，从河边肩挑背负修建起当时一流的教室。同时，小学及私立幼儿园快速发展。至2014年年末，全乡有幼儿园16所，在园幼儿494人，专任教师24人；小学14所，在校学生1045人，专任教师43人；中学1所，在校学生411人，专任教师37人。

文化体育

20世纪50年代前，逢年过节或婚嫁喜庆日，大户人家或者自然村落集体请艺人唱柳子戏、土家歌、唱渔鼓等；婚嫁时的“哭嫁”习俗，一直传承至今。70年代末，公社聘请电影放映员，下到各大队巡回放电影。80年代，乡文化站成立。到90年代，开通集镇有线电视。至2014年末，境内有乡文体广播站1所，村级文化活动中心19个，建成农家书屋19所，藏书20余万册。音乐、书法、民歌民舞业余创作队伍300余人。文化科技下乡工程稳步推进，放映教育警示电影200余场次，节日送戏下村组28场次，各类文艺演出260余场。

20世纪60—70年代，各生产队有1台广播转播设备，实现全县广播联播。80年代后，随着实行家庭联产承包责任制，联网广播停播，随后，广播事业发展陷入低谷。到2012年，开始实施广播电视“村村响工程”，全乡各村重新架设广播扩音器，在春耕时宣讲农耕知识和科学技术知识，在防汛、森林防火等期间进行应急广播宣传，发挥重要作用。

境内有学校综合体育场3个，每年组织师生运动会。在2014年县七运会上，赵家岗乡代表团获团体总分第六名。

医疗卫生

1949年前，境内无专业医疗机构，草药郎中承担大部分医疗卫生事务。20 世纪 50 年代，始设医疗诊所。到 60 年代，在各村培训赤脚医生，开展简单疾病治疗及疫情防治工作。70 年代，卫生医疗诊所更名为卫生院。至 2014 年末，全乡有各级医疗卫生机构 15 个，其中，乡卫生院 1 所，病床 15 张，专业卫生人员 15 名；村卫生室 12 所。是年，完成诊疗 3 万余人次；新型农村合作医疗参合人数 14051 人，参合率 96%。

社会保障

1950 年前，境内无社会保障措施保护弱势民众利益。1956 年，开始实行“五保”政策。到 20 世纪 80 年代，对“五保”对象实施以大队为主体的分散式供养。2012 年，修建乡养老院，设床位 30 张，集中供养“五保老人”14 人。到 2014 年年末，全乡社会保障事业协调发展，新农保参合率 92%，新农合参合率 96%。农村”五保“对象 123 人，其中集中供养 14 人。农村低保对象 962 户 1175 人，城市低保对象 12 户 16 人。对全乡 948 户、2509 人进行扶贫建档摸底工作。“慈善一日捐”募集善款 22499 元，民政部门累计救济、救助困难群众 3000 余人次。

特色地情

历史人文

赵家岗历史悠久，文化底蕴深厚，具有浓郁的乡域特色。境内山谷众多，溪沟纵横，夹儿沟、季子溪等分别汇入界溪河和索水河，两河在双河村相汇，注入溇水。这些溪流落差较小，水流平缓，是水生物的理想栖息地。溪沟中有野生的乌龟、甲鱼，以及淡水小河鱼、河蟹、虾米等。一方水土养育一方人，饱饮索水的赵家岗人，纯朴善良，热情好客，崇尚道义。境内是贺龙元帅早期革命活动地，南昌起义失败后，贺龙回故乡桑植重新组织革命力量，就是在友人护送下顺利通过“三家店”关卡的。全乡有 50 多人参加红军。相传很久以前，在赵家岗的山岗上，住着一赵姓人家，勤劳刻苦，与人为善，深受当地人拥戴。位于金坪村的天子屋场，有关天子传说曾名扬京城。2014 年，“天子公园”项目开工建设，将成为赵家岗集镇又一新亮点。

名优特产

赵家岗享有慈利“西北粮仓”的美誉，境内民康物阜，舌尖上的美味更是数不胜数。

麻山大米 麻山村内有 40 公顷旱涝保收的水田，生产的稻米品质优良，其饭香甜可口。清末被定为朝廷贡米，近年被武陵源旅游区定为游客用米，享誉湘西北市场。

大鲵 是现存最大的两栖动物，其叫声很像婴儿的哭声，因此人们又叫它“娃娃鱼”，被列为国际濒危野生动植物名录和中国二级保护水生野生动物名录。近年来，境内大鲵养殖业发展迅速，通过培养大户带小户，成立慈桑水产养殖专业合作社，有养殖户 48 户，养殖大鲵 2.7 万尾。

跑山鸡 新峪村的林山中饲养的跑山鸡，其性情活泼，喜欢游走觅食，奔跑速度快，高飞能力差。食量小，食性杂，喜欢吃一点就走，转一圈回来再吃。跑山鸡是杂食鸡，喜食各种昆虫、小型两栖动物、谷类、豆类、草籽、绿叶嫩枝等。跑山鸡外形美观，体型紧凑，尾羽高跷，呈元宝型。养殖过程中，使用优质纯粮玉米，并让其自由啄食林地昆虫，不喂混合饲料、添加剂、激素等。肉风味独特，肉质细嫩，鲜香味浓郁，富有浓厚的野味特点。鸡蛋黄红润黄亮，轻松夹起而不破，蛋白质营养高于土鸡蛋。跑山鸡含有人体所必需的氨基酸 21 种之多，并富含锗、硒、锌、铁、钙等多种人体必需的微量元素等。野鸡中锶和钼的含量比普通鸡高10%，还有防治癌症的作用。

名胜古迹

三家店 在新合村境内，座落在海拔800余米的山坡上。过去人们的住房分三节建修在此，整个山坡正好被百姓住房分成三节，故又叫“三节店”。三家店是慈利通往桑植、保靖、永定、龙山等地区的交通要道。据说，三家店的第一店，处在山脚；第二店处在山腰，人户稍密集，设有烟馆及活动场；第三店处在山顶，有十来户人家。第一、二两店都设有歇铺住宿。第三店之上建有一座古庙，庙旁有一块铜锣碑，碑用石头做成，用力敲，碑内传出的声音就像敲打铜锣一样，声声震耳。在铜锣碑上建有一个茶亭，专供求神拜佛、敲打铜锣碑者歇息。

船型地 “船头出天子，船尾出霸王”。这在很久以前就传遍赵家岗乡，是对赵家岗地貌似船型的真实描述。似船头的望香台，似船身的文家山，似船尾的康家岽，似靠船码头的赵家岗山岗融为一体，紧密相连。山岗与望香台的斜坡地新泉村、新安村相连，形成狭长山坡，仿佛汹涌澎湃的波浪，呈后浪推前浪、一浪叠一浪的壮景。一条长10多公里的山脉，似船非山，形态逼真。借着清幽的晨雾，船上好像披上一层银纱，行驶在微波粼粼的海面，任凭大风催航，任凭巨浪震荡，一层层浪花朝船边涌来。故名船型地。

观音桥 新合村三家店街口有一座桥，始建于清朝乾隆十三年（1748），历经几百年风雨，仍保留完整。相传观音菩萨在此桥竣工时曾显灵，故名“观音桥”。桥由千块石料切墩，千块石板铺面，千户农家捐款，千名巧匠投工。

（撰稿人：杨文涛　图：杨文涛）

慈利工业集中区

区域概况

地理位置

慈利工业集中区位于县城东北郊，常张高速公路、省道304、306线和焦柳铁路穿境而过，慈利汽车东站、锦程物流园就在集中区附近，距慈利火车站6公里。

建置沿革

2002年6月，中共慈利县委八届七次全会作出“论证选址建好工业园”的决议，旋即成立慈利工业规划园区筹备领导小组。2003年5月，成立慈利县工业园区建设领导小组，并聘请湖南大学设计研究院编制园区总体规划。2006年1月，完成《慈利县工业园总体规划》编制。规划范围“南面以白竹水村、美达服饰、金荔集团为界，北至茶林河村，以茶林河水电站为界，东至S304，西至零溪村木鱼沟水库，规划区总用地面积18.79平方公里”。2006年11月，通过工业园总体规划。12月，县人大常委会批准该规划。2007年4月，设立慈利县工业园管理委员会（县政府管理的副处级事业单位）。是年5月，工业园管委会组建成立。管委会组建后，大规模开展招商引资和园区基础建设，委托湖南省国际工程咨询中心重新编制《慈利工业集中区发展规划》。2012年9月，省发改委、省产业园区建设领导小组办公室批复同意《慈利工业集中区发展规划（2011—2020）》。是年11月，省政府同意设立慈利工业集中区，明确为省级产业园区。

行政区划

2014年，慈利工业集中区辖零阳镇十板、零

工业集中区全景

溪2个建制村和零阳镇民和、仁和2个建制村的一部分，共40个村民小组，1485户农户，农业人口5151人。规划总面积6.42平方公里。集中区管委会作为县政府直属事业单位，未授予管理村组的行政职权。

自然环境

工业集中区的基本地形为山地、丘陵，地形起伏较大，平均海拔110米左右。地质构造基本属于新生界第四纪和古生界泥盆纪，第四纪浅表层为棕黄色，含砂砾石层，局部地段为石膏层，夹白垩及灰绿色粘土。泥盆纪浅层为灰条色、灰黄色、紫色沙质页岩及泥质砂岩夹灰岩。规划区内一类用地占21.9%，二类用地占46.7%。地震烈度为Ⅵ度。规划区内有零溪河和佘家峪、二吾桥2座水库，水资源丰富。

人口民族

2014年底，区内总人口10253人，其中企业员工5102人。总人口中，土家族人口占48%，还有白族、苗族、布依族、汉族等。来自贵州、重庆、四川、浙江、安徽、广东等以及港、澳、台地区的人口占总人口4%。

经济发展

经济综述

园区管委会组建前，园区所在的十板、零溪、民和、仁和等村，基础设施薄弱，产业以农业为主，村民收入水平低，是全县有名的"城边穷"。2007年，十板村总收入210万元，农民人均纯收入不到2300元。园区管委会组建成立后，在投资和新的生产方式的作用下，当地水、电、路等基础设施和产业结构发生明显变化。2014年，十板村因园区建设减少土地面积近60%，全年总收入950多万元，是2007年的4.6倍。村里的支柱产业由过去的水稻、柑橘和棉花种植，变成房屋租赁、运输、建筑和商务服务，第三产业收入占全村总收入的60%以上。2007年，园区工业总产值5.5亿元。2014年，园区工业总产值20.23亿元，年技工贸总收入达22亿元以上，规模工业增加值占全县规模工业增加值的23.4%，成为县域经济发展的重要增长极。

张家界永鑫鞋业有限责任公司

工业

2014年年底，园区有工业企业48家，其中规模以上企业22家，主要从事有色金属冶炼，建筑建材及非金属矿物制品制造，农副食品加工，饰品、工艺品、鞋、运动护具制造以及书报刊印刷，产业比较分散。根据湖南省产业园区主导产业指导目录意见，园区的主导产业明确为非金属矿物制品制造业和农副食品加工业。园区支持引导企业转型升级，培育壮大主导产业，明确10家企业为亿元企业培育对象，3家企业为5亿元企业培育对象，争取这些企业率先实现“两型引领、产值倍增”。同时加大招商引资力度，力争再引进一些投资过亿元的大项目入园，壮大园区主导产业。

农业

园区规划区涉及零阳镇4个建制村，共57个村民小组，1953户7073人。其中规划区内有40个村民小组，1485户5151人。2014年，4个村农民人均纯收入都在5200元以上，十板村人均纯收入6800元。仁和村是全县小康建设示范村，人均纯收入9300元。

基础设施

至2014年，园区累计完成固定资产投资23.2亿元，建成道路3条（慈利大道、沿河大道、军民路），改造道路1条（军民路），在建道路1条（工业大道）。建成工业厂房11.5万平方米，建成为企业员工提供住宿的公租房3.76万平方米。建成110千伏安输变电站1座，架设输电专线3公里。建成包括十板村村民用水在内的自来水供水系统和供水加压泵站。建成园区工业用水供水系统。完成零溪河主要区段的护坡工程。园区有各类工业生产设备4800多台套，固定资产原值14.4亿元。

园区道路对外主要依靠S304、S306、常张高速。园区内东西主干道路工业大道（在建）与常张高速慈利东出口对接，南北主干道路慈利大道与省道S304和安慈高速（待建）出口相连，园区产品货畅其流。中国电信、中国移动在园区建有基站，手机信号无盲区。有线电视和互联网已进入园区。2014年，县政府已将园区纳入县城城市

园区一角

富源仿真花

永鑫鞋业

是佳运动用品

管理范围，公交车已经在园区运行，自来水供水和天然气供气正逐步向园区全方位延伸。

园区特色

聚集效应明显 2007年园区管委会组建后，恒亮新材料、金秋农产品、美达制衣、硕鸿鞋业、昌元机电等8家企业划归园区管委会管理。2008—2009年，天成机电、三峡天然气、永鑫鞋业、金刚门窗、富源仿真花、中杰科技等8家企业相继入驻，入园企业达到16家。此后，园区每年入驻5~7家企业，至2014年年底，签约入园企业48家，园区产业聚集效应日臻明显。

引擎作用突出 2013年，工业集中区被列为全县经济发展的三大引擎之一，作为县域经济发展的引擎作用正在日益凸显。在入园企业中，有规模以上工业企业22家，省私营500强企业1家，省高新技术企业2家，省知识产权优势培育企业2家，省创新型试点企业1家，省侨港澳资重点服务企业1家，海关A类管理企业1家。1家企业产品获国家重点新产品证书和中国驰名商标。张家界市唯一一家省级企业技术中心落户在园区。园区企业申报和获批的国家专利逐年增多。2014年，园区实现规模工业增加值7.11亿元，占全县生产总值的5%。园区已开发面积3.2平方公里，以全县0.09%的土地面积，贡献出全县5%的生产总值。

发展前景广阔 慈利擎武陵山系，扼澧水之源，是出入大湘西的门户。境内资源丰富，被誉为全国“杜仲之乡”和“大理石之乡”。慈利工业集中区居湘西门屏之地利，具有很强的发展内生力。2007—2014年，园区工业总产值和技工贸总收入，年均以两位数的增速递增。园区每年转移安置大批城镇下岗职工和农村富余劳动力，有效缓解县域就业压力。园区创税逐年增长，县域可持续的新税源逐渐形成。2014年4月，园区与国家级产业园湘潭高新区签订战略合作框架协议。8月，与哈尔滨君辉集团签订建设杜仲产业园协议。以后，又同深圳鸿基、湖南中菱等企业集团签订建设石材产业园、电子产业园和水钻产业园协议。2014年12月，省政府批准慈利工业集中区为全省“飞地经济”试点园区。

（撰稿人：周建军　图：周建军）

张家界大峡谷国际旅游经济区

张家界大峡谷风光

区域概况

建置沿革

2003年，张家界市制定东线旅游发展规划，重点发展慈利旅游。2007年，市委、市政府决定，在位于慈利县西北部，临近武陵源区的阳和土家族乡和溪口镇，建设阳和国际旅游商务区，并建设常张高速公路至武陵源的快捷通道，阳（和）龙（王洞）公路随即打通。慈利县委、县人民政府随之启动商务区规划建设。此后，伴随着张家界大峡谷、江垭温泉度假酒店、和田居度假酒店等景区、酒店建设，本着“提质张家界、打造升级版”战略决策，2013年4月，阳和国际旅游商务区升级为张家界大峡谷国际旅游经济区。发展定位于国际高端休闲度假，国家旅游综合改革试验区，省级旅游产业聚集区，张家界自助游中心，与永定城区和武陵源核心景区互补共生，错位发展，打造“张家界旅游版第三极”。

规划区域

张家界大峡谷国际旅游经济区位于慈利县西北部，毗邻张家界市城区和武陵源核心景区，距慈利县城40公里、张家界市城区23公里、武陵源核心景区16公里。经济区规划范围包括溪口镇的新街、老街2个居委会和坪坦、樟树、长潭、杜坪、丁周5个建制村，阳和土家族乡的凤渔、夹石、渔浦、双坪、朱家嘴、梨子坪、杨家坪、戴家山、甄家坪、七方峪、寨峪11个建制村，三官寺土家族乡的水车坪、吴王坡、朱垭、栗树垭、罗潭、青龙、射泉、株木岗、胡家坪、袁家庄、寨岗、三官寺、丰坪、三坪、庆丰15个建制村，江垭镇的长峪、清水洞、青长岭、岩板田、龙王岗、九溪、临江、农贸市场、毕家坪、皮垭、龙台、关岩、官桥、教场坪、卓家峪、逃家峪、老凼、枫垭、笔架、李家峪、五里堆、四坡、莲坪、棋盘塌、合心、灰塘坪、万石坪27个建制村和江垭、兴隆街、东河街、丁字街4个居委会以及江垭林场，甘堰土家族乡的勤中、高岭、西铺、甘堰、上马墩、穿石、金岩7个建制村，以及象市镇的龙兴村，赵家岗土家族乡的王家坪村，共计73个村（居委会）和1个国有林场。规划总面积307平方公里，总人口76392人。其中，核心区有25个建制村，土地面积76平方公里，人口26176人；控制区有48个村（居、场），土地面积231.3平方公里，人口50216人。

规划区分为北部江垭组团、中部大峡谷组团和南部溪口阳和组团。南部组团近期规划建设用地10平方公里，远期规划38平方公里，主要开发建设张家界自助游服务中心、澧水半岛国际文化旅游度假区、张家界自然历史博物苑、山地运动俱乐部、国际会议中心、特色商业街、温泉度假酒店等人文和自然的景点景区，发展定位为张家界自助游服务中心、国家旅游文化产业园。中部组团发挥临近武陵源核心景区区位优势，以张家界大峡谷旅游资源为依托，打造游客参

溇江漂流

与度高的特色景区，建设精品度假酒店群，发展旅游地产。北部组团以江垭温泉度假村为平台，综合利用江垭水库、温泉、森林公园和九溪古镇等资源，打造全国知名的水利旅游风景名胜、温泉小镇。

自然环境

境域狭长，南北向跨越，地势地貌复杂，砂岩地貌、石灰岩地貌、卡斯特地貌和丹霞地貌并存。境内气候温和、雨量丰沛、冬暖夏凉。水文资源丰富，主要有“两水一库”（澧水、溇水、江垭水库）。动植物资源丰富，旅游资源富集度高、生态环境好，有温泉、峡谷、溶洞、漂流、丹霞地貌、生态湿地等自然资源，有九溪卫城、溪口古镇、溇中县郡遗址、杜心五故居、渔浦书院和红军医院等人文景观。

发展概况

2006年以后，张家界大峡谷国际旅游经济区按照“规划引领、基础配套、项目带动、错位发展、深度融合”的发展思路，取得显著成效。（一）基础设施：该区旅游基础设施纳入全省“十二五”规划，累计投入15亿元，完成区域总体规划编制和相关组团规划，先后建成阳龙公路、阳（和）溪（口）公路、常张高速公路联络线、大峡谷旅游公路、阳和水厂一期工程和管委会综合大楼，报批、储备土地近66.67公顷。（二）旅游产业项目建设：已建成龙王洞、江垭温泉度假村、张家界大峡谷、禾田居度假酒店、溇水漂流等景区景点，其中，AAAA级景区3家；在建的有张家界大峡谷玻璃桥、澧水半岛国际旅游度假区、张家界水世界、自驾游服务中心、万豪度假酒店、豪生养生园等项目。2013年，经济区完成旅游接待220万人次，实现旅游收入9.8亿元。2014年，完成投资5.5亿元，签约万豪度假养生园、豪生度假酒店等8个项目，签约总金额38.5亿元。(三)机制体制:2013年成立张家界大峡谷国际旅游经济区管委会，编制总体规划，出台《关于加快张家界大峡谷国际旅游经济区发展的若干意见》，对经济区职能定位、产业发展、招商引资、项目用地、财政支持等作出具体规定。

景区景点

张家界大峡谷 是张家界市旅游精品线之一，位于三官寺土家族乡境内，距武陵源区约10公里，距张家界市城区约42公里，省道S306经过景区。景区已开发建成20平方公里游览区域。峡谷内多流泉飞瀑，植被茂密，野生动植物众多，冬暖夏凉，舒适宜人，是集观光、休闲、科考、运动、环保于一体的旅游景区，为国家AAAA级景区。景区一期工程2008年10月运营，2014年接待82万人次以上。二期玻璃桥项目基础施工完成，正在进行安装，预计2015年7月试运营。

江垭温泉 江垭温泉度假村于2004年运营，是张家界市第一家温泉度假村，湘西唯一一家仿古式半露天温泉。建有20余种各具特色、各富功效的高标准露天温泉池和室内温泉池。自然园林式布局，鹅卵石青石板小路，假山瀑布，小桥流水，温泉池宛若明珠镶嵌其中，一派恬淡宁静的山野仙境，极具乡土格调。集温泉、餐饮、客房、会务、健身、娱乐、桑拿、美容等经营项目于一体。年接待11万人次以上，实现收入1700多万元。

张家界禾田居度假酒店 毗邻黄龙洞、宝峰湖等景点，项目地涉及罗潭、青龙（部分）2个建制村，建筑用地面积16.33公顷，一期建筑面积4700平方米，投资约3.5亿元。总体设计以中国传统文化“五行”（金、木、水、火、土）为建筑起点和主源点。酒店以山水景观、度假观光、休闲旅游、养身疗养、会议会展等服务项目相融合，在建筑以及内饰装修风格上，全面融入土家特色，以深度挖掘土家族传统文化、民俗民风为主要经营特色，提供一个能够让人完全融入自然、放松身心的高尚优雅空间，营造张家界独有的豪华别墅式度假休闲旅游新体验。酒店客房287间（套），年接待能力10万人次。2014年4月营业。

溇江漂流 是张家界旅游精品项目之一，地处江垭镇，距核心景区武陵源30多公里。1998年，开始开发溇江漂流线路，现有漂流船只120余条，可同时一次性接待1000人次左右，日接待量3000人次。拥有完善的配套设施，年接待5万人次以上，年收入500多万元。溇江漂流有“小三峡”美誉。漂流江段长16公里，漂流时间约2小时，终点为江垭温泉度假村。漂流途中，峡谷幽深、树木葱笼、滩多浪急、惊险刺激，沿途景点密布，共有100多处，如天王妃子洗衣滩、张郎徇情樟儿滩、向王射马滩、姜太公钓鱼台等。还有众多的石象、石猪、石马、石硅、石号，成群的白鹭在蓝天飞翔，多情的鸳鸯双双鳞波戏水……

龙王洞 是张家界市旅游精品游览地之一，地处江垭镇，距武陵源区约14公里，距张家界市城区约46公里，省道306经过景区。属典型的喀斯特地形，年龄3.8亿年，全长30余公里，已开发4.5公里。洞中有58个厅台，28条石走廊，15处珍珠瀑布，3条地下阴河，2个湖泊，45处水花池，石笋、石钟乳、石柱、石幔、石花遍布其中，琳琅满目，镇海宝柱称为

龙王洞凤凰宫

“天下第一柱”。已建造颇具少数民族风格的集办公、购物、就餐、休闲于一体的大楼，于2004年4月开始营业，2007年年底被评为国家AAAA级旅游景区，年接待10万人次以上，年收入800多万元。

在建项目

澧水半岛国际旅游度假区　项目位于溪口镇澧水半岛，占地面积1200公顷（其中水面466.67公顷）。规划以表现神秘武陵巴楚文化，展示和体验独特的少数民族民俗风情和度假的文化旅游项目。项目由中国国际文化传播中心、香港文华投资集团投资30亿元开发建设。建成后，每年将接待游客100万人次，实现旅游年收入10亿元以上。

张家界大峡谷玻璃桥及配套设施建设项目　建设地点在三官寺乡双垭、吴王坡村。项目2012年4月由张家界市发展和发改委员会批准立项，总投资2.6亿元。玻璃桥由世界著名建筑设计师渡海堂担纲设计，国内设计单位为中国中铁大桥勘测设计院。玻璃桥构架无钢筋混泥土支撑，桥长420米，桥宽6米，距谷底约270米，其配套设施有电梯、管理用房、停车场、环保厕所等。建成后将成为世界上最长的玻璃桥。

张家界冰雪世界　位于阳龙公路与阳溪公路交汇处，距常张高速阳和出入站口约1公里，距武陵源区16公里。占地约13.33公顷，总投资不低于6亿元，在2017年底前全部完成并投产经营。分二期完成，第一期项目建设投资4亿元,用地约8.27公顷；第二期项目建设投资2亿元，用地约5.07公顷。项目主要提供以休闲旅游滑雪、戏雪为主体，兼顾户外山野活动、休闲度假、商务会展、演艺活动、生态旅游等综合性服务；具有游客接待、形象展示、旅游游憩和休闲体验功能。建成后，每年将接待游客20万人次，实现旅游收入8000万元以上。

张家界市游客中心阳和门店项目　由张家界

游客中心有限公司投资，主要建设游客接待中心、游客咨询中心、停车场、游客中心运行网络系统工程、游客中心旅游巴士服务设施等。项目建在长张高速公路阳和出口处，用地规模约 6 亩，总投资约 1470 万元。建成后，年接待游客 2 万人次以上，年产值约 1000 万元。

（撰稿人：王红英　图：王红英）

桑植县行政区划图

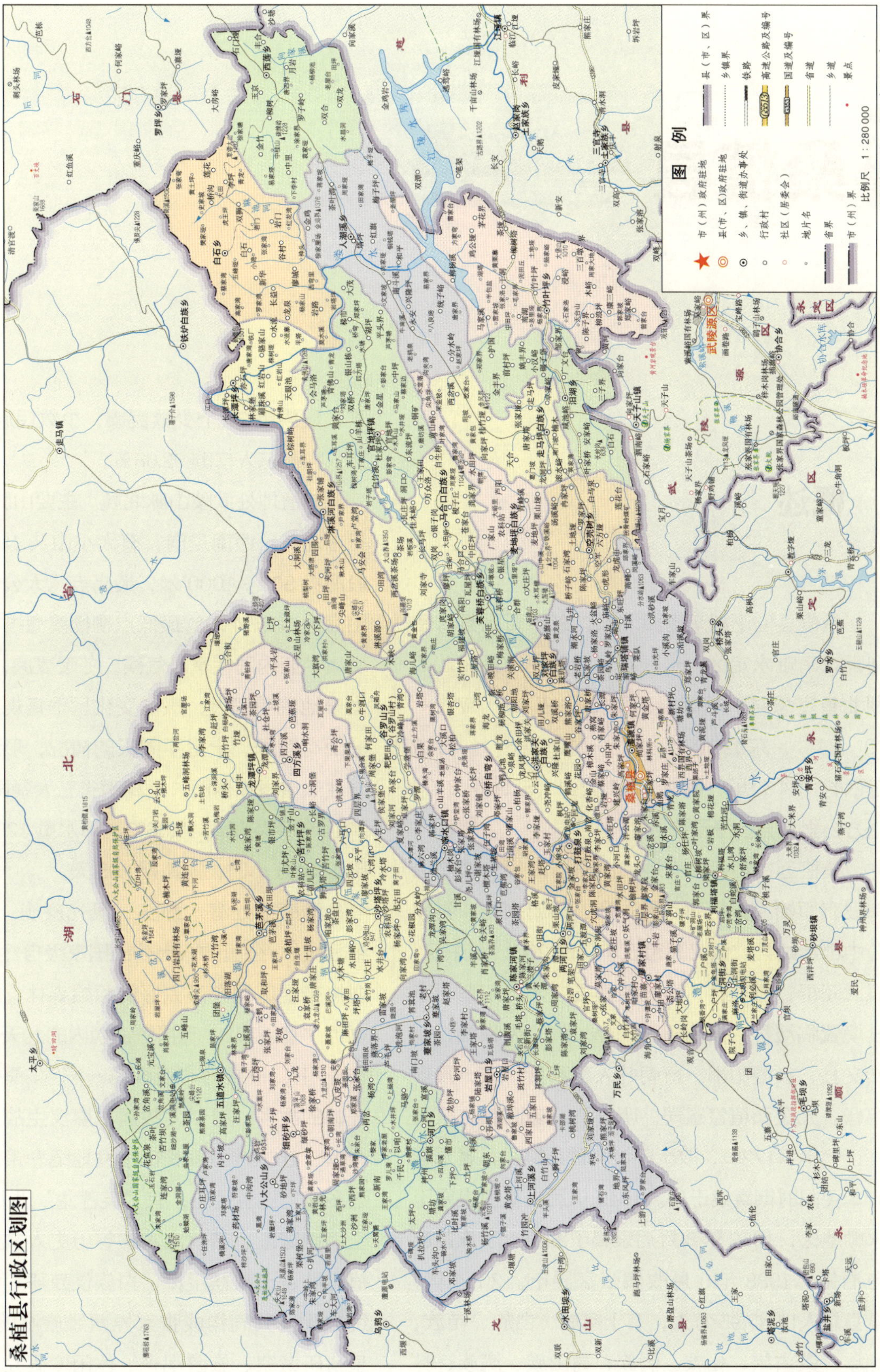

地图审图号：湘S（2016）165号

桑植县

概述

桑植县位于湖南省西北部，东界石门县、慈利县，南毗永定区、永顺县，西接龙山县，北邻湖北省宣恩县、鹤峰县。地处北纬 29° 17′ ~ 29° 84′ ，东经 109° 41′ ~110° 46′ 。县域东西长 104 公里，南北宽 51 公里，总面积 3474 平方公里。县治澧源镇。

桑植远古称西南夷地。旧石器时代，溇澧沿岸已有原始人类活动。夏、商、周属荆州，秦属黔中郡慈姑县。西汉高祖五年（前 202）至东汉，属武陵郡，置充县，为桑植建县之始。东晋于充县境置临澧县，隶荆州天门郡。隋，废临澧，置崇义县，隶澧阳郡。唐朝并入慈利县。宋，置安福砦。元置桑植宣慰司。明、清沿袭旧制。至清雍正七年（1729），改土归流，置桑植县，属永顺府。民国时期直隶于省。1949 年后，桑植隶属于永顺地区，1952 年 8 月后隶属于湘西土家族苗族自治州，1988 年 5 月改属张家界市。2014 年，全县总人口 47.95 万人，有土家族、白族、苗族、回族、蒙古族、壮族、侗族、高山族、满族、彝族、瑶族等 27 个少数民族，少数民族人口 44.44 万人，占总人口的 92.68％。

桑植地处武陵山脉北麓。主要山脉 40 条，多呈东北——西南走向，有大小山头 10426 个，一般海拔 500 ~ 1000 米，最高点八大公山主峰斗蓬山海拔 1898.4 米，最低点柳杨溪海拔 154 米。县域属中亚内陆性季风气候，冬暖夏凉，四季分明。由于地貌差异大，气候变化呈垂直规律，常出现一山有四季、十里不同天的情况，形成间断的地方性热雷雨和暴雨，是湖南省三大暴雨中心之一。2014 年平均气温 17.36℃，降水量 1231 毫米，日照 1001.5 小时，无霜期 295 天。

桑植地处澧水源头，风光旖旎，人文荟萃。距县城 80 公里的八大公山国家级自然保护区，有亚热带地区保存最完好的原始森林，被誉为亚洲物种“基因库”。利福塔镇境内的九天洞，距县城 17 公里，被誉为“亚洲第一洞”。桑植县是贺龙元帅的故乡，有贺龙故居、廖汉生故居、贺龙纪念馆、红二方面军长征出发地纪念馆和纪念碑等诸多红色旅游景点，有“芙蓉龙”恐龙化石遗址、土司城遗址、苦竹河古镇等历史人文景观，有桑植民歌、土家摆手舞、白族仗鼓舞等优秀民族传统文化，共同构成张家界西线旅游的丰富内涵。是科研考察、旅游观光、休闲度假胜地和爱国主义教育基地。

桑植物华天宝，资源丰富，是全国资源富县之一。境内地下矿藏达40余种，主要有煤、铁、铝土、硫铁、萤石、重晶石、大理石、铅、铜、石英、石油天然气等。境内河流410多条，主要有澧水、溇水及两水支流。水能理论蕴藏量48.4万千瓦，可开发利用29.36万千瓦，是湖南省最具开发价值的水能资源大县。有山地23.87万公顷。森林覆盖面积12.24万公顷，盛产黄柏、木瓜、黄连、五倍子、油料、烟叶、茶叶、猕猴桃等。

中华人民共和国成立尤其是1978年改革开放以后，桑植经济社会发生深刻变化，各行各业得到全面发展。2014年，全县生产总值67.92亿元，第一、第二、第三产业增加值分别为8.79亿元、15.56亿元、43.47亿元；完成固定资产投资45.09亿元，公共财政预算收入5亿元；城乡居民人均可支配收入7057元，农民人均纯收入4719元；年末金融机构各项存款余额78.34亿元，贷款余额41.99亿元。交通通信发达，省道1835线直达张家界火车站，1841线、桑龙、桑鹤、桑慈等干线公路与周边县区相连，乡乡镇镇通公路、通电话、通宽带网络。通车总里程达2341公里。桑植民歌、桑植白族仗鼓舞、桑植跳丧舞等被列入国家级非物质文化遗产名录。教育设施完善，有各类学校236所，其中完全中学3所，中等职业技术学校1所，初中29所,小学219所。九年制义务教育基本普及。有医疗卫生机构52个，通过实施新型农村合作医疗，完善大病救助政策，人民就医难的问题有效缓解。全县自然环境优良，年平均空气环境质量达标率71.2%，地表水质达标率100%。创建成省级生态乡镇5个、市级生态村80个。

2014年，全县辖澧源、瑞塔铺、官地坪、凉水口、龙潭坪、五道水、陈家河、廖家村、利福塔等9个建制镇，空壳树、汨湖、竹叶坪、人潮溪、西莲、白石、长潭坪、桥自弯、谷罗山、沙塔坪、苦竹坪、四方溪、芭茅溪、细砂坪、八大公山、蹇家坡、河口、岩屋口、上河溪、两河口、打鼓泉、上洞街22个乡，走马坪、马合口、麦地坪、芙蓉桥、淋溪河、刘家坪、洪家关7个白族乡和天星山林场。2015年湖南省进行乡镇区划调整改革，桑植县撤并15个乡镇191个建制村。乡镇区划调整后，桑植县辖瑞塔铺、澧源、利福塔、廖家村、龙潭坪、五道水、人潮溪、官地坪、陈家河、八大公山、凉水口、桥自弯12个镇，竹叶坪、空壳树、上洞街、河口、上河溪、沙塔坪6个乡，走马坪、刘家坪、洪家关、芙蓉桥、马合口5个白族乡，共计23个乡镇。

澧源镇

澧源镇是桑植县治所在地，为市级一类乡镇。

区域概况

位置面积

澧源镇位于县境南部，略成扇形，后倚西界，三面临水。东临瑞塔铺镇，南界永定区，西与利福塔镇接壤，北与洪家关、刘家坪白族乡相连。全镇总面积 98 平方公里，城区面积 7.6 平方公里。

建置沿革

明洪武四年（1371），设安福守御千户所，治所酉水之北方家坪；洪武二十三年（1390），改“酉水所”为安福所，属九溪卫。清雍正七年（1729），桑植土司改土归流，建立桑植县，改所治为县治。1939 年建镇，始称澧源镇。1949 年 10 月设城关乡，1953 年 4 月改置城关镇，1958 年 9 月，改称城关人民公社。1964 年 1 月，转县直辖，名城关镇。1982 年 8 月，改为澧源镇。1992 年 9 月，五里桥乡并入澧源镇。1995 年 4 月，南岔乡 4 个村划入澧源镇管辖。

行政区划

2014 年，全镇辖仙鹅、罗家庄、尚家坪、黄金塔、长潭、朱家坪、燕窝、樟木溪、小田冲、朱家冲、肖家峪、金山、蔡家峪、西界、建兴岭、兴旺塔、岩塔、洋公潭 18 个建制村，朱家台、汪家坪、文昌街、高家坪、文明路、何家坪、老观

集镇全景

潭 7 个社区，共 25 个村（居）委会，232 个村（居）民小组。镇人民政府驻文明路社区居委会。

自然环境

澧源镇地处武陵山脉北麓，鄂西山地南端。属亚热带高原季风湿润性气候区，四季不甚分明，干、湿季明显，无霜期偶有凝冻。雨季时间为 4～6 月，年均降水量 1038.8 毫米；年均日照约 1100 小时。

人口民族

2014 年，辖区住户 28467 户，常住人口 67766 人。其中，城镇居民 22652 户 47864 人，土家族、苗族、白族等少数民族人口占总人口 88%，以土家族为主。

经济发展

经济综述

2014 年，全镇生产总值 7.08 亿元，三次产业结构比为 10∶75∶15，其中，农业产值 5012.2 万元；农民人均纯收入 3301 元，城镇居民家庭人均可支配收入 15762.49 元，固定资产投资 3.2 亿元。

农业

2014 年，全镇耕地总面积 1010.47 公顷，其中，水田 699.67 公顷，旱地 311.8 公顷，总劳动力 34156 人。种植业以稻谷、玉米为主，粮食总产量 7302 吨，农业总产值 3120 万元。有燕窝、蔡家峪等村为主的 7 个油茶基地，油茶种植面积 145.09 公顷；有以兴旺塔、燕窝等村为主的 8 个畜牧养殖基地，建生猪养殖场 47 个、鸡场 3 个；有以蔡家峪、金山等村为主的特色种植基地和以西界、单家坪、高桥为中心的“农家乐”城市休闲农业基地；全镇每年蔬菜种植面积 133.33 公顷，年产量 5000 余吨；创建有金山村 20 公顷优质稻示范区。

工业

1949 年 10 月以后，人民政府采取发放贷款、加工订货等办法扶植厂、坊复业。1950 年，恢复个体手工作坊 34 家，从业人员 203 人；1952 年，发展到 400 余家。1953 年对私营手工业进行社会主义改造。1954 年，将铁业、缝纫手工业人员纳入集体经济组织。1955 年，将澧源镇赵复兴织袜厂和阜康织染厂改为公私合营，并组建城管综合小组。1956 年，先后组建各类合作社，完成手工业的社会主义改造，私营手工业彻底消失。1958 年大办工业，开始兴办炼铁、造纸、农具制作等小型工厂。1961 年进行产业调整，1965 年，澧源公社集体企业仅 3 家。“文化大革命”期间，生产秩序混乱，集体工业萧条。1970 年，新建农产品加工等企业。中共十一届三中全会以后，集体企业逐步得到发展，相继兴办农具厂、造纸厂、纸箱厂、印刷厂、服装厂、修配厂、饮食店、西界煤矿等 20 多家镇办企业。随着改革开放步伐加快，境内商业迅速发展。2005 年，全镇有企业 2428 个，其中，镇办企业 10 个，村办企业 25 个。近年来，康华粽叶公司、九天食品公司、惊梦酒业公司声名鹊起，产品远销海外，部分产品获国家、省级优质产品，成为桑植民营企业的龙头。新一元公司、三木公司、康华公司等企业加大技术改造力度，规模扩大，产值增加。2014 年，全镇工业增加值 13418 万元。

商业贸易

明清时期，工商业经济基本上是手工作坊，闭关自守，与外界联系较少。1891 年 12 月茅岩河道开通，自此境内工商业经济逐渐活跃。主要输出桐油、木油（乌桕油）、茶油、药材等土产品。中华人民共和国成立以来，澧源镇城区建设日新月异。1960 年，在汪家坪一带兴建商业网点，成为县城第一个密集商业区。1990～1995年，随着文明路的修建，尚家坪区域发展迅速，成为城东综合发展新区。2003年科赛广场新建，澧源大市场改造投入使用，城区商贸服务设施进一步完善。到2014年年底，全镇有个体工商户4000户，其中，投资上百万元的有22家，从业人员14810人，占全镇劳动力总数32%，对财政贡献率75%以上；以商贸、物流、餐饮、房地产等为主的第三产业快速发展，成为全镇财政增收支柱产业。

劳务输出

1978年改革开放以后，澧源镇劳务经济快速发展。先后在4个社区建立劳务保障服务站，完善劳务输出和输入的服务体系，共吸纳农村劳动力进城就业1800人次，实现农村劳动力输出3500人次。同时建立外出务工返乡青年再就业平台，开展农民青年培训行动，进行农业新技术等创业技能培训823人次，发放创业贷款340万元。

基础设施

交通运输

1971年，澧源公社修建何家坪至西界村公路。1995年酉水大桥建成，将东城区与高家坪连为一体。2003年，在酉水河上修建胜蓝大桥，方便新一中师生出入。2004年，在酉水河建成科赛大桥，县城区桥梁增至5座。2005年，张家界至桑植县城的国家二级张桑公路动工新建，解决桑植县发展的“瓶颈”问题。是年，投资千万元的澧水大桥建成，将城区东、南、西、北连结起来，形成环形通道。张桑、桑龙、桑慈、桑鹤、桑永公路畅通，贺龙路、朱贺公路建成投入使用。投资90余万元，完成农村道路硬化5.9公里；投资3.2万元，对何家坪1公里道路村道进行整修；投资4万元，重新修建肖家峪村道桥梁；完成何家坪等村39.3公里通畅工程，建成樟木溪、小田冲产业循环路，实现村村通水泥路。近年来，按照“拓宽骨干路，建成循环路，拉通断头路”的交通布局，完成帅乡路、朱贺公路建设，完善兴旺塔、金山等村部分通组道路设施。初步形成布局合理、覆盖全镇、贯通城乡、方便快捷的公路交通网络。

邮电通信

2014年年末，全镇有邮政代办所1处，邮政业务总量387.45万元，报刊杂志累计发行190.05万份。有电信企业1家，固定电话用户45万户，移动电话用户5.5万户，互联网用户3.1万户；全年电信业务收入3500万元。

供电饮水

进入21世纪，先后完成小田冲、金山、蔡家峪、罗家庄、建兴岭、洋公潭、岩垭、兴旺塔等村农网改造；城区供电网络升级基本完成。城区居民饮水由县自来水公司供给，方便、安全、卫生。农村安全饮水条件逐步改善，2009年来，完成罗家庄、黄金塔等村安全饮水工程建设，解决仙鹅村立郎子组、罗家庄村部分组近3000人的饮水困难和安全问题。

水利建设

境内水源充足。1964年，修建方家坪水电站，1970年，澧源公社修建小电站。1976年修建团结大桥，并开始修建岩壁滩电站。2009年国家投资农业综合开发项目以来，兴旺塔村的电排和配套设施完工，新修灌溉渠道1100米，整修渠道1.9公里，完成山塘清淤扩容350口。2011–2012年，国家投资的兴旺塔、高桥、长潭等村小农水和农业综合开发项目相继完成。至2014年末，境内有水库6座，新修灌溉渠道6700米，整修5650米；投资87万元，完成双泉灌渠（朱家冲、樟木溪段）整修改造工程；投资55万元，完成洋公潭、小田冲村“攻退成果”工程。

村镇建设

按规划实施村（居）办公场所建设，高桥社区组织活动中心验收合格投入使用，完成燕窝、何家坪等6个村（居）的垃圾治理，农村环境卫生条件得到较大改善。以澧源镇为主体的新一轮县城总体规划通过省级评审。城市“四化”工程全面实施。对镇政府办公楼进行“穿衣戴帽”改造，对城区部分小街小巷进行硬化亮化。“两路”改造基本完成，帅乡路全面竣工。城镇骨架进一步拓展，城镇面貌焕然一新。

社会事业

教育科技

清雍正十二年（1734），设训导一员，兴办义学。乾隆二十一年（1756），义学改为书院，名曰崇文书院。同治八年（1869），书院重建更名为澧源书院。光绪十七年（1891年），改书院为学堂，遂立县立高等小学堂。民国元年（1912），改学堂为学校，更名为县立高等小学。护法战争后，学校时停时办。民国八年（1919），贺龙在该校创办农民自治讲习所。1929年，又开办贫民小学（工农小学），3个月后，因国民党军反扑苏区，学校被迫解散。同期还开办红军学校1所。1930年，县内教育逐渐恢复发展，建立4所县立小学。将原来县立高等小学改为县立第一小学。1935年4月中旬，中国工农红军学校第四分校由永顺塔卧迁至桑植设在第一小学内，改为红军大学；是年转移到刘家坪改变为随营学校，参加长征。1937年8月，县立一小又改为澧源小学。1940年，又改名龙禧乡中心小学。1942年，更名澧源镇中心小学。是年1月，国民政府通令各县办中学，原澧源镇中心小学迁址，原址让给县立中学。1949年6月，土匪陈炳吾攻城，学校停办。桑植解放后，1951年复校。此后教育事业蓬勃发展。2003年，桑植县一中新校区选址方家坪开始征地建设，2004年建成投入使用。几十年来，镇域内的各级中小学校输送舒清明、刘江军、龚杰等一批清华

澧源书院旧貌

学子，培养一批又一批对社会有用各类人才，如顽强与病魔抗争、勤奋学习的“全国十佳少年”刘梅。2014年末，境内有高级中学1所，初级中学3所，小学15所，职业中专1所，民办职业学校1所，教职工1105人，在校学生16926人。幼儿园在园人数3555人，校舍63栋，335万平方米。

科技主要以农业科技推广应用为主。进入21世纪，注重大鲵养殖技术和魔芋种植技术更新，魔芋的种植范围从海拔1000米下降至海拔200米。三木能源的生物质气化炉技术、九天公司的葛根多糖及山野菜系列成果、思源科技养殖零排放技术等得到推广运用，促进桑植经济快速发展。

文化体育

进入21世纪以后，澧源镇大力发展文化、体育事业。25个村（社区）全部设立农家书屋，13个村（社区）配备广播室（报警器）；为8个村20个村民小组发放“村村通”设备150套；完成仙鹅村群众文化活动场地建设；成功举办“欢乐潇湘·美丽澧源”群众文艺汇演，选送的“计划生育谱新篇”节目在县荣获三等奖；文物保护、非物质文化遗产保护和传承取得重要进展，全民健身活动蓬勃开展。有电视用户1.6万户，入户率20%。广播电视“村村通”覆盖全镇。

医疗卫生

境内医疗设施齐全，有县办医院2所，镇办医院1所。街道、村（居）诊所28个、个体医疗室等32个，从业人员1156人。先后完成村（社区）卫生室6个建设。2014年，新型农村合作医疗参合18857人，参合率93.4%；办理医疗补助1066例，报销医疗费167万元，县外报销金额30万元；完成居民体检24501人，并建立居民健康档案；全年防疫接种16543人数，发放儿童营养包250个。

社会保障

2014年，发放各项惠农、强农、富农补贴资金143.5万元，其中种粮补贴107.3万元，粮种补贴9.2万元，农机购置补贴13.87万元，库区移民后期扶植基金13.12万元。完成危房改造60户；引导农民参加新型农村养老保险，缴费率达90%以上。加大弱势群体救助力度，扩大群众最低生活保障和社会救助覆盖面。为城乡低保对象1082

“欢乐潇湘·美丽澧源”群众文艺汇演

户2506人发放生活保障金271万元，城乡低保、农村“五保”，实现应保尽保，劳动保障得到进一步加强；敬老院的管理服务水平提高，给3282位老人发放养老金541530元。

特色地情

历史人文

城区沿澧水、酉水两岸逶迤延伸，自然景色优美，历史文化渊源流长，民间习俗淳朴独特。县文物部门于1990年在朱家台清理战国墓葬34座，出土器物104件。其中石磬的制作艺术特别精良，这类“金石之乐”的出土，说明在春秋战国时期，境内就播下了文化种子。随着时代的进步，民族文化得到传承发展。据桑植县志记载：“土人以刀耕火种，掘地耕草，鸣锣击鼓以娱乐”。曲艺形式不断演变：有一唱众合、伴奏者帮腔的薅草锣鼓及打丧鼓；有边舞边唱、花样繁多的三棒鼓；有载歌载舞、动作变换无穷的花灯；有自唱自奏、绘声绘色的渔鼓；有单人表演的顺口溜；有飘飘欲仙的“请七姑”等20多个曲种。其音乐、曲调优美，具有浓厚的民族地方特色和乡土气味。

古镇的民间艺术，内容丰富，形式多样。戏剧有汉戏、阳戏、傩愿戏、花灯戏等，特别是汉戏盛行，古镇东西两门都有戏班。东门戏班设在迎恩山，名为“福成班”；西门戏班设在朱龙关，名为“兴化班”。桑植名艺人宋福龙、王福满、覃兴洪、熊兴远等人都出自该戏班，其技艺高超，服装道具乐器齐备，演出效果深受群众称赞，对活跃当时的文化生活起到重要作用。1949年10月后，这些民族瑰宝得到进一步弘扬，澧源镇先后成立过汉剧团、花灯剧团，到全县巡回演出。到20世纪80年代，汉剧团、花灯剧团因经费困难被迫解散。近年来，群众文化艺术活动随着经济的发展，又逐渐丰富多彩，经群众自发组织的龙灯、狮子灯队伍就有10多支，管乐队20多支。

名优特产

澧源镇粮食品种繁多，有稻谷、包谷、大麦、小麦、燕麦、荞、豆类、红薯、洋芋等。历史上，除居住在坪坝之地的人常年有大米饭吃外，居住在山坡野岭的土家人都吃的多合饭，如大米拌包谷、大米拌红薯或拌洋芋的“两合饭”。大米拌杂豆、包谷煮成的“三合饭”。改革开放以来，境内绝大部分人民过上小康生活，用红薯、包谷加工的粉丝、糍粑、玉粉、多合饭，成为招待贵宾的珍馐。野味山菜是澧源镇饮食的一大特色，由野味、山野菜制作而成的三下锅久负盛名。山菜种类众多，主要有香椿叶、山竹笋、野蘑菇等。季节性果子有刺苔、猕猴桃、八月瓜、茶包、羊奶子、枞菌、地衣等。酒也是桑植土家特产，包谷烧、米酒、高粱酒、红薯酒，还有野生植物酒。人们常把一些药物、毒蛇浸泡在酒内，称为“药酒”“蛇酒”，可治多种疾病。很多澧源镇人家中都泡有一两罐药酒，以此招待视为上宾。

油炸粑粑　澧源镇街上最典型的小食品，俗称“油货”。制作时，将白米淘洗磨成浆，用豆腐丁拌葱蒜加盐做成馅，将油锅里清油烧沸后，以铁提儿为模，先酌浆半提，放入馅子，再酌浆令满，连铁提儿放入沸油中炸成半熟后，空提，将成形的（灯盏窝或圆形）粑粑炸酥炸黄，沥出锅就可食用。

葛根粉　葛野生于深山荒坡之中，长藤牵蔓。采挖葛根、提取葛粉，即可食用。食时，用开水冲服，佐以白糖、炒米，味道更佳。亦可与肉类煎食，为席上佳肴。葛粉有退肝火、解暑毒、健胃脾、滋阴壮阳、补虚益气等功能，亦有抗衰老、减肥、使皮肤健美等保健之效，故有“皇食品”之盛誉。本土企业九天食品公司生产的葛根粉远销国内外。

名胜古迹

澧源镇是一块红色土地，土地革命时期留下的革命遗址、遗迹主要有桑植农民协会旧址、桑植起义旧址、湘鄂川黔省委旧址。还有桑植县烈士陵园、永生亭以及兴建于清乾隆年间的六方七级高13米的宝塔洛宝塔等遗址、古迹。

桑植县农民协会旧址 1926年年底，中共湖南省委派谢泽智为特派员到桑植帮助发动和领导农民运动。1927年4月，在澧源镇成立桑植县农民协会，提出“打倒列强！打倒军阀！打到土豪劣绅！”等革命口号，开展宣传，把“农运”发展到乡下。全县发展农协会员200余人，受影响的群众2万人。县农民协会成立后，开展募捐活动，筹措革命经费。向殷实富户和大商家开展募捐，共募集银洋500余元；动员妇女剪发放足，开办识字班，县农民识字班参学者20余人；镇压民愤极大的贯匪熊兆祥、恶霸朱雨农。上海“四一二”反革命政变和长沙马日事变发生后，白色恐怖遍及桑植，白昼戒严，夜行屠杀。桑植农民运动转入低潮，农民协会撤销。1978年，桑植县农民协会旧址被公布为湘西自治州文物保护单位。

桑植县苏维政府旧址（桑植起义旧址） 南昌起义部队南下潮汕失败后，贺龙主动向党中央请求返回家乡，开展武装斗争。1928年1月，中央同意贺龙的请求并组建中共湘西北特委。2月28日，周逸群、贺龙等湘西北特委一行抵达桑植县洪家关，发动群众，成立中共第一届桑植县委，组建3700多人、1500多条枪的工农革命军。4月2日，工农革命军分三路大军，举行武装起义，攻占桑植县城，建立桑植县苏维埃政府。1928～1935年，贺龙率工农革命军、红四军，红二军团、红三军，红二、六军团在湘鄂边、湘鄂西、湘鄂川黔根据地转战8年之久，曾5次占领桑植县城。在此旧址曾3次设立桑植县苏维埃政府和2次建立中共桑植县委。旧址原为孔庙，始建于清代，位于澧源镇东正街。2006年8月，桑植起义旧址被公布为湖南省重点文物保护单位。

湘鄂川黔省委、省革委会、省军区、军委分会旧址 位于澧源镇东正街，始建于清朝末年，

第一届桑植县委旧址

农民协会旧址

为本地商绅陈南星的宅院，共有房屋36间。1935年4月，国民党反动派向湘鄂川黔根据地大举“围剿”，逼近湘鄂川黔省委机关所在地永顺塔卧，中共湘鄂川黔省委、省革命委员会、省军区、军委分会和二、六军团撤离塔卧。4月12日在转移途中，取得桑植陈家河战斗重大胜利。接着，红军攻占桑植县城，湘鄂川黔省委等机关于5月6日遂迁至此，6月9日离开，红军学校第四分校(称红军大学)随之驻在澧源书院(桑植一中校区内)。1935年8月，红二、六军团取得忠堡和板栗园大捷，粉碎敌人对根据地的围剿。为发展大好形势，贺龙、任弼时、关向应、王震率红二、六军团进军津市、澧县一带，由省委副书记张子意和省委秘书长王恩茂、红六军团军团长萧克留在桑植后方坚守根据地斗争。省委、省革委、省军区、军委分会设在此处，由张子意、王恩茂负责省委工作，开展苏区斗争、政权建设、土地革命等，萧克负责军队和红军大学的工作，时间长达3个月。

风景名胜

澧源镇地处澧水之源，山水秀丽，风景名胜较多，古有“佛阁钟声”“岚护山城”“北楼望钓”“大泉云雨”“擎天古观”“南山伏虎”“胜砦朝霞”“陡岭天池”8景。城后近处又有奇景洞穴，辗转三层深入城下，第一层明亮宽敞可容数百人。其中有自然石像一尊，酷似观音端坐其间，故名观音洞，座台由石浆滴成，状如莲花。新辟的贺龙森林公园梅家山景区，风景优美、设施齐全，因势而建的稍平坦的水泥路面游道和稍陡峭的青石阶梯游道极为宽敞，布局合理，是城市居民、外来游客登高望远、强身健体的好去处。晨练、登山和游览观光者常年络绎不绝。

（撰稿人：谷月红　朱玉婷　图：曹开胜等）

瑞塔铺镇

集镇全景

瑞塔铺镇是红六军团长征出发地，是中国花灯之乡、中国民间文化艺术之乡、全国重点镇。

区域概况

地名由来

境内溪沟两岸古木参天，阴浸潮湿，溪沟多有水獭活动；溪旁小镇住户多开店铺，故名“水獭铺”，后雅化为瑞塔铺。

位置面积

瑞塔铺镇位于桑植县南部，东与空壳树接壤，东南与武陵源区中湖乡相连，南与永定区桥头乡相邻，西与澧源镇接壤，西北与刘家坪白族乡相邻，北与芙蓉桥白族乡相连。辖区东西长 25 公里，南北宽 20 公里，总面积 110.8 平方公里。镇人民政府驻地距县城8公里。

建置沿革

清朝前，属慈利十六都和九溪千户所管辖；清雍正年间桑植建县，归桑植县统辖。1912～1951年，属达泉乡。1952年4月，属地设新建乡、瑞市乡、甘溪乡、老岩桥乡、马井乡、潮水河乡。1956年6月，上述6个乡合并为瑞塔铺乡。1958年8月，属东方红人民公社；1959年2月，更名为瑞塔铺人民公社。1984年9月，更名瑞塔铺白族乡；1995年，瑞塔铺白族乡、刘家坪白族乡、新村坪乡、空壳树乡合并为瑞塔铺白族乡。1998年10月，刘家坪白族乡、空壳树乡析出，原瑞塔铺白族乡、新村坪乡并为瑞塔铺镇。

行政区划

2014年，全镇辖瑞市、蔬菜、罗家边、杨家洛4个居民委员会，38个居民小组；鸟儿岭、定家峪、王家坡、老岩桥、杨旗山、潮水河、马井、东旺坪、火盆峪、茶元峪、甘溪、洪沙溪、高峰、沿溪坡、小溪沟、新村坪、郑家坪、塘坊、芦斗溪、青龙溪、黄泥垭21个建制村，184个村民小组。镇人民政府驻罗家边居委会。

自然环境

境内地势东高西低，南北高山耸立，中部丘陵，地域平缓。最高峰青菜垭海拔1125米。境内河道属澧水流域，有3条河流，全部流入澧水源头南支西水中，总长29公里。境内地下矿藏有煤、铁、硅、页岩、石油、天然气。其中，探明煤炭储量800万吨，铁矿2000万吨，硅矿1.2亿吨。张家界市分水岭煤矿，开采矿区面积5平方公里，年产量18万吨；桑瑞铁矿，开采矿区面积3平方公里，年产量10万吨。境内自然灾害有风灾、洪灾、山体滑坡等。

人口民族

2014年，辖区总人口28805人，其中城镇人口11261人，城镇化率48.71%。境内有白族、土家族、苗族、回族、壮族、黎族、侗族、瑶族、满族、蒙古族、高山族、布依族12个少数民族，共27134人，占总人口94.2%。其中，土家、白族22064人，占总人口76.60%。人口密度每平方公里260人。

经济发展

农业

全镇耕地面积0.08公顷，可利用林地面积0.11公顷，其中退耕还林0.03公顷，公益林面积0.03公顷，用材林面积0.05公顷。粮食作物以水稻、玉米、红薯、马铃薯为主，蔬菜种植以白菜、菠菜、卷心菜、豆角、四季豆、黄瓜为主，水果种植以柑橘、柚、梨、李、板栗、葡萄为主，畜牧业以养猪、牛、羊、鸡、鸭为主。镇内以康茜大鲵养殖公司和“首湘农业”为龙头，大力发展特色养殖产业。2014年年底，全镇有娃娃鱼（大鲵）养殖户17户，养殖娃娃鱼1.8万余尾；生猪饲养量11554头，牛760头，羊1165只。

乡镇企业

2011年，全国五百强企业之一的华新水泥落户瑞塔铺，投资规模4.5亿元，年产值4亿元、利税4000余万元。2014年，该项目完成主体建设，正式点火投产。是年末，全镇各类企业56家，从业人员3000多人，工业总产值4.5亿元，基本形成以资源工业为主导，集采（选）矿、建材、农产品加工为一体，综合协调发展的工业格局。

基础设施

交通运输

境内有张桑、桑慈、桑官3条干线公路；2014年开工建设的黔张常铁路、张桑高速公路贯通境内。近年来，投入500多万元完成13个村（居）的水泥路面硬化，硬化里程39公里，拉通村级公路4条，修通组道19条共计37公里，新修便民桥4座，群众出行条件明显改善。2014年末，通村客运班线通达率92%，运营总里程80万公里。

邮电通信

2014年年底，乡村通邮率100%，固定电话和手机用户普及率95%。

供电饮水

近年来，先后投入2000多万元实施11个村的农网改造，保证村民正常生产生活用电，群众生产条件明显改善。关注民生，对饮水困难的村修建蓄水池150个，解决群众吃水难问题。

水利建设

近年来，全镇投入250万元，整修水管4200米，整修山塘水库37座；投入400多万元，完成杨家洛河堤及瑞市沿河风光带的河堤建设。

村镇建设

从2012年起，先后投入1.6亿元，修建经一路、纬一路、经二路、纬二路街道4条2200米，基本形成“四纵四横”的道路框架和“一城三区”的城镇格局。建成白族风情商住楼39590平方米，修建岭欣佳苑居民小区33800平方米和金桂园商住小区41983平方米；修建大桥1座，实施硬化、排污、供水等基础工程。把环境治理作为提高居民生活质量的民心工程，着力建设优美新村镇，打造居住新环境。投入200多万元，添置垃圾收集车1辆、垃圾收集箱14个、果皮箱60个。建垃圾压缩站1个，垃圾池（桶）96个，焚烧池1960个，发展沼气池480个，农村改厕456个，创建生态村6个，农村环境卫生大为改善。建成300平方米的镇政务服务大厅，入驻社会保障、计划生育、社会救助、财政等8个单位，方便群众，提高办事效率。

通村公路

社会发展

学校教育

2010 年投资 100 余万元，新建桑植县第四中学运动场 2000 平方米和学生食堂 1000 多平方米；校园内设有教学区，运动区、生活区。村小学人均占地面积、绿化面积、校舍面积全部达标。中学设有标准的理化实验室、仪器室、听备室、卫生保健室、档案室等，学校图书馆有藏书 1.2 万册，订阅报刊 40 多种。给家庭困难学生兑现“两免一补”，由 2006 年 225 名、补助金额 14.3 万元，至 2010 年增至 332 名、补助金额 21.2 万元。学校遵循以人为本、德育为首的办学方针，推进全镇基础教育持续健康均衡和谐发展。学生入学率和巩固率均达 100%，学生体质健康合格率 95%以上，年辍学率 1%。2012—2014 年，初中升高中升学率 98%以上，中小学毕业合格率 100%。2014 年，全镇有中小学校 6 所，校舍总建筑面积 1.2 万平方米；在校学生 2900 人，其中，小学 1460 人，中学 1440 人；有教职工 272 人。

文化体育

瑞塔铺镇文化底蕴深厚，是文化部授牌的“中国民间艺术之乡”，是国务院授牌的“中国花灯之乡”。2012 年以后，文化建设不断发展，镇政府所在地建有 100 平方米图书阅览室，藏书 3 万册，村有综合活动室，配备有桌椅等设备，农家书屋 15 个，藏书 2.5 万册。重大节日期间，镇、村、学校均开展丰富多彩的文艺活动，应邀参加张家界市“国际乡村音乐周”演出，在桑植县举办的“欢乐潇湘·魅力桑植”大型群众文艺会演上表演的花灯节目《撞轿》荣获金奖。2014 年末，有民间文化艺术团体 3 个，舞龙队 2 个，管乐队 4 个，花灯演出队 4 个，土家摆手舞队 1 个，白族仗鼓舞表演队 1 个，围鼓队 5 个，唢呐队 3 个。曲艺有三棒鼓、莲花闹、九子鞭等。其中，白族仗鼓舞被列入国家非物质文化遗产名录。

群众文化生活

医疗卫生

2012 年以后，新建卫生院门诊楼 2000 平方米，设有病床 200 张，新建改建马井、老岩桥、杨家洛、甘溪、定家峪、新村坪、小溪沟、东旺坪 8 个村卫生室，基本达到管理一体化、建设标准化、资质合法化、服务规范化。卫生院（所）共配全职医生 120 人。2014 年，全镇健康检查 1.5 万人，建立计算机信息化居民健康档案 1.5 万份；深入村居宣讲科普知识 16 场次，发放健康宣传材料 2 万份。镇卫生院设有卫生防疫站，配备 2 名防疫医生，村配备卫生防疫员 25 人、妇幼保健 25 人，定期开展培训和防疫活动。2014 年，全镇参加新型农村合作医疗 28964 人，参合率 88.5%。

社会保障

2012 年，筹资 100 万元，新建镇敬老院 1000 平方米，集中供养“五保”老人 50 人。2012—2014 年，投入 135 万元，对全镇 45 户农村危房进行改造，改造面积4050平方米。2014年，享受低保1550人，给35户贫困家庭发放大病救助10万元。

特色地情

历史人文

瑞塔铺镇民风淳朴，是人文荟萃的古镇。据《桑植县志》记载，自清朝雍正七年（1729）改土归流，桑植建立县制参与开科取士起，至光绪三十二年（1905）废除科举制，境内共有文武秀才、贡生100多名。瑞塔铺镇人民勤劳智慧，创造了优秀的民族民间文化艺术，形式多样，内容丰富多彩：戏剧有傩戏、花灯戏、木偶戏等；舞蹈有摆手舞、仗鼓舞等；曲艺有三棒鼓、渔鼓、莲花闹，九字鞭等；器乐有围鼓、二胡、唢呐等。文化娱乐活动经常。每年农历5月12日赶庙会，上街和下街开展“扎故事”比赛。所谓“扎故事”，就是组织一些小孩化妆成古人，演一台戏，有《辕门斩子》等内容。每年春节期间的龙灯、花鼓灯、蚌壳灯、彩龙船等，一直表演到正月十五。尤其是每年春节的赛灯最具特色，开始赛纸灯笼，继而赛马灯、宫灯等。当年有一文人（芭之名儒）这样描写赛灯盛况：“赛灯成习俗，秉烛夜月游。天上星光淡，人间瑞气流。玲珑珠一串，烂漫火千球，炮响惊黄犬，锣鸣起白鸥。瑞塔才掉尾，红包始昂头。士女多欢欣，儿童喜不休。半年原有安，乐岁定无忧。值此元宵日，灯光曜九州。”这些民族民间文艺成为非物质文化遗产。

古镇厚重的历史文化孕育出不少杰出人才。彭龙光，瑞市村人，1916年，贺龙刀劈芭茅溪盐局后，他积极拥护讨袁主张，深得贺龙赏识，两人结为莫逆之交，不久当了贺龙的私人秘书。1920年，任大庸县知事（永定县县长）。在任期间，他为官清正，平易近人，“食国家俸禄，即民之公仆”。1925年，贺龙任澧州镇守使时，擢任彭龙光为桑植县留守处主任。他任职后，宵旰勤励，卓著勋劳。不幸于1938年病逝，时年52岁。黄伯超，1888年出生，湖南大学法律系毕业后任职澧州，因秉公裁决而深受民众感戴。后因不满时局，毅然辞去公职，隐居家乡，致力于社会公益事业。他曾两次募捐，主持修建境内“湘西头号石拱桥”。生平好善乐施，一生不为己谋。逝世后，其墓碑上刻有一副挽联：“各缰利锁栓不住，好善乐施性天成”，对他的生平作出评价。彭济文，1913年出生，瑞塔铺人。幼读诗书，1933年8月入省督何健主办的教导总队学军事，次年回县任二区自卫队分队长。1937年随老红军谷佑箴到陕西富平参加红军。1938年2月加入中国共产党。曾任湖北军区独立第四团团长、长沙高级工程兵学院训练部副部长等职。1958年转业到黑龙江省，曾任省畜牧兽医局局长、畜牧厅副厅长和农业厅厅长。1964年1月在北京病世。陈若皓，祖籍常德牛鼻滩，1914年出生于瑞市，1937年毕业于省立常德中学师范科，先后在桑植澧源小学、省立八师附属小学，八师等校执教。他逝世后，其门人弟子联络港、澳台同窗200余人集资，于1988年为其建立墓碑，碑联曰：“教化随澧源流万里，丰碑伴瑞塔话千秋”。钟以圣，白族，桑植县民族中医院原中医副主任医师。1978年研制“百吉丸”治百日咳成药获成功。其学术论文“针刺治疗头癣100例临床疗效观察”被译成多种文字，论文“针刺曲池、然谷穴治疗头癣60例临床疗效考察”填补针灸医学上的世界历史空白。1988年出席全国民族团结先进集体先进人物表彰大会。退休后仍勤研不辍，给病友免诊费看病，并撰成《钟以圣医疗记实》。1994年

"中药灌肠治疗中毒性痢疾"论文获国家优秀论文一等奖，1999年在香港获"全球华人孙思邈杯奖"，2000年出席澳大利亚墨尔本大会。

瑞塔铺乡苏维埃政府旧址 位于瑞塔铺居委会，始建于民国初年，系当地乡绅陈福生住宅，木屋4间，占地350平方米，建筑面积280平方米。1933年1月，贺龙率红三军从洪湖撤离后经过7000里小长征，进驻桑植，成立桑植县第四届苏维埃政府，同时成立乡苏维埃政府。瑞塔铺乡苏维埃政府曾设在此处。不久，由于"左"倾路线错误，苏维埃政府被迫转入地下活动。1934年10月，贺龙、关向应领导的红二军团与任弼时、萧克、王震领导的红六军团会师后，发动湘西攻势，组建桑植县革命委员会，建立苏维埃政权，瑞塔铺乡苏维埃政府随之建立。瑞塔铺乡两届苏维埃政权均设于此。1949年10月后，旧址划归瑞塔铺镇卫生院。

红六军团军团部旧址 位于瑞市居委会东黄家院子，始建于清代末年，是当地乡绅黄继康宅院，建筑面积500平方米。1935年11月19日，红六军团驻扎在瑞塔铺。19日傍晚，红六军团从此地出发，实行战略转移，开始长征。1984年，旧址公布为桑植县重点文物保护单位。

民俗风情

祈神还愿 祈求傩神，许还心愿，以求佑平安，驱邪消灾，是境内经常举行的一种宗教活动。虽带有迷信色彩，但多以戏剧形式来表达。表演者（以巫教为业的人）手执牛角、司刀，伴随乐器，边唱边舞，声调悠扬，姿态优美，而且内容丰富，情节曲折，既酬神了愿，又娱情乐心，至今仍为少数人所喜爱。

游神赶会 是境内白族特有的一种活动，游神赶会每年举行两次。一次是农历正月，由各房轮流举行，轮到的那一房就抬着本主神，到本族人家中举行祀神降福的祭祀仪式。承担招待的，叫做接神。游神队鼓乐生只有3人，即锣、鼓、笛各一人。另一次是本主以某种神作为白族的主，分为大神、二神、三神，在三神生日那天举行活动。这天各房长者或头面人物，集于本主庙，举行祭祀活动，并抬神游行，场面壮观；有玩龙灯，狮子灯的，锣鼓喧天，赶会者少则六七千，多则万余人，而且商贾云集，货物山聚。这一天是消遣娱乐的好时辰，又是物资交流的好机会。

建醮求雨 建醮即打醮，是文坛宗教团体组

苏维埃政府旧址

红六军团指挥部旧址

织——福善坊的活动方式，分为“清洁醮”“求雨醮”“斋醮”“寿醮”4种。境内盛行的是求雨醮，其主要形式是玩“泼水龙灯”，场面壮观，表演粗犷，因此前来看热闹的倾街彻巷。这种活动不象赶庙会那样经常，次数较少，只有天旱成灾时季，人们为求神降雨，保佑丰收才举行这种活动。在求雨那天，人们用杨柳枝条、稻草或布匹扎成一条龙灯，沿街狂舞。家家户户准备大量的水，待龙灯舞来，向“龙”身大肆倾泼，舞龙灯的人虽个个浑身淋湿，但干劲和兴致有增无减。这时鞭炮声、锣鼓声、泼水声，欢呼声汇成一片，看热闹的人们亦潮水般的随“龙”涌动。境内至今流传着陈化刚“二洞泉”（红砂溪）打醮的传说。

（撰稿人：龚业　图：曹开胜等）

官地坪镇

集镇全景

官地坪镇是湘鄂边苏区的后方基地。

区域概况

位置面积

官地坪镇位于桑植县东北部，东与白石乡、人潮溪乡隔溇水相望，南连马合口白族乡、麦地坪白族乡，西临淋溪河白族乡，北接长潭坪乡。总面积 127 平方公里。乡人民政府驻地距县城 48 公里。

建置沿革

1912 年至 1949 年 9 月，为慈利县十五都；1949 年 10 月，为慈利县十五区首义乡。1958 年

11月，划归桑植县，为官地坪人民公社。1984年，改为官地坪镇。1995年长潭坪乡并入，1998年长潭坪乡析出，仍为官地坪镇。

行政区划

2014年，全镇辖官地坪居委会、大茂、平头界、梯市、湖坪、中坪、银山栋、青佛山、双桥、黄家台、会马洛、山羊栋、金星、杜家坪、铜矿、东流坪、洞口、白竹溪、车耳坪19个村（居）委会，共143个村民小组。乡人民政府驻官地坪居委会。

自然环境

境内大部为丘陵，是典型的喀斯特地貌，属武陵山脉北系丘陵地段，地势略为南北高，中间低，地面高程一般海拔700～900米，最高海拔1263米，最低海拔236米。气候为亚热带山地季风湿润性气候，年平均气温15℃，无霜期260天左右，降水量约1500毫米。南部和北部山地气候较冷，平均气温约12℃，无霜期220天左右。主要自然灾害有冰雹、洪灾、风灾、低温。雹灾平均3年一次，其中，2001年7月4日降雹时间约20分钟；风灾主要发生在夏秋雨季；洪灾主要集中在湖坪及大小湖泊。官地坪镇是资源大镇，旅游资源、矿产资源、山地资源、天然气资源丰富，潜力巨大。天然气资源可开采量1.6亿立方米。境内气候宜人，山川秀美，人文历史悠久，民族特色浓厚，是宜居宜游之地。风景如画的澧水，流经该镇青佛山村、银山栋村、梯市村、大茂村。尤其是夹河湾的绿茵潭以“绝壁下的险滩”著称。萝洞书院坐落在东流坪村，清时盛极一时，今仍可到萝洞书院遗址感受古色古香的书院气息。双泉水库湖水连天、风光迤逦，是休闲避暑的好去处。

人口民族

2014年年末，辖区总人口17771人，人口出生率11.6‰，自然增长率6.6‰。境内是少数民族聚集区，有白族、苗族等民族，其中土家族14786人，占少数民族人口86%；白族2368人，占少数民族人口13.8%。

经济发展

经济综述

官地坪镇经济以农业为主，2014年末，全镇实现生产总值1亿元，财政收入550万元，农民人均纯收入5103元。

农业

官地坪镇是桑植县优势产业聚集区，烟叶生产、畜牧养殖为镇域支柱产业；桂花、魔芋、娃娃鱼等新型产业齐头并进，特色明显。全镇耕地面积906公顷，其中水田385.53公顷，旱地520.47公顷。粮食作物以水稻、玉米、红薯、马铃薯为主。烟叶始种于20世纪60年代。近年来，坚持“调整区域，科学发展，做强规模，反哺烟农”工作思路，烟叶产业成为重要支柱产业。2012年，全镇19个村（居）中有18个村种烟，种植面积533.33公顷。通过“以镇带乡、带村”的模式，带动长潭坪乡水流村、天眼池村、走马坪乡张家垭村发展烟叶46.67公顷。为推动烟叶产业持续健康稳定发展，狠抓烟叶基础设施建设，建成66.67公顷育苗工厂6个，可容66.6公顷烘烤工厂1个，可容13.33公顷烘烤群22个，可容0.53公顷的烤房700栋。2012年产烟2.06万担；2013年种烟586.67公顷，产烟2.03万担；2014年在“双控”下，种烟500公顷，产烟1.56万担，产量连续3年居全市第一，连续七年居全县第一。2014年，全镇农业总产值3687万元，粮食产量7478吨，其中水稻2313吨，玉米2730吨。

畜牧业

官地坪镇是全县畜牧养殖大镇，进入21世纪以后，在养殖业快速发展的同时，加大生态环境保护力度，实施沼液综合利用工程。2013年，投入25万元新修大型沼气池4座，配备2台沼液车，促进全镇生态养殖业发展。是年，有养殖专业户42户。2014年，全镇存栏大牲畜850头，生猪2万头，山羊4700只，家禽10万羽，养殖娃娃鱼4.5万尾；养殖业总产值5000万元。

林业

近年来，拓宽群众致富渠道，因地制宜，致力发展特色产业，在林业方面以桂花苗木和油茶种植产业为主，林业总产值400万元。至2014年年末，全镇发展桂花苗木种植66.67公顷，苗木销售收入80万元；油茶种植面积133.33公顷，产量20吨。

乡镇企业

1949年10月以后，先后创办机械厂、缝衣厂、花炮厂等企业，巅峰时期，从业人员800人，后因企业改制陆续停办。1978年改革开放以后，兴办魔芋种植加工、大鲵养殖加工、碎石开采、页岩矿开采、来料加工、水泥砖厂等10余家民营企业，从业人员1000多人。2014年，引入海燕鞋厂，厂址设金星村，占地2公顷，年收入500余万元，解决300多个农村剩余劳动力就业问题。是年，乡镇工业（企业）总产值800万元。

商贸服务

官地坪镇是湘鄂边界的边陲重镇，是桑植县东北部的经济文化中心，是历史悠久的商贸聚集地。1949年前，境内没有官方商贸机构，民众买卖货物均与民间商贩交易。1958年，成立官地坪供销合作社；2010年，供销合作社撤销。1984年，成立官地坪镇工商所。2013年，投入资金200万元新建农贸市场，占地2000平方米，内设290个摊位，年成交量1亿元，有效解决马路市场问题。至2014年年末，有个体工商户235户，从业人员470人，以餐饮服务、五金建材、服装、日用品零售为主，社会消费品零售总额3000万元。

劳务输出

1978年改革开放以后，境内劳务输出年均4000人，年创收8000万元。多次举办劳动技能培训，累计培训逾5000人次。2014年，劳务输出4917人，收入1300万元。

大湘西桑植魔芋有限公司

基础设施

交通运输

桑官公路从西到东纵贯全境，官长公路经过黄家台、会马洛等5个村。2014年，境内公路总里程260公里，公路硬化里程220公里，硬化率70%；公路通村组率97%，到户率80%。2008年，建成官地坪镇客运站，日发客运汽车84班次，日均客运量2000余人次。到2014年年底，开通有19个村（居）农村客运班线。

邮电通信

1996年邮电体制改革，成立镇电信支局和邮政支局。2002年，开通中国移动通信业务，2004年，开通中国联通通信业务，实现全镇通信服务无缝对接。2014年末，有邮政支局1个，邮政业务总量9800万元，其中，纯收入120万元。报纸、杂志期年发行量300余份。2014年，有电信服务网点4个，移动电话用户9500户，互联网用户617户。

供电饮水

20世纪60年代以前，境内无供电设施，群众靠点煤油灯、桐油灯、松油、蜡烛照明。1969年，修建双泉水库，建成水力发电站，始用发电照明。1998年，在黄家台村建成变电站；2005年，在集镇中心建供电所。2009年以来，筹集资金2000多万元，新增变压器105台，架设高低压线路120公里，总装机容量5295千伏安，完成16个村的农网改造工程，实现村村通电。为30余户分散五保户提供免费供电服务。有效保障群众生产生活用电需求。1996年，建成官地坪镇自来水厂，年供水15万立方米，解决官地坪镇机关、学校、居民1万多人饮水难问题。2011年，实施全镇供水管网改造工程，集镇居民及全镇半数村民喝上安全放心的自来水。实施安全饮水“小水窖”工程，在洞口等村建立水窖70个，解决群众饮水难问题。

水利建设

1949年前，境内水利设施仅有山塘10余口。从1974年10月开始，国家投资273.9万元，农民自筹49.3万元，投工76.3万个，于1986年7月建成车耳溪水库，坝型为小石混泥土砌石双曲拱坝，采用坝顶溢流，积雨面积4.5平方千米，总库容量336万立方米，受益面积533.33公顷。至2014年，先后实施石场溪灌渠改建、车耳溪供水

车耳溪水库

管网改建、水厂扩建、车耳溪大坝整修及全镇供水管网改造等工程，全面完工并投入使用；大溪水坝加高10米，增加有效库容3万立方米；投入180万元实施平头界村烟水提灌工程，山羊栋、金星、黄家台等村建成烟水灌渠2万多米。

湖坪村因地势较低，周边15.78平方公里内雨水汇集于此，仅靠两个直径不到2米的天然溶洞排水，经常造成大量耕地被淹，农作绝收，交通中断。2013年5月，实施湖坪排涝隧道项目。总投资650万元，建成隧道1600米。彻底改变湖坪村近53.33公顷土地因排涝不畅易受自然灾害的局面，解决大茂、梯市、平头界等村因水淹导致交通中断问题，惠及3000余人。2013—2014年，实施小农水项目，工程总投资1200万元，涉及11个村（居），共整修山塘9口、整修河坝5座、新修渠道37.91公里，新增灌溉面积413.33公顷，改善灌溉面积860公顷。至2014年年末，境内有水库2座，山塘46口，河坝2处，泄洪隧道800米，水渠45000米，水窖70个，水池1100个。

村镇建设

近年来，以创文明模范集镇、卫生模范集镇、交通秩序模范集镇、治安模范集镇、绿色环保模范集镇为契机，推动城镇建设。拉通“三纵四横”主街街道，实施农贸市场改扩建工程，建设华玉湾商贸区，建设影视人文公园广场、中心汽车站、供电大楼和政府综合业务用房，完善集镇污水处理设施，推进“初中”工程和合格学校项目建设；推行城市化管理模式，成立专业化城管和环卫队伍。2013年，编制《官地坪镇2013—2030年集镇规划》。按照规划，先后投资400万元完成政府综合业务用房及配套设施建设；投资350万元新建供电所服务大楼；投资1300万元对镇区老城区全面改造，包括铺设下水管网2300米、预埋综合管线2300米、架设路灯160盏、铺设花岗岩人行道1万平方米、栽种行道树600株、铺设沥青路面2万平方米；前期投资800万元启动新镇区开发；建设集镇垃圾中转房和公共厕所，在金星村新建占地面积0.13公顷的垃圾填埋场1座，集镇建设垃圾池5个，添置垃圾清运车1辆，洒水车1辆，果皮箱180个，聘请6名环卫工人从事集镇环卫工作。至2014年年末，19村（居）建立村级活动中心，16个村建有村级文化体育健身广场。梯市、中坪、青佛山、双桥、金星、杜家坪、官地坪居委会等7个村（居）架设了路灯。

社会事业

教育科技

官地坪镇有尊师重教的优良传统。清同治十年（1871），罗祖纲创建“罗洞别墅”，后更名为“萝洞书院”，为清代湖南四大书院之一。20世纪初，改名为萝洞小学堂。中华民国元年（1912），萝洞书院最后一间木房被拆除。民国六年(1917)，停办多年的萝洞小学堂迁至东流坪恢复办学。此后，在东流坪村设立小学。2006年，因学校布局调整，东流坪小学停办。官地坪镇中学始建于1958年，始称官地坪完小附中。1970年建成高中部为完全中学，命名为桑植县第三中学。1995年撤高中部变为独立初中，更名为官地坪镇中学。2014年末，全镇有幼儿园3所，在园幼儿630人，专任教师41人；有1所中心小学和洞口、梯市2个村小，在校学生1295人，专任教师51人，小学适龄儿童入学率100%；有初中1所，在校学生592人，专任教师47人，九年义务教育覆盖率100%。2013—2014年，投资600万元建设教师周转房，投资250万元进行中小学周边街道整治和小学池塘治理，大力改善教学环境。

1949年10月以后，官地坪镇逐步建立健全农技站、畜牧站、农机站等科技推广机构，并配备相应的专技人员，开展科技工作，主要以农业科学技术、科技成果推广应用和科技培训为主。20世纪70年代，开始栽培杂交水稻、杂交玉米新品种，产量大大提高；80年代，水稻、玉米、油菜逐步全部种植优良杂交新品种，传统品种被淘汰，同时开始推广水稻“双两大”、玉米地膜育苗移栽、油菜移栽等科学栽培技术，90年代以后，农业新技术应用更为广泛，逐步采用测土配方施肥等技术，真正实现科学栽培，确保粮食稳产高产；在畜牧养殖方面，实现传统品种养殖到品种改良转变，形成一批规模养猪和特种养殖大户，增产增值。特别是在科技兴烟方面独树一帜，通过育苗、栽培、烘烤等新科学技术的应用，支撑产业，使官地坪镇成为优质烟叶生产大镇。

文化体育

黄家台村曾连续三届被评为全国文明村镇。2009年，官地坪镇民歌手谷彩花在中央电视台第3频道演艺厅精彩演绎《桑植民歌》。2012年，实施“文化名镇”战略，举办“庆重阳——民歌民舞展演”活动；2013年，举办“庆丰收、迎新春”春节联欢会；2014年，举办“元宵节诗书联谊会”“党群联心杯篮球赛”等。2014年年末，有镇文化站1个，有村级文化活动中心18个，农家书屋19个，藏书8万余册，音乐、美术、书法、摄影及文学业余创作队伍300余人。

医疗卫生

1959年始建官地坪公社卫生所，1969年改为官地坪区卫生院，1992年始称官地坪镇中心卫生院至今。镇中心卫生院占地面积约3600平方米，有门诊、手术、住院综合楼各1栋。2014年，镇中心卫生院有职工52人，其中医务人员42人。设备有200毫安X光机、彩超机、多普勒超声波、心电图机、检验等设备。有17个村卫生室，开展一般常见病、多发病诊疗及健康教育和预防保健工作。2014年，全镇参加新农合13756人，缴纳参合资金123.8万元。

社会保障

2008—2014年，全镇实施危房改造505户，发放补助资金353万元。2014年，落实农村低保对象647户1150人，城镇低保对象41户90人，年发放低保金152万元；有农村“五保”对象103人，年发放补助金29.2万元；参加新农保5323人，缴纳新农保资金60.02万元。2013—2014年，投入资金350万元，新建镇敬老院，占地面积3335平方米，建筑面积1771平方米，床位100个，供水、供暖、就餐、洗浴等设施设备一应俱全，可集中供养老人100人；有生产用地6亩，入住老人居住和生活条件得到大大改善。

特色地情

历史人文

官地坪镇历史悠久，人文荟萃。原官地坪国民党伪区长谷岸峭，21岁留学日本东京明治大学。他在官地坪任职、办团练期间，囊助革命，掩护红军，与贺龙结为故交。1928年，周逸群、贺龙等领导发动桑植起义时，他一次送给红军步枪50余支、子弹10箱，以及大量布匹、粮食、药品。并在官地坪华玉湾开办机械修造厂，大规模造枪，援助红军，还多次派人前往常德、津市、长沙等地购置军火，为红军补充军需。先后接纳300多位红军家属及伤病员休养治疗。当时的官地坪有红军“小租界”之称。后来，谷岸峭暗助红军、倾向革命的行动，被慈利保安团长朱际凯

夹河湾风光

（又名朱疤子）得知，多次状告他“通共容共”，要求“理当正法”。迫于形势，1930年夏，谷岸峭被迫辞官去职。

早年参加革命的向国登，1928年5月，经谷岸峭介绍参加工农革命军，深得贺龙、卢冬生的赏识。曾任红七师团长兼参谋长。1933年8月，贺龙令卢冬生、向国登率红七师主力去官地坪阻击“朱疤子”，在红花岭设伏，当场毙敌80多人。1935年4月，红二、六军团围攻龙山县城，向国登担任突击队队长，在战斗中不幸牺牲，时年33岁。

大革命时期投身地下革命活动的向华树，与陕甘宁边区的革命进步人士南真进行秘密通信联络，两人意气相投，他通过南真所寄的一些进步刊物，获取共产党从事革命活动的思路方法。他在湘西茶洞师范学校读书期间，利用寒暑假，回到家乡与进步人士秘密宣传革命道理，传播革命火种。曾到保靖、花垣一带从事秘密革命活动。1947年他回官地坪教书，继续进行秘密革命活动。参加过解放大西南、湘西剿匪和抗美援朝战斗，1990年退休。

东流坪村人罗连生，1949年参军入伍，1950年入朝鲜参战。两次负伤，眼睛被打瞎，肩胛骨被打断。共参加战斗10余次，立三等功2次，二等功1次，并荣获朝鲜“金日成勋章”1枚。历任代理班长、排长、营长、教导员、团政委等职。

红色热土 20世纪20年代，官地坪曾是贺龙元帅从事革命活动最早的区域。位于洞口村西部的杨家山就是主要革命活动地之一，因山巅中间凹状、两边突起似“羊角状”，故名“羊角寨”。红军第八团高团长曾驻扎此地近一年，红二、六军团从刘家坪出发长征时，第八团从此地出发开始长征。为躲避国民党反动武装朱际凯部的围追堵截，贺龙带着家人和红军队伍到此避难，从事革命活动1年，经常住在方顺乐、王英盛、向佐泉家中，组织当地进步人士，传播革命真理。还在此筑战壕，挖防空洞，开展清匪剿霸行动。

1931年，贺满姑、贺香姑在杨家山向佐全家住了3个月，组织共产党的秘密活动。官地坪有向国登、向百胜等29人跟随贺龙参加中国工农红军，其中有3人在长征途中牺牲。后来又有12人在抗美援朝战争、自卫反击战争中壮烈牺牲。1933年8月，为扫除敌人对红军和苏区的威胁，贺龙令卢冬生率红七师主力在官地坪与江口之间的红花岭设伏，俘敌580人，毙敌150多人，缴获枪支800多支，子弹2万余发，取得红花岭大捷。

猫儿塔精神 猫儿塔是官地坪白竹溪村最偏远的一个村民小组，境内沟壑纵横、土地贫瘠、交通堵塞，村民长期过着衣不遮体、食不裹腹、住不避雨的贫困生活。为实现“人均一亩田”的目标，从1995年1月起，猫儿塔组村民掀起一场炸石取岩硬造田的战斗。在该组组长向绪豪的带领下，全组34户117人，不等不靠，不向国家伸手，利用自身的力量，卖猪、卖牛、卖鸡、卖蛋，打工卖力挣钱，买钢钎、雷管炸药，自筹资金5.1万元，义务投工25.4万个。经过18年愚公移山般的艰苦奋斗，共改田造地106亩，实现了猫儿塔人有田种粮的愿望，形成独具特色的“猫儿塔精神”。其事迹很多主流媒体广为报道。

名优特产

桑植魔芋 种植栽培历史悠久，品质特佳，以“果大、皮薄、色白、沙细、富硒”闻名远近，有色香浓郁，防癌治病，生津爽口之功能，具有解毒消肿、宽肠通便、活血化瘀、化痰软坚之功效。是自然界唯一能大量提供葡甘聚糖的植物，具有水溶、增稠、胶凝、粘结、稳固、成膜、悬浮等10余种理化特性，用途广泛。官地坪镇的自然条件适宜魔芋生长。境内会马洛、平头界、青佛山、黄家台、铜矿、洞口、双桥等7个村种植魔芋，总面积1400亩，产值约600万元，在全县规模最大。2014年3月，在官地坪镇黄家台村成立张家界市魔芋科学技术研究所，主要负责人黄兴国，有员工670人。聘请湖南农业大学教授等7人组成专家组，进行魔芋产业链重要环节核心技术研究。魔芋精粉、魔芋面等魔芋制品销往全国各地，并出口日本、韩国、欧美和东南亚等国家。

粽叶 官地坪镇车耳坪、白竹溪、山羊栋、会马洛、黄家台等村盛产天然粽叶，野生总面积5000多亩，年产250吨，产值280万元。

高山云雾茶 官地坪镇会马洛村海拔980米以上，盛产高山有机茶叶。有茶园种植面积170亩，年产值130万元。会马洛高山云雾茶久负盛名，其茶不苦不涩，茶性柔和、温润顺滑、鲜爽醇和、香高持久，全年春夏秋冬各季都能生产。茶叶外形条索展开、银毫显露，汤色浅黄清澈、满口余香。茶园基地山高多云雾，土质富含锌、硒等人体必需微量元素。茶业品质上好，香气滋味上乘，但产量有限。此茶自然生长环境神奇，茶树品种优良，茶叶内质风味独特，生产过程绝不使用农药，加工、贮藏过程不破坏生态，深受消费者喜爱。此茶冲泡方法：选择传热、散热快的冲泡器，以瓷壶较佳，水温80℃~90℃为宜。

风景名胜

萝洞书院 原名萝洞寺，位于东流坪村罗官峪。清朝同治十年（1871），由当地处士、曾任慈利“教谕”罗祖纲先生归隐故里后修筑的洞天别墅。后因其子罗武帅天资聪颖，有“神童”之雅称，于是便从石门聘来被称为“湖西三杰”的清代著名学者阎镇珩来萝洞别墅设帐授课。武帅从师数载，17岁考中秀才。父逝师归后，武帅遂将萝洞别墅改称“萝洞书院”，又请“湖西三杰”之康吉人来此讲学，并用四条字谜凹雕在书院的四根柱子上。字谜是：“三八佳人伴你缠（萝），同郎游玩在水边（洞），问津无水直倒旦（书），帽

儿戴在阮郎肩（院）”。康吉人弟子罗武帅、谷得路、向子猷号称“溇水三狂士”。到鼎盛时期，弟子又有谷岸峭、谷天策、谷伏慈、向武新、罗家炳等知名人士。湖南名士康永祥在萝洞书院大门口题词：“萝径空山来游佳士，洞天福地多藏奇书”。清朝皇帝爱新觉罗御赐“萝洞书院”金匾一块，定名为湖南四大书院之一，声名远播。因历史变迁，加之“文化大革命”中被破坏，今书院残迹犹存，隐隐可考。

夹河湾风光 夹河湾是溇水的一条支流，流经官地坪镇青佛山、银山栋、梯市、大茂等村。夹河湾崖壁高耸、地势险峻，石壁上的灌木郁郁葱葱，栖息着各种动物和鸟类，生长着珍贵的黄杨、楠木等植物。西面石壁中间破出一大洞，巨大的泉水喷涌而出，形成瀑布直冲谷底。20 世纪 90 年代，张家界旅游公司看中夹河湾山势奇特、风景优美，创办起溇水漂流，号称“天下第一漂”。江垭水库大坝建成后，溇水河变得开阔平缓，山更青、水更绿，夹河湾的景色更加迷人。

民俗风情

官地坪文化底蕴深厚，民俗风情独特，民歌、花灯、九子鞭、围鼓、锁呐、傩戏、仗鼓舞、蚌壳灯、跳帮藏等特色民族文化突出。官地坪是桑植民歌的发源地之一，有田间地头、逢年过节、聚庆赶会时唱桑植民歌的传统。杜家坪村的谷彩花是省级非物质文化民歌传承人，把桑植民歌《要想唱歌就唱歌》唱到了北京。

（撰稿人：王冬月　图：官地坪镇等）

凉水口镇

区域概况

地名由来

澧水北源在渔兰溪到凉水口一段，河流切穿山地，形成峡谷，与罗峪河汇入澧水北源。据考证因峡口处水温常年偏低，故称“凉水口”。

位置面积

凉水口镇位于桑植中部，东与桥自弯乡接壤，东南与打鼓泉乡相接，南连两河口乡，西邻陈家河镇、沙塔坪乡，北接四方溪乡、谷罗山乡。总面积 68.7 平方公里。镇人民政府驻地距县城 33 公里。

建置沿革

1910—1949 年，属长瑞乡。1952 年 4 月，

为凉水口乡。1956年6月，夏家峪、中罗峪、谷罗山、利溪坪、凉水口、罗潭乡和丰水乡的鱼澜溪社合并为凉水口乡。1958年8月，更名为太阳升人民公社；1959年2月，更名凉水口人民公社。1961年9月将谷罗山乡析出，仍称凉水口人民公社；1984年4月，更名凉水口乡，10月改称凉水口镇。1995年，将谷罗山乡、桥自弯乡并入凉水口镇。1998年10月，谷罗山乡、桥自弯乡析出，仍称凉水口镇。

行政区划

2014年，全镇辖茶园塔、泉门口、檀木塔、芭蕉湾、生基坡、谢家坡、尧儿坪、彭家台、韩家坪、张家塔、李家庄、夏家峪、麻六湾、渔兰溪、人生坪、四层界共16个建制村和楠木岗居委会。镇人民政府驻楠木岗居委会。

自然环境

境内地势西北高，东南低，东、西部主要是山地，一般海拔500~800米；中部地势较矮，形成丘陵，一般海拔300~500米；最高海拔牛角尖1074米，最低海拔生基坡村鲫鱼潭284米。属于中亚热带气候，年均气温18℃、降水量1600毫米、无霜期270天。境内层峦叠嶂，山高谷深，溪河纵横，山羊溪水电站库区景观怡人。澧水北源流经于此，桑（植）鹤（峰）公路穿境而过。因水陆交通便利，历来是“内半县”商贾云集地。

人口民族

2014年，辖区总人口10758人，流动人口4905人。境内少数民族和汉族杂居，有土家族、白族、高山族、回族、苗族5个少数民族。

经济发展

经济综述

2014年，全镇生产总值5320万元，财政总收入481万元，农民人均纯收入3019元，固定资产投资510万元；金融机构存款余额11420万元，贷款余额2500万元。

油菜产业

农业

2014 年，全镇有耕地 519.93 公顷，其中，水田 355.93 公顷，旱地 164 公顷；总劳动力 2834 人。种植业以水稻、玉米、油菜栽培为主，粮食总产量 9200 吨。有以油茶、蔬菜为主的特色产业。油茶种植面积 202.27 公顷，大棚蔬菜 33.33 公顷。有专业合作社 8 个，建立“专业合作社 + 农户”模式，带领村民致富增收，培养种植和养殖大户 11 户。

商贸服务

进入 21 世纪，凉水口镇商贸服务业发展迅速。2014 年，有大型超市 2 家，年营业额 300 多万元；餐饮业营业额 200 多万元。

劳务输出

1978 年改革开放以后，境内劳务经济快速发展。建立劳务保障服务站，完善劳务输出和输入的服务体系，2014 年，农村劳动力进城就业 2700 人次，实现农村劳动力输出 6500 人次；建立外出务工返乡青年再就业平台，开展农村青年就业培训、农业新技术等创业技能培训 1021 人次，发放创业贷款 540 万元。

基础设施

交通运输

澧水北源流经于此，桑鹤公路穿境而过，境内交通便捷。2010 年 9 月，建成凉水口镇客运站，占地 2900 平方米，建筑面积 786 平方米，投资 110 万元。近年来，投入资金 60 万元，加宽改造凉（水口）谷(谷罗山)公路，全面完成路基平整和保坎工程；投资 200 万元，对凉（水口）两（两河口）公路进行提质改造，完成 4 公里路面硬化；投入资金 30 多万元，对凉水口大桥进行加固改造。2014 年，全镇 17 个行政村(居)均通公路。

邮电通信

2014 年年末，境内有邮政代办所 1 处，邮政业务总量 30.45 万元，报纸杂志累计发行 10.05 万份。有移动通信基站 4 座，联通通信基站 1 座；有固定电话用户 1200 户，移动电话用户 1.2 万户，互联网用户 0.8 万户；全年电信业务收入 750 万元。

供电饮水

2014 年，全镇用电量 159.35 万千瓦时。通自来水的村(居)9 个，农村居民安全饮水占总人数 53%。

村镇建设

到 2014 年年底，投资 120 多万元，新建 850 多平方米的多功能农贸市场；投资 120 万元，完成 20 米河堤建设；投入资金 90 多万元，完成中小学排污（水）改造工程；投资 250 万元，对集镇进行改造，新建人行道、下水道，安装路灯，划定停车线。种植行道树，对集镇进行绿化。开展农村环境卫生整治，每季度召集各村(居)支部书记对各村(居)环境卫生进行检查，现场打分，推动居民养成良好环境卫生习惯。投资 18 万元，新建李家庄村李家界垃圾处理焚烧炉 1 座，日处理垃圾 5 吨。

社会事业

教育科技

2014 年，全镇有幼儿园 4 所，在园幼儿 437 人，专职教师 22 人；有中小学校 3 所(含村小 2 所)，教职员工 84 人，在校学生 1333 名。义务教育阶段学生入学率 100%，初中升学率 99%，教育教学质量得到提高。

文化体育

文广事业日益繁荣，文化信息共享工程基本实现“村村通”全覆盖。2014 年，有镇文化站 1 个，有村级文化活动中心 17 个，农家书屋 17 个，藏书 1.5 万余册。广播电视“村村通”覆盖全镇，有线电视用户 2000 户。

医疗卫生

2014 年年末，有镇卫生院 1 所，村级卫生室 12 个，诊所 7 个，医疗从业人员 76 人。2014 年，全镇新农合参合率 96%。

社会保障

近年来，累计争取危改资金 15 万元，进行农村危改房项目建设，总建筑面积 5600 平方米；引导农民参加新型农村养老保险，缴费率 90%以上。并加大对弱势群体的救助力度，扩大群众最低生活保障和社会救助的覆盖面，为城乡低保对象 628 户 967 人发放生活保障金 112.8 万元，城乡低保、农村五保，实现应保尽保；不断提高敬老院的管理服务水平，为 2563 个老人发放养老金 213.46 万元。2014 年，发放各项惠农、强农、富农补贴资金 389 万元，其中种粮补贴 272.73 万元，粮种补贴 30.7 万元，农机购置补贴 58.9 万元。

特色地情

历史人文

凉水口镇地处桑植中部。1949 年以前，境内水路交通发达，是内半县交通要道，行人来往均在下街渡口过渡。位于凉水口镇中学所在地的敞阳堡，东抵陈家界，西阻马莲洞，南防利溪坪，北御李家庄，地理位置优越。土地革命战争时期，贺龙在此驻军，修建碉堡，对抗国民党军队(朱疤子)和团防武装，并发生过小规模战斗。

名优特产

境内地处中亚热带气候区，气候适宜，资源、物产丰富。动物类中，水里有娃娃鱼、岩蛙等，山里有山鸡、黄麂、青麂、香獐、野猪、锦鸡、竹鸡、斑鸠等。名贵植物有红豆杉、黄杉、桂花、山茶、金丝楠、文母、金弹子、银杏、荞等。树木尤以楠木而闻名，其中以檀木塔村中金丝楠最为出名。据传，此楠木已有 300 多年树龄，为亚洲第一大楠木，3 人牵手才能合围。鱼类以鲫巴鱼、岩骨鱼最为可口。

风景名胜

马莲洞　澧水北源在渔兰溪到凉水口一段，山势陡峭，河流切穿山地，形成峡谷，峡谷地形主要位于马莲洞段。因峡谷地带植被保护较好，丛林野生动物较多。20 世纪初还有野猪经常下河喝水，现在还能听见猴子在峭壁之上啼叫。

水井垭　位于夏家峪村境内。周围树林茂盛，

土家花灯

水源丰富，以前为一大户人家饮水源地。现因交通条件改善，山上人家已搬离原居住地，由于水井垭水质好，水量大，现为凉水口镇夏家峪村水之源水厂供水源地。

溪口 位于澧水北源与杨家河汇合处，山羊溪水电站未修建之前，此处河流湍急，适合漂流。山羊溪水电站建成蓄水后，此河段水流平稳，鱼类丰富、风景优美，为户外旅行、露营、烧烤的好去处。

民族风情

境内少数民族杂居，各民族人民之间相互繁衍、生息，人民生活安居乐业，在融洽的相处过程中，形成独特的民族风情。凉水口地处山区，历史上交通不便，在常年的生产生活中，人民产生对神灵的崇拜，经过当地人们的吸收和利用，形成独特的民族戏曲——傩戏。黄天文，80岁，凉水口镇泉门口村人，为傩戏传承人。凉水口的花灯戏来自民间，剧本人物少，情节比较简单；唱词和道白通俗易懂，唱腔具有吸收民歌小调的特点，欢快明朗，表演动作活泼风趣，歌舞味很浓，多以表现生活的小喜剧见长，充满泥土芬芳。现有花灯戏传承人向良润，83岁，凉水口镇夏家峪村人。

（撰稿人：向伸　图：曹开胜　宋国庆等）

龙潭坪镇

区域概况

位置面积

龙潭坪镇位于桑植北部、湘鄂边界，东与四方溪乡相接，东南与苦竹坪乡相邻，西北与芭茅溪乡和八大公山自然保护区交界，北与湖北省鹤峰县走马镇接壤，东北与天星山林场交界，是桑植“北大门”。总面积124平方公里。镇人民政府驻地距县城72公里。

建置沿革

1912—1950年，属长瑞乡9保。1952年4月，设龙潭乡、三合乡、白竹乡、茅垭乡；1956年6月，龙潭、三合、白竹、茅垭4个乡合并为龙潭坪乡。1958年8月，属建苏人民公社；1959

年2月，更名为龙潭坪人民公社；1984年4月，更名龙潭坪乡；1995年4月，龙潭坪乡、四方溪乡、苦竹坪乡合并为龙潭坪镇；1998年10月析出，原龙潭坪乡域为今龙潭坪镇。

行政区划

2014年，全镇辖刘家界、三合街、李家湾、赶坪、竹垭、白竹坪、银丰、桥头、毛垭、云头山10个建制村和龙潭坪居委会，89个村（居）民小组。镇人民政府驻龙潭坪居委会。

自然环境

境内山脉相连，沟壑纵横，最高处云头山天园海拔1200米，最低处在龙潭坪居委会海拔450米。境内有大小溪沟200条，大小山头350座，其中，中部是一低谷，龙潭坪居委会坐落于此，一条经过竹垭村的山脉，一条白竹坪的凉风山山脉，环绕着一座龙潭堡，戏称“双龙抢堡”。境内地处北中纬度，属中亚热带山地型季风性湿润气候，受地形、海拔、植被等因素影响，具有四季分明，春夏多暴雨，秋季多干旱，冬少严寒，呈现梯度气候明显，小气候多样特点。年均气温17℃、降水量850～1600毫米，降雨一般集中在春夏，秋季雨量较少。年均日照1972小时、无霜期231天。境内土壤类型多样，主要有黄色石灰土、黄壤性土、石灰性紫色土等多种土壤，以黄色石灰土面积分布最大，占全镇土壤面积80%以上。由于地处武陵山区，境内有丰富的林业资源，有退耕林地0.07公顷。境内还有近万亩的野生棕叶资源，煤炭、铅锌等矿产资源储量大。

人口民族

2014年，辖区有2172户8684人。境内是少数民族聚居地，有土家族、白族、苗族等少数民族，其中，土家族人口6200人，占总人口71%。

经济发展

经济综述

2014年，全镇生产总值1963万元，其中，农业产值1109万元，林业产值114万元，牧业产值275万元，建筑业产值116万元；农民人均纯收入2612元。

农业

全镇农业人口8056人，占总人口90.84%；耕地面积511.93公顷，人均0.06公顷。粮食作物主要有玉米、稻谷、薯类、豆类、麦类；经济作物有花生、油菜、烟叶等；畜牧业主要以生猪、牛、山羊养殖为主。2014年，粮食作物播种面积926.63公顷，总产量3775.11千公斤，人均425.7公斤，其中稻谷总播种面积143.4公顷，总产量898.58千公斤，玉米1051.2千公斤，豆类292.23千公斤，薯类4138.75千公斤。经济作物总播种面积533.33公顷，总产量928.05千公斤，其中花生92.15千公斤，油菜185.9千公斤，烟叶650千公斤。全镇森林覆盖率80%，林地总面积1.05公顷，实施退耕还林0.07公顷，幼林抚育面积53.33公顷，野生辽竹叶近0.07公顷。全年竹木采伐量2000立方米，主要林产品产量1762吨，其中：五倍子20千公斤、棕片12千公斤、黄柏30千公斤，辽叶800千公斤，菜架竹900千公斤。仅毛垭、云头山、李家湾、三合街等村种植黄柏、杜仲、厚朴、金银花面积100公顷，特色林业产业初具规模。全镇发展养殖大户12户，存栏生猪8100头，牛500头，羊1200只，鸡鸭鹅3.5万羽，出栏生猪1.2万头。

乡镇企业

进入21世纪，以产业兴镇为目标，产业结构日益优化，小规模加工产业发展迅速。2014年年底，湘蓝农产品有限责任公司，集采摘、加工、销售为一体的粽叶加工体系更加成熟，走上公司化运作模式；年加工粽叶近700吨，产值200万元。小规模以上的木材、石料加工厂、砂石采掘场等资源性小规模加工企业发展到4家，其中，年收入100万元的有3家，劳动密集型企业1个，从业人员200人。

商贸服务

2014年，全镇个体工商户200户，从业人员422人，其中百佳欣超市年收入超50万元，乔丹、红蜻蜓等名牌鞋店进驻集镇；有餐饮服务业12户，从业人数35人,年收入51万元;服务业收入92万元。

劳务输出

1978年改革开放以后，境内农村剩余劳动力为增加家庭经济收入，自发向珠三角、长三角等经济发达的沿海地区转移。2014年年底，全镇转移输出劳动人口1142人，占总劳动力22%，创收555万元。

基础设施

交通运输

2014年年末，全镇11个村(居)89个村（居）民小组，实现组组通公路，其中硬化村组级公路65.5公里，投资1200.3万元，完成11个村村级公路的水泥硬化。

邮电通信

2014年年末，有邮政代办所1个，报纸、杂志累计发行35种1万多份。通信服务基本覆盖全镇。有电信网点1家，固定电话用户2850户；移动通信网点1家，移动电话用户3000户；联通通信网点1家，联通电话用户2550户。全镇互联网入户率35.8%。

供电饮水

2014年年末，筹集资金670余万元，完成10个村(居)的农电网改造，架设高、低压线路120公里，解决群众生产生活用电困难，多方筹资完成烟电改造工程18公里。仅刘家界村未进行电网改造。境内水资源较为丰富，主要水源是地表水，水质优良，村民多采用建蓄水池储水，架设饮水管道等方式解决生产生活用水。近年来，投资200多万元，建设集镇引水工程，解决全镇近500余户3000人安全饮水问题。

水利建设

进入21世纪，加大农田水利建设资金投入。先后投资100万元，完成龙潭坪上坪水库除险加固，并修建拦河坝2座、水渠2000米；投资350万元，实施白竹坪、桥头、银丰村小农水工程。

村镇建设

编制实施《龙潭坪镇镇区总体规划（2013—2030)》。至2014年年末，实施集镇净化、亮化工程，筹资6多万元，建设垃圾集中处理填埋场，实现集镇垃圾集中收集处理；投资50万元，安装75盏LED路灯完成集镇街道亮化工程；完成街道提质工程，铺设下水管道1860米左右，人行道板1360米，预埋弱电管网5200米；投资600万元，实施车行道“白改黑”项目，铺设沥青路面近3500平方米；投资300万元，新建10个村村部。

社会事业

学校教育

进入21世纪，全镇办学条件不断改善。投资

200 万创建合格学校，完成镇中学校门移址，改建综合教学楼、中小学学生食堂、运动场等。至 2014 年末，全镇有幼儿园 1 所，在园幼儿 305 人，专任教师 25 人；小学 1 所，在校学生 729 人，专任教师 35 人，小学适龄儿童入学率 100%；中学 1 所，在校学生 365 人，专任教师 27 人。

文化体育

境内除经常开展全民体育、学校体育、竞技体育等活动外。为拓展文化体育活动场所，2008 年，投资 200 万元，完成凉风山红军生态公园建设，占地面积 2 亩。2014 年，投资 3 万元更新一批健身器材。晴天傍晚，生态公园聚满附近居民，开展健身娱乐活动。广播电视入户率 98.88%。2014 年年末，镇文化站新购置音响设备，新建乒乓球室；筹资 4 万元，建成李家湾、银丰、白竹坪 3 个村级篮球场；组建代表队参加全县“廉政杯”篮球赛和县土家族“摆手舞”大赛；投资 105 万元，建成桥头、银丰、刘家界等村图书室 923 平方米，藏书 1 万册以上。

医疗卫生

2010 年，投资 80 万元，完成镇卫生院扩建工程，改修二层住院部 1 栋，占地 2 亩，新增 20 个床位，群众看病就医条件改善。2014 年末，全镇有医疗卫生机构 5 个，其中，镇卫生院 1 个，村级卫生所 4 个；完成诊疗 6000 余人次。新型农村合作医疗参合人数 7200 人，参合率 90%。

社会保障

对五保户、残疾人、单亲家庭、重病人员、老年人、优扶对象、双女户以及其他特困户采取分类施保，重点保障“五保户”、残疾人家庭和重病人家庭。2014 年，有城镇最低生活保障对象 21 户 38 人，农村最低生活保障对象 384 户 671 人，农村“五保”对象 87 人，有残疾人 256 户 321 人，共发放低保、“五保”资金 37.126 万元，优抚资金 4.7 万元，医疗救助、老龄补贴资金 3.2 万元。2005 年，投入 70 万元，修建龙潭坪敬老院，占地 2 亩，建筑面积 800 平方米，卧室 15 间，可供养农村“五保”人员 30 人。2014 年，全镇参加新型农村养老保险 6480 人，参保率 85%。到 2014 年年底，投资 350 万元，累计完成危房改造近 304 户。

敬老院

特色地情

历史人文

茅垭红军村 茅垭村是龙潭坪镇最偏远的小山村，73 户人家生活在海拔 1500 米的崇山峻岭中。土地革命战争时期，曾有 21 人参加红军、赤卫队和童子军，其中有父子、兄弟、郎舅同时参加的。1928～1936 年，人民群众先后为驻扎在村里的 200 多名红军提供食宿，本村 8 名红军战士在此光荣牺牲，1 人参加长征。当时，在茅垭流传着一首红军歌谣："要吃辣椒不怕辣，要当红军不怕杀，刀子夹到颈项上，脑壳掉了碗大个疤。"1928 年 3 月至 1935 年 11 月，茅垭人民在贺龙的领导下，创建乡苏维埃政府，打土豪、分田地，穷苦百姓自己做主，熊熊的革命烈火在茅垭燃烧。热情、纯朴、好客的茅垭人把红军视为亲人，把最好的房间腾出来让红军住，把最好的东西留给红军吃，红军和茅垭贫苦百姓结下深厚的感情。

1932 年农历十月初一，国民党反动派了解红军在云头山建立根据地的情况后，派重兵包围云头山，10 多名红军战士拼命抵抗，因敌众我寡，弹尽粮绝，一个个跳下悬崖，壮烈牺牲。1933 年 7 月的一天，一支 140 多人的红军部队由张家千政委带领，从湖北鹤峰来到茅垭开展武装斗争，遭数倍于红军的敌军偷袭。红军被逼到文家界悬崖边，120 多位红军战士喊着"红军万岁"的口号跳下悬崖，大部分英勇牺牲，鲜血染红了茅垭，还有少部分红军被挂在半山腰上，摔断了腰腿。敌人撤退后，茅垭人民冒死救下 3 个尚剩下一口气的红军战士，悄悄背回家照顾。敌人闻讯，又返回茅垭，逼茅垭人交出红军。茅垭人民带着红军躲在山上，敌军气急，点火烧了茅垭人的房屋。18 栋房屋中有 15 栋在烈火中化为灰烬。房屋烧了，茅垭人民在一个叫大院子的悬崖下住下来，过起了天当房、地当床的日子。

六县联县政府旧址 位于白竹坪村新屋组马家屋场。1931 年 3 月，红三军主力返回洪湖，留下以周小康为书记的湘鄂边特委和以王炳南为首的红三军教导师，坚持湘鄂边根据地的斗争。4

六县联县政府旧址

月2日，由周小康主持在五峰县长茅司召开桑植、鹤峰、五峰、长阳、石门五县代表会议，成立五县联县政府。4月27日，湘鄂西中央分局代表唐赤英来到湘鄂边，在鹤峰五里坪主持召开湘鄂边特委扩大会议。5月2日，正式成立湘鄂边特委，周小康任书记，将红三军教导第一师改编为湘鄂边独立团，王炳南任团长，陈协平任政委，董朗任参谋长；同时成立桑植、鹤峰、长阳、石门、五峰、慈利六县联县政府。9月上旬，六县联县政府由鹤峰五里坪迁至白竹坪。11月又迁往鹤峰和桑植交界的四门岩。1932年7月再次迁长阳付家堰，后向洪湖转移。六县联县政府成立后，除建立县、区、乡各级红色政权外，还相继建立了职工会、贫民会、妇女会、童子军、反帝大同盟、互济会等群众团体组织，广泛调动社会各界力量，开展轰轰烈烈的土地革命。1978年，六县联县政府旧址确定为湘西自治州重点文物保护单位，2000年7月1日公布为张家界市重点文物保护单位。

名优特产

烤烟 龙潭坪镇属烟叶主产区，境内大部分土壤为花岗岩风化而成，以红壤土为主，黄壤土次之，再次为水稻土。地层大多深厚，通透性好，质地轻壤，土质肥沃，耕地土壤有机质含1.13%～4.03%，含氮1.13%～0.22%，pH值大多在5.5～6.5之间，适宜烟叶生长；空气清新、水源清洁、土壤污染小，发展优质烟叶具有得天独厚的自然条件。龙潭坪镇栽种草烟、烤烟历史悠久，一直是农民经济收入的主要来源。到2011年，烟叶生产逐渐形成规模化，并成为龙潭坪镇的支柱产业。2014年，全乡种烟6000亩，产烟1.5万担，实现产值1800万元。

粽叶 龙潭坪镇地势海拔高，多高山峻岭，人口数量较少，加上封山育林，生长在广袤的丛山峻岭中、保存完好的野生粽叶有近万亩。其根系发达，生命力强，是一种良好的水土保护植被，通过科学管理、计划采摘、精细加工销售又是一种取之不竭的财富，是山区百姓的“绿色银行”。近年来，镇党委、政府大力扶持粽叶产业发展，采取“专业合作社＋基地＋农户”生产经营模式，做大做强粽叶产业。2011年，成立湘超粽叶合作社，2013年更名为湘蓝农产品有限责任公司，采摘、加工、销售粽叶，年加工粽叶近500吨。

民俗风情

1000多年前，跳丧舞由外地传入桑植境内的龙潭坪和人潮溪乡，并得到发展，已形成内部功、唱腔及舞蹈类。内部功有：隔臭，赶尸（已失传），九牛晃，去重登；唱腔有：九版十三腔，乐内藏音，九声波，化十怨，能口中含香巴音高亢；舞蹈有：分撒花，绕棺，至少5人参与，有童子拜观音，五马破槽，黄龙缠柱，窜单个。步法以小跑带跳为主。

（撰稿人：邓萍　图：曹开胜）

五道水镇

集镇一角

区域概况

位置面积

五道水镇位于桑植县西北部，东与芭茅溪乡、四门岩林场相邻，南与细砂坪乡、八大公山乡接壤，西与湖北省宣恩县沙道沟镇交界，北与湖北省鹤峰县太平镇毗连，是湖南省的西北大门。总面积 135 平方公里。镇人民政府驻地距桑植县城 76 公里，距湖北鹤峰太平镇 24 公里。

建置沿革

境内是澧水的发源地，因从桑植县城到此地需过五道河水而得名。1912—1951 年，属游乐乡。1952年4月，设四门岩乡、五道水乡、茶园乡、苦竹坝乡、干溪乡；1956年6月，上述5乡合并为五道水乡。1958年8月，五道水乡、芭茅溪乡、细砂坪乡、八大公山乡合并为万宝山人民公社；1959年2月，更名为五道水人民公社。1961年，分设五道水、芭茅溪、猫子垭、八大公山4个人民公社。1984年4月，五道水人民公社更名为五道水乡。1995年4月，五道水乡、芭茅溪乡、细砂坪乡、八大公山乡合并为五道水镇。1998年10月，芭茅溪乡、细砂坪乡、八大公山乡析出，仍为五道水镇。

行政区划

2014年，全镇辖土溪洞、高家坪、连家湾、茶园、茶叶、苦竹坝、花鱼泉、元宝溪、岔角溪、五峰山10个建制村和汪家坪、团堡2个居委会，65个村民小组。镇人民政府驻汪家坪居委会。

自然环境

全镇拥有一水（澧水）、二河（王家河、小坪河）、三溪（岔角溪、甘溪、元宝溪）、五山（五峰山、田坪山、车湾山、潘家山、种山）。海拔最高处1200米（五峰山），海拔最低处390米（老屋场）。境内河道属澧水流域。沿澧水北上追溯澧水之源，澧水源头在桑植五道水，溯溪而上，有神奇的七眼泉，是澧水发源地，因依附澧水河边，露出7个泉眼而得名。境内属亚热带季风湿润气候。土壤类型多样，主要有黄色石灰土、黄壤土、红壤土等土类。境内森林资源丰富，是桑植县木材主产区，粽叶采摘加工和其他林产品加工为镇域支柱产业之一；水利资源得天独厚，水能蕴藏量50万千瓦，大鲵保护和人工养殖为镇域特色产业；矿藏丰富，已探明有铅、锌、铜等30多种矿藏。境内有冰雹、旱涝、低温、霜冻、山体滑坡等自然灾害。

人口民族

2014年，辖区总人口6306人。境内是少数民族聚居地，居住有土家族、白族、苗族等民族，少数民族人口占总人口93%，以土家族人口为主。

经济发展

经济综述

五道水镇经济以农业为主。2014年年末，全镇实现生产总值3002万元，财政收入179万元，农民人均纯收入5000元，金融机构存款余额8800万元，贷款余额2095万元。

农业

全镇农业人口6000人，占总人口95.1%。1949年前，因地处边远，交通不便，境内沿袭刀耕火种、广种薄收的原始农耕习俗。粮食作物主要以水稻、玉米、红薯、马铃薯等为主。2014年，粮食总产量2896吨，人均459公斤。经济作物有油菜、花生、“三木药材”等。有年产值3000万元的粽叶产业，有年产值600万元的“天子银毫”和“高山云雾”品牌茶叶生产加工产业，以及年产值6000万元的大鲵水产养殖产业。此外还兴起300万元的野生动物驯养业，200多万元的淡水鱼虾饲养业，种植黄柏、厚朴、天麻、玄参等木本、草本药材333.33公顷。2014年，完成土地流转20公顷，年营业收入50万元以上大户增加5户，集中连片3.33公顷以上特色农业大户5户，专业合作社5家，大鲵销售5万尾；发展生猪养殖大户3户，养羊大户2户，养牛大户1户，养鸡大户1户，淡水鱼养殖户1户；发展种植大户5户，种植珍稀苗木50万株，种植甜玉米13.33公顷。

乡镇企业

1949 年 10 月后，境内先后创办公社、大队集体企业 10 余家，从业人员 50 余人；主要企业有缝纫社、车木加工厂、茶厂、水电站、农具制造厂等。随着改革开放，产业结构调整，镇域资源优势逐步显现，镇村企业呈现新亮点，个体私营、民营企业快速发展，粽叶加工、销售成为特色新型产业，产品远销香港、台湾等地区；茶叶加工优势凸显，至 2014 年年末，有小型茶厂 4 家，加工销售优质茶叶 200 担，粽叶销售 300 万吨。

商贸服务

2014 年，全镇有个体工商户 200 余户，从业人员 500 余人；餐饮服务行业 20 余户，从业人员 50 余人；社会消费品零售总额 6000 万元。2014 年年末，有农贸市场 1 个，年成交额 5000 万元。

劳务输出

1978 年改革开放以后，境内农村剩余劳动力为增加家庭经济收入，自发向广东、浙江、福建等沿海经济发达、劳动力短缺地区转移就业，转移规模日渐扩大。2014 年，全镇转移输出人数 2100 人，创收 3000 万元，占全镇总收入的三分之一。

旅游业

五道水镇旅游资源丰富，是八大公山国家级自然保护区的核心景区之一，是登山探险、幽林觅趣、科学考察、避暑休闲、生态旅游的极佳去处，有澧水之源、天然温泉、土司结盟旧址、高腔民歌、红色文化等自然人文景观。境内植被保护完好，森林资源丰富，有国家一级保护植物珙桐与红豆杉等名贵树木，是天然氧吧；野生药材种类繁多，有黄柏、厚朴、天麻、玄参、七叶一枝花、田三七等名贵药材；盛产粽叶、茶叶、蜂蜜、山野菜等特色绿色食品，高山云雾茶、野生天麻、野生蜂蛹、趴趴鱼是当地四大特产。2014 年年末，入境游客 2 万人次，旅游收入 200 万元。

基础设施

交通运输

境内有桑（植）鹤（峰）公路穿境而过，是湖南通往湖北的西北大门。2014 年年底，全镇 11 个

澧水之源

村（居）全部通公路，公路总里程110公里。

邮电通信

2014年年末，有邮政、电信支局各1个，邮政业务总量5万元，全年报纸、杂志累计发行100余种4万余份；有固定电话用户100户，移动、联通、电信移动电话用户5000户，互联网用户100户；全年电信业务收入28万元。

供电饮水

近年来，先后投入资金100余万元，修建蓄水池30个；投入资金141万元，修建集镇自来水厂，居民安全用水条件逐步改善。

水利建设

1949年前，水利设施十分简陋，主要靠筑河坝，70%的稻田靠天吃饭。20世纪50年代后，重视农村水利设施建设，利用境内丰富的水资源优势，先后累计投入资金约3亿元，修建金龙、泉坪、逸源、鸦雀洞、彭家塔、长元等6个水电站。至2013年，先后投入300余万元，修建引水、排水渠道2万多米。

社会事业

学校教育

境内学校教育始于1948年。1949年10月后，村村办小学，曾设立五道水中心小学和桑植县第七中学（县属完全中学），后因教育布局调整，第七中学先后更名为五道水林业职中、五道水镇中学。2008年，镇中学、镇中心小学合并为九年一贯制学校，更名为五道水镇学校，分中学部和小学部，校园占地36137.9平方米，建筑面积3935平方米。有教学楼、多媒体教室、劳技室、音乐室、图书馆、美术室、仪器室、实验室等，图书馆藏书8000余册。有200米标准跑道及运动场。当年，被列为省合格学校建设单位。学校有一支结构基本合理的教师队伍。2014年，中学部有专任教师40名；小学部有教职工46人，教学班16个，在校学生551人；有在园幼儿115人。

文化体育

本土民歌手娄菊香、黄道英曾分别为周恩来、朱镕基等党和国家领导人献唱过高腔民歌。团堡居委会居民袁绍云作为桑植民歌“非物质文化传承人”，多次赴市县表演，高腔民歌知名度经久不衰。有学校综合体育场1个，体育设施齐全，并经常开展群众文化体育活动。集镇开通有线电视，入户率96%，广播电视“村村通”覆盖全镇。2014年年末，有镇文化广播电视站1个，村级文化活动中心12个，图书室12个，藏书3.2万册，音乐、美术、书法、摄影、文学创作等民间艺人达100余人。

医疗卫生

1949年以前，仅有民间诊所开展行医，治病救人。1958年，成立公社卫生所。至2014年年末，有医疗机构4个，其中，镇卫生院1所，村卫生室3个。镇卫生院有床位36张，有专业卫技人员28名，有B超、心电图、生化仪、血球分析仪、尿液分析仪等常规医疗设备，固定资产总值425万元。2013年，医疗机构完成诊疗1.4万余人次。全镇新型农村合作医疗参合人数5766人，参合率96%。

社会保障

2013年，城镇最低生活保障户18户28人，支出6.14万元，月人均180元；农村最低生活保障全面完成314户623人，支出72.45万元，月人均100元。农村“五保”对象集中供养32人，支出23.04万元；农村“五保”对象分散供养35人，支出1.08万元；农村医疗救助32人次，民政部门资助参加合作医疗 693 人次，支出 4.15 万元。国家抚恤、补助各类优抚对象 39 人，抚恤事业费支出 5.8 万元。有敬老院 1 家，床位 35 张，收养农村“五保”人员 32 人。参加新型农村养老保险 2710 人，参保率 85%。

特色地情

历史人文

五道水镇历史悠久，人文荟萃，底蕴深厚。被誉为“武打王”的皮松儒，师从中国近代著名武术家杜心五。土家族著名歌手娄菊香，1937 年出生，五道水镇土溪洞村人，一生从事土家民歌创作演唱，能唱 550 首民歌。1957 年娄菊香随湖南省代表团到北京参加汇演，其演唱的《叫我唱歌就唱歌》《花大姐》等数十首不同曲调的桑植民歌，被中央人民广播电台灌制成唱片播放。1958 年，她代表万宝山人民公社(现五道水镇)到北京参加文艺汇演，给周恩来总理唱高腔民歌，其清晰宏亮的歌喉如百灵鸟一样，周恩来总理听了喜悦不已，当场给予热情赞赏。汪家坪村白族歌手黄道英，把劳动歌作为她自己的主唱专业，2000 年应邀随中央民族民间艺术团参加英国巴比肯艺术节，并同时在牛津大学、剑桥大学、伦敦大学演唱《叫我唱歌就唱歌》《三根丝线三尺长》《嘀咯儿调》等桑植民歌，被誉为“与上帝有联系的人”。其演唱风格激越高亢、清丽明快，让外国观众一睹桑植五道水高腔民歌的风采。五道水曾是贺龙、贺英早期革命的摇篮，也是桑植剿匪的主战场，解放军在江西坎消灭了顽匪，7 名革命烈士长眠于五道水革命烈士陵园（纪念塔）。

土司结盟 土司结盟之地位于五道水镇岔角溪村，距镇中心 5 公里，在桑鹤公路主干道旁，交通便利。清康熙五十九年（1720），桑植土司和容美土司为平息纷争，在岔角溪村境内大岩屋结盟，共题“山高水长，亿万斯年”八个大字，自

大岩屋

此双方将兵器归仓，再无战争，堪称湘鄂边界民族团结之典范。

江西坎战斗 1950年7月21日，中国人民解放军江汉军区独立师某团一大队一小队一排全体指战员，奉上级命令：“进军五道水，消灭朱凡甫。”全体指战员连夜整装出发，经湖北沙道沟、三台等地，22日拂晓抵达五道水。得知朱凡甫、曹子西、肖大武等匪已在猫子垭一带蚁集，“反共救国军”副司令朱凡甫率领300余人来到江西坪，并在江西坎挖掘堑壕，安放擂石滚木，作坚固设防，企图垂死挣扎。23日拂晓，全排33人，在连长李金忠率领下，在江西坎发起攻击，经过艰苦奋战，取得江西坎剿匪战斗胜利。这次战斗毙敌8名，俘敌6名，解放军战士牺牲8名。战斗结束后，解放军指战员和当地群众，在汪家坪掩埋了烈士遗体，并在墓前栽上青松。1966年修建汪家坪烈士陵园。后更名五道水革命烈士陵园，位于五道水镇澧水北源东岸，四面环山，水流湍急，峭壁悬崖。1986年3月，陵园迁至五道水。1992年，又对陵园进行了修缮。1984年，五道水革命烈士陵园确定为桑植县重点文物保护单位。

高腔民歌 五道水盛产民歌，作为湖南省著名的八大民歌乡之一，五道水高腔民歌在浩如烟海的桑植民歌中有着显赫的位置，很有特色。据《桑植县志》记载，清康熙年间，桑植、鹤峰土司王在五道水歃血饮酒，赛歌结盟，自此战乱止，边贸兴。在结盟过程中，五道水高腔民歌在赛歌中崭露头角，一举夺魁。五道水的山里长着民歌，地里种着民歌，河里流着民歌，屋里飘着民歌，磨盘里转着民歌，连锅里都蒸着民歌。在民歌的熏陶下，五道水产生了许多颇有影响力的民歌演唱家和民歌手。该镇团堡居委会居民袁绍云作为“非物质文化传承人”，多次赴市、县表演，境内高腔民歌知名度经久不衰。

名优特产

五道水地理环境优越，小气候独特，物产丰富。有国家一级保护植物珙桐与红豆杉等名贵树木，是天然氧吧；药材种类繁多，有金钱柳、黄柏、厚朴、天麻、玄参、七叶一枝花、田三七等名贵药材，是天然药库；有茶叶、蜂蜜、山野菜等特色绿色食品，尤其是高山云雾茶、野生天麻、野生蜂蛹、趴趴鱼构成五道水的四大特产。有野生大鲵等几十种自然鱼类；盛产水稻、玉米、七星椒、油菜、粽叶、干果；畜牧业以本地黑猪、土鸡、山羊、大鲵养殖为主；传统加工农产品有腊肉、干趴趴鱼、香肠、干豆腐、油豆腐、野生葛根粉、酸辣椒糊、苏麻酱等。五道水镇有大鲵（娃娃鱼）养殖大户48户，养殖规模15万尾，年产幼苗6万~8万尾，产值突破5000万元，销售到湖北、重庆、浙江、广东等10多个省市。娃娃鱼养殖大户陈功明，1998年靠东拼西凑的几万元起家，潜心研究娃娃鱼人工繁殖获得成功，在岔角溪等村建立生态养殖基地，养殖娃娃鱼10万尾，通过科学繁殖，发展传承野生娃娃鱼的习性。

风景名胜

五道水镇是八大公山国家级自然保护区的核心景区之一，被誉为“绿色宝库”“天然博物馆”，四季风景迷人。是登山探险、幽林觅趣、科学考察、避暑休闲、生态旅游的极佳去处。

澧水之源 沿澧水北上追溯澧水之源，澧水源头在桑植五道水，溯溪而上，有神奇的七眼泉，是澧水的发源地。因依附澧水河边，露出七个泉眼而得名。七股泉水从大山流出，注入澧水。七眼泉呈扇形分布，每泉相隔大约一米多，天南海北的游客途经五道水，都会慕名到七眼泉

澧水源

拜谒，饱览澧水风光，品味七眼泉天然优质水。

岔角溪天然温泉 位于岔角溪村，距镇中心6公里。经国土资源部长沙矿产监督检测中心检测，温泉常年水温45℃～70℃，湿度65%，水流量每秒7.5公升。水质富含硫、铁、锰、砷、汞、铜等10多种对人体健康有益的矿物质，可以治疗多种皮肤瘙痒和内风湿、麻木、脚气、高血压、冠心病等多种疾病。常用此温泉还具有祛斑、养颜、滋肤之功效。

（撰稿人：唐美华　图：曹开胜等）

陈家河镇

陈家河镇是张家界市十大魅力乡镇。

区域概况

位置面积

陈家河镇位于桑植县西南部，东与凉水口、两河口镇接壤，南与永顺县万民乡交界，西南与上河溪乡相接，西与岩屋口乡、蹇家坡乡相连，北与沙塔坪乡毗邻。总面积106平方公里。镇人民政府驻地距县城26公里。

建置沿革

陈家河原名“陈家沱”，后演化成现名。1912—1951年，属爱物乡、游乐乡。1952年，属新街乡、仓关峪乡。1958年11月，属跃进人民公社；1959年2月，改称陈家河人民公社。1961年，分设为新街人民公社、仓关峪人民公社。1984年6月，分别改称新街乡、仓关峪乡。1985年，划新街、仓关峪两乡部分村组新设陈家河镇。1995年4月，蹇家坡乡、新街乡、仓关峪乡并入，称陈家河镇。1998年10月蹇家坡乡析出，其余为陈家河镇。

行政区划

2014年，全镇辖剖腹溪、耳洞坪、新街、彭家塔、刘家湾、袁家坪、陈家湾、周家湾、蔡家坪、毛塔、陈家河、唐家坪、三漤子、甘溪、

集镇全景

龙潭沟、吴家湾、厂湾、仓关峪、半溪、肖家桥 20 个建制村和桥头、黄木潭 2 个居委会，共 149 个村（居）民小组。镇人民政府驻黄木潭居委会。

自然环境

境内地势四面高，中间低，属盆地地形。澧水中源自剖腹溪、耳洞坪村入境，由三溇子村流出，流经境内 11 个村（居），河道长约 15 公里。境内属亚热带山地湿润季风气候，多年平均气温 13.5℃。年平均日照 1152 小时，特别适宜柑橘等水果、干果生产。境内矿产资源、水能资源、生态资源丰富，开发价值大。煤炭集中分布在耳洞坪、剖腹溪、仓关峪、龙潭沟、甘溪、厂湾等村。

人口民族

2014 年年末，辖区总人口 18216 人。境内有土家族、苗族、白族、高山族、蒙古族、壮族、回族、侗族、瑶族、彝族、满族、布依族、朝鲜族 13 个少数民族，其中，土家族、苗族人口占总人口 90%以上。

经济发展

经济综述

2014 年，全镇实现生产总值 9200 万元，其中，第一产业增加值占 48%，第二产业增加值占 19%，第三产业增加值占 33%；城镇居民人均可支配收入 4320 元，农民人均纯收入 3180 元。

农业

镇域农业以种植业、林业、养殖业为主，并逐步实现由刀耕火种、广种薄收的传统农业向科技含量高、稳产高产的现代农业的转变。种植业主要有粮食作物、经济作物、蔬菜生产。水稻、玉米、红薯、马铃薯为主要粮食作物，水稻种植居首要地位，20 世纪五六十年代，采用常规品种、传统方法栽培，产量极低，群众生活所需口粮靠国家返销粮接济维持温饱。70 年代开始推广杂交水稻，到 90 年代全面实行良种、良法，粮食单产 500 余公斤，基本解决群众温饱问题。八九

蔬菜基地

十年代，陈家河农场和陈家河、唐家坪、蔡家坪、毛塔、新街、彭家塔、黄木潭等村（居）被确定为全县杂交水稻制种区，繁育杂交水稻良种，大幅增加种植农户收入。进入21世纪后，逐步向农业产业化发展。蔬菜种植以蔡家坪村为中心，实行“企业+合作社+农户”的模式，大力发展商品蔬菜、脱水加工蔬菜和大棚蔬菜，蔬菜种植面积333.33公顷，产品远销省内长沙、江浙等地区，2011年作为全县蔬菜核心基地，成功创建成为国家级蔬菜标准园。相继建成规模化蔬菜生产基地20余个，基本形成以“脱水蔬菜”、“订单蔬菜”为骨干的产业格局，年种植蔬菜0.08公顷，其中，专业菜地33.33公顷，商品菜基地逾5000亩。优质高产椪柑生产，种植大户35户，年产量1.2万吨，产值7200多万元。形成以蔬菜种植加工、优质高产椪柑生产、林农产品加工为主的产业片区。以蔡家坪、新街村为中心，加大土地流转力度，推动产业向规模经营发展，采取村内流转、整体转租、土地入股等方式，流转土地36.67公顷种植百合。2014年，水稻、玉米等传统农业产值753万元。近年来，每年投资10万元扶持油茶产业，发展油茶种植173.33公顷。引进福源木业等5家效益好、耗能低、无污染的企业，形成油茶、杉木产业片区。2014年年末，全镇有生猪养殖大户9户，年出栏1500余头，总收入90余万元；黑山羊养殖大户6户，年出栏2000余只，总收入200余万元；竹根鼠养殖大户6户。

乡镇企业

1956年10月，建国营陈家河酒厂，年产白酒40吨。1962年，迁址县城朱家台，并入县办酒厂。期间，陈家河区供销社开设有副食品加工厂，制作饼干、化饼、松子糖、麻花等糕点，后并入县副食品加工厂。乡镇企业起步发展较早，1984年前，陈家河、新街、仓关峪均成立有公社企业办，兴办农具加工厂（社）、缝纫社，加工农具，制作成衣，陈家河农具远近闻名。1985年前后，开始大力兴办乡镇企业，企业门类全，数量多，乡镇兴办企业主要有：剖腹溪、三溇子、鸟儿垭煤矿，陈家河水泥预制材料厂等，村办煤矿有：耳洞坪、剖腹溪、仓关峪、甘溪、三溇子、龙潭沟等村。因资源、设施、产能限制，乡镇、村办煤炭企业均已关闭。20世纪60—70年代，由茅岗煤矿耳洞坪炼焦厂转办的湘西自治州新街煤矿（今张家界市新街煤矿），矿部虽迁址县城，在境内仍有耳洞坪工区从事煤炭开采。近年，发展福源木业、金鑫板业等个体私营企业。至2014年末，全镇主要工业企业：新街煤矿耳洞坪工区，有工人70人，年生产8万吨煤，总产值3200万元；岳虎滩电站，有工人45人，年发电量600万千瓦时，总产值180万元；福源木业、金鑫板业等6家木材加工企业，有工人140人，年产值1300万元；永丰脱水蔬菜公司，有工人40人，年产值500万元。

商贸服务

1950年以前，境内设有官方商贸机构，农民买卖货物均与民间商贩交易，但境内仓关峪商铺众多，市场极为繁荣，在内半县首屈一指。1950年，在陈家河设立规模很大的贸易小组。1953年，始设陈家河、新街、仓关峪供销合作社。1962年，设陈家河区供销社；1980年8月，建陈家河区集体商业总店，下属供应门市、收购门市和饮食店、照相馆、理发店等。1978年，将供销社的肉食水产加工、供应职能划出，设陈家河肉食水产站，以及新街、仓关峪肉食组，收购生猪，销售肉食水产品。同期，设陈家河区粮站及下属新街粮店、仓关峪粮店。在蒋家垭设内半县最大的陈家河农贸市场，是所辖及周边区域农产品、物资的集散地。1995 年，原陈家河区供销社和新街、仓关峪供销合作社并为陈家河供销合作社。之后，供销社、粮店等国营集体商贸机构改制、撤销。进入市场经济体制时期，商业贸易活动逐步转变为以个体私营、个体工商户为主，商业贸易持续繁荣。2013 年年末，有商业网点 35 个，从业人数 480 人，社会商品零售额 1280 万元；有农贸市场 1 个，年成交额 1580 万元。

劳务输出

1978 年改革开放以后，境内农村劳动力自发向广东、浙江、上海等沿海经济发达、劳动力短缺地区转移就业，转移规模日渐扩大。2014 年，全乡转移输出劳动力 4876 人，人均年创收约 3 万元。

基础设施

交通运输

桑龙、桑鹤公路穿境而过，镇域公路并与周边乡镇公路连为一体，是桑植内半县的交通枢纽，形成四通八达的交通网，交通便利。2008 年以来，加大农村公路建设力度，先后投入 500 多万元，实现 100%的行政村通村级公路，大部分村民小组通组道。到 2014 年年底，境内建有一个占地 6 亩、建筑面积 1200 平方米的新农村客运站。开通集镇至桑植县城的农村客班车和农村公交专线 5 条，农村客运网络体系健全。

邮电通信

1949 年，陈家河、仓关峪设有信柜；1956 年，设邮电支局。1992 年，开通自动电话；1994 年，开通陈家河支局程控电话。2014 年末，境内有邮政代办所 1 个，报纸、杂志累计发行 45 种 469 份。有电信网点 1 个，固定电话用户 350 户，移动电话用户 4150 户，互联网用户 320 户。

供电饮水

境内用电始于原人民公社、大队建成的农村小水电、小火电供电。当时公社集镇和相邻的大队干部职工、群众率先照明用电，随着 20 世纪 70 年代末 80 年代初岳虎滩水电站建成，大部分

蔡家坪大桥

大队建有供电设施，通上了电，极大地方便群众生产生活用电。随着小水电与国家电网并网，加之近年逐步设施农网改造，农村用电整体质量明显提高。至2014年年末，实现全镇村村通电。1996年，建成陈家河集镇自来水厂；后又投资190万元，完成集镇安全饮水改造工程，集镇安全饮水条件进一步改善。通过实施农村饮水工程建设，以及农民自筹资金兴修饮用水设施，大部分较为集中的村民逐步喝上安全卫生的自来水。

水利建设

澧水中源穿境而过，水能资源丰富，建有装机容量1000千瓦的岳虎滩电站和库容量为73.1万立方米的郭家溶水库。近年，投资300万元，建成长500米、宽9米、高5米的滨河新区防洪大堤。

村镇建设

建镇伊始，制定有具体建设规划，并对建设规划进行三次修编。1996年开始建设，注重突出中心集镇的集散功能。按照“五横三纵”的小城镇格局，先后修建县工业品公司陈家河批发站、供销社、国税所、县农业银行陈家河营业所、卫生院、财政所、镇政府、工商所、派出所、信用社等单位办公楼及住宿楼。修建集镇商业街大桥；修建长2380米、宽24米的集镇街道，并对所有街道进行硬化、亮化、绿化，铺设人行道板。发挥湘、鄂、渝三省边界物资集散地的优势，利用省道S305和桑鹤公路穿境而过的便捷交通条件，加强招商引资，强化硬软件建设，提升区位优势，强化辐射带动作用，建设物流集散中心。2008年以后，成功引资7800万元，相继建成重点企业永丰公司、永利煤矿、液化气站、加油站等。新建大型综合农贸市场1个，占地14620平方米，拥有380个摊位，200个门面，成为桑、鹤、川边界农产品及林工产品批发交易中心。投资80万元，完成集镇亮化、绿化工程建设；投资50万元，完成地下管网建设，实现弱电下地目标。以四桥八街为基本框架，商贸区、市场区、机关区、居民区、科教文卫区等功能分区明确，布局合理，成为桑植内半县的农村物流中心。坚持环境保护与治理并重，狠抓镇村环境综合治理，及时清扫公路沿线、房前屋后垃圾，实施改厨、改厕工程。推广沼气、太阳能等清洁能源，成立专门队伍，加大环境保护力度，对境内动植物资源、水资源进行有效保护。2014年年末，全镇80%的村实行改厨、改厕工程，建成沼气池85口，推广太阳能378台，清洁能源使用率80%，发放节能减排倡议书3000余份。成功创建省级生态村1个，市级生态村2个、县级生态村8个，人居环境大大改善。

社会事业

学校教育

1912—1949年，境内设有私塾和国民小学。1949年10月后，教育事业得到全面发展，公社（乡、镇）设立中学和完全小学（中心小学），村村设立村小。20世纪60年代，各公社在原有中学的基础上开始办高中，有些村小开办初中班，并实行贫下中农管理学校，各个学校都开辟有学农基地，生产劳动（“学农”）占用学生过多的学习时间。中共十一届三中全会后，陈家河镇教育事业发展逐步走向正轨，学前教育、小学教育、中学教育和业余教育全面发展。近年来，落实义务教育阶段“两免一补”政策，建立以奖代投的教育经费保障机制，确保不让一个贫困学生失学，小学入学率100%，中学入学率93%以上，于1999年通过“普九“验收。1958年设立幼儿园、

1959年解散，1984年设幼儿教育学前班。1957年，先后设立仓关峪、新街、陈家河完全小学，随之设立的小学覆盖各村寨，随着全县教育布局调整，小学办学格局发生变化，诸多村小进行撤并，现为中心小学、片小、村教学点。2009年6月24日，陈家河完小改称陈家河镇贺龙希望小学。贺龙元帅之女贺捷生引资8万元，为学校援建育才图书室。2011年成功创建省级合格学校。1960年仓关峪完小附中迁陈家河蒋家垭，改称陈家河初级中学，1961年更名为桑植县第二中学（县属完全中学），1989年更名为陈家河民族中学（高中部撤销）。至2014年年末，境内教育设施齐全、形成公办、民办教育并驾齐驱，共同发展的新局面。

文化体育

20世纪50年代初，在各级各类学校、部分供销、粮店等公社（乡镇）机关单位均建有篮球场等，经常开展篮球、乒乓球、羽毛球和田径项目为主的全民军体活动（当时体育活动的称谓），学校每年举办学生体育运动会。至2014年末，陈家河镇政府、各级各类学校均设有篮球场，黄木潭居委会设有各项健身器材。有线电视入户率87%。

医疗卫生

20世纪50年代，始建陈家河卫生院。2014年末，镇卫生院有医务人员40余人，新建医院门诊综合大楼及职工住房楼，添置各项所需医疗设备，大大改善就医条件和医务人员的生活条件。全镇建成医疗卫生点26个，有农村医务人员20余人。新型农村合作医疗参合率96%，实现乡镇住院全报销，缓解群众看病难、看病贵问题。

社会保障

坚持政府引导、政策支持、多方参与，着力构建以居家养老为基础、机构养老为支撑的社会养老服务体系，落实城乡居民养老保险制度。设立老年福利服务中心和敬老院，实现老有所养。实行“五保”对象供养、最低生活保障、困难群体救助。2014年年末，新型农村养老保险参保率85%；投入148万余元建成的镇敬老院，集中供养五保老人35名；农村困难人口、特困对象和弱势群体纳入城市低保救助62人，纳入农村低保850人。2010～2014年，累计发放最低生活保障金244万元，临时生活困难救助金28万元，大病救助资金15万元。

特色地情

历史人文

陈家河镇历史悠久，人文荟萃，是一块红色的土地。境内有历史遗迹、革命旧址多处。仓关峪自古商贾云集，新街是中华人民共和国成立之初，桑植县第四区人民政府所在地，后在陈家河设立中共陈家河区委员会和陈家河区公所，各类管理、服务机构健全，最多时管辖桑植内半县的8乡1镇。

新司城 位于陈家河镇新街村，距县城37公里。清康熙末年至雍正初期，由桑植军民宣慰使向长庚奠基初创、其子向国栋竣工的一末代土司城。改土归流后，永顺府和九溪卫于此分设通判、守备分署及千总、把总等武官署衙，并于碑垭下河坪设练武场，现称为“武官坪”。城内设义学，建万寿宫，城北山建龙山寺。一度为治督桑植、龙山两县分署衙门，又是桑植“内半县”政治文化中心和商埠口岸。此城位于澧水中源夹石河段“宏敞”处，座北面南，建正、下街，正街东西长500米，驻官兵；下街南北长250米，居商民。是一丁字街道的巍峨坡型城廓。四周有八景：凤岭朝阳、龙山烟雨、古寺晓钟、渡口垂杨、官潭夜月、铁埠晴岚、五云霁雪、夹石流泉。清乾隆《桑植县志》载有文人咏景诗题。清末，因裁兵减饷，撤销驻斯城署衙；民国5年(1916)，又遭匪劫焚。1949年前后，群众在古城址，沿街就势陆续新修民宅，名称“新街”。桑植解放后，在此设立桑植县第四区人民政府，新街（公社）乡，1995年撤区并乡时并入陈家河镇。遗址遗迹尚存。

俄蒂城 又名天罡城，位于新司城后凤凰山鸡公咀山顶，系土酋尚俄蒂所建之土王城堡，故名。此城座北朝南，背依凤凰山，踞400米高山之巅，是古木构筑的四方形城堡。占地2700平方米。关卡瞭哨暗设，擂石滚木常备。形势险要，易守难攻。建于宋朝中期，毁于清康熙四十年(1701)，虽历经300余年。旧址尚存。

贺龙花桥 仓关峪曾是南来北往的人们去往沙塔坪、五道水、鹤峰、龙山、四川和桑植县城的必经之地，也是行旅商贾经商、歇息之所。故此，乡民为出行方便，就在仓关峪古集镇（今仓关峪村）的小溪之上建造一座花桥，名仓关峪花桥。此桥始建于清末，桥长19.3米，宽3.1米，高4.7米，系悬臂式木廊风雨桥。共八扇，四柱五棋，为穿斗式与抬梁式木质结构，斜面双坡顶，上盖小青瓦，飞檐翘角。桥基为巨石条砌成的3个桥墩，15根巨木作桥枕，桥面用木板铺成，两旁设坐枋，两侧边缘加窗棂式护栏。既是行走要道，又是歇足和酷暑纳凉的首选之地。1919年，贺龙率部途经仓关峪时，见桥已腐朽，遂用20块大洋买下这座花桥，并请工匠对桥进行全面整修。后人为缅怀贺龙，将桥更名为“贺龙花桥”。

陈家河大捷 1935年4月，国民党反动派调集10万兵力，向湘鄂川黔革命根据地大举“围剿”。4月12日，红二、六军团分别从永顺的塔卧、龙家寨、万民岗、锡库等地出发，向西北转移。途中获悉驻桑植县城的国民党第53师陈耀汉已派其172旅李延龄占领陈家河，阻挡红军西进。13日，红军采取一面阻击敌人、一面迂回包抄的战术，在陈家河将172旅围住。经过一日激战，敌伤亡惨重，向县城溃退。红军团长罗章率部猛追，敌残部逃至三漤子渡口，又遭到红军伏兵袭击。全歼172旅，俘敌1000余人，缴获各种武器2000多件，活捉旅长李延龄， 并将其枪毙在陈家河黄木潭沙洲上。陈家河——桃子溪大捷，震惊各路敌军，迫其由进攻转入防御，而红军则由

仓关峪花桥

陈家河大捷纪念碑

退却转入反攻,开辟反“围剿”的新局面。1997年，陈家河镇党委、镇人民政府在陈家河大捷战斗遗址修建陈家河大捷陵园和陈家河大捷纪念碑。纪念碑位于群山环绕的黄木潭居委会蒋家垭，后依阳雀岩云朝山山脉，面朝天伏岭亮垭，是爱国主义教育基地。

民俗风情

陈家河镇是一个多民族聚居地，村落民居独特，民风纯朴，群众文化氛围浓厚。土家民居古朴典雅，傩戏、汉戏、阳戏、龙灯、花灯及土家摆手舞等民间文化艺术，历史悠久，内涵丰富；器乐主要有围鼓（打溜子）、唢呐等，主要用于各种喜庆；民族工艺品有土家织锦、刺绣、根雕和竹器制品，远近闻名。因镇域土家族人口居多，民族习俗大多以土家族习俗为主，主要有建筑居住习俗、婚嫁习俗、饮食习俗、丧葬习俗等。其他各民族习俗，由于祖祖辈辈居住在同一块土地上，而渐渐同化，在保留各自民俗特色的同时，被有机地融合在一起，不断传承、发扬光大。

（撰稿人：张金绒　郑礼　甄琪　图：陈家河镇　曹开胜等）

廖家村镇

集镇全景

区域概况

位置面积

廖家村镇位于桑植县西南部，澧水南源。东与打鼓泉乡交界，南与上洞街乡相邻，西与永顺县万民岗乡接壤，北与两河口乡相接。总面积58.6平方公里。镇人民政府驻地距县城35公里。

建置沿革

1912—1951年，属沐育乡7保、8保、9保，1952年4月，分属廖家村乡、二户田乡、丰岩乡、卧云界乡；1956年6月，廖家村、二户田、丰岩、卧云界4个乡合并为廖家村乡。1958年8月，属红旗人民公社；1959年2月，更名为廖家村人民公社。1984年4月，更名为廖家村乡。1995年4月，廖家村乡、两河口乡、打鼓泉乡、上洞街乡并入合称廖家村镇；1998年10月两河口乡、打鼓泉乡、上洞街乡析出，辖区仍为廖家村镇。

行政区划

2014 年，全镇辖苗寨、廖家村 2 个居民委员会，莫家塔、冲天溪、二户田、斋公塔、咱家村、丰岩、猫子溪、妖气洞、老庄坡 9 个建制村，94 个村（居）民小组。镇人民政府驻苗寨居委会。

自然环境

境内大部分为山区，地势东高西低，北高南低，海拔一般为 320 米。南部地区灰岩暴露甚广，溶洞、天坑遍布。受中亚季风暖湿性气候影响，镇域为中亚热风带季风湿润气候，又具有一定的非地带性地域差异的独特气候特征。年均日照 1284 小时，无霜期 260 ~ 280 天，降水量 1500 毫米。年均气温 15.7℃，极端最高气温 38℃，最低气温 -8.4℃；风向具有明显的季节性变化，冬季以偏北风居多，夏季以偏南风为主。

人口民族

2014 年年末，辖区有 2753 户 11403 人。境内是少数民族聚居地，土家族、苗族、白族等少数民族人口 11060 人，占总人口 97%。其中土家族 9122 人，占总人口 80%。

经济发展

经济综述

廖家村镇经济以农业为主，2014 年年末，全镇实现生产总值 6000 万元，财政总收入 200 万元，农民人均纯收入 2600 元；金融机构存款余额 10487 万元，贷款余额 1748 万元。

农业

廖家村镇农业以水稻、玉米、红薯、马铃薯种植和畜牧水产养殖为主。1978 年改革开放以后，境内不断优化产业结构，切实改善农业基础设施。从 2000 年起，以基地建设和发展农业龙头企业为抓手，逐步加快农业产业化建设，重点发展蔬菜、大鲵养殖、粮油、茶叶四大主导特色产业；以工业化思维发展农业，采取政府引导、示范带动、政策推动等措施，推进全镇农业向特色产业化方向发展。2014 年年末，有农民专业经济合作组织 3 个、农业产业化生产基地 6 个、粮食作物市级龙头企业 3 个。在搞好各种农作物种植，确保粮食丰产稳产持续发展的同时，发展特色产业。2013 年引进种植大户永强农业公司，采取

百亩超级稻丰产示范片

"公司＋基地＋农户"模式，以冲天溪村、莫家塔村为主，流转土地133.33公顷，建立速冻保鲜蔬菜种植基地，主要种植南瓜、甜玉米、秋甘蓝、萝卜菜等，产品远销浙江、长沙、港澳等地，并实现部分剩余农村劳动力家门口就业；2006年，在妖气洞村建立茶叶基地和茶叶加工厂，茶叶种植面积100公顷，在稳定发展绿茶和红茶的基础上，2014年又开发黄茶、白茶、五韵茶新产品。2013年，率先在莫家塔和咱家村建成百亩超级稻丰产示范片和千亩油菜示范片。2014年底，招商引资1.2亿，启动澧水南源生态农业休闲观光园项目，在咱家村村完成土地流转0.2公顷，建设原生态的乡村庄园，有休闲农庄、田园风光区、民俗风情区、特色种养区、沿河风貌长廊等。

养殖业

2014年年末，全镇实现传统养殖和规模现代养殖有机结合，猫子溪村养鸡大户，养殖规模6000羽。二户田、妖气洞、莫家塔等村发展山羊和黄牛养殖大户3户，户均规模70只（头）以上。苗寨、老庄坡等村发展能繁母猪养殖大户2户，规模50头以上。冲天溪村发展竹鼠养殖，养殖规模400只，并有1公顷龙虾养殖池。斋公塔村建立标准化蛇厂。2012年建成大鲵良种繁育暨标准化健康养殖场、标准化饵料供应基地，养殖大鲵2.7万尾。

商贸服务

1953年年底，境内建供销合作社，为国营贸易公司代购农副土特产品及废品，代销粮食、食盐、布匹、百货等，并开展自营业务。1962年，建廖家村区供销社；其后，供销合作系统实行经理、主任任期目标管理责任制和多种形式的经营承包责任制，供销合作商业稳步发展。1980年，建廖家村区集体商业总店，下设饮食店、照相馆、供应门市和收购门市。2000年以后，随着改革的深入，供销社进行资产有偿转让。其购销业务被个体民营商业取代。2014年年末，全镇个体工商户124户，从业人员400人；餐饮服务行业10户，从业人员22人。

劳务输出

1978年改革开放以后，廖家村镇为增加农村家庭经济收入，以技能培训为立足点，引导农村剩余劳动力向广东、深圳、浙江等沿海经济发达、劳动力短缺的地区转移就业，转移规模日渐扩大。2014年，全镇组织劳务输出2000多人，劳务输出创工资性收入2400多万元。

基础设施

交通运输

境内有桑　（植）廖（家村）上（洞街）、廖两（河口）公路穿境而过，交通方便。进入21世纪，加大修建村组公路力度，先后投入500多万元，完成通畅工程40多公里。其中，投入400多万元完成15公里的水泥硬化工程。投资150万元，完成客运站至妖气洞村的道路硬化及5公里的通组公路；投资30万元，新建新农村客运站1个；投资200万元，修建咱家大桥和老庄坡大桥，在冲天溪、妖气洞、莫家塔等村新修组道44公里。2014年年末，全镇11个村（居）委会全部实现通车，公路总里程120.4公里。

邮电通信

1949年年末，廖家村设邮政代办所。2001年，固定电话实现村村通。2003年，廖家村集镇移动通信开通，并开通5处通信设施。2008年，投入资金240万元，建成联通基站3个，开通联通网络。至2014年年末，有邮政代办所1个，邮政业务总量10.6万元，报纸杂志累计发行5.5万份。有电信企业1家，固定电话用户1200户，移动电话用户4229户，联通电话用户200户，互联网上网入户率30%。

供电饮水

至2014年年末，有老庄坡、妖气洞、廖家村居委会等8个村(居)实施农村电网改造；投资750万元，完成35千伏变电站扩容改造项目，境内供用电水平大幅提高，总体能满足群众生产生活需求，全镇总用电量7万千瓦时。境内水源充沛，冲天溪、咱家村、莫家塔、斋公塔、苗寨、廖家村等地的溪水从四面八方汇入澧水南源，村民采用建蓄水池储水、架设管道引水等方式饮用山泉水，生产生活用水较为便利。同时逐步实施安全饮水工程，2014年，妖气洞村铺设3000米主水管，建大型蓄水池2个50立方米及部分小水池，解决全村870人安全饮水问题。改造咱家村小溪沟、农贸市场、冲天溪、二户田三岔路饮水设施4处，解决农村饮水困难3000人。

水利建设

境内溪河纵横，水能资源丰富。通过历年来大兴农田水利建设，农田水利灌溉设施不断完善。先后建成的设施主要有：金龟潭拦河大坝，英雄湖、杨泥湾山塘、咱家村山塘等，对防洪抗旱灌溉起着重要作用。2014年，投入1500万元，实施国土整理项目，建设规模531.16公顷，建设内容包括土地平整工程、灌溉与排水工程、田间道路工程、农田防护及生态环境保持工程，耕地质量提高。投入1200万元，新修灌溉水渠4000多米，整理山塘24座，完成涉及老庄坡、冲天溪等7个村的小农田水利设施。投入1814.28万元，实施澧水南源河道治理工程，综合治理河道11.116公里，项目新建护岸工程12101米，其中，新建雷诺护坡式护岸工程5201米，新建浆砌石挡墙护岸工程6900米；新建生活码头28处，疏浚清障、清淤总长2.23千米，生态环境明显改善。

村镇建设

2013—2014年，廖家村镇抢抓“特色乡镇建设”机遇，筹资200多万元，集镇街道水泥路面硬化面积5000平方米，弱电下埋，街道绿化，新修下水道1500米，铺设青石板人行道5000平方米，架设路灯80盏。修建垃圾中转站1个、垃圾填埋场1个和大型垃圾焚烧炉1个。对集镇街道

灌溉排水工程

污水进行初步处理。筹资 2000 万元进行农贸市场建设，吸纳民间资金投入，新建占地面积 35 亩的农贸市场 1 个，有摊位 300 个、门面 140 个。

社会事业

教育科技

清末，境内设有私塾。1950 年私塾停办。1958 年设幼儿园，1959 年解散。1976 年，推行“五七”教育，幼儿教育再度发展。次年，再设幼儿园，幼师多为经过短期培训的初、高中毕业女知识青年，同时实行日托。1984 年，设幼儿教育学前班，学前班设在小学校内，注重语言教学。1957 年设立完全小学，1990 年设立中心完小。1999 年，廖家村镇通过“普九“验收。20 世纪 60 年代末 70 年代初，设立桑植县第六中学（县属），1989 年教育布局调整时撤销高中部，更名为廖家村镇中学。近年来，注重教育基础设施建设，2014 年，投资 70 万元，改造妖气洞村、冲天溪村小学 2 所；投资 120 万元，新建 1 幢教师周转房；投资 42 万元，完成中学食堂改扩建工程，改善师生学习生活条件。同时开展救助贫困学生活动，投入资金 10.5 万元。2014 年年末，境内有幼儿园 2 所，在园幼儿 219 人，专任教师 7 人；小学 8 所，在校学生 548 人，专任教师 31 人，小学适龄儿童入学率 100%；初中 1 所，在校学生 217 人，专职教师 26 人。九年义务教育覆盖率 100%。

2005 年以后，坚持“科技兴镇”，把科技发展摆在首位，通过引进农业先进理念和实用技术，实现农民收入。近几年，共举办科学技术培训班 8 期，全镇大多数劳动力得到培训。在加强基层组织建设、提高干部素质和能力的同时，每位基层干部至少掌握 1 ~ 2 门实用技术，增强基层组织在农业和农村经济发展中的战斗堡垒作用和凝聚力。

文化体育

20 世纪 50 年代初期开始境内建有篮球场，文体活动活跃。全镇有学校综合体育场 2 个，并有村级体育运动场所，经常开展学校和群众文化体育活动，举办篮球赛等。2014 年，投资 200 万元，建成廖家村镇群众文化广场，完成冲天溪村农民体育健身工程等。体育设施齐全进一步完善。2014 年年末，境内有文化广播电视站 1 个，村级文化活动中心 11 个，文化专业户 10 户，农家书屋 11 个，藏书 1.2 万册。开通有线电视，入户率 80%。广播电视“村村通”覆盖全镇。

医疗卫生

廖家村卫生机构始建于 20 世纪 50 年代。至 2014 年年末，全镇有镇卫生院 1 所，村级卫生室 7 个，有床位 30 张，有专业卫生人员 20 名。全年，医疗机构完成诊疗 1 万余人次，新型农村合作医疗参合人数 9742 人，参合率 96% 。

社会保障

2013 年，投资 160 万元，新建可集中供养五保老人 50 人的敬老院 1 所，建设农村幸福院 2 所。至 2014 年年末，城镇最低生活保障对象 40 户、59 人，保障经费支出 15.7 万元；农村最低生活保障对象 665 户、1038 人，支出 128 万元；农村五保对象集中供养 26 人，支出 15.4 万元；农村五保对象分散供养 31 人，支出 6.9 万元；农村医疗救助 126 人次，民政部门资助参加合作医疗 1048 人次，共支出 9.4 万元；国家抚恤、补助各类优抚对象 82 人，抚恤事业费支出 12.8 万元；新农村养老保险，参加新农保 4130 人，参保率 90%；发放各种惠农补贴 329.07 万元，农机补贴 21.3 万元；家电下乡补贴 16.04 万元。2014 年 6

月，启动33户农村危房改造工作，投入资金65.2万元。

特色地情

历史人文

傩戏 廖家村是桑植傩戏发源地之一，土家族傩戏的演出依附于酬神还愿的宗教活动，原本是人们在祭祀时由梯玛（巫老司）演唱的巫戏。“祭时，必设傩王男女二像于庭中，旁列满堂画轴神像”，傩巫老司奉请各路神灵齐集傩堂，先为主东家祈福消灾。请神时，老司着法衣、摇司刀、旋绺巾、吹牛角、插手诀、踩八卦，口中念念有词，气氛极其严肃。当进入正戏、搬演故事时，调侃、揶揄、逗趣等情节和语言，比比皆是。后来，土家族傩戏正戏被艺人们分成“上洞”“中洞”“下洞”三部分，以幽默、诙谐、风趣、滑稽著称，常令人忍俊不禁。

红军洞 位于莫家塔、冲天溪两村间的庆垭山腰（莫家塔村红军洞组），有一高约20米、宽约30米的山洞，名“红岩洞”。洞中有河，有石笋、石柱、石花、石幔、石珊瑚、石钟乳等，形态各异，栩栩如生。且洞中宽敞，可供人临时栖息。1931年秋，为粉碎敌人的“围剿”，留守在此处的红军一个连，在红岩洞建立军事据点，凭借险要地势与敌人周旋，发动群众保卫苏维埃政权。1932年2月18日，“铲共义勇队”头子刘祝青、余光耀等勾结国民党罗文杰团出动400余人，对红岩洞进行偷袭。当时红军连长向国宽率队在歇虎洞一带发动群众，洞内只有班长向国争、联络员向国斗和向楚长、杨良全等9名战士和12名红军家属。手中武器只有土炮1门、火炮5门、大刀长矛各1件。在敌强我弱的情况下，红军战士英勇迎敌，与敌激战一天一夜，弹尽援绝。敌人入洞后，向楚长、向国斗、杨良全将家属撤入洞内，带领红军战士用大刀、长矛、石头与敌人搏斗，身负重伤。后来，敌人烧辣椒烟用风车向洞里灌熏，王承淑等12名家属和红军伤员不幸被捕。向国宽惊悉红岩洞失守，急忙赶来援救，但未能取胜。当天深夜，受伤的向楚长、向国斗、杨良全等被惨遭敌人杀害。红军的英雄事迹和革命精神，几十年来一直为人民所赞颂。为缅怀革命先烈，1952年，廖家村区人民政府将红岩洞命名为“红军洞”，并立纪念碑，以昭后人。

名优特产

速冻保鲜蔬菜 冲天溪、莫家塔2个蔬菜村为廖家村镇速冻保鲜蔬菜基地，地处澧水南源，土壤肥沃，气候温和，水资源丰富，农民有种植蔬菜的丰富经验。2个蔬菜村共321户、2600人，实有耕地2400亩，采取“公司＋基地＋合作社＋农户”方式，引导农民走特色农业的路子，发展外销型鲜菜和加工蔬菜。基地规模2000亩，年产值1000万元。

大鲵（娃娃鱼） 境内张家界金娃生物科技有限责任公司，始建于2010年，属湖南民营科技企业，桑植县大鲵产业龙头企业，有职工14人。

速冻保鲜蔬菜生产

公司占地 13.8 亩，其中办公、生产、生活区建筑面积 5000 平方米。公司利用冲天溪村泉孔组的优质水源，建成大鲵良种繁育暨标准化健康养殖场、标准化饵料供应基地，有标准养殖池 800 个，饵料养殖基地面积 1500 平方米，是“公司 + 基地 + 合作社 + 农户”，集驯养、繁殖、饵料供给、产品深加工为一体的特种养殖深加工企业。累计投资 3000 万元，养殖大鲵 2.7 万尾。

枞树菌 又叫“重阳菌”“雁鹅菌”“枞木菌”“茅草菌”，大多生长在枞树林里，分红、乌两种，是境内极具特色的野生菌类。当地百姓喜欢采摘它与腊肉炒食，香甜可口，回味无穷，味道鲜美。营养价值高，富含粗蛋白、粗脂肪、粗纤维、多种氨基酸、不饱和脂肪酸、核酸衍生物，还含有维生素 B1、B2、维生素 C、维生素 PP 等元素，具有强身、益肠胃、止痛、理气化痰、驱虫及治疗糖尿病、抗癌等特殊功效。枞树菌是一种纯天然的珍稀名贵食用菌类，被誉为“菌中王子”，素有“素中之荤”之美称。但产量不大，不能人工培育，是名副其实的山珍。

土蜂蜜 境内空气中的负离子含氧量高，无污染，空气质量好。山涧林中大量土蜂广为筑巢，采集林中无污染的各种野生珍稀植物、中药材花卉蜜源，酿造蜂蜜，故又名“百花蜜”。人们还在林中模仿土蜂的生活习惯构建养蜂设施，扩大土蜂蜜产量。土蜂蜜口感清香浓郁，有百花之香；色泽深，富含多种能被人体直接吸收的微量元素。由于酿蜜周期长、蜜源稀少被誉为“蜜之珍品”。是土家儿女居家待客，迎来送往的必备良品。

“湘陵春”茶 妖气洞村海拔 600 米，长年云雾缭绕，黄砂土壤，富含锌、硒等对人体有益的多种微量元素。2011 年，境内创制出茶叶新产品——乌龙红茶，既有乌龙茶的品质特点，也有工夫红茶的品质特征。其特点是：外形条索卷曲显金毫，色泽乌润有光，内质香高持久，具有花果香和蜂蜜香；汤色清澈，金黄明亮；滋味清鲜醇和，回味甘爽；叶底呈古铜色，匀齐软亮。“湘陵春”红茶 2012 年获省农博金奖。2013 年开发出黄茶、白茶、五韵茶新产品，填补张家界黑茶砖、白茶砖、红茶砖的市场空白。茶叶年产值 200 多万元。张家界龙鑫生态农业有限公司于 2013 年在妖气洞村开发生态茶园 500 亩，2014 年再度扩建 1000 亩，逐步建立茶苗繁育基地，同时加快低产茶园品种结构更新。采取“公司 + 基地 + 农户 + 农村合作社”的产业运营模式，打造“环保、绿色、健康”的茶叶品质。2014 年 3 月

“湘陵春”茶

扩建新厂房1500平方米，建成1条黑茶砖、红茶砖、白茶加工生产线。

风景名胜

澧水南源风光　廖家村镇是澧水南源的发源地，高山峡谷，溪流纵横，山清水秀，空气清新，景色怡人，是休闲旅游的天然氧吧，置身其中，心旷神怡。澧水南源生态农业休闲旅游观光项目正在兴建，可饱览澧水南源自然风光。

峰岩河景观　境内峰岩河两岸白璧林立，壁上青藤绿蔓垂吊而下，与山间野花互相辉映，人置其中，似入仙境。河水清澈见底，鱼虾嬉戏水中，其乐无穷。乘小舟荡漾其间，两岸美景尽收眼底，亦可驶一竹筏水上漂流，浪遏飞舟，一览无余。峰岩河冬暖夏凉，适宜避暑，每到夏季，空气清新，凉风习习，居其间，顿觉身心轻松，物我两忘。可垂钓，可烧烤，可野营，是人们远离繁华都市，让心回归自然的好去处。

金龟潭美景　境内金龟潭电站水域面积广阔，水深几十米，从潭口沿河而入，两岸风光旖旎，乘船逆流而上，有“孤帆远影碧空尽”之意味。两岸青山相对而出，寒潭深处，不可见底，岸边小渚，白鹭沙洲，人置身美景之中，流连忘返。

民俗风情

境内是土家族、苗族为主的少数名族聚集地，人们着装、饮食等基本跟汉族一致，但也保留着自己的特色。住房有很多土家吊脚楼，屋内有火炕，用以取暖煮饭，并在春节之前烘炕腊肉和香肠等食物。境内最为突出的是哭嫁习俗，依然传承至今。姑娘出嫁前要哭《哭嫁歌》，要哭众亲友，还要提前1~2天不饮食，叫做“不吃茶饭”。丧葬习俗以传统土葬方式为主。老人去世后，大多要请土老司主持选择安葬日期和墓地以及座山、向山。发丧时，路上要丢“引路纸钱”，坟内禁放有铁的东西，并且要自己的亲人挖井，待死者埋葬以后，才能离开。埋葬过程中，要请土老司开棺、清棺、“撒衣禄米”。抛米时，亲人在棺前跪地用背后白孝布接米，有的当场将米嚼细吞下，也有的将米带回煮食，表示后代要团结和睦，衣食不愁，继承老人的遗风。廖家村镇“向”姓有提前过年的传统习俗，称为“过赶年”，即每年农历腊月二十八、二十九过年。

（撰稿人：刘芙蓉　钟晓琴　图：廖家村镇）

利福塔镇

集镇全景

区域概况

位置面积

利福塔镇位于桑植县西南部，地处桑植、永定、永顺三县（区）交界之地。东与永定区青安坪乡接壤，南与永顺县沙坝镇毗邻，西北与桑植县上洞街乡、洪家关白族乡相连，北与澧源镇为邻。总面积 84 平方公里。镇人民政府驻地距县城 11 公里。

建置沿革

三国时，属茅岗土司辖地。明初改土归流，属永顺府桑植县。1949 年前，属龙禧乡辖地。1952 年 4 月，分属苦竹河乡、赤溪乡、官坪乡、利福塔乡、柳树坡乡、三岔溪乡、岩板乡。1956 年 6 月，利福塔乡、岩板乡、苦竹河乡合并为利福塔乡。1958 年 8 月，属东风人民公社；1959

年 2 月，更名为利福塔人民公社。1984 年 4 月，更名利福塔乡，1995 年 4 月，赤溪乡并入合称利福塔镇。

行政区划

2014 年，全镇辖利福塔社区、苦竹河、棉花垭、水洞、水儿湾、岩板、舒家坪、柳树坡、梁家坪、郭家台、白蛇溪、三岔湾、赤溪、陈家溶、叶家湾、冒水溪、金家台、官庄、青龙、黄家院、杨仕坪、三岔溪、宋家台 23 个村（社区）委员会，185 个村(居)民小组。镇人民政府驻利福塔社区居委会。

自然环境

境内属中亚热带山地型季风性湿润气候，呈四季分明，春夏多暴雨，秋季多干旱，光热偏弱，梯度气候明显，小气候多样的特点。年均气温 16.7℃，年降水量 900 ~ 2000 毫米，是全省暴雨中心之一。土壤类型多样，主要有黄色石灰土、黄壤性土、石灰性紫色土、棕色石灰土、淹育性水稻土、渗育性水稻土等。其中，分布最广的是黄色石灰土，占境内土地总面积 60％。澧水沿境内赤溪、青龙、苦竹河 3 村穿流而过；有小型水库 2 座。但水资源仍缺乏，是全县五大严重缺水乡镇之一，有杨仕坪、冒水溪、岩板、黄家院、棉花垭等村群众生活用水困难，21 个村农田基本靠天水灌溉。近年来，各级政府和有关部门采取设立自然保护区、退耕还林、对濒危物种和珍稀动植物进行重点保护等措施，镇境生态环境和旅游资源得到有效保护，各类生态群落保护完整。矿产资源丰富，以白蛇溪和三岔湾村为中心，有铁矿、大理石等。

人口民族

2014 年年末，辖区有 5053 户，总人口 20704 人。辖区为少数民族聚居地，居住着汉族、苗族、白族、土家族等 9 个民族，少数民族人口占总人口 92.5％。

经济发展

农业

全镇有水田 566.423 公顷，旱地 273.94 公顷。主要农作物有水稻、椪柑、大棚蔬菜、西瓜、油菜等。2010 年，全镇农业产值 1298 万元，种植经济林果 566.67 公顷，其中，麒麟西瓜 13.33 公顷，大棚蔬菜 6.6 公顷，柑橘 80 公顷；养殖大户 48 户，发展油茶 120 公顷，新造林 426.67 公顷。近年来，利福塔镇党委、政府探索开展石漠化综合治理，完成港越育肥养殖基地标准栏舍和草场建设；按照“猪沼菜”一体化模式建成 20 公顷三岔湾城郊蔬菜供应基地；扎实开展土地流转，发展葛根种植 20 公顷、特色西瓜 2.67 公顷。在稳定粮食基础上，进一步优化种植业、林业、畜牧业结构，适度增加经济作物及其他农作物种植面积，西瓜、椪柑、大棚蔬菜、水果、油茶等区域特色突出的种植业形成规模。加强港越育肥基地建设，建标准化草场 133.33 公顷，发展牛 200 头、羊 300 只。加强金家台 33.33 公顷高产稻田示范片建设和苦竹河大棚西瓜示范基地建设。实施石漠化综合治理工程，2014 年，全镇有养殖大户 14 户（其中养猪大户 5 户，养羊大户 4 户），养殖专业合作社 2 个。

商业贸易

1950 年，境内设国家贸易小组，1953 年 3 月撤；1952 年，建利福塔供销社。1980 年，供销社改组成集体商业。随着市场经济的建立，个体私营经济快速发展，2012 年，全镇个体工商户 200 余户，从业人员 1000 余人，占全镇劳动力总数 10％。至 2014 年年末，全镇有批发零售小商

店35家，餐饮12家，小旅馆2家，超市3家，有面积近800平方米的农贸市场1个。境内商品交易较活跃，场所主要集中在S230道路两旁，交易商品主要是农副产品，日用百货和五金交电等。

其他产业

近年来，国家投资60多万元对苦竹古寨进行保护性开发，新建大小寨门6个，修缮民居10户。2014年，九天洞和苦竹河景区接待游客15万余人次，实现门票收入680多万元。峰峦溪森林公园成为自驾游和周末休闲游的重要基地。近年来，农村富余劳动力转移就业呈现由外出寻找就业机会转向本土就近就业趋势。2011年，全镇转移外出劳务就业5384人，2012年减少到4216人，2013年减少到2814人。

工业园区

利福塔镇按照县委、县政府“城市东扩、产业西进、带状发展、组团布局”发展理念，桑植县工业园B区设在赤溪村、青龙村，C区设在柳树坡村、梁家坪村，园区内有桑梓公司、三木能源、大中鞋厂等多家企业，投资过亿元的工业项目1个，即桑梓电厂；投资过千万元的工业项目3个，即生物质能源发电厂、裕丰米业、德源铁矿厂；投资过百万元的工业项目2个，即柳树坡砖厂、东宝铁矿。以工业园区为平台，初步形成工业体系。2014年，园区工业产值1.62亿元，镇域工业企业年产值11亿元，实现利税4500万元，带动就业3026人。

基础设施

交通运输

桑（植）永（顺）公路穿过镇中心，是境内的主要交通干线。先后修通棉花垭、三岔湾村级公路，改造三岔湾、郭家台公路，实现村村通公路的目标。拉通利福塔至永定区温塘镇公路。投入资金1600余万元，完成桑永公路升级改造工程。公路网络覆盖利福塔镇区，与相邻乡镇村民交往的交通条件改善。在镇区北入口桑永公路西侧建有加油站1个。2014年动工新建的黔张常铁路穿过境内，并建利福塔火车站。

邮电通信

1948 年，设利福塔邮政代办所。20 世纪 80 年代开通程控电话，90 年代开始建设移动通信设施，开通移动通信，实现宽带上网，移动通信、宽带上网逐步覆盖全境。2014 年，新建移动通信基站 1 个、联通通信基站 1 个，增加手机用户 400 户。年末，村村通程控电话、通移动通信、通宽带，全镇有程控电话用户 1100 户，互联网用户 100 余户，手机用户基本普及。

供电饮水

进入 21 世纪，大力设施农村电网改造，杨仕坪、黄家院、岩板、宋家台等村农网改造工程完成，电损减少，农民用电负担减轻，群众生产生活用电质量提高。镇内农户饮水主要来自地表水（澧水山泉），水质达到国家《生活饮用水卫生标准》中的Ⅰ类标准。通过整合资金 1600 余万元，建设利福塔镇安全饮水项目，修通白马泉饮水隧道 1680 米，完成 8 万立方米库容蓄水坝混凝土浇筑，铺就覆盖区供水管网，解决利福塔镇长期以来的缺水问题。位于白蛇溪村的利福塔镇水厂建成，切实改善舒家坪、利福塔、梁家坪等 16 个村(社区)3000 余人的安全饮水问题。农村水利“五小”建设，解决棉花垭村和水儿湾村群众的用水困难。

水利建设

近年，总投资 1100 万元，实施利福塔河堤建设，总长 6.8 公里，初步实现河堤固化、美化，基本消除十年一遇的洪水威胁。

村镇建设

利福塔镇是桑植集工业、农业、旅游于一体的西南重镇。桑植至永顺的公路贯穿全境。东部建有桑梓电厂、县产业园区，还有九天洞、峰峦溪、苦竹河土家古寨等名胜风景区。1989 年，被湖南省军区定为对口扶贫乡镇。先后修建八一中学、八一小学、八一科文中心、敬老院以及林站、卫生院、镇政府综合办公楼等；修建八一路、农贸市场，对集镇进行重新规划和全面改造；拓宽改造和硬化通往九天洞、峰峦溪和苦竹河土家古寨等风景区的道路。修建民族团结渠，解决近 4000 亩农田的水利灌溉。集镇街道全面硬化。以青龙村为示范点，推广清洁、高效、节能的沼气能源，对沼气池建设实行资金补助与技术指导，全镇新建成沼气池 160 口，维修沼气池 120 口。在赤溪村大田湾建有垃圾填埋场，库容 174 万立方米，使用年限为 30 年，占地面积 207 亩。在镇区建设垃圾中转站。建垃圾池 84 个，购置垃圾车 23 台，垃圾桶 1400 个，对垃圾进行集中收集、清运。

社会事业

教育科技

1958 年，境内设幼儿园，1959 年解散。1976 年，推行“五七”教育，幼儿教育再度发展，次年，再设幼儿园。1984 年，设幼儿教育学前班。1997 年，通过“普九“验收。2014 年，集镇有中学 1 所（八一希望中学），在校学生 570 人，教职工 62 人；有中心小学 1 所（八一小学），在校生 1334 人，教职工 109 人。另有村小和教学点。有利福塔中心幼儿园 1 所，建筑面积 799 平方米。还有私立幼儿园 2 所。

1978 年改革开放以后，利福塔镇科技得到发展，通过引进农业科技和实用技术，提高农民收入。引进电子商务平台，为农产品的销售提供更高端、便捷的信息化销售平台。增强经济发展动力，举办科学技术培训班，全镇大多数劳动力得

特困家庭安居工程

到培训。通过培训，农村基层干部至少掌握1～2门实用技术。

文化体育

有镇文化站1个，有赤溪、郭家台等村级文化活动室5个，有村农家书屋6个，开通县有线电视网络信号。文化氛围浓厚，傩戏、阳戏、花灯戏等民间文化较为活跃。多次成功举办三县（区）边界联谊会和篮球运动会，丰富农民群众的文化生活。

医疗卫生

20世纪50年代，境内始建卫生院。2014年，镇卫生院有床位20个，有专职卫生技术人员31人，具备提供全镇群众医疗和保健服务的能力。新型农村合作医疗稳步推进，参合率95%；完成农村儿童计划免疫任务，接种率99.5%。医疗网点覆盖率60%，实现程度66.7%。

安居工程

到2014年年底，舒家坪村特困家庭安居工程，占地7.4亩，共建房屋12套。房屋设计尊重农村群众生活习惯，统一设计方案、建筑风格、外墙装饰，主体结构为一层砖木结构，两房两厅，配备有床、柜、电视、灶具等基本生活设施，安居工程管理实行“政府主导、村居配合；群众自愿、综合评议；产权归公、免费入住；进退有序、滚动周转”基本原则。房屋产权归村集体所有，入住对象为舒家坪村及周边村无房或居住在危房中的农村分散供养的“五保”户、低保户、贫困残疾人家庭及其它贫困户，所有入住对象均免费入住。经过特困家庭主动向村支两委申请，村支两委按照“四议两公开”的程序进行评议，报党委、政府审核，签订《农村特困家庭安居工程安居房入住协议》后入住。舒家坪村确定的8名贫困户全部入住，周边的白蛇溪、岩板、水洞等村共明确4名贫困户入住。

特色地情

风景名胜

九天洞　距桑植县城17公里，距张家界市区70公里，因洞内有9个自然天窗而得名，总面积250公顷，是国家AAAA级景区。洞内空气清新，冬暖夏凉。整座洞穴分上、中、下三层，有五层不同高度的螺旋式观景台，最下层低于地表面400多米。初步探明洞内有40个大厅、3条落差悬殊的阴河、12条瀑布、5座自生桥、10余座洞中山，还有不可胜数的五光十色的钟乳石群。在众多迷人的景观中尤以九星山、玉宫、水晶宫、九天玄女宫、寿星宫五大奇观最为著名。

峰峦溪—茅岩河—贺龙森林公园 由梅家山景区、西界景区、峰峦溪景区和九天洞、苦竹河景区组成，总面积3.3万余亩，森林覆盖率86.6%。该地域呈现出显著的生物多样性，地貌景观奇特，峰峦溪素有“小天子山”之美誉。茅岩河游览区位于永定区与桑植县结合部，全线长100公里。距张家界市城区28公里，距桑植县城17公里。是集观光、漂流于一体的自然风景区，两岸以岩溶地貌为主，间有砂崖峰林地貌自然景观。

苦竹寨 “苦竹”是土家语“两面都是高山”的意思，“苦竹河镇”即“两面都是高山的河边集镇”。苦竹寨距桑植县城19.5公里，曾是澧水上游“千帆林立的老码头、商贾云集的古集市、梢公荡魂的逍遥窟、明清社会的万花筒”。古老的风火墙、低矮的吊脚楼向游人展示着土家人的聪明才智，一条条青石板，一声声“咚咚喹”，诉说着古寨子曾经的辉煌。在澧水沿岸，至今发现人类活动的踪迹已推到3亿多年前的旧石器时代。据考证，这座古镇始建于唐宋，兴盛于明清，已有近2000年的历史。古镇上承县府，下临险峻峡谷，又居山临水，地势险要，历来被称为桑植的咽喉之地。在水上交通作为唯一的通道连接外界的古代，苦竹河镇是一座商埠码头，人来船往，川流不息，非常繁荣。小镇上商店客栈、妓院绣楼、作坊当铺、戏院庙庵一应俱全，称得上是明清时期社会的一个万花筒。近代，由于陆上交通的逐步发展，水上交通渐渐衰落，小镇慢慢地被人遗忘在峡谷之中。苦竹寨保留着典型的明代民居建筑群，具有良好的民俗开发基础。贺龙在桑植闹革命时期，几乎踏遍澧水两岸的山山水水，村村寨寨。当年红军夜行军经过苦竹寨时，村里有个老婆婆怕红军夜黑路难走，便在家门口挂起一盏红灯，其他村民争相效仿，苦竹寨成了一个

九天洞

苦竹寨

灯的世界。这段军民鱼水情后来被写成歌曲《门前挂盏灯》，传唱至今。

民俗风情

利福塔镇是以土家族为主的少数民族聚集地，在着装、饮食方面保留有自己的特色。住房多为吊脚楼，屋内有火炕，用以取暖煮饭，并在春节之前烘炕腊肉和香肠等食物。在婚姻方面，哭嫁的习俗依然传承至今，姑娘出嫁前要练《哭嫁歌》，要哭遍众亲友。丧葬沿袭土葬习俗，要请土老师主持选择安葬日期和墓地以及座山、向山。发丧时，路上要丢“引路纸钱”，要自己的亲人挖井，要请土老师开棺、清棺、“抛米”。传统节日主要有春节、清明、端午、六月六、中秋、重阳节等，境内土家族过春节有过“赶年”的习俗，即每年农历腊月二十八日、二十九日提前过年。

（撰稿人：李俊霖　图：利福塔镇等）

空壳树乡

生态文明建设表彰会

区域概况

位置面积

空壳树乡位于桑植县东部，东与汩湖乡相邻，南与武陵源区中湖乡交界，西与瑞塔铺镇毗连，北与走马坪、麦地坪、芙蓉桥白族乡接壤，总面积68.63平方公里。乡人民政府驻地距县城22公里。

建置沿革

原名竹园坪，后因坪中长有一株直径2米的空心大树，改名空壳树。1912—1949年，属达泉乡辖地。1952年3月，成立空壳树乡，1956年6月属陈家坪乡。1958年9月，叶家桥、陈家坪乡合并为叶家桥人民公社，也称燎原人民公社。1960年3月，叶家桥人民公社与余湖人民公社合并，称余湖人民公社。1961年11月，从余湖人民公社划出，为空壳树人民公社。1984年，更名为空壳树乡。1995年，并入瑞塔铺白族乡；1998

年析出，恢复空壳树乡。

行政区划

2014年，全乡辖庙峪、虎形、陈家坪、龙虎山、石家湾、桥子峪、空军、六方垭、莲花台、白马泉、土地垭、罗家坪、冉家坪、汤溪峪14个建制村，137个村民小组。乡人民政府驻空军村。

自然环境

境内属于亚热带山地湿润季风气候，年平均气温15.6℃，年均降水量2105.4毫米，最高2840.1毫米，无霜期190天左右。地貌复杂多样，在地质上属扬子准台地八面山褶皱带，经地质演变形成岭高谷深、岩溶发育的崎岖山原地貌。海拔1000米以上为山地黄棕壤，是分布面积最为广泛的土壤类型。海拔1000米以下为山地黄壤，土壤深厚、肥沃，但缺磷，呈酸性，pH值5～6。境内山高林密，水资源丰富。酉水河流贯穿全境，村民傍河依山而居，泉水口密集。骨干山塘星罗棋布，农业用水有保障。境内有丰富的煤碳、铜、锰、锌等矿产资源。

人口民族

2014年年末，辖区总户数4142户，人口15280人。有汉族、土家族、苗族、白族等多个民族居住，其中土家族人口占总人口80%。

经济发展

经济综述

空壳树乡经济以农业为主，并逐步形成以烟叶、油茶、药材等短期、中期、长期相结合的农业产业链。2010年年底，全乡农民人均纯收入2039元。2014年，全乡实现生产总值5905余万元，财政总收入288万元，农民人均纯收入2912元，农村居民储蓄余额5700万元。

农业

境内农业以水稻、玉米等粮食作物种植为主。中华人民共和国成立之初，大多仍为刀耕火种的传统农业，传统的耕作方法，常规的农作物品种，致使品质差，产量低，水稻最高亩产400多斤，老百姓普遍吃不饱饭。遭遇自然灾害，会减产甚至绝收。1978年以后，推广杂交水稻良种和水稻规范化栽培、地膜玉米育苗移栽等农业新技术，产量明显提高。通过不断深化农村改革，完善农业水利基础设施，普及推广优质良种，提升农业机械化普及程度，粮食产量、农民收入大幅提高，逐步解决农民的温饱问题。2007年以后，相继成立湘西溇澧野猪养殖合作社、金土地烟叶种植专业合作社、金土地农机服务专业合作社，农村合作经济组织健康发展。通过土地流转，推进农业产业化、标准化建设，构筑起优势突出、特色鲜明的产业发展框架。烟叶、油茶、蔬菜、药材、娃娃鱼、野猪、山羊、田鸡、土鸡等专业种植业和特色养殖业生产规模不断扩大。2010年，全乡种植烟叶20公顷，发展油茶13.33公顷，建成干水果基地150.67公顷，发展富硒山下红柑橘43.33公顷，发展养殖大户14户，种植大户11户。2011年，全乡耕地面积593.47公顷，粮食总产量3580吨，其中，稻谷3130吨，玉米450吨。2014年，全乡耕地面积904公顷，粮食总产量4972吨，其中，稻谷2051吨，玉米1921吨。是年，种植烟叶56.67公顷，种植油茶80公顷，种植蔬菜26.67公顷，养殖娃娃鱼10万余尾，养殖野猪500余头，养殖山羊400余只，养殖土鸡2万羽。形成以石家湾、白马泉、莲花台、虎形为中心的烟叶、蔬菜基地，以石家湾、陈家坪、六方垭为先导的油茶基地，以汤溪峪为核心的畜牧养殖和食用草基地，并在桥子峪、陈家坪、石家湾建成专业蔬菜种植基地。

娃娃鱼养殖

乡村企业

抗日战争时期，国民党少将师长陈策勋曾兴办生药厂，自行研制生产百根冰酒和系列药品，大部分无偿捐赠给前方抗日将士，其余曾远销香港等地区乃至全国。1949年10月后，空壳树社办企业得到快速发展，1958年开始创办公社和大队集体企业。先后兴办有铁厂、木材加工厂、粮油加工厂、藕煤厂、岩厂、饭店、百货经销店等。1983年，利用传统配方，再度兴建百根冰酒厂；1984年，百根冰酒厂的注册商标转让给惊梦酒业。到2002年，境内仅有木材加工厂、岩厂2家乡办企业。2005年，乡岩厂停办。2003年，陈家坪村兴办砖厂，2014年破产。到2014年末，全乡有木材加工厂2家，有砂场、煤矿、祥兴园畜牧养殖基地、湘西澧澧野猪养殖厂、万祥药业有限公司、拖把厂、4家娃娃鱼养殖厂等企业。湘西溇澧野猪养殖厂生产的野猪肉、野猪香肠等肉制品，具有原生态、纯天然、无公害、营养成分好等特点，深受消费者喜爱，产品畅销。

商贸服务

1959年，在冉家坪成立供销合作社；1975年，陈家坪成立供销合作社，于1991—1992年间撤销。2014年年末，全乡旅游服务业及各类个体工商户340余户。

劳务输出

1978年改革开放以后，境内农村劳动力为增加家庭经济收入，自发向广东、深圳、浙江等沿海经济发达、劳动力短缺的地区转移就业。2014年，全乡劳务输出收入2320万元，占全乡生产总值39.29%。

基础设施

交通运输

1958年以前，境内没有公路，人们只能肩挑背负所需生产生活用品，极为不便。1958年大炼钢铁，在今冉家坪村兴办铁厂，为运输材料和成品便利，修通瑞塔铺至龙洞坪公路9公里，是当时桑植县最早建成的公路之一。伴随交通事业的发展，特别是桑(植)慈(利)公路建成，并穿境而过，交通条件大大改善。20世纪90年代后，“大路大富、小路小富、无路不富”深入人心，修路成为群众自觉行动。1996年，六方垭、莲花台、白马泉、罗家坪4个村开始修建响水洞至白马泉公路8公里，2001年建成通车；2004年，进行水泥路面硬化。近年来，完成14个村通达公路建设，并延伸至组。至2014年年末，全乡有农村通畅公路34.6公里，通组公路56公里，通畅率100%。同时，空壳树乡至走马坪乡公路的升级改造工程基本完工。全乡公路网络四通八达，交通方便。

邮电通信

1958年，建邮电所，开展邮政电讯业务；1986年，改设邮政代办所。1998年，电信与移动分家。2006年，开通中国联通通信业务，实现全乡通信服务无缝对接。至2014年年末，全乡有邮政代办所1处，邮政业务总量20万元，报刊杂志累计发行2000份；电信企业1家，有固定电话用户50户，移动电话用户3000户，联通电话用户600户，互联网上网入户率8%。年电信收入40多万元。

供电饮水

20世纪60年代前，人们只能用煤油灯照明。1963年，公社号召各大队利用沿河而居，水能充沛的条件，大建小水电站。至1967年，14个大队水电站全部建成并投入使用，大多数群众能用上电。80年代后，群众捐资买变压器、电杆、电线，连接上桑植县火电厂的供电网络。2002年，开始进行农村低压电网改造。至2014年年末，完成虎形、莲花台、罗家坪等9个村农网改造工程，完成率64%；农户用电质量普遍提高。1998年前，境内群众以饮用井水为主。1998年，省劳动厅在石家湾村联合莲花台、六方垭村进行建设扶贫，投资200多万元，解决3个村的群众人畜饮水困难问题。2007—2011年，在庙峪、莲花台村新建小水窖94个。2013年争取到改水项目。2014年9月，投资600万元，建成一座大型水池，容积1000立方米，工程竣工投入使用，全乡95%的群众实现安全饮水。

水利建设

2010年，投入150万元，完成冉家坪、罗家坪、六方垭、陈家坪、龙虎山等村小农水防洪灌溉渠道3200米；投入19.5万元，完成庙峪等7个村的山塘扩容清淤。2011年，投入资金9万元，对陈家坪、龙虎山、空军、土地垭、罗家坪等村9个山塘进行清淤，改善群众生产用水条件，排除汛期安全隐患。

村镇建设

2010年，将桑慈公路沿线的11个村列入农村垃圾治理范围，在土地垭、桥子峪2村新建沼气池70口，并引导农民改厕、改圈、改舍、改灶，改善居住环境，修建垃圾填埋场1座，垃圾池84个；投资21万元，在石家湾、六方垭、土地垭、空军等村新修化粪池350口，同时集中治理农村畜禽乱跑、柴草乱垛、粪土乱堆、垃圾乱倒、污水乱泼等“五乱”现象，有效改善农村环境卫生状况。至2011年，集镇建设初具规模，建成长260米、宽18米的水泥硬化新街道，硬化改造长137米的旧街。架设40盏路灯。2011年，建化粪池304个，建沼气池650口，架设太阳能180热水器台。2014年，新建龙虎山、虎形、罗家坪、陈家坪村村部，新建村部外观美丽大方，室内设施完善，群众娱乐室、老年人活动室、农家书屋俱全。

社会事业

学校教育

境内龙虎山小学始建于1914年，后因战乱停办。1920年，命名为勤业学校，后更名为中山民众学校，1941年9月易名中心国民小学，是桑植解放前农村率先创办的学校之一。陈家坪小学创办于1931年，原校址为“陈氏宗祠”，1958年学校迁至“陈氏祖庙”，较具规模。其间，彭石渠创办第七保保学，校址新庙。1950年以第七保学为基础设空壳树完小，次年迁至陈策勋生药厂，1958年正式设立初中，并实行中小学分设。20世纪90年代，每个村都设有村小，全乡共有小学17所。2013年，建成空壳树乡村少年宫，每年投资8万~10万元，利用学生课外活动和节假日，举办近20个活动小组，由学校老师和土家民间艺人担任辅导员，寒暑假期间由支教大学生担任辅导员开展活动，开辟学生素质教育新途径。后来经过历次教育布局调整，至2014年末，全乡有中学1所，小学4所（中心小学1所、片完小1所、村小2所）、中心幼儿园1所（市级示范幼儿园）、民办幼儿园1所、乡村少年宫1个。境内学校教育质量一直位于全县前列，多次被评为先进单位。恢复高考制度以来，先后有1000余名学生考入大专院校，近50人被国内知名大学录取。

1961年，空壳树完小迁至军家峪；1966年，迁址太阳堡；因校园狭窄、交通不便、饮水困难等原因，1986年，迁至现址，后更名为乡中心小学。2000年前后，学校实现跨越式发展；特别是2006年，在南海舰队91878部队支持下，办校规模不断扩大，校园占地面积14100平方米，建筑面积5591平方米。乡中心小学是全乡唯一一所农村寄宿制完全小学，辐射14个自然村。2014年末，全乡幼儿教育、小学教育共有教职工64人；在校学生889人，小学适龄儿童入学率100%；在园幼儿451人。

空壳树中学设立后，1950年迁址原陈策勋生药厂厂址。1965年，更名为桑植四中。1969年，桑植四中迁址瑞塔铺镇，原学校更名为空壳树人民公社学校。1984年，更名为空壳树乡中学。1993年，发动群众集资扩建校园；1994年经验收合格，成为湖南省首批“省级达标验收合格中学”。2003年被评定为全市首批“示范初中”，学校有教学班9个，在校学生330余人，在岗教师37人。近年，在全县的初中毕业会考或调考中，学校综合排名多次位于全县独立初中前列，多科整体排名进入全县前5名。2014年被评为张家界市现代教育技术先进单位。

文化体育

全乡群众文体活动经常。2011年，乡中学组建的学生男、女篮球队在全县中小学篮球赛上分获好成绩。乡中心小学建有200米环形跑道，2个标准篮球场和1个标准羽毛球场。学校篮球队、乒乓球队、田径队、象棋队常年训练，经常参加全县举行的体育比赛，均获得好成绩。2012年，乡中学教师在全县教师文艺汇演中获得第五名。2014年，乡中学请专人排练土家摆手舞，让土家摆手舞成为大课间主要活动；学生节目多次在全县的中小学生“三独”比赛中获得好成绩；乡中心小学侧重开展桑植民歌传唱和学校艺术活动，编排的民族舞蹈多次荣获全县小学文艺调演一等奖。到2014年年末，全乡有“农家书屋”5家，藏书2327册，并免费发放各种致富技术资料近万份。开通有线电视用户1300多户，广播电视“村村通”覆盖全乡。定期举办全民体育活动，学校体育活动开展得突出。

医疗卫生

1949年以前，境内医疗机构，仅有民间诊所。1958年成立卫生所，培养医疗卫生人才，实施中西医结合，有医护人员6人，病床7张。同时各大队配备1名保健防疫员。1967年，改为公社卫生院。此后，医疗卫生快速发展，群众缺医少药的现象逐渐改善。2002年，乡卫生院新建一栋三层综合办公楼，有医护人员 10 人，开设病床 10 张，业务收入大幅增长。2006 年，省卫生厅投资 30 余万元，乡卫生院迁址，并新建两层业务用房。至 2014 年年底，乡卫生院有工作人员 14 人，床位 20 张，是拥有固定资产总值 100 余万元的非盈利性公立医疗机构，年门诊人次 7000 余人次，住院人次 800 余人次，业务收入 231 万元。全年接种 0～6 岁儿童 1416 人次，免费为全乡妇女进行妇科检查两次，检查人次 1200 人，确保防疫工作成效显著。全乡合作医疗参合人数 4013 人，征缴金额 80.526 万元，全年住院人数 2570 人，医疗总费用 869.97 万元，补偿金额 530.18 万元。

社会保障

2010 年，组织慰问困难群众 28 人，支出 4800 元；实施危房改造、安居工程 30 户，国家补助 30 万元。发放优抚对象养殖扶持款 3 户、6000 元。发放救灾救济款 160 户共计 3.4 万元，发放救济棉被 60 床、大米 1.2 万斤、农村特困医疗救助款 2.45 万元。2011 年，占地 1000 多平方米两层楼的乡敬老院投入使用。全乡共落实低保对象 389 户 811 人，发放低保金 73.14 万元，完成农村危房改造户 39 户。2014 年，全乡危房改造户 38 户，发放补贴资金 65.5 万元，农村低保对象 535 户 1022 人，发放低保金 101.544 万元，城市低保对象 43 户 64 人，发放低保金 13.744 万元；“五保”对象和各种救济救助 81.6 万元，全面完成贫困残疾人和贫困户精准识别录入工作；乡敬老院入住孤寡老人 40 人。

特色地情

历史人文

空壳树乡自古以来人文荟萃。陈策勋在空壳树创办“策勋生药厂”，土法研制出“一天膏”“救驾星”“枪伤粉”“痔疮粉”等药品及“百根冰”饮疗两用酒，并将这些药品交送国民政府卫生部检验，核准批量生产，以拯救抗日将士。彭石渠曾任常澧镇守使王子豳部秘书，后转贺龙部任职，自撰校门对联“喜桃李而添秀，乐琴书以消忧”。从小就喜弄棍舞棒的陈士伯，为抗日事业身先士卒。抗战胜利后，海宁县政府在马桥镇建造“陈士伯纪念堂”，堂前高悬陶广师长题书“天地正气”匾额，正中挂烈士遗像，还将马桥乡更名为“士伯乡”，永志纪念。浑名“半年先生”的彭莲峰，得家学熏陶，诗词歌赋，过目成诵，《烟海吟》诗数十首，曾刊传于世。历数鸦片烟危害，痛切告诫国人戒吸，颇受县人赞誉。莲峰晚年，感世道浇漓，师道不尊，倡尝作《半年先生赋》，寓庄于谐，音调铿锵，脍炙人口，流传至今。被誉为“桑植才女”的彭碧筠，慈利著名文人吴恭亨赞曰：“每有作，老师宿儒，皆愧诎”，誉为“不栉进士”，她壮志满怀，不让须眉，其诗作有《白蝴蝶》，至今为人传诵。

名优特产

境内盛产烟叶、油茶、蔬菜、药材、稻谷、玉米、大豆、油菜籽等。煤的蕴藏量较为丰富，有团结煤矿、石家湾采石场。畜牧业以野猪、山羊、田鸡、土鸡、蛇等为主，也有娃娃鱼等珍贵水产资源。传统加工农产品有腊肉、野猪肉、香肠等。“百根冰酒”是空壳树乡传统名酒，配方由 108 种植物根茎精制而成，酒味淳、浓、清香，堪称地方一绝。

风景名胜

汤溪峪温泉远近闻名，温泉从上、中、下 3 处涌出，常年保持 42℃的恒温。罗家坪村有一棵树龄接近 60 年的皂角大树，每逢炎炎夏日，老百姓可以在这棵就像一把大伞的树下乘凉。集镇原

金土地烟叶生产基地

彭氏庙祠

有一犀牛亭，2004年由于街道扩宽，被拆除。土地垭村有一名叫犀牛泉的泉水，百根冰酒厂煮酒用水取于此，为打造百根冰酒品牌，后来在集镇街道最显眼处重建一座犀牛亭。

民俗风情

农民春晚 2011年以来，成功举办3届农民春节联欢晚会。在“春晚”正式开始前，村民们自发组织在街道上舞龙灯、打腰鼓，为春晚做好预热。晚上7点，“春晚”正式开始，虽说没有明星大腕，但内容丰富，表演精彩，独唱、街舞、戏曲、小品，节目类型样样不缺。举办草根“春晚”凝聚了民心，改善了村风民风，丰富了村民的文化生活。

“彭氏”庙会境内“彭氏”庙会活动影响很大，辐射周边多个乡镇，每次参与者近千人。彭氏庙祠座落在罗家坪村，距今有600年历史，在彭姓人的接力保护下，完好无损。600年前传下来的八仙、二龙戏珠、姜子牙钓鱼、舜帝耕田、武吉打柴、太极图、康熙五十年（1711）正月立“万代兴收功德”碑、乾隆四十年冬月立“万古流芳”碑、嘉庆十六年（1811）立“光前裕後”碑，均安好摆放在庙内。1947年7月，曾整修彭氏庙祠。彭姓族人还有一个风俗，族内老人去世后，都须到庙内祭祖，以表孝敬之心。近年来，彭氏庙祠得彭姓族人多次修缮。

（撰稿人：张婵　艾风云　图：空壳树乡等）

汩湖乡

区域概况

地名由来

汩湖原名汆湖。境内中部有低洼盆地面积5400亩，四周环山，48条峡谷和10余条小溪汇集于此。每逢降雨，山洪齐至，只有一汩眼徐徐消泄，积水成湖，故名汆湖。

位置面积

汩湖乡地处桑植县东部，东与竹叶坪乡相邻，西与空壳树乡交界，南与武陵源区天子山镇接壤，北与走马坪乡毗邻。总面积73.28平方公里。乡人民政府驻地距县城34公里。

建置沿革

明清时期，属安福所十四、十五都辖地。1912—1949年，分属桑植县达泉乡和慈利县南竹乡。1952年，分属桑植县叶家桥乡和慈利县溇南乡。1958年11月，碾子堡、姚丰界、邹家界、前村坪、小汉峪、护国、金丰界、黄河、泗南峪、袁家界、天子山由慈利县划归桑植县管辖，并与燎原人民公社合并建汆湖人民公社，迁址咸池峪。1982年8月，更名为汩湖人民公社。1984年4月，更名为汩湖乡。1988年10月析出黄河、袁

美丽乡村

家界、泗南峪、向家台及三子界村的风响泉组，划归武陵源区天子山镇。1995年4月，并入竹叶坪白族乡，1998年10月析出，恢复汩湖乡。

行政区划

2014年，全乡辖叶家桥、安家峪、白石、咸池峪、广文台、三子界、碾子堡、小汉峪、前村坪、护国、金丰界、邹家界、姚峰界13个建制村，99个村民小组。乡人民政府驻咸池峪村。

自然环境

境内属亚热带季风气候区，年均气温18℃~19℃。地域地质属泥盆系，地质构造为褶皱扭动性斜裂式。境内植被茂密，森林覆盖率95%。

人口民族

2014年，辖区总人口9421人，以土家族和白族为主。其中，土家族3109人，占总人口33%；白族2921人，占总人口31%。

经济发展

经济综述

汩湖乡经济以农业为主。1949年前，境内没有官方金融机构，金融往来纯属民间行为。1961年成立汩湖乡信用合作社。2014年年末，全乡实现生产总值5666.94万元，财政收入575万元；农民人均纯收入由2012年的1505元提高到2014年的2608元；金融机构各项存款余额4900万元，贷款余额5000万元。

农业

全乡农业人口8628人，占总人口90%，耕地面积339.87公顷。2010年，全乡种粮面积486.6公顷，粮食总产量1408吨，种植蔬菜93.87公顷。建成汩湖乡首个烟叶示范区——金丰界村烟叶种植示范区，种植面积从2010年的26.67公顷发展到2014年的86.67公顷，产量由2010年的5.5万公斤增至2013年的15万公斤，烟叶产值398.2万元。2012年，初步建成前村坪丝瓜络种植基地，种植丝瓜络13.33公顷，产值120万元，产品远销浙江等地。特色养殖方面从无到有，至2014年，建成3个岩蛙养殖基地，养殖规模5万只，野猪存栏300头，山羊存栏500头。

乡村企业

1949年10月以后，先后建立1个县办农垦场和3个乡办农场。乡办企业有采煤、炼磺、农

优质烟叶

具制造、丝蚕、竹器等。2014年，随着“回乡青年创业星火计划”的启动，有4名青年回乡创业，开办英杰铸造厂、姚丰界生态农业有限公司等经济实体，吸收本地劳动力140余人，年产值过1000万元。

商贸服务

20世纪50年代初期，境内设叶家桥集市，辐射空壳树、走马坪、麦地坪、汨湖等地。1965年，建碾子堡集市，1992年因公路改道此集市解散。1959年，成立汨湖供销合作社，1962年分别设前村坪、叶家桥、黄河代销店，为辖区群众供应生产生活所需物资，分别于1991、1992年撤销。此后，个体私营经济相应得到快速发展。2014年年末，全乡有商铺54家，商铺类型包括杂货店、电器商行、五金行等，其中，以叶家桥最为集中繁荣，占全乡商贸流通份额32%。

劳务输出

1978年改革开放以后，农村剩余劳动力自发向长三角、珠三角等经济发达、劳务需求量大的地区转移就业，转移规模日益扩大。2011年，全乡转移培训、输出农村劳动力2000人次，创劳务经济收入665万元。至2014年，全乡累计输出农村劳动力5000人次，创收1000多万元。

基础设施

交通运输

1964年以前，境内不通公路，人们出行靠步行。1964年，修通空壳树冉家坪到汨湖咸池峪公路10公里，结束没有公路的历史。1975年，沿途群众义务投工修通汨湖到竹叶坪公路8公里，通过境内的瑞（塔铺）竹（叶坪）公路全线贯通，1990年此公路定名省道305线，1993年拓宽改造提质。境内慈利、武陵源、张家界班车均途经汨湖，交通便利。2008—2012年，境内新修公路12公里，硬化公路20公里，新建便民桥6座。至2014年年末，村组均通公路，并且100%村和96%村民小组实现水泥路面硬化。

邮电通信

1958年，境内设邮电所，1986年邮政与电信分家，成立邮政代办所，开展邮政电信业务。1998年电信与移动分家，实现全乡通信服务无缝对接。2014年年末，全乡有邮政代办所1个，报纸、杂志累计发行150份；电信代办点1个、移动代办点1个，固定电话用户1231户、移动电话用户4822户、互联网用户854户。

供电饮水

20世纪60年代以前，境内群众多用煤油灯照明。1967年，随着鱼洋泉水坝的建成，通过水能发电，汨湖咸池峪和广文台的300户村民开始用上水电。80年代后，为满足用电需求，人民群众自发捐资买变压器、电杆、电线，连接县火电厂电网，用电逐步困难缓解。2002年以来，随着国家扶持力度加大，开始有步骤地进行农村电网低压改造。2014年年末，全乡村村通电，完成农网改造10个村，农户生产生活用电充足。2000年以前，村民的生活用水大部分为自己搭管从山上引水，有些住得偏远的农户用水依然还需肩挑背负，用水较为困难。2014年，投资200万元，从天子山镇泗南峪引来山泉水，建成乡自来水厂，建有站房、消毒池、过滤池等设施，共铺设引水管道8000米，集镇居民和周边6个村的群众安全饮水问题得以解决。

水利建设

因受地理条件限制，境内常常天晴则旱、下

雨则涝。1969—1973年，在竹叶坪杨家山下，掘通长达1940米的号称群英洞的排水隧洞。新开河道5000余米，还修建排灌渠道，使5000亩渍水湖变成良田。2014年，有小（2）型水库1座，位于咸池峪村境内，以灌溉为主，兼有防汛功能。水库集雨面积为0.1平方公里，溢洪道为开敞式宽顶堰，库容8.138万立方米，可灌溉耕地面积100余亩，受益覆盖政府驻地有关单位和1个村、3个组。2013年，新修河堤1500米，水渠700米，恢复良田300亩。

村镇建设

2008—2015年，完成桑慈公路主干道的更新改造；筹集资金5万元，建成劳务大厅及农民夜校；投资860万元，实施安家峪村易地扶贫搬迁；筹资300万元，完成对咸池峪、广文台集镇街道的硬化、绿化、亮化；筹资20万元，完成汩湖少年宫建设；建文化站、司法所和综合办公大楼。至2014年年底，全乡建成12个村级活动中心；投资36万元，新修垃圾填埋场1座，垃圾池28个；争取公共建设器材15件；完成省道S305绿化工程1公里，栽植桂花树300株；新建垃圾池28口，清理污水沟3条，购置垃圾箱200多个，配备环卫工人5名，成立“汩湖乡环境卫生督导队”开展专项卫生整治。同时，委托编制《桑植县汩湖乡总体规划》《桑植县汩湖乡乡域村镇布局规划》，策划《张家界汩湖湿地公园项目建议书》。

社会事业

教育科技

1967年创办汩湖公社中学，1982年创建汩湖乡中心小学，1994年中心小学迁广文台村，占地面积9762平方米，建筑面积6345平方米，是年，修建逸夫教学楼。1995年，兴办境内首所幼儿园；2007年，办乐乐馨幼儿园。2008年，投资350万元，完成中学科技楼和操场的扩建。2010年，投资150万元，修建中学食堂和运动场，是年，中学通过湖南省合格学校验收，成为一所合格农村独立初中。2012年，投资260万元，对汩湖中心小学逸夫教学楼翻修，校园绿化硬化，新修学生宿舍1100平方米。2013年，成立乡关心下一代助学基金，募集善款36.38万元，物资折款4800元。2014年，启动中学教师楼建设，完成叶家桥片小、前村坪村小的改扩建，发放助学金8.1万元。

19世纪40年代，境内农民摸索出竹麻火纸生产技术，即用竹子作原材料，经过伐竹、制麻和用石灰浆、稻草灰水淋洗等工序制成火纸，一直沿用至今。

文化体育

2010年，新建乡文化站，2011年投入使用，总投资52.156万元，占地面积482平方米，建筑面积441.84平方米，文化活动用房400平方米，设有图书室、棋牌室、器材室、培训室、多功能厅等。各村建有农家书屋，每村拥有图书价值2万元。开展非物质文化遗产清查，积极参与县土家摆手舞比赛。2013—2014年，开辟乒乓球、篮球、健身等文体活动场地，配备摄像、照相、广场音箱设备，聘请6名县文化馆指导老师进行广场舞、民族舞、桑植民歌教学，丰富群众文化娱乐活动。举办“‘欢乐潇湘、美丽汩湖’文艺会演”和“美丽新汩湖，活力新农村”农民运动会，参与群众5400人。全面推广“村村通”文化共享工程，使农民能足不出户知天下。组建叶家桥、广文台等4个村级文化队；成立“流动宣讲团”，用一台笔记本电脑、一台投影仪、一台音箱，分

文艺汇演

片区为老百姓进行知识讲座，放映电影。广播电视“村村通”覆盖全乡。有电视用户1972户，入户率92%。

医疗卫生

1961年，成立公社卫生院，占地面积932平方米，建筑面积662平方米。后，历经多次发展变迁。2014年年末，乡卫生院有床位10张，实有职工5名，拥有X光机、尿常规分析仪、血糖仪、单导半自动心电图机、半自动生化仪等专业设备。乡卫生院直属有叶家桥村、安家峪村、广文台村、碾子堡村、护国村、三子界村等6个村卫生室，为全乡人民提供集医疗、预防、保健、健康教育等为一体的基本公共卫生服务。

社会保障

2008—2012年，全乡农村居民养老保险率85%，医疗保险参保率95%。新型农村合作医疗累计报销门诊药费8956人次49.8万元，住院2739人次100.5万元；新型农村养老保险1425人受益，累计发放养老保险金196万元；全面实施农村特困人口救助政策，救助对象876人，发放救助金570万元；发放各种惠农补贴329万元，发放计生奖扶资金7.08万元；投资145万元，建成乡敬老院，供养老人45人。2014年，完成全乡13个村2717个农村扶贫对象识别、建档立卡和信息化管理等相关工作。全乡“五保”对象72人，低保对象749人。

特色地情

历史人文

汨湖故事 汨湖的过去有湖，位于汨湖、竹叶坪和走马坪3个乡的交界之处，是一块长7公里，宽0.5公里的低洼地。低地四周环山，发源于天子山、茅花界和九十九尖的溪水，经过号称“48大岔、48小岔”的无数条山沟，从3个乡汇集于此，最后只能从一处窄小的，时开时闭的，当地人俗称汨眼的溶洞消泄。每逢稍大降雨，溪水一时难消，洼地里渍水成湖，淹没时间长达数月之久。在几年之中，算不准哪一天，汨眼会突然垮开，湖水几天之内干涸，周围几个县的人纷纷赶来竭泽而渔，构成富有传奇色彩的汨湖垮汨景象。即使是在最枯水的时节，在下游汨眼附近，仍常年保存着一个面积极为可观、被称为月亮荡的深湖。汨湖因此得名。

周金莲举兵抗暴 1918年9月，前村坪民妇周金莲因卿衡部以群众抗伕运输为由杀人，举起驱暴军旗，杀兵夺枪，进占九溪，卿部败逃。

红色土地 1928年2月，中共湘西北特委贺龙、周逸群一行到湘西发动武装斗争。当进入桑植境内的咸池峪时，夜幕降临。贺龙在黎运鸿伙铺刚落脚，便与卢冬生一道急忙联系旧交钟慎吾，了解桑植近况。1934年春，红三军转战于永顺、桑植、大庸、慈利等地。3月6日进占碾子凸、汨湖一带。7日，红军与慈利团防朱树勋率领的队伍在碾子凸、汨湖等地激战后，佯往桑植方向撤去。1934年10月，成立前村坪、天鹅革命委员会。1934年11月，湘鄂川黔省委派出工作组在前村坪、咸池峪、叶家桥等地，建立苏维埃政府和乡农民自卫队，属桑植县普字塔区苏维埃政府领导，形成革命根据地。

名优特产

独特的地理环境，使得汨湖名优特产众多。传统加工农产品有腊肉、香肠、野生葛粉、手工红薯粉、木榨茶油、蜂糖；特色种养殖有金峰界、护国、咸池峪、三字界的烟叶，金峰界的药用木瓜，前村坪的丝瓜络、百石的岩蛙，广文台的野猪，邹家界的玉竹；特色手工有叶家桥的篾制工艺品。

风景名胜

汨湖大峡谷 位于汨湖乡境内，发源于天子山镇，南邻天子山风景区5公里，北止汨湖乡广文台小学，南北纵深3.871公里。大峡谷水自南向北呈阶梯式缓流，大峡谷东西两边沟壑纵深，高约100米，流域面积1万余亩。沿岸有4个喀斯特溶洞，洞内石笋林立，阴河密布。丰水期整个峡谷水流湍急，枯水期水流时断时续，水流中断长达500米，从地下阴河流入溶洞，再从溶洞流出，形成地下溶洞奇观。汨湖大峡谷绝壁丛矗，暗河怪洞密布，地缝怪石嶙峋，奇花异草，古木苍翠，是兼具生态休闲度假与户外康体运动的旅游胜地。

万亩油菜基地 汨湖乡万亩油菜基地位于碾子堡村境内，每年2月、3月，万亩油菜花竞相争放，放眼望去，一望无际的金黄，荡漾着清香。驻足天然花园内，观赏者无不感叹：汨湖是“金玉满堂”之乡。

金峰庵 金凤庵位于桑植县汨湖乡金凤界村与走马坪白族乡走马坪等村交界处，海拔1200多米，是汨湖、走马坪、竹叶坪等周边乡镇百姓祈福求安的场所。与著名风景区天子山相呼应。金凤庵始建于明，奉黑神荣禄大夫雷万春。清乾隆年间扩建为三层神堂，兴百事堂，祀神百尊，兼四大元帅护法，规模达到鼎盛。永顺、龙山、来凤、石门、澧县、公安、鹤峰等10多个县人士纷至沓来，香火之盛，一时称颂。至中华民国时局纷乱，1918年，本土民族女英雄周金莲领3000神兵据此起事，兵败殃及庙庵被损坏。“文化大革命”后，仅剩颓垣断墙。2010年，钟善魁、张功成、陈克富等共倡重修，募资集劳，在金凤庵原址原基上重建，2011年6月竣工。自此，金凤庵又续上香火，每月初一、十五日，上香者日渐增多。“一顺向善之心，二纪红色人文，三资游玩之乐。”金凤庵不仅仅是一座庙，也体现了文化价值。

民俗风情

境内保留着原始的土家族和白族的语言、建

筑、服饰、饮食、歌舞、耕种、织锦、祭祀、信仰等文化，民俗风情独具特色。

打围鼓 又称“打镏子”“打排鼓”，在农村围鼓是最普及的乐器。一般7人演奏，乐器有一鼓、一大锣、一公锣、两副钹、两唢呐。每逢重大活动，汩湖乡的围鼓爱好者便会集聚在一起，演绎其围鼓绝活，热闹非凡。

正月十五点油灯 每年元宵佳节，晚7点后，汩湖乡的街道上便会沿路燃起整齐的蜡烛，称之为“正月十五点油灯”，自古沿袭至今。蜡烛必须从家中一直点到河边，一户接一户，有送瘟神之意，寄托农村百姓对新年的美好愿景。

祭祀祖先 境内以黎姓的祭祀规模为盛。每年冬至日，全乡黎氏子孙400余人，汇集咸池峪村的“黎氏祠堂”进行大型的祭祖活动，内容丰富，包括祭祀仪式、傩戏表演等，以表达对祖先的尊重与怀念。

（撰稿人：陈醉　图：汩湖乡）

竹叶坪乡

区域概况

位置面积

竹叶坪乡位于桑植县东部，素有桑植“东大门”之称。东与慈利县交界，南与武陵源区相邻，西与汩湖乡接壤，北与人潮溪乡毗连，总面积141平方公里。乡人民政府驻地距县城44公里。

建置沿革

1912–1949年，分属慈利县楠竹乡、桑植县达泉乡。1952年4月，分属慈利县溇南乡、桑植县叶家桥乡。1956年6月，建慈利县竹叶坪乡。1958年9月，建慈利县佘湖人民公社，竹叶坪属佘湖人民公社。是年11月，佘湖人民公社划归桑植县管辖。1961年析出，设竹叶坪人民公社。1984年4月更名竹叶坪乡，1995年4月与汩湖乡、走马坪白族乡合并称竹叶坪白族乡。1998年10月汩湖乡、走马坪白族乡析出，复称竹叶坪乡。

行政区划

2014年，全乡辖竹叶坪、郑家峪、康三峪、木峪、柳浪坪、陈子界、干洞、马家溪、柳杨溪、茶垭、鸡公垭、茅花界、柳树塔、三百墩、浸峪、南湖16个建制村，121个村民小组。乡人民政府驻竹叶坪村。

自然环境

境内峰峦叠嶂，溪河纵横，山势西高东低，

集镇全景

地域轮廓呈“芭蕉扇”状。最高处海拔 1058 米，最低处海拔 154 米。境内的溇水风光——阴门山、穿洞峡、柳杨湖景点，风景优美。茅花界、野牛湖为明清时重要关隘古道，兵家必争之地。乡域资源、物产丰富，森林植被保存良好，有林地面积 91 平方公里，有鸡公垭、三百墩 2 个万亩林场和 14 个千亩林场，森林覆盖率 75%，林木蓄积量 12 万立方米。境内铁、铝矿藏量 197 万吨。

人口民族

2014 年年末，辖区总人口 10291 人。境内是少数民族聚居地，有土家族、白族、苗族等少数民族。

经济发展

经济综述

2014 年年末，全乡实现生产总值 4866.75 万元，农民人均纯收入 4730 元，财政总收入 108 万元。

农业

竹叶坪乡农业以种植、养殖业为主。原多为传统农业生产方式。改革开放以来，通过产业结构调整，逐步形成以粮食生产为基础，烟叶、中药材种植和畜牧养殖为主导的农业产业格局。2014 年末，全乡烟叶种植面积 146.67 公顷；有中药材专业合作社 2 个，发展药农 110 户，种有木瓜、玉竹、虎杖等 10 多种中药材。南湖村杨树林虎杖基地被评为全国林下经济示范区。畜牧产业进一步得到巩固和提升，以科学饲养和良繁技术为重点的畜牧科技知识得到全面普及和推广应用，畜禽疾病防疫 100%。牲畜品种不断优化，畜群结构日趋合理，科学喂养等先进技术得到全面推广。重点发展生猪（能繁母猪）养殖，同时引导农民发展养羊，养牛、养鱼及特色养殖产业。乡党委政府还采取“政策优惠 + 资金扶持 + 技术指导”方式，加大对养殖大户扶持力度，全乡发展养殖大户 35 户。招商引进张家界炎黄粮油有限公司，从事畜牧产品精深加工，实现产品出口创税，传统养殖业逐步向规模化发展，真正实行全乡养殖产业提质升级。

劳务输出

1978 年改革开放以后，农村劳动力自发向广东、深圳、浙江等沿海经济发达、劳动力短缺的地区转移就业。2014 年，全乡转移输出人数 3487 人，创收 3835 万元，占全乡总收入 78.8%。

山羊养殖

基础设施

交通运输

省道305贯穿全境，为境内交通要道。2012年以来，投资128万元，完成木峪村4公里水泥路路面硬化；投资343万元，完成马家溪村5.5公里道路路基整修和路面硬化；投资350万元，完成三百墩村7.5公里道路路基整修和路面硬化；投资110万元，完成干洞村2.5公里道路路基整修和路面硬化；投资110万元，完成柳浪坪村陶家坡组2.5公里水泥路硬化；投资42万元，完成郑家峪村1.2公里道路路基整修和路面硬化；投资15万元，完成刘家堡大桥520米水泥路硬化；投资25万元，重建干洞村50米垮塌公路护坎；投资40万元，重建竹叶坪村60米垮塌公路护坎。

邮电通信

2014年年末，境内有邮政代办所1个。报纸、杂志累计发行45种469份。电信企业1家，固定电话用户350户，互联网用户420户。

供电饮水

2014年年末，全乡村村通电，电力方面总体能满足群众生产生活所需。投资300万元的集镇饮水项目，已完成征地、管道铺设工作。

村镇建设

2014年6月，投资50万元，对主街道进行彻底的改造升级，重挖下水道、铺设人行道、安装新电灯线；投入15万元，对街道路灯和治安监控装置重新维修架设；投入6万元，添置垃圾环保车1辆，重新购买垃圾桶500个，分发给所有集镇经商户和居民户及柳树塔、茶垭、鸡公垭等农户；出台一系列城乡环境整治方案和措施，实行集镇门前三包，集镇公共场所和居民区卫生环境得到有效治理；进行集镇饮水改造；完成350米的小街小巷路面硬化。

移民安置

柳杨溪村、马家溪村属国家重点工程——江垭水库移民村。移民范围涉及9个组，337户1460人，移民总资金3200万元。1994年进行实物普查登记，1996年签订移民搬迁协议，1997年实施第一次移民搬迁，2000年因库区安置压力过大实施少量的二期移民搬迁，2004年因库区整体山体滑坡，实施滑坡搬迁22户78人。移民安置去向主要有竹叶坪集中安置点185户736人，瑞塔铺镇杨家洛村35户135人，走马坪乡滚水峪村16户66人，集中投亲靠友到慈利县江垭镇教场坪村17户56人，常德市白合山乡长生桥村22户88人，分散投亲靠友56户152人，库区后靠41户227人。在移民安置工作中，注重移民安置与移民开发有机结合，组织修建一条基础设施完备集镇环形街道长500米、宽8米和旺家塔移民新街，设为集中安置点。

社会事业

学校教育

竹叶坪学校是一所农村九年一贯制学校，学校分教学区和生活区两部分，占地面积14419平方米，校舍建筑面积6308平方米。设初中6个班，在校学生312人；小学12个班，在校学生617人；幼儿分大、中、小各2个班，在园幼儿162人。下辖中坪、南湖、干洞、浸峪、鸡公垭5个教学点。中坪教学点，占地面积4256平方米，建筑面积1432平方米。南湖教学点，占地面积419平方米，建筑面积268平方米。干洞教学点，占地面积926平方米，建筑面积202平方米。浸

峪教学点，占地面积518平方米，建筑面积250平方米。鸡公垭教学点，占地面积660平方米，建筑面积308平方米。2014年年末，竹叶坪九年一贯制学校有在编教职工51人。历来注重教育教学质量，各项指标均居全县前列；学校艺术教育内容丰富多彩、异彩纷呈，校舞蹈队和器乐队在全县文艺调演中屡次获奖。

文化体育

2014年年末，境内有“农家书屋”16个，农村业余文艺队1支。16个村开通数字电视，广播电视“村村通”覆盖全乡，有线电视用入户率95%。近年，电影放映工程及送戏下乡活动广泛开展，入村到组放影电影110场，送戏5场。

医疗卫生

2014年年末，全乡有乡卫生院1所，有柳浪坪、木峪、干洞、浸峪、马家溪等村级卫生室8个。全面推进医疗改革，2013年，新型农村合作医疗参合人数1003人，参合率96%，逐步缓解农民看病难问题。

社会保障

2013年，改造农村危房85户；最低生活保障对象408户763人，新增低保对象115户207人；筹集资金15万元，对敬老院进行改扩建，全乡35名孤寡老人入院实行集中供养；争取助残金8.2万元。到2014年，执行国家惠农政策，确保粮食直补、农机补助、公益林等资金全额发放到位。累计发放粮食补贴、农资综合补贴500多万元，计生奖扶资金8万多元，惠民政策惠及千家万户。

特色地情

名优特产

竹叶坪有传统的织锦、剪纸、挑花、银饰、蜡染、绘画等艺术及工艺品，土家族的西兰卡普尤具特色。还有竹编、麻编、草编、藤编的生产生活用品，造型奇特，美观大方，经久耐用。刺绣当作衣裤、围裙、门帘、被面、围衣、帐帘、枕头、荷包、褡裢等装饰，剪纸图案繁多，结构大方，形象生动。挑花乃是与刺绣相配合的一种工艺，挑出的龙、鱼、狮子、花卉、鸟雀等形象逼真，具有独特的艺术结构。银饰种类繁多，有银冠、银珈、项圈、披肩、项练、手镯、戒指、

茅古斯舞

耳环、壁、牙签等。

风景名胜

境内旅游资源丰富，主要有柳杨溪、贺龙父亲英勇就义遗址和纪念碑等 8 个景点，为竹叶坪乡的旅游名片。

柳杨溪度假村 柳杨溪旅游休闲度假村，2004 年建成，投资 500 万元，是在原有古老土家吊脚楼群的基础上，依山傍水，建成的具有民族特色的别墅式群楼，具有古老浓厚的民族生活气息。建筑古朴典雅，环境清静秀丽，是休闲度假、团队和会议接待的理想场所。2010 年 5 月，被湖南旅游局授牌为五星级“乡村旅游度假区”，是全市旅游观光、假日休闲垂钓娱乐的好去处。

漂流平湖游 漂流起点在度假村，全程约 8 公里，可选择橡皮舟漂流。这里青山峡谷，滩多水急，有惊无险，景色宜人。途经贺龙父亲及胞弟就义地“三声潭”、天然氧吧“双眼洞”、神秘的“穿洞绝景”溇水平湖。乘游船，沿途可饱览玉女峰、男根生、螃螃泉、落香瀑布、桔子溪等溇水峡谷风光。在漂流终点柳杨湖设立综合性娱乐项目，以水上娱乐和自助烧烤场为主，相应配套有小帆船、竹筏、垂钓等参与性自助娱乐项目。

民俗风情

竹叶坪有傩戏、目连戏、柳子戏、花灯戏、汉戏、木偶与皮影戏、阳戏和茅古斯舞等。傩戏、目连戏被称为“戏剧艺术的活化石”，有极高的艺术价值。民族曲艺主要有唱土地、薅草锣鼓、三棒鼓、渔鼓、莲花闹、采龙船、马戏、九子鞭等 20 多个曲牌，其中薅草锣鼓、三棒鼓、渔鼓曾多次参加省、市会演，多次获奖。民族舞蹈有仗鼓舞（白族）、摆手舞（土家族）、跳丧舞（土家族）等。其中白族仗鼓舞、跳丧舞被列入国家非物质文化遗产名录。竹叶坪乡是个以土家族、白族、苗族为主体的乡镇。所创造的民族文化，多以口头代代相传，民歌就是其创作的口头文学与音乐的完美结合。作为口碑古籍，有的来自堆兰积翠的田间，有的来自碧波荡漾的溪旁，有的来自铺满鲜花的山谷，有的来自日落黄昏的旷野，或高吭入云，或风趣幽默，或韵味悠长。

（撰稿人：陈利　宋莉　申伟　图：竹叶坪乡等）

人潮溪乡

集镇全景

区域概况

位置面积

人潮溪乡位于桑植县东北部，东与西莲乡相连，东南与慈利县江垭镇为邻，南与竹叶坪乡、汨湖乡、走马坪白族乡交界，西与麦地坪白族乡、官地坪镇毗邻，北与白石乡接壤。辖区东西长 19.7 公里，南北宽 14.7 公里，总面积 114.8 平方公里。建置伊始，乡人民政府驻红旗村，1996 年迁至塔坪村。乡人民政府驻地距县城 72 公里。

建置沿革

人潮溪原名“人跳溪”，因境内有一条常人可一跃而过的小溪而得名，后演化为“人潮溪”。1912—1949 年，属慈利县溇阳乡，1952 年为慈利县人潮溪乡，1958 年 11 月划归桑植县管辖，称人潮溪人民公社。1984 年 4 月，更名为人潮溪乡。1995 年 4 月，白石、西莲、人潮溪 3 个乡合并为人潮溪乡。1998 年 10 月，白石、西莲析出，仍称人潮溪乡。

行政区划

2014 年，全乡辖统子峪、分水岭、永安、兴隆坪、南斗溪、红旗、和坪、塔坪、茶叶湾、金鸡、梅子坪 11 个建制村，共 75 个村民小组。乡人民政府驻塔坪村。

自然环境

境内呈“两山夹一沟”地形，且主要是高山。地面高程一般为海拔 450 米，最高峰纱帽尖位于金鸡村海拔 1226 米，最低点位于和平村王家湾组海拔 154 米。境内河道属澧水流域，最大河流为溇水，从北至南流经境内金鸡、塔坪、红旗、南斗溪、和平、兴隆坪，汇入江垭水库，可利用养殖水面 4.5 平方公里。境内属亚热带季风湿润气候，四季分明，春夏多雨，夏秋凉爽，秋季干旱，冬季多雪冰冻，日照时间长。资源丰富，已探明地下矿藏有铁矿、煤、铝等。

人口民族

2014 年年末，辖区总人口 6369 人，人口出生率 9.1‰，自然增长率 4‰。境内有土家族、白族、苗族、黎族、壮族、瑶族 6 个少数民族，少数民族人口 6248 人，占总人口 98.1%。人口密度每平方公里 59 人。

经济发展

经济综述

人潮溪乡经济以农业为主。2014 年末，全乡生产总值 2555 万元（其中，农业产值 1455 万元），农民人均纯收入 3438.38 元，财政收入 524 万元；金融机构存款余额 5802 万元，贷款余额 1194 万元。

农业

全乡农业人口 6238 人，占总人口 97%；耕地面积 192.8 公顷，人均 0.03 公顷。粮食作物以水稻、玉米、红薯、马铃薯为主。主要经济作物有油菜、烟叶、茶叶。烟叶是人潮溪乡的支柱产业，2006 年开始利用高海拔地块发展烟叶产业，后种植面积逐步增加，产量逐年攀升，品质越来越好。近年来，按照“山上栽烟，山腰植茶，山下育苗（珍稀名贵苗木），水中养鱼，水面休闲”长、中、短相结合的立体生态循环发展产业思路，特色农业发展迅速。2014 年，种植烟叶 213.33 公顷，产烟 7469 担。产于高海拔区域的精品烟

烟叶育苗基地

叶，其成熟度、色泽、疏松度方面表现独特，是“芙蓉王”“云烟”“和天下”等高端卷烟品牌的原材料。种植精品烟叶已成为当地居民的主要收入来源。人潮溪乡种茶历史悠久，到2013年，开始规模发展茶叶产业。实施农业产业项目带动，种植优质茶叶，采取以奖代补方式鼓励有实力的村民兴办茶叶加工作坊，主要生产绿茶、红茶、黑茶。至2014年，全乡有茶叶面积1400亩，茶叶加工作坊4家，生产的“芽鼎牌”桑植野茶品牌全县闻名。苗木种植是人潮溪乡的新兴产业。2014年，通过招商引资，引进张家界天香公司，采取“公司+基地+合作社+农户”模式，在境内永安、兴隆坪流转土地，发展红豆杉、金叶榆、银杏、榉木等珍稀名贵苗木，面积20公顷。同时带动群众发展苗木30.67公顷，利用巩固退耕还林项目，发展珍稀树种60.47公顷。2014年年末，全乡共有苗木1517亩。

养殖业

生猪、牛、山羊、家禽、鱼类养殖是人潮溪乡养殖业的主体。近年来，充分利用水资源优势，扩大养殖大口鲢、麻鲢、青鱼等传统鱼类，规模养殖中华鲟、黄金甲、银鱼等珍稀名贵鱼类，并与“张家界大鲵之乡”对接，发展大鲵饵料鱼养殖，在南斗溪、红旗、和平村发展以大鲵饵料鱼为主的标准化网箱300口。2014年，全乡出栏生猪2000头、牛200头、羊1000只，网箱养鱼500口，水产品产量20万公斤，主要品种有淡水鱼类，渔业总产值400万元。“人潮溪活鱼”是境内特色产品。

旅游业

境内有丰富的水面资源，江垭库区水域面积宽阔，山清水秀，空气清新，自然景观较多，景色怡人，是休闲、旅游、垂钓的首选之所。近年来，利用资源优势，发展水面娱乐休闲业，建成集旅游、垂钓、烧烤、住宿为一体的“烟雨溇江”和“水上人家”水上娱乐休闲场所2处，吸引外来旅游休闲观光者众多。

基础设施

交通运输

境内有桑石公路穿境而过，是通往白石乡的交通要道，也是全乡公路交通的主干道。2014年，投资50万元，建成人潮溪乡农村客运招呼站以及乡客运站，全乡村村通公路，公路总里程78公里。

邮电通信

2014年年末，境内有邮政代办所1个，报纸、杂志累计发行15种2000份。有电信企业1家，固定电话用户86户，移动电话用户637户，互联网用户83户；全年电信业务收入26万元。

供电饮水

2014年年末，全乡有供电所1个，员工3名，全乡已有7个村完成高低压改造，尚有4个村未完成改造。自来水厂有厂房3间，无化滤池1个，清水池1个，储水150立方米，解决1200人安全饮水问题。

水利建设

至2014年年末，新修永安、兴隆坪村灌溉沟渠2500米，新修兴隆坪村防洪堤500米、排水沟渠400米。

村镇建设

2013年开始实施2013—2030年集镇及乡村规划。2013年，永安村成功申报省级生态村。2014年，茶叶湾村和金鸡村成功申报市级生态村；和平村申报成功“美丽乡村”建设项目；茶叶湾、踏坪村成功申报易地扶贫搬迁项

人潮溪大桥

目。集镇新增太阳能路灯35盏，新建学校食堂、政务服务中心等。添置垃圾清运车2辆，新修垃圾池13个，添购垃圾钵50个，垃圾桶40个。2014年年末，全乡11个村建成村级活动中心。

社会事业

教育科技

1953年，设人潮溪简易小学，后随着教育布局调整，几度扩建易名，先后改称完全小学、中学、独立初中、中心小学和人潮溪学校。人潮溪学校是一所九年一贯制学校，1997年整体移民搬迁于现址。2014年年末，全乡有九年一贯制学校1所，在校中小学生238人；小学7所，在校学生491人，小学适龄儿童入学率100%；中心幼儿园1所，在校幼儿68人，村校在校幼儿62人。全乡有教职工40人。初中适龄人口入学率、小学升初中升学率、九年义务教育覆盖率均达100%。全乡有农业科技工作者2名，农业科技示范户20户。在永安村建成油菜高产示范田56亩，涉及农户30户。

文化体育

人潮溪乡民族文化内容丰富，民歌、民舞盛行，是桑植“民歌之乡”，有全市唯一一个市级“桑植民歌传习所”。2013年以来，先后成功举办“欢乐潇湘·美丽人潮溪”群众文化会演活动、“欢乐潇湘·民歌桑植”民歌选拔赛两项大型文化活动，成功举办“人潮溪乡乡村民族产业文化艺术节”，发掘并传承民俗文化，满足群众日益增长的文化需求。2014年年末，境内有乡文化站、广播电视站各1个，有村级党员活动室10个，农家书屋10个，藏书4万册。体育事业逐渐繁荣，2011年乡组队参加全县运动会，获总成绩第九名。

医疗卫生

2014年年末，境内有乡卫生院1所，床位10张，专业卫生人员10名。2014年完成诊疗1026人次。新型农村合作医疗参合人数5940人，参合率96%。

社会保障

2014年，全乡城镇最低生活保障对象18 25人，农村最低生活保障户367户616人，保障经费支出17.46万元。农村“五保”对象集中供养35人，支出25.2万元；农村“五保”对象分散供养75人，支出16.65万元；农村医疗救助35人次，民政部门资助参加合作医疗631人次，共支出1.9万元。国家抚恤、补助各类优抚对象102人，抚恤事业费支出30万元。有乡敬老院1家，设置床位45张，收养农村“五保”对象35人。参加新型农村养老保险3126人，参保率88%。

特色地情

历史人文

漤水之源 人潮溪是漤水的发源地之一，境内高山峡谷，溪流纵横，呈“两山夹一沟”地形。依山而过的漤水风光优美，民风纯朴，独特的地理人文环境为人潮溪乡丰富的原生活态民族文化的保存提供得天独厚的自然条件。

民歌之乡 人潮溪乡是桑植民歌“翻天云”唱派的发源地之一，随着近几年对传统文化的挖掘与重视，桑植民歌在人潮溪乡的传唱如雨后春笋，呈现出一片欣欣向荣的景象。先后出现多位“桑植民歌”传承人，省级传承人向佐绒，把桑植民歌唱出张家界，唱出湖南省，唱到了国外。市级传承人向桂之、陈国荣和张巧珍，为桑植民歌在全省范围内的大放异彩做出贡献。此外，还有一大批生长在民间的歌手，虽然他们不是代表性传承人，但同样在默默地传承唱着世代流传的“桑植民歌”。

绿色之乡 人潮溪坐拥江垭水库，比邻慈利石门，土地辽阔，境内森林覆盖率93%，山清水秀，景色怡人，空气清新，适宜居住。生态资源丰富，有榉木、杉木、八角茴香、金丝楠、红豆杉等珍稀树种。境内山川绿色环绕，放眼望去，只见峰峦叠嶂，回顾四周，如置身绿色海洋，身心俱佳，如临仙境，是休闲旅游的天然氧吧。

名优特产

野生鱼 境内江垭水库水域面积辽阔，水质较好，适合野生鱼种生长，养殖的鱼类肉质鲜美、口感舒适，市县驰名。主要有桂鱼、额骨鱼、大口鲢、麻鲢、中华鲟、黄金甲、大鲵等，还有具有人潮溪特色、营养价值极高的银鱼。

蜂蜜 人潮溪山林面积大，气候温暖，蜜源植物种类繁多，当地居民自古以来就有养蜂传统。所产蜂蜜质量上乘，口感舒适，是当地群众居家待客、迎来送往的必备物品，在全县享有一定的知名度。全乡年养蜂2000桶，给当地农民带来颇丰的经济收入。

苦瓜芦 在境内海拔400米以上的土地上、山坳里，生长着一种植株不高、接藤的植物，叫苦瓜芦。采摘它的叶子做成汤，汤味微苦，可去火，祛暑，营养价值极高。苦瓜芦产量不大，过去不为外人知晓，现享誉全县，来人潮溪的人均点名要吃苦瓜芦。苦瓜芦成为人潮溪的一大特色食品。

野生茶 产于人潮溪乡中低海拔地区，以茶叶湾村为主，其中最古老的茶树已有500多年的历史。野生茶叶制品以“色绿、香郁、味甘、形美”著称，除与一般茶叶具有提神益思、消除疲劳、生津利尿、解热防暑、杀菌消炎、解毒防病、消食去腻、减肥健美等保健功能外，还有防癌、降血脂、抗衰老等特殊功效。由于属天然生长，对环境要求极高，产量有限，供不应求。

风景名胜

棓子溪 人潮溪乡峰峦叠嶂，溪流纵横，美景众多。境内有一溪，名曰“棓子溪”，此地有潺潺溪流，有清流激湍，有飞湍瀑布，既适宜乘小舟荡漾其间，欣赏沿途美景，又可进行水上漂流，浪遏飞舟。棓子溪冬暖夏凉，适合避暑，每到夏季，空气清新，凉风习习，置身其间，只觉全身

放松，疲惫尽失，是旅游避暑的胜地。

一线天、穿洞 境内沿江垭水库顺流而下，乘船约30分钟，可到一处天然景观，名曰“一线天”。船行其间，抬头仰望，只觉两岸青山越来越窄，两山之间只剩一线天空，当地人称“一线天”。沿一线天顺流缓行，伫立船头，张开怀抱，置身山水之间，感受习习凉风，呼吸湿润的空气，心境霎时变得平和。向西行1公里，有一景，名曰“穿洞”。洞深1公里，横贯两山山麓，下面是水，可乘船深入探究，从另一边出来。洞内钟乳林立，形态各异，煞是好看。此地是探险游玩的好去处。

平湖美景 境内江垭库区水面广阔，水深达几十米。从慈利江垭至人潮溪大桥，沿途风光旖旎，乘船逆流而上，有“两岸青山相对出，孤帆一片日边来”的优美意境。可欣赏湖光山色，可攀岩探险，也可进行高空蹦极。置身美景之中，可吟诗作赋、开怀畅饮、烧烤垂钓，亦可放声高歌，且对面山谷回声悠扬。优美的湖光山色，可大力实施旅游开发。

民俗风情

人潮溪乡是桑植历史人文的一块沃土，民族传统文化极具特色。有底蕴深厚、形式多样的傩戏，有唱腔独特、高亢嘹亮的翻天云，有低声浅吟、如怨如慕的民歌小曲，有幽怨哀怜、如泣如诉的民间爱情故事。山中一栋栋土家吊脚楼，外看精致美观，身居其间，下可接地气，上可揽“九天之月”。更有历史悠久的石拱桥，据闻年代久远，历经悠悠岁月岿然屹立，折射出人潮溪人民的坚强性格，不屈意志。每逢喜庆节日，乡村民间，唢呐低沉沙哑，围鼓高亢澎湃，令人感慨万千。

（撰稿人：刘聪　图：人潮溪乡）

西莲乡

区域概况

位置面积

西莲乡位于桑植县东北部，东南与慈利县三合口乡毗邻，西南与人潮溪乡相接，西北与白石乡接壤，北与石门县磨市镇毗连。辖区东西宽12.9公里，南北长13.1公里，总面积112平方公里。乡人民政府驻地距县城98公里。

建置沿革

1949年前，属慈利县溇阳乡。1952年，为慈利县西莲乡。1958年11月划归桑植县辖，称西莲人民公社。1984年4月，更名为西莲乡。1995年4月，并入人潮溪乡。1998年10月析出，恢复西莲乡。

行政区划

2014年，全乡辖石门垭、丰合、月岩、玉京、柳树、金竹、罗子岭、中里、双龙、双合等10个建制村，共65个村民小组。乡人民政府驻月岩村。

自然环境

境内北为五架山，南为双龙山，西北为草罗大山。最高处草罗大山海拔 1478 米，最低处月岩村垆房峪海拔 512 米。属中亚热带山地季风湿润气候，河谷地带冬暖夏凉，气候温和、四季分明；高山地带气候垂直变化较大，雨热同季、冬寒夏凉且多风。年平均气温 16.5℃，无霜期 210 ~ 265 天，日照 1259 小时。土壤类型多样，主要有黄色石灰土、黄壤性土、石灰性紫色土等 9 种，以黄壤和石灰土分布最广，占 70% 以上。一般土壤厚度在 50 厘米左右，土壤侵蚀敏感性强，易造成水土流失。有森林面积 5.1 万亩、草地 5 万亩，以松、杉为主，珍贵树种有珙桐、银杏、水杉、樟树，林区盛产黄柏、天麻、五倍子、白术等野生中药材，森林覆盖率 60%，活立木积蓄量 20 万立方米。探明的矿藏有 30 余种，以煤、铁、铝土、水晶石等储量为最，煤的地质储量 5200 万吨，有桑植“煤乡”之称。境内山高坡陡，降水丰富，地表蓄水能力差，时有洪灾、旱灾、冰雹、山体滑坡等自然灾害发生。

人口民族

2014 年年末，辖区总人口 5354 人。境内有土家族、白族、黎族、苗族等少数民族，少数民族人口 5011 人，其中土家族人口占总人口 89.8%。人口密度每平方公里 48 人。

经济发展

经济综述

2014 年，全乡生产总值 4000 万元，其中，农业产值 562 万元，农民人均纯收入 2134 元。

农业

西莲乡耕地面积 262.47 公顷，其中，水田 157.27 公顷，旱地 105.2 公顷，人均 0.05 公顷。以种植水稻、玉米、红薯、马铃薯、烤烟、茶叶为主。2014 年，粮食产量 980 吨，人均 395 公斤，其中，稻谷 193.2 吨，玉米 492.5 吨，红薯 165.5 吨，马铃薯 128.8 吨；种植烤烟 200 公顷，产量 9000 担；茶叶基地面积 274.93 公顷，产茶 1250 担。以猪、牛、羊、家禽养殖为主的畜牧养殖业稳步发展。2014 年，全乡饲养生猪 1915 头、

“三鹤园”采茶景

羊400只、家禽8322羽，存栏生猪300头、羊100只。

乡村企业

茶叶加工和矿藏开采是西莲乡的龙头企业。2000年，郑明初开始建立个人茶坊。2006年7月，桑植县玉京茶厂（村集体企业）改制扩建为张家界西莲茶业有限责任公司，2011年被授予湖南省农村科普示范基地，生产的“西莲云雾”绿茶和“西莲红”红茶分别荣获2012中国（上海）国际茶业博览会“中国名茶”评比金奖。2008年，成立月岩村茶叶有限公司（集体企业）；2012年，兴办丰合村福利茶场（集体企业）。2014年末，全乡有煤矿3家（柳树、宏源、玉京）、大理石矿场3家、砂石场2家、制茶厂4家（不含制茶作坊）、木材加工厂2家。

商贸服务

2014年年末，全乡有商业网点22个，从业人员50人。其中，餐饮服务行业6户，从业人员18人；住宿服务行业5户，从业人员10人。2014年，实现社会商品零售总额600万元。

劳务输出

进入21世纪后，境内农村剩余劳动力自发向广东、深圳、浙江等沿海经济发达且劳动力短缺的地区转移就业。2014年，转移输出人数1468人，创收2420万元，占全乡总收入60.5%。

基础设施

交通运输

进入21世纪以后，以“村村通”和建设扶贫为契机，加快乡村公路建设。至2014年，全乡完成县级通畅公路25公里，通村公路43公里，通组公路100公里，村组公路通畅率90%。境内有四级公路28公里，等外级公路75公里。集镇有3辆通往县城客班车。

邮电通信

1896年开始，境内有专门的邮政人员，负责信件送达，时称“邮差”。1949年10月后，西莲仍有邮差1名，由慈利县江垭镇邮政所派出。1958年11月划桑植县辖，由人潮溪邮政所派出1名邮政人员送达信函至今。2014年年末，境内设有邮政代办1个，电信服务网点1个，电话交换机总容量1000门，固定电话用户281户，电话普及率20%；移动电话用户400户，互联网用户75户。全年电信业务收入22万元，移动电话业务收入88万元。

供电饮水

近年来，先后引进资金6000万元，建成丰合、中里2个水电站，经济效益良好，群众用电问题得到解决。因乡境骨干性水源少，农田灌溉和农村人畜饮水难的问题在一定区域较为突出。先后投资200多万元修建集镇自来水厂，缓解解决全乡人民用水难的问题。

水利建设

西莲乡境内河道属澧水流域，有小溪沟28条。到2014年年底，建成灌溉渠道1.5万米，山塘水库22口，总蓄水量2万立方米。

社会事业

学校教育

1927年，境内只有一个小私塾，有教师3名，学生20余名。1966年，改建成西莲公社完小。1968年，人潮溪农业学校搬迁至西莲，成立西莲公社农业中学。1969年，将农业中学和西莲完小合并，并建立大队小学10所。20世纪90年代，教育布局调整，村级学校大多撤并。近年，先后筹措资金10多万元，帮助学校拆除校舍危房240平方米，加固教学楼前危险护坎，新修学生浴室。争取中国宋庆龄基金会资金筹80万元修建学校礼堂。争取希望工程资金40万元修建学校体育运动场。对村级5个教学点校舍进行维修加固，彻底消除校舍安全隐患。至2014年年末，全乡有九年一贯制完全小学1所，村级小学（教学点）5所，在校学生468人，专任教师28人，小学适龄儿童入学率100%；小学升初中升学率、九年义务教育覆盖率均达100%。

文化体育

境内特色民间艺术有薅草锣鼓等，经过多年发展，2006年被列为非物质文化遗产名录。1978年改革开放以后，外出务工者越来越多，薅草锣鼓队伍不断缩减，2011年仅存吴则忠、吴伯乐、李永爱和向福明4名传承人。之后，加大传承保护力度，2013年又增加唐明初和万年民2名传承人。2014年年末，境内有广播电视站1个，开通有线电视用户150户，卫星地面电视接收用户1206户。有乡文化站1个，村级文化活动中心5个，农家书屋5个，藏书5000册。

境内体育设施不齐全，仅有学校简易体育场1个，条件简陋，但学校每年坚持举办学生运动会，提高学生体质。乡人民政府经常组织开展群众文化体育活动，举行全民运动会，将民族体育和现代体育融为一体。2014年，乡政府修建篮球场1个，添置乒乓球台2个，体育设施条件逐步改善。

医疗卫生

境内有乡卫生院1所，始建于1960年，当时医疗条件差，仅有专业卫生人员3人。2006年，因原卫生院木质结构房屋损坏严重，选址临街新修卫生院，医疗条件改善。2014年年末，全乡卫生机构有床位8张，专业卫生人员9名，全年完成诊疗1万人次。新型农村合作医疗参合人数5139人，参合率96%。

社会保障

2014年，全乡城镇最低生活保障户4户10人，保障经费支出1.5万元，月人均125元；农村最低生活保障户169户479人，支出43.1万元；农村“五保”对象集中供养30人，支出14.4万元；农村“五保”对象分散供养45人，支出9

薅草锣鼓

万元；农村医疗救助 45 人次，民政部门资助参加合作医疗 479 人次，共支出 1.46 万元。国家抚恤、补助各类优抚对象 35 人，抚恤事业费支出 23 万元。有乡敬老院 1 家，床位 30 张，收养农村“五保”人员 30 人。参加新型农村养老保险 2581 人，参保率 87.5%。

特色地情

历史人文

抱儿岩传说 西莲乡石门垭村有一块巨石，神似一位妇女怀抱着一名婴儿，被称为“抱儿神石”，俗称“抱儿岩”。相传，春秋战国时期，齐国由于五子争位，造成国内大战，齐灵公时代，卿大夫家族之间又互相倾轧，导致生灵涂炭，人民深受转乱之苦。有一名女英雄全家族惨遭厄运，她凭着一身武艺突出重围，但她当时已身怀六甲，为了小生命，她只得沿途行医乞讨，备受苦难，一路来到湖南西北边陲的石门垭村这蛮荒之地，在此山腰石窟潜居分娩。当时，此地偏又瘟疫流行，她及时采用野生“茗”这味解毒药草，发明治理瘟疫单方，医治瘴疾，普渡众生。民间传说其化为石神，从此周边山民一旦有灾有难，便前往焚香祷告。自此“抱儿神石”的英名广为流传。

落箱（响）潭 位于西莲乡中里村。相传多年前战乱时期，有一支义军被敌军追赶，转战西莲。当时义军携带着大量宝物，行至此处，由于宝物太多太重，影响行军速度，在不得已之下，决定将装满财宝的宝箱，顺着飞瀑抛下沉于飞瀑下的水潭中。自此水潭取名为“落箱潭”。又有一说，此处位于深山，人迹罕至，一名有才气的秀才听说有此佳处，往而寻之。然不知路径，在山中寻觅多时未得见，正欲放弃之时，听到山中传来飞瀑落潭的声音，寻声而往，终得见。诗曰：“千山万寻不得见，却得声响迎客来。高山飞瀑挂绝壁，银河之水落响潭。”遂取名“落响潭”。

名优特产

“三鹤园”位于西莲乡玉京村，原是一片野生茶园，后来，经过玉京村民对老茶园进行改造，已具规模。每当春光明媚，嫩芽抽梢，茶农在茶园采茶放歌、辛勤劳作之时，就宛如一幅人与自

中里村中里石林

然极度和谐的美丽山水画卷。“三鹤园”还有个特殊的地方，冬天雪季降临，大地都披上银装的时候，但“三鹤园”的这特殊之地却见不到积雪。此地生长出来的茶有着其独特的气质，气味香醇，放置一个月，不霉变。旧时，“三鹤园”茶多作为向朝廷进贡的贡品。

风景名胜

由于境内特殊的地貌，在中里村形成一片特殊石林，在这里石林千姿百态，宛如一个无形的艺术家在为石林塑形。在柳树村和玉京村交界的位置，有一传奇的天然溶洞，相传唐代战乱时期，天下混乱，各军阀之间到处抓壮丁，并且土匪盛行。为躲避战乱，人们纷纷迁至溶洞之中安家，后来陆续有人迁进去，人数达到万人以上。故称“万人洞”。据了解，柳树、玉京村 80 ~ 90 岁的老人，曾深入洞中，在洞中发现过衣柜、橱柜等生活家具，一经触碰便化为灰烬。

（撰稿人：钟琳涛　图：西莲乡）

白石乡

白石乡因独特的南方草原景观2013年被农业部授予“中国美丽田园”称号。

区域概况

位置面积

白石乡位于桑植县东北部，东与西莲乡相邻，南临溇水河谷并与人潮溪乡和官地坪镇毗连，西与长潭坪乡接壤，北与常德市石门县罗坪乡和湖北省鹤峰县铁炉乡交界。总面积121平方公里。乡人民政府驻地距县城123公里。

建置沿革

因境内有3条由北向南、两边悬崖峭壁，均呈白色的幽深大峡谷而得名。1912—1949年，属慈利县溇阳乡。1952年，成立五里溪乡。1958年11月划归桑植县管辖，改称五里溪人民公社。1982年，更名为白石人民公社。1984年，改称白石乡。1995 年 10 月，并入人潮溪乡。1998 年 10 月析出，恢复白石乡。

行政区划

2014 年，全乡辖莲花、李坪、桥沟、双狮、岩门、白石、新华、谷村、廖城、长益、龙泉、岩路 12 个建制村，共 71 个村民小组。乡人民政府驻白石村。

自然环境

境内地势落差大，平均海拔 1200 米，最高处笔架山海拔 1571 米。全境属喀斯特地貌，溶洞密布，山地坡度大，土壤属土质松软的黄棕壤草甸土，呈微酸性，透水能力强，地表蓄水能力差，降水多入沟谷而高山乏水。境内属亚热带山地季风湿润气候，冬寒夏凉，年平均气温 12℃～14℃，极端高温 34.7℃，极端低温 -6.4℃；年均降水量 1500～1700 毫米、日照 1295 小时、无霜期 210 天、冰冻期 100 天以上，是桑植县最严寒的地区。时有寒潮、冰冻、冰雹、暴雨、洪水等气象灾害发生。境内煤矿、硫铁矿、风能、水利、森林、草场等资源丰富，开发利用前景广阔。尤其是森林资源独具特色，有银杏、水杉、红豆杉、黄杨木、竹叶楠等名贵树种，有核桃、木瓜等经济林木。全乡林地总面积 12.78 万亩，森林覆盖率 75%。

人口民族

2014 年末，全乡有 1592 户 5573 人，人口出生率 11.8‰，自然增长率 3.9‰。土家族、白族、苗族等少数民族人口占全乡总人口 96%。人口密度每平方公里 46 人。

经济发展

经济综述

白石乡经济以农业为主，烟叶、高山反季节蔬菜、畜牧养殖和粮食生产是全乡的支柱产业。粮食作物主要有玉米、水稻、豆类、薯类等，经济作物主要有烟叶、萝卜、雪莲果、花生、木瓜、猕猴桃等。2014 年，全乡生产总值 5025 万元，农民人均纯收入 4500 元，财政收入 225 万元，金融机构存款余额 3600 多万元。

农业

1949 年以前，境内生产力低下，是传统的自给自足的自然经济，人民生活水平不高。1949 年

南滩草场

10月后，农业稳步发展，水稻、玉米、马铃薯、红薯、大豆、小麦、花生、蔬菜等农作物种植和生猪、家禽等畜牧养殖取得大进展。1978年以后，深化农村改革，实行家庭联产承包责任制，农民生产积极性提高，加上推广应用农业新科技，完善水利基础设施，提升农业机械化普及程度，粮食产量连年攀升。蔬菜种植采取“公司＋基地＋农户”模式，以“桑植萝卜”为主的蔬菜产品远销长沙、广州、深圳、香港等地，深受客商好评。畜牧养殖依托南滩草场得天独厚的草场资源优势，以港越公司和齐丰牧业公司为龙头，采取大户带动、委托帮扶等形式，大力发展畜牧养殖业。粮食、烟叶、高山反季节蔬菜、畜牧养殖已成为新型农业主导产业。2014年，全乡粮食产量6100吨，创历史新高；种植烟叶7850亩，产烟2.12万担，实现产值2500万元；种植高山反季节蔬菜733.33公顷，产值2000余万元；有规模养殖户15户，全乡实现畜牧业产值800万元。

乡村企业

1958年，建白石公社林场、桥沟水电站等企业。1962年，建白石、桥沟、李坪、双狮、岩门硫铁矿。2000年，桥沟水电站与县电力公司并网。2001年，整顿非煤矿山小煤矿，桥沟、李坪、双狮、岩门硫铁矿关停。2010年，白石硫铁矿关停，乡村企业逐步转型，2005年以后，境内先后兴办张家界永强农业开发有限公司、华丰农业开发有限公司、齐丰牧业有限公司和正宏蔬菜种植专业合作社、正宏茶叶种植专业合作社等现代农业产业企业及农村经济组织，实现部分土地流转，荒山变菜园、变牧场。永强农业开发有限公司成为集蔬菜种植、加工、出口销售及大鲵繁养于一体的湖南省农业产业化龙头企业，有库存2500吨的蔬菜冷冻库2座。2013年，公司产品“桑植萝卜”被认定为绿色食品A级产品，2014年7月底，又通过“中国国家地理标志保护产品”及“有机食品”认证。至2014年年末，境内有采石场1家，农业产业化龙头企业和专业合作社5家。

商贸服务

1959年，成立国营白石粮店、白石供销合作社。1993年，白石粮店关闭。1997年，白石供销社由国营改制为民营。随着社会主义市场经济体制的建立和完善，以旅游、餐饮服务、商贸等为主的第三产业日趋活跃，个体工商户成为商贸服务业的主力军。

劳务输出

1978年改革开放以后，境内农村剩余劳动力自发向广东、深圳、浙江、上海等经济发达地区转移就业。2012年，全乡转移输出劳动力1435人，劳务收入645.75万元。2014年，劳务输出收入1435万元，占全乡生产总值28.6%。

基础设施

交通运输

进入21世纪，投入资金3820万元，实现西（莲）白（石）公路、长（潭坪）白（石）公路全线贯通并硬化，完成乡村道路硬化72公里，12个建制村、71个村民小组，全部通公路。人（潮溪）白（石）公路三期工程正在建设中。2012年，完成新型农村客运站改扩建工程，有集镇至县城客运班线车3辆营运。

邮电通信

1961年，建立白石邮电所。1989年邮政与电信分家，建邮政营业所，拓展邮政电讯业务范围，2013年迁入新址。1992年，开通程控电话，实现县、乡电话联网。1998年，全乡无线程控电话不足20部，手机极其罕见。2014年年末，有1个邮政营业厅，实现全乡通邮；建有中国移动、中国联通、中国电信移动通信基站，移动通信覆盖面90%，电信100%全覆盖。电信、移动开通宽带互联网服务。

供电饮水

20世纪60年代以前，人们只能用煤油照明。1968年，筹建桥沟水电站，1973年建成并投入使用，装机容量500千瓦，桥沟大队居民开始用电照明。80年代后，群众生活水平提高，用电需求提升，陆续修建金滩电站、银滩、银泽等电站，装机容量分别为2万千瓦、2000千瓦、4460千瓦。1990年以后，逐步实现全乡12个村通电。2005年，开始进行农网改造，投资800万元，建成李坪供电所，有变压器62台；全乡共架设10千伏高压线路57.9公里，低压线路210.64公里，使户户用上稳定电源。至2014年年底，除廖城村外，其他11个村农网改造工程完工。

1998年以前，境内群众生活用水基本靠储存雨水。2011年，张家界市人民检察院在李坪村建整扶贫，投入资金100多万元，新建蓄水池21个共计280立方米，铺设饮水管道12.3公里；新修山塘1000立方米，新修和整修水渠3.1公里，灌溉农田3820亩，基本解决李坪村农田灌溉和人畜用水困难。2013年，实施白石乡岩门村小水窖工程；至2014年年底，共解决全村116户364人安全饮水问题。2011—2014年，投资140万元，完成集镇饮水工程修建，建成100立方米的蓄水池1个，铺设饮水管网4460米，集镇及周边村230户1200名居民实现安全饮水。

水利建设

白石乡境内多高山峡谷，地势落差大，降水量充足，水能资源丰富。2014年年底，全乡有灌溉渠1.2万米，山塘1口，水库1座，南滩水库是金滩电站水源，坐落于南滩草场，库容量167万立方米，常年蓄水量34万立方米。

村镇建设

1998年，按照总体发展规划，开始集镇基础设施建设，完善集镇功能。2005年，建成两条“一”字形街道。2009年，新建乡敬老院。2010年，完成双狮村新村部建设。到2014年，建成村级组织活动中心9个。2010年起，成立保洁队，为各村安排1名保洁员，加强乡、村主干道沿线的卫生保洁与管理；并与集镇商户与居民签订门前“三包”责任书，实现集镇街道和环境“亮、绿、洁、美”。到2014年，1000米集镇街道及李坪村主道安装上太阳能路灯。

社会事业

教育科技

白石乡中学始建于1958年，占地面积133417平方米，建筑面积4380平方米，固定资产237万元。学校于2012年12月通过县级“普九”验收，2013年12月通过省级“普九”验收，2014年12月验收为合格学校。建校以来累计输送优秀初中毕业生824名，先后获得省、市、县级教育教学多项荣誉。2014年年末，境内有初级中学1所，小学6所，幼儿园6所；教职工34人。

2005年，组建乡农民技术学校，同时在11个村成立技术分校。先后举办农村成人实用技术培训60期，累计培训农村各项技术员1190人，发放宣传资料及科技图书近3000份（册）。2014年，全乡农作物优良品种覆盖率95%，畜禽优良品种覆盖率94%，科技对农村经济增长的贡献率

70%。

文化体育

2014年年末，境内乡文化站1个，乡广播电视站1个，民间铜管乐队3支，农民演员80余人。民族文化内容丰富，保留着“请神”“送神”等原始遗风，劳作者在“锣鼓”点子指挥下，歌声应和，开展劳动竞赛，吆喝喧天。2014年，白石村小姑娘郑海玲在湖南省音乐厅演唱桑植民歌《太阳出来照白岩》和《螃蟹歌》。2009年，白石乡综合文化站实现与桑植县广播电视台有线电视网络联网。至2014年年底，全乡共向偏远地区发放广播电视卫星地面接收设施512台，基本解决农民看电视难的问题。建有农村书屋12个，共有各种书籍1.3万多册，全面实行免费借阅。乡村体育基础设施条件完善，建有体育场1个，篮球场8个，村级文化活动中心9个。民间体育项目有篮球、羽毛球、乒乓球、跳绳、拔河等。

医疗卫生

从2012年起，乡卫生院与村级卫生室实行一体化管理，实行统一人员、统一管理、统一财务、统一购药、统一制度，各村卫生室规范运作，村级医疗网络得到完善。村级卫生室建筑面积400平方米。2014年末，全乡有乡卫生院1所，计生站1所，村卫生室6个，药店1家，从业人员15名。乡卫生院创建于1961年，占地1820平方米，其中，主体楼和住院部占地1405平方米；有职工7人，病床6张。全面推进新型农村合作医疗、职工医疗保险制度，到2014年，全乡参加新农合人数4921人，参合率88.3%。

社会保障

1949年10月后，境内对老弱病残等困难群众给予救助和保障。2009年，建成乡敬老院；到2014年，供养“五保老人”28人。2009年推行新型农村社会养老保险制度，2014年，参加新农保人数2110人，参保率91%。启动农村贫困人口建档立卡工作，全乡共有低保对象263户546人，五保对象52户56人。全面实施国家惠农强农、良种补贴、退耕还林等惠民政策。全乡共发放补贴和奖励项目资金4654万元，其中：耕地、农资补等贴476万元，移民后补贴117万元，退耕还林造林等补贴2696万元，学生“两免一补”和营养餐510万元，新农合住院补助150万元，危房改造补贴350户352万元。

特色地情

历史人文

白砥城遗址　位于廖城村，为溇江风景区人文景观之一。南宋建炎二年（1128），溇水流域土家首领廖彦率兵起义，为防御外敌，于白石乡廖城村修筑白砥城，又称“比兹城”，成立独霸一方的土司王国。

邓土司署衙官屋场　位于双狮村。元朝元正年间，土司邓钧忠父子，在双狮（今属白石乡）强令土民，大兴土木，兴建官屋场。四周有骑马墩、马栏垭、九人堆等遗址。

名优特产

桑植萝卜　是白石乡的特产。据《桑植县志》记载：“明末清初，为萝卜栽培盛期。清末，萝卜生产逐渐衰落，民国时期有所发展，白石为全县主要蔬菜产区之一。”白石萝卜因其质白如玉、脆嫩多汁、清甜可口、久炖不烂、入口消融等特点，成为武陵山区的“萝卜之王”，又因其食用、药用功效显著，被誉为“高山深处的鲜人参”。“桑植萝卜”为地理标志保护产品。全乡年产鲜萝

卜约7.2万吨，年产值1.3亿元，产品主要销往长沙、武汉、广州、重庆等地，并销往香港、澳门、台湾，出口到新加坡。

苦瓜萎 学名“米来瓜”，别称“南葛”，为一种多年生草本植物，唇形花科，非苦瓜的藤，而是一种野菜，叶片阔绿，叶节生蔓，生长阶段无虫害，食用地下茎及幼苗、嫩茎叶。苦瓜萎味苦、滑嫩，可炒食或煮汤、熬粥食用，清热解暑、健胃消食，嚼在嘴里回味无穷。块根可入药，有败火、温补、调气之功效。苦瓜萎对生长环境的要求很高，只能在海拔高、温度5℃～30℃的环境内生长。张家界市范围内仅白石乡境内高山上可自然生长。

川木瓜 是我国特有的珍稀水果之一，成熟时果皮金黄色，光滑，果肉黄白色，味芳香浓郁，质坚硬，果肉酸涩。川木瓜有很高的药用价值和食用价值。白石乡所产木瓜，无公害、无虫害、无污染，果味清香，果肉纤维少，不含石细胞，质地较硬，耐贮运，深受欢迎。

猕猴桃 也称“羊桃”。品质鲜嫩，酸中泛甜，芳香怡人，风味鲜美，营养丰富，有美容养颜、延迟皮肤衰老的作用，被称为“果中之王”。白石乡海拔高，阴凉湿润，无霜期长，所产猕猴桃，果实质地柔软，细嫩多汁，清香鲜美，营养极为丰富。

雪莲果 又名“菊薯”。果肉口感香甜脆爽，汁多而晶莹剔透，有清肝解毒、促进消化、调节血液、降血糖、血脂和胆固醇、预防和治疗高血压、糖尿病等功效，被誉为“神果”。境内平均海拔在800～1500米、沙质土壤丰富、降水丰富、光照充足的地方，极适宜雪莲果的生长。

风景名胜

南滩草场 位于白石乡，面积18万亩，是湖南省三大天然草场之一，中国南方最大的天然草场。春冬两季的南滩草场是雪的海洋，白茫茫的一片，美丽的雪景让人神往；夏秋两季的南滩草场是绿色的海洋，正如诗中所描述的“风吹草低见牛羊”，成群的牛羊，让人沉醉。位于南滩草场中心地带的南滩水库，有“南滩天池”之称，库容量167万立方米，常年蓄水量34万立方米。以

白石风光

水库为中心，融森林、草原、人文景观为一体，形成别具一格的风光特色。水库周边，可开展野营、农家乐、烧烤等活动。

倍子溪 倍子溪与白石、西莲、人潮溪3乡交界地带的麻池河、落箱溪、鱼泉溪、江家沟连通，统称为白石大峡谷。峡谷溪流遍布，沟壑纵横，峡谷幽深，尤以红花湾大峡谷闻名遐迩。谷内古树参差不见天，高山突兀不见顶，崖壁怪石嶙峋，犬牙交错。沿倍子溪古栈道，有很多珍稀植物，主要有金丝楠木、黄梨香、竹叶楠、白兰花等。

民俗风情

桑植民歌具有浓郁的民族特色，其特点是淳朴、真挚的情感而扣人心弦，曲调丰富多变，旋律优美动听。流传于白石的主要有“薅草锣鼓”等。土家族哭嫁歌，俗称“哭嫁”，土家语叫“毕基卡铿柱祭”，是土家族婚俗活动最具代表性的民俗。哭嫁歌内容有哭爹娘、哭哥嫂等数十种，于情寓理，将土家族新婚女子接受婚嫁歌洗礼，净化魂灵情操，传统优良的美德教育表现得淋漓尽致。境内哭嫁习俗保留至今。过赶年是境内土家族人最重要的节日，即月大过腊月二十九，月小过腊月二十八。源自为纪念土家族勇士保家卫国的豪情壮举，过赶年年年依旧，形成习俗，延续至今。

（撰稿人：邓永杰　图：白石乡　曹开胜等）

长潭坪乡

集镇全景

区域概况

位置面积

长潭坪乡位于桑植县东北部，东与白石乡交界，南与官地坪镇接壤，西与淋溪河乡毗邻，北与湖北鹤峰县铁炉乡隔河相望，系湘、鄂两省交界之地。辖区东西长 12.1 公里，南北宽 10.45 公里，总面积 45.44 平方公里。乡人民政府驻地距县城 73 公里。

建置沿革

澧水支流溇水流经境内，形成一段约 500 米的水潭，两岸土地平整，植被丰茂，故名长潭坪。1912—1949 年，属慈利县首义乡。1952 年，为长潭坪乡。1958 年 11 月，划为桑植县管辖，属官地坪人民公社。1961 年，设长潭坪人民公社。1984 年 4 月，更名为长潭坪乡。1995 年 4 月，并入官地坪镇。1998 年 10 月析出，仍为长潭坪乡。

行政区划

2014 年，全乡辖赤石坪、长潭坪、水流、骆家山、天眼池、红岩山、林家堡、刷珠溪8个建制村，共49个村民小组。乡人民政府驻赤石坪村。

自然环境

境内地形呈四周高、中间低的小盆地，以山地为主，最高处水流寨海拔1500.7米，最低点赤石坪海拔193米。溇水由西向东呈S形穿过腹地，流经长潭坪、赤石坪两村，境内全长约15公里，船只可通行，常有沙船、渔船、轮渡往返；呈"高山平湖"壮观美景，乌龟堡、红岩壁、夹河湾等两岸奇山异景，美不胜收，引人入胜，适合发展乡村游、农家乐、平湖游等特色旅游项目。而且水域饵料丰富，水质优良，具有发展淡水养殖条件。境内属亚热带季风性湿润气候，年平均气温13.5℃，日照1160小时。全乡有林地面积5.36万亩，大部分山地坡度在25℃以上，适宜退耕还林、植树造林，森林覆盖率75%以上。水流村和骆家山村自然草场与南滩草场相连，面积2000多亩，适宜种草养畜。有煤、铁、碳质页岩等矿产资源，开采潜力大。

人口民族

2014年年末，辖区总人口4572人，其中，移民人口近2000人；土家族、白族、苗族等少数民族人口占全乡总人口96%。人口密度每平方公里104.6人。

经济发展

经济综述

长潭坪乡经济以农业为主。2014年年末，全乡实现生产总值3636.36万元，其中农业产值2500万元，农民人均纯收入3180余元，财政收入230万元；年末居民储蓄总额2982万元。

农业

长潭坪乡有耕地面积337.2公顷，粮食作物以水稻、玉米为主。由于气候原因，20世纪50年代以后，水稻最高亩产仅为200公斤左右，还经常遇到自然灾害，造成减产甚至绝收。中共十一届三中全会以后，深化农村改革，完善农业水利基础设施，普及推广优质良种，提升农业机械化普及程度，提高抵御自然灾害能力，农民收入大幅增加。具有乡域特色的"长潭椪柑"逐渐成为支柱产业之一，2008年获得湖南省绿色食品认证。近年来，通过土地流转，大力推进农业产业化、标准化，基本构筑起优势突出、特色鲜明的农业产业发展框架。规模种植、特色养殖产业逐步做大做强，椪柑、烟叶、油茶、土漆等专业合作社这一新型农村经济合作组织，提供产购销一条龙服务，形成以长潭坪、林家堡、赤石坪为中心的椪柑、蔬菜基地，以骆家山、水流为先锋的茶叶基地，以溇水流域为中心的水产养殖基地，农业经济收入增长快。2010年，全乡种植烟叶40公顷，产烟2万公斤，建成规模化椪柑基地133.33公顷，发展养殖大户14户，种植大户11户。到2014年，全乡共种植烟叶53.33公顷，种植蔬菜33.33公顷，养殖淡水鱼10万余尾、年产量20余千公斤，养殖生猪1万余头，土鸡1万羽；退耕还林583.93公顷，公益林2800公顷；出产桂鱼、鲢鱼、银鱼和虾米等各类淡水水产品150余吨，收入250万元。

乡村企业

中华人民共和国成立之初，境内无大型集体企业。随着改革开放，产业结构调整，乡域资源优势逐步显现，乡村企业呈现新亮点，个体私营、民营企业快速发展，木材加工、碎石打砂成为境内特色新兴产业。先后建成多家木材加工厂、采砂厂，其中，较大规模的有2家，从业人员30余人，年产砂石300吨，总收入150万元，产品畅销乡内及周边地区。

商贸服务

2014年年末，全乡有以赤石坪村为中心的商贸市场，集市贸易繁荣。有个体工商户81户，从业人员320人，其中，餐饮服务行业10户，从业人员42人。商贸服务呈现餐饮酒店、连锁超市、美容美发等多业态、多主体的发展势头。全年集市贸易成交额500万元。

劳务输出

进入21世纪，境内农村劳动力为增加家庭经济收入，自发向经济发达、劳动力短缺地区转移就业。通过对剩余劳动力的就业引导和技能培训，劳务输出渠道更为广阔。2014年，全乡劳务输出人数550人，创收1636万元，占全乡总收入45%。

基础设施

交通运输

2004年以来，通过争取项目，筹措资金，新修村组公路31.3公里，完成村道硬化35.6公里，实施公路安保建设项目10公里，实现村村通公路，通村公路硬化率100%。筹资301万元，硬化长潭坪至白石水泥路20余公里；筹资31万元，完成长铁公路加宽工程。2011年，完成乡新型农村客运站改扩建工程。2014年，有集镇至县城班线车2辆营运，有走马到县城班线客车2辆过境停靠。

邮电通信

2014年年末，境内有邮政代办所1个，报纸、杂志累计期发行30种142份。有电信企业2家，固定电话用户31户，移动电话用户3123户，互联网用户104户；全年电信业务收入18万元。

供电饮水

从2004年起，先后投入资金500万元，实现村村通电。2014年年底，完成7个村农村电网改造。全乡总用电量4万千瓦时。长期以来，境内农户处于“靠天吃水，靠山吃水”状态，通过自建水池、自挖水井等方式蓄水，直接饮用，存在饮水不卫生、水源不稳定弊端。近年，筹资180万元，新修集镇蓄水池和改造自来水管，改善集镇饮水条件；筹资150万元，完成长潭坪、水流和林家堡村人畜饮水工程，解决1800余人的安全饮水问题。

水利建设

境内多山、地势起伏较大，且溇水穿境而过，汛期存在较严重的洪涝、泥石流和山体滑坡等隐患。自2004年起，引资110万元，整治病险水库、山塘共15口，灌溉扩大面积10公顷；完成乌龟堡河堤建设和集镇200米长的沿河大堤等配套设施建设，有效地防止洪涝灾害；整修灌溉渠1.2万多米，改善灌溉面积100公顷。

村镇建设

2000年以后，围绕打造“一湖清水、两条明街、三路畅通、四面青山、风景优美的长潭坪”的工作思路，加强生态能源建设，着力改善人居环境。成功创建国家级生态村1个、市级生态村2个。全乡建沼气池300口，清洁能源使用率55%。完成移民新街建设长500米，栽种绿化树木百余株，实现街道绿化、亮化、硬化、美化；安装80个垃圾桶，修建街道垃圾中转站和垃圾填埋场，聘请2人对街道卫生实行全天候保洁，维护良好的集镇环境。集镇街道安装路灯40盏。2014年，修建楼房35栋，人均住房面积50平方米。

移民搬迁

长潭坪是移民大乡，全乡移民人口近2000

人，占全乡总人口43.7%。从2004年起，先后投入资金227万元，建成水流新村和林家堡蛇盘溪新村，实施灾民安置、扶贫搬迁，安置43户161人。

社会事业

教育科技

长潭坪乡学校坐落于赤石坪村，始建于1958年。学校占地面积6250平方米，建筑面积3500平方米。2012年12月通过县“普九”验收，2013年12月通过省“普九”验收，2014年12月通过验收为合格学校。建校以来累计输送优秀毕业生600余名。2014年年末，境内有初级中学1所，小学3所；在校学生180人，入学率100%；教职工34人。

从2005年起，以乡、村农村夜校“屋里学”及实地宣讲“地里用”等形式，共集中培训农村劳动力2000多人次。

文化体育

2009年，乡有线电视网实现与县有线电视网络联网，发展有线电视用户802户，入户率60.5%。同时，给偏远地区发放广播电视地面卫星接收设施753台，基本解决农民看电视难的问题。至2014年年末，境内有乡文化站1个，村级文化活动中心8个，文化专业户10户，农家书屋9个，藏书9600余册。全乡共有民间乐队5支，农民演员100余人。民族文化内容丰富，有澧水号子、甄氏围鼓、土家摆手舞等，其中，传唱澧水号子的老船工朱柏林被认定为市级非物质文化遗产传承人，赤石坪土家摆手舞曾数次参加县级文艺汇演。各民族民歌、民舞盛行，是桑植边陲“民歌之乡”。坚持打造“生态、文化、旅游”之乡，重点保护和传承澧水号子、土家摆手舞等。通过举办“欢乐潇湘·美丽桑植”文化节和“美丽长潭坪春节联欢晚会”等活动，弘扬、传承优秀民族文化，助推经济建设，文化事业日趋繁荣。

近年来，体育事业发展较快，投资建成村活动中心8个。2014年年底，全乡有体育运动场10个，体育设施齐全，并经常开展群众体育活动，举办全民运动会，将民族体育与现代体育融为一体。

医疗卫生

从2012年起，卫生院与村级卫生所实行一体化管理，实行五统一机制，村卫生所规范运作，乡村医疗网络健全。2014年年末，境内有乡卫生院1所，计生站1所，村卫生室4个，从业人员15名，共有病床6张，固定资产160万元，担负全乡群众的医疗卫生服务工作。全面推进新型农村合作医疗、职工医疗保险制度，取得显著成效。

社会保障

1949年10月后，对老弱病残等困难群众给予救助安置。国家出台的惠农强农、良种补贴、退耕还林等惠民政策均落到实处，2014年，全乡共发放补贴和奖励项目3120万元，其中：耕地、农资补贴等240万元，移民后补贴481万元，退耕还林造林等补贴834万元，危房改造补贴380户320万元。2009年，筹资87万元，修建乡敬老院，供养“五保老人”30人。2014年，全乡农村最低生活保障对象423户1250人，保障经费支出43万元。农村“五保”对象集中供养20人，支出5.3万元；农村医疗救助44人次，民政部门资助参加合作医疗400人次，共支出4.5万元。国家抚恤、补助各类优抚对象30人，抚恤事业费支出3万元。参加新型农村养老保险3688人，参保率93%。

特色地情

历史人文

长潭坪乡是贺龙元帅战斗过的地方，是红色土地。由于长潭坪地处湘鄂边，地势险要，地理位置独特，是桑植东北部连接湖北的重要通道，历来是兵家必争之地。1927—1949年，从长潭坪走出罗朝湘、黄辉吾、朱纯才等多名红军战士，百余人为革命做出贡献。

名优特产

境内盛产长潭椪柑，平均单果重140克，最大达325克。果内可溶性固形物11.5%以上，糖份9.98%，酸量0.63%，可食率高达79.63%；果瓣整齐，汁液多，渣少，风味浓甜且香，后味长，品质极上。果实耐贮藏，且贮藏后的风味极佳，有生津止渴、润燥、和胃、利尿、醒酒之功效。长潭椪柑年产量约2万吨，年产值400万元，产品主要销往长沙、武汉、

红花岭伏击战遗址

广州、重庆等地，并远销到中国香港、澳门、台湾等地区、出口到新加坡等国家。

民俗风情

长潭坪乡土家族婚俗中仍保留有哭嫁的习俗。春节保留有“过赶年”习俗。

溇水号子 溇水号子是长期生活在溇水流域的各族人民在长期劳作和生活中形成的。长潭坪乡地处溇水中游，自古以来水势湍急、险滩频生的溇水是沿河各族人民进出大山的通道，逐渐形成具有地域特色的溇水号子。溇水号子没有固定的唱本和唱词，也不需要专门从师，全凭先辈口授，代代相传，大多是因时因地因人即兴而起，脱口而出，比较通俗。具有高亢激昂、气势磅礴、节奏明快、雄浑粗犷等特点。衬词多于唱词，七、五字或十字句式，一般是由一人领唱，众人合唱。溇水号子不仅艺术造诣深厚，思想内涵丰富，唱词往往以沿江的地名、历史、民俗、景观为题材，知识性、趣味性很强。随着江垭水库的修建，陆路、水路交通设施改善，水路的激流险滩大大减少，溇水号子唱和的相应减少，仅存在于老一辈人的口口相传之中。传唱溇水号子的老船工朱柏林被认定为市级非物质文化遗产传承人。

围鼓 围鼓是土家人世代相传的精神物化，在土家人的心中象征着吉祥，是对和谐团结、乐观豁达的祈求，至今仍流传在土家山寨，成为各种传统节日和喜庆活动不可替代的民俗演艺活动。最初形成于土家族先民的狩猎、伐木、垦植等系列劳动。他们根据自己对声响的喜爱，萌发一些上口成句、韵律感强的“音响词”，把这些“音响词”用称之为“家业”的生产工具敲打，谓之“打家业”，这便是最初的围鼓雏形。至今民间对这一演奏形式还保留着“家业”的习惯称谓，将打“围鼓”仍称之为“打锣鼓家业”。围鼓广泛应用于各族人民的节日庆典、开业剪彩、送兵报喜等喜庆活动之中。随着现代管乐队的涌现，传统的围鼓演艺活动减少。

（撰稿人：刘备　图：长潭坪乡等）

桥自弯乡

集镇全景

桥自弯乡是中华人民共和国开国中将、全国人大常委会原副委员长廖汉生的故乡。

区域概况

地名由来

相传在很久以前，境内有一株天生弯曲的古柳树，横跨于干涸的溪沟上，形成一座天然的木桥，供行人过往。加之，雨水过后地表水大多很快汩进地下溶洞阴河，致使境内地上水资源极为匮乏。“湾”字去偏旁“三点水”，表示无水之意，桥自弯因此得名。

位置面积

桥自弯乡位于桑植县西北部，东界洪家关白族乡，南连打鼓泉乡，西接凉水口镇，北邻谷罗山乡、芙蓉桥白族乡。总面积 76.68 平方公里。乡人民政府驻地距县城 20 公里。

建置沿革

1914年，属长瑞乡辖地。1949年10月，建樵子弯乡。1952年4月，分设长坪乡、松柏乡、柏杨乡、银杏乡、堰塘乡。1956年6月，长坪、松柏、柏杨、银杏、堰塘5个乡合并为樵子弯乡。1958年8月，为火箭人民公社；1959年2月，更名为桥自弯人民公社。1984年4月，改称桥自弯乡。1995年4月，并入凉水口镇。1998年10月析出，复为桥自弯乡。

行政区划

全乡辖邓家坪、张家桥、长坪、鸭儿池、李家垭、柏杨、王家村、潘家山、张家坡、刘家铺、钟家台、松柏、白果、岩塔、大溪口、五子弯、山羊溪17个建制村，共144个村（居）民小组。乡人民政府驻张家桥、刘家铺、邓家坪三村交界处。

自然环境

境内地处武陵山脉北麓，鄂西山地南端，海拔在400米～1100米之间。属亚热带高原季风湿润性气候区，四季不甚分明，干、湿季明显，无霜期偶有凝冻。但由于地貌分布存在较大差异，境内气候变化明显，常出现一山有四季、十里不同天的景象，是桑植县暴雨和主要雷击区之一。年均降水量1350毫米，日照1070小时。境内山峦起伏，溪河纵横，风景秀丽。地势北高南低，东西两侧群峰逶迤高耸，巍巍对峙，奔腾不息的澧水河蜿蜒从乡境穿流而过，后经两河口、南岔，直抵桑植县城。桥自弯与洪家关白族乡分界的桑树垭，是桑植县"内外半县"的咽喉要道，从古至今，人过垭口，即为进入桑植"内半县"或已至"外半县"。桥自弯是湘鄂边、湘鄂川黔革命根据地所辖中心区域。爱国主义教育基地——廖汉生故居，年接待游客3.5万人次。

人口民族

2014年年末，辖区总户数3473户，总人口14458人。境内有土家族、白族、苗族、回族等少数民族，以土家族为主。少数民族人口占总人口91%，

经济发展

经济综述

2014年，全乡实现生产总值7800万元，其中，农业产值3912.2万元，财政收入321万元，农民人均纯收入3017元。

农业

农业以种植业为主，粮食作物主要有水稻、玉米、红薯、马铃薯等；经济作物有烟叶、中药材、水果等。西瓜是乡域有名的特色产品，因本地土质特殊，产出的西瓜品质清脆甘甜，合心爽口，老少喜食，畅销县内外。近年来，逐步形成水果蔬菜、烟叶、中药材、畜牧养殖四大产业。全乡有以梨为主的水果种植面积66.67公顷；有以岩塔村五里方为重点的烟叶基地，24个种烟大户种植烤烟33.33公顷；有以李家垭村、柏杨村为重点的中药材生产基地，通过"公司＋农户"模式，种植中药材面积26.67公顷。畜牧业主要是稳定发展牛、生猪、山羊、家禽养殖，推进品种改良和规模化养殖。成立康惠畜牧养殖专业合作社，以此为龙头从四川万源引进种苗，建成鸭儿池黑山鸡基地，饲养黑山鸡2.2万羽，带动全乡养殖业的全面发展。2014年，全乡粮食总产量6700吨，种植烟叶33.33公顷，收购烟叶6万公斤，实现烟叶收入207万元，人均增收145.77元；西瓜产量1300千公斤，产值200余万元；水果产值170余万元；林业总产值800余万元；

存栏大牲畜473头、生猪0.9万头、山羊8000余只、家禽2.9万羽，养殖业总收入3400万元。

乡村企业

1949年前，境内有传统的土法烧制陶瓷器物、用品等制造业。1949年10月后，随着公路交通的畅通，以及农村改革不断深入，乡村企业得到快速发展，相继兴办陶瓷厂(窑火厂)、木材加工厂、煤矿等5家乡办企业。2008年以后，外出务工人员开始返乡创业、办厂，创办的梦晴床垫厂，在桑植县同行业规模最大，年生产销售优质成品床垫4000余张，销售产值120余万元。2014年年末，全乡工业总产值430余万元。

商贸服务

1949年前，桥自弯是湖南与湖北边界贸易往来的必经之地，也是贺龙早期赶马帮的重要中转站。1949年10月后，先后设立粮食、供销等国有、集体商贸服务机构，开展商贸服务。20世纪80年代后，农村剩余劳动力选择商贸经营活动。随着市场经济体制完善，个体私营经济逐步发展壮大，个体工商户急剧增加，国有、集体商贸企业通过改革、改制渐渐退出商贸流通市场，个体商业成为商业贸易主力军。2014年年末，集镇有大小超市14家，每月逢2日、5日、8日为桥自弯赶集日，日交易额110万~140万元。

劳务输出

2014年年末，境内有乡劳务保障服务站，劳务输出和输入服务体系健全，农村剩余劳动力进城就业每年1800人次，外出务工3500人次。建立起外出务工返乡青年再就业平台，开展农民青年培训行动，举办农业新技术等创业技能培训，累计培训823人次，发放创业贷款340万元。

基础设施

交通运输

桑(植)鹤(峰)、桑(植)梅(坪)公路穿境而过。2004年、2010年，先后投资180万元、210万元，在澧水河岸修建潘家山大桥和伍子弯大桥，将集镇南、北两岸连结起来，形成环形通道。2014年，全乡17个村全部通水泥路，总里程105公里。交通网络布局合理，覆盖全乡，四通八达，方便快捷。

邮电通信

2014年年末，境内有邮政代办所1个，邮政业务总量30.45万元，报纸杂志累计发行10.05万份；建成移动通信基站4座，联通通信基站1座，有固定电话用户1200户，移动电话用户1.2万户，互联网用户0.8万户；全年电信业务收入750万元。

供电饮水

2010年6月开工建设山羊溪水电站，2012年12月建成，成为澧水北源的第二个梯级电站；项目总投资约1.3亿元，位于山羊溪村境内，电站总装机容量2台6.3兆瓦，年发电量3800万千瓦时。近年来，先后完成白果、长坪、张家桥、刘家铺、邓家坪、鸭儿池、柏杨等7个村的农网改造工程，村村通电。境内地质条件多石灰岩溶结构，多溶洞，地表水大多渗入地下暗河，导致地表水资源匮乏。通过争取项目资金，建成蓄水逾100立方米的水池3座、水窖162口。从2010年起，先后投资460万元，用于抗旱应急、农村安全饮水综合项目，解决白果、松柏、长坪、张家桥、刘家铺、邓家坪、钟家台共7个村部分组居民饮水困难问题。至2014年年末，投资300多

万元，对集镇供水管网进行改造，集镇3000多人的生产生活用水问题得到解决。

水利建设

至2014年末，全乡水利设施较为完善，有水电站1座，小（2）型水库2座，新修灌溉渠道7700米，整修渠道1200米。投入资金600多万元，相继完成长坪、邓家坪的农业综合开发项目。山羊溪水电站水库控制集雨面积1056平方公里，正常蓄水位304.8米，总库容961万立方米，正常库容700万立方米，调节库容160万立方米。工程主要由左岸电站厂房、右岸4孔弧形闸门、重力坝组成。

村镇建设

集镇主要街道长1.5公里，常住人口3000余人。通过合理规划，结合开展城乡环境同治，彻底整治乡镇环境，美化街容街貌。投资近70万元，改造街道砂石路面成柏油路面，并沿街安装路灯70盏；新建政府综合文化广场，总面积1800平方米；建成岩榨坊垃圾集中处理站，年处理垃圾200吨；成立集镇管理大队，出台《桥自弯乡集镇管理暂行办法》，改变马路脏、乱、差的旧貌，农村环境卫生条件有较大改善；新建农村客运站，规范农村客运秩序。

社会事业

学校教育

1942年，设长瑞乡第11保国民小学；1970年，迁址更名为桥自弯公社中心小学；后由“全国红军小学建设工程办公室”援建，于2009年6月9日挂牌为“中国工农红军廖汉生红军学校”。进入21世纪，学校在党和国家、红军后代及社会各界人士的关心帮助下，不断加大投入，改善办学条件，教学质量稳步提升。坚持“质量立校、科研兴校、创新强校”，打造研究型教师，形成各项工作创一流、超一流的良好氛围。学校在省、市、县各种艺体竞赛和活动中多次获奖。2014年年末，全乡有在校学生1285人，教职工98人，校园占地面积3.37万平方米，建筑面积8683平方米；有村小学3所，在校学生42人，专任教师3人。小学适龄儿童入学率、初中适龄人口入学率、小学升初中升学率、九年义务教育覆盖率均达100%；有幼儿园2所，在园幼儿452人，专

任教师27人。

文化体育

2014年年末，文化信息共享工程基本实现“村村通”全覆盖，发展有线电视用户0.6万户。广播电视“村村通”覆盖全乡。17个村全部建立农家书屋，2个村配备广播室（报警器）。成功举办“欢乐潇湘·美丽桑植”群众文艺汇演，选手张小明、肖明媚在县级决赛中荣获两个并列一等奖。体育事业成果丰厚，本乡籍运动员廖雪芹在湖南省第十二运动会上，获皮划艇赛冠军。2014年9月，在湖南省九届残运会女子50米自由泳S8级比赛中，本乡籍运动员喻春秀夺得金牌。2014年年底，湖南省体校、张家界市体校到廖汉生红军学校，选拔10多名学生作重点运动员苗子培养。

医疗卫生

中华人民共和国成立之前，境内仅有民间草药郎中为病患看病疗伤。改革开放以来，桥自弯的卫生事业取得长足发展，先后设立公社（乡）卫生院和大队（村）卫生室。2014年，境内有乡卫生院1所，村级卫生室12个，诊所7个，医疗从业人员76人；全乡参加新农合参合率96%。

社会保障

2014年，全乡发放各项惠农、强农、富农补贴资金365万元，其中，种粮补贴268.73万元，农机购置补贴56.5万元，库区移民后期扶植基金11.07万元。近几来，累计争取危房改造资金15万元，进行农村危改项目建设，总建筑面积5600平方米。引导农民参加新型农村养老保险，缴费率90%以上。并加大对弱势群体的救助力度，扩大最低生活保障和社会救助的覆盖面，为全乡2247个老人发放养老金202.23万元，为城乡低保对象623户、935人发放生活保障金110.8万元，城乡低保、农村“五保”，实现应保尽保，乡敬老院服务水平提高。

特色地情

历史人文

廖汉生故居 位于张家桥村三百墩组，始建于清光绪年间，为一间低矮的木房，小青瓦屋顶。20世纪60年代，其弟廖章生修建两间三柱四棋

廖汉生故居

的木房，与廖汉生故居连为一体。2011年11月28日，重新修缮的廖汉生故居正式对外开放，总面积1300平方米，设有90平方米的陈列室。属红色旅游景点，是革命传统教育、爱国主义教育基地。廖汉生，1911年出生，1929年参加苏区游击队，1933年调入红军。曾任红二军团组织部部长，师政委，八路军120师团政委、代旅长，第一野战军纵队政委，军政委，任第一军政委兼青海军区政委，国防部副部长，军事学院院长，北京军区政委，南京军区、沈阳军区第一政委，全国人大常委会副委员长等职。1955年，被授予中将军衔。2006年在北京病逝。

名优特产

境内海拔地势较高，昼夜温差、土质等地理环境都适宜西瓜种植要求。桥自弯乡种植的西瓜甘甜爽口。每到收获季节，远近瓜果商贩蜂拥而至争抢货源，将桥自弯西瓜销往四面八方，成为桥自弯的一张名片。

风景名胜

从桑植县城出发，沿着桑鹤公路，经洪家关进入桥自弯山羊溪村与刘家铺村分界处，下车后走过峭壁上的一条羊肠小道，迎面而来的是一块钟乳石犹如一个硕大的猪头，悬于山崖上。下方是一个百余公尺见方的大石洞，这就是猪母娘洞（土家人称母猪为猪母娘）。洞内别具洞天，石柱、石笋，如开了膛的猪心、猪肺，栩栩如生。两排逼真的猪奶悬于洞顶，缝隙渗出的泉水从奶头丝丝滴下，宛若母猪的奶液，叮咚有声。再往前行，光线逐渐暗淡下来，泉水从石缝喷挤而出，嘶嘶的水声在洞中引起阵阵嗡鸣，有如风筝竹篁之韵，丝弦笛管之声，有琴师抚弦之妙，百鸟噪林之趣，充满着神秘与向往。

民俗风情

境内至今保留有“哭嫁”“过赶年”习俗。女人怀孕，叫“有喜”，不得在堂屋门槛上坐，说是怕亵渎家神；不能坐扁担、锄把，说是日后养的儿女懒惰；屋里不能钉钉子，怕“钉”到胎儿身上；不能打蛇，打蛇娃儿要唾舌子的；孕妇不准进洞房，怕发“四眼风”，不准踩水牛索，因为水牛怀胎要12个月，怕超月。小孩出生后，男方须向丈母娘报喜，生男孩就抱一只公鸡，生女孩就抱母鸡，丈母娘一看便知是男是女。3日后，做外婆的要去女儿家看外孙子（女），叫“洗三”。然后商定吉日送礼贺喜，叫“斟祝米酒”。外婆必送布料、婴儿毛衣、鞋帽、尿片及鸡、蛋、肉、米及摇篮之类的东西。还得给月母子送衣服，道是“儿奔生，娘奔死”，算是给月母子的慰劳。背小孩走夜路要把尿布搭在小孩头上，说是避邪；小孩满百天时，要舔猪尾巴，说不流涎水；女孩子吃鸡翅膀，说长大后会梳头；还让小孩喝画眉汤，说长大后能说会道；有的把小孩脐带放于高山顶上，说长大后胆子大，能办大事；小孩满周岁，要“挖周”，即做一岁生日。

（撰稿人：张毅　图：曹开胜等）

谷罗山乡

集镇全景

区域概况

位置面积

谷罗山乡位于桑植县北部腹地，东连天星山林场，南界桥自弯乡，西接凉水口镇，北邻四方溪乡。总面积58平方公里。乡人民政府驻地距县城33公里。

建置沿革

因罗峪河贯穿全境，河旁有一小山包，远看似谷箩，“谷罗山”因此得名。1912—1949年，属长瑞乡第7保辖地。1952年，属金藏乡。1953年，建谷罗山乡。1958年8月，划归太阳升人民公社。1959年2月，属凉水口人民公社。1961年9月，建谷罗山人民公社。1984年4月，更名为谷罗山乡。1995年4月，并入凉水口镇；1998年10月析出，复为谷罗山乡。

行政区划

2014年，全乡辖刘家河、卓家坪、罗潭、侯家堡、孙家台、学堂堡、周家堡、粑粑田、冷峰山、谷罗山、何家田、牛洞口、青湾13个建制村，共 64 个村民小组。乡人民政府驻谷罗山村。

自然环境

境内地形东西长，南北窄，东南、西北是大山，形成一个峡谷，中部地势低缓，形成丘陵，东有天星山，西有牛角尖。源于北部的罗峪河流经山地，河谷深切，形成长 45 公里的峡谷。水能资源充沛，罗峪河从东北至东南流经牛洞口、谷罗山、何家田、粑粑田、孙家台、学堂堡、罗潭、卓家坪，长 58 公里。上游无人居住，水质清澈，透明见底，有大鲵等珍稀动物。林地面积占总面积的三分之二，森林覆盖率 76.35%。属亚热带季风性湿润气候，受地形影响，有山地气候特色，冬暖夏凉，冬少严寒，夏无酷暑，年温差、日温差变化较小，年均气温 14℃～16℃。春夏两季降水量占年降水量的 70%，其中以 5—6 月降水最多。

人口民族

2014 年年末，辖区总人口 6950 人。境内有土家族、白族、回族、侗族、苗族、维吾尔族、黎族、壮族 8 个少数民族，少数民族人口 6204 人，占总人口 89%。其中，土家族 4377 人，白族 1593 人。

经济发展

经济综述

2014 年年末，全乡生产总值 4770 万元，农民人均纯收入 2254 元，财政收入 247.11 万元；金融机构存款余额 3920 万元，贷款余额 1020 万元。

农业

全乡以种植业、养殖业和林业为主。有耕地面积 374.47 公顷，其中，水田 254.6 公顷，旱地 119.87 公顷；播种面积 484.53 公顷，其中，稻谷 232.2 公顷，玉米 150.87 公顷，油菜 101.47 公顷。谷罗山村开发 6.67 公顷的烟草种植基地，收获烟叶 7.5 万公斤，获利 10 万元。大力发展蔬菜种植、蔬菜制种等产业，在刘家河村、侯家堡、卓家坪村建立蔬菜制种基地，种植面积 26.67 公顷，收获白菜、豆角种子 150 千公斤，产值 67.2 万元。2014 年，全乡粮食总产量 4616 吨，种植业产值 242 万元。全乡生猪、山羊、大鲵、鲟鱼、泥鳅养殖初具规模。有专业规模养殖户 10 余户，2014 年共出栏生猪 4945 头，其中仔猪 3344 头，肉猪 1601 头。出栏家禽 6602 羽，养殖大鲵 742 尾。在罗潭村建成西伯利亚鲟鱼标准化健康养殖场，养殖西伯利亚鲟鱼 3000 余尾，收入 55 万元。全乡养殖业产值 175 万元。境内林业资源丰富，是桑植北部生态型乡，有山林面积 1425.33 公顷，林木储积量 32890 立方米。至 2014 年，对 1395 亩油茶进行科学管理，林地清理、间密补稀、科学套种，多措并举，保证油茶产业健康发展。主要林产品有油茶、棕叶、板栗、柑橘、猕猴桃等，林业产值 57 万元。

商贸服务

因谷罗山地处山区，交通不便，信息不灵，工商经济与外界联系很少。1949 年前，没有官方商贸机构，仅有一些小商小贩到县城贩进食盐、布匹、百货来与当地农民交换农产品。1951 年，将多年来分地赶集的中罗峪和谷罗山两地合并一处赶集，集市设谷罗山，此后商贸开始兴隆。1952 年，建有加工辗房 4 座。1956 年年初，建立农村供销合作社。20 世纪 60 年代，经济进一步发展，农民有自留地和家庭副业，集市贸易逐步开放。1978 年，修建谷罗山信用合作社和供销合作社，为经济繁荣打下基础。中共十一届三中全会后，落实家庭联产承包责任制，调动农民生产积极性，全乡粮食连年丰收，农民也有余粮出售。80 年代末，开始兴办乡镇企业，相继出现砖瓦厂、肉食加工厂等企业；个体私营经济也发展迅猛，开办裁缝店、加工厂、百货店、饮食店、砂石场等。2014 年末，有个体工商户 42 户，从业人员 153 人；餐饮服务业 4 户，从业人员 13 人；社会消费品零售总额 1912 万元。

劳务输出

境内劳务输出典型，外出务工人员 2800 多人，占总人数 40%以上。外出务工潮自 20 世纪 90 年代开始，多以亲缘为纽带,外出务工途径主要以“亲帮亲、邻帮邻”自发性为主，以浙江永嘉县桥头镇为中心的周边区域，聚集谷罗山一半以上的务工人口。为加强对外出务工人员统一管理，在永嘉县桥头镇成立流动党支部、计生协会等组织，建立异地人员管理信息群，开通咨询热线。通过采取“政府推、干部带、宣传促、政策引”等办法，每年举办多期针对劳务输出的就业培训，及时选送青年农民参加转移就业培训，让他们掌握一定的基本技能和法律维权知识等，并定期组织人员到劳务输出集中地区提供上门服务。2014 年，劳务输出收入 3696 万元，成为全乡经济发展的重要支柱。

基础设施

交通运输

1949 年以前，谷罗山不通公路。1975～1977 年，修通谷罗山至桥自弯公路，开始改善交通条件，与外界的联系密切起来。1980 年，修通谷罗山与凉水口公路。1985 年 1 月，建起罗峪河上第一座石拱桥。1994 年冬，修建一座罗峪河大桥，进一步沟通与凉水口镇联系，可全程通车至凉水口。2005—2014 年，累计完成投资 2980 万元，改造谷罗山至桥自弯，谷罗山至凉水口主干路，完成刘家河等 8 个村的村级公路硬化 33 公里。新修牛洞口、罗潭、卓家坪等村的桥梁 18 座。乡域内有县道 1 条，在境内长 20 公里。2009 年建成新农村客运站，日发客运班车 7 班次，日均客运量 70～100 人次。此外，还开通至凉水口镇的农村公交线路。

邮电通信

2014 年年末，境内有邮政代办所 1 个，报纸杂志累计期发行 35 种 153 份。有电信网点 1 个，移动网点 1 个，固定电话用户 205 户，移动电话用户 598 户，互联网用户 51 户。有电视用户 1748 户，入户率 95.1%。建有移动基站 2 个，电信基站 1 个，联通基站 1 个。

供电饮水

电力电源主要连接凉水口镇 35 千伏安变电站。近年来,先后投入 520 多万元,对 9 个村电网进行改造，供用电质量和安全系数大幅提升。至 2014 年年末，全乡实现村村通电。2013 年，通过省财政专项资金补助、市县配套资金和自筹资金 245 万元，实施集镇饮水工程建设，建成一座功能设施齐全的现代化自来水厂，铺设供水管网 18.5 公里，解决集镇周边 7 个村近 3000 人饮水问题。

水利建设

1954 年 7 月，罗峪河两岸遭特大洪水淹没，农民损失惨重。1958 年 11 月，为改造灌溉条件，全公社群众集体出义务工修建拦河坝；1959 年，修成罗峪河上第一坝，并修建灌渠近 20 公里。1974 年，架通虹吸管引水渠道，两岸农田旱涝保收。1998 年 7 月特大洪水将全部河堤冲毁。又多方筹资 80 多万元，重修河堤 4000 米。2003 年，建成牛洞口拦沙大坝。2005 年开始，争取 150 万元资金，对罗峪河进行治理。投资 1500 多万元，完成罗峪河流域农业综合开发等项目，新建牛洞口、何家田、粑粑田等12个村灌溉主渠及支渠1.1万米，整修水渠7000米；兴修谷罗山、孙家台等村防洪堤1200米；完善何家田、学堂堡、孙家台等村灌渠3000米，解决中低产田灌溉面积373.33公顷。

村镇建设

1999年，新修乡政府办公综合大楼。2000年，新建集镇街道。2010年，完成集镇所有街道的水泥路硬化及路灯改造。2014年，改造政府院内篮球场，成为群众文化体育健身场所。新建和改造中心学校教学楼、卫生院门诊部、侯家堡等8个村级活动中心及谷罗山新农村客运站。建成周家堡、卓家坪、侯家堡等沼气示范村，累计建沼气池538口。

社会事业

教育科技

1912—1949年，境内学校教育有官办的保学和私办的私塾，校舍为宗祠或农舍。1950年，建谷罗山中心小学，校址设在刘氏祠堂，当时有学生30多人。1961年学校迁址，新修木屋5间，容纳学生近百人。20世纪70年代，形成各大队有小学，集镇中心有完小的教育布局。后因教育布局不断调整,多数大队（村）小学先后撤销合并或改为教学点。1980年，中心小学升级为中学，办起初中教育；1983年后，又变更为中心小学至今。1988年，修建一幢三层教学楼。1998年遭遇特大洪水，教学楼木屋被洪水全部冲走，师生只能在帐篷里上课；苏州大学捐资40万元修建一幢教学办公综合楼。2014年年末，境内有幼儿园2所，在园幼儿172人，专任教师9人；小学1所，在校学生365人，教职工40多人；年末小学适龄儿童入学率100%，初中适龄人口入学率、小学升初中升学率、九年义务教育覆盖率均达100%。

乡人黄礼儒善诗能文，喜钻创新发明。1901年，其改用木轴齿轮传动新式马拉磨，为当地首创；1930年，发明水力驱动轮式磨坊；1936年，研制成脚踏式24支头纺纱机；1939年，试制成功反应节令时辰的日晷，受县府嘉奖，传为佳话。

村级活动中心

1949年10月后，境内侧重运用科技发展农业、乡镇企业、工商业等。改革开放实行家庭联产承包责任制后，设立乡农科教中心，注重为三农服务，全面推广良种、良制、良法，实施科技兴农，农产品产量大幅提高。

文化体育

2014年年末，境内有乡文化站、广播电视站各1个，有村级农家书屋13个，藏书2万册。谷罗山乡古朴的民间艺术内容丰富，有傩戏、花灯戏、汉戏、佛戏等，其中傩戏盛行，从业人员20人，经常开展演出。集镇、学校体育设施较为齐备，有篮球场、乒乓球桌、田径运动场。通过把民族体育和现代体育项目融为一体，乡村、学校定期举行全民运动会、学校运动会，经常组织开展体育活动。近年来，先后举办3届“罗峪杯”农运会和全乡水上运动会，2009年被省政府评为“体育先进乡镇”。2011年，组团参加县第七届运动会，获得男子组押加银牌和男子组象棋铜牌；2012年，组队参加桑植县首届土家族摆手舞大赛，获优秀奖；2014年，胡长清获桑植民歌手选拔赛优秀奖。

医疗卫生

2014年年末，全乡有各级医疗卫生机构5个，其中，乡卫生院1所，村卫生室4个；病床10张，专业卫生人员9人。新型农村合作医疗参合人数6672人，参合率96%。

社会保障

投资87万元的乡敬老院，占地8亩（其中生产基地5亩），建筑面积800平方米，2010年9月竣工投入使用，集中供养26名“五保”老人。2014年，全乡享受低保人数394人，分散供养五保对象26人。实施“残疾人无障碍改造”工程，先后为3名重度肢体残疾人进行无障碍改造；实施安居房建设、地质灾害搬迁和危房改造，共计289户。

特色地情

历史人文

谷罗山乡历史悠久，自然环境优美，是一片红色热土，有着传奇的革命历史。近百年来，乡内有识有志之士投身革命，有覃章相、覃章照、覃章高、谭启林等30多名烈士。境内是贺龙元帅曾经战斗过的地方。

罗峪整编旧址 位于学堂堡村中罗峪。旧址始建于清朝末年，为贺龙亲族贺佩卿、贺文汉住宅，坐南朝北，木屋12间，占地343平方米。

武花灯

罗峪整编旧址

1928年7月初，国民党桑植团防陈策勋、姜文周勾结敌人又一次偷袭洪家关。在敌强我弱、敌众我寡的情况下，工农革命军几经受挫，贺龙搜集失散部队在罗峪进行休整。此时，中共湘西特委委员、宣传部部长陈协平历经艰险在崇山峻岭中找到贺龙，向贺龙传达中共湖南省委决定将“湘西北特委并入中共湘西特委”的指示，并在红军中组建中共湘西前敌委员会，贺龙任书记。加强对红军的统一领导，将部队进行整编，此次整编史称“罗峪整编”。罗峪整编将工农革命军改编为工农革命军第四军，贺龙任军长，下辖一个师两个大队，全军共1500人。罗峪整编，是工农革命军逐步走向成熟的一个重要里程碑。“罗峪整编”遗址被列入张家界市32处经典“红色旅游”资源，正在进行整合开发。

鸡公峡（红军家属避难洞） 位于牛洞口村境内，鸡公峡有个鸡公洞，里面有千丘田，非常壮观。鸡公洞又是红军家属的避难洞，当年贺龙的夫人蹇先任和贺锦斋烈士的夫人戴桂香为躲避国民党反动派的搜剿，带领红军家属在此洞居住一年多，吃用全靠当地群众补给。

名优特产

境内盛产柑橘、干果、油茶。畜牧业以山羊、竹鼠为主。有娃娃鱼等珍贵渔业水产资源，2014年存栏娃娃鱼742尾。传统加工农产品有腊肉、香肠、魔芋、土家滋粑、蒿子粑粑等。

风景名胜

谷罗山人勤劳朴实，爱山惜水，临罗峪河而居，依谷罗山而住。虽历经变迁，但境内山青水秀，始终保存着原始的山形地貌和各种丰富的资源。有榉木、梓树、银杏等珍贵树种；有珍禽奇兽；有麝、麂、山羊、野猪、野兔等野生动物。罗峪河上游人烟稀少，水质清澈，透明见底，有大鲵等珍稀动物。罗峪河两岸山峦起伏、绿树葱

牛洞口“小三峡”

葱、鸟语花香、泉水潺潺，是旅游避暑胜地。

牛洞口“小三峡” 从天星山至牛洞口 45 公里，河谷深切，形成长长的峡谷。峡谷内无人居住，水质清澈，透明见底，峡谷两岸山峦起伏、风光优美。有大鲵、田鸡、麂、山羊、野猪、野兔等野生动物 100 多种，有樟树、楠树、黄杨、榉木、梓树、银杏、金刚梨、七叶一枝花等植物 1200 多种。峡谷内连接着 10 多条小峡谷，以雄、险、秀、野的原始风貌自居，还有风车口峡谷、白龙泉瀑布、桌子岩、两水过劲等景点，是野外徒步休闲避暑、垂钓首选地。

自生桥 境内周家堡村有天桥一座，方言自生桥，附近有大小溶洞 5 个，有叶叶岩、眨口洞、连二洞、仙人洞。这些洞内天然奇石怪异，面积 5000 多平方米，是很好的旅行开发景点。洞内常年温度 25℃，冬暖夏凉。

（撰稿人：李双　钟恒　图：谷罗山乡　曹开胜）

沙塔坪乡

集镇全景

区域概况

位置面积

沙塔坪乡位于桑植县西北部，东与凉水口镇、苦竹坪乡相邻，南与陈家河镇接壤，西与蹇家坡乡、细砂坪乡交界，北与芭茅溪乡相连。辖区东西长19公里，南北宽13.2公里，总面积132.5平方公里。乡人民政府驻地距县城45公里。

建置沿革

1912—1945年，属游乐乡辖地。1946年，分属乐来乡和游安乡。1952年4月，分设沙塔坪乡、冷水乡、四元乡、杨家坪乡、大木塘乡、成竹乡。1956 年 6 月，6 个乡合并为沙塔坪乡。1958 年 8 月，改称红星人民公社。1959 年 2 月，更名为沙塔坪人民公社。1961 年春，分设沙塔坪人民公社和大木塘人民公社。1984 年 4 月，沙塔坪人民公社改称沙塔坪乡。1995 年 4 月，与大木塘乡再合并为沙塔坪乡至今。

行政区划

2014 年，全乡辖沙塔坪、分水岭、尼古田、冷水塔、大湾口、鹿耳口、天平、廖家坡、农科站、花椒园、杨家坪、水井台、彭家湾、咱家坡、茶盘口、四园坡、向家湾、大木塘、水田塔、大庄、坪塔、麻田坪、汪家垭、唐家庄、袁家桥 25 个建制村，共 166 个村民小组。乡人民政府驻农科站村。

自然环境

境内四周山峰高峻，中间多丘陵洼地，最高处九龙山海拔 1310 米，最低处大湾口海拔 360 米。属亚热带季风湿润气候，气候差异较大，四季明显，干湿明显，年平均降水量 1042.2 毫米，秋季干旱，冬季多雪，部分地区有冰冻，年均日照 1140 小时。境内河流属澧水流域，澧水北源流经鹿耳口村，沿岸树木丛生，环境优美，可开发漂流旅游项目。矿产资源丰富，是湘西北最大的萤石矿区，是张家界市最大的重晶石矿区，开发前景可观。物产丰富，主要有花生、油茶等，素有“花生之乡”“油茶之乡”之称。

人口民族

2014 年年末，辖区有 4204 户，15782 人。境内有汉族、土家族、苗族、回族、壮族、高山族等民族，其中土家族人口占总人口 90%。

经济发展

经济综述

2014 年，沙塔坪乡实现生产总值 1.2 亿元（其中，农业产值 3524 万元），财政收入 320 万元。

农业

全乡农业人口 14685 人，占总人口 93%；耕地面积 777.6 公顷，人均耕地面积 0.05 公顷。粮食作物以水稻、玉米、红薯、马铃薯为主，经济

油茶基地

作物主要有油菜、花生、油茶等。2014年，粮食总产量9440吨，人均598公斤。主要农产品产量：稻谷3348吨、玉米3035吨、薯类2696吨、花生4365吨。饲养黄牛1995头、山羊683只。近年，随着农业产业化建设步伐加快，产购销“一条龙”的农村专业合作组织不断涌现，至2014年末，全乡有5个村级专业合作社。坪塔村山羊养殖专业合作社，有成员35人，合作社年收入35万元；国英中药材专业合作社，有成员64人；袁家桥黑山鸡养殖专业合作社，有成员25人；小峰中药材专业合作社，有成员35人；牛坊畜牧养殖专业合作社，有成员5人。

商业贸易

1954年，设沙塔坪供销社，有生资门市、百货门市、日杂门市、布疋门市、副食门市及土产门市，总资产约100万元。1997年，改制后拍卖。境内有内半县最大的肉牛交易市场和花生收购市场，辐射周边龙山、鹤峰等地10余个乡镇，是内半县商贸繁荣的集镇之一。

劳务输出

1978年改革开放以后，境内农村剩余劳动力外出务工收入成为农民收入来源的主要组成部分。2014年，全乡外出务工劳动力5190人，创收5500万元，占全乡总收入45.8%。

基础设施

交通运输

桑（植）鹤（峰）公路穿境而过，以桑鹤、桑（植）龙（山）公路为主轴，构成与周边凉水口镇、陈家河镇、蹇家坡乡、苦竹坪乡、芭茅溪乡等连为一体的密集公路交通网络。至2014年年末，累计投入5000余万元，完成23条公路建设，通车里程110余公里。其中，村组公路90公里，23个村实现通水泥路。澧水北源沙塔坪乡鹿耳口河段可通航。

邮电通信

2014年年末，境内有邮政代办所1个，电信企业1家，固定电话用户65户，移动电话用户7856户，联通电话用户235户；家庭有线电视用户3956户，入户率94.1%。

供电饮水

至2014年年末，累计投入1500万元用于电网建设，全乡25个行政村全部通电，其中，完成15个村农网高低压改造工程，尚有10个村农网改造正在按计划逐步实施。2013年，投入256万元，解决集镇和沙塔坪、农科站、杨家坪3个村的人畜饮水困难问题。汪家垭、唐家庄、坪塔等村仍存在饮水困难。

水利建设

境内溪河密布，拥有得天独厚的水利资源优势。1949年10月以后，建成一批农田水利设施。至2014年年末，全乡有水井台水库等上型水库3座，整修山塘6座。

村镇建设

至2014年年末，全乡累计投入25万元，建成农村用户沼气池200口。已建成村级组织活动中心19个。

社会事业

教育科技

沙塔坪中心完小始建于20世纪40年代初，1997年以前还是“一校三点”（由于没有教室，分布在三个不同的地方教学)的格局。之后，通过“普及九年义务教育”验收，新修教学楼、学生宿舍楼和教师宿舍，教学条件逐步改善。近年来，在抓好教学质量的同时，大力推行素质教育，取得显著成绩，被授于县示范性中心小学。沙塔坪中学一贯凭学校严格科学管理，老师奉献敬业精神，学生勤奋刻苦学习和严肃活泼的校风，成为全县农村中学当中的佼佼者，吸引着周边学生就读。2009 年春季毕业会考，初三各科进入全县前五强，学校综合排名全县第四，办学质量在“内半县”居第一，赢得社会各界好评。

全乡科技工作以农业科学技术培训和农业新技术、新品种推广应用为主，成为全乡农业发展、农民增收的重要条件。

文化体育

全乡民族文化内容丰富。2013 年，成功举办“欢乐潇湘·美丽沙塔坪”群众文艺会演，并组队参加“欢乐潇湘·民歌桑植”群众文艺会演，凭借《薅草锣鼓》的展演，荣获全县第二名，获得表彰和奖励。每年都开展农村电影公益放映和免费送戏下乡活动，放映、演出 300 余场次。2014 年年末，境内有文化广播站 1 个，村级文化活动中心 19 个，农家书屋 25 个，收藏各类书籍 20 余万册。卫星电视地面接受装置惠及全乡 25 个村近 1.6 万农村人口，解决山区农户收看电视难的问题。

2008 年 9—11 月，沙塔坪中学举办“教职工 5000 米长跑比赛”“教职工拔河赛”“学生田径运动会”等体育活动，师生人人参与。2009 年 10 月，沙塔坪中学代表队获县第六届中学生篮球赛初中男子组亚军。2010 年，在全县小学生田径运动会上获得女子垒球冠军、男子铅球和 200 米赛跑冠军。

医疗卫生

2013 年，投资 108 万元，改扩规范乡卫生院，全面实施基本药物制度，医疗卫生条件改善。2014 年末，全乡有乡卫生院 1 所，病床 21 张，专业卫生人员 18 名；村卫生室 7 个。

社会保障

2008 年，投入 65 万元，建成乡敬老院 1 家，总占地面积 6000 平方米，总建筑面积 750 平方米，集中供养“五保”孤寡老人。近年来，城乡低保对象人均补助标准大幅提高，2014 年达到 140 元，共有 999 名困难群众纳入低保范围。至 2014 年年末，累计投入资金 353 万元，完成农村危房改造 442 户。

群众文艺汇演

鹿耳口村吊桥

鹿耳口村漂流

特色地情

历史人文

沙塔坪乡文化底蕴深厚，自然环境优雅，乡域特色浓郁。是澧水的发源地之一，境内溪流密布，且落差较大，溪流汇入澧水北源，澧水北源贯穿沙塔坪乡六耳口村。沙塔坪乡是桑植民歌的发源地之一，民歌风趣幽默，充分表达出土家人的风情特色。2009 年 11 月中旬，在桑植县第六届中小学生文艺调演中，乡中学学生表演的舞剧“永恒的旗帜”荣获二等奖；2013 年 7 月 24 日，在乡中心小学操场上，全乡人民欢聚一堂、载歌载舞，成功举办“欢乐潇湘·美丽沙塔坪”群众文艺汇演，《挑担油茶出山来》《最美还是沙塔坪》等老歌新唱，唱出乡境新气象、新面貌。

风景名胜

沙塔坪乡有丰富的水利资源，可开发温泉、漂流等旅游项目。澧水北源途经的鹿耳口村邹家坪组的水域，由于受地热影响，形成温泉，泉水水温约 38℃～40℃。私人投资正在进行小规模开发，年接待乡村游客约 4500 人，带动从业农民增收约 1.8 万元。澧水北源途经的鹿耳口村至凉水口镇渔兰溪流域，河水清澈，河道宽阔，水流湍急，可进行漂流旅游项目开发。

民俗风情

沙塔坪乡民风纯朴，以土家族习俗更浓，除共有的土家民族习俗外，当地所特有的是在日常生产劳动生活中形成的“放花灯”活动。花灯，是沙塔坪乡传统农业耕作的文化产物，兼具生活功能与艺术特色。沙塔坪花灯兴盛于 20 世纪六七十年代，当时的全公社各个生产队，每年腊月都会制作花灯，以庆祝一年劳作的丰收。

（撰稿人：徐勇　图：沙塔坪乡）

苦竹坪乡

区域概况

位置面积

苦竹坪乡位于桑植县西北部，东与四方溪乡交界，南与沙塔坪乡接壤，西与芭茅溪乡毗邻，北与龙潭坪镇相邻。总面积 50.55 平方公里。乡人民政府驻地距县城 55 公里。

建置沿革

苦竹坪乡因境内苦竹丛生而得名。1912～1949 年，属长瑞乡辖地。1949 年 10 月，分属银合乡、银市乡。1956 年 6 月，银市乡、银合乡、鹿耳口乡并为苦竹坪乡。1958 年 9 月，属建苏人民公社。1959 年 2 月，更名为龙潭坪人民公社。1961 年析出，设苦竹坪人民公社。1984 年 4 月，更名为苦竹坪乡。1995 年 4 月，并入龙潭坪镇；1998 年 10 月析出，恢复苦竹坪乡。

行政区划

2014年，全乡辖狮子塔、苗儿庄、古罗界、农科站、苦竹坪、市尤坪、金子山、长峪、银石坪、陈家垭、张家湾11个建制村，共62个村民小组。乡人民政府驻农科站村。

自然环境

境内属于武陵山脉中部，大部分为高山，地势南高北低，平均海拔500米左右。苦竹坪位于山地顶部的大盆地，由湖盆沉积而成，后湖水外泄，湖底出露，因而土壤层较周边地区深厚，较为肥沃。属亚热带季风湿润气候，年均日照1372.3小时，气温16.9℃，无霜期272天。由于澧水北源从乡境庙嘴河擦边而过，且境内大部分溪流又常年干涸，因此，苦竹坪是典型的干旱乡。境内的自然灾害主要有冰冻、旱涝、霜冻等。

人口民族

2014年年末，辖区总人口6083人。境内民族以土家族为主，还有汉族、白族、苗族等。少数民族人口占总人口98%。

经济发展

经济综述

苦竹坪乡经济以农业为主。2000年，农民人均纯收入807元。2014年，全乡生产总值3542.4万元，财政收入251.87万元，农民人均纯收入2500元。

农业

全乡有农业人口5767人，占总人口94.9%。农业是主导产业，粮食作物有水稻、玉米、红薯、马铃薯，经济作物有油茶、油菜、花生等，畜牧业以猪、牛、羊、家禽养殖为主。过去一直沿袭刀耕火种、广种薄收的原始农耕习俗。中共十一届三中全会以后，不断深化农村改革，完善农业水利基础设施，普及推广优质良种，产业结构日益优化，农民收入大幅增加。2014年，粮食播种面积411.6公顷，粮食总产量2479.4吨；花生产量98.5吨，油菜产量93.97吨。饲养生猪1700头、牛133头、羊262只、家禽5547羽。油茶

金子山果树基地

种植面积380公顷；烟叶种植面积14公顷，产烟302担；百合种植33.33公顷。全乡农业产业建设呈良性发展势态，2014年年末，农村专业合作社发展到4家，合作社成员22个。有金山果园、湘澧农业、金山油茶等专业合作社，年营业收入均在50万元以上。

商业贸易

1974年前后，苦竹坪公社供销社设有3个柜台、2个门市部、1个转运站，有职工6人，担负着全公社10个大队56个生产队生产生活资料的购销工作。随着市场经济体制的完善，集体经济相继改制，个体私营经济居主导地位。2014年末，有个体工商户63户，从业人员144人，其中，住宿餐饮服务行业3户，从业人员8人；实现社会消费品零售总额112万元。

劳务输出

随着农村经济体制改革的不断深入，农村剩余劳动力自发向广东、浙江、上海等沿海经济发达、劳动力短缺的地区转移就业。通过政府引导和对输出劳务人员进行技能培训，外出劳务人员素质不断提高，转移规模日渐扩大。2014年，全乡外出务工劳动力2131人，占全乡劳动力总数62.7%，其中，省外务工人员1479人，占外出务工劳动力69.4%。

基础设施

交通运输

桑（植）梅（坪）公路贯穿全境，是全乡交通主干道。2006年以来，投入165万元，拉通并硬化苗儿庄—古罗界—金子山—长峪9公里的乡内大环形公路；完成古罗界、金子山、长峪、苗儿庄、农科站、苦竹坪、狮子塔7个村村道水泥硬化25.1公里；修通和完善村道14.5公里。2014年，新建乡农村客运站和18个客运招呼站。年末，全乡公路总里程60多公里，实现村村通公路，农村客运班线覆盖率82%。

邮电通信

2014年年末，境内有邮政代办所1个，报纸、杂志累计期发行40种185份。有移动通信基站4座，信号覆盖全乡。有电信企业1家，固定电话用户36户，移动电话用户3383，互联网用户76户；全年电信业务收入20万元。

供电饮水

2014年末，全乡村村通电；完成6个村的农网改造，尚有5个村电网改造正按计划实施。全乡总用电量5.4万千瓦时，基本满足群众生产生活电力需求。近年，投资47万元，完成净化水厂建设，解决2200人安全饮水问题，集镇安全用水条件得到改善。先后完善3个村的人畜饮水工程，到2014年年末，全乡自来水用水户547户。

水利建设

虽然澧水北源从苦竹坪乡边境流过，但由于地势差异大，未能充分有效利用，加之境内大部分溪流常年干涸，长期制约苦竹坪经济发展。2002年，从苦竹坪西北部的张家湾村跨越3座大山引来泉水，新建数座储水塔。近年，投资100万元，整改山水塘2口，整修渠道4000米，扩大灌溉农田面积133.33公顷。2014年，完成狮子塔村庙嘴河电坝下游河堤建设，农田水利设施逐渐完善。

村镇建设

进入21世纪，集镇建设发展迅速。2006年，新建农贸市场，占地面积3256平方米，设有蔬菜肉食、服装鞋帽、日化百货等多个交易区域，有猪、牛等牲畜交易区和130个摊位，能同时供1000余人进行农副产品和商品交易。2008年，

穿山饮水隧洞

新建集镇街道长400米；并投入190万元对道路进行硬化、绿化，加强下水道建设、路沿石铺设及亮化。2009年，投资10万元对农贸市场进行改造，新增摊位30个，水泥硬化地面600平方米，加盖2万匹小青瓦，完成97米下水道等相关设施。农村村部和活动中心建设步伐加快，9个村有较好活动场所，远程教育设备齐全。为打造“生态宜居”环境，苦竹坪乡对集镇街道、公路干线环境卫生进行整治，成立集镇街道管理委员会，安排专人负责。筹资修建大型垃圾填埋场1个、焚烧池300个、绿色环保垃圾池30个，集镇发放果皮箱60个，增配户用垃圾桶660个，垃圾转运车1台，新建垃圾转运站1个，垃圾收集处理设施不断完善，全乡70%以上的垃圾得到妥善处理。倡导使用清洁能源，改善人居环境。2014年，建设沼气池150口，改厕120户，安装太阳能热水器150台，调动群众创建生态文明的积极性、参与性、自觉性，有2个村被评为市级生态文明示范村。

社会事业

学校教育

近年来，以创建省级义务教育合格学校为契机，先后投入250万元，加强学校基础设施建设和改造。乡中心完小新修教学楼820平方米，新建200米环形跑道及操场，并对校园进行环境绿化、地面硬化。同时对各功能室进行整修，配备实验室、多媒体、广播系统、音体美器材、各种仪器设备和6069册图书、200套新课桌椅、75架学生床铺。2014年年末，境内有幼儿园2所，在园幼儿101人；小学2所，在校学生373人，专任教师23人；小学适龄儿童入学率100%。

文化体育

2013年举办“欢乐潇湘·美丽苦竹坪”群众文化活动。2014年举办的“古罗界村首届民俗文化节”，激发基层群众的文化热情，丰富群众的精神文化生活。有校园、机关等体育健身活动场地3个，并经常组织开展群众文化体育活动，增强全民体质。2014年年末，境内有乡文化广播电视站1个，村级文化活动中心9个，各类图书室9个。

医疗卫生

近年来，投资30万元修建300平方米的乡卫生院办公楼，添置医疗设备，改善住院条件。2014年末，全乡有医疗机构4个，其中，乡卫生院1所，村卫生室3个；有病床14张，执业助理医师4人，配有B超、心电图、生化仪等常规诊疗设备。新型农村合作医疗参合人数5302人，缴费47.7万元，参合率97%。乡卫生院开展儿童计划免疫服务，接种率99.5%。

社会保障

2010年，投资75万元，新建乡敬老院，占地8亩（其中生产基地4亩），建筑面积800平方米，集中供养“五保老人”19人。2014年，全乡城镇最低生活保障对象6户7人，农村最低生活保障对象290户、543人；农村“五保”对象分散供养3人，共发放困难户救助金6000元；为6人申请临时救济金1万元；为20人提供临时医疗救助，发放救济金5000元；完成农村危房改造17户；新农保参保率89%。

特色地情

名优特产

油茶 境内气候和地理环境非常适宜山地油茶树的生长。2010年，通过招商引资，推广油茶种植业，开展农业合作。2012年，开始大规模种植油茶。至2014年，全乡油茶种植面积5700亩。采取“专业合作社＋基地＋农户”的生产经营方式，按照“土地流转＋连片开发＋大户承包＋规模经营”的经营模式，推动油茶产业规模化发展。乡党委、政府引导成立金山和唯美油茶专业种植专业合作社，产出的油茶等系列产品，畅销县内外市场，深受消费者喜爱。

百合花 百合花有“云裳仙子”美称，其鳞茎由鳞片抱合而成，有“百年好合”“百事合意”之意，被视为婚礼必不可少的吉祥花卉。百合味甘微苦，性平，入心、肺经，有润肺止咳、清心安神功效，可用于热病后余热未消、虚烦惊悸、神志恍惚和肺痨久咳、咯血、肺脓疡等症，有较高的市场价值。近年来，采取政府引导的方式，号召群众种植百合。至2014年年末，全乡种植百合500余亩。

风景名胜

金字山 苦竹坪乡远近闻名的山峰“金字山”，在境内任何一角都能窥其神采，因形似“金”字，故名。“金字山”山势险峻，挺拔矗立，冬季山顶常年积雪，被当地人称为小富士山。金字山风景优美，野生动植物资源丰富，常见的野生动物包括黑熊、红腹锦鸡、红腹角雉、野兔、穿山甲、果子狸、五步蛇、狐狸、野猪、豪猪、竹鼠等。20世纪50年代尚有华南虎、云豹等出没。金字山半山腰曾有一座远近闻名的盘古庙，

百合花种植基地

供奉中华民族开天辟地的盘古。据传，此庙始建于南北朝时期，远近慕名而来的香客如云，“文化大革命”时被毁。今存遗址。

三姊妹岩 位于张家湾村，有石英砂岩石柱，其中最神奇的要数当地人津津乐道的“三姊妹岩”。三根参天巨柱擎天矗立，各有风韵，宛若三名婀娜多姿的少女，在深山中等待千年前离去的爱人。

咔咔洞 境内喀斯特地形广布，喀斯特溶洞、地下河、天坑在许多村落随处可见。其中，最具代表性的是位于集镇中心西北方的“咔咔洞”。这座位于山顶的喀斯特洞穴由于山体坍塌展露在世人面前。洞中可容下数百人，当年湘西土匪盛行，乡民多曾于此避难。咔咔洞中有前后两个厅室，前厅较小，站在洞口可以鸟瞰全乡；后厅较大，亭中有一个常年积水的小水潭，山体中的毛细水从岩壁析出，汇聚成一条小溪，汇入水潭，终年不涸。当地人不知道水从何来，称之为“天水”。据当地人说，饮咔咔洞中的山泉之后，可消灾解难，一生平安。

民俗风情

苦竹坪人使用西南官话，属于土家族聚集区。土家人的吊脚楼依山傍水而建，完全由当地木材构建而成，冬暖夏凉，坚韧稳固，是土家先民留下来的宝贵财富。土家人盛行“傩戏”，生小孩时、老人生日时，都盛行请当地的巫师在家，大宴宾客，称为“还傩愿”。傩戏是当地土家人古老的宗教仪式，体现了土家先民畏惧自然、崇拜自然的原始认知，也寄予土家人对生活的热爱和颂扬。此外，苦竹坪人许多人家有酒窖，用传统方法自酿浑酒，有一股浑厚的独特醇香。每当客人来到，主人都会端上自己家酿造的浑酒款待远来的朋友。

（撰稿人：胡婧　图：苦竹坪乡等）

四方溪乡

自然风光

区域概况

位置面积

四方溪乡位于桑植县北部，东与谷罗山乡交界，南与凉水口镇接壤，西与龙潭坪镇相连，北与湖北省鹤峰县梅坪乡毗邻。总面积83.3平方公里。乡人民政府驻地距县城78公里。

建置沿革

1912—1949年，属长瑞乡10保辖地，1952年4月，分属大湾乡、鹿耳塔乡。1956年6月，大湾乡、鹿耳塔乡合并为四方溪乡。1958年8月，并入建苏人民公社，1959年2月，建苏人民公社更名为龙潭坪人民公社。1961年1月，设四方溪人民公社。1984年4月，改称四方溪乡。1995年4月，并入龙潭坪镇。1998年10月析出，恢复四方溪乡。

行政区划

2014年，全乡辖洪家峪、大洞堡、斋公坪、响水洞、四方溪、芭蕉垭、社仓坪、茶园坪、塔场坪、平头岩10个建制村，共63个村民小组。乡人民政府驻四方溪村。

自然环境

境内山脉相连，沟壑纵横，最高处白马山海拔1292米，最低处四方溪村海拔520米。境内有大小溪沟240条，大小山头380座，其中，中部为一低谷，有4条小溪从四方汇合于此，故名四方溪。“头仰面壁山连山，隔沟相望走半天”是境内地理环境的真实写照。属中亚热带山地型季风性湿润气候，冬暖夏凉，年均气温16.7℃，年均降水量900～2000毫米。境内土壤类型多样，主要有黄色石灰土、黄壤性土、石灰性紫色土等类型，其中，黄色石灰土占全乡土壤面积75%以上。境内有丰富的林业资源，有退耕林地面积7200多亩，是全县有名的林业之乡，优良速生珍贵树种黄杉群落生长面积居全省首位，1999年被列为GF保护林基地。境内有野生五倍子分布面积2万多亩，成为张家界市第一个五倍子生产基地地。境内还有近万亩野生棕叶和丰富的煤炭、铅锌等矿产资源。

人口民族

2014年年末，辖区总人口5504人，人口出生率1.13‰，自然增长率0.44‰。境内有土家族、白族、苗族等少数民族，少数民族人口占总人口98.58%，其中，土家族人口5390人。人口密度每平方公里66人。

经济发展

经济综述

2014年，全乡实现生产总值1007万元，其中，农业生产产值862.99万元，农民人均纯收入2017元。

农业

中共十一届三中全会以后，境内实施家庭联产承包责任制，全乡农业生产逐步向高效、优质方向发展。至2014年年底，粮食播种面积519.07公顷，总产量3466吨，人均629.7公斤，其中，稻谷1553千公斤，玉米876千公斤，豆类98千公斤。近年来，在发展种植业的同时，因地制宜发展林业、畜牧养殖业和特色产业。2014年，全乡有林地面积0.71公顷，实施退耕还林面

黄杉

积133.33公顷，野生辽竹叶面积666.67公顷。全年竹木采伐量2900立方米，主要林产品产量28吨。畜牧业主要以生猪、牛、山羊养殖为主，有生猪养殖大户3户，家禽养殖大户4户，蜜蜂大户38户，养蛇专业户3户。2014年，全乡共饲养生猪3100头，山羊3300只，牛445头，家禽1.3万羽。至2014年末，先后成立昌隆五倍子种植专业合作社、宏胜油茶种植专业合作社、凤武生猪养殖专业合作社、万事兴畜牧养殖专业合作社和龙升蔬菜种植专业合作社等农村新经济组织。

乡镇企业

20世纪60年代，伴随大炼钢铁和大跃进浪潮，境内相继成立铁厂、车模加工厂、鞭炮厂。1995年撤乡并入龙潭坪镇后，四方溪铁厂、车模加工厂及鞭炮厂相继关闭。近年，通过利用丰富的林业资源发展优势产业，乡村工贸企业得以发展。至2014年年末，有木材经营企业2家。

商贸服务

1955年后，境内先后成立供销合作社、粮店和肉食组。随着市场经济全面发展，供销合作社、粮站和肉食组作用逐渐弱化，并于1996年撤销乡粮站，2000年分别撤销乡供销合作社和肉食组。第三产业起步较晚，但近年发展较快，个体工商户、个体私营企业逐渐增加，基本形成以零售业为主的乡、村两级商贸网络。2014年，全乡有个体工商户21户，从业人数56人，其中，餐饮服务业3户，从业人数7人。

劳务输出

1978年改革开放以后，农村剩余劳动力为增加家庭经济收入，逐渐向珠三角、长三角等经济发达的沿海地区转移就业。2014年，全乡转移输出劳动力1480人，创收555万元。

基础设施

交通运输

四方溪乡北部与湖北鹤峰县梅坪乡接壤，由于地处偏远，交通条件差。20世纪末，全乡仅依靠乡道404线与外界连接。从2000年起，借助建设扶贫机遇，科学制定乡村道路修建规划，投资1892.8万元，修建、硬化乡村组公路36.8公里。至2014年年末，全乡10个村全部完成通达工程，9个村的村道完成水泥道路硬化，82.54%的村民小组完成通达工程，村组公路总里程107.5公里。

邮电通信

进入21世纪，加大力度扩充和完善电信、互联网等信息网络设施，增强信息基础设施的规模、容量、技术层次和服务功能，邮政通信畅通。至2014年年末，有邮政代办所1个，报纸、杂志累计发行32种9700多份；有电信、移动通信、联通通信营业网点各1家，通信服务基本覆盖全乡。移动电话普及率60%，宽带普及率7%。

供电饮水

2014年年末，全乡已村村通电。有7个村实施农村电网改造，架设高、低压线路57公里，供电水平大幅提高。尚未进行电网改造的斋公坪、社仓坪和平头岩3个村，也被纳入网改规划。境内水资源较为丰富，水质优良，村民多采用建蓄水池储水、架设饮水管道引水等方式解决生产生活用水。2009年，投资建成四方溪乡自来水厂，安装饮水管道7000米，覆盖全乡4个村1800人，基本满足集镇以及附近村组生产生活用水之需。因斋公坪、平头岩、茶园坪3个村水资源相对匮乏，部分群众存在饮水困难。

水利建设

境内虽雨量充沛，因受地理自然条件限制，骨干性水源少，一定区域存在农田灌溉和农村人畜饮水难的问题。长期以来，加大农业水利设施建设力度。至2014年年末，有山塘2口，河坝1处，饮水、排水灌溉渠道3000米，水利设施灌溉面积8公顷；新修、整修河堤2660米。

村镇建设

2013—2014年，投入资金592.1万元解决响水洞村移民安置点通水、通电、通路、平场地和扶贫建房的问题。2014年，建成集镇沿河道路长580米，形成集镇“一横三环”的路网格局。至2014年年末，投资180万元，新建村级组织活动中心6个，设立农家书屋6个。

社会事业

学校教育

至2014年年末，全乡有幼儿园1所，在园幼儿55人，专任老师3人；中心小学1所，在校学生199人，专任老师16人，小学适龄儿童入学率100%。2014年，投资221万元，完成乡中心小学运动场、学校连接桥以及大门建设，教育教学设施条件进一步改善。恢复高考制度以后，平头岩村邓东林成为桑植县第一个考上重点大学学生，芭蕉垭村刘明是桑植县第一个考取清华大学学生。乡境先后有4名学子被清华、北大录取。

文化体育

近年来，境内坚持文化活动贴近生活、贴近群众、贴近实际原则，开展送戏下乡活动。举办“欢乐潇湘·美丽四方溪”文艺会演，原创作品山歌《哭嫁歌》、群舞《土家摆手舞》等节目展现本土文化的魅力。加大非物质文化遗产保护力度，四方溪村周纯勤表演的跳丧舞被列入国家级非物质文化遗产。2014年年末，有乡综合文化站1个，村级文化活动中心10个，各类文化专业户30户。各村建立图书室，藏书5000册以上。广播电视覆盖全乡，入户率97.47% 。长期以来，群众开展体育活动无固定的场所，多在田间地头自发开展，主要是自娱自乐、强身健体。到2014年年末，全乡有中心小学体育活动场地1个，村级体育健身场5个。每当逢年过节，村与村之间举行篮球比赛。

医疗卫生

中华人民共和国成立之初，境内无正规的医疗机构，医疗水平极低。改革开放特别是进入21世纪后，境内医疗卫生快速发展。至2014年年末，全乡有各级医疗卫生机构7个，其中，乡卫生院1所，村卫生室6个。乡卫生院设有内、外、妇、儿、理疗等临床科室，配备有B超、心电图、生化仪、血球分析仪、尿液分析仪、脑电图等诊疗设备，拥有病床12张，专业卫生人员7名；全年医疗机构完成诊疗2800余人次。全乡新型农村合作医疗参合人数4857人，参合率96%。

社会保障

始终对“五保户”、残疾人、单亲家庭、重病人员、老年人、优扶对象、双女户以及其他特困对象，采取分类施保方式，重点保障“五保户”、残疾人家庭和重病人家庭等。2014年，全乡有城镇最低生活保障户10户13人，农村最低生活保障户387户、731人，农村“五保”对象92人，残疾人266户、308人。共发放低保、“五保”资金20万元，优抚资金8.9万元，医疗救助、老龄补贴资金2.2万元。参加新型农村养老保险3381人，参保率86.5%。有乡敬老院1家，占地26亩，建筑面积3196平方米，床位100张，供养农村“五保”人员25人。到2014年年末，累计投入危房改造资金 195 万元，改造农村危房 180 户。

特色地情

历史人文

塔场坪驻军 塔场坪是四方溪乡的一个建制村，境内山大溪深，有成片的黄杉群落。土地革命时期，是人们往来于湘鄂边的必经要道。1928 年，贺龙曾经率工农革命军第四军在境内扎溪口驻军，与扎溪口邻近的马放坡，是贺龙军队放马的地方。

土地垭鏖战 土地垭是四方溪乡斋公坪村一个山隘口，解放前是桑植通往湖北走马的一个主要通道之一。红四军曾在土地垭修建碉堡，抵御国民党军队和团防武装。一次，慈利团防朱疤子和桑植团防刘子维“围剿”红四军时，红四军在此与敌鏖战，并巧设妙计，让朱疤子和刘子维展开“狗咬狗”之战。至日头西下，枪声疏稀时，两匪首才知中计。而红军早已安全转移。

平头岩土改 平头岩土地肥沃，盛产玉米。红军来后，把土地分给农民，用绳丈量，插牌为标，分到农户，进行过轰轰烈烈的土地革命。平头岩土改的成功，极大地鼓舞了桑植苏区的农会运动。

四方溪英烈 在中国革命历史上，四方溪牺牲的革命烈士有：刘孝堂（1928 年 11 月牺牲）、彭元生（1930 年牺牲）、杨明功（1931 年 12 月牺牲）、陈才栋（1932 年 1 月牺牲）、石美贵（1932 年 6 月牺牲）、余开照（1933 年 4 月牺牲）、周长才（1935 年牺牲）、周家银（1952 年牺牲）。失散红军有：周锡球、张绍旦、张朝永、周成玉。还有 1949 年前参军的志愿军战士：陈本信、周玉平、刘宗刚、谷付领、王长生、谷志仁。

名优特产

由于地处武陵山区，气候适宜，四方溪物产丰富。动物类中，水里有娃娃鱼、岩蛙等，山里有山鸡、黄麂、青麂、香獐、野猪、锦鸡、竹鸡、斑鸠等。名贵植物有红豆杉、黄杉、桂花、山茶、金丝楠、文母、金弹子、银杏、荞等。其中黄杉为中国特有树种，由于边材呈淡褐色，心材呈红褐色，纹理直，结构细致，可作房屋建筑， 桥梁、电杆、板料、家具、文具及人造纤维原料等

红军桥

用材。由于保护得当，乡境黄衫群落面积位居全省首位，1999年被列为GF保护林基地。

风景名胜

金钟堡 沿公路从龙潭坪到四方溪盘山而下，可看到境内小巧玲珑、优美异常的小山堡——金钟堡。金钟堡呈圆锥形，相对高度约78米，直径约128米，山堡上密密麻麻的生长着松柏树，自古矗立在进出四方溪乡的咽喉要道中央。传说它是四方溪山水的精气和灵魂，保佑着一方平安，象征着四方溪乡从古到今厚重的文化底蕴，更是四方溪的标志。

白马山 位于四方溪乡斋公坪村，海拔1292米。在白马山下有400多座高矮各异、大小不同的山头，或环抱或相依或相交而生，山体陡峭如壁，岩柱尽展雄姿，百花争香吐艳。有高大名贵的黄杉，婆娑多姿的红豆杉，经百年而不朽的参天古木，还有大面积生长的碧绿的幼林。

民俗风情

境内为少数民族聚居地，丰富的民俗内涵，折射出特有的人文情结、价值追求、民族性格和精神气质。

居住习俗 境内土家族人口占总人口占98%，土家族民居以“适应环境”为营建住房指导思想，以“顺其自然”为拓展基本出发点。住房相沿“聚族而居，自成一体”“依山而寨，择险而居”，地理环境讲究依山傍水，常背靠大山，正面求其开阔；地势险要，四周兼有耕土；水源方便，同时可避山洪。因此，境内房屋多建于山坡或山凹之中，由于境内多产杉木，故居民建房多以杉木为柱，杉板为壁，有的还以杉皮为瓦，全然是杉的世界。

歌舞习俗 土家传统歌舞主要有跳丧舞、摆手舞、跳马舞等。其中跳丧舞以其特有的艺术、学术、历史文化、精神价值在境内影响最为广泛。跳丧舞是一种祭祀性舞蹈，动作沉稳庄重，融合多项艺术之长，动作灵巧，主要动作有“拜神”“摘仙桃”“驱邪”“派兵”“降魔”“拜忏”等，代表性节目有：开五方狱、绕棺舞、在敕符、招将、送亡归山等。境内的周光敬、周纯勤等人从事跳丧舞、佛戏等活动几十年，广泛游走于湖南、湖北边境少数民族地区，集跳丧舞之大成，已被评为市、县非物质文化遗产项目桑植跳丧舞的代表性传承人。

音乐习俗 境内音乐主要以土家族民族歌乐为主，多以传递土家族历史记忆、社会发展、民族情感、民风习俗、生产生活等信息为主，艺术形式多种多样。在声腔上有高腔和平腔之分，在结构上有“一声子”“三声子”“四句头”“五句子”之别，在内容上有情歌、古歌、礼仪歌、生活歌、苦情歌等。主要曲目有《老头子》《一朵莲花》《郎从高山打伞来》《敲碟》《好郎好姐不用媒》《娘嫁女》《映山红》《三斤毛铁打把叉》《麻布洗脸初相会》《要学松柏永长青》《真假夫人圆梦》《不是等你等哪个》等。

节日习俗 由于各种社会历史、自然等原因，元宵节当天晚上，境内家家户户都会在自家进出的道路两侧点满蜡烛，寓意送瘟神，以求将灾害和疾病送走，祈求全家人平安健康。元宵点灯送瘟神习俗传承至今。

信仰习俗 境内少数民族在宗教信仰方面，以信奉道教、佛教为主，有着浓厚的“天人合一”的生命意识。在土家族民间的丧俗中，仍保持着“热热闹闹陪亡者，欢欢喜喜办丧事”习俗和把老年人的去世称为“走路”“顺脚路”等。土家族住房堂屋内专门设有神龛，除供奉天神君亲师、本族祖先，还有“九天司命”“太乙府君”。生活中的各种农具、炊具、家具及石磨、碓都是各类大小神灵的依附物。除夕之夜，土家族人要对屋内外所有的大小神灵一一祭遍，名曰“谢岁”，以酬谢众神一年对自己的保佑。

（撰稿人：王朝涛　图：四方溪乡　曹开胜）

芭茅溪乡

芭茅溪乡是贺龙元帅“两把菜刀”闹革命的发源地，是湖南省环境优美乡镇、张家界市十大魅力乡镇。

区域概况

位置面积

芭茅溪乡位于桑植县西北部，东与龙潭坪镇、苦竹坪乡相邻，南与沙塔坪乡接壤，西与细砂坪乡、五道水镇交界，北与四门岩林场、八大公山自然保护区相连。辖区东西宽13.3公里，南北长16.4公里，总面积119平方公里。乡人民政府驻地距县城59公里。

建置沿革

芭茅溪乡因境内芭茅丛生、溪沟纵横而得名。1912—1949年，属游乐乡辖地。1930年4月至1935年11月，成立芭茅溪区苏维埃政府，辖辽竹湾、土溪洞两乡。1952年3月，建芭茅溪乡。1958年8月，划归万宝山人民公社。1959年2月，改名为五道水人民公社。1961年2月，设芭茅溪人民公社。1984年4月，更名为芭茅溪乡。1995年4月，并入五道水镇。1998年10月析出，恢复芭茅溪乡。

行政区划

2014年，全乡辖黄莲台、楠木坪、水田坝、芭茅溪、汨落湖、辽竹湾、取和坪、桑植坪、十里坡、杨家湾10个建制村，58个村民小组。辖区内有国有四门岩林场、八大公山原始森林自然保护区天平山林区。乡人民政府驻芭茅溪村。

自然环境

境内地势北高南低，地形以山地为主。最高峰万家台位于楠木坪村海拔1340米，最低点水田坝村海拔350米。澧水北源自汨落湖村入境，由西向东，流经汨落湖、芭茅溪、水田坝村，长29公里，船只可通行；境内有大小河流12条，溪沟上百条。属亚热带季风湿润气候，年平均气温13.5℃、日照1152小时。境内土壤类型主要有黄色石灰土、黄壤性土、石灰性紫色土等9种，以黄色石灰土面积分布最大，占全乡土壤面积70%以上。一般土壤厚度在60厘米左右，土壤侵蚀敏感性强，水土流失严重。境内森林资源丰富，是世界林业GF工程项目区，也是桑植县木材主产区。水利资源得天独厚，水能资源蕴藏量20万千瓦。已探明矿藏30多种，其中铅、锌最具开发价值，还有铜、猛、铁、钨、锑、金、重晶石和萤石等。全乡有天然牧场近8万亩，人工草场300多亩，适宜规模畜牧养殖。

人口民族

2014年年末，辖区总人口5150人，人口出生率6‰，自然增长率3‰。境内有土家族、白族、苗族、回族等少数民族人口4801人，占总人口93.22%，其中，土家族人口4385人。人口密度每平方公里32人。

经济发展

2014年，全乡实现生产总值3400万元，其中，农业产值713万元，农民人均纯收入2457元，完成固定资产投资2426万元，财政总收入533万元；金融机构存款余额3850万元，贷款余额200万元。粽叶采摘、加工和林产品加工为乡域支柱产业之一。

农业

2014年，全乡农业人口4680人，占总人口90.3%；耕地面积186.67公顷，人均0.036公顷。粮食作物以稻谷、玉米、红薯、马铃薯为主，经济作物有油菜、花生等。2014年，粮食总产量2026.45吨，其中，稻谷1096吨，玉米453.8吨，薯类476.5吨，花生5.1吨。全乡有林地面积1.2公顷，实施退耕还林面积666.67公顷、天然林保护工程面积0.87公顷，栽植光皮桦66.67公顷。2014年末，森林覆盖率86.3%，活立木蓄积量28万立方米，野生辽竹总面积0.2公顷，辽竹叶（粽叶）产出、销售收入是农民经济收入主要来源之一。畜牧业以养殖生猪、黑山羊、蜜蜂为主。2014年，生猪饲养量4100多头，黑山羊饲养量2300多只，蜜蜂养殖3002桶。娃娃鱼养殖是新兴特色水产养殖业，养殖娃娃鱼2.63万尾。

乡村企业

1949年10月以后，境内先后兴办有农具制造厂、茶厂、车木加工厂、水电站、造纸厂等社、乡办企业。芭茅溪纸厂于1979年8月建厂，生产有光纸、凸版纸、书写纸、条纹包装纸、标语纸等，产品畅销湖南、湖北、贵阳、重庆、江西等地，曾远销新家坡等国家及地区。1993 年，生产的有光纸获国家农牧渔业部优质产品奖；1995 年，实现产值 520 万元。因造纸厂地处澧水源头，污水排放量大，给水体环境造成污染，2004 年 8 月关闭停产。改革开放后，产业结构调整，乡域资源优势逐步显现，个体私营企业发展壮大，辽竹叶采摘、加工、销售成为芭茅溪乡的特色新兴产业。2014 年，全乡有较大型粽叶加工厂 2 个，职工 128 人，粽叶年产量 200 吨，总收入 300 万元，产品远销香港、台湾等地区。

商业贸易

2014 年年末，全乡有个体工商户 146 户，从业人员 326 人，餐饮服务行业 7 户，从业人员 21 人。

劳务输出

1978 年改革开放以后，境内农村剩余劳动力自发向广东、深圳、浙江等经济发达、劳动力短缺地区转移就业。2014 年年末，全乡转移输出劳动力 1458 人，年创收 2300 万元，占全乡总收入 61.7%。

基础设施

交通运输

桑（植）鹤（峰）公路穿境而过，是通往八大公山自然保护区管理区天平山及四门岩林场的交通要道。进入 21 世纪后，先后完成水田坝村七湾组道路建设、十里坡村组级公路建设、黄连台村村级公路硬化、辽竹湾村级水毁公路整修工程。至 2014 年，全乡村村通公路，58 个组有 49 个组通公路，公路总里程 102.8 公里。

邮电通信

2014 年末，境内有邮政代办所 1 处，报纸、杂志累计期发行 35 种 153 份。有移动基站 5 个，联通基站 2 个，全乡通信条件逐步改善；有中国电信、移动通信、联通通信服务网点各 1 家，固定电话用户 31 户，移动电话用户 3123 户，互联网用户 104 户；电信业务年收入 31 万元。

供电饮水

2014 年年末，全乡村村通电，有 5 个村实施农村电网改造，供用电水平大幅提高；尚有 5 个村电网未进行改造，供电质量、安全系数相对低下。2014 年，全乡总用电量 6 万千瓦时。境内辽竹湾、四门岩、天平山、业水溪、黄连台等地水源充沛，村民采用建蓄水池储水、架设管道引水等方式饮用山泉水。2012 年，投入 130 多万元，修建集镇自来水厂，集镇区域居民安全用水条件得到改善。到 2014 年年末，投入 200 多万元，修建蓄水池 48 个，安装饮水管 3.5 万米。唯桑植坪、十里坡、取和坪、杨家湾 4 个村因境内无河流，水资源短缺，存在饮水困难。

水利建设

受地理条件限制，农田灌溉和农村人畜饮水难的问题在一定区域较为突出。近年来，先后投入 120 万元，实施桑植坪低产田改造工程；投入 108 万元，修建饮水、排水渠道 2.8 万米；投入 2000 多万元，完成五道水至芭茅溪的澧水流域治理工程。到 2014 年，先后累计引进资金 1.8 亿元，修建楠木坪、穿洞峡、辽竹湾、车基湖、水田坝、业水溪 5 个水电站，全部建成投产，经济效益良好。

村镇建设

至 2014 年年末，先后完成贺龙刀劈盐局旧址改造基础工作，村级道路、集镇街道全部实现路面硬化，建成乡政府综合业务用房；修建垃圾池 56 个，垃圾填埋场 1 个，垃圾中转站 1 个，发放垃圾桶 484 个，建设焚烧池 210 个，农村垃圾治理工作成效较为显著。累计投入400多万元，完成国珍希望小学教学楼及附属设施建设工程；投入200多万元，实施乡卫生院建设项目。这些重点项目的实施，改善基础设施条件，集镇吸纳人口和辐射带动能力增强。2014年，城镇化率29%，乡镇总体规划覆盖率40%。

社会事业

学校教育

2014年年末，境内有幼儿园1所，在园幼儿30人，专任教师5人；小学1所，在校学生295人，专任教师22人，小学适龄儿童入学率100%，是全县唯一实行全托式的小学。政府财政对教育的资金给予保障，预算内教育经费支出占财政总支出的4%。

文化体育

境内民族文化内容丰富，各民族民歌、民舞盛行，是桑植“民歌之乡”。进入21世纪，定期举办“芭茅溪民族文化节”等活动，弘扬、传承优秀民族传统文化，加强内引外联，发挥资源优势，助推地方经济发展，文化事业日趋繁荣。2014年年末，境内有乡文化广播电视站1个，有村级文化活动中心10个，文化专业户50户，各类图书室10个，藏书10万册，音乐、美术、书法、摄影及文学业余创作队伍125人；有线电视用户1123户，入户率90.8%。

医疗卫生

2014年年末，境内有各级医疗卫生机构7个，其中，乡卫生院1所，村卫生室所6个；有病床13张，专业卫生人员13名。医疗机构完成诊疗4000余人次。新型农村合作医疗参合5023人，参合率100%。

社会保障

2014年，全乡城镇最低生活保障对象7户、11人，保障经费支出3.1万元，月人均210元；农村最低生活保障对象247户、547人，支出78.9万元，月人均120元。农村“五保”对象集中供养27人，支出19.4万元；农村“五保”对象分散供养33人，支出6.6万元；农村医疗救助44人次，民政部门资助参加合作医疗590人次，共支出3.5万元。国家抚恤、补助各类优抚对象44人，抚恤事业费支出14.5万元。敬老院1家，

桑植民歌表演

床位30张，供养农村“五保”人员27人。参加新型农村养老保险2065人，参保率97%。

特色地情

历史人文

茈茅溪乡历史悠久，文化底蕴深厚，自然环境优雅，物产丰富，既是绿色家园，又是一片红色的热土，乡域特色浓郁。

澧水之源 茈茅溪是澧水的发源地之一，境内有大小河流12条，溪沟上百条。一方山水养一方人，境内密布的溪河、溶洞，为大鲵的生长、繁衍提供得天独厚的生态环境。辽竹湾、四门岩、天平山、业水溪、黄连台等地的溪水，从四面八方汇入澧水干流。这些溪流具有较大的落差，构成丰富的水能资源，蕴藏量达20万千瓦，单条河流可开发1000千瓦和2000千瓦以上的有6条，5000千瓦以上3条。

红色土地 境内处处都能感受到红色的记忆。距乡政府200米左右的向家屋场，就是贺龙元帅“两把”菜刀闹革命的起始地；小溪五行山的红军战壕遗址，如今仍弹孔遍布；位于四门岩山脚的红军小学，闪耀着光荣的革命传统；辽竹湾村苏维埃六县联合政府遗址等，见证了茈茅溪是一块红色的土地和茈茅溪人民光辉的革命斗争史。

绿色家园 茈茅溪背依天平山，坐拥澧水河，境内山峦起伏，群峰叠嶂，是一个天然的绿色家园。全乡有林地18万多亩，活立木28万立方米，有粽叶3万多亩，实施退耕还林1万亩、天然林保护工程13万亩，栽植光皮桦1000亩，森林覆盖率86.3%。旅游资源十分丰富，有贺龙刀劈盐税局旧址、千年古庙、红军战壕遗址、宋代土司遗址、五行仙山、穿洞峡、黄连台大峡谷、冲天溪瀑布群、莫园千亩石林、红岩壁漂流等。绝美的奇山异水和良好的生态环境，使茈茅溪成为天然的氧吧和休闲度假的天堂，先后被评为“湖南省环境优美乡镇”“张家界十大魅力乡镇”，桑植坪村被评为“国家级生态村”。

民歌之乡 茈茅溪是桑植民歌的发源地，文化底蕴丰厚，茈茅溪人人能歌善舞，山歌高吭入云，民歌风趣幽默，情歌韵味悠长。《洋芋歌》

红军餐

《隔山隔水又隔岩》等脍炙人口的优秀民歌至今广为流传。以贴近劳动人民生活的“炸篊舞”等为代表的极具浓郁民族特色的文体节目原汁原味，深受群众喜爱。1978年湖南省民歌赛在芭茅溪汩落湖村举行，2008年，芭茅溪乡参加首届中国桑植民歌节获第一名；2012年荣获桑植县土家摆手舞大赛第一名；2013年，参加“欢乐潇湘·民歌桑植”广场舞大赛，取得总分第四名，参加“欢乐潇湘·民歌桑植”群众文艺会演，取得第一名；参加湖南省“欢乐潇湘”大型群众文艺会演总决赛张家界市专场演出，取得湖南省三等奖；2014年荣获“欢乐潇湘·民歌桑植”大型群众文艺会演一等奖，“欢乐潇湘·美丽张家界”大型群众文艺会演一等奖，并代表张家界市参加湖南省“欢乐潇湘”大型群众文艺会演总决赛，荣获三等奖。

特色食品

家乡菜 又名“中华碎米七”，生长在海拔1200米左右的山顶，经九蒸九晒加工而成。土地革命战争时期，贺英游击队在四门岩战斗时，当地的百姓将山上的野菜采摘回来，经过加工后，做成汤菜送给游击队员吃，因此家乡菜在当地又名“红军汤”。此汤入口清香，开胃健脾，润肠通便，消炎败火，是天然美食。

阴米饭 以糯米为原料，经淘洗、浸泡、清蒸，拌油搓散，阴干即成。成品阴米可密封贮存于坛罐中，多年不坏。食用时，可油炸炒米，可拌腊肉、腊肠、鸡蛋做成各式美味的“阴米饭”等。堪称佳肴，是芭茅溪山里人家逢年过节、招待客人的传统美味。

荞粑粑 芭茅溪山大人稀，过去，当地的土家族村民有种苦荞的习惯，并以此为主食之一。随着经济社会的发展，掩藏在大山里的山寨已不再闭塞，随着交通条件的改善，农民逐渐走出大山，种植荞麦和制作荞粑粑的愈来愈少。苦荞粑粑多用粽叶包后蒸，也可裸蒸切块，食用可淡可甜，尤以粘上土蜂蜜吃味道极佳。荞粑粑营养丰富，即裹腹，又治病，可作为“三高”患者的主食。

蒿子粑粑 芭茅溪乡土家山寨山高林密，篙草（俗称“篙子”）遍山。蒿子是消炎止血的良药，只要将蒿子嚼碎后敷在伤口上即可。蒿子粑粑是土家人的传统小吃，人们用蒿叶拌糯米粉做成粑粑，在三月初三这天吃。传说，吃了三月三的蒿子粑粑，进山劳作，出门办事，就不会遭遇蛇咬伤，而且一路平安，凡事吉祥。因此，三月三吃蒿子粑粑的习俗一直流传至今，老百姓也常有端午门悬艾蒿驱瘟赶邪的习惯。

趴趴鱼 是芭茅溪的一种特色鱼类，个体小，繁殖快，因趴底游行而得名。特别适应芭茅溪等乡镇生长。可汤炖，可油炸。其营养价值丰富，味道鲜美、香脆，喜爱吃这种趴趴鱼的人特别多。用油炸好的趴趴鱼，携带于身，即使不再加工，也可随时食用，极为方便。

蜂蜜 境内山林面积大，气候温暖湿润，主要蜜源植物达500余种，具有得的天独厚的养蜂优势。乡党委、政府根据这一天然资源，因地制宜，引导农民发展养蜂产业， 组织蜂农赴湖北等地考察，请专家进行养蜂技术培训，并制定一系列扶持政策，有力地推动养蜂产业的发展。2014年年末，全乡共有蜂农126户，养蜂大户8户，养蜂3000多桶。楠木坪村佘云清一家养蜂205桶，年收入8万多元。

蜂糖酒 境内大部分属高寒林区，气候阴冷潮湿，当地居民一年四季都要喝酒驱寒。天长日久，养成了人人喝酒、家家酿酒的传统习惯。一般人家一年都要酿两三大缸酒，逢年过节，招待客人，常喝不断。芭茅溪人聚会，总是一边跳舞唱歌，一边举碗豪饮。蜂糖酒是采用自家酿制的米酒加少许本地蜂蜜兑制即可食用，是款待上宾的一道好酒。亦称之为“养身酒”，长期食用，有益健康。

特色产品

粽叶 即辽竹叶。境内辽竹极多，野生总面积0.2公顷余亩，其叶纯天然、无公害、无污染，产量多，质量好。过去，生活在大山里的农民经济来源甚少，也不知这是发家致富之道，致使“粽叶”养在深闺人未识。近年来，根据市场需求，先后鼓励袁启文等3个有一定带富能力的党员兴办粽叶选厂。全乡有粽叶选厂5家，解决剩余劳动力就业300多人，产品畅销海内外。为保护粽叶资源，做大粽叶产业，让粽叶真正变成农民的金山银山，乡党委政府又积极探索人工种植粽叶的路子，实现粽叶从野生转为家种。2011年，在取和坪村、辽竹湾村、十里坡村、桑植坪村打造湖南省首个人工种植粽叶基地33.33公顷。粽叶野生、家种共同促进粽叶产业持续发展的新模式日益形成，粽叶产、销逐步成为农民增收的主要产业之一。“粽叶青青满山野，农户家家采摘忙”，这是芭茅溪农民采摘粽叶、喜获丰收的真实写照。

大鲵 芭茅溪生长着大鲵，又称“娃娃鱼”，是世界上现存个体最大的两栖动物。近年来，为保护野生大鲵，加快人工繁殖步伐，着力建设基地，培养大户、带动小户。至2014年底，引导鼓励农民投资兴建了桑植坪、水田坝、小溪等娃娃鱼养殖基地4个，带动养殖娃娃鱼农户53户，养殖娃娃鱼2.63万尾。

“三木”药材 境内森林资源丰富，药用植物品种繁多，特别适合黄柏、杜仲、厚朴“三木”药材的生长。前些年， 由于疏于管护，全乡“三木”药材面积逐年减少。为加快农业产业结构调整步伐，出台《芭茅溪发展“三木”药材十年规划》，把“三木”药材开发作为全乡农业的支柱产业来抓，并在楠木坪、黄连台、杨家湾、辽竹湾、十里坡等地普遍栽植，重点发展。2014年年末，全乡种植杜仲面积600公顷、黄柏0.8公顷、厚朴666.67公顷，“三木”药材生产再度形成规模。

名胜古迹

贺龙刀劈芭茅溪盐局旧址 清末，湖南当局为控制川盐入湘，曾在芭茅溪设税卡。民国4年(1915)，正式在芭茅溪向家屋场设立盐局，盘剥过往商旅行人。盐局傍山而建，是方木条石构筑的一栋2层6间楼房。结构朴拙结实，楼上是“哨

粽叶

所”和赌场，楼下是堆积扣押货物之地。驻有局长李佩清等13人枪（毛瑟九子枪）。当年，赶骡马运盐巴的贺龙，经常过往此处，备受盐警“见三抽一”之苦。在中华革命党支持下，贺龙与大姐夫谷吉庭（谷虎）一道，串连21位同乡、好友志士，于1916年3月16日，从洪家关出发，手执匕首、马刀、火枪和3把菜刀，星夜奔赴此处，刀劈盐局，一举夺取全部武装。翌日清晨，返经仓关峪时，又提了团防4支枪，并汇合谷新斋（谷虎大哥）土著武装百余人枪，开赴洪家关树立“讨袁救国”义旗，拉起一支民军武装。20世纪50年代初，盐局旧址撤除1扇2间，尚存3扇4间原房陈设。为张家界市重点革命文物保护单位。

芭茅溪贺帅桥 位于芭茅溪畔，是芭茅溪各族人民继承发扬贺龙元帅等老一辈无产阶级革命家的革命精神和优良传统的纪念性建筑，也是一项德政工程。桥长112.6米，净跨70米，高15米，宽7.5米。1995年11月2日破土动工，1999年3月10日贺龙诞辰103周年前夕工程告竣。贺帅桥为颇具湘西特色的青石拱桥，3墩2拱，飞架于滔滔东流的澧水北源径流之上。左右两边栏杆石板上，各镌刻套红的“贺帅桥”3字，笔锋遒劲刚直。此桥竣工后，天堑变通途，与贺龙刀劈盐局旧址向家屋场相呼应。同桑(植)鹤(峰)公路呈“丁”字型相衔接。桥的西北端与宋代桑植上下军民宣慰司使向仲山发祥地桑植坪相连。

穿洞大峡谷 在辽竹湾村境内，有一条25公里的大峡谷，谷内林密光稀，凉爽宜人，一股碧澄的山泉，左曲右拐由北向南逶迤从汩落湖注入澧水，谷中山峰险峻，崖壁陡峭，古木参天，溪水清澈。从汩落湖涉水入溪1公里处，数百米高的绝壁中间洞开一门，一条溪水从门下跌宕而出，气势恢宏，动人心魄。洞门之上树木葱茏，有山路可行，恰似云中天桥，故名穿洞桥。桥高约90米，宽30米，深70米。有飞鸟在洞中穿飞，猿猴在洞壁攀爬，溪水在谷底叮咚作歌，水波相映，霞光潋滟。游人到此，才真正体会到什么叫世外桃源。由于穿洞桥乱石横陈，潭水彻骨，不亚于一道天险。穿洞而上，绿嶂屏开，峡谷豁然开朗。峡谷东侧是一道绝壁，一望无际的森林，顺着绵绵群峰向远处伸展，真可谓：溪在森林中，林在溪谷间。一棵棵古树挂满青苔古藤，从树桠枝头一直垂到溪中，就像一层层幕帐。溪中多水潭，碧蓝如翡翠，人在溪中行，可见野兽出没，飞鸟相戏，游鱼掠水。境内是动物的宝库、植物的天堂，是集山、林、洞、绿、石、潭、水为一体的天然旅游景区。

五行仙山　又名“五星山”，位于芭茅溪村和水田坝村的交界处，距乡人民政府所在地约 3 公里。登上五星山举目远眺，可看见鹤峰、永定、永顺、龙山等县，故又称“五县山”。五星山上有五个形状各异的小山头，山脊上有一个天门，山下的两条山脊形似两条龙，古时候又叫“双龙山”。山上有一座庙，当时烧香敬菩萨和赶庙会的人络绎不绝。传说有个皇帝在此经过，又看到热闹红火的场面，于是将双龙山改为五星山。五星山上的五颗明珠在天门的映衬下格外秀丽，妩媚动人，是一个亟待开发的秀美景点。

取和坪　位于芭茅溪乡西南部，总面积 7.9 平方公里。清乾隆年间，湖南省桑植县土司王向国栋与湖北省鹤峰县土司王田昊如，因边界纠纷一直争执不休，俩人遂约定，分别从各自的住地出发在哪里相遇，就在那协定双方的界址。最后他们在今取和坪村的取和坪组的麻园垭相遇，就站在此处协定为：一眼望去能看见的地方都归湖南向土司管辖，看不到的地方归湖北田土司管辖。双方在此处立有高 2 米，宽 1 米，厚 0.15 米左右的大石碑，上面刻有双方的条约等。此碑 20 世纪 50 年代修建大队部时被碎为砂石、损毁，现遗址尚存。后人因双方在此议和而取名“取和坪”。即今“取和平村”。

桑植坪　位于芭茅溪乡南部，总面积 5.3 平方公里。桑植坪原名“三岔坪”，因其位于十里坡、杨家湾、取和坪三地的岔口而得名。宋仁年间，桑植推行土司制度，设桑植宣抚司，由湘、鄂西第一个土司王向仲山司治三岔坪（现芭茅溪乡桑植坪村）。向仲山带领人在此开荒造田，栽桑植树。当时，此地家家栽桑，放眼望去，山间田野都是桑树，故更名为桑植坪。现居住在桑植坪的人 80%都为“向”姓，大都是向仲山的后代。据传，如果当时此处开满 100 家店铺，就可建县城，但终未满百家店铺，县城未能建成。一说今“桑植县”因桑植坪而得名。

（撰稿人：瞿稳　图：芭茅溪乡　曹开胜）

五行山古庙

细砂坪乡

区域概况

位置面积

细砂坪乡位于桑植县西北边陲，东与芭茅溪乡、沙塔坪乡交界，南与蹇家坡乡相连，西与河口乡毗邻，北与八大公山乡、五道水乡接壤。总面积98.67平方公里。乡人民政府驻地距县城87公里。

建置沿革

1912—1949年，属爱物乡13保、游安乡3保。1952年4月，设猫子垭乡。1958年8月，并入万宝山人民公社。1959年2年，万宝山人民公社更名为五道水人民公社。1961年春，分设猫子垭人民公社。1971年3月，公社驻地迁到细砂坪大队（今细砂坪村）。1981年，更名细砂坪人民公社。1984 年 4 月，改称细砂坪乡。1995 年 4 月，并入五道水镇。1998 年 10 月析出，恢复细砂坪乡。

行政区划

2014 年，全乡辖张家台、八皮坡、徐家桥、周家垭、朝南坪、细砂坪、太子坪、九龙、张家坪、江西坪、茅坡、云鹤共 12 个建制村，共 89 个村民小组。乡人民政府驻细砂坪村。

自然环境

境内属高寒山区，部分地势相对平坦，平均海拔 650 米。大部分地带山川起伏，森林茂密，林业资源丰富；最高处为东部的九龙山，海拔 1310 米。属亚热带季风湿润气候，四季分明，春夏多雨，夏秋凉爽，秋季干旱，冬季多雪冰冻，年均降水量 1600 毫米，年均气温 15℃。全乡林木蓄积量 5.6 万立方米。矿产资源主要有莹石、重晶石、氧化锌等。

人口民族

2014 年年末，辖区总人口 8100 人。境内为少数民族聚居地，其中，土家族、白族、苗族等少数民族人口占总人口 96%。

经济发展

农业

全乡农业人口 8090 人，占总人口 97%；耕地面积 607.33 公顷，人均 0.07 公顷。近年，在稳定稻谷、玉米、红薯、马铃薯等粮食作物种植和生猪、牛羊、家禽等畜牧养殖业同时，以"强烟兴茶"为突破，做强烤烟产业，发展茶叶、药材种植产业，加快农业产业化进程。在烤烟种植方面，创新烟叶产业运行机制，优化烟叶产业发展环境，实行项目管理，给从烟人员创造发展空间。推行村级烟农专业互助组织建设，提高烟叶生产组织化程度。2014 年，全乡种植烤烟 121.53 公顷，产量 22 万公斤，产值 600 万元；种植茶叶 33.33 公顷、魔芋种植 5 公顷、名贵树木 33.33 公顷、中药材 30 万株，抚育中药材林 53.33 公顷，特色产业初具规模。2014 年，全乡实现农业产值 1461 万元，粮食产量 3109 千公斤；全年饲养生猪 2308 头，山羊 300 只，禽类 0.45 万羽。

乡村企业

1976 年开始创办公社、大队集体企业，有社队企业 12 家，从业人员 59 人。后来，随着体制不断改革完善，这些村乡企业逐渐解体。2014 年末，均为个体私营企业。

商贸服务

1949 年前，境内没有官方商贸机构，农民买卖货物均与民间商贩交易。1953 年后，成立供销合作社、粮店等商贸服务机构。1996 年后，供销合作社、肉食组、粮店改制改体，淡出商贸服务市场，个体工商户、个体经销户快速发展，商业贸易不断繁荣。2014 年末，全乡有个体工商户 150 户，从业人员 358 人，其中，餐饮服务行业 6 户，从业人员 8 人。

劳务输出

1978 年改革开放以后，境内农村劳动力为增加家庭经济收入，自发向广东、深圳、浙江等沿海经济发达、劳动力短缺的地区转移就业，转移规模日渐扩大。2014 年，全乡转移输出劳动力 2180 人，创收 3371 万元。

基础设施

交通运输

细砂坪乡地广人稀，交通运输是制约当地经

济发展的重要因素。近年来，通过实施高寒山区整体规划和建设扶贫，乡域村级公路网逐步形成。至2014年，全乡12个村均完成通村公路硬化，公路总里程200公里。桑（植）八（大公山）穿境而过，并开通细砂坪至五道水客运班车。

邮电通信

2014年年末，全乡有邮政代办所1个，电信网点1个，固定电话用户12户，移动电话用户2000余户，互联网用户50户；全年电信业务收入18万元。

供电饮水

2014年年末，全乡村村通电，有10个村实施农村电网改造，供电水平大幅提高；尚有2个村电网改造尚未进行，正在按计划实施改造。全乡总用电量116.6万千瓦时。通过“一事一议”财政奖补项目，实施张家坪村、云鹤村人畜饮水工程。境内有3个村通自来水，其他村居民大部分利用水窖蓄水，全乡共有小水窖600口。

水利建设

2014年年末，全乡有水库1座，山塘7口，饮水灌溉渠道52公里。其中，徐家桥水库库容量10万立方米，基本解决3个村农田灌溉问题。

村镇建设

至2014年年末，全乡村级道路、集镇街道全部实行水泥路面硬化，街道旁安装有太阳能路灯；集镇市场修整扩建完成；完成农村危旧房改造项目66户；完成11个村村部建设，全乡基础设施逐步改善。

社会事业

教育

细砂坪乡学校是九年一贯制学校，坐落于细

细砂坪中心学校

砂坪村，建于2007年，占地面积12806平方米，建筑面积4582平方米，在编教职工28人。2011年底，创建为九年义务教育合格学校。2014年年末，全乡有中小学4所，其中，中心学校1所，村小3所，在校学生498人，专任教师28人，小学适龄儿童入学率100%；有民办幼儿园1所，在园幼儿46人，教师5人。

文化

2014年年末，境内有乡文化站1个，乡广播电视站1个，村广播室2个。共向偏远地区农户发放广播电视卫星接收设施512台，基本解决农民看电视难的问题。集镇有线电视用户2100户，入户率100%。有农村书屋12个，藏书2万多册，实行免费借阅。境内乡、村、户三级文化网络完善。

医疗卫生

2014年年末，全乡有卫生院1所，计生服务站1所，村卫生室4个，药店1家，从业人员15名。乡卫生院占地920平方米，有病床8张，有医技人员8名。担负着全乡12个村群众的医疗卫生服务工作。2014年，全乡医疗机构完成诊疗6750余人次。全面推进新型农村合作医疗，新型农村合作医疗参合人数6692人，参合率96%。

社会保障

2014年，城镇最低生活保障户数7户，人数7人，保障经费支出1.596万元，月人均190元；农村最低生活保障户数374户，人数557人，支出666960元，月人均99.78元；农村“五保”对象集中供养20人，支出15万元，农村“五保”对象分散供养71人，支出187440元，民政部门资助参加合作医疗648人次，共支出64800元。国家抚恤、补助各类优抚对象66人，抚恤事业费支出202935元。有敬老院1家，床位32张，收养农村“五保”人员20人。参加新型农村养老保险3192人，参保率86%。2014年启动农村扶贫人口建档立卡工作，全乡共有贫困人口2306人。

特色地情

名优特产

现磨豆腐 现磨豆腐的原料，挑选自本乡种植的优质大豆，经过浸泡、现磨、过缸、沥水等程序，热腾腾的豆腐即可出炉。其味道香嫩可口，入口即化。

提提粑粑 是细砂坪乡的一种风味小吃，它的主料是米和豆腐，用圆提子作模具，油炸而成。铁提、油锅、粑粑架、木柴是主要工具。炸提提粑粑方法简单，先将豆腐切成细丁，拌上葱蒜加盐做成馅，把黏米与黄豆按照五比一混合。用水泡涨后磨成浆，待油烧开后，将米浆酌半提，加上馅儿，再倒一层米浆覆盖，接着连铁提子放进沸油中煮炸；炸至半熟时粑粑成形，取出提子，直至炸熟变黄，用铁钳捞出，放在粑粑架上滤干，芳香可口的提提粑粑即可食用。

风景名胜

细砂坪乡历史悠久，文化底蕴深厚，自然环境优雅，物产丰富，乡域特色浓郁。境内有九龙山、穿洞河等自然景观，其绝美的奇山异水和良好的生态环境，令人流连忘返，是休闲度假胜地。

九龙山 位于细砂坪乡西北部，山体呈西北至东南走向，面积约23平方公里。一般海拔750米，主峰海拔1310.4米。山体主要为志留系粉砂质页岩夹灰岩，山上多松、杉林，景色秀丽。昔为县内名山，山间有庙，香火旺盛。

穿洞河 位于细砂坪乡张家台村、八皮坡村、周家垭村和河口乡两岔村境内，距细砂坪乡人民政府驻地10公里。境内主要水源自张家台村笔架

九龙山云雾

山，东南走向，全长 10 公里，因溪水穿山洞而过，故名“穿洞河”。流域内有 5 条小溪水流入穿洞河，穿洞河常年流水不断，流域内有缸钵潭、浑水洞、锣鼓洞、后穿洞、前穿洞、钉子山等自然景观。河流两侧森林密布，娃娃鱼、五步蛇、岩蛙、金鸡、竹鸡、野猪、麂子等野生动物种类繁多。穿洞河海拔 300～400 米，冬天无降雪，平均气温 22℃，负氧离子高，适合休闲、旅游、观光。特别是前穿洞，洞高 30 米、宽 40 米、长 80 米，洞内平坦，是天然疗养地，开发价值高。

（撰稿人：蔡甜　图：向凤毛　黄真龙　细砂坪乡等）

八大公山乡

区域概况

位置面积

八大公山乡位于桑植县西北边陲，西北与湖北宣恩县龙潭乡相邻，西南与龙山县乌鸦乡接壤，东与五道水镇、细砂坪乡毗邻，南接河口乡。辖区东西长约30公里，南北宽约10公里，总面积158平方公里。乡人民政府驻地距县城93公里。

建置沿革

明朝，属湖北施州三里辖地。清乾隆二年（1737），属桑植司地十八里。1912—1949年，属游乐乡、游安乡。1952年，属第八区公所。1956年6月，建砂地坪乡。1958年8月，合并称万宝山人民公社。1959年2月，万宝山人民公社更名为五道水人民公社。1961年1月，分设八大公山人民公社。1984年4月，更名为八大公山乡。1995年4月，并入五道水镇。1998年10月析出，恢复八大公山乡。

行政区划

2014年，全乡辖车大河、朱家湾、扒河、栗树堡、蒋家湾、砂地坪、中沟湾、内半坡、药材场、庄耳坪等10个建制村，共66个村民小组。乡人民政府驻砂地坪村。

自然环境

八大公山是中国生物多样性关键地区之一，林海茫茫，遮天蔽日，千姿百态，互比傲姿。境内群山耸立，山峦重叠，平均海拔1050米，沟壑纵横，连绵起伏，走向不一。属山原型亚热带气候，四季分明，年平均气温10℃，春夏凉爽。紧紧相连的斗蓬山风景区山泉淙淙，原始森林遮云蔽日，是理想的避暑旅游胜地。年均降水量2105.4毫米，是湖南省四大暴雨中心之一。全乡有森林面积1.29公顷，林木蓄积量106.3万立方米，森林覆盖率86%，年出口木材2000立方米。境内有珍稀植物206科2408种，其中，属国家一、二级野生植物有珙桐、光叶珙桐、红豆杉、钟萼木等23种；天然野生花卉植物160余种，其中，珙桐在区内成群落分布，珙桐花序奇特美丽，花开时满树如鸽群栖立，最称胜景。可观赏到形神兼备的“夫妻树”“醉汉林”“七姊妹”“十六兄弟”以及匍地爬壁、攀树悬木的藤蔓等植物景观。境内盛产药材，有药用植物1000余种，尤以“四大药王”——白三七、扣子七、乌金七、金盘七分布较多，七叶一枝花、天麻等药材比比皆是。境内是野生动物的天然乐园，已查证的脊椎动物143种，有国家重点保护的珍稀濒危动物17种，如金钱豹、云豹、猕猴、红腹角雉等。矿产资源丰富，其中铝、锌矿蕴含量3万吨，具有开采价值。

人口民族

2014年年末，辖区总人口4830人，人口出生率6‰，自然增长率3‰。境内有土家族、白族、苗族、高山族、侗族、满族等少数民族人口4169人，占总人口86.31%。其中，土家族3778人。

经济发展

经济综述

八大公山乡经济以农业为主。2014年末，全乡实现生产总值1361万元，农民人均纯收入2949元，金融机构存款余额3800多万元，贷款

珙桐树

余额1100万元。

农业

全乡有农业人口4320人，占总人口89.5%；耕地面积239.47公顷。粮食作物以玉米、红薯、马铃薯为主。主要经济作物有烟叶、木材、中药材。2014年，全乡种植烟叶133.33公顷，有中药材200公顷、茶叶66.67公顷、魔芋6.67公顷。成立农村专业合作社共5户，集中连片3.33公顷以上烟叶、中药材种植大户5户，年度土地流转面积38.93公顷，年内新增八大公山乡王兆龙魔芋种植专业合作社。

乡镇企业

从2005年起，八大公山乡利用水资源，引入资金2.1亿元，进行水电项目开发。迷水河、九肖河、三合口3座梯级式水电站7个机组装机2.2万千瓦，相继建成投产发电，每年新增工业产值2000余万元，年新增税收200多万元。

劳务输出

1978年改革开放以后，境内农村剩余劳动力自发向广东、深圳、浙江等沿海经济发达地区转移就业。2014年，全乡转移输出劳动力1246人，创收2100多万元。

基础设施

交通运输

桑（植）八（大公山）公路是全乡公路交通的主干道，乡道与龙山县乌鸦乡、湖北宣恩县道路相接。2006年以后，电站投资商在兴建电站的同时，累计投入资金450多万元，为5个村18个村民小组修通公路48公里。全乡村村通公路，66个组有63个组通组道。到2014年年末，境内乡村组公路总里程150公里。

邮电通信

2014年年末，境内有邮政代办所1个，报纸、杂志累计期发行20多种320多份。有电信企业1家，固定电话用户12户，移动电话用户3214户，互联网用户72户。

供电饮水

2005年以后，电站投资商架设输电线路85公里，解决村民安全用水设施69处，帮扶公益事业建设工程12项。2014年年末，全乡村村通电，有车大河、蒋家湾、庄耳坪、砂地坪、扒河等5个村完成农村电网改造，供用电质量大幅提高，尚有5个村电网改造正在按计划实施。车大河村、扒河村、蒋家湾村、中沟湾村、庄耳坪村等地水源充沛，村民采用建蓄水池储水、架设管道引水等方式饮用山泉水，这一区域生产生活用水较为便利。2014年年底，利用蒋家湾村岩屋坪组优质水源，投资建成乡自来水厂，满足砂地坪及周边蒋家湾村、中沟湾村1500多人生产生活用水需求。唯有药材场、内半坡、朱家湾等村，因水资源短缺，存在饮水困难。

水利建设

近年来，新修和修复灌渠2.5公里，农田灌溉抗旱条件有较大改善。到2014年年底，迷水河、九肖河、三合口3座梯级式水电站全部建成投产。

村镇建设

2012年，集镇街道全部实行水泥路面硬化。到2014年，完成农村危旧房改造220户。投资40万元，在乡集镇街道旁安装路灯20盏。投资6万元，新修集镇下水道300多米，化粪池10立方米。投资90万元，整修政府旧办公综合楼、新建篮球场和添置办公设备，全乡村镇基础设施逐步完善。2014年年末，境内城镇人口959人，城镇化率30.3%。

文艺汇演

社会事业

教育

2014年年末，全乡有中心完小1所，村小1所，有教职工13人，在校学生152人，小学适龄儿童入学率100%。政府财政对教育的资金给予充分保障，预算内教育经费占财政总支出4%。

文化

八大公山乡民族文化内容丰富，自2013年以来，成功举办“欢乐潇湘·美丽八大公山”群众文化汇演、“欢乐潇湘·民歌桑植”民歌选拔赛等大型文化活动，发掘传承民俗文化，满足群众日益增长的文化需求。2014年年末，境内有乡文化广播电视站1个，村级文化活动中心10个，各类图书室10个，藏书2万余册，发放电视村村通设备1200套。

医疗卫生

2014年年末，全乡有卫生院1所，床位10张，专业卫生人员5名。是年，乡卫生院完成诊疗3000人次。新型农村合作医疗参合人数4527人。

社会保障

2014年，全乡有城镇最低生活保障户14户17人；农村最低生活保障户400户760人，保障经费支出91.2万元。乡敬老院1家，床位30张，集中供养农村“五保”对象26人；农村“五保”对象分散供养31人。参加新型农村养老保险1860人，参保率95%；农村医疗救助34人次，民政部门资助参加合作医疗260人次，共支出6.84万元；国家抚恤、补助各类优抚对象34人，抚恤事业费支出8万元。

特色地情

历史人文

庄耳坪战斗　庄耳坪位于八大公山乡庄耳坪村中、下坪组。1929年10月初，由常德开出的国民党军吴尚师所属各旅和慈利朱际凯、桑植周燮卿、石门罗效之等地方武装共2万余人逼近桑植苏区。当时，湘西前委尚未察明敌军大量聚集的意图，决定红四军立即撤出桑植县城和洪家关，

庄耳坪战斗英雄纪念碑

计划避开强敌，到湖北宣恩开展游击斗争。待探明敌军情况后，再相机收复桑植县城。于是，红四军分别从桑植县城和洪家关出发，到桥自弯集合后，即经凉水口、六耳口、庙咀河、芭茅溪、五道水、内半坡、庄耳坪等地去宣恩沙道沟。红四军采取逐段退却的策略，与敌人保持接触，且战且走，以便不断探察敌人的动静。首先在双溪桥、黎树垭进行战斗，然后退往白竹坪住 3 天，后又开往水田坝住 3 天。接着在仓关峪与周燮卿战斗，主动撤走进入大木塘，再走猫子垭、朝南坪，10 月 9 日转到八大公山的内半坡、庄耳坪一带。10 月 10 日，部队决定继续向北推进。就在部队开拔前夕，五团团长伍勤普停兵于内半坡周家不动。后经三次催促未果，并带部向五道水方向叛逃。由于伍勤普的叛变，延误了红四军的出发时间。当部队行至内半坡时，后卫被陈策勋、闫仲儒部追上，激烈交火。因敌人抢先占领大槽岭的土地垭，封锁红军北上的唯一通道，且敌我力量悬殊，历经 9 个多小时奋战，红军伤亡 400 多人。激战到傍晚夜幕降临，雨又下个不停。贺龙闻知一团团长贺桂如、四团团长陈宗瑜牺牲，悲痛万分，他亲自率领部队在大槽岭上下反复争夺，终于突出重围，遂经碑垭向桑鹤边界转移。为缅怀先烈，在战斗遗址建有纪念碑和贺桂如烈士纪念亭。

民歌之乡 八大公山是澧水的发源地之一，境内高山峡谷，溪流纵横，呈“两山夹一沟”地形。依山而过的澧水风光优美，民风纯朴，独特的地理人文环境为八大公山乡丰富的原生态民族文化的保存提供得天独厚的自然条件。随着近年对传统文化的挖掘与重视，桑植民歌在八大公山乡地传唱呈现出一片欣欣向荣之景。一曲《最美还是八大公山》广为流传。

绿色乡村 境内山清水秀，景色怡人，高山峡谷，空气清新，生态资源丰富，有榉木、杉木、八角茴香、金丝楠、红豆杉等珍稀树种。这里绿色环绕，放眼望去，只见峰峦叠嶂，回顾四周，如置身绿色海洋，身心俱佳，如临仙境，是休闲旅游的天然氧吧。

名优特产

精品烟叶 产于八大公山乡高海拔地区，其成熟度、色泽、疏松度方面表现独特，在“芙蓉王”“云烟”“和天下”等高端卷烟品牌的主要配方中，都有八大公山精品烟叶。从 2014 年起，种植精品烟叶成为当地居民的主要收入来源之一，每年全乡产烟近 45 万公斤，烟农人均年收入过万元。

花卉苗木 产于八大公山乡低海拔地区，以红豆杉、金丝楠木、红榉、金叶榆等珍惜名贵苗

木为主。根据市场需求，秉承“人无我有、人有我优、人优我廉、人廉我退”的市场理念，结合本地特有的小气候优势，八大公山珍稀名贵花卉苗木规模不断壮大。全乡有珍惜名贵苗木基地面积500亩，各类花卉苗木100万株，是市场新宠。

蜂蜜 境内山林面积宽广，气候适宜，蜜源植物种类繁多，当地居民自古以来就有养蜂传统。所产蜂蜜，质量上乘，口感舒适，是当地群众居家待客、迎来送往的必备物品，在全县享有很高的知名度。全乡年养蜜蜂500余桶，产量1.25万公斤，每公斤蜂蜜出售价为200元，产品畅销、供不应求，是当地居民经济收入的主要来源之一。

（撰稿人：罗震　图：八大公山乡　曹开胜等）

蹇家坡乡

区域概况

位置面积

蹇家坡乡位于桑植县西北部，东南接陈家河镇，西南临岩屋口乡，西北连河口乡、细砂坪乡，东北界沙塔坪乡。辖区东西宽8.9公里，南北长13.8公里，总面积64.9平方公里。乡人民政府驻地距县城59公里。

建置沿革

1912—1949年，属游乐乡、乐平乡辖地。1952年，分属蹇家坡、燕落、夹石乡。1956年6月，3个乡合并为蹇家坡乡。1958年8月，并入跃进人民公社。1959年2月，跃进人民公社更名为陈家河人民公社。1961年春，分设蹇家坡人民公社；1984年4月，更名为蹇家坡乡。1995年4月，并入陈家河镇。1998年10月析出，复称蹇家坡乡。

行政区划

2014年，全乡辖王家塔、李家村、赵家塔、茶园、雷家坡、筲箕池、南门坡、蹇家坡、芦毛坪、燕落界、洞天河、洗泡河、老村13个建制村，共67个村民小组。乡人民政府驻蹇家坡村。

自然环境

境内地处武陵山脉，地形以丘陵山地为主，海拔落差大，海拔最高 1040 米，最低 300 米，平均海拔 800 米，沟壑纵横。属南部热带气候类型和南温带气候，早晚云雾缭绕，白天光照充足，年平均气温 18.2℃，降水量 1600 毫米，无霜期 280 天。煤、铁、重晶石等矿产资源丰富。土壤多为板页岩发育而成的红壤、黄壤、棕黄壤，土壤肥沃，且富含锌、硒等有机质，pH 值为 4.5 ~ 6.5。境内森林茂密，溪水清澈，空气清新，适宜生长有机作物，具有发展有机作物得天独厚的自然条件。

人口民族

2014 年年末，辖区总人口 6728 人，人口出生率 14.3‰，自然增长率 6.6‰。境内有土家族、苗族、回族、白族、蒙古族、侗族、壮族、布依族 8 个少数民族，共 6447 人，占总人口 95.8%。其中，土家族人口 5575 人，占总人口 82.9%。人口密度每平方公里 100 人。

经济发展

经济综述

进入 21 世纪以后，蹇家坡乡在稳步发展水稻、玉米、药材等种植业和生猪、牛羊、家禽等养殖业同时，加快农业产业化发展步伐，重点发展烤烟、茶叶、冬桃种植，并逐步成为农民增产增收的主导产业，形成以粮食、烟叶、茶叶、水果和畜牧养殖为主的产业结构。2014 年，全乡实现生产总值 1614 万元，其中农业产值 713.8 万元，财政收入 160 万元，农民人均纯收入 2513.06 元。

农业

蹇家坡乡种植烟叶历史悠久。近年来，继续发展烟叶产业，至 2014 年，烟叶规模种植面积 153.33 公顷。同时，发展茶叶产业，形成涵盖雷家坡、燕落界、洗泡河、芦毛坪、南门坡等 5 个村的茶叶产业带，茶叶基地面积扩大到 573.33 公

茶叶产业

顷，拥有茶叶加工厂4家，茶叶专业合作社2个。传统的油茶产业也有新发展，改造10个村低产油茶林面积177.13公顷，王家塔村、燕落界村实施成片连块规模种植，先后分别新发展油茶26.67公顷、20公顷。2014年年末，全乡粮食总产量4368吨，人均产量650公斤，其中，稻谷产量2099吨；烟叶种植面积153.33公顷，产量6000担；茶叶面积493.33公顷，产量6.5吨；存栏生猪3210头，牛1200头，羊2100只，家禽8425羽；有养殖大户18户；冬桃栽植面积80公顷，年产值400万元。

乡村企业

境内探明地下矿藏有煤矿、铁矿等。其中，煤储量0.5亿吨，地质储量5.4亿吨，属乐平煤系，煤层厚，易开采。在洗泡河村，曾建桑植县三鑫矿业公司，后停产。近年，雷家坡村借助茶叶产业发展优势，率先办起生产茶叶企业——顶峰茶叶公司，其加工生产的茶叶远销日本等国家。到2014年，先后在雷家坡村、燕落界村、洗泡河村建成5家茶叶加工厂，累计投资260万元。

商业贸易

1949年10月后，境内先后建有供销社、粮店、肉食组等商贸服务机构，购进、销售生产生活所需商品及物资，收购粮食、生猪和农副土特产品。随着社会主义市场经济的建立，这些国有、集体商贸机构因不适应市场需求，逐步改制或撤销。至2014年年末，个体私营经济、个体工商户跃为商贸服务主体，全乡商贸繁荣。

劳务输出

1978年改革开放以后，全乡大部分主要劳动力外出务工，流动地以广东、浙江两地为主。每年外出人员2600多人，占全乡总人口40%以上。

基础设施

交通运输

桑（植）八(大公山)公路穿境而过，是境内公路的主干道。近年来，先后投资71.5万元，完成燕落界、王家塔、芦毛坪等村通畅公路工程建设12.8公里；投资25万元，新修组级公路6.5公里

(茶园村新修1公里，洞天河村新修3公里，洗泡河村新修2.5公里)；投资52.5万元，修通茶园村至岩屋口通乡公路3.5公里；投资300多万元，修通硬化芦毛坪、燕落界、洗泡河等村环村公路；投资178万元，修通王家塔村至夹石河大桥公路。投资1200万元，用于王家塔村至夹石河大桥3公里公路扫尾硬化工程、蹇家坡至南门坡村8.7公里公路硬化工程。王家塔村至夹石河大桥公路建成，有效解决冰冻期间蹇家坡、细砂坪、八大公山3个乡1.65万人的出行难问题。2014年年末，全乡13个建制村全部通公路，大部分组有通组公路，公路交通网络顺畅，交通运输便利。

邮电通信

乡集镇设有中国电信、移动通信服务站和邮政所，群众通信、通邮方便。

供电饮水

境内建有农电所标准化办公场所，实现全乡高低压全覆盖。近年来，投资320万元，完成茶园村、蹇家坡村、赵家塔村、雷家坡村、李家村5个村的电网改造工程。投资55万元，进行茶园村饮水工程建设；投资16万元，完成李家村饮水工程建设，共解决2个村386人饮水困难。

村镇建设

近年来，先后投资145万元，修建1栋4层的乡政府及文化站、司法所、邮政、政务服务、林业综合办公大楼；投入16万元，对20世纪70年代修建的部门旧办公楼进行全面维修；投资60多万元，建成老年人福利中心；投资7万元，完成王家塔村村部建设；投资50万元，新建或完善13个村村部和村级文化活动中心设施建设；投资520万元，完成茶园、筲箕池、蹇家坡、老村等村国土整理项目；筹资2000万元，完成南门坡村国土开发工程建设面积233.33公顷；投资8万元，在集镇安装20盏路灯；投资30万元，完成集镇和13个建制村环境卫生整治项目，修建垃圾填埋场1个，标准垃圾池13个，设置分类垃圾桶39个，摆放标准垃圾箱20个，建焚烧池600个，发放标准垃圾桶1500个，配备垃圾转运车1辆，斗车16辆。引资35万元，完成农贸市场建设，告别马路市场。

社会事业

教育科技

2014年年末，境内有乡中心学校1所，在校学生334人，教职员工35名；有村级小学3所，幼儿园2所，在园师生300余人。通过推

蹇家坡学校首届英语节

广农业科学技术，以科技为支撑，全乡建成千亩“中华圣桃”示范基地和万亩有机生态茶叶生产基地。

文化

2014年末，境内有乡文化综合站1个，并建有专门的文化活动中心和图书室。全乡建有农家书屋13个，藏书1.5万多册。

医疗卫生

2014年年末，境内有乡卫生院1所，能够提供群众基本医疗服务。近年，筹资280万元，完成乡卫生院扩建和整修工程，以及4个村的村级卫生室建设，全乡医疗卫生条件逐步改善。

社会保障

2014年年末，对原享受农村低保对象151户407人、城市低保对象7户14人和51户“五保户”进行年检清查，依程序清退低保2户3人，新增低保1户3人。有乡敬老院1家，集中供养“五保”人员29人。设有乡劳动保障服务站1个。

特色地情

历史人文

汨水河洞剿匪 汨水河洞是境内最大的溶洞，地处南坡村汨水河组，4条山溪水汇入此洞，穿山而出。大洞处在悬崖峭壁下，洞口硕大，空间开阔，能够容纳300人。分上下两层，上洞上面100米处开有2个大天窗，看得见山顶的树木。此洞又与山下汨水大洞串连，洞内有室，左侧曾设有三道关卡，抵御匪患。20世纪50年代，解放军与小股土匪在此激战数天未果，最后炮轰洞内，将土匪全歼。

观音寺 位于赵家塔村云朝山主峰，海拔1300多米，此处地势险峻，一年四季云海茫茫，似道骨仙风悠然而存。行人停车“广埡”，驻足眺望千米，可尽览崖边峰顶观音寺的旖旎风姿。寺庙左侧是悬崖峭壁，壁上有一长50多米的天然栈道，是个自然门绝顶的练功房。栈道两三尺处就是垂直的崖壁，高400余米，游人站在栈道上需要心平气静，不然会头晕目眩。俯瞰崖壁，令人心惊胆寒，惊恐不已。据考证，此寺有400多年的历史，是乡境仅存的一处佛教圣地。

名优特产

境内老村、蹇家坡、筲箕池、洗泡河等村是中华圣桃（冬桃）的生产基地，有“中华圣桃”桃园面积800余亩。“中华圣桃”以其果大、松脆、香甜著称，成熟于每年农历八月十五左右的

蹇家坡乡阳雀岩景观

桃“中华圣桃”基地

深秋初冬时季，有别于成熟在春夏的普通桃类。在中秋吃月饼、赏圆月之时，品食蹇家坡的中华圣桃，别有一番风味。因此每年此时，乡内外人们慕名前来采购，供不应求。此外，蹇家坡茶叶是近年来开发和打造的绿色有机天然茶产品，市场走俏。

风景名胜

在赵家塔村云朝山观音寺境内，有一块匾、云朝山栈道、文师洞、千年古道阳雀岩、马鬃岭五大景点。云朝山一年四季是旅行游玩佳地，春有红杜鹃开遍山岗，夏有野蘑菇点缀松林，秋可观赏菊花，品尝野核桃、八月瓜等美食，冬有白山茶、油茶花阵阵清香。去云朝山游玩又能进行徒步运动，边走边赏美景。近能看数十个乡村美景，远能观黄石寨、天门山婆娑身影，晨能赏阵阵云海、旭日东升；暮能品夕阳晚照、红霞变幻、群鸟归林。

民俗风情

蹇家坡乡是一个集土家族、苗族、回族、白族等少数民族聚居的高寒山区。主要姓氏有李、王、向、覃、陈等，少数姓氏有蹇、蒯、闫、佘、白、雷、龙等。民族文化内容丰富，民俗风情多姿多彩。

（撰稿人：彭长如　图：李德友　屈文浩　蹇家坡乡等）

河口乡

集镇全景

区域概况

位置面积

河口乡位于桑植县西北部，东南与蹇家坡、岩屋口乡相邻，西南与上河溪乡毗连，西与龙山县乌鸦乡交界，北与八大公山乡、细砂坪乡接壤。总面积142平方公里。乡人民政府驻地距县城49公里。

建置沿革

乡域因位于澧水中源上游，四条溪河汇于此地而出，故名“河口”。1912—1949年，属爱物乡辖地。1950年，属新街区。1952年，建河口乡。1958年8月，属光明人民公社。1959年2月，更名河口人民公社。1984年4月，改称河口乡。1995年4月，岩屋口乡并入河口乡。1998年10月，岩屋口乡析出，复称河口乡。

行政区划

2014年，全乡辖插旗、朝东、懂市、富溪、河口、科溪、两岔、林光、马骆、千民、沙洲、上坪、神洲、太坪、塘坊、西坪、下坪、新南、杨湾、以咱20个建制村，共149个村民小组。乡人民政府驻河口村。

自然环境

境内大部分为高山丘陵地区，山下多石灰石溶洞。地势为西高东低、北高南低，最高点林光村海拔1300米，最低点河口村海拔400米。河口乡位于澧水中源，山清水秀，沿河两岸皆高山峡谷，风景迷人，具有得天独厚的旅游资源。

人口民族

2014年，辖区总人口11420人，人口出生率16.75‰，自然增长率12.46‰。境内为多民族聚居地，有土家族人口11032人，占总人口96.6%，苗族118人，蒙古族106人，其他民族164人。人口密度每平方公里83人。

经济发展

经济综述

全乡经济以农业为主。2014年年末，实现生产总值2562万元，财政收入327万元，农民人均纯收入3050元，人均住房面积55平方米；完成固定资产投资1356.7万元，金融机构存款余额3221万元，贷款余额1084万元。

农业

全乡农业人口10164人，占总人口89%；耕地面积723.67公顷，人均0.06公顷。粮食作物以稻谷、玉米为主。2014年，粮食总产量8101吨，人均709公斤，其中，稻谷4560.3吨，玉米3540.7吨。畜牧业以养殖猪、牛、羊家禽为主；经济作物以油茶、茶叶、烟叶为主；特种养殖以大鲵、竹鼠、豪猪、异蛇等为主。全乡有林地总面积977.13公顷，林产品有松、杉等，年木材产销量2800余立方米。经济林有油桐、油茶，面积660公顷，年产桐、茶油1200多担。2009年以后，河口乡大力发展烟草种植，以西坪、新南等7个村为主产区，2014年全乡烟叶种植面积2100亩，实现烟叶税收60万元。养殖业利用独特的高山草场资源，以生猪、山羊为重点的传统养殖和以豪猪、异蛇为重点的特色养殖较快发展。2014年，全乡有养殖大户57户，养殖山羊5600头，豪猪180只，异蛇3700条，大鲵5000尾。全乡完成苏州青菜苔定单生产任务54.67公顷，为百姓开辟一条新的致富门路。

乡村企业

1949年10月后，境内曾试办过铅锌矿、铜矿开采，因矿量少、品位低、设备差、技术落后等原因，均昙花一现。

商业贸易

1949年前，境内没有官方商贸机构，农民买卖货物均与民间商贩交易。1955年年底，建供销合作社。2000年以后，随着经济体制改革深入，供销社进行资产有偿转让，其购销业务被个体民营商业取代。2014年年底，全乡实现社会消费品零售总额1520万元。

劳务输出

1978年改革开放以后，境内农村剩余劳动力开始向北京、上海、广东、深圳等发达地区转移。随着现代化农业的发展和第三产业兴起，劳动力转移规模日趋扩大。2005年以后，劳务输出成为全乡经济的重要组成部分，每年为农民创收1200万元以上。2014年，全乡转移输出劳动力3250人，创收1400万元。

基础设施

交通运输

境内有通乡的桑（植）河（口）公路，也是连接陈家河镇、岩屋口乡、河口乡的交通要道。近年来，坚持把基础设施建设摆在首位，累计争取资金1685万元，完成通畅工程49公里，争取“一事一议”项目，新修塘坊、科溪两村组道4.5公里。

邮电通信

2014年年末，境内有邮政代办所1个，报纸、杂志累计期发行24种264份。有通信基站10个，移动通信信号覆盖全境。有电信企业1家，电话交换机总容量1000门，固定电话用户522户，电话普及率17.5%；移动电话用户1246户，互联网用户276户。全年电信业务收入23万元。

供电饮水

2014年年末，全乡村村通电。完成塘坊、太坪、朝东3村的农网升级改造工程，农村供用电水平大幅提高。境内水源充沛，村民大多采用蓄水池储水和架设管道等方式解决人畜饮水。从2010年起，先后投资31万元，新建安全饮水设施，解决580户2678人饮水难问题。2014年，实施集镇饮水工程建设，解决集镇居民安全饮水问题。

水利建设

近年来，河口乡一直致力于加强农业基础设施建设，完成山塘堤坝清淤工程项目建设4个，投资262万元，解决3个村34公顷农田灌溉困难。

村镇建设

2012年，投资110万元，建成河口边贸市场，占地6000平方米，并将市场按用途划分为牲畜交易区、蔬菜贸易区、零杂商品贸易区、衣饰贸易区。通过拍卖、销售、租赁经营方式，修建河口新农村客运站。2014年，实施集镇新桥引桥、老街道及集镇环形路的硬化建设。完成农村危旧房改造项目100余户。全乡基础设施条件进一步改善。

社会事业

教育科技

1958年，境内设幼儿园，1959年幼儿园解散。1984年，在小学校内设幼儿教育学前班，注重语言教学。1957年，设立完全小学；1961年，设立河口完小附中，1990年，设立中心完小。1999年，通过“普九”验收。河口中心学校是九年一贯制学校，有在编教职工52人，教学班级17个，在校学生708人，其中，留守学生610人。2013年，对上坪、西坪村级小学进行整修，改善教育基础设施。2014年，全乡九年义务教育入学率97%以上，小学适龄儿童入学率100%，初中适龄人口入学率、小学升初中升学率、九年义务教育覆盖率均达99.2％。

1978年改革开放以后，通过引进先进的养殖技术和种植技术，迅速提高农民收入。近年，全乡共举办特种养殖技术培训班6次，运用科技获得异蛇孵化养殖专利，促进经济增长方式的转变。加强对干部队伍素质和能力地培训，培养基层干部至少掌握一门实用技术，组织学习友邻乡镇的先进科学技术和致富经验，增强基层组织在农业和农村经济发展中的战斗堡垒作用和凝聚力。

文化体育

2010年，河口村组建老年协会乐队，传承打花灯等传统文化艺术项目；2012年，组建乡广场

土家花灯

舞健身队，丰富群众的业余文化生活；2014 年，举办首届河口乡“美丽乡村杯”篮球赛。2014 年末，境内有乡文化站、广播电视站各 1 个，有村级党员活动室 12 个，农家书屋 20 个，藏书 5 万册，有音乐、美术、书法、文学业余创作队伍 86 人。通过实施村村通卫星电视工程，给 300 多户群众发放安装“村村通卫星电视”设备 300 余套。卫星电视覆盖全乡，电视用户共计 1352 户。

医疗卫生

河口乡卫生机构始建于 20 世纪 50 年代。近年，特别重视医院基础设施建设。2013 年下半年，河口乡卫生院大楼动工，各项医疗设施逐渐改善。至 2014 年年末，全乡有各级医疗卫生机构 11 个，其中，乡卫生院 1 所，村卫生室 10 个；有病床 16 张，专业卫生人员 13 名；医疗机构（门诊部以上）完成诊疗 3000 人次。推行新型农村合作医疗，实行参合农民乡镇住院全报销，2014 年参合人数 9800 人，参合率 91%。

社会保障

2008 年，投资 85 万元，新建乡敬老院，到 2014 年，有床位 30 张，供养农村“五保”人员 28 人。2010 年以后，对老弱病残及贫困户，落实城乡居民养老保险制度，做好社会保障工作，先后落实“五保”对象 104 人，低保对象 512 户 902 人，优抚对象 58 人，实施危房改造 32 户。2014 年末，城镇最低生活保障对象 24 户 32 人，支出 13.9 万元；农村最低生活保障对象 488 户、870 人，支出 106 万元。农村“五保”对象集中供养 28 人，支出 19.4 万元；农村“五保”对象分散供养 76 人，支出 16.3 万元；农村医疗救助 126 人次，民政部门资助参加合作医疗 1048 人次，共支出 9.4 万元。国家抚恤、补助各类优抚对象 106 人，抚恤事业费支出 26 万元。参加新型农村养老保险 5673 人，参保率 93.2%。

特色地情

历史人文

河口乡历史悠久，环境优美，物产丰饶，在这片古老的土地上，流传着很多动人的传说，也诞生了许多杰出人物。曾经官至广东道台的沙文清便出生在此。科举出仕的沙文清，年少时便刻苦学习，即使身居环境恶劣的岩洞之中，他依然每天抱书而读，母亲为他送来红糖和馒头，因专心读书，竟错把墨水当红糖给吃干净了。他的这种坚持和毅力，是河口人民的一个缩影。境内有历史古迹——贞节牌坊，位于河口村牌楼组，立于道光十八年（1838），距今170多年，由于“文化大革命”期间遭到破坏，遗址有损毁。清道光年间，当地张姓的俊男与章姓的女子喜结良缘，婚后十分恩爱，女子贤良淑德，男子能文能武。后男子考取功名，到京城为官，因为官清正廉洁，得罪不少权贵和恶势力而被害。遇害后其妻几度殉情被劝阻，怀着对丈夫坚定的情感，始终没有改嫁。后来立此贞节牌坊以示祭奠，这种忠贞的精神得以传承。

名优特产

腊豆腐 也称土家腊豆腐，别名炕豆腐、香干豆腐，是口碑极佳的特色食品。据传，腊豆腐是丈母娘在腊月做好，用来回赠女婿吃的，故称“腊豆腐”。制作腊豆腐的豆浆要磨得特别细嫩，豆腐起锅上榨后，拌入辣子丁、橘皮丝、生姜末、茴香粉和精肉松等，然后紧压漏尽酸水。出榨后，切块开片，用温火焙，直至两面发黄时取出。河口水质优良，所打出的豆腐鲜嫩多汁，松软可口。

蜂蜜 河口乡山林面积宽广，气候温暖，蜜源植物种类繁多，当地居民自古以来就有养蜂传统，已经形成土蜂养殖基地，每年养蜂1800桶。所产蜂蜜因为质量上乘，具有良好口碑，是迎宾送客的极佳礼品。

油豆腐 是一道传统名菜，其色泽金黄，内如丝肉，细致绵空，富有弹性，经磨浆、压坯、油炸等多道工序制作而成。既可作蒸、炒、炖的主菜，又可作各种肉食的配料，是荤宴素席兼用的佳品。油豆腐富含优质蛋白、多种氨基酸、不饱和脂肪酸及磷脂等，铁、钙的含量也很高。油豆腐适用于一般人群，因河口水质优良，产出的油豆腐别具特色，极为香软，令人入口难忘。

豪猪 又称“箭猪”，由于肉质细腻，味道鲜美，深受人们的喜爱，被誉为山珍。豪猪还具有很高的药用价值，肉、脑、脂肪油、心、肝、胆、胃、箭刺均可入药，具有降压、定痛、活血、化瘀、祛风、通络等功效，主治胃、痔瘘、恶疮、心血管硬化、白血病、风湿等病症。其箭刺还是制做浮标和装饰品的高级原料。近年来，境内农

豪猪养殖

民因地制宜，发展豪猪养殖业，逐步由小规模家庭养殖向集约化专业养殖发展。

黄山羊　属典型的肉用型山羊品种，具有肉质细嫩多汁、膻味小等特点，其优点是生长发育速度快，繁殖力强，屠宰性能好，适应性强，杂交改良效果好。2010 年，黄山羊引入河口乡，并实行规模化和专业化养殖，开辟农民增收的新途径。

蜈蚣　又名“天龙”“百脚虫”“少棘蜈蚣”等，具有败毒抗癌、息风解痉、退炎治疮，用于炎肿疮疡等药用价值。境内农户开始人工养殖蜈蚣的尝试，初具规模。

民俗风情

河口乡属少数民族聚集区，尤以土家族居多，因此，保留了很多土家族特有的民族风俗习惯，如哭嫁、过赶年等。由于民族迁徙，境内生活着一批蒙古族同胞，其独特的勇猛、剽悍的民族特色和民族习惯，为河口乡增添别样的风情色彩。

（撰稿人：陈华　钟立松　图：河口乡等）

岩屋口乡

行政中心

区域概况

位置面积

岩屋口乡位于桑植县西北部，东临陈家河镇，南连上河溪乡，西与河口乡交界，北接蹇家坡乡。总面积 49.8 平方公里。乡人民政府驻地距县城 38 公里。

建置沿革

1912—1949 年，属爱物乡辖地。1952 年，建岩屋口乡。1958 年 8 月，改属光明人民公社。1959 年 2 月，更名为河口人民公社，1961 年春，分设岩屋口人民公社。1984 年 4 月，改称岩屋口乡。1995 年 4 月，并入河口乡。1998 年 10 月析出，恢复岩屋口乡。

行政区划

2014年，全乡辖岩屋口、斑竹、砂河坪、撒埠溪、龙穴坪、陆家塔、大吾坝、四家田、伍家田等9个建制村，共62个村民小组。乡人民政府驻岩屋口村。

自然环境

境内地势北高南低，地形以山地为主。河道属澧水流域，澧水中源自龙穴坪村入境，流经龙穴坪村、陆家塔村、撒埠溪村、岩屋口村、斑竹村，全长13公里。境内属亚热带季风湿润气候，春夏多雨，夏秋凉爽，秋季干旱，冬季多雪冰冻，年均日照1152小时，年均气温13.5℃。土壤类型有黄色石灰土、黄壤性土、石灰性紫色土等。煤炭、水能资源丰富。

人口民族

2013年年末，辖区总人口5652人，人口出生率6‰，自然增长率3‰。境内有土家族、白族、苗族、蒙古族等少数民族，有少数民族人口5314人，占总人口数94%，以土家族为主。

经济发展

经济综述

2004年，全乡农民人均纯收入1123.5元。2014年，农民人均纯收入2609元。

农业

全乡有农业人口5143人，占总人口的91%。粮食作物以稻谷、玉米、红薯、马铃薯为主，2014年，粮食产量3109吨。经济作物主要是茶叶，种植面积386.67公顷，实现人均1亩茶，被誉为“茶叶之乡”。其他有烟叶、中药材等。畜牧业以生猪、牛羊和家禽养殖为主，通过深度开发草山草坡资源，扶持养殖大户30余户。2014年，全乡饲养生猪2308头，山羊300只，禽类4500羽。全乡有山林面积381.97公顷，林木积蓄量18991立方米；国有林场1个，乡林场1个，育林抚育面积98.1公顷，用材林面积169.8公顷，经济林面积300亩，年销售木材400多立方米。

茶园

乡镇企业

境内煤炭开采企业兴办较早。2000年，全乡有煤矿3个（斑竹煤矿、岩屋口煤矿、撒河坪煤矿），后斑竹煤矿、岩屋口煤矿关闭。2014年，撒河坪煤矿恢复开工，年产煤10万吨，产值约2000万元，解决400多人就业。

商贸服务

1956年，建供销合作社。供销合作社属集体商业性质，实行民主管理，独立核算，自负盈亏，为国营贸易公司代购农副土特产品及废品收购，代销粮食、食盐、布匹、百货等，并开展自营业务。其后，供销合作系统实行经理、主任任期目标管理责任制和多种形式经营承包责任制，供销合作商业稳步发展。2000年以后，随着改革开放的不断深入，供销社进行资产有偿转让，其购销业务被个体民营商业取代。

劳务输出

1978年改革开放以后，境内农村劳动力为增加家庭经济收入，自发向广东、深圳、浙江等沿海经济发达、劳动力短缺的地区转移就业。2014年，全乡转移输出劳动力1630人，创收约3000万元。

基础设施

交通运输

桑（植）河（口）公路从境内岩屋口、陆家塔、龙穴坪3个村经过，为全乡公路主干道。近年来，加强村组公路建设，先后投资400多万元，完成通畅工程50公里，其中，水泥路17公里。2014年年末，全乡村村通公路，62个村民小组中有38个组通公路。

邮电通信

2014年年末，境内有邮政代办所1个，报纸、杂志累计期发行35种153份。有电信企业1家，固定电话用户31户，移动电话用户3123户，互联网用户104户，全年电信业务收入18万元。

供电饮水

2001年，实现全乡村村通电。至2014年年末，有5个村完成农村电网改造，全乡总用电量6万千瓦时，基本满足全乡人民生活需要。境内大部分村水源充沛，村民采用蓄水池储水和架设管道取水等方式解决人畜饮水困难。2011年以后，撒河坪村、陆家塔村、岩屋口村先后完成安全饮水工程。2013年，投资10万元，建成乡自来水厂，满足集镇2000多人安全饮水。

水利建设

境内溪河众多，水资源丰富，但受地理条件限制，部分区域存在农田灌溉和农村人畜饮水难的问题。为加强农业基础设施建设，先后投入资金60万元，修建引水、排水渠道3000多米；投入120多万元，在全乡修建大型蓄水池5个，安装引水管1.2万多米。

村镇建设

2000年以来，投资100万元，搬迁政府大楼，新修乡卫生院；投资12万元，架设集镇路灯30盏。2013年开工建设集镇大桥，实现集镇向河对岸延伸，打破集镇无地域发展的瓶颈。2013年，实现全乡垃圾集中化处理。至2014年，共建垃圾池92个，垃圾填埋场2个，配备垃圾清运车1辆，集镇保洁队伍1支，每村有1名保洁员，清理辖区垃圾。2014年，投入资金300万元，新修乡幼儿园，扩建乡中心小学；完成287户农村危旧房改造，乡村基础设施建设逐步完善。

社会事业

学校教育

1958年，境内设立幼儿园，1959年幼儿园解散。1977年，再设幼儿园。幼师多为经过短期培训的初、高中毕业女知识青年，实行日托。1984年，设幼儿教育学前班，学前班设在小学校内，注重语言教学。岩屋口小学始建于20世纪40年代。1999年教育布局调整，撤销岩屋口中学。2014年年末，全乡有小学2所，其中，中心小学1所，在校学生342人，专任教师28人；有民办幼儿园1所，在园幼儿112人，专任教师5人。小学适龄儿童入学率100%。

文化体育

20世纪50年代初期，境内建有篮球场，经常开展文体活动。2014年年末，有乡文化广播电视站1个，村广播室2个，村级文化活动中心10个，各类图书室9个，藏书3余万册。卫星电视覆盖全乡，电视用户1340户，入户率97%，其中，有线电视用户82户。群众文化生活内容丰富。2013年以来，成功举办“欢乐潇湘·美丽岩屋口”群众文化汇演活动及“欢乐潇湘·民歌桑植”民歌选拔赛，每年组队参加市、县举办的各类文化体育竞赛活动，均取得优胜成绩。

医疗卫生

境内卫生机构始建于20世纪50年代。2000年，新修乡卫生院住院大楼。2014年末，全乡有各级医疗卫生机构4个，其中，乡卫生院1所，村卫生室3个，病床20张，有专业卫生人员8人。新型农村合作医疗参合率96%。

社会保障

2010年10月，乡敬老院投入使用，建筑面积1000平方米，入住“五保”对象28人。2014年，全乡城镇最低生活保障户7户7人，保障经费支出1.596万元，月人均190元；农村最低生活保障户374户557人，支出66.69万元，月人均99.78元；农村“五保”对象集中供养29人，支出32万元；农村“五保”对象分散供养71人，支出18.74万元；民政部门资助参加合作医疗648人次，支出6.48万元；国家抚恤、补助各类优抚对象66人，抚恤事业费支出20.29万元。参加新型农村养老保险，参保率85%。

文艺汇演

特色地情

历史人文

岩屋口乡是一块红色土地，在剿匪战争中有16名烈士将鲜血挥洒在这片土地上。岩屋口烈士陵园位于岩屋口村澧水中源左侧河岸，陵园内有岩屋口革命烈士纪念塔和烈士墓。1950年9月，新街区公所区长杨芝祥带领区中队，与解放军423团排长邹青云带领的小分队共29名干部战士组成武装工作队，进驻岩屋口开展征粮剿匪工作，遭遇土匪突然袭击。区中队和解放军干部战士与数十倍之敌展开激烈战斗，痛歼敌人，但因寡不敌众，干部战士伤亡惨重。为纪念战斗中牺牲的革命烈士，当地政府在烈士战斗牺牲的地方修建烈士陵园和点冢。

革命烈士陵园、纪念碑

名优特产

茶叶　岩屋口乡依托山水资源，培育优势产业，创新基础工作，实行“整体推进、连片开发、宜茶则茶，宜烟则烟，宜菜则菜”的产业发展模式。2011年以来，大力发展茶叶生产。至2014年，全乡种植茶叶386.67公顷，成立桑植县澧水源茶叶种植专业合作社，新建3家小型茶叶加工厂。优质茶叶产品畅销县内外。

荞粑粑　岩屋口山大人稀，过去，当地的土家族村民有种苦荞的习惯，并以此为主食之一。随着经济社会的发展，农民逐渐走出大山，种植荞麦的很少见了。苦荞粑粑多用粽叶包后蒸，也可裸蒸切块，食用可淡可甜，蘸上土蜂蜜味道极佳。荞粑粑营养丰富，是高血压、高血脂、高血糖患者饮食首选。

楠木　龙穴坪村南坝组盛产楠木。楠木是珍贵木材，属国家二级保护植物，木质坚硬，经久耐用，耐腐性能极好，带有特殊的香味，能避免虫蛀。楠木种类一般有金丝楠木、香楠、水楠三种。相传清朝年间，南坝就因盛产楠木而得名。

蜂蜜　岩屋口养蜂历史悠久，有主要蜜源植物500余种，适宜养蜂。2014年年末，全乡有蜂农30户。

风景名胜

岩屋口坐拥澧水河，境内山峦起伏，群峰叠

犀牛河风光

嶂，是一个天然的绿色家园。全乡森林覆盖率86.3%。旅游资源丰富，有将军岩、土笠堡、楠木坝、白杨坪、千亩茶园等。奇山异水和良好的生态环境，使这里成为天然的氧吧和休闲度假的天堂。岩屋口是澧水的发源地之一，境内共有大小河流5条，溪沟100余条，溪水从四面八方汇入澧水干流。溪流都具有较大的落差，构成丰富的水能资源，开发潜力巨大。溪河旁的天然溶洞，为大鲵的生长、繁衍提供得天独厚的生态环境。在大吾坝村斗笠堡上山顶有一巨石，远看酷似一位站着的将军俯视群山。山下大吾坝村、陆家塔村连起来特别像一张撒开的渔网，网里面还有一只乌龟。当地百姓将这一片称为“将军撒网”。

（撰稿人：尚亚丽　图：岩屋口乡）

上河溪乡

区域概况

位置面积

上河溪乡地处桑植县西部，东接陈家河镇，南邻永顺县万民乡，西连龙山县水田乡，北界河口乡、岩屋口乡。总面积133平方公里。乡人民政府驻地距桑植县城56公里，距龙山县城53公里。

建置沿革

因沅水支流猛洞河发源于境内，为其上源，俗称上河溪。明初，属湖北省施州三里，明洪武七年（1374）委托湖南代管，后划归湖南。1644—1949年，属桑植县爱物乡3~8保。1949年11月，设上河溪乡、砂坝乡。1952年4月，分设狮子坪、上河溪、比石、杨竹、大村、地界乡。1956年6月，狮子坪等7个乡合并为上河溪乡。1958年8月，改称五星人民公社。1959年2月，更名上河溪人民公社；1984年4月，更名为上河溪乡至今。

行政区划

2014年，全乡辖刘家垭、桃树湾、熊家坪、地界、东风坪、白竹山、狮子坪、上河溪、黄金塔、竹园冲、杨竹溪、邓家坡、车头沟、比时溪、扒拉坪15个建制村，共128个村民小组。乡人民

集镇全景

政府驻上河溪村。

自然环境

境内地形复杂，地势北高南低，地形以山地和丘陵为主，广泛分布为中山、低山地貌。平均海拔 300～850 米，海拔最高点位于扒拉坪村，海拔最低点位于东风坪村。境内河道属澧水、沅水两流域，其中，澧水流域面积 79 平方公里，沅水流域面积 53 平方公里。属中亚内陆季风气候，年均气温 15℃。地貌差异大，气候变化呈垂直规律。土壤以黄色石灰土、黄壤性土、砂土及红壤性土为主。地质灾害及水灾偏多。土地、草场、森林和水利、矿产等资源丰富。煤炭蕴藏量上百万吨，重晶石 30 多万吨，还有铅、锌矿、萤石、硫磺矿、铁矿等。拥有自然草场 5 万多亩，适宜进行畜牧规模养殖。野生中药材品种丰富，曾获得湖南省中药材科普考察队的充分赞誉，称上河溪乡为重要的中药材基因宝库。

人口民族

2014 年，辖区总户数 3402 户，总人口 13759 人，人口出生率 12‰，自然增长率 5‰。境内土家族人口 12520 人，占总人口数 90.99%，还有少量白族、苗族人口。人口密度每平方公里 99 人。

经济发展

经济综述

全乡经济以农业为主。2013 年年末，全乡实现生产总值 3400 万元，财政收入 65 万元，农民人均纯收入 2138 元，人均住房面积 55 平方米；完成固定资产投资 1356.7 万元，金融机构存款余额 1.1 亿元，贷款余额 3100 万元。

农业

全乡农业人口 12108 人，占总人口数 88%；耕地面积 673.93 公顷，人均 0.05 公顷。粮食作物以稻谷、玉米、红薯、马铃薯为主。2001 年开始大力发展烟叶。是年，全乡有烟叶种植户 35 户。至 2005 年，烟叶种植在“上片”五村形成规模，种植面积 100 公顷。2013 年，全乡种烟 128 公

水稻示范种植基地

顷，产量24万公斤。从2013年起，新建油茶林366.67公顷，油茶种植总面积0.09公顷，成为桑植县的油茶大乡；引进新品种，在竹园冲村建立猕猴桃产业示范片13.33公顷；在熊家坪村建立科技惠农示范片20公顷，涉及农户167户，组织“国家科技惠民项目技术培训班”，对农户进行栽培技术、病虫害防治知识的培训，参训农民400余人；依托湖南省农科院的技术支持，建立VIP试验小区，测试不同水稻品种和不同处理方式对消除土壤重金属污染的影响效果；联系、培养农业科技示范户20户，其中，水稻种植12户、玉米种植7户、油菜种植1户；在东风坪村建设油菜高产示范片3.33公顷。畜牧业发展规模不断壮大，通过深度开发草山草坡资源，建成以邓家坡、杨竹溪、黄金塔、扒拉坪、上河溪、刘家垭村为中心的养殖示范带，扶持养殖大户30余户，着力打造桑植的第二南滩，为农民增收注入新的活力。2014年，养殖生猪6623头、牛3342头、羊3693只；养蜂251桶，产蜂蜜10吨，产蜂蜡750公斤；产鳝鱼、泥鳅等2吨。2014年，全乡粮食总产量14377.62吨，人均550公斤，其中，稻谷4880.5吨，玉米2372.5吨，薯类8707.5吨。经济作物有油菜、花生、大豆、苏州青等。2014年，主要经济作物产量：油菜籽180.36吨，花生150吨，大豆315吨，苏州青102.4吨。全乡林地面积1.07公顷，天然林保护工程面积0.73公顷，森林覆盖率84.38%。

乡镇企业

境内企业以建筑材料、煤炭采掘业为主。“中片”五村以农产品加工为主，“下片”五村以煤矿开采为主。2005年，建成全县最大的煤碳生产基地，全乡有5家煤矿，年产量10万吨以上，年上交税费600万元。2013年矿山企业整顿后，存有王家湾、新生、梭罗溪等3家煤矿，8月，王家湾煤矿关闭。

商贸服务

1949年前，境内没有官方商贸机构。1951年，设立国贸小组；1952年，成立上河溪乡野生社。1953年，建供销合作社；1959年，发展上河溪、砂坝2个合作社，1989年，合并为上河溪供销合作社。改革开放后，经济体制改革，个体工商户快速发展。2013年，全乡个体工商户138户，从业人员346人，餐饮服务行业10户，从业人员29人。2014年，全乡实现社会消费品零售总额1520万元。

劳务输出

1978年改革开放以后，境内农村剩余劳动力开始向北京、上海、广东、深圳等发达地区转移。随着现代化农业发展和第三产业兴起，劳动力转移规模日趋扩大。2005年以后，劳务输出成为全乡经济的重要组成部分。2008年，全乡输出农民工2400人，劳务经济收入1440万元。2014年，全乡转移输出劳动力3728人，创收3300万元。

基础设施

交通运输

境内有省道305横贯而过，是通往湖南龙山县和湖北来凤县的交通要道。1997年，建成上河溪至龙山县猛必公路。乡道上河溪至河口公路于2004年拉通。2008年，投资60万元，建成上河溪新农村客运站。2012年，新建熊家坪大桥，连通熊家坪、地界、东风坪及龙山猛必乡，便利8000多人生产生活。投入“一事一议”财政奖补项目资金130多万元，修建大量便民桥，改善村道路况。2014年，村级道路全部实行水泥路面硬化，128个村民小组全部通公路，公路总里程115

公里。

邮电通信

1947 年，境内始设邮政代办所。2003 年，实现村村通程控电话。2004 年，集镇开通移动通信。2005 年，增加移动通信设施 2 处。2008 年，投资 320 万元，建成联通基站 4 个，开通联通网络。2014 年末，全乡有邮政代办所 1 处，报纸、杂志累计期发行 39 种 168 份。有电信网点 1 个，电话交换机总容量 1000 门，固定电话用户 522 户，电话普及率 17.5%；移动电话用户 1246 户，互联网用户 276 户；全年电信业务收入 97 万元。

供电饮水

2001 年，实现全乡村村通电，并逐步实施农村电网改造。至 2013 年年末，完成 7 个村电网改造，供用电质量大幅提高。全乡总用电量 318 千瓦时。境内大部分村水源充沛，村民采用蓄水池储水和架设管道方式解决人畜饮水困难。1996 年，建成乡自来水厂，满足 2400 人生产生活用水，解决集镇及周边居民的生产用水和安全饮水问题。

水利建设

因受地理自然环境限制，境内部分地区存在农田灌溉和农村人畜饮水难。为此，乡党委、政府一直致力于加强农业基础设施建设和饮水工程建设，先后投入 60 万元，修建引水、排水渠道 3000 多米；投入 120 多万元，修建大型蓄水池 5 个，安装引水管 1.2 万多米。

村镇建设

2001 年年底，上河溪乡利用省道 305 线过境机遇，制订边贸小城镇建设规划，把原乡政府、供销社、粮店用地改建成上河溪边贸市场，占地 5000 平方米。市场按用途划分为牲畜交易、蔬菜贸易、零杂商品贸易、衣饰贸易 4 个交易区，投资 110 万元，采取拍卖、销售、租赁等方式经营。从 2001 年开始，投入资金 120 万元，实施乡政府机关搬迁新址工程，于 2004 年投入使用。2001 年，县烟草公司投入资金 80 万元，修建上河溪烟站。完成农村危旧房改造项目 100 余户，全乡基础设施建设提速增质。

社会事业

教育科技

1949 年以前，境内教育以民间办学为主。

上河溪乡中心小学

1975年，建上河溪中学。2001年，建成幼儿园2所。2004年前，有独立小学和独立中学各1所。2004年9月教育布局调整，将其合并为九年一贯制学校，称上河溪乡中心学校。2008年，投入资金14万元，改善设施条件。2014年年末，全乡有中心学校1所，村级教学点9个，在校学生1161人，学前班学生237人，有在职教师96名；民办幼儿园2所，在园幼儿300余人。小学适龄儿童入学率100%，初中适龄人口入学率、小学升初中升学率、九年义务教育覆盖率均99.2%。上河溪中心学校建成省级合格学校。

改革开放后，上河溪乡科技得到大力发展。2005年开始实施“科技兴乡”战略，把科技发展摆在第一位置，通过引进新的煤矿开采技术和农业实用技术，迅速提高农民收入。到2013年，全乡共举办8次科学技术培训班，大多数劳动力得到培训。加强基层组织和干部队伍建设，每位基层干部至少掌握一门实用技术。

文化体育

全乡文化活动经常开展，2001年，组建一支文化活动队伍，深入乡村开展文化宣传活动。2005年，开展乡域文化走亲活动，全年组织文化演出10场次。2010年，竹园冲村开展文明卫生户、五好家庭、巧女能手等评比活动。先后成功举办四届村春节文艺晚会。2010年，上河溪村组建老年协会乐队；2011年，杨竹溪村组建腰鼓队及锣鼓队。2001年以来，广播电视事业快速发展，2005年，实施广播电视村村通工程，发放安装卫星电视设备300余套。2014年，有线电视用户2276户，入户率92.8%。20世纪50年代初期，建有篮球场，开展群众体育活动。到2012年，先后举办四届全民篮球运动会，体育事业迈上新台阶。2014年年末，有乡文化站1个，村级文化活动中心15个，村级露天广场健身舞场所17个，各类文化专业户80余户；有“农家书屋”15个，藏书50余万册；有音乐、美术、书法、摄影及文学业余创作队伍158人。

医疗卫生

1949年前，境内没有正规医疗服务机构。1963年，成立联合诊所，1968年，更名为公社卫生所，设3个片诊所。1976年设公社卫生院，有床位8张，医护人员6人。1985年后，医疗卫生事业快速发展，群众就医条件得到改善。2005年，开始建设乡卫生院大楼，医疗设施逐渐改善。

竹园冲村第四届春节文艺晚会

至2014年年末，全乡有各级医疗卫生机构12个，其中，乡卫生院1所，村卫生室11个，有病床22张，专业卫生人员10名。2014年，医疗机构完成诊疗1.3万人次。新型农村合作医疗参合人数10782人，参合率92.8%。

社会保障

2010年，落实城乡居民养老保险制度。投资93万元，新建乡敬老院，床位30张；投资55万元，新建具有民族特色的上河溪村老年活动中心，建筑面积600平方米；开展社会就业培训5批次，转移就业培训300多人次，直接转移劳动力就业2000人。先后落实“五保”对象82人，低保对象312户789人，优抚对象56人，实施危房改造54户。至2014年年末，城镇最低生活保障对象38户53人，保障经费支出13.9万元，月人均220元；农村最低生活保障对象434户888人，支出106万元，月人均100元。农村五保对象集中供养27人，支出19.4万元；农村五保对象分散供养62人，支出16.3万元；农村医疗救助126人次，民政部门资助参加合作医疗1048人次，共支出9.4万元。国家抚恤、补助各类优抚对象106人，抚恤事业费支出26万元。参加新型农村养老保险5673人，参保率93.2%。

特色地情

历史人文

上河溪乡历史悠久，环境优美，物产丰饶，既是宜居之地，也是红色热土。境内是雄关边卡、战略要地，这里的崇山峻岭留有当年红军战斗的足迹。老红军贾林清1933年2月投身革命，曾负责上河溪红军伤员的保卫工作，数次带领红军打败国民党反动派和土匪的偷袭，在后来的抗日战争和解放战争中也战功卓著。

名优特产

风味蛇肉　由于地形及气候原因，境内野生蛇数量繁多。“秋风起，三蛇肥”，每年一到秋季，嗜蛇肉者都跃跃欲试，争相品尝。蛇肉营养价值丰富，无论是蛇肉、蛇皮、蛇肝、蛇肠还是蛇血，都具有很高的营养价值，均可食用，蛇肉加工成块、段、件、丁、丝，最后烹制成多种佳肴，味道鲜美，人们喜食。

包谷酒　也称玉米酒，某些地方也叫烧酒，

花桥

酒度25～40度不等。包谷酒主要是以包谷（玉米）为原料酿造而成，外观橙黄色，澄清透明，无杂质异物，酒味醇香，味道甘甜。包谷酒营养丰富，香味沁人心脾，是中度甜酒产品的一奇葩。上河溪乡海拔较高，很多乡民都有酿造包谷酒的习惯，以备驱寒和待客用。

黄鳝 为热带及暖温带鱼类，常栖息水底，适应能力强，白天活动少，多在淤泥中钻洞或在石隙中穴居，夜间出穴觅食。黄鳝是以各种小动物为食的杂食性物种，夏季摄食最为旺盛，寒冷季节可长期不食，而不亡。黄鳝营养价值高，它所含的特种物质“鳝鱼素”，有清热解毒、凉血止痛、祛风消肿、润肠止血、健脾等功效，能降低血糖和调节血糖。近年来，境内农民因地制宜发展黄鳝养殖的逐步增多，并从小规模家庭养殖向集约和专业养殖发展。

黑山羊 2013年，上河溪乡熊家坪村孟升学成立黑山羊养殖专业合作社，规模化和专业化养殖黑山羊。黑山羊肌纤维细，硬度小，肉质细嫩，味道鲜美，膻味极小，营养价值高，蛋白质含量22.6%以上，脂肪含量低于3%，胆固醇含量比猪肉低75%、比牛肉和绵羊肉低62%，含人体必需氨基酸15种以上，谷氨酸含量11.03%。具有滋阴壮阳、补虚强体、提高人体免疫力、延年益寿和美容之功效，特别对年老体弱、多病患者有明显的滋补作用，老幼皆宜。

猕猴桃 境内野生猕猴桃较多，俗称“阳桃”“毛桃”“山洋桃”“毛梨桃”等，其果实肉肥汁多，清香鲜美，甜酸宜人，耐贮藏。适时采收下的鲜果，在常温下可储藏1个月；在低温条件下甚至可保鲜五六个月。除鲜食外，还可加工成果汁、果酱、果酒、糖水罐头、果干、果脯等。2014年，竹园冲村黄生明成立猕猴桃种植专业合作社，为农民增收找到新的路子。

民俗风情

上河溪属少数民族聚居地，保留有土家族、苗族等习俗。居住习俗有很多土家吊脚楼，婚姻习俗有哭嫁，且传承至今。

（撰稿人：李云俊杰　图：上河溪乡）

两河口乡

集镇全景

两河口乡是张家界市十佳环境优美乡镇。

区域概况

位置面积

两河口乡位于桑植县西南部，东与打鼓泉乡交界，南与廖家村镇、永顺县万民乡接壤，西与陈家河镇相邻，北与凉水口镇毗邻。总面积42平方公里。乡人民政府驻地距县城20.6公里。

建置沿革

1912—1949年，属沐育乡2保。1952年4月，分属田家村乡、两河口乡、张家村乡、莫家塔乡。1956年6月，田家村、两河口、张家村、莫家塔4个乡合并为两河口乡。1958年8月，改属红旗人民公社；1959年2月，更名为廖家村人民公社；1961年，分设两河口人民公社；1984年4月，更名为两河口乡；1995年4月，并入廖家村镇；1998 年 10 月析出，恢复两河口乡。

行政区划

2014 年，全乡辖白竹科、张家村、官坪、岩壁、朱家沟、田家村、下洞街、五渡潭、笔架、两河口、潭口、旧街、栗山坡、格溪 14 个建制村，共 89 个村民小组。乡人民政府驻两河口村。

自然环境

境内地处澧水南源和中源交汇处，东部和西部环山，中部地势低缓。山林资源丰富，森林覆盖率 60%；矿藏种类繁多，已探明的 30 余种，主要有铜、锰、铁、钨、金等。水资源充沛，适宜发展畜牧水产养殖业。

人口民族

2014 年，辖区总人口 10172 人。境内是土家族、苗族等少数民族聚居地，少数民族人口占总人口 90%。

经济发展

经济综述

近年来，全乡农村经济持续、健康、平稳、较快发展。2014 年，实现生产总值 6893 万元，农业产值 3473 万元，财政收入 230 万元。

农业

全乡农业人口占总人口的 91%，耕地面积 411.87 公顷。种植业、养殖业为主导产业。粮食作物以稻谷、玉米、马铃薯、红薯为主，2014 年农作物播种面积 1242.67 公顷，总产量 4222 吨。经济作物有油菜、花生等。是远近闻名的水果大乡，盛产梨、桃、柑橘、西瓜等，尤以柑橘和梨最为出名，2014 年柑橘种植 213.33 公顷，梨种植 266.67 公顷。蔬菜逐步形成规模种植，主要有下洞街蔬菜基地。采取“公司 + 基地 + 大户”的运作模式，由永丰公司负责投资和技术指导，大户承包经营管理，村内农民到基地务工，发展蔬菜产业。主要种植辣椒、包菜等。2013 年年末，建成钢架蔬菜大棚 45 个，规模种植生产大棚时鲜蔬菜，供应县内市场。

全乡养殖业以生猪、山羊、黄牛、鸡、鸭和鱼类养殖为主。2014 年，饲养生猪 4500 头、山羊 2400 只、黄牛 400 头，养殖大鲵 2000 尾。花卉苗木有下洞街村玫瑰花育苗栽培基地和旧街村花卉苗木种植基地。下洞街村玫瑰花育苗栽培基地，于

下洞街村花卉基地

2013年年末从农户手里流转土地200余亩建成，栽植花苗10.67公顷。旧街村花卉苗木种植基地面积20.67公顷，品种主要有丹桂、紫薇、大叶榉木、杉树、油茶树、楠木等，总投资1000万元。

商贸服务

1949年前，境内没有官方商贸机构。1954年底，建立供销合作社分社，属廖家村区供销社。1955年年底，建立供销合作社。2000年以后，随着改革的深入，供销社进行资产有偿转让，其购销业务被个体民营商业取代。

劳务输出

1978年改革开放以后，境内农村剩余劳动力逐渐向上海、北京等经济发达地区转移就业，且规模逐渐扩大。至2013年，全乡转移劳务输出2358人，创收2500万元。

基础设施

交通运输

境内是廖家村镇至两河口乡、两河口乡至永顺县万民乡、桑植县至龙山县公路的交汇点，其中，桑龙公路是三级公路，陆路交通四通八达。贺龙水库尾水抵至乡政府所在地，至县城的水路交通可常年通航。2014年年末，全乡村村通公路，3个村隔河相望，水、陆交通条件较好，是全县的交通要道，区位优势明显。

邮电通信

2013年年末，全乡有邮政代办处1个，报纸、杂志累积发行2万份。中国移动通信、中国联通通信、中国电信业务覆盖全境，通信业务实现无缝对接。全乡广播电视“村村通”，有线电视入户率98%。

水利建设

1949年以前，境内水利设施十分简陋，人畜饮水严重受限，是靠天吃饭的状态。1949年10月后，党和政府高度重视农村水利设施建设，建引水渠道、水库、河坝、山塘以及泄洪道，解决全乡灌溉用水和人畜饮水难的问题。

村镇建设

乡政府驻两河口村小港坪，是全乡经济文化活动中心。至2014年年末，集镇水、电、路和通信等基础设施较为完备。有希望小学、卫生院等多项公共服务机构。大多数村修建村部，村村有文化活动中心、农家书屋等。

社会事业

学校教育

1958年，境内设幼儿园，1959年幼儿园解散。1976年，推行“五七”教育，幼儿教育再度发展，次年，再次设立幼儿园，实行日托。1984年，开始办学前班，学前班设在小学校内，注重语言教学。1999年，通过“普九”验收。2014年，全乡有新苗、新蕾2所幼儿园，在园幼儿106人，专任教师12名；有中心完小1所，在校学生470人，专任教师25人，小学适龄儿童入学率100%，九年义务教育覆盖率100%。

文化体育

2013年6月，自筹资金8万元，在集镇和14个村安装30套有线广播扩音器，开办“两河口之声”专题广播节目，每周一至周五12点至12点半首播，18点至18点半重播。“两河口之声”开播以来，播出16期政策法规、2期暑期儿童安全专题、2期征兵专题、2期计划生育专题，

4期防汛抗旱专题、2期夏日防暑专题、3期道德模范评选宣传专题、3期爆炸事故应急专题，深受群众喜爱。2014年年末，有乡文化广播电视站1个，村级文化活动中心14个，各类文化专业户70余户，农家书屋14个，藏书40余万册。20世纪50年代初期，建有篮球场，体育活动称“军体活动”，非常活跃。现有学校综合体育场1个，体育设施齐全，经常开展群众文化体育活动，举办运动会，深受群众喜爱。

医疗卫生

两河口乡卫生机构始建于20世纪50年代。2014年年末，全乡有医疗卫生机构5个，其中，乡卫生院1所。乡卫生院有病床19张，配专业卫生人员15名，有B超、心电图、生化仪、血球分析仪、尿液分析仪等诊疗设备。全乡新型农村合作医疗参合率100%。

特色地情

历史人文

旧司城遗址 位于旧街村，始建于公元1335年，因向思胜曾孙向仲山于元朝至元元年（1335）调征有功，官授湖广桑植军民宣慰使，颁印篆赐袍带虎符，管束土苗民，管理上、下桑植辖施州三里军民，是年冬迁此建衙。土司城坐北朝南，依山傍水，坐落澧水中源北岸台地。衙呈条状布落，东西长500米，南北宽近100米，为土家风格木构屋宇，风火砖墙，青石街道。设有七进土司宫殿，有经理厅、总巡、三厅宫、五官中使军备征指挥衙门，袭20世至向时昌，因“昌不务政事，骄奢纵姿”致“衙署倾废”，长子向长庚迁司署新司城（现陈家河镇新街村）。旧司城历经22代，长达669年，曾于20世纪40年代设立过民国军粮站。虽经600多年风雨，屋舍被毁，但今城址遗迹尚存。

下峒长官司治遗址 位于下洞街村，距县城西北25公里，由向仲贵创建，袭12世306年。清雍正改土归流后，仍于此建巡检署衙，设义学直至清末。城垣南北向，北依龙颈山，澧水南源自西南环城逶迤东流。一色木构房宇，土家建筑，呈“丁”字形布局，长1公里，宽500米，占地近2公顷，其势巍峨壮观，民国初年被毁。旧址

下峒长官司治遗址

由向氏后裔建住宅，遂成一寨，基本保持街道状，近郊有向化龙等土司墓葬10座，保存尚好。

名优特产

额骨鱼，学名黄颡鱼，鲇形目，鲿科，黄颡鱼属。在静水或缓流的浅滩生活，昼伏夜出。体长123~143毫米，杂食，主食底栖小动物、小虾、水生小昆虫等。可汤炖、油炸、烧烤，营养价值丰富，深受两河口人的欢迎，是待客佳品。

民俗风情

境内土家族男女以舞为媒，以歌表意，互赠礼物，是为定情，男方遂托媒人到女方“下聘礼”，并根据男女生庚日期画八字。下聘礼后，每逢过年过节，男方必备酒礼到女家朝年贺节。结婚需请算命先生卜算结婚日期，并由媒人送至女家，曰“报日”。后，迎亲并举行新婚礼仪。土家族有过赶年的习俗，若腊月大则二十九过年，腊月小则二十八过年。土家人把提前一天过年称之为“过赶年”。

（撰稿人：钟德华　胡芳　图：熊啸　两河口乡等）

打鼓泉乡

小埠头风光

区域概况

位置面积

打鼓泉乡地处桑植县西南部，东邻桥自弯乡、洪家关乡，南连利福塔镇、上洞街乡，西接廖家村镇、两河口乡，北界凉水口镇。辖区东西宽12公里，南北长20公里，总面积53平方公里。乡人民政府驻地距县城8公里。

建置沿革

相传很久以前，此地久旱无雨，禾草枯焦，人们常求神击鼓，开泉引水，“打鼓泉”因此而得名。1912—1949年，属沐育乡。1952年4月，设打鼓泉乡。1958年8月，属红旗人民公社。1959年2月，更名为廖家村人民公社。1961年1月，分设打鼓泉人民公社。1984年4月，更名打鼓泉乡。1995年4月，并入廖家村镇。1998年

10月析出，恢复打鼓泉乡。

行政区划

2014年，全乡辖土南溪、王家湾、赶塔、金家坡、穴虎洞、小埠头、打鼓泉、陈家院、黄家湾、廖家院、榆树坪、二层界、水田坪13个建制村。乡人民政府驻小埠头村。

自然环境

境内山岭交错，溪河纵横，地形破碎，平均海拔600～700米。主要山脉东部有卧云界，北部有潘家山，西部有葫芦壳，山脉走向不一。土壤母岩属石灰岩结构，多溶洞、裂缝和伏流。属暖温带季风区中的热带多雨性气候，四季分明，雨热同季，光照充足，无霜雪期长。矿藏资源主要以铁矿、煤矿为主，储量丰富。地下水资源丰富。

人口民族

2014年年末，辖区总人口8280人，人口出生率8.9‰，自然增长率4.4‰。境内为多民族聚居地，其中土家族人口8144人，占总人口98.7%。

经济发展

经济综述

打鼓泉乡经济以农业为主。2014年年末，全乡生产总值2025万元，其中农业产值1758万元，农民人均纯收入2123.19元，财政收入267万元；金融机构存款余额1237万元，贷款余额786万元。

农业

全乡有农业人口8038人，占总人口97%；耕地面积103.47公顷，人均0.01公顷。种养殖业为全乡的主导产业。粮食作物以水稻、玉米、红薯、马铃薯为主，经济作物有油菜、烟叶、茶叶。2014年，油菜种植面积86.67公顷，烟叶种植面积20公顷、产量800担，茶叶种植面积43.33公顷。畜牧水产养殖发达。2014年年末，全乡出栏猪2043头、牛183头、羊1203只。水产以网箱养鱼为主，乡域可用于水产养殖的水面683公顷，

烟叶大棚

养殖的主要品种为淡水鱼类。2014年年末，全乡有网箱养鱼80口，产量1万公斤，渔业产值30万元。“打鼓泉活鱼”是打鼓泉乡的一张名片。

乡镇企业

1980年前后，陈家院村有多个小型煤洞，是当地村民的部分经济来源。但由于自然、人为等客观因素的限制，煤洞均被关闭。

商业贸易

1949年前，境内没有官方商贸机构。1957年，设小埠头供销合作社。1961年，设打鼓泉供销合作社，小埠头供销合作社改为打鼓泉供销社分社。1962年5月，小埠头分社改为代销店。1996年，打鼓泉乡供销社合并至廖家村镇供销社。改革开放后，经济体制改革，供销合作社进行商业改制，逐渐淡出商业流通市场，个体商户快速发展。2014年年末，全乡个体工商户78户，餐饮服务行业3户。

基础设施

交通运输

桑（植）龙（山）公路穿境而过，是通往内半县及龙山县交通要道。近年来，打鼓泉乡以桑龙公路为主轴，打造方便快捷交通网络。投入资金280万元，先后修通穴虎洞村到廖家村镇妖气洞村公路4公里、赶塔村到金家坡村周家坡组公路3公里、水田坪村到烟叶基地公路3.7公里、廖家院村到上洞街乡卧云界村公路3.5公里、金家坡村金竹溪组到茶叶基地公路4.2公里。形成与周边两河口乡、廖家村镇、上洞街乡、洪家关白族乡、桥自弯乡互通的交通格局。同时着力解决群众出行难，投入资金43万元，先后新修陈家院村邹家拐组行人便民桥，榆树坪村到陈家院村、二层界村到廖家院村公路便民桥。筹资投劳修通榆树坪、廖家院、黄家湾、陈家院、打鼓泉、穴虎洞6个村长30公里村级公路。2014年年底，全乡村村通公路，公路总里程57.6公里。

邮电通信

2014年年末，全乡有邮政代办所1个，报纸、杂志累计期发行13种3000份。境内有电信网点1个，固定电话用户39户，移动电话用户1368户，互联网用户183户；年电信业务收入36.8万元。

供电饮水

2014年年末，全乡村村通电。有6个村完成农村电网改造，基本满足群众生活对电力的需要。境内大部分村水源充沛，村民采用蓄水池储水和架设管道方式解决人畜饮水问题。架设金家坡村金竹溪组饮水管道1200米，整修金家坡村金竹溪组到集镇主街道饮水管道3000米，整修饮水蓄水池500立方米。

水利建设

1949年10月以后，境内通过大兴农田水利建设，修建一批水库、山塘、河坝和灌溉渠道，改善农业基础设施条件。因自然地理环境、经济等条件限制，水利设施年久失修，辖区内部分地区存在农田灌溉和人畜饮水困难。近年来，加大水利基础设施建设力度。肖家坪小（2）型水库是重点水利设施，2001年水库坝底出现裂缝，库堤出现滑坡，配套渠道塌方，堵塞严重。通过改造整修，为增产增收打下坚实基础。投入资金350万元，先后整修、修建肖家溶水库小（2）型、打鼓泉村小山塘和肖家坪小（2）型水库、排水渠道、蓄水池等，缓解群众“用水难”的问题。

村镇建设

建乡初期，乡人民政府驻打鼓泉村是全乡的

交通枢纽，以一条呈“丫”字形的硬化公路分别贯穿乡内7个建制村，并连接上洞街、利福塔、廖家村等乡镇，是打鼓泉乡的政治、经济、文化中心。1994年3月，乡政府办公楼发生火灾被烧毁。1998年10月恢复打鼓泉乡建置时，乡政府驻地重新选址小埠头村。遂大力引进和自筹资金，改善集镇基础设施条件及居民生活环境。新建财政所办公楼和卫生院门诊、住院楼，乡直机关办公条件得到改善。2014年，投资30万元，农村客运招呼站以及乡客运站建成。着力改善卫生条件，全乡添置垃圾清运车2辆，新修垃圾池9个，添购垃圾桶22个。小埠头村被列为市级首批重点村居家庭清洁示范村。

社会事业

教育科技

打鼓泉学校是一所六年制学校，始建于1952年，经历从简易小学到中心完全小学变革。1997年，整体搬迁在现址新建学校。2014年年末，全乡有小学4所，在校学生267人，专任教师22人。小学适龄儿童入学率100%，小学升初中升学率、六年义务教育覆盖率均达99%。2007年以后，实施“科技兴乡”战略，把科技发展列为优先地位。从2008年开始，全乡每年举办1次大型科技培训，大多数农村劳动力得到培训，促进经济发展方式转变。

文化体育

从20世纪50年代开始，境内文化体育活动活跃。2013年以来，先后成功举办“欢乐潇湘·美丽打鼓泉”群众文化汇演和“欢乐潇湘·民歌桑植”民歌选拔赛等大型文化活动，丰富群众文化生活。实施广播电视村村通工程，发放、安装卫星电视设备，卫星电视覆盖全境，有线电视入户率95%。全乡文化体育机构、队伍逐步健全，至2014年年末，有乡文化站、广播电视站各1个，有村级文化活动中心12个，各类文艺专业户12户，图书室12个、藏书8余万册，有非物质文化遗产“跳丧舞”省级传承人1人。有学校体育场2个，村露天广场舞健身场所13个，全民健身活动广泛开展。

卫生院

医疗卫生

1953年9月，县人民政府派7名医务工作人员于打鼓泉乡水田坪组建麻风病管理所。后改名水田坪医疗站、水田坪麻风病防治站，免费收治全县乃至外地麻风病人。1956年，境内成立有联合诊所，培养医疗卫生人才。1960年，联合诊所改为公社卫生所。1970年，改设公社卫生院。至2014年末，全乡有乡卫生院1所，村卫生室6个，床位15张，卫生专业人员13名。新型农村合作医疗参合率96%，推行参合农民住院费用报销制度，收效显著。

社会保障

2014年，全乡城镇最低生活保障户18户28人，农村最低生活保障对象264户585人，保障经费支出48.46万元。农村“五保”对象集中供养21人，支出18.7万元；农村“五保”对象分散供养47人，支出12.40万元；农村医疗救助35人次，民政部门资助参加合作医疗655人次，共支出5.8万元。国家抚恤、补助各类优抚对象46人，抚恤事业费支出13万元。有乡敬老院1家，床位30张，收养农村“五保”人员21人。参加新型农村养老保险3389人，参保率99%。

特色地情

名优特产

打鼓泉淡水鱼远近闻名，有鲤鱼、鲢鱼等，可红烧、清炖，烹制成各种汤肴，老少皆宜，味道可口。有梨、油茶等农副土特产品，传统加工特色食品有腊肉、香肠、腊豆腐等。境内盛产板栗，以其色滑肉香的口牌闻名遐迩。

风景名胜

打鼓泉乡地势独特，澧水北源流经东北边缘于小茅岩与澧水中源相汇，澧水中源自西向东贯穿打鼓泉乡中部，深切大山，形成峡谷险滩，溪流纵横，呈“两山夹一沟”地形。贺龙水库蓄水在乡境形成平湖美景，山水风光优美。境内有266.67公顷山林，少人居住，其周围自然峡沟和悬崖构成天然屏障。其间，有风景怡人、鬼斧神

网箱养鱼

工的黄石浪大峡谷和雄伟壮观、气势磅礴的夹龙山。据传夹龙山是一仙家境地，是伐纣猛将土行孙之故土。殷商时期，太上老君的弟子惧留孙曾在此地飞龙洞潜心修道，后来得道成仙，收土行孙为徒，师徒一同伐纣助周，建功立业。境内保存着最为完整、最为原生态的土家人居村落。境内森林覆盖率 80%，动植物品种多达数千种，且盛产中药材。是狩猎、探险、观光旅游的首选地。

民俗风情

打鼓泉乡属少数民族聚集区，尤以土家族居多，因此保留着土家族特有的风俗习惯。古老的传统民族文化得到传承、发扬。传统曲艺戏剧和习俗较多，有狮子灯、蚌壳灯、渔鼓、围鼓、三棒鼓、摆手舞和阳戏、傩戏、哭嫁等。

（撰稿人：王小丽　谷建军　向波　图：打鼓泉乡）

上洞街乡

集镇全景

区域概况

地名由来

宋元年间，向氏土司柿溪州宣抚司衙驻此，后因三兄弟争袭，于明宣德四年（1429）皇帝旨谕柿溪州宣抚司为上、中、下三峒长官司，兄弟三人各管一峒。该地为上峒，后以峒为洞，故名上洞街。

位置面积

上洞街乡位于桑植县西南部，东与打鼓泉乡、利福塔镇相邻，南与永顺县沙坝镇接壤，西抵永顺县毛坝乡、万民岗乡，北接廖家村镇。总面积 53 平方公里。乡人民政府驻地距县城 36 公里。

建置沿革

清雍正十三年（1735），上峒长官司向玉衡向朝庭献土归流，属桑植县。1912—1949 年，属沐育乡 6 保、7 保。1952 年 4 月，分设二户坪乡、麻洛乡、利比溪乡。1956年6月，3个乡合并为上洞街乡。1958年8月，并入红旗人民公社。1959年2月，更名为廖家村人民公社。1961年1月，建上洞街人民公社。1984年4月，改称上洞街乡。1995年4月，并入廖家村镇。1998年10月析出，恢复上洞街乡。

行政区划

2014年，全乡辖上洞街、利必溪、麦塔溪、麻洛、院子、二户坪、长岭岗、大地坪、二户溪、卧云界、矿洞山11个建制村，90个村民小组。乡人民政府驻上洞街村。

自然环境

境内属亚热带山原型季风气候，受地形影响，形成山地特色，冬暖夏凉，四季分明。冬少严寒，夏无酷热，年温差、日温差变化较小。年均气温14℃～16℃，春夏两季降水量占年降水量的70%。地势较为平坦，大多海拔300～500米，最高点900米。全乡水资源丰富，溪流、山泉、陷穴、伏流甚多，澧水南源自南向北贯穿全境，河域生态保护较好。澧水在乡境内有利必溪、岩河等支流，水系主干主要流经院子、麻洛、二户溪、上洞街等村。由于地处山区，二户溪村、长岭岗村、院子村和上洞街村等存在山体开裂、滑坡现象。上洞街乡坐拥澧水，境内山峦起伏，群峰叠嶂，森林覆盖率89.6%，是天然的绿色氧吧，是休闲度假胜地。境内历史遗迹有：相单城、唐家院子、土家抗倭寇遗址以及土司遗址，自然风景有卧云界草场、院子村娃娃鱼养殖基地。这些文化遗迹和自然风光承载着土家文化昔日的风雨沧桑和繁荣，继承着优质民族文化的精髓，旅游开发前景广阔。

人口民族

2014年，辖区总人口10573人。境内为多民族聚居地，以土家族、苗族、汉族为主。人口密度每平方公里202人。

经济发展

经济综述

上洞街乡经济以农业为主。2014年，全乡生产总值2253万元，财政收入272.79万元，农民人均纯收入2380元；年末金融机构存款余额2031万元。

农业

近年来，上洞街乡结合实际，把调整农业产业结构、推进农业产业化作为重点，利用农业科技力量，通过种植业、养殖业结构调整及品种改良等，确保粮食作物稳步发展，培育出特色蔬菜水果种植和水产养殖产业。引导农民成立合作组织，加强与县内外企业合作，建设特色农产品种植基地，农业产业化有效推进，农业产出效益提高。2014年，全乡种植烟叶66.67公顷，产烟12.5万公斤，实现产值350万元。至年末，全乡流转土地面积63.67公顷，建成牛奶西瓜现代农业示范园，牛奶西瓜种植面积31.67公顷。2014年6月，成功举办“西瓜节”。按照“市场＋协会＋合作社＋农户”产业模式，在上洞街、院子、麻洛等村发展大鲵养殖业，成立专业合作社2个，涌现出大鲵养殖大户5个，共养殖大鲵8000余尾。

乡村企业

中华人民共和国成立之前，境内工商业几乎为空白。1958年，开始兴办集体企业。改革开放以来，先后兴办生姜厂、鞭炮厂（始建于1984年，1999年登记注册，2002年5月从乡供销社附近迁址二户坪村洞坪组，年生产烟花2万组）等集体企业，一度为境内经济支柱产业。

烟叶基地

2013年，麦塔溪村招商引资，利用本地水资源，由村协调土地、配置水源、修建道路等设施，浙商邹进龙投资350万元，合股兴办张家界鑫山泉水有限公司，打造“水王”山泉水品牌。生产线正常运转后，新增就业岗位50个，村集体年经济收入4万元，是县内发展村集体经济的典范。

商贸服务

1949年前，境内没有官方商贸机构。之后，粮食、供销等商贸机构设立，购销粮油，供应群众生产生活所需物资，收购农副土特产品。1953年至20世纪80年代初期，粮油、糖烟酒等商品皆需“凭票购买”。上洞街粮店为1000余户居民提供粮食供应。1985年，除出售平价粮外，开始出售议价粮，由粮店进货并自主定价，价格可按市场需求浮动。2001年，国营粮店关闭。其间，供销合作社经过改革、改制，也逐渐淡出商品流通市场。随着社会主义市场经济体制建立，个体私营经济、个体工商业相应快速发展。2014年年末，全乡有个体工商户56户，从业人员203人；餐饮服务行业5户，从业人员15人，主要集中在集镇。

劳务输出

1978年改革开放以后，境内农村剩余劳动力为增加家庭经济收入，自发向广东、浙江、福建、北京、上海等沿海经济发达、劳动力短缺的地区转移就业。2014年，全乡转移劳务输出1269人，实现劳务收入600万元。

基础设施

交通运输

境内公路主干道原为桑（植）廖(家村)公路，贯穿全境。近年来，先后完成集镇350米街道和上洞街至廖家村镇17公里公路水泥路面硬化；拉通上洞街至利福塔公路；新修二户溪村马龙溪组3公里组道和大地坪村5公里村级公路、院子村3.4公里村级公路；完成矿洞山至利福塔镇三岔湾村6.4公里、二户坪村6.4公里、麦塔溪村5公里、长岭岗村2.5公里通畅工程；新建便民桥2座。交通基础设施

乡镇公路

不断完善，交通便利。

邮电通信

1956 年设邮电所。2014 年年末，全乡有邮政代办所 1 处，报纸、杂志累计期发行 35 种 145 份。全乡有电信网点 1 个，固定电话用户 25 户，移动电话用户 3602 户，互联网用户 98 户，电信业务年收入 17.6 万元。

供电饮水

境内得天独厚的水资源优势，使全乡生产生活用水较为方便。乡集镇及集镇所在地上洞街村均为集中供水，安全卫生，其他绝大部分村都取用山泉水、井水和澧水流域之水。近年来，完成集镇下水道改造，实施集镇安全饮水项目，集中供水村达 6 个，同时解决分散农户饮水问题，全乡 90%人口实现安全饮水。

水利建设

境内溪水、伏流甚多，澧水南源自南向北贯穿全境，水资源丰富，水域生态保护较好。建有

大建坝水电站

院子水电站和大建坝电站，年水能开发量 600 万千瓦。近年来，新修灌溉渠 2000 米，整修灌溉渠 900 米，农田水利基础设施条件得到改善。

村镇建设

近年来，上洞街乡全面实施重点建设和落实为民办实事工程。新建乡敬老院 1 所。新修利必溪、上洞街、二户坪、麦塔溪、麻洛、卧云界等

6 个村部和利必溪、麻洛、二户坪、院子等 4 所村小学。新修乡财政所、司法所综合大楼和乡文化站。水泥路面硬化集镇街道 350 米。实施麻洛、上洞街、矿洞山、利必溪 4 个村国土整理项目。

社会事业

教育科技

清末，境内设有私塾。1950 年桑植解放，私塾停办。1958 年设立幼儿园，1959 年幼儿园解散。1976 年，幼儿教育再度发展。次年，再次设立幼儿园，幼师多为经过短期培训的初、高中毕业女知识青年，对幼儿教育起到积极作用。1984 年，在小学内开办学前班，为儿童进入小学打基础。20 世纪 80 年代初，境内设桑植县农民职业中专学校。90 年代，迁往县城尚家坪，改为桑植县中等职业技术学校。2014 年末，全乡有九年制学校 1 所，村小 7 所，幼儿园 4 所。上洞街乡九年一贯制学校占地面积 31831 平方米，建筑面积 8060 平方米，校园绿化面积 3560 平方米；有 16 个教学班，专职教师 46 人，在校学生 909 人；仪器室、美术室、电脑室、图书室、体育器材室等教学设施一应俱全。学校把“轻负担、高质量、培养习惯、发展特长”作为办学特色，成立多种兴趣小组，通过“文明礼仪之星”评选活动，推进学生全面发展。近年来，上洞街乡注重农业科技的推广应用和普及，常年开设农技培训班。至 2014 年年末，全乡共办班 20 余次，培训 1000 余人次。

文化体育

20 世纪 50 年代初期，境内建有篮球场，文体活动活跃。2014 年年末，有乡综合文化站 1 个，占地 191 平方米，建筑面积 382 平方米，配套有文化娱乐设施。体育设施主要集中在学校，主要有篮球场、田径场、乒乓球桌（室），并定期举办群众和学校师生文化体育活动。

医疗卫生

上洞街乡卫生机构始建于 20 世纪 50 年代。2014 年年末，有乡卫生院 1 所，长岭岗村、麦塔溪村、二户坪村、利必溪村建有标准化卫生室。乡卫生院占地 448 平方米，有在职职工 14 人，病床 7 张，固定资产 200 万元，为全乡 11 个村群众提供医疗卫生服务。全面推进新型农村合作医疗和职工医疗保险制度，并实现乡域全覆盖。

社会保障

1949 年 10 月后，对老弱病残等困难群众给予救助安置。2009 年，推行新型农村社会养老保险制度。2014 年年末，城镇最低生活保障对象 104 户，支出 3.98 万元；农村最低生活保障对象 1455 户，支出 83.7 万元。农村“五保”对象分散供养 135 户，支出 10.39 万元。农村医疗救助 11 人次，民政部门资助参加合作医疗 21 人次。国家抚恤、补助各类优抚对象 432 人，抚恤事业费支出 17.78 万元。有乡敬老院 1 家，床位 30 张，供养农村“五保”对象 27 人。参加新型农村养老保险 4503 人，参保率 85%。

特色地情

历史人文

柿溪州宣抚司及上峒长官司署衙遗址 今上洞街乡政府驻地，是桑植一向氏土司治所。据《柿溪州志》和清乾隆《桑植县志》载：“柿溪州首任宣抚使向克武，于宋建隆三年(962)奉调平柿溪蛮，功授柿溪军民宣抚使职，于斯地设衙建城。明永乐二年(1404)，传至 9 世仕金卒，仲贤、仲舜、仲贵三子争袭；宣德四年(1429)旨谕其分袭上、中、下三峒长官司使。仲贤于柿溪司治任上洞长官司使，下传15世，历24代计774年，至今已逾千年。”司治座北朝南，傍山襟水，块石垒墙，木构板房，沿澧水南源高岸呈条状布局，青石街道近700米，是土家风格建筑群，清末民初被毁。现辟为集镇，附近有向克武以下土司墓葬19冢。

中峒长官司衙遗址 先后营建于桑植盐井塘和永顺堡子溪。盐井塘，土语称“车革”，在上洞街乡长岭岗。明宣德四年(1429)，向仲爵于此建中峒司署，下传9世至向世贤，其“思车革土瘠民多，日后子孙难以斯基域”，将司署改为官厅，留摆手堂为祭地，令向忠明守此，移司治于今永顺县官坝乡堡子溪。治所清季平为农田，城垣遗迹依稀可辨。

武术之乡 上洞街乡是武术之乡，2014年6月14日，麻洛村武术爱好者举行武术表演，参加人员中，最年长者88岁，最小的32岁。表演者大都有二或三级拳师证书，表演的拳、大刀、棍等非常娴熟，当88岁的向兴固老人表演时，引起观众阵阵喝彩。节目以“慈、勇、智、恒”为主题，展现上洞街尚武崇德、修身立本、自强不息的武德，呈现出村民农闲不忘强身健体，以礼待人，不恃武伤人，不以强凌弱，励精图治，保家卫国的优良风范。

民歌之乡 上洞街乡是桑植民歌发源地之一，文化底蕴深厚。上洞街乡人民大多能歌善舞，演绎的山歌高吭入云，民歌风趣幽默，情歌韵味深长。《冷水泡茶慢慢浓》等经典民歌源自上洞街乡。

名优特产

菜豆腐 又称菜豆腐粥，制作历史悠久，是招待宾客的佳肴。菜豆腐吃起来口味清爽，不油不腻，制作起来却是一门绝活。第一道工序是将泡胀的豆子磨成浆，再细细滤过渣，之后倒进锅里，把豆浆烧开，用提前准备好的酸浆水缓缓倒进锅里，慢慢形成豆腐。如果想吃硬一点的，可以捞起来用棉布包起来，在上面放一小盆水，压数分钟后即可。

娃娃鱼 境内院子村位于澧水南源源头，有野生娃娃鱼天然繁殖基地，年产野生娃娃鱼1000多尾。人工养殖娃娃鱼是上洞街乡农业产业化和特色农业的重点开发品种。

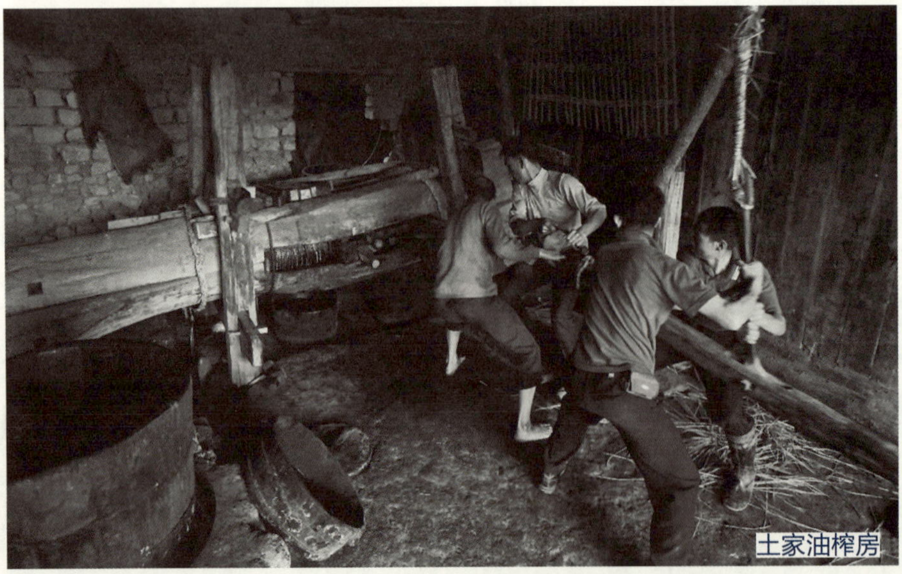
土家油榨房

蜂蜜 上洞街乡山林面积大，气候温暖湿润，蜜源植物达600余种，具有得天独厚的蜜蜂养殖自然优势，且养蜂历史悠久。2014年年末，全乡有蜂农32户，养蜂大户2户，养蜂1000余桶。

莓茶 学名“显齿蛇葡萄”，是一种多年生藤本植物，可药、饮两用，具备茶的口感和药之功能。常饮用能调节肾功能，对心脑血管疾病、风湿、类风湿有较好的预防作用。具有抗高血压、止咳、祛痰、降脂、保肝等作用的双氢黄酮醇为境内野莓茶所独有。

民俗风情

上洞街乡是土家族聚居地，民间素有习武传统，民风彪悍，向姓是全乡大姓，占全乡总人口30%以上。土家族人民有着众多的民族习俗，民风淳朴。仅婚姻和生育方面就有很多自古延续至今的习俗。婚后生子，女婿向岳父母报喜，生男孩提一只公鸡，生女孩提一只母鸡，加上几个染红的蛋。岳父母只要一看见鸡，便知外孙性别。土家族生儿育女叫“添人进口”，添人进口以后的第一件喜庆之事就是赈“祝米酒”，以表示庆贺。这天，族亲及好友要送钱祝贺，做外公婆的更要送竹摇篮、被子、衣服、鞋帽和红糖鸡蛋等东西给外孙。孩子满一个月后，又要到外婆家去“出月”，回来时，外公外婆要送“打发钱”。孩子满一周岁时，又要庆贺，名曰“挖周”；起乳名，认为给小孩起乳名，便于抚养，土家族人甚至认为，乳名取得越贱越好，如“狗子”“叫花子”“岩头”等。这些乳名，到上学年龄后，一般正式场合将不再使用，但在同辈人和长辈的口中，都一直常用不衰。

境内有迷信思想的人，请算命先生给小孩算命，如果命中有“关煞”，还要请巫师还愿渡关。为使孩子易养成人，有的抱孩子寄拜人为子；有的向百户人家讨要一块小布和少量大米，给孩子煮“百家饭”吃，缝“百家衣”穿；有的给小孩戴上“百家锁”，锁上刻有“长命富贵易养成人”字样。如遇小儿夜哭不止，将写有“天皇皇，地皇皇，我家有个夜哭郎，过路君子念一遍，一觉睡到大天亮”的红纸，张贴于十字路口的树木或桥梁及墙壁上，相传如此，可止小儿夜哭。

（撰稿人：唐小松　肖雄威　图：宋国庆　上洞街乡等）

走马坪白族乡

集镇全景

区域概况

地名由来

走马坪原是一条上四川、下洞庭的古盐道，曾经骡马铃铛，过往商人络绎不绝。此处一坪正是骡马添草、商人歇息地，走马坪因此而得名。

位置面积

走马坪白族乡位于桑植县东部，东与汨湖乡交界，南与空壳树乡接壤，西与麦地坪乡相邻，北与人潮溪乡毗邻。辖区东西宽9.1公里，南北长12.2公里，总面积68平方公里。乡人民政府驻地距县城35公里。

建置沿革

1949年前，属达泉乡。1952年，属叶家桥乡。1958年，向家坪村、天合村、桂竹垭村、两岔溪村、张家垭村从慈利划归桑植管辖，属燎原人民公社。1961年，设走马坪人民公社。1984年4月，更名走马坪乡，1984年9月，建走马坪白族乡。1995年5月，并入竹叶坪白族乡，1998年10月析出，恢复走马坪白族乡。

行政区划

2014年，全乡辖两岔溪、桂竹垭、天合、龙洞坪、向家坪、滚水峪、楠木、唐家塔、张家垭、走马坪、卓家峪11个建制村，共86个村民小组。乡人民政府驻唐家塔村。

自然环境

境内地形复杂，是典型的山区乡，全境被九十九尖山脉和金峰界山脉围成一个狭长的地段，最高海拔1180米，最低海拔420米。两条河流由分水峪将其分为向北、向南流向，属季节河。境内属中亚内陆季风气候，因地貌差异大，气候变化呈垂直规律。境内有铁矿、硫磺矿、煤炭、页岩气等资源。探明的铁矿储量750万吨，开采价值大。

人口民族

2013年年末，辖区总人口8478人，人口出生率17‰，自然增长率10‰。境内为少数民族聚居区，有白族、土家族、苗族、回族、黎族、侗族、瑶族、满族、壮族9个少数民族，有少数民族人口8347人，占总人口98.5%，且以白族、土家族为主。人口密度每平方公里125人。

经济发展

农业

走马坪白族乡经济以农业为主，种植的粮食作物主要有稻谷、玉米、小麦、薯类等。2013年，粮食产量3426吨，其中，稻谷2374.4吨，玉米320吨。主要经济作物有油菜、豆类、烤烟、茶叶。油茶林集中分布在两岔溪、桂竹垭、天合、龙洞坪、走马坪、唐家塔等村。2014年末，全乡林地面积4293公顷，退耕还林292.41公顷，生态公益林283.2公顷。其中，用材林365.8公顷，经果林275.87公顷（油茶林203.33公顷），苗圃花卉基地1个，森林覆盖率62.7%。畜牧业以猪、羊、家禽为主。2012年饲养生猪4112头，家禽2.07万羽。

自然环境

乡镇企业

1949年10月以后，境内先后兴办有矿山企业、造纸厂、篾器厂、木制加工厂、鞭炮厂、缝纫社等社（乡）办企业。矿山企业主要有煤矿、硫磺矿、铁矿，其中，铁矿年产1500吨，年产值100万元。造纸厂主要生产草纸，作为包装物，销售到县土产公司。篾器厂生产背笼、簸箕、蛋笼等，曾远销国内外。木制加工厂，主要生产学生课桌椅、办公桌椅、沙发等。鞭炮厂专门从外地请来两名师傅传授技术，生产一度红红火火。缝纫社，主要是来料加工，为群众缝织衣裤等服饰。乡镇企业高峰时期从业人员240余人，其中，矿工最多，有80余人。

商业贸易

2014年年末，全乡有个体工商户79户，从业人85人，餐饮服务行业2户，从业人员3人。

劳务输出

1978年改革开放以后，农村剩余劳动力自发向广东、深圳、浙江等经济发达、劳动力短缺地区转移就业。2014年，全乡转移输出1124人，创收2000万元，占全乡总收入65.3%。

基础设施

交通运输

桑石公路穿境而过，是通往人潮溪、西莲、白石3乡的交通要道。2014年年底，全乡村村通公路，公路总里程76公里，86个村民小组有81个小组通公路。

邮电通信

2014年年末，境内有邮政代办所1个，报纸、杂志累计期发行35种153份；有电信企业1家，固定电话用户55户，移动电话用户2542户，互联网用户151户，全年电信业务收入14.6万元。

供电饮水

2014年年末，全乡村村通电，有11个村实施农村电网改造，其余正在按计划逐步予以改造，总体能满足群众生产生活电力需求，全乡总用电量6万千瓦时。境内两岔溪、桂竹垭、向家坪、唐家塔等地的溪水从四面八方汇入溇水支流，村民采用自建蓄水池储水，架设管道引水等方式饮用山泉水，这一区域（包括乡政府驻地唐家塔村）水源充沛，生产生活用水较为便利。乡党委、政府还利用当地优质水资源，投入资金250万元，建成走马坪乡自来水厂，可满足集镇3000多人生产生活用水之需，集镇安全用水条件改善。唯张家垭、天合、楠木、滚水峪等4个村因境内无河流，水资源短缺，存在饮水困难。

水利建设

境内溪河纵横，拥有得天独厚的水资源优势。20世纪70年代先后，动用全体民工，土法上马，建成樟树堡、郭家峪2座小（2）型水库，但由于乡境地理自然条件限制，骨干性水源少，农田灌溉和农村人畜饮水难的问题仍在一定区域较为突出。为此，乡党委、政府一直致力于加强农业基础设施建设和饮水工程建设，投入40万元，修建引水、排水渠道2500米；投资120万元，修建畜水池28个，安装饮水管1.5万米。

村镇建设

2011年，集镇街道全部实行水泥路面硬化；完成农村危旧房改造项目220户；投资40万元，在政府所在地唐家塔村安装50盏太阳能路灯。投资6万元，新修集镇街道下水道300米，化粪池10立方米。新修和整修灌渠2.5千米，农田灌溉抗旱条件有较大改善。投资60万元，重新整修政府旧办公综合楼，新建篮球场和添置办公设备，改善机关办公环境。建成11个村级活动中心。全乡各项基础设施逐步完善。

社会事业

学校教育

走马坪学校始建于1968年，建校时设有小学部、初中部，1975年设立高中部，1978年撤销高中部，保留初中1所。辖区内各村设有小学，当时各年级有2个平行班，最大班额学生75人。2009年，教育布局调整，撤并走马坪中学，全乡保留中心校1所、片小1所。并开办幼儿园1所。中心小学设施完善，占地面积29981平方米，校舍面积5418平方米，体育场地面积3076平方米，学生食堂492平方米，学生宿舍782平方米（学生铁床60架）。2014年年末，全乡有民办幼儿园1所，在园幼儿101人，幼儿教师3人；有中心小学1所，片完小1所，共有教学班12个，在校学生数277人，在编教职工24人。小学适龄儿童入学率100%，教学质量不断提升。

文化体育

2012年，举办全乡首届篮球赛。2013年，成功举办元宵联欢会；7月23日，举办“欢乐潇湘·魅力走马坪”文艺会演；9月30日，举行文化惠民送戏下乡文艺演出；12月5日，举办白族语言培训班。2014年9月，成功举办白族乡成立30周年庆典篮球赛和文艺会演及群众大联欢文艺晚会。白族文化得到传承，文化事业蒸蒸日上。坚持送“仗鼓舞”进学校，仗鼓舞已成为学生必修课，学校亦成为非物质文化遗产传承保护主阵地。挖掘整理出白族仗鼓舞、九子鞭、白族游神等一批具有地方特色的民间艺术，逐步发扬光大。2014年年末，有乡文化广播电视站1个，村级文化活动中心11个，文化专业户12户，图书室11个，藏书30万册，发放电视村村通设备260套，电视用户2456户，入户率92.2%。

医疗卫生

1956年成立医疗机构，称走马坪卫生所。1962年成立走马坪公社卫生院，医务人员6人，医院没有固定资产，院房租赁而来，业务收入每年1000元左右；以中草药为主，医疗以疾病预防控制为主，只能治疗简单的日常疾病，且主要治疗内科疾病。1970年，用土石修建10余间医院

白族仗鼓舞

院房。1989 年，市县卫生局拨付 4 万元，医院自行筹资 11 万元，在原址修建卫生院用房 600 多平方米，床位数 4 张，医务人员增至 8 人，年业务收入万余元。同时，开始大力发展中成药，在“外半县”较有名气。1993 年，自筹资金，修建向家坪分院及院本部病房。随着社会的发展，原卫生院场所和设施已不能满足人民就医治病的需求，于是购买原粮店地块新建乡卫生院，2008 年整体搬迁，业务用房达到 1200 平方米。2013 年，为大力发展农村中医药，装修中医馆，添置煎药机、制药机、牵引床等设备。2014 年末，乡卫生院有医务人员 15 人，床位 10 张，添置 3X 光机、血球分析仪、心电图机、彩超、彩色经颅多普勒等设备；开设内、外、妇、幼、儿、中医等科室，年诊疗 1.2 万余人次，其中，住院病人 5000 余人，年收入 110 余万元。卫生院还较好地承担全乡及周边乡镇 1.3 万余人的疾病预防控制、妇幼保健、基本医疗。

社会保障

2014 年，全乡农民人均纯收入 2598 元，人均住房面积 40 平方米。城镇最低生活保障对象 17 户 23 人，支出 5.8 万元；农村最低生活保障对象 339 户 643 人，保障经费支出 73.5 万元。农村“五保”对象集中供养 25 人，支出 22.8 万元；农村“五保”对象分散供养 49 人，支出 12.9 万元；农村医疗救助 28 人次，民政部门资助参加合作医疗 713 人次，共支出 6.4 万元。国家抚恤、补助各类优抚对象 63 人，共支出 30.4 万元。有敬老院 1 家，床位 30 张，供养农村“五保”人员 25 人。参加新型农村养老保险 3920 人，参保率 86.7%。

特色地情

历史人文

元朝末期，朝纲不振，民不聊生。为防匪盗，境内谷永和组建一支乡军。后朱元璋入湘，谷永和积极响应支持。洪武三年（1370），湘鄂西和川黔东诸土司为乱，侵州夺县。朱元璋令湖广行省平章杨璟率师征讨。温塘一役，杨惨败而归。朱元璋复令周德兴再讨，周举荐谷永和为前部先锋。谷因系本地人，熟悉地形，足智多谋，打诱结合，终于打破茅岗土司。后又屡建战功，诏授驾前校尉，后积功升锦衣卫中所指挥，充京营提督，官居二品。在官 20 余载，恪尽职守。永乐三年

白族建筑

(1405)，以劳卒官，诰授“昭武将军”，明成祖朱棣亲书“刚勇敏捷”四字赐之。成祖皇帝念其功，准其回家安葬。棺柩至走马坪后，随行阴阳家见走马坪连绵起伏的九十九尖，雄伟壮观，气势非凡，认定是一块风水宝地，便将谷永和安葬于此。今谷永和墓位于天合村，被列为县级文物保护单位。

民俗风情

仗鼓舞　走马坪白族乡每逢喜庆节日，白族仗鼓舞是必不可少的文艺节目，大人小孩均可参与，俗称“跳邦藏”。据传，白族始祖初来桑植落户时，由于人单势薄，常受欺压。有一年，春节将近，白族三兄弟在家打糍粑，突然闯进十几个手持凶器的歹徒，借故生事，发生殴斗。兄弟等人就用手中打糍粑的木杵当武器，奋起反抗，由于三兄弟平素练过武功，打得歹徒抱头鼠窜。为纪念这一胜利，以后白族人打糍粑前都要举起木杵手舞足蹈一番。久而久之演变成舞蹈。因为用的道具是杵形的，长1.2米，两端呈喇叭形，内空，用皮革绷衬而成鼓，敲击时咚咚作响，像瘦身的仗鼓，故成为仗鼓舞。仗鼓舞的基本招式有一二三、三二一、硬翻身、翻天印、野猫戏溪、五龙捧圣、野马分鬃、雷公扫殿、玉女扫地、文王访贤、魁星点斗、兔儿望月、老鹰展翅、双龙出阵、背后穿针、童子拜观音、狮子坐楼台、三十二连环、四十八花枪等共计九九八十一套路，其中表演难度最大的是背后穿针。走马坪乡的白族仗鼓舞多次参加县文艺会演并获奖。走马坪村钟为银被评为桑植县白族仗鼓舞传承人。

傩戏　天合村是白族傩戏的发源地之一。小小的村庄曾出了许多有名的傩戏师，现在仍有4名掌坛，专门从事傩戏表演。掌坛背着傩愿菩萨，吹牛角，演土地，扮山神，舞枪弄棒，演绎白族傩戏。是古老文化的传承者。现任掌门喻明师，30多岁，唱傩戏颇见功底。《观花》《晒衣》《三打鲍家庄》均演得惟妙惟肖。老百姓亲切称他们为“傩戏轻骑队”。他们骑着摩托，近至竹叶坪、官地坪一带送戏下乡，远至湖北鹤峰，广受大众赞誉。

舞龙　舞龙是走马坪白族人最喜欢的文艺项目之一。俗话说：“走马坪，坪走马，舞龙除火（神）来化煞，薅草锣鼓大又大！”龙，叫昂天龙，大龙头，有12节，12条汉子支撑，有围鼓的音乐。沿着溪沟和山路，一村一寨，一家一户，一院一坡进行游行表演。进门须除火阳神，这是规矩。火阳神是邪神鬼怪，只有龙灯才能铲除。龙带水，水克火，龙身一舞，火神丧命。家家户户接龙除火，祈福消灾。农人摆上脸盆，放上杀猪刀，刀柄上系着红包和香烟。舞龙者猛喝一声：“火阳煞！”飞起一脚，将刀踢得老远。若刀尖朝外，表明火阳神已杀死。若刀尖向里，表示邪神不死，龙就要再狂舞翻滚，做一番殊死搏杀，直到降服妖孽，大伙才踏上新的征程。舞龙者认为：龙尾是保护村庄的有力武器，若出屋时摆龙尾，就会伤害主人，主人不高兴。所以，舞龙者出房，要高喊：“注意屁股！”于是，又有：“舞龙没有巧，屁股莫翘！”的谚语。

游神　走马坪白族游神与马合口、芙蓉桥、麦地坪乡游神一脉相承，都是起源于白族民间的“本主会”，是白族后裔为纪念本主神而创造的宗教民俗文化活动。本主神由民族的祖先、英雄或民间具有高尚情操的人升格演变而成，是民间的保护神。走马坪乡主要是黑公公。黑公公名叫雷万春，是唐朝著名的将军，“安史之乱”时守睢阳城，身中六箭，跌下城池，被大火烧得面目全非，仍站着做杀敌姿势，被人们称为黑神爷。白族后裔把它列为白族保护神。每年黑神生日那天，走马坪各村组织热闹的游神，抬着黑公公，走村串

寨，游者甚众，观者如云。后面接着长长的仗鼓队，围鼓队，唢呐队，龙灯队，还有一帮爱热闹的小朋友，故意大声嚷："黑公公啊黑公公，你黑起个皮子像雷公，打一炸雷你不怕，你只怕五爷骂!"

赶会 赶本主会，亦称"赶庙会"。农历七月二十一日向家坪赶会是走马坪白族乡儿女的一个盛大节日。这天也是黑公公雷万春的生日，白族儿女会集于向家坪，举行祭祀黑公公活动。同时还有跳仗鼓舞、玩龙舞狮、唱花灯、演地方戏等文娱活动。逐渐成为文化搭台、经济唱戏的格局，商品交流和民族文化活动同时进行。四面八方的百姓都穿着民族盛装，带着土产山珍，前来赶会。远近商贾，也运来南杂百货进行销售，买卖兴隆。南杂百货一应俱全，土产山货应有尽有，各种熟食五花八门，商贸繁荣。

白族建筑 走马坪白族乡民族建筑主要有：一正两厢挂耳转角楼、四合开井大院、三房一照壁等。

（撰稿人：谷燕　图：走马坪乡）

马合口白族乡

集镇全景

区域概况

地名由来

据史料载，茅岗土司趁明末清初“三番”叛乱，进袭慈利十三、十四、十七都地域。至康熙八年（1669），钦差马某督令鄂州巡抚林某率军进剿，兵至慈利后，分前后两路堵剿。前路军直扑大庸温塘正面进攻，后路屯军翊支关待机后堵。一天，后路屯军饮马酉水河的铁龙潭，马群却一直蹦跃长嘶，合口不饮。骑士们凭经验知道，那是战马恋战所致，定是前路军强攻正酣，于是下令即刻整军直奔苦竹河，从后堵袭茅岗司。在前后夹击下，土司降服官军。战后奏报战功时，泛称铁龙潭一带为“马合口”，马合口因此而得名。

位置面积

马合口白族乡位于桑植县东北部，东、南与麦地坪乡接壤，西与芙蓉桥乡相邻，北与淋溪河乡、官地坪镇相邻。辖区东西长 17.2 公里，南北宽 10.3 公里，总面积 84.6 平方公里。乡人民政府驻地距县城 38 公里。

建置沿革

1949 年前，属慈利县自合乡。1952 年，改称马合口乡。1958 年 11 月，划归桑植县，属官地坪人民公社。1961 年，分设马合口人民公社。1984 年 4 月，更名为马合口乡。1984 年 9 月，成立马合口白族乡。1995 年 4 月，麦地坪白族乡、芙蓉桥白族乡、金藏乡、淋溪河白族乡并入马合口白族乡。1998 年 10 月，原麦地坪、芙蓉桥、淋溪河白族乡析出，余仍为马合口白族乡。

行政区划

2014年，全乡辖马合口、中庄坪、梭子丘、苍家台、龚家界、王家田、佳木峪、万众洛、双岗、刘家寺、自生桥、银子岗、长马坪、瓦庄坪、木峡、茶厂16个建制村，共109个村民小组。乡人民政府驻梭子丘村。

自然环境

境内地处武陵山区，地形以丘陵为主，属喀斯特地貌，有天然的大小溶洞40多个。河道属澧水流域，最大河流为酉水，从东北至东南流经境内瓦庄坪、长马坪、马合口、刘家寺村。已探明的矿产资源有煤炭。林业保护较好，大面积成片林木30多处，面积最大的麻垭林场有林木及林地5000余亩，林内松脂油、菌类等产品丰富。

人口民族

2014年年末，辖区总户数2702户，总人口1.05万人。境内属少数民族聚居地，有白族、土家族、苗族、壮族、瑶族、侗族、布依族等少数民族，以白族为主，占总人口89.7%。人口密度为每平方公里127人。

经济发展

经济综述

1949年前后，境内经济基础薄弱，多为刀耕火种传统农业，种植品种少、抵御自然灾害能力差、产量低，难以满足人民生活需求。20世纪70年代，开始引进良种、良法，推广农业科学技术，粮食产量大增，尽可能释放出土地和劳动力潜能，农产品也相应丰富。近年来，在稳定传统农业的基础上，立足资源优势，拓展产业，酿酒业、榨油业兴起，农、副、牧、渔及加工产品畅销，以猪、羊、家禽为主的养殖业和劳务、运输、饮食等二、三产业稳步发展。成立群众性合作经济组织3个，全乡农村经济主体产业框架形成，农村经济和农民收入不断增长。2014年，全乡生产总值3400万元，农民人均纯收入1767元。

农业

以种植业、养殖业和林业生产为主。2014年，全乡粮食总产量2160吨，农业产值770万元，林业产值66万元，养殖业产值480万元。以

苗木花卉基地

种植水稻、玉米、小麦、薯类等粮食作物以主。全乡耕地面积 591.67 公顷，人均 0.05 公顷。2014 年，全乡播种水稻 358 公顷，产量 2148 吨；玉米 246.67 公顷，产量 1406 吨。主要有油菜、豆类、烤烟、茶叶等经济作物，烤烟为重点发展产业。2014 年，投入 116 万元，兴建密集型烤烟烤房 2 组，育苗工厂 1 座。全乡种植烟叶 26.67 公顷，产烟 7.5 万公斤，产值 160 万元，烟农直接增收 80 万元。养殖业方面，以生猪、羊、家禽养殖为主。2014 年，生猪饲养量 4685 头，年末存栏 610 头；家禽饲养量 2.8 万羽；投入 80 万元的马合口村“千头猪场”建设已经完成。林业通过土地流转、公司经营方式，投入资金 300 万元，在马合口村完成 10 公顷苗木基地建设，主要种植丹桂、金桂、罗汉松等苗木，近 20 万株。油茶基地逐步建成，仅双岗、马合口两村发展油茶 15.67 公顷。

商贸服务

清咸丰、同治年间，此处方圆数十里无店铺。白族人率先以本主庙产投资开办“商源局”，供应民需日用百货，外销马合口特产——麦杆草帽、桐油、烟叶、土布。继而据本主会期，衍生兴起每逢一、四、七为“赶场”期，四面八方的生意人辐辏而至，马合口成为当时慈桑边贸的重要市场。每年古历六月二十一日本主会，热闹非常，货摊沿酉水河两岸铺延数里，赶会人流，如潮而来，几里路上摩肩接踵。1949 年 10 月后,设立供销社、粮店等商贸机构，确保人民群众生产生活物资供应。随着改革开放的深入和社会主义市场经济体制确立，供销社、粮店、肉食组等相继改制，退出商贸流通市场，个体私营经济和新型群众经济合作组织形成现代商贸服务业主体。2014 年末，全乡有个体工商户 120 户，个体私营企业 6 家，社会商品零售总额 300 万元。

劳务输出

1978 年改革开放以后，马合口白族乡把发展和壮大劳务经济作为增加农民收入、提高农民生活水平的重要举措来抓，按照“政府引领、市场运作、群众自愿”原则，强化政府服务功能，搜集劳务和务工信息，组织、引导和规范劳务输出工作。村劳动保障服务信息员及时掌握流动人口去向，全方位为农民提供信息咨询、技能培训、组织协调、法律维权等服务，提高农民外出务工的积极性。乡每月 1 日召开劳动保障服务信息员会议，集中收集信息，传达劳动保障相关政策并定期举办培训班，提高村民劳动技能。2014 年，全乡劳务输出 7320 人次，收入 8100 万元，带动乡域经济发展。

基础设施

交通运输

1966 年 1 月，瑞塔铺至官地坪公路建成通车，桑（植）官（地坪）公路从马合口穿境而过，通过境内的公路里程 36 公里，交通便利。近年来，加大农村公路建设投入，投资 280 万元，完成龚家界村 3.5 公里通村公路硬化，马合口村 5.5 公里通组公路硬化及 16 公里通组毛路建设；争取资金 20 万元，整修马合口至双泉公路危险路段，马合口村至双泉公路马合口段油路改造 3 公里，交通条件进一步改善。

邮电通信

2014 年年末，境内有邮政支局 1 个，邮政业务总量 10 万元。报纸、杂志累计发行 10 万份。有电信服务网点 5 个，电话交换机总容量 3000 门，固定电话用户 500 户，电话普及率 90%；移动电话用户 2650 户；全年电信业务收入 50 万元。

供电饮水

全乡村村通电，先后完成7个村的农村电网改造，村民用电环境极大改善，用电安全系数提高。投资407万元，实施农村饮水安全工程，全乡9000余人饮水难的问题得到解决。

水利建设

双泉水库是全县唯一的中（2）型水库，是一座以灌溉为主，兼防洪、发电、养鱼和水土保持的综合效益工程。工程分大坝枢纽及灌溉两大部分及坝后一、二级电站及其它附属建筑。1965年10月动，1967年3月基本建成。此后，续修灌溉渠道及扫尾配套设施。库区控制流域面积30.6平方公里，大坝为黏土心墙砂壳坝，坝高42.9米，顶宽5米，轴长174米，高程521.94米，总库容1208万立方米，正常库容930万立方米。其附属建筑物有渡槽6座，总长174米；倒虹吸管11条，总长2008米；隧洞42处，总长6106米；防崩塌拱砌总长29.95公里。时工程架设10千伏高压线路117公里，低压线路300公里。为管好水库，充分发挥其效益，1969年组建“桑植县双泉水库管理所”，后管理机构进一步完善，今为县水电局所辖事业单位。1985年，水库与县电网并网运行，年均发电量150万千瓦时。水库渠道沿途与木峡、海耳峪、海龙坪等溪流和水利设施串连灌溉，有马合口、芙蓉桥、洪家关、刘家坪、瑞塔铺5个白族乡及澧源镇共52个村366个组受益。

双泉水库

村镇建设

境内有马合口、梭子丘两个集镇，功能设施齐全，环境优美。近年来，乡党委、政府攻坚克难，通过协调沟通，加大和“双联”单位联系，多方筹集资金，整合资源，着力村镇建设。至2014年，建设完成全乡15个村的村级活动中心，所有村级活动场所办公设备配套完备，村级办公条件大大改善，为群众提供功能完善的文化、娱乐、休闲场所。

社会事业

教育科技

2014年年末，全乡有幼儿园3所，在园幼儿231人，专任教师10人；小学8所，在校生543人，专任教师30人，小学适龄儿童入学率100%；中心学校1所，在校生197人，专任教师26人。初中适龄人口入学率、小升初升学率、九年义务教育覆盖率均为100%。中学占地50余亩，有教学楼2栋、教职工宿舍1栋、学生宿舍1栋、体育运动场1个（有风雨球场及220米的环形跑道）。马合口中心学校被评为“省级合格学校”“张家界市合格学校”。

至2014年年末，全乡农业技术推广取得良好成效，共扶持科技示范户30户，每年对示范户进行3次以上的集中培训，及时上门指导，搞好服务，提高整体科技种田水平。水稻、玉米、油菜等主导产业的单位面积产量均增产5%以上。

文化事业

乡文化站始建于2004年，占地面积300平方米，全乡15个行政村均已建成农家书屋，图书和书架、阅读台等相应配套设施齐全。传播先进文化，普及科技知识，提高农村落后地区群众思想道德和科学文化素质，开通“村村通”设施600户，管理台账完善，运行良好。

医疗卫生

境内有卫生院两个，分别位于梭子丘和马合口两个集镇，总占地面积600平方米；有村卫生室7个。全乡共有专业卫生技术人员17名。2014年，医疗机构完成诊疗9000多人次。新型农村合作医疗参合人数9758人，参合率96%。

社会保障

至2014年年末，先后投资141万元，修建高标准的乡敬老院，对农村29位“五保”老人进行集中供养。给予全乡38个困难户落实大病救助资金10.28万元，为102个无房户、危房户、优抚户进行危房改造，兑现改造资金97万元。为72特困户申报并落实临时救助，发放各类救济资金31654元。各项惠民政策全面得到落实，在减轻农民负担的同时，国家先后实行粮食直补、良种补贴、粮油补贴、柴油补贴、家电下乡补贴等，实行“两免一补”政策，共计发放各类补贴资金1200万元。

特色地情

历史人文

霸王鞭 原是一种战时用的兵器，后经白族先民创作形成舞蹈。在乡间赶庙会、游神、本主节、祭祖等活动中，“持鞭使者”摆动双鞭，散发出一种强有力的声音，产生欢快的节奏感和美感，深受白族女子的喜爱。马合口的民间艺人，打霸王鞭最有劲头，其霸王鞭，系双鞭，鞭长80公分，少者两人可跳，也可集体群舞。

成立三十周年乡庆

舞鞭者，双鞭上场，注重节奏，注重协调，四肢关节等均全力配合，讲究整齐划一。伴随着唢呐、笛子、二胡等音乐节奏，舞鞭者双手拿着鞭儿，竹鞭生花，动作柔软干净、整齐利落、节奏明快，“白兔望月”“白鹤亮翅”“雪花盖顶”“翻云天”“螺蛳转铰”等优美动人的舞姿让人陶醉。

仗鼓舞 马合口白族乡的仗鼓舞，又叫“跳帮藏”，舞武同源。受战争和恶劣自然环境的影响，马合口的白族先民把能陶冶坚强意志、增强体质的武术充分融入舞蹈，如“苏公背剑、野马分鬃”等，动作威猛，又不失舞蹈的细腻，其节奏明快，粗犷大方。人们在锣鼓、唢呐等民族乐器的配合下，翩翩起舞，自得其乐。起舞时，农具或者任何生活用具都可以作为道具，既大方，又显示出古朴的美感。后来，流传固定的道具仗鼓，长 1.2 米，用一棒为杆，音乐以打击乐器为主，同时还用横笛吹奏主旋律，夹以海螺、长号和唢呐伴奏。仗鼓舞套路多，动作以跳、摆、转、翻为基本动作，有九九八十一套路，有些动作左冲右突，呼呼作响，融合武术元素，显示出左右开弓，刚劲雄武的威力。“硬翻身、兔儿望月、霸王撒鞭、狮子坐楼台”等，灵巧多变。游神时跳“游神仗鼓舞”，本主庙会时跳“祭祀仗鼓舞”，过年杀猪打糍粑时跳“粑粑仗鼓舞”，形式多样。

傩愿戏 马合口白族傩愿戏，是白族古老而广为流传的地方戏曲，民族风味浓厚，内容丰富多彩，唱腔优美，地方语言通俗，群众看得懂，听的明白，演艺精湛，吸引力强，民家人信得过。供奉的傩愿神像为五色祥云拱托着的 3 个齐胸半身男子偶像，一为花脸的“青玄妙道”，及清洁平安的傩部真君；二为红脸的“飞天五岳”，及驱瘟辟邪的化兴大帝；三为白脸的“五童五星”及送财驱苦的灵官大帝。其傩愿戏《孟姜女》《三打鲍家庄》《牧羊》等较为出名。丰富了群众文化生活。

民俗风情

白族三道茶 马合口白族三道茶是一种宾主抒发感情，祝愿美好，并富于戏剧色彩的饮茶方式。第一道为“苦茶”，第二道为“糖茶”，第三道为“蛋茶”。“三道茶”寓意人生“一苦，二甜，三回味”的哲理，现已成为白族民间婚庆、节日、待客的茶礼。“三道茶”歌舞表演也成为马合口白族乡的保留节目。

白族山歌 马合口白族乡民间歌手唱的山歌，曲调繁多，有高腔，平腔，低腔，有“唔唔山歌”“来嗨山歌”“吆喝山歌”“啦啦山歌”等，句式灵活多变。歌手们看山唱山，看水唱水，看桥唱桥，或独唱，或合唱，或对唱，或领唱，题材广泛，涉及面宽。有爱情歌，婚嫁歌，丧葬歌，栽秧歌，割谷歌，贺春歌，儿歌，时政歌等，有较强的生命力与表演力。还独创桑植白族弹词，让桑植民歌体系中添上一名新成员。其白族弹词，以红色革命题材为标本，在叙事与抒情的方法上，谱上新曲，倍受行家看好。《歌唱贺老总》《红军三进我的家》《六唱红军》等10多首弹词，给桑植民歌灌输了崭新的血液。

（撰稿人：钟秀丽　图：马合口乡等）

麦地坪白族乡

区域概况

位置面积

麦地坪白族乡位于桑植县东北部，东连人潮溪乡、走马坪白族乡，南邻空壳树乡，西抵芙蓉桥白族乡，北界马合口白族乡、官地坪镇。总面积 50.40 平方公里。乡人民政府驻地距县城 38 公里。

建置沿革

1901—1946 年，属慈利县自合乡。1947 年春，并入首义乡。1949 年，重置自合乡，属慈利县第十五区。1958 年 8 月，属官地坪人民公社，随后划归桑植县管辖。1961 年析出，置麦地坪人民公社。1984 年 4 月，更名为麦地坪乡，1984

年9月，建麦地坪白族乡。1995年4月，并入马合口白族乡。1998年10月析出，恢复麦地坪白族乡。

行政区划

2014年，全乡辖广家山、农科站、麦地坪、青峰溪、栗山垭、芦阳、水田坪、黄山峪8个建制村，共53个村民小组。乡人民政府驻麦地坪村。

自然环境

境内地处平头界、四望山、九十九尖山脉腹地，属典型喀斯特岩溶地貌。全乡多山峦、溶洞，地势复杂，最高峰四望山海拔1087多米。北部为石灰岩地层，植被以松、杉等常绿针叶林和灌木为主；南部为砂页岩地层，植被以松、杉等常绿针叶林及其他常绿和落叶阔叶林乔木为主。境内属中亚内陆季风气候，日照充足，年平均气温22℃，年降水量650毫米。地势四周高，中间低，气候变化呈垂直规律。居民主要聚居区中部为狭长溪谷平原，气候条件较好，高海拔地区多雨雾天气。境内地下水资源丰富，溪沟密布，山泉极多，青麦河、东流水两条主要河流东西相向而流，交汇于麦地坪、农科站两村交界处，向西流至芙蓉桥白族乡注入酉水。同时伴生有洪灾、寒潮、干旱、冰雹、大风和山体滑坡等自然灾害。境内矿产资源丰富，主要有铁、煤、页岩气等，其中以赤铁矿为主，探明储量1622.3万吨，且富矿比例高，开采价值大。

人口民族

2014年年末，辖区总人口5204人。境内以白族为主，占总人口95%，也有少量的土家族、汉族。

经济发展

经济综述

粮食生产、烟叶种植、特色养殖、劳务输出是麦地坪白族乡经济支柱产业。全乡有4个农业产业专业合作社，农业产业化初具规模。2014年年末，全乡实现生产总值1172万元，其中，种植业收入840万元，畜牧业收入253万元，外出劳务收入450万元，农民人均纯收入2428.4元。农户居住条件明显改善，砖混结构房屋占70%以上，人均住房面积90平方米。

农业

全乡农业以种植业、养殖业和林业为主。种植业因受制于位置偏僻、交通闭塞，境内山林密布、耕地硗薄等客观地理条件，农业生产水平低下，1949年前一直沿袭刀耕火种、广种薄收、看天吃饭的原始农耕习俗；粮食种类主要以高杆水稻、红薯、玉米等传统作物为主，且产量不高，最高亩产160公斤左右。1949年10月后，党和人民政府实施“土、肥、水、种、密、保、管、工”农业八字宪法，广泛动员群众开荒劈地，兴修山塘水渠，广辟肥源，合理密植，农业产量逐年上升。特别是中共十一届三中全会以后，深化农村经济体制改革，大力发展现代农业，加大普及推广农业科学技术和优质品种,使用农业机械，完善农业水利基础设施，农业收入大幅增加。随着农业产业结构调整步伐加快，经济作物种植在农业生产中的比重逐年提高，形成茶叶、猕猴桃、辣椒、烟叶、油茶等特色产业。全乡油茶种植面积33.33公顷。高山优质烟叶生产是麦地坪白族乡的支柱产业，2014年种烟130.13公顷，产烟5300余担，实现产值750万元。

畜牧养殖业由传统的家庭散养逐渐向集约化、规模化和专业化养殖转变。在稳定发展猪、牛、羊等传统养殖的基础上，大力发展大鲵、石蛙、野兔等特色养殖，培育养殖大户6户，养羊1200只，兔200只，娃娃鱼（大鲵）1000尾，石蛙2万只，年产值500万元。林业方面，麦地坪山林密布，植被繁茂，森林资源丰富，主要有杉木、马尾松、樟树、柏木、油桐、栗树、山茶、栎树、枫树等，野生分布的有红豆杉、银杏、鹅掌楸等珍稀植物。盛产板栗、柑橘、梨等干水果和黄柏、杜仲、厚朴等“三木”药材，还有香菇、蕨菜等山野菜。主要林产品有生漆、油桐籽、油茶籽、乌桕籽等。近年来，鼓励群众退耕还林、植树造林和科学营林，利用林业资源发家致富，涌现出面积200亩的经济林种植大户2户，实现生态效益和经济效益双丰收。2014年，全乡粮食总产量2197吨，其中，谷物类1565吨、豆类57吨、薯类575吨，产值665万元；畜牧业产值400万元；森林覆盖率67.2%，全年完成用材林采伐643立方米。

乡村企业

1949年以前，境内集体企业几乎为空白。1958年，开始大办集体企业，先后兴办陶瓷厂、炼铁厂、煤矿、农具厂、茶场、缝纫社、旅社、木材加工厂、粮油加工厂，共数十家乡、村企业，成为全乡经济收入的重要组成部分。中共十一届三中全会以后，随着农村经济体制改革的不断深入，计划经济体制下的集体企业相继关停并转，至1993年先后歇业。之后，个体私营企业快速发展。2014年年末，全乡有铁矿企业4家，砂石场2家，乡镇企业总产值200万元。

商贸服务

1949年10月后，先后设立有供销合作社、粮店、肉食组等商贸服务机构，供应群众生产生活所需物资，收购粮食、生猪及其它农副产品。随着社会主义市场经济建立和改革开放不断深入，计划经济体制下曾一度为人们生产生活提供良好服务的供销社、粮店等国有、集体商贸部门相继改制，逐渐退出商品流通市场，同时，私营经济呈现出蓬勃的生命力，快速发展，2004年，全乡有私营企业1家，个体工商户40家。2005年开始“逢十赶集”（每月10日、20日、30日），赶集日，各地商贩和本地乡民汇集集镇进行商品交易，商贸经济繁荣。2014年年末，集镇有固定商业网点22个，从业人数40余人，涵盖餐饮、零售、服务等多种经营类别；全乡社会消费品零售总额40余万元。

劳务输出

1978年改革开放以后，农村剩余劳动力为增加家庭经济收入，自发向广东、浙江、福建、北京、上海等经济发达、劳动力短缺的地区转移就业。2014年，全乡转移劳务输出1385人，实现劳务收入450万元，占全乡经济总收入38%。

基础设施

交通运输

1949年以前，广家山菊山垭山岭一直是横亘在麦地坪人出行的难题，因山高坡陡，道路崎岖，生产生活物资只有依靠人挑马驮，非常不便。为改变交通落后状况，麦地坪公社组织几百名劳动力，苦战一年多时间，于1970年修通马（合口）麦（地坪）公路主干道，并于1975年开通通县城班车。自此打开麦地坪通往外部交通的大门。2000年，青峰溪村至走马坪白族乡天鹤村公路修通，标志着麦地坪结束“断头路”的历史。2004年10月，马麦公路砂改水泥路工程顺利竣工，境内公路主干道建设格局基本完成。20 世纪 80 年代以来，采取乡支持物资，村组投入劳力等办法，陆续进行村组公路建设。至 2014 年年末，实现 8 个建制村全部通水泥路，80%的村民小组通组道，累计完成道路水泥路面硬化 48 公里。全乡客货营运车辆 30 余辆，其中，线路客班车 2 辆。

邮电通信

境内没有专门的邮政通信机构，所有邮政电讯业务归口于马合口邮政支局。2003 年，开通中国电信通信业务；2005 年，开通中国联通通信业务；2007 年，开通中国移动通信业务，实现全乡通信服务全覆盖。

供电饮水

1979 年，全面开启全乡农村电网建设，是年底，麦地坪村正式通电。1997 年，黄山峪村电网架设完工后，全乡村村通电目标实现。2006 年，开始进行农网改造，至 2014 年，共完成 6 个村改造，农户用电质量大幅提高。2012 年，为解决集镇供水不足问题，新建集镇自来水厂 1 个，架设供水管道 13 公里，集镇 620 户 1800 余人饮上卫生安全的自来水。至 2014 年年末，先后建成饮水坝 4 座，小水窖 50 处，全乡安全饮水条件改善。

水利建设

境内溪沟密布，山泉多，降雨多，但地层漏斗也多，致保水能力差，暴雨季节突发性山洪地质灾害较为严重，给群众生产生活带来很大困难。中华人民共和国成立之前，全乡基本上没有水利设施，90%的稻田是“雷公田”，下雨有水，雨停即无。之后，党和政府重视农村水利设施建设，1954 年，建成第一座拦河坝——祖师庙河坝。至 2014 年年末，全乡共建成河坝 5 座，引水渠道 13 公里，雨水集蓄池 32 口，农田水利灌溉得到保障。

村镇建设

1961 年成立麦地坪人民公社时，政府驻地选址麦地坪村潘家腊组，当时民居稀疏。随着社会经济和交通建设发展，村居农户逐渐向政府机关所在区域的公路沿线集中，1995 年，初步形成小集镇规模。至 2000 年，乡党委、政府斥巨资对居住集中地段公路进行扩建和路面硬化，建成集镇新街道长 800 米、宽 12 米，同时，统一规划街道建筑，基本形成现在的集镇规模和格局。至 2014 年年末，集镇常住人口 1298 人，商户 32 家。2002 年，在建设扶贫后盾单位的支持下，栗山垭

灌溉渠

村建造全乡第一个村级活动中心。2006 年，麦地坪村完成样式统一、风格鲜明的新村部建设；至 2011 年，全乡共建成村级活动中心 8 个，配备远教设备 8 套，村村有村级活动中心和村民集中活动阵地。

社会事业

教育科技

1928 年，境内设立第一所私塾。1945 年，建立第一所国民初等小学，校址钟氏祖祠旧址。1961 年，改建为麦地坪中心小学。1970 年设立初中部，1995 年与马合口白族乡并乡时，初中部划归马合口中学。中心小学校园占地面积 7804.5 平方米，建筑面积 7194 平方米，在岗教职工 20 人，在籍学生 186 人，学前班幼儿 37 名。芦阳小学始建于 1961 年，是全乡仅存的村级小学，占地面积 200 平方米，共设 4 个年级，有教职工 2 人，在籍学生 30 人；麦地坪中心幼儿园创办于 2010 年，有专职教师 3 名，在园幼儿 50 名。2014 年末，全乡设有中心小学、芦阳小学和 1 所民办幼儿园。教育事业发展的同时，农业科技得到推广应用和普及，常年开设专门农技培训班，进行农业技术培训。至 2014 年，全乡共举办科技培训班 20 余次，培训 800 余人次。

文化体育

麦地坪为桑植钟姓白族的发祥地，白族民俗文化底蕴深厚，自古至今完整地保留着跳仗鼓舞、唱傩愿戏、赶庙会等传统习俗，是湖南白族“仗鼓舞”“游神”“九节鞭”主要传承地，被誉为白族仗鼓舞之乡。2000 年以来，依托丰富的白族特色民俗文化资源，按照“文化强乡”工作思路，大力开展非物质文化遗产项目传承保护和民俗文化挖掘推广工作，通过成立仗鼓舞培训学校、送“仗鼓舞”进学校，学校成为非物质文化遗产传承保护主阵地，仗鼓舞成为师生必修课。大力开展“一村一品”活动，挖掘、整理出白族千人仗鼓舞、场面恢宏的白族游神、白族板凳龙等一批有地方特色的民间艺术进行保护传承。将举办乡民俗文化节作为一项文化常态工作，邀请全县的白族儿女前来祭祖、游玩、投资。至 2014 年底，全乡先后有 8 人被授予各级“非遗项目代表性传承人”称号，有 6 人活跃在非遗项目的传承保护工作第

白族板凳龙

一线，主要涉及桑植白族仗鼓舞、桑植白族游神和桑植白族话3个项目。全市第一位国家级传承人钟会龙，多次参加白族仗鼓舞演示、培训、研讨、交流等活动，发扬光大“桑植白族仗鼓舞”。

境内文化体育机构队伍健全，设有乡综合文化站。2011年，开通有线电视，并与县有线电视网络联网；发放村村通广播电视卫星接收设施500台。2014年年末，全乡有文化站1个，农村书屋8个，共藏书2000多册，有各类群众演艺团体14个，农民演员300余人。有篮球场4个，经常开展群众业余文化体育活动，提升全民素质。

医疗卫生

1949年前，乡域医疗机构仅为民间诊所。1954年，慈利县青阳卫生院在今青峰溪村建立，改变境内无公办医疗机构的历史，1958年，建官地坪人民公社，选址麦地坪大队。1961年，改建为麦地坪卫生院。2000年，投入资金30万元，新建成住院楼1栋，并更新医疗设备，增设病床，卫生院基础条件改善。同时大力发展村级医疗卫生建设，设立麦地坪、芦阳、水田坪3个村卫生室，进一步满足群众看病就医基本需求。至2014年年末，乡卫生院有床位10张，医护人员9人，有B超、心电图、血常规化验、尿液分析仪等常规医疗设备，固定资产200多万元。

社会保障

1949年10月后，境内不断加大对老弱病残等困难群众救助力度。2005年，推行新型农村合作医疗制度。2008年，建成乡敬老院，到2014年，供养老人46人。2009年，推行新型农村社会养老保险制度。2014年年末，全乡参加新农合人数4600人，参合率96%；参加新农保人数2490人，参保率89.5%；有低保对象200户306人，“五保”对象56户62人。困难群体较好地得到各方救助。

特色地情

历史人文

桑植白族源于大理，来湘伊始，指手为界，插草为标，其落脚点都以岩石为标志，有“谷家錾字岩、王家覆锅岩、钟家狮子岩、熊家鱼儿岩、刘家当门岩、陈家洞菌岩、赵家兔儿岩”之说。宋末元初时，祖先钟千一等人自云南大理辗转赣湘，最后在麦地坪大屋洛定居，形成钟姓白族为主的聚居村落，麦地坪白族乡狮子岩即为桑植钟姓白族落脚地标。白族人民素以耕读为本，忠孝传家为家风传承，桑植白族落籍桑植后，仍秉承先祖遗训，谨持家风。麦地坪白族乡水田坪村白族谷伏强家中，至今还完好的保存着一块清代时的梨木巨匾，中书“摰孝感神”四个大字，上款为“钦加清军府桑植县正堂随带军功四级初纪录二仄传”，下款为“咸丰八年戊年八月吉旦为孝子谷启胜立”，100多年过去了，字虽有些褪色，但仍十分醒目。在麦地坪白族乡，谷启胜割股侍母、孝道恸天的故事流传至今。麦地坪作为国家级非物质文化遗产桑植白族仗鼓舞之乡，仗鼓舞有着深厚的群众基础，涌现出钟会龙等多位非物质文化遗产代表性传承人。

谷启胜割股侍母 谷启胜，祖居水田坪，其父早逝，与母邓氏相依为命，少年家贫，目不识丁，但性敦厚，对母孝顺备至。一日母病，思念荤腥，家中却无丁点，而去马合口采实，往返40里，且又不逢场期。谷启胜只好沿村逐户求取，进出四次，终无所得，心中焦急万分。万般无奈之下，毫不犹豫地走进村旁的本主庙，焚香祷告之后，拔刀割下股肉一块，用香灰涂敷止血，迅急返回家中，烹肉奉母。其母食后，顿感神清气爽，病魔渐消。问谷启胜：“肉从哪里买来?”谷启胜生怕母亲知情心痛，便以他语搪塞而过。这时，他才始感创痛，再取香灰草药涂治，不数日即愈。其时，知县傅祥华闻之，奏表朝廷获准赐匾表彰。

非物质文化遗产传承 二十九代传承人钟会龙是国家级非物质文化遗产桑植白族仗鼓舞传承的泰山北斗，是张家界市首位获得国家级荣誉称号的非物质文化遗产项目代表性传承人，是我国罕见的“仗鼓舞”活化石。老人长期致力于“仗鼓舞”的演艺、研究、传承和发展，先后收徒800余人，成为湘鄂西、湘西北远近闻名的“仗鼓舞”表演传承大师，亦是麦地坪白族乡仗鼓舞学校的终生名誉校长。还有桑植白族仗鼓舞市级传承人钟必武、钟新华，县级传承人钟彩香、刘银年，桑植白族游神省级传承人钟阳生（已去世），市级传承人钟高仁，桑植白族话省级、市级传承人钟善养（已去世），他们为麦地坪白族民俗文化的传承和推广做出重要贡献。

名优特产

高山优质烟 境内气候温和，日照充足，雨量充沛，土壤以红黄壤为主，山区昼夜温差大，有利于烟叶干物质积累和采收晒制。烟草生长旺盛期平均日照时数大于1000小时，每天平均达8小时以上，能充分满足优质烟生长对光照的要求。降水量主要集中在烟叶生长旺盛时期的6月、7月、8月三个月，非常适宜优质烟叶的生产。麦地坪高山优质烟叶种植主要集中在黄山峪、水田坪、芦阳、广家山4个村，成为全乡的支柱产业。并在县、乡烟草部门的支持下，成立了桑植县惠龙烟叶种植专业合作社，为全乡烟农提供种植、销售、技术培训及信息咨询服务。全乡烟叶年产量6000担。

猕猴桃 开始只作为野果食用并应用于庭院栽培，2012年境内试行专门种植，现有红心猕猴桃专业种植基地1个，从事猕猴桃的品种改良和培育栽植，经济效益较好。

黑山羊 境内降雨丰沛，溪沟多，草地分布广，牧草生长旺盛，非常适宜山羊的养殖。2012年，麦地坪村养殖大户钟海龙开始引进黑山羊进行专业放养，通过品种改良和优化养殖技术，波尔山羊和金堂黑山羊成为麦地坪主要畅销品种，口感更具细嫩和鲜美。2014年成立桑植县龙发山羊养殖专业合作社，使黑山羊养殖向规模化养殖发展。

肉兔 兔肉营养丰富，肉质细嫩，味道鲜美，易于消化，富含蛋白质和矿质元素，是一种高蛋白质、低脂肪，被誉为“美容肉”的时兴肉类食品之一。其皮毛可用作皮制品，且繁殖力强，适应性广，耐抗病，具有很高的养殖和经济价值。麦地坪肉兔养殖基地位于青峰溪村，泉水溪流多，牧草丰富，气候温和。主要以灰兔为主，经过品种改良后，肉紧实，口感极佳，皮毛粗，具有很好的养殖前景。

风景名胜

境内山清水秀，风景秀丽，留传着不少的神奇传说，其中最为广泛的当属四望山大庙和七十二泉之说。另有白马泉、猪娘泉、七彩泉等，其中双泉、七眼泉、东流泉等还作为村组名称一直沿用至今。境内人文景观主要有“钟公千一大院”、钟氏祖祠等。

四望山大庙遗址 相传，李自成兵败北京城后，与手下大将野拂一同隐居在湖南石门夹山寺出家，其手下旧部也便四散逃离。其中一支便逃至麦地坪，行至四望山，发觉此地山势险峻，易守难攻，景色雄奇瑰丽，便驻扎下来。为掩人耳目，又化身为隐世道僧在四望山避世修行，并筑起一座寺庙，实则等待再行起事，并不时下山假借宣佛化缘四处打探消息。不料始终没有等到李自成的召唤，慢慢的却将寺庙名声传播出去。香火鼎盛时期，庙内有“三千和尚，八百道人”。最神奇的是庙内有一舂米石臼，无论人多人少，石臼中舂出的米总是吃不完，吸引善男信女前来膜拜。四望山大庙遗址尚存，不时还有当地信徒供奉香火。

钟公千一大院 为麦地坪钟氏后人纪念祖先钟千一所建，始建于元代，为三进一门一楼院落格局。坐落于青峰溪村大屋洛组，相传为其落脚之地。现为原址重修。

钟氏祖祠 为麦地坪白族祭拜先祖的主要场所，人文景观内容更具特色。原址坐落于现麦地坪中心小学校内。始建于中华民国初期，规模较大，为两进一门两楼双层院落，内供奉白族五大主神。院后立有碑林，主要刻录钟氏源流、名人录、建造过程及捐资人姓名等内容，最初作用主要方便宗氏管理。现钟氏祖祠为迁移新建，规模相对较小。

民俗风情

麦地坪白族民俗文化内容丰富，风格明显，蕴含着多姿多彩的传统文化艺术。

白族民居 麦地坪白族自称“白子”“白尼”“民家”等，无自己的文字，喜群居。建筑风格颇具特色，通常为木结构瓦房两进或三进院落，坐南朝北，分正屋、厢房、二屋等，院内建排水用天井。

白族婚姻 麦地坪白族历来实行一夫一妻制，从订婚到结婚有一套完整又繁琐的程序和仪式。相亲称为“看家门”，订婚谓之“合八字”，婚嫁前，男方需到女方请求“颁恩”，女方恩准后再“报日”“谢媒”。结婚前一天，男方送彩礼叫“解礼”，迎娶当天送聘书称为“下书”，迎娶到家后再“告祖”“拜堂”，大礼方成。

丧葬习俗 丧葬实行土葬，已婚成年人死后都要做全堂水陆道场，超度亡灵，少则三天，多则五天、七天、九天不等。未成年夭折，则不予超度，一般只给“开路”。

白族本主 麦地坪白族信仰本主，本主神确定有三类：一是自然界的物体，二是神话传说中各种对人类做出贡献的神灵，三是现实生活中对白族人民做出贡献的历史人物。今麦地坪钟氏祖

白族游神

白族钟氏祖祠

祠里供奉的本主有五尊，分别为潘大公、狮子岩大、二、三公以及药王菩萨。每年农历十月十五日是麦地坪白族的本主日，这天，几乎所有人都聚集在“钟氏祖祠”前进行祭祀，也称赶庙会，其主要内容是举办“游神”活动，以祈盼风调雨顺、国泰民安。

白族仗鼓舞　“仗鼓舞”是桑植白族独有的舞蹈，道具是一只两头呈喇叭状，中间粗不盈握的竹竿，长约80厘米，包裹上红绸布和七彩丝线的舞仗。跳舞时以围鼓和笛子演奏舞曲，舞蹈动作全部由劳动劳作和劳动场景演绎而成，舞姿优美，气势磅礴，是人们欢庆丰收、节日喜庆、庙会游神时的主要节目。

（撰稿人：钟炜　图：麦地坪乡　曹开胜）

芙蓉桥白族乡

集镇全景

芙蓉桥白族乡是“娃娃鱼之乡”“恐龙故乡”“湖南省民族文化传承示范基地”。

区域概况

位置面积

芙蓉桥白族乡位于桑植县东北部，东与马合口、麦地坪白族乡接壤，南与空壳树乡、瑞塔铺镇交界，西与刘家坪、洪家关白族乡及桥自弯乡相邻，北与谷罗山乡、天星山林场毗连。总面积70.2平方公里。乡人民政府驻地距县城28公里。

建置沿革

1949年以前，属四望乡辖地。1950年，属梅家桥乡。1954年，属芙蓉桥乡。1958年，与刘家坪合并建星火人民公社。1959年，属瑞塔铺人民公社。1961年，设立芙蓉桥人民公社，1984年4月更名为芙蓉桥乡。1984年9月成立芙蓉桥白族乡。1995年5月，芙蓉桥、麦地坪、淋溪河、金藏乡合并称马合口白族乡，乡址设芙蓉桥。1998年10月从马合口白族乡析出，并将原金藏乡划归芙蓉桥白族乡管辖。

行政区划

2014年，全乡辖梅家桥、兴旺、合群、芙蓉桥、大庄坪、瓦屋坪、银星、廖坪、高阳、庹家岗、胡家峪、福建坡、海尔峪13个建制村，共135个村民小组。乡人民政府驻芙蓉桥村。

自然环境

乡境地域辽阔，沟壑纵横，山峦叠嶂，年平均气温16℃，无霜期250天左右，降水量1500毫米。河道属澧水流域，最大河流为酉水，从北至南流经境内廖坪、瓦屋坪、梅家桥等村，长15公里。主要支流有泉峪溪、泉河等，可利用地下水资源126万立方米，有国家级娃娃鱼核心保护区。境内资源丰富，已探明的矿藏有煤炭、天然气，储量分别为1052吨和6416立方米。煤炭主要分布在大庄坪村，天然气主要分布在瓦屋坪、银星、大庄坪一带。林木、植被保护较好，森林覆盖率70%，杨旗山林场面积1.5万亩，林内松脂油、菌类等产品丰富。

人口民族

2014年年末，辖区总人口11542人。境内是白族、土家族、苗族、汉族等多民族聚居地，其中白族人口10965人，占总人口的95%。

经济发展

经济综述

芙蓉桥白族乡经济以农业为主。2014年年末，全乡生产总值2461万元，财政收入470万元，农民人均纯收入4581元，金融机构存款余额6900万元，贷款余额3500万元。

农业

1949年以前，境内农业生产水平比较落后，水利灌溉设施较少，多采用传统的耕作方法，并使用传统的老麻稻、大叶粘等水稻品种和常规的红薯、玉米、荞、小麦等旱粮作物老品种，广种薄收，粮食产量低，稻谷亩产400～500斤。1949年10月以后，大兴农田水利建设，缺水、靠天吃饭的农业发展状况有所改变。加之1978年前后推广三系杂交水稻，稻谷亩产提升到700～800斤。随着农村经济体制改革和实行家庭联产承包责任制，农业快速发展，粮食产量逐年上升，稻谷单产突破千斤大关。2014年，全乡粮食播种面积1016.07公顷，总产量4966.7吨。同时，大力发展烟叶、葛根和大鲵等特色种养业，2005年发展烟叶23.33公顷，葛根40公顷。大鲵主要采取“公司+基地+农户”模式养殖，2014年，有60多户养殖大鲵，存池大鲵10万尾，拓展农村经济收入渠道。

乡村企业

1976年，境内开始创办集体企业，设立公社企业办，管理社队企业，当时有社队企业10家，从业人员185人，主要有缝纫社、铁业社、基建队、砖瓦厂、农技站、粮食加工厂、饭店、百货供销、发电厂、林场等。1985年企业办改为乡镇企业管理站，骨干企业有芙蓉桥花炮厂，从业人员80人。芙蓉桥铝箔纸厂系桑植烟厂附属厂，从业人员8人。大庄坪煤矿常年从业人员约30人，拥有大货运车、拖拉机各1台；下设马合口门市和芙蓉桥门市，2000年企业改制。随后兴办有芙蓉桥鞋厂、芙蓉龙水厂等私营企业。芙蓉龙水厂创办15年来，销售覆盖面占桑植桶装水份额

60%，年收入180万元。芙蓉桥鞋厂2012年成立，吸纳就业岗位80个。张家界金鲵公司养殖基地设立在合群村七眼泉。2014年末，乡镇企业总产值500万元。

商贸服务

1949年以前，境内商贸繁荣地段集中于“梅市”（今梅家桥村），设立的店铺基本能满足民众的商品交易。20世纪50年代，在梅家桥成立供销合作社。70年代末，芙蓉桥集镇增设芙蓉桥供销合作社。90年代，供销合作社进行体制改革，2000年供销合作社改制正式退出商品流通市场。随着社会主义市场经济建立，个体私营企业和个体私营零售、餐饮、住宿等商业网点与日俱增，成为全乡商贸服务业的主力军。至2014年年末，全乡有商业网点52个，从业人数600余人，社会消费品零售总额1590万元。

劳务输出

20世纪90年代初，境内农村剩余劳动力开始自发进城到沿海经济发达的广东、浙江等地务工，形成“打工潮”，获取经济收入，带动家乡劳务经济发展。2014年，全乡转移劳动力4600余人，创收9200余万元，成为全乡经济发展的重要组成部分。

基础设施

交通运输

芙蓉桥是淋溪河、马合口、麦地坪、官地坪、天星山三乡一镇一场以及湖北省鹤峰县梅坪、铁炉等地通往桑植县城及张家界市区的咽喉要道。因交通闭塞，不通公路，至20世纪50年代初，群众出入境全靠爬山涉水走小路。1958年，修建瑞塔铺至梅家桥公路，梅家桥成为唯一的车站点。1962年，修通梅家桥至马合口公路，极大改善境内交通运输条件，与外界的交通逐步畅通。2014年，官瑞线二级公路建设项目正式启动。2014年末，全乡13个村通水泥路，85%的村民小组通组道，公路入户率80%。过境班车线路7条，11个建制村通有农村客运班车。

邮电通信

1953年，始建马合口邮政支局，局址芙蓉桥瓦屋坪，业务范围逐年拓展，迄今主要业务有：邮政储蓄、报刊发行、特快业务、信函业务、电子汇款、邮政物流、代开国税、代办电信和代办保险等业务。2014年年末，邮政储蓄居民存款余额5000余万元，报刊发行量3689份，代办保险325万元，月代开国税发票10万元以上，代办电信创收万元以上。全乡有移动、联通、电信等服务点，实现全乡通信服务无缝对接。

供电饮水

1976年，芙蓉桥集镇居民开始用上低压电，年供用电量约3000～4000千瓦时。2008年，境内启动农村电网改造，福建坡、兴旺两个村部分组率先更换杆线。至2014年，全乡13个村不同程度完成电网改造，新增变压器34台，共有变压器56台，有10千伏线路设施。福建坡发电站装机容量150千瓦，年发电量为80～100万千瓦时。全乡年供用电量210万千瓦时。20世纪80年代后，开始逐步重视饮用水设施建设，至2014年年末，乡自来水厂等供用水服务机构完善。全乡有人畜集中饮水设施1处，覆盖7个村4000人，单位集中供水设施8处，覆盖500人，集镇自来水厂日供水量600吨。

水利建设

1949年前，境内水利设施极其简陋。1954年，修建小（2）型小峪水库。1958年，修建泉河坝沟渠长4公里，灌溉面积500亩。1963年，修建双泉水库左右灌溉干渠，水利条件得到改善。2014年年末，有乡水管站等用水管理服务机构，全乡沟渠等水利设施通过逐步全面整修，灌溉功能得到有效发挥，满足村民的生产生活需要。

村镇建设

境内自2001年开始进行大规模小城镇建设，通过征地拆迁，建成集镇街道长500米、宽20米。是年建成的芙蓉桥白族乡文化站为当时全省第一个白族文化站；还新修卫生院、派出所、法庭等综合办公楼。2012年，建成白族新村、白族文化广场、喜洲大桥。2014年年末，建成青石板人行道，完成新路灯安装及街道民居白族风格穿衣戴帽工程。集镇规模不断扩大，集镇常住人口2400人，城镇化率约20%。近年来，境内陆续实施农村电网改造，水管改造，添置广场设施，利用国土整治、农业开发等项目改善生产生活条件，使芙蓉桥白族乡成为宜居白族风情名乡。白族新村暨白族文化广场是张家界市纪委建扶工作组

喜洲街一角

2011—2012 年实施的异地扶贫搬迁和危房改造项目，建扶资金投入 500 多万元，为异地搬迁户免费提供宅基地。白族新村项目建设征地 31.24 亩，于 2011 年 6 月开工建设，解决天星山林场大旗湾村 12 户和芙蓉桥村谷子界组 9 户共 21 个搬迁户居住问题，白族文化广场于 2012 年竣工，2013 年完成后续配套建设，共建有商品房 40 套，商业门面 30 个。

社会事业

教育科技

1949 年前，乡域教育为民间办学。到 2014 年，有幼儿园 2 所，村小 3 所，乡中学和中心小学各 1 所。中心小学始建于 1976 年，原校址在今梅家桥村，1989 年 8 月迁至芙蓉桥村王家边，到 2014 年，有 16 个教学班，775 名学生。中学始建于 1966 年，初称芙蓉桥公社中学，1984 年更名芙蓉桥白族乡中学，是一所农村标准化初级中学。2014 年年末，乡中学有 8 个教学班，在籍学生 300 余名；校园占地面积 1.5 万平方米，建筑面积 7000 平方米。全乡教育设施完善，教学质量稳步提高。

农业科技发展迅速，耕种方式根本改变，新兴农业技术、农业机械广泛使用，提高农业生产效率和农民的生产积极性。近年来，芙蓉桥农技站、农机站等部门服务“三农”（农业、农村、农民）工作逐年强化落实，以农业技术、先进农机推广服务农民。2013 年，建立合群村油菜示范基地 3.33 公顷，积极为农户提供优良品种、肥料及技术跟踪，以点带面推广，实行农技指导员联系科技示范户带动周边农户模式，促进农业产业增效、农民增收。2014 年，全乡实现良种补贴 13.08 万元，水泵、农耕机等农机补贴到位，惠及基层。

文化体育

每年“上九庙会”和“三月街”文化艺术节是当地民俗传统文化节会，已成为芙蓉桥乃至桑植向外推介和宣传展示白族民俗文化的靓丽名片。2009 年 3 月，成功举办首届“三月街”文化艺术节。2012 年 7 月，大理访亲团暨白族文化国际学

芙蓉桥白族乡 30 周年庆典活动会场

术研讨会在桑植县举行，芙蓉桥白族乡为分会场。2013年7月，湖南省民委授予芙蓉桥“湖南省民族文化传承示范基地”。8月，芙蓉桥白族乡代表队参演的《桑植白族仗鼓情》荣获桑植县“欢乐潇湘”大型群众文艺会演金奖，并选派参加“欢乐潇湘”张家界专场总决赛。2014年5月，银星村王安平被确定为第三批省级《桑植白族仗鼓舞》项目代表性传承人。6月，“桑植县白族文化生态保护区”暨“国家级非物质文化遗产桑植仗鼓舞芙蓉桥保护区”分别在芙蓉桥白族文化广场揭牌和挂牌。8月，“欢乐潇湘·民歌桑植”歌王选拔赛7个乡在芙蓉桥赛区白族文化广场成功举行。由桑植谷姓家族族内人士自发筹资30余万元，对位于廖坪村的桑植白族谷姓宗祠进行抢救性修复。9月，芙蓉桥被指定为桑植县白族乡成立30周年庆典主会场，出色圆满完成大型文艺庆典和接待任务。2014年年末，全乡有村级文化活动中心13个，非遗文化传承人7人，其中，省级仗鼓舞、市级白族游神传承人各1人；有农家书屋13个，藏书2万余册；有音乐、舞蹈等文化创作人员41人，表演团队9支200人。广播电视与县有线电视网络对接，广播电视“村村通”覆盖全乡，有线电视入户率70%。芙蓉桥白族乡综合文化站是全国首批乡镇宣传文化站，总投资37万元，其中，云南大理喜洲镇人民政府援资15万元。大理市选派喜洲镇民间画家董开龙父子援助文化站白族壁画的绘画工作，原汁原味地体现大理白族建筑特色，同时传授壁画绘画技艺。

近年来，全乡的体育事业有长足发展，芙蓉桥中小学校实行仗鼓舞、九子鞭进课堂，培养学生热爱民族体育热情。2011年，组队参加桑植县七运会，获乡镇组团体第五名。押加、负重跑、仗鼓舞、打花棍、霸王鞭、舞龙灯以及拔河、篮球等项目成为“三月街”文化节主要内容，深受群众喜爱。全乡体育场地及设施逐步完善。2012年，建成芙蓉桥白族文化广场,经常开展全民体育健身运动。2014年，全乡13个村的文化活动中心都有体育活动场所，其中，梅家桥、芙蓉桥、胡家峪、大庄坪等村还建有篮球场、乒乓球台桌等多项常规健身器材，经常开展群众体育活动。

医疗卫生

芙蓉桥卫生机构成立于1958年，当时租用民房为行医场所，仅有医护人员6人，后规模逐步扩大。2014年年末，乡卫生院总建筑面积600平方米，有床位15张，医护人员18人，拥有X光机、彩超、全自动生化分析仪、血球分析仪、尿液分析仪等诊疗设备，固定资产800万元，年住院诊疗900人次，门诊诊疗1.1万人次。全乡有村卫生室7个，村医7人。新型农村合作医疗参保率年均90%以上，2008年有824人次受益，报销金额18.67万元，2014年参合10324人，缴费92.92万元，参合率97%，新农合有效缓解农民看病难问题，切实减轻群众负担。

社会保障

1993年，在兴旺村修建敬老院1所，1995年住进“五保”老人10人。1998年“7·22”特大洪水致使敬老院成为危房，当年市民政局斥资新建今穗芙敬老院。2014年年末，敬老院共有床位48张，供养“五保”老人40人。社会保障事业逐步实现多层次救助，2014年年末，全乡城镇最低生活保障47人，支出10万元。农村最低生活保障813人，支出115万余元。农村“五保”对象分散供养41人，集中供养40人。农村医疗救助52人次，救助资金10万余元。资助参加合作医疗990人，支出8.9万元，国家优抚对象、贫困补助对象79人，发放抚恤金21万元。在芙蓉桥、合群两村建有养老托养中心，将失能、半失能老人送到托养中心日间照料。全乡发放高龄补助35人，人均100元/月，为110名重度残疾人发放护理补贴4万余元。累计改造危房416户，共发放危房改造金423万元。全乡参加养老保险4501人，参保资金45.02万元，发放基础养老金2100人、170万元。

特色地情

历史人文

境内白族文化底蕴深厚，是无牙芙蓉龙的出土地，乡域特色浓郁。2008年，白族仗鼓舞被列为湖南省省非物质文化遗产名录。2013年芙蓉桥白族乡成为桑植县首批特色乡镇，被省民委定为湖南省民族文化传承示范基地。2014年，桑植仗鼓舞芙蓉桥保护区被列为国家级非物质文化遗产。

芙蓉桥山清水秀、人杰地灵。芙蓉白裔，崇尚耕读为本、诗礼传家，人才辈出。明永乐三年(1405)，谷永和被诰封为“昭武将军”。有副军级老红军王顺清、红军师级将领谷朗然、曾任北海舰队副政委的老红军王苏云。1940年8月出生于瓦屋坪村的中国科学院武汉岩石力学研究所总工程师谷志孟，被评为有突出贡献的专家和享受国务院特殊津贴的白族科学家。有祖籍合群村的白族书法家钟朗溪、当代著名白族作家钟铁夫，其小说《女人无泪》获首届茅盾文学奖。全乡有在外工作的县团(处)级及以上人物近20人。

宋末元初，随元军出征的云南大理“寸白军”被遣散，其中的一部来到桑植，芙蓉桥白族始祖谷均万、王朋凯、钟千一便是这支队伍的首领。3人见此地山川秀丽、土地肥沃，便决定留下，解甲归田，开荒斩草、繁衍生息，同当地其他民族一道，艰辛创业，互通婚姻，互通贸易。“插草为标，指手为界”，团结协作，共同抵御外患，成就几百年民族团结的佳话，经700多年发展成为今日芙蓉桥。传说王朋凯在迁往芙蓉桥之前，已在江西任县令，在芙蓉桥“指手为界”后，在划给自己土地的界限上放了一块覆锅岩，之后便回江西处理事务去了。两年之后，再次回到芙蓉桥时覆锅岩还在原处。见此，王朋凯决定在民风淳朴的芙蓉桥生根发展。

名优特产

主要有人工养殖的大鲵、白族三道茶和加工制作的豆腐、腌菜、糍粑等美食，独具风味。2013年7月中央电视台财经频道《消费主张》节目拍摄芙蓉桥白族特色的“三道茶”、豆制品宴等。

大鲵 又称“娃娃鱼”，其营养价值极高，被誉为“水中人参”和“软黄金”。境内溪流小河在20世纪90年代仍有野生大鲵。随着大鲵人工繁育和养殖的成功，芙蓉桥乡经历了大鲵散养、小规模养殖到大规模养殖的发展过程，逐步成为全乡的主要产业之一。至2014年年末，境内有金鲵公司大鲵养殖基地1个，带动人工散养大鲵户62户，大鲵存池10万尾。

三道茶 桑植白族源于大理，芙蓉桥白族的“三道茶”与大理的大同小异。第一道是苦茶，将茶叶放在陶罐里添水用火煨开，茶香略带苦味，先让客人止渴解乏；第二道是甜茶，茶水中先放入红糖或蜂蜜，再加入炒芝麻、炒黄豆、姜片等，再献给客人；第三道是蛋茶，也叫“团圆茶”。在茶水中放入3个熟鸡蛋，或有用甜酒冲鸡蛋，让客人在解渴之后适当充饥，主人家再慢慢给客人准备丰盛的正餐款待客人。“三道茶”体现了白族人家的热情好客、文明精细，也寓有“先苦后甜”的人生哲理，包含了“主客团圆、事事圆满”的祈愿。

风景名胜

大鲵保护区 大鲵被列入《濒危野生动植物

物种国际贸易公约》附录Ⅰ和中国二级保护水生野生动物名录，境内七眼泉至土门子河段成立大鲵保护区。七眼泉仿原生态隧洞，是金鲵公司的大鲵养殖基地，该养殖项目是国家星火计划项目、国家“生物育种”高技术产业化示范工程项目，具有较高的教育和科普价值。

芙蓉龙博物馆 2009年，芙蓉龙地质博物馆建成，并成为湖南省首家恐龙博物馆，也是我国第一座以芙蓉龙为主题的博物馆。博物馆分为芙蓉龙化石原地埋藏展示现场和室内芙蓉龙科普宣传展厅两部分。1970年，考古专家从芙蓉桥三叠系巴东组紫色岩层中发掘清理出一具化石，命名为“芙蓉龙”。1981年第二次发掘出不少脊椎动物骨骼化石，经中科院古脊所的修理装架，形成三具较为完整的无牙芙蓉龙，湖南省地质博物馆、中科院古脊椎动物与古人类研究所、北京自然博物馆各存1具，均供收藏展出。2000年，国土资源部批准芙蓉桥为张家界国家地质公园四大核心保护区之一，从2007年开始，先后投资940万元对芙蓉龙化石产地实施两期地质遗迹保护项目建设，用于芙蓉龙陈列馆的建设和原址发掘保护等工作。第一期工程建设博物陈列馆，第二期工程完成化石原地埋藏科学发掘和芙蓉龙博物馆科普宣传展示厅系统。2012年6月，芙蓉龙化石原地埋藏展示现场修建完成，发掘的区域包含多个芙蓉龙尸积群，大量的化石有芙蓉龙化石背椎、尾椎、肩带和腰带，以及新发现的一些芙蓉龙化石耻骨、腭骨和腹膜肋等。

红波白浪 流经合群村土门子的酉水河，一边河水清澈碧绿，一边却浑浊红褐。在阳光的照射下，红波白浪就像两条巨龙翻滚并流而下，景观奇特，煞是迷人。

神明枞杨 在瓦屋坪村酉水北岸，有一颗参天挺拔、围径要10多人合抱的古枞杨，枝叶茂盛，绿茵蔽日，树冠覆盖地面百余平方米。

民俗风情

2001年4月13日，芙蓉桥白族乡与云南省大理市喜洲镇结为姊妹友好乡镇。勤劳纯朴的芙蓉桥白族人民继承并发扬优秀的白族文化，民族底蕴深厚，白族民居群、白族仗鼓舞、傩愿戏及桑植民歌十分盛行。有喜气洋洋的舞龙灯，有节奏鲜明的九子鞭，也有原始简单的仗鼓舞，划龙

芙蓉龙博物馆

船、渔鼓筒等特色民俗，颇受群众喜爱。

庙会游神 白族将迁始祖谷均万、王朋凯、钟千一奉为本主真神，每年特定节日抬着本主神像进行游神赶会。芙蓉桥村正月初九“上九庙会”纪念王朋凯、王太廷；廖坪村正月十五“桑植谷姓祖祠庙会”纪念昭武将军谷永和；梅家桥村八月十五纪念韦驮菩萨庙会；胡家峪村十月初十纪念本主三公和滥船坪高氏婆婆庙会。庙会祭祀仪式上，司仪念唱告祖词：“水有源头木有根，花有清香月有影；萝卜有根果有蒂，莲蓬打从藕上生。一拜祖先来路远，二拜祖先劳百端，三拜祖先创业苦，四拜祖先佑后贤。家住云南喜洲睑，苍山脚下有家园；忠勇义士人皆晓，苍洱逸民万代传。弟子今来无别事，专请三神去游玩。”游神时，仪仗队扛四方神旗、扛“九经堂”“三槐堂”“知音堂”灯牌，扛“肃静”“回避”“风调雨顺”“国泰民安”牌，执“万民伞”，抬轿护神，有围鼓、唢呐等伴奏和龙灯压阵，燃放鞭炮迎神祈福。庙会上还有跳仗鼓舞、玩龙舞狮等文娱活动，商贾士民云集，热闹非凡。

三月街 三月街在农历三月初三举行，是白族盛大的节日和街期。是日，白族儿女登台表演，能歌善舞。经过传承和发展，三月街逐渐演变，成为芙蓉桥一年一度的集民俗风情、民族文化体育展示和民族地区物资商品交流于一体的民俗盛宴。

白族服饰 白族自称“白子”“白尼”，服饰尚白，境内群众在服饰方面有“要得俏一身孝，内孝外不孝”的说法。女子白族帽独具文化内涵，代表了风、花、雪、月四景，白色流苏代表下关的“风”，艳丽的花饰代表上关的花，帽顶的白色絮边代表雪，弯弯的造型是洱海月。男女服装都有绣花或者花边，布料多用棉、麻。男子的白色对襟衣，蓝领褂外套，下穿白色或蓝色肥宽裤子，

白族女性服饰

头缠白色包头；女子为白上衣，红坎肩，或浅色蓝上衣，绣花短围腰，下穿白色、蓝色等布料的绣花裤，脚穿绣花鞋。

白族民居 芙蓉桥白族民居粉墙黛瓦，雕梁画栋，讲究建筑艺术，文化内涵丰富。最常见的样式是“三坊一照壁”，正屋两端配厢房，修一扇照壁连接两边厢房，连成合院，大门开在照壁一侧。这种民居称作“双手推车”即“一正两横”，前有岩塔便于晒粮，朝阳通风。还有“钥匙头”即“一正一横”式和“四合井”封闭式民居，还有两重堂、四重堂等。在选址上多“靠山面水”“座南朝北”。近年来，芙蓉桥白族乡努力打造白

族特色乡镇，先后完成喜洲街、白族新村、白族文化广场、集镇街道民居“穿衣戴帽”等工程建设。风情化改造的白族建筑粉墙画壁，飞檐串角，楼面呈现丰富多彩的立体图案，绘画装饰中有多层次的山水人物、花鸟虫鱼，表现出一种清新雅致的情趣。

舞龙灯 境内白族春节期间有跳龙灯舞的悠久传统，每年农历正月便组织乐队，扎制龙灯，到家家户户去恭贺新春。舞姿粗犷豪放，充分体现出英勇骠悍的民族气概。

渔鼓筒 又称道筒、竹琴。芙蓉桥渔鼓用竹筒制作，筒长 65～100 厘米，鼓面直径 13～14 厘米，一端蒙以猪皮、羊皮或油膜（猪膀胱膜）而成。演奏时，左手竖抱渔鼓，右手击拍鼓面。指法有“击”（四指同时拍击）“滚”（四指连续交替单击）“抹”（四指击鼓止音）“弹”（四指屈指连续交替击弹）等。简板用竹片制作，长 45～65 厘米，宽 1.7～2.0 厘米，一端向外弯曲，两根为一副，演奏时用左手夹击发音。渔鼓调代表作有《麦秆草帽儿十八转》。

（撰稿人：谷丽　彭灵红　图：曹开胜　芙蓉桥乡等）

淋溪河白族乡

集镇全景

淋溪河白族乡是湖南省环境优美乡和张家界市环境卫生先进乡。

区域概况

位置面积

淋溪河白族乡位于桑植县东北部，东与长潭坪乡、官地坪镇交界，南与马合口乡、芙蓉桥乡相邻，西与天星山林场接壤，北与湖北省鹤峰县毗邻。总面积 92 平方公里。乡人民政府驻地距县城 59 公里。

建置沿革

境内溪河纵横，旧时为林姓首居开发，故称为“林溪河”，后演化为“淋溪河”。1949 年前，属慈利县首义乡。1952 年，为淋溪河乡。1958 年划归桑植县，属官地坪人民公社。1961 年析出，设淋溪河人民公社，1984 年更名为淋溪河乡。1995 年，并入马合口白族乡。1998 年析出，仍为淋溪河白族乡。

行政区划

2014 年，全乡辖张家铺、马安会、棕树峪、田湾、尖峰山、田坪、夹河坪、四围、大洞溪、淋溪源、芦堂湾 11 个建制村，共 62 个村民小组。乡人民政府驻张家铺村。

自然环境

境内大部为山，地面高程一般在海拔 400 米以上，最高点卢堂湾村海拔 1270 米，最低点棕树峪村海拔 214 米。属副热带季风气候区，气候温和，四季分明，年平均气温 15.4℃、降水量 1684.5 毫米。地处溇水流域，主要河流有淋溪河和溇水河，境内总长 17 公里。溇水河自湖北省鹤峰县从西至东入境与淋溪河交汇，溇水四季通航。境内植被覆盖率高，森林资源丰富。矿产资源主要为铅锌矿、重晶石矿等，地质储量 400 立方米，可采储量 300 立方米。水能资源丰富，适合小水电开发和岩蛙、大鲵、胡子鲶等特种养殖。

人口民族

2014 年年末，辖区总人口 4983 人。境内有白族、土家族、汉族等民族。其中，白族人口 3089 人，占总人口 62%。人口密度每平方公里 52 人。

经济发展

经济综述

淋溪河白族乡经济以农业为主。2014 年年末，全乡生产总值 1750 万元，财政收入 194 万元，农民人均纯收入 1932 元，金融机构存款余额 2400 万元。

农业

全乡农业人口 4891 人，占总人口 98%，耕地面积 141.67 公顷，其中，水田 60.4 公顷，旱地 81.27 公顷。粮食作物以稻谷、玉米、红薯为主。2014 年，全乡粮食总产量 1300 吨。主要经济作物有油茶，全乡油茶面积 840 公顷,大洞溪、夹河坪、四围、田坪村有油茶种植基地 0.07 公顷。境内森林覆盖率 90.6%，主要有松木、杉木、柏木、楠木和枫木等，年加工销售木材 3000 立方米，是桑植县林业主产区之一。畜牧渔业以生猪、家禽、淡水鱼类养殖为主。2012 年，建立马安会村大鲵养殖基地，2013 年 9 月，成立马安会黑猪养殖合作社。2014 年年末，全乡生猪饲养量 3000 头，年末存栏 1000 头；家禽年饲养量 8000 羽，畜牧业产值 356 万元；产鱼 6 吨，养殖大鲵 1000 尾。

商贸服务

淋溪河属于典型的山多人稀边远乡村，由于耕地面积少，交通不便，致使淋溪河商贸欠发达。近年来，随着改革开放力度加大，市场经济逐渐发展，交通条件大大改善，商贸服务业也有较大发展。境内以个体工商户、个体私营商业为主的商贸服务业繁荣。

旅游业

境内环境优美，素有“天蓝地净、山清水秀、人美”美誉，旅游资源丰富。一直以来，因地理位置偏僻和交通条件落后，旅游业发展缓慢。2014 年，张家铺村被列入旅游新村扶贫项目，淋溪河旅游业迎来前所未有的发展契机，是桑植县民族风情乡村旅游的新亮点。

劳务输出

1978 年改革开放以后，境内农村剩余劳动力为增加家庭经济收入，向广东、深圳、浙江等沿海经济发达地区转移。2014 年，全乡转移输出 1200 余人，创收 1400 余万元。

基础设施

交通运输

2014年年底，境内有芙（蓉桥）淋（溪河）公路，长17.5公里，集镇有通往县城客运班车2辆。全乡公路总里程155.6公里，路面硬化里程42.9公里。

邮电通信

2014年年末，境内有邮政代办所1个，电信和移动网点各1个，固定电话296户，移动电话用户1100户，互联网用户67户。

供电饮水

境内35千伏电力线引自桑植县中心变电站，全乡拥有变压器20台。至2014年年末，全乡村村通电，张家铺村、卢堂湾村、马安会村已完成农网改造，供用电水平大幅提高，供电基本满足群众生产生活所需。境内有自来水厂1个，位于张家铺村中心组，从冯家湾取水，集中管网布线供水，供水范围为集镇区以及张家铺村部分村庄。另外，乡域内完成集中供水的村有5个，除芦堂湾、四围等村存在饮水困难外，基本实现安全用水。

水利建设

近年来，境内先后建成马安会红旗组灌溉渠道（1500米），夹河坪上、下夹两组灌溉渠道（1800米），棕树峪村老屋场组灌溉渠道（1000米）。2013年，整修和新建夹河坪村、田坪村灌溉渠道2700米。2006年，建成马安会村白马泉小水电站。淋溪河水电站已开始筹建，电站位于淋溪河白族乡和湖北鹤峰县铁炉乡交界的溇水界河上，是溇水干流湖南境内规划的最后一个梯级水电站。设计正常蓄水位293米，总库容7924万立方米，调节库容540万立方米，为日调节水库。淋溪河水电站建成后，将接入华中电网，主送湖北电网。2007年，成立淋溪河水电开发有限公司(业主方)。2007年下半年，中标方湖南水利水电有限公司进驻淋溪河水电站施工现场开始建设，因资金问题，在完成溇水河大桥桥基工程后，于2008年上半年停工。建设项目后由湖北能源公司接管。

村镇建设

集镇位于张家铺村，建成区面积约6.99公

白族建筑

顷，常住人口 547 人。集镇区现状用地为狭长形，东西长约 555 米，南北宽约 84 米。集镇北面为溇水，南面是山地，西面是淋溪河与溇水的交汇处，东面是相对平坦的农用地。有主街 1 条，各项建设主要沿街道布置。集镇区内有乡政府机关、卫生院、学校、敬老院及商业店铺等公共配套设施。市政设施方面，集镇区铺设有给水管，电力线架空设置。2013 年，荣获张家界市美丽乡村称号。2014 年，马安会村在后盾单位张家界市法院的支持下，投资 100 多万元，修建集村部、学校、幸福院为一体的村级活动综合楼。

社会事业

教育科技

淋溪河学校始建于 1951 年，时称慈利县淋溪河完全小学，1958 年更名为桑植县淋溪河完全小学。1968 年，成立淋溪河公社中学。1998 年改称淋溪河白族乡学校，为九年一贯制学校。淋溪河白族乡学校位于湘鄂两省交界处的溇水河畔，属江垭水库移民重建单位。2014 年，成功创建为省合格学校。是年，学校有教职员工 26 人，教学班 9 个，小学生 95 人，中学生 73 人，学前班幼儿 14 人。另有村级教学点 3 个（马安会村教学点、田坪村教学点、四国村教学点）。全乡初中适龄人口入学率、小升初升学率、九年义务教育覆盖率均达 100%。林溪河乡的科技工作以农业科学技术推广应用为主，从 2012 年起，先后建成 3.33 公顷玉米示范基地和 3.33 公顷亩油菜示范基地。

文化体育

至 2014 年年末，有乡文化广播电视站 1 个，村级文化活动中心 9 个，农家书屋 11 个，藏书 4 余万册。有村村通直播机 733 台，用户 733 户，普及率 48%。体育场所有学校综合体育场 1 个，体育设施齐全，经常开展群众文化体育活动，定期举行全民运动会。民族体育和现代体育融为一体，相得益彰，不断发展。

医疗卫生

淋溪河卫生机构建成于 1950 年，1999 年江垭水库移民搬迁时，乡卫生院主体楼进行改建后沿用至今。2009 年新建住院部大楼，2012 年正式启用。乡卫生院占地面积 1500 平方米，建筑面积 1200 平方米，配备有 X 光机、B 超、心电图、半自动尿液分析仪等医疗设备。2014 年，有医技人员 8 人，设病床 8 张。另有村级医务室 3 个，其中，马安会村、田湾村卫生室为规范化村级卫生室。实行新型农村合作医疗保险，全乡 11 个村 4369 名村民参保，参合率 96%。人民群众看病就医难的问题得到缓解。

社会保障

2014 年，全乡农村最低生活保障户 240 户、478 人。有乡敬老院 1 个，床位 30 张，供养农村“五保”人员 24 人。参加新型农村养老保险 2231 人，参保率 91%。2012—2014 年，完成危房改造 125 户，建筑面积 8000 多平方米。

特色地情

历史人文

桑植白族迁自云南，在拜祖词里就有关于大理白族的信息：“一是拜祖先来路远，二是拜祖先劳百端，三是拜祖先创业苦，四是拜祖先荣耀显。家住云南喜洲睑，苍山脚下有家园，大宋义士人皆晓，天山逸民历代传”。白族历史悠久，文化丰富多彩，有本民族语言——白语，属于汉

传统建筑

藏语系藏缅语族；在传统服饰方面，白族崇尚白色，喜欢穿白色衣服；白族居民建筑比较多见的是“一正两耳”“三坊一照壁”，家境富裕者住“四合五天井”，白族房屋主要有三种：单幢式、一正两横或一横式、合院式；白族的宗教信仰除了鲜明本主崇拜外，还信仰三元教。白族赶会就是赶“本主会”，会期一天，除游神祭祖活动外，还有仗鼓舞、九子鞭、龙灯、狮子灯等节目表演。

名优特产

茶叶 境内高山四季云遮雾绕，昼夜温差大，盛产优质茶叶。张家铺村肖家湾组马石台的茶叶曾为清代贡品，冯家湾组金竹园十数亩茶林树龄俱在百年以上，茶叶久负盛名。

林木 境内有红豆衫、楠木、银杏等国家一级、二级保护植物，葛马台组、小汉组等地为原始次生林，有大杉树、大楠木等。

蜂蜜 淋溪河山林面积大，气候温暖湿润，蜜源植物达500余种，具有得天独厚的养蜂自然优势，养蜂历史悠久。2014年年末，全乡有养蜂农户33户，产蜂蜜1500公斤。

大鲵 淋溪河生长着大鲵，又称“娃娃鱼”，是世界上现存个体最大的两栖动物，在地球上生活了三亿五千万年，是与恐龙同时代的“地球纪念物”和极其珍贵的“活化石”，被列入国际濒危野生动植物名录和中国二级保护水生野生动物名录。近年来，淋溪河乡利用气候宜人、水资源丰富、适合大鲵生存的自然条件，人工养殖大鲵。2012年建成马安会大鲵养殖基地，人工养殖大鲵1000尾。

风景名胜

境内溇水千回百转，从湖北鹤峰县江边河河段注入淋溪河河段的神门峡谷，形成峡谷水道河川景观。“神门”乃一堵厚约0.4米、高约3米、宽约4米整体石墙，从河床右边石壁上伸出，将溇水挡向一边，石墙中洞开一扇高2米、宽1米的石门。河水清澈时，石门全露水面；一旦水漫进门，河水则必成股股浊流，故称“神门”。神门飞峡两岸，桑植寮云岩、鹤峰鱼山高竣对峙紧夹，形成10余公里长的神门峡谷悬瀑飞流景观。这里山高峡深，滩多水急，河流落差30余米。沿途还有高岭、凉剑、星子、连三垴等40余处险滩。形成“无峰非峭壁，有水尽飞泉”，是溇水最佳漂流线，也是溇水峡谷风景旅游的起点。

神门关 既是溇水流经桑植的第一关，又是艄公排客所称的“鬼门关”。此处谲波诡流，落差10米激起惊涛骇浪，是事故常发河段。河床的左、中、右，依次形成神、人、鬼三道门关，舟筏驶入“神”“人”二门，倒是波涛起伏不定，有惊无险；倘若搬篙驾船的水手们稍有闪失，遁入“鬼门”，则船毁排散，水手船员非死即残。旧时，湘鄂边境的艄公排客们每每至此，常常备上三牲酒礼，焚香烧纸，极其虔诚匍伏在地跪拜“河神”菩萨，恳请庇护保佑身家性命，平安无恙。顶礼祭拜之后，船工排客们便在神门关河畔，大酒大肉地饱餐一顿，以壮行色，出航放排成功则财发人兴；如果一旦失事，也免得做个“饿死鬼”去见地府阎罗帝君。此情此景，颇够悲壮激烈！有溇水号子唱道：“神门不慎入鬼门，长叫三声泪沾襟。妻儿高堂休挂牵，十八年又是好后生。”

连三垴滩 此滩上临神门滩，下接撮箕漤。因此处河段有连续3个急拐弯而得名。在这不过200米河段里，壁陡的滚滚急流须臾滚向湖北，须臾又滚向湖南，惊涛骇浪，拍打两岸峭壁巨石，“激起千堆雪”，舟船木排至此极难驾驭。非船篙排筏老手，莫敢问津涉足。

高岭滩 全长1.2公里，是神门飞峡中最长的一段险滩，故又称“高岭长滩”。此段河水流势湍急，漩涡相套连环。船筏长驱峡谷之中，一起一伏，时而跌入波谷，时而荡向波峰，一往无前，使人应接不暇。两岸怪石嶙峋，高峰入云，凌空笔立相向欲倾，逼近于咫尺之间，幽邃峭峻。驶船放排始入神门关，经连三垴、撮箕漤、木马滩、牛石滩、石滩、凉剑滩、子滩等数十处急流险滩之后，“一声长啸鸣峡谷，排舟飞过几重山”，直抵高岭长滩。沿途劈波斩浪，有惊有险，幽峻野趣，怡然无穷。冲出神门飞峡的出口——锅铲沟峡谷，便来到“民家”（白族）山乡的淋溪河水埠码头。

淋溪河水埠码头 淋溪河集镇是湘鄂边陲小镇，奔腾北来的溇水与淋溪交汇于镇前，是桑植县官地坪、马合口、芙蓉桥去湖北鹤峰梅坪、曲溪、鱼山、江口的通道，又是江垭水库建成后，高峡平湖尾水处。特殊的地理环境带来良好的发展机遇，使其成为士子商贾歇足、游客们泛舟漂流观光揽胜的绝好去处。临河而建的吊脚木楼、青砖瓦房鳞次栉比。沿宽敞笔直水泥街道两旁，精致的小洋楼、商店酒肆拔地而起。由半月型的石拱桥紧密相连，映掩在绿树、幽篁、花丛之中，与水光敛艳的高峡平湖，相映成趣，洋溢着古朴浓郁的民家山乡的风情。淋溪河水埠码头，是“处处楼前飘管吹，家家门外泊舟船”的江南水乡，呈现出一派繁荣兴旺的景象。

拦龙垭 顺淋溪河码头，蜿蜒东下三四公里，抵达溇水南岸横空伸出的狭窄垭口——淋溪河白族乡棕树峪村拦龙垭。据《桑植县地名录》记载：清乾隆三年(1738)，一条兴风作浪的巨蟒孽龙，被此垭拦住，休让外出成灾。因而得名“拦龙垭”。

塞口溪农家小景 鱼山下的塞口溪自然村，是古朴典雅的“民家”小村。境内山青水秀，环境幽静，人和景明，满月型石拱桥跨溪而建，

白族仗鼓舞

水磨水碾和巨木油榨嘎嘎欢唱不息。在溪畔苍松幽篁绿荫映掩之下，分布着几户白族人家，据传已在此落籍休养生息300多年。此种伊甸园优美景色，正如桑植黄玉英诗云：“林壑清幽处，人家一二三。鸟语岩边树，鸡啼云外天。青峰陈玉笋，峭壁泻银泉。径曲迷行客，山静唱早蝉。”

民俗风情

淋溪河为少数民族聚居区，土家族、白族群众有着自已独特的节日庆典方式、接人待客的民族礼仪等诸多民族习俗。主要有传统的春节团圆拜年、端午节包粽子、中秋节赏月、九九重阳节、六月六、过月半等。

（撰稿人：彭自祥　孙中源　图：林溪河乡）

刘家坪白族乡

集镇全景

刘家坪白族乡是红二方面军长征出发地。

区域概况

位置面积

刘家坪白族乡位于桑植县东南部，东邻芙蓉桥白族乡，南连瑞塔铺镇，西毗澧源镇，北接洪家关白族乡。总面积38.2平方公里。乡人民政府驻地距县城12公里。

建置沿革

境内中部有一河谷坪坝，刘姓白族聚居于此，故名刘家坪。1949年前，属四望乡，乡公所驻双溪桥。1952年4月，分设珠玑塔、刘家坪、汤溪峪、双溪桥、唐家桥5个小乡。1956年6月，5乡合并为珠玑塔乡。1958年11月，属星火人民公社。1959年2月，更名为珠玑塔人民公社。1982年8月，更名为刘家坪人民公社。1984年4月，改称刘家坪乡。是年9月，成立刘家坪白族乡。1995年5月，并入瑞塔铺白族乡。1998年

10月析出，复为刘家坪白族乡。

行政区划

2014年，全乡辖鹰嘴山、双溪桥、谷家坪、唐家桥、珠玑塔、双元坪、熊家溶、刘家坪、田儿垭、朝阳地、新桥、关溪涧、晚田峪共13个建制村，共114个村民小组。乡人民政府驻珠玑塔村。

自然环境

境内以低山丘陵为主，有耕地面积574公顷，林业用地1914公顷。

人口民族

2014年年末，辖区总户数3241户，总人口11976人；人口出生率11‰，自然增长率3‰。境内为少数民族聚居地，以白族和土家族为主，少数民族人口占总人口95%。

经济发展

经济综述

刘家坪白族乡以农业为主导产业。2014年，全乡有农业人口11297人，占总人口94.3%，人均耕地0.05公顷。2014年，全乡实现生产总值1.3亿元（其中，农业产值2150万元），财政总收入2300万元，农民人均纯收入5065元；年末金融机构存款余额7000万元，贷款余额9000多万元。

农业

刘家坪白族乡农业以种植业、林业、养殖业为主。种植业方面，主要是粮食作物和经济作物种植，粮食以稻谷、玉米、红薯、马铃薯为主。从20世纪80年代中期开始栽植蜜桔53.33公顷，迄今达213.33公顷，主要品种发展到蜜橘、椪柑、美国脐橙、蜜柚等，年产量4200余吨，产品远销北京、内蒙古、黑龙江等地。近年，成立果业专业合作社，为柑橘等果业生产提供产前、产中、产后全方位服务，柑橘产业稳步发展。全乡有林地面积0.2公顷，活立木蓄积量12万立方米，森林覆盖率64%；退耕还林面积0.07公顷。经济林木中柑橘类种植为全乡林业发展的特色。生猪养殖为全乡畜牧业的传统产业，2005年，张家界港越公司养殖基地落户双溪桥村，年养殖生猪2000余头。以公司为龙头，先后培育出珠玑塔、朝阳地、双元坪等村一批养殖大户，带动全乡生猪养殖业的大发展。另外，谷家坪、双元坪村特种养殖专业户建有家庭农场2个，养殖野兔、竹鼠已初具规模。2014年年末，全乡有养殖专

特种养殖厂房

业合作社2个，养殖专业大户5个，生猪存出栏2500头，养殖野兔、竹鼠1000只，养殖业收入1100万元。2014年，粮食总产量3200吨，人均291公斤，其中，稻谷2664吨，玉米276吨，薯类260吨。经济作物以油菜、花生、铁扫帚（长冬草）为主，铁扫帚年种植面积200亩，收入60多万元。

乡村企业

从20世纪70年代初开始，境内集体企业蓬勃发展，先后创办有电杆厂、元钉厂、南康坝电站、园艺场等多家乡（社）办企业，年产值200万元。90年代初期，由于企业改制、停办、迁移等原因，均先后歇业。而私营企业逐步发展壮大。2014年，乡村企业总产值1200万元。

商贸服务

随着社会主义市场经济体制建立，计划经济体制下设立的粮食、供销等国营集体商贸流通企业逐渐淡出主导地位，取而代之的是个体私营商业企业和个体工商户。2014年年末，全乡有个体私营商铺80余家，其中，餐馆、宾馆、客栈15家，个体经销店、超市60家，从业人员320余人。刘家坪饺子闻名遐尔，除县内设有多家门店外，还先后在张家界市区和湘西土家族苗族自治州、长沙、湖北鹤峰县等地开有6家分店。2014年，全乡社会消费品零售总额3000万元。

劳务输出

20世纪80年代，境内剩余劳动力外出打工逐步兴起，80%的家庭自发向广东、上海、浙江等发达地区转移就业，规模日渐扩大。2014年，全乡转移输出4500人，占总劳力69%，劳务收入6750万元，占全乡总收入56%。通过劳务输出，农民经济收入增多，外出务工农民返乡发展产业，为乡域经济社会发展注入活力。

基础设施

交通运输

桑（植）官（地坪）公路纵贯乡境南北5个村，8条村级公路连通全乡13个村。2014年年末，全乡村村通公路，公路硬化率100%，90%村民小组通组道，硬化率95%，公路总里程135.5公里。有机动车辆120余台，除有通县城、官地坪客运班车外，2008年开通双溪桥至县城客运线路，每天客运量520余人次。

邮电通信

2014年年末，全乡订阅发行各类报纸、杂志累计40余种210余份。有固定电话58户，联通、移动、电信手机用户7120户，互联网用户236户。

供电饮水

2014年年末，全乡村村组组通电，10个村农村电网改造，能满足全乡人民群众的生产生活用电所需，每年全乡总用电量270万千瓦时。全乡饮水水源以南康坝水库水电站蓄水为主，它既能保障灌溉和发电，又能保证全乡大部分村、机关的居民生产生活用水。1999年下半年，修建南康坝供水站，2012年乡政府对供水站进行扩容改造，先后投入资金350万元，实施更换管网、维修高位水池，集镇及周边9个村7000余人实现安全饮水。仅有鹰嘴山、田儿垭、朝阳地3个村和珠玑塔村部分村民小组因海拔较高、水源缺乏而存在严重饮水困难。

水利建设

酉水河流经全境，拥有丰富的水资源。1949年10月后，全乡人民发扬老区艰苦创业精神，大兴水利建设，开始修建南康坝水利工程。南康坝水库是本乡综合性水源工程，始建于20世纪50年代中期，当时仅供灌溉农田所用，建成大坝和灌溉水渠9000米。70年代初，曾一度成为桑植县的重点水利设施建设项目，河坝提升加固，建起乡境第一座水电站——南康坝水电站，开始发供电。90年代末，乡政府将电站交付县电力公司管理。2005年以后，引进资金8000万元，整修或修建南康坝、谷家坪水电站。2013年投入资金230万元，对南康坝至谷家坪全长9000米灌溉水渠进行小农水项目改造，酉水河两岸8个村3900亩农田得到有效灌溉。投资300万元修建双元坪、双溪桥村防洪堤600余米。至2014年，全乡水利设施条件显著改善。

村镇建设

1997年以来，先后有10个村在省、市、县建扶单位的支持下新建和整修村部，有3个村建成村级活动中心，办公设备齐备。从2010年开始，先后聘请省、市、县设计院专家和工作人员，就全乡集镇、村镇及红色旅游发展进行实地勘测，设计，修编乡村建设规划。2012年乡政府投资150万元，扩建办公楼，进行环境绿化，改善办公条件。2014年，利用特色乡镇建设专项资金250万元，硬化集镇600米街道，安装太阳能路灯，集镇街道“脏、乱、差”状况彻底改变。广受百姓赞誉。2011—2014年，刘家坪白族乡全面落实城乡同治环境治理措施，创建省级生态示范乡镇。唐家桥、田儿垭2个村被评为市级生态文明村，双元坪村被列为全县“美丽乡村”样板村并获张家界市环境卫生二等奖。全乡80%的农户住进新楼房，大部分农户饮用上安全卫生的自来水。投资300万元实施危房改造297户，新建水冲和旱厕，修建沼气池1017口，安装太阳能256台，液化气灶1017户，修建垃圾池120个，新建垃圾焚烧池1个，配置清运车辆2台，投放垃圾桶2000多个。

社会事业

教育科技

刘家坪中、小学教育始于民国3年（1914），小学由留日学者李重华创办，时称桑植县第二高等小学堂，后为四望乡中心完小，1949年10月以后为县立珠玑塔完小。后，中学和中心小学分设。2011年，调整为九年一贯制学校——刘家坪白族乡学校。1958年在完小附设农中，1969年设普通初中，1972年增设高中班，1982年更名为刘家坪中学。该校以科技创新立教，全面推行自身发展，开设猕猴桃栽种、稻田免耕等农业科技实验项目，2003—2004年，分别获湖南省科协、省教育厅科技之星银奖和国家青少年科普知识竞赛一等奖。小学后由珠玑塔完小改称刘家坪乡中心完小、刘家坪乡希望小学，希望小学曾获湖南省十佳希望小学称号。从2000年起，先后投资460万元，新修中、小学教学楼、住宿楼、师生食堂，扩宽运动场所，绿化美化校园环境，办学条件极大改善。2014年年末，全乡有九年一贯制学校1所，村小7所，在校学生628人，专任教师77人；有幼儿园2所，在园幼儿350人，专任教师20人。小学适龄儿童入学率100%。

20世纪80年代初期开始，农业科技推广工作逐步加强，通过办点示范、应用水稻“双两大”和玉米地膜育苗定向移栽等农业新技术，土地潜能得到充分发挥，粮食产量不断攀升。90年代以来，县乡农技部门在刘家坪白族乡建立以水稻为重点的示范基地2个，每年开展10多个品种栽培对比实验，面积13.33公顷。同时，实施油菜移栽、测土配方施肥等农业新科技，全乡农业科技广泛应用，农业生产快速发展。

文化事业

境内白族文化内容丰富，有仗鼓舞、九子鞭、民族歌舞、快板、魔术、狮子灯等。关溪涧村每年举办的白族文化节，彰显白族文化风采。2012年和2013年，参加“欢乐潇湘·美丽桑植”文艺会演和白族仗鼓舞表演比赛，分获二、三等奖。2014年9月，举办刘家坪白族乡成立30周年庆典活动，展示刘家坪白族文化、红色旅游文化的光彩。各村表演的仗鼓舞、九子鞭等民族歌舞、快板、魔术等精彩节目，显示境内白族文化保护发掘传承和乡域经济社会发展成就，提振全乡广大干部群众奋发向上、加快发展的激情和信心。全乡经常利用学校综合体育场和村级活动场地，组织乡村干部、学生、群众开展篮球、乒乓球、拔河等体育活动，增强人民体质。2014年年末，有乡文化站1个，乡广播电视站1个，有村级文化活动中心13个，文艺表演队13支（其中：仗鼓舞、九子鞭表演队6支，广场舞表演队4支），人员210人，铜管乐队6个，文化书屋13个，藏书5万余册。有电视用户2890户，其中省联网有线电视用户1200余户。

医疗卫生

1952年设立刘家坪卫生院等医疗卫生机构。2001年，卫生院由珠玑塔村杨家岗迁至集镇后，先后投入资金220万元修建乡卫生院门诊楼、住院部和职工宿舍楼，卫生设施条件逐步改善。2014年末，全乡有各级医疗机构14个，其中乡卫生院1所，村卫生室13个；病床45张，专业卫生人员22人；年完成诊疗6200余人次。

社会保障

2014年年末，全乡有城镇最低生活保障对象18户28人，月人均保障支出210元；农村低保对象545户878人，月人均保障支出88.9 元；农村“五保”对象敬老院集中供养24人，支出17.2万元，分散供养52人，支出10.4万元。农村医疗救助57人次，民政部门资助参合医疗948人次，支出5.6万元。国家抚恤、补助各类优抚对象76人，抚恤事业费支出25万元。参加新型养老保险4478人，参保率95%。参加新型农村合作医疗11071人，参合率98%。

特色地情

历史人文

刘家坪是革命老区，是红二方面军长征出发地，处处都能感受到红色的记忆。距乡政府一公

白族仗鼓舞、民族工艺、民族活动

里的龙堰峪是红二、六军团司令部旧址，红二方面军长征出发地纪念碑和陈列馆，印证了桑植人民光辉的革命斗争史。红二、六军团司令部恢复原貌工程和红二方面军长征纪念馆修建项目被列为国家重点建设项目，刘家坪至洪家关红色旅游公路进入全面建设阶段。

红二、六军团指挥部旧址　位于刘家坪村龙堰峪。1935 年 10 月，国民党调集 140 个团，30 多万兵力向湘鄂川黔革命根据地发动新的更大规模的"围剿"，企图将红二、六军团聚歼于桑植、龙山、永顺之间。而红二、六军团兵力不过 2 万人，由任弼时、贺龙领导的湘鄂川黔省委和中革军委分会于 11 月 4 日在此召开二、六军团师以上干部会议，认真分析敌我形势，认为敌人大兵压境，已完成对苏区的包围封锁，根据地在日渐缩小，红二、六军团已处于生死存亡的重要关头。面对这一严峻形势，会议决定退出根据地，实行战略转移，留下红 18 师坚持根据地斗争。经过半个月的准备，11 月 19 日，红二、六军团主力近 2 万人分别从刘家坪干田坝和瑞塔铺枫树塔誓师出发进行长征。1936 年 10 月 22 日在甘肃将台堡与一、四方面军胜利会师，完成伟大的长征。

旧址建于清代末年，是当地乡绅刘景星的宅院，属典型的湘西吊脚楼建筑风格，共 28 间。解放初期，当地政府将房屋全部分给贫农无房产者居住。1995 年，为加强对旧址的保护和管理，将其中 400 平方米的当年红二、六军团总指挥部领导人居住过的房屋，划由桑植县文物管理局管理，其余房屋仍由当地村民居住使用。1983 年 10 月 10 日，省人民政府将红二、六军团指挥部旧址公布为湖南省重点文物保护单位。2012 年，桑植县委、桑植县人民政府正式启动恢复原貌工程，并将所居住村民异地安置，腾出所有房屋。

红二方面军长征出发地纪念馆　中国工农红军第二方面军长征出发地纪念馆位于珠玑塔村八卦楼组干田坝。为缅怀老一辈无产阶级革命家的丰功伟绩，弘扬红军精神，中共桑植县委、桑植县人民政府于 1985 年 10 月修建此馆，1986 年 10 月竣工，并举行落成庆典。纪念馆内陈列图片 95 幅，文物复制品 35 件，展示了红二方面军从红二、六军团会师，转战湘鄂川黔创建革命根据地，到实行战略转移取得长征伟大胜利的光辉历程。1983 年 10 月 10 日，湖南省人民政府将红二方面军长征出发地公布为省级重点文物保护单位。

红二方面军长征出发地纪念碑

纪念馆侧矗立着“中国工农红军第二方面军长征出发地”纪念碑。

名优特产

优质水果 双溪桥海慧柑橘专业合作社，经营刘家坪生产的椪柑、美国纽荷尔脐橙、官溪蜜柚、金香柚等10种优质水果，年销量750吨。

特种养殖 新培育的2户特种养殖专业户，主要养殖野兔、竹鼠，分别达2000余只，初具规模，效益可观。

特色种植 近年来，先后建成熊家溶村铁扫帚种植面积200余亩，年创收60多万元；鹰嘴山村楠木、榉木等珍贵树种基地，面积500亩；双元坪村桃园基地，面积200亩。

鹰嘴山岩头 鹰嘴山座落于乡境西北部，与澧源镇和洪家关白族乡交界处，像一道天然屏障横亘在桑植县城北面。因东面有一座高耸的山峰形似鹰嘴而得名。山上除有茂密的森林外，还有一种天然的、用途广泛的石英砂岩，被当地百姓称之为“鹰嘴山岩头”，是桑植各类石材中具有特色的品牌。它有三大用处：一是当地人们用来磨砺锄头、斧头、柴刀、菜刀等，可与砂轮媲美。20世纪60年代初的三年困难时期，0.5公斤鹰嘴山岩头在湖北省鹤峰一带可换回2.5公斤玉米。二是可做炼铁炉的鼓风管，民间常用来做打铁和土法炼铁的鼓风管，曾畅销湘鄂边界。三是室内外装修的优质料。因它耐高温，耐磨损，防滑，无辐射，吸水性强，又能防潮，并且有天然花纹，是一种上好的建筑材料，深受欢迎。正在引进外资，逐步规模开发利用。

名胜古迹

百步“双溪桥” 双溪桥是沿西水河畔长达千米，屋宇鳞次栉比，一字排列的一条小街，也是刘家坪白族谷、钟两姓的聚居地。地处交通要道，中华民国至解放初期，每逢农历二、五、八日场期，周围数十里内乃至慈利、鹤峰等地的各族乡民来此赶集，商贾云集，百货齐备，热闹非凡。日成交额在万元以上，当时是名震湘西、誉冠津澧的闹市。相传，明朝天启五年（1625），采用民办公助的办法，在紧挨集市西面泉溪峪和石灰峪两条溪沟上修建了两座花桥，两桥系石拱凉亭式，古朴别致，民族特色浓郁，而且两桥相距不到百步，故名“双溪桥”。白族诗人刘经和曾赋诗赞“双溪桥”云：“古墙石磴附青藤，三步两桥迷客厅。细涧清泉奔澧水，凯歌一路到桑城。”

2001年，双溪桥村在致公党湖南省委和张家界市委的支持下，投资近30多万元，新建第三座石拱桥，使村组公路相连接，人们称之为“致公桥”。百姓为感谢致公党，并作联致谢：“共产党致公党多党合作为人民，双溪桥致公桥三桥相连通大道”。

十二庙祠 相传在清朝中期，自双元坪至梅家桥建有12座庙祠，方圆数十里的乡民在此朝拜，祈祷来年风调雨顺，五谷丰登。至今遗址清晰可见。

民俗风情

关溪涧白族文化节 关溪涧村以熊姓白族人为主，赶会、祭祖有千年历史。每逢农历七月十日，熊氏家族人员抬着熊氏本主神马公元帅在乡内游行，伴以锣鼓、鞭炮、民族歌舞，热闹非凡。

白族“三道茶” 是白族人为抒发感情、祝愿美好的饮茶方式。第一道茶，称“清苦之茶”，寓意做人“要立业，先要吃苦”的哲理。第二道茶，称甜茶，当客人喝完第一道茶后，主人重新用小砂罐置茶、烤茶、煮茶，还得在茶盅内放入少许红糖，待煮好的茶汤倾入八分满为止。第三道茶，称“回味茶”，它告诫人们，要多“回味”，切记“先苦后甜”的哲理。三道茶是白族最讲究的茶礼，凡客人光临，必以“三道茶”款待。2014年9月，刘家坪白族乡成立30周年时，以此礼仪热情款待云南大理州的亲人，宾朋甚为感动。

白族服饰 刘家坪白族乡白族服饰与云南白族服饰基本相同，白族服饰崇尚白色，有“要得俏，一身孝”之说。男子以头戴白色或蓝色包头帽，身着白色对襟衣和黑领褂，下穿白色长裤，肩挂绣着美丽图案的挂包。妇女多穿白色上衣，外套黑色或紫色丝绒领褂，下着蓝色宽裤，腰系缀有绣花飘带的短围腰，足穿绣花“百节鞋”，缠以绣花、印花或彩色毛巾的包头。每逢白族节，男女身穿白族服饰载歌载舞，彰显白族服饰文化风采。

（撰稿人：李庆业　图：刘家坪乡　曹开胜等）

洪家关白族乡

集镇全景

洪家关白族乡是贺龙元帅的故乡，是全国30条红色旅游精品线路和100个红色旅游经典景点之一、全国民族体育先进乡。

区域概况

位置面积

洪家关白族乡位于桑植县城北部，东与芙蓉桥、刘家坪白族乡交界，南与澧源镇毗连，西与利福塔镇、打鼓泉乡接壤，北与桥自弯乡相邻。辖区东西宽8.69公里，南北长23.87公里，总面积94.4平方公里。乡人民政府驻地距县城13公里。

建置沿革

1949年前，属玉泉乡。1949年设立洪家关区，管辖朱家坪乡、枫坪乡。1952年，设洪家关乡。1958年8月属八一人民公社，1959年2月更名为洪家关人民公社。1984年4月改称洪家关乡，是年9月成立洪家关白族乡。1995年4月，由原南岔乡所辖的龙头、廖家溶、小河口、李家坪等8个建制村和原洪家关白族乡所辖17个建制村合并成今洪家关白族乡。

行政区划

2014年，全乡辖廖家溶、龙头、小河口、李家坪、南岔、回龙、化香峪、鹤溪峪、枫坪、尧冲峪、云丰、泉峪、洪家关、兴隆、花园、杜家山、龙凤塔、杨柳池、余田坪、胜龙、海龙、七湾、实竹坪、三屋洛、银杏塔25个建制村。乡人民政府驻泉峪村。

自然环境

境内以丘陵、山地为主，地势略为西高东低、北高南低，一般海拔300多米，最高海拔（实竹坪村牛角尖山）1344米。土壤为红土壤、黄土壤、黄壤、黄棕土壤。属中亚内陆季风气候，年平均气温17℃，四季分明，日照充足，年平均降水量900～2000毫米。境内有暴雨、干旱、滑坡等自然灾害。有玉泉河、天龙溪、鱼鳞溪等，玉泉河自三屋洛村入境，由北向南，汇入澧水。矿产资源主要有煤炭、砂岩。

人口民族

2014年年末，全乡总人口25339人，人口出生率12.4‰，自然增长率2.3‰，人口密度为每平方公里268人。辖区白族人口13796人，占总人口54.4%；土家族7882人，占总人口31.1%。

经济发展

经济综述

1949年10月以后，洪家关乡经济发展迅速，元帅故里发生天翻地覆变化。近年来，按照“产业兴乡”的工作思路，以红色旅游、现代休闲观光和民族文化等产业为主导，推进经济社会全面协调发展。2014年，全乡生产总值1261万元，财政收入430.85万元，农民人均纯收入3248元，城镇居民人均可支配收入1.154万元，金融机构存款余额6677万元，贷款余额3353万元。

农业

洪家关是农业大乡，以种植业、林业、养殖业为主。1978年改革开放以后，全乡坚持“一村一品”，因地制宜发展特色农业。油茶、茶叶、蔬

玉泉河风光

菜、烟叶、花卉苗木等产业逐渐形成具有一定规模的产业区、产业带，形成以实竹坪村、银杏塔村为主的烟叶种植产业区，以南岔、李家坪、龙头为主的大棚蔬菜和特色种植片区，以及洪家关片区现代农业观光产业。种植作物主要有玉米、水稻、蔬菜、油菜、中药材、烟叶等。2012 年，在“南岔—李家坪”发展规模化种植，建立逾千亩蔬菜基地，其中大棚蔬菜 66.67 公顷，现代农业观光园 13.33 公顷。2014 年，将“云丰—洪家关—泉峪”纳入发展园区，形成以旅游、休闲、观光、农业体验为主的现代农业园区，园区有育苗棚 1 个、蔬菜大棚 60 个，培植有草莓、蓝莓、桃子、有机水稻。园区设施齐全，交通便利。园区建有以农业为主题的大棚餐厅，餐厅特色鲜明，整个大棚绿叶成荫、鸟语花香、小桥流水，令人心旷神怡。至 2014 年，全乡先后成立 7 家农业专业合作社，粮食产量 0.72 万吨，蔬菜 5.2 万吨，产烟 3750 公斤，中药材 8000 吨，农业总产值 4322.9 万元。形成以实竹坪村、银杏塔村为主的茶叶种植和以实竹坪、枫坪、回龙等村为主的花卉苗木种植产业区，以泉峪、余田坪、胜龙、海龙、七湾等村为主的油茶产业片区。2014 年年末，有油茶基地 53.33 公顷，茶叶基地 120 公顷，花卉苗木基地 66.67 公顷。

全乡养殖业发展具有特色，以大鲵、山羊、野猪、竹鼠等特种养殖居多。有以实竹坪村、银杏塔村为主的野猪养殖产业区和以实竹坪、南岔、小河口、李家坪、枫坪为主的大鲵养殖区。2014 年年末，全乡共养殖娃娃鱼 3.5 万尾，野猪 5000 头，野山羊 3000 只，竹鼠 4000 只；养殖业总产值 1200 万元。

乡村企业

境内乡村企业以石材加工、煤矿、电力为主，2014 年企业生产总值 1.15 亿元。

商贸服务

2014 年年末，全乡有商业网点 326 个，社会商品零售总额 108 万元；集贸市场 1 个，年成交额 170 余万元。

基础设施

交通运输

境内有桑龙、桑鹤、朱鹤公路主干线穿境而过，是连接桑植北大门的纽带。1984 年，全乡只有 3 个村通公路，公路总里程仅 23 公里。2014 年年末，全乡所有村和 95%的村民小组通公路，通达率 100%，总里程 300 多公里。2013 年开工建设的刘(家坪)洪(家关)公路，以及 2014 年开工建设的、连接洪家关境的张(家界)桑(植)高速公路、黔张常铁路，正在建设之中。有洪家关农村公交车站，农村公共交通连接城乡、四通八达，交通运输方便。

邮电通信

2014 年年末，有邮政局 1 个，邮政业务总量 100 万余元，报纸、杂志累计发行 0.1 万份。电信服务网点 2 个，固定电话用户 700 余户，移动电话用户 3500 余户，互联网用户 300 余户。全年电信业务收入 40 万余元。

供电饮水

2014 年年末，全乡村村架通高压线路，安装了大容量变压器，村村、户户通电，用电充足，用电质量高。1984 年，全乡没有一处人畜饮水工程，40%的村民饮水困难。1994 年，投资 1000 万元，建设日产水 500 吨的中心水厂，覆盖 14 个村、解决 1.1 万人饮水问题。随着泉峪、小河口等 7 个村的人畜饮水工程先后竣工投入使用。至 2014 年，全乡 2.2 万人常年用上安全卫生的自来水。

贺龙水库、水电站

集镇街道

水利建设

境内主要玉泉河、天龙溪、鱼鳞溪等河流，共建有水库4座。贺龙水库水电站，就座落在风景秀丽的南岔澧水干流鱼潭口，距县城6公里，全国人大常委会原副委员长廖汉生亲笔题写“贺龙水电站”站名。贺龙水电站于1992年10月1日动工，1997年12月全面竣工，是一座集发电、防汛、灌溉、旅游于一体的中型水电站，控制流域面积2470平方公里，总库容7785万立方米。大坝为混凝土单曲拱坎，坝顶轴长160.5米，坝溢流设计10孔宽10米，高9.3米，为钢质弧闸门；坝顶建有启闭机室和8米宽的公路桥，左边引水遂洞直径6.5米，长165米；电站装3×8000千瓦，年均发电量1.0435亿千瓦时。工程总投资2.3亿元。

村镇建设

2014年3月，省财政厅在洪家关投入资金1.5亿元，依托红色人文、民俗文化、自然生态等资源，着力打造“美丽乡村”，加快推进洪家关以“生态旅游”“生态环境”“生态文化”“生态人居”为主要内容的美丽乡村建设。建设泉峪山地公园、农业产业项目、环境整治项目、公共服务配套设施建设、民生工程五大项目，其中包括拟建国家级农业科普示范园、特色农业示范园、文化体育广场、文物库房、乡村建设展馆、游客服务中心、公共汽车站、标准幼儿园、老年公寓、集镇排水、供水建设和管网改造、集镇供电广播电信等管网入地改造、集镇街道、游道改造升级、集贸市场改造升级、小学操场、跑道改造等27个子项目。美丽乡村覆盖云丰村、泉峪村、洪家关村，形成洪家关乡新型园区。园区以生态理念为导向，发展现代农业，按照现代农业产业化生产经营体系配置要素和科学管理，建立科技先导型现代农业示范基地，建设已具规模。

社会事业

学校教育

2014年年末，全乡有幼儿园4所，其中民办

3所，公办1所，在园幼儿639人，专任教师24人；小学1所，在校学生1190人，专任教师104人，小学适龄儿童入学率100%；县属完全中学（贺龙中学）1所，在校学生2856人，专任教师212人。初中适龄人口入学率、九年义务教育覆盖率均达100%。

贺龙中学 贺龙中学是遵照贺龙元帅的嘱托，于1958年创办的一所农村完全中学，1986年3月，经湖南省人民政府批准，命名为“贺龙中学”。全国人大常委会原副委员长廖汉生题写校名，贺龙元帅的长女贺捷生将军担任名誉校长，被誉为“红土地上崛起的教育新星”。建校以来，在各级人民政府及贺龙元帅亲人的关怀支持下，办学条件不断改善，办学规模不断扩大。学校占地100余亩,总建筑面积3500平方米，教学科研、办公生活、多媒体、校园网络等现代化设施一应俱全。校园绿树成荫，鸟语花香，空气清新，是张家界市将人文景观和自然景观完美结合的花园式学校。学校现有教学班42个，在校学生近2000人，教职工202人。贺龙中学是湖南省30所名人名校之一，湖南省现代教育技术实验学校，张家界市示范高中。先后被评为全国体育卫生工作先进集体、湖南省文明卫生单位、省体育传统项目学校、省民族体育工作先进单位，张家界市高中教学质量先进单位。

贺龙红军小学 “贺龙红军小学”始为洪家关中心小学，其校园校舍、教学设备、师资力量等办学条件优越，办学成绩突出。是湖南省红领巾示范学校、湖南省文明卫生单位、湖南省园林式单位。

文化体育

2014年年末，有乡文化站、广播站各1个，村级文化活动中心25处，图书室（农家书屋）25个，藏书25万册。洪家关文化底蕴深厚，有“民歌海洋”的美誉，《门口挂盏灯》《冷水泡茶慢慢浓》等脍炙人口的桑植民歌发源于此，还有被列入国家非物质文化遗产名录的白族仗鼓舞、傩戏等民族舞蹈和戏曲。

洪家关民间传统体育内容丰富多彩。千百年来，各族人民在生产、生活中，舞刀弄棍，蔚然成风，民间武术、民间体育和各项体育竞技活动蓬勃开展。1965年在湖南省第二届全运会上获体育先进集体；1975年在全国第三届全运会上被评为全国农村体育先进集体；1979年在全国第四届全会上再次被评为农村体育先进集体。先后五次被国家、省评为体育工作先进单位，许多运动员在国家、省、市、县各级体育竞技上获得优异成绩。洪家关的民间传统体育项目主要有武术、舞龙、投掷、摔抢腰、秋千、高脚马、毽子、打陀螺、打飞棒、虎叼羊及打三棋等。

武术 洪家关武术源远流长，有武术之乡之美誉。龙凤塔横塘湾谷氏是武术世家，全组200多人系一公之后，男女老少都会几套武术，远近闻名。贺龙年轻时的龙头大哥谷采芹，据说双手能举两个重达200斤的石锁(石锁至今还在横塘湾)，他的板凳拳能一拳打穿板壁。谷从伟的轻功能一跃丈余，在屋上箭步如飞，瓦片均无半点破损，二、三十人无法近身。谷从森的扫腿，铲土就像犁耕；谷从楷的啄啄儿，能使树倒括一层皮；谷晋的洪拳，泼水不进。均为“武术世家”。洪家关贺家在清代曾多次中过武举人，贺家武术世代相传。贺龙从小练就一身好武艺，当年贺龙率部北伐，从洪家关带走一批武艺高强的的子弟兵，个个骁勇善战。贺英是能骑快马、打双枪的巾帼英豪，据说她的神鞭快过长枪。尧冲峪的汪氏武术有200多年的历史，一级拳师汪东汉，刀、枪、棒等十八般武术样样精通，家传拳术南拳之八虎拳为其绝技。他是湘西最早的省武协会成员之一，

1972 年参加全省武术观摩表演，获得表演奖；1978 年参加全省武术比赛，他表演的八虎拳获第一名，是年参加全国少数民族武术比赛，被评为“全国千名优秀武术辅导员”之一。洪家关的传统武术有刀、枪、拳、便、鞭、棍、棒、尺、链等，1972 年开展 30 多种武术活动，1989 年成立洪家关武术协会。彭长清、韦先兰先后开办武术常年培训班，其学员经常参加市、县武术表演。2005 年 5 月，云卿武术馆动工修建。

射击和投掷 是群众在生产围猎中常见的民族体育活动。回龙村的汪英明曾多次在市、县举行的全运会上夺得金牌。投掷运动主要有打猎时的“赶山”，平常小青年玩的“打岩靶”打“水漂”以及小孩玩的“丢洞洞儿”。

摔抱腰儿 是各民族青少年男子喜爱的活动。有两人对赛的“面抱腰儿”“背抱腰儿”“上抱腰”“下抱腰”等，还有两三人对一人的“抢抱腰儿”。

打秋千 是洪家关民族体育中的强项，有单人和双人两种。1987 年在全国第四届“民运会”上，洪家关村的白族女青年韦先兰参加秋千表演获表演奖，是年，在湖南省首届“民运会”上获女子秋千 2 块银牌，并与队友获“女双”第五名。

高脚马 深受洪家关各族人民的喜爱。以两根长齐肩部的竹子或杂木安一块踏板做成，踏板离地面高度 25 ~ 30 厘米。骑高脚马的方法有跟板双向外、双向内、一只外、一只内，还有夹头脚。乌龙绞柱、观音生莲、岩鹰展翅等，看谁跑得快，跳得高，也可角斗，争王位等。

打飞棒 是一种具有山村野趣的活动，可多人参与，赛前商定“尺度”，先打着为胜。赛时以一长一短两根杂木棒，分别作为“娘棒”和“儿棒”。比赛在宽敞的平地举行，在别一端摆放两块高矮相同的石头作“门”，门前放一块小方石作“鸡毛头石”，然后挑儿棒一打娘棒、一打飞扫脚、一切“鸡头”，失败者中止比赛权，最后由尺码少者单脚跳“跛跛儿”以示惩罚。

打三棋 是人们上山放牛、放羊时下的一种棋，俗称“牛儿棋”。两人对下，随便找一平地，用棍和岩头画一棋盘，就地取材，以棍或石头或树叶作棋子。棋盘由三个不同尺度的方形组成，在棋盘上画上八条直线，一共有 20 条直线，每条直线 3 个交叉点，形成 24 个交叉点，交叉点为摆放棋子的地方。两人按顺序交替摆放，凡在棋盘由直线上三个交叉点上摆自己的三个棋子，就形成“打三”，可以将对方的一个压住，被压住的子，在动子阶段时均要从棋盘上提掉。若双方在摆子阶段未形成“打三”，在动子时，由后摆的人提子，再动一着，再由先摆的人提子，动一着。动子阶段的先后秩序与摆子阶段行后秩序相反，由后押子的人先动，每一着只准限走一个交叉点，然后轮流下，如出现“打三”，就可获得任意提对方一个子的权利，一直把对方的子全部提完或对方认输为止。

医疗卫生

1956 年 2 月成立洪家关公社联合诊所，1970 年与桑植县城郊区卫生所合并为洪家关公社卫生院，1984 年更名为洪家关白族乡卫生院。2014 年年末，有乡卫生院 1 所，红十字医院 1 所，村级医疗点 22 个，其中有 19 个设有卫生室，有床位 49 张，固定资产 150.13 万元，专业卫生人员 30 名；参加新型农村合作医疗 20344 人次，参合率 96%。龙头村和泉峪村已实行新农合定点报销，南岔村已实行乡村医生签约服务。乡卫生院设置开放病床 39 张，有职工 36 人，2014 年业务收入 244.77 万元，住院 1195 人次，门诊 12710 人次。

社会保障

2014 年，全乡城市最低生活保障对象 82 户

124人，保障费用支出41.27万元；医疗救助38人次，民政部门资助参加合作医疗1059人次，支出3.18万元；农村最低生活保障对象415户961人，支出108.28万元；农村“五保”对象98人次，支出11.11万元。国家抚恤、补助各类优抚对象169人；敬老院1家，床位30张，供养农村五保人员29人；光荣院1家，床位32张，供养优抚对象18人；参加新型农村养老保险10296人，参保率70%。

特色地情

历史人文

洪家关地势雄奇险要，四周五座山头宛如五个龙头相互对峙，将洪家关紧紧环抱在中央。山下空隙处是一片景色秀美的河谷盆地，由两条溪水交织环绕着汇入玉泉河，当地人呼之为“三水绕门”。两条溪水一名鱼鳞溪，一名天龙溪，交汇处环抱一葫芦形半岛，与洪家关集镇相连，当地人呼之为“金线吊葫芦”。又将周围四道山脉，以及正中洪家关之正脉，统称为“五龙捧圣”。构成天然军事屏障，使得洪家关成为历代兵家必争之地。早在宋代，这里就成为重要的军事关隘。朝廷对边远地区鞭长莫及，便采用“以土治土”的羁縻政策，在桑植内半县设置土司，洪家关就成了历史上汉族与土家人分疆而治的交界地。同时，为弹压边境，抑制土苗，设立慈姑州六关，洪家关为六关之首，驻有重兵把守。后来，军事作用消失，逐步形成商贸集镇。20世纪初，洪家关成为全县十大墟场集市之一，并逐步成为农村基层政权所在地。

贺龙元帅出生在洪家关一户贫苦农民家庭。1928年，贺龙奉中共中央之命回桑植开展红色割据，相继建立湘鄂边、湘鄂西和湘鄂川黔革命根据地，洪家关成为革命根据地的策源地和中心地区。贺龙是伟大的无产阶级革命家、军事家，中国人民解放军的创始人和主要领导者之一。在半个多世纪的革命斗争生涯中，为中国的旧民主主义革命、新民主主义革命、社会主义革命和建设，作出重要贡献，建立不朽功勋。在跟随贺龙闹革命、为人民求解放的岁月里，无数桑植儿女抛头颅、洒热血，献出自己的宝贵生命。

风景名胜

贺龙故居　位于洪家关村玉泉河边。1896年3月22日，贺龙诞生在这里。贺龙故居坐东朝

贺龙故居

西，由朝门、正屋和马厩、牛栏三部分组成。四周砌有围墙，正屋三柱四骑笼后檐共六间，穿斗式木质结构，建筑面积120平方米。前为木结构的朝门，左侧是马厩牛栏，由贺龙的祖父贺良仕清道光年间营建，1917年被反动派烧毁，1919年冬，贺龙父亲贺士道在原址重建。故居堂屋正中安放有贺龙铜像，悬挂着1987年由邓小平题写“贺龙故居”匾额。1983年10月10日，贺龙故居被确定为湖南省重点文物保护单位。2006年6月公布为全国重点文物保护单位，2005年11月公布为全国爱国主义教育基地。

贺龙桥 原名永安桥，飞架于贺龙故居右侧玉泉河上，是一座石墩、木梁、骑廊的风雨桥。东西长40米、宽7米、高8米。龙爪翘檐，中耸堡亭，8尊石狮分置桥头及石墩之上，造型浑厚古朴，富有民族特色。系贺龙曾祖父贺廷宰首倡捐资修建，贺庭宰只是一介私塾的文人，修桥工程艰巨，但屡修屡塌，直到他去世桥仍未修成。后来，贺龙的祖父贺良仕继承父志，费尽资材，终于1915年建成，深得远近乡邻称颂。1928年春，贺龙、周逸群等为实现中央“分区割据”的战略部署，返回洪家关组织3000余人的队伍，发动桑植起义，攻克桑植县城。随后在这里举行工农兵代表会议，选举产生桑植县第一届苏维埃政府，在这座桥上宣布成立工农革命军。1929年冬，桑植“剿共”司令陈策勋，谓以破“贺氏风水”，令毁此桥。解放后，桑植县人民政府于1952年冬按原样复修，命名“贺龙桥”。“文化大革命”中，林彪、“四人帮”诬陷贺龙，指使红卫兵毁桥，群众奋起护卫，才幸免劫难。1983年5月，贺帅女儿贺晓明应县政府请求，得全国书法家协会秘书长谢德萍书匾“贺龙桥”，高悬桥之东西首，永志纪念。1998年7月23日，百年不遇的特大洪灾将桥冲走，12月，桑植县人民政府拨款,按当年原貌修复重建。

横塘湾红军医院 位于洪家关白族乡东三华里处的龙凤塔村横塘湾(又名回龙湾)，是白族谷姓聚居的一个村庄，有40多户200余人。1935年，红二、六军团长征前夕，贺龙亲自将23个红军伤员交给谷采芹、谷佑箴(地下党与中央联络交通员)和横塘湾的父老乡亲。横塘湾人将伤病员安排在村中心的“彬公支祠”内，在祠堂里办起红军医院。1949年10月以后，在1952年和1959年，龙凤塔村两次派代表参加国庆典礼，受到毛泽东、刘少奇、朱德、周恩来和龙贺元帅等党和国家领导人的会见并合影留念，被称为“桑植有个沙家浜——“横塘湾”“革命的英雄村”“名符其实的红军医院”等。

鱼鳞寨 位于洪家关东2公里处的杜家山村，四周地势险要，仅有一条小道通往山顶，寨顶平敞宽阔，有山林、平地数百亩，旧时是一夫当关、万夫莫开的天然城堡，屯兵养马的好地方，晚清被一向姓土王占据。鱼鳞寨是贺英早期进行武装斗争的根据地。贺英，原名贺香姑，洪家关人，生于1886年农历4月14日，1906年与杜家山的谷吉廷结婚。谷吉廷善武术，好交友，是哥老会中的“龙头老大”，1923年被陈渠珍派其亲信在洪家关设“鸿门宴”杀害。贺英接过丈夫的队伍，成为民军司令，改名“贺民英”，意为“民军之英”，驻扎鱼鳞寨，抗官府、杀豪绅、打土匪，救穷人。并以此为根据地，联络各路人马，于1928年4月2日协助贺龙举行桑植起义。贺英当年居住地遗迹尚存。

南岔战役旧址 位于南岔村南岔渡口，是澧水河上摆渡的码头。渡口地据澧水要津，是上通川鄂、下达津澧的要道。1929年6月上旬，趁桑鹤联防“剿匪”指挥陈策勋与国民党军周朝武部在桑植互相倾轧之机，贺龙指挥红四军再次攻占

桑植县城，组成中共桑植临时县委和县苏维埃政府，组织农协会，成立农民自卫军，建成乡村红色政权，红军发展到近2000人。国民党反动派十分震惊。湖南军阀何键、鲁涤平急令湘西独立第十九师师长陈渠珍派兵向桑植“围剿”。7月1日，驻防永顺的向子云旅派警备军步三团副团长周寒之率2000余人，从南岔兵分三路向桑植县城逼进。贺龙采用“诱敌深入”的战术，派人将澧水河上的船只故意留在南岔渡口的西岸，以诱敌过河，同时将红四军主力埋伏在南岔渡口东岸的几个山头上。周寒之一到南岔，红军即派部分兵力与其接触，佯装败退，诱敌东渡澧水。敌人刚登上东岸，伏兵四起，周寒之被击毙，敌大部被歼，红四军取得南岔战役的胜利。南岔战役的胜利，粉碎了国民党反动派的“围剿”，促进了湘鄂边革命根据地的形成。

王氏宗祠　座落在海龙坪村，由当时族领王国成、王庙之、王朝和、王朝松、王臣端等首倡，民国12年（1923）建成。祠堂周围由青砖砌成，长7.2米，宽4.5米，高4.5米，共六间二厅。分前后两厅，每厅3间，前厅分上下两层，中间成一井字。木房两边砖墙高出檐脊，前塑龙头，后塑龙尾，为瓦为鳞，起伏成波浪，状似双龙下海。祠堂正前方有牌坊，大门上牌面塑有龙腾凤舞、八仙过海和两神等人物。塑像上面正中嵌有“王氏宗祠”四个大字，屋顶刻有“俎豆千秋”四个大字，大门两侧嵌有对联二幅，正门为”溯祖德于淇议，欣喜孝子贤孙宏开甲地；衍宗丈于桑邑，长期敦促后世蔚起人文。“门两旁为“劣虎伏龙骏奔在朝，春露秋霜言私其宗”。宗公后裔王武生、王国守、王兆斌、王兆益等人联名向县文物局书面报告，建议作为县级文物管理，2008年由县民委拨款30万元，进行全面整修。整修后，正门联更为：溯祖德于苍洱，且喜孝子贤孙宏开甲地；衍宗丈于桑邑，尤其敦促伦纪蔚起人文。

自然风景

主要有旮旯沟、牛角尖两处。旮旯沟位于胜龙村，树林成荫、水清沙白、鱼虾成群。溪水两旁有巨石，是人们避暑的好去处。牛角尖是桑植外半县第一高峰，海拔1344米，森林资源丰富，是较具规模的绿色林场。

红色土地

贺龙纪念馆　贺龙纪念馆与贺龙故居、贺龙桥成崎角之势，由一座横跨鱼鳞溪的百龙桥，绘刻有100条栩栩如生、各式各态的龙将贺龙纪念馆和贺龙故居连为一体。贺龙纪念馆于1996年3

王氏宗祠旧址

贺龙纪念馆

月25日贺龙诞辰100周年之际竣工落成。馆前是一尊高大的贺龙铜像，他身着时任政府副总理的服装，向阔别几十年的家乡走来，深情地望着生他养他的这片土地。馆舍占地9335平方米，建筑面积2080平方米，是一座融现代建材，仿古工艺和民族风格为一体的四合院式建筑。纪念馆三面环水，玉泉河、天龙溪、鱼鳞溪绕馆而过，五座青山聚首关头，形成金线吊葫芦奇特景观，有”三水绕门缠玉带、五龙捧圣出真龙“之说。纪念馆平面图近似一把巨型菜刀，隐寓贺龙当年两把菜刀闹革命，大门上首是江泽民亲笔题写的“贺龙纪念馆”几个烫金大字、墨色大理石匾额。馆内设有贵宾休息室、音像放映厅和展览陈列室，共展出贺龙一生中各个时期的图片337幅，文物文献138件，全面展现贺龙战斗的一生，光辉的一生。贺龙纪念馆是爱国主义和革命传统教育基地。2008年1月起免费向游人开放。

洪家关革命烈士纪念塔　座落在贺龙故居后罗家台山梁上，1979年修建，青石垒成。塔四周松柏层林，峰峦环绕，山水秀丽。塔高12.5米，正面直书“革命烈士纪念塔”5个套红阴刻大字。塔根地面由石板铺就，自山根至塔有石阶280级，拾级而上，登临塔前，可鸟瞰洪家关全景。塔前50米处，葬有桑植籍老红军、黑龙江省军区原顾问韦绍坤骨灰墓。

花椒塔红军墓园　墓园有有姓名烈士墓3座，

革命烈士纪念塔

无名烈士墓18座。是一段血雨腥风红色革命历史的见证，是军爱民、民拥军的军民鱼水之情的真实写照。时过80年，花椒塔21座红军坟墓仍然保存完好。

贺锦斋烈士墓 位于洪家关村罗家台山麓。贺锦斋(1901—1928)，本名文绣。1926年参加北伐战争，曾任国民革命军独立十五师旅长和二十军第一师师长，1927年8月参加南昌起义。南昌起义南下广东潮汕失利后，他接受党的派遣，在湖北洪湖地区建立革命武装，在荆江两岸开展革命斗争。1928年3月随同周逸群、贺龙领导的湘西北特委回到洪家关，参与组建和领导工农革命武装，先后任工农革命军和中国工农革命军第四军第一师师长。1928年9月18日，工农革命军第四军在石门泥沙遭敌袭击，贺锦斋壮烈牺牲，时年27岁。1952年5月，桑植县人民政府追认贺锦斋为革命烈士。烈士墓占地面积20平方米，墓为水泥结构，青石墓围，水泥封顶。为缅怀先烈，1963年12月，桑植县委、县人委在其墓前敬立石碑。碑左右刻“澧水歌霞光早已照大地，浪淘沙革命巨浪比天高”墓联。1984年，被确定为桑植县重点文物保护单位。

贺桂如烈士墓 位于洪家关村罗家台山麓，占地面积24平方米，水泥结构，红砂石墓围。贺桂如(1892—1929)，贺龙刀劈芭茅溪盐局，拉起一支队伍后，他即投入贺部，先后任排长、连长、营长，1926年春因军功晋升团长。1926年夏，贺龙率国民革命军第九军第一师北伐，贺桂如任第一团团长。翌年8月1日，参加南昌起义，失散后，他带70余人枪回桑，在张家坪、垭子口一带重建队伍，伺机再起。1928年春，悉数将所部交贺龙指挥，组建工农革命军，任第一师第一团团长，参加桑植起义。1929年7月15日在“赤溪河大捷”中，堵截出色建奇功。9月，国民党反动派纠集2万之敌，扑向桑植，贺桂如率红一团随军部向桑鹤边境转移。10月初至庄耳坪，遇数倍强敌合围，红五团团长伍琴甫临阵叛逃。为确保贺龙及部队突围成功，贺桂如、陈宗瑜各率其部，浴血死战，贺桂如身中七弹，英勇牺牲，时年33岁。1952年5月，桑植县人民政府追认贺桂如为革命烈士。1984年9月，桑植县委、县政府对贺桂如烈士墓进行修葺，并立墓碑。

名优特产

特色菜肴山珍有“棒棒”（岩蛙）、野猪、人工养殖七彩山鸡，以及岩耳、野菌、冬笋、地衣、野山菜等。水产有人工养殖的娃娃鱼、岩骨鱼(桂鱼)、银鱼。主要菜肴有腊肉、腊香肠、血豆腐、合渣、米辣子糊、大块肉、酸酢肉、酸辣子、酸豆腐渣、酸野藠、酸糯米辣子、糯米粉腌猪肉、“七姊妹”剁辣子、嫩豆腐、豆腐脑、豆腐渣火锅、鱼火锅、油炸蜂蛹、腐乳(霉豆腐)、擂钵烧辣子、擂钵苦瓜、擂钵茄子、酸鱼、醋萝卜、泡菜、家乡菜汤、腊八豆豉等。境内杂粮品种繁多，主要有叶儿粑粑、蒿子粑粑、荞麦粑粑、打糍粑、糯包谷棒、蒸烤红薯、土豆饼、红薯粉丝，以及柴火饭、锅巴粥等。特色饮料有白族三道茶、炒米茶、茶果茶、老木叶茶、糊米茶、灯笼果茶、茯苓茶、荞麦茶、醪糟冲蛋茶、油茶(将黄豆、芝麻、生姜、茶叶、核桃仁、花生米、包谷籽儿、瘦肉丝等油炸调香，开水冲泡)，以及葛根粉、包谷烧、米酒，甜酒等。

民俗风情

桑植白族的先祖来源于云南大理白族自治州。洪家关是白族等少数民族聚居区，民俗风情浓厚，有“二月二”“三月三”“六月六”赶庙会等诸多民族习俗。相传三屋洛原名叫陈家村，是陈吉、陈亮两弟兄的地盘，明朝初期，陈家兄弟俩仅一个女儿，遂招芙蓉桥王占为上门女婿。后，陈家

打糍粑

兄弟相继去世，王占继承陈家的全部财产，其房屋就有三栋，并集中在凹坪中，王占就和爱妻陈氏商量，便将陈家村更名为三屋洛。陈家村更名为三屋洛后，开始几年，一切顺利，但几年后，此地灾难不断，粮食欠收，虎狼横行，伤害人畜。王占夫妇想“是不是自己的岳父大人在为难他们呢?”于是夫妇俩焚香烧纸，对天盟誓，祈求岳父神灵消灾避难，保佑后人平安，奉岳父大人为本主，修家庙、塑金身。说来也怪，从此这里便风调雨顺，五谷丰登，又恢复了往日兴旺的景象。因陈吉的生日是六月六日，就将这天定为三屋洛本主庙会的会期。由此，每到六月六日，三屋洛村人包括所有的亲戚朋友都赶到三屋洛，一是祭祖，感恩本主保护族人兴旺发达；二是交流文化；三是传递信息，共同致富。

（撰稿人：王晨曦　图：曹开胜）

天星山林场

天星山林场

区域概况

位置面积

天星山林场位于桑植县西北部，东连淋溪河乡，南接芙蓉桥乡、谷罗山乡，西接四方溪乡，北邻龙潭坪镇和湖北省鹤峰县走马镇。总面积41.8平方公里。林场场部距县城59公里。

建置沿革

1912—1949年，属长瑞乡第7保。1952年12月，设金藏乡。1958年，并入太阳升人民公社。1960年11月，撤太阳升人民公社，原金藏乡三合街、猪牛溪划归龙潭坪人民公社，海儿峪村划归芙蓉桥人民公社，现天星山林场4个村并入谷罗山人民公社。1984年，再设金藏乡，管辖今天星山林场4个村。1995年，并入马合口白族乡。1998年10月划归芙蓉桥白族乡管辖。因地理位置偏僻，距相邻乡政府驻地近40公里，群众出行和办事极不方便，于2002年4月，单设天星山林场，实行“场管村”体制。

行政区划

2014年，全场辖大旗湾、上坪、唐家山、下坪等4个建制村，共19个村民小组。林场场部驻下坪村冷家洛组。

自然环境

境内山地平均海拔1000米左右，最高处天星山主峰海拔1551米。气候独特，昼夜温差大，属典型小盆地气候，年均气温13.5℃。境内土层深厚，土壤肥沃，草场面积大，草质优良，适宜种植烟叶、反季节蔬菜、魔芋等经济作物和养殖草食动物。矿产资源丰富，铝、硫、铁、铜、煤炭等储量大。以奇山异水为主的旅游资源较多。

人口民族

2014年年末，辖区总户数586户，总人口1830人。有土家族、白族、苗族等少数民族。

经济发展

经济综述

天星山林场经济以农业为主。2014年年末，全场实现生产总值1130万元，农民人均纯收入5460元。有4个专业合作社，涉及烟叶种植、牛羊养殖、苗木培育、药材和石蛙养殖等农业产业，形成“以社带村”经济发展模式。

农业

全场耕地面积75.8公顷。粮食作物以稻谷、玉米、红薯、马铃薯为主。2014年，粮食总产量2000吨，其中，稻谷425吨，玉米131吨，薯类1444吨。经济作物有油菜、药材等，2014年油菜产量25吨。林地总面积0.33公顷。2014年末，森林覆盖率72.65%，活立木蓄积量7.4万立方米。销售粽叶是农民增收主要来源之一。畜牧业以养殖猪、鸡、山羊、牛为主。2014年，全场饲养生猪1470头，家禽7174羽，山羊504只，牛141头。特色农业产业发展较快。2014年，全场粽叶林面积333.33公顷，年产值50万元；新种油茶基地21.67公顷。有养羊大户5户，养牛大户3户，养鸡大户2户。石蛙、蜂蜜、药材等产业得到扶持和发展，烟叶产业初具规模。

20世纪80年代开始种植白肋烟，后经市场需求变化和产业调整，2006年开始种植烤烟，成立烟叶专业合作社，创建五里荒烟叶示范基地，基本形成“烟叶合作社＋示范基地＋农户”烟叶产销格局。2006年，种烟4.67公顷。至2014年，全场有86户种植烟叶，其中，种植大户32户，种植面积126.67公顷，产烟21.11公斤，产值620万元，人均增收3000元。

商贸服务

1956年，成立供销社。1959年，撤销供销社。1961年，建供销代销店。1963年后，建供销分社。1984年，供销社由瑞塔铺区管理。2000年，经过改制、资产拍卖，供销社退出商品流通

原金藏乡供销社旧址

市场。粮店于1984年成立，1996年完成改制。随着社会主义市场经济建立，个体私营经济、个体工商户快速发展，成为境内商贸服务业主力军。

劳务输出

2002年后，通过加强青年农民科技培训和实用技术培训，境内剩余劳动力向广东、深圳、浙江等沿海经济发达、劳动力短缺的地区转移就业。2012年，转移输出399人，劳务输出收入450万元。2013年，转移输出345人，劳务输出收入500万元。2014年，转移输出278人，劳务输出收入510万元。

基础设施

交通运输

2002年后，通过“一事一议”等项目，加大基础设施建设，于2011年年初全面完成邓金干线公路改造和水泥硬化通畅工程17.5公里。2011年启动五里荒现代烟草农业基地建设项目，于2012年完成。这2条共10余公里的组道，成为全场的致富路。2013年，新建农村客运站1个。2014年新修公路6.5公里，打通两省边界通道，拉通天星山林场至湖北梅坪公路。至2014年，全部修通各村道并实现部分路段硬化。有2辆农村客运班车，采取轮流早发制，每天来往于天星山林场至桑植县城。建制村客运班线通达率75%，年客运量3万人次。

邮电通信

2002年，成立林场电信公司分点，开通有线电话及邮政服务。2005年，建立移动通信基站，开通新型无线电话。2006年，开通宽带网及有线电话。2014年年末，全场有电信及邮政业务代办点1个，移动业务代办点1个，有固定电话用户10户，移动电话用户1280人，互联网用户16户。

供电饮水

2005年，完成全场12公里长高压线路和下坪村低压线路改造。2006年，完成上坪村的低压线路改造。2012年，完成上坪、下坪2个村农村电网改造。2014，完成唐家山村的农村电网改造。2010年，完成余五洞、天星山供水工程，新修30立方米、20立方米、10立方米水池各1个，铺设供水管道9400米，解决下坪村5个组农户饮水困难。2012年，完成天星山林场集镇供水工程。2014年，实施农村人畜饮水工程，改造林场饮水管网，新修蓄水池4个，新架设管网1000米，解决唐家山村群众冬季冰冻吃不上水的问题。对场自来水厂500米的老化管道进行更新改造，并将水厂交水管站管理，全场逐步实现安全饮水。

水利建设

近年来，全场共新建、整修沟渠7000多米，新建防洪坝120米。

村镇建设

2014年，完成农村危旧房改造项目15户。完成以场部为起点的街道亮化工程300米，安装路灯5盏。新修农村客运站1个。完善新农村环境整治工程，共修建垃圾填埋场1个，垃圾池4个，焚烧池150个，发放垃圾箱10个，垃圾桶180个，垃圾盘80个，聘请保洁员4名。

社会事业

学校教育

1958年设立幼儿园，1984年，设幼儿教育学前班。2014年年末，全场有中心小学1所，村小1所，幼儿园1所，小学在校学生57人，在编教师9人，小学适龄儿童入学率100%。

文化体育

2014年年末，全场有乡级文化站1个，村级文化活动中心4个，农家书屋4个，拥有图书1万册。有村级文化队伍2个，人员45人。2014年，场文化站及村民参与“欢乐潇湘·民歌桑植”活动，获得优秀节目奖。2007—2014年，实施广播电视村村通工程，为村民安装新型卫星接收器700余台，村村通工程落实410户，户户通24户。广播电视覆盖率100%。

医疗卫生

卫生机构始建于20世纪50年代。2014年年末，有卫生院分院1所，村卫生室2个，病床5张，专业卫生人员4名。2014年，新型农村合作医疗参合1629人。

社会保障

2014年，全场农村最低生活保障人数201人，农村“五保”对象20人。有“五保之家”1处，床位7张，供养农村“五保”人员7人。参加新型农村养老保险817人。在上坪村、唐家山村修建幸福院各1个。2014年，落实全场643名精细化扶贫立档建卡工作；完成“五保”、低保年度评审、60岁以上老年人摸底建档工作和75岁以上老人补助工作；完成重度残疾人、代课教师和农村医生补贴申报工作；完成危房改造15户。2014年全场完成群众农村信用社一卡通办理，方便群众各项补贴资金发放工作。

特色地情

历史人文

天星山林场历史悠久。相传在600多年前，天星山林场一带被草寇佘四、佘五兄弟俩霸占，这两兄弟在当地横行霸道，强夺民女，无恶不作，人们对他们恨之入骨，但又无可奈何。后来，皇帝派四方溪一姓唐的将军，对他们进行征讨，并将其征服，皇帝册封唐将军为“标七将军”。标七将军在当时德高望重，能“插杆为标，指手为界”（现天星山林场的大旗湾、擂鼓台、官兵垭、配马台等地都因当时的情形而命名）。人们在他的管辖下安居乐业，繁衍发展。后相继有符、廉、韩三姓迁来居住，团结友好，和睦相处，在一口锅里吃饭。为表示他们永远团结的决心，符、廉、韩三姓将三棵松树捆绑后栽在一块，后成活了两颗根。现这两棵古松生长地在下坪村冷家洛组，这

天星山小学开展“大手牵小手”活动

两棵树已长在一起，直径 2 米左右，需 4 个成人牵手合围，上面有捆绑的痕迹。符、廉、韩三姓一直定居于此。故现天星山林场仍有符、廉、韩三姓。在当时，天星山仅指一座山，山最高处反背有一山洞，洞顶有一孔与外界相通，通往孔望天，像一颗星星，故命名为天星山。天星山海拔 1550 米，是境内最高山峰，与湖北省交界。站在山顶，视野开阔，能看到桑植、永顺、龙山、永定、慈利、鹤峰、来凤七县的景观，故俗有“脚踏二省，眼观七县”之说。

天星山林场居住有白族、苗族、土家族、汉族等民族。百姓擅长山歌，歌曲内容朴实醇厚，反映出农家生活的方方面面。上坪村村民胡伯玉和林场文化站共同编辑《天星山林场民歌集》。

名优特产

天星山林场物种丰富。野生动物主要有：黑熊、红腹锦鸡、金钱豹、苏门羚、雉鸡、大鲵、香獐、猕猴等，植物主要有：红豆杉、银杏、香榧树、白檀等，农副土特产品主要有烟叶、粽叶、油茶等。

风景名胜

天星山林场山多溶洞，如黄鳝洞、茶盘洞、佘四洞、佘五洞等，洞中石笋林立。尤其是茶盘洞，洞中套洞，洞下有洞，洞洞相连。与此同时，也展现出多种不同的罕见地理奇观：黄土沉积、溶洞型喀斯特地貌、盆穴地貌、海相沉积变质地貌、多种沙岩结构、页岩、沉积变质结核地貌、趵突泉等。

天星山 海拔 1551 米，为天星山林场最高峰，气候独特、视野开阔、风景迷人。山顶曾有庙宇一座，因年久失修，现遗迹尚存，山顶气候凉爽，是夏日避暑的理想场所。

窄门沟 最宽处约 1000 米，最窄的地方约 200 米，深达 1000 米。雨季瀑布高悬，气势恢弘。

龙门溪 充满神奇色彩的龙门溪，风景优美、夹岸高山、绿树成荫，悬有几百米的瀑布，还有独特的“一线天”景观。站在溪里向上望去，仅见五六米长的一线光亮，故命名“一线天”。

自然风光

黄蟮洞溶洞群　位于上坪村的黄蟮洞、岔盘洞、佘四洞、佘五洞洞内，景色怡人。土地革命战争时期，贺龙曾在黄蟮洞内避难一个多月，上坪村村民孙南清曾给他送过饭。据说贺龙还给他打过条子，并对他说："革命胜利后，你就拿这张条子来找我。"可惜这张条子后来遗失了。黄蟮洞入口小，内宽，洞内有石笋、石钟乳。岔盘洞内有 48 个大岔、48 个小岔，走入洞内，像进入迷宫。洞内石头奇形怪状，异常可观。佘四洞、佘五洞是佘四、佘五曾住过的山洞，两洞相通，分别连接大旗湾村和下坪村，洞里有阴河、天楼，洞内非常宽敞，可储藏大量物品。佘四洞口旁另有一和尚洞，旁边有一尺多深、一尺多宽的岩槽，传说常有莽蛇出没。此外，唐家山村的猪耳洞和海螺壳也独具特色。

民俗风情

天星山林场是多民族混合区，民俗风情浓郁。主要民族习俗有：土家族的吃蒿子粑粑、苞谷粑粑、和渣，过赶年等；白族的三月三、七月半等；苗族的杀猪饭等。长期以来，多民族融合相处，民族习俗演变成共同习俗，和谐幸福地生活在天星山林场。

（撰稿人：向延吾　图：天星山林场等）

附录一

为颁发“调整区乡行政区划办法”及“各县区乡镇数及干部分配表”的命令

湖南省人民政府1952年12月20日〔52〕民行字第00792–4732号

奉中央及中南军政委员会分配我省950个区、16000个乡的指示，特制定“调整区乡行政区划办法”及“各县区乡镇数及干部分配表”各1份，随文颁发，希遵照执行。

附：调整区乡行政区划办法

一、划区乡标准：基本上根据人口、面积以及历史习惯、自然条件等为标准。一般规定，每区人口1万至5万人，面积600至1200平方华里，每区管辖16至25个乡。平原地区每乡人口3000至4000人左右，丘陵地区每乡人口2000至3000人，山地平均1000人左右。各地应参酌自然环境及人口分散和集中的情况，具体进行区划；山地须照顾面积，平原照顾人口稠密程度。

二、调整区乡行政区划，以便利人民管理政权和便于发展生产、繁荣经济为目的，在重新划分当中，必须做好调查研究，防止草率从事，使区乡行区划较长期性的固定。凡少数民族居住地区，尽量避免分割，以免影响将来建立民族区域性自治或民族民主联合政府。为便利少数民族的经济文化建设，可根据其自然分布情况，在少数民族区域内，得划入一部分汉族居住区及城镇。

三、为加强集镇的管理与领导起见，由各县根据具体情况需要（照顾政治、经济、及治安情况），设立区级镇或乡级镇。县府所在地是政治、经济、文化建设中心，必须进一步加强领导，以便于发展。因此，县府所在地不论区级镇或乡级镇，均应由县府直接领导。

四、集镇员额编制，均包括在分配各专县的区乡员额总数内，自行调剂，不另追加。

五、调整乡级行政区划应结合各项中心工作进行，各省在明年3月底以前全部完成，并总结上报。调整后应即召开乡人民代表大会或人民代表会议代行乡人民大会职权，选出正副乡长和乡政府委员会。

湖南省各县所辖区、乡、镇数及干部分配表

表 1　　　　单位：个、人

县别	区数	乡镇数			乡镇干部数		
		乡数	镇数	合计	乡干	镇干	合计
总计	950	15,321	323	15,644	45,963	2,039	48,000
湘南区	256	4,100	46	4,146	12,300	312	12,612
衡阳	17	255	2	257	765	12	777
衡南	14	205	3	208	615	18	633
耒阳	13	196	3	199	588	24	612
祁阳	11	190	5	195	570	39	609
祁东	12	199	2	201	597	17	614
衡山	15	230	2	232	690	12	702
常宁	11	173	2	175	519	16	535
零陵	14	240	2	242	720	12	732
道县	11	176	2	178	528	18	546
宁远	11	213	2	215	639	12	651
桂阳	12	180	1	181	540	11	551
安仁	8	110	1	111	330	6	336
东安	10	155	4	159	465	24	489
江华	10	170	1	171	510	8	518
新田	5	87	1	88	261	6	267
郴县	10	155	1	156	465	5	470
宜章	8	145	1	146	435	6	441
永兴	8	135	1	136	405	6	411
汝城	9	139	1	140	417	6	423
酃县	7	142	1	143	426	6	432
永明	7	92	2	94	276	12	288
资兴	8	139	1	140	417	6	423
临武	6	95	1	96	285	6	291
桂东	6	95	1	96	285	6	291
蓝山	7	100	1	101	300	6	306
嘉禾	6	84	2	86	252	12	264
湘潭专区	188	2,991	89	3,080	8,973	518	9,491
湘潭	24	373	20	393	1,120	90	1,210
长沙	16	254	4	258	761	21	782

续表 1

县别	区数	乡镇数			乡镇干部数		
		乡数	镇数	合计	乡干	镇干	合计
湘阴	19	309	10	319	926	60	986
平江	15	306	5	311	919	33	952
浏阳	22	318	12	330	955	50	1,005
醴陵	16	245	6	251	734	51	785
宁乡	19	310	4	314	931	27	958
望城	12	179	7	186	536	45	581
岳阳	16	245	5	250	734	57	791
攸县	10	163	4	167	490	24	514
临湘	9	114	9	123	342	42	384
茶陵	10	175	3	178	525	18	543
常德专区	167	2,651	100	2,751	7,953	564	8,517
常德	17	227	10	237	681	20	701
澧县	17	245	16	261	735	114	849
桃源	18	291	6	297	873	55	928
益阳	12	199	6	205	597	18	615
南县	7	103	6	109	309	31	340
华容	9	115	8	123	345	46	391
石门	14	281	4	285	843	22	865
慈利	15	309	5	314	927	26	953
桃江	10	162	5	167	486	33	519
安化	15	219	9	228	657	39	696
汉寿	11	171	7	178	513	28	541
沅江	9	117	6	123	351	45	396
安乡	6	90	4	94	270	34	304
临澧	7	122	8	130	366	53	419
邵阳专区	158	2,623	36	2,659	7,869	294	8,163
邵东	17	266	4	270	798	32	830
新化	21	370	7	377	1,110	59	1,169
隆回	15	262	4	266	786	31	817
双峰	14	215	2	217	645	13	658
涟源	17	309	4	313	927	35	962
湘乡	15	227	3	230	681	23	704
邵阳	12	220	3	223	660	31	691
新邵	12	193	2	195	579	12	591
洞口	9	161	4	165	483	34	517

续表 1

县别	区数	乡镇数			乡镇干部数		
		乡数	镇数	合计	乡干	镇干	合计
武 冈	12	178		178	534		534
新 宁	9	132	2	134	396	18	414
城 步	5	90	1	91	270	6	276
湘西苗族自治区	74	1,216	25	1,241	3,648	186	3,834
永 顺	11	185	3	188	555	15	570
龙 山	12	190	4	194	570	33	603
大 庸	7	99	3	102	297	12	309
桑 植	8	142	1	143	426	9	435
凤 凰	8	142	4	146	426	24	450
泸 溪	6	97	2	99	291	24	315
保 靖	6	116	1	117	348	12	360
永 绥	6	93	2	95	279	21	300
乾 城	5	78	3	81	234	24	258
古 丈	5	74	2	76	222	12	234
黔阳专区	107	1,740	27	1,767	5,220	163	5,383
沅 陵	19	330	2	332	990	12	1,002
溆 浦	14	227	4	231	681	24	705
黔 阳	9	146	5	151	438	31	469
芷 江	7	126	1	127	378	6	384
会 同	8	121	1	122	363	6	369
麻 阳	6	107	4	111	321	24	345
辰 溪	8	126	5	131	378	30	408
绥 宁	10	164	2	166	492	12	504
靖 县	6	88		88	264		264
晃 县	7	103	1	104	309	6	315
通 道	6	98		98	294		294
怀 化	7	104	2	106	312	12	324

说明：为加强小城镇的组织，决定经中南分配湖南省 950 个区、16000 个乡的编制中，依照小城镇数与全省乡数按百分之二点三的比例，扣除 356 个乡的编制员额，作为加强全省小城镇之组织编制（区级镇的编制均包括在区数内）此系全省财经会议的决定。（编者按：个别县所辖区乡镇数字现已略有调整，但全省总数字未变）

（摘自湖南省人民政府办公厅编《湖南法令录编（1949—1953 年）上册》第 137~143 页）

为统一规定区乡名称衔牌、印信的通知

湖南省人民政府 1953 年 3 月 27 日府财民行字第 1361-1944 号

一、奉中南行政委员会〔53〕会厅民字 0714 号函：尚有不少地区的区乡名称印信，多数不符合规定。为贯彻中央四级政权制，与适应召开普选的各级人民代表大会的需要应作统一规定。

二、我省区乡名称印信，亦不一致。此次调整区乡行政区划后，均应予更正，以求划一。兹依中南指示，做如下规定：

1. 区非一级政权，一律称“区公所”，并以数字排列，称为“某某县人民政府第 X 区公所”，其他信字样与上同。

2. 乡系基层政权，应称“某某县第 × 区某某乡人民政府”；印信为“某某县第 × 区某某乡人民政府。”

3. 区乡印信均为木质、宋体字，边长六公分，边宽六公厘。

4. 区乡衔牌字样与名称同。均用白漆底，黑色正楷字。牌长 5 市尺半，宽 7 市寸半。

5. 区乡印信衔牌均由县统一制发。印信刊制费在各县行政机关经费项下的办公费内支报；衔牌用费由县垫付，制妥后由各区乡公杂费内支报归垫。

6. 镇的名称印信衔牌，除区级镇另行通知外，乡级镇与乡同。

7. 凡关于少数民族地区的自治区组织，其相等于专署、县、区、乡等各级的政权机构。应统一作为一级政权，各级政权的负责人应统称为主席，不称县长、区长或乡长，其名称则另作规定。

（摘自湖南省人民政府办公厅编《湖南法令录编（1949—1953 年）上册》第 144~146 页）

关于市、镇组织问题的通知

湖南省人民政府 1953 年 5 月 7 日府民行创字第 1864-3236 号

本省市、镇的组织，各地情况极不一致。全国普选工作即将开始，为了做好准备，特对市、镇组织问题作如下规定，希即遵照，并将执行情况上报。

一、市辖区分为市区、郊区。市区是市的一级基层政权机构，称（某某市某某区人民政府）。市区以下的居民委员会或类似此种组织均不作一级政权。郊区是市人民政府的派出机构，称（某某市人民政府某某区公所），不作为一级政权。郊区以下的乡为一级政权。如郊区设有居民委员会的地区，为方便

于行政领导和选举工作，应即划归市区管辖。至目前尚未设区的市均暂不设立。

二、镇为一级基层政权，镇以下之街道不为一级政权组织。因此，镇的管辖范围，不应包括郊区乡。至镇内街道组织在中央未规定前，为求划一，暂称为居民委员会。

（摘自湖南省人民政府办公厅编《湖南法令录编（1949—1953 年）上册》第 133 页）。

关于少数民族地区的区乡名称及自治区各县府印信规定的公函

湖南省人民政府 1953 年 7 月 15 日府办秘字第 2478-365 号

一、关于少数民族地区的区、乡名称奉中南行政委员会抄 1953 年 6 月 3 日会厅民（4）字第 118 号致广东省人民政府的复函 :“1. 少数民族地区的“乡”“村”名称,应依据群众习惯,如连南称“乡”“村”为“排”“冲”，即称为“排”“冲”，其乡一级政府不必加以“乡”的字样，以示尊重兄弟民族的习惯。内蒙自治区的“专”“县”称“盟”“旗”，即是如此。2. 实行区域自治的县以下区，其区名可以数字排列。但实行区域自治的县以下的区一级或实行区域自治的区以下乡一级，如另有一个民族实行区域自治，则“区”“乡”名称，可由民族名称冠以地名。3. 关于县民族民主联合政府下的区一级自治区或区民族民主联合政府下的乡一级自治区，其区、乡名称，由民族名称冠以地名（“如某某县（地方）某某族自治区人民政府”或“某某县某某区某某（地方）某某族自治区人民政府”）而不冠以“区”“乡”字样。”

二、关于湘西苗族自治区各县人民政府所属机关的印信，应否冠以“湘西苗族自治区”字样问题，经本府向中南行政委员会请示，兹奉 1953 年 7 月 9 日〔53〕会厅族（2）字第 2696 号复函 :“1. 自治区各县及县属机关的印信，均应冠以“某某（地方）某族自治区”字样，例如“湘西苗族自治区永绥县人民政府印”;“湘西苗族自治区永绥县人民政府公安局印”;“湘西苗族自治区永绥县人民政府监察委员会印”。其他类推。2. 对自治区所属的人民法院（法庭）及人民检察署的印信，乃冠以“某某（地方）自治区的字样”,但在县以下,无需再冠“人民政府”四字,例如“湘西苗族自治区永绥县人民法院（法庭）印”，人民检察署印信亦同上例。本府 1953 年 5 月 20 日府办秘字第 2025-283 号复泸溪县人民政府函 :“县属机关的印文……不必再冠“湘西苗族自治区”字样”一项应予改正。

三、以上二项希即知照。并希转知有关各地。

（摘自湖南省人民政府办公厅编《湖南法令录编（1949—1953 年）上册》第 256~257 页）。

关于水上建政问题给湘南行署的批复

湖南省人民政府1953年10月15日府民行字第3085-5266号

一、水上区人民政府为一级政权。下设船民委员会不为一级政权。

二、设在各县港口的船民行政组织：

1. 凡当地设有镇的地区，设船民委员会归镇人民政府领导。因镇属基层一级政权，下面的船民委员会，应相当于镇下居民委员会，不算一级政权；

2. 凡当地没有设镇的港口，则设水上乡人民政府，冠以地名，如某某地水上乡人民政府，归当地区公所监督指导，同乡级政权。

三、船民人数较少的地区，可暂设船民小组，归当地乡人民政府领导。

附：湖南省人民政府湘南行署水上建政方案摘要

我区民船民主改革运动已经基本结束，为了巩固运动成果，加强人民民主专政，发展水上运输，促进城乡贸易并统一领导起见，实有建立水上基层行政机构的必要。在上级尚无此项编制预算之前，我署根据实际情况，规定以下各项：

一、建政原则：在船业人口集中的港口及码头，建立船民行政机构。凡分散在农村的短水船其船只和船民人数不多，又多数兼营陆上农业的，这样的码头，暂不建立船民委员会。该码头之船民，可直接归所在地（陆上）乡或镇人民政府管理。

二、衡阳市设水上区人民政府，为一级政权，下设船民委员会，不为一级政权。各县港口的船民行政组织，凡当地设有镇的地区，设船民委员会，相当于镇下的居民委员会，不为一级政权。凡当地没有镇的地区，设水上乡人民政府，冠以地名，如某某地水上乡人民政府，归区公所监督指导，同乡级政权。以上区长、乡长、船委会主任，暂可由水上公安、联运社、航管处等组织中较强的干部兼任。民船业务由航管处领导。

（摘自湖南省人民政府办公厅编《湖南法令录编（1949—1953年）上册》第133~135页）。

中共湖南省委 湖南省人民政府
关于实行政社分开、建立乡政府的通知

（湘发〔1984〕5号）

各地（州）、市、县委，各行政公署，自治州、市、县人民政府，省直机关各单位：

改变农村人民公社政社合一的体制，实行政社分开、建立乡政府、是当前农村一项重大改革。去年在浏阳和全省各县普遍试点的实践证明，实行这一改革，对于改变党不管党、政不管政和政企不分的状况，加强党的领导和基层政权工作，促进农村经济 的发展，加速四化建设的进程，具有重大的意义。为了切实把这 项工作抓好，现根据中央一九八三年三十五号和一九八四年一号 文件精神及各地试点经验，提出如下意见：

一、有领导有步骤地搞好政社分开、建立乡政府的工作。实行政社分开、建立乡政府，关系到广大人民群众的切身利益，涉及到广大基层干部的进退去留，是全省人民政治经济生活中的一件大事，一定要采取积极稳妥的步骤有领导地进行。要广泛进行宣传教育，自上而下，向干部、党员和群众讲明政社分开、建立乡政府的重大意义及其做法要求，做到家喻户晓。确定乡和村的规模时，要坚持党的群众路线，考虑群众的生产、生活条件和历史习惯，尊重广大群众的意愿，便于群众行使民主权利。要组织力量，考察干部，为配备乡的党政领导班子准备好人选。要贯彻精简的原则，乡一级不能增加国家行政编制；村一级的不脱产干部也要坚决实行精简，努力减轻群众负担。要把改革与生产紧密结合起来，坚持一手抓改革，一手抓生产，做到改革、生产两不误。浏阳县在开始进行这项工作时宣布四个不变：即社队规模不变，干部性质不变，公共财物所有权不变，生产资料公有制和联产承包责任制不变。实践证明，这样做有利于干部群众思想的安定和社会秩序的稳定，各地可以参照执行。

二、乡和村的规模。我省人民公社的规模一般不大，经过二十多年来的建设，大体已成为当地政治、经济、文化的中心。因此，在这次改革中，原则上实行以社建乡，以大队建村，以生产队或联队建立村民小组，一般不要改变现有行政区划。个别确实需要调整公社规模的，要经过干部群众充分酝酿，在认识一致、条件具备时，再呈报省人民政府批准。

原有的民族公社，在政社分开时，应改为民族乡。新建民族 乡的，必须符合国务院国发〔1983〕201号文件精神，并呈报省人 民政府批准。

有些公社所在地设有公社一级镇的，可以采取乡镇合一，乡改为镇，由镇管村，以利于农村经济文化事业的发展。条件具备需新建镇的，应按规定呈报省人民政府批准。

三、乡、村的党政组织和职能。乡建立乡党委、乡人民政府。村设党支部和村民委员会。

乡党委是党在农村的基层党委，实行对政权组织、经济组织和群众团体统一领导。它的主要任务是：宣传和贯彻执行党的路线、方针、政策，带领全乡人民努力完成政治、经济任务，保证“两个文明”建设的顺利进行；认真抓好党的思想建设和组织建设，充分发挥党组织的战斗堡垒作用和党员的先锋模范作用；坚持四项基本原则，加强思想政治工作，把党风和社会风气搞好；充分发挥政权组织、经济组织和群众团体的职能作用，协调党政企各方面的工作。

乡人民政府是国家基层政权组织。它的主要任务是：按照《中华人民共和国地方各级人民代表大会和地方各级人民政府组织法》的规定行使职权，接受乡人民代表大会的监督，定期向乡人民代表大会报告工作，领导本乡的经济、文化和各项社会建设，做好公安、民政、司法、科技普及、文教卫生、计划生育和计划统计工作。当前，要在抓好经济工作的同时，教育农民正确处理好国家、集体和个人利益的关系，妥善安排上交提留；要认真抓好社会治安、打击刑事犯罪和经济犯罪活动，发动群众制订乡规民约，以“五讲四美三热爱”为内容，把文明村（镇）的建设广泛开展起来，促进社会治安和社会风气的根本好转。

村党支部是党在农村的基层组织，是组织教育党员和团结带领群众进行农业现代化建设的战斗堡垒。村民委员会是基层群众自治性组织，设主任和生产、治安保卫、民政调解、公共卫生（包括计划生育）等委员，主要任务是办理本村的公共事务和公益事业。协助乡人民政府搞好本村的行政工作和生产建设工作。

四、切实配好乡级党政领导班子。调整配好乡一级领导班子，是搞好农村体制改革的关键。要坚持按照精干的原则和革命化、年轻化、知识化、专业化的方针，选拔一批年龄在三十岁左右，文化在高中以上（包括自学达到高中以上文化程度的），具有组织领导才能的优秀年轻干部进入领导班子，同时要注意留下一些身体条件较好，有一定的文化专长和工作经验的老同志，以利于新老合作交替，保持工作的连续性，顺利地开创工作新局面。

乡党委设委员五至七人，其中书记一人，副书记一至二人，组织委员、纪检委员、宣传统战委员、武装委员各一人。乡设共青团书记、妇联主任。乡政府一般应设乡长一人，副乡长一至二人。其他人员的分工，各地可以根据已经确定的公社编制总额和实际工作需要，因地制宜，统筹安排。乡一般可设秘书、生产助理、民政、司法、财粮、计划统计、计划生育、文教、科技等职，编制不够的可以兼任。司法编制可以单列。乡政府还可以设置精干的企业管理办公室或农工商联合公司，由一名副乡长负责领导，管理全乡的乡村企业和各项经济工作，人员可从乡村企业经费开支。乡人民武装部先按公社现在的实有人数配备。在配备班子时，在乡党委正副书记和正副乡长中必须各配一名具有高中以上文化的干部。分管经济工作的必须具有一定生产业务知识。各县可以从县级机关选调一些具有高中以上文化程度的年轻优秀干部到乡工作，以利于改善乡一级领导班予的结构。要注意选拔妇女干部。民族乡要注意选拔少数民族干部。按照中央文件要求，乡的干部配备要力求精干，不得超过现在公社的总编制。乡干部要能上能下，能官能民，当选就任职，落选就回到生产中去。现有的脱产干部，包括在集体经济单位的干部，一切待遇不变。每乡（镇）可以从农村选拔一、二名具有高中以上文化、年龄三十岁左右的优秀人员到乡（镇）工作。新选上来的乡干部，任职期间，经济上给以适当补贴，担任乡级主要领导职务的，每月补助四十五元，一般工作人员，每月四十元，由省财政和地、市、州、县财政对半负担。

配备乡的领导班子，一定要认真进行考察，严格把好政治关、年龄关、文化关，严防“三种人”和反对十一届三中全会以来党的路线方针政策以及有各种严重违法乱纪行为的人进入领导班子。要通过乡人民代表大会,选举产生乡长、副乡长。乡党委应按照党章规定召开党员大会或乡党员代表大会选举产生。乡党政领导班子成员，要按照有关规定进行审批。村民委员会的主任、委员和村民小组长，通过群众直接选举产生。

为了加强对城镇工作的领导，各县城关镇的镇委书记，一般应由县委副书记或县委常委担任，以利于加强对城镇的统一规划、建设和管理。

实行政社分开以后，有一批干部的工作将有所变动，要视其所长，作出妥善安排，使他们有机会为建设社会主义新农村继续作出贡献。对于退出领导班子而又不到退休年龄的公社正副书记和公社管委会正副主任，可以安排为乡协理员。

五、建立乡财税所。随着乡政府的建立，应当建立乡一级财政和相应的预决算制度，明确收入来源和开支范围。乡建立财税所，所长可以由乡财粮专干兼任，另增配一至二名事业编制。有关具体事项按财政部规定办理。乡财税所的主要任务是：负责对上级下拨的农业、文教卫生等事业费和行政经费的管理使用；按政策规定做好农村各项税收和地方收入的征收管理，并按规定提取分成；具体贯彻农业税的减免政策；筹集分配使用好乡的公共事业经费；检查监督各部门执行财经纪律的情况，严禁巧立名目、乱搞摊派而增加集体企业和群众的负担。

六、改革经济体制。经济体制的改革，应按照中央有关指示精神认真实行。现有社队企业要抓紧整顿，建立和完善责任制，改善经营，加强民主管理，采用适用技术，提高经济效益，促其健康发展。供销社的体制改革要深入进行下去，真正办成农民群众集体所有的合作商业，逐步扩大经营范围和服务领域，办成供销、加工、贮藏、运输、技术等综合服务中心。信用社要进行改革，真正办成群众性的合作金融组织,在遵守国家金融政策和接受农业银行的领导、监督下独立自主地开展存贷业务。农业技术推广、林业、畜牧兽医、农业机械、经营管理等基层事业单位，都应进一步提高服务质量。要逐步建立起比较完备的商品生产服务体系，促进农村商品生产的发展。

政社分开以后，农村经济组织应根据生产发展的需要在群众自愿的基础上设置，形式与规模可以多种多样，不要自上而下强制推行某一种模式。为了完善统一经营和分散经营相结合的体制，一般应设置以土地公有为基础的地区性合作经济组织。这种组织，可以叫农业合作社、经济联合社或群众选定的其他名称，一般可以村（大队或联队）为范围设置，其领导机构可以同村民委员会分立，也可以一套班子两块牌子。以村（大队）为范围设置的，原生产队的资产不得平调，债权、债务要妥善处理。

原公社一级已经形成经济实体的，应充分发挥其经济组织的作用；公社经济力量薄弱的，可以根据具体情况和群众意愿，建立不同形式的经济联合组织或协调服务组织；这些组织对地区性合作经济组织和其他专业合作经济组织，是平等互利或协调指导的关系，不再是行政隶属和逐级过渡的关系。

七、政社分开，势必涉及许多经济问题。因此，在改革中要约法几章，严守纪律，严防公共财物的损失，任何个人都不得以任何借口损公肥私，违者要立即追究，严肃查处。

八、政社分开工作，全省原计划在今年春插之后和双抢之后，分两批搞完。由于县级机构改革进展顺利，有些地区要求提早进行这一工作，以便争取今年工作的主动。省委、省政府赞成这个想法，各地可以从自己的实际出发，因地制宜地进行安排。

为了切实做好这项工作，各级党委和政府必须加强领导，有关部门要定期进行研究，日常工作由民政部门负责。各地可以组织工作组下去具体帮助，并同换届选举工作结合进行，两块牌子，一套人马，以便于把各方面的力童组织起来，协同一致地做好工作。

中共湖南省委

湖南省人民政府

一九八四年二月八日

（摘自《湖南省志第四卷政务志民政（1840—1990年）》第593~599页）。

中共湖南省委 湖南省人民政府
关于开展乡镇区划调整改革工作的意见

（湘发〔2015〕15号）

为深入贯彻落实党的十八大和十八届三中、四中全会以及省委十届九次全会精神，加快推进农村改革，增强乡镇经济发展活力，促进城乡一体化发展，省委、省人民政府决定在全省开展新一轮乡镇区划调整改革。根据我省实际，现提出如下意见：

一、开展乡镇区划调整改革的重大意义

乡镇区划调整改革是事关基层政权建设和农村经济社会发展的重大改革。经过前两轮乡镇区划调整改革，全省乡镇数量有所减少，但乡镇规模小、数量多、布局散的问题仍然突出，乡镇区域平均面积和平均人口均低于全国平均水平。随着经济社会的发展，目前我省乡镇规模、布局与改革发展新要求不相适应，增加了运行成本，稀释了公共投入，削弱了综合实力，导致部分乡镇集聚力和辐射力不强，产业结构雷同，资源浪费严重，成为制约我省城乡发展一体化的障碍。通过行政区划调整，实行乡镇区域重组，撤并规模小、经济实力弱、基础设施差的乡镇，有利于整合乡镇区域发展资源，拓展和优化发展空间，解放和发展农村生产力，促进现代农业发展，加快全面小康建设进程；有利于破解制约城乡发展一体化的障碍，加快推进新型工业化、新型城镇化、农业现代化和信息化，形成城乡一体的新型工农城乡关系；有利于深化农村改革，加快构建适应现代发展要求、切合湖南实际的乡镇管理体制机制，提升工作效率，增强乡镇经济发展动力与活力；有利于完善农村社会治理体制机制，巩固党的执政基础，提高依法治理水平；有利于推动公共服务向农村基层延伸，增强公共服务供给能力。

二、指导思想和基本原则

（一）指导思想。深入贯彻落实党的十八大、十八届三中、四中全会精神和习近平总书记系列重要讲话精神，围绕构建适应城乡发展一体化要求的现代乡镇行政管理体制和社会治理体系这一目标，着力优化结构布局，着力全面深化改革，着力提升公共服务能力，积极推进乡镇区划调整改革，促进全省乡镇布局更加合理、结构更加优化、发展更加科学、运行更加高效、服务更加优质。

（二）基本原则

1. 因地制宜、科学规划。紧密结合我省新型城镇化规划，充分考虑当地自然地理条件、经济社会发展水平、行政管理以及民族宗教、民俗文化、历史沿革和群众生产生活习惯等综合因素，按照平原湖区、丘陵区、半山半丘区、山区不同类型，科学确定乡镇规模和布局，对部分高寒山区等特殊地理条件的乡镇和民族乡不搞“一刀切”。

2. 促进发展、服务群众。把促进要素资源整合、促进发展和服务群众作为乡镇区划调整改革的首要因素，把乡镇区划调整改革与推进新型城镇化、促进城乡发展一体化、发展现代农业结合起来，着力做大做强县市人民政府驻地镇，强化其综合承载力和辐射带动力，做到既有利于优化资源配置、促进乡镇经济发展，又便于有效管理、提升公共服务能力。

3. 理顺关系、转变职能。在乡镇区划调整改革的同时，积极稳妥地做好乡镇机构改革工作，进一步理顺县市区、乡镇两级人民政府管理体制，坚持重心下移、强基固本，理顺经济发展、社会事业、公共服务、社会治理、公共基础设施运行管理等方面的体制机制，精简机构、降低成本、激发活力、提升效能。

4. 依法有序、稳步推进。坚持依法依规、有序推进，严格遵守区划调整、财政税收、国土资源、组织人事等方面的法律法规。坚持公平、公正、公开，尊重群众意愿，尊重合理利益诉求。

三、组织领导和保障措施

（一）加强组织领导。本轮乡镇区划调整改革在省委、省人民政府的统一领导下，由省乡镇区划调整改革领导小组（以下简称领导小组）负责，领导小组由孙金龙同志任组长，郭开朗、陈肇雄、许又声、黄关春、戴道晋、蔡振红同志任副组长。领导小组办公室设在省民政厅，具体牵头组织对湖南省乡镇区划调整改革工作方案的实施。各级党委、政府要充分认识乡镇区划调整改革的必要性和重要性，把思想行动统一到省委、省人民政府的决策部署上来，把乡镇区划调整改革作为一项打基础、利长远的重大基础性改革来抓，确保改革顺利组织实施。各市州、县市区党政主要负责人是本地区乡镇区划调整改革的第一责任人，要切实履行好第一责任人职责。各地要组建强有力的工作班子，从组织、机构编制、民政、发改、财政等党政综合部门抽调精干力量，负责组织实施和协调落实工作。对于工作难度大的县市区，可由省、市州派出工作组指导帮助工作。

（二）科学制定方案。乡镇区划调整改革工作方案由县市区人民政府负责制定；村调整撤并方案由乡镇人民政府提出，经村民会议讨论同意后确定。在拟订方案时，要深入调查研究，充分论证，上下沟通，广泛听取干部群众意见，形成共识。方案制定后必须严格依法按程序报批，乡镇区划调整改革工作方案经市州人民政府审核后，报省人民政府审批；村调整撤并方案由县市区人民政府审批。

（三）严格落实责任。实行分级负责，省委、省人民政府负责乡镇区划调整改革的顶层设计、统筹协调和规划管理；市州党委、政府为责任主体，负责乡镇区划调整改革的部署落实；县市区党委、政府为实施主体，负责辖区内乡镇区划调整改革的具体组织实施。省、市、县有关部门按照责任分工，抓好相关配套政策的制定实施、对口指导工作；加强协作配合，合力推进改革，形成部门配合、上下联动的工作格局。省委、省人民政府将定期或不定期对各地乡镇区划调整改革工作情况进行督查督办，对落实不到位的严格追究责任。

（四）严明纪律要求。严格政治纪律，严禁干扰乡镇区划调整改革工作，对各类扰乱改革工作的谣言和行为要严肃查处，依法依纪追究责任。对改革中出现的问题，要及时研究解决，重大问题及时向上级请示报告。严格组织人事纪律，严禁突击提拔干部、突击进人；严禁擅离职守、失职渎职；严格财经纪律，加强资金管理，严防国有资产流失，严禁借机突击花钱、转移财物，严查侵占、挥霍国家和集体资产等违法违规行为；严格廉政纪律，遵守廉政准则，严禁以权谋私，一经发现，严肃处理。

（五）营造良好氛围。各级党委、政府和有关部门要做好实施乡镇区划调整改革的宣传动员和舆论引导工作，积极向干部群众宣讲乡镇区划调整改革的重大意义、目标要求和相关政策，消除干部群众思想顾虑，引导干部群众积极主动参与和配合改革。凡涉及干部群众重大利益的，要充分听取干部群众意见，取得干部群众的理解支持，在全社会形成主动支持改革、积极投身改革的良好氛围。

附件：1. 湖南省乡镇区划调整改革工作方案

2. 湖南省乡镇区划调整改革配套政策与措施

3. 湖南省乡镇合并工作任务指标分解表

4. 湖南省建制村合并工作任务指标分解表

附件 1：

湖南省乡镇区划调整改革工作方案

按照省委、省人民政府的工作部署和《中共湖南省委办公厅关于印发〈中共湖南省委全面深化改革领导小组 2014 年工作要点及责任分工〉的通知》（湘办发〔2014〕13 号）要求，结合我省实际，制定本方案。

一、目标任务及时间安排

（一）目标任务。此次乡镇区划调整改革工作，按照优化结构、合理布局、规模适度、有利发展的要求，合理确定乡镇和村的规模。全省目标任务为合并乡镇500个以上，减幅约25％；合并建制村16000个以上，减幅约 39％。合并乡镇目标任务省直接测算到县市区，合并建制村目标任务省测算到市州，再由市州测算到县市区。

根据我省地形地貌，分四个类型确定乡镇类别，全省平均每个乡镇预期规模为人口 3.8 万人、面积 160 平方千米，其中，平原湖区（A 类）乡镇人口 5.5 万 ~ 7.5 万人、面积 130 平方千米左右；丘陵区（B 类）乡镇人口 4.5 万 ~ 5.5 万人、面积 150 平方千米左右；半山半丘区（C 类）乡镇人口 3.5 万 ~ 4.5 万人、面积 160 平方千米左右；山区（D 类）乡镇人口 2 万 ~ 3.5 万人、面积 180 平方千米左右。

重点调大调强县市人民政府驻地镇。县级市城区人口应达到 15 万人以上，所辖区域面积，山区不低于 300 平方千米，丘陵区不低于 250 平方千米，平原湖区不低于 200 平方千米，未达标的，撤销城郊乡镇并将其行政区域并入城区；除总人口低于 30 万人的人口较少县外，县级人民政府驻地镇应达到 10 万人以上，所辖区域面积，山区不低于 250 平方千米，丘陵区不低于 200 平方千米，平原湖区不低于150平方千米，未达标的，撤销周边乡镇并将其行政区域并入县城镇；中心镇人口应多于同类乡镇的平均人口数，未达标的，撤并周边乡镇。现有乡镇规模超过上述标准的不得划小规模。

全省平均每个建制村人口预期规模为2500人，其中，平原湖区建制村人口2500～3500人；丘陵区建制村人口2000～3000人；半山半丘区建制村人口1500～2500人；山区建制村人口1000～2000人。

（二）时限要求。乡镇区划调整改革工作不搞试点，合并乡镇工作2015年下半年启动，2016年春节前基本完成；合并建制村工作可以与合并乡镇工作同步推进，也可与第十次村民委员会换届工作基本同步，2016年底前完成，2017年上半年选举产生新一届村委会。

二、制定切实可行的工作方案并依法报批

各市州、县市区应在深入调研的基础上，集思广益，反复论证，制定切实可行的乡镇区划调整改革工作方案。要从实际出发，因地制宜，充分考虑自然条件、历史沿革、风俗习惯和群众意愿等因素，科学合理确定乡镇、建制村的规模。总的原则是平原湖区乡镇、村人口多一些，山区乡镇、村人口少一些；山区乡镇、村区域面积大一点，平原湖区乡镇、村区域面积小一点。重点是要合并人口在10000人以下的小微乡镇和人口不足5000人的民族乡，以及人口在1000人以下的建制村，但不搞“一刀切”。各县市区在确保完成并乡镇合村任务的前提下，辖区内乡镇、村规模宜大则大、宜小则小，允许灵活对待。

并乡镇合村原则上要求成建制合并，但也可以根据山系、水系、交通条件拆分合并，具体合并方式由县市区人民政府确定。合并方式必须有利于乡镇人民政府加强社会管理，有利于方便群众办事。

结合乡镇合并工作，将县城镇与周边乡镇合并，扩大县城规模，加快推进县城城镇化建设。按照《湖南省推进新型城镇化实施纲要（2014—2020年）》和《湖南省“十二五”新型城镇化发展规划》的要求，选择城市化程度高、经济发展快、经济规模大的县城镇改设为街道体制。每个街道以人口5万～10万人，面积30～50平方千米设置。

省直各相关部门根据本部门工作职责，分别出台并乡镇合村配套政策措施，并积极做好职责内各项工作。各地要将省里的配套政策措施纳入并乡镇合村方案设置范围，认真抓好落实，确保并乡镇合村方案周密全面。

涉及民族乡的合并，各市州、县市区民族工作部门要牵头组织相关部门充分听取当地少数民族群众的意见，认真做好说明解释工作，使合并乡镇方案得到少数民族群众的充分理解和支持。有条件的地方，尽量将区划相连的民族乡合并继续保留民族乡，将1个或2个民族乡合并到一般乡镇，组建新的民族乡。

依法依规按程序报批。各地乡镇合并方案确定后，要按照《国务院关于行政区划管理的规定》，坚持一县一报，逐级申报，依法依规完成申报审批程序。民族乡的合并，要事先征求各级民族工作部门的意见。合村工作要按照《中华人民共和国村民委员会组织法》的有关规定和流程进行，先由乡、民族乡、镇人民政府提出本辖区内的具体合村方案，经村民会议讨论同意，报县市区人民政府批准。

三、切实解决好并乡镇合村工作中的具体问题

（一）关于乡镇建制。合并后新设乡镇行政区划建制按以下原则确定：镇与镇合并继续设镇；乡与镇合并可以设镇；乡与乡合并继续设乡，符合设镇条件的可以设镇。民族乡与一般乡镇合并时，按省民宗委指导意见，少数民族人口达到一定标准可以继续设立少数民族乡。

（二）关于乡镇人民政府和村委会驻地。合并后新设立的乡镇人民政府驻地选择，由县市区人民政府制定方案，报省人民政府审批，遵照中央关于禁止新建楼堂馆所的相关规定，不新建乡镇治所。村委会驻地选择，由乡镇人民政府制定方案，报县市区人民政府确定。

乡镇人民政府和村委会驻地应选择已成为或可以发展成为本区域内经济、政治、文化中心的位置，且地理位置尽量靠近辖区中心。乡镇人民政府驻地变动，要继续全面保护好辖区内古镇、古村落等历史文化遗产。要避开洪涝、缺水、滑坡等自然灾害易发地段，并与交通、水利等重大基础设施规划相衔接。

对合并后的乡镇人民政府原驻地，仍然要加强国土规划、集镇规划，加强集镇建设，完善便民服务功能，继续发挥其在新型城镇化建设中的积极作用。并乡镇合村后，为方便群众办事，各地可从实际出发，在被合并乡镇人民政府原驻地设置片区便民服务中心，作为服务群众办事的窗口；被合并建制村原村部可设置便民服务点；片区便民服务中心和便民服务点的存续时限由各地根据需要自行决定。

探索新型农村社区建设。乡镇合并后，在原乡镇人民政府驻地村开展新型农村社区建设试点，逐步建立产业发展、设施完善、服务均等、管理民主的新型农村社区。并村后，可在条件成熟的中心村或大村开展新型农村社区建设试点。开展新型农村社区建设试点，实行一村一社区，不得将一个村划分若干社区。

（三）关于新设乡镇和建制村名称确定。尽可能以原有乡镇和建制村名称中的一个作为合并后新乡镇和建制村的名称。新设乡镇政区名称的命名，要尊重历史、传承文化、突出特色，反映辖区内干部群众的美好愿望和良好追求。要广泛征求当地干部群众意见，意见一时难以统一的，由县市区人民政府确定备选方案，由市州区划地名主管部门组织专家进行论证确定，仍然存在较大意见分歧的，由省区划地名主管部门组织专家论证确定。命名的相关材料与并乡镇方案申报材料一并逐级上报省人民政府审批。

部分县市区沿用的“城关镇”，名称不规范，是通用名称，没有突出当地文化特色，不符合国务院《地名管理条例》的规定。此次合并乡镇工作中如涉及城关镇的合并，应一并进行更名。建制村的命名由乡、民族乡、镇人民政府提出意见，在广泛听取干部群众意见的基础上，连同并村方案报县市区人民政府审批。

（四）关于特殊形态政区代管乡镇的合并工作。特殊形态的政区，一般指不是一级行政区划建制，但承担部分政府职能的各类管理区和产业园区。对这些机构代管的乡镇、村进行并乡镇合村时，按以下原则和流程进行操作：

各类管理区和产业园区代管的乡镇一并纳入此轮并乡镇合村范围。产业园的规划面积，不能因乡镇区划调整随意变动扩大。各类管理区、产业园区乡镇区划调整改革工作在其所在地县市区人民政府的指导下进行，并以所在地县市区人民政府的名义依法依规完成申报流程。所在地县市区人民政府应支持管理区、产业园区开展乡镇、村合并工作。

仍未按照省委、省人民政府《关于国有大中型农场体制改革的意见》（湘发〔2000〕4号）文件改革到位的农、林、渔场，此次改革应将其行政管理职能剥离，将其行政管理职能和行政区划就近并入相邻乡镇，实现政事分开、政企分开。

（五）关于并乡镇合村债权债务和资产处置。各县市区在制定并乡镇合村工作方案时，要充分调研，拟定本辖区撤并乡镇、村债权债务、资产处置有关政策。调整合并后，被合并乡镇和建制村的资产和债权债务在清理核实后原则上一并纳入新设立的乡镇和建制村统一管理。乡镇资产和债权债务的处置根据《湖南省乡镇财政管理条例》的有关规定执行。

（六）关于乡镇区划调整改革后行政区划图的制作。并乡镇合村工作完成后，各市州、县市区必须编制规范化的行政区划图，宣传和巩固行政区划调整的成果。各级民政部门是行政区划图审查批准的主管部门，各级行政区划图的图稿未经民政部门审查批准，不得付印。

为保持行政区划矢量数据的完整和准确，避免发生界线纠纷，市州、县市区行政区划图统一由省民政厅监制，由省国土资源厅提供基础地理数据，由有资质的单位制作。有关行政区划图的内容，按照国家关于编绘行政区划地图的有关规定办理。

此轮并乡镇合村不涉及县级行政区域界线的变动，不需重新勘测县级界线，但部分界线上的界桩坐落地乡镇、村的名称有变动。省民政厅将汇总并修定界桩标注情况向社会发布，涉及的县市区要共同重新明确界桩所在地乡镇人民政府及村的管界责任。

附件 2

湖南省乡镇区划调整改革配套政策与措施

一、合并乡镇机构编制和人员安置

（一）合并乡镇机构设置。在乡镇党政机构不超过 4 个、事业站所不超过 6 个的限额内，根据合并乡镇的类型和规模，确定党政机构设置形式和数额，一般可设置党政综合办公室、经济发展办公室、社会事务办公室等 3 ～ 4 个。

对卫生和计生、社会管理综合治理、民政、就业和社会保障、水利、林业、农业技术推广、动植物疫病防控、农产品质量监管、农村经营管理、文化、国土资源管理、城乡规划建设、安全生产监管、食品药品安全监管等工作应予以加强，不能削弱。对此类工作，可单独设置党政机构或事业站所；未单设的，必须明确其职责由谁承担。确因工作需要，党政机构和事业站所可加挂牌子，但每个乡镇加挂牌子的总数一般不超过 3 个。乡镇计划生育技术服务机构与乡镇卫生院妇幼保健职能整合，在乡镇卫生院加挂“妇幼保健计划生育服务站”牌子，接受县级卫生计生行政部门和乡镇人民政府双重管理。乡镇设立人民武装部，依法履行国防动员、民兵训练、预备役管理等职能。实行县乡共管的事业站所，凡使用乡镇事业编制的，都要计入事业站所设置限额内；使用县市区事业编制的，可不计入。

（二）规范合并乡镇领导职数配备。乡镇领导职数的配备一般包含党委书记、乡镇长、党委副书记、纪委书记、党委委员、副乡镇长、人大主席、武装部部长等。合并乡镇重新明确类别的，其领导职数核定原则上仍按照《中共湖南省委办公厅湖南省人民政府办公厅转发省委组织部等四部门〈关于全面推进乡镇机构改革的实施意见〉的通知》（湘办发〔2010〕36 号）的有关规定执行，其中一、二类乡镇不超过 9 名，三、四类乡镇不超过 7 名。在法律和有关政策规定允许的范围内，适当扩大乡镇党政领导班子成员交叉任职。人大、政协联络、武装部有关工作负责人员的配备，须在规定的乡镇领导职数范围统筹考虑。

乡镇合并后因职数减少不能继续担任乡镇领导职务的干部，应结合政府机构改革和乡镇区划调整改革统筹安排，在领导职数内安排确有困难的，允许在5年过渡期内暂时超职数配备领导干部。各地要以县市区为单位，制定消化超职数配备乡镇领导干部总计划及年度计划，确保如期完成消超任务。对未按计划完成消超任务的县市区，原则上不得新提拔乡镇领导干部。

（三）人员编制和干部职工安置。此次合并乡镇，省里不就乡镇行政、事业编制提出统一精简要求，各地要按标准核定合并乡镇机关站所的人员编制，超出标准的人员编制实行“出一减一”，今后核减的编制，省里暂不统一收回。各地要严格执行《中华人民共和国公务员法》和《党政领导干部选拔任用工作条例》有关规定，根据工作需要，尊重干部意愿，可采取就地安排任职、交流使用、职数限额内改任非领导职务、晋升职级退出现任职务、提前退休等途径，妥善做好合并乡镇领导班子成员和干部职工安排。鼓励干部到村、社区担任“第一书记”。

（四）规范派驻乡镇机构。县市区人民法院、公安、司法、地税、国土资源、市场监管等职能部门，可根据实际工作需要，在乡镇设置派驻人民法庭、公安派出所、司法所、税务所、国土所、市场监管所等，并尽可能实行区域设置。除此以外，市州、县市区其他职能部门原则上不得在乡镇新设立派驻机构。除国家和省有明确规定的以外，派驻乡镇的机构，其党的组织关系实行属地管理，人事任免等重要事项必须按有关规定征求当地党委意见。

（五）创新公共服务方式。大力推行为民服务全程代理制，在乡镇设立便民服务中心，负责本辖区内行政审批及其他事项的为民全程代理服务，从乡镇相关部门抽调人员合署办公，不新增机构、编制和人员，实现“一个中心”对外、“一个窗口”受理、“一条龙”服务；村和社区设立便民服务站，由村干部兼任代办员，不另新聘人员。对区划调整后形成的较大乡镇，可按照扩权强镇的有关要求，赋予乡镇更大的经济社会管理权限，完善乡镇人民政府功能，促进乡镇人民政府能力建设。支持区划调整后的特色乡镇建设。

二、调整完善并乡镇合村财政奖补政策。落实全省乡镇区划调整改革工作要求，调整完善乡镇及村合并的相关财政政策。各级财政应继续加大对乡镇的资金支持力度，对调整合并乡镇的财政补助资金原则上三年内不减少，统一安排到新组建的乡镇。今后在拨付一般性转移支付和专项转移支付时，要以乡镇区域面积、人口规模、地理条件、经济状况等因素为依据，建立科学精细的财政资金分配模型。

本次改革，按照“明确目标、统一标准、激励改革、公平公正、奖补结合”的原则，以乡镇、村区划调整改革目标数为标尺，统一衡量各地本轮及以往乡镇、村区划调整成效，既对本轮精简乡镇、村给予奖励，又对过去精简乡镇、村工作做得好的地方给予适当补助。

（一）确定改革目标。以省委、省人民政府分类确定的新一轮改革后保留乡镇数作为目标乡镇数。

（二）明确奖补范围。县市区在新一轮改革截止时达到省定目标乡镇数，纳入奖补范围。即为确保按时按量完成本轮改革任务，只有在规定的时限内全面完成合并任务的县市区，方可给予奖补。

（三）确定奖补标准线。按照新一轮改革后各县市区目标乡镇数和全省乡镇平均25％的减幅，测算出今年改革前各县市区按全省平均水平应配置的乡镇个数，作为奖补标准线。

（四）奖补基数。以各县市区奖补标准线（即改革前按全省平均水平应配置乡镇数）与改革后实有乡镇数的差额作为奖补标准乡镇数，按每少一个乡镇奖励50万元的标准安排基数奖补。

（五）特殊政策。新一轮改革中，县市区实际合并乡镇数多于其奖补标准乡镇数的，多出的乡镇由省财政按每个50万元的标准给予一次性奖励。因为这部分新合并的乡镇属于还过去改革滞后的历史欠账，不应进基数奖补。对此次改革前已享受并乡镇合村财政基数奖补的不重复奖补。

（六）建制村合并奖补政策。全省建制村合并相关财政奖补政策按照乡镇合并方法调整完善。奖补标准为每合并1个建制村，奖补4万元。

（七）财政奖补用途。考虑到并乡镇合村后，乡镇、村服务半径扩大，财政奖补主要用于改善和提升乡镇、村公共服务能力，同时可以用于化解乡镇、村历史债务。

三、乡村道路建设和电力农网改造。落实全省乡镇区划调整改革工作要求，加快完善乡镇、村基础设施条件，重点加快合并后的乡镇、村的交通网络、电力网络体系建设，统筹推进新农村建设和小城镇发展，为广大农民群众生产生活提供便利。

（一）关于道路建设。目前，“十二五”农村公路建设是以乡镇、建制村为基础进行规划的。乡镇和建制村合并后按以下方案实施：按照合并前的乡镇、建制村为单位，完成“十二五”农村公路建设任务，确保有条件的原建制村100％通沥青（水泥）路。优先规划建设新组建乡镇、村与被合并乡镇、村之间的连通道路。对于合并后达到一定规模的乡镇，优先规划高等级公路连接政府驻地。进一步完善农村公路路网结构，逐步解决合并村断头路问题，提高重要线路的技术等级，完善安保设施，不断增强农村公路服务农村经济社会发展的能力。今后乡镇、村公路建设，原则上不以乡镇、村的个数为基础，重点考虑人口、地域面积和地形地貌等因素。

（二）关于农网改造。我省新一轮农网改造实行“一省两贷”，由国网湖南省公司和湖南郴电国际发展股份有限公司作为承贷主体。乡镇及建制村合并后，省发改委要衔接国网湖南省公司和湖南郴电国际发展股份有限公司，在加强农网建设方面提出如下实施意见：对乡镇和建制村合并后存在配电网薄弱、变压器不足等问题的地区，加大农网投资力度。重点支持低压配电网建设。加大35千伏及以下农网工程投资力度。加大未改村改造力度。到2017年年底，力争国家电网、郴电国际供电范围内村网改造率达100％。针对全省未改村数量大、配电网薄弱等问题，结合全省乡镇区划调整改革工作，把地处偏远、居民较少的未改村统一纳入改造范围，基本解决无电人口问题。

四、乡镇和建制村卫生计生服务机构设置。为落实全省乡镇区划调整改革工作要求，坚持便民利民，促进农村卫生计生事业发展，各地要因地制宜、分类指导，合理调整设置乡镇、村卫生计生服务机构，优化配置农村医疗卫生和计划生育服务资源，努力提高出生人口素质和人民健康水平。

（一）乡镇卫生计生服务机构。1. 原则上每个建制乡镇设置一所政府举办的乡镇卫生院。同时，按照国家卫生计生委、中央编办印发的《关于优化整合妇幼保健和计划生育技术服务资源的指导意见》（国卫妇幼发〔2013〕44号），整合乡镇计划生育技术服务机构与乡镇卫生院妇幼保健职能，在乡镇卫生院加挂“妇幼保健计划生育服务站”牌子。

2. 因乡镇合并造成当地居民就医不便的地区，县级卫生计生部门可根据当地区域医疗卫生机构设置规划，以居民需求为导向，保留已合并乡镇的卫生院，以独立法人、独立核算的非建制乡镇卫生院存在；或将其改为建制乡镇卫生院的分院，在人、财、物等方面由建制乡镇卫生院统一管理，并逐级上报至省卫生计生委审核备案。已合并乡镇的计划生育服务所按同样模式统筹处理，在非建制乡镇卫生院或建制乡镇卫生院的分院可以加挂妇幼保健计划生育服务机构牌子。

3. 乡镇合并后，对居民就医和妇幼健康服务影响不大，且多数居民有合并意愿的原建制乡镇卫生院和原建制乡镇计划生育服务所，须与现建制乡镇卫生院（妇幼保健计划生育服务站）进行资源整合，取消原建制乡镇卫生院和原建制乡镇计划生育服务所，或依法处置资产后就地转为其他非政府举办的医疗卫生机构。

4. 乡镇合并后保留的建制乡镇卫生院分院或非建制乡镇卫生院及其加挂的妇幼保健计划生育服务机构在国家卫生各项政策如基础建设、人力配置、购买服务等方面享受建制乡镇卫生院同等待遇。在加强建制乡镇卫生院建设的同时，继续对建制乡镇卫生分院和非建制乡镇卫生院及其加挂的妇幼保健计划生育服务机构给予支持，确保其均衡发展，让农村居民享受公平、可及的卫生计生服务。

5. 合并乡镇卫生计生服务机构资产及债务处置。调整合并后的原建制乡镇卫生计生服务机构，其资产属国有资产，继续用于卫生计生事业；确需置换或转让的，必须在确保国有资产不流失和等量补偿的前提下，按财政部关于行政事业单位国有资产管理的有关规定办理。卫生计生服务管理机构接受社会捐赠的资产，在处置前应当事先征求捐赠人的意愿。各地应严格按照《湖南省人民政府办公厅关于转发省发改委等部门〈关于清理化解基层医疗卫生机构债务实施方案〉的通知》（湘政办发〔2011〕77号）要求，将认定的债务从基层医疗卫生机构剥离至县市区人民政府。

（二）村卫生室

1. 建制村调整后，县级卫生计生部门应根据当地区域医疗卫生机构设置规划，综合考虑服务人口、居民需求以及地理条件等因素，合理规划卫生室设置。

2. 原则上每个建制村设置1所村卫生室（即建制村卫生室），承担辖区内农村居民基本公共卫生服务和基本医疗服务。

3. 建制村合并后，对面积大、人口多且与邻近村卫生室相距较远的村，可酌情保留原建制村卫生室，以现建制村卫生室医疗服务点的形式存在（即一村多室），纳入乡村卫生服务一体化管理。

4. 乡镇卫生院所在地的建制村原则上不设村卫生室，由乡镇卫生院或其下设网点履行建制村卫生室职能。

（三）村计划生育服务室

按照“存量共享，增量共建”的原则，保留现有村计划生育服务室，具备条件的与村卫生室合并共用，计划生育服务室应与村卫生室共建共用。

五、调整农村义务教育学校布局。根据全省乡镇区划调整改革工作要求，科学规划农村义务教育学校布局，规范义务教育工作，切实保障适龄少年儿童受教育权益。

（一）学校布局原则

1. 合理设置，动态平衡。按标准科学合理设置全省乡镇区划调整改革涉及的义务教育学校，保持现有学校的相对稳定，尽量不改变现有学校总体布局，同时依据生源变化等需要适时新建、合并和恢复学校（教学点），做到动态平衡。

2. 分项考量，综合评定。新建、撤并或恢复农村义务教育学校要从人口变化、环境交通、群众承受能力等方面分别进行分析研究，综合各方面情况后做出决定。

3. 坚持标准，规范程序。新建、撤并或恢复农村义务教育学校要执行有关标准、规划和要求，按规定程序操作。

4. 市县为主，及时报备。县市区人民政府依据有关法律法规和要求自主确定农村义务教育学校的新建、撤并和恢复；市州人民政府指导县市区布局调整，受省人民政府委托，审批所辖县市区撤并和恢复学校，并报省教育行政部门备案。

（二）布局标准

1. 关于学校设置。原则上现有乡镇设置的初中应当保留，人口相对集中的村寨设置小学或教学点。小学和教学点的设置由县市区人民政府确定。

2. 关于就学方式与学校服务半径。农村小学 1 至 3 年级学生原则上不寄宿，就近走读上学；小学高年级学生以走读为主，确有需要的可以寄宿；初中学生根据实际可以走读或寄宿。

3. 根据不同年龄段学生的体力特征、道路条件、自然环境等因素，合理确定学校服务半径，尽量缩短学生上下学路途时间。以走读方式就学，则学校服务半径为农村小学 2.5 千米，初中 3 千米，保障学生每天上学单程步行时间一般不超过 40 分钟。

（三）关于学校撤并与恢复

确因资源减少需要撤并学校，学校服务半径超过上述条款规定要求，且多数居民有撤并意愿的，当地政府应在落实以下基本保障的前提下，方可按湘教函〔2013〕252 号文件规定的程序撤并：

1. 提供规范的寄宿条件，特别是住宿、就餐、如厕、生活用水等条件，满足寄宿学生基本生活需求；

2. 提供规范的校车或具备规范的农村客运服务；

3. 并入学校不会形成超大规模或“大班额”问题。

（四）撤并学校资产处置

调整后不再承担教学任务的非私立学校，其校产属公有教育资源，由县市区人民政府统筹管理，只能继续用于教育；确需置换或转让的，必须在保证公有教育资源不流失和等量补偿的前提下，按财政部关于行政事业单位国有资产管理的有关规定办理，学校接受的捐赠财产处置，必须事先征求捐赠人意愿，对于青少年发展基金会等机构捐建的希望小学等教育资源必须审慎研究处理，且必须征得相关机构的同意。撤点后的学校校园校舍应优先用于发展学前教育。

说明：附件 3、附件 4 未录

2016年6月12日湖南省建制村合并统计表

表2　　　　单位：个

市州名称	原有建制村数	合并任务数	完成合并任务村数	合并后村数	超额数	减幅
长沙市	1203	410	418	785	8	35%
株洲市	1561	501	541	1020	40	35%
湘潭市	1513	500	719	794	219	48%
衡阳市	4886	2286	2574	2312	288	53%
邵阳市	5510	2119	2275	3235	156	41%
岳阳市	3097	1686	1700	1397	14	55%
常德市	3353	1722	1746	1607	24	52%
益阳市	1886	705	716	1170	11	38%
郴州市	2937	859	870	2067	11	30%
永州市	5060	2004	2119	2941	115	42%
怀化市	3854	1134	1389	2465	255	36%
娄底市	3260	1292	1414	1846	122	43%
张家界市	1514	548	642	872	94	42%
湘西自治州	1961	303	319	1642	16	16%
合 计	41595	16069	17442	24153	1373	42%

（摘自《湖南省乡镇区划调整改革工作简报》第105期）

1949年至2016年6月30日湖南省各级行政区划村（居）及小组情况统计表

表3

单位：个

年份	地级					县级						县辖区	乡级				街道办	村级			组级		
	专区地区	自治州	地级市	其他	合计	县	自治县	县级市	市辖区	其他	合计		镇	乡公社	民族乡民族公社	合计		村、大队	居委会	合计	组、生产队	居民组	合计
1949	7直属专区3专区		1	1行政区	12	77		1	8		86	263	104	1681乡		1785							
1950	同上		1	同上	13	77		6	13		86	595	126	8287乡		8413	26						
1951	同上		2	同上	13	78		7	11	1(特区)1(工矿特区)	98	710	146	10306乡		10452	36						
1952	4专区	1自治区	2	同上	7	86		7	5		98	965	209	19478乡	7(民族乡)	19694	56						
1953	同上		1	同上	7	86		8	6		100	942	263	15602乡	9(民族乡)	15874	54						
1954	6专区	同上	1		8	85	1	8	6		100	941	270	15318乡	12(民族乡)	15600	54						
1955	同上	1	1		8	84	2	8	6		100		246	15333乡	12(民族乡)	15591	71						
1956	同上		2		9	82	4	7	5		98		179	2957乡	9(民族乡)	3145	57						
1957	同上	1	2		9	82	4	7	5		98		205	2971乡	3(民族乡)	3179	48						
1958	同上	1	2		9	82	4	8	5		99		94	1183公社	1(民族公社)	1278	47	11592			10500		
1959	同上	1	2		9	74	4	8	4		90		110	1157公社	1(民族公社)	1368	42	18152			154800		
1960	同上	1	2		9	74	4	8	5	1(管理局)	92	29	99	1263公社		1362	90	16895			109200		
1961	同上	1	2		9	81	4	14	5	同上	100	432	158	3480公社		3638	88	49479			458200		

续表 3

年份	地级					县级						县辖区	乡级				街道办	村级			组级		
	专区地区	自治州	地级市	其他	合计	县	自治县	县级市	市辖区	其他	合计		镇	乡公社	民族乡民族公社	合计		村、大队	居委会	合计	组、生产队	居民组	合计
1962	8 专区	1	2		11	81	4	8	6	同上	100	426	160	3545 公社		3705	76	49985			457600		
1963	同上	1	2		11	82	4	5	6		97	435	171	3549 公社		3720	72	50423			480100		
1964	9 专区	1	2		12	82	4	5	6	1(管理局)	98	469	173	3532 公社		3705	72	49752			473500		
1965	同上	1	2		12	83	4	5	6	同上	99	458	175	3461 公社		3636	70	48081			451900		
1966	同上	1	2		12	84	4	5	7	同上	101	461	182	3351 公社		3533	69	45704			416700		
1967	同上	1	2		12	84	4	5	7	同上	101	454	175	3318 公社		3493	69	45637			410400		
1968	9 地区	1	2	1 区	13	84	4	5	7	同上	101	400	157	3182 公社		3339	79	45271			406400		
1969	同上	1	2	同上	13	85	4	6	7		102	432	162	3272 公社		3434	73	45171			392900		
1970	同上	1	2	同上	13	85	4	6	10		105	445	158	3315 公社		3473	82	45137			391200		
1971	同上	1	2	同上	13	85	4	6	10		105	433	157	3316 公社		3473	82	45412			392600		
1972	同上	1	2	同上	13	85	4	6	10		105	446	158	3317 公社		3475	80	45941			397300		
1973	同上	1	2	同上	13	85	4	6	10		105	446	161	3318 公社		3479	81	45981			402200		
1974	9	1	2	1 区	13	85	4	6	9		104	465	161	3319 公社		3480	78	46302			405100		
1975	9	1	2	1 区	13	85	4	7	9		105	444	162	3324 公社		3486	87	46711			406400		
1976	9	1	2	1 区	13	85	4	7	9		105	444	165	3324 公社		3489	92	48326			420900		
1977	10	1	3	1 区	15	86	4	7	13		110	444	163	3336 公社		3489	94	47690			411700		

续表 3

年份	地级					县级						县辖区	乡级				街道办	村级			组级		
	专区地区	自治州	地级市	其他	合计	县	自治县	县级市	市辖区	其他	合计		镇	乡公社	民族乡民族公社	合计		村、大队	居委会	合计	组、生产队	居民组	合计
1978	10	1	3	1区	15	86	4	7	13		110	439	154	3295公社		3449	95	47120			409900		
1979	10	1	3	1区	15	86	4	10	13		113	440	148	3297公社		3445	103	46378			420100		
1980	10	1	5	1区	17	86	4	9	22		121	442	155	3321公社		3476	118	46651			454400		
1981	10	1	5		16	85	4	9	22		120	442	185	3331公社		3516	124	47103			510700		
1982	10	1	5		16	83	4	11	22		120	444	196	8乡3308公社	24民族公社	3536	132	47234			515200		
1983	8	1	6		15	84	4	10	22		120	449	230	234乡3082公社	同上	3570	132	45266			485800		
1984	8	1	6		15	82	4	12	27		125	443	513	3014乡	74民族乡	3601	145	47920			467500		
1985	8	1	6		15	80	4	14	27		125	441	544	2935乡	74民族乡	3553	154	47899			495400		
1986	6	1	6		13	77	5	16	27		125	434	581	2858乡	83民族乡	3522	153	47954	3034	50988	496200		
1987	6	1	6		13	74	6	18	26		124	433	585	2813乡	84民族乡	3482	160	48117			496800		
1988	5	1	8		14	71	7	17	30		125	427	596	2812乡	71民族乡	3479	170	48360			498800		
1989	5	1	8		14	71	7	17	30		125	411	621	2722乡	79民族乡	3422	170	47534	3320	50854	500100		
1990	5	1	8		14	71	7	18	29		125	397	630	2719乡	82民族乡	3431	171	47601	3507	51108			
1991	5	1	8		14	71	7	18	29		125	397	641	2705乡	86民族乡	3432	171	47536	3694	51230			
1992	5	1	8		14	70	7	19	26		122	397	658	2689乡	86民族乡	3433	172	47470	4070	51540			
1993	5	1	8		14	69	7	20	26		122	388	733	2606乡	88民族乡	3427	173	47291	4282				

续表 3

年份	地级					县级						县辖区	乡级				街道办	村级			组级		
	专区地区	自治州	地级市	其他	合计	县	自治县	县级市	市辖区	其他	合计		镇	乡公社	民族乡民族公社	合计		村、大队	居委会	合计	组、生产队	居民组	合计
1994	3	1	11		15	66	7	19	30		122	381	769	2562 乡	88 民族乡	3413	183						
1995	2	1	11		14	66	7	17	32		122	40	903	1401 乡	84 民族乡	2388	189	46804	4684	51488			
1996	2	1	11		14	65	7	18	32		122	19	950	1280 乡	86 民族乡	2316	191	46973	4808	51777			
1997	1	1	12		14	65	7	17	33		122	19	980	1240 乡	93 民族乡	2313	206	46894	4970	51864	458500	38388	496888
1998	1	1	12		14	65	7	17	33		122	14	1002	1257 乡	99 民族乡	2358	203	47550	5043	52593	479597	44720	524317
1999		1	13		14	65	7	16	34		122	14	1023	1237 乡	99 民族乡	2359	208	47516	5093	52609	479795	45273	525068
2000		1	13		14	65	7	16	34		122	8	1055	1212 乡	98 民族乡	2365	210	47525	5160	52685	475112	45753	520865
2001		1	13		14	65	7	16	34		122	8	1087	1177 乡	98 民族乡	2362	214	47604	4946	52550	463472	44516	507988
2002		1	13		14	65	7	16	34		122	8	1097	1159 乡	98 民族乡	2354	221	47284	3815	51099	457711	42583	500294
2003		1	13		14	65	7	16	34		122	8	1098	1158 乡	98 民族乡	2354	225	46554	4714	51268	448850	41791	490641
2004		1	13		14	65	7	16	34		122	8	1089	1146 乡	98 民族乡	2342	226	45632	4577	50209	483510	46615	530125
2005		1	13		14	65	7	16	34		122		1098	990 乡	97 民族乡	2176	233	43572	4617	48189	446565	42494	489059
2006		1	13		14	65	7	16	34		122		1091	988 乡	97 民族乡	2176	230	44270	4500	48770	366108	33699	399807
2007		1	13		14	65	7	16	34		122		1095	974 乡	97 民族乡	2166	237	44203	4533	48736	437790	40106	477896
2008		1	13		14	65	7	16	34		122		1101	966 乡	97 民族乡	2164	241	43550	4508	48058	451132	45676	496808
2009		1	13		14	65	7	16	34		122		1106	959 乡	97 民族乡	2162	247	42928	4526	47454	442927	47558	490485

续表 3

年份	地级					县级						县辖区	乡级				街道办	村级			组级		
	专区地区	自治州	地级市	其他	合计	县	自治县	县级市	市辖区	其他	合计		镇	乡公社	民族乡民族公社	合计		村、大队	居委会	合计	组、生产队	居民组	合计
2010		1	13		14	65	7	16	34		122		1106	955 乡	97 民族乡	2161	258	42863	4555	47418	443333	48155	491488
2011		1	13		14	64	7	16	35		122		1121	941	97 民族乡	2159	267	42539	4700	47238	441566	50809	492375
2012		1	13		14	64	7	16	35		122		1131	952 乡	97 民族乡	2180	305						
2013		1	13		14	64	7	16	35		122		1138	828 乡	97 民族乡	2063	344	41922	4966	46888	432161	54682	486843
2014		1	13		14	64	7	16	35		122		1153	805 乡	97 民族乡	2055	359	41420			432161		
2015		1	13		14	64	7	16	35		122		1119	334	83 民族乡	1536	375	41595			432161		
2016		1	13		14	64	7	16	35		122		1128	325	83 民族乡	1536	393	24153			432161		

说明：

1. 关于资料来源的说明

1950—2010 年、2013 年行政区划数据摘自 2014 年行政区划简册；2011 年、2012 年、2014 年、2015 年摘自《湖南统计年鉴》等资料。

农村基层组织 1949—1989 年摘自《湖南资料手册》；1949 年 8 至次年 10 月，共建立农会 9000 多个。1950 年 10 月至次年 4 月完成第一批土改，共建乡 5470 个。1951 年 6—9 月完成第二批土改，共建乡 2208 个，年底建互助组 1000 余个，其中常互助组 200 余个。上年至 1952 年 4 月完成第三批土改，共建乡 4892 个，年底有互助组 192429 个，其中常年互助组 19556 个。上年 12 月至 1953 年 3 月完成第四批土改，共建乡 58 个，年底有互助组 247697 个，其中常年互助组 40791 个，试办初级社 57 个。1954 年有互助组 615437 个，其中常年互助组 221791 个，是年春办初级社 405 个。1955 年有互助组 570311 个，其中常年互助组 275396 个；秋有初级社 13126 个，秋后新建 22900 个。1956 年有常年互助组 16955 个，至 5 月有初级社 87114 个，高级社 4426 个；秋原有 9.1 万个初级社并社转高级农业生产合作社 46305 个。1957 年调整后有高级社 53375 个。1958 年高级社全部并组人民公社 1123 个，实行政社合一，年底有公社 1184 个。

1958—1989 年大队、生产队数据摘自《湖南资料手册》，1990—2011 年、2013 年摘自《中国民政统计年鉴》，2015 年村数为省民政厅统计数，2016 年 6 月村数为合并村数。1989—2011 年、2013 年居委会、居民组数据摘录于《中国民政统计年鉴》。

2. 关于表格数据的说明

村、组级存在个别年份统计数据缺失。

湖南省国家级、省级历史文化名镇、名村名录

（一）国家级历史文化名镇、名村

1. 中国历史文化名镇 7 个：龙山县里耶镇、长沙市望城区靖港镇、永顺县芙蓉镇、绥宁县寨市镇、泸溪县浦市镇、洞口县高沙镇、花垣县边城镇。

2. 中国历史文化名村 15 个：岳阳县张谷英镇张谷英村、江永县夏层铺镇上甘棠村、会同县高椅乡高椅村、永州市零陵区富家桥镇干岩头村、双牌县理家坪乡坦田村、祁阳县潘市镇龙溪村、永兴县高亭乡板梁村、辰溪县上蒲溪瑶族乡五宝田村、永顺县灵溪镇老司城村、通道侗族自治县双江镇芋头村、通道侗族自治县坪坦乡坪坦村、绥宁县黄桑坪苗族乡上堡村、绥宁县关峡苗族乡大园村、江永县兰溪瑶族乡兰溪村、龙山县苗儿滩镇捞车村。

（二）湖南省级历史文化名镇、名村

1. 湖南省历史文化名镇 14 个：临湘市聂市镇，汨罗市长乐镇，绥宁县李熙桥镇，隆回县司门前镇，隆回县滩头镇，涟源市杨市镇，双峰县荷叶镇，麻阳县锦和镇，东安县芦洪市镇，耒阳市新市镇，衡阳市南岳区南岳镇，株洲县朱亭镇，长沙市望城区铜官镇，浏阳市文家市镇。

2. 湖南省历史名村 54 个：湘潭湘乡壶天村，永州新田黑砠岭村，永州新田谈文溪村，永州双牌访尧村，永州双牌大河江村，永州蓝山滨溪村，永州蓝山虎溪村，永州江华宝镜村，永州道县楼田村，邵阳武冈浪石村，邵阳洞口宝瑶村，邵阳城步大寨村，邵阳隆回崇木凼村，湘西保靖夯沙村，湘西凤凰早岗村，湘西凤凰老洞村，湘西凤凰拉毫村，湘西凤凰舒家塘村，湘西龙山街上村，湘西永顺双凤村，吉首市小溪村，吉首市中黄村，吉首泸溪岩门村，娄底涟源三甲古村落群，娄底双峰枫树山村，娄底双峰香花村，娄底新化楼下村，娄底新化正龙村，怀化新晃四路村，怀化麻阳豪侠坪村，怀化溆浦阳雀坡村，怀化溆浦乌峰村，怀化中方荆坪村，怀化中方黄溪村，怀化靖州地笋村，怀化辰溪龚家湾村，怀化沅陵明中村，郴州苏仙区坳上村，郴州北湖区陂副村，郴州北湖区村头村，郴州汝城石泉村，郴州汝城土桥村，郴州汝城先锋村，郴州汝城沙洲村，郴州汝城外沙村，郴州汝城金山村，郴州宜章腊元村，郴州宜章黄家塝村，郴州桂阳阳山村，郴州临武上乔村，衡阳常宁中田村，株洲醴陵沩山村，株洲炎陵中村村，长沙浏阳新开村。

（由湖南省住房建设厅提供资料）

附录二

2016 年年底永定区乡镇街道行政区划情况表

表 4

乡镇街道名称（共 20 个）	建制村（共 196 个）	社区（居委会）（共 59 个）
永定街道		解放社区
		教场社区
		回龙社区
		北正社区
		后溶街社区
		崇实社区
		紫云社区
崇文街道	子午村	南正街社区居委会
	代家湾村	思善桥社区居委会
	新园区村	凤湾社区居委会
	竹园塔村	沿河社区居委会
	禾家山村	禾家山社区居委会
	周家坊村	燕窝塔社区居委会
	三岗村	宝塔岗社区居委会
	张家湾村	双溪居委会
	前社村	吴家嘴居委会
	一家张村	建新居委会
	王潭新村	
	陵阳村	
大庸桥街道	金山村	大庸桥社区居委会
	高铁新村	热水坑社区居委会
	沙田村	大栗坡社区居委会
	沙堤新村	且住岗社区居委会
	龚家垴村	月亮岛社区居委会
	郝坪村	名流园社区居委会
	黄茅溪村	小河坎社区居委会
	板坪村	枫香岗社区居委会
	永水溪村	玉皇洞社区居委会
	朝阳村	立功桥社区居委
	泗坪村	
	大溶溪村	
	玉泉山村	

续表 4

乡镇街道名称（共 20 个）	建制村（共 196 个）	社区（居委会）（共 59 个）
大庸桥街道	青鱼潭村	
	龙盘岗村	
	石牌村	
	宋家岗村	
南庄坪街道	崇山村	机场社区居委会
	木纳里村	刑家巷社区居委会
	大庸所村	三眼桥社区居委会
	前坪村	南庄坪社区居委会
	鸡公垭村	永康社区居委会
	荷花村	茅坪社区居委会
	八家河村	大悲庵社区居委会
	广岩嘴村	边岩社区居委会
	侯家湾村	后坪社区居委会
		二家河社区居委会
官黎坪街道	仙人溪村	官黎坪社区居委会
	双峡村	黄金塔社区居委会
	汪家寨村	鲤鱼池社区居委会
	杆子坪村	龙门社区居委会
		白羊坡社区居委会
西溪坪街道	天乐山村	胡家岗社区
	郭家溪村	覃家岗社区
	幺公坡村	西溪坪社区
	一碗水村	渡口社区
	桐木岗村	打鼓台社区
	三山村	彭家巷社区
	杨家溪村	胡家河社区
	宋家湾村	
	鲁家坪村	
	关门岩村	
	田家坊村	
	禾家村	
	庄家峪村	
	两岔溪村	
	邢家峪村	
	三岔村	

续表 4

乡镇街道名称（共 20 个）	建制村（共 196 个）	社区（居委会）（共 59 个）
尹家溪镇	茅溪村	官坪居委会
	太极村	
	红石林村	
	尹家溪村	
	马儿山村	
	西尹村	
	莫家岗村	
	瓦窑岗村	
	沧溪村	
	官坪村	
	马口村	
	九家坪村	
新桥镇	远大村	新桥居委会
	贵峪村	丁家庄居委会
	郑家坪村	
	老木峪村	
	申家坪村	
	柏家峪村	
教字垭镇	七家坪村	教字垭居委会
	新路村	
	禹溪村	
	牛角洞村	
	青云桥村	
	兴隆村	
	虎势岗村	
	宋柳村	
	柑子坡村	
	童家峪村	
	三军村	
	高铁站村	
	黄官塔村	
	阳光村	
	朝天山村	
	龙洞湖村	
	竹园坪村	

续表 4

乡镇街道名称（共 20 个）	建制村（共 196 个）	社区（居委会）（共 59 个）
茅岩河镇	金虾湾村	温塘居委会
	茅岗村	
	天泉山村	
	大米界村	
	胡家坡村	
	水帘洞村	
	神堂坪村	
	安坪村	
	瞿家堡村	
	洞子坊村	
	青安村	
	黑潭村	
天门山镇	土木溪村	大坪居委会
	小坪村	柏树居委会
	天门溪村	
	塘家村	
	黄庄村	
	王姓垭村	
沅古坪镇	栗子坪村	沅古坪居委会
	红土坪村	
	三台山村	
	红星村	
	黄渔溪村	
	柏杨坪村	
	栗山村	
	烽火村	
	榔木岭村	
	盘塘村	
	长潭村	
	桑木村	
王家坪镇	九龙山村	王家坪居委会
	太阳山村	湖田垭居委会
	马头溪村	
	木山村	
	宋家溪村	

续表 4

乡镇街道名称 （共20个）	建制村 （共196个）	社区（居委会） （共59个）
王家坪镇	韭菜垭村	
	砂子垭村	
	紫荆塔村	
	伞家湾村	
	石堰坪村	
	桥边河村	
桥头乡	楠木村	
	拖船峪村	
	桥头村	
	张家塔村	
	双溪村	
	高枫村	
	熊家逻村	
	双岗村	
	丫角山村	
	长岭岗村	
罗水乡	罗水村	
	官庄村	
	白云村	
	芭蕉村	
	龙凤村	
	大明村	
合作桥乡	王家湾村	
	花果峪村	
	覃家山村	
	八家村	
	高万村	
	中山村	
	合作桥村	
	岩口村	
罗塔坪乡	盐井村	
	槟榔坪村	
	长寿村	
	宏岗村	
	青岩村	

续表 4

乡镇街道名称（共 20 个）	建制村（共 196 个）	社区（居委会）（共 59 个）
罗塔坪乡	岩垴村	
	太坪村	
	水田坪村	
三家馆乡	漩水村	
	竹园坡村	
	垕王村	
	三家馆村	
	张家峪村	
	枞茂村	
	岩水井村	
	晓村	
	杜家岗村	
	毛头关村	
	云盘塔村	
谢家垭乡	孙阳坪村	
	双溪桥村	
	苗湾村	
	高坪村	
	湖金萍村	
	沂溪村	
	龙阳村	
	筒车坝村	
	青湾村	
	昌溪村	
	和平岗村	
四都坪乡	沅溪村	
	熊家塔村	
	四都坪村	
	九龙村	
	铜斗村	
	和平村	
	黄家河村	
	牧笛溪村	

2016年年底武陵源区乡镇街道行政区划情况表

表5

乡、街道	村、居、社区	乡、街道	村、居、社区
索溪峪街道	喻家嘴社区	锣鼓塔街道	锣鼓塔社区
	白虎堂居委会		张家界社区
	文风路居委会		袁家界社区
	迎宾路居委会		张家界国营林场
	黄龙路居委会	天子山街道	泗南峪居委会
	田富村		天子山居委会
	双星村		向家坪居委会
	金杜村		黄河村
	双文村	协合乡	协合村
军地坪街道	吴家峪社区		杨家坪村
	宝峰路社区		李家岗村
	画卷路社区		黄家坪村
中湖乡	野溪铺居委会		插旗峪居委会
	杨家界居委会		龙尾巴居委会
	檀木岗村	合计	4街道2乡
	青龙垭村		管辖：7个社区
	定家庄村		11个居委会
	鱼泉峪村		15个村
	三家峪村		1个林场
	石家峪村		

2016年6月慈利县建制村、居委会合并前后对照表

表6

乡镇	合并前		合并后	
	村（居）名	村（居）民小组数（个）	村（居）名	村（居）民小组数（个）
零阳镇	西街社区居委会	23	西街社区居委会	23
	北街社区居委会	22	北街社区居委会	22
	南街社区居委会	20	南街社区居委会	20
	东街社区居委会	14	东街社区居委会	14
	紫霞社区居委会	20	紫霞社区居委会	20
	双安社区居委会	14	双安社区居委会	14
	白沙井社区居委会	18	白沙井社区居委会	18
	鲤鱼桥社区居委会	10	鲤鱼桥社区居委会	10
	白云社区居委会	12	白云社区居委会	12
	白公城社区居委会	8	白公城社区居委会	8
	铜台社区居委会	7	铜台社区居委会	7
	北岗社区居委会	11	北岗社区居委会	11
	金台社区居委会	6	金台社区居委会	6
	龙坪社区居委会	12	龙坪社区居委会	12
	太坪社区居委会	10	太坪社区居委会	10
	张家峪村	7	茶庵村	22
	茶庵村	15		
	陈溪峪村	14	凤凰村	34
	白坡村	20		
	天星村	12	饭甑山村	26
	长青村	10		
	甑山村	4		
	幸福村	12	铁桥村	30
	铁桥村	18		
	枫杨村	10	丰阳村	11
	银田村	1		
	墨砚村	10	团溪村	39
	团溪村	22		
	陈家山村	7		
	芦坪村	7	宝莲村	22
	宝莲村	15		

续表 6

乡镇	合并前		合并后	
	村（居）名	村（居）民小组数（个）	村（居）名	村（居）民小组数（个）
零阳镇	白羊村	11	跑马岗村	21
	枫岗村	10		
	金龙村	6	七相坪村	30
	花椒塌	7		
	七相坪村	17		
	星岩村	10	星子山村	20
	芭茅村	4		
	大沙溪村	6		
	胜利村	17	遗笔溪村	33
	克西村	8		
	大星村	8		
	垭井村	12	垭门关村	28
	岩洛村	8		
	长见村	8		
	郝家山村	4	石马村	16
	石马村	12		
	万福村	9	万福村	15
	中心村	6		
	桑木溪村	17	桑木溪村	29
	栗山村	12		
	团坡村	16	团坡村	16
	亮垭村	9	亮垭村	9
	永安村	17	永安村	17
	柳林村	12	柳林村	12
	南洋村	10	南洋村	10
	长潭河村	13	长潭河村	13
	十板村	13	十板村	13
	青山村	12	青山村	12
	白沙溪村	9	白沙溪村	9
	金花村	10	金花村	10
	七枞村	20	七枞村	20
	仁和村	17	仁和村	17
	龙峰村	8	龙峰村	8
	零溪村	13	零溪村	13
	民和村	14	民和村	14

续表 6

乡镇	合并前		合并后	
	村（居）名	村(居)民小组数(个)	村（居）名	村(居)民小组数(个)
零阳镇	琵琶村	15	琵琶村	15
	两溪村	14	两溪村	14
	水汪村	11	水汪村	11
	笔架村	15	笔架村	15
	云盘村	14	云盘村	14
	枫垭村	8	枫垭村	8
岩泊渡镇	五音村	6	和平村	20
	钟岗村	14		
	双溪村	11	双溪村	18
	岩谷村	7		
	岩市村	20	岩市村	29
	白洋垱村	9		
	双桥村	8	大安村	21
	大安村	13		
	集中村	11	红土村	25
	田峪村	7		
	红土村	7		
	篢市村	11	篢市村	26
	红岩村	8		
	三湾村	7		
	杨家桥村	10	杨家桥村	21
	楠竹村	11		
	茅坪村	9	任氏桥村	28
	沙刀湾村	11		
	任氏桥村	8		
	狮岩村	7	双合村	21
	双合村	10		
	两山村 5~8 组	4		
	两山村 1~4 组	4	龙潭村	18
	龙潭坡村	14		
	失马村	18	失马村	18
	渔米渡村	14	渔米渡村	14
	马公渡村	12	马公渡村	12
	廖家村	20	廖家村	20

续表6

乡镇	合并前		合并后	
	村（居）名	村（居）民小组数（个）	村（居）名	村（居）民小组数（个）
岩泊渡镇	行溪村	13	行溪村	13
	鸭毛村	11	中心村	11
	星明村	13	星明村	13
	田坪村	13	田坪村	13
	岩泊渡社区居委会	20	岩泊渡社区居委会	29
	万家村	9		
溪口镇	湖凹村	13	天湖村	31
	天桥村	9		
	卓家山村	9		
	白岩村	13	丁周村	20
	丁周村	7		
	樟树村	6	樟树村	13
	坪坦村	7		
	云桂村	19	云岩村	26
	岩门村	7		
	和爱村	12	渔家村	23
	立功村	11		
	岗头村	12	双福坪村	19
	双峪村	7		
	里仁村	8	里仁村	15
	茅坡村	7		
	杜坪村	15	杜坪村	15
	同盟村	11	同盟村	11
	老街社区居委会	4	老街社区居委会	4
	渡坦村	10	渡坦村	10
	新街社区居委会	10	新街社区居委会	17
	长潭村	7		
东岳观镇	天鹅池村	6	道人山村	19
	南家村	13		
	银泉村	19	南岳村	34
	跑马村	15		
	板桥村	9	凉桥村	21
	凉水村	12		
	三岔村	11	道林村	24
	丹风村	13		

续表 6

乡镇	合并前		合并后	
	村（居）名	村(居)民小组数(个)	村（居）名	村(居)民小组数(个)
东岳观镇	分水村	9	东源村	27
	风自洞村	18		
	陡溪村	15	陡溪村	20
	丁塌村	5		
	长冲村	15	北平村	39
	北平村	17		
	陡垭村	7		
	西边峪村	14	广东村	44
	广东村	18		
	管家峪村	12		
	江西村	15	江西村	15
	彩球村	10	彩球村	10
	佛袈山村	16	佛袈山村	16
	大岩村	18	大岩村	18
	阳凤坪村	16	阳凤坪村	16
	新花村	15	新花村	15
	三淹桥村	14	三淹桥村	14
	东市社区居委会	13	东市社区居委会	13
通津铺镇	九岭村	6	余湖村	21
	余湖村	15		
	花合村	8	苗山村	23
	苗山村	15		
	星峪村	9	月塌村	21
	月塌村	12		
	风洞村	6	竹叶坪村	18
	竹叶坪村	7		
	河井村	5		
	长峪铺村	14	长峪铺村	27
	水井村	5		
	水淌村	8		
	二吾台村	15	二吾台村	15
	千步岗村	14	千步岗村	14
	葵花台村	17	葵花台村	17
	陈坪村	16	陈坪村	16
	泗坪村	11	泗坪村	11
	赵坪村	14	赵坪村	14

续表 6

乡镇	合并前		合并后	
	村（居）名	村（居）民小组数（个）	村（居）名	村（居）民小组数（个）
通津铺镇	坪山村	15	坪山村	15
	黄岗村	10	黄岗村	10
	通津铺社区居委会	20	通津铺社区居委会	24
	所坪村	4		
	柳子泉村	8	市场河社区居委会	32
	渔泉村	15		
	市场河社区居委会	9		
	燕子居委会	13	燕子社区居委会	13
	后溪峪社区居委会	10	后溪峪社区居委会	10
杉木桥镇	中溶村	13	中溶村	26
	七岭村	13		
	杨华村	11	马塔村	23
	马塔村	12		
	大门村	10	清水村	23
	清水村	13		
	栗山村	10	栗山村	19
	狮子村	9		
	战马村	16	战马村	28
	丰岭村	6		
	小岭村	6		
	三斗（4 个组）	4	赵家铺村	20
	赵家铺村	16		
	三斗（7 个组）	7	湖塔村	19
	湖塔村	12		
	大市村	21	大市村	21
	风垭村	16	风垭村	16
	关坪村	15	关坪村	15
	堰坪村	16	堰坪村	16
	湖丘村	22	湖丘村	22
	尖角村	16	尖角村	16
	龙关坪村	5	东街社区居委会	17
	泗水坝村	7		
	东街社区居委会	5		
	西街社区居委会	5	西街社区居委会	14
	豹子村	9		

续表 6

乡镇	合并前		合并后	
	村（居）名	村（居）民小组数（个）	村（居）名	村（居）民小组数（个）
杉木桥镇	龙潭村	14	龙潭村	14
	月亮山村	12	月亮山村	12
	沅峪村	18	沅峪村	18
	杨家塔村	12	杨家塔村	12
象市镇	双塔村	10	龙坦坪村	19
	龙坦坪村	9		
	放马村	10	放马村	21
	苏家湾村	11		
	双洲村	7	白洋村	15
	白杨村	8		
	虎头村	16	虎头村	26
	柳家台村	10		
	向家溪村	4	旭日塔村	23
	旭日村	11		
	栗垭村	8		
	双潮村	9	坼岩村	33
	走马村	9		
	坼岩村	15		
	龙兴村	11	龙兴村	11
	田家坪村	10	田家坪村	10
	高潮村	17	高潮村	17
	大尖村	14	大尖村	14
	李子村	17	李子村	17
	谢高村	13	谢高村	13
	三桥村	11	三桥村	11
	符坪村	11	符坪村	11
	白马村	12	白马村	12
	象市社区居委会	3	象市社区居委会	3
江垭镇	李家峪村	9	李家峪村	19
	官塔村	10		
	皮家垭村	9	双湖村	18
	龙王岗村	9		
	八斗坵村	11	八斗坵村	28
	九里垭村	17		
	卓家峪村	13	卓家峪村	18
	棋盘塌	5		

续表 6

乡镇	合并前		合并后	
	村（居）名	村（居）民小组数（个）	村（居）名	村（居）民小组数（个）
江垭镇	甘溪坪村	10	甘溪坪村	19
	广济寺村	9		
	坼岩坪村	12	坼岩坪村	18
	鸡公凼村	6		
	笔架村	7	合心村村	12
	合心村	5		
	青长岭村	12	官桥村村	34
	清水洞村	7		
	官桥村	15		
	兴隆铺村	9	熊家庄村	27
	斋公坡村	9		
	熊家庄村	9		
	犀牛园村	4	佛塌坪村	17
	万石坪村	5		
	灰塘坪村	8		
	双潭村	4	龙潭湾村	15
	金鸡岩村	8		
	三岔溪村	3		
	枫垭村	10	大坝村	20
	逃驾峪	4		
	老垱村	6		
	毕家坪村	17	毕家坪村	17
	三双村	16	三双村	16
	教场坪村	16	教场坪村	16
	美世坪村	11	美世坪村	11
	龙台村	12	龙台村	12
	莲坪村	21	莲坪村	21
	白堰村	14	白堰村	14
	五四村	12	五四村	12
	四坡村	14	四坡村	14
	江垭村	12	江垭村	12
	五里堆村	18	五里堆村	18
	岩板田村	11	岩板田村	11
	长峪村	18	长峪村	18
	九溪村	11	九溪村	11

续表 6

乡镇	合并前		合并后	
	村（居）名	村（居）民小组数（个）	村（居）名	村（居）民小组数（个）
江垭镇	细茅坪村	15	细茅坪村	15
	黄金塔村	14	黄金塔村	14
	白岩峪村	17	白岩峪村	17
	关岩村	10	关岩村	10
	农贸市场社区居委会	1	农贸市场社区居委会	1
	临江社区居委会	7	临江社区居委会	7
	东河街社区居委会	6	东河街社区居委会	6
	丁字街社区居委会	4	丁字街社区居委会	4
	兴隆街社区居委会	4	兴隆街社区居委会	4
苗市镇	黄花溪村	9	黄花溪村	25
	保安村	16		
	茶林河村	12	茶林河村	21
	乐峪村	9		
	小沙村	4	新旺村	28
	新苍村	12		
	斗量村	12		
	碗田村	11	高桥村	33
	麻王村	5		
	高桥村	17		
	明月村	7	东洋渡村	32
	东洋村	15		
	荷花村	10		
	新星村	14	新星村	14
	大兴村	16	大兴村	16
	洞湾村	14	洞湾村	14
	界溪村	8	界溪村	8
	栗树村	13	栗树村	13
	白龙村	15	白龙村	15
	东岳村	14	东岳村	14
	龙阳村	21	龙阳	21
	一都界村	4	苗市社区居委会	35
	关脉村	7		
	天星村	8		
	苗市社区居委会	16		

续表6

<table>
<tr><th rowspan="2">乡镇</th><th colspan="2">合并前</th><th colspan="2">合并后</th></tr>
<tr><th>村（居）名</th><th>村（居）民小组数（个）</th><th>村（居）名</th><th>村（居）民小组数（个）</th></tr>
<tr><td rowspan="21">高桥镇</td><td>材树村</td><td>9</td><td rowspan="2">材树村</td><td rowspan="2">17</td></tr>
<tr><td>白果村</td><td>8</td></tr>
<tr><td>金堰村</td><td>8</td><td rowspan="2">长堰村</td><td rowspan="2">17</td></tr>
<tr><td>长白村</td><td>9</td></tr>
<tr><td>砂厂村</td><td>7</td><td rowspan="2">砂厂村</td><td rowspan="2">13</td></tr>
<tr><td>杜树垭村</td><td>6</td></tr>
<tr><td>光明村</td><td>10</td><td rowspan="3">先锋村</td><td rowspan="3">24</td></tr>
<tr><td>四坪村</td><td>8</td></tr>
<tr><td>陈家河村</td><td>6</td></tr>
<tr><td>黄林村</td><td>8</td><td rowspan="3">新合村</td><td rowspan="3">24</td></tr>
<tr><td>白竹峪村</td><td>9</td></tr>
<tr><td>兴田口村</td><td>7</td></tr>
<tr><td>岩音村</td><td>9</td><td>岩音村</td><td>9</td></tr>
<tr><td>花椒坪村</td><td>13</td><td>花椒坪村</td><td>13</td></tr>
<tr><td>楸木山村</td><td>7</td><td>楸木山村</td><td>7</td></tr>
<tr><td>阳坪村</td><td>15</td><td>阳坪村</td><td>15</td></tr>
<tr><td>新山村</td><td>13</td><td>新山村</td><td>13</td></tr>
<tr><td>枧潭村</td><td>15</td><td>枧潭村</td><td>15</td></tr>
<tr><td>皂泥峪村</td><td>9</td><td>皂泥峪村</td><td>9</td></tr>
<tr><td>高桥社区居委会</td><td>14</td><td>高桥社区居委会</td><td>14</td></tr>
<tr><td>亭子桥社区居委会</td><td>4</td><td>亭子桥社区居委会</td><td>4</td></tr>
<tr><td rowspan="15">广福桥镇</td><td>狮岩村</td><td>11</td><td rowspan="2">双狮村</td><td rowspan="2">17</td></tr>
<tr><td>乌龙岗村</td><td>6</td></tr>
<tr><td>井岗村</td><td>7</td><td rowspan="3">双云村</td><td rowspan="3">21</td></tr>
<tr><td>亮狮村</td><td>9</td></tr>
<tr><td>双云村</td><td>5</td></tr>
<tr><td>桃树村</td><td>14</td><td>桃树村</td><td>14</td></tr>
<tr><td>辛银村</td><td>13</td><td>辛银村</td><td>13</td></tr>
<tr><td>桃溪村</td><td>12</td><td>桃溪村</td><td>12</td></tr>
<tr><td>三丝村</td><td>20</td><td>三丝村</td><td>20</td></tr>
<tr><td>官见村</td><td>10</td><td>官见村</td><td>10</td></tr>
<tr><td>三王村</td><td>10</td><td>三王村</td><td>10</td></tr>
<tr><td>老棚村</td><td>14</td><td>老棚村</td><td>14</td></tr>
<tr><td>太坪村</td><td>3</td><td rowspan="3">广福桥社区居委会</td><td rowspan="3">35</td></tr>
<tr><td>建设村</td><td>14</td></tr>
<tr><td>广福桥社区居委会</td><td>18</td></tr>
</table>

续表 6

乡镇	合并前		合并后	
	村（居）名	村（居）民小组数（个）	村（居）名	村（居）民小组数（个）
三合镇	邻矿村	13	邻矿村	23
	星明村	10		
	广口村	10	雷岩村	20
	雷岩村	10		
	杨树坪	8	平溪村	14
	白鹤村	6		
	新堰村	4	凤鹤山村	12
	凤鹤村	8		
	星斗村	13	庄塔村	28
	水库村	4		
	庄塌村	6		
	三岔溪村	5		
	月岩村	4	月亮岩村	17
	水田村	13		
	肖塌村	6	枫香坪村	16
	枫坪村	10		
	毛塌村	6	龙灯峪村	19
	黑松村	7		
	龙灯村	6		
	关岩村	5	关岩村	11
	桑树村	6		
	土地垭村	2	牧羊冲村	11
	小溪村	9		
	战马村	8	茶马村	11
	水垭村	3		
	池岩村	9	三合口村	38
	炉家庙村	9		
	三合口村	5		
	造化村	6		
	划子村	9		
	封泉村	9	英塔村	19
	英塔村	10		
	马汉村	6	望月坪村	17
	望月坪	11		

续表 6

乡镇	合并前		合并后	
	村（居）名	村（居）民小组数（个）	村（居）名	村（居）民小组数（个）
三合镇	双龙村	7	双龙村	18
	圣龙村	6		
	沙塘村	5		
	西庄社区	12	西庄社区	19
	新车村	7		
	两合口村	10	国太桥社区居委会	34
	道街村	10		
	国太桥社区居委会	14		
零溪镇	两岔溪村	16	星德山村	29
	星旗村	13		
	楠木洞村	12	燕子桥村	34
	燕子桥村	22		
	万福村	9	新红村	20
	沙泊街村	11		
	庙岗村	14	锣鼓村	27
	锣鼓村	13		
	岩坪村	15	朝阳村	24
	双垭村	9		
	潮阳村	16	金龙村	38
	洪源村	9		
	三溶村	9		
	金龙村	4		
	汪家桥村	25	汪家桥村	25
	拣花村	24	拣花村	24
	百寿村	20	百寿村	20
	黄连村	17	黄连村	17
	金陵村	16	金陵村	16
	岩桥村	20	岩桥村	20
	岩溪村	26	岩溪村	26
	二都岗村	20	二都岗村	20
	象鼻嘴村	15	象鼻嘴村	15
	大庄村	19	大庄村	19
	合堰村	14	合堰村	14
	四坪村	17	四坪村	17

续表 6

乡镇	合并前		合并后	
	村（居）名	村（居）民小组数（个）	村（居）名	村（居）民小组数（个）
零溪镇	高峰村	8	墨园社区居委会	39
	河塌村	6		
	墨园社区居委会	25		
二坊坪乡	二溪村	7	二溪村	11
	大溪村	4		
	景泉村	15	景泉村	26
	桐子巷村	11		
	二坊坪村	12	二坊坪村	21
	双联村	9		
	新建村	11	新建村	18
	黄沙坪村	7		
	青叶村	11	青叶村	20
	东升村	9		
	高溪村	15	高溪村	23
	岩屋峪村	8		
	占甲桥村	11	占甲桥村	21
	洞潭村	10		
	景龙桥村	7	景龙桥村	26
	新丰村	10		
	八步桥村	9		
	太坪村	13	太坪村	13
	杨家垭村	17	杨家垭村	17
	联合村	17	联合村	17
	清泉村	15	清泉村	15
	大清村	20	大清村	20
	盛德村	18	盛德村	18
龙潭河镇	岩坪村	6	新桥村	15
	银马池村	9		
	江星村	10	江星村	23
	飞马村	13		
	竹峪村	8	竹峪村	15
	长岗村	7		
	田湾村	10	郑台村	18
	郑家台村	8		

续表 6

<table>
<tr><th rowspan="2">乡镇</th><th colspan="2">合并前</th><th colspan="2">合并后</th></tr>
<tr><th>村（居）名</th><th>村(居)民小组数(个)</th><th>村（居）名</th><th>村(居)民小组数(个)</th></tr>
<tr><td rowspan="23">龙潭河镇</td><td>优富村</td><td>4</td><td rowspan="2">联富村</td><td rowspan="2">13</td></tr>
<tr><td>莲坪村</td><td>9</td></tr>
<tr><td>金坪村</td><td>7</td><td rowspan="2">金坪村</td><td rowspan="2">13</td></tr>
<tr><td>清凉村</td><td>6</td></tr>
<tr><td>金富村</td><td>9</td><td rowspan="2">金富村</td><td rowspan="2">16</td></tr>
<tr><td>汤溪村</td><td>7</td></tr>
<tr><td>细茅村</td><td>4</td><td rowspan="3">渠溶村</td><td rowspan="3">22</td></tr>
<tr><td>渠溶村</td><td>10</td></tr>
<tr><td>福山村</td><td>8</td></tr>
<tr><td>大湖村</td><td>15</td><td>大湖村</td><td>15</td></tr>
<tr><td>楠木村</td><td>10</td><td>楠木村</td><td>10</td></tr>
<tr><td>文高村</td><td>10</td><td>文高村</td><td>10</td></tr>
<tr><td>水坪村</td><td>14</td><td>水坪村</td><td>14</td></tr>
<tr><td>潘坪村</td><td>15</td><td>潘坪村</td><td>15</td></tr>
<tr><td>枞木村</td><td>7</td><td>枞木村</td><td>7</td></tr>
<tr><td>伏龙村</td><td>10</td><td>伏龙村</td><td>10</td></tr>
<tr><td>华山村</td><td>6</td><td>华山村</td><td>6</td></tr>
<tr><td>云朝村</td><td>8</td><td>云朝村</td><td>8</td></tr>
<tr><td>金长村</td><td>4</td><td>金长村</td><td>4</td></tr>
<tr><td>龙溪村</td><td>9</td><td>龙溪村</td><td>9</td></tr>
<tr><td>长岩村</td><td>8</td><td rowspan="2">铁树潭社区居委会</td><td rowspan="2">18</td></tr>
<tr><td>铁树潭社区居委会</td><td>10</td></tr>
<tr><td>龙潭社区居委会</td><td>4</td><td>龙潭社区居委会</td><td>4</td></tr>
<tr><td rowspan="12">南山坪乡</td><td>广阳村</td><td>8</td><td rowspan="2">梁山村</td><td rowspan="2">25</td></tr>
<tr><td>梁山村</td><td>17</td></tr>
<tr><td>白马溪村</td><td>6</td><td rowspan="2">白马村</td><td rowspan="2">14</td></tr>
<tr><td>大田垭村</td><td>8</td></tr>
<tr><td>田垭村</td><td>4</td><td rowspan="3">桃花村</td><td rowspan="3">17</td></tr>
<tr><td>枫树村</td><td>8</td></tr>
<tr><td>新坪村</td><td>5</td></tr>
<tr><td>中山村</td><td>7</td><td rowspan="2">犀牛村</td><td rowspan="2">18</td></tr>
<tr><td>犀牛村</td><td>11</td></tr>
<tr><td>双合泉村</td><td>12</td><td rowspan="2">双和村</td><td rowspan="2">21</td></tr>
<tr><td>大沙坪村</td><td>9</td></tr>
<tr><td>沙湾村</td><td>11</td><td>沙湾村</td><td>11</td></tr>
</table>

续表 6

乡镇	合并前		合并后	
	村（居）名	村（居）民小组数（个）	村（居）名	村（居）民小组数（个）
南山坪乡	双湖村	16	双湖村	16
	南山坪村	20	南山坪村	20
	盐井村	12	盐井村	12
	盐市村	12	盐市村	12
	白果庙村	9	白果庙村	9
洞溪乡	保安村	11	双福村	21
	炭棚村	10		
	金竹村	10	烟子溪村	22
	公坪村	12		
	田家村	13	洞溪村（中心村）	38
	南溪村	10		
	洞溪村	15		
	安理村	11	幸福村	28
	张三溪村	17		
	乐庄村	18	乐庄村	18
	大浒村	18	大浒村	18
	大田村	15	大田村	15
	郝溪村	18	郝溪村	18
杨柳铺乡	小坑村	8	新铺村	27
	新铺村	19		
	三合村	6	复兴村	21
	复兴村	15		
	南山村	7	向峪村	16
	向峪村	9		
	鸳鸯村	6	腊树村	20
	腊树村	7		
	长湾村	7		
	中广村	6	申中村	21
	申坪村	15		
	华岳村	28	华岳村	28
	龙跃村	11	龙跃村	11
	康庄村	19	康庄村	19
	荷叶村	19	荷叶村	19
	岔溪村	13	岔溪村	13
	蹇庄村	18	蹇庄村	18

续表 6

乡镇	合并前		合并后	
	村（居）名	村（居）民小组数（个）	村（居）名	村（居）民小组数（个）
杨柳铺乡	四桥村	14	四桥村	14
	宝景村	19	宝景村	19
	荷峪村	16	荷峪村	16
	坪峰村	9	坪峰村	9
	杨溪社区居委会	20	杨溪社区居委会	20
	中溪村	9	杨柳铺社区居委会	35
	永盛村	11		
	杨柳铺社区居委会	15		
高峰土家族乡	双仁村	12	干洞河村	21
	岩堰村	9		
	槐树村	8	溇江村	17
	河上坪村	9		
	风景村	8	景阳村	14
	三阳村	6		
	郑家坪村	12	高峰村	24
	大溪村	9		
	覃家桥村	3		
	高山村	6	华山村	13
	高华村	7		
	东泉村	8	龙泉村	15
	青龙垭村	7		
	渣角田村	12	雪莲村	23
	莲池村	11		
	长坪村	7	康乐村	13
	长乪村	6		
	百乪村	12	百乪村	12
	双星村	12	双星村	12
	南井村	14	南井村	14
	桃树坪村	9	桃树坪村	9
	康家坪村	12	康家坪村	12
	茅庵村	9	茅庵村	9
	富垭村	12	富垭村	12
	鸳鸯池村	9	鸳鸯池村	9

续表 6

<table>
<tr><th rowspan="2">乡镇</th><th colspan="2">合并前</th><th colspan="2">合并后</th></tr>
<tr><th>村（居）名</th><th>村（居）民小组数（个）</th><th>村（居）名</th><th>村（居）民小组数（个）</th></tr>
<tr><td rowspan="21">金岩土家族乡</td><td>囦元村</td><td>19</td><td rowspan="2">乐圆新村</td><td rowspan="2">31</td></tr>
<tr><td>南岳村</td><td>12</td></tr>
<tr><td>保健村</td><td>15</td><td rowspan="2">荆竹山村</td><td rowspan="2">22</td></tr>
<tr><td>荆竹山村</td><td>7</td></tr>
<tr><td>胡坪村</td><td>11</td><td rowspan="2">太平山村</td><td rowspan="2">24</td></tr>
<tr><td>土溪村</td><td>13</td></tr>
<tr><td>郑坪村（1~16 组）</td><td>16</td><td rowspan="3">九渡溪村</td><td rowspan="3">38</td></tr>
<tr><td>刘坪村</td><td>12</td></tr>
<tr><td>月潭村</td><td>10</td></tr>
<tr><td>三元村</td><td>12</td><td rowspan="3">三元村</td><td rowspan="3">32</td></tr>
<tr><td>金盆村</td><td>17</td></tr>
<tr><td>郑坪村（17~19 组）</td><td>3</td></tr>
<tr><td>茶坪村（1~4 组）</td><td>4</td><td rowspan="2">红联村</td><td rowspan="2">22</td></tr>
<tr><td>红联村</td><td>18</td></tr>
<tr><td>落丰村</td><td>14</td><td rowspan="2">落丰村</td><td rowspan="2">19</td></tr>
<tr><td>茶坪村（5~9 组）</td><td>5</td></tr>
<tr><td>中坪村</td><td>13</td><td>中坪村</td><td>13</td></tr>
<tr><td>双中村</td><td>19</td><td>双中村</td><td>19</td></tr>
<tr><td>敏家村</td><td>19</td><td>敏家村</td><td>19</td></tr>
<tr><td>金鸡洞村</td><td>15</td><td>金鸡洞村</td><td>15</td></tr>
<tr><td>南坪村</td><td>11</td><td>南坪村</td><td>11</td></tr>
<tr><td rowspan="14">阳和土家族乡</td><td>大坊村</td><td>7</td><td rowspan="3">五狮寨村</td><td rowspan="3">29</td></tr>
<tr><td>寨峪村</td><td>10</td></tr>
<tr><td>朱家嘴村</td><td>12</td></tr>
<tr><td>凤鱼村</td><td>11</td><td rowspan="2">九澧村</td><td rowspan="2">19</td></tr>
<tr><td>甄家坪村</td><td>8</td></tr>
<tr><td>长岭（1~3、9 组）</td><td>4</td><td rowspan="2">三溪村</td><td rowspan="2">21</td></tr>
<tr><td>三溪村</td><td>17</td></tr>
<tr><td>梨子坪村</td><td>11</td><td rowspan="4">杨家坪村</td><td rowspan="4">48</td></tr>
<tr><td>戴家山村</td><td>13</td></tr>
<tr><td>杨家坪村</td><td>18</td></tr>
<tr><td>长岭（4~8、10 组）</td><td>6</td></tr>
<tr><td>七方峪村</td><td>15</td><td>七方峪村</td><td>15</td></tr>
<tr><td>双坪村</td><td>17</td><td>双坪村</td><td>17</td></tr>
<tr><td>夹石村</td><td>18</td><td>夹石村</td><td>18</td></tr>
</table>

续表 6

乡镇	合并前		合并后	
	村（居）名	村（居）民小组数（个）	村（居）名	村（居）民小组数（个）
阳和土家族乡	渔浦村	27	渔浦村	27
	官坊村	16	官坊村	16
	桃溪村	21	桃溪村	21
三官寺土家族乡	甘泉村	3	罗潭村	9
	罗潭村	6		
	青龙村	8	寨岗村	16
	寨岗村	8		
	栗树垭村	9	栗树垭村	17
	射泉村	8		
	庆丰村	11	三官寺村	16
	三官寺村	5		
	双高村	8	双高村	14
	双泉村	6		
	水车坪村	14	大峡谷村	33
	吴王坡村	10		
	朱垭村	9		
	双峪村	6	新民村	25
	双龙村	6		
	三坪村	13		
	张家溶村	18	张家溶村	18
	大泉村	17	大泉村	17
	胡家坪村	10	胡家坪村	10
	袁家庄村	11	袁家庄村	11
	丰坪村	13	丰坪村	13
	界河村	17	界河村	17
	株木岗村	8	株木岗村	8
	苗岭村	10	苗岭村	10
	湖南泉村	13	湖南泉村	13
	云山村	9	云山村	9
许家坊土家族乡	红坪村	9	红岩村	22
	岩口村	13		
	邓界村	11	新界村	26
	新建村	15		
	芦花坪村	11	金仙山村	31
	杨桥村	20		

续表 6

乡镇	合并前		合并后	
	村（居）名	村（居）民小组数（个）	村（居）名	村（居）民小组数（个）
许家坊土家族乡	大峪村	12	明珠村	23
	棋盘村	11		
	阳坪村	12	许家坊村	30
	麒麟村	8		
	陈坪村	10		
	浮石村	17	浮石村	17
	南庄村	17	南庄村	17
	大塘村	17	大塘村	17
	咸水村	18	咸水村	18
	堆金村	17	堆金村	17
甘堰土家族乡	夏家坪村	4	长岭岗村	25
	长岭岗村	21		
	任家坪村	10	任家坪村	16
	月亮台村	6		
	九龙村	9	歇驾庄村	26
	歇驾庄村	17		
	赤生峪村	11	双峪村	18
	廖家峪村	7		
	龙象庵村	14	龙象庵村	23
	官庄村	9		
	下马鞍村	5	马鞍村	19
	马鞍山村	14		
	坪溪村	15	桃坪村	34
	桃垭村	19		
	甘堰村	17	甘堰村	19
	园艺村	2		
	勤中村	12	红岩岭村	23
	高岭村	11		
	万佛寺村	14	川石村	36
	穿石溪村	22		
	金岩村	17	金桂村	28
	桂竹村	11		
	中心村	11	西铺村	23
	西铺村	12		

续表 6

乡镇	合并前		合并后	
	村（居）名	村（居）民小组数（个）	村（居）名	村（居）民小组数（个）
甘堰土家族乡	西峪村	12	西峪村	20
	猪槽湾村	8		
	月台村	11	水沐峪村	35
	余溪村	11		
	烟竹村	13		
	黄泥桥村	16	东方红村	16
	岩峪村	19	岩峪村	19
	宜冲桥村	13	宜冲桥村	13
	东峪村	12	东峪村	12
	张家台村	11	张家台村	11
	上马墩村	10	上马墩村	10
赵家岗土家族乡	朱木村	7	双岸村	15
	和坪村	8		
	新泉村	11	双新村	19
	接石岩林场	1		
	新合村	7		
	新庄村	8	新建村	17
	新坪村	9		
	大庸村	7	银寨村	13
	碗田村	6		
	天山村	9	天台村	15
	天鹅村	6		
	广垭村	5	三合村	19
	新桥村	10		
	于坪村	4		
	双河村	11	双河村	11
	金坪村	11	金坪村	11
	长安村	9	长安村	9
	新安村	10	新安村	10
	新峪村	14	新峪村	14
	麻山村	11	麻山村	11

2016 年 12 月桑植县乡镇行政区划情况表

表 7

乡镇名称	居委会（个）	居委会名称	村委会（个）	村委会名称
澧源镇	8	高家坪、文明路、文昌街、汪家坪、朱家台、何家坪、老观潭、建兴岭	12	西界村、合幸村、朱家坪村、尚家坪村、兴旺塔村、岩垭村、罗家庄村、长潭村、蔡家峪村、金山村、洋公潭村、仙鹅村
瑞塔铺镇	4	杨家洛、罗家边、瑞市、鸟儿岭	11	小溪村、潮水河村、青龙溪村、芦溪村、马井村、老岩桥村、王家坡村、定家峪村、甘溪村、火盆峪村、东旺坪村
空壳树乡			9	陈家坪村、八斗桥村、空军村、莲花台村、汤溪峪村、虎形村、龙虎山村、白马泉村、罗家坪村
走马坪白族乡			14	碾子堡村、走马坪村、滚水峪村、龙洞坪村、桂竹垭村、前村坪村、广文台村、安家峪村、叶家桥村、护国村、向家坪村、天合村、白石溪村、汨湖村
竹叶坪乡			9	中坪村、柳浪坪村、南湖村、竹叶坪村、浸峪村、鸡公垭村、茶垭村、柳杨溪村、干洞村
人潮溪镇			17	中里村、石门垭村、西莲村、三鹤园村、龙鹤村、罗柳村、南滩村、双狮村、白石村、新华村、廖城村、统子峪村、分水岭村、人潮溪村、和平村、红旗村、溇阳村
官地坪镇	1	杜家坪	16	龙泉村、水流村、长潭坪村、林家堡村、天眼池村、梯市村、富平村、中坪村、赵家坪村、双桥村、黄家台村、金山坪村、铜矿村、东流坪村、洞口村、三源村
马合口白族乡			9	青峰溪村、麦地坪村、芦阳村、马合口村、双泉村、刘家寺村、佳木峪村、自生桥村、梭子丘村
芙蓉桥白族乡			13	淋溪源村、马安会村、夹河坪村、淋溪河村、下坪村、上坪村、梅家桥村、银屋村、高阳村、福建坡村、芙蓉桥村、合群村、大庄坪村
刘家坪白族乡			6	双溪桥村、长征村、关溪涧村、犀牛村、新阳村、刘家坪村
洪家关白族乡			23	小河口村、龙头村、南岔村、回龙村、枫坪村、云丰村、泉峪村、洪家关村、花园村、龙凤塔村、胜龙村、海龙村、玉泉村、实竹坪村、三屋洛村、银杏塔村、赶塔村、土南溪村、打鼓泉村、水田坪村、穴虎洞村、陈家院村、小埠头村
桥自弯镇			14	长坪村、谷罗山村、青龙村、牛洞口村、桥自弯村、山羊溪村、龙潭村、白果村、三和村、王家村村、松柏村、柏杨村、李家垭村、学堂堡村

续表7

乡镇名称	居委会（个）	居委会名称	村委会（个）	村委会名称
凉水口镇	1	楠木岗	10	罗峪村、卓家坪村、夏家峪村、李家庄村、张家塔村、尧儿坪村、和谐村、利溪坪村、茶园塔村、长潭河村
沙塔坪乡			10	分水岭村、冷水塔村、六耳口村、廖家坡村、沙塔坪村、青龙村、彭家湾村、茶盘口村、大木塘村、唐家庄村
龙潭坪镇	1	龙潭坪	15	三合街村、李家湾村、赶坪村、白竹坪村、古罗界村、洪家峪村、大洞堡村、斋公坪村、红军村、狮子塔村、苦竹坪村、银市坪村、金子山村、四方溪村、溪口村
五道水镇	2	团堡、五道水	7	连家湾村、茶叶村、岔角溪村、桑植坪村、芭茅溪村、水田坝村、四门岩林场
八大公山镇			16	笔架山村、细砂坪村、朝南坪村、九龙村、云鹤村、徐家桥村、茅坡村、筲箕池村、蹇家坡村、洗泡河村、马龙山村、庄耳坪村、八大公山村、车大河村、凤凰山村、斗篷山村
河口乡			12	栗洞村、河口村、以咱村、两岔村、新民村、西坪村、太坪村、沙洲村、富溪村、科溪村、懂市村、塘坊村
上河溪乡			9	云雾山村、刘家垭村、东风坪村、狮子山村、上河溪村、黄金塔村、杨竹溪村、邓家坡村、熊家坪村
陈家河镇	2	黄木潭、桥头	19	新街村、夹石河村、梳子溪村、蔡家坪村、厂湾村、肖家桥村、仓关峪村、龙潭沟村、张家村村、官坪村、岩壁村、格溪村、两河口村、下洞街村、旧街村、岩屋口村、大吾坝村、撒埠溪村、云朝山村
廖家村镇	2	廖家村、苗寨	6	团结村、莫家塔村、冲天溪村、二户田村、咱家村村、妖气洞村
上洞街乡			7	二户坪村、双溪村、卧云界村、上洞街村、麻洛村、院子村、二户溪村
利福塔镇	1	利福塔	13	赤溪村、青龙村、杨仕坪村、凤栖村、莲花垭村、官庄村、岩板村、白龙村、苦竹河村、舒家坪村、郭家台村、金家台村、三岔溪村
23（个）	22		277	

1995年张家界市乡镇区划调整情况统计

表8

调整前	调整后	
合作桥乡、新桥镇	新桥镇	面积98.7平方公里，人口2.51万人，辖2个居委会、21个村委会，镇人民政府驻新桥
青安坪乡、罗塔坪乡、温塘镇	温塘镇	面积241平方公里，人口2.14万人，辖1个居委会、30个村委会，镇人民政府驻温塘
禹溪乡、兴隆乡、罗水乡、桥头乡、教字垭镇	教字垭镇	面积250.5平方公里，人口4.59万人，辖1个居委会、50个村委会，镇人民政府驻教字垭
三岔乡、沅溪乡、四都坪乡、大坪镇	大坪镇	面积331.5平方公里，人口2.54万人，辖2个居委会、38个村委会，镇人民政府驻大坪
双溪桥乡、红土坪乡、谢家垭乡、沅古坪镇	沅古坪镇	面积280.3平方公里，人口3.13万人，辖1个居委会、38个村委会，镇人民政府驻沅古坪
三坪乡、官坪乡、枫香岗乡	大溶溪镇	面积113.8平方公里，辖5个居委会、31个村委会，镇人民政府驻小河坎
二家河乡、大庸所乡	后坪镇	面积81.5平方公里，人口1.8万人，辖3个居委会、15个村委会，镇人民政府驻后坪
黄家铺乡、阳湖坪乡	阳湖坪镇	面积68.4平方公里，人口2.1万人，辖3个居委会、20个村委会，镇人民政府驻张家山
湖田垭乡、王家坪乡	王家坪乡	面积168.6平方公里，人口1.56万人，辖19个村委会，乡人民政府驻王家坪

续表 8

调整前	调整后	
关门岩乡	西溪坪街道办事处	面积77.8平方公里，人口3.24万人，辖3个居委会、23个村委会，街道办事处驻西溪坪
天门山乡的汪家山、两岔溪、庄家峪3个村		
西溪坪街道办事处		
天门山乡的犀牛潭、杆子坪、双峡、仙人溪、汪家寨5个村	官黎坪街道办事处	面积75.9平方公里，人口1.94万人，辖3个居委会、8个村委会，街道办事处驻官黎坪
官黎坪街道办事处		
索溪峪镇	索溪峪土家族乡	以原索溪峪镇的行政区域为索溪峪土家族乡的行政区域。乡人民政府驻地不变
太平镇	零阳镇	面积265.4平方公里，辖13个居委会、56个村委会，镇人民政府驻零阳中路
柳林铺乡		
城关镇		
宜冲桥乡	岩泊渡镇	面积307.2平方公里，人口5.78万人，辖1个居委会、63个村委会，镇人民政府驻岩泊渡
南山坪乡		
岩泊渡镇		
洞溪乡	溪口镇	面积231.9平方公里，人口2.90万人，辖1个居委会、32个村委会，镇人民政府驻溪口
溪口镇		
二坊坪乡	龙潭河镇	面积373平方公里，人口4.20万人，辖1个居委会、52个村委会，镇人民政府驻龙潭河
景龙桥乡		
金坪乡		
龙潭河镇		
苗市镇	苗市镇	面积183.5平方公里，人口3.93万人，辖2个居委会、38个村委会，镇人民政府驻苗市
广福桥镇		
三合口乡	象市镇	面积213.7平方公里，人口3.34万人，辖1个居委会、41个村委会，镇人民政府驻象市
象市镇		
熊家庄乡	江垭镇	面积296.7平方公里，人口4.83万人，辖3个居委会、54个村委会及江垭林场，镇人民政府驻江垭
龙潭湾乡		
江垭镇		
赵家岗乡	三官寺土家族乡	面积184.9平方公里，人口3.50万人，辖45个村委会，乡人民政府驻三官寺
三官寺乡		

续表 8

调整前	调整后	
国太桥乡	通津铺镇	面积 208.3 平方公里，人口 4.3 万人，辖 6 个居委会、44 个村委会，镇人民政府驻通津浦
庄塌乡		
通津铺乡		
杨柳铺乡	东岳观镇	面积 216.6 平方公里，人口 5.10 万人，辖 3 个居委会、48 个村委会，镇人民政府驻东岳观
东岳观乡		
零阳乡	零溪镇	面积 156.8 平方公里，人口 3.4 万人，辖 1 个居委会、27 个村委会，镇人民政府驻文家溪
零溪乡		
甘堰乡	许家坊土家族乡	面积 251.5 平方公里，人口 5.69 万人，辖 52 个村委会，乡人民政府驻许家坊
阳和乡		
许家坊乡		
蒋家坪乡	太平镇	面积 96.3 平方公里，人口 20022 人，辖太平、北岗、金台、龙坪 4 个居委会和南洋、七相坪等 16 个村。镇人民政府驻铜鼓包
金岩乡	金岩土家族乡	行政区域、乡人民政府驻地不变
高峰乡	高峰土家族乡	行政区域、乡人民政府驻地不变
南岔乡的杨公潭、建新岭、兴旺塔、岩垭 4 个村	澧源镇	面积 79 平方公里，人口 5.20 万人，辖 9 个居委会，21 个村委会，镇人民政府驻尚家坪
澧源镇		
刘家坪白族乡	瑞塔铺白族乡	面积 214 平方公里，人口 4.77 万人，辖 52 个村委会，乡人民政府驻瑞塔铺
新村坪乡		
空壳树乡		
瑞塔铺白族乡		
走马坪白族乡	竹叶坪白族乡	面积 274 平方公里， 人口 2.75 万人，辖 40 个村委会，乡人民政府驻竹叶坪
汩湖乡		
竹叶坪乡		
芙蓉桥白族乡	马合口白族乡	面积 329 平方公里， 人口 3.33 万人，辖 52 个村委会，乡人民政府驻马合口
麦地坪白族乡		
金藏乡		
淋溪河乡		
马合口白族乡		
长潭坪乡	官地坪镇	面积 171 平方公里， 人口 2.05 万人，辖 1 个居委会、26 个村委会，镇人民政府驻官地坪
官地坪镇		

续表 8

调整前	调整后	
西莲乡	人潮溪乡	面积 347 平方公里，人口 1.86 万人，辖 33 个村委会，乡人民政府驻人潮溪
白石乡		
人潮溪乡		
南岔乡的南岔、李家坪、小河口、龙头、廖家溶、化香峪、合溪峪、回龙 8 个村	洪家关白族乡	面积 91 平方公里，人口 2.34 万人，辖 24 个村委会，乡人民政府驻洪家关
洪家关白族乡		
赤溪乡	利福塔镇	面积 84 平方公里，人口 1.8 万人，辖 1 个居委会、22 个村委会，镇人民政府驻利福塔
利福塔乡		
谷罗山乡	凉水口镇	面积 194 平方公里，人口 3.05 万人，辖 1 个居委会，46 个村委会，镇人民政府驻凉水口
桥自弯乡		
凉水口镇		
苦竹坪乡	龙潭坪镇	面积 256 平方公里，人口 1.9 万人，辖 1 个居委会、31 个村委会，镇人民政府驻龙潭坪
四方溪乡		
龙潭坪乡		
大木塘乡	沙塔坪乡	面积 131 平方公里，人口 1.05 万人，辖 25 个村委会，乡人民政府驻沙塔坪
沙塔坪乡		
蹇家坡乡	陈家河镇	面积 169 平方公里，人口 2.27 万人，辖 2 个居委会，33 个村委会，镇人民政府驻陈家河
新街乡		
仓关峪乡		
陈家河镇		
岩屋口乡	河口乡	面积 189 平方公里，人口 1.69 万人，辖 29 个村委会，乡人民政府驻牌楼
河口乡		
芭茅溪乡	五道水镇	面积 480 平方公里，人口 2.4 万人，辖 2 个居委会、42 个村委会，镇人民政府驻五道水
细砂坪乡		
八大公山乡		
五道水乡		
上洞街乡	廖家村镇	面积 205 平方公里，人口 3.7 万人，辖 2 个居委会、46 个村委会，镇人民政府驻廖家村
打鼓泉乡		
两河口乡		
廖家村乡		

1998年张家界市乡镇区划调整情况统计

表9

调整前	调整后	
沅古坪镇	双溪桥乡	以1994年的乡域为其行政区域。面积70平方公里，人口0.65万人，辖10个村委会，乡人民政府驻双溪桥
	谢家垭乡	以1994年的乡域为其行政区域。面积71.4平方公里，人口1.01万人，辖10个村委会，乡人民政府驻谢家垭
	沅古坪镇	以1994年的乡域为其行政区域。面积140.6平方公里，人口1.54万人，辖1个居委会、10个村委会，镇人民政府驻沅古坪
大坪镇	四都坪乡	行政区域为1994年该乡及沅溪乡的乡域。面积190.9平方公里，人口1.11万人，辖19个村委会，乡人民政府驻四都坪
	三岔乡	以1994年的乡域为其行政区域。面积66.3平方公里，人口0.63万人，辖10个村委会，乡人民政府驻三岔
	大坪镇	以1994年的乡域为其行政区域。面积95.4平方公里，人口0.70万人，辖2个居委会、9个村委会，含石长溪林场，镇人民政府驻大坪
温塘镇	罗塔坪乡	以1994年的乡域为其行政区域。面积87.8平方公里，人口0.76万人，辖12个村委会，乡人民政府驻罗塔坪
	青安坪乡	以1994年的乡域为其行政区域。面积83.8平方公里，人口0.74万人，辖12个村委会，乡人民政府驻青安坪
	温塘镇	以1994年的乡域为其行政区域。面积101.4平方公里，人口0.63万人，辖1个居委会、9个村委会，镇人民政府驻温塘
教字垭镇	罗水乡	以1994年的乡域为其行政区域。面积62.1平方公里，人口0.81万人，辖9个村委会，乡人民政府驻罗水
	桥头乡	以1994年的乡域为其行政区域。面积54.8平方公里，人口1.23万人，辖14个村委会，乡人民政府驻桥头
	教字垭镇	以1994年的乡域为其行政区域。面积136.1平方公里，人口2.50万人，辖1个居委会、27个村委会，镇人民政府驻教字垭
新桥镇	合作桥乡	以1994年的乡域为其行政区域。面积59.2平方公里，人口1.33万人，辖12个村委会，乡人民政府驻合作桥
	新桥镇	以1994年的乡域为其行政区域。面积65.6平方公里，人口1.14万人，辖2个居委会、9个村委会，镇人民政府驻新桥
大溶溪镇	尹家溪镇	行政区域为1994年三坪乡、官坪乡的乡域、原属教字垭镇的泉峪村，面积91.4平方公里，人口2.69万人，辖26个村委会，含茅溪水库管理处，镇人民政府驻尹家溪
	枫香岗乡	行政区域为1994年该乡乡域，面积35平方公里，人口1.19万人，辖13个村委会，乡人民政府驻枫香岗

续表 9

调整前	调整后	
零溪镇	朝阳乡	面积 52.3 平方公里，人口 0.93 万人，辖 11 个村委会，乡人民政府驻岩坪
	零溪镇	面积 103.3 平方公里， 人口 2.41 万人，辖 1 个居委会，16 个村委会，镇人民政府驻零溪
岩泊渡镇	宜冲桥乡	面积 94.5 平方公里， 人口 1.97 万人，辖 20 个村委会，乡人民政府驻宜冲桥
	南山坪乡	面积 118.9 平方公里， 人口 1.18 万人，辖 17 个村委会，乡人民政府驻南山坪
	岩泊渡镇	面积 93.8 平方公里， 人口 2.63 万人，辖 1 个居委会、26 个村委会，镇人民政府驻岩泊渡
溪口镇	洞溪乡	面积 120.7 平方公里， 人口 1.09 万人，辖 13 个村委会，乡人民政府驻洞溪
	溪口镇	面积 111.2 平方公里， 人口 1.80 万人，辖 2 个居委会，19 个村委会， 镇人民政府驻溪口
象市镇	三合口乡	面积 115.1 平方公里，人口 0.94 万人，辖 18 个村委会，乡人民政府驻三合口
	象市镇	面积 98.6 平方公里，人口 2.39 万人，辖 1 个居委会、23 个村委会，镇人民政府驻象市
苗市镇	广福桥镇	面积 78.7 平方公里，人口 1.43 万人，辖 1 个居委会、14 个村委会，镇人民政府驻广福桥
	苗市镇	面积 104.8 平方公里，人口 2.50 万人，辖 1 个居委会、24 个村委会，镇人民政府驻苗市
通津浦镇	国太桥乡	面积 57.6 平方公里，人口 0.86 万人，辖 1 个居委会、10 个村委会， 乡人民政府驻国太桥
	庄塌乡	面积 56 平方公里， 人口 0.72 万人，辖 1 个居委会、11 个村委会，乡人民政府驻庄塌
	通津浦镇	面积 94.2 平方公里， 人口 2.79 万人，辖 4 个居委会、23 个村委会，镇人民政府驻通津浦
东岳观镇	杨柳铺乡	面积 106.9 平方公里， 人口 2.24 万人，辖 2 个居委会、23 个村委会，乡人民政府驻杨柳铺
	东岳观镇	面积 109.7 平方公里，人口 2.84 万人，辖 1 个居委会、25 个村委会，镇人民政府驻东岳观

续表 9

调整前	调整后	
龙潭河镇	景龙桥乡	面积 83.1 平方公里，人口 1.11 万人，辖 12 个村委会，乡人民政府驻景龙桥
	二坊坪乡	面积 97.4 平方公里，人口 0.98 万人，辖 11 个村委会，乡人民政府驻二坊坪
	金坪乡	面积 94.1 平方公里，人口 0.85 万人，辖 15 个村委会，乡人民政府驻金坪
	龙潭河镇	面积 98.4 平方公里，人口 1.25 万人，辖 1 个居委会、14 个村委会，镇人民政府驻龙潭河
许家坊土家族乡	阳和土家族乡	面积 74 平方公里，人口 1.84 万人，辖 16 个村委会，乡人民政府驻阳和
	甘堰乡土家族乡	面积 97 平方公里，人口 1.80 万人，辖 20 个村委会，乡人民政府驻甘堰
	许家坊土家族乡	面积 80.5 平方公里，人口 1.85 万人，辖 16 个村委会，乡人民政府驻许家坊
三官寺土家族乡	赵家岗土家族乡	面积 73.1 平方公里，人口 1.36 万人，辖 19 个村委会，乡人民政府驻赵家岗
	三官寺土家族乡	面积 111.8 平方公里，人口 2.14 万人，辖 26 个村委会，乡人民政府驻三官寺
廖家村镇	两河口乡	以 1994 年的乡域为其行政区域。面积 42 平方公里，人口 0.90 万人，辖 14 个村委会，乡人民政府驻两河口
	打鼓泉乡	以 1994 年的乡域为其行政区域。面积 53 平方公里，人口 0.76 万人，辖 12 个村委会，乡人民政府驻小埠头
	上洞街乡	以 1994 年的乡域为其行政区域。面积 53 平方公里，人口 0.99 万人，辖 11 个村委会，乡人民政府驻上洞街
	廖家村镇	面积 57 平方公里， 人口 1.03 万人，辖 2 个居委会、9 个村委会， 镇人民政府驻苗寨
陈家河镇	蹇家坡乡	以 1994 年的乡域为其行政区域。面积 65 平方公里，人口 0.65 万人，辖 13 个村委会，乡人民政府驻蹇家坡
	陈家河镇	以 1994 年的乡域为其行政区域。面积 107 平方公里， 人口 1.62 万人，辖 2 个居委会、20 个村委会，含陈家河农场，镇人民政府陈家河
五道水镇	细砂坪乡	以 1994 年的乡域为其行政区域。 面积 98 平方公里， 人口 0.77 万人，辖 12 个村委会，乡人民政府驻细砂坪
	芭茅溪乡	以 1994 年的乡域为其行政区域。面积 168 平方公里（含八大公山自然保护区 27 平方公里）， 人口 0.48 万人，辖 10 个村委会，乡人民政府驻芭茅溪
	八大公山乡	以 1994 年的乡域为其行政区域。面积 158 平方公里（含八大公山自然保护区 45 平方公里）人口 0.47 万人，辖 10 个村委会，乡人民政府驻砂地坪
	五道水镇	面积 166 平方公里（含八大公山自然保护区 15 平方公里）， 人口 0.61 万人，辖 2 个居委会，12 个村委会，镇人民政府驻汪家坪

续表 9

调整前	调整后	
凉水口镇	桥自弯乡	以 1994 年的乡域为其行政区域。面积 76 平方公里，人口 1.31 万人，辖 17 个村委会，乡人民政府驻张家桥
	谷罗山乡	以 1994 年的乡域为其行政区域。 面积 56 平方公里，人口 0.62 万人，辖 17 个村委会，乡人民政府驻谷罗山
	凉水口镇	以 1994 年的乡域为其行政区域。面积 62 平方公里， 人口 1.13 万人，辖 1 个居委会、16 个村委会，镇人民政府驻凉水口
龙潭坪镇	苦竹坪乡	以 1994 年的乡域为其行政区域。面积 50 平方公里， 人口 0.54 万人，辖 11 个村委会，乡人民政府驻苦竹坪
	四方溪乡	以 1994 年的乡域为其行政区域。面积 83 平方公里，人口 0.55 万人，辖 10 个村委会，乡人民政府驻四方溪
	龙潭坪镇	以 1994 年的乡域为其行政区域。面积 123 平方公里， 人口 0.81 万人，辖 1 个居委会、10 个村委，镇人民政府驻龙潭河
官地坪镇	长潭坪乡	以 1994 年的乡域为其行政区域。面积 45 平方公里，人口 0.54 万人，辖 8 个村委会，乡人民政府驻甄家台
	官地坪镇	以 1994 年的乡域为其行政区域。面积 126 平方公里， 人口 1.54 万人，辖 1 个居委会、16 个村委会，镇人民政府驻官地坪
河口乡	岩屋口乡	以 1994 年的乡域为其行政区域。面积 51 平方公里， 人口 0.52 万人，辖 9 个村委会，乡人民政府驻岩屋口
	河口乡	以 1994 年的乡域为其行政区域。面积 138 平方公里， 人口 1.16 万人，辖 20 个村委会，乡人民政府驻牌楼
人潮溪乡	白石乡	以 1994 年的乡域为其行政区域。辖 12 个村委会， 面积 121 平方公里， 人口 0.61 万人，乡人民政府驻白石
	西莲乡	以 1994 年的乡域为其行政区域。面积 111 平方公里， 人口 0.55 万人，辖 10 个村委会，乡人民政府驻西莲
	人潮溪乡	以 1994 年的乡域为其行政区域。面积 115 平方公里， 人口 0.67 万人，辖 11 个村委会，乡人民政府驻塔坪
竹叶坪白族乡	竹叶坪乡	以 1994 年的乡域为其行政区域。面积 141 平方公里， 人口 1.08 万人，辖 16 个村委会，乡人民政府驻竹叶坪
	汩湖乡	以1994年的乡域为其行政区域。含汩湖农场，面积76平方公里，人口0.92万人，辖 13 个村委会，乡人民政府驻咸池浴
	走马坪白族乡	以 1994 年的乡域为其行政区域。面积 60 平方公里，人口 0.76 万人，辖 11 个村委会，乡人民政府驻走马坪

续表 9

调整前	调整后	
马合口白族乡	淋溪河白族乡	以 1994 年的乡域为其行政区域。面积 92 平方公里，人口 0.53 万人，辖 15 个村委会，乡人民政府驻淋溪河
	芙蓉桥白族乡	以 1994 年该乡和金藏乡乡域为其行政区域，面积 108 平方公里，人口 1.30 万人，辖 17 个村委会，乡人民政府驻芙蓉桥
	麦地坪白族乡	以 1994 年的乡域为其行政区域。面积 50 平方公里，人口 0.48 万人，辖 8 个村委会，乡人民政府驻麦地坪
	马合口白族乡	面积 78 平方公里，人口 1.03 万人，辖 16 个村委会，乡人民政府驻梭子丘
瑞塔铺白族乡	瑞塔铺镇	以 1994 年瑞塔铺白族乡及新村坪乡的乡域为其行政区域。面积 108 平方公里，人口 2.24 万人，辖 4 个居委会、21 个村委会，镇人民政府驻瑞市
	空壳树乡	以 1994 年的乡域为其行政区域。面积 68 平方公里，人口 1.43 万人，辖 14 个村委会，乡人民政府驻空壳树
	刘家坪白族乡	以 1994 年的乡域为其行政区域。面积 38 平方公里，人口 1.10 万人，辖 13 个村委会，乡人民政府驻珠玑塔

后记一

为贯彻落实国务院《地方志工作条例》《湖南省实施〈地方志工作条例〉办法》，全面、系统、客观地反映和记述湖南乡镇（街道）自然、政治、经济、文化、社会的历史与现状，特别是改革开放30多年来全省各乡镇（街道）经济建设和社会发展的历史变迁，湖南省地方志编纂委员会决定编修《湖南乡镇简志》系列丛书。

《湖南乡镇简志》编修工作，于2014年5月全省市州志办主任会议上正式提出并作出相关部署，不久即印发《湖南乡镇简志》编纂方案（讨论稿）。8月，组织召开《湖南乡镇简志》工作研讨会。11月，召开《湖南乡镇简志》试写稿评议会，同时下发《湖南乡镇简志》编纂方案（修订稿）。12月，全省第七次地方志工作会议期间，再次组织各市州志办主任及方志科科长围绕《湖南乡镇简志》编修进行深层次研讨。2015年1月12日，湖南省地方志编纂委员会正式下发《关于做好〈湖南乡镇简志〉编纂工作的通知》，《湖南乡镇简志》编纂工作从试写、研讨转入全面启动。总体工作部署是：2015年组织发动、全面铺开；2016—2018年，各市州分卷陆续完成编纂、出版任务。

我们的设想是，编纂一套全面、简要、概略地记述和反映全省2000多个乡镇（街道）自然和社会、历史与现状大致概貌的分卷丛书。我们期待，它能够成为各级领导的案头书，成为相关工作者的工具书，成为更多社会读者的普及阅读书，真正让广大的读者留得住乡愁，记得住乡思；并试图把乡镇简志编纂作为推动全省乡镇志编修工作的契机，在乡镇简志基础上，逐步引导，广泛推开乡镇志及特色村志编修。同时，我们还期待，通过编修乡镇简志等志书，集合省、市、县三级志办力量，在一段时期内逐步推出呈系列的方志、地情文化产品，更好地资政，更好地服务于社会各界。

《湖南乡镇简志》体例采用纲目体，以纲统目、纲举目张、横排竖写，适当加强综合性记述。之所以确定为简志，一则取志的严谨、客观、严肃及权威性，二是以简志之简则可在编纂体例、形式、内容等方面灵活把握。确切地说，它不是传统意义上一方之志，而是全省所有乡镇（街道）“简志”的汇集。各个乡镇之“简志”篇幅虽短，但毕竟是志，其基本写法仍然遵循志书基本编纂原则。《湖南乡镇简志》各乡镇（街道）均设板块和栏目两个层次，篇目基本模式为：五大板块及分类栏目，篇首可设“地域名片”。五大板块为主体内容，其板块设置及下设栏目分别为：1. 区域概况（位置面积、建置沿革、行政区划、自然环境、人口民族等）；2. 经济发展（经济综述、农业工业、商贸服务业、其他产业、经济开发区等）；3. 基础设施（交通运输、邮政通信、供电饮水、水利建设、村镇建设等）；4. 社会事业（教育科技、文化体育、医疗卫生、社会保障等）；5. 特色地情（历史人文、名优特产、风景名胜、民俗风情等）。五大板块为必设类目，各板块下根据各地客观地情合理设置分类栏目，有则设，特则设，无则不设，也可增设。地域名片须是极具代表性的地域“品牌”，开门见山亮出“名片”，不展开记述。有则设，无则不设。

《湖南乡镇简志》编纂工作部署后，得到了全省各市州的大力支持，14 个市州均及时启动各分卷编修工作，且都进展顺利，各分卷陆续付梓出版，可喜可贺。方志出版社高度重视《湖南乡镇简志》（共 14 卷）出版工作，分别指定专人沟通联络，初审、复审、终审层层把关，全面提升了志书质量。在此，对各市州地方志编委会对乡镇简志编修工作的鼎力支持和配合，对全省各市州、各县市区、各乡镇（街道）有关负责人的积极参与，对方志出版社编辑、编审倾注的心血，一并致以诚挚的谢意！本志总述及附录一由《湖南省志（综合本）》民政篇编纂委员会办公室副主任、《中国灾害志》编纂专家李振炎多方搜集资料并撰稿，特致谢意！

编修《湖南乡镇简志》，工程浩大，涉及面宽，工作繁杂，参与者众，资料征集难度大，尽管我们倾尽心血，付诸极大努力，疏漏、差错仍在所难免，恳请读者谅解并不吝指正。

《湖南乡镇简志》总编室

2017 年 3 月

后记二

2014 年 5 月，湖南省地方志编纂委员会印发《〈湖南乡镇简志〉编纂方案》，决定全面启动《湖南乡镇简志》编纂工作，要求各市州分卷出版。7 月，省地方志编委会对“编纂方案”进行了修订，并部署开展乡镇简志试点稿撰写工作。11 月，组织各市州对试写样稿进行研讨，正式确定“五大板块”纲目的编写要求。

根据省地方志编委会的统一部署，2014 年 12 月 18 日，张家界市召开全市地方志工作会议，正式启动《湖南乡镇简志 · 张家界市卷》编纂工作。市委常委、常务副市长杜芳禄出席会议并讲话，市直有关单位、各区县人民政府分管副区县长和地方志机构负责人参加会议，市委办、政府办下发文件，就全市乡镇简志编纂工作的目的意义、组织领导、志书质量等提出明确要求。全市乡镇简志组稿工作全面铺开。至 2015 年 7 月，慈利县、桑植县、武陵源区、永定区先后完成乡镇简志资料编写任务。8 月，省地方志编委会市县志工作指导处处长杨盛让带队到张家界指导乡镇简志编纂工作，召开现场改稿会，有力推动全市乡镇简志编纂工作。11 月，全市完成乡镇简志初稿统稿工作，形成《湖南乡镇简志 · 张家界市卷》(第一稿)，并上报省地方志编纂委员会。自 2016 年 1 月开始，我们着手对初稿进行资料补充、修改、完善。经过两区两县全体史志干部和 200 余名乡镇撰稿人员的共同努力，至 2016 年 5 月，形成《湖南乡镇简志 · 张家界市卷》评审稿(第二稿)。评审稿共计文字近 80 万字，图片 500 多幅，内容涵盖全市 105 个乡镇街道(含景区、工业园区、林场)。7 月 27 日，《湖南乡镇简志 · 张家界市卷》省级专家评审会在张家界市召开，省地方志编委会，怀化市、湘西自治州及张家界市地方志机构的领导、专家共 20 余人，对《张家界市卷评审稿》进行了全面质量审核。会后，根据评审意见，编辑部对书稿进行了修改和补充，于 2016 年 10 月完成评审稿修改稿(第三稿)，上报省地方志编委会终审验收。12 月，对照终审意见，对志稿进行再次修改，于 2017 年 5 月送方志出版社。至此，《湖南乡镇简志 · 张家界市卷》历经 2 年零 4 个月，四易其稿，最终玉成于方志人的如椽巨笔中。

《湖南乡镇简志 · 张家界市卷》全面、系统、客观地反映了张家界市乡镇(街道)的自然、历史与现状，成书于湖南乡镇机构合并完成之际。这一关键时间节点开展这项工作，记录下乡镇合并前张家界市乡镇基本情况，整理历史资料，留下历史痕迹，成为“记得住乡愁”的载体，对促进张家界市经济社会发展具有深远意义。全书主体内容按照区县分为四部分，全市 2 区 2 县地方志机构负责本地区乡镇内容组稿、初审工作。全书第一稿形成过程中，曾抽调桑植县地方志办公室朱芳俊、慈利县地方志办公室朱立辉到编辑部跟班，对初稿进行修改。市地方志工作机构负责全书编辑加工、质量把关、后期校稿、统筹协调，具体分工为：杨慈安对全书编纂工作总负责，编辑分工：区域概况，向凤毛；经济发展，符长元；基础设施，赵琳；社会事业，向紫薇；特色地情，黄真龙。李德友、张海峰承担部分组稿协调工作。向凤毛负责全书的总纂和统稿工作。

《湖南乡镇简志·张家界市卷》是集体智慧的结晶。市、区（县）、乡镇（街道）各级党委、政府对编纂工作高度重视，创造了良好条件；湖南省地方志编纂委员会及市县志工作指导处的领导、专家，为本书编纂出版提供强有力的工作指导和业务指导；湘西自治州和怀化市地方志办公室的专家提供了宝贵的修改意见；邵阳市地方志办公室专家周玉柳应《湖南乡镇简志》总编室特约，参与该稿终审，提出宝贵的审稿意见。本书付梓之际，要特别感谢张家界市4个区县地方志办公室的同仁，他们无私奉献、兢兢业业，为本书撰稿培训、组稿、编辑、校对付出了辛勤汗水。要特别感谢全市105个乡镇、街道具体撰稿人员，是他们于百忙之中，收集了许多有价值的宝贵资料和图片，承担资料稿撰写任务。

由于我们编写的经验和水平有限，加上编纂工作正处于湖南省撤乡并村机构改革之时，撰稿人员变动频繁，乡镇政府工作繁重，很多历史资料缺乏，难以收集。书中有遗漏、错误之处在所难免，恳请读者批评指正。

《湖南乡镇简志·张家界市卷》编辑部

2017年8月